Zola et Alexis dans le jardin de Jeanne Rozerot à
Verneuil (vers 1897). Photographie, coll. J.-C. Le Blond

"Naturalisme pas mort"

LETTRES INEDITES
DE PAUL ALEXIS A EMILE ZOLA
1871–1900

❦ ❦

présentées et annotées

avec de nombreux documents par

B.H. BAKKER

University of Toronto Press

University of Toronto Romance Series 18

© University of Toronto Press 1971
Printed in Great Britain for
University of Toronto Press, Toronto and Buffalo
ISBN 0–8020–5237–1
Microfiche ISBN 0–8020–0021–5
LC 79–151354

A mes parents

PREFACE

LE PRESENT ouvrage contient, réunies pour la première fois, toutes les lettres de Paul Alexis à Emile Zola qui sont parvenues jusqu'à nous. Sauf la lettre 128, qui est tirée du dossier *Germinal*, elles proviennent de la "Correspondance" conservée dans le "Fonds Emile Zola" de la Bibliothèque Nationale (MSS, n.a.f.24510, fols.52–579). Ces 229 lettres embrassent une trentaine d'années: elles vont du 9 février 1871 au 5 juin 1900, –soit du début des *Rougon-Macquart* jusqu'au lendemain de l'Affaire Dreyfus. Elles sont donc riches en renseignements sur la vie littéraire d'une époque des lettres françaises particulièrement féconde. On y trouvera maintes fois les noms de Flaubert, de Daudet et d'Edmond de Goncourt. Elles donnent des précisions sur Paul Bourget, Catulle Mendès, George Moore. Il y a également d'innombrables mentions de Vallès, de Guesde et de Séverine. Originaire d'Aix-en-Provence, Alexis tient Zola au courant des activités de leurs amis communs, tels Paul Cézanne, Numa Coste, Marius Roux et Antony Valabrègue.

Pour qui s'intéresse à l'histoire de la Presse au dix-neuvième siècle, les lettres d'Alexis fournissent une mine inépuisable de documents, puisqu'il parle incessamment de ses activités de journaliste. Ayant écrit pour une quarantaine de périodiques entre 1868 et 1900, il fait souvent allusion à ses articles. Les références aux journalistes bien connus de l'époque abondent: Emile Barlatier, Francis Magnard, Aurélien Scholl, Valentin Simond, Albert Wolff, Jules Laffitte et tant d'autres. Un grand nombre des lettres de l'année 1879 ont trait à l'importante campagne qu'ont faite les Naturalistes dans *Le Voltaire*.

Si Alexis a surtout été journaliste, il s'est passionné aussi pour le théâtre. Tout comme Céard, il envoie à Zola des comptes rendus des pièces qu'il a vues et le renseigne sur l'état des adaptations dramatiques de *L'Assommoir*, de *Pot-Bouille*, de *Nana*, du *Ventre de Paris* et de *La Curée*. A partir de 1887, il mentionne fréquemment les activités d'Antoine et du Théâtre Libre, où son nom a figuré dès le début.

Cette correspondance jette des lumières nouvelles sur le groupe de Médan, dont Alexis souligne toutes les tribulations. Les lettres relatives à l'hebdomadaire naturaliste *La Comédie humaine* nous donnent de précieux éclaircissements sur ce curieux épisode de l'histoire du Naturalisme: Alexis discute en détail les difficultés financières de l'entreprise, qui était vouée à l'échec. La correspondance Alexis-Zola, indispensable aux historiens de ce mouvement, constitue un véritable journal de la bataille naturaliste.

On aura également, en se référant aux textes qui suivent, une suite à l'*Emile Zola, notes d'un ami*, c'est-à-dire une source d'information complémentaire sur certains aspects de la vie et de l'œuvre du romancier. On assiste à la vie du Maître de Médan, entouré de ses livres et de ses amis; on peut suivre la genèse et la publication de *Nana* et de *Germinal*, ainsi que les "dessous" de la première campagne de Zola au *Figaro*. On n'a qu'à lire les lettres 218 à 227 sur l'Affaire Dreyfus pour en apprécier l'importance et l'intérêt. Alexis chante souvent les louanges des ouvrages de son ami. Toutefois, malgré sa dévotion quasi aveugle pour le romancier, il n'hésite pas à formuler une critique fort intéressante de *Germinal* (l. 141) et à attaquer un aspect de la doctrine esthétique de Zola (l. 134). A cet égard, on doit se reporter à la lettre 89, où Alexis esquisse vis-à-vis de l'art créateur une attitude qui fait penser à Proust ("Quel régal de faire un livre où je n'aurai absolument rien à inventer, mais seulement à me souvenir").

Avant tout, on trouvera dans cette correspondance la personnalité d'Alexis, mise à nu. Il avait un caractère plein de bonhomie et il riait de bonne cœur. D'ordinaire il pratiquait assez volontiers une insouciance de bohème. Bohème, on ne pouvait guère l'être plus que lui, et pourtant, issu d'une vieille famille bourgeoise du Midi, il en avait gardé comme une légère empreinte. C'était l'homme le plus sympathique et le plus fidèle que l'on pût voir. La fidélité: voilà la plus haute valeur d'Alexis. Fidélité à l'égard des amis, fidélité au Naturalisme. S'étant mis courageusement, dès 1869, du côté de Zola, il le soutint de sa plume et de son dévouement jusqu'à sa mort.

Il consultait Zola sur des affaires purement privées ainsi que sur des questions de stratégie littéraire. Ecrites avec une verve joyeuse ou indignée, selon le cas, ou avec abandon, ses lettres tout intimes évoquent le ton de la conversation, avec ses relâchements, ses raccourcis, son rythme saccadé. Elles sont exemptes de toute prétention à l'élégance, de toute contrainte stylistique, parfois même de syntaxe. Ni les incorrections n'y manquent, ni les phrases bâties à la diable, ni les archaïsmes, ni des expressions vicieuses ou bizarres, voire vulgaires. Tout cet ensemble, souvent difficile à classer étant donné qu'un grand nombre des lettres ne sont pas datées, nous aide à retrouver la trame de la vie intime de ce fervent Naturaliste, qui ne mérite nullement l'oubli dans lequel il est tombé.

Jusqu'à maintenant, sa correspondance n'avait fait l'objet que d'une publication fragmentaire. Le texte qu'on publie ici est conforme à celui des lettres manuscrites. On en a reproduit la ponctuation et les fautes d'orthographe, en s'abstenant d'ajouter un *"sic"* après chaque anomalie. Il a toutefois paru préférable de suppléer les accents, qui font souvent défaut sur les manuscrits.

On ne s'est pas limité à la seule publication des lettres d'Alexis à Zola. Dans l'espoir de susciter un renouveau d'intérêt pour le plus fidèle des médaniens, on s'est efforcé, au moyen de nombreuses notes bio-bibliographiques et de documents inédits, d'éclairer sa vie et sa carrière. Malgré l'avertissement d'Edmond de Goncourt qui écrivait: "Pauvre xxe siècle, sera-t-il volé, s'il va chercher ses renseignements sur le xixe siècle dans les journaux!" (*Journal*, iii, 417), on a jugé utile de publier en appendice, outre quelques lettres inédites, divers extraits d'articles de périodiques cités dans la correspondance; ils sont pour la plupart signés d'Alexis et ont trait à l'histoire du Naturalisme. C'est surtout dans les journaux, souvent difficiles à retrouver aujourd'hui, que se sont livrées les batailles de ce mouvement. Des repères chronologiques terminent l'appendice, auquel fait suite une bibliographie de l'œuvre d'Alexis et des ouvrages consultés.

Cette édition n'aurait pas été possible sans la libéralité et l'intelligence de ceux qui ont tant fait pour faciliter la tâche de l'auteur. Qu'il lui soit permis de remercier tout d'abord le Conseil des Arts du Canada et l'Université York pour l'aide qu'ils lui ont fournie. Cet ouvrage a été publié grâce à une subvention accordée par le Conseil Canadien de Recherches sur les Humanités et provenant de fonds fournis par le Conseil des Arts du Canada, et grâce à la "Publications Fund" des Presses de l'Université de Toronto.

Il est heureux d'exprimer aussi sa gratitude à tous ceux qui lui ont donné de leur temps, l'ont fait bénéficier de leur science ou ont mis leurs documents à sa disposition avec tant de générosité. Il faut surtout nommer Mmes C. Danel et L. Deffoux; MM. A. Baudot, C.A. Burns, R. Dumesnil, F.W.J. Hemmings, W.T.E. Kennett, P. Lambert, J.-C. Le Blond, H. Mitterand, O.R. Morgan, R.J. Niess, A.J. Salvan, R. Ternois, G. Vanwelkenhuyzen, R. Walter.

L'auteur tient enfin à témoigner ici toute sa reconnaissance à sa femme, qui a bien voulu lui faciliter de nombreux et indispensables séjours en France. Sans sa compréhension et sa sollicitude il lui aurait été impossible de mener à bien, pendant de longues années, ses recherches et ses travaux.

Les abréviations suivantes ont été utilisées:

App. Appendice

B.N., MSS, n.a.f. Bibliothèque Nationale, Département des Manuscrits, nouvelles acquisitions françaises

Céard-Zola (C.-Z.) Henry Céard, *Lettres inédites à Emile Zola*, éd. C.A. Burns (Nizet 1958)

Corr. Emile Zola, *Correspondance*, éd. M. Le Blond, 2 vols. (Bernouard 1929)

E.Z. Paul Alexis, *Emile Zola, notes d'un ami* (Charpentier 1882)

Goncourt-Céard (G.-C.) E. de Goncourt et H. Céard, *Correspondance inédite (1876–1896)*, éd. C.A. Burns (Nizet 1965)

Huysmans-Goncourt (H.-G.) J.-K. Huysmans, *Lettres inédites à Edmond de Goncourt*, éd. P. Lambert (Nizet [1956])

Huysmans-Lemonnier (H.-L.) J.-K. Huysmans, *Lettres inédites à Camille Lemonnier*, éd. G. Vanwelkenhuyzen (Genève: Droz 1957)

Huysmans-Zola (H.-Z.) J.-K. Huysmans, *Lettres inédites à Emile Zola*, éd. P. Lambert (Genève: Droz 1953)

Journal E. et J. de Goncourt, *Journal. Mémoires de la vie littéraire*, éd. R. Ricatte, 4 vols. (Fasquelle et Flammarion [1959])

"Messages Zola-Céard" "Vingt messages inédits de Zola à Céard," éd. A.J. Salvan, *Les Cahiers naturalistes*, No. 19 (1961), 123–46

Rougon-Macquart Emile Zola, *Les Rougon-Macquart*, éd. A. Lanoux et H. Mitterand, 5 vols. (Bibliothèque de la Pléiade [Gallimard], 1960–7)

Zola-Céard (*Z.-C.*) Emile Zola, *Lettres inédites à Henry Céard*, éd. A.J. Salvan (Providence, R.I.: Brown University Press 1959)

Les références aux œuvres critiques de Zola sont données d'après l'édition du Cercle du Livre Précieux des *Œuvres complètes* (*O.C.*) [1966–70].

Sauf indication contraire, tous les ouvrages imprimés ont été publiés à Paris.

Les dates de la correspondance mises entre crochets ont été rétablies ou conjecturées.

"Naturalisme pas mort"

INTRODUCTION

"Lorsque je doute de moi, j'ai foi en vous. Je me dis que je me
contenterai, si je ne deviens pas un créateur, d'être votre ami, et le
dilettante de vos œuvres." *Lettre d'Alexis à Zola du 30 juin 1871*

Antoine Joseph Paul Alexis naquit le 16 juin 1847 à Aix-en-Provence, au
numéro 46 du Cours Mirabeau.[1] Dans ses œuvres il a maintes fois décrit
sa ville natale, qu'il n'aimait guère. Il souffrait beaucoup de l'atmosphère
étouffante, des idées retardataires et des préjugés de la vie de province. D'un
esprit indépendant, voulant vivre à sa guise, Alexis se sentait emprisonné
dans la société bourgeoise que fréquentait sa famille:

> Ma ville natale [...], l'ancienne capitale romaine devenue aujourd'hui
> une simple sous-préfecture, je l'ai considérée, de dix à vingt-deux ans,
> comme une prison. La bourgeoisie bourgeoisante de ses habitants, le
> provincialisme de ses plus fortes têtes, les préjugés invétérés de ses
> notables en retard d'un siècle, comme la stupidité de ses étudiants,
> graine de futurs magistrats menant une abêtissante vie de café, me
> gâtaient la poésie des vieux remparts en ruines couverts de lierre. La
> mélancolie de ses promenades, le dimanche, me donnait des envies de
> pleurer. Indifférent au grand air de ses vieux hôtels parlementaires
> noircis, à la paix silencieuse de certaines rues où l'herbe poussait entre
> les pavés, il m'arrivait, comme à Madame Bovary, de rêver tout
> éveillé devant ce mot: *Paris*, imprimé sur l'étiquette des pots de pom-
> made.[2]

A six ans, son idéal fut d'être acrobate, son père[3] l'ayant mené aux
représentations d'un cirque de passage. A dix ans, après plusieurs lectures
des vingt in-octavo de l'*Histoire du Consulat et de l'Empire* de Thiers, il voulut
devenir général: "Que de fois, dans la banlieue d'Aix-en-Provence, arrêté
sur un monticule, j'ai livré des Marengo ou des Austerlitz imaginaires!"[4]

---

1 Quelques extraits de cette introduction ont été incorporés par l'auteur dans son article
"Paul Alexis et Emile Zola, 1869–1969," *Les Cahiers naturalistes*, No. 38 (1969), 115–27.
2 "La Côte d'Azur," *Le Cri du Peuple*, 15-1-88
3 Paul Alexis était le fils de Jean Baptiste Philippe Edouard Alexis et d'Amélie Jeanne
Angélique Leydet.
4 Coupure de journal, datée du 7 septembre 1898 (Bibliothèque de l'Arsenal, MSS,
collection Rondel: Rf 49922).

Puis, vers l'âge de douze ou treize ans, ce fut la hantise de la mer. Partir comme mousse, courir les aventures maritimes, découvrir des archipels, enlever des reines sauvages, revenir amiral: voilà le rêve nouveau.

> C'était [...] la mer, la mer toute seule, que j'aimais passionnément. Oh! elle, sans lassitude et pendant des années. Je l'aimais comme une maîtresse, la première, qu'on ne possède que deux ou trois fois l'an, pendant quelques jours; et, ces quelques jours suffisaient pour me laisser à la bouche et dans le cœur une saveur inoubliée. Nuit et jour, j'en rêvais; j'aurais voulu me faire marin. En classe, au collège, je ne prêtais quelque attention aux auteurs latins ou grecs, que lorsqu'il était question d'elle. Je ne lisais que des voyages au long cours, des récits de croisières et de batailles navales. Un dictionnaire de termes de marine m'étant tombé sous la main, je l'appris par cœur.[5]

En 1857 ce garçon rêveur entre en septième au collège Bourbon d'Aix-en-Provence, "quelques mois avant l'époque où l'élève de seconde Zola partait pour Paris, au milieu de l'année scolaire."[6] Le vieux collège, dont la cour carrée plantée de platanes avait vu jouer, sous ses arbres, Baille, Cézanne et Zola, fut le théâtre, dès la troisième, des entretiens d'Alexis et d'Antony Valabrègue: tous deux parlaient de Zola, le grand aîné, qui devait bientôt publier ses "souvenirs" de Provence, les *Contes à Ninon*.[7] Dès sa parution, les élèves de rhétorique du collège Bourbon se passèrent de pupitre en pupitre l'ouvrage de leur compatriote. Alexis, lui, le dévora en classe, en le dissimulant dans un dictionnaire pendant que le professeur corrigeait un devoir de latin.[8]

Ce fut sans doute Valabrègue qui prononça le premier le nom d'Emile Zola devant Alexis, éveillant chez celui-ci une grande curiosité. A Aix, le nom de Zola n'était pas inconnu: c'était celui du père du futur romancier, François Zola, l'ingénieur qui avait capté les eaux de la montagne pour en alimenter la ville à laquelle manquait l'eau potable pendant les grandes chaleurs. Le nom de son fils Emile, qui avait été élevé à Aix jusqu'à l'âge de dix-huit ans, commençait à s'auréoler d'une sorte de gloire locale, grâce à des journaux qui avaient reproduit des poésies et des contes du jeune homme, grâce aussi aux dires des quelques amis restés en Provence. Au collège, les "grands" se vantaient de l'avoir connu. Valabrègue était entré en correspondance avec lui, ainsi que Cézanne, Baille et Philippe Solari. D'une manière ou d'une autre, les nouvelles des exploits littéraires de leur camarade circulaient, et, malgré la pauvreté et les débuts difficiles de Zola, toute cette jeunesse avait les yeux fixés sur lui.

Dès l'âge de quatorze ans Alexis avait essayé son jeune talent à un grand roman d'aventures: "Le Pont des soupirs," auquel il fait allusion

---

5 *Cri,* "La Côte d'Azur." Il s'agit peut-être du dictionnaire d'Auguste Jal: *Glossaire nautique, répertoire polyglotte de termes de marine anciens et modernes* (Firmin-Didot 1848).

6 *E.Z.*, 22

7 En 1864, chez Hetzel et Lacroix

8 *E.Z.*, 22

dans son dernier roman, *Vallobra*.[9] Il mentionne encore un grand drame, "Harmodius et Aristogiton," dont il voulait traiter le sujet, tiré de l'histoire d'Athènes, de manière "à faire du tort à la mémoire de feu Ponsard," grâce à un certain "ronron romantique" puisé dans le théâtre de Hugo qu'il savait alors par cœur.[10]

Pas plus que Cézanne,[11] Alexis, fils d'un notaire, n'avait de goût pour le droit, mais, comme lui, il dut faire des études juridiques. Le peintre avait abandonné assez tôt ses livres de droit. Alexis, lui, ne réussit à se libérer qu'après avoir passé sa licence. Il avait son pain assuré chez son père, son avenir tout tracé, à condition de vouloir devenir notaire. Cette perspective le désolait.[12]

> J'ai "perdu" quatre ans à faire mon droit dans une Faculté de province. Oui, perdu! De ces quatre ans-là, que me reste-t-il? Un diplôme de licencié en droit, dont je n'ai que faire, le moindre clerc d'huissier connaissant mieux ses cinq Codes que moi. Quand je passai ma thèse, qu'un répétiteur complaisant m'avait dictée, j'eus la franchise de prendre pour épigraphe le "Que sais-je?" de Montaigne. On me refusa, ce qui pour la thèse arrive fort exceptionnellement. D'ailleurs, je fus reçu très facilement à la session suivante, bien entendu en n'en sachant pas davantage.[13]

Ce fut vers ce temps-là qu'Alexis commença sa carrière de journaliste, en fondant, avec d'autres étudiants de sa ville natale, *Le Grognon provençal*, "journal satirique ... mais honnête." L'hebdomadaire parut entre le 20 décembre 1868 et le 27 mars de l'année suivante. Alexis y signa, sous le pseudonyme du "Prince Paul,"[14] une chronique, intitulée "Gazette de Hollande." Voici le début de la première:

9 Le héros parle à sa future épouse: "Maintenant, il faut vous dire qu'au collège j'avais commencé à écrire un grand feuilleton sous ce titre: *Le Pont des Soupirs*, et il s'y passait des choses! [...] Des choses si épouvantables, que, dernièrement, j'en ai allumé mon feu" (47).

10 "Les théâtres," *La Réforme*, 15-IV-80

11 Alexis suivit pendant un mois, en 1867, des leçons de dessin d'Honoré Gibert, fils du professeur de dessin (celui qui avait enseigné à Cézanne) et conservateur du musée d'Aix (Trublot, *Le Cri du Peuple*, 13-IV-87).

12 Cf. P. Alexis, "Dangers du notariat," *Le Réveil*, 22-IV-83

13 "L'étudiant," *Le Réveil*, 30-XII-83

14 Dans le numéro du 3 janvier 1869, un certain "Fantasio" donne ce profil du "Prince Paul": "[Il] ne doit ce nom gracieux et fier qu'à ses exquises qualités d'homme et de poète, –car le poète est aussi un prince. Nature paresseuse et indifférente, il ne s'est jamais soucié de se faire connaître, en dehors d'un certain groupe d'amis, autrement que comme un homme du monde et un excellent camarade. Mais tous ceux qui le connaissent de plus près ont pu apprécier ses rares facultés intellectuelles, et peuvent, dès à présent, lui prédire les plus beaux succès littéraires. Je regrette de ne pouvoir insister davantage et mieux préciser le beau talent de notre ami, mais qui vivra verra.

"Prenez une gravure de modes, animez-la d'esprit et d'affabilité, tout en laissant un peu de son impassibilité primitive, tâchez ensuite que le personnage soit distrait à prendre l'acteur Bataille pour le doyen de la faculté, et une borne pour l'ex-ministre Pinard, et vous aurez créé le Sosie du prince Paul. J'oubliais un trait essentiel, organisation exclusivement littéraire et plastique, le prince Paul n'hésiterait pas à faire l'aban-

5

Mon rédacteur en chef, homme aux principes rigides, vient de s'adresser aux graves lecteurs, moi d'humeur plus folichonne, je me permettrai de cascader un peu pour mes lectrices aimées. Voilà toute ma profession de foi.

Et maintenant, à l'œuvre! De la bonne encre, un peu acidée. La plus piquante, la plus finement taillée de nos plumes de Tolède! Pour de l'esprit, on ne peut se promettre d'en avoir. Il court les rues chez nous, mais si vite, si vite...qu'on peut bien ne pas l'arrêter au passage.

A défaut d'esprit, on vous distillera des cancans. A Carpentras, comme à Paris, on les aime: là on en raffole. On ne pourrait pas plus s'en passer, que la reine d'Espagne, de son ministre Marfori. Là-haut, à Babylone, on vit dans la fièvre, ou dans le farniente, on aime, on se jette dans la Seine, ou l'on soupe chez Tortoni, sans avoir à se pré-occuper du *qu'en dira-t-on* de Damoclès. Mais la province est une vieille femme qui bâille, s'ennuie, et dormirait léthargiquement au coin du feu, entre son chat et son chapelet, si elle n'avait la ressource des commérages.

Le futur Trublot du *Cri du Peuple* donna également quelques poésies au journal des étudiants.[15] Nourri de George Sand, de Hugo, de Musset, de Baudelaire et d'Edgar Poe, il écrivit des vers, qui n'étaient que des réminis-cences de ses lectures de prédilection. L'adoration charnelle de la femme, le désespoir accidentel et tout de surface d'un adolescent bien portant, gêné par les contraintes qu'il n'avait pas encore eu l'énergie de briser, ce fut là la substance de ses premiers vers. Entre l'âge de dix-sept et vingt et un ans il composa donc un recueil de poésies, "Les Vieilles Plaies," titre qu'il trouva plus tard un peu grossier et étroit, et qu'il remplaça par cet autre: "Les Excessives."[16]

Ce fut par l'entremise de son compatriote et camarade Marius Roux, qu'Alexis réussit à faire reproduire quelques-uns de ses poèmes dans des journaux parisiens. Roux les communiqua en les faisant passer pour des "inédits" de Baudelaire, détachés d'un ensemble qui aurait porté le titre

don de ses droits de citoyen pour voir, en échange, les épaules de Mme X... au bal."

Dans un article de souvenirs, P. Vigné d'Octon cite ces paroles d'Alexis à propos du *Grognon provençal*: "Je puis, en quelques mots, vous faire le bilan fidèle de notre tentative juvénile: treize numéros, six procès, le tout suivi d'une mort sans phrases... Mais c'est égal, nous en eûmes pour notre argent, et certains philistins aixois n'oublièrent pas de longtemps les morsures de nos jeunes crocs et les coups cinglants de nos étrivières" ("Naturalistes et Parnassiens. Emile Zola et Paul Alexis en Provence," *Les Nouvelles littéraires*, 10-IV-26).

15 "Celle que j'aime" (3-I-69); "Symphonie en la mineur" (27-III-69). Cézanne cite le dernier poème dans une lettre à Numa Coste, écrite vers le début de juillet 1868: "Alexis a eu la bonté de me lire une pièce de poésie que j'ai trouvée vraiment très bien, puis il m'a récité de mémoire quelques strophes d'une autre, ayant pour titre *Symphonie en la mineur*. J'ai trouvé ces quelques vers plus particuliers, plus originaux, dont je lui ai fait compliment" (P. Cézanne, *Correspondance*, éd. J. Rewald [Grasset 1937], 108).

16 Alexis ne publia jamais ses poèmes en volume. Il en fit insérer quelques-uns dans des périodiques.

général de "Les Vieilles Plaies." Le premier extrait parut dans *Le Figaro* du 8 janvier 1869, sous la rubrique "Paris au jour le jour," signée de Francis Magnard. "Ce morceau, écrit le futur gérant du *Figaro*, bien qu'ayant toutes les qualités propres au rare talent de Baudelaire, ne laissera pas que de choquer les gens peu familiers avec cet amour de l'étrange qui caractérisait le poète, et cette admirable science de précision technique qu'il apportait dans le rythme. Les dames sont même prévenues qu'elles ont à frissonner légèrement: un petit geste de dégoût, bien amené, serait aussi d'un bon effet."[17] Ce goût du macabre mêlé de tragique, Alexis le gardera plus tard dans son œuvre, y ajoutant souvent un accent d'ironie, fruit de son don de l'observation comique et de l'analyse des sentiments.

Deux jours après l'article de Magnard, la "galéjade" se poursuit dans *Le Gaulois*, où Zola, dans sa chronique des "Livres d'aujourd'hui et de demain," fait imprimer encore un prétendu poème posthume de Baudelaire, intitulé "Les Lits,"[18] en déclarant que ces vers "portent à chaque hémistiche la griffe du maître."

L'imposture fut bientôt découverte. Il y eut surprise et colère, puis réclamation de la part de l'éditeur des *Œuvres complètes* de Baudelaire. Enfin tout s'expliqua et Marius Roux dut avouer que les fameux vers venaient d'un jeune inconnu de talent. Zola reconnut la mystification dans

17 Suivent les strophes "baudelairiennes," intitulées "A l'amphithéâtre":

Sur la pierre froide elle est toute nue:
Ses grands yeux jaunis sont restés ouverts.
Sa chair est livide avec des tons verts,
Car le corps est vieux et la morte pue.

Bouchez-vous le nez; admirez pourtant:
Elle est encore belle en sa pourriture,
Dans une impudique et folle posture,
Attendant le ver, son dernier amant.

Elle va goûter de tristes caresses,
Et, pour consommer ce lugubre amour,
Elle a conservé le délire lourd,
Le charme malsain des vieilles ivresses.

Mes dégoûts subits pour ses baisers froids,
J'en sais maintenant l'affreuse origine:
N'était-elle pas cadavre et vermine
Dans nos douloureux amours d'autrefois?

– Fouille, Carabin, nerfs, ventre, cervelle.
Dénude les os, découpe les chairs.
Pour connaître à fond celle qui fut belle,
Ne craignons ni sang corrompu, ni vers.

Quand nous n'aurons plus qu'un amas informe,
Que d'épars tronçons d'un cadavre mou,
Comme un vieux chien mort, afin qu'elle y dorme,
Nous la jetterons au fond d'un grand trou.

18 L'article du *Gaulois* du 10 janvier 1869, avec les vers d'Alexis, se trouve dans le tome x des *Œuvres complètes* de Zola, aux pages 775 à 777.

sa chronique du 19 janvier. Il affirmait qu'il se serait contenté d'insérer simplement une rectification, si l'affaire n'avait fait quelque bruit dans la presse. Et, selon lui, il y avait là un cas littéraire intéressant. Il avouait à ses lecteurs qu'il s'était douté, en publiant "Les Lits," que ces vers n'avaient pas été écrits par Baudelaire. Il avait fallu toute sa confiance en son ami Marius Roux, pour qu'il fût dupe. Bien des détails l'avertissaient secrètement: la pauvreté des rimes, la cadence particulière des vers, et surtout l'esprit général des strophes.

> Il n'y pas là pastiche, dit-il, il y a production parallèle. D'ailleurs, j'ai pris mes renseignements. M. Paul Alexis habite Aix-en-Provence, il a vingt ans, il rime comme on chante à cet âge, sans songer à mal. Je soupçonne l'ami qui a donné ses vers comme étant de Baudelaire, d'avoir voulu le lancer. Et, le dirai-je? je me réjouis de cette petite supercherie, qui n'a fait de mal à personne et qui m'a mis sous les yeux les débuts d'un garçon dont le jeune talent m'est très sympathique. [...] Si M. Paul Alexis m'en croyait, il se hâterait de se débarrasser du bagage qu'il a pris à Baudelaire, sans doute involontairement. Il y a en lui un cœur et une chair qui sentent. Demain, il aura trouvé son originalité, je le dis sans hésitation, parce que tout artiste qui vit ses œuvres est forcément un artiste original.[19]

Trente-deux ans plus tard, dans un article nécrologique sur Alexis, Henry Céard écrivait: "Dans sa tendresse à lui être utile, M. Emile Zola avait mal servi les intérêts moraux de Paul Alexis en donnant au public les vers du débutant poétique comme des vers authentiques de Baudelaire. Les poèmes d'Alexis avaient une originalité propre fort distincte de l'originalité de l'auteur des *Fleurs du Mal* [...]."[20]

Le poète des "Vieilles Plaies," pourtant, était ravi de la publicité faite autour de lui. Vers la fin de ce mois de janvier 1869 il écrivit à Roux:

> Merci pour votre amicale et ingénieuse supercherie. Merci pour la douce sensation que j'ai éprouvée à lire mon nom dans le Gaulois. Remerciez aussi Zola de ma part en attendant que je le fasse moi-même.
>
> Je vous remercie aussi de vos bienveillants conseils. Je les suivrai dans la limite du possible. Mon père est un bourgeois intraitable. Le *Gaulois* lui est tombé sous les mains à son cercle. Il est venu me le montrer et m'a dit: "Que signifie ce tapage? Pourquoi *t'affiches-tu* ainsi? J'ai enlevé le journal du cercle, pour que personne ne le lise. Tu ferais mieux de travailler à ta thèse." Moi je ne lui ai rien répondu du tout. J'étais intérieurement furieux. Mais à quoi bon lui dire ce que j'avais dans le cœur? M'aurait-il seulement compris? Je n'aime pas parler à des sourds. Et puis je suis si nonchalant.

19 "Livres d'aujourd'hui et de demain," *Le Gaulois*, 19-1-69 (ibid., 785–6). Cf. les articles de J. Crepet et P. Dufay, "Documents baudelairiens. Baudelaire, Zola, et les *Vieilles Plaies*," *Mercure de France*, CCLXXXIV (1938), 508–10; CCLXXXV (1938), 251, 509–10, où la paternité des vers d'Alexis est encore discutée.

20 *L'Evénement*, 3-VIII-01

Voici ma décision immuable. Je fais mes préparatifs de départ. Dans quelques jours vous me verrez tomber à Paris. Je n'aurai que 3 ou 4 cents francs avec lesquels je pourrai vivre 1 mois ou 2, pendant lesquels je pourrai bien décider *par correspondance* mon père à m'envoyer mon pardon et une petite pension. *J'en suis sûr* car je le sais d'un caractère bon et *faible*.

Donc à bientôt. Je vous envoie encore quelques vers, que je transcris sans classement définitif. Je n'ai pour le moment pas d'autres pièces achevées parce que je travaille à un roman: *la confession de Jeanne*. Mais je vous en enverrai bientôt d'autres, si je ne vous les porte pas moi-même. Si je publiais *les vieilles plaies* j'y mettrais pour épigraphe ce vers de Beaudelaire [sic]: *Les charmes de l'horreur n'enivrent que les forts.*[21]

Depuis longtemps Alexis n'avait plus qu'une idée: devenir homme de lettres et, à cette fin, aller vivre à Paris. Il voulait tout lâcher, et la carrière dans le droit, et la famille bourgeoise, et l'étouffante petite ville, collet monté, cléricale, tout imbue de préjugés d'un autre siècle, dont l'air ne lui semblait plus respirable. "Chacun se connaissant, de père en fils, et la vie étant pour ainsi dire de verre, il en résulte une hypocrisie générale. Comment se montrer tel qu'on est, quand on se sait observé, épié, lorsqu'on sent tant de curiosités éveillées et malveillantes guetter le moindre de vos actes, même derrière les fenêtres closes, même à travers les murs."[22]

Le poète Antony Valabrègue, on s'en souvient, entretenait depuis quelques années une correspondance assez suivie avec Zola, qui l'encourageait à travailler et à lui envoyer ses vers. Valabrègue montrait à Alexis les lettres qu'il recevait de Paris et à eux deux ils les commentaient ensemble. Quand Zola offrait à Valabrègue, dès 1865, de l'aider s'il venait à Paris, où l'auteur de *La Confession de Claude* commençait à se faire un nom, il est fort probable qu'Alexis espérait lui aussi obtenir le soutien de l'aîné.

Au début du mois de septembre 1869, s'étant enfin décidé, Alexis annonçait à Valabrègue son intention de partir:

Jadis des phrases, des rêves, des projets. Aujourd'hui des faits: j'ai brûlé mes vaisseaux. J'ai quitté la famille. A la suite d'un rien, je me suis décidé. Voici ce que j'ai fait. Cette nuit suivi d'un ami, j'ai dévissé

21 B.N., MSS, n.a.f. 24510, fol. 566. Les discussions d'Alexis avec son père au sujet de son désir de se consacrer aux lettres rappellent les difficultés de Paul Cézanne avec sa famille. Celui-ci s'intéressait vivement aux actions de son compatriote, à en juger d'après sa lettre à Numa Coste, écrite vers la fin de novembre 1868: "M. Paul Alexis, garçon d'ailleurs très bien mieux [sic], et on peut dire pas fier, vit de poésies et autres. [...] Il brûle de partir à Paris, sans le consentement paternel; il veut emprunter quelque argent hypothéqué sur le crâne paternel et s'enfuir sous d'autres cieux, où l'attire d'ailleurs le grand Valab... qui ne donne guère de signes de vie. Alexis donc te remercie de penser à lui, il te rend la pareille. Je l'ai traité de paresseux un peu, il m'a dit que si tu savais son embarras (un poète doit toujours être gros de quelque Iliade ou plutôt d'une Odyssée personnelle) tu l'excuserais. Que ne lui donnes-tu un prix de diligence ou autre analogue, mais je conclus à ce que tu lui pardonnes, car il m'a lu quelques pièces de vers qui font preuve d'un talent non médiocre. Il a déjà richement la pâte du métier" (*Correspondance*, 110).

22 P. Alexis, "A 893 kilomètres de la rue de Richelieu," *Le Journal*, 19-1-94

9

de chez moi mes frusques et j'ai écrit à mon père une belle lettre où je lui dis, qu'à 6 heures du matin je pars pour Paris fatalement entraîné par ma vocation littéraire.

De sorte que pour ma famille, *je suis parti* déjà – Malheureusement il n'en est rien. Je n'ai que cent sous dans ma poche. Pourrais-tu, courrier par courrier, m'envoyer 200 fr., somme nécessaire pour filer sur Paris, et y vivre un mois? J'ai tout lieu de croire que ma famille m'y enverra une pension.

Je te demande cette somme parce que, obligé ici de ne pas sortir de jour, je ne sais à qui m'adresser. Marion et Cézanne n'en ont pas et m'ont conseillé de t'écrire. J'attends *anxieusement* ta réponse, comme tu peux penser. Envoie-la-moi, si tu peux, par lettre chargée, rue des Jardins n° 5 (Aix) la chambre d'ami où je suis réfugié.

Je suis incapable de te donner plus de détails, car j'ai passé une nuit blanche et agitée. Et je viens d'élucubrer et d'expédier à la famille une lettre de huit pages.

Pardon de mon sans-gêne; mais c'est la nécessité, et je sais que moi je ne te le refuserais pas.

J'ai dit à ma famille de m'écrire à ton adresse quai de l'Hôtel de Ville n° 82. Si on m'envoie quelque chose, tu me le garderas. Dès que je serai à Paris, je te ferai rendre la somme par la famille. Je dirai même que c'est 3 à 4 cents au lieu de 200 f. afin d'y gagner un petit bénèf honnête.[23]

Effectivement Valabrègue se porta à l'aide de son camarade et lui fournit l'argent demandé. Il écrivit à Zola de Mantes, le 5 septembre:

J'ai *ici* cent francs à la disposition d'Alexis. Je viens de le lui écrire. J'ai écrit aussi à Paul [Cézanne], en cas que ma lettre à Alexis qui lui est adressée à un café, lui arrivât trop tard. [...] Il eût peut-être mieux valu que je n'eusse point encore quitté Paris, pour recevoir Alexis, et lui tenir une chambre prête, et pour le conduire aussitôt chez vous. La faute, en somme, est à Alexis qui prend son parti, au dernier moment. Je rejoindrai Alexis à Paris, quelques jours après son arrivée. [...]

Si Alexis arrive à Paris à l'improviste, dites-lui donc qu'il se loge, rue Cardinal Lemoine au n° 25, où il trouvera une chambre convenable, pour 28 francs.[24]

Et quatre jours plus tard, toujours au même destinataire:

J'ai envoyé cent francs à Alexis. Il doit, à l'heure qu'il est, les avoir reçus. Sa première lettre m'est arrivée, après un retard de cinq jours que je regrette. Depuis je n'ai plus eu de ses nouvelles. J'ignore s'il est parti.

23 Lettre inédite, citée dans D. Le Blond-Zola, "Alexis, Zola et l'époque du Naturalisme," MS., coll. J.-C. Le Blond. La fille de Zola avait préparé cet ouvrage (resté inédit) après la publication de la biographie de son père.
24 Lettre inédite, coll. J.-C. Le Blond

Je lui prêterai cent francs encore à Paris. Mais là commencera la limite des impossibilités, puisque malheureusement, je n'ai que des revenus. Mais peut-être alors, la famille consentira-t-elle à envoyer une pension.[25]

Dès son arrivée dans la capitale, Alexis ne tarda pas à aller voir Zola. Il nous a laissé une description de cette première visite à celui qui allait devenir son meilleur ami:

Vers le 15 septembre 1869, sur les huit heures du soir, mon compatriote et ami, le poète Antony Valabrègue, et moi, nous avions pris l'impériale de l'omnibus "Odéon-Batignolles-Clichy." Arrivé à Paris depuis quelques jours pour "faire" de la littérature, mais bien jeune encore et n'apportant d'autre bagage que quelques vers à la Baudelaire, j'allais être présenté par Valabrègue à cet Emile Zola que je n'avais jamais vu, mais dont j'avais entendu parler sur les bancs du collège, dès ma troisième, lorsqu'il ne faisait encore lui-même que des vers, – à cet Emile Zola dont je savais les œuvres par cœur, et qui, quelques mois auparavant, m'avait causé l'inespérée, la délicieuse joie de voir pour la première fois mon nom "Paul Alexis" imprimé tout vif dans un article du *Gaulois*, consacré à mes pauvres "*Vieilles Plaies*."
A l'endroit de l'avenue de Clichy appelé "La Fourche," nous dégringolons, Valabrègue et moi, de notre impériale. Quelques pas dans la première rue à gauche, et nous voici sonnant au 14 de la rue de la Condamine. Le cœur me battait. Le premier mot de Zola fut celui-ci. "Ah! voilà Alexis! ... Je vous attendais." Dès la première poignée de main, je sentis que c'était fini, que je venais de donner toute mon affection, et que je pouvais maintenant compter sur l'amitié solide d'une sorte de frère aîné. Dans la salle à manger du petit pavillon qu'il habitait alors au fond d'un jardin [...], je me revois, assis devant la table ronde, d'où la mère et la femme du romancier venaient de retirer la nappe. Au bout d'une heure de causerie, quand il m'eut longuement fait parler de moi, de mes projets, de cette Provence, qu'après onze ans d'éloignement il chérissait encore et dont je lui apportais sans doute comme un parfum lointain, la conversation tourna, et il m'entretint à son tour de lui, de son travail, de son grand projet des *Rougon-Macquart*, du premier volume alors sur le chantier. Puis, quand le thé eut été servi, étant allé sur ma demande chercher son manuscrit, il me lut les premières pages de la *Fortune des Rougon*, toute cette description de "l'aire Saint-Mittre" à Plassans, à ce Plassans que je reconnus, puisque j'arrivais d'Aix-en-Provence. Inoubliable soirée qui ouvrait un large champ aux réflexions du débutant homme de lettres, du provincial frais débarqué que j'étais alors.[26]

Désormais le dévouement d'Alexis pour Zola fut absolu. Pas un jour son amitié, sa foi ne faiblirent. En effet, "il personnifia l'amitié dans ce

25 Ibid.   26 *E.Z.*, 90–2

qu'elle a de plus spontané et de plus sincère."[27] Les lettres qui suivent cette introduction en sont la preuve. On y verra Alexis: le compatriote d'Aix, un des témoins lors du mariage de Zola, un des familiers de Médan, un des seuls qui aient pénétré dans la maison de Jeanne Rozerot, l'ami fidèle dont la plume était toujours prête pour défendre l'aîné admiré et aimé d'une de ces solides affections d'homme.

Zola, lui aussi, a rappelé, dans un article, l'arrivée d'Alexis dans la capitale, en faisant en même temps, d'une façon assez précise, la part du talent de celui-ci:

> Il arriva en étudiant, tout frais sorti de la Faculté de droit, et qui désole sa famille en se jetant dans la littérature. C'était une véritable fuite, avec des projets de travail magnifiques. [...] Paul Alexis, myope et distrait, n'était pas du tout le Provençal classique, vif, turbulent, cassant tout. [...] Je sentis tout de suite un esprit contemplatif, un peu lent à se mouvoir, mais d'une prise très personnelle sur les choses. La Provence ne fait pas que des brouillons, des écureuils lancés dans une course aux idées; elle mûrit souvent aussi des tempéraments d'une heureuse paresse, sensuels au fond, goûtant la vie en gourmands et en artistes. Le talent de Paul Alexis est là, dans une sensation très développée. C'est un sensitif qui a besoin d'avoir été ébranlé pour rendre. Il s'analysera lui-même, il analysera les personnes qu'il a coudoyées, avec une pénétration, une souplesse et une abondance tout à fait remarquables; tandis qu'il hésitera et fera moins bon, s'il cherche à bâtir, en dehors de ce qu'il a vu ou éprouvé. J'insiste, parce que cette question du tempérament classe presque toujours un écrivain.[28]

Paris devint le vrai pays d'Alexis, sa ville, la ville-mère de son esprit et de ses ambitions, remplaçant celle où le hasard l'avait fait naître et où son enfance, inquiète bien que matériellement heureuse, avait étouffé. La capitale était, comme pour Rastignac, le champ de bataille où il fallait vaincre ou mourir. Il se plaisait surtout à Montmartre et sur les grands boulevards, ce cœur enfiévré de Paris, battant nuit et jour. Pour lui, Montmartre contenait la quintessence même de la grande ville, la fleur de l'art et de la jeunesse. Se proclamant "citoyen de Montmartre,"[29] il l'habita, à partir de 1875, pendant une vingtaine d'années. Quand il le quitte enfin, c'est parce que le petit village, ce coin du passé, est à jamais détruit. Toute sa nostalgie se fait sentir dans cet extrait d'un article qu'il consacre, en 1894, à la Butte:

> Jadis [...], de quelque côté qu'on la regardât, elle apparaissait de loin comme un jardin unique et suspendu, comme un monticule verdoyant et fleuri, élevant au-dessus de la grande ville-océan un bouquet de nature, un panache de grâce et de poésie. Tandis qu'aujourd'hui... [...] Sans parler du Sacré-Cœur et de son invasion cléricale, un tas de

27 D. Le Blond-Zola, *Emile Zola raconté par sa fille* (Fasquelle 1931), 50
28 "Alexis et Maupassant," dans *Une Campagne, O.C.,* xiv, 623
29 Trublot, *Le Cri du Peuple,* 20-v-86

spéculateurs, youtres par l'avidité sinon par la naissance, se sont mis à bâtir, aveuglément, comme des enragés et des fous. [...] Encore si, en hommes de goût, ils avaient tâché de respecter la poésie de la butte, en construisant par exemple des villas coquettes, entourées de jardins, et de jolis pavillons tapissés de lierre, où seraient venus se loger les poètes, les artistes, les amoureux! ... Mais non! les barbares n'ont édifié que d'infâmes "maisons de rapport" à six et sept étages, de véritables casernes, sans élégance, sans commodité, et même sans solidité, car on les a échafaudées à la diable, avec des murs de pacotille et un tas de vieux matériaux achetés au rabais au *Bazar du bâtiment* et retapés pour simuler du neuf. [...] C'est la mort de la butte.[30]

Les débuts d'Alexis dans la capitale furent plutôt difficiles. Renonçant définitivement à la poésie, il parvint à collaborer à plusieurs journaux. Zola se trouvait lui-même aux prises avec le silence et le parti-pris de la critique à l'endroit de ses premiers *Rougon-Macquart*. Pourtant, il aida le jeune Provençal, lui tendit une main fraternelle, chaque fois que cela était possible et nécessaire, le présenta à ses amis, le recommanda à des rédactions de journaux. C'est ainsi qu'Alexis eut ses entrées à *La Cloche* (1872), à *L'Avenir national* et au *Corsaire* (1873), au *Ralliement* (1876-7). Les articles qu'il écrivit dans ce dernier journal, organe d'avant-garde, sur *L'Assommoir* (4 février 1877) et sur l'œuvre des frères Goncourt (10, 12 et 14 mars 1877), furent parmi les premiers coups de feu annonciateurs de la grande bataille en faveur du Naturalisme. Ce mouvement, si souvent méprisé, se révélait comme une puissance qui ne tarderait pas à dominer une grande partie de la production littéraire.

Au cours de sa vie Alexis entreprit plusieurs collaborations; il ne réussit à s'imposer qu'à trois journaux: au *Réveil* (1882-4), au *Cri du Peuple* (1883-8), et au *Journal* (1892-4). Au *Réveil* et au *Journal* il fit paraître des contes et des chroniques littéraires. Si l'on considère l'ensemble de sa collaboration à ces journaux, on retrouve partout son amour de la littérature, son ironie, ses plaisanteries mordantes, son culte de Zola qui se manifeste à chaque occasion (réelle ou suscitée), son admiration pour les frères Goncourt et pour Flaubert, son amitié pour Duranty et pour Cézanne, sa prédilection pour les hardiesses et les truculences du Naturalisme, sa curiosité pour les nouvelles pièces de théâtre. Ce qui prédomine, c'est le ton de bonhomie, la belle humeur d'Alexis, son rire narquois, ses saillies.

Le Naturalisme, dont il se constitua l'ardent défenseur, tenait une place considérable dans ses préoccupations de critique. Lors de la réception d'Édouard Pailleron à l'Académie française, réception où le dramaturge, dans son discours, avait reproché à l'art contemporain, aussi bien à la peinture qu'à la littérature, son abandon du goût et de la noblesse, son dédain des règles, son exaltation du tempérament, l'exagération de son individualisme, Alexis manifesta son indignation:

Le naturalisme ne consiste pas à nier les règles, à outrer plus ou moins la forme, à rechercher l'ordure pour l'ordure. Non! mille fois non!

30 "Dialogue végétal," *Le Journal*, 20-v-94

D'autres avant moi, et celui qui écrit ces lignes, nous nous sommes égosillés à répéter sur tous les tons, à démontrer de notre mieux, que le naturalisme n'est pas une rhétorique, mais une méthode, –qu'il ne consiste pas à traiter tel sujet plutôt que tel autre, mais qu'il tient dans la façon de traiter tout sujet, réputé noble ou vil, haut ou bas, scabreux ou chaste.

[...] Nous sommes le contraire de toute école. Vive l'épanouissement libre des tempéraments et des originalités. Pas d'élèves! tous maîtres! dût cette multiplicité d'initiatives arriver à produire les apparences d'une véritable anarchie.

Oui! monsieur l'académicien, vive l'anarchie artistique et lit-téraire! Que ceux qui ont le cœur étroit et le sang pauvre claquent des dents, tremblent de peur! Que les gens du monde où l'on s'ennuie et du monde où l'on s'amuse, nous couvrent d'huées en vous applaudis-sant! N'empêche que, de notre bande, de notre poignée, – de notre légion! – doivent sortir la grandeur de l'art contemporain et la con-tinuation de la littérature française.[31]

Lorsque Jules Vallès ressuscita *Le Cri du Peuple* en octobre 1883, Alexis devint un de ses collaborateurs les plus assidus, et ses chroniques naturalistes furent pendant longtemps un des "clous" de ce journal. Là encore, sous le pseudonyme désormais célèbre de Trublot, il prit vigoureusement parti pour le Naturalisme. Toutes remplies d'indiscrétions précieuses pour l'his-torien de ce mouvement, les rubriques de Trublot, écrites pour la plupart dans un langage pseudo-argotique, sont parfois fort savoureuses. Profitant de la liberté attachée à son franc-parler, il s'en donne à cœur joie. Ereinte-ments, éloges, annonces des livres et des pièces de ses amis, souscriptions, sans excepter la petite réclame personnelle que Trublot écrit sans vergogne chaque fois que le besoin s'en fait sentir pour les œuvres de Paul Alexis,[32] on y trouve ressuscitée toute une époque littéraire et artistique.[33]

Trublot est anarchiste à ses heures, mais naturaliste avant tout.[34] Et il ne se fait pas faute de le proclamer:

Les romanciers réalistes, les grands créateurs, écrit-il le 11 juillet 1888, prennent leur bien où y l'trouvent, c'est-à-dire créent leurs personnages

31 "Petite paille! (Pailleron)," *Le Réveil*, 20-1-84
32 Par exemple, le 7 mai 1885 Trublot fait de la publicité pour le recueil de nouvelles *Le Besoin d'aimer*: "Paul Alexis, le solide naturaliste, –un ami à Trubl'– des 'six' des fameuses *Soirées de Médan*, publie aujourd'hui, mercredi, à la Bibliothèque Charpentier un volume alléchant intitulé le *Besoin d'aimer*. C'est une peinture variée, tantôt âpre et tantôt comique –d'un comique de pince-sans-rire,– de ce 'besoin' d'affection, qui est la source de l'humanité, et une des grandes fonctions primordiales de la vie. L'auteur de *Lucie Pellegrin* a su, en examinant le problème sous divers points de vue: le collage, les vierges, les amants, les cocus, etc., produire des chapitres empreints d'un réalisme et d'une observation impitoyables, sans exclure, çà et là, la note tendre."
33 Alexis avait eu l'intention de publier en volume l'ensemble des "trubloteries," sous le titre de: "La Passion des lettres (polémiques et portraits)." Le project ne fut jamais exécuté.
34 Parlant du rôle de Trublot au *Cri*, Gaston Gille trouve le chroniqueur "un des plus vaillants soldats du naturalisme" (*Jules Vallès* [Jouve 1941], 393).

s'lon les besoins d'leur œuvre, en empruntant divers traits, à c'ui-ci, à c'ui-là, à eusses-mêmes, souventes fois à la simple idée qu'y s'font de gens qu'y n'ont jamais vus: c'est leur droit! Tant pis pour les petits amours-propres qui peuvent se formaliser. C'est même l'devoir, l'devoir absolu des grands romanciers, d'se fiche de tout une fois devant leur sujet, et de ne pas accorder à de mesquines considérations plus d'attention qu'elles n'en méritent. Que pèse la non-satisfaction de quèques sots d'vant la raison d'Etat de la littérature?

Sarcey et Sardou, les deux têtes de Turc de Trublot, le Naturalisme et la critique d'art, voilà des sujets sur lesquels il ne tarit jamais. C'est surtout dans le *Cri* qu'Alexis parle des peintres. Il se trouvait en contact journalier avec eux, passant de longues heures dans leurs ateliers, curieux de surprendre les secrets de leur métier et de leur art. En avril 1885, il élut domicile au "Château des brouillards," sorte de cité d'artistes composée de petits pavillons avec jardin, située au-dessus du Moulin de la Galette. Sa femme et lui partageaient le même pavillon que le critique d'art Tabarant, et ils voisinaient avec Renoir, qui habitait tout près.[35]

Ami également de Paul Signac, Alexis devait passer plusieurs étés à Auvers-sur-Oise, où le peintre avait son atelier. C'était ce dernier d'ailleurs qui conseillait souvent Trublot pour ses nombreux articles sur les Impressionnistes. Alexis participait alors à toutes leurs manifestations:

Les Impressionnistes, voyez-vous, c'est c'qu'y a d'à peu près propre dans la tourbe de nos peintres contemporains. En peinture, y représentent justement ce que sont les naturalistes en littérature, les socialistes en politique. Y sont c'qu'y a de plus logique, et d'plus avancé; y repré-

35 Tabarant a rappelé ce moment de sa vie dans un poème dédié à Renoir (*Peinture sous vers* [Montaigne 1929], 79):
Maître, vous souvient-il du château des Brouillards
Perché sur le maquis dans un nid de verdure
Tout au faîte de ce Montmartre aux flancs gaillards
Où nous vivions cachés, tant la vie était dure?
Vaste caserne — vous en fîtes un tableau,
Nous en goûtions l'été la fraîcheur paysanne.
Là demeurait l'ami Paul Alexis, –Trublot,
Tout fier de posséder trois pommes de Cézanne.

"Dans le long immeuble toujours connu sous le nom de 'château des brouillards' cohabitaient alors de notables parisiens, écrit Georges Lecomte dans *Paris que j'ai connu* (cité dans *Apollo* [Bruxelles], No. 70, 1er juin 1949). Renoir [...] habitait là avec sa famille. Il y fit mon portrait sur la couverture d'un de mes livres pour la bibliothèque d'Edmond de Goncourt. Au rez-de-chaussée, le romancier Paul Alexis [...] avait son appartement. Que de fois j'y ai pris de gais repas avec lui, avec sa femme aux grands yeux noirs si jeunes sous la neige prématurée de sa belle chevelure, et ses deux filles. Dans la salle à manger de Paul Alexis on causait joyeusement devant des natures mortes et des paysages de Cézanne [...]."
Dans le tableau de Renoir intitulé "La Famille de l'artiste" (1896, Barnes Foundation, USA), le personnage tout à droite est la fille aînée d'Alexis. Celui-ci a décrit une scène pareille, qui aurait eu lieu au même endroit, dans l'article "Au jardin" (*Le Journal*, 22-v-93).

sentent l'avenir. Obéissant à la poussée générale du siècle, touchés par la science, épris de la vérité, ils ont le privilège commun d'effaroucher les timides et les pédants, de déranger la quiétude de ceux qui tiennent la queue de la poêle –d'la poêle officielle– de scandaliser la niaiserie bourgeoise.

[...] J'lève bien haut l'drapeau de l'Impressionnisme. A moi, tous les zigs de la peinture avancée! J'écouterai vos communications, vos conseils, vos espérances, vos ricanements d'douleur et vos cris d'rage. Trubl' est votre homme, parbleu![36]

Grâce à la sûreté de son goût, Alexis eut maintes fois l'occasion de se montrer critique d'art averti. Les premiers articles que l'on possède de lui sur les peintres datent de sa collaboration à L'Avenir national. Dans le numéro du 5 mai 1873 il s'adresse aux peintres et aux sculpteurs. Il prend le parti des artistes modernes et met sa chronique à la disposition de ceux qui voudraient s'affranchir de la "protection de l'Etat." Une semaine plus tard il reproduit une lettre (du 7 mai) de Monet, écrite en réponse à l'article du 5. Le peintre y remercie Alexis de son intérêt et demande l'appui de L'Avenir national pour la société que ses amis et lui sont en train de former.[37] "Ces peintres, ajoute Alexis, appartiennent à ce groupe de naturalistes, ayant la juste ambition de peindre la nature et la vie dans leur large réalité. Mais leur association ne sera [...] pas une chapelle. Ils ne veulent unir que des intérêts et nos des systèmes."

Les directeurs de journaux ne voulant pas de Zola comme salonnier après la guerre, en raison de ses allures d'"iconoclaste,"[38] le "Salon" de L'Avenir national pour l'année 1873 fut confié à Alexis. L'unique "Salon" qu'il ait écrit parut aux numéros du 19 mai, du 2 et du 17 juin. Il termine le premier article, "Impression générale," en disant: "Sans me croire prophète, je prévois venir toute une génération de radicaux de l'art (pour ne pas me servir de ce nom mal défini de réalistes), fils de la science contemporaine, amants de la vérité et de l'exactitude expérimentales, répudiant le 'beau' convenu, l'idéal classique, l'allure romantique, n'arborant que le drapeau de la sincérité et de la Vie."

Dans l'article suivant il parle des paysages exposés. Selon lui, les paysagistes sont entrés les premiers dans la voie de la vérité. Ils aiment la nature pour la nature. Leur peinture est pour lui la seule qui soit vraiment grande. Et il décrit des tableaux de Daubigny ("La Plage de Villerville," "La Neige"), de Corot ("Pastorale," "Le Passeur"), de Chintreuil, de Lansyer, etc.

Le 17 juin Alexis en arrive aux portraits.

J'avoue avoir un faible pour mon temps, admet-il. Ce monsieur qui passe en jaquette noire, et l'épicier d'en face, et le commissionnaire du

36 Le Cri du Peuple, 1-v-85
37 Cf. J. Rewald, The History of Impressionism (New York: The Museum of Modern Art 1961), 309
38 F.W.J. Hemmings, "Emile Zola critique d'art," dans E. Zola, Salons, éd. F.W.J. Hemmings et R.J. Niess (Genève: Droz 1959), 26

coin, m'intéressent plus que les Grecs et les Romains et les preux du moyen-âge que je n'ai jamais vus. De même que nous demandions aux paysagistes de vrais rochers, des arbres vivants, des sites comme ceux qui nous charment tous les jours, de la nature prise sur le fait, nous allons exiger surtout de nos portraitistes les qualités sincères de la réalité.

[...] L'artiste, après tout, n'est qu'un interprète de la vie. La vie par elle-même, étant toujours belle, il suffit que la traduction soit exacte. Ici, d'ordinaire, on croit vous fermer la bouche par la vulgaire objection: *L'artiste alors ne serait qu'un photographe.* [...] La photographie ne donne que le "mot à mot" imparfait de la réalité. L'art, c'est la phrase entière, largement coulée, traduisant la vie et son sens intime.

Il parle ensuite des tableaux de Duran, Chaplin, Cabanal, Fantin-Latour; du "Bon Bock" et de "Repos" de Manet. Comme l'auteur de *Mon Salon*, Alexis a bien des fois pris la défense d'Edouard Manet. Dans sa chronique du *Réveil* du 1er avril 1882, intitulée "Avant le Salon," il s'étend longuement sur le peintre d' "Un Bar aux Folies-Bergère." Il déclare que ce tableau sera la grande attraction du Salon et il prédit à l'auteur le succès dû au mérite:

L'heure de la justice définitive est arrivée pour ce grand artiste. Depuis vingt ans qu'il expose, au Salon ou ailleurs, des centaines de mille de curieux ont passé devant ses toiles. Celui qui aurait assisté au défilé entier, qui aurait tout entendu, tout retenu, tout noté, en saurait long sur la bêtise humaine.

Cet homme est une force. Croyez-vous que ce ne soit rien d'occuper le public de soi pendant vingt ans, de le passionner pour et contre, même de lui épanouir la rate et de l'horripiler ainsi? Pour cela, il faut être quelqu'un.

Alexis s'évertue ensuite à expliquer la technique de Manet:

Il procède par taches. Voilà ce qui a si longtemps dérouté la foule, dont l'éducation est si lente à faire. Comprenez donc, une fois pour toutes, qu'il faut un certain recul pour que votre œil reconstitue la diffusion de nuances existant dans la nature. Et vous percevrez alors la simplicité et la justesse de cette peinture, justesse des tons entre eux, dans une gamme légèrement plus gaie et plus blonde que la réalité. C'est la note personnelle de ce tempérament, note qui fait, de toute peinture de Manet, une sorte de symphonie lumineuse, étrangement intense et douce.

Le large courant qui va emporter irrésistiblement la peinture vers des nouveautés prodigieuses, conclut l'auteur, c'est l'étude du plein air, sub-stituée autant que possible à l'éclairage conventionnel de l'atelier, –une analyse plus subtile de la couleur, –l'abandon définitif de l'allégorie, de la peinture prétendue 'à idée', –une audace d'observation serrant de près la réalité et la pénétrant plus avant. Tout se tient. Regardant autour de lui,

17

il ne constate partout que des courants parallèles. Roman, théâtre, critique, philosophie, histoire, politique: le siècle entier est entraîné vers l'étude de la nature. Chaque art se renouvelle, en empruntant ce qu'il peut à la méthode scientifique.

En ce qui concerne l'art pictural, Alexis fait encore, comme Zola, figure d'animateur. Peut-être rêvait-il secrètement de devenir pour les néo-impressionnistes ce que le polémiste de *Mes Haines* avait été, vingt ans plus tôt, pour Manet et ses amis. Le combat qu'il menait, lui, était destiné à avoir moins d'éclat. Les artistes que le public et la critique baptisèrent du nom de "pointillistes" eurent, cependant, en ce Provençal plein de fougue et d'enthousiasme, leur héraut et leur tambourinaire. A ce titre, les Paul Signac, les Georges Seurat, les Maximilien Luce, durent une bonne part de leur première renommée à Paul Alexis, qui avait été, par ailleurs, un des plus anciens admirateurs de Cézanne.

Trublot menait également campagne dans *Le Cri du Peuple* en faveur d'André Antoine, "le Manet du théâtre."[39] Depuis longtemps déjà Alexis réclamait la liberté théâtrale: "Avoir un théâtre à soi, mettre le prix des places à la portée de toutes les bourses, et, devant le vrai public, immédiatement, sans se préoccuper du public artificiel et faisandé, jouer de grandes pièces où l'on saperait toutes les règles, où l'on risquerait toutes les audaces: voilà le rêve! Etre un Shakespeare ou un Molière, avec cela, ne gâterait rien."[40]

Cette idée d'un nouveau théâtre, d'un théâtre 'libre', où l'on ne jouerait que des pièces nouvelles, des pièces de jeunes, plaisait, on le sait, surtout à Zola, qui s'était déjà élevé contre la routine et les traditions de théâtre. Il avait donné plusieurs pièces à la scène, sifflées les unes et les autres par un public qui n'avait pas compris le but poursuivi par l'auteur. Lors de sa campagne au *Bien public* et au *Voltaire* il avait proclamé: "Ah! si je pouvais ouvrir toutes grandes les portes des théâtres à la jeunesse, à l'audace, à ceux qui ne paraissent pas avoir le don aujourd'hui et qui l'auront peut-être demain, je leur dirais d'oser tout, de nous donner de la vérité et de la vie, de ce sang nouveau dont notre littérature dramatique a tant besoin!"[41]

Le rôle trop oublié d'Alexis dans la fondation du Théâtre Libre méritait d'être rappelé, comme l'a fait récemment M. Francis Pruner.[42] Le nom de l'auteur de *La Fin de Lucie Pellegrin* restera lié aux beaux jours du Théâtre Libre et aux débuts triomphants de son fondateur. Ce fut Alexis qui servit d'intermédiaire entre Zola et Antoine. Celui-ci avait été mis en rapport avec le disciple du Maître de Médan par Jules Vidal. "Il est si bon enfant, écrivait Antoine à propos d'Alexis à Pauline Verdavoine, et si intéressant malgré ses airs de commis-voyageur. [...] Il est bourré de détails sur des gens que j'ai admirés longtemps de loin: Flaubert, Daudet, Goncourt, Manet, Zola, Tourgueneff, et dont il a été ou est encore intime. –Puis il s'emballe, ce sont

39 F. Pruner, *Les Luttes d'Antoine. Au Théâtre Libre*, i (Lettres Modernes 1964), 49
40 "Les théâtres," *La Réforme*, 1-vi-80
41 *Le Naturalisme au théâtre*, O.C., xi, 297
42 Voir surtout l'essai d'interprétation qui précède l'édition des *Lettres à Pauline* d'Antoine (Les Belles Lettres 1962).

18

des scénarios, des projets de pièces ou de livres, mille aperçus délicats et littéraires."[43]

Nul mieux que Trublot n'a deviné quel incomparable acteur pouvait devenir Antoine. En rendant compte d'une représentation des *Idées de Mme Aubray*, comédie en quatre actes de Dumas fils, donnée au Cercle Gaulois, il écrit dans le *Cri* du 10 mars 1887 :

> M. Antoine, lui, en Valmoreau, m'a semblé [...] atteindre à c'te autorité et à c'te maîtrise si rares dans les spectacles amateurs. Dès qu'il entre, la scène prend un relief et une vie spéciales [*sic*]. La voix, sans être forte, arrive à une netteté et à un mordant merveilleux. Outre sa diction parfaite, il a des silences qui portent sur toute la salle. Ce n'est pas d'après une seule audition qu'on peut juger un artiste, mais je serais curieux de voir la création que ferait M. Antoine avec un rôle de caractère dans une pièce nouvelle.

Et le chroniqueur d'exhorter les membres du cercle dramatique à continuer leur bel effort :

> L'art, voyez-vous, c'est très chouette, et, y a pas, ça fait passer des moments rud'ment agréables – comme l'amour, parbleu! Trutru n'vous dit donc pas adieu, mais "au revoir," parc' qu'y est tout plein content d'avoir fait vot' connaissance. Et, à l'heure où la plupart des Bordenave sont des muffes ou des oublieux, des pontes f'sant la poucette, j'vous cache pas que j'fonde d'grands projets sur vos sorbonnes.[44]

La presse ne se dérangea pas pour les débuts du Théâtre Libre, le 30 mars 1887. Parmi les deux ou trois journalistes qui assistèrent à l'inauguration de la petite scène de l'Elysée-des-Beaux-Arts se trouva, bien entendu, Paul Alexis, dont l'adaptation de l'acte de Duranty, *Mademoiselle Pomme*, y était jouée pour la première fois, sans succès d'ailleurs.[45] Mais heureux du triomphe de *Jacques Damour*, qui avait sauvé la soirée, Alexis s'adresse directement à Antoine, dans le compte rendu de cet événement historique :

> Je pense souvent à vous depuis quinze jours et je rêve aux destinées merveilleuses qui vous attendent, si vous voulez. Songez donc! Le théâtre vieux jeu s'effondre, et les voies sont ouvertes. Il n'y a personne. Tout est à faire. [...] Quelle place à prendre, pour vous, – pour nous aussi, les auteurs naturalistes, – et pour cette foule de jeunes gens des deux sexes, recrues vaillantes de vos cercles d'amateurs, qui, possédés par le noble démon, ne demandent qu'à créer des rôles, même périlleux,

43 Lettre du 8 avril 1887, ibid., 297
44 Commentant l'article d'Alexis, Antoine écrit à Pauline le 9 mars: "C'est en somme beaucoup d'honneur qu'il nous fait et il y a des coins charmants dans sa tartine, qui malgré l'argot sentent le fin lettré et l'artiste qu'il est. Ses bienveillances pour nous tous enveloppent pourtant des critiques fort justes. – Il a forcé la note pour moi un peu brutalement [...]" (ibid., 279).
45 "Ne le jugez pas sur *Mademoiselle Pomme*; il vaut mieux que ça," fut le conseil d'Antoine à Pauline (ibid., 297).

à se montrer hardis, à prodiguer leurs loisirs, leur personne, et ce, non pour gagner de l'argent, ou pour que les soiristes racontent leurs moindres faits et gestes, mais pour l'art lui-même, pour la volupté de vivre quelques heures de la vie intense et fiévreuse de la scène.

D'ailleurs, inutile que j'insiste, ô mon cher Antoine. Depuis la soirée du 30 mars, toutes ces aspirations enthousiastes ont commencé à prendre corps: le Théâtre Libre est fondé, et bien fondé. L'idée va croître et fructifier. Oui, voilà le vrai "Théâtre d'application," une sorte de "Conservatoire" affranchi, pour "jeunes" acteurs et auteurs – affranchi de l'égide administrative, des subsides gouvernementaux, délivré aussi de la Censure, devant tout à l'initiative privée.[46]

Quoiqu'Antoine, au dire de M. Pruner,[47] se servît d'Alexis comme d'un "pantin articulé," celui-ci ne cessa de l'encourager et de l'aider de tout son pouvoir de journaliste. Il était certain (et il ne se lassait pas de le répéter) qu'on parlerait du fondateur du Théâtre Libre dans les histoires du théâtre français de la fin du siècle. Antoine, selon lui, avait consacré son activité et attaché son nom à une œuvre collective de progrès et d'émancipation du théâtre, répondant à un besoin dont l'action sur le public, sur la critique, sur les acteurs, directeurs et auteurs était déjà sensible. Grâce à ce pionnier, toute une armée de nouveaux auteurs envahissait les scènes. Les conséquences de ce déblaiement du terrain théâtral, affirmait Alexis, seraient incalculables. Une véritable révolution dramatique, si elle n'était pas encore faite, était en train de se faire.[48]

Les chroniques de Trublot nous présentent l'image d'un critique sincère qui s'y montre familier et brave, concis et mordant. Il plaide surtout, comme il l'a fait toute sa vie, pour la franchise, la liberté. Avec l'avènement du Naturalisme on n'avait plus besoin d'écoles. Chaque écrivain, affranchi, se trouvait immédiatement en présence de ses sensations et de ses émotions personnelles; par conséquent, on n'avait plus besoin de maîtres. Le Naturalisme, prétendait-il, était exactement le contraire d'une école; ce terme n'était que l'étendard d'un complet affranchissement, la négation de toutes les écoles. "Il faut donc voir en lui, écrit-il à propos de Zola, non pas un chef d'école, –prétention qu'il n'a jamais eue et dont on lui a souvent imputé le ridicule,– mais un simple porte-drapeau, tenant haut et ferme l'étendard de ses convictions littéraires."[49] Plus loin, en décrivant la genèse du "groupe de Médan" et en voulant justifier, pour les détracteurs du mouvement, la véritable attitude des cinq médaniens envers l'auteur de *Nana*, il dit: "La

46 "Le Théâtre Libre. Une première victoire. Bulletin de la soirée du 30 mars," *Le Cri du Peuple*, 2-IV-87.

C'est dans une chronique de Trublot, datée du 1er avril, et qui parut le jour même de la soirée d'ouverture, qu'on trouve la première indication du nom du théâtre d'Antoine. Quoiqu'il l'eût sans doute inventé lui-même, celui-ci attribua le choix du nom de baptême d'abord à Alexis (lettre du 3 avril 1887 d'Antoine à H. Fouquier, dans *Lettres à Pauline*, 337), puis à Arthur Byl (*Mes Souvenirs sur le Théâtre-Libre* [Fayard 1921], 23–4). A ce propos, cf. Pruner, *Les Luttes d'Antoine*, 55–6.

47 *Lettres à Pauline*, 115 et passim

48 "Une leçon de théâtre," *Le Journal*, 19-XI-93

49 *E.Z.*, 147

vérité est que nos rapports avec Zola, loin d'être des rapports d'élèves à maître, ne diffèrent nullement de l'intimité, de la camaraderie affectueuse qui règne entre nous cinq. Au contraire, chacun de nous, je crois, se gênera moins avec lui qu'avec les autres, lui confiera plus librement certaines choses."[50]

Zola lui-même, qui avait groupé ses amis autour de lui, s'est toujours défendu d'avoir voulu former des disciples, d'avoir recruté des jeunes gens qui n'auraient été que des séides et des imitateurs du Naturalisme. Ils avaient, bien sûr, quelques idées en commun, ils étaient d'accord dans leurs admirations et leurs antipathies. Mais Zola savait trop bien, par les conversations des soirs d'hiver et des après-midi d'été dans l'appartement de la rue de Boulogne et autour des parterres de Médan, par l'examen des premières pages de ces débutants en littérature, quels écrivains individualistes se préparaient pour l'avenir.

Léon Hennique, interviewé par Amédée Boyer au début de ce siècle, racontait:

> Les groupements [...] viennent de la camaraderie plutôt qu'ils ne sont la conséquence des mêmes idées. Prenez les naturalistes. Zola, dont il faut saluer très bas le talent énorme, était un romantique. Paul Alexis, sans s'en douter peut-être, était surtout un Stendhalien... Celui qui s'est approché le plus près de la vie, c'est Alphonse Daudet... Les Goncourt aussi, dans certains de leurs livres...comme Flaubert et Maupassant... Quant à Huysmans, son art était essentiellement personnel... Non, les écoles n'ont jamais existé en tant que groupement esthétique... C'est tellement ainsi que les maîtres ont toujours été en discussion avec leurs soi-disant élèves... Seulement, autrefois, on prenait une étiquette pour être agréable à un maître...ou bien, c'était la critique qui vous affublait d'une étiquette selon qu'on fréquentait chez un tel ou un tel. Les naturalistes, nous nous groupâmes autour de Zola, parce que nous étions outrés des attaques dont son œuvre littéraire était l'objet, sinon, nous ne nous connaissions ni les uns ni les autres. [...] Ce qui nous valut l'épithète de naturalistes, ce fut la publication des *Soirées de Médan*, dont l'idée nous vint un soir, après dîner, où nous évoquâmes des souvenirs de la guerre de 1870.[51]

L' "école" naturaliste se réduit en somme à un maître et à un disciple, à Zola et à Alexis; et il n'y a que ce dernier qui souscrive strictement à la pure théorie naturaliste. Le disciple "poussa parfois la fidélité et le zèle jusqu'à s'efforcer de réaliser ce que le maître formulait par système et négligeait ensuite à dessein. Il fut le seul 'médanien' intégral et sans les intentions ironiques de Huysmans, de Céard ou d'Hennique."[52]

Entre les six écrivains, dits "de Médan," l'accord sur le but à poursuivre et l'entente ne sont donc qu'apparents. L' "école" de Zola existe

50 Ibid., 183–4
51 A. Boyer, *La Littérature et les arts contemporains* (Méricant [1910]), 93–4
52 L. Deffoux, *Le Naturalisme* (Les Œuvres Représentatives 1929), 106

seulement sur la couverture du volume des *Soirées de Médan*.[53] "Les auteurs, ont remarqué Deffoux et Zavie, nous apparaissent aujourd'hui comme de libres esprits qui n'avaient de commun entre eux que la sincérité, le culte des lettres et l'amour de leur art."[54] Tous jeunes et débordant d'enthousiasme, ils se lièrent sans arrière-pensée, en 1876. Mais bientôt la vie, en accentuant le caractère propre de chacun d'eux, les sépara. Huysmans appartenait à la Hollande par ses ancêtres et ne reculait devant aucune image réaliste, il recherchait la plus colorée, la plus vive: son style est brutal et d'une grande originalité. Alexis, méridional et rêveur, tentait d'analyser très exactement les personnages de ses nouvelles, et travaillait lentement, en grand admirateur de Stendhal et de Duranty dont il s'efforçait de concilier les tendances en un style à lui. Le champenois Céard avait fait siennes les théories naturalistes, mais c'était avant tout un psychologue. Maupassant, qui venait de Normandie, avait les qualités d'un conteur, doublé d'un poète, un style clair, où la bonne humeur n'excluait pas un accent de passion. Hennique, né dans la Guadeloupe, s'évadait vers l'inexprimable et le rêve.

En parlant des *Soirées de Médan* avec Léon Hennique vers la fin de sa vie, Denise Le Blond-Zola remarqua dans les propos de celui-ci quelque réticence au sujet d'Alexis, réticence que le ton cordial de la préface de l'édition du cinquantenaire n'aurait pas pu lui laisser prévoir. Cependant l'auteur de "L'Affaire du Grand 7" ne consentit pas à préciser les raisons du refroidissement qui s'était glissé dans leur amitié.[55] Quant à Huysmans, on peut remarquer dans les lettres qui suivent cette introduction qu'Alexis lui devint indifférent. Céard s'expliqua dans l'article nécrologique qu'il écrivit au lendemain de la mort d'Alexis:

> Nous avions débuté ensemble, dans les lettres. Nos opinions ne nous avaient guère réunis. La vie, plus tard, nous avait séparés [...]. Paul Alexis fut, entre les plus fidèles, le plus dévot des amis de M. Emile Zola. Littérature, théâtre, polémique, politique même, il acceptait comme Evangile toutes les manifestations du talent ou des erreurs du maître et il mettait sa gloire à devenir son ombre, une ombre qui, respectueusement, marchait toujours non devant, mais derrière lui.[56]

Parmi ses camarades de Médan, seul Maupassant resta en bons termes avec Alexis. Celui-ci lui consacra plusieurs articles de journal et lui dédia *Trente Romans*.

53 Dans sa lettre de remerciement pour le volume de nouvelles, Numa Coste écrivait à Zola en août 1880: "Il me semble que vous avez eu tort de vous rendre solidaire *des cinq*. Vous voilà désormais responsable de ce qu'ils feront de mal sans que ce qu'ils feront de bien vous profite. Cela n'ajoute rien à votre gloire et peut faire jeter des pierres dans votre jardin. Et puis il est si doux de n'avoir pas d'école à faire ni de maître à écouter" (lettre inédite, coll. J.-C. Le Blond).

54 *Le Groupe de Médan* (Payot 1920), 19

55 "Alexis, Zola et l'époque du Naturalisme"

56 *L'Evénement*, 3-VIII-01. Au reproche qu'on lui faisait parfois de ne pas avoir de talent personnel et de suivre trop fidèlement le sillage du Maître, Alexis répondait: "Que voulez-vous! Je ne suis qu'un peu de son ombre" (dans P. Vigné d'Octon, "Emile Zola et Paul Alexis en Provence").

Malgré sa bonhomie et malgré la fervente volonté qu'il manifestait de se maintenir à l'unisson du groupe, Alexis fut donc, petit à petit, tenu à l'écart par ses collègues. Ceux-ci étaient-ils un peu jaloux de la protection fraternelle dont Zola entourait son compatriote? Toujours est-il que le grand aîné réservait à Alexis et à lui exclusivement la faveur que nul autre ne put se vanter d'obtenir, pas même Céard, qui fut pendant longtemps le conseiller intime de Zola: celle de le laisser s'asseoir près de lui, à sa table de travail, dans le cabinet de Médan, et d'écrire dans l'atmosphère même où furent conçus les plus célèbres romans des *Rougon-Macquart*. Il faudrait sans doute aussi tenir compte des opinions politiques d'Alexis, qui fut socialiste alors que les autres étaient des petits bourgeois conservateurs. Ou bien encore, ceux-ci voyaient-ils avec quelque rancœur le favori se mettre à écrire son *Emile Zola, notes d'un ami*, biographie à laquelle, pendant de longues années, se sont reportés les historiens du Maître de Médan comme à la source de renseignements la plus sûre? Quoi qu'il en soit, Alexis "fut quelque peu sacrifié dans le groupe des romanciers naturalistes."[57]

"Paul Alexis n'eut jamais de vraie et de sincère chance," nous raconte encore Céard dans l'article précité. "La croix qui est venue trouver tous ses collaborateurs des *Soirées de Médan*, sans qu'on sache pourquoi, n'est jamais allée le chercher [...]." Quant à l'Académie Goncourt, si Céard avait encouru une disgrâce momentanée auprès d'Edmond, après l'échec de *Renée Mauperin*, du moins ne perdit-il pas son droit d'en faire partie, lorsqu'il fut enfin élu au lieu sacré en 1918. Alexis, lui, toujours disciple respectueux et admiratif d'Edmond comme de Zola, n'eut jamais à se plaindre d'un refroidissement dans l'accueil qui lui était réservé au Grenier. *Les Frères Zemganno* et *Charles Demailly*, qu'il avait portés à la scène avec l'assentiment du Maître d'Auteuil, avaient eu leur chance de succès relative. Mais tout cela ne comptait sans doute pas: Trublot ne devait pas être l'un des dix.

Cette "malchance qui poursuivit Alexis est imméritée," écrit M. René Dumesnil. Cependant, suggère-t-il, "il en souffrit moins qu'on ne pourrait croire: son affection pour Zola suffit à remplir son destin. Elle dura trente-deux ans, sans la moindre éclipse."[58] Cet attachement immuable est parfaitement illustré dans une lettre qu'Alexis adressa à Jean Richepin au lendemain d'un article de celui-ci sur les auteurs des *Soirées de Médan*.[59]

[Je suis] profondément mélancolique de la façon dont vous traitez Zola, atteint en sa personne comme s'il s'agissait encore de moi. Si vous saviez, aussi, tout ce que je dois à cet homme! Que serais-je aujourd'hui, sans lui? Le commencement de notoriété qui nous est venu depuis un an ou deux à moi et à quelques autres, je ne me fais pas illusion: ce ne sont que quelques étincelles égarées, provenant du rayonnement que cet homme extraordinaire a déjà fait autour de lui! Lui, a eu toutes les angoisses de la lutte solitaire, longtemps sans résultat, conspué, méconnu,

57 Deffoux et Zavie, *Le Groupe de Médan*, 174
58 *La Publication des "Soirées de Médan"* (Malfère 1933), 44
59 "Portraits à l'encre. Les six naturalistes," *Gil Blas*, 21-iv-80. La lettre d'Alexis, datée du 20 avril, est reproduite dans un article de souvenirs de Richepin: "Copains et copines. Paul Alexis," *Demain*, No. 16 (1925), 5-11.

ignoré même, lorsque ses livres se vendaient à deux éditions à peine, et ne suscitaient pas un seul article de la critique occupée ailleurs. Lui, a eu à surmonter toutes les difficultés dans cette bataille où il s'agissait constamment pour lui de vie et de mort. Tandis que nous, comme des fils de famille qui hériteraient d'une fortune qu'ils n'ont pas gagnée, nous n'avons eu qu'à nous trouver là. Avant d'avoir rien semé, nous avons récolté! [...] Alors, mon cher ami, comment admettriez-vous que je ne sois pas désolé (moi surtout! moi qui, depuis plus de dix ans, aime Zola comme un frère aîné [...]), comment pourrais-je ne pas être attristé de votre injustice envers cet homme? [...] Vous l'ignorez absolument.

Même dans le domaine de la vie privée, Alexis cherchait l'avis de ce "frère aîné." Par exemple, ne pouvant décider s'il devait demander la main d'une jeune fille dont il avait fait la connaissance en Normandie, il fit appel aux conseils de son ami (l. 70). Cette fois, cependant, Alexis ne fut pas de l'opinion de Zola, qui l'avait sans doute découragé de se marier. "Malgré toute mon amitié pour vous et ma confiance en votre flair habituel, lui écrit-il le 15 octobre 1884, je n'ai pas *pu* vous écouter. Vous savez que je suis un homme d'instinct et j'ai suivi mon instinct. [...] On ne vit pas deux fois, sacrebleu! Et je suis un passionné, en tout, vous le savez." Vivant avec Marie Monnier à partir de cette époque-là, il l'épousa légalement en août 1888. Sa femme étant fille illégitime, Alexis, indécis comme toujours, ne sut comment révéler sa liaison et la naissance de sa première fille (en 1886) à sa famille aux préjugés bourgeois. Ce fut Zola en fin de compte qui joua le rôle d'intermédiaire entre Alexis et les parents à Aix-en-Provence (voir surtout la lettre 162).

Vu sa fidélité, il n'y a donc pas lieu de s'étonner de ce qu'Alexis fût dreyfusard dès le premier jour. En pleine Affaire, il s'explique:

Non seulement je n'ai jamais "quitté" Zola, moi, mais je l'ai mieux connu chaque jour, davantage aimé et admiré. De sorte que sa courageuse intervention dans l'affaire Dreyfus, qui a étonné les sots et ceux qui le connaissaient mal, révolté tant de misérables, m'a paru à moi des plus naturelles. Aussi, sa subite et révoltante impopularité ne m'impressionne guère. Et sa condamnation, mon premier mouvement d'indignation passé, me laisse indifférent. Ses accusateurs et ses juges ne se sont certainement pas doutés qu'en condamnant, ils ne faisaient que préparer l'avenir, consacrer son œuvre, élargir son champ d'action: trois cent soixante-cinq jours de prison non mérités peuvent contenir toute une éternité de gloire.[60]

Quand on se rappelle la vieille amitié qui liait les deux hommes, on a raison de penser aussi que, en dehors des principes et de la communion

60 *Livre d'hommage des Lettres françaises à Emile Zola* (Société Libre d'Editions des Gens de Lettres 1898), 1–2. D. Le Blond-Zola, dans l'*Emile Zola raconté par sa fille*, note que "des médailles à l'effigie du romancier, de Picquart, de Dreyfus, avaient été frappées et mises en vente," et qu'Alexis "en portait une fièrement à sa chaîne de montre, quoique ce ne fût qu'une modeste médaille en métal doré" (228).

littéraire, Paul Alexis, vrai Boswell de la littérature française, éprouva un grand bonheur d'affection à se mettre, une fois de plus, aux côtés de son ami sous les outrages et même, par ces jours de vertige meurtrier, dans le péril. Un tel attachement imposait le respect même aux adversaires. C'est Georges Lecomte qui, à ce sujet, rapporte une anecdote bien caractéristique. C'était à la Cour d'assises, au jour des plus grandes colères. Exaspéré de quelque perfidie, Zola, en une phrase éloquente, venait de prendre la défense de la vérité. Perdu au milieu d'une foule hostile, Alexis, avec une calme bravoure, comme il l'eût fait dans une salle de spectacle des plus paisibles, frappa de sa canne le parquet pour marquer son approbation. "Déjà les poings se tendaient vers notre tranquille champion de vérité lorsqu'une amazone de l'autre troupe, reconnaissant Alexis et retrouvant quelque générosité féminine, arrêta l'assommade en criant: 'C'est Paul Alexis. Laissez-le. Son amitié fait son devoir!' " Le geste d'Alexis, ajoute Lecomte, fut déterminé par un devoir bien plus impérieux que celui de l'affection, par le devoir de rester fidèle à lui-même.[61]

Le jour où il s'installa avec sa famille à Verneuil-sur-Seine, il avertit son secrétaire Amédée Boyer en datant ainsi sa lettre: "Samedi 9/9 99 (Acquittement d. Dreyfus) à 9h,9 du matin."[62] Pour lui, Dreyfus ne pouvait manquer d'être acquitté. Il accueillit donc avec indignation le verdict du Conseil de guerre de Rennes qui reconnut Dreyfus coupable, mais lui accorda les circonstances atténuantes.

Verneuil, village de Seine-et-Oise (aujourd'hui les Yvelines), tout près de Médan, revit Alexis presque chaque jour de cet été-là traverser sa grande rue, l'Avenue du Château, et s'arrêter rue d'Agincourt où demeurait Jeanne Rozerot et ses enfants. Là, comme chaque année à cette époque, Alexis et sa famille vinrent passer une quinzaine de jours, tout d'abord chez la mère des enfants de Zola, puis ils s'installèrent chez un charcutier, M. Turet, de la rue des Graviers, qui leur loua des chambres. Ayant assisté aux luttes morales de son ami dès 1888, Alexis fut un des seuls à pénétrer dans la maison de Verneuil, dans le petit cercle qui entourait Zola chez Jeanne Rozerot.[63] Leur fille a rappelé les dernières vacances qu'elle avait passées auprès de l'ami de son père:

Notre maison était très vaste et, dans une aile, se trouvaient les deux pièces qu'on mettait à la disposition des amis. Noctambule incorrigible, Alexis sortait le soir après dîner, courait la campagne et les bois, jouissant des belles nuits, recommandant qu'on voulût bien lui laisser le hamac accroché sous les grands arbres de notre jardin. Un soir, montant

61 "Une époque littéraire. Paul Alexis et le Naturalisme," *Grande Revue*, No. 35 (1905), 180–2

62 Voici le texte de cette lettre, reproduite en fac-similé dans Deffoux et Zavie, 153: "Cher Amédée, Depuis ce matin, nous sommes installés ici –pour 1 mois au moins, si le temps est passable et si nous nous y plaisons– C'est à 200 mètres de Madame R... –un peu au-dessus de l'Eglise. Votre très votre, Paul Alexis."

63 Il est à noter qu'il n'existe aucune lettre d'Alexis à Zola entre 1894 et 1898. Sans doute des lettres, contenant des allusions à la liaison de Zola, ont-elles été détruites par Mme Zola lors du classement de la correspondance du romancier après sa mort.

me coucher, gamine de dix ans, je m'étonnai de voir dans une encoignure de l'escalier, une petite lampe allumée. On n'était pas encore au temps de l'électricité installée partout dans les campagnes. Et on me répondit que cette lampe était pour mon parrain, quand il rentrerait de promenade. Cela me semblait assez drôle ce vagabondage nocturne, lorsque tout le monde dormait, mais j'aimais bien les courtes promenades après dîner en compagnie de mon grand ami. Il nous emmenait, mon frère et moi, avec ses filles, et je crois bien que c'est lui qui nous apprit le nom des étoiles, comme il nous a montré un soir d'août, sur une feuille de ronce, logée au creux de sa main, la petite merveille qu'est un ver luisant ...[64]

Alexis flânait beaucoup, à la campagne et en ville. En allant le soir à son journal pour corriger ses épreuves, il s'arrêtait fréquemment dans les petits débits del a rue du Croissant dont il aimait étudier le grouillement particulier; les épreuves corrigées, il recommençait son ascension peu empressée de Montmartre, s'attardant partout et le plus longtemps possible. Ce Méridional bon enfant avait le mouvement lent et son rêve ne tenait pas toujours compte de la réalité, pas plus que sa traînasserie ne se souciait des occupations des camarades. Sa démarche pesante, son regard attentif de myope et en même temps un peu distrait de rêveur le révélaient tout entier.[65]

Pendant ces flâneries il savait toutefois bien observer. Il s'intéressait vivement aux êtres humbles. Ce que la vie lui révéla peu à peu de douloureux et d'injuste ne fit qu'accroître son intérêt pour la vie pittoresque du peuple. Souvent attendri, il examinait attentivement les existences moyennes, sans mépris ni ironie. Il composa des études sur la condition des filles, les mœurs des maisons publiques et les aventures de bouges. Juste et consciencieux dans sa présentation, il traitait les sujets les plus insolites sans aucune espèce de parti pris, avec plutôt un air de naïveté qui était bien à lui. Par exemple, dans le recueil intitulé *Le Besoin d'aimer*, ce sont d'ardents appétits physiologiques que l'auteur s'est plu surtout à analyser. Les histoires qu'il raconte sont des histoires de liaisons sexuelles ébauchées, de bestiales et infamantes accoutumances, de caprices honteux assouvis, de brusques dégoûts et de révoltes contre la tyrannie de la chair.[66] Toutes les pages ont une âpreté réfléchie. "Le Collage" en est une des plus caractéristiques. C'est une simple aventure qui vaut par la manifeste vérité de l'histoire et par la description

64 "Alexis, Zola et l'époque du Naturalisme." Alexis était le parrain du fils de Zola et non de sa fille.

65 "Rentrant chez lui, écrit encore Denise Le Blond-Zola, il lui arrivait de heurter parfois un réverbère. Il soulevait alors son chapeau, me dit en souriant son ami Tabarant, il se confondait en excuses. Puis, s'apercevant de sa méprise, il était le premier à railler sa myopie qui en était la cause" (ibid.). René Dumesnil souligne ce trait d'Alexis: "Il était d'une myopie qui, l'âge venant, alla jusqu'à la demi-cécité, mais qui ne l'empêcha point de rester noctambule décidé, coureur de mauvais lieux où l'attirait la passion du 'document humain' au moins autant qu'une dilection certaine pour la 'volupté triste' " (*La Publication des "Soirées de Médan,"* 43).

66 "[Alexis] estimait que l'important était d'entretenir son corps en joie par un heureux scepticisme placé au service des pratiques ordinaires de la volupté" (Deffoux et Zavie, 174).

scrupuleuse du train-train quotidien de cette vie à lit commun. De même, dans les autres nouvelles, chaque fois que l'auteur note des incidents qu'il a pu recueillir, de petits faits ramassés par l'observation directe, des sensations personnelles nées d'incidents médiocres, il bâtit des œuvres solides et vivantes. Mais dès qu'il essaie d'ébaucher une intrigue, il trébuche et frappe à faux.

Ces tranches de vie sont écrites avec une recherche très sérieuse de l'exactitude.[67] Comme Zola, Alexis avait le culte du vrai. Le souci de bien placer un trait d'émotion ou de mœurs prédominait chez le disciple. Une touche maladroite, un ton ou un sentiment faux devaient lui inspirer la plus vive répugnance. Passionné de précision, il savait rétablir dans leur position exacte les objets qu'il dépeignait. Il était désolé chaque fois qu'il commettait une faute dans le "rendu" d'un lieu, d'un être ou d'une figure.[68] En commentant *La Fin de Lucie Pellegrin*, premier recueil de nouvelles d'Alexis, Zola juge bien le talent de son ami:

> [C'] est avant tout un sensitif. Chez lui, l'analyse procède par la sensation. Il a besoin de voir pour savoir, d'être remué pour peindre. Son livre entier est fait de souvenirs. Il conte des histoires qui se sont passées autour de lui, en les modifiant à peine. Evidemment, il lui faut travailler sur la nature, il ne dissèque bien que les gens qu'il a connus et fréquentés; alors, il arrive à des nuances très fines, très délicates. Je ne crois pas qu'il mette jamais debout de grandes figures typiques, tirées de son cerveau; mais il emploiera avec une véritable puissance de pénétration les documents que la vie lui fournira.[69]

C'est surtout dans ses contes qu'Alexis a réussi à montrer ces qualités d'observation, de précision et de sobriété: ce sont des tableaux pris sur le vif, d'un réalisme poussé à l'extrême, où l'auteur n'a reculé ni devant un mot osé, ni devant une situation scabreuse. Témoin cette description d'une visite que reçoit Lucie Pellegrin de ses amies:

> Elles frappèrent deux ou trois petits coups discrets. Enfin elles se décidèrent à pousser la porte. Et la chambre leur sembla déserte comme la pièce d'entrée, comme la cuisine, comme le salon, comme tout

---

67 "Il y a une certaine parenté entre Alexis et Champfleury, affirme M. Dumesnil, tous deux volontairement appliqués à l'étude des êtres dont les difformités morales sont, par eux, photographiées avec une impitoyable tranquillité" (*Le Réalisme et le Naturalisme* [Del Duca 1962], 365).

68 Les mots venaient difficilement à Alexis. Cette lutte de créateur étonnait Maupassant. "Pas possible! il veut singer Flaubert," disait-il de son collaborateur (cité dans Deffoux et Zavie, 158).

Les mêmes auteurs racontent encore l'anecdote suivante à propos d'Alexis: "Son indigence d'idées créatrices était devenue légendaire à Médan. Après le dîner du dimanche, il demandait souvent à Mme Zola la liberté de gagner sa chambre, vers 9 heures. –Alors que les camarades des *Soirées* musaient dans le jardin ou remontaient la Seine sur la barque *Nana*, lui prétendait se mettre au travail. Maintes fois on le retrouva le lendemain matin, lourd de fatigue, écroulé sur la table, la tête penchée sur la feuille de papier dont le blanc rebelle ne s'égayait même pas de la page 'amorcée' " (ibid.).

69 *Le Roman expérimental*, O.C., x, 1314

l'appartement, comme la loge de madame Printemps. Elles tendaient avidement le cou, leurs regards pénétraient jusqu'à l'alcôve maintenant, et l'alcôve aussi devait être vide. Elles n'entendaient que le bruit de leur respiration. Lucie Pellegrin n'était sans doute plus là, à moins qu'elles ne la retrouvassent morte dans ce lit enfoncé sous des rideaux bleus, dont elles n'osaient pas encore approcher. [...]

Tout à coup, l'édredon fut soulevé, et l'on entendit comme le déchirement mouillé de l'intérieur d'une poitrine. Eveillée de son profond sommeil par une quinte étouffante, Lucie Pellegrin vomissait le sang. Sa petite main blanche, affaiblie, ne retrouvait plus le mouchoir roulé sous l'oreiller. On eût dit qu'elle venait de manger des cerises, pour avoir ainsi barbouillé de jus ses lèvres pâles, jusqu'à son menton tout aminci. Un tiède filet rouge lui coulait même sur le sein, éclaboussant de rose vif le voluptueux devant de chemise garni de dentelles. Et de sa voix déchirée, elle appelait:

– Madame Printemps, ma tisane, je veux ma tisane!... Oh! cette madame Printemps![70]

Le style y est exact sans être technique, coloré sans être bariolé, simple sans sécheresse. C'est l'instrument fort et souple qui convenait au scrupuleux chercheur de vérité. Sa touche spéciale était assez différente de la manière des autres médaniens. Henry Céard observait:

Si Paul Alexis admire par-dessus tout la puissance décorative d'Emile Zola et ses descriptions tumultueuses et colorées comme des fresques, il a une passion tenace et plus étroite pour la sécheresse psychologique de Stendhal. Il tâche de combiner les deux manières et se crée ainsi une manière d'expression qui vaut d'être étudiée et qui ressemble à la fraîcheur de tons et à la dureté de lignes des objets vus dans le champ d'un appareil photographique.[71]

Un style nu, dépouillé d'images, une préférence pour les lieux communs, les clichés, un rejet de cette écriture "artiste" des Goncourt, une psychologie mécaniste appliquée à l'étude des êtres simples, photographiés dans tous leurs replis, un reportage pittoresque, mais fidèle de la vie de l'époque: telle apparaît la manière de Paul Alexis. Quoique le caractère méticuleux de son style fût quelquefois une source de faiblesse plutôt que de force, il y mêlait assez souvent une fantaisie méridionale et une verve blagueuse. Et c'est par là, remarquent Deffoux et Zavie, "qu'en tant que documents, [ils] sont plus précieux peut-être que beaucoup d'autres, naturalistes aussi et non moins riches de talent, mais dont les prétentions à l'impersonnalité font des œuvres froides et insensibles."[72]

Pourtant le nouvelliste a mis toute son ambition, tout l'effort de sa vie

70 *La Fin de Lucie Pellegrin* (Charpentier 1880), 26–8
71 *L'Evénement*, 3-VIII-01. R.J. Niess constate qu'Alexis "is a paragon of exactness and precision; all the i's are dotted, all the t's are crossed, so that his work is really something of a small compendium of the whole French naturalistic method" ("George Moore and Paul Alexis: the Death of La Pellegrin," *Romanic Review*, XXXVIII [1947], 38).
72 *Le Group de Médan*, 162

créatrice, dans ses deux romans, *Madame Meuriot* et *Vallobra*, espérant enfin conquérir le gros succès tant de fois manqué. Les romans d'Alexis, aussi bien que son théâtre et ses nouvelles, ne sont souvent que l'étude des impulsions, des instincts et des sentiments des personnages. Ses livres présentent rarement des questions d'argent, des difficultés matérielles de la vie, choses qu'il traite légèrement et comme en passant, mais plutôt des actions spontanées, des gestes involontaires qui, devançant tout raisonnement et bouleversant toute logique, provoquent le drame et révèlent à fond le caractère. Le grand souci de ce stendhalien était de montrer les actions des hommes, les mobiles de leurs actions.

Il ne cessa de revendiquer le nom de "romancier naturaliste." C'était du côté du roman naturaliste qu'il fallait chercher le progrès et "le grouillement de la vie," écrivait-il maintes fois. Lors d'un débat sur le roman "moral" ou "amoral" Henry Fouquier accusa Alexis de n'écrire que des "procès-verbaux" et affirma que le Naturalisme, dans le domaine du roman, négligeait l'âme au profit du corps. Ce qu'on trouve dans la *Sapho* de Daudet, au contraire, c'est ce qu'appelle Fouquier: "des âmes choisies," des passions vivantes.[73]

Alexis riposta à l'accusation dans un article intitulé "Les âmes choisies":[74]

> Du moment où le romancier dresse un procès-verbal, il a la prétention d'exprimer la vie dans sa totalité, et l'action, et le rêve, enfin toute la lutte humaine. Aussi refuse-t-il absolument d'y introduire des partis pris de morale, de mettre [...] les bons à droite et les mauvais à gauche, d'intervenir en somme dans le travail de la vie pour la réorganiser d'après une police destinée à maintenir le bon ordre. Ce qui l'irrite surtout, ce qui le paralyserait, ce sont les écrivains qui arrivent avec de la morale toute faite, et qui s'en servent pour mettre la lutte où elle n'est pas. [...] C'est au véritable mobile des faits humains que nous voulons remonter, sans les étiquettes à l'avance. [...] Oui! un roman n'est guère qu'un épisode du combat de la vie. Mais, je le répète encore, ce combat ne doit pas être réglé comme au cirque, par des farceurs qui trichent sur les armes. Il est au plus profond des êtres et en dehors de tous les catéchismes de la morale bourgeoise.

Fouquier continua la polémique en expliquant plus clairement ce qu'il entendait par des "âmes choisies." Ce ne sont pas de ces âmes bourgeoises et vertueuses, mais plutôt de celles-là "où les passions [ont] une vivacité, un relief, une force qui les rende intéressantes." La jalousie d'un Othello décèle plus de passion que le vice d'un Coupeau. Fouquier conclut que le roman

---

73 "A propos de *Sapho*," *Gil Blas*, 9-VII-84 (app. J:3). La première réaction d'Alexis se lit dans *Le Cri du Peuple* du 12 juillet: "Il s'agirait [...], mon bon Nestor, de m'expliquer ce que t'entends, toi, par des 'âmes choisies' [...] – d'autant plus que t'ajoutes qu'elles 'peuvent être abominables.' Du choix dans l'infect, alors? Je vois ce qu'il te faut! Ce que Flaubert appelait 'de la m.... à la vanille.' Gourmand, va!"
74 *L'Écho de Paris*, 1-VIII-84

impersonnel n'est pas réalisable, que le romancier ne peut pas s'empêcher d'exprimer un idéal à travers ses personnages.[75] Et Alexis de répondre :

> Moi, je vous dis qu'au fond de toutes les passions il y a des fatalités physiologiques, pathologiques, si vous voulez. Voilà en quoi nous différons peut-être. Seriez-vous un simple spiritualiste? Moi pas. Quel est ce 'quelque chose' qui manque à Coupeau? Qu'il est plus mal habillé qu'Othello? Evidemment. Mais vous savez comme moi que l'habit importe peu. Non! pas de faux fuyants, appelons les choses par leur nom : avouez que vous reprochez aux naturalistes de représenter 'des héros sans délicatesse.' Eh bien! je vous dis, moi, que nos personnages en ont encore trop, que la vérité exacte est plus brutale et plus laide que nos œuvres.[76]

On retrouvera la véritable profession de foi de ce Naturaliste impénitent dans la lettre qu'il écrivit à Jules Huret le 4 avril 1891, à la suite du fameux télégramme,[77] au sujet de l'enquête du critique sur l'évolution littéraire :

> Le naturalisme est le contraire d'une école. Il est la fin de toutes les écoles, mais l'affranchissement des individualités, l'épanouissement des natures originales et sincères. [...] Le naturalisme n'est pas une "rhétorique," comme on le croit généralement, mais quelque chose d'autrement sérieux, "une méthode." Une méthode de penser, de voir, de réfléchir, d'étudier, d'expérimenter, un besoin d'analyser pour savoir, mais non une façon spéciale d'écrire. [Il] est assez large pour s'accommoder de toutes les "écritures." Le ton de procès-verbal d'un Stendhal, la sécheresse impopulaire d'un Duranty trouvent grâce devant lui autant que le lyrisme concentré et impeccable de Flaubert, que l'adorable nervosité de Goncourt, l'abondance grandiose de Zola, la pénétration malicieuse et attendrie de Daudet. Tous les tempéraments d'écrivains peuvent aller vers lui.
>
> [...] Le naturalisme, en somme, n'est qu'une ramification, dans le domaine de la littérature, du large courant général qui emporte le siècle vers plus de science, vers plus de vérité et, sans doute aussi, plus de bonheur. Les vrais naturalistes, les purs, ne sont donc pas six, ni deux, ni un : à proprement parler, *il n'en existe pas encore.* Mais ils seront légion, car la voie est large, le but haut et lointain, et c'est dans cette direction que peineront à leur tour nos enfants, et les enfants de nos petits-enfants. Quant à nous-mêmes, et à ceux de nos aînés que nous aimons, en nous efforçant de les continuer, ni les uns ni les autres ne sommes encore véritablement des naturalistes. Le romantisme, dont nous sommes tous sortis, est encore là, trop près. Nul de nous n'est

75 "Les modérés," *Gil Blas,* 6-VIII-84 (app. J:4)
76 *Le Cri du Peuple,* 7-VIII-84
77 Ayant déjà reçu de ses amis intimes le surnom de "Saint-Jean-de-Médan," Alexis fut baptisé, après la publication du télégramme, "Naturalisme-pas-mort," sobriquet dont il était fier ("Paul Alexis," *L'Echo de Paris,* 30-VII-01). Quant à la célèbre formule, qu'on rappelle presque toujours ironiquement, est-elle vraiment si dérisoire qu'on se plaît à le dire?

jusqu'ici parvenu à purger complètement son sang du virus romantique héréditaire.

[...] Entrevu peut-être par Bacon[78] et, à coup sûr, par Diderot, pratiqué inconsciemment par l'auteur de *Manon Lescaut*, repris dans ce siècle par Balzac et Stendhal (que Flaubert, les Goncourt, Duranty, Zola et quelques autres continuèrent), le naturalisme n'en est tout de même encore qu'aux premiers balbutiements. En cette fin de siècle, où tant de choses sont mûres, sur le point de crouler de vétusté, lui est encore jeune, tout jeune. Demain, plus encore qu'aujourd'hui, lui appartient. Le naturalisme sera la littérature du vingtième siècle.[79]

Mais le vaillant batailleur ne vécut pas assez longtemps pour voir se réaliser sa prédiction. Désemparé par la mort de sa femme en mai 1900, Alexis s'assombrit et ne sut se remettre de ce soup du sort. Pendant plus d'un an il traîna une lamentable existence. Ne rentrant pas la nuit, il fréquenta plus que jamais les tripots mal famés de Levallois-Perret (où il s'était installé en 1895). Il succomba le 28 juillet 1901, à la suite de la rupture d'un anévrisme, n'ayant auprès de lui que sa femme de ménage, ses filles se trouvant chez des amies.[80]

Zola fut profondément atteint par la mort de son ami. Gustave Toudouze lui écrivit le 1er août du Finistère :

J'ai été bien douloureusement saisi en apprenant ici par les journaux la mort subite de ce pauvre Alexis, et immédiatement j'ai pensé à la grosse peine que vous deviez en ressentir. C'était bien le plus passionnément dévoué de vos fidèles amis, il était le type même de l'affection pour vous et je l'en aimais davantage de vous aimer ainsi. [...] Pauvre Alexis, malgré son talent il n'a pas eu tout ce qu'il méritait et je me souviens d'avoir entendu Daudet dire un jour de lui avec tristesse: "Celui-là me paraît marqué du signe Pas de Chance." Je crois qu'il y a eu de cela pour Alexis. Cependant il en a eu une, c'était d'être votre solide ami, si dévoué, si bon, et c'est pourquoi, en cette pénible circonstance, c'est vers vous que se dirige ma pensée, c'est vers votre chagrin que j'envoie les souvenirs dûs à ce brave garçon qu'un mauvais sort enlève si brusquement et qui sera très regretté. [...][81]

Entre le maître et le disciple, il y avait tant de souvenirs accumulés, depuis leur première rencontre. Mesurant le chemin parcouru côte à côte, Zola prononça sur la tombe de son vieil ami, le 31 juillet 1901, ces mots dont la brièveté trahissait son émotion :

78 Pour ce qui est des "naturalistes" du dix-septième siècle, faut-il ajouter le nom de l'auteur de *Phèdre*? "Racine lui-même, écrivait Alexis, le tendre Racine, n'a été un grand homme de théâtre, que parce qu'il a fait du naturalisme à sa manière, en traduisant sous le masque de ses personnages soi-distant Romains ou Grecs, les mœurs, les idées et les passions de son siècle" ("Les théâtres," *La Réforme*, 15-11-80).

79 *Enquête sur l'évolution littéraire* (Charpentier 1891), 189–95

80 D. Le Blond-Zola, "Alexis, Zola et l'époque du Naturalisme." D'après l'acte de décès, Alexis mourut à sept heures du matin, en son domicile rue Barbès, 2, à Levallois-Perret.

81 Lettre inédite, B.N., MSS, n.a.f. 24524, fols. 114–15

Ce n'est pas un discours que je veux prononcer, mais un adieu ému que je viens adresser à l'ami qui s'en va. Pendant près de trente ans, sa vie a été mêlée à la mienne et sa collaboration m'a été bien précieuse... Avec Alexis disparaît un des derniers survivants des soirées de Médan. Disparu Flaubert! Morts: Goncourt, Maupassant, Daudet! C'était ton tour, Alexis!

Ecrivain lent, parce que consciencieux, Paul Alexis a peu produit, mais son goût était sûr. Alexis avait du talent. Il avait surtout un noble caractère. Son souvenir ne s'effacera pas de sitôt de mon cœur. Je reporterai sur ses deux fillettes l'affection que je lui ai vouée. Au revoir, ami, de tout mon cœur.[82]

Il y avait chez ce laborieux écrivain que fut Paul Alexis un grand timide incapable d'organiser sa vie et d'en tirer le meilleur parti. Comme il était souvent dénué des dons et de l'ingéniosité du créateur, l'âpre sécheresse de son œuvre ne plaît pas toujours. Il souffrait d'une atroce difficulté d'écrire; il en fut torturé toute sa vie. Mais en tant que conteur réaliste, ce stendhalien a fait preuve de qualités littéraires et mérite mieux que le demi-mépris voilé d'indifférence, dans lequel on le maintient. Malgré la sécheresse de sa faculté créatrice, et peut-être à cause d'elle, il a composé des œuvres conformes, jusqu'à l'exagération, à l'esthétique de Médan. Il développait trop rigoureusement les théories sur lesquelles Zola lui-même ne jugeait pas expédient de revenir. Chez le disciple, le naturalisme s'est réduit au souci du document; ces documents sont, volontairement, présentés avec aussi peu d'art que possible, et, en conséquence, ils n'ont plus que leur valeur

---

82 *O.C.*, xii, 726–7. Zola désirait qu'on élevât un petit monument au cimetière de Triel où on avait inhumé son ami aux côtés de sa femme et d'une enfant, morte très jeune en 1890. Frantz Jourdain fut l'architecte du modeste tombeau. "Pour le monument d'Alexis, écrivit-il le 9 février 1902 à Zola, je viens de terminer le devis: 750 f. Non compris le bronze, rien que la partie maçonnerie, exécution du petit projet que je vous ai soumis. Rien non plus n'est compris pour la gravure de l'inscription, mais ce serait peu de chose" (b.n., mss, n.a.f. 24520, fol. 517). Cependant, la mort vint surprendre Zola lui-même sept mois plus tard, et c'est sa femme qui reprit le projet en 1905. Une souscription fut ouverte parmi les anciens amis d'Alexis et centralisée par son éditeur Eugène Fasquelle. Sur l'étroite tombe dans le cimetière champêtre, on éleva une simple stèle portant un médaillon coulé en bronze d'Emile Derré, représentant le profil d'Alexis.

"Pour l'inauguration, raconte Denise Le Blond-Zola, une poignée d'amis firent le voyage de Paris à Triel, le dimanche 4 juin 1905. Seul représentant de la famille, Jean Alexis, son neveu, était présent. Il y eut trois discours. Frantz Jourdain parla le premier, puis Georges Lecomte rappela des souvenirs, et enfin Séverine fit entendre sa voix chaude et émue. Aux côtés de ma mère et de madame Emile Zola, j'écoutais religieusement. J'avais vu mourir madame Paul Alexis, son mari et mon père. J'écoutais. J'apprenais à connaître dans leur temps et leurs œuvres, ces deux hommes dont j'avais partagé quelques années de leur vie [*sic*]. A peine avais-je pu soupçonner tout enfant le génie de l'un, le grand talent de l'autre. Et, debout devant cette tombe, dans le cercle recueilli des amis, je me promis d'étudier leur époque et de leur apporter, plus tard, à la mémoire de mon père que j'adorais, à celle de mon parrain que j'aimais, toutes les fleurs que mon esprit et que mon cœur pourraient me dicter sur eux, pour perpétuer, selon mes moyens, leur souvenir parmi les jeunes générations" ("Alexis, Zola et l'époque du Naturalisme").

propre. Comme écrivain, Alexis était trop sérieux, trop sincère: mais, littérairement, ces défauts-là sont assez exceptionnels pour lui donner déjà son caractère avec sa place à part dans le mouvement naturaliste.

Ce qui importe davantage, cependant, c'est que l'homme nous offre un grand exemple de fidélité littéraire. Il fut, dès ses débuts, le premier zoliste, et il demeura zoliste pendant tout le cours de sa vie, ce dont témoigne la correspondance qui suit, dans laquelle il apparaît tout entier. Ce témoignage doit lui donner droit de cité dans les collections où l'on réunit les originaux, les oubliés d'une époque et les écrivains de second plan marqués de quelques traits caractéristiques, collections à l'aide desquelles on peut reconstituer l'ambiance d'un milieu littéraire. Trublot aura ainsi son coin dans l'histoire pittoresque de la littérature du dix-neuvième siècle, de même qu'il tient déjà sa place dans l'histoire du Naturalisme.

Paris, 17 Octobre 1881

Mon cher ami,

Une fois de plus dans
ma vie, j'ai été un maladroit, un
myope, un étourdi et un nigaud, en
filant de Médan avec Rod et en
vous quittant la veille d'un douloureux anniversaire, lorsque du moins,
l'an dernier, je me trouvais à côté
de vous. À la mélancolie et au remord
que j'en ai éprouvé toute la
journée, j'ai bien senti (trop tard
malheureusement pour reprendre le
train et arriver à temps) que j'ai
manqué à un devoir d'amitié.
Je veux réparer cela autant qu'il
est en mon pouvoir, en vous
prouvant que j'ai été aujourd'hui

avec vous au moins par la
pensée, et que de loin, comme de
près, j'ai pris ma part de
l'affliction dont vous êtiez bien
déjà envahi — je m'en rends compte
aujourd'hui. Pour me prouver que
vous ne m'en voulez pas, pour me
relever à mes propres yeux, vous de-
-riez me permettre de mettre le
nom de votre mère sur la
première page de la biographie.
De plus, si votre femme voulait bien
y consentir, elle me permettrait d'y
placer aussi le sien, afin que cette
Dédicace réunisse les noms de celles
qui, à elles deux, auront été
toute votre vie.

Votre ami

Paul Alexis

Lettre manuscrite d'Alexis à Zola. B.N., MSS, n.a f. 24510, fol. 150ᵗᵒ et 150ᵛᵒ

(Photo: Bibl. Nat., Paris)

Paul Alexis. Dessin de Luque. *Les Hommes d'aujourd'hui*, VII, No. 336 (1888)

Paul Alexis. Dessin impressionniste d'après nature par Georges Seurat.
La Vie moderne, 17 juin 1888, p. 376

Paul Alexis lisant un manuscrit à Emile Zola (vers 1869) par Cézanne.
Toile, 130 × 160 cm. Coll. Museu de Arte de São Paulo, Brésil

Paul Alexis. Médaillon d'Emile Derré pour le tombeau
d'Alexis au cimetière de Triel-sur-Seine (Yvelines)

LETTRES INEDITES A EMILE ZOLA

MON CHER EMILE,

Aujourd'hui seulement j'ai reçu votre lettre,[1] et je m'empresse d'y répondre, car il est possible que la lettre que je vous ai écrite il y a 5 jours, (et adressée à l'Estaque chez le m.[d] de vins où vous avez demeuré) ne vous parvienne pas à Bordeaux.

Je vous ai écrit une fois par ballon, au mois de Nov.[e] (Votre lettre datée de l'Estaque, m'était arrivée après plusieurs jours de retard, juste au moment de l'investissement de Paris.)[2] J'ignore encore si l'une ou l'autre de ces deux lettres vous sera arrivée avant celle-ci,[3] et dans tous les cas je vous répète ce que je vous annonçais :

Vous avez dû, vous aussi, éprouver votre part du feu. *Batignolles* n'a pas été bombardé, mais une partie de votre logement[4] a été *réquisitionné* par la mairie de Bat[les] pour abriter pendant le siège, une famille de réfugiés. Toutes les démarches que j'ai tentées, à plusieurs reprises pour vous éviter ce désagrément, sont restées vaines. Oui, mon cher Emile, *horresco referens*! toute une famille, le père, la mère, et cinq enfants!.. Je me hâte d'ajouter pour vous rassurer, que le rez-de-chaussée seul a été laissé à leur disposition. La toile de Manet,[5] votre argenterie, divers autres objets que vous aviez laissés étalés sur les tables ont été montés au premier étage par mes soins. J'ai plusieurs fois donné mon coup d'œil en passant; j'espère donc que vous ne trouverez pas trop de dégâts. Vous en serez quitte pour faire refaire vos matelats.

Cette horde, venue d'*Asnières*, est encore campée chez vous. Ils ont même l'air de s'y trouver trop bien, et songer peu à déloger. J'irai demain matin à la mairie demander s'il n'est pas temps qu'on les expulse enfin.

Annoncez avec ménagement toutes ces choses à Mmes Zola, et assurez-leur que j'ai fait, mais en vain, tout mon possible pour leur éviter cette plaie d'Egypte.

J'ai vu une fois *Solari*[6] – comme moi sous l'uniforme de garde nat.[e] à *trente sous* par jour.

Ecrivez-moi bientôt. Donnez-moi quelques détails. Vous avez vu mon père: *dans quels termes vous a-t-il parlé de moi?*[7] – Vous faites bien de rester quelque temps à Bordeaux qui est pour le moment la vraie capitale de la France. Vous me donnerez mille renseignements sur la Province de ces cinq derniers mois; nous ignorons encore tout ici. Moi, j'aurai en retour à vous en raconter d'étranges, sur ce siège.

Quel spectacle, quelle curieuse et instructive aventure, poussée comme un champignon au milieu de notre vie contemporaine, si uniforme et mono-tone depuis dix ans. Vous avez raison, mon cher Emile; non seulement ces cinq mois, m'ont mûri, et m'ont sacré Parisien.[8] Mais je viens de faire une étude âpre et réelle de la brute humaine. Quel livre je rêve et j'entrevois.

Comme mon œuvre de début[9] m'apparaît plus réelle et plus vraie, maintenant que je la vois encadrée par cette crise mémorable.[10]

15 *Février*.

J'aurai dû déjà terminer et vous envoyer ma lettre. J'ai retardé jusqu'à ce jour, parce que j'aurai voulu pouvoir vous annoncer l'évacuation définitive de votre domicile. Malheureusement on m'a répondu hier à la mairie que vos réfugiés étant d'un village situé au delà de la ligne d'investissement ne délogeraient que dans quelques jours, après l'armistice.[11]

Mes amitiés à Valabr.[12] et à Roux. Dites à Roux que j'ai passé aussi chez lui, et que le fléau de la *réquisition* ne l'a pas atteint.

Avez-vous eu des nouvelles de *Cézanne*?[13] *Qu'a-t-il donc fait de sa femme?*

Mille choses aimables de ma part à Mesdames Zola. Quant à vous, je vous serre affectueusement la main.

Votre tout dévoué

Paul Alexis

Ecrivez-moi bientôt aussi à ma nouvelle adresse: *20, rue St. Gorges 20 – Batignolles*.[14]

Tenez-moi au courant de vos projets. Pour moi, j'irai probablement passer un mois ou deux, dans ma famille, mais *le plus tard possible*, pendant l'été.

Bordeaux doit être bien curieux en ce moment. Si j'avais un laisser-passer, et des *fonds* de reste, j'irais bien volontiers vous y rejoindre, et y passer 15 jours.

Il me vient même une idée à ce sujet: vous serait-il facile par *Glais-Bisoin*[15] de m'obtenir quelque permis de circulation, pour aller à Bordeaux, *à l'œil*?

Ceci est de ma part une simple question, une pure interrogation. Ce n'est peut-être pas faisable en ce moment, et surtout sans prétexte plausible.

1 C'est-à-dire la lettre du 4 février 1871, envoyée de Bordeaux (*Corr.*, 373). Rappelons que le 7 septembre 1870 Zola, accompagné de sa femme et de sa mère, quitta Paris pour éviter l'agitation révolutionnaire qui y régnait depuis le 4 septembre. Après avoir passé trois mois à Marseille et à l'Estaque, il habita, jusqu'au mois de mars 1871, Bordeaux, où il fut correspondant parlementaire auprès de l'Assemblée nationale pour *La Cloche* et *Le Sémaphore de Marseille*. Cf. A. Dupuy, "Emile Zola, chroniqueur parlementaire à Bordeaux et à Versailles," dans *1870–1871: la guerre, la Commune et la presse* (A. Colin 1959), 151–66; H. Mitterand, "Emile Zola à Marseille et à Bordeaux de septembre à décembre 1870. Lettres et documents inédits," *Revue des Sciences humaines*, xxv, fasc.98–9 (1960), 257–87; id., *Zola journaliste* (A. Colin 1962), 123–37; E. Zola, *La République en marche*, *O.C.*, xiii, 337–1006.

2 Il eut lieu le 19 septembre 1870. –La première lettre conservée de Zola à Alexis est datée du 21 septembre 1870 (*Corr.*, 362–3): "Nous fondons Roux et moi, un petit journal à Marseille. Je songe à vous pour nous envoyer une correspondance de Paris [...]." *La Marseillaise*, journal de Zola et de Roux, n'exista que quelques mois: du 27 septembre au 16 décembre 1870. "Zola le rédigeait en entier avec l'aide de Marius Roux, son ami d'enfance, son collaborateur du drame: les *Mystères de Marseille*. Le succès fut d'abord très vif, la *Marseillaise* tira d'emblée à dix mille, chiffre considérable en province. Malheureusement, des difficultés d'installation et le manque d'outillage

furent cause que le journal, au lieu de gagner, perdit bientôt" (*E.Z.*, 169). Cf. R. Ripoll, "Quelques articles retrouvés de *La Marseillaise*," *Les Cahiers naturalistes*, No. 34 (1967), 148–64. La collection de cette publication étant introuvable, il n'a pas été possible de vérifier si Alexis y collabora.

Marius Roux, dont on retrouvera le nom plusieurs fois dans cette correspondance, était un des plus anciens amis d'Aix. En parlant du séjour de Zola à la pension Notre-Dame à Aix, Alexis raconte que son ami "y jouait, à la toupie, et aux billes, et au cheval fondu, de préférence avec deux de ses petits camarades de pension: Solari et Marius Roux. Solari est devenu sculpteur; Marius Roux, romancier et rédacteur du *Petit Journal*. Tous deux sont restés ses amis les plus anciens, ceux des premières galopinades" (*E.Z.*, 20).

3 Dans sa réponse du 17 février (*Corr.*, 375–6), Zola écrit qu'il n'a reçu aucune lettre de son ami.

4 14, rue de La Condamine: "L'entrée n'était pas belle; le pavillon, vu son exiguité, était peu habitable; mais le jardin, contenant un grand arbre et plusieurs petits, était consciencieusement bêché, semé, planté, arrosé par lui" (*E.Z.*, 175).

5 Il s'agit du célèbre portrait de Zola par Manet, peint en 1868 (S.L. Faison, "Manet's Portrait of Zola," *Magazine of Art*, XLII [1949], 163–8). Le peintre avait déjà écrit à Zola pour lui dire que sa maison avait été réquisitionnée (*Corr.*, 375).

6 Le sculpteur Philippe Solari était un des modèles dont s'est servi Zola pour les personnages de Silvère dans *La Fortune des Rougon* et de Mahoudeau dans *L'Œuvre*. Il exécuta plusieurs bustes de l'écrivain. Le 18 février Solari écrivait à Zola: "En ce temps mémorable, il me prit fantaisie d'aller voir si Alexis était toujours au batignolles. Je le trouvai au poste de la mairie en train de jouer aux cartes (il était de garde) ne parut pas fâché d'être resté à paris. Me promit de venir me voir mais je l'attends encore" (B.N., MSS, n.a.f.24523, fol.469). Sur Solari, cf. l'article de J. Bernex, "Zola, Cézanne, Solari," *Les Cahiers d'Aix-en-Provence*, automne 1923, 49.

7 Dans la lettre du 17 février on lit: "Je n'ai pas vu votre père, mais Roux l'a vu et l'a trouvé très tendre pour vous" (*Corr.*, 376). On se rappelle qu'Alexis avait quitté Aix-en-Provence en septembre 1869 sans le consentement paternel (Introduction, 8–11).

8 "Vous voilà homme maintenant. Le siège et ses souffrances vous ont fait citoyen de Paris" (4 févr., *Corr.*, 373).

9 C'est la longue nouvelle "César Panafieu," dont il sera question dans les lettres 5 à 7. Elle fera partie de *L'Education amoureuse*. "Panafieu" est un des surnoms d'Alexis, qui se rencontre à plusieurs reprises dans la correspondance de Zola.

10 Quatorze ans plus tard, dans une chronique du *Cri du Peuple*, Trublot s'écriera: "Eh! dites donc, les aminches, vous tous qui aimez la couleur et les belles choses, au point de vue du pittoresque, et d'l'amour de l'art, vous souvenez-vous d'ce qu'a été la Commune? C'était vraiment bath! C'était chouette.

"Pendant le premier siège de Paris, la grand'ville était au contraire comme une immense prison. Pas d'nouvelles du reste du monde! On envoyait bien quelques babillardes par les pigeons voyageurs, mais on savait pas c'que ça devenait; et puis, pour des réponses on pouvait s'fouiller. Pas d'bois ni d'charbon pour s'chauffer, avec ça. Un froid noir, qui rendait frissonnants et indécis les plus résolus. Et rien à s'mettre sous la dent! C'fameux pain du siège, où l'on trouvait d'tout dedans, d'la paille d'avoine, du crottin d'cheval! Et l'on n'en avait pas son content, ah! mais non! C'était l'Ferry d'aujourd'hui, l'Ferry-Famine qui vous l'distribuait, au moyen d'un système inepte de 'queues', où plus d'une citoyenne a pris l'mal de la mort.

"Enfin, c'était pas gai. L'gaz même, c'soleil du soir, manquait. Et Paris sans gaz, cue [*sic*] s'est abîmée dans les flammes; quand, pendant toute une semaine, un dais colossal de fumée noire, empourprée par des reflets d'incendie, a pesé sur la ville, j'vous fous mon billet qu'ce dénouement, loin d'être banal, vous avait d'l'œil et un rude cachet tout d'même" ("Au point de vue de l'art," 19-III-85).

11 L'armistice date du 28 janvier 1871. Le traité de paix sera signé le 26 février et accepté le 31 mars.

12 Antony Valabrègue (1844–1900), poète et critique d'art, avait connu Zola et Alexis au collège d'Aix (Introduction, 4). Ce fut Zola qui les avait persuadés, lui et Marius

Roux, de venir le rejoindre à Bordeaux (*Corr.*, 365–72). Sur Valabrègue, cf. M.-P. Boyé, "Un ami de jeunesse de Zola et de Cézanne: A. Valabrègue, poète et historien d'art," *Rolet*, 18 décembre 1952; ler, 8, 15 et 22 janvier 1953. On trouvera une reproduction du portrait de Valabrègue que faisait Cézanne vers 1870 à la page 215 dans J. Rewald, *The History of Impressionism*.

13 "Je n'ai pas de nouvelles de Cézanne, il doit être dans quelque coin de la campagne d'Aix," répondait Zola le 2 mars (*Corr.*, 378). Le peintre était probablement encore à l'Estaque où il se cachait depuis la fin de 1870 avec Hortense Fiquet, son amie depuis 1869 (J. Rewald, *Cézanne, sa vie, son œuvre, son amitié pour Zola* [A. Michel 1939], 178–81).

14 A en juger par la lettre 12 il semble qu'Alexis ne soit pas resté très longtemps à cette adresse. Notons que vers la fin de 1874 Zola s'installera au numéro 21 de cette même rue Saint-Georges (devenue rue des Apennins en 1877): "C'était un petit hôtel, avec jardin toujours. Pas d'autres locataires! Et point de concierge! Ce double rêve de tout ménage parisien un peu à l'aise, se trouvait réalisé" (*E.Z.*, 176).

15 A cette date Zola n'était plus secrétaire particulier d'A.-O. Glais-Bizoin (1800–77), membre jusqu'au 8 février 1871 du gouvernement de la Défense nationale. Sur cette brève aventure dans la vie politique d'Emile Zola, cf. l'article de H. Mitterand cité dans la note 1.

Le 17 février Zola écrit à son ami: "Glais-Bizoin n'est plus ici. Impossible de vous envoyer un permis de circulation. D'ailleurs, les Compagnies n'en délivrent pas. Patientez, nous serons bientôt réunis, car je ne pense pas que l'Assemblée Nationale siège longtemps ici" (*Corr.*, 376).

2 [Paris] Lundi 27 Février [1871]

MON CHER EMILE,

Bonnes nouvelles pour vous. Votre logement depuis dix jours déjà, complètement évacué.[1] Au moment où je me disposais à aller voir M. F. Favre,[2] votre propriétaire avait déjà agi efficacement.

J'ai parcouru minutieusement chacune des pièces de votre logement. Pas de dégats appréciables. Rien de détérioré. Je vous ai dit que le rez-de-chaussée seul avait été réquisitionné. Votre cabinet n'a pas souffert.[3] Vos papiers ont été respectés. J'avais fait enlever la plus part des tableaux; celui de Manet que je croyais du nombre avait, *je m'en souviens maintenant* été emporté par vous. Tout est remis en place.

Après demain, entrée des Prussiens ici.

Annoncez-moi bien vite votre arrivée.[4] Ma famille m'a engagé à aller passer quelque temps chez elle. J'ai répondu que je n'irai qu'au mois de Mai, quand elle habiterait la campagne, mais que pour *Aix* je ne voulais jamais y remettre les pieds.[5] Venez vite. J'ai vécu bien isolé depuis six mois, et avant d'aller me refaire le corps aux bords de l'Arc, j'ai grande envie, mon cher Emile, de causer longuement avec vous, et de me retremper intellectuellement en votre compagnie.

Vos correspondances passent à la *Cloche*.[6] Je l'achète de temps en temps pour vous lire. Le *Rappel* d'aujourd'hui contient votre nom, celui de Roux, et un récit des *troubles de Marseille* tiré de votre Journal Marseillais.[7]

Ah! j'oubliais; la coupe de vos arbres! J'ai vu un jardinier. Il m'a demandé 5 F pour les tailler ainsi que la vigne, et enlever les chenilles. Est-ce le prix? Comme il m'a dit qu'un retard de 5 ou 6 jours était indifférent, j'ai préféré attendre votre réponse,[8] ou votre arrivée.

Tout à vous. Votre vicil ami

Paul Alexis

Mes amitiés à votre mère et votre femme –

---

1 Voir la lettre précédente
2 "J'oubliais, avait écrit Zola dans sa lettre du 17 février à Alexis, François Favre, maire des Batignolles, me connaît. Nous nous sommes rencontrés chez Hachette" (*Corr.*, 376).
3 Dans cette même lettre Zola s'inquiétait beaucoup de l'état de sa maison: "Je compte sur vous pour me dire si je puis rentrer chez moi, sans être obligé de marcher dans les débris de mes meubles et de mes casseroles. Dans quel état doit être mon pauvre cabinet, où j'ai commencé avec tant de ferveur mes *Rougon-Macquart*!" (*Corr.*, 375–6).
4 Zola devait rentrer à Paris le 14 mars.
5 On a déjà pu constater (Introduction, 3, 9) les sentiments d'Alexis à l'égard de sa ville natale. Plusieurs fois, dans ses articles de journaux et dans ses lettres, il mentionnera l'aversion que lui inspire Aix-en-Provence. On en retrouve l'écho dans son dernier roman, *Vallobra*, où le héros écrit à son ami Malemort: "La province, le mail comme le cours, et les joueurs de boules du dimanche, les commères assises sur les portes qui vous dévisagent, les passants qui vous espionnent, l'existence de verre et la mesquinerie ambiante, j'en ai horreur, je m'évade en jetant à tout cela un adieu éternel, et me mets en route pour Paris" (78).
   Zola conseillait à son ami de rester dans la capitale: "Vous auriez grand tort d'aller à Aix en ce moment. Je vous avoue que je ne vois pas ce voyage sans une certaine inquiétude pour vous. La Provence est terrible. Je viens de l'étudier, à ma grande horreur. Et surtout n'oubliez pas que le siège vous a fait citoyen de Paris" (2 mars, *Corr.*, 377).
6 "J'envoie des correspondances à *La Cloche*. Dites-moi si elles passent" (17 févr., *Corr.*, 376). Voir la lettre 1, n.1.
7 *Le Rappel* du 28 février 1871 (qui comme beaucoup de journaux porte la date du lendemain) préfaçait l'extrait de ces mots: "Notre collaborateur Marius Roux nous communique la collection d'un journal publié pendant le siège par Emile Zola et lui, à Marseille. J'y trouve [...] un curieux récit des troubles de Marseille, qui ont eu lieu presqu'en même temps que ceux de Paris. Cela vous permettra de juger de l'exagération avec laquelle ils ont été racontés, et comment ils ont été exploités par la réaction." Sur le journal de Zola et de Roux, voir la lettre précédente, n.2. Cf. H. Mitterand, "Emile Zola et *Le Rappel*," *Les Cahiers naturalistes*, No.15 (1960), 589–604; et son *Zola journaliste*, 99–114, pour la courte collaboration (1869–70) de celui-ci au *Rappel*. Alexis notait dans la biographie de son ami: "Cela fait sourire aujourd'hui: Emile Zola, un des rédacteurs-fondateurs du *Rappel*! Quand le journal eut paru, non content d'en être, il avait même tâché d'y faire entrer certains de ses amis, moi entre autres, qui arrivais d'Aix" (*E.Z.*, 81).
8 Cette réponse ne tarda pas: "Je vous envoie un bon de cinq francs pour que vous puissiez faire tailler mes rosiers, mes arbres, ma vigne. Je vous recommande tout particulièrement mes rosiers, ceux qui sont dans la première corbeille. Qu'on ne touche pas à la terre, elle renferme des navets de pivoines et de dalhias qui seraient massacrés. [...] Mettez *immédiatement* le jardinier à l'œuvre, car la végétation commence et les pousses vertes crèvent déjà ici les bourgeons. Il est vrai que nous sommes dans le midi" (2 mars, *Corr.*, 377).
   Voici la description de Zola jardinier que nous donne son ami-biographe: "Il trouvait une distraction hygiénique dans ce jardinet qui lui tenait lieu de café, de cercle, de maison de campagne, de chalet à Trouville. Je le revois, vêtu d'un tricot et d'un vieux pantalon couvert de terre, chaussé de gros souliers fourrés, tondant son gazon,

sarclant ses fleurs, arrosant ses salades; ou bien, armé d'un sécateur, émondant ses arbustes; ou même, la scie et le rabot en main, construisant une niche pour son chien, une cabane pour ses lapins et pour ses poules" (*E.Z.*, 175).

ᥰ 3 [Paris] Samedi 11 Mars [1871]

MON CHER EMILE,

Vos arbres, vos rosiers, sont taillés et échenillés;[1] votre manuscrit du *Siècle* est retrouvé;[2] vous n'avez donc plus qu'à revenir et vous êtes impatiemment attendu par votre vieil ami

Paul Alexis

P.S. On vous a envoyé ces jours-ci ce billet rose; faut-il faire quelque démarche à ce sujet?

Vous me parlez de vos journaux. La *Cloche* est le seul qui ait continué à vous arriver, assez *irrégulièrement* du reste; j'en ai plusieurs paquets que je tiens à votre disposition; je crois cependant que la collection n'est pas complète et que j'en ai égaré quelques-uns.

J'ai aussi sept ou huit lettres à vous remettre, depuis le commencement du siège. Ces jours-ci, il vous en est arrivé une de *Bonniers*, là où vous aviez loué une maison de campagne.[3]

1 Voir la lettere précédente, n.8
2 Entre le 2 et le 11 mars Zola avait dû envoyer à Alexis une lettre qui n'a pas été conservée. Il doit y avoir parlé de son manuscrit de *La Fortune des Rougon*, dont la plus grande partie avait déjà paru en feuilleton dans le *Siècle* du 28 juin au 10 août 1870 lorsque sa publication fut arrêtée à cause de la guerre. La fin du chapitre VI et le chapitre VII, qui étaient restés au journal, parurent enfin du 18 au 21 mars de l'année suivante. L'édition originale fut mise en vente le 14 octobre 1871, à la Librairie Internationale A. Lacroix, Verboeckhoven et Crie. Dans la biographie, cependant, c'est Zola qui retrouve le manuscrit perdu: "Zola passa plusieurs mois dans une angoisse littéraire. Songez donc! le *Siècle* lui avait perdu tout le dernier chapitre! Démembrement tout aussi douloureux, pour un artiste. que celui de l'Alsace et de la Lorraine! [...] Rentré à Paris, le premier soin de Zola fut de courir à l'imprimerie du *Siècle*. Jugez de sa joie: son pauvre manuscrit, que depuis six mois on avait cherché en vain partout, lui, le retrouva tout de suite. Il était simplement sur le bureau du correcteur, bien en évidence" (*E.Z.*, 93-4).
3 Entre 1866 et 1871 Zola séjourna plusieurs fois avec ses amis à Bennecourt, face à Bonnières-sur-Seine. On retrouve des souvenirs de ces séjours dans certains de ses contes et de ses romans, surtout dans *L'Œuvre*. Cf. les articles de R. Walter, "Zola et ses amis à Bennecourt (1866)," *Les Cahiers naturalistes*, No. 17 (1961), 19–35; "Zola à Bennecourt en 1867. Quelques aperçus nouveaux sur *Thérèse Raquin*," *Les Cahiers naturalistes*, No.30 (1965), 119–31; "Zola à Bennecourt en 1867. *Thérèse Raquin*, vingt ans avant *La Terre*," *Les Cahiers naturalistes*, No. 33 (1967), 12–26; "Emile Zola à Bennecourt en 1868: les vacances d'un chroniqueur," *Les Cahiers naturalistes*, No. 37 (1969), 29–40.

🎵 4 Lundi [19 juin 1871], probablement! 11 h du matin, d'après ma montre!! *Au rendez-vous des bains de mer! L'Estaque*

MON CHER EMILE,

Me voici au 2me étage d'une espèce de baraque en planches qui de tous côtés a vue sur la mer: Vous devez la connaître. Je viens de très bien dîner: bouillabaisse, poisson, mouton, salade, café, cigarette! Et comme je suis seul, absolument seul, que je suis resté déjà près de 2 heures étendu de tout mon long sur cette espèce de lit moëlleux qui se trouve là même où viennent expirer les vagues, 2 heures à causer avec la mer, je vais savourer le délicieux pousse-café de causer un peu avec vous.

Pas de Cézanne! J'ai eu une longue conversation avec M. Giraud, dit *lou gus*.[1] Les deux oiseaux se sont envolés... depuis un mois! Le nid était vide, et fermé à clef. "Ils sont partis pour Lyon, m'a dit M. *lou gus*, attendre que *Paris ne fume plus!*" Je m'étonne que depuis 1 mois, nous ne l'ayons pas vu à Paris. Je me plais à croire qu'au moment où vous décacheterez cette lettre, vous en saurez déjà plus long que moi, sur son compte.

J'en découvrirai peut-être plus encore à Aix, et dans ce cas, je vous l'écrirai aussitôt.[2]

Ma lettre doit avoir une allure un peu follichonne. Mais vous m'excuserez; vous qui êtes gourmand, vous me comprendrez! Il y a si longtemps que je n'avais mangé de bouillabaisse, et bu de vin sérieusement alcoolisé! Et puis mon voyage s'est passé dans des conditions toutes particulières.

Depuis la rue la *Condamine*, jusqu'à Marseille, depuis *Vendredi* soir jusqu'à ce matin *Lundi*, la pluie! une pluie grise, terne, sale. Samedi matin, j'ai essayé de m'arrêter à *Macon*. La pluie m'en a chassé. Le soir je suis allé coucher à Lyon, je me suis levé le lendemain avec un tout aussi triste temps. Tenez, j'ai Lyon en horreur! Jamais de ma vie, je n'y habiterai. Si j'écrivais jamais *mes impressions* de voyage, je mettrais: *Lyon, une mesquine contrefaçon de Paris, où il pleut toute l'année, et où on ne peut pas lire le Figaro du lendemain.*[3]

Ce n'est que ce matin Lundi, que, à la hauteur d'Arles, à 3 h. du matin, j'ai pu voir enfin un peu de ciel bleu, à travers quelques déchirures de la maussade housse grise qui depuis 3 jours me le cachait obstinément.

Et aujourd'hui, un temps splendide, la Provence! La Méditerranée! la bouillabaisse!

L'Estaque me paraît un Eden. Heureux mortel! de quelles délicieuses ventrades de poissons et de coquillages vous avez dû vous bourrer ici,[4] pendant que je grignottais, ce misérable pain du siège, que l'on a appelé le biscuit dynastique.

Mon *rendez-vous des bains de mer* est surmonté d'une espèce de belvédère, dont chaque fenêtre est formée de 4 grandes vitres, bleue, verte, jaune, rouge. Je viens d'interrompre ma lettre pour y regarder à travers. La vitre rouge, notamment, fait un effet superbe: Les rochers qui entourent le golfe de l'Estaque, le ciel, les nuages, tout cela est relevé par une intense coloration écarlate, surnaturelle comme un flamme du Bengale, tandis que la mer, dont le bleu sombre est violemment exagéré, se change en une miraculeuse teinte de moire, soyeuse et noire comme de l'ancre, sur laquelle, l'intensité rougeâtre des côtes rocheuses, des nuages, des barques, des petites voiles gonflées par le vent, se détache prodigieusement.

Je ne sais plus trop ce que je dis. Ma lettre est quelque peu... émue, comme celui qui l'a écrite. Je m'empresse de la lâcher pour retourner à cet attirant poème bleu dont j'entends mugir le rythme πολυφοισβοιs.[5] La fibre filiale vibre fort peu en moi. Je ne me sens pas du tout impatient de rentrer enfin à Aix. Je vais passer le reste de ma journée à rêvasser sur le rivage. Puis j'irai coucher à Marseille. Si je m'écoutais, je me claquemurerais ici dans quelque bicoque, et n'en bougerais plus que *mon plan de César Panafieu!*[6] ne fût achevé.

Cependant il est plus que probable que demain, j'arriverai enfin! dans la paisible vallée de l'Arc. Et quand j'y aurai retrouvé quelque raison, quand mon cerveau sera un peu remis de ce terrible ébranlement de 30h des vagon en 3e classe, je tâcherai de vous écrire un peu plus raisonnablement; au lieu de laisser se répandre les fumées de je ne sais quelle niaise et brutale ébriété, je vous enverrai un peu de mon cœur, je vous raconterai quel effet a produit sur moi la famille, le clocher natal, je tâcherai enfin de vous exprimer une partie de l'amitié et de la reconnaissance que j'éprouve pour vous.

Tenez, mon ami, je me surprends tout rêveur sur cette table de bois peint en vert où je suis accoudé. Que n'êtes-vous près de moi! Oh! si l'intensité d'un désir avait quelque influence sur sa réalisation. Quelle bonne soirée je passerais à causer ici, ce soir, avec vous. Ce vent vif et salé qui commence à ronfler, ce murmure rythmé de la houle, bercerait aussi bien notre causerie, que ne la rendait douce et attrayante ce silence majestueux de Paris s'endormant que nous avons goûté quelquefois ensemble, le soir, dans votre jardin.[7]

Ou autrement dit Paris vaut l'Estaque, l'Estaque vaut Paris. Mais ici c'est vous que je n'ai plus et qui me manquez: et pendant que mon œuil savoure ce magique tableau, ma pensée s'en va vers vous, et pour 3 sous, remonte sur l'impériale de l'omnibus de Battignoles.

Une vigoureuse poignée de main mon ami; et mes amitiés à ces dames.

Paul Alexis

Hélas! Hélas! que vais-je devenir? J'arrive à peine dans la province, et voici déjà qu'elle m'a... *saoûlé!*[8]

---

1 Provençal pour "le ventre." M. Giraud était le propriétaire de la maison que Cézanne avait louée à l'Estaque pour l'habiter avec son amie Hortense Fiquet.

2 Le 30 juin Zola écrit: "Ce que vous me racontez sur la fuite de Cézanne à Lyon est un conte à dormir debout. Notre ami a tout simplement voulu dépister le sieur Giraud. Il s'est caché à Marseille ou dans le creux de quelque vallon." Ensuite il prie Alexis d'aller trouver Cézanne puisqu'il a envoyé au peintre une lettre avec "certains détails compromettants" qui ne doit pas tomber entre les mains du père de Cézanne (*Corr.*, 378–9).

3 Dans *Vallobra* il écrira plus tard: "Mais Lyon, déjà dans le brouillard, m'apparut morne, solennel, non vivant, ennuyeux comme la pluie. Une sacrée ville de commerçants hypocrites, où tout est fermé à dix heures du soir, où la pavé est toujours gras, et le langage des indigènes, traînard, huileux" (77).

4 Zola était dans le Midi de septembre à décembre 1870 (lettre 1, n.1).

5 On retrouve le mot πολυφλοίσβος ("au bruit retentissant") plusieurs fois dans l'œuvre d'Homère.

6 Voir la lettre 1, n.9

7 "Quelquefois, par les beaux soirs d'été, la table était mise sur l'étroite terrasse, et la famille dînait dehors. Puis, quelques intimes – Marius Roux, Duranty, les peintres Béliard et Coste, ou moi – arrivions. Et, les coudes sur la table desservie, le thé fumant dans les tasses, on causait jusqu'à minuit, sous les étoiles. Parfois, quand 'le jardinier' avait terminé le matin quelque chapitre de la *Curée*, du *Ventre de Paris* ou de la *Conquête de Plassans*, il nous le lisait. Et lorsqu'il s'interrompait à la fin d'un alinéa, ou pour tourner une page, on entendait tout à coup le murmure profond et lointain de Paris: le mystérieux ronflement d'un colosse qui s'endormait" (*E.Z.*, 175–6).

8 "Vous m'avez écrit de l'Estaque une lettre d'effusion qui m'a prouvé seulement que votre cœur n'était pas mort pour le ciel bleu et la bouillabaisse. Mais vous devez avoir autre chose à me dire aujourd'hui. Travaillez-vous? C'est l'éternelle question que je vous adresserai. Si vous reveniez les mains vides, vous seriez un grand misérable" (30 juin, *Corr.*, 379).

5 [Aix-en-Provence] Vendredi soir – [30 juin 1871]

Me voilà donc, mon cher ami, depuis quelques jours à peine, et pour quelques semaines encore, retombé sur ce matelas, (la famille) qui a bien son mérite, lorsqu'il n'est pas trop rembourré de noyaux de pêche. La mienne s'est montrée très douce, très *moëlleuse*, tout à fait bonne fille. J'en rends grâce à cette magique épopée du Siège et de la Commune de Paris, qui reculant dans le passé mes vieux débordements, leur a donné aux yeux de mes parents les contours adoucis et lointains d'une légende.

Décidément on en est quitte à bon marché. Et ceux qui, par tempérament, se sentent disposés à faire sauter le bouchon dans leur première jeunesse, à pétiller quelque peu, à jeter au vent quelque folle écume, seraient bien bons de se priver de ce genre d'émotions. Les familles ne sont pas si terribles: avec deux sous de raison, de sang-froid et de diplomatie, on panse plus tard très gentiment les *vieilles plaies* qu'on a pu leur faire.[1]

Imaginez-vous donc, mon cher Emile, qu'ici, au bord de l'*Arc*, en face du *Montaignet* pelé, au milieu des blés lourds et jaunissants, à l'ombre de plusieurs grands platanes, vit un disciple de Talleyrand. On ne me reconnaît plus: je parviens à me lever quelquefois matin (aujourd'hui, ô miracle! 6 heures!) je travaille à mon *Panafieu*; j'en lis des morceaux à mes frères, j'en ai fait tantôt une lecture quelque peu *expurgata* à ma mère; (il me vient même des envies d'en graver des fragments sur l'écorce des arbres, et d'en faire apprendre par cœur à ma petite sœur) plus de café, de cercle, de baccarat! plus de femmes! Aix me fait horreur: je refuse d'y mettre les pieds. J'essaye en parlant de me donner un petit genre Parisien. Je conviens volontiers que Boileau est trop oublié, qu'Henri v aurait du bon... Enfin, Dimanche, je suis allé à la messe!

Je vous ai dit que je travaille. Et je deviens sérieux en entamant ce chapitre. J'avais apporté ici les 11 premières pages de *César Panafieu*. J'en suis aujourd'hui à la page 20. Je vais assez lentement. Je tâtonne encore un peu, et ne suis pas complètement *entraîné*. J'ai fini un long chapitre d'explications, (il a 10 pages) où je présente *Barbin*, où je raconte le mariage de *Panafieu* avec *Estelle Barbin*, nièce de mon deuxième personnage. Je suis assez content de la silhouette de ce *Barbin* que je vois beaucoup mieux aujourd'hui. Il est *bossu comme Vésinier*!,[2] aigri, ivrogne, voleur, lâche; j'en fais le Sancho-Pansa de mon Don-Quichotte, un grand mince, lui, 40 ans, avec *le front fuyant et l'air dentiste et charlatan de Flourens*.[3] (les deux seuls que je connaisse bien, dans ces derniers événements.)

Je viens de relire ces 20 pages. Je me trompe peut-être, mais j'en suis assez content. Elles me semblent un assez convenable piédestal, sur lequel je puis élever maintenant la masse de ma composition. Maintenant je me demande si ce que je vais faire, sera un roman ou une simple nouvelle, si cela aura 80 pages ou 2 ou 3 cents. Je suis assez perplexe. Donnez-moi, je vous prie, votre avis là-dessus. Est-ce assez de ces 2 personnages pour arriver à un roman? Croyez-vous qu'il en faudrait quelque autre? Par exemple une femme ou maîtresse à Barbin? D'un autre côté, remarquez que ce que je désire tenter est très vaste:

Je voudrais promener un *fou*, génie dévoyé, et une *vieille canaille* de Communeux, au milieu de ce double drame le *Siège et la Commune de Paris*. Je voudrais en même temps que mon œuvre fût *une espèce de poème* dans lequel se trouveraient *chantées* les grandes choses de cette période; l'*enthousiasme du commencement* – le *découragement progressif*, résultant du froid, de la faim, du bombardement, de l'isolement du reste du monde, des sorties malheureuses, du cercle de fer infranchissable, – puis *la révolte dans la chute*, une espèce de fièvre chaude gagnant de proche en proche tout un peuple, et ayant son épanouissement dans une *conflagration gigantesque*, tableau de la fin.[4]

Vous seriez bien aimable, mon cher Emile, si vous me disiez votre opinion sur tout cela. Croyez-vous que cet agrandissement de cadre soit au-dessus de mes forces, et surtout que je puisse achever cela dans les 2 ou 3 mois, que j'ai à passer ici? Car ma grande ambition serait de retourner à Paris *avec quelque chose*.[5]

Pardonnez-moi de vous parler si longuement de moi. Vous devez me trouver bien égoïste! C'est que, mon cher Emile, lorsque je vous écris, j'éprouve un embarras qu'il faut qu'une fois pour toutes je vous confesse. Je suis toujours tenté de vous exprimer un peu de la reconnaissance que j'éprouve pour toutes vos bontés, pour l'intérêt que vous m'avez si souvent témoigné depuis 2 ans que vous me connaissez, (et *même avant de me connaître*) pour la bienveillance avec laquelle vous avez toujours daigné me tendre la main, vous, enfoncé jusqu'au cou dans la lutte, dans le succès. Et c'est une fausse honte qui me retient. J'ai peur de vous paraître (à vous vieux roublard du style) faire des phrases là-dessus. C'est pour cella que j'aimerais bien mieux être près de vous, ne vous rien dire, mais vous serrer chaleureusement la main.

Tenez! je n'oublierai jamais l'accueil que j'ai reçu de vous, de votre mère et de votre femme, il y a bientôt deux ans, un soir d'été.[6] J'étais bien troublé, bien malheureux à cette époque. C'est sur ces terrains brûlants que germent les amitiés inaltérables.

Ecoutez! l'art est dur, le métier encore raide et pénible pour moi. Il y a des heures fréquentes où je doute, où je me dis que je ne serai jamais peut-être qu'un impuissant, un raté.[7] Eh bien! savez-vous ce qui vient alors me consoler? Ceci. Lorsque je doute de moi, j'ai foi en vous. Je me dis que je me contenterai, si je ne deviens pas un créateur, d'être votre ami, et le dilettante de vos œuvres.

Je m'aperçois que ma lettre commencée par un joyeux éclat de rire, devenue sérieuse, tourne à la mélancolie.

Je ne puis mieux la terminer qu'en vous serrant vigoureusement la main, même qu'en vous embrassant en frère.

Paul Alexis

P.S.
Ne m'oubliez pas auprès de Mesdames Zola.
Qu'est devenu Césanne?
Une poignée de main à Roux et à sa femme – A Valabrègue – A Coste[8] si vous le voyiez.
Sait-on quelque chose de plus sur l'infortuné Abel?[9]
Auriez-vous quelque sujet d'article, un peu fringuant et facile à brosser, à me proposer?
En me répondant, s.v.p., un morceau de sucre pour mes parents: les conjectures que l'on peut faire sur les prochains résultats monnayés de mon journalisme.[10]
Enfin, *avis à tous les amis*:
Je reçois:
les lettres bien pensantes.....Cours 46.[11] Et la gaudriole..... *chez le père de Roux*!!! *mon créancier bénigne.*[12]

---

1 Alexis fait allusion ici à son départ d'Aix en septembre 1869, sans le consentement de ses parents. C'est Zola qui avait publié dès le début de 1869 quelques vers d'Alexis, tirés des "Vieilles Plaies." Voir l'Introduction, 7–8.

2 Né en 1826 à Cluny, Pierre Vésinier, journaliste et secrétaire d'Eugène Sue, publia de violents libelles contre l'Empire. En 1871 il fut membre du Conseil général de la Commune. Le 24 mai il signa les ordres incendiaires. S'étant réfugié à Londres, il rentrera à Paris en 1880, après l'amnistie.

3 Gustave Flourens (1838–71), homme politique et grand adversaire de l'Empire, commanda les bataillons de la Garde nationale à Belleville en 1870 et participa à la Commune l'année suivante. Il livra combat contre les troupes de Versailles à Rueil, où il fut tué d'un coup de sabre.

4 Toute cette description, inutilisée dans la version définitive de la nouvelle d'Alexis, fait penser aux dernières pages de *La Débâcle*.

5 Voici le conseil de Zola: "Je ne vous blâme pas d'agrandir votre sujet. Il était presque impossible de faire tenir dans une nouvelle l'histoire des deux sièges. Faites donc un livre, mais pour l'amour de Dieu, faites-le! Vous savez que je n'ai foi que dans le travail et dans la production. Peu importent ces produits, surtout dans les commencements.

"Maintenant, votre sujet est excellent. Je le vois très bien. Si vous m'en croyez, vous ferez un roman d'espèce particulière, un roman tournant à l'épopée. Vous avez la corde lyrique. Ajoutez à vos deux hommes une femme ou deux. Quant au caractère du livre, vous l'avez défini en comparant vos deux héros à Don Quichotte et à Sancho

47

Pança. Vous devez, en effet, promener deux tempéraments dans les aventures tragiques auxquelles vous avez assisté, et ne pas rire comme Cervantès, mais faire l'histoire physiologique de la folie humaine traversant toutes les douleurs et toutes les épouvantes pour aboutir à l'effondrement d'une ville. [...] Mais vous n'aurez pas fini un tel travail dans trois mois, je vous le dis franchement. Vous allez avec une lenteur qu'il ne faut pas presser. Travaillez à votre aise, mais sans perdre une minute. Vous serez étonné du résultat. Ce qu'il vous faut, c'est croire en vous, et vous arriverez à un travail quotidien" (4 juil., *Corr.*, 380–1).

6 Voir l'Introduction, 11

7 Dans sa lettre du 4 juillet Zola ajoutait: "Et je profite de l'occasion pour vous louer de vos défaillances. Il n'y a que les imbéciles qui ne doutent pas d'eux. Je vous l'ai dit souvent et je vous le répète: depuis dix ans que des apprentis littéraires m'arrivent d'Aix, vous êtes le seul que j'ai accueilli sans phrases menteuses. Je crois absolument à votre avenir. L'homme seul, s'il n'était pas raisonnable, tuerait en vous l'artiste. Si vous travaillez franchement, si vous allez la tête haute devant vous, vous trouverez dans votre métier, si décrié, beaucoup d'honneur et beaucoup d'argent" (*Corr.*, 381).

8 L'Aixois Numa Coste (1843–1907) était peintre et critique d'art. Il fut un des créateurs, en 1880, de *L'Art libre*, qu'il dirigea pendant une année. Parmi ses collaborateurs, cette revue mentionne Alexis et Zola. Du dernier on trouvera quelques articles repris de *Mes Haines* (1866) et du *Roman expérimental* (1880), et "Le Jeûne" des *Nouveaux Contes à Ninon* (1874). Il n'y a pas d'articles signés d'Alexis. Sur Coste, cf. M. Provence, "Cézanne et ses amis. Numa Coste," *Mercure de France*, CLXXXVII (1926), 54–81; M. Raimbault, *Numa Coste* (Aix-en-Provence: B. Nill 1907).

9 Le frère d'Antony Valabrègue. Le même jour Zola écrivait à Alexis: "Nous avons la certitude que le malheureux Abel a été tué dans l'île Saint-Louis. N'en parlez pas là-bas. Je ne sais comment Valabrègue compte annoncer cette nouvelle à sa famille" (*Corr.*, 379).

10 "Vous avez quitté Paris au moment où le journalisme allait vous offrir de grandes ressources. C'est sans doute partie remise. Si vous faites quelque article, envoyez-le-moi, je le porterai à *La Cloche* ou ailleurs. Mais ce serait un effort perdu et je vous conseille de travailler plutôt à votre *César Panafieu*" (4 juil., *Corr.*, 381). Zola, qui collaborait toujours à *La Cloche*, fit entrer son ami à ce journal où Alexis publia ensuite plusieurs articles entre janvier et octobre 1872. Il a écrit dans la biographie: "Que de fois, en 1872, lorsque nous sortions du n°5 de la rue Coq-Héron, des bureaux de la *Cloche*, où je faisais à ses côtés mes débuts de journaliste, que de fois, je m'en souviens, il m'entraîna dans les Halles!" (*E.Z.*, 96), en parlant de la préparation du *Ventre de Paris*.

11 C'est-à-dire le Cours Mirabeau. Voir à l'app. A:39 la description qu'Alexis en fit dans *Le Cri du Peuple* du 1er octobre 1885.

12 Cf. la lettre 207

⁙⤴ 6 [Aix] Lundi – 31 Juillet [1871].

L'art est toujours dur pour moi, mon cher Emile, et le métier difficile. Mon *coquelicot*[1] continue à pousser bien lentement: Il ne compte encore que 45 feuilles. Je vis toujours en des alternatives de courage et de désespoir. Ma plume est d'une lourdeur à manier qui bien souvent m'épouvante. Je commence une phrase, il me semble que je ne viendrai jamais à bout de la finir. Puis c'est la suivante qui m'écrase, puis l'autre. Quand j'arrive enfin au bout de la page, il me semble que je tombe à jamais épuisé, désormais incapable de recommencer la même somme d'efforts. Voici un autre sujet d'inquiétude: *il m'est absolument impossible de faire un plan, de savoir par où je passerai*: je manque probablement d'imagination. Ce n'est souvent que les dernières lignes d'un chapitre qui me donnent une idée de ce que pourra être le suivant. Je marche absolument à l'aventure, n'ayant pour me guider que certains besoins de logique avec lesquels je me vois obligé de compter.

Vous m'avez mis en garde contre le danger de trop me relire. Je viens d'en courir un plus terrible encore. C'est celui de me relire à un autre. J'ai eu le tort il y a quelques jours de lire mes 35 premières pages à un de mes anciens camarades, un garçon que je croyais assez intelligent, et à qui j'avais connu des goûts de lettré. Il m'a écouté avec beaucoup d'attention et d'intérêt, puis m'a dit à peu près ceci: "Mon cher, sur ces 35 pages, 34 au moins ne sont que des sensations physiques, de vue, de toucher, d'ouïe... de vue surtout. Je vois plusieurs volumes de *Balzac* sur votre table, lisez-en aussi 35 pages et comparez. Balzac, lui, fait penser, etc. Vous avez un genre inférieur..." Vous allez peut-être me trouver jeune, naïf enfant ou niais: j'en ai été deux jours malade d'esprit. Il m'a fallu deux jours de réflexion pour me *recoller*, et bien sentir toute la viduité de cette statistique.[2]

A part ma lenteur et mes défaillances, je suis assez content, notament de mon chapitre VII (pages 30–40)[3] où se trouve une grande revue de la garde nationale par le général Trochu[4] à qui je consacre une phrase, où je l'appelle "le Gouverneur." Il y a peut être là, comme vous dites, un certain soufle épique.[5] *Panafieu* ne veut pas aller à cette revue; mais il manque de volonté, son mauvais génie, Barbin l'y conduit presque par force. Une fois, place de la Bastille, la foule, comme un fleuve, s'empare de lui, l'entraîne le long des boulevards. Barbin se cramponne à son bras de peur de le perdre. Enfin ce fleuve d'hommes le conduit dans un Océan, place de la Concorde. Grand soleil, grande foule, grande poussière, grand enthousiasme! *Panafieu*, hors de lui, repousse violemment Barbin, fend la foule, et court comme un fou jusqu'à l'Arc-de-triomphe, "cette triomphale porte... digne de la gloire du Soleil couchant... derrière laquelle j'allais peut-être me régénérer dans quelque mer d'or et de pourpre." Alors, de là haut: un paragraphe de 2 pages sur le tableau de Paris à la fin du jour. Puis quand il fait tout à fait nuit, que *Panafieu* se sent seul devant: "un être énorme et vivant... qui respirait" c'est tout à coup: "comme un vomissement immonde de la nuit." Barbin, se doutant que "son Panafieu est par là à bâiller devant les étoiles" arrive dans un fiacre, ivre-mort en compagnie de trois femmes avec qui il vient de souper. Panafieu monte dans le fiacre sans résistance, et redescend dans Paris, un peu comme on redescendrait aux enfers.

Pardonnez-moi, mon cher Emile, de vous raconter si longuement mes rêvasseries. Mais de quoi voulez-vous que je vous parle? De la Province. Vous la connaissez comme moi. Je n'en vois d'ailleurs que le Dimanche, les autres jours je reste ici,[6] m'occupant comme je peux, attendant avec impatience le moment d'aller vous rejoindre. Merci de vos bonnes lettres,[7] qui ont produit un excellent effet sur la famille, effet dont la lettre que vous a écrite mon père[8] est le résultat. J'oubliais de vous dire: vos lettres, je les ai là, dans le tiroir de ma table de travail. Quand ça ne marche pas fort, je me réconforte en vous relisant.

Césanne a dû vous expliquer pourquoi je ne vous ai pas répondu à son sujet. Je ne l'ai découvert qu'après le rétablissement de ses communications avec vous.[9]

Il est fort probable que je n'arriverai à Paris qu'au commencement d'octobre, avec mon frère et mon père. Je perdrai donc le fameux pari, il ne me restera qu'à m'exécuter.

A propos! vous recevrez probablement un de ces jours, un petit estagnon d'huile de la campagne que je désire vous faire goûter. C'est bien prosaïque, de l'huile, mais que voulez-vous, la Provence n'est pas un pays de cocagne. Je sais que vous êtes gourmand, que vous préféreriez des huîtres ou des ourseins. (Vous l'auriez déjà reçue, mais la petite-vitesse ne fonctionne qu'à partir du 1er Août.)[10]

Comment va la littérature? Et le journalisme? Augurez-vous bien de l'avenir? Ça va-t-il marcher cet hiver? Parlez-moi aussi longuement de vous, et de *la Curée*,[11] que moi je vous ai entretenu de mon *César Panafieu*.

Mille choses aimables de ma part à Mesdames Zola. Je vous serre vigoureusement la main.

Paul Alexis

Mes amitiés à Valabrèque et à Roux. Et à Césanne.

---

1 Il s'agit toujours de "César Panafieu." "Travaillez pour travailler, écrivait Zola le 4 juillet, sans trop rêver du résultat. C'est l'impatience du but qui perd notre génération fiévreuse. On s'use soi-même à trop se relire et trop se rêver. Je voudrais voir votre livre pousser comme de l'herbe, comme les coquelicots que vous voyez de votre fenêtre. Les coquelicots ne savent pas qu'ils poussent et qu'ils fleuriront un jour. Tout cela est pour vous dire de ne pas vous casser la tête sur l'époque probable où vous terminerez votre roman" (*Corr.*, 381).

2 "Votre dernière lettre m'a inquiété, répondait Zola le 25 août. J'y ai reconnu des symptômes d'un mal que je redoute pour vous. Vous vous dévorez trop vous-même, dans votre solitude de l'Arc. Pour l'amour de Dieu! n'imitez pas certaines de nos connaissances qui, depuis dix ans, se brûlent dans leur impuissance, dans l'étroite chapelle artistique où elles se sont cloîtrées. Soyez producteur. Ne vous relisez pas, et évitez de lire ce que vous faites à des gens qui vous donneront un conseil en l'air, et dont la parole jetée au hasard suffira pour vous troubler profondément. Il y va de votre santé littéraire. Soyez sain, c'est-à-dire travaillez sainement, et d'une façon continue, sans fièvre, et en prenant des récréations. [...] Je veux dire que vous ne devez pas vous enfermer dans une œuvre, la relire sans cesse, la lire aux autres, la vivre à chaque heure, si vous ne voulez pas détraquer votre intelligence et votre système nerveux. J'ai passé par là, je sais ce qu'il en est.

"Quant à la thèse, que votre art parle aux yeux, tandis que l'analyse de Balzac, par exemple, parle à l'intelligence, elle est lasse de traîner partout. Au fond, elle ne signifie rien, elle établit simplement qu'il y a plusieurs écoles littéraires. Vous ne saurez que plus tard à quelle école vous appartenez par votre tempérament et la tournure de votre esprit. Vous serez un analyste ou un artiste nerveux. Les deux peuvent avoir du génie. Ce qui doit simplement vous inquiéter aujourd'hui, c'est la production, je ne saurais trop vous le répéter. Travaillez pour travailler, sans vous creuser le cerveau. Un jour vous jugerez ce que vous aurez fait, mieux que personne, et vous choisirez le sentier qui vous plaira" (*O.C.*, XIV, 1373–4).

3 On trouvera les descriptions qui suivent aux pages 46 à 52 de *L'Education amoureuse*.

4 Le général Louis-Jules Trochu (1805–96), gouverneur militaire de Paris, fut mis à la tête du gouvernement de la Défense nationale, le 4 septembre 1870.

5 Voir la lettre 5, n.5

6 Alexis est à Meyran, maison de campagne près d'Aix-en-Provence.

7 Les lettres du 30 juin et du 4 juillet (*Corr.*, 378–81)

8 Voir à l'app. c:1 cette lettre inédite du 15 juillet 1871 que le père d'Alexis envoya à l'auteur des *Rougon-Macquart*.

9 Voir la lettre 4, n.2

10 "Il paraît, disait Zola dans sa lettre du 25 août (voir n.2), que les chemins de fer sont bien encombrés, car l'estagnon n'est arrivé qu'avant hier. L'huile est exquise, mon cher ami, et à titre de gourmand, je vous suis mille fois reconnaissant. Depuis deux jours, nous ne mangeons que des choses à l'huile. Il y a un coin du ciel bleu de la Provence dans votre estagnon." "Zola, seriez-vous par hasard gourmand?" demanda un jour Edmond de Goncourt. "Oui, lui répondit-il, c'est mon seul vice; et chez moi, quand il n'y a pas quelque chose de bon à dîner, je suis malheureux, tout à fait malheureux. Il n'y a que cela; les autres choses, ça n'existe pas pour moi" (*Journal*, ii, 1033).

11 Ecrivant à la hâte, comme d'habitude, Zola ne donne que ces courtes réponses aux questions d'Alexis: "Je suis toujours très occupé par la Chambre. *La Cloche* attend les vacances de cette chambre maudite pour publier ma *Curée*. Quant à l'impression de la *Fortune des Rougon*, elle marche avec une désespérante lenteur. C'est un petit souci. Mes affaires vont bien en somme, et je touche à la situation désirée depuis dix ans de travail" (25 août).

La "Correspondance parlementaire" de Zola paraît toujours quotidiennement dans *La Cloche* (lettre 1, n.1). Une publication partielle du feuilleton de *La Curée* commence le 29 septembre et durera jusqu'au 5 novembre 1871 (début du chapitre iv). L'édition originale sera publiée vers la fin de l'année à la Librairie Internationale A. Lacroix, Verboeckhoven et Cie, où paraît également *La Fortune des Rougon* le 14 octobre 1871.

7 [Aix] Jeudi soir 28 Sept.ᵉ [18]71

MON CHER EMILE,

Je ne puis résister plus longtemps à l'envie de causer avec vous. Et pourtant je suis sur le point d'aller vous rejoindre. *Mardi soir, 3 Oct.ᵉ*, je monterai en wagon, avec mon père et mon frère.

Ma joie est grande. Ce second départ ressemble peu au premier.[1] C'est maintenant un fait accompli, une première victoire remportée un peu par ma volonté, et beaucoup par les circonstances. Ma famille ne s'oppose plus à mes goûts. Il n'y a eu à cette occasion aucun de ces tiraillements que redoutait jadis pour moi votre sollicitude.

Et puis je commençais à m'ennuyer un peu, ici. Ce dernier mois surtout m'a été d'une longueur intolérable. Isolé, ne travaillant pas énormément, n'ayant pas pleinement réussi à acquérir cette *santé* littéraire que vous me recommandez,[2] je suis de nouveau dévoré de la soif de Paris. Il me semble même que j'y vais pour la première fois. Les vingt mois que j'y ai passés, ne m'apparaissent plus que comme un prologue déjà lointain. Me voici impatient que la toile se lève pour le premier acte.

Encore cinq ou six jours, et cette impatience sera contentée; et cette joie du retour aura son épanouissement lorsque je pourrai vous serrer la main. Puis je me retrouverai en face de la réalité. Et la réalité, c'est les vingt-cinq ans vers lesquels je m'avance à grands pas, la nécessité de me prouver à moi-même que je puis enfin accoucher de quelque chose, ou sinon, l'impuissance de Damoclès, le spectre de Valabr!³ (N'allez pas au moins lui montrer ma lettre!)

Eh bien! je vous assure que, cette réalité, je la contemple froidement aujourd'hui, en homme, en homme décidé à me colleter avec elle. Je ne sais pas bien pourquoi: mais je me sens plein de courage, et d'espoir.

Et pourtant je suis loin d'avoir beaucoup fait depuis ma dernière lettre. Mon César Panafieu n'a encore écrit que 73 pages de ses sensations intimes. Et depuis une semaine, une grande semaine, sous prétexte de malles à préparer, le misérable n'a plus touché la plume. Vous le gronderez sans doute, lorsque pourtant le pauvre diable n'en avait jamais tant fait. Mais, plaisanterie à part, quand vous m'aurez bien grondé, je vous prierai de lire mes 73 pages et de me dire franchement votre avis. Je veux même me priver du plaisir de vous les lire moi-même, pour que votre sentence soit *moins soudaine, plus définitive*. Et surtout, ne craignez pas de me décourager. Moi, je puis et veux tout entendre. Et si vous me dites que j'ai fait fausse route, je vous assure que je ne prendrai que *8 jours* pour choisir un autre sujet et *recommencer à chercher héroïquement*.

Je ne vous demande pas de me répondre. Votre lettre pourrait me manquer, puis je présume que vous devez être plongé dans la fin de votre *Curée.*⁴ Je suis allé aujourd'hui en ville acheter la *Cloche.* Depuis trois ou quatre jours j'attendais impatiemment cette date le *28 Sept.*ᵉ Mon impatience a été trompée. A demain donc. Je suis avide de vous lire. Votre sujet de la *Curée* m'est essentiellement sympathique, tellement, que je concentre sur lui une partie de l'affection que j'ai pour vous, en d'autres termes, je voudrais que ce soit votre chef-d'œuvre. Allez, je n'ai pas oublié ce que vous m'en avez lu. J'ai souvent revu par la pensée votre serre exotique et luxuriante, aux plantes bisarres, à la végétation fougeuse. Et votre salon jaune d'*or*! Et votre collection d'impérialistes à table. Et votre Phèdre mâchant la fleur vénéneuse. Revenir du Bois avec elle sera demain le plus grand plaisir de ma journée. Il me semble que je suis déjà près d'elle, avec Maxime, dans la calèche; un peu blotti moi-même sous le bouillonement de ses grandes jupes étalées.

Donc, ne me répondez pas, et attendez la prochaine et cordiale poignée de main de votre vieil ami

Paul Alexis

J'ai lu assidument les journaux pendant ces trois mois. Je commence à voir un peu ce qu'il faut pour être un journaliste. (comme je m'en doutais peu! il y a deux ans.) Il faudra que je trouve quelque idée ingénieuse, pour une série à tenter.

Mes amitiés à Mesdames Zola.

1 En septembre 1869. Voir l'Introduction, 9–10
2 Voir la lettre 6, n.2
3 Antony Valabrègue
4 Voir la lettre 6, n.11. "La *Curée*, commencée [...] bien avant la guerre, n'a été terminée que bien après, en 1872 [*sic*], à mesure qu'elle passait en feuilleton dans la *Cloche*" (*E.Z.*, 94). Selon M.H. Mitterand, le romancier avait terminé cette œuvre avant

le 15 novembre 1871, date de la Préface de la première édition (*Rougon-Macquart*, 1, 1578). Après la publication de ce roman dans la Bibliothèque Charpentier (14 octobre 1872) Alexis en fit un compte rendu dans *La Cloche* du 24 octobre (app. A:1).

8 Marseille [mercredi] 4 Décembre [1872].[1]

MON CHER AMI,

Je me suis *enfin* exécuté. J'ai pu *enfin* hier venir à Marseille et tenter notre négociation en partie double.

Vers 3ʰ de l'après-midi, j'ai vu le père et le fils Barlatier dans leur bureau, – une même pièce, chacun d'eux à sa table. – Et j'ai causé surtout avec le fils qui m'a paru très gentil, très bon-garçon, mais, comme je m'y attendais, un peu évasif.

Pour ce qui vous regarde, il m'a dit que, on vous avait induit en erreur, "que son autre correspondant gagnait exactement la même somme que vous, que quant à une augmentation, il ne disait ni oui ni non, qu'il aviserait plus tard, qu'il comptait depuis longtemps remanier tout."

Il est content de vous, mais fort peu de votre collègue qui se néglige souvent. Pourtant il ne voudrait pas le remercier encore. Il a été pris par bonté, parce qu'il avait de gros besoins d'argent, et qu'un vieux correspondant écrivant depuis 15 ans dans le *Sémaphore* lui avait légué sa correspondance etc. etc.

Enfin, il a prononcé de vous ces mots "trois fois seulement par semaine."

De sorte que mon impression personnelle est celle-ci: vous en obtiendrez difficilement plus de 200 F; mais vous pourrez peut-être arriver à ne plus envoyer pour 200 F que 3 lettres par semaine.

Puis mon cas particulier est venu compliquer la conversation. Il a été tout aussi aimable et évasif. Le mot de *"remaniement général"* est revenu sur ses lèvres. Il a mon adresse: quelque jour il m'écrira. Alors, je lui ai demandé à tout hasard, si le procès Bazaine,[2] ne pourrait pas être une occasion de me mettre à l'épreuve, si j'avais le moyen d'assister aux séances. Le "procès Bazaine" a paru le rendre rêveur. Je ne sais pas au juste, si mon idée est pratiquable. Mais il en parlera, je pense, à son père.

Enfin je les ai laissé sur cette conclusion: "Je repasserai par Marseille en remontant à Paris. Je prendrai la liberté de venir encore vous serrer la main, et causer avec vous de tout cela."

En somme ma négociation n'est peut-être pas mauvaise. Il est clair que Barlatier fils ne pouvait à brûle-pourpoint ni accepter, ni refuser. A ma seconde et dernière visite, (dans une dizaine de jours, je crois,) il aura parlé à son père: nous verrons l'accueil qu'il me fera.

Ecrivez-moi d'ici là. Je pense pouvoir retourner à Paris dans 8 ou 12 jours.[3]

Je n'ai pu faire grand-chose, à peine une dizaine de pages.[4] La province m'a navré, consterné, me fait douter de moi. Il m'a semblé, en me revoyant ici que j'étais très vieux, presque raté, que j'avais perdu un temps précieux etc. etc. Au fond cette impression peut me faire du bien, parce que, je le crois, elle va me forcer à travailler.

53

Le mariage auquel j'ai assisté, à lui tout seul, m'a bien fait perdre une 8ᵉ de jours. Si je n'étais pas si paresseux, j'aurais pris là-dessus une 50ᵉ de pages de notes. En province, un mariage, c'est tout un poème.

A bientôt, mon cher ami. Ici on mange bien et beaucoup, la famille n'est pas trop gênante, le tempts est magnifique, le ciel bleu, le soleil etc. Mais j'en ai plein le dos. Je regrette Batignolles.

Mes compliments à tous les vôtres. Ecrivez-moi où en est le *ventre*.[5]

A bientôt, ma cordiale poignée de main

Paul Alexis

Faites *casquer* Ulbach,[6] s'il y a possibilité.

Bonjour aux Roux.

Dites à Roux que ses parents se portent bien, que la troupe d'Aix ne joue guère l'opérette, mais le directeur actuel faissant souvent venir des acteurs étrangers, pourrait tout de même lui prendre sa revue.[7]

1 Cette lettre est écrite sur du papier à en-tête portant les initiales EB. Emile Barlatier était le directeur du *Sémaphore de Marseille*. Zola y donna plus de 1800 articles entre le 17 février 1871 et le 22 mai 1877. Sur cette collaboration, cf. H. Chemel, "Zola collaborateur du *Sémaphore* de Marseille, 1871–1877," *Les Cahiers naturalistes*, No. 14 (1960), 555–67; No. 18 (1961), 71–9; H. Mitterand, *Zola journaliste*, 143–57, 179–84.

Alexis, qui était un cousin d'Emile Barlatier, essaya plusieurs fois d'entrer au *Sémaphore* par l'entremise de son ami, mais sans beaucoup de succès. Enfin, du 6 au 17 février 1875, il envoya de Paris huit comptes rendus de la sixième session de la Société des Agriculteurs de France. Barlatier les inséra comme "Chroniques agricoles," signées "De notre correspondant spécial." Voir à l'app. B:1–5 les lettres inédites de Barlatier à Zola ayant trait à cette courte collaboration.

2 Achille Bazaine (1811–88), maréchal de France, commanda l'armée de Lorraine au début de la guerre franco-prussienne. Convaincu d'avoir abandonné Metz sans l'avoir suffisamment défendu, il fut condamné à mort le 10 décembre 1873 par une cour militaire. Cependant, cette peine ayant été commuée en celle de la détention perpétuelle, il fut emprisonné à l'île Sainte-Marguerite. Il s'en évada en 1874 pour se réfugier en Espagne où il mourut.

3 Le 25 décembre 1872 Zola écrivait de Paris à Marius Roux: "J'ai ce soir à dîner Béliard, Philippe [Solari] et Alexis" (*Corr.*, 407).

4 Alexis travaillait toujours à sa nouvelle "César Panafieu." Voir les lettres précédentes.

5 Zola, qui avait passé la plus grande partie de l'année 1872 à écrire son *Ventre de Paris*, en termina la rédaction fin décembre. Cette préparation prit souvent la forme d'une enquête sur place: "Il se fit noctambule, en compagnie de Paul Alexis, pour assister au réveil des Halles, aux arrivages, aux déballages, et à la criée" (E. Lepelletier, *Emile Zola, sa vie – son œuvre* [Mercure de France 1908], 250). Le roman parut en feuilleton dans *L'Etat*, du 12 janvier au 17 mars 1873. L'édition originale fut mise en vente chez Charpentier le 19 avril de la même année.

6 Le journaliste et romancier Louis Ulbach (1822–89) était le directeur de *La Cloche*, qu'il avait fondée en 1868. Le journal disparut à la fin de 1872. Voir la lettre 5, n.10.

7 Dans la lettre citée plus haut Zola disait à Roux: "Je voulais d'ailleurs t'écrire pour te demander des nouvelles de ta revue. [...] Hier, jour de réveillon, j'ai porté un toast à la réussite de ta revue" (*Corr.*, 407). – Le directeur du théâtre à Aix-en-Provence à ce moment était un nommé Cazaubon. Ce fut le groupe du Gymnase de Marseille qui représenta une opérette à Aix pendant la semaine du 17 novembre 1872.

9 [Paris, vendredi] 23 Avril [1875] 6ʰ après-midi.

MON CHER EMILE,

Je suis au dépôt de la préfecture de police – dans une cellule – [1] Je ne manque de rien matériellement. Mais je m'ennuie n'ayant pas encore pu avoir de livres. Je viens à peine d'avoir de quoi écrire.

Je ne sais rien, sauf ce que je vous ai dit ce matin.[2] On me dit: condamné par contumace pour avoir été *lieutenant* pendant la Commune du 184ᵐᵉ Cⁱᵉ.

Or, je n'ai jamais fait partie, que du *207ᵐᵉ sédentaire*, où j'étais simple garde puis caporal, et où mes anciens camarades témoigneraient au besoin que je n'ai jamais pris les armes sous la Commune.

Je n'ai pas le temps pour aujourd'hui d'en mettre plus long. On attend ma lettre.

Avertissez mon frère,[3] Coste, Barlatier[4] peut-être, etc. etc.

Je n'écris qu'à vous pour aujourd'hui.

P. Alexis.

1 Ici commence l'histoire de l'extraordinaire aventure judiciaire de Paul Alexis. Il en donne presque tous les détails dans les lettres 9 à 20 et dans le très long article intitulé "Je pardonne...!", publié dans *L'Aurore* des 5, 6 et 7 février 1898. En voici le début: "Les conseils de guerre, ça me connaît... Je ne sors pas d'en prendre –heureusement– mais j'en ai pris (1er conseil de guerre: Zola témoin)... Qui l'eût cru? moi, le naturaliste des soirées de Médan, j'ai eu, dans ma jeunesse, affaire à la justice militaire. [...] J'ai eu [...] l'honneur d'une condamnation par contumace, à la déportation *à vie* dans une enceinte fortifiée. C'était une erreur, parbleu! et une erreur grossière. J'ai tout de même dû 'purger ma contumace', c'est-à-dire être arrêté d'abord, faire de la prison préventive au Dépôt et au Cherche-Midi, passer enfin en jugement. Aujourd'hui, vingt-deux ans après, je vais tout raconter. Voici une page de mes mémoires. Libre à ceux qui liront mon aventure de se livrer à tel rapprochement avec la lugubre comédie d'hier et d'en tirer une philosophie."

Puis suivent les détails de son arrestation: "Un matin, au petit jour, chastement couché seul, j'entends à ma porte un toc-toc léger, presque furtif. Du pied de mon lit sans me lever, j'ouvre, avec empressement: hélas! ce sont deux hommes! Deux messieurs, à la rigueur! Un vieux et un jeune assez mal vêtus et d'allure équivoque. Bien que je me sois renfoncé sous les draps, ils ne franchissent pas le seuil, se consultant du regard comme s'ils craignaient de tomber dans quelque guet-apens. Enfin, ils se décident, entrent avec circonspection. Et pendant que le jeune se hâte d'ouvrir les volets, le vieux, planté sur ma descente de lit, une main dans la poche de son veston, me dévisage. Et je suis à cent lieues de me douter que cette main dans la poche tient un revolver – le doigt sur la gâchette.

"– Vous êtes bien Paul Alexis?
"– Parfaitement.
"– En 1870, vous avez fait partie de la garde nationale?
"– Comme tout le monde.
"– Et pendant la Commune?
"– Egalement...
"– C'est parfait... vous devriez tout de suite vous lever...
"– A sept heures du matin! vous êtes fous: quand je me suis couché à cinq... Et pourquoi me lever?
"– Pour venir vous expliquer devant le commissaire de police de votre quartier...
"– Je dors en vous parlant: revenez vers midi et j'irai expliquer tout ce que vous voudrez...

"Désarmés par mes bâillements, ou me croyant très dangereux, voilà mes deux mouchards (car, on l'a deviné, c'en était une jolie paire) qui se regardent. 'A midi! s'esclaffe à la fin le jeune... Il demande à dormir jusqu'à midi; quelle santé!' Et se tournant vers moi:

"– Il paraîtrait que vous seriez condamné à la déportation à vie dans une enceinte fortifiée...

"– A la déportation? Elle est bien bonne. Et fort de ma conscience, en enfant heureux de l'aventure, je n'ai plus sommeil" (*L'Aurore*, 5-11-98).

2 "Maintenant, en route pour le Dépôt. Ça, c'est du sérieux: je n'ai plus du tout envie de rire. Si j'obtenais de souhaiter en passant un bonjour à Zola, histoire de le prévenir. [...]

"Rue Saint-Georges, après nous avoir fait entrer dans le salon, le domestique de Zola – un imberbe dadais, ce domestique, fraîchement débarqué, mais faisant son malin et écoutant aux portes, pour ensuite pouvoir se mêler de tout et placer son mot, un type, là! – ne s'en va plus, comme hypnotisé par la tignasse crépue du plus âgé de mes deux gardiens. Je le rappelle au devoir, il y va, et je l'ai su plus tard, m'annonce ainsi à son maître: 'M. Alexis avec M. Alexandre Dumas fils...!'

"Incrédule, mais à cent lieues de supposer la vérité, le romancier, interrompu au milieu d'une phrase de *la Faute de l'Abbé Mouret*, est très ému en apprenant ce qui m'arrive. –Une émotion de la même qualité que celle qui l'a jeté si bravement dans l'affaire Dreyfus.– 'Mon pauvre ami... On vous arrête, et pourquoi donc, grands dieux?... La déportation, à vie, dans une enceinte fortifiée! Ce n'est pas vous... De l'argent? Tenez, voici cent francs... Je lâche tout, je déjeune à la hâte, et je saute dans un fiacre... Vous serez libre avant ce soir: je commence par *le Rappel*, où je verrai Lockroy.' A ce nom de Lockroy, et redoutant un esclandre, ma paire d'accompagnateurs fait la grimace. 'Pourquoi t'ai-je écouté? nous sommes propres!' grommèle *Alexandre Dumas*" (ibid.).

3 Félix Alexis, élève de Polytechnique à Paris
4 Sans doute le frère d'Emile Barlatier fils de Marseille (lettre 8, n.1)

10 [Paris] Vendredi, 23 Avril [1875], 9 h et demie du soir, environ.

Du dépôt –
Cellule 144 –

MON CHER EMILE,

Je viens de dîner dans ma cellule d'un fort grand appétit (un beefsteak au cresson, une 1/2 bouteille de vin, du café)[1] Je viens de fumer, avec délices, une cigarette. Mon lit m'attend: on vient de me le faire, sur ma demande, avec une paire de draps éclatants de blancheur. Je crois que j'y dormirai comme Napoléon la veille de la bataille d'Austerlitz. Mais comme je n'ai pas encore sommeil, et que j'ai acheté une bougie (le gaz ici s'éteint à 9 heures) je vais, une fois de plus, passer une soirée agréable à m'entretenir avec vous.

Dix heures sonnent.

Quelle bisarre journée!... Quelle aventure folle et invraisemblable!... Ce n'est pourtant pas un rêve. Qui l'eût dit hier au soir? Je suis dans une prison.[2] Je vous avoue que je suis tenté de vous faire des phrases à la Silvio Pellico.[3] Le sîte y prêterait vraiment. – Un grand silence, à peine troublé par l'égouttement de quelque robinet de fontaine mal fermé, dans une cour voisine. Une grande paix. Il y a une heure pourtant, pendant que je mangeais, j'ai entendu du fond d'un corridor les miaulements étouffés de quelque misérable ne prenant pas aussi philosophiquement que moi son incarcération. Puis, tout à coup, plus rien. À peine, de loin en loin, le pas errant et sonore de quelque gardien. Enfin, en écoutant bien, un murmure lointain, vague, quelque chose comme un roulement continu de voitures mêlé à un écoulement de grand fleuve, – le murmure de Paris.

Vous voyez mon ami, que je suis très calme.

Je ne sais rien de plus que quand je vous ai vu aujourd'hui à une heure,[4] ce que j'avais appris dans l'interrogatoire tout sommaire que m'a fait subir M. le commissaire de police de la rue Gauthey. Il paraîtrait que j'aurais été *lieutenant*!!! sous la Commune au 184e et que, *depuis 1873*, je suis condamné par contumace à la déportation dans une enceinte fortifiée. Je n'en sais pas plus, et je ne comprends pas.

Après vous avoir écrit, cette après-midi, dès que j'ai eu papier et encre, quelques mots, j'ai demandé audience au Directeur du dépôt, qui m'a immédiatement reçu, et très affablement. Il m'a dit que je dépendais du Capitaine Rapporteur, et du Président du Conseil de guerre, à Paris, – que le Dépôt n'est qu'un séjour provisoire, et que je serai sans doute transféré dans 2 ou 3 jours à la prison du Cherche-Midi,[5] – que je n'étais pas au secret, que je pouvais écrire, etc.

Aussitôt rentré dans ma cellule, j'ai écrit une lettre qui ne partira aussi que demain, Samedi, à M. le Capitaine Rapporteur, lui demandant 1° *la faveur d'être interrogé le plus tôt possible*, 2° *celle ensuite, s'il y a lieu, d'être mis en liberté sous-caution.*

Puis j'ai dîné.

Puis je vous écris.

Je crois inutile d'effrayer inutilement ma famille à Aix. Il vaut mieux que je lui raconte mon aventure moi-même lorsque je serai délivré. Mais vous pourriez dès maintenant vous concerter avec M. Barlatier mon cousin (11, r. Saint Lazare) Outre qu'il a de nombreuses relations, n'est-il pas convenable que je l'avertisse? D'ailleurs je m'en remets à vous, pour lui, ainsi que pour mon frère, et nos amis communs.

Maintenant, comme il s'agit de justice militaire, vous pourriez peut-être vous adresser par dépêche ou par lettre à mon oncle, *M. de Lavalette, intendant* de la division militaire de Montpellier, qui a sans doute des relations au ministère de la guerre, (et qui vous connaît de nom, qui vous sait mon ami).

Il me reste, mon cher ami, à vous remercier de la peine que vous vous donnerez, que vous vous êtes déjà donnée, j'en suis sûr. Je crois que je n'ai plus à écrire, je n'ai plus qu'à attendre. Demain, j'aurai une main de papier-écolier, *et, je tiens à commencer ici, le roman que m'a commandé mon éditeur, Béliard.*[6] Je sens le sommeil venir. Bonsoir. Je vais m'endormir du sommeil du juste.

Une vigoureuse poignée de main

Paul Alexis
ou le N° 144.

p.s. J'ignore si l'on s'est douté de mon arrestation, à mon domicile.[7] Ne pourrait-on habilement le savoir? Et, si mon absence devait se prolonger, savoir si je n'ai pas de lettre m'annonçant la réception de ma pièce[8] dans un théâtre.

Pardon de vous donner de semblables corvées.

On ne m'a pas laissé un volume de Dumas que j'avais apporté Mais on m'a donné le *magasin pittoresque* de l'établissement. En outre M. le Directeur a mis la bibliothèque à ma disposition: Walter Scott, Cooper, et le *Consultat et l'Empire* de M. Thiers.[9] J'ai de quoi lire heureusement.

Samedi – 8 heures du matin – 2ᵐᵉ jour de ma captivité.

Je viens de me lever. On va m'apporter du Café-au-Lait. Je viens de demander le coiffeur de l'établissement. Je suis enragé de voir que mes deux lettres ne peuvent encore partir. Je tâche d'occuper mon impatience en ajoutant ces lignes à la vôtre.

Je pense à beaucoup de choses ce matin. Des morceaux entiers de la *Chartreuse de Parme*[10] me reviennent à la mémoire. Je savoure de petites jouissances intimes à me comparer à Fabrice de l'immortel roman de Stendahl. Si j'avais ici le panorama magique dont il jouissait du haut de sa citadelle, et le voisinage des volières de la fille de son geôlier, je serais tout aussi insouciant, tout aussi joyeux, j'en serais peut-être aussi à chérir ma prison, et à ne plus vouloir en sortir. Mais "le Dépôt" est moins poétique. J'en suis déjà à rêver le "Cherche-midi."

Nous autres artistes, nous sommes bien des "cherche midi à quatorze heures!" Là, sans charge, sans pose, savez-vous ce qui me préoccupe parallèlement à, et tout autant que ma condamnation! par contumace, c'est 1° le sort de ma pauvre petite comédie en 1 acte, 2° de savoir ce que Duranty[11] pense de la nouvelle que je lui ai donnée à lire, 3° la préoccupation de mon roman que je vais commencer aujourd'hui.[12]

Je m'apperçois que j'ai déjà écrit une 10ⁿᵉ de pages depuis que je suis dans les fers. Il paraît que ça rend fécond le pauvre littérateur. Si l'on en était sûr, je serai le premier à demander à être enfermé jusqu'à ce que j'aie pondu un chef-d'œuvre.

A propos de chef-d'œuvre, vous ne vous douteriez jamais de quoi m'a parlé sur l'impériale de l'omnibus de l'Odéon, hier, en me conduisant ici, le plus petit de mes 2 agents, celui qui avait l'œil le plus éveillé et une petite barbuche noire... Il m'a parlé, je vous le donne en cent, en mille... Il m'a parlé de votre dernier roman,[13] très naïvement, non pas en limier de police, mais en bon public affriandé... *Voilà ce que c'est que la gloire!*... Et en traversant le Pont des Saints-Pères, sur notre impériale, mon regard enfilant la Seine, et suivant les dentelures des tours de Notre Dame, savez-vous de quoi je lui parlais... *Sur sa demande*, je lui racontais la *Faute de l'abbé Mouret*, je lui parlais d'Albine et des enchantements du Paradou.

Pardonnez-moi, mon cher ami, de vous bavarder ainsi ces choses. Mais si vous saviez tout le plaisir et toute la consolation que je trouve à vous les écrire...

Ne m'oubliez pas auprès de votre femme et de votre mère. Je n'ose presque plus leur envoyer le bonjour... Une nuit au Dépôt, vous savez, ça

58

intimide; et j'en passerais encore plusieurs, on finirait, ma parole, par se croire soi-même un pas grand chose.

Votre

n° 144

1 "Vers le soir, on m'apporte la nourriture de l'administration: épouvantable! Un pain autrement noir que le fameux 'pain du siège', et des légumes avariés, cuits à l'eau et sans sel, quelque chose d'exécrable dont les porcs ne se contenteraient pas. Heureusement que j'ai de l'argent [...]. On m'apporte la carte d'un mastroquet voisin. Tout en dévorant mon dîner solitaire, un détail m'amuse: le couvert en bois –fourchette et cuiller– et un couteau qui se ferme, à bout cassé, mis à ma disposition par une administration tutélaire, désireuse de m'éviter toute tentative de suicide" (P. Alexis, *L'Aurore*, 6-11-98).

2 "M'y voilà! [...] On a beau s'y attendre: le cric-crac de la serrure qui vous boucle pour la première fois, c'est atroce. On est donc seul, arraché au train-train de ses habitudes: c'est comme si vous receviez un coup de trique. Malgré vous, vous faites des pesées sur la 'lourde': je t'en fiche! ça tient. Alors, passant désespérément vos doigts par la petite lucarne, vous hélez le geôlier: en vain. Celui-ci s'éloigne, faisant le sourd, sachant que 'vous avez besoin de vous recueillir.' Enfin, après une rapide inspection de votre cellule (un lit peu engageant, la chaise percée et à travers d'épais barreaux un peu de ciel aperçu, du ciel éteint, sali et comme déshonoré), le sanguin, comme sous un coup de massue, se couche et dort. Tandis que le nerveux, plus combattif, est pris d'une rage d'écrire" (ibid.).

3 Silvio Pellico publia ses mémoires *Le Mie Prigioni* (*Mes Prisons*) en 1832. C'est un témoignage sur ses souffrances dans la prison de Brno où il fut incarcéré pour avoir participé au mouvement des 'carbonari'. Il y évoque avec simplicité et sans haine ses souvenirs douloureux.

4 Voir la lettre 9, n.2

5 La Maison d'arrêt et de correction militaire

6 S'agirait-il du peintre Edouard Béliard, ami de Zola et d'Alexis, et dont celui-ci parlera à plusieurs reprises dans cette correspondance? Il n'a pas été possible de le vérifier. Il est presque certain qu'Alexis n'a pas commencé de roman à cette époque. Voir la lettre 18, n.4.

7 "J'habite aux Batignolles, 24, rue Trézel, une petite chambre de 160 francs par an. Hein? 40 francs par terme: du nanan! Il faut vous dire que je suis dans mes meubles depuis six mois: des meubles de garçon, en modeste acajou, mais qui ont déjà subi le glorieux affront du 'congé'.

"Oui, au 38 de la rue Lacondamine où je m'étais logé pour voisiner avec mon ami Zola –même rue, au 14– n'avais-je pas tout un appartement de 300 francs: des folies quoi! Naturellement, quand le terme arrive, pas le rond! Alors, un bon congé. D'autant plus que le pipelet m'accuse de recevoir des femmes.

"Ici, au contraire, dans cette jolie chambrette, tapissée de bleu comme celle d'une rosière, avec une large fenêtre en plein midi, s'ouvrant sur des jardins, je suis sage comme une image. [...] C'est le bon Zola lui-même qui m'a déniché ce chaste domicile: 'Vous verrez que vous y travaillerez bien...' " (Alexis, *L'Aurore*, 6-11-98).

8 Alexis avait envoyé le manuscrit de son petit acte *Celle qu'on n'épouse pas* à Alexandre Dumas fils pour lui demander son appui. Le lendemain de son envoi, il reçut la lettre suivante (s.d.): "Monsieur, Votre manuscrit a eu ce double avantage d'être court et de tomber dans un bon moment. De sorte que je l'ai lu tout de suite. C'est jeune et touchant. [...] Bref, il y a quelque chose dans votre pièce, et avec quelques retouches et quelques accents que je vous indiquerai, je crois qu'elle pourra voir le jour. Venez donc me trouver demain samedi, à onze heures. Nous causerons. A vous, A. Dumas" (citée par J. Prével, "Courrier des théâtres," *Le Figaro*, 9-IX-79). Malgré la recommandation du célèbre auteur dramatique, la pièce ne fut reçue au Gymnase qu'en août 1877 et la première n'en eut lieu que deux ans plus tard, le 8 septembre 1879. Voir les lettres 49 à 54.

9 Les vingt volumes in-8° de l'édition originale de l'*Histoire du Consulat et de l'Empire*
d'Adolphe Thiers avaient paru entre 1845 et 1862 (Paulin, Lheureux). Voir l'Introduction, 3.

10 A une lecture du roman de Stendhal, dans sa "prison" en Angleterre, au mois de
juillet 1898, Zola notera dans les "Pages d'exil": "Toutes les réflexions que cette
lecture fait naître en moi. La situation de Fabrice et la mienne, mêler cela à mes
impressions. [...] C'est un livre bien extraordinaire, qu'il me semble lire pour la première fois. Je l'avais sans doute mal lu jadis. Il éveille en moi tout un monde d'admirations et d'objections" (*O.C.*, XIV, 1143–5).

11 "Je ne l'ai fréquenté que pendant les dernières années de sa vie', écrivait Alexis dans
son article 'Duranty' (*Le Journal*, 15-XI-94). En arrivant à Paris, je le rencontrai chez
Zola, qui avait sept ans de moins que lui, et je fus singulièrement frappé d'abord,
puis intéressé et conquis par cet aîné qui était un petit homme aux extrémités délicates,
aux façons sèches mais aristocratiques. Je savais qu'il n'aimait pas Flaubert, qu'il
avait même osé 'éreinter *Madame Bovary*', –oui, *Madame Bovary* elle-même, déjà mon
adoration littéraire– circonstance qui me disposait mal à son égard. Mais de prime
abord, toute prévention tomba. J'avais déjà lu et admiré le *Malheur d'Henriette Gérard*,
la *Cause du beau Guillaume*. Quand je vis de près la surprenante impopularité avec
laquelle avaient été accueillies de pareilles œuvres et la résignation hautaine, la dignité
simple mais fière avec laquelle il supportait cette criante injustice, mes sympathies de
jeune homme allèrent à lui."

Zola fit la connaissance de Duranty en 1864 chez Hachette, où celui-là était chef du
bureau de publicité. Plus tard, ils se rencontraient dans l'atelier de Guillemet. "Entre
ces deux hommes de lettres, d'un talent et d'une nature si dissemblables, de solides liens
ne tardèrent pas à s'établir. [Ils] n'avaient d'autre point de contact qu'une mutuelle
estime pour leur intelligence. A chaque œuvre nouvelle, j'ai vu Zola se poser avec
curiosité cette interrogation: 'Qu'en pensera Duranty?'" (*E.Z.*, 71). Sur cet écrivain,
cf. M. Crouzet, *Un Méconnu du Réalisme: Duranty (1833–1880)*, (Nizet 1964).

12 Ce n'est qu'en 1879 qu'il commencera son premier roman, *Madame Meuriot*.

13 *La Faute de l'abbé Mouret* parut chez Charpentier le 27 mars 1875. "Je me souviens de
deux ou trois lectures qu'il me fit du roman [...], à la tombée du jour, dans l'étouffement du petit jardin, entouré de grands murs, situé derrière la maison. Et ce livre
fut un de ceux qui lui donnèrent le plus de mal" (*E.Z.*, 101).

🐌 11 [Paris, samedi 24 avril 1875]

Merci mon vieil ami.[1] Vous me remettez le cœur. J'attends maintenant
patiemment.

Je vais commencer mon roman–
N'avertissez pas mon père pour ne pas l'effrayer.
A demain, si possible.
Détail curieux: la lettre de mon père demandant audience pour moi à
M. Thiers[2] est dans les papiers à conviction saisis chez moi dans la per-
quisition.[3]
Merci, Merci– [4]

1 "On m'apporte une lettre de Zola –décachetée, parbleu!– et un paquet de linge, objets
de toilette, etc., que mon ami a fait prendre à mon domicile. Affectueuse et récon-
fortante, la lettre me recommande la patience. On ne viendra me voir que demain
[...]" (*L'Aurore*, 6-II-98).

2 Le chef du pouvoir exécutif de la République était originaire de Marseille et grand
ami de l'Aixois François Mignet, l'historien-académicien que connaissait la famille
d'Alexis. Voir la lettre 37, n.12.

3 "Mon linge, mes livres, ma correspondance, mes habits, mon sommier et ma table de nuit, on visite tout. Mon jeune mouchard, lui, se gargarise avec mes lettres à pattes de mouche. Enfin, après une grande heure de recherches, on saisit: 1° la photographie de mon frère le polytechnicien; 2° trois cartes de visite; 3° un insignifiant billet de M. Edouard Portalis, rédacteur en chef du *Corsaire*" (*L'Aurore*, 6-11-98).

4 La lettre, écrite à la hâte, ne porte pas de signature.

---

12 [Paris] Lundi matin, 26 Avril [1875] – (Quatrième jour.)

MON CHER AMI,

Je commence à trouver les formalités un peu longues. Quatre jours! Un de mes gardiens m'a conté un fait: un commerçant accusé de banqueroute fit *treize mois de prison préventive*, et fut acquitté. Le juge d'instruction lui disait: je ne demande pas mieux que d'expédier votre affaire. Mais l'expert chargé de vérifier les livres le prenait à l'aise et faisait durer le plaisir.

Des juges! s.v.p.... Des juges! Des juges! Je ne soupire qu'après eux.

Avez-vous trouvé M. Dangé d'Orsay?[1] Mon restaurateur, Auguste Guyot, 2, rue Germain-Pilon, vous aiderait sans doute à trouver son adresse.

J'ai demeuré à l'*hôtel Lemercier* depuis bien avant que la guerre fût déclarée,[2] jusqu'en Avril 1872. Quelque chose comme 2 ans. Si ma conduite avait été louche sous la Commune, je n'y aurai pas passé encore un an après le 18 Mars; je me serai hâté de déménager. Les témoins ne manqueront pas. M. et Madame Prady tiennent cet hôtel. (M. Prady se fait raser encore chez mon coiffeur Francis, rue des Dames) Lors de la délivrance de Paris par l'armée, il ne restait à l'hôtel que le garçon, un nommé Paul, et la bonne, une Belge, *Hellène*, qui doit habiter toujours Batignolles où elle s'est, je crois, mariée. Dans l'hôtel, demeurait *M. Alfred Adou* fils de l'herboriste voisin, qui me connaît bien et demeure encore à Batignolles. A côté de l'hôtel, un savetier *Andureau*, dans la rue Lemercier, *Fournier*: 18, r. Lacondamine, mon *ancien concierge*, etc. etc.

M. le Directeur de la prison, vient de passer dans le corridor. Il m'a parlé 5 minutes avec intérêt, et, s'est étonné lui-même, qu'on ne se soit pas encore occupé de moi au conseil de guerre.

Ecrivez-moi quelques mots. Vous me ferez grand plaisir.

Avez-vous pu voir mon grand étourdi de frère? Il est inexcusable d'avoir manqué votre rendez-vous, à moins qu'il ne fût lui même consigné.

Je crois que vous ne feriez pas mal d'envoyer à défaut de mon frère, Marie[3] passer chez moi, savoir si l'on se doute de mon sort, et si je n'ai pas de lettres, ou de dépêches de ma famille. Elle le ferait volontiers, je n'en doute pas, et bien, elle en qui je reconnais toutes les qualités d'un habile diplomate.

Un dernier mot, mon ami. Je suis très rassuré. Plus je fouille mes souvenirs, plus je suis persuadé que je n'ai rien à craindre. Je vois que vous vous êtes déjà donné beaucoup de mal pour moi. Je ne pense pas qu'il soit nécessaire de remuer tant de monde. Votre seul objectif immédiat et pratique serait, il me semble, d'arriver à avoir 1/4 d'heure de conversation avec celui qui m'interrogera, de lui dire qui je suis, et de le prier de m'inter-

61

roger au plus vite, si c'est toutefois en son pouvoir. Le reste, il me semble, ira tout seul.

Vostrissime
n° 144.

Je me suis mis au travail. C'est encore ce qu'il y a de mieux à faire... quand on ne peut pas faire autrement.

1 "– Au 18 Mars [l'insurrection à Paris et la Commune], lorsque mon bataillon batignol-lais –où, par enthousiasme patriotique, j'étais entré le 4 Septembre– songeait à envoyer des compagnies de marche au fort d'Issy, croyez-vous que je me souciais de faire la guerre civile? Non, n'est-ce pas? Je ne pouvais songer qu'à me tirer de là. Eh bien, une occasion se présenta. Un jour, à la fin de mars, je rencontrai un débutant de lettres comme moi, M. Dangé-Dorsay, qui me dit: '[...] A propos... depuis quelques jours, imagine-toi, je suis capitaine... et d'une compagnie d'invalides... Très sérieuse-ment, si tu veux être certain de ne pas marcher, viens chez nous: à part moi et mon sergent-major, un peintre... tiens! tu pourrais être le sergent-fourrier... tous mes hommes sont des vieillards à cheveux blancs, dont le plus jeune a soixante-cinq ans... et *pas armés*!... Une demi-heure par jour, je leur fais faire l'exercice avec des bâtons.' Inutile de vous dire que j'ai sauté à pieds joints sur cette sécurité: et notez bien que depuis cinq ans ni les hommes, ni le peintre, ni M. Dangé-Dorsay n'ont jamais comme de juste été poursuivis... Moi, alors, pourquoi ai-je été condamné par contumace à la déportation perpétuelle?" (*L'Aurore*, 6-II-98)
2 La guerre franco-prussienne fut déclarée le 19 juillet 1870. Voir toutefois la lettre 1 du 9 février 1871, où Alexis mentionne 20, rue Saint-Georges comme étant sa nouvelle adresse. L'hôtel Lemercier était situé au numéro 12 de la rue Lemercier.
3 La maîtresse de Marius Roux

13 [Paris] Lundi [26 avril 1875], 5 ou 6ʰ du soir.

CHER AMI,
Vos deux lettres[1] que je reçois *ensemble*, et à l'instant, m'ont mis un surplus de baume dans le cœur. –J'en déborde.
Il ne me reste que l'ombre d'un faible doute. Est-il bien sûr que mon ami d'Orsay *excellent garçon, mais un peu léger*, ne se soit pas trompé, que le N° de son bataillon soit bien le *265ᵉ* –que ses souvenirs soient bien exacts. S'ils le sont, je n'ai plus qu'à chanter gaîment sur l'air de la *Dame Blanche*:[2]
Je n'y puis rien comprendre!
Je vais immédiatement écrire à mon frère, à mon restaurateur, peut-être à d'Orsay lui-même, et préparer ma liste des témoins.
En tout cas: à Samedi prochain, à l'ouverture du Salon,[3] je l'espère.
Que la Salade soit prête: n'y mettez pas trop de vinaigre.
Tout ça commence à m'amuser énormément. Il m'arrive d'éclater de rire tout seul dans ma cellule.

Votre ami reconnaissant

Paul 144

On vient de prendre ma photographie dans 2 poses. J'en ai demandé une épreuve. J'espère qu'on me la donnera. Ça vaut bien ça!

Je travaille depuis hier.–

Bonjour à tout le monde.–

J'ai encore 10 francs.–

Vous pouvez me faire envoyer quand je serai au Cherche-Midi une partie du linge qui est actuellement, chez ma blanchisseuse, rue Trézel n°s 8 ou 10 au rez-de-chaussée, et 2 paires de gants que j'ai données à nettoyer, Avenue de Clichy, à côté de Lalauze mon tailleur.

Je trouve que Dumas est bien long à s'occuper de caser ma pièce.[4]

---

1 Ces lettres, qu'Alexis reçut au Dépôt, n'ont pas été conservées.

2 L'œuvre populaire d'Eugène Scribe et de François Boieldieu fut jouée pour la première fois le 10 décembre 1825 à l'Opéra-Comique.

3 *Le Messager de l'Europe* de juin 1875 publia le compte rendu de ce Salon par Zola, intitulé "Une exposition de tableaux à Paris." L'article est reproduit dans *O.C.*, XII, 920–42. Zola écrivit un compte rendu du même Salon pour *Le Sémaphore de Marseille* du 4 mai 1875 (ibid., 917–19).

4 Voir la lettre 10, n.8

14 [Paris] Mardi 27 [avril 1875] 2^h après midi

MON CHER AMI,

On vient de me transférer au Cherche-Midi.[1] J'espère être interrogé demain, ou après demain, au plus tard.

Paul Alexis

Je suis déféré au 3me conseil. Mon affaire sera activée, me dit-on, le plus vite possible–

1 "Me voici à la prison militaire: ils me tiennent dans leurs pattes! Mon transfert s'est opéré simplement. Un 'mouchard militaire', épaisses moustaches et voix de rogomme, est venu me prendre au Dépôt, et, en montant à côté de moi dans un fiacre, m'a fait cette déclaration: 'Au premier geste que vous feriez pour ouvrir la portière, je vous brûle la cervelle... J'ai ce qu'il faut dans la poche...' Compris! Cette franchise du grognard ne me déplaît pas. Mais il pue à ce point l'eau-de-vie, qu'à un moment, n'y tenant plus, j'ai voulu instinctivement baisser la vitre: un mouvement qui a failli me coûter la vie" (*L'Aurore*, 6-II-98).

15 [Paris] Mercredi 28 avril[1] [1875] Du Cherche-Midi (cellule 223) 5^h de l'après-midi.

MON CHER EMILE,

C'est quelque chose comme un cri de détresse que je pousse cette fois. Et j'ai peu d'espoir qu'il vous parvienne avant demain.

Je suis affreusement mal ici.

Le Dépôt est un paradis en comparaison.

Faites quelque chose pour moi, et vite.

Que j'aie au moins une cellule d'officier.

P. Alexis.

1 Le jour et la date sont de l'écriture de Zola.

16 [Paris] Jeudi 29 Avril [1875]. Midi.

MON CHER AMI,

Aujourd'hui, commencement de succès. On vient de me mettre à l'infirmerie. C'est un lieu de délices en comparaison du système cellulaire. J'y vais être vraiment très bien. Je dois cette amélioration à l'obligeance des chefs de la prison, et du chirurgien-major (qui m'a dit avoir jadis été en Crimée avec mon oncle M. de Lavalette).[1]

Maintenant, le moral remonté, et la conscience libre, *très rassuré*, j'attends.

On ne m'a pas encore interrogé, ni même lu les pièces accusatrices.

J'aurai d'abord affaire, me dit-on, à M. Aubert capitaine rapporteur du 3me Conseil de guerre.

Si vous venez me voir voici un renseignement.

Les permissions de parloir sont pour le Jeudi et le Dimanche, de Midi à 4. On s'adresse aux Invalides.[2] Puis, ici, en parlant à M. l'agent principal, vous obtiendriez peut-être le parloir de faveur[3] (pour ne pas être au milieu de la tourbe des communards.)

Vous pourriez me faire envoyer du linge. (Il doit y en avoir chez ma blanchisseuse) Je n'ai pas changé de chemise depuis Vendredi matin, jour de mon arrestation. (Heureusement que c'est une chemise de couleur.)

Alexis.[4]

1 "Moins sinistre que le Dépôt, le Cherche-Midi tient du lycée et de la caserne. Nourriture presque mangeable: du pain de munition, la soupe et le bœuf, une fois par semaine le *rata*. En outre [...], j'ai l'à-propos de parler au médecin-major de mon oncle de Lavalette, ex-intendant militaire, depuis peu en retraite. 'Mais je l'ai connu, M. de Lavalette... En 70, nous étions ensemble au siège de Strasbourg...' Et, par sympathie pour l'oncle, le bon major met aussitôt le neveu 'à l'infirmerie'.

"Plus de cellule: on est 'libre' d'aller et de venir dans la maison, de descendre au préau, de remonter. Et je ne mange plus seul, il me semble que je suis au mess. Mes commensaux sont trois sergents-majors de l'armée, internés tous les trois pour avoir *mangé la grenouille*. Des bons vivants: le soir, avant l'extinction des feux, nous jouons notre café 'au piquet à quatre'. Je ne suis pas fort, mais ils jouent *honnêtement*. [...] Parmi les trois, il y aurait un ou plusieurs moutons, désireux de me faire causer, que ça ne m'étonnerait pas. Mais, comme je me méfie, nous parlons femmes; et *puis, j'ai si peu à dire!*" (*L'Aurore*, 6-11-98)

2 Le siège du Service de la justice militaire

3 Toutes les lettres écrites de la prison passant par le contrôle, on avait ajouté "non" après les mots "le parloir de faveur."

4 La lettre n'est pas signée de la main d'Alexis.

17 [Paris] Jeudi, 28 [pour 29] avril[1] [1875]

MON CHER AMI,

Je veins d'être interrogé pour la première fois par M. le commissaire rapporteur.[2]

J'ai appris que le 184e était du côté de la barrière Fontainebleau et des Gobelins.

J'ai été confronté avec deux individus que je n'ai jamais vus, et qui ne m'ont pas reconnus naturellement.

J'ai montré les deux lettres reçues de vous à la prison du Dépôt.

Je crois que *Fournier*, et *d'Orsay*, seront appelés comme témoins.

Le nom de mon frère a été prononcé.

J'ai demandé à être mis en liberté sous caution; on m'a répondu que ça ne se ferait jamais.

Et que je serais interrogé de nouveau lundi, "sur les pièces de mon dossier non encore arrivées."

Voilà.

Je vous serre les mains vigoureusement

Paul Alexis.

Allez! c'est dur, même quand il y a évidemment une erreur. Qu'est-ce que ça doit être pour les autres?

Je vais peut-être écrire un mot à M. le capitaine Rapporteur pour le prier de vous faire citer aussi, et de faire rechercher la bonne de l'hôtel,[3] *Hellène.*

1 C'est encore Zola qui mit le jour et la date en tête du manuscrit, se trompant de date d'ailleurs.
2 "Voilà six jours que je suis à l'ombre, et rien! Quand donc se décidera-t-on à m'interroger? Enfin, on s'est décidé... Aussi est-ce avec joie que j'abandonne mon poignet aux menottes que me passent deux gardes de Paris pour me conduire chez 'l'instructeur'. Rien que la rue à traverser, et me voilà dans son cabinet, un large bureau entre nous et les deux gardes présents à l'entretien, par précaution. Mais après quelques questions, comprenant que je ne suis pas bien terrible, mon Pellieux fait signe aux gardes de se retirer" (*L'Aurore*, 6-II-98).
3 Voir la lettre 12

18 [Paris] Vendredi 29 [pour 30] Avril 1875

MON CHER EMILE,

Je reçois votre bonne, votre excellente lettre.[1]

Je vous connais. Je connais votre organisation nerveuse et impressionnable d'artiste. Je suis persuadé *que vous êtes beaucoup plus troublé que moi.* Aujourd'hui c'est moi qui me permet de vous rassurer. Tout s'arrangera. Je vous supplie à mon tour de ne plus vous creuser la tête, de ne plus bouger, de m'"oublier" même s'il vous est possible, jusqu'à Dimanche.

Mais Dimanche, voici ce que je vous prierai de faire. Mon frère, est jeune, un peu timide. Ecrivez-lui pour lui donner rendez-vous (comme Mercredi) et assistez-le quand il se présentera à M. le commissaire du gouvernement. Un grand bonheur pour moi serait, d'être appelé en votre présence à vous deux. Dans le cas où vous ne m'obtiendriez pas cette grande faveur, vous obtiendriez, (je n'en doute pas) celle de venir me voir de Midi à 4. En même temps que Félix, et, au "parloir de faveur". *Le Dimanche est le jour de visite.* Je n'aurai pas moins de plaisir à vous voir l'un que l'autre.

N'êtes-vous pas tous les deux, mes "frères", l'un par la nature et l'autre par le choix.

D'ici là, je vais suivre votre conseil. Je me remets au travail. L'infirmerie est très aérée, très gaie. Je tâche d'avoir la sympathie de tous ceux qui m'approchent. Hier, quand on m'a fait traverser la rue pour aller à l'instruction, on m'avait mis les menottes. Mais je ne rougissais peut-être pas: y avait-il du monde dans la rue? Me regardait-on passer? Je l'ignore. Je n'ai voulu voir que le soleil qui remplissait la rue. Je ne me souviens que du Printemps.

Paul Alexis.

p.s. Hier, j'ai écrit comme je vous l'annonçais à M. le commissaire du gouv^t. pour lui donner quelques adresses de témoins, et lui expliquer ce que je suis. Je lui ai même parlé de ma pièce,[2] lue par Alexandre Dumas, quatre jours avant mon arrestation.

J'ai dit à Félix de vous remettre le surplus de mon mois. Vous prendrez ce que je vous dois, et me garderez le reste. Vous payerez ce que je dois à ma blanchisseuse, dans les 4 ou 5. Vous pourriez même envoyer de ma part 40 f à mon restaurateur, *en à compte* – sans demander de reçu.

Ma blanchisseuse est priée de remettre mon linge à la personne munie de ce billet.
Paul Alexis
24 r. Trézel.

D'ailleurs je n'ai besoin que d'une chemise et de faux cols pour pouvoir me changer Dimanche. Je fais laver ici mouchoirs et chaussettes–
Une bonne première au Salon demain.[3]
Bonjour à Béliard,[4] Coste, Valabrègue, si vous les voyez.

---

1 Lettre non conservée. "D'autres lettres de Zola (toujours décachetées!) me réconfortent et en même temps me troublent. Un véritable ami, Zola, que la responsabilité morale qu'il croit encourir à mon sujet, émeut bien plus que je ne vaux" (*L'Aurore*, 6-II-98).
2 *Celle qu'on n'épouse pas*. D'après le billet que Dumas envoya à Alexis après la réception de cette pièce (lettre 10, n.8), celui-ci a dû la lire vers le 16 avril 1875, et non pas "quatre" jours avant l'arrestation d'Alexis, qui eut lieu, l'on se rappellera, le vendredi 23 avril.
3 Voir la lettre 13, n.3
4 Zola connaissait le peintre Béliard en 1866 déjà. Alexis nous raconte dans sa biographie que cette année Zola "avait fait de nouvelles connaissances, surtout dans le monde des peintres. Avec Cézanne, qui venait alors de rencontrer Guillemet, il fit le tour des ateliers, surtout des ateliers de l'école dite 'des Batignolles', qui fut le berceau des impressionnistes d'aujourd'hui. C'est ainsi qu'il se lia avec Edouard Béliard, Pissaro, Monet, Degas, Renoir, Fantin Latour [...]" (*E.Z.*, 71). Dans son "Salon" de 1876 pour *Le Messager de l'Europe* (juin 1876) Zola porta sur Béliard le jugement suivant: "[C']est un paysagiste dont le trait distinctif est la méticulosité. On sent chez lui le copiste appliqué de la nature. L'ayant étudiée à fond, il a acquis une grande solidité de facture qui fait de chacun de ses tableaux une traduction érudite et textuelle de la nature. [...] Le seul défaut que je lui trouve, c'est l'absence d'originalité. J'aimerais qu'une

flamme intérieure consume ses scrupules, même si ce feu devait flamber au dépens de l'exactitude" (*O.C.*, XII, 970). Ce peintre servira de modèle au personnage de Gagnière dans *L'Œuvre* (*Rougon-Macquart*, IV, 1369).

19 [Paris, samedi 1er mai, 1875]

MON CHER AMI,

A demain, Dimanche, sans faute.

Je passe le 5, devant le conseil de guerre, le 5, *Mercredi*. (Il n'y a pas à avertir mon père.)[1]

Envoyez-moi de bonne heure (par Joseph,[2] par exemple) une chemise (à moi ou à vous).

Je vous serre cordialement la main

Paul

1 "Je revois mon brave homme de père, notaire depuis trente ans, et qui par ce beau temps, doit fumer tranquillement sa pipe sur le pas de notre porte, sans se douter le moins du monde qu'en ce moment, son fils aîné... Quel désespoir pour lui, dont le journal de prédilection est *la Gazette de France*, s'il apprend jamais... Et ma mère donc, élevée au Sacré-Cœur – et si pieuse : 'Paul communard!' Quel chagrin pour elle! 'Ah! ce Paris... les mauvaises fréquentations qui nous l'ont changé, et perverti!' Et la littérature donc! Jusqu'à cette pauvre littérature qui, ayant décidément bon dos dans les familles bourgeoises, va être honnie une fois de plus. Zola, Dumas, Flaubert, Goncourt, vont passer à Aix pour mes corrupteurs!" (*L'Aurore*, 6-II-98)

2 Le domestique de Zola

20 Paris [lundi] 3 Mai 1875

MON CHER AMI,

C'est après demain, le grand jour.[1] Je viens de recevoir le linge que vous m'avez envoyé. Je vous en remercie ainsi que de tous les bons soins dont vous m'avez comblé dans cette circonstance, et dans les autres, et toujours.

Hier, Dimanche, j'ai passé une journée cruelle, et je me suis endormi tard. Ne pas vous voir, ni vous, ni mon frère m'a été très douloureux. Mais j'ai compris que quelque circonstance d'un intérêt supérieur vous en avait dû empêcher. Et je me suis résigné. J'ai accepté cette nouvelle douleur, pour que la coupe soit pleine. Aujourd'hui, j'ai tant souffert depuis onze jours, que je sens que c'est fini. Ma conscience est toute rassérénée et m'acquitte déjà. Je me sens suffisamment puni des quelques légèretés inconscientes dont j'ai fait à M. le commissaire du gouvernement l'aveu le plus sincère. J'attends avec confiance et fermeté le grand jour.

Vous y serez. Si votre femme, et votre mère, ne craignent pas les émotions qu'elles m'assistent de leur présence. Leur vue me fera du bien. Elles remplaceront pour moi ma famille à 200 lieues d'ici, ma famille, qui, je l'espère, ne se doute de rien, et à qui il faut épargner jusqu'au bout cette terrible émotion, ma famille qui serait malheureusement plus atteinte que moi par la moindre condamnation.

Amenez aussi nos amis intimes, *Béliard*, s'il peut venir, Coste, Duranty, Valabr., etc. etc. Eux aussi font partie, d'une famille de laquelle je fais également partie, celle des artistes. Je suis peut-être plus coupable envers celle-là, qu'envers l'autre. Si j'avais fait un beau livre sur le drame lamentable[2] dont j'ai été spectateur, mon livre me défendrait assez haut. Aussi, je sais ce qu'il me resterait à faire, pour me réhabiliter, s'il m'arrivait le moindre désagrément – il me resterait à faire un chef-d'œuvre.

Si vous jugiez ma position plus grave amenez Charpentier[3] ou Flaubert,[4] ou de Goncourt.[5] Ils ne vous refuseraient pas cela, et leur présence me ferait tenir la tête et le cœur, comme il faut les tenir, – haut.

Je vous embrasse tous affectueusement

Paul Alexis

(Recherchez et apportez dans votre poche, mon article sur *le champ de bataille de Buzenval*[6] dont j'allais corriger les épreuves à la *Cloche*, le jour où la Commune me coupa la *Cloche* sous les pieds – Et qui ne put paraître qu'un an après, vers l'anniversaire du 14 janvier, quand je rentrai à la Cloche ressuscitée, en 1872. – J'ai demandé à M. le commissaire du gouvt. de ne pas me juger en journaliste, et surtout en journ. républicain.[7] Je lui ai écrit mon indifférence en politique. Mon article, tant que je puis m'en souvenir, la prouverait au besoin. Et s'il était besoin, vous le lirez, ou le ferez passer au conseil.)

p.s. Je n'ai pas voulu choisir d'avocat. Je désire être défendu le moins possible. Je n'ai pas perdu l'espoir de ne pas avoir à l'être du tout.

A après demain. Demain peut-être vous écrirai-je encore. Peut-être préparerais-je une lettre pour ma famille que je ne lui enverrai qu'après le résultat. Peut-être, écrirai-je une fois encore à M. le commandant Romain.

Peut-être je ne ferai que réfléchir, sur les hommes, sur ceux que j'aime, sur l'art, sur la vie.[8]

1 Alexis parut le 5 mai devant le troisième Conseil de guerre de Paris, qui l'acquitta, "à la minorité de faveur." Le dernier article de souvenirs d'Alexis sur cette étrange page de l'histoire de sa vie parut dans *L'Aurore* du 7 février 1898: "Comme Napoléon le matin d'Austerlitch, je m'éveille tard le lendemain, 'le treizième jour': diable! Ma plus belle chemise, et je me fais raser. J'ai tout le temps de déjeuner, de prendre mon café à l'aise: mon affaire n'arrive qu'à trois heures. Dix minutes avant, on me conduit à mon banc d'accusé. C'est la suspension. Déjà arrivé, mon unique témoin à décharge, Zola. Il vient me serrer la main. [...] Par l'acte d'accusation que bredouille un greffier militaire, puis par certains lapsus du président, empêtré au milieu d'un interrogatoire à la papa, il m'est tranquillement révélé le mot de l'énigme. En 1871, après la guerre civile, lorsque 'l'état-major' a mis son nez dans les innombrables dossiers de la garde nationale parisienne, une GAFFE a été commise. Le dossier d'un certain 'Alexis journaliste' (le mien) a été confondu avec le dossier d'un nommé 'Alexis journalier' ..., lieutenant dans les fameux 'Vengeurs de la Mort' [...]. Un journalier ou un journaliste [...], c'est évidemment la même chose. De là, une bonne déportation à vie par contumace – et à deux fins.

"Si le lieutenant des Vengeurs de la Mort avait été découvert à ma place, on m'eût

68

certainement laissé tranquille, mais comme le 'journalier' ne s'est jamais laissé mettre la main dessus, le 'journaliste', quatre ans après, payait les pots cassés: quoi de plus naturel! La justice, en général, n'aime pas à avouer ses gaffes [...]. Aussi, à cette audience, le joli simulacre de procès!"

2 Le siège de Paris et la Commune

3 Georges Charpentier (1846–1905), l'éditeur de Zola et plus tard celui d'Alexis

4 Alexis vit Gustave Flaubert pour la première fois le 3 novembre 1874, lors de la première représentation des *Héritiers Rabourdin* de Zola au Théâtre de Cluny. Le soir de cette première, nous raconte Alexis dans son *Emile Zola* (141), "avant le lever du rideau, mon voisin, me montrant à quelques fauteuils de nous un spectateur grand et fort, superbe, m'apprit que c'était l'auteur de *Madame Bovary*, que je n'avais jamais vu. Je ne le quittai plus du regard, et je le vis applaudir à chaque instant, frénétiquement. 'Ah! le brave homme!' me disais-je en moi-même. Je ne fis sa connaissance que deux ans plus tard, mais je me mis à l'aimer tout de suite."

5 Alexis fera la connaissance d'Edmond de Goncourt l'année suivante, chez Flaubert. Grand admirateur d'Edmond comme de son frère Jules, il consacrera plusieurs articles à leur œuvre. Voici le portrait d Edmond qu'Alexis peint le 23 juillet 1882: "C'est toujours un grand et bel homme, vigoureux, élancé, sans embonpoint gênant, d'aspect jeune encore, malgré ses cheveux poivre et sel, blanchis, dit-on, en une seule nuit. Avec cela, de la race! Un grand air, fait de réserve, de politesse exquise, d'une froideur aristocratique. A première vue, quelque chose de retenu et de non communicatif ferait croire à un homme très maître de lui, personnel, se livrant peu. Les yeux sont remarquables, vifs et perçants, à la pupille particulièrement pénétrante. Mais voilà qu'il sourit, et la douceur mélancolique de ce sourire vous émeut. Il parle: alors, pour peu que vous lui soyez sympathique, la glace fond et l'homme se livre, le dedans apparaît. Un passionné contenu, un sensitif se dévorant lui-même, un nerveux à l'excès, dont le poing martellera sa chaise, dont la voix subitement balbutiante, tremblera, deviendra presque inintelligible, s'il vous accorde la faveur d'une lecture de quelques pages inédites" ("Edmond de Goncourt," *Le Réveil*).

6 "Buzenval," *La Cloche*, 19-1-72. Sur la collaboration d'Alexis à ce journal, voir la lettre 5, n.10. *La Cloche* ne parut pas entre avril et juin 1871. La bataille de Buzenval eut lieu le 19 janvier 1871, et non pas le 14.

7 Alexis avait également collaboré à *L'Avenir national* et au *Corsaire*, journaux républicains d'Edouard Portalis. Du 15 mars au 9 juin 1873 il rédigea chaque jour un "Bulletin du travail" pour *Le Corsaire*. Outre une chronique quotidienne, intitulée "La Journée" (du 4 septembre au 9 octobre 1873), et quelques autres articles, il fit publier dans *L'Avenir national* un "Salon," en trois parties (19 mai, 2 et 17 juin 1873; voir l'Introduction, 16–17). Pour la collaboration de Zola à ces deux journaux, on consultera H. Mitterand, *Zola journaliste*, 170–9.

8 Après sa mise en liberté le 5 au soir, Alexis fait ces réflexions: "Par un temps mou et sale, et à pied cependant, car mes jambes ont grand besoin d'être dégourdies, je rentre mélancoliquement aux Batignolles. Il pleut, il bruine, même dans mon cœur, attristé de tant d'hypocrisie, de toute cette bêtise. Une sensation inconnue: chaque passant, dont le parapluie ouvert frôle le mien dans la brume, me semble un mouchard. Et une nausée me monte: la grossière main qui s'est abattue sur moi, et, par erreur, m'a meurtri pendant douze jours, en me volant mon temps, en interrompant mes travaux et en froissant toutes mes délicatesses: se croit-elle quitte envers moi parce qu'elle m'a congédié en m'insultant? Et ma nausée devient de la colère, une colère courte, qui tombe tout de suite, parce que je pense de nouveau à mon père et à ma mère. Je me promets de leur éviter toujours le chagrin d'apprendre que leur fils a été mêlé à ces promiscuités. [...] En rentrant chez moi, ma concierge me remet un papier plié en quatre, mon congé par huissier. La maison est trop honnête: on ne veut pas d'un *acquitté*" (*L'Aurore*, 7-II-98).

⚂⚂❥ 21 Mardi, 18 Mai 1875
   Rennes, hôtel de France, rue *de la Monnaie* (heureux présage)[1]

MON CHER AMI,

Le fiacre au cheval boiteux ne m'a pas fait manquer le train. Je m'en-fourne dans une seconde pas mal "troisième." Et de la poussière, de la poussière sur cette diable de ligne. On n'a pas idée de ça en P.L.M.[2]

A l'aube du jour, une heure d'arrêt à Vitré. Des ablutions prolongées à une fontaine sous des châtaigners en fleur, superbes, sur la place du petit village endormi.

A 6 heures arrivée à Fougères. Je trouve à l'hôtel St. Jacques une lettre de M. Bochin. Il est retourné à sa terre de Souvigné-du-Désert, et nous ne "conférerons" que le lendemain lundi à 10 heures.

Un bain. Un déjeuner à la table d'hôte de l'hôtel qui est excellent. Je bois du cidre. Une sieste. Une promenade aux environs de Fougères, magnifiques. De l'enthousiasme pour le paysage breton. Une promenade au "Bocage," une futaie superbe, à la lisière d'une forêt à 2 Kil[s] de la ville. L'orphéon du pays, y écorche 2 ou 3 chœurs sous les grands arbres. Je rebois du cidre.

Enfin, hier, lundi, 1ère "conférence" avec M. Bochin, en déjeunant. A midi, départ pour Rennes. Et à deux heures et demie nous descendons ensemble à *l'hôtel de France,* où vous pouvez m'écrire.

Maintenant voici la chose. Elle est assez bonne!

M. Bochin et M. Pinault, copropriétaires du j[1] d'*Ille-et-Vilaine* tous deux ambitieux et riches, se détestent cordialement. Leur journal est comme une petite citadelle d'où l'on peut tirer sur la députation, le sénat, les honneurs, les portefeuilles, etc. Tous deux y sont et veulent y rester. Chacun voudrait acheter à l'autre sa part de propriété, la paierait même *très cher.* Mais chaque autre voudrait en faire autant.

Leur "mariage forcé" remonte ainsi à des années. Tous deux rêvent le divorce. Ils ont eu procès. L'arrêt de la Cour de Rennes rendu l'an dernier est un chef-d'œuvre d'embrouillamini: "leurs droits sont égaux, néanmoins M. Bochin a la prépondérance pour le choix et la révocation des rédacteurs, et pour décider la ligne politique dans les cas graves" etc. etc.... Nous n'avons pu trouver encore M. Pinault. Il était ou faisait celui qui est absent; M. Bochin est décidé à le trouver quand même, et à m'imposer à lui, par la douceur d'abord en lui donnant 8 ou 10 jours pour prendre des renseigne-ments sur mon compte, puis par un procès. Mes appointements ne seront que sur le ton de 4000 F par an (parce que celui que proposait M. Pinault acceptait ce prix-là). Mais M. Bochin est un homme large et juste qui m'a donné à entendre qu'il y aurait moyen de lui soutirer des carottes.

D'ailleurs je n'accepterai jamais que pour 6 mois – une villégiature d'où je soutirerai une semaine pour aller à Aix, et une autre pour vous voir à Lorient.[3] (Vous devriez même n'aller qu'à Saint-Malo qui est beaucoup plus près d'ici, à 3 heures environ, et je pourrais aller vous y voir presque tous les Dimanche). Nous recauserons de tout cela.[4] En attendant, pour mettre M. Bochin en règle s'il devait y avoir procès, je viens de lui signer une lettre reconnaissant que j'accepte ses propositions pour 6 mois, avec un dédit de 500 f plus mes frais de retour, payables par eux si je cessais de leur convenir. Enfin, s'il devait y avoir nouveau procès, je me tiendrai à sa disposition et, quoique n'étant pas entré en fonction encore mes appointements "comme de juste", dit-il, commenceraient à courir. Il m'a offert de me signer un double pour cette clause à mon avantage. Mais j'ai noblement refusé, "voulant m'en remettre à lui!!!" Tout ça concorde vous le voyez avec mes projets champêtres. D'ailleurs, c'est très embrouillé, je le reconnais, et je n'y vois pas encore bien clair. Qui n'entend qu'une cloche, n'entend qu'un son. J'espère y voir plus clair, quand j'aurai vu la tête de M. Pinault – 40 ans, fils d'un médecin, marié à une américaine très ambitieuse, tanneur gagnant beaucoup d'argent, conseiller municipal de Rennes ayant obtenu le plus de voix, penchant jadis beaucoup plus à droite que M. Bochin, et aujourd'hui voulant s'allier avec la gauche. Voilà tout ce que je sais de l'oiseau, chez lequel je dois retourner tantôt.

Je pense toujours à mon roman[5] et je ne suis pas sans espoir de le faire ici – à la barbe de mes deux ambitieux, et sans qu'ils y voient goutte.

Je n'ai pas encore écrit à Aix. J'attends encore deux ou 3 jours, – ni à Félix;[6] si vous le voyez demain, communiquez-lui de mes nouvelles.

N'oubliez pas votre vieil ami, et, écrivez-lui un peu vous-même.

Paul Alexis

P.s. Dire qu'il y a 15 jours j'étais encore sous les verroux.[7]

1 Les lettres 21 à 24 traitent de l'aventure "journalistique" d'Alexis à Rennes. Il s'y était rendu pour collaborer au *Journal d'Ille-et-Vilaine* (Auxiliaire Breton), dont les directeurs étaient Bochin et Pinault. Cependant, comme l'expliquent ces lettres, le projet tombe à plat.
   Dans un article du *Réveil* du 17 juin 1882, intitulé "Fleurs printanières," Alexis évoque brièvement cette aventure: "Que m'avait-il pris, voici déjà sept ans? Le mouvement littéraire, qui commence à se dessiner si nettement sous la troisième République, était latent encore. Le vacarme des partis nous assourdissait davantage encore qu'aujourd'hui. Paris n'était vraiment pas drôle. Et, le mois de mai arrivant, fantaisie me prit d'aller au vert 'faire de la politique' comme les autres, oui! d'être rédacteur en chef du *Journal d'Ille-et-Vilaine*, à Rennes, pour voir un peu ce que c'était! Le journal avait deux copropriétaires ennemis, l'un soupçonneux centre-droit, l'autre centre gauche convaincu, également ambitieux. Je ne sais plus si, pendant les reprises des pourparlers préliminaires, je penchai plus à droite qu'à gauche; mais, pour sûr, je penchais."
2 La ligne de chemin de fer Paris Lyon Méditerranée
3 Zola passera les mois d'août et de septembre à Saint-Aubin-sur-Mer (Calvados).
4 Voir la lettre 24   5 Voir la lettre 10, n.12
6 Le frère d'Alexis   7 Voir les lettres 9 à 20

☙ 22 Rennes, Mardi [pour mercredi] 19 Mai [1875].

MON CHER AMI,
Ce matin de 9 à 11, promenade avec M. Pinault dans l'admirable jardin de la maison qu'il occupe aux portes de Rennes: arbres superbes, pièces d'eau, ponts suspendus, un petit parc Monceaux.

M. Pinault a une drôle de tête: 40 ans, tout grisonnant, très fin, très doucereux, l'air un peu Jésuite –au fond aussi ambitieux que M. Bochin, mais plus souple et probablement plus fort– très bienveillant en apparence.

Aujourd'hui M. Bochin est reparti pour sa propriété de Souvigné, après avoir voulu payer ma note à l'hôtel et m'avoir donné en acompte 80 F de plus. Il a accordé 8 ou 10 jours de délai à M. Pinault, comme je vous l'ai dit, après lesquels il est décidé *à m'imposer par un procès*. C'est ce qui avait eu lieu pour mon prédécesseur, un nommé M. de Frie âgé de 26 ans. Seulement, au bout de deux jours, M. de Frie ayant été accepté par M. Pinault qui avait espéré "le dominer," M. Bochin n'en avait subitement pas voulu!!! Est-ce joli?

Tout ça m'amuse énormément (pour le moment.) J'y vois un admirable sujet de roman en province: *les coulisses de la politique provinciale.* Que de petitesses, que de vilainies, que d'acharnement, que d'apreté à la curée. En infiniment petit, M. Bochin étant le Centre droit, M. Pinault le Centre gauche, ils en sont encore à s'unir; dans ce verre d'eau de Rennes, c'est la répétition de ce qui a dû se passer en grand à la formation du ministère actuel;[1] c'est curieux à voir de près, au microscope. Si je reste 6 mois ici, je me procurerai la volupté de jouer au petit Machiavel, de faire un M. Thiers s'efforçant de ne verser ni à gauche, ni à droite, de leur servir de trait d'union. Puis, je me paierai un petit 24 Mai,[2] le jour où je voudrai revenir à "mes chères études" à Paris, à la littérature; je m'arrangerai alors pour verser à droite ou à gauche, le plus douillètement possible, sans rien me casser.[3]

N'allez pas croire pour cela que j'oublie ce que vous m'avez dit la veille de mon départ. Au fond je suis un peu triste, et j'ai des remords littéraires. Je viens de lire le *figaro* et le *Gaulois* d'hier; rien que le récit de la première de Cadol,[4] (Et Cadol pourtant...) m'a piquotté l'épiderme. Si je n'étais pas ici volontairement, de mon plein gré, j'y serais malheureux en diable, et je fuirais au besoin de Rennes comme d'Aix, jadis.[5]

Il n'y aura rien de fait (et j'en suis fort aise) jusqu'à Mercredi ou Jeudi de la semaine prochaine. Je compte passer encore demain Jeudi à Rennes, et Vendredi partir pour St Malo *qui n'est qu'à 2ʰ et à 5 F de Rennes.* D'ici là, répondez-moi quelques mots à l'*Hôtel de France, rue de la Monnaie.* J'attendrai votre lettre pour aller voir la mer. Et comme je resterai 48 heures à Saint-Malo, je me promènerai sur la côte, et aux environs, et, si vous vouliez que je fasse une exploration des localités voisines en vue de votre prochaine saison maritime, ce serait pour moi une occupation, et un vrai plaisir: j'y mettrais toute ma perspicacité.[6]

Dimanche soir M. Bochin m'a donné rendez-vous à sa propriété de Souvigné-du-Désert, et j'y passerai 24 heures pour qu'il achève de couver le serpent qu'il ne devine pas en moi, le pauvre homme. Puis jc rctourncrai soit à Rennes, soit à Saint Malo, ou ailleurs. Mais mes lettres me seront toujours gardées à l'*hôtel de France*, ici, que je vous désigne jusqu'à nouvel ordre comme mon quartier général.

J'ai soif de quelques mots de vous. Expliquez-vous au sujet de St Malo, ou de Lorient, ou de Brest ou de n'importe où. Enfin envoyez, je vous prie, la collection de mes articles du *Sémaphore*, (7 jours)[7] Envoyez-moi vos numéros: je ne vous les perdrai pas, ou Barlatier nous les restituerait. Ils m'ont été demandés comme spécimen par M. Pinault. Si vous pouviez aussi me trouver dans la *Cloche* mon article sur *Buzenal* (paru le 19 Janvier 1872)[8] et celui des funérailles du père Dumas (*environ fin Avril, même année 1872*)[9] Le Monsieur y tiendrait beaucoup, moins encore pour mes articles, que pour voir ce qu'étaient les 2 journaux, ici peu connus. Et je tiens à le contenter là-dessus pour qu'il n'aille pas trouver le pot aux roses du *Corsaire et de l'Avenir national*[10] dont je n'ai pas soufflé mot, ni mon passé de communard.[11]

Avez-vous vu mon frère[12] (à qui je n'ai pas encore écrit – tiens! pas plus qu'à ma famille. Ce sera demain.)

Des nouvelles de la santé de votre femme s.v.p.[13] – Enfin, plusieurs vigoureuses poignées de main de votre vieil ami

Paul Alexis

M'oublie-t-il ce farceur de Dumas.[14] Qu'il se méfie! Je suis capable d'aller le relancer cet été à Dieppe... Je veux me payer une débauche d'Océan. Après avoir étudié ici de petits hommes douceureux, je veux contempler les grandes vagues salées.

1 C'est-à-dire celui de l'orléaniste Louis Buffet (mars 1875 à février 1876).
2 Date de la démission de Thiers
3 "Je ne vous dis rien de vos affaires, répond Zola le lendemain. Elles m'ont l'air assez embrouillées. Les deux bonshommes sont curieux. Il y a là, en effet, un point de départ intéressant pour un roman. Mais il faudrait creuser la chose, ou lui donner la dimension d'une nouvelle. En tout cas, vous n'avez qu'à profiter de l'aventure qui, jusqu'à présent, est amusante. Vous pouvez parfaitement passer six mois là-bas. Si la vie devient trop dure, entre vos deux patrons, vous n'aurez qu'à faire naître une occasion de rupture, de façon, bien entendu, à ce que le dédit soit pour vous. Le Bochin m'a l'air plus sot que le Pinault, mais il me semble le plus entêté et le plus fort, ménagez-le donc. Votre rôle, d'ailleurs, est de rester dans de bons termes avec les deux" (*Corr.*, 427–8).
4 *La Grand'Maman*, comédie en quatre actes, d'Edouard Cadol (1831–98), fut représentée pour la première fois à la Comédie-Française le 17 mai 1875. Les chroniques théâtrales du *Figaro* du 18 mai et du *Gaulois* daté du 19 mai en donnèrent un compte rendu.
5 Voir l'Introduction, 9–10
6 "Si vous allez au bord de la mer, visitez les lieux pour moi, ainsi que vous me le proposez. Mais visitez en homme pratique, de façon à avoir des renseignements précis. Voici ce qu'il me faut: une petite maison, cuisine, salle à manger, trois chambres, avec un jardin, le tout au bord de la mer, tout au bord s'il est possible; de plus, il faut que la mer en cet endroit-là soit commode pour prendre des bains. Autre condition, je voudrais que la maison fût à proximité d'une ville, une lieue au plus. La maison doit être meublée, pauvrement, cela m'est égal. Demandez le prix de location par mois, ajoutez que ce ne serait pour louer qu'à partir du 15 juillet. Il est bien entendu que les conditions dont je vous parle sont mon idéal. Il en manquerait quelqu'une que les autres avantages me détermineraient. Et si vous trouvez, prenez l'adresse exacte, donnez-moi des détails" (20 mai, *Corr.*, 428).
7 Voir la lettre 8, n.1
8 Voir la lettre 20, n.6
9 "Les funérailles d Alexandre Dumas," *La Cloche*, 18-IV-72. Les cendres de Dumas père, mort le 5 décembre 1870 à Neuville, furent transférées le 15 avril 1872 à Villers-Cotterets, sa ville natale, par les soins de son fils.
10 Voir la lettre 20, n.7
11 Voir les lettres 9 à 20

12 "Je n'ai pas encore vu votre père [*sic*]. Dès qu'il viendra, je le mettrai au courant"
   (*Corr.*, 428). Le mot "père" de l'édition Bernouard est évidemment une erreur.
13 "Ma femme a été bien souffrante, ces jours derniers. J'espère un peu de mieux" (ibid.).
14 Voir la lettre 10, n.8

23 Rennes, 31 Mai [1875], Lundi – *2, Galeries Méret.* (nouvelle adresse)

MON CHER AMI,

Notes pour le romancier – Très drôle – très curieux : le drame[1]se noue.

M. Bochin a découvert le pot aux roses : *mon aventure judiciaire!* – Péripétie émouvante.

Je n'avais pas commis une faute. Pour convaincre ce vieillard ombrageux j'avais renoncé samedi dernier à aller à St. Malo, pour le moment. J'avais passé 2 jours à Souvigné-du-Désert, son repaire. Je lui avais fait des essais d'articles centre-droit. J'avais à mon retour ici, retardé encore mon excursion à l'Océan pour creuser avec M. Pinault la question du scrutin de liste ou d'arrondissement, et faire un article où j'avais conclu pour le scrutin d'arrondissement (opinion Bochin). Mais Vendredi!!!

Vendredi, averti la veille par dépêche, je reçois à la gare mon vieux sournois, à 11h du matin. –Rien sur son visage– Il m'invite à déjeuner avec lui, à la table d'hôte d'Hôtel de France –Rien toujours– Je lui apprends que j'ai loué pour 15 jours une très belle chambre (Galeries Méret, 2,) donnant sur la place de l'Hôtel de ville, la plus belle place de Rennes.– "Allons-y! nous serons mieux pour causer." – Nous montons les 3 étages. Rien toujours! La bonne achevait le lit. Tant qu'elle est là, nous causons de la rue, de la commodité de la chambre. Enfin quand nous avons été seuls, le vieux dissimulé m'a foudroyé :

– Je sais tout... Vous avez été acquitté... M. Pinault le sait peut-être déjà... Il attend lundi jour où je vous présenterais à lui, pour me lancer ça au nez, me rendre la fable de la ville... Dans la lutte électorale, les autres journaux vous lanceraient ça à la tête... Je sais aussi que vous êtes mal avec votre famille... Vous avez déjà touché en tout 250 F pour frais de voyage et de séjour. En voici 250 autres : signez désistement... *Partez, en disant seulement à M. Pinault que vous jugez la situation trop difficile...* Filez... *Je vous recommanderai à Paris à M. Hervé*[2] *et à M. Dolloz* (Est-ce joli?)

Ahuri, je signe, j'encaisse, je le reconduis à la porte. Et là, lui :

–Serrez-moi la main!

La vieille canaille.

–N.i, ni. Fini, n'est-ce pas?

J'ai d'abord été épâté, aplati, ahuri, sous la rudesse du coup, – mais pas longtemps :

–Ah! vieux prudhomme, vieux doctrinaire, vieux sanguin aux joues rouges-âcre, tu crois rouler ainsi un artiste. Attends un peu. Me voilà libre, dégagé de toi, la bourse un peu plus lourde, le cœur léger, la conscience nette... Tu vas voir!... *Il me reste M. Pinault.*

Je cours chez lui. Je lui dis tout.

M. Pinault est un esprit plus souple, moins passionné, moins âpre; un tout autre homme. Je sais du moins que, depuis le premier jour, il m'a plu: je ne lui ai jamais entendu dire de bêtises.

Mon aventure communarde *ne l'a pas du tout effarouché*. Il m'a dit: "Vous avez eu tort de vous désister."

Dès notre première entrevue, lui qui aurait pu voir en moi *l'homme de M. Bochin*, m'a étudié finement, sans prévention. Je crois que je lui vais... comme il me va.

Je lui ai lu les 6 premières pages de la lettre inachevée (et que je n'achèverai pas, je vous dirai plus tard pourquoi) et commencée depuis 8 jours, où je racontais à ma famille le drame (23 Avril-5 Mai.)[3] Il les a *écoutées* attentivement. M. Bochin, lui, est incapable d'écouter, quelqu'un. (Il perdrait son idée.) Et au conseil général, m'a appris M. Pinault, il est surnommé: "le père: Concluez!" Il ne conclut jamais.

En quittant M. Pinault je suis retourné voir M. Bochin qui dînait à la table d'hôte:

– Je viens de voir M. Pinault, lui ai-je coulé dans l'oreille. *Et je lui ai tout dit.*

Vous avez eu tort *pour vous* (L'hypocrite! Les paupières de ses yeux en boule-de-loto clignotaient de contrariété.)

– Il faudrait au moins le consulter... Si vous disiez à M. Pinault quelque chose en ma faveur *peut-être m'accepterait-il tout de même* (A hypocrite, hypocrite et demi!)

– Eh bien! rapportez-moi une lettre de lui acceptant un rendez-vous pour demain 9ʰ au journal. C'est tout ce que je puis faire. (C'est tout ce que je voulais... et lui aussi d'ailleurs. Il avait son arrière pensée.)

– Permettez-moi, Monsieur, d'y assister pour vous aider à convaincre M. Pinault?

– Non. Non.

– Permettez-moi, au moins, de revenir, après mon dîner, vous expliquer mon procès.

– Impossible. Ce soir, j'ai trois rendez-vous.

Une demie heure après, je rapportais la lettre d'acceptation du rendez-vous. M. Pinault avait eu la bonté d'interrompre son dîner, pour l'écrire devant moi. M. Bochin était "à ses trois rendez-vous."

J'ai passé la moitié de la nuit à écrire une longue lettre adressée: à *M.M. Bochin et Pinault, conseillers généraux, copropriétaires du journal.* Je regrette de ne pas en avoir gardé la copie. En voici le résumé:

Détails sur mon malheur judiciaire –Si M. Bochin ne m'avait appelé par dépêche pressante, j'eusse poussé la délicatesse jusqu'à l'avertir– Je n'attendais qu'une détente de la situation pour les avertir tous les deux – Dans un pays pratique, en Angleterre ou en Amérique, on n'hésiterait pas à passer pardessus le préjugé qui rend suspect les acquittés – Mais en France, cela était méritoire. Ce serait une action courageuse dont ils seraient récompensés peut-être tout de suite. *"Qui sait si en me faisant appeler tout à l'heure pour me serrer la main, vos deux mains ne se rencontreront pas, et, cette fois, pour toujours?"* – Dans l'éventualité improbable où un confrère parlerait de mon acquittement, MM. Pinault et Bochin n'auraient qu'à répondre hautement: "Nous le savions!" – Enfin, je me croyais tout aussi propre *à défendre la religion, la propriété et la famille*: je n'avais nulle haine, nulle rancune contre la Société. J'étais assez intelligent pour reconnaître la *raison-d'état* qui fait que, si la justice se trompe quelquefois, l'intérêt général doit primer les intérêts particuliers. Et quand quelqu'un passe par de pareilles épreuves que celles-là, sans que son intelligence se déprave, sans que sa conscience s'obscurcisse, c'est que ce quelqu'un est un homme.

Enfin, à ma plaidoierie était jointe comme pièces justificatives, 4 de vos lettres, et celle de Félix, reçues par moi en prison.

Vous voyez que c'était très carré.

Le lendemain à 9^h ces messieurs ont trouvé au journal ma plaidoierie, avec le dossier justificatif.

A 10^{h}1/4 je recevais de mon lit un commissaire me rapportant vos autographes, et ceci signé *Bochin*, seul:

"*Monsieur, je persiste dans ce que je vous ai dit hier. C'est aussi l'avis de M. Pinault dans un intérêt commun. Recevez, etc.*"

Et à 11^h, le sauvage centre-droitier repartait pour son Souvigné-du-Désert.

Qu'en dites-vous?

L'après-midi, impossible de trouver M. Pinault, de corvée au conseil de révision.

Aujourd'hui Dimanche, j'ai appris le dessous du Bochin. 1° D'abord, M. Pinault n'était pas du tout de son avis! Il était au contraire entendu qu'on attendrait à Mardi, jour où M. Bochin revenait à Rennes "pour la question des eaux" de Fougères. 2° C'est par un certain M. Deltour que M. Bochin a dépêché à M. Vallon, son ancien condisciple, que le soup-çonneux brouillon *a fait interroger sur moi la police secrète*. Ces renseignements tardifs, il les a demandés, (pensant que M. Pinault les demanderait,) pour être très fort, pour tout prévoir. Et on lui a répondu: *M. Paul Alexis, acquitté faute de preuves, rédacteur de journaux radicaux, brouillé avec sa famille depuis 6 ans, renvoyé d'un hôtel garni, homme sans moralité. Ne le prenez pas: c'est un rouge qui s'entendrait trop bien avec M. Pinault.* – Jugez quel nez a dû faire ce pauvre homme.

Je viens de trouver M. Pinault un peu triste de se voir traiter aussi de rouge, lui, grand industriel, ancien bonapartiste, qui a une terre de 600 mille francs à 8 K^{es} de Rennes, un peu désenchanté; ayant presque envie de vendre sa part du journal à M. Bochin:

– Il m'en donncrait 50.000 f je crois que je le lui vendrais... (Une pause) Mais aussi ce serait renoncer à toute influence politique.

– Il me donnerait 50 000 de la mienne, me disait quelques jours avant M. Bochin, si je voulais faire une bonne affaire... Mais, jamais! On veut me débusquer de là. *C'est moi qui le fatiguerai.*

Il y a 4 journaux à Rennes et 4 imprimeries. On voudrait en fonder un nouveau, il faudrait fonder une imprimerie. Ce ne serait pas si bête de soutirer au Bochin 50 000 F, et, avec ça de créer un 5ᵉ journal et une 5ᵉ imprimerie pour lui démolir son tremplin électoral.

Il faudra que j'en parle à M. Pinault.

Sur l'avis très politique du dernier, je viens d'écrire lettre à Aix pour demander à mon père une lettre au M. Bochin pour lui prouver 1° que je ne suis pas *rouge*. 2° Que nous ne sommes pas brouillés depuis 6 ans.

Le sanglier de Souvigné-du-Désert revient demain: lettre d'Aix ne sera pas arrivée, mais il trouvera à l'hôtel dépêche: *On vous a trompé sur mon fils; attendez lettre. E. Alexis, notaire.*

Puis lettre arrivera. Nous tâcherons de décider M. Bochin "non plus à m'ouvrir la porte du journal, mais à l'entrebailler"– (au moins– sans dédit des 500 F. J'aime autant ça.) Ces deux idées me viennent de M. Pinault. Il m'a aussi conseillé quant à mon acquittement: 1° *De faire venir texte du jugement pour voir s'il n'y a pas moyen de détruire le* "acquitté faute de preuves" *de la note de la police secrète.* 2° de ne pas en souffler mot inutilement à ma famille, tant pour ne pas embrouiller les cartes, que pour ne pas l'inquiéter rétrospectivement. Je suis toujours à temps d'en parler si un grand hasard le lui apprenait un jour.

Donc, mon ami, tâchez de m'envoyer mon jugement du 5 Mai 1875. Et si vous voyez Félix, communiquez-lui ma lettre, et, apprenez-lui que *tout restera entre vous, lui et moi.*

J'irai seulement vers la fin de la semaine vous chercher enfin votre villa à Saint Malo.

Ecrivez-moi un peu vos réflexions. Mes amitiés à ces dames. Votre ami

Paul Alexis

1 Voir les deux lettres précédentes
2 Il s'agit sans doute d Edouard Hervé, fondateur (en 1873) du *Soleil*, le premier grand quotidien politique à cinq centimes, dont il était le directeur politique à cette époque-là.
3 Dates de l'emprisonnement d'Alexis. Voir les lettres 9 à 20

24 Rennes, Vendredi 11 Juin [1875]

MON CHER EMILE,

J'arrive de St Malo – où j'ai passé trois jours. La mer! Vive la mer! La mer, tenez, c'est aussi beau que Paris (qui est la mer humaine). Il n'y a que ça avec la littérature. Le reste est de la foutaise. Dans les trois jours que je viens de passer sur la plage, je me suis retrouvé moi-même.

Dans 5 jours, j'aurai vingt-huit ans. A vingt-huit ans, je crois, vous aviez déjà fait *Thérèse Raquin*.[1] Et moi?... J'ai soif de travailler enfin. Je ne veux plus courir d'aventures. Je ne veux pas passer ma vie à rêver des sujets que je ne traiterai jamais. Ce serait aussi bête que ceux qui passent la leur à "parler" leurs livres dans les brasseries. Voici près d'un mois que je flâne dans cette grande bêtasse de Rennes, un Aix un peu plus grand, un

77

peu plus collet monté, un peu plus solennel. Après cette aventure, c'en serait une autre, et puis une autre. J'y perdrais mes derniers cheveux, ma dernière jeunesse, ma dernière dignité, ma dernière virilité. Je me sens déjà vieux et vide. Je ne veux pas être un Valabrègue, un Cézanne, un Déthez,[2] un... tant d'autres. Voilà les saines pensées –que vous avez semées en moi, mon ami, il serait bien ingrat de ma part de l'oublier,– qui poussaient de plus en plus en ma tête dans mes insomnies du Dépôt et du Cherche-Midi, et qui viennent de s'épanouir tout à fait en moi, ces jours-ci, pendant que je me promenais sur les grèves de St Malo, de St Servan, de Dinard et de Paramé.

Donc plus de Pinault, plus de Bochin, plus de ces tentatives qui n'en sont pas, plus de folies de jeunesse aussi, plus d'enrôlement dans les bataillons communards, ou dans les bataillons des centres.

Ma dernière lettre était peu rassurante. J'ai cru voir d'ici le froncement de sourcils avec lequel vous avez dû parcourir mes huit pages, en vous demandant si je me trémoussais pour de bon, si la province ne m'avait pas tout d'un coup imbécillisé. C'est que j'avais oublié d'éclairer ma lanterne. Ma lettre, je vous le confesse, avait été écrit avec l'arrière-pensée de la faire lire au Pinault *comme par hasard*. De là son air un peu bébête. C'était comme si je vous avais écrit pendant que quelqu'un eût lu par-dessus mon épaule. Il ne me reste que quelque honte de cette sorte de prostitution de mes épanchements intimes, – bien inutile d'ailleurs. Les Pinault ne sont pas, et ne peuvent pas, être plus forts que les Bochin. Ou plutôt, dans les petitesses de la réalité, ils sont beaucoup plus forts que les hommes d'imagination. Et nous serons toujours roulés par eux, et ce sera bien fait, chaque fois que nous aurons la sottise de nous abaisser à vouloir nous mesurer avec eux. – Plus de toutes ces mauvaises blagues.

Je vais dès demain me remettre, ou plutôt, me mettre au travail. Je vais aussi –dès que vous m'aurez répondu– quitter Rennes.

Voici maintenant les "renseignements d'homme pratique"[3] pris pendant ces trois jours à votre intention.

Saint Malo est un petit port de mer très pittoresque, de 12 à 15 mille âmes, bâti sur une presqu'île. *Saint Servan*, d'une population égale, est une seconde ville, bâtie également sur une presqu'île. Un petit bras de mer à peine de la largeur de la Seine sépare les deux villes. On le traverse sur un "pont roulant" espèce de vagon hissé sur des rails placés au fond de l'eau. Ça fonctionne toute la journée : 0 F,05 les secondes, 10 centimes les premières. St Malo a un *casino* (qui n'ouvre que le 1er juillet,) et une plage admirable de trois quart de lieues de largeur, aussi belle que celle de Trouville. A l'autre extrémité de cette plage, à 3 Kilomètres de St Malo est un village naissant dont nous reparlerons plus tard : *Paramé*. On s'y rend en omnibus.

Maintenant de Saint Malo à toutes les heures, de Saint Servan à toutes les demies part un bateau à vapeur qui en 10 minutes, moyennant 3 sous à 5 sous, vous conduit de l'autre côté de la baie à *Dinard*.

Dinard est un petit Trouville, encore peu connu mais qui commence à avoir de la vogue : le duc d'Audiffret Pasquier[4] y a une villa. Le duc d'Aumale[5] y était, je crois, la saison dernière. L'hiver, tout fermé ; à peine quelques centaines d'habitants, et des Anglais excentriques qui prennent Dinard pour Nice, et partent l'été quand les autres arrivent, – les autres c'est-à-dire les deux ou trois mille baigneurs qui viennent occuper les villas échelonnées en amphithéâtre sur la presqu'île étroite qui a vue d'un côté sur la baie de Saint Malo, et de l'autre sur la pleine mer. Dinard a aussi son petit *Casino*.

Ce premier exposé géographique terminé –pour la clarté de ce qui va suivre– arrivons à des renseignements plus précis.

D'abord une observation d'ensemble: tous les logements à louer sont, comme vous les demandez: *garnis*. La condition que vous demandez ensuite, d'occuper toute la maison, est un peu plus difficile; mais peut fort bien se rencontrer encore. Quant à avoir un petit jardin c'est plus rare, pour les villas à bon marché du moins.

Maintenant arrivons aux prix; vous allez voir qu'il y en a pour toutes les bourses. J'embrasse d'un coup d'œil toute la contrée et la divise en catégories; il y en a pour tous les goûts et toutes les bourses:

1° *Dinard*. Le plus cher, – le plus fréquenté. Là, et partout, la plus part des locations sont "à la saison": *Juillet, Août, Septembre*. Si vous prenez seulement 1 mois, comme il y a probabilité que le reste de la saison soit manqué, on vous prend proportionnellement beaucoup plus cher. Ce que vous cherchez: 1000 f la saison; un mois, 4 ou 5 cent francs.

2° *Paramé* – Beaucoup moins fréquenté que Dinard – pas de casino – moins cher. Dinard est une petite ville; Paramé est un village. Seulement le gros du village est à sept ou huit minutes de la mer; on y monte par une avenue ombragée. Au bord même de la mer il y a quelques habitations encore, autour de celui qui loue les caleçons et les cabines: *Foucault*. J'ai causé avec lui. Il m'a dit que ce que vous cherchiez *reviendrait à 800 f la saison, ou 3 ou 4 cent francs par mois*. (On peut s'adresser à lui, par écrit, pour louer ou avoir renseignements sur Paramé.) Tout est un peu moins cher à Paramé. Exemples: Le bain de mer avec cabine qui coûte 1 f à Dinard, coûte 0 f 60 à Paramé. À l'unique hôtel (l'hôtel des *Bains*) où j'ai dîné pour 40 sous à la table d'hôte, la table et le logement coûtent 6 f et 7 f par jour (selon qu'on est au premier ou au second.) Tandis qu'à l'hôtel des Bains de Dinard les prix sont 8 et 10 f par jour.

3° À trois quart d'heure de Paramé, il y a un petit village, très joli, m'a-t-on assuré, "Rotéineuf." Comme aussi aux environs de Dinard il y a "Saint Enogat" et "Saint Lunaère" et "Saint Briac" tous endroits fort pittoresques, plus reculés, par conséquent meilleur marché, et dans chacun desquels se retirent dix, douze, 15 familles au plus. Je n'ai pu explorer ces divers endroits. Mais, à Dinard, je me suis adressé *à M. Boutin – agence de locations pour Dinard et les environs. (correspondance à Paris, chez M. Conti, 11, Bd Montmartre)* Il m'a montré son livre de locations, et j'y ai lu ceci:

À Saint Enogat (à une petite heure de Dinard) petite villa – au bord de la grande route à 10 minutes de la mer, mais ayant vue sur la mer – 4 pièces – la saison 300 f. (Pour 1 mois le prix serait à faire.)

4° enfin, j'ai voulu me rendre compte de ce que revenait un logement à *St Servan* même. *38, grande rue*, à trois cent pas du "pont roulant" là où commencent les premières maisons de la ville, au second étage, au-dessus d'un marchand d'outils en fer, j'ai visité 2 chambres dont une assez vaste, proprement meublées –très jolie vue sur la mer– plus une grande cuisine contiguë contenant un 3ᵐᵉ lit. Prix: 100 F par mois en *Juillet* ou en *Août* – En *Juin* ou en *Septembre* ce ne serait que 80 F, ces deux mois étant moins chers. (*S'adresser à Mᵐᵉ Gallieu, 36, grande rue, St Servan.*)

En somme vous voyez qu'il y en a pour tous les goûts. Seulement il ne faudrait pas venir trop tard quand tout sera loué. Je vous engage beaucoup pour ma part à venir aux environs de Saint Malo, c'est beaucoup moins loin de Paris, que Brest, que Lorient. Il y a des excursions splendides à faire dans ces beaux pays; telles que: le *Mont-Saint-Michel – Dinan* sur la rivière la Rance à 2 heures en bateau à vapeur de Dinard dans l'intérieur des terres. Le paysage, m'a-t-on dit y est si beau, que beaucoup d'étrangers, qui tiennent peu à la mer, vont y passer l'été – les îles Guernesey – Jersey. En 2ʰ 1/2 un paquebot superbe vous y mène: 12 F aller et retour. – la baie de *Cancale* et ses huîtres: deux heures de voiture à peine – etc. etc....

Pour ma part je suis si enchanté de la mer, et du pays, que l'idée suivante m'est venue *de visu*. Je vous la soumets pour ce qu'elle vaut. Voici.

Il me reste dans les 200 F de l'argent Bochin. Et nous sommes déjà au 12 Juin. Dans 15 jours je puis toucher mon mois nouveau.[6] Répondez-moi, au plutôt; je n'attends que votre lettre. Si vous m'assurez que vous viendrez ici, et que vous ne dépasserez pas trop la mi-Juillet, je quitte tout de suite Rennes et vais vous attendre, sur la côte, dans quelque coin perdue, en me mettant d'arrache-pied au travail – à mon roman sur ... ce que vous savez. Je veux à votre arrivée vous épater, et avoir à vous en lire une masse de pages.

Si au contraire, votre voyage était devenu douteux ou si vous ne choisissez pas St Malo, ou s'il devait être très retardé, ou si encore mon idée de travail vous paraissait chimérique, je serai à Paris dans trois ou quatre jours.

Votre fidèle

Paul Alexis

Comment va votre femme? Je pensais à elle aussi sur la plage: l'air de la mer est un fameux docteur Plomb.[7]

Mes amitiés à Roux et à Marie.[8]

Félix a dû vous rendre ce que je vous dois. Maintenant je vous prierai s'il n'y a pas moyen de faire autrement sans être poursuivi, de payer pour moi les frais de mon jugement.[9] Quant à mes 4 planches d'acajou, vous auriez la corvée de me les coller d'ici au 8 Juillet, en attendant, dans un trou quelconque, et le premier venu, pour ne pas trop vous ennuyer à chercher.[10]

1 Zola avait 27 ans lorsqu'il publia *Thérèse Raquin* chez Lacroix, en décembre 1867.
2 Albert Déthez, un des amis méridionaux d Alexis et de Zola
3 Voir la lettre 22, n.6

4 Le duc Edme-Armand-Gaston Audiffret-Pasquier (1823–1905) était le plus important des Orléanistes. Zola fit son portrait dans *Le Sémaphore de Marseille* du 31 mai 1872.

5 Henri-Eugène-Philippe-Louis d Orléans, duc d Aumale (1822–97), fils de Louis-Philippe, duc d'Orléans

6 Une allocation mensuelle, qu'Alexis reçoit de son père

7 Le médecin des Zola. Voir la lettre 22, n.13

8 La maîtresse de Marius Roux. Dans sa lettre du 20 mai 1875 Zola avait écrit à Alexis que Roux était arrivé "avant-hier soir" (*Corr.*, 428).

9 Voir la lettre 20, n.1

10 A son retour à la capitale, Alexis habitera 32bis, rue de Laval jusqu'en 1879.

25 [Paris] Jeudi 12 Août 1875

MON CHER EMILE,

Dimanche soir, à 9^h, je prendrai le train pour aller vous voir.[1]

Pourquoi ne l'ais-je pas fait plus tôt? – Hélas! mon premier mouvement a été de sauter sur ma plume pour vous écrire: *j'arrive!* Mais l'état de mon mal de jambe, traînant en longueur, empirant plutôt, j'ai voulu savoir le fin mot, et me rendre mardi à la consultation du docteur Calvo (celui qui m'avait soigné, il y a 2 ans et demie). C'est, j'en ai bien peur, *plus grave* que je ne me le figurais sur le dire de cet idiot de docteur-pharmacien qui exerce avenue de Clichy. Aussi, je ne veux pas m'éloigner de Paris, sans revoir, après demain samedi, le docteur Calvo, et prendre ses dernières instructions.

D'ailleurs, je ne suis pas fâché, vis à vis ma famille, de gagner du temps, et de reculer un peu mon voyage; votre tout aimable invitation est donc pleine d'à-propos.

J'ai reçu une lettre de Barlatier de Marseille[2] qui ne m'accorde pas de laisser-passer. Je dîne demain chez Barlatier de Paris qui part samedi pour le mariage du journaliste marseillais.

A lundi matin, donc, sauf complications nouvelles.[3] La mer et vous, vous me remonterez le moral. Allez, je commence à voir que nous sommes bien peu de chose. Que je perde seulement la patte, ou le nez, ou le palais, et je deviens à jamais un bourreau de travail.

Je vous serre la main vigoureusement

Paul Alexis

J'ai passé 2 soirées avec Roux. Il croit beaucoup en Dentu[4] et en lui. Il m'a avoué sa petite tentative sournoise à la *Revue des 2 mondes*... D'ailleurs c'est un garçon heureux. Le virus littéraire ne pénètre pas profondément ces constitutions-là; mais aussi produisent-elles jamais ces beaux accidents secondaires et tertiaires qu'on appelle les chefs-d'œuvre.

1 Zola écrit à Alexis le 7 août de Saint-Aubin, où il passe ses vacances d'été: "Vous ne savez pas ce que vous devriez faire? Prendre le train et venir passer ici les dix jours qui vous séparent de votre voyage dans le midi. Votre frère ne part que le 25; vous avez donc grandement le temps d'accepter mon invitation" (*Corr.*, 430). Il donne ensuite des renseignements précis sur l'itinéraire et les frais de voyage. Dans une lettre à Marius Roux datée du 5 août nous trouvons une description de l'endroit: "Ma maison,

dont on plaisantait, a été trouvée très bien; l'installation est plus que modeste, les portes ferment médiocrement et les meubles sont primitifs. Mais la vue est superbe, – la mer, toujours la mer! Il souffle ici un vent de tempête qui pousse les vagues à quelques mètres de notre porte. Rien de plus grandiose, la nuit surtout. C'est tout autre chose que la Méditerranée, c'est à la fois très laid et très grand" (*Corr.*, 429).

Alexis va passer une quinzaine de jours au bord de la mer chez Zola. Il ne partira pas le 25 août pour Aix-en-Provence avec son frère Félix, mais seulement le 8 septembre (lettre 27).

2 Alexis ne donna que quelques articles au journal de Barlatier, *Le Sémaphore de Marseille*. Zola y collaborait toujours (lettre 8, n.1). En juillet 1875, Emile Barlatier avait écrit à Zola: "Puisque j'en ai l'occasion, il faut que je vous annonce mon très prochain mariage. Naturellement je quitterai le journal pendant quelques semaines et cela à partir du 15 août. Je compterai sur le bon concours de tous nos collaborateurs pour aider mes remplaçants à remplir la besogne quotidienne" (s.d.; B.N., MSS, n.a.f.24511, fol.45ᵛ).

3 "Pas de complications, hein! mon brave! Nous comptons sur vous lundi matin. Si votre patte va mal, nous la tremperons dans la mer. L'air vous fera du bien. [...] Il faut apporter quelque chose à commencer ou à finir. Vous travaillerez aux mêmes heures que moi. Vous verrez, la vie est douce. Si vous ne pouvez marcher, on vous louera un âne" (13 août, *Corr.*, 432).

4 La plupart des ouvrages de Marius Roux ont été publiés chez Dentu. En 1869 avait paru: *Evariste Plauchu, mœurs vraies du quartier-latin*, puis, en 1875, *L'Homme adultère*. Zola fit un long compte rendu du premier roman dans *Le Gaulois* du 2 juillet 1869 (*O.C.*, x, 867–72).

26 Paris, Lundi 6 Septembre 1875

MON CHER AMI,

Voici beaucoup de papier noirci. Tout ça m'attendait chez moi, ou plutôt au bureau de poste sous pli chargé. Et j'avais reçu en même temps une lettre explicative de Déthez (retourné à Istres,) allant plus loin, cherchant à vous "tomber à la préface." C'est cette dernière lettre qui m'a fait prendre la liberté de prendre connaissance de l'autre, bien que l'enveloppe portait cette suscription "*pour remettre à M. Emile Zola.*" Je ne vois pas trop pour ma part quelle préface vous pourriez faire sur la connaissance d'une simple nouvelle. C'est une idée à la "le climat." *Boniface*[1] n'est pas trop mal d'ailleurs: plusieurs de notre connaissance n'en feraient pas autant; mais ce n'est qu'un clair de lune de Bertin,[2] selon moi. Ça ne vaut pas le *Char à Bancs*.

Vu ma lenteur connue, j'ai encore trop de choses à faire pour partir aujourd'hui comme j'en avais primitivement le dessein. Mais départ *irrévocablement fixé* pour *demain Mardi*, 10ʰ1/4 du soir. Je vous écrirai d'Aix. Ecrivez-moi aussi.

Il reste à vous parler de Roux et de Marie.[3] Une lettre de lui qui a dû se croiser avec moi enlève beaucoup d'intérêt à ce que j'ai à vous dire. Marie à ce que j'ai cru comprendre ne partira qu'en Octobre. Vous la retrouverez donc ici.[4] Je les ai vus deux fois: le lendemain de mon arrivée, dix minutes seulement, Roux partait pour le *petit journal* et je l'ai accompagné jusqu'à la place Blanche. Enfin hier Dimanche j'ai déjeuné chez eux; mais il y avait un tiers, ou plutôt un quatrième: Marguery[5] qui vient d'arriver à Paris. (Son père est également ici.)

Roux est nerveux, gentil plus que jamais, onctueux, plein de phrases sentimales attendries. La présence de Marguery augmentait encore son rayonnement: *Eugénie Lamour*[6] va passer, et il a touché 400 F d'à compte – il est casé au *petit journal* "à jamais!" Au fond il n'a pas l'air bien attristé: il conservera le même appartement, prendra une femme de ménage qui lui fera à déjeuner, dînera le soir au bouillon Punet près du *petit journal*, mais ne quittera pas Batignolles "j'y ai mes habitudes. Et en dehors de ma vie de journal, j'en suis!" Tout cela est déjà arrangé dans sa tête... Le départ de Marie lui coûtera de 12 à 15 cent francs, "bien assez cher" aussi il n'a pas voulu que le petit chien l'accompagnât chez le bijoutier pour l'aider à choisir quelque chose pour une de ses sœurs. Le petit cadeau était déjà acheté, d'ailleurs, et il me l'a mystérieusement remis quand je lui ai fait mes adieux hier, place Blanche. Et quand j'irai tout à l'heure faire mes adieux à Marie, je ne lui dirai pas que l'achat était déjà fait, – par ordre.

Voilà ce que j'ai observé avec ma loupe d'analyste. J'irai cet après-midi la braquer sur Marie à son tour.

Vendredi soir, mon collocataire m'a mené voir *Froufrou*[7] avec des billets de faveur. Toujours d'adorables détails parisiens, mais l'ombre de Desclée attriste cette reprise où il y a un cadavre. Delaporte est marquée par le rôle, n'a rien de nerveux et de poétique. Tallandière ferait peut-être une meilleure Frou-Frou.

Il ne me reste qu'à vous prier, mon cher ami, de me rappeler au bon souvenir de ces dames, et de les remercier de toutes les bontés qu'elles ont eu pour moi, pendant mon séjour sur la plage – Séjour qui m'a fait du bien, je vais beaucoup mieux. Je crois qu'un mois à Puiricard,[8] achèvera ma guérison. Une cordiale poignée de mains pour tous.

Votre

Paul Alexis

Rappelez aussi Pétrarque à la Laure[9] qui l'a couronné. Si Laure est encore à Saint Aubin, d'ici au 20, elle recevra de Pétrarque, de la prose: Pétrarque n'a qu'une parole.

Du marbre et de l'or, – et du bleu!

1 Dédiée à Emile Zola, "Boniface" ou l'histoire d'un chat est une des nouvelles du recueil *Au pays des cigales* par Camille Allary (Librairie des Bibliophiles 1876). L'ouvrage est préfacé d'une lettre de Zola, datée du 28 mai 1876. Déjà le 17 septembre 1875 Zola avait écrit à Alexis: "J'ai lu la nouvelle de l'ami de Déthez. Elle n'est pas mal; j'ai promis une lettre qui pourra servir de préface" (*Corr.*, 437). Elle est reproduite dans "Mélanges critiques," *O.C.*, XII, 559–62.

Alexis parle du volume d'Allary dans *La Réforme* du 15 février 1880, lors d'un compte rendu d'un roman du même auteur (lettre 63, n.6): "Il a fait de charmants contes en prose, genre Alphonse Daudet, réunis depuis en volume, sous le titre *Au pays des cigales*. Plusieurs de ces contes avaient déjà obtenu beaucoup de succès. Je me souviens notamment de *Boniface*, une de ces agréables fantaisies en prose, où il s'agit de la vie et de la mort, des mœurs et coutumes du chat de la maison. Un chat ordinaire, et étrange en même temps, et mystérieux, et problématique d'allures et de *caractère*, comme le sont ces animaux, cruels et doux, *sphinx* bizarres du foyer domestique, que

Théophile Gautier affectionnait tant, et que Baudelaire a sculptés en quatorze vers immortels."

2 Horace Bertin (pseudonyme de Simon Bense) écrivait pour *La Cloche* en 1872 et était un des collaborateurs du *Sémaphore de Marseille*. Il publia en 1873, à la Librairie des Bibliophiles, un volume de six contes, intitulé: *Le Cochon de madame Chasteuil*, où "Le Char à bancs" se trouve aux pages 28 à 35. Dans l'article cité ci-dessus, Alexis mentionne cet écrivain comme: "un conteur plein de talent et très remarquable."

3 Elle devait quitter Marius Roux, avec qui elle vivait depuis des années, pour rejoindre son mari en Bretagne, d'où elle était originaire. Voir la lettre suivante.

4 Zola ne rentrera de Saint-Aubin que le 4 octobre.

5 Louis Marguery (1841–81) fut le condisciple de Zola au collège d'Aix. "Une même passion d'enfant pour la musique avait lié Zola et Marguery. Le principal du collège s'étant avisé de créer une fanfare, Marguery apprit le piston et Zola, qui n'a jamais eu d'oreille, dut choisir la clarinette" (*E.Z.*, 30–1). Marguery était rédacteur à *La Provence* et auteur de quelques pièces de théâtre. Voir la lettre 90 sur la fin tragique de ce personnage. Cf. également G. Robert, *"La Terre" d'Emile Zola* [...] (Les Belles Lettres 1952), 19.

6 *Eugénie Lamour, mémoires d'une femme* de Marius Roux sera publié chez Dentu en 1877. Le roman paraîtra d'abord en feuilleton dans *Le Petit Moniteur universel* du 18 septembre au 4 décembre 1875. Zola en donne un compte rendu dans ses "Notes parisiennes" au *Sémaphore de Marseille* du 29 mars 1877.

7 *Frou-Frou*, comédie en cinq actes d'Henri Meilhac et Ludovic Halévy, fut reprise au Gymnase le 25 août 1875. C'est au même théâtre qu'Aimée Desclée (1836–74) créa le 30 octobre 1869, avec un vif succès, le rôle de Frou-Frou. Alexis était un admirateur ardent de cette actrice. Dans *Le Cri du Peuple* Trublot s'écrie le 8 juin 1884: "Pauvre grande Desclée! C'est celle-là que Trublot aurait gobée, si elle vivait encore! C'est celle-là qui était supérieure de cent coudées à toutes les Sarah Bernhardt. Oh! les bonnes 'trublotines' que je lui aurais consacrées!... Dire que la mort les emporte tout entières, ces grandes artistes! Qu'elles ne laissent qu'un souvenir ému et lointain, hélas! dans la mémoire de ceux qui les ont entendues!"

Après une année en Russie, Marie Delaporte (1838–1904) fit sa rentrée au Gymnase avec cette reprise de *Frou-Frou*. Tallandièra (morte en 1878), comédienne d'origine arabe au même théâtre, joua également à la Porte-Saint-Martin et à l'Ambigu.

8 Puy-Ricard, près d'Aix-en-Provence, où les Alexis possédaient une maison de campagne

9 Il doit s'agir ici de Madame Aspasie Charpentier, mère de l'éditeur Georges Charpentier. "Quelle bonne surprise nous avons eue, hier, écrit Zola à celui-ci le 14 août, lorsque votre mère est entrée dans notre taudis de bohémiens qui campent!" (*Corr.,* 433) Voir aussi la lettre suivante.

27 Puy-Ricard, Lundi 13 Septembre 1875

MON CHER AMI,

Enfin voici la seconde lettre promise. Le train direct du soir dont vous me parliez était imaginaire. Il n'existe que pour le retour à Paris. Je n'ai quitté Paris que Mercredi dernier à 3ʰ05 de l'après-midi.

Gare de Lyon (à Paris), j'arrive et trouve... Valabrègue et Sylvin![1]

Ils ne partaient pas, eux. Ils accompagnaient seulement un clan de voyageurs Parnassiens-méridionaux: les deux frères Arène et un musicien se rendant chez le 4me voyageur, un bas-Alpin de Sisteron. J'ai d'abord résisté à Valabrègue qui, heureux de me protéger, voulait à toute force me présenter à eux. Puis j'ai fini par me laisser faire. Et j'ai fait route avec les Parnassiens jusqu'à Avignon, où ils sont descendus pour aller, je crois, voir Mistral.[2] Le Paul Arène,[3] avec lequel nous avons un peu causé littérature ne m'a paru pas fort. Il trouve que Valabrègue a fait "de jolies choses." Je lui ai parlé Balzac, Goncourt et Flaubert. Il m'a répondu Léon Gozlan, et de la Madelène.[4] Nous avons fini par ne plus parler littérature. Il a trente-deux ans. Son frère de six ans moins âgé, revient de Chine et avait dans sa poche les épreuves d'un livre qui doit paraître cet hiver chez Charpentier: *la Chine-familière et galante.*[5]

Le Jeudi soir j'ai couché à Aix. Et depuis Vendredi soir me voici ici, à notre campagne de Puyricard. Hier, Dimanche, Coste est venu passer la journée avec nous. Il m'a dit ne pas se plaire beaucoup à Aix, ne pas y avoir touché un pinceau, et avoir grande hâte, ses affaires terminées dans quelques jours, de regagner Paris. Il ne m'a même pas paru très éloigné de l'idée de pousser tout droit jusqu'à Saint Aubin, et d'aller vous voir cinq ou six jours.[6]

La veille de mon départ de Paris je suis allé faire mes adieux à Marie.[7] Elle m'a raconté d'une manière assez frappante la scène d'entrevue qu'on lui avait ménagée avec son mari sans la prévenir. Depuis 10 ans qu'ils ne s'étaient vus, ni l'un ni l'autre des époux ne se reconnaissaient. Ils ont à peine échangé quelques mots cérémonieux, étranges qu'ils étaient devenus l'un à l'autre. "Il est grand, gros, il a du ventre, et porte de gros favoris arrondis... comme ça." Et elle mettait les deux poings sur ses joues... En somme, je crois que l'idée de recohabitation avec le matelot la consterne plus que toute autre chose. Ce sera en Octobre "du douze au quinze" qu'elle filera en Bretagne.

Ici ma vie est très paisible, très régulière, et très calme avec ma mère, mes deux grands frères et ma petite sœur. Mon père ne vient guères qu'une fois par semaine, malgré l'existence du nouveau chemin de fer, assez incommode d'ailleurs, la campagne se trouvant à vingt-cinq minutes de distance de deux gares. Le temps s'envole beaucoup avec cette légèreté qui nous surprenait au bord de la plage. Il ne se passe pas grand'chose dans la journée, et les journées passent très vite. Voici la première fois depuis mon arrivée que je prends la plume. Mais j'espère dorénavant la prendre un peu tous les jours. J'ai voulu commencer par vous écrire. Je vais écrire ensuite à M*me* *Asp. C.*!!![8] (si toutefois j'y suis à temps avant son départ de St Aubin, date que votre lettre me fixera peut-être) et à Déthez. Enfin je tâcherai de terminer mes deux nouvelles commencées: *Stanislas Levillain* et *M. Lorely.*[9]

Il me reste à vous parler de mon retour. Il aura lieu en Octobre. Mon plus jeune frère Ambroise doit partir vers le 1er de ce mois-là et Félix vers le 30. J'ai peur de traîner jusqu'au 30. Mais, comme je vous le disais, mon retour n'est nullement mis en question. Que voulez-vous que l'on fasse de moi à Aix? Je suis déjà bien assez embarassant à Paris. Et en vérité ne sont-elles pas à plaindre les familles affligées d'un aussi triste champignon littéraire.

Voici mon adresse: M. Paul Alexis (à la campagne de M. Alexis notaire, à Puyricard, près le Vieux-Château) Aix, B*ches* du Rhône.

Ou bien si vous aviez quelque chose de *compromettant pour moi* à me dire: à Aix, poste restante.

Ma lettre commencée hier se termine aujourd'hui Mardi à Aix où je suis pour quelques heures. Aix d'ailleurs a le privilège de m'attrister toujours, et, je me hâte d'en finir, de peur de ne pas la terminer gaîment.

Je vous la serre cordialement

Paul Alexis

P.S. Mes parents me chargent de remercier ces dames et vous, de la bonne hospitalité avec laquelle vous m'avez *fait prendre les bains de mer.* Travaillez-vous beaucoup là-haut? Qu'envoyez-vous aux Russes ce mois-ci? Avez-vous commencé votre roman ouvrier, et trouvé un nouveau style? Ecrivez-moi vite une bonne et longue lettre.[10]

Je viens de lire la *Haine* de Sardou.[11] Ce n'est pas trop mal, ni tout à fait ça.

1 Edouard Sylvin était rédacteur avec Zola à *La Cloche* en 1871-2. Parmi ses ouvrages mentionnons *Contes bleus et noirs* (Charpentier 1880), *Jules Ferry* (A. Quantin 1883) et *La Folle de Ville-d'Avray* (Dénoc et Marmorat 1884).

2 Selon Alexis-Trublot, Frédéric Mistral est "un imitateur de Virgile *en mauvais français*" (*Le Cri du Peuple*, 26-III-84).

3 Paul Arène (1843-96) était auteur de romans provençaux. Sa pièce de théâtre *Le Pain du péché* fit partie du programme du 27 avril 1888 au Théâtre Libre (lettre 181, n.1).

4 Le romancier Joseph-Henri de La Madelène (1825-87) fut un des fondateurs du *Monde illustré*. En 1864 il dirigea *La Revue de Paris*. Il collaborait également au *Figaro* et au *Temps*. Avant lui, son frère Jules-François (1820-59) avait écrit des romans et des nouvelles d'un style élégant.

Léon Gozlan (1803-66), chroniqueur spirituel au *Corsaire* et au *Figaro*, fit publier, outre des romans et des pièces de théâtre, un *Balzac en pantoufles* (Bruxelles: Kiessling, Schnée et Cie 1856).

5 Jules Arène, *La Chine familière et galante* (Charpentier 1876)

6 "Dites à Coste que je l'attends," répond Zola le 17 septembre (*Corr.*, 437).

7 Voir la lettre précédente

8 Madame Aspasie Charpentier (lettre 26, n.9). Dans la lettre du 17 Zola avertit son ami que "Mme Charpentier nous quittera le 23" (*Corr.*, 436).

9 "Stanislas Levillain" fera partie en 1890 du recueil de nouvelles *L'Education amoureuse*, après avoir paru en feuilleton, sous le titre: "Le Mariage de Stanislas Levillain" (dédiée à Mme A. Charpentier), dans l'édition littéraire du *Globe* du 19 juillet 1879.

"L'Infortune de M. Lorely" paraîtra d'abord partiellement dans *La République des Lettres* du 29 avril au 3 juin 1877, date où cessera la publication de cette revue. *La Réforme* du 15 septembre et du 15 octobre 1878 publiera de nouveau l'œuvre en feuilleton, intitulée cette fois: "Madame Zoë." Enfin, en 1880, Alexis inclura la nouvelle sous le titre de "L'Infortune de M. Fraque" dans son premier volume de nouvelles, *La Fin de Lucie Pellegrin*.

10 "Vous me demandez ce que j'envoie aux Russes, ce mois-ci: une grande étude sur Chateaubriand, mon ami, et qui ne m'amuse guère, je vous assure. Seulement, la critique littéraire est encore le travail que je bâcle le plus aisément. Quant à mon prochain roman, il dort et dormira sans doute jusqu'à Paris. J'ai les grandes lignes, j'ai besoin de Paris pour fouiller les détails. D'ailleurs, je suis décidé pour un tableau très large et très simple; je veux une banalité de faits extraordinaire, la vie au jour le jour. Reste le style qui sera dur à trouver. Mais j'ai besoin de ne plus entendre le tonnerre de cette diablesse de mer qui m'empêche de penser" (17 sept., *Corr.*, 436).

L'article "Chateaubriand" est publié dans *Le Messager de l'Europe* en octobre 1875. Il sera reproduit en 1881 dans le volume *Documents littéraires* (279-300 du tome XII des

Œuvres complètes). Outre *La Faute de l'abbé Mouret*, publiée en feuilleton en février et en mars 1875, la revue littéraire de Saint-Pétersbourg *Le Messager de l'Europe* (*Vestnik Evropy*; directeur: Michel Stassulevitch) fera paraître jusqu'à la fin de 1880 une correspondance littéraire mensuelle d'Emile Zola. "A ce moment-là, écrit Alexis, pas un journal à Paris –la littérature, bien plus qu'aujourd'hui, était reléguée au second plan– n'eût consenti à lui prendre de longues études littéraires, comme il méditait d'en écrire. [...] Ce fut donc son ami, le grand romancier russe, Ivan Tourguéneff, qui lui dit un jour: 'Mais puisqu'on ne veut pas de vous en France, désirez-vous que je vous trouve, en Russie, une correspondance mensuelle?' Il accepta. [...] Zola, naturellement, y défendit, et dans des cadres beaucoup plus larges, les idées qu'il avait défendues à Paris" (*E.Z.*, 151). – On retrouvera également beaucoup de ces "Lettres de Paris" dans les ouvrages suivants: *Le Roman expérimental* (1880), *Les Romanciers naturalistes* (1881), *Salons* (1959), *Lettres de Paris*, éd. P.A. Duncan et V. Erdely (Genève: Droz 1963). Sur cette collaboration importante, cf. H. Mitterand, "La correspondance (inédite) entre Emile Zola et Michel Stassulevitch, directeur du *Messager de l'Europe* (1875–81), "*Les Cahiers naturalistes*, No. 22 (1962), 255–79; id., *Zola journaliste*, 185–202; J. Triomphe, "Zola collaborateur du *Messager de l'Europe*," *Revue de Littérature comparée*, XVII (1937), 754–65.

Pendant sa villégiature Zola commença la préparation de *L'Assommoir*. Selon M. H. Mitterand, l'ébauche et le premier plan étaient prêts à la fin de l'été (*Rougon-Macquart*, II, 1543). Le roman fut terminé en novembre 1876.

11 Le drame en cinq actes de Victorien Sardou parut chez M. Lévy en 1875. La première, avec une musique de Jacques Offenbach, eut lieu le 3 décembre 1874 au Théâtre de la Gaîté.

28 Puy-Ricard. Dimanche 26 Septembre [1875]

MON CHER AMI,

Le 21 j'ai mis à la poste pour Mme Asp. C. huit pages de belle littérature. Si par hasard ma lettre était arrivée trop tard, ne pourriez-vous me la recouvrer et la faire suivre.[1]

Il y a huit jours, avec Coste et Déthez, nous sommes allés au Tholonet[2] faire un dîner appendice du bœuf nature:[3] un lapin sauté, des cul-blancs, une brouillade aux truffes. Les culs-blancs étaient trop faisandés. Déthez est de l'armée réserviste. Il doit passer aujourd'hui à Aix une grande revue.

Le temps commence à me paraître un peu long. Cette semaine grand déménagement: nous quittons Puy-Ricard pour aller nous fixer à notre campagne au bord de l'Arc.[4] Ne m'adressez donc plus vos lettres à Puy-Ricard.

Je n'ai pas du tout travaillé cette semaine, à cause d'une excursion de trois jours à la campagne d'un cousin, près de *Jongues*, – très beaux pays que je ne connaissais pas. La Provence y est bien plus belle qu'aux environs d'Aix.

J'ai peur d'être à peu près obligé de ne pas retourner à Paris avant mon frère Félix qui n'ira que le 25 Octobre. Tout un grand mois encore ici, c'est bien long... quand on ne fait rien, et quand on travaille c'est bien court. – Je trouve hélas! que c'est bien long.

Roux m'a envoyé un *petit moniteur* annonçant son roman.[5] A-t-il commencé à paraître? Je n'ai pu trouver le journal à Aix. Et je vais le plus souvent possible chez son père.

87

Vite, je clos ma lettre. Il n'y a d'ici qu'un seul départ par jour au moyen du facteur rural qui attend mon gribouillage.

Votre tout dévoué

Paul Alexis

1 "Mme Charpentier a reçu votre lettre à Saint-Aubin, le jour même de son départ," répond Zola le 20 octobre (*Corr.*, 439).
2 Le Tholonet, petit village à une dizaine de kilomètres à l'est d'Aix-en-Provence, devient les Artaud dans *La Faute de l'abbé Mouret*.
3 Alexis nous donne l'histoire de ce 'dîner' dans un compte rendu de la pièce *Les Jacobites* de François Coppée: "Je nous revoyais, plus jeunes de dix ans, tous, alors qu'une fois par mois, nous dînions, à sept ou huit, au temps de notre cher dîner du *Bœuf Nature*, dont les fidèles étaient Paul Bourget, Emile Zola, Maurice Bouchor, Antony Valabrègue, Marius Roux, Albert Déthez, Edouard Sylvin, les peintres Béliard et Coste, plus vous et celui qui écrit ces lignes, et c'est tout, je crois.

"Dites, vous en souvenez-vous, de nos menus modestes et de notre amicale cordialité sur le terrain neutre du 'pique-nique', et de nos attachantes discussions d'art et de littérature, qui nous faisaient ne nous quitter qu'à une heure du matin? Ça dura, je crois, trois hivers, peut-être quatre, un siècle dans la vie parisienne. Comme toutes les choses du monde, notre *Bœuf Nature* eut son âge d'or, puis l'apogée et la décadence finale. L'âge d'or, ce fut tant que nous restâmes comme la violette dans l'ombre, c'est-à-dire tant que nos agapes eurent lieu dans des cafés du quartier, ou de modestes restaurants autour des Halles – du 'Ventre de Paris', disions-nous alors. La décadence arriva, quand nous nous jetâmes dans les grandeurs, en abordant le boulevard, en 'nous élevant' au restaurant Vachette.

"L'intrusion simultanée et imprudente, d'un tas de nouveaux, que le *Bœuf Nature* ne put s'assimiler (parce qu'ils étaient venus trop d'un seul coup), fit mourir notre pauvre '*Bœuf*' de pléthore et d'indigestion – une belle fin d'ailleurs pour un 'dîner'. Notre dernier beau soir fut celui où nous traitâmes de compagnie Gustave Flaubert qui, à son tour, le grand brave homme, nous offrit à tous, et, en particulier, à l'auteur de la *Maison Tellier*, qui, lui, eut le bon esprit d'accepter..." (*Le Cri du Peuple,* 23-XI-85).

Dans la lettre précitée Zola demande: "Est-ce que vous allez laisser Coste là-bas? Rappelez-lui le Bœuf nature. On l'attend. Il ne suffit pas d'établir une succursale au Tholonet" (*Corr.*, 440).
4 C'est-à-dire à Meyran.
5 Voir la lettre 26, n.6

29 Aix, Jeudi 14 Octobre 1875

MON CHER AMI,

C'est bien mal! vous ne m'avez plus donné signe de vie. Mais comme je vous suppose aujourd'hui rentré, je vous écris à Paris.[1]

J'ai fini depuis trois ou quatre jours *le mariage de Stanislas Levillain*.[2] 20 pages – je suis en train de les recopier pour les envoyer à M. Philippe Gille.[3] Pour que ma lettre ait le temps de vous arriver, je ne mettrai mon envoi à la poste *que Dimanche matin* de sorte que *ma nouvelle sera lundi 18 au Figaro*.

Je vous dirai que je suis assez content de ma nouvelle. Je la recopie avec le plus grand soin, revoyant le style de très près. Vous seriez donc bien aimable d'écrire au plus vite un mot à Philippe Gille pour me présenter et me recommander chaudement à lui. Si malgré mes conjectures vous étiez encore à Saint-Aubin, ma lettre je l'espère, vous étant envoyée, vous pourriez toujours écrire: mieux vaut tard que pas du tout.[4]

Mon départ pour Paris aura lieu du 25 au 30 courant. Je vais de mieux en mieux et arriverai reposé, ravitaillé, "pavé" des meilleures intentions pour passer un hiver laborieux.

Je n'ai pas vu Coste depuis longtemps. Il est souvent à *Eguilles*, où il est, je crois, propriétaire.[5] Je vois de temps en temps Déthez toujours malingre, souffreteux. Il m'a communiqué une lettre du toujours triomphant Valabrègue qui prépare, je crois, un article pour je ne sais quelle revue sur *la chanson populaire dans l'Herzégovine*, et qui lui conseille diverses spéculations de Bourse.

Je lis dans le moment les *Mémoires d'Outre tombe* de Chateaubriand que me prête mon cousin le docteur Silbert.[6] C'est très intéressant au point de vue historique, je veux dire qu'il y a là des choses pas mal quoique très loin de nous. Le bon homme était en somme assez râblé. Je serais curieux de savoir ce que vous en avez dit en Russie.[7]

Il fait ici un temps glacial depuis quelques jours: pluie et mistral. C'est l'hiver. Je n'en suis pas fâché, parce que l'hiver c'est la rentrée à Paris, c'est surtout la fin de l'isolement intellectuel dont je commence ici à grelotter.

J'irai probablement lundi ou mardi passer 48^h à Marseille où je n'ai pas encore mis les pieds. Je verrai Emile Barlatier.[8]

J'ai comme une vague idée d'écrire au grand Dumas en prenant prétexte de son gallimathias sur l'affaire Marambot. Je viens de voir dans le *Figaro*[9] qu'il a quitté Puys.

Et vous?... tenez! ça me chiffonne d'ignorer si vous n'êtes pas rentré. M'avez-vous oublié! Etes-vous gai ou triste, paisible ou troublé, en travail ou en demi-flâne! Prenez-vous encore des bains, ou vous êtes-vous replongé dans l'Océan parisien! Le roman de la vie privée de Roux a-t-il eu son dénouement? etc. etc.[10] Vous êtes un grand misérable.

Et je vous serre cordialement la main à tous les trois.

Paul Alexis

P.S. – Pour vous guider, voici la copie de ma lettre à Gille.

Monsieur, bien que n'ayant pas encore eu l'honneur de vous être présenté, je prends la liberté de vous envoyer une nouvelle. Si vous vouliez la lire, j'espère qu'elle vous conviendrait pour le supplément du Dimanche du *Figaro* sur lequel vous avez, je crois, la haute main, et que vous savez rendre chaque semaine si intéressant, si varié, et si littéraire.

Le mariage de *Stanislas Levillain* n'est qu'une nouvelle de bains-de-mer dont l'idée m'est venue aux bords de l'Océan, il y a six semaines. J'ai tenté d'esquisser la vie particulière d'une de ces stations peu fréquentées et peu décrites que l'on désigne sous le nom de "plages des petites bourses." D'ici, en Provence, sans attendre ma rentrée à Paris, je vous soumets tout de suite mon travail, avant qu'il n'ait entièrement perdu tout reste d'actualité.

J'ai l'honneur d'être, etc. etc.

1 Zola est de retour de la mer depuis le 4 octobre.

2 Voir la lettre 27, n.9

3 Philippe Gille (1831–1901) était auteur dramatique et critique littéraire au *Figaro*.

4 En effet, Zola recommanda son ami à Gille, mais sans résultat. "Naturellement, dès que votre dernière lettre m'est parvenue, j'ai écrit à Gille. Nous verrons ce qu'il adviendra. D'ailleurs, le moment est bon pour votre retour à Paris. On pourra chercher et trouver quelque chose" (20 oct., *Corr.*, 439).

5 Ce n'est que vers 1881 que Numa Coste achète une propriété à Célony, près d'Eguilles, où habite sa grand'mère.

6 Au cours d'un compte rendu de vernissage, Alexis-Trublot fait mention de ce personage: "Tout à coup, sans m'y attendre, qu'ai-je vu? *Un portrait*, par José Silbert, qu'a fait chiquement l'portrait d'son père. C'père, imaginez-vous, est l'docteur Silbert, l'médecin et l'ami d'mes jeunes années, c'lui auquel j'suis redevable d'cette belle santé qui m'permet d'écrire ici des articles distingués. A la vue de sa culotte de velours, de sa robe de chambre, de sa bibliothèque, et d'son bon sourire, non exempt d'malice, illico j'ai tout revu à la fois: les vingt premières années de ma vie, là-bas, au loin à deux cents lieues, sous l'soleil chaud; et mon enfance où j'étouffais pas mal dans l'atmosphère bourgeoise d'la petite ville. Mais j'adorais la conversation du docteur, plus vivant, plus large d'idée qu'mes autres concitoyens, assez artiste; et cette conversation était pour moi 'comme une fenêtre ouverte sur Paris,' où l'docteur avait fait ses études médicales" (*Le Cri du Peuple*, 2-v-85).

7 "Je crois que les *Mémoires d'outre-tombe*, accueillis par une tempête de protestations, ne peuvent que gagner à être lus. Si je ne me trompe, Chateaubriand vivra par celui de ses ouvrages qui n'a pas eu de succès. C'est qu'il y a un homme, dans les *Mémoires d'outre-tombe*, un homme vivant et agissant, intéressant quand même, si peu sympathique qu'il soit. [...] Ce livre se dégage parfois de l'éternelle pose prise par l'auteur, et alors on a un livre qui s'échauffe entre les mains, qui a une vie propre. [...] L'arrêt définitif du vingtième siècle sera sans doute que Chateaubriand a fait éternel, le jour où, regardant enfin en lui-même, il a dû forcément faire vrai" (*Documents littéraires, O.C.*, XII, 299). Voir la lettre 27, n.10.

8 Voir la lettre 8, n.1

9 Le "Courrier des théâtres," signé J. Prével, dans *Le Figaro* du 12 octobre 1875, annonçait qu'Alexandre Dumas fils était sur le point de présenter sa nouvelle comédie en cinq actes, *L'Etrangère*, à la Comédie-Française. La première eut lieu le 14 février 1876. Zola en donna un compte rendu le 10 avril de la même année au *Bien public*.

L'article "L'Affaire Marambot" de Dumas, publié dans *L'Opinion nationale* du 8 octobre 1875, fut occasionné par un incident qui se produisit le 30 septembre de la même année: un nommé Marambot avait tué d'un coup de couteau le séducteur de sa fille qui se refusait à épouser celle-ci. Y prenant son point de départ, l'auteur dramatique plaide pour la protection des enfants illégitimes par l'Etat. "Croissez et multipliez," conseille-t-il.

10 Zola répond à ces questions dans la lettre du 20 octobre: "Dès le lendemain de mon arrivée, j'ai dû me mettre en campagne pour mon roman, chercher un quartier, visiter les ouvriers. J'avais une soif de travail extraordinaire. Le 10, je commence à la fois mon roman et une grande étude sur Flaubert pour la Russie. Et, depuis le 10, je travaille neuf heures par jour, si bien que je suis éreinté le soir et que je n'ai pas trouvé jusqu'à présent une minute de courage pour vous écrire. Je suis pardonné, n'est-ce pas? [...] Le changement qui devait avoir lieu dans la situation de Roux s'est produit samedi dernier" (*Corr.*, 439). Voir la lettre 26 (n.3) à propos de cette allusion à Marius Roux. L'auteur des *Rougon-Macquart*, maintenant 'en plein *Assommoir*', envoie son étude sur Flaubert au *Messager de l'Europe*, qui la publie au mois de novembre 1875. Elle fera partie du volume *Les Romanciers naturalistes* en 1881 (pages 97 à 120 du tome XI des *Œuvres complètes*).

MON CHER ZOLA,

Voici la lettre très rassurante que je viens de recevoir de mon père.[1]

Elle le relèvera peut-être dans votre estime, et me donnera peut-être bien des torts à vos yeux. Mais je vous l'envoie sans hésiter *pour que vous me connaissiez mieux.*

D'ailleurs vous qui êtes *analyste*, vous savez qu'il y a des *fatalités* dans la vie. Etant donné un *milieu* comme la province, et un *sujet* comme moi, ayant mes nerfs et mes appétits, je prouverai *qu'il en doit résulter fatalement* des faits analogues à ceux dont cette lettre peut vous faire entrevoir la logique. (C'est là le canevas sur lequel je rêve de tisser ma première œuvre.)

A ce soir.

Celui qui est fier de se dire votre ami

Paul Alexis

1 Alexis, malade, se trouvait à la Maison municipale de Santé, dite Maison Dubois, du nom de son fondateur. L'hôpital, situé au faubourg Saint-Denis, était réservé surtout aux artistes et aux écrivains. Voir à l'app. c:2–3 les lettres inédites du 12 et du 20 avril que le père d'Alexis envoya à son fils et à Emile Zola au sujet de cette maladie.

MON CHER EMILE,

Voilà ce que j'ai dit dans la 1ère lettre parlant argent (la seule que mon père ait reçue quand il vous a écrit celle-ci)[1]

"Je ne veux pas être plus longtemps à la charge de Zola qui ce mois-ci a son loyer à payer, et qui a payé ma 1ère quinzaine 90 F. Envoyez-lui vite au moins la 2de quinzaine 90 F et les deux quinzaine de la garde (45 F chacune) Je lui dois plus que cela, je ne sais pas au juste; puisqu'il a payé ma 1ère quinzaine, m'a mené ici en voiture, a déplacé le doct[r] Plomb son médecin, m'a donné argent de poches et acheté divers objets etc. etc. Je lui ai demandé à combien montait cela, ne voulant pas me fatiguer, il m'a dit: Plus tard."

Vous pouvez avoir payé 1° ma femme de ménage qui m'a soigné 3 jours et 2 nuits 2° les deux médecins que j'ai eus chez moi avant de venir ici.

Pour l'*argent de poches* mettez 40 F.

Et puis Zut! pour mon père. Mettez tout ce que vous voulez... Salez... Mettez que j'ai mal déjeuné aujourd'hui, et que je suis *confus, et blessé.*

Zut pour mon père.

J'irai faire ma convalescence à Etampes.[2]

Tout à vous

Paul

1 Alexis se fâche ici que son père se soit méfié du montant des frais qu'il lui a envoyé. Voir la note de la lettre précédente et les lettres inédites du 20 et du 22 avril d'E. Alexis à Zola (app. c:4–5).
2 Chez son ami le peintre Edouard Béliard. Cependant, Alexis finira par passer l'été à Aix, cédant aux instances de Zola et de son frère Félix. Celui-ci écrit le 7 mai au romancier à ce sujet (app. c:7).

32   Aix [jeudi] 8 juin 1876.

MON CHER AMI,

Il est grand temps que je vous donne enfin de mes nouvelles. Voici déjà 15 jours que je suis ici. Le malade que vous avez si amicalement réconforté à la maison-Dubois va de mieux en mieux. Il ne tousse plus, ne crache plus. Il n'a encore que quelques douleurs passagères, tantôt ici, tantôt là, et de temps en temps des battements de cœur, mal, paraît-il, nerveux et littéraire, pour lequel le docteur Silbert lui a prescrit une cuillère de sirop de digitale de *Labelonge* chaque matin. Le soir, iodure de potassium. Voilà. Le climat, un appétit formidable, et la continence font le reste.

Avant de me mettre à la grande pièce que je rêve, pour me dérouiller un peu la plume, je me suis mis dès le lendemain de mon arrivée à une nouvelle sur le sujet de *Bourget*, ou plutôt de *Casanova*.[1] C'est peut-être peu scrupuleux, mais tant pis! On prend son bien où on le trouve. Pourquoi ce farceur-là, le jour où il devait nous lire son travail, a-t-il *lâché* sa résolution. Il m'a d'ailleurs permis, en descendant la rue Notre-Dame-de-Lorette, vers 1 heure du matin, de lui filouter son sujet.

J'en ai 15 pages, j'aurai fini en 4 ou 5 encore. Et j'enverrai une copie de *Mademoiselle d'Entrecasteaux* au Figaro. Puis j'attaquerai la pièce... et j'en ai d'avance un frisson dans le dos. Je n'oublie pas *que vous m'avez prédit que je la raterais*.[2]

Depuis huit jours seulement on vend à Aix le *Bien public*.[3] J'y ai donc vu votre feuilleton sur la *patrie en danger*, et la fin de la 1ère partie de votre roman. Comment diable vous êtes-vous laissé couper en deux par un roman en *6 parties*! Est-ce que il n'y aurait pas eu possibilité d'intercaler ma nouvelle[4] à la place, (ce qui vous eût donné une 15e de jours de répit) comme vous m'en aviez parlé un jour où j'avais dans les 120 pulsations à la minute. Enfin, c'est une manière comme une autre de vous dire: N'oubliez pas mon ours qui "se mûrit" chez vous.

Tâchez de me renseigner dès que vous le pourrez sur vos intentions définitives en fait de villégiature.[5] Viendrez-vous en Provence, auquel cas j'irai, s'il le faut, pour vous à l'Estaque, et je vous attendrai patiemment. Sinon je tâcherai de fuir le plus tôt possible, (c'est-à-dire fin Juillet) cette patrie détestée.

On lit le *Figaro* 24 heures trop tard... On a des visites de parent à faire!... On reçoit des lettres de créancier qui vous fait renouveler des billets ... On en est réduit à faire des conversations avec des Marguery, et à montrer *Lucie Pellegrin*[6] à Monsieur Silbert qui trouve le style sobre, mais dit que l'art

pour l'art est une bêtise, que l'art n'est pas une photographie etc. etc....
Voilà ma ville natale.

Comment vous trouvez-vous du docteur Allemand?[7] Où en est l'*Assommoir*?[8] Bœufnaturait-on samedi dernier? Béliard a-t-il attiré Coste et Valabrègue à Etampes? Flaubert est-il dans ses terres, et, ses dimanche sont-ils clos?...[9]

Et Roux?

L'homme aux mauvaises actions artistiques et aux perfidies littéraires. Quelqu'un, ici, m'a dit savoir par lui *"que j'avais de la pâte."*

Je viens de relire *Eugénie Grandet*. Le beau drame, il me semble, qu'on pourrait tirer de là.[10] Un bel avare, bien campé, un espèce de Rabourdin[11] terrible.

Sur ce, à bientôt j'espère, une bonne lettre de vous. Mes amitiés à votre femme et à votre mère.

Je vous la serre cordialement

Paul Alexis

Les *Danicheff*[12] étant sur le point, je crois, de cesser, j'ai comme une vague idée d'écrire d'ici à Dumas, pour lui rappeler sa dernière promesse.

Aix, 46, sur le Cours –

1 Ce fut Paul Bourget qui raconta à Zola et à Alexis l'aventure de Casanova qui fournit à l'auteur de *L'Assommoir* le sujet de sa nouvelle "Pour une nuit d'amour," publiée d'abord sous le titre "Un drame dans une petite ville de province" dans *Le Messager de l'Europe*, en octobre 1876. Six ans plus tard Zola l'incorpora dans le recueil de nouvelles *Le Capitaine Burle*. Dans le compte rendu qu'il fit de ce volume dans *Le Réveil* du 12 novembre 1882 (app. A:17), Alexis raconte la genèse de la nouvelle de Zola et aussi celle de la sienne, inspirée par la même anecdote. "Mademoiselle d'Entrecasteaux," portant le sous-titre "Une histoire tragique" et dédiée "A mon ami Paul Bourget," fut publiée en feuilleton dans *Le Musée des Deux Mondes*, No. 3 (15-1-77). Dans *Le Besoin d'aimer* la nouvelle d'Alexis est intitulée "Blanche D'Entrecasteaux," et porte la date de 1875 [*sic*].
    La version de Bourget reste introuvable. La "Revue bibliographique," signée M. Fouquier, dans le journal *Le Passant* du 5 décembre 1882, fait mention des trois auteurs et de leurs nouvelles: "L'idée première de *Pour une nuit d'amour* a été prise dans Casanova. M. Paul Alexis et M. Paul Bourget ont, je crois, traité tous deux ce même sujet, mais leurs nouvelles sont restées manuscrites. De celle de M. Paul Alexis je me passerais assez volontiers, mais je tiens qu'il y aurait un plaisir de *dilettante*, un fin régal de lettré, à pouvoir comparer la version de M.E.Zola, écrivain puissant, pittoresque, brutal aussi et pesant, à celle de M.P. Bourget, poète analyste, imitateur de Stendhal, [...] curieux de tours rares, plus ami de la préciosité que de la précision, toujours en quête de sensations subtiles et 'suraiguës', et s'applaudissant, comme Baudelaire, d'être 'un décadent'." Pour plus de détails sur la nouvelle de Zola, voir D. Baguley, "Les sources et la fortune des nouvelles de Zola," *Les Cahiers naturalistes*, No. 32 (1966), 131–2.
2 Zola avait pensé sans doute, avec quelque amertume, à ses propres échecs sur les planches parisiennes: *Thérèse Raquin* (première au Théâtre de la Renaissance le 11 juillet 1873) et *Les Héritiers Rabourdin* (lettre 20, n.4). Sur la première pièce, cf. H. Mitterand, "*Thérèse Raquin* au théâtre," *Revue des Sciences humaines*, XXVI, fasc. 104 (1961), 489–516.
    Dans son chapitre sur Zola auteur dramatique, Alexis écrit que celui-ci "voudrait porter au théâtre l'évolution qui s'est produite dans le roman avec Stendhal, Balzac

93

et Flaubert. Son rêve serait évidemment de réaliser lui-même cette évolution, que, selon lui, Alexandre Dumas fils, Emile Augier, Sardou, Meilhac et Halévy, n'ont fait qu'ébaucher. Mais il se sent tellement enfoncé dans le roman, les *Rougon-Macquart* à terminer sont une si lourde besogne, qu'il recule toujours ses nouvelles tentatives, et qu'il doit désespérer jusqu'à un certain point [...] d'avoir jamais le temps. [...] Lorsqu'il donnera de nouveau une pièce signée de son nom seul, il faut que ce soit une mémorable bataille: – la première d'*Hernani* pour le naturalisme!" (*E.Z.*, 145)

3 Depuis le 10 avril 1876 Zola est critique dramatique au *Bien public*. Sa dernière rubrique y paraîtra le 24 juin 1878. "Ici encore, nous dit Paul Alexis en parlant de l'entrée de Zola au *Bien public*, nous voyons agir les deux causes déterminantes: besoin d'équilibrer son budget, et démangeaison de porter dans le domaine dramatique la même lutte qu'il avait soutenue dans le domaine littéraire et dans le domaine artistique. Le théâtre, comme il l'a dit quelque part, devint 'son champ de manœuvres.' [...] Toujours le retour à la nature, la mise en œuvre des méthodes d'observation et d'expérimentation. Seulement, il se passa alors un fait décisif. Lui, qui avait déjà employé dans la préface de *Thérèse Raquin* le mot 'naturalisme', le répétait fréquemment; et ce fameux mot se trouva lancé. [...] L'école naturaliste fut ainsi fondée, sans préméditation, grâce surtout aux aboiements de la critique, qui lança de la sorte le groupe d'écrivains qu'elle avait la prétention d'étouffer. Zola, pour sa part, s'est toujours défendu d'être chef d'école; son attitude à cet égard n'a jamais varié; et comme il le répète à satiété, il n'a jamais fait que constater, en critique, le mouvement même du siècle" (*E.Z.*, 148–9). On retrouvera beaucoup de ces articles dramatiques dans *Les Romanciers naturalistes*, *Le Naturalisme au théâtre* et *Nos Auteurs dramatiques* (tous publiés en 1881).

Zola consacra son feuilleton du 5 juin 1876 à l'œuvre d'Edmond et Jules de Goncourt (*O.C.*, XII, 49–53) et y parla de leur drame historique en cinq actes et en prose, *La Patrie en danger*, dont le texte était imprimé depuis 1873 (Dentu). La première représentation n'eut lieu que le 19 mars 1889 au Théâtre Libre (A. Billy, *Les Frères Goncourt* [Flammarion 1954], 384–6; F. Pruner, *Les Luttes d'Antoine*, I, 309–15).

La première partie (les chapitres I à VI) de *L'Assommoir* avait paru dans *Le Bien public* du 13 avril au 7 juin 1876. Le lendemain le journal remplaça le roman de Zola par *Les Compagnons du glaive* de Léopold Stapleaux, pour ménager du temps à celui-là (selon la rédaction). Mais Zola révéla la vraie raison de cette interruption dans sa lettre à Alexis du 1er juillet 1876: "*L'Assommoir* n'a pas paru assez radical et a été arrêté dans *Le Bien public*. D'ailleurs, on m'a payé le roman entier (8000 francs), ce qui a coupé court à mon amertume. Mais voilà que l'aventure vient de se compliquer. Mendès m'offre mille francs pour achever *L'Assommoir* dans sa Revue, et j'ai accepté, car c'est mille francs trouvés sur le trottoir. Ajoutez que Paris est de nouveau plein d'affiches. Je suis très content" (*Corr.*, 444). En effet, ce fut *La République des Lettres* de Catulle Mendès qui acheva la publication en feuilleton de la seconde partie du roman (chapitres VII à XIII), du 9 juillet 1876 au 7 janvier 1877 (L. Deffoux, *La Publication de "L'Assommoir,"* Malfère 1931).

Sur la collaboration de Zola au *Bien public*, cf. F.W.J. Hemmings, "Zola, *Le Bien public* and *Le Voltaire*," *Romanic Review*, XLVII (1956), 103–16; H. Mitterand, *Zola journaliste*, 203–10.

4 "Le Mariage de Stanislas Levillain." Voir la lettre 27, n.9

5 "C'est le 18 sans doute que nous partons avec les Charpentier pour les côtes de Bretagne. [...] Maintenant, il m'est difficile de savoir si nous irons dans le Midi. Nous en avons le plus grand désir. Seulement, notre voyage dépend d'une foule de choses et je ne pourrai vous écrire un oui ou non que dans la dernière semaine d'août. Nous passerions là-bas les mois de septembre et d'octobre" (*Corr.*, 455). C'est à Piriac que Zola va passer ses vacances d'été. Il rentrera à Paris le 6 septembre sans aller en Provence. "Je n'irai pas cette année dans le midi comme nous en avions fait le projet, écrit-il à Alexis le 20 août. J'ai déjà six semaines de bains de mer, et j'ai besoin de Paris. Il faut d'ailleurs que je termine *L'Assommoir* au plus tôt. En septembre et en octobre, il me serait en outre difficile de faire ma revue dramatique à deux cents lieues de distance. L'année prochaine, j'irai pour sûr passer trois ou quatre mois dans les environs de Marseille, ou même plus loin, du côté d'Antibes" (ibid., 451).

6 Cette nouvelle, qui donnera son nom au premier volume de nouvelles d'Alexis, date de 1874-5. Elle avait paru, avec le sous-titre "Etude parisienne," dans les numeros du 20 et du 27 novembre 1875 du *Réveil littéraire et artistique*.

Dans l'avant-propos du recueil où figure "Lucie Pellegrin," Alexis affirme qu'il a appris l'aventure de cette fille phtisique dans une gargotte de la rue Germain-Pilon et qu'il la rapporte telle quelle. George Moore, qui habitait Paris à ce moment-là, semble avoir rencontré cette Lucie précisément dans le même cabaret où Alexis avait entendu parler de ses aventures. Seulement, la vraie Pellegrin s'appelait Marie et Moore le dit, longtemps après la publication de la nouvelle, à Alexis qui fut tout désolé de s'être trompé de prénom. Cf. G. Moore, *Mémoires de ma vie morte*, trad. G. Jean-Aubry (Grasset 1928), 42–56; R.J. Niess, "George Moore and Paul Alexis: The Death of La Pellegrin," *Romanic Review*, XXXVIII (1947), 34–42.

7 "Un médecin allemand a failli me tuer. J'ai été très malade pendant quinze jours, le cœur décroché, étouffant, ne dormant plus la nuit. Maintenant, je fais de l'hydrothérapie, et je m'en trouve très bien. Dès que je reviendrai des bains de mer, je me mettrai entre les mains d'un médecin, pour qu'il me fasse suivre un traitement hydrothérapique sérieux, et j'espère me débarrasser de mes palpitations et de mes humeurs noires" (1er juil., *Corr.*, 445).

8 Le roman parut en volume, à la librairie Charpentier, vers la fin de janvier 1877. Le 26 de ce mois, dans une lettre adressée à Zola, J.-K. Huysmans s'écriait: "J'arrive des galeries de l'Odéon. Les piles d'*Assommoir* se fondent et se renouvellent, sans arrêt! – Marpon, le libraire, est enchanté et nous aussi!" (*H.-Z.*, 5) Dès le 4 février, Alexis en donna un compte rendu dans *Le Ralliement* (app. A:2).

9 "Notre bande de chez Flaubert est complètement dispersée. Flaubert est à Croisset [...], Maintenant, jusqu'à l'hiver, les réunions du dimanche font relâche. [...] Vous devez savoir que le Bœuf-nature s'est embelli par la présence de Déthez. Valabrègue est devenu critique d'art anonyme au *Bien public*, et on le rencontre dans les rues avec une serviette sous le bras. Béliard a eu Coste chez lui pendant trois semaines" (1er juil., *Corr.*, 444–6).

Dans son *Emile Zola* Alexis parle de ces réunions chez Flaubert: "Toujours je me souviendrai des après-midi du faubourg Saint-Honoré. J'avais fait moi-même la connaissance de Flaubert. En province à dix-sept ans, sur les bancs du collège, je m'étais passionné pour *Madame Bovary*. Dix ans plus tard, ayant publié dans une petite revue littéraire une courte nouvelle: la *Fin de Lucie Pellegrin*, la première chose dont je fusse à peu près content, je l'envoyai au maître, qui m'invita à aller le voir le dimanche suivant. Il m'accueillit avec sa cordialité affectueuse et je devins un de ses fidèles.

"[...] La réunion de [...] deux ou trois couches d'amis formait un ensemble curieux, où des individus de génération et d'opinions différentes se trouvaient en présence. Mais la grande affection que chacun éprouvait pour Gustave Flaubert, servait de trait d'union suffisant. Et la diversité des jugements, favorisée par la plus absolue liberté de langage, donnait à ces après-midi du dimanche une saveur et un intérêt que je n'ai vus depuis nulle part" (179–80).

10 Une adaptation théâtrale du roman de Balzac avait été représentée au Gymnase le 7 janvier 1835: *La Fille de l'avare*, comédie-vaudeville en deux actes, de J. Bayard et P. Duport.

11 Le personnage principal des *Héritiers Rabourdin* est un vieillard dont l'unique préoccupation est de tirer de l'argent de ses héritiers en leur faisant espérer son propre décès. Sur cette pièce, cf. L.A. Carter, *Zola and the Theater* (New Haven: Yale University Press 1963), 41–6.

12 Pièce en cinq actes de Pierre Newski et d'Alexandre Dumas (première le 8 janvier 1876 à l'Odéon). Alexis essaye toujours de 'caser' sa pièce en un acte, *Celle qu'on n'épouse pas*, sous le patronage de Dumas (lettre 10, n.8).

MON CHER EMILE,

Vous "me connaissez" mal.[1] *Mademoiselle d'Entrecasteaux* est partie pour le *Figaro* deux ou trois jours après ma dernière lettre. Je n'en ai plus eu de nouvelles.

Ne me sentant pas la plume encore assez dégourdie pour me mettre à une pièce, je me suis mis à confectionner l'article que je vous envoie sur les *Goncourt*.[2] Il m'a donné beaucoup de mal. Et je n'ai aucun droit de m'en enorgueillir. Ce qu'il peut contenir de meilleur est un écho de ce que je vous ai entendu dire sur la matière. Néanmoins je vous prierai de le relire attentivement, et, si vous trouvez comme moi 1° qu'il ne peut me nuire auprès de Flaubert et de Goncourt, 2° qu'il contient sur ces derniers certaines restrictions que *vous*, vous ne voudriez et ne pourriez pas leur dire, de le faire prendre au *Bien public*, avant votre départ de Paris.[3]

Inutile de vous dire que puisque vous avez droit de vie et de mort sur l'article lui-même, je vous donne le même droit sur chacune des phrases. Rendez-moi le service de corriger toute erreur de noms ou de détail, surtout sur *Madame Gervaisais* que je n'ai jamais lu en entier, de biffer tout ce qui vous paraîtrait trop faible ou impossible. Enfin, je vous signale le commencement de la page 3, où deux phrases seraient à changer, si les six romans ont aujourd'hui paru chez Charpentier[4] (ce que j'ignore à Aix, mais ce qui me paraît probable.)

Tâchez donc d'*imposer* l'article à ces farceurs de démocrates. Multipliez le temps depuis lequel je n'ai vu une ligne de moi imprimée, par le désir de resserrer mes relations avec Goncourt-Flaubert, et vous aurez comme résultat mon impatience.

De plus je ne vous cacherai pas que bien qu'il n'y ait rien de *nouveau* entre moi et ma famille, je sens la nécessité pressante de lui montrer que je ne suis pas tout à fait un fou, un paresseux, un rêve-creux. Je vous prierai donc aussi, de vous demander si vous ne pourriez pas faire recommander ma nouvelle à Magnard[5] par quelqu'un de votre connaissance, – Daudet par exemple, ou Charpentier, ou je ne sais qui.

Maintenant je vais me mettre *quand même* à ma pièce.[6] Et j'en ai la sueur froide. Nous voici depuis trois jours installés au bord de l'Arc, tout à fait guéri, et assez bien disposé à travailler.

Mes félicitations sur le *Bouton de Rose*.[7] Faites le voluptueux, et chaste, entr'ouvert au vice et parfumé d'innocence. La large et belle comédie à enfermer dans une scène étroite... La moindre épine peut servir de 3ᵐᵉ rôle, et une chatouille peut produire un coup de théâtre...

Je viens de faire un tour au bord de la rivière, seul, en fumant et en réfléchissant, par un de ces beaux clairs de lune comme nous en avons eu ensemble, l'an dernier, à Saint Aubin.[8] Et je reprends ma lettre. J'en étais sur le point de vous parler théâtre. J'ai acheté et lu ces jours-ci *Madame Caverlet* que je n'avais pas vu représenter. Cette lecture me fait vous demander de ne pas manquer à la prochaine occasion de faire participer Emile Augier à la généreuse volée de bois vert que vous administrez de temps en temps à Dumas.[9] Je me rends fort bien compte de l'effet que doivent rendre certaines scènes. Mais ces personnages sont cinquante fois plus abstraits, que ceux de votre ennemi personnel. Je vous demande si ce M. Caverlet et sa maîtresse, et la fille de sa maîtresse, et tous, sont autre chose que de purs arguments, plus secs, plus dénudés de chair que tout ce qu'on peut rêver. Outre une certaine honnêteté puritaine qui règne là-dedans, Suisse si l'on veut, comme les Danicheff sont Russes, mais en tout cas fort déplaisante.

Bien des choses aux vôtres de ma part, ainsi qu'à Roux et à Duranty. N'abusez pas plus de l'hydrothérapie que de la médecine allemande.[10] Ce que je vous ordonne, moi, c'est *la marche*. Ne craignez pas d'en abuser. Avec ça modérez-vous sur votre vice à vous, la gourmandise.[11] Et vous serez aussi solide que ce vieux crétin de père Hugo.[12]

Répondez-moi avant de quitter Paris si vous voulez être bien gentil pour votre ami

Paul Alexis

1 "Je regarde *Le Figaro* pour voir si votre nouvelle passe, avait écrit Zola à son ami le 1er juillet. L'avez-vous terminée et envoyée, au moins? C'est que je vous connais. Et votre pièce, y travaillez-vous? Vous devriez bien utiliser vos loisirs de convalescent et revenir avec le plus de papier noirci possible. Cela se case toujours. Le moment est excellent, et il sera meilleur encore à l'automne" (*Corr.*, 445). Voir la lettre 32, n.1.

2 "Les de Goncourt," *Le Ralliement*, 10, 12, 14-III-77 (app. A:3)

3 C'est de Piriac que Zola répond, le 24 juillet: "C'est ici que j'ai pu enfin lire votre article sur les Goncourt, hier soir, en me couchant. Il est fort bien, et je ne vois rien qui puisse en empêcher l'insertion dans *Le Bien public*. Je me permettrai, seulement, d'effacer en tout dix lignes, çà et là, qui m'ont semblé inopportunes. J'enlèverai aussi votre allusion à l'*Assommoir* parce que je désire qu'aucun parallèle ne soit établi par vous entre les Goncourt et moi.

"Maintenant, je ne m'engage nullement à faire accepter l'article par Guyot. Je suis toujours très bien avec lui, mais à différentes reprises, j'ai trouvé en lui un entêtement extraordinaire et des idées tellement arrêtées qu'il m'a été impossible d'insister. Je vais lui envoyer votre article avec une belle lettre pour plaider passionnément votre cause. Et nous verrons. Il y a des chances, selon moi, de grandes chances" (*Corr.*, 446). Yves Guyot (1843–1928) était rédacteur en chef du *Bien public*. – Il est à remarquer que l'allusion à *L'Assommoir* est restée dans l'article d'Alexis, qui ne parut pas au *Bien public* comme il est dit plus haut (n.2).

4 L'édition Charpentier de *Charles Demailly* ne paraîtra qu'en 1877. Les cinq autres romans des Goncourt avaient déjà paru chez cet éditeur.

5 Francis Magnard (1837–94), rédacteur au *Figaro* depuis 1863, en devient le rédacteur en chef en 1876. Trois ans plus tard il en sera un des gérants.

6 Voir la lettre suivante

7 Zola avait écrit à Alexis dans la lettre du 1er juillet: "Grande nouvelle! J'ai trouvé un sujet de pièce en quatre actes pour le Palais-Royal, une farce qui pourra être drôle. J'ai le plan à peu près complet. Il ne s'agit que de boucher quelques trous. Le titre est délicat: *Le Bouton de Rose*" (*Corr.*, 444).

Après bien des contretemps, la pièce fut représentée pour la première fois au Théâtre du Palais-Royal le 6 mai 1878. Elle tomba à la fin de quatre représentations. "Un désastre que le *Bouton de Rose*, écrit Edmond de Goncourt dans son *Journal* le jour de la première. [...] Rien n'est lamentable comme la chute d'un ami, que vous ne pouvez vraiment ni défendre ni soutenir. [...] Le malheureux, complètement bouleversé, laisse sa femme commander le souper [...]. La femme, moins démoralisée, mange, boit du vin et ne laisse percer l'irritation de son système nerveux que par quelque blague amère à un des jeunes caudataires de son mari, tapant sur le malheureux Alexis, qu'elle appelle sa *tête de Turc*" (II, 1235–6). Alexis raconte l'histoire de ce 'four' aux pages 141 à 143 de son *Emile Zola*; le romancier lui-même en parle longuement dans la préface de la pièce imprimée (*O.C.*, xv, 325–31).

8 Voir la lettre 25, n.1

9 La comédie en quatre actes d'Emile Augier fut représentée pour la première fois le 2 février 1876 au Théâtre du Vaudeville. Zola en fit le compte rendu dans *Le Messager de l'Europe* d'avril 1876 (*O.C.*, xii, 34–9). Il parle encore d'Augier dans ses feuilletons dramatiques du *Bien public* le 6 novembre de cette année-là et le 15 avril 1878 (*Nos Auteurs dramatiques*, *O.C.*, xi, 613–25). Il avait déjà écrit deux articles sur Alexandre Dumas fils dans ce même journal (le 10 avril et le 8 mai 1876). Il devait en consacrer encore six autres à l'auteur de *L'Etrangère* au *Bien public* et au *Voltaire* (*O.C.*, xi, 627–70).

10 Voir la lettre 32, n.7

11 Laissons encore une fois la parole à Goncourt, qui note le 15 octobre 1876: "Hier, les Charpentier m'ont montré un Zola que je ne connaissais pas, un Zola gueulard, gourmand, gourmet, un Zola dépensant tout son argent à des choses de la gueule, courant les marchands de comestibles et les épiciers à la grande renommée, se nourrissant de primeurs. [...] Et cette gueulardise est chez le romancier doublée d'une science de la cuisine qui lui fait dire aussitôt ce qui manque à un plat. [...] Le maître ne dédaigne pas les indications culinaires, le coup d'œil encourageant et parfois même le coup de poignet qui fait tressauter et détache le fond d'une casserole. C'est drôle, chez un homme de pensée, cette occupation quotidienne du manger. [...] Décidément, tous les Méridionaux sont gourmands; il y a plus: ils sont un rien cuisiniers" (*Journal*, II, 1149–50).

12 Voici ce que Alexis-Trublot dit de Hugo à l'occasion de sa mort, dans une chronique du *Cri du Peuple* du 21 mai 1885, intitulée "L'père Hugo": "Quel que soit l'sort réservé par la postérité à telle ou telle partie de l'œuvre d'Hugo [...], nous d'vons nous souvenir, nous naturalisses, que, en 1830, lorsque ce rhétoricien unique et grandiose était à la tête du mouvement romantique, c'est au nom d'la nature et d'la vérité, qu'ces grands aînés ont commencé la révolution littéraire moderne. La bannière qu'ils élevaient était donc la bonne. Ils ont commencé: et, bien qu'ils soient restés en route, faudrait pas oublier que les réalistes d'aujourd'hui n'sont en quelque sorte que leurs continuateurs. Même, faudrait pas que notre génération s'fichât l'doigt dans l'œil. Aujourd'hui, parbleu! nous croyons être des bons, et marcher à l'avant-garde. Mais, demain, à notre tour, nous s'rons forcément dépassés par la génération future. C'est la loi. Quelque jour, nos fils, plus vivants que nous et plus mariolles, nous trait'rons avec raison d'réacs et d'vieilles badernes."

⚜ 34 Aix [jeudi] 10 Août 1876.

MON CHER AMI,

Ici, quand je reste longtemps de vous écrire c'est tout à fait comme quand à Paris je m'attarde d'aller vous voir: c'est que le travail ne marche pas, qu'il y ait de ma faute ou non, que mon mal soit paresse ou impuissance.

Depuis que j'ai fini l'article que je vous ai envoyé,[1] je n'ai plus rien fait qui vaille. Un mortel mois de tâtonnements stériles, d'essais impuissants à trouver une pièce.

Un trop long séjour en province, l'isolement intellectuel où je suis ici confiné, y sont peut-être pour quelque chose. Mais cette explication n'est peut-être aussi qu'un prétexte illusoire soufflé par mon amour propre aux abois. – Le lendemain du jour où m'est arrivée votre dernière lettre[2] toute empreinte des bonnes émanations de l'Océan, le *Figaro* m'a renvoyé le manuscrit de ma nouvelle, cette fois tout simplement sous enveloppe, sans aucun mot d'explication. J'ai essayé de la relire. Elle me paraît maintenant aussi plate que j'en étais content avant, et c'est elle que je vous envoie, autant pour vous la faire lire,[3] que pour en débarasser mes yeux lorsque j'ouvre mon pupitre pour essayer de travailler.

Oui pour "essayer" je n'ose plus dire pour "travailler" tout court. J'en suis même arrivé à ce point que jetant hier un coup d'œil sur le petit acte présenté à Dumas,[4] il ne me semblait même pas possible que ce soit moi qui en aie tant fait, et que je serais aujourd'hui incapable de le refaire. – Oui, mon brave, voilà où j'en suis.

La chose se passe ordinairement ainsi: une idée vague de pièce se présente à moi, très vague. – Par exemple ceci: refaire le *Candidat*.[5] Mettre sur la scène un grand type: l'ambitieux. Ne pas en faire, un grotesque. Le rendre intéressant par la violence de sa passion, la sincérité, l'inconscience. Il est éloquent. Il a presque du génie, sans scrupules, décidé à tout. Il a fait une grande fortune. Il aime sa fille (qu'il a eue d'un premier mariage) et veut lui faire épouser un gredin qui peut lui donner des voix. Il aime sa jeune femme, et il la pousse presque entre les bras de son concurrent à la députation pour que celui-ci s'abstienne. A la fin tout s'écroule. Il perd sa fortune. Sa fille est enlevée. Sa femme le fait cocu. Mais une dépêche lui annonce son succès électoral, et il ne sent rien. Puis une seconde dépêche lui annonce qu'il y avait erreur de quelques centaines de voix: la sensibilité lui revient. Et il se désole... Mais il recommencera et l'espoir d'arriver une autre fois le remet debout sur ses pattes.

Voilà d'abord. Il y en a comme cela cinq ou six pages. Puis je cherche quelques noms et prénoms. Puis je me demande comment exposer cela. Deux ou trois idées de *premier acte* se présentent à moi, se compliquent, s'enchevêtrent, finissent par me sortir des jeux.

Puis une idée me paraît lumineuse; ce qu'il y a de mieux c'est de le montrer au lever du rideau recevant chez lui un groupe d'électeurs démo-cratiques qui viennent lui offrir la candidature. Alors las des tergiversations et des incertitudes du plan, impatient de faire un peu de style, "de pâte", je commence cette scène. Au bout de 3 pages je m'arrête, m'appercevant que cette scène ferait beaucoup plus d'effet si elle était préparée.

Et alors j'accouche d'une autre première scène que j'écris toute entière. La voici.[6] Je vais vous la copier pour que ma confession soit entière – et que vous puissiez m'envoyer une consultation en pleine connaissance de cause.

Puis, le lendemain, je relis ma scène. La dernière page m'en déplaît tout à fait. Je me demande ce que sera *Touflet*, auquel je n'ai pas beaucoup songé encore en particulier. Je me demande s'il ne vaudrait pas mieux renvoyer la scène avec les électeurs à la fin de l'acte ou à un acte suivant. Je me souviens qu'il y a un maquignon dans le *Candidat*. Je me demande ce que vaut me première idée de l'ambitieux refusant pour la frime la candidature que lui offre le groupe d'électeurs. – Les rôles de sa femme et de sa fille me paraissent antipathiques. Tout se brouille. Je me décourage absolument... Et je cherche un autre sujet. – (Total 10 jours perdus, à chaque avortement semblable.) Voilà, mon pauvre ami, ma vie littéraire depuis un mois. – A bientôt une de vos lettres.[7] – Mes amitiés à votre femme et rappelez-moi au bon souvenir de M. et Madame Charpentier. – Bonjour pour moi aussi à l'Océan.[8] – Tout à vous

Paul Alexis.

(Je retournerai à Paris aux premiers jours de Septembre.)

1 Voir la lettre 33, n.2
2 La lettre du 24 juillet 1876, envoyée de Piriac (*Corr.*, 446–7)
3 Zola écrit le 20 août à propos de "Mademoiselle d'Entrecasteaux" (lettre 32, n.1): "J'ai lu [...] votre nouvelle, et mon avis très sévère est que ce sont les moins bonnes pages que vous m'ayez jamais soumises. Le drame, si terrible, est noyé dans une facture terne et sans accent. En admettant que vous ayez songé à la sécheresse de Stendhal, vous n'avez guère atteint que la rédaction molle et incolore du premier reporter venu. Vous voyez que je n'y vais pas de main morte. Je suis irrité, parce que vous avez beaucoup plus de talent que cela" (*Corr.*, 451).
4 *Celle qu'on n'épouse pas* (lettre 10, n.8)
5 La première de la pièce de Flaubert eut lieu le 11 mars 1874 au Théâtre du Vaudeville. Elle fut retirée de la scène après quatre représentations. Le lendemain de la première, Edmond de Goncourt écrivait dans son *Journal*: "Hier, c'était funèbre, l'espèce de glace tombant peu à peu, à la représentation du *Candidat*, dans cette salle enfiévrée de sympathie, dans cette salle attendant de bonne foi des tirades sublimes, des traits d'esprit surnaturels, des mots engendreurs de batailles, et se trouvant en face du néant, du néant, nu néant!" (II, 972) Sur cette pièce, cf. R. Dumesnil, *Gustave Flaubert, l'homme et l'œuvre* (Desclée de Brouwer 1932), 273–4, 394–5; G. Flaubert, *Théâtre* (Conard 1910), 509–18.
6 Ce brouillon ne se trouve pas parmi les manuscrits de cette correspondance.
7 Ce sera la lettre du 20 août. "Tout ce que vous me racontez sur vos efforts laborieux pour accoucher d'une pièce en cinq actes, y dit Zola, ne m'étonne nullement. Je vous avais prévenu [lettre 32]. Vous ne pouvez vous mettre à cette besogne qu'après avoir arrêté un plan très solide dans toutes ses parties. Sans cela, vous vous égarerez toujours dans le vide. A votre place, puisque vous êtes mordu par le théâtre, j'aurais tenté de nouveau une pièce en un acte, ce qui est plus commode et ce qui vous aurait fait la main. Je désapprouve absolument le choix de votre sujet, il rappelle trop *Le Candidat*, de malheureuse mémoire. [...] En somme, il est certain que vous savez écrire, et que vous pouvez faire du théâtre, mais vous aurez les plus grandes peines, si vous ne basez pas votre travail sur une charpente arrêtée à l'avance" (*Corr.*, 451).
8 Le 24 juillet Zola avait écrit à son ami: "Nous occupons une grande maison au bord de la mer. Il y a une jetée et un petit port en face de nous, avec l'immense océan. Ce n'est plus une ligne de mer comme à Saint-Aubin, mais une largeur sans fin. Ajoutez que le pays est beaucoup plus sauvage et pittoresque. [...] Nous pêchons des crevettes avec Charpentier. Nous prenons des bains. Nous passons nos soirées sur la plage, à regarder se lever les étoiles. Nous mangeons bien. En somme, une belle vie, qu'il faudrait mener quatre mois par an pour se bien porter" (*Corr.*, 447).

35 [Paris, samedi 24 mars 1877]

MON CHER EMILE,
Voilà 1° le programme[1] du concert d'hier soir.
2°Notes particulières:
Claude Jacquinot, j.ne violoniste de 17 ans, de passage à Paris, loge chez M. Barlatier, depuis 1 mois, – n'a pu jouer chez Pasdeloup[2] – du talent

pourtant – compositeur – Wagnérien,[3] – travaille à un opéra – vient de Londres, à l'Opéra duquel il est 1er violon.

Mme Barlatier-Bilange,– l'an dernier Mlle Bilange a obtenu le 1er prix du Conservatoire, – a résilié avec l'Opéra Comique, pour épouser M. Albert Barlatier, auteur du *rêve*, et d'un trio, exécutés hier soir aux applaudissements unanimes. (Elle a été *la reine de la petite fête*)

Voilà l'important – et puis, un mot si vous voulez de Mlle *Carier-Belleuse*, fille du sculpteur,[4] pianiste de 18 ans au jeu mâle et puissant (grasse comme une tour)

Le *salon artistique* de *Pierre Petit* c'est l'ancienne salle des Porcherons très décorée, très jolie – et pleine de beau monde, hier soir.

Et puis, voilà tout : je n'aime pas plus que vous la musique.[5]

Dans la *semaine* de la *République des lettres*[6] voir quelques lignes sur le dit concert – Citez-les, si vous voulez.[7] (Mais n'appelez Mme Barlatier-*Bélange* – comme l'a fait, *peut-être exprès*, Augusta Holmès, rédactrice de la *semaine*.)

Ce soir à 9 heures, grande lecture, chez Catulle.[8]

A demain chez *Flaubert*.[9]

Votre fidèle

P.A.

P.S. Mes excuses à votre femme à qui, hier soir, je crois ne pas avoir souhaité le bonsoir lorsqu'elle est partie.

J'ai fait la 1ère scène de notre drame[10] *la nuit dernière (4 pages)*

Je vais finir aujourd'hui *la fille Elisa*[11] et écrire à Goncourt, un peu plus lisiblement.

---

1 Ce programme n'a pas été conservé.

2 Le chef d'orchestre Jules-Etienne Pasdeloup (1819–87) fonda ses célèbres "Concerts populaires" en 1861, ce qui devait avoir une profonde influence sur le développement de la musique en France. Zola parle de lui dans *Le Sémaphore de Marseille* du 1–2 novembre 1876.

3 L'influence de Richard Wagner en France ne se fit pas sentir seulement dans le domaine musical mais aussi dans celui de la littérature. Cf. C.S. Brown, "Music in Zola's fiction, especially Wagner's music," *PMLA*, LXXI (1956), 84–96; id. et R.J. Niess, "Wagner and Zola again," *PMLA*, LXXIII (1958), 448–52; L. Guichard, *La Musique et les Lettres en France au temps du Wagnérisme* (Presses Universitaires de France 1969); K. Jäckel, *Richard Wagner in der französischen Literatur*, 2 vols. (Breslau: Priebatsch 1931–2).

  Paul Alexis consacra en 1884 plusieurs de ses chroniques du *Cri du Peuple* aux rapports de Wagner et du Naturalisme: celles du 11 mars (app. A: 30), du 16 et du 24 septembre, du 1er et du 2 octobre, et celle du 6 novembre. M.P. Cogny, dans sa préface à la *Correspondance Goncourt-Céard* (25–6), souligne l'influence du Maître de Bayreuth dans l'œuvre d'Henry Céard, surtout dans *Terrains à vendre au bord de la mer*.

4 Albert-Ernest Carrier de Belleuse, dit Carrier-Belleuse (1824–87), débuta au Salon de 1851. Sa renommée commença en 1861.

5 Outre les articles cités ci-dessus, on pourrait consulter Carol-Bérard, "L'intelligence musicale d'Emile Zola," *Revue mondiale*, CLV (1923), 187–92; J. Torchet, "Emile Zola, musicien," *Guide musical*, LI (1905), 616–18.

6 "La Semaine. La Ville et le Théâtre," *La République des Lettres*, 25-III-77. La musicienne Augusta Holmès (1847–1903), rédactrice de cette rubrique, était grande amie de Villiers de l'Isle-Adam (cf. ses *Œuvres complètes*, XI [Mercure de France 1931], 106–13).

Goncourt parle longuement d'elle dans son *Journal*, à la date du 25 août 1895 (IV, 837-8).

7 Zola ne donne pas de compte rendu de ce concert dans ses chroniques du *Bien public*. Il est peu probable qu'il l'ait fait au *Messager de l'Europe*. Ici on voit Alexis se charger du rôle d'"informateur" auprès de Zola, rôle que devait jouer surtout Henry Céard quelques années plus tard.

8 Catulle Mendès était directeur de *La République des Lettres*. Parmi ses collaborateurs citons Théodore de Banville, François Coppée, Léon Hennique, J.-K. Huysmans, Stéphane Mallarmé, Guy de Maupassant, Sully Prudhomme, Villiers de l'Isle-Adam. Pour les souvenirs de Paul Alexis sur Mendès et sa revue, cf. l'article de P. Vigné d'Octon, "Naturalistes et Parnassiens. Emile Zola et Paul Alexis en Provence. Souvenirs," *Nouvelles littéraires*, 17 avril 1926 (app. J: 10).

9 Voici encore un souvenir d'Alexis sur les réunions chez Flaubert: "Tous les dimanches, quelles mémorables après-midi rue du Faubourg-Saint-Honoré, 240! Pas besoin de sonner! La porte du petit appartement toujours entr'ouverte: il n'y avait qu'à pousser, et l'on entrait sans frapper. Avec quel bon sourire et quelle touchante simplicité le colosse en robe de chambre vous attirait presque sur son cœur! Il y avait de l'aïeul en lui, du grand-père heureux d'avoir autour de lui des moutards; et il y avait aussi de l'enfant: de la grâce, de la naïveté adorable d'un grand instinctif, qui a du génie comme ça, tout simplement, sans s'en douter, comme c'est la fonction d'un pommier de produire des pommes.

"Et ce qui se disait alors, là-dedans! Les anecdotes curieuses, les mots profonds et les mots drôles, les fiévreuses discussions artistiques. Parfois, il traînait comme de la tristesse dans l'air: des courants de mélancolie raréfiaient les paroles, le jour tombant de l'après-midi prenait une teinte morose. Puis, soudain, un bon rire du patron chassait le noir. Il parlait, et la conversation rebondissait à des hauteurs" ("Quelques souvenirs sur Flaubert," *Le Voltaire*, 14-v-80).

10 On se demande de quel drame il peut bien s'agir ici. Le 3 janvier 1877 Zola écrivit à Flaubert: "En ce moment, je me délasse, j'écris une farce en trois actes [*Le Bouton de rose*]. Ensuite, je ferai sans doute un drame, puis je me mettrai à un roman de passion" (*Corr.*, 464). Serait-il peut-être question d'une première version de *Renée*, l'adaptation dramatique de *La Curée* (lettre 77, n.6)?

Dans le portrait qu'il fait de lui-même aux *Cloches de Paris* du 18 juin 1877 Alexis mentionne une pièce qu'il est en train d'écrire: "*Louise Letellier*, un CHEF-D'ŒUVRE, en cinq actes! . . . *qui n'est pas encore fait*."

11 Le roman d'Edmond de Goncourt avait paru le 21 mars 1877. "N'est-ce pas extraordinaire? écrit Alexis à Goncourt le 25 de ce mois, quand vous écriviez, à deux, ces romans, que, depuis des années, je relis sans cesse, vous n'étiez qu'*un seul* et même auteur: et, maintenant que vous écrivez seul, il me semble que – par quelque mystérieuse et touchante transfusion d'inspiration,– vous êtes resté *deux*" (B.N., MSS, n.a.f.22450, fol.125ᵛ). Il est à remarquer que les deux frères avaient fait ensemble le plan des œuvres publiées après la mort de Jules.

36 [Paris] Jeudi soir [19 avril 1877]

MON CHER AMI,

Voici le bulletin de ma santé.

Le refroidissement de la température, mardi et mercredi, m'a empêché d'aller vous voir, de sortir.

D'un autre côté j'ai voulu vous laisser déménager[1] en paix.

Quand à mon état voici: plus de crachements sanguinolents, plus de crainte de congestion, comme l'an dernier.[2] Seulement un peu de *pleurésie latente*, comme j'ai eu il y a 10 ans, à Aix.

Hier soir, on m'a posé un vésicatoire. Demain matin, grande purge. Les sudorifiques, les urinatoires, achèveront, en quelques jours, comme il y a 10 ans, de me débarasser complètement.

D'ailleurs, le docteur Brignel (84 boulevard Rochechouart) vient me voir très régulièrement. Je me suffis à moi-même, et n'ai besoin de personne, et ne manque de rien.

Je me lève d'ailleurs un peu tous les jours, (6 ou 7 heures) je mange un peu, j'ai fort peu de fièvre et, connaissant ce que j'ai, je suis très tranquille.

Si, demain le soleil est beau et si la purge ne me tracasse pas trop, j'irai voir votre Palais. Sinon, venez me distraire une 1/2 heure, l'après-midi seulement. (Le matin est pour les émanations de ma purge.)

Hennique et Mirbeau[3] sont venus, depuis mardi. Les autres m'ont oublié, paraît-il? – Non! ils viennent de m'envoyer de leurs nouvelles, et viendront me serrer la main.[4]

D'ailleurs, je deviens, moi aussi, un profond philosophe.

Un cordiale poignée de main de votre vieil ami

Paul Alexis

P.S. J'ai relu l'article *Talmayr*.[5] La phrase me paraît vous désigner, si l'on veut, mais d'une façon bien lointaine. Il est fort possible (j'ai même des raisons de dire *très probable*,) qu'elle ait échappée à Catulle. En plein succès, vous ne pouvez pas être l'homme des étroites rancunes, vous qui ne l'avez jamais été avant.

Mes amitiés à votre femme, que je suis bien triste de ne pas aller faire un peu enrager, ce soir.[6]

1 Zola déménageait du 21, rue Saint-Georges, où il vivait depuis 1874, au 23, rue de Boulogne, où il allait rester jusqu'en 1888. Alexis nous informe que "c'est surtout dans son appartement actuel de la rue de Boulogne, où il habite depuis 1877, que Zola a pu contenter d'anciens rêves. Ce ne sont que vitraux, lit Henri II, meubles italiens et hollandais, antiques Aubusson, étains bossués, vieilles casseroles de 1830! Quand [...] Flaubert venait le voir, au milieu de ces étranges et sompteueuses vieilleries, il s'extasiait en son cœur de vieux romantique. Un soir, dans la chambre à coucher, je lui ai entendu dire avec admiration: 'J'ai toujours rêvé de dormir dans un lit pareil... C'est la chambre de Saint-Julien l'Hospitalier!' " (*E.Z.*, 178)
2 Voir les lettres 30 à 32
3 Alexis avait fait la connaissance de Léon Hennique pendant l'hiver de 1876-7. "Quelquefois, vers cinq heures, je le rencontrais en plein 'Parnasse', à la *République des lettres* [...]. A la suite d'une conférence d'Hennique au boulevard des Capucines [le 23 janvier 1877, sur *L'Assommoir*], conférence qui produisit un scandale dans le petit clan parnassien, j'amenai Hennique rue Saint-Georges" (*E.Z.*, 182). On se reportera à L. Deffoux, "Sur Léon Hennique. Notes, souvenirs et textes inédits," *Mercure de France*, CCLXV (1936), 489–504; N. Hennique-Valentin, *Mon Père: Léon Hennique* (Editions du Dauphin 1959); et aux articles d'O.R. Morgan, "Léon Hennique and the Disintegration of Naturalism," *Nottingham French Studies*, I, 2 (1962), 24–33; "Léon Hennique et Emile Zola," *Les Cahiers naturalistes*, No. 30 (1965), 139–44.
   A cette époque-là Octave Mirbeau faisait partie du petit groupe des Naturalistes (lettre 165, n.4). Il faillit être un des médaniens, mais il disparut de Paris momentanément pour occuper la position de Chef de Cabinet du Préfet de l'Ariège, de mai jusqu'à décembre 1877. Il ne rentra dans la capitale que vers la fin de 1879, ayant passé deux ans en Bretagne. Cf. M. Schwarz, *Octave Mirbeau. Vie et œuvre* (Mouton et Cie 1966).

4 Cette phrase a visiblement été ajoutée après coup.

5 "La question de la Comédie-Française" de Maurice Talmeyr parut dans les numéros des 15 et 22 avril et du 6 mai 1877 de *La République des Lettres* de Catulle Mendès. Voici un extrait de la première partie de cet article, où l'on peut discerner une vague allusion aux critiques de Zola dans *Le Bien public* et à la récente publication de *L'Assommoir*: "Ce qu'il y eut d'excessif dans le romantisme a disparu depuis longtemps. Soit dit en passant, ceux qui, aujourd'hui encore, reparlent des 'pourpoints abricot' pour les reprocher à l'école et s'acharnent, après vingt ans, à foudroyer de flamboyants enfantillages, ont vraiment de bien grandes démangeaisons d'enfoncer des portes ouvertes, ou se trouvent bien à court de sujets dans le besoin qu'ils ont de faire des manifestes. Tout cela n'était que la mousse d'une révolution dont les scènes de latrines et de vomissements sont peut-être la lie, et ce qui est destiné à croupir ne devrait pas mépriser ce qui était destiné à s'évaporer" (122).

6 C'est-à-dire au 'jeudi' de Zola. En se rappelant la formation du groupe de Médan, Alexis écrit qu' "un beau jeudi soir, [...] en colonne serrée, nous nous rendîmes chez Zola. Et, depuis, chaque jeudi, nous y sommes retournés." Ces réunions du jeudi n'étaient guère solennelles, ajoute le biographe. "Cet intérieur de la rue de Boulogne, où l'on ne fait jamais de lectures, où l'on dit ce qui vous passe par la tête, où chacun est souvent d'un avis très différent, où l'on n'est même pas forcé d'avoir un avis, où le plus souvent il n'y a pas de conversation générale, enfin ce grand cabinet de travail où nous passons de si bonnes soirées, riant parfois comme des enfants, de tout, de tous, et même les uns des autres, est bien l'opposé d'une chapelle, malgré les vitraux des deux fenêtres" (*E.Z.*, 183-4).

37 Etampes [dimanche] 1er Juillet [1877].

MON CHER AMI,

Voici environ trois semaines que je suis chez Béliard. Avant hier matin, –j'étais allé passer 48 heures à Paris,– votre lettre[1] est venu me faire un réveil agréable.

Ma santé n'est pas mauvaise.[2] Cependant je vous dirai que je ne suis pas sans certaines inquiétudes. Pour avoir été moins aiguë et plus bénigne en somme que celle de l'année dernière, la crise sanitaire que j'ai subie cette année me semble avoir laissé en moi une trace plus profonde.

Ma convalescence est moins rapide et moins définitive. Ainsi, l'an dernier à pareille époque, (il est vrai que depuis 1 mois j'étais en Provence,) je ne toussais plus du tout, tandis que je me sens encore très impressionnable, et une soirée de fraîcheur, ou une journée de fatigue font que je me remets à tousser pour un jour ou deux.

Je me trouve d'ailleurs très bien sous tous les rapports chez notre ami le Proudhonien.[3] Nous discutons beaucoup par exemple. Ce qui ne m'empêche pas de travailler un peu à une nouvelle *le journal de M. Mure*.[4] J'en ai 27 pages. Et elle est loin d'être finie, elle aura au moins la longueur de celle de la *Rép.ᵉ des lettres*.[5] – Je compte rester encore ici huit ou dix jours. Puis, après une semaine passée à Paris, je prendrai le chemin de fer.[6] – Ma nouvelle terminée, je voudrais là-bas abattre *notre* pièce,[7] et revenir à Paris avec alle, avec vous, et avec une robuste santé.

Et maintenant, j'ouvre la boîte aux cancans dont nous vivons ici, et dont vous devez être pas mal sevrés.

La feuille de chou, *les Cloches*.[8] – Le premier article: *la demi-douzaine* a

104

été inspiré au nommé Espardeilla, un ex-reporter du *Bien Public*, par... Ant. Valabrègue. Le jour où j'ai lu ça j'ai fait la *charge* à Catulle de lui dire: "C'est joli! vous nous arrangez bien!" Il a alors sauté sur une plume et a écrit sous mes yeux une lettre de désaveu "pour qu'il n'y ait pas équivoque." Il est arrivé ensuite que j'ai eu l'idée d'aller trouver Espardeilla-Tilsit, et de lui proposer de lui faire un portrait des 6. Il a accepté, à condition que ce serait 6 éreintements. Nous avons même dîné ensemble. A 10ʰ du soir, nous étions les meilleurs amis du monde. Et alors je l'ai poussé de faire à Mendès une *seconde charge* de faire composer sa lettre avec un en-tête, et de la lui envoyer le lendemain matin, en épreuve, comme si l'*Espardeilla* était décidé à l'insérer – Ci-joint l'épreuve en question.[9] – Jugez la secousse qu'a reçu Catulle en voyant imprimée cette lettre qu'il ne compte sans doute pas mettre dans ses œuvres complètes. – Les portraits des 6 sont donc de moi. Celui d'Huysmans[10] qui a dû paraître aujourd'hui, m'a donné beaucoup de mal, à cause de la circonstance suivante: c'est que Huysmans lui, a répondu de son côté au premier article (inspiré par Valabrè.) en envoyant sa brochure sur vous,[11] avec le passage sur la bohème littéraire signalé au crayon rouge, et avec cette dédicace: "Au nommé Tilsitt, en remerciement de ses déjections." L'autre est furieux, et j'ai grand peur qu'il n'ait hier gâché dans ma copie... Enfin! mon premier article, (celui sur moi) m'a été payé 15 F. Mais je n'ai encore pu toucher les deux autres.

Autre drame littéraire:

Avant hier, à Paris, Mendès m'a annoncé ceci:

– En votre absence, j'ai reçu une lettre de Ludovic Halévy au sujet de M. *Lorely*... On a été sur le point de nous faire un procès en diffamation... Je suis allé le voir, il voudrait vous parler, vous le trouvez tous les jours jusqu'à 4ʰ chez son ami Meilhac, 30, r. Drouot, jouant au billard...

Enchanté déjà de la chose, je l'ai été plus encore par l'accueil d'Halévy... Il s'agissait d'un nommé Michel (neveu de M. Mignet,[12] et exécuteur testamentaire, *peut-être même héritier* de M. Borely) qui, connaissant Halévy lui avait demandé s'il fallait agir judiciairement.

–Malheureux! m'a dit Halévy paternellement, pourquoi n'avoir pas changé mieux le nom, mis ça par exemple à Rennes en Bretagne... Une seule chose m'a désarmé. C'est que vous avez du talent... Et j'ai empêché M. Michel d'agir... La chose a été tenue cachée à MM. Thiers et Mignet pour qui ce serait un coup... etc.

Je lui ai répondu qu'en somme M. Lorely était le seul personnage sympathique de ma nouvelle, et lui ai offert de lui communiquer les épreuves de la fin, –ce qu'il a accepté avec empressement– "l'inconnu de cette fin effrayant peut-être plus M. Michel, que ce qu'il connaît de ma nouvelle."

Il m'a demandé aussi de lui envoyer *Lucie Pellegrin*[13] dont Mendès lui avait parlé, m'a fait toute espèce d'offres de service, "notamment pour le *Temps*, m'a-t-il dit, où très bien avec Hébrard[14] je pourrai vous faire recevoir toute nouvelle pas trop épicée." Et nous avons très longuement causé de théâtre, de vous, de vos articles du *Bien public* qu'il trouve étonnants, admirables, et qu'il collectionne du premier au dernier, sûr que s'ils paraissent jamais en volume, vous les écourterez, et désireux de les avoir tous dans leur virginité. Nous avons aussi causé de Flaubert (qu'il n'aime que dans son œuvre moderne) de Dumas, de Sardou, de Goncourt. Les Goncourt, seuls, il ne les aime pas littérairement!... Etonnant, n'est-ce pas? – "Zola est-il bien sincère dans son admiration pour eux? Ils l'ont devancé, et l'on dirait que ce sont eux qui l'ont imité." – Mais vous, un Balzac! Peut-être un peu trop de merde! dans *l'Assommoir*, mais la *Conquête de Plassants*,[15] un chef d'œuvre! Et la *Curée*! Et tous! etc. "Il fera du théâtre, à coup sûr. Peut-être ses qualités de grand analyste le gêneront-elles un peu!..." Bref, c'est un de vos grands admirateurs, et un brave garçon, mélancolique, un peu saule-pleureur, bon, sympathique de prime abord, pas poseur...[16] Je l'ai vivement engagé à venir vous voir le jeudi soir, cet hiver... Il ignorait votre déménagement r. de Boulogne... Et se fait une fête, ça se voit, de vous mener chercher des documents dans le monde de *Nana*.[17]

Quant à Meilhac, que j'avais vu le soir de *la feuille rose*,[18] je n'ai fait que l'entrevoir, une queue de billard à la main, – quelque chose de la rondeur et du poli d'une de ses boules!

Enfin je suis parti enchanté, et encouragé à donner ces jours-ci un grand coup de collier à ma nouvelle... que je rêve (follement sans doute!) au rez-de-chaussée du *Temps*, puis, plus tard sous la couverture jaune de Charpentier.

Mais quelle commère! je fais. Voilà tout à l'heure 8 pages. Si les romans et les pièces se faisaient comme cela!... Par exemple je n'essaye même pas de me relire... Vous vous en tirerez comme vous pourrez.

Mes amitiés à votre femme et à votre mère. – A un mois au plus. – Bons coquillages et le reste.

Votre vieux

Paul Alexis
qui a *trente* ans, et quinze jours.

P.S. Pas encore vu Duvaud de la *Lanterne*[19] bien que je veuille pour mon compte lui porter un vieil ours-article.

Le Proudhonien nous tombe tous tant que nous sommes, nous autres pauvres littérateurs "qui n'avons pas encore fait le tour des idées."

Et Roux, qu'a-t-il fait à l'égard de Barlatier?[20] Sans rien déguiser.

(Si écrivez d'ici au 9 – à Etampes)

---

1 La lettre du 26 juin, envoyée de l'Estaque (*Corr.*, 472–3). Zola s'y trouve depuis un mois et y restera jusqu'en octobre. "Ici, le pays est superbe. Nous avons eu des chaleurs bien moins fortes qu'à Paris. Depuis quinze jours, nous prenons des bains et notre santé est en somme excellente. Je me nourris de coquillages, ce qui rend les idées légères" (472).
2 Voir la lettre précédente
3 C'est-à-dire Edouard Béliard. Celui-ci écrit le 25 juillet de cette même année une lettre à Zola où il parle longuement de leur ami commun, "Panafieu" (lettre 1, n.9): "J'imagine que Panafieu est à Aix et que vous le voyez quelquefois. C'est ce qui me fait vous écrire. Il est venu passer quelques jours à Etampes et a consulté sur sa maladie un vieux et brave médecin que je connais. [...] Pour lui Panafieu *a bien des chances de devenir poitrinaire s'il ne se soigne pas et ne fait pas attention*. Usez donc de votre influence sur lui

pour lui faire comprendre qu'il doit se soigner avec assiduité, mener une vie réglée, ne commettre aucun excès et suivre une règle hygiénique impitoyable. Vous lui rendrez, ce faisant, un grand service.

"Remarquez que Panafieu prend très soin de lui – trop de soins, peut-être, mais après des précautions minutieuses et même exagérées dans la journée il restera le soir à se promener jusqu'à une heure du matin, sous les arbres, dans la vallée, quand l'air est chargé d'humidité, pour essuyer les dédains des cuisinières et des bouchères. Il a déjà un peu peur. Il faut dans l'intérêt de sa santé qu'il ait peur davantage. [...]" (lettre inédite [copie], coll. H. Mitterand)

4 Cette nouvelle, publiée en feuilleton dans la revue mensuelle *La Réforme* du 15 juin au 15 septembre 1879, se trouve reproduite dans *La Fin de Lucie Pellegrin.*

5 "L'Infortune de M. Lorely." Voir la lettre 27, n.9

6 Pour Aix-en-Provence

7 Voir la lettre 35, n.10

8 "Quelle est donc cette feuille de chou, dans laquelle vous dictez des articles sur votre compte? demande Zola le 26 juin. Et votre pauvre nouvelle, elle a donc eu les pattes coupées par la disparition de la Revue [*La République des Lettres*]? Donnez-moi des détails sur tous ces drames. Vous devez bien avoir quelque histoire à me conter? Je suis ici à mille lieues de tous les petits cancans dont nous vivons à Paris" (*Corr.*, 472–3). Le 29 juin Zola écrit à Hennique: "Le petit journal [...], *Les Cloches*, me paraît être à la dévotion d'Alexis, car il m'en a envoyé un numéro dans lequel se trouve une biographie de lui, qu'il a dû dicter" (ibid., 474).

Les Cloches de Paris, "journal hebdomadaire, littéraire et satirique," paraissant tous les dimanches, n'eut que cinq numéros (du 28 mai au 2 juillet 1877). Il ressort de cette lettre d'Alexis que le rédacteur en chef, A. Tilsitt, et l'administrateur P. Espardeilla, furent une seule et même personne. Le numéro du 4 juin contient une satire contre Zola et Goncourt, signée d'A. Tilsitt (app. J:1). Elle fut inspirée par le célèbre dîner au restaurant Trapp, qu'offrirent 'les six' (Alexis, Céard, Hennique, Huysmans, Maupassant et Mirbeau) le 16 avril 1877 à leurs maîtres: Flaubert, Goncourt, Zola. C'est à cette occasion que "fut baptisée l'école naturaliste," selon René Dumesnil (*La Publication des "Soirées de Médan,"* 104–5). Goncourt note ce jour-là dans son *Journal*: "Ce soir [...] la jeunesse des lettres réaliste, naturaliste, nous a sacrés, Flaubert, Zola et moi, sacrés officiellement les trois maîtres de l'heure présente, dans un dîner des plus cordiaux et des plus gais. Voici l'armée nouvelle en train de se former" (II, 1182–3).

Les portraits satiriques dont parle Alexis furent insérés aux *Cloches de Paris* le 18 juin ("Paul Alexis"), le 25 juin ("Henry Céard" et "Léon Hennique") et le 2 juillet ("J.-K. Huysmans"), date du dernier numéro de cette 'feuille de chou' (app. A:4). Quoiqu' écrits par Alexis, ces portraits sont encore signés "A. Tilsitt."

Très indigné, Léon Hennique écrit à Zola le 25 juin: "Il existe en ce moment à Paris une sale feuille de choux: les Cloches, revue littéraire à dix centimes, qui nous a pris à parti [...]. Je ne sais pas si vous connaissez un article où vous êtes incriminé en qualité de notre maître [...] C'est signé: Tilsitt. Je vous demande un peu s'il n'y a pas de quoi sourire: un Tilsitt! un muffle qui écrit en français comme une vache espagnole! un voyou littéraire, peut-être pis encore, un Mendès! Bon sang de bon Dieu! [...] Et dire que ce Tilsitt a le toupet de traiter Alexis de médiocre journaliste! Enfin! j'attache trop d'importance à des niaiseries, mais le pied me démange" (B.N., MSS, n.a.f 24520, fols. 118–19).

De même, Céard informe Zola dans une lettre écrite vers le 10 juillet: "Maupassant nous a appris hier à notre dîner hebdomadaire, qu'Alexis était l'auteur de ces entre-filets haineux, envieux et lourds. Est-il nécessaire de lui dire qu'il tient là une conduite misérable, et qu'il est mal venu pour cent raisons à vous attaquer vous et Goncourt? Comprendrait-il que tirer sur ses chefs et sur les troupes qui les suivent, cela s'appelle une lâcheté? Vraiment nous sommes interloqués! Et il nous récompense bien mal de l'indulgence que nous avions tous pour sa légion de vices. Huysmans est particulière-ment exaspéré, et je crois qu'il va lui ficeler sous peu de vigoureuses vérités" (*C.-Z.*, 47). C'est Céard encore, dans Le "*Huysmans intime*" (éd. P. Cogny [Nizet 1957], 134), qui fait d'Alexis l'auteur des quatre 'attaques' des *Cloches de Paris*, indubitablement à cause du même pseudonyme employé. Cependant, d'après cette lettre d'Alexis, il est évident qu'il n'a pas écrit le premier article en question (celui du 4 juin).

9 Document non conservé

10 "Par Catulle Mendès, j'avais aussi connu Huysmans, une nuit de carnaval, devant la porte d'un bal masqué où nous entrâmes. La glace fut rompue tout de suite; le matin même, j'avais lu *Marthe*, et trouvé une profonde saveur dans cette œuvre excessive, au charme maladif" (*E.Z.*, 182). *Marthe, histoire d'une fille* parut au mois de septembre 1876 chez l'éditeur Jean Gay, à Bruxelles. Cf. R. Baldick, *La Vie de J.K. Huysmans*, trad. M. Thomas (Denoël 1958).

11 *Emile Zola et "l'Assommoir"* fut d'abord publié dans *L'Actualité* de Bruxelles les 11, 18 et 25 mars, et le 1er avril 1877. Un tirage à part en une brochure de dix pages parut à la même époque (cf. *Huysmans-Zola*, 6-7). "Si la tourbe des bohèmes de la plume est nombreuse en France, y dit Huysmans, les naturalistes [...] n'ont rien à démêler avec elle; un écrivain peut être chaste et traiter des sujets scabreux et la réciproque est plus vraie encore; l'armée des cuistres qui demandent la propagation de la vigne pour étouffer sous l'amas de ses feuilles, les hardies tentatives de l'école moderne n'est, la plupart du temps, remarquable que par la dépoitraillement de sa vie" (*Œuvres complètes*, éd. L. Descaves, II [Crès 1928], 154).

12 François Mignet (1796–1884) avait publié les deux volumes de son *Histoire de la Révolution française* en 1824. Il fut élu à l'Académie française en 1832. A l'occasion de sa mort, Alexis évoqua le souvenir de cet historien aixois, qu'il avait connu jadis, dans un article du *Réveil* du 6 avril 1884 (reproduit dans *La Petite Presse* du 16 novembre 1885 [app. A:41]).

13 Voir la lettre 32, n.6

14 Adrien Hébrard (1833–1914) était le directeur du *Temps* depuis 1867.

15 *La Conquête de Plassans* avait d'abord été publié dans *Le Siècle* du 24 février au 25 avril 1874. L'édition originale date du 27 mai 1874 (Bibliothèque Charpentier).

16 Six des feuilletons dramatiques que Zola a consacrés à Meilhac et Halévy se trouvent dans le volume *Nos Auteurs dramatiques* (*O.C.*, XI, 713–30).

17 Dès 1869, en remettant à son éditeur son premier plan des *Rougon-Macquart*, Zola avait prévu "un roman qui a pour cadre le monde galant et pour héroïne Louise Duval, la fille du ménage d'ouvriers [la future Nana]." Le romancier commence la préparation de *Nana* au début de 1878. Ludovic Halévy apportera plusieurs détails à la documentation de ce roman. Cf. Auriant, *La Véritable Histoire de "Nana"* (Mercure de France 1942); J.C. Lapp, "Ludovic Halévy et Emile Zola," *Revue des Deux Mondes*, 15 juillet 1954, 323–7; id., "Emile Zola et Ludovic Halévy: notes sur une correspondance," *Les Cahiers naturalistes*, No. 27 (1964), 91–100.

18 La première représentation en privé d'*A la feuille de rose, maison turque*, farce de Guy de Maupassant et Robert Pinchon, fut donnée le 19 avril 1875 chez le peintre Maurice Leloir, quai Voltaire. Une deuxième représentation eut lieu le 31 mai 1877 dans l'atelier de Georges Becker, 26, rue de Fleurus (R. Dumesnil, *Guy de Maupassant, l'homme et l'œuvre* [Tallandier 1947], 106–9; Goncourt, *Journal*, II, 1189; G. de Maupassant, *Correspondance inédite*, éd. A. Artinian [D. Wapler 1951], 93–4; voir également l'app. A:24).

19 Adrien Duvaud avait fondé le 21 avril 1877 *La Lanterne*, quotidien radical, qui annonçait Emile Zola comme un des principaux collaborateurs. Toutefois, ni Alexis ni Zola n'y ont collaboré.

20 Il semble qu'Alexis essaye toujours de faire accepter de la copie au *Sémaphore de Marseille*. "J'ai vu Barlatier qui paraît très décidé à ne pas prendre de décision avant l'hiver," avait écrit Zola à son ami le 26 juin (*Corr.*, 472). La correspondance de Zola dans ce journal cessa le 22 mai de cette année. Voir la lettre 8, n.1.

MON CHER AMI,

De retour d'Etampes, depuis une douzaine de jours – A mon arrivée ici, Maupassant[1] m'a un peu inquiété sur votre compte, en m'apprenant que le *Bien public* avait annoncé une *indisposition* de vous.[2] J'ai même été sur le point de vous écrire tout de suite, puis vos 2 feuilletons sur la *Correspondance de Balzac* sont venus me rassurer. J'espère que votre indisposition n'aura été qu'une belle paresse.

J'ai un service à vous demander. – A votre départ vous m'aviez offert de mettre une 50ᵉ de francs à mon service, touchables chez Charpentier, si je me trouvais à court au moment de quitter Paris. Le "si" a lieu, et j'accepte votre offre en principe. Mais il me vient une idée: vous pourriez, *sans m'avancer rien*, m'obliger *doublement* de la manière suivante – Ce serait en m'ayant un laisser-passer par le *Bien-public* (l'argent que mon père va m'envoyer pour le voyage, deviendrait alors disponible). Le *Bien-public* n'ayant pu vous en avoir un par *P.L.M.* vous doit bien un dédommagement. Ne pourriez-vous donc me donner une lettre pour que le *Bien public* m'obtienne un laisser-passer par Bordeaux et Cette – prolongation de route qui me sourirait assez.

Maintenant, les cancans et les racontars.

I

L'"immense" Bourget, vous en veut "immensément",[3] pour votre feuilleton sur Barbey.[4] Les détails sur la vie intime du monsieur, l'horripilent. – "Moi et tout son entourage, nous nous sommes entendus pour lui cacher l'article." C'était dimanche avant-dernier qu'il me disait ces choses. Depuis la *vie-littéraire* a reproduit votre article. Bourget doit être mort! – "Ce n'est plus de la critique, c'est du reportage!" etc. etc. Vous voyez ça d'ici – Il allait justement voir Barbey, ce dimanche-là. Tout en causant, je l'avais accompagné jusqu'à la porte de l'auteur du *Rideau cramoisie*.[5] M'ayant fait venir si loin, Bourget m'a proposé de me faire monter, en me faisant jurer de ne rien révéler sur "ce que je verrais." J'ai juré!... Puis, sur le seuil de la porte, le courage lui a manqué, il a changé d'avis, se méfiant de moi probablement, et je n'ai pas pénétré dans la caverne diabolique.

De plus en plus dandy lui-même, Bourget! En me rencontrant sur le boulevard Saint Michel, après 4 mois que nous ne nous étions vus, son premier mot: – "Tiens! voilà Alexis... Regardez donc, mon cher, l'introuvable pantalon et gilet que j'ai... Quelle est cette couleur? C'est blanc. –Non! regardez bien! c'est un blanc presque vert, c'est un vert presque blanc.–Mes félicitations sincères –La toilette! c'est ma passion maintenant... J'en ai dix autres dans mon armoire..." Il vient de terminer pour cet hiver un volume de vers: *les poèmes modernes*. Le plus long *Edel*,[6] a 2000 vers.–Un de ses amis, un nommé Goudeau[7] dont j'ai fait la connaissance (et qui cherche à fonder avec l'argent de Froger[8] une *revue moderne*) m'a raconté *Edel*... Une noble et belle étrangère... Le poète s'en toque et en obtient des rendez-vous au Bois, et à la Madeleine, à la messe de une heure... Tableaux parisiens, et, roucoulements... Edel a la curiosité de la littérature... Le poète lui en fait un infernal tableau... Edel repart, et l'homme de lettres se dit: pour qu'elle tombe dans mes bras je vais écrire un chef-d'œuvre... Le chef-d'œuvre pondu (c'est, je crois, un roman) le héros réunit un aéropage: sous des noms supposés, ce sont: Barbey, Coppée, Richepin, et Bouchor[9] – il lit – il a le supplice de lire dans un atmosphère de glace – puis quand il a terminé, Richepin se lève et lui déclare carrément: *"tu manques de tempérament!"* etc. etc. (le dénouement ne m'a pas frappé et je l'ai oublié.) Restons-en sur cette bonne parole.

II

Pour une drôle de maison, c'est une drôle de maison que le: 82, rue des Moines – Nina de Callias dite de Villars[10] – Mendès m'y a mené souper le 13 juillet, jour de la fête de Nina – Spectacle: aberration mentale, en plusieurs scènes, assez réussie, jouée par l'auteur: Nina! et par un acteur Fraisier (?) et par le petit Forain[11] – Convives: la princesse Ratazzi,[12] Tony-Révillon,[13] Catulle, Delaage,[14] Villiers de l'Isle-Adam, Dierx,[15] Roujon, Marras,[16] et autres Parnassiens dont un vieillard: *Châtillon*,[17] et un *"jeune"* enthousiaste d'un lyrisme de parole échevelé: Toupier-Baiziers, qui a un œil blanc, plus de cinquante ans, et 1 acte en prose qu'on va jouer dans 8 jours au Gymnase[18] – A minuit, la pluie ayant rendu le jardin impossible on s'est entassé une 50e dans une petite salle à manger où il y avait place pour 10 à souper! A 2h un idiot portait un toast idiot à la *princesse* qui est sourde comme un toupin, mais qui faisait celle qui entend, et qui, son binocle à la main, lorgnait l'assistance avec une impertinence souriante, et, ma foi! avec un grand air. A 3h dans le jardin, à l'aube bleuissante, Catulle assis sur un tabouret bas, entre les jupes de 7 ou 8 femmes, les séduisait toutes, et buvait de temps en temps à une bouteille de bière. A 4h un Monsieur inconnu de tous, très gris, introduit par Villiers de l'Isle-Adam qui ne le connaissait pas lui-même (mais qui, dit-on, lui devait de l'argent,) et que les femmes présentes accusaient de flirtage trop expressif, (de *pelotage*) était expulsé quasi par la force. Entre 5 et 6, départ général.

Etrange maison! Etrange nuit! Etranges bonshommes! (A mettre tel que je l'ai vu, dans un roman[19] ou au théâtre)

III

Jeudi dernier –la scène change– ce n'est plus le 82 de la rue des Moines, c'est l'hôtel d'Aquila, 45, Avenue du Bois de Boulogne, chez la princesse Ratazzi qui a invité à son tour Nina en lui disant d'amener la fleur de ce qui était chez elle: Nina a dressé une liste, sur laquelle Mendès m'a fait mettre – A 7 1/2, grande table de 60 couverts, dressée dans le jardin – Un orchestre joue – A peine a-t-on servi le potage que la pluie commence à tomber. Des parapluies s'ouvrent, qu'on tient d'une main, pendant qu'on mange la soupe de l'autre. La pluie redouble, alors on rentre, et la table est dressée dans la très belle serre de l'hôtel. Et, au bout d'une 1/2 heure, on dîne enfin. Un bizarre dîner s'il en fut: grand luxe de vaisselle plate, (avec des N sous une couronne), de service de table, de fleurs; mais dîner très ordinaire et pitoyablement servi: pas même un service de table d'hôte, tout au plus celui d'un buffet de gare de chemin de fer où le train part dans

20 minutes. Les hommes en habit noir; peu de femmes, et vieilles pour la plus part – sauf une jeune assez jolie, mais sourde et muette. Un certain décorum, les gens se connaissent fort peu. Mon voisin de table me fait observer que c'est tout à fait le monde du *demi-monde* de Dumas,[20] ou du 1er acte de Fernande.[21] (Ce Monsieur, je l'ai su plus tard, était Paul Ferrier, l'auteur de Tabarin.)[22] Le coup d'œil de la serre tapissée de glaces et éclairée au gaz était d'ailleurs féerique – Au dessert, la fille de la princesse (8 ans) qui dînait à une petite table avec 3 autres enfants dont une petite négresse, est mise par quelqu'un debout au milieu de la table et se promène au milieu des fleurs et des corbeilles de fruits – La princesse: 48 ans dit-on, fort belle encore, gracieuse mais probablement bête et incapable d'avoir écrit 10 lignes. (Mendès m'a assuré avoir fait, pour 1200 F, une de ses comédies en vers) remariée pour la 3me fois, à un petit jeune homme de 25 ans, au nez pointu, grand d'Espagne, et qui a l'air d'un simple invité –tandis que le beau Tony-Révillon, lui, donnait des ordres aux domestiques, découpait, avait des airs de major de table d'hôte– Beaucoup d'étrangers, 3 ou 4 gommeux bruyants dont le nommé Bachaumont, ex-collaborateur de Fervacques[23] – En somme beaucoup moins drôle que chez Nina – Après le dîner, pièce de Dierx, pitoyablement jouée par Nina et le nommé Fraizier ou Fraisier – La princesse nous récite une longue pièce de vers d'elle que Mendès m'assure être de Ponsart. A minuit on s'en va, et la princesse nous invite tous pour le jeudi suivant (pour demain) "parce que, dit-elle, le coup d'œil aurait été féerique dans le jardin. Et, s'il pleuvait jeudi, ce serait remis à Dimanche. Elle part ensuite pour Aix... en Savoie"

Et voilà! j'oubliais de dire que Mendès, un peu en retard, au moment de passer à table, n'avait plus trouvé de place, et avait dîné... à un restaurant voisin! Puis il est revenu vers 10 heures.[24]

IV
Au milieu de tout cela je n'ai pas continué mon *journal de M. Mure* depuis Etampes. Mais j'ai recopié, et retapé, ma nouvelle de Saint-Aubin-sur-mer,[25] que j'ai déposée hier chez le concierge de Meilhac, pour Ludovic Halévy, que j'irai voir à la fin de la semaine.

V
Vu Roux, qui coupe et collectionne pour vous le *Nabab*.[26] Mais, l'ais-je rêvé? ne vous étiez-vous pas abonné au *Temps*?

VI
Déthez a écrit aussi à Barlatier pour hériter de vous au *Sémaphore* – Il m'avait au moins lui, demandé l'autorisation, et je la lui avais libéralement octroyée – Barlatier lui a répondu "*que vous n'étiez qu'en congé*, qu'il n'était pas dit que vous ne reprendriez pas à votre retour à Paris."[27]

VII
Assez de griffonage... Tirez-vous-en comme vous pouvez pour me déchiffrer... Je ne me relis jamais quand je vous écris à vous, parce que j'en mets très long.

VIII

Soyez mon interprète auprès de vos dames et dites-leur que j'espère leur serrer la main avant peu, et que, si elles ont quelque commission à me faire faire ici, avant mon départ, je suis à leur disposition.

IX

J'attends votre réponse avec impatience et vous serre cordialement la main.

Votre

Paul Alexis

Je compte être à Aix dans une 10ᵉ de jours. Si je passe par Marseille, peut-être m'arrêterai-je quelques heures à l'Estaque, tant je suis impatient de vous voir.

1 Il y avait un an et demi qu'Alexis avait fait la connaissance de Guy de Maupassant chez Flaubert. Il rappelle cette rencontre dans une chronique du *Journal* du 31 janvier 1893 lors d'une reprise au Gymnase de *Musotte*, comédie que Maupassant avait écrite en collaboration avec Jacques Normand (app. A:63).

2 Zola, qui se trouvait à l'Estaque, avait écrit à Céard le 16 juillet: "Nous avons été pris [...] de douleurs de tête intolérables, qui se sont terminées en une sorte de gastrite. Cette mauvaise plaisanterie a duré huit grands jours, et nous ne sommes pas encore bien solides. J'accuse la cuisine du Midi et certain vent d'Afrique que nous recevons en pleine figure" (*Corr.*, 475). *Le Bien public* avait inséré l'annonce de cette indisposition dans son numéro du 9 juillet. Les semaines suivantes (le 16, le 23 et le 30) Zola reprenait sa collaboration avec trois articles sur Balzac (*Les Romanciers naturalistes*, O.C., XI, 34–58; 253).

3 "Je me souviens que, dans nos entretiens, [...] le mot 'immense' sortait à chaque instant de ses lèvres, et nous en plaisantions un peu entre camarades, et il était le premier à en rire lui-même de bon cœur" (P. Alexis, "Paul Bourget," *Le Réveil*, 25-XI-83).

4 Dans la "Revue dramatique et littéraire" du *Bien public* du 25 juin il était question de Barbey d'Aurevilly. L'article fut reproduit dans *La Vie littéraire* du 19 juillet. En voici un extrait: "Toutes les fois que je lis M. Barbey d'Aurevilly, je ne sais si je dois rire ou pleurer. Il est comique, il est touchant, il m'attendrit, tellement il arrive au grotesque puéril et adorable. Voici son cas, un des plus curieux de notre littérature contemporaine. [...] Il porte, m'assure-t-on, des camisoles de femme ornées de dentelles; il reste en caleçon collant, enfermé dans une vaste robe de chambre, qu'il entr' ouvre de temps à autre pour faire des effets de cuisse; enfin, il a inventé une sorte de coiffure dantesque, une protestation contre la calotte de velours noir des notaires." Puis l'auteur parle des romans de Barbey comme "des monstruosités d'invention maladive." Se rapportant à cet article, Huysmans écrivait à Zola vers la fin de juillet 1877: "Votre plume a percé la croûte de son maquillage et son corset, et lui est entrée, paraît-il, en pleine peau. C'est joliment bien fait. C'était lui rendre en une fois la monnaie de toutes les turpides qu'il a débitées sur les hommes de talent" (H.-Z., 9).

5 La première des *Diaboliques* (E. Dentu 1874). M. D. Baguley, dans son article sur les nouvelles de Zola (lettre 32, n.1), fait un rapprochement intéressant entre les données de "Pour une nuit d'amour" et celles du "Rideau cramoisi."

6 *Edel* fut publié chez Lemerre en 1878. Zola écrit à l'auteur le 22 avril 1878: "Je voulais vous écrire ou plutôt je voulais vous voir pour vous parler d'*Edel*. J'avoue que je n'étais pas très content. [...] Je déclare que, vous poëte moderne, vous détestez la vie moderne. Vous allez contre vos dieux, vous n'acceptez pas franchement votre âge. [...] Votre héroïne est un rêve et votre poëme une lamentation jetée dans la nuit par un enfant qui a peur du vrai. [...] Vous ne prenez de Balzac que la fantasmagorie, vous n'êtes pas touché par le réel qu'il a apporté et qui fait toute sa grandeur. Enfin, il est dit

que votre génération, elle aussi, sera empoisonnée de romantisme" (*Corr.*, 503–4). Sur cet ouvrage de Bourget, cf. Auriant, "Paul Bourget jugé par lui-même et par Paul Alexis," *Mercure de France*, cclxvi (1936), 442–3; M. Mansuy, *Un Moderne: Paul Bourget* [...] (Les Belles Lettres 1960), 238–46.

7 Le poète et romancier Emile Goudeau (1849–1906) fut un des fondateurs du "Club des Hydropathes" en 1878. Il faisait partie de la rédaction de *La Revue moderne et natural-iste* (lettre 44). En 1888 il publia des souvenirs dans *Dix ans de bohème* (Librairie Illustrée) où, au chapitre v (108–22), il parle des soirées chez Nina de Villard (voir plus loin).

8 A partir de juillet 1876, Adophe Froger était devenue rédacteur en chef (avec Catulle Mendès) de *La République des Lettres*.

9 Maurice Bouchor (1855–1929), littérateur et poète, était grand ami de Jean Richepin. En 1874 il fit paraître chez Charpentier *Les Chansons joyeuses* et en 1880 des *Contes parisiens en vers*.

10 La comtesse Nina de Callias (1843–84), née Marie-Anne Gaillard, dite Nina de Villard, était la femme du journaliste Hector de Callias. Goncourt parle de la "maison Callias" comme de "cet atelier de détraquage cérébral, qui a fait tant de toqués, d'excentriques, de vrais fous [...], où, de l'heure du dîner jusque bien avant dans la nuit, un cénacle de jeunes et révoltées intelligences se livraient, fouettées par l'alcool, à toutes les dé-bauches de la pensée, à toutes les clowneries de la parole, remuant les paradoxes les plus crânes et les esthétiques les plus subversives, dans la surexcitation de la présidence d'une jolie femme et d'une Muse légèrement démente" (*Journal*, iii, 548 [18 mars 1886]). Cette personnalité, dont le nom ne peut se dissocier d'avec l'histoire du mouve-ment parnassien, a été célébrée par des écrivains, des musiciens et des artistes, tels que Harry Alis (*Hara-Kiri* [Ollendorff 1882], ch. xv), Cabaner, Georges Duval (*Le Quartier Pigalle* [Marpon & Flammarion 1884]), Edouard Manet ("La Dame aux éventails," 1873–4), Catulle Mendès (*La Maison de la vieille* [Charpentier & Fasquelle 1894]) Villiers de l'Isle-Adam ("Une soirée chez Nina de Villard," dans *Œuvres complètes*, xi [Mercure de France 1931], 81–6), etc. Cf. R. Dumesnil, *L'Epoque réaliste et naturaliste* (Tallandier 1945), 167–73; L. Rièse, *Les Salons littéraires parisiens du Second Empire à nos jours* (Privat 1962), 50–5.

11 Le peintre et dessinateur Jean-Louis Forain (1852–1931) publia deux petites feuilles satiriques: *Filtre* et *Psst!* (avec Caran d'Ache, en 1898).

L'acteur Philibert-Gabriel Fraizier, mort en 1901, joua d'abord en province avant de s'installer à Paris.

12 La princesse Rattazzi (1833–1902) s'était mariée trois fois. Née Marie-Laetitia-Studol-mine Wyse, fille de sir Thomas Wyse et de Laetitia (la fille de Lucien Bonaparte), elle épousa en 1849 Frédéric de Solms. Après sa mort elle se remaria en 1863 avec l'homme d'Etat italien Urbain Rattazzi, qui mourut en 1873. Puis, en 1877, elle se maria avec un homme d'Etat espagnol, Louis de Rute. Auteur de romans et de pièces à scandale, elle était célèbre par ses liaisons avec Pierre-Jean de Béranger, Eugène Sue et François Ponsard. Goncourt notait le 3 mai 1863 qu'il avait entrevu Madame Rattazzi aux courses du Bois de Boulogne, "avec une couronne de cheveux sur la tête, les yeux d'un bleu éraillé, le sourire d'une danseuse sourde, au bras de son mari, à tenue et à mine minables d'un avoué [...]" (*Journal*, i, 1268). En parlant de deux romans de la princesse, dans *L'Evénement* du 20 mars 1866, Zola commentait: "Figurez-vous Paul de Kock atteint d'une névrose et écrivant des phrases épileptiques" (*O.C.*, x, 406).

13 Antoine Révillon, dit Tony-Révillon (1831–98), collaborait à *La Petite République* et au *Radical*. Il publia plusieurs romans, dont *L'Exilé* (Decaux 1876) et *Le Besoin d'argent* (Dentu 1880).

14 Henry Delaage (1825–82) était rédacteur au *Corsaire* et auteur de *L'Eternité dévoilée* (Dentu 1854), curieuse synthèse du christianisme et de l'occultisme.

15 "Je suis très touché du bon souvenir qu'ont bien voulu me garder Forain et Léon Dierx, dont la connaissance pour moi remonte assez loin, écrivait Paul Cézanne à son fils, le 3 août 1906. Pour Forain, en 1875 au Louvre et pour Léon Dierx en 1877 chez Nina de Villars, rue des Moines. J'ai dû te raconter que lorsque je dînais rue des Moines, étaient présents autour de la table Paul Alexis, Frank Lami, Marast, Ernest d'Hervilly,

L'Isle Adam et beaucoup de bien endentés, le regretté Cabaner. Hélas que de souvenirs qui sont allés s'engouffrer dans l'abîme des ans" (P. Cézanne, *Correspondance*, 281–2).

16 Jean Marras, ami de Villiers de l'Isle-Adam, fut nommé conservateur au musée de Fontainebleau en 1887.

Henry Roujon (1853–1914) était critique littéraire et collaborateur de Jules Ferry. En 1891, il devint directeur des Beaux-Arts et en 1913 il fut élu à l'Académie française.

17 Auguste de Châtillon (1813–81), peintre, sculpteur et poète, passa quelques années aux Etats-Unis. On lui doit plusieurs recueils de poèmes, préfacés par Théophile Gautier. Henry Céard lui consacra un article dans la *Revue littéraire et artistique* du 15 octobre 1881 (527–30).

18 Ce n'est que le 20 octobre 1877 qu'aura lieu, au Théâtre du Gymnase, la première de *Roses remontantes*, comédie en un acte d'Achille Toupier-Béziers. "Cet écrivain est un poète lyrique à l'état de volcan," dit Zola dans sa chronique du *Bien public* du 29 octobre (*O.C.*, XII, 122).

19 Ce sera *Madame Meuriot*, où il décrit longuement une soirée pareille (6ᵉ partie, ch. IV, 291–326). Voir la lettre 194. Dans le même roman il fait allusion aux soirées chez la princesse Rattazzi (7ᵉ partie, ch. IV, 400–20).

20 *Le Demi-monde*, comédie en cinq actes d'Alexandre Dumas fils, fut représenté pour la première fois au Gymnase le 20 mars 1855.

21 *Fernande*, pièce en quatre actes de Victorien Sardou (Gymnase, 8 mars 1870)

22 *Tabarin*, comédie en deux actes, en vers, de Paul Ferrier (1843–1920), fut joué pour la première fois au Théâtre-Français le 15 juin 1874. L'auteur transforma la pièce en un opéra en deux actes, avec musique d'E. Pessard (Académie Nationale de musique, 12 janvier 1885).

23 Louis Bachaumont avait collaboré avec Fervacques (pseudonyme de Léon Duchemin) à *Rolande, étude parisienne* (Dentu 1873) et à *Durand et Cⁱᵉ, scènes de la vie parisienne* (Dentu 1878).

24 Par la suite, Alexis ne cessa de fréquenter le salon de la princesse Rattazzi. "Je me souviens, raconte Denise Le Blond-Zola, qu'un jeudi de mi-carême, vers 1898 ou 1899, il nous mena, ma mère, mon frère et moi, avec sa femme et ses deux filles, chez la princesse qui habitait alors boulevard Poissonnière, au cinquième étage, un appartement somptueux. L'escalier était plein de trophées, de drapeaux, souvenirs de l'Empire. Les portes de l'appartement étaient grandes ouvertes. Les amis pouvaient amener leurs amis. La maîtresse de maison recevait tout ce monde avec des sourires, dans son fumoir tendu de velours noir du plus singulier effet. On pouvait regarder du balcon la cavalcade sur les boulevards, les trottoirs et la chaussée envahis par la foule, les batailles de confettis, les arbres couverts de serpentins multicolores qu'on lançait d'une fenêtre à l'autre. Mme de Ratazzi retenait à goûter ou à dîner tous ceux qui le voulaient bien. Elle était ainsi entourée d'inconnus; ses salons ne désemplissaient pas. Alexis se plaisait dans ce milieu bohème rehaussé par le titre de la princesse, ses manières de grande dame, son illustre parenté" ("Alexis, Zola et l'époque du Naturalisme," MS., coll. J.-C. Le Blond).

25 "Le Mariage de Stanislas Levillain" (lettre 27, n.9). Pour la nouvelle intitulée "Journal de M. Mure," voir la lettre précédente.

26 Le roman d'Alphonse Daudet parut d'abord en feuilleton dans le *Temps*, du 12 juillet au 26 octobre 1877, puis en librairie la même année chez Charpentier. Huysmans disait à Zola au sujet de ce roman: "C'est de plus en plus du Dickens. [...] Pourquoi diable aussi emberlificotte-t-il ses phrases longues d'une lieue de *qui*, de *que*, au lieu de les couper. Ça devient d'un dur à avaler! Allons, je crois que ce n'est pas encore ce livre là qui doit tomber *L'Assommoir*. Encore une illusion que Daudet perdra" (*H.-Z.*, 9–10). Cf. les pages 202–20 des *Romanciers naturalistes* (*O.C.*, XI) pour l'opinion de Zola sur *Le Nabab*.

27 Voir la lettre 37, n.20

MON CHER EMILE,

En route pour la Provence[1] à petites journées – Il est près de 10ʰ du soir, et je vais me coucher, pour prendre demain à 6 heures (!!!) un bateau à vapeur qui me fera moëlleusement glisser sur les eaux rapides du Rhône, et me débarquera à Avignon à temps (je crois) pour prendre un train omnibus qui arrive à l'Estaque à 10ʰ40 du soir. Si l'heure ne vous paraît pas trop indue, (et si ma lettre vous arrive à temps) venez donc vous promener à la gare à 10ʰ40. Sinon je coucherai à Avignon et ne vous verrai que Dimanche à une heure plus convenable. Avant d'aller me retremper dans les douceurs calmes de la famille, je veux vous consacrer vingt-quatre heures, et vous apporter quelque chose de l'air de Paris, vous parler des amis, de ma pièce[2] "reçue" au Gymnase, de *Lune sans miel*[3] que j'ai vue au Palais-Royal etc. etc.

Donc à bientôt. – Mes amitiés à votre femme et à votre mère.

Paul Alexis

1 Alexis évoque la beauté de sa région natale dans un article du *Journal* du 28 août 1893, intitulé "En Provence": "Enfin, Avignon dépassé, je me sens déjà arrivé tout à fait, puisque, penché hors de la portière, ce sont des souvenirs d'enfant, des bribes de mon passé et, pour ainsi dire, des morceaux de moi-même, qu'une sorte de lanterne magique fait défiler devant moi: Arles et ses arènes! la Crau, cette plaine aride où il n'y a que des cailloux à perte de vue! Miramas et, tout aussi haut perché, Cornillon, le petit village de mon grand-père maternel, et l'arc de triomphe en ruines de Saint-Chamas, près duquel sa vieille voiture, elle-même un peu en ruines, venait nous attendre! L'étang de Berre, où, enfant, j'ai 'péché' tant de bouillabaisses! Rognac, au buffet duquel, étudiant, j'ai pris l'unique cuite de ma vie, dans un déjeuner de camarades, mais une vraie, alors! – Puis, plus rien... Du noir..., rien que du noir, pendant cinq longues minutes: le tunnel de la Nerthe. Mais, à la sortie, quel éblouissement! l'Estaque et le miroitement au soleil des vagues bleues de la Méditerranée, avec, à l'horizon, en faces des Catalans, l'îlot du Château-d'If."
2 *Celle qu'on n'épouse pas.* Voir la lettre 10, n.8
3 *La Lune sans miel*, comédie-vaudeville en trois actes de Varin et A. Delacour, fut représentée au Théâtre du Palais-Royal du 18 juillet au 13 août 1877.

🕮 40 [Aix] Des bords de l'Arc – lundi 3 Sept.ᵉ [1877]

MON CHER EMILE,

Fait votre commission. Passé chez votre marbrier, qui m'a assuré, avoir fait venir les matériaux, mis la chose en train et devoir être prêt à l'époque dite, – dans les premiers jours d'Octobre.[1]

Mes parents se font un grand plaisir de vous recevoir ainsi que Mᵐᵉ Zola, désireux qu'ils sont de vous remercier de toutes les bontés que vous avez sans cesse pour moi, et de faire avec vous plus ample connaissance. Donc à Samedi 15 Septembre, – mais vous me répondrez d'ici là – comme nous en sommes convenus, j'irai passer quelques jours à l'Estaque,[2] d'où je vous ramènerai à Aix, ou plutôt ici, à "Meyran," aux bords de l'Arc.

Démonté par la lecture que je vous ai faite de ma nouvelle,[3] après avoir perdu 2 jours à essayer en vain! de la bien recommencer, – je me suis mis aux *filles de M. Lefèvre*,[4] et n'en ai encore que 3 pages. – Je suis très désorienté encore – Lisez-vous les 8 actes de Duranty?[5]

A bientôt une lettre de vous – Mes amitiés à ces dames.

Votre vieux

Paul Alexis
(sur le Cours, 46.)

Passé chez Coste – Mais il était à la campagne – J'ai dit à son frère que je l'attendais – Je vous l'enverrai.

Pas encore vu Marrguery.

1 Il s'agit sans doute du tombeau du père du romancier, François Zola, mort en 1847 à Marseille et inhumé à Aix. "Si vous allez à Aix, arrivé à la porte principale du cimetière, précise Alexis, marchez droit devant vous, jusqu'à ce que vous soyez devant le mur du fond. Là, vous trouverez une tombe: une simple pierre, qu'entoure, à hauteur d'appui, une chaîne en fer reliant six bornes de granit, et qui porte cette seule inscription: FRANÇOIS ZOLA 1796–1847" (*E.Z.*, 13). La grand'mère maternelle Aubert, décédée en 1857, est également enterrée à Aix. Sur les origines familiales de Zola, cf. G. Robert, *"La Terre" d'Emile Zola*, 7–13; R. Ternois, "Les Zola. Histoire d'une famille vénitienne," dans *Zola et ses amis italiens* (Les Belles Lettres 1967), 1–33.

2 Le 22 septembre Zola écrit à Duranty: "Alexis, qui est en ce moment à l'Estaque avec moi, vous envoie tous ses compliments" (M. Parturier, "Zola et Duranty," *Bulletin du Bibliophile et du Bibliothécaire*, 1948, 110–11).

3 C'est sans doute le "Journal de M. Mure." Voir la lettre 37, n.4

4 Cette nouvelle parut sous le titre "Les Femmes de monsieur Lefèvre" dans la *Revue moderne et naturaliste* du 14 décembre 1878 (I, 1) au 15 février 1879 (II, 3). Voir la lettre 44. Dans le recueil *La Fin de Lucie Pellegrin* elle s'intitule "Les Femmes du père Lefèvre." D'après la courte préface qui précède la nouvelle dans le volume imprimé, Alexis s'est inspiré d'un souvenir qui date de l'époque où il faisait son droit à Aix. "Ici, je n'ai rien inventé. Et je me surprends à être un peu fier d'avoir pu, dans cette sorte de poème naturaliste en trois chants, faire revivre un milieu très particulier traversé par un souffle de jeunesse et de folie" (150). Pour Zola, la nouvelle d'Alexis est "une sorte d'épopée naturaliste poussée au comique lyrique" (*Une Campagne, O.C.*, XIV, 625).

5 Selon M. Crouzet, il s'agit des trois actes d'*Autour de la comtesse*, des trois actes de *La Boutique et le Salon*, et des deux actes du *Mariage de mademoiselle Pomme* (*Duranty*, 358). Duranty avait confié ces trois pièces à Alexis, qui, à son tour, les avait transmises à Zola. Le 25 octobre 1877, l'auteur de *Lucie Pellegrin* écrit à Duranty: "Dans les loisirs de la villégiature, je viens de réduire le Mariage de Mademoiselle Pomme à un acte, de dimension ordinaire, que je crois suffisamment scénique, très jouable. Je suis allé à l'Estaque ces jours derniers lire mon travail à Zola. Non seulement il a été de mon avis, mais il m'a promis de présenter lui-même notre pièce au Palais-Royal, dès que je vous l'aurai communiquée. Il juge la chose comme très faisable" (M. Parturier, "Duranty, Paul Alexis et *Mademoiselle Pomme*," *Bulletin du Bibliophile et du Bibliothécaire*, 1950, 216–17). "Vous avez très bien réduit, remanié, réinventé avec de bons traits très drôles, écrit Duranty dans une lettre qui ne porte pas de date. [...] Nous n'aurons plus qu'à lancer notre coquille de noix sur le nez des directeurs" (ibid., 218). Cependant, la pièce de Duranty et d'Alexis subira bien des contretemps et on peut en suivre toutes les péripéties dans les lettres d'Alexis à Zola (surtout les lettres 145 à 147, 165 et 166). Outre l'article de M. Parturier déjà cité, cf. les pages 416 à 425 de l'étude de M. Crouzet mentionnée plus haut, et F. Pruner, "Les infortunes de *Mademoiselle Pomme*," *Les Cahiers naturalistes*, No. 21 (1962), 194–200. On trouvera aux pages 201 à 213 de ce même numéro des *Cahiers* le texte de la pièce inédite.

MON CHER EMILE,

Votre canne-à-pêche dans une main,[1] dans l'autre la plume qui écrit *Nana*,[2] vous devez avoir complètement oublié Paris, et ceux qui y sont restés. Mais ceux qui sont restés se souviennent et vous écrivent.

Rien à vous dire de particulier ni d'important. Seulement quelques menus échos, comme je continue d'en envoyer à Gille qui m'en prend... pour soixante fr. par mois, tout au plus.

Redîné une seule fois avec le petit "groupe",[3] il y a quinze jours, ou du moins avec Huysmans et Hennique, les deux autres étant absents. Lu, ce soir-là, avec un succès très tempéré, *les femmes de Monsieur Lefèvre*.[4] La 2de partie leur a paru assommante, inutile, à supprimer. Quelques éloges pourtant pour la dernière – J'apprends ce matin qu'Hennique serait parti depuis huit jours pour la campagne – Je me déciderai un de ces jours à passer les ponts et à aller voir Huysmans.[5] – Mais je sens bien que l'intimité de l'année dernière n'existe plus. Elle a poussé entr'eux; par exemple, aujourd'hui, ils se tutoient tous les quatre. Et moi, non. (Simple observation) – Il y a, paraît-il, des choses qui ne se pardonnent pas.[6]

On bâtit une maison, rue de Laval, devant ma fenêtre.[7] Au printemps, j'ai vu déblayer le terrain, apporter les premiers matériaux. Aujourd'hui, elle est presque finie... Et ce spectacle me donne des remords!... à la suite desquels, depuis une huitaine de jours j'amasse des notes pour un roman (Mme Barrault)[8] j'en ai déjà un petit tas. Je vois jusqu'à présent une quinzaine de chapitres, de vingt à trente pages, quelques-uns commencent à être assez nets. Le 1er et le dernier, un *lundi*, comme ceux de Barlatier, comme cadre. – Une échappée sur le monde de la bohème artistique: *la maison de Nina*.[9] – Du fils Barlt j'en ferai un poète de salon, ayant certaines choses du séduisant Catulle [10] – Les noms, entr'autres choses, m'embarassent. Que diriez-vous de *Madame Germain*, ou de *Madame Martel* comme titre du volume, avec un sous-titre: *–amours bourgeoises.–* Et, pour les Barlatier, les *Arnavon*, ou les *Thévenin* vous plairait-il? Enfin si vous avez un nom bien typique pour "Nina de Callias", envoyez-le-moi par le retour du courier avec le "mot" que vous me devez et dont je ne vous tiens pas quitte.

Moi, aussi, j'ai une dette d'honneur que je n'ai encore acquittée. Dites à "Philippine" que Philippe a de la mémoire et s'exécutera en la revoyant.[11] De plus, je communique à votre femme le *post scriptum* suivant d'une lettre que je viens de recevoir de ma sœur, et j'en respecte même l'orthographe:

"P.S. Ma lettre a été retardé de 3 jours parce que j'ai eu la pensée de faire aussi un flacon de lavande pour Mme Zola, tu lui offriras le rose à moins qu'elle ne préfère le bleu. Tu lui diras que je pense souvent à elle et à toutes ses complaisances; j'ai encore les jolis verres qu'elle m'a si bien collés, et je lui aurait bien écrit mais je nais pas ausé."

Les deux "flacons" sont arrivés. Votre femme prendra donc le rose à moins qu'elle ne préfère le bleu.

Je dîne presque toujours pour 2 F chez mon cousin et ma "cousine" amie de Sarah Bernard, qui depuis trois jours monte toutes les après-midi en ballon.[12]

Le soir, quelquefois, à la N*lle* *Athènes*,[13] je vois Manet, Duranty, etc. L'autre fois, grande discussion à propos du congrès artistique[14] qu'on annonce. Manet déclarait vouloir y aller, prendre la parole et tomber l'école des Beaux-Arts. Pissarro qui écoutait cela était vaguement inquiet. Duranty, en sage Nestor, le rappelait aux moyens pratiques.

Mendès, un peu éteint, mélancolique, – les fonds bas et n'en quittant pas Paris, – fait des sonnets.

Marcellin de la *Vie parisienne*[15] que je "travaille" depuis deux mois, m'a à peu près promis de m'insérer *"le mariage de Stanislas Levillain."*[16] Mais il ne l'a pas lu!... et j'ai grand peur que quand il l'aura lu... s'il le lit encore!

Fait lire Mad*lle* *Pomme*[17] à Halévy qui m'a dit *que c'était injouable*.

Pour le *Gymnase*, Montigny[18] difficile à rencontrer au théâtre. J'hésite entre lui écrire, ou bien aller voir Paul Ferrier, (qui est très bien dans la maison, et avec qui j'ai dîné une fois chez Mme Rattazz; et qui est "du Midi") et le consulter confraternellement sur le meilleur moyen à employer pour me faire enfin jouer.

Samedi 10

Il pleut. Vous, la pluie vous égaye,[19] moi, elle me rend triste. Je viens de relire ma lettre, et je la trouve grise comme le temps. Je n'ai pas le courage de me battre les flancs pour l'illuminer de quelques rayons de gaieté. Je préfère vous serrer cordialement la main à tous les trois.

Je vous écrirai mieux une autre fois.

Votre ami qui a 31 ans et 2 mois moins 5 jours

Paul Alexis

P.S. Un écho pourtant, pour finir:

Entendu à la *Nouvelle Athènes*, par Manet, Duranty[20] étant présent. Auteur, l'un ou l'autre, (ou les deux en collaboration) je présume.

–Plus de nouvelles de Zola!

–En effet.

–Serait-il mort?

–Probablement.

–De quoi?

–D'une attaque de *Paul Alexis*!...

Horrible à-peu-près!!! Mais il fait si chaud sur la pla–ge Pigalle.

Et les échecs?[21]

Votre femme y mord-elle?

J'ai joué deux ou trois fois avec un allemand, très fort, que m'a fait connaître Duranty: *Bénédictus*,[22] – celui de M*me* Mendès.

A propos de ce nom, comment avez-vous trouvé la lettre de Catulle à sa femme?...²³ N'est-ce pas ce qu'il a écrit de mieux, et de plus net, en littérature, – le seul morceau peut-être qui restera de lui.

Allons! voilà que je me remets à bavarder, lorsque j'ai à travailler. Plus un mot!... Et, bonne pêche!

1 Zola était depuis le printemps propriétaire à Médan. D'après P.-E. Cadilhac, le nom de ce village entre Poissy et Triel, sur la rive gauche de la Seine, n'avait pas d'accent. C'est Alexis qui aurait dit à son ami, la première fois que celui-ci en parla: "Medan avec e muet, c'est vraiment imprononçable." Et Zola de répondre: "Eh bien, on mettra un e accent aigu qui passera à la postérité" ("Pèlerinage à Médan," dans *Demeures inspirées et sites romanesques*, éd. R. Lécuyer et P.-E. Cadilhac, I [s.n.e.p. – Illustration 1949], 313).
   Dans la biographie Alexis parle longuement de la maison de campagne de Zola et de ses environs: "On se croirait à cent lieues de Paris. Rien que des payans. Dans toute la commune, une seule maison de bourgeois parisien, et 'le château', rarement habité, changeant souvent de propriétaires. Voilà Médan. [...] La première maison qu'il aperçoit, –étroite, cachée dans un nid de verdure, isolée du hameau par une allée d'arbres magnifiques qui descend jusqu'à la Seine, et sous laquelle un pont livre passage à la voie ferrée,– la première maison lui fait éprouver ce que, en amour, Stendhal appelait 'le coup de foudre' " (*E.Z.*, 185–6).
2 Ce même vendredi 9 août, Zola écrivait à Flaubert: "Je viens de terminer le plan de *Nana*, qui m'a donné beaucoup de peine, car il porte sur un monde singulièrement complexe, et je n'aurai pas moins d'une centaine de personnages. Je suis très content de ce plan. Seulement, je crois que cela sera bien raide. Je veux tout dire, et il y a des choses bien grosses. [...] Je compte commencer à écrire vers le 20 de ce mois, après ma correspondance de Russie" (*Corr.*, 507). L'étude que Zola allait préparer pour le numéro de septembre du *Messager de l'Europe* porte le titre: "Les romanciers contemporains" (*Les Romanciers naturalistes*, O.C., XI, 221–52).
3 On retrouve un écho de ces dîners hebdomadaires dans Le "*Huysmans intime*" d'Henry Céard et Jean de Caldain: "On s'arrêta d'abord pour chaque semaine un jour fixe où l'on se rencontrait tous à table, et on se rencontra fidèlement dans l'arrière-boutique d'un obscur marchand de vins situé dans Montmartre au coin de la rue Coustou et la rue Puget. Cet établissement devint célèbre, depuis, par un assassinat. L'endroit avait été découvert par Léon Hennique. L'hôtesse répondait au nom de la mère Machini et se recommandait plus pour sa bonne volonté que par l'excellence de sa cuisine. [...] Huysmans ne les avait pas oubliés, ces repas, où la belle humeur suppléait à la tristesse des menus, car [...] il a écrit: 'Nous nous réunissions tous, Alexis, Céard, Hennique, Maupassant, moi, une fois par semaine, dans une affreuse gargote de Montmartre, où l'on dépeçait des carnes exorbitamment crues et où on buvait un reginglat terrible. C'était exécrable et c'était périlleux, mais je ne sais pas si, les uns et les autres, nous avons jamais si joyeusement mangé.' [...] La mère Machini fut délaissée après un repas vraiment trop paradoxal où les poivres les plus actifs demeurèrent impuissants à désinfecter les rognons de mouton irrémédiablement corrompus. Le dîner, la semaine suivante, s'organisa 51 rue Condorcet, chez Joseph, tenancier d'une crèmerie bruyante" (130–2).
4 Voici le jugement de Céard à propos de cette nouvelle: "Il me semble que, sans juger selon mes préférences, les *Femmes de M. Lefèvre* peuvent passer pour le chef-d'œuvre de Paul Alexis. Cette aventure d'écuyères de bas étage venant troubler les pudeurs et les convictions d'une sous-préfecture endormie dans sa tranquilité bourgeoise, témoigne de rares qualités de justesse et de comique. La pondération y est parfaite, l'effet toujours savamment ménagé. Le style très adroitement adapté au sujet, railleur sans sous-entendus, et ne disant rien que ce qu'il veut dire, est sobre avec éclat et pittoresque sans enflure. Ces cinquante pages respirent la vie, une vie spéciale et bien connue de l'auteur. On sent qu'il l'a vécue de près dans son pays natal, dans cet Aix-en-Provence,

'ville du passé, toute à ses souvenirs, calme et silencieuse, aux vieux hôtels mélancoliques' " ("Paul Alexis," *L'Evénement*, 3-VIII-01).

5 L'auteur de *Marthe* habitait 11, rue de Sèvres à cette époque.

6 Allusion à 'l'affaire' des *Cloches de Paris* (lettre 37, n.8). Voir l'Introduction (21–3) sur les rapports d'Alexis avec le reste du 'groupe'.

7 Alexis demeurait au numéro 32bis. La rue s'appelle aujourd'hui rue Victor-Massé.

8 C'est le début de *Madame Meuriot, mœurs parisiennes*, qui ne sera terminé qu'en 1890. On trouvera dans cette correspondance de fréquentes mentions de ce roman qui, après *Madame Barrault*, sera intitulé *Madame Cœuriot* jusqu'à l'année de la publication.

9 Voir la lettre 38. Nina de Villard sera l'Eva de Pommeuse du roman d'Alexis.

10 On retrouvera Catulle Mendès dans le personnage d'Aigueperse.

11 Alexis avait sans doute fait une philippine avec la femme de Zola.

12 Cf. la lettre 204

13 Après le café Guerbois, berceau du groupe dit 'des Batignolles', que fréquentaient Manet, Zola, Duranty, Duret, Guillemet, Degas, Renoir, Cézanne, Sisley, Monet, Pissarro, Alexis, etc., le centre artistique et littéraire de la capitale se déplaça aux environs de 1874–5 vers un petit café de la place Pigalle, la Nouvelle-Athènes, où les habitués les plus assidus étaient Desboutin, Manet, Degas, Renoir, Forain, Zandomeneghi, Pissarro, Duranty, Richepin, Villiers de l'Isle-Adam, Alexis, Moore, etc. L'écrivain irlandais nous a laissé une très vivante description de ce célèbre établissement (G. Moore, *Vale* [London: W. Heinemann 1947], 100–13). En parlant de Renoir, il rappelle "his embittered, vehement voice in the Nouvelle-Athènes," et il ajoute: "I, caught a glimpse of his home life on the day that I went to Montmartre to breakfast with him, and finding him, to my surprise, living in the same terrace as Paul Alexis, I asked: Shall we see Alexis after breakfast? He would waste the whole of my afternoon, Renoir muttered, sitting here smoking cigars and sipping cognac; and I must get on with my picture" (111). Sur le café Guerbois (le café Baudequin de *L'Œuvre*) et celui de la Nouvelle-Athènes, cf. F.W.J. Hemmings, "Zola, Manet and the Impressionists, 1875–1880," *PMLA*, LXXIII (1958), 407–17; J. Rewald, *The History of Impressionism*, 197–206, 399–406; G. Rivière, "Les écrivains à la Nouvelle-Athènes," *Nouvelles littéraires*, 7 mai 1927 (app. J:11); A. Silvestre, *Au pays des souvenirs* (Librairie Illustrée 1892), ch. XIII ("Le café Guerbois").

14 Le Congrès international de la propriété artistique aura lieu au Palais du Trocadéro du 18 au 21 septembre 1878, dans le cadre de l'Exposition universelle. M. Crouzet, qui s'est trompé sur la date de cette lettre d'Alexis, croit qu'il s'agit d'un Congrès artistique que Duranty mentionne dans *La Chronique des Arts* du 27 juillet 1879 (*Duranty*, 366–7).

15 Emile Planat, dit Marcelin (1830–87), fut le fondateur de *La Vie parisienne*. Goncourt nous raconte une visite qu'il fit le 12 juin 1873 aux bureaux de ce périodique: "J'ai franchi un escalier, tout fauve du bitume de Giorgione passé au four. Puis j'ai été admis dans le sanctuaire, où le beau Marcelin, dans un vestinquin clair, s'enlevait sur l'ambre d'un Crayer douteux. Ce bureau de la *Vie Parisienne* a le clair-obscur de l'appartement d'une vieille putain retirée du commerce des tableaux, un appartement dans lequel rutilent les chaleurs de faux chefs-d'œuvre" (*Journal*, II, 935–6).

16 Voir la lettre 27, n.9

17 Voir la lettre 40, n.5

18 Auguste-Adolphe Lemoine, dit Montigny (1812–80), était depuis longtemps le directeur du Théâtre du Gymnase. C'est lui qui monta en septembre 1879 la piécette d'Alexis, *Celle qu'on n'épouse pas*. L'auteur ne l'oubliait pas lorsqu'il écrivait le 15 mars 1880 dans une chronique théâtrale de *La Réforme*, après la mort de Montigny: "Devenu directeur du Gymnase, en 1846, M. Montigny avait trouvé tout d'un coup sa vraie voie. Ecrire l'histoire de sa mémorable direction, ce serait écrire celle de notre théâtre lui-même pendant les trente dernières années. [...] C'est surtout au *Gymnase* et à son directeur que nous sommes redevables de ces ressources nouvelles, et notamment de cette *vérité* du décor universellement admise et pratiquée aujourd'hui, signe avant-coureur de ce Naturalisme qui est le mouvement du siècle, et qui renouvellera de plus en plus le théâtre, puisqu'il est en train de tout transformer."

19 L'année précédente Zola avait écrit de l'Estaque à Théodore Duret: "Depuis trois mois, il n'est pas tombé une goutte d'eau. Moi qui ai la passion de la pluie, je finis par montrer le poing à ce ciel implacablement bleu" (2 sept., *Corr.*, 494).

20 Dans "Manet et Duranty," article qu'il fit pour *Le Réveil* du 6 mai 1883, Alexis cite "un triolet *impressionniste* –il a *neuf* vers!– que je retrouve dans mes papiers. Je ne me souviens plus s'il fut composé au café Guerbois, le soir de ce duel épique entre Manet et Duranty, duel dont Zola fut un témoin et où les deux combattants, ignorants de l'escrime et alignés pour un simple différend artistique, se jetèrent avec tant de bravoure l'un sur l'autre que, lorsqu'on les sépara, leurs deux épées se trouvaient changées en une paire de tire-bouchons. Le lendemain, ils étaient redevenus les meilleurs amis du monde, et 'le café', heureux et soulagé, les aligna dans ces vers:

Manet-Duranty – sont deux gas
Qui font une admirable paire;
Aux poncifs, ils font des dégats,
Manet-Duranty – sont deux gas.
L'Institut qui les vitupère
Les méprise autant que Degas,
Parce qu'ils font des becs de gaz.
Manet-Duranty – sont deux gas
Qui font une admirable paire.

"Et, puisque j'en suis à farfouiller dans mes souvenirs, voici d'autres vers burlesques entendus 'au Gaulois' ou à 'la Nouvelle Athénée' [*sic*]:

Parmi les oseurs Dumas n'est
Qu'un pleutre à côté de Manet.
Tout un panorama naît
Du fond des toiles de Manet.
Ça fait rigoler Dumanet.
Pour moi, l'épatement m'a net
Cassé le bras devant Manet.

"Comme ce temps-là est déjà loin. 'L'art, disait Edouard Béliard, un autre peintre de l'école des Batignolles, – l'art est long et la vie est courte.'" Sur le duel Duranty-Manet, cf. Crouzet, *Duranty*, 291–3.

21 "Grand joueur, dit Denise Le Blond-Zola d'Alexis, réellement imbattable aux échecs et aux dames, il nous avait dévoilé quelques-uns de ses secrets, que, pour ma part, j'ai oubliés depuis longtemps. Je l'ai vu souvent avec mon père se lancer dans une interminable partie d'échecs" ("Alexis, Zola et l'époque du Naturalisme," ms., coll. J.-C. Le Blond).

22 Le pianiste et compositeur Louis Bénédictus, mort en 1923, exécuta à l'occasion des Expositions de 1889 et 1900 des transpositions de musique exotique. Il fut l'admirateur et l'ami de Judith Gautier, que Catulle Mendès avait épousée en 1866 mais dont il s'était séparé quelque temps après. Cf. M. Camacho, *Judith Gautier, sa vie et son œuvre* (Genève: Droz 1939)

23 Il n'a pas été possible de faire la lumière sur cette allusion assez obscure

42 [Paris] Samedi soir [17 août 1878].

MON CHER AMI,

Votre aimable invitation me fait le plus grand plaisir. Mais malgré l'impatience que j'ai de m'y rendre,[1] je vois qu'il m'est absolument impossible de partir lundi, 19. D'abord il faut que je touche mon mois,[2] et je ne puis guère décemment le faire avant le 25. De plus j'ai une ou deux petites emplettes à faire, mon linge à recevoir du blanchisseur etc. etc. De plus, je veux avant de partir mettre la main sur M. Montigny,[3] –terminer et porter au *Voltaire*[4] un article que j'ai commencé,– et enfin, si samedi prochain la *Vie parisienne* ne contient pas ma nouvelle,[5] revoir M. Marcellin, qu'on trouve le lundi de 5 à 6. Je me vois donc obligé (si vous n'y voyez pas de mal) de remettre mon départ à *Mardi 27 Août*, par le train que vous me désignez.[6] Maintenant j'ai grand peur d'être indiscret, en retardant ainsi. Si cela contrariait par trop vos vues par rapport à des invités d'une autre série, vous me le diriez n'est-ce pas. Sinon, qui ne dit mot consent, et à Mardi, 27.

Quant à Coste, que je n'ai rencontré ni chez lui, ni au journal de Baragnon[7] sur le Boulevard, (où je n'ai vu que Déthez) je lui ai laissé votre lettre chez sa concierge, avec un mot l'engageant selon votre désir, à ne pas attendre, et à partir lundi. Vous recevrez probablement en même temps que ma lettre quelques mots de lui.

Et maintenant, une cordiale poignée de main pour votre femme et pour vous.

Votre

Paul Alexis

Vu *Brasseur*[8] aujourd'hui... sans aucun succès. Il m'a dit n'avoir en vue que son prochain spectacle, vivre au jour le jour, et ne pas pouvoir lire de pièce de 2 ou 3 mois... Pauvre *Mademoiselle Pomme*!... Je tenterai *Montrouge*.[9]

Bravo *la 50ᵉ* édⁿ!...[10] Et Zut pour Bardoux[11] – Le *Gaulois* a été très bien. Il n'y a encore que les Bonapartistes!

1 C'est-à-dire à Médan
2 Il s'agit sans doute de l'allocation mensuelle qu'Alexis recevait toujours de son père. Il ne semble pas qu'il collaborât à ce moment-là d'une façon régulière à un journal ou à une revue.
3 Voir la lettre 41, n.18
4 Zola collaborait depuis juillet 1878 au *Voltaire*, qui avait remplacé *Le Bien public*. A cette époque le directeur en était Aurélien Scholl. D'après Alexis, le romancier-critique "y continua [...] la même besogne: jugeant les grands comme les petits avec une belle franchise, soulevant de temps à autre de profonds scandales dans la presse. Il jouissait d'une liberté absolue dans cette feuille, il y donnait une note toute personnelle et très différente de celles des autres rédacteurs" (*E.Z.*, 149). Bien des articles provenant de cette collaboration se retrouvent dans les cinq volumes de critique que Zola fit paraître pendant les années 1880 et 1881. Cf. F.W.J. Hemmings, "Zola, *Le Bien public* and *Le Voltaire*," *Romanic Review*, xlvii (1956), 103–16; H. Mitterand, *Zola journaliste*, 210–18.
    Le premier article d'Alexis au *Voltaire* ne paraît qu'au mois de mai de l'année suivante. Voir la lettre 46 (surtout la note 2) sur la collaboration des Naturalistes à ce journal.
5 Voir la lettre précédente
6 Quelques jours avant (le 14), Zola avait donné ces renseignements à Hennique: "Vous prendrez le train qui part à 2 heures de Paris et vous descendrez à Triel; là vous reviendrez sur vos pas, vers Paris, en suivant le côté gauche de la voie; un chemin suit la haie qui borde la voie et conduit droit à Médan; au bout d'une demi-heure de marche, quand vous rencontrerez un pont, vous passerez sur ce pont et vous serez arrivé: la maison est de l'autre côté du point, à droite" (*Corr.*, 508).
7 Le journaliste Pierre-Paul Baragnon (1830–1904) fonda en 1878 le journal républicain

et radical *Le Courrier du soir*, dont Albert Déthez était secrétaire de rédaction. Numa Coste y donna plusieurs articles, dont un "Salon" de 1878.

8 Jules Brasseur (1829–91) avait été acteur au Palais-Royal de 1852 à 1877. En juin 1878 il ouvrit le Théâtre des Nouveautés, boulevard des Italiens.

9 Louis-Emile Hesnard, dit Montrouge (1825–1903), jouait d'abord dans des vaudevilles et des revues avant de prendre la direction de l'Athénée, rue Scribe, de 1875 à 1883.

10 De *L'Assommoir*

11 Agénor Bardoux (1829–97) était ministre de l'Instruction publique dans le cabinet Dufaure (1877–9). A la demande de ses amis Daudet et Flaubert il avait promis de faire décorer l'auteur de *L'Assommoir*. Cependant il ne tint pas cette promesse et le nom de Zola fut remplacé par celui de Ferdinand Fabre. Beaucoup de journaux s'en indignèrent. Dans *Le Gaulois* du 9 août on lisait: "On avait annoncé dernièrement la promotion au grade d'officier de la Légion d'honneur de M. Renan et la nomination à celui de chevalier de MM. Emile Zola, Victor Cherbuliez, Gustave Droz. Nous avons été fort étonnés, en ouvrant hier matin le *Journal officiel*, de n'y pas rencontrer ces nominations formellement promises, à plusieurs reprises, par M. le ministre de l'instruction publique, et nous espérons bien voir réparer, d'ici à quelques jours, l'omission commise par le décret."

Egalement le 9 août, Zola écrit à Flaubert: "Si vous voyez Bardoux, dites-lui que j'ai déjà avalé pas mal de crapauds dans ma vie d'écrivain, mais que cette décoration offerte, promenée dans les journaux, puis retirée au dernier moment, est le crapaud le plus désagréable que j'aie encore digéré [...]" (*Corr.*, 507–8). Et Flaubert de répondre le 15 août: "Quant à mon camarade Bardoux, c'est un khon (orthographe chinoise). Je me promets de le lui dire. Ce procédé envers vous est une *crasse* qu'il me fait à moi, car je lui ai demandé la croix pour vous cet hiver, et il m'avait *promis* formellement que vous l'auriez au mois de juin" (G. Flaubert, *Correspondance*, VIII [1877–80], Conard 1930, 132).

Bardoux recommença ses promesses de décorer Zola, cette fois pour le mois de janvier 1879. Dans l'entre-temps *Le Figaro* publia le 22 décembre "Les romanciers contemporains," étude qui avait déjà paru au *Messager de l'Europe* (lettre 41, n.2). Une des conséquences de cet article assez sévère fut que, de nouveau, le nom de l'auteur disparut de la liste. "Depuis cette époque, dit Alexis, lorsqu'on parle de décoration en sa présence, il dit d'un air plaisant, en homme dont l'ambition est comblée et qui est décidé à ne plus rien accepter: —Moi, j'ai failli être décoré par Bardoux: ça me suffit" (*E.Z.*, 193). Ce n'est que neuf ans plus tard, le 14 juillet 1888, que Zola fut décoré (lettre 188). Sur cette affaire Bardoux, cf. *Céard-Zola*, 56–61; L. Deffoux, *La Publication de "L'Assommoir,"* 121–7.

43 Paris, Dimanche soir, 27 Octr 1878

MON CHER EMILE,

Vous me manquez. Que de fois depuis que je vous ai quitté, gare St. Lazare, je me suis dit: "J'irai lui raconter ça, s'il était ici." Des riens la plupart du temps, qui ont leur intérêt d'un instant, que le lendemain emporte. Enfin tâchons d'extraire de tout cela, le gros. Causons un peu.

D'abord, le travail. Vous avez dû vous demander ce qu'il est resté de mes bonnes résolutions de Médan,[1] ce qu'est devenu le résultat d'un mois de bon régime intellectuel. D'abord, dès le *Mardi* matin 8 octobre, à l'œuvre! une dizaine de jours de travail sans interruption. Mais la seconde dizaine ne vaut pas la première, coupée par mon 1er article au journal de Lyon *l'Assommoir*,[2] qui m'a pris 2 jours, et par 2 ou 3 jours de "non-travail" comme disait Valabrègue. De plus, même les jours de travail, j'en ai fait beaucoup moins que chez vous. Cependant, *M. Mure*[3] a aujourd'hui 122 pages. Et je n'ai plus qu'un grand chapitre final, de 15 à 20 pages, où je voudrais décrocher quelques étoiles. Il faut aussi que je perde un ou deux jours pour aller voir l'Exposition[4] que je connais à peine. De sorte que je vous verrai sans doute à votre voyage prochain. Puis, je vais m'enterrer à Etampes, avec votre biographie,[5] que je veux vous lire en Décembre.

Et puis, je vous annonce que la 1ère édition du livre d'Hennique[6] est vendue. "On va retirer" nous annonçait-il à notre dîner, jeudi dernier. N'est-ce pas superbe! N'est-ce pas un signe des temps! N'est-ce pas aussi pour moi le moment de tâter Charpentier et de lui coller mes 6 nouvelles:[7] 12 mille lignes environ!... (Par "le moment" j'entends: d'ici à la fin de l'année. N'est-ce pas votre avis? Hennique est arrivé bon premier; Huysmans, second;[8] ne pourrai-je arriver troisième?)

Le journal *l'Assommoir* ne paraît que Jeudi 31. Mon premier article est une *lettre de Nana à sa tante M*me *Lerat devenue concierge à Lyon*. Et j'y ai parlé principalement de *la dévouée*. – Le "Greppo"[9] en question m'a déjà écrit trois fois... sans me dire de bêtises. Son canard pourrait réussir! Nous méditons et creusons l'idée, de composer, pour la 1ère de l'Ambigu,[10] un n° exceptionnel, qui se vendrait à Paris, à la porte du théâtre – Son rêve serait d'avoir 8 lignes de vous, pour mettre en tête du 1er n° (de jeudi 31) Je cueille cette phrase dans sa dernière épître: "Le but du journal, vous le savez, ce sont des études *d'après nature*. Il serait facile à M. Zola de nous brocher quelques lignes là-dessus." Pourquoi ne pas le contenter: faites-lui-en une à la Hugo, qui, lui, ne les marchande pas en pareille occasion.

J'ai touché 201 F (Je voulais vous en donner un peu! Mais... ce sera sur l'argent de ... E.Z. *sa vie et ses œuvres*!) à la *Réforme*,[11] et dîné le 15, moyennant 11 F, chez Notta[12] (10e banquet de la presse républicaine) avec quelques idiots, un entr'autres, Léopold Stapleaux,[13] –d'un fort tonneau!– Après le dîner, celui-là, Yves Guyot,[14] Francolin, Lassez et moi, au café: grrrrande discussion littéraire: moi seul contre tous, cela va sans dire. Depuis, revu Stapleaux, qui est mon voisin, dans un café. Maintenant, nous sommes une paire d'amis: il m'a donné à lire un infect roman paru dans le *Constitutionnel*, "*entre l'arbre et l'écorce*." Et il voudrait que j'en fasse avec lui une pièce!!.. (Je n'ai encore dit ni oui, ni non. C'est une mère qui est embêtée que son fils couche avec sa femme, et qui, aidée de quelques intimes de la maison, arrive jusqu'à jeter sa bru dans l'adultère; puis, tout s'arrange!–) Et il m'a fait entrer cette après-midi, à la matinée: *l'idole*,[15] au Vaudeville. J'en sors. Ah! Rousseil, mon ami, quelle actrice!... Tout le temps, de ce 4e acte, dont elle fait quelque chose, je pensais à vous et à votre pièce de l'*Assommoir*. Rousseil, pour moi, c'est... Gervaise. Elle en a la plébeienne corpulence, les gros pieds et les grandes mains; elle est sympathique; outre la tempête de passion du 4, au 3, dans une scène de comédie entre cuir et chair, elle est fine, naturelle, souple, elle pourrait donc parcourir toute la gamme des sentiments humains qui compose le rôle de Gervaise; elle détaille tout, elle sait sublimiser le trivial... Enfin, elle est *actuellement sans emploi*, tellement que le Stapleaux voudrait qu'elle lui promenât cet hiver l'*Idole* en province.

Je vous dis tout cela, parce que par ma "cousine" amie de Sarah,[16] où fréquente Busnach,[17] il m'est revenue que Judic[18] refuse, qu'on est sans Gervaise, et j'ai entendu prononcer les noms les plus extraordinaires, entr' autres: *Massin*!!![19] Ce serait du propre.

Il m'est venu aussi par la même voie, que, dans le cas d'un succès de la pièce, vous auriez à vous méfier de Busnach au point de vue des droits d'auteur. Le monsieur serait très capable de s'entendre avec qui de droit, pour rogner votre part. D'ailleurs, je ne fais que répéter ce qu'on m'a dit, sans rien savoir, moi, et purement pour votre profit.

Et maintenant je crois que j'ai à peu près vidé mon sac, pour le moment. Quel jour viendrez-vous à Paris?... Et Nana, comment se porte-t-elle?... Et la bâtisse? Où en sont ces fondations?...[20] Et le morceau de Bouffes?[21]

Une vigoureuse poignée de main de votre vieil ami

Paul Alexis

P.S. Mes amitiés à votre mère et à votre femme. Dites à votre femme que elle a eu du mérite de supporter pendant un grand mois mes défauts, et les lourdeurs, et les lenteurs de mon incommode, et distrait, et myope individu.[22]

Traduction Coste reçuc à la *Réforme*.[23] Mais on y trouve Flaubert, bien cher.[24] – Duranty de plus en plus embourbé dans la critique d'art et l'article – Exposition.[25] On tombe beaucoup sur la *Dévouée*. (Manet l'autre jour était d'un dur!) sauf... Mendès qui dit pourtant que c'est un pastiche très bien fait, mais qu'il y a en Hennique, "quelque chose de ce qui est rare dans notre école: de l'imagination."

1 Alexis avait passé le mois de septembre à la campagne chez son ami. Dans "Souvenirs de Médan," entretien recueilli par A. Souberbielle pour *L'Aurore* du 11 mars 1905 (reproduit dans *Les Marges*, n.s.9 [1930], 110–11), Mme Emile Zola nous raconte que "pendant les longs séjours qu'Alexis faisait à Médan, [mon mari] lui permettait, par une exception qu'il n'a jamais renouvelée pour personne, d'écrire auprès de lui, sur la grande table de l'atelier. Il espérait l'exciter au travail par son exemple. Car il agissait ainsi avec une sollicitude toute paternelle avec ses amis, qui étaient pour la plupart plus jeunes que lui d'une dizaine d'années."

2 Voir plus loin

3 "Journal de M. Murc." Voir la lettre 37, n.4

4 L'Exposition universelle eut lieu à Paris de mai à octobre 1878.

5 Première mention d'*Emile Zola, notes d'un ami*, que Charpentier publiera en 1882. Le 22 septembre 1878 Béliard avait écrit à Zola d'Etampes: "J'imagine que mon noble ami le marquis Gourgandin de Panafieu est auprès de vous. Il m'avait dit devoir aller passer quelques jours à Médan, puis venir ici, mais je ne le vois point venir; et comme il a six sens, j'ai lieu de supposer et de craindre qu'il n'ait entrepris un voyage en Catalogne: Je m'entends. Si vous l'approchez je vous serais obligé pour le règlement de mes projets particuliers de lui dire de m'écrire et de me faire connaître ses intentions" (lettre inédite [copie], coll. H. Mitterand).

6 *La Dévouée* parut en 1878 chez Charpentier. N'aimant pas beaucoup le sujet du roman, Zola écrit néanmoins à Hennique le 20 août: "Je suis très satisfait, très satisfait, et je suis certain maintenant que *vour êtes un romancier*. En toute conscience, je ne m'attendais pas à un début pareil. Me permettez-vous, à présent, de vous donner le conseil d'éviter à l'avenir les sujets exceptionnels, les aventures trop grosses. Faites général. La vie est simple" (*Corr.*, 510).

7 C'est-à-dire "La Fin de Lucie Pellegrin," "L'Infortune de M. Fraque," "Les Femmes du père Lefèvre," "Journal de M. Mure," "Le Mariage de Stanislas Levillain," et

"Mademoiselle d'Entrecasteaux." Les quatre premières constitueront, en 1880, le premier recueil de nouvelles d'Alexis, *La Fin de Lucie Pellegrin*, publié chez Charpentier.

8 Après avoir accepté *Les Sœurs Vatard* en juin 1878, Charpentier fit paraître le roman en février 1879. Voir *Huysmans-Goncourt*, 52–4; *Huysmans-Zola*, 12–13.

9 Serait-ce un parent du Jean-Louis Greppo, contremaître dans un tissage lyonnais et un des assidus du salon de Louise Colet, que mentionne R. Dumesnil dans *L'Epoque réaliste et naturaliste* (119)?

10 L'adaptation dramatique de *L'Assommoir*, drame en cinq actes et huit tableaux, signé de W. Busnach et d'O. Gastineau, fut représentée pour la première fois au Théâtre de l'Ambigu le 18 janvier 1879. La pièce eut un très vif succès, grâce surtout aux créations des rôles de Gervaise par Hélène Petit, de Coupeau par Gil Naza et de Mes-Bottes par Dailly. Le même soir Goncourt écrivit dans son *Journal*: "Un public sympathique, applaudisseur, au milieu duquel les inimitiés sourdes n'osent pas se produire. [...] Tout est accepté, claqué; et seuls, deux ou trois coups de sifflets par des siffleurs qui se cachent au dernier tableau: c'est toute la protestation dans l'enthousiasme général. [...] En sortant de la représentation, Zola nous demande, le nez en point d'interrogation, d'une voix dolente, si la pièce a vraiment réussi. Il a passé toute la représentation dans le cabinet de Chabrillat [le directeur de l'Ambigu], à lire un roman quelconque, trouvé dans sa bibliothèque, n'osant se montrer aux acteurs, que la veille, à la répétition, dit-il, sa mine désolée glaçait" (III, 7). Cf. L.A. Carter, *Zola and the Theater* 108–18; L. Deffoux, *La Publication de "L'Assommoir,"* 128–34; P. Lefrançois, "L'adaptation de *L'Assommoir* et de *Nana* à la scène," *Le Miroir de l'Histoire*, No. 70 (1955), 597–605.

11 Le premier numéro de *La Réforme*, politique, littéraire, philosophique, scientifique et économique [ancienne *Réforme économique*], porte la date du 15 août 1878. Cette revue, dirigée par Gustave Francolin et Georges Lassez, fut d'abord mensuelle, puis, à partir du 1er novembre 1879, bi-mensuelle. Ayant publié une nouvelle dans les numéros du 15 septembre et du 15 octobre 1878 (lettre 27, n.9), Alexis devint à partir de cette date un des principaux collaborateurs de la revue. Du 1er février jusqu'au 15 juillet 1880 il y rédigea surtout la rubrique des théâtres. Voir la lettre 56.

12 Le restaurant E. Notta se trouvait au coin du faubourg et du boulevard Poissonnière.

13 Le journaliste Guillaume-Léopold Stapleaux (1831–91) était d'origine belge. Ecrivain d'une vive imagination mais sans grande profondeur, il fut auteur de plusieurs romans et pièces de théâtre (lettre 64). Dans *L'Evénement* du 9 février 1866 Zola avait éreinté son *Roman d'un fils* (*O.C.*, x, 362–3). *Entre l'arbre et l'écorce* parut en feuilleton dans *Le Constitutionnel* du 28 avril au 16 juin 1878.

14 L'économiste Yves Guyot (1843–1928) était le rédacteur en chef du *Bien public* au temps de la publication de *L'Assommoir* dans ce journal. Il collaborait aussi à la *Revue économique*, aux *Droits de l'homme* et au *Siècle*. Il fut auteur de *La Science économique* (Reinwald 1881) et de *Scènes de l'enfer social. La Famille Pichot* (Rouff 1882), ouvrages mis à contribution par l'auteur de *Germinal* (I.-M. Frandon, *Autour de "Germinal." La mine et les mineurs* [Genève: Droz 1955], 59–76; E.M. Grant, *Zola's "Germinal." A Critical and Historical Study* [Leicester University Press 1962], 34, 37–8). Elu député de la Seine en 1885, il fut ministre des Travaux publics de 1889 à 1892.

15 La première de ce drame en quatre actes de L. Stapleaux et H. Crisafulli fut donnée au Théâtre des Arts le 27 octobre 1874, avec Aimée Desclée dans le rôle principal. Alexis rappelle cette date dans le compte rendu qu'il fait de la pièce le 15 novembre 1878 dans *La Réforme*: "J'avais encore dans l'oreille et devant les yeux l'éruption magnifique de ce volcan de passion qui, après avoir sourdement grondé pendant trois actes, embrasait tout à coup le quatrième. Depuis Desclée, qu'un des regrets de ma vie est de n'avoir entendue que trois fois [...], je n'avais plus éprouvé de semblable émotion dramatique. Aussi je n'étais pas du tout fâché, l'autre dimanche, à la matinée du Vaudeville, d'expérimenter sur moi si un autre milieu et trois ou quatre ans de distance ne modifieraient point ma première impression. Eh bien, mieux raisonnée et plus réfléchie, mon admiration pour Mlle Rousseil est restée vive et profonde."

Marie-Suzanne Rousseil (1840–1911?) joua à l'Odéon, au Vaudeville, à la Porte-Saint-Martin et à l'Ambigu. En 1872 elle débuta à la Comédie-Française dans le rôle d'Hermione, puis dans celui de Chimène, son meilleur rôle classique. Elle créa *La Dernière Idole*, drame en un acte d'Alphonse Daudet et d'E. L'Epine, le 4 février 1862 à l'Odéon. Le 13 février 1884 Alexis-Trublot consacra son feuilleton du *Cri du Peuple* à cette actrice.

16 Bernhardt

17 Bertrand-William Busnach (1832–1907) fonda en 1867 le Théâtre de l'Athénée, qu'il dirigea pendant deux ans. Auteur de nombreux romans, il collabora surtout à des comédies, des drames et des revues. Il adapta six des *Rougon-Macquart* pour la scène. Cf. M. Kanes, "Zola and Busnach: The Temptation of the Stage," *PMLA*, LXXVII (1962), 109–15.

18 Anne-Marie-Louise Damiens (1850–1911) épousa en 1867 le chanteur Israël, dit Judic, qui devint l'habile gérant de ses affaires. Elle débuta comme chanteuse comique à l'Eldorado, au Gaîté et aux Folies-Bergère. En 1876 elle entra comme actrice aux Variétés. Zola modela Rose et Auguste Mignon de *Nana* sur le ménage Judic. Alexis, qui s'inspira également de ce couple, fait leur portrait dans sa nouvelle "M. Betsy." Voir la lettre 134.

19 Louise-Léontine Massin (1847–1901) joua le rôle de Gervaise dans la reprise de *L'Assommoir* le 20 septembre 1881 à l Ambigu. Elle avait créé au même théâtre le rôle de Nana, le 29 janvier 1881. Elle eut des liaisons célèbres avec des personnalités telles que le vicomte Xavier Feuillant et le prince Paul Demidoff. Sur cette actrice, cf. Auriant, *Les Lionnes de Second Empire* (Gallimard 1935), 85–199.

20 C'est à Edmond de Goncourt que Zola écrivait le 14 octobre de Médan: "Voilà que j'ai eu la toquade de faire bâtir. On a tout bouleversé chez moi, j'ai du plâtre jusque dans mon lit. Impossible de recevoir quelqu'un, mais, l'année prochaine, le *château* sera plus digne de mes amis. Je ne pense pas rentrer à Paris avant la fin de décembre. Je surveille mes ouvriers. C est moi qui suis l architecte. J aurai un cabinet de travail vaste. D'ailleurs, trois mois d'hiver ne m'effrayent pas ici. Jamais je n'ai mieux travaillé. *Nana* avance lentement, mais je suis très content d'elle" (*Corr.*, 513).

21 Serait-ce une des pièces restées à l'état de scénario? Alexis fait plusieurs fois allusion aux projets théâtraux de son ami. Dans *Le Cri du Peuple* du 25 juin 1887 il parle de trois pièces que Zola aurait sur le chantier: "1° *A quoi bon?* une grande comédie philosophique, en trois actes. Très comique! genre Renaissance plutôt qu'Palais-Royal. 2° *Madame ...* et l'nom d'la personne, une dame d'la bourgeoisie, – à moins qu'eul' titre change, vous savez! Par exemple c'ui-ci: *Jeunesse*, – ou un autre... J'vous garantis rien, mézigue. C'est bien assez qu'j'm'expose à m'faire enl'ver, rapport à mon indiscrétion. 3° Un drame, un grand drame d'analyse null'ment tiré d'la *Terre*, mais s'passant chez les paysans. Aïe, pour sûr qu'j'ai bien trop jaspiné! Gare à mon gnasse!" Et dans une chronique pour la *Revue indépendante*, n.s., No. 2 (décembre 1886), intitulée "Les fours glorieux," il cite "un certain nombre de pièces qui, jamais écrites, sont restées à l'état de scénario ou même de simple velléité, telle que: *La Simple Vie d'Augustine Landois*, par M. Zola" (207). (Cf. les *Œuvres complètes* de Zola, XV, 841–2.) – On se rappellera que la farce *Le Bouton de rose* venait de tomber au Théâtre du Palais-Royal (lettre 33, n.7).

22 Selon Mme Zola, dans ce qu'elle disait des amis de Médan, "Alexis était de tous le plus paisible. Il n'aimait pas la hâte, la bousculade et nous amusait beaucoup par l'impossibilité où il était d'être exact aux heures du repas. Mon mari le grondait quelquefois de sa nonchalance" ("Souvenirs de Médan").

23 Il s'agit de l'étude intitulée: "Emilio Zola" par F. de Sanctis, publiée à l'origine dans le journal napolitain *Roma* (du 27 juin au 20 décembre 1877). *La Réforme* en donna des extraits, précédés d'une note du traducteur, dans son numéro du 15 novembre 1878 (408–28). L'étude du critique italien a été reproduite dans son *Saggi critici* (Bari: G. Laterza 1952), III, 234–76. Voir P. Arrighi, "Zola et De Sanctis," *Revue de Litterature comparée*, XXVIII (1953), 438–46.

24 Dans une lettre à Zola datée du 23 septembre 1878, Gustave Flaubert demandait combien il pourrait réclamer pour sa féerie *Le Château des cœurs*, qu'il avait portée à *La Réforme* "pour avoir quelques sols" (G. Flaubert, *Correspondance*, VIII, 151). Zola répondait à cette lettre le 26: "Vous me questionnez sur les prix de cette revue. Ils sont

très faibles; les directeurs ont tellement pleuré misère devant moi, [...] que je me suis laissé apitoyer personnellement et que je ne leur ai demandé que trente centimes la ligne, ce qui est ridicule; aussi ne serai-je pas prodigue de copie. Je pense que vous pouvez exiger davantage. Allez à quarante, à cinquante centimes. Enfin, vous con- naissez le terrain maintenant" (*Corr.*, 512). L'auteur de *Madame Bovary* le connaissait avant de recevoir cette lettre. Le 25 il demanda à Guy de Maupassant de ne pas porter la pièce à *La Réforme*. "Après m'avoir écrit que 'mes prix seraient les siens,' M. Francolin me déclare ce matin qu'il ne peut me donner que 30 centimes par ligne, ce qui re- mettrait l'œuvre entière à 5 ou 600 francs. C'est pitoyable!" (*Correspondance*, VIII, 152)
   La féerie de Flaubert, écrite en collaboration avec Louis Bouilhet et Charles d'Osmoy, et achevée en 1863, ne fut jamais représentée. Elle fut publiée en 1879 par *La Vie moderne*. Cf. R. Dumesnil, *Gustave Flaubert, l'homme et l'œuvre*, 395–6.
25 Il s'agit ici de la série d'articles que Duranty consacra à l'Exposition universelle, surtout dans le domaine de l'art. Ces articles parurent dans *La Gazette des Beaux-Arts* et furent recueillis dans les deux volumes de *L'Art ancien et l'art moderne à l'Exposition de 1878* (Quantin 1879). Sur ce sujet et sur Duranty critique d'art, cf. M. Crouzet, *Duranty*, 373–7.
   Zola avait également fait des articles sur l'Exposition universelle, notamment celui qui s'intitulait "L'Ecole française de peinture à l'Exposition de 1878," pour le numéro de juillet 1878 du *Messager de l'Europe* (*O.C.*, XII, 977–1000).

44 [Paris] Vendredi [22 novembre 1878], soir

MON CHER EMILE,

Hier soir, après notre dîner hebdomadaire,[1] j'ai pris part à la lettre collective. Mais je réfléchis à une chose: après une mauvaise période, je *re*suis dans une bonne veine de travail, ce matin j'ai fait de 11 heures à 2 heures, mes *deux* pages: j'espère avoir fini dans trois ou quatre jours. J'ai retapé, émondé, le commencement du *Journal de Monsieur Mure* qui vous avait paru si somnolent à l'Estaque.[2] Et, désirant vivement vous lire ça, et, de plus, avoir avec vous un entretien sérieux pour vous consulter au sujet de *Charpentier*,[3] je préfère user de la permission que vous m'avez donnée, et n'aller vous voir que dans quelques jours, seul. J'arriverai de manière à ne pas vous déranger de votre travail du matin, je vous lirai l'après-midi, ou le soir, mes 150 pages, et je repartirai le lendemain matin par Triel.

   Deux choses encore m'encouragent à prendre cette détermination:

   1° Cela va me forcer à me hâter, pour que je puisse aussitôt aller en 20 jours, chez Béliard, élucubrer la "biographie."

   2° Avec Roux, Coste, et la petite bande cela fait déjà 6 visiteurs.[4] C'est déjà beaucoup!... Un septième de moins peut vous soulager.

   Et puis, tenez, le fond de ma pensée la voici: en allant vous voir à 7, forcément, je n'aurai de vous que 1/7, – tandis que je préfère vous avoir quelques heures tout entier.

   Votre vieil ami

   Paul Alexis.

   Et mon article théâtral?[5] Ces bougres de la *revue* n'ont pas voulu me le payer... Mais je suis en train de les pelotter pour devenir... leur secrétaire de rédaction!!

Autre revue à l'horizon: *la revue moderne et naturaliste* s.v.p. (bimensuelle)
...[6] D'un nommé Tomel, ex-professeur de philosophie à Etampes, et ami de Béliard. Pas d'argent pour la rédaction, mais les frais matériels garantis pour 1 an par un imprimeur... d'Etampes... Le nommé Goudeau, mauvais poète!... en est, et a écrit à Huysmans, Céard,[7] et Hennique... qui ont refusé par une lettre collective... Moi, qui ai mes *femmes de Monsieur Lefèvre*, à voir imprimées, pour les retaper, et les présenter à Charpentier avec le reste, j'ai lu ce soir cette nouvelle au nommé Tomel, venu chez moi, et l'affaire est faite. La revue paraît à la mi-Décembre. J'ouvrirai le 1er numéro. Je ne paraîtrai qu'en 3 ou 4 fois, mais j'aurai tout de suite une épreuve du tout.

J'ai trois ou quatre notes à vous communiquer... pour *Nana*.[8] Je les crois bonnes!... mais je n'ai pas le temps de vous les rédiger. Je vous écris dans un café! Il est tard, on ferme.[9] – Je vous les apporterai.

Et ce pauvre *Assommoir* de Lyon... qui ne paraît pas. Ma pauvre "lettre de Nana à Mme Boche"[10] qui ne verra pas le jour... Hélas! ce Greppo est pourtant un brave garçon; lundi on vend ses croûtes en public, m'écrit-il, et mardi, je recevrai un petit mandat.

1 Voir la lettre 41, n.3
2 On se rappellera que Zola y séjourna pendant l'été de 1877.
3 Voir la lettre précédente
4 "Répétez à nos amis que je les attends dimanche," écrivait Zola à Céard le 17 novembre (*Corr.*, 514).
5 La chronique "Les théâtres" de *La Réforme* du 15 novembre 1878 portait la signature de Paul Alexis, en l'absence du titulaire de cette rubrique, Charles Bigot.
6 Cette revue parut de décembre 1878 à octobre 1880. Le directeur en était Harry Alis, l'administrateur: Guy Tomel, les secrétaires de rédaction: Emile Goudeau, Vast-Ricouard, Félicien Champsaur. Elle fut imprimée à l'Imprimerie d'Auguste Allien, 3, rue du Pont-Quesneaux, à Etampes. Alexis y inséra sa nouvelle "Les Femmes de monsieur Lefèvre" (lettre 40, n. 4).
7 Alexis fit la connaissance d'Henry Céard chez Huysmans pendant l'automne de 1876. Ayant lu *Marthe* après la première rencontre avec l'auteur de ce roman, "j'envoyai à mon nouvel ami les deux numéros d'une revue ignorée qui contenaient *La fin de Lucie Pellegrin*. Huysmans, quelques jours après, me faisait dîner chez lui; Hennique était là, ainsi que Henry Céard, que je n'avais pas encore rencontré" (*E.Z.*, 182–3). Sur ce médanien, voir surtout les articles de C.A. Burns, "Henry Céard and His Relations with Flaubert and Zola," *French Studies*, VI (1952), 308–24; "Edmond de Goncourt et Henry Céard," *Revue d'Histoire littéraire de la France*, LIV (1954), 357–70; "Emile Zola et Henry Céard," *Les Cahiers naturalistes*, No. 2 (1955), 81–7. On consultera également R. Frazee, *Henry Céard: idéaliste détrompé* (Presses Universitaires de France 1963); M. Sachs, "The Success and the Failure of Henry Céard," *Modern Language Review*, LXIII (1968), 581–6.
8 "Pendant les quelques mois que dura [...] la gestation de *Nana*, il ne nous recevait plus, nous, ses amis, sans mettre la conversation sur les femmes, sans faire appel à nos souvenirs. Un de nous lui donna tous les détails sur la fameuse table d'hôte de la rue des Martyrs, où les clientes, en entrant, 'baisent la patronne sur la bouche.' Un autre lui raconta l'arrivée, à cinq heures du matin, dans un souper de filles, de plusieurs messieurs en habit noir, trop gais et que personne ne connaît. Un autre lui donna le détail des bouteilles de champagne vidées dans le piano. Et Zola écoutait tout, notait tout, s'assimilait tout. [...] C'étaient de véritables fleurs de vice que nous lui apportions [...]" (*E.Z.*, 115–16).
9 Georges Lecomte se rappelle qu'Alexis "déambulait [...] inlassablement à travers la

Butte, puis, descendait à Paris. A deux heures du matin, le gérant du café patiemment lui répétait: –'Monsieur Alexis, il est deux heures.' Mais le 'client récalcitrant' sans être gêné le moins du monde par la poussière du balayage, le bruit des chaises mises en pyramide et par la sciure de bois projetée, sortant sa montre du gousset, rectifiait sans grande conviction d'ailleurs –'Pardon, il est deux heures *moins cinq*'... Et, pour demeurer quelques minutes de plus assis, dans ce café, Paul Alexis discutait avec le gérant, car [...] cela l'ennuyait fort de regagner ses pénates" (dans J.-E. Bayard, *Montmartre, hier et aujourd'hui* [Jouve 1925], 256–7).

10 Alexis se trompe ici de nom; il veut dire "lettre de Nana à Mme Lerat." Voir la lettre précédente.

45 Paris, Vendredi soir [13 décembre 1878]

MON CHER EMILE,

Très fatigué et passablement enrhumé à la suite de la soirée d'hier Jeudi, chez Charpentier (où Sarah est venue) et d'aujourd'hui (je sors du *Sphinx*[1] que je suis allé voir avec mon cousin Reibaud et ma "cousine" –Atrocement mauvaise pièce par parenthèse!)– de plus, ayant encore quelques retouches à faire à ma nouvelle,[2] je n'irai vous la lire que la semaine prochaine... A moins que vous ne reveniez tout de suite pour l'*Assommoir*.[3]

Bonsoir. Poignée de main vigoureuse à vous, ainsi qu'à votre mère et à votre femme

P. Alexis

P.S. Le café-concert de la *Pépinière* a reçu *Mademoiselle Pomme*...[4] J'irai demain voir Duranty et lui demander son consentement. Nous le ferions jouer sous ce titre:

Les quinze prétendants de Gisèle.

Avez-vous lu le feuilleton de Sarcey sur le *Fils naturel*?[5] Il parle de vous, et trouve la pièce "réaliste!! naturaliste!!"

Hier, Sarah, chez Charpentier, avait l'air fraîchement sortie de son cerueil [*sic*].[6] Elle a dit de l'Hugo et du Musset. Peu de monde, moins de cohue bourgeoise. Si vous y aviez été avec votre femme, la soirée eût été charmante. Mme Charpentier devrait prendre celle-là comme type de ses futures réceptions.[7]

1 *Le Sphinx*, drame en quatre actes d'Octave Feuillet, fut repris à la Comédie-Française le 28 octobre 1878 (première le 23 mars 1874). Tout en louant le jeu de Sarah Bernhardt, qui y tenait le rôle principal, Alexis jugeait la pièce "d'un art gris et conventionnel," et les personnages "peu vivants et renouvelés de vingt autres productions du même auteur" (*La Réforme*, 15-XI-78).

2 "Journal de M. Mure"

3 Zola ne rentrera à Paris que le 3 janvier 1879 pour surveiller les répétitions du drame *L'Assommoir*, dont la première aura lieu le 18 de ce mois à l'Ambigu (lettre 43, n.10).

4 Mais la pièce n'y sera pas montée. Encore un échec pour l'ouvrage de Duranty et d'Alexis. Voir la lettre 40, n.5.

5 La comédie en cinq actes d'Alexandre Dumas fils fut reprise par la Comédie-Française

le 2 décembre 1878 (la première date du 16 janvier 1858 au Gymnase). Dans son feuilleton dramatique du *Temps* du 9 décembre Francisque Sarcey faisait surtout l'éloge du prologue de la pièce. "Notre confrère Emile Zola, continuait-il, qui parle tant de naturalisme et croit qu'il a inventé la chose parce qu'il a rajeuni le mot, n'a qu'à relire ces dix pages; est-ce que ce n'est pas là la vie prise sur le fait? [...] Aussitôt que Dumas va être entré dans l'essentiel de sa pièce, il va suivre, avec une inflexible rigueur, les données, non de la vérité vraie, mais de la logique; parce que l'art ne consiste point à servir au public une tranche de la vie humaine, découpée dans la réalité, mais à manifester une idée sous une forme vivante. A coup sûr l'observation est nécessaire au poète comique; mais l'observation doit se modeler au moule de son esprit où elle entre. Les Allemands disaient que la réalité est une chose éminemment subjective." Zola donna un compte rendu de la même reprise dans *Le Voltaire* du 10 décembre 1878 (*Nos Auteurs dramatiques, O.C.*, xi, 654–8).

6 Cf. la lettre 173, n.2

7 Sur le salon de madame Charpentier, cf. R. Dumesnil, *L'Epoque réaliste et naturaliste*, 130–2; G. Rivière, *Renoir et ses amis* (H. Floury 1921), ch. x: "Les Soirées chez Mme Charpentier"; M. Robida, *Le Salon Charpentier et les Impressionnistes* (Bibliothèque des Arts 1958).

46 Paris, Mardi 13 Mai 1879

MON CHER EMILE,

Hier, au Salon,[1] je vous ai en vain cherchés. Je n'y ai même rencontré aucun de mes amis. Y seriez-vous tous allés le jour du vernissage?

J'aurai voulu vous causer, entr'autres choses, du nommé *Lafitte*.[2] Un véritable "point noir à l'horizon" du *Voltaire*, comme vous disiez. Se faisant très aimable, mais au fond tout à fait nul, et très embêtant. Dès Mercredi dernier, jour de votre départ,[3] je m'y suis présenté. Il m'a bien reçu, mais m'a annoncé qu'un autre que moi ferait des portraits. Qui? Mystère. Quelqu'un qui signera: *pictor*.

Puis, pour surcroît d'ennui, *Gil Naza*[4] par lequel nous étions convenus que je commencerais, est toujours à Bruxelles. Alors, je suis retourné voir Lafitte. Il n'a voulu ni de Gondinet ni de Labiche.[5] Et nous sommes tombés d'accord sur Goncourt.[6] Mais il m'a dit de ne pas le lui apporter avant la fin de cette semaine, *Pictor*, dont il a déjà un Grévy, devant passer avant moi.[7]

Tout cela est très ennuyeux, ne me met pas dans de bonnes conditions, et recule la réalisation, que j'espérais enfin atteindre, de ce rêve: dire dans un journal tout ce qui me plaît sur un sujet m'intéressant. Jamais, ni à *la Cloche*, ni au *Corsaire*, ni à *l'Avenir national*, ni au *Ralliement*,[8] je n'ai eu ces franches coudées. Et je récuse donc absolument le doute que vous émettiez sur le compte de mes facultés de journaliste. Néanmoins je suis plein de courage. Après Goncourt, je vais essayer un ou deux peintres,[9] puis Emile Ollivier ou Henri Martin[10] (réception prochaine à l'Académie) Mais là encore je suis arrêté; après en avoir causé avec Lafitte, j'ignore lequel des deux, E. Ollivier ou H. Martin, son *pictor* se réserve.

Pardon, mon cher ami, de répandre cette longue jérémiade. Mais c'est moins pour moi que je vous écris que pour Maupassant. Il a appris la nouvelle combinaison du *Voltaire*, et désirerait une lettre de présentation pour

Lafitte,[11] à qui il voudrait proposer sous le titre de *"promenades d'un parisien"* une série de tournées anecdotiques et pittoresques aux environs de Paris, une série d'été où le canotage inconnu doit tenir une place importante.

En effet, ce pauvre Maupassant, qui ne me semble pas un des moins intéressants de la "petite bande,"[12] avait été un peu oublié.

Déjeuné ce matin avec le brave Béliard, navré de ne pas avoir été prévenu du bal de l'*Assommoir*,[13] où il serait venu en voyou, et rêvant toujours de vous posséder 48^h à Etampes. Je lui ai demandé à faire à Etampes, sous peu, une conférence, répétition générale de celle que je voudrais faire à Paris, lors de *Nana*, sur vous: *Emile Zola – sa vie et ses œuvres – raconté par un de ses amis intimes.*

Je vous préviens officieusement que le nommé Gustave Eyrès, réd. en chef du *Globe*[14] (je ne le connais pas, mais je l'ai su par un de ses rédacteurs) va, sous peu, aller vous voir à Médan, afin de vous demander quelque chose, pour un *grand supplément en 8 pages*, hebdomadaire, où, à l'encontre du *Figaro*, on ne donnera que de l'inédit. Je crois qu'ils vont commencer, ce Samedi-ci, avec une nouvelle de Goncourt. Si la visite a lieu, quelle que soit la réponse que vous fassiez, vous seriez bien aimable de dire un mot pour moi à ce Gustave Eyrès (*un Marseillais, je crois*) Je voudrais lui porter soit une nouvelle, soit des articles, et je différerai jusque-là pour aller le voir.

Demain *Mercredi*, je vais voir Goncourt pour compléter mes documents sur lui et y aller de mon premier portrait.

Mes amitiés à ces dames.

Votre vieux fidèle qui aura 32 ans dans 32 jours.

Paul Alexis.

1 Zola fit un compte rendu du Salon de 1879 dans le numéro de juillet du *Messager de l'Europe*. L'article est reproduit aux pages 1001–6 du tome xii des *Œuvres complètes*. Voir la lettre 49, n.6.

2 Jules Laffitte devint le 17 mai 1879 directeur-administrateur du *Voltaire*, auquel Zola collaborait depuis le mois de juillet 1878 (lettre 42, n.4). Les amis de celui-ci ne commencèrent à donner des articles à ce journal qu'au moment du changement de direction. Ils espéraient en faire l'organe officiel du Naturalisme. Ces espérances furent frustrées par la malveillance de Laffitte et tous les médaniens quittèrent le journal vers le milieu de 1880.

   Entre le 24 mai 1879 et le 14 mai 1880 Alexis donna en tout douze articles au *Voltaire*, les trois premiers sous la rubrique de "Marbres et Plâtres," titre dont Zola s'était déjà servi lorsqu'il écrivit une série de portraits littéraires, signés "Simplice," en 1866–7 pour *L'Evénement* et *Le Figaro* (A. Dezalay, "Cent ans après. Un journaliste bien parisien: Emile Zola portraitiste," *Les Cahiers naturalistes*, No. 34 [1967], 114–23; *O.C.*, x, 189–267). Un grand nombre des lettres qu'Alexis écrit à son ami pendant l'année 1879 ont trait à cet important épisode du mouvement naturaliste. Voir également ment *Céard-Zola*, 69–72 et *Huysmans-Zola*, 21–8.

3 Pour Médan

4 David-Antoine Chapoulade, dit Gil Naza (1825–99). En 1865 il fit construire à Bruxelles le Théâtre Molière, qu'il vendit six ans plus tard. Il débuta à l'Odéon en 1874 et entra à l'Ambigu en 1878. C'est dans ce théâtre qu'il créa, d'une façon inoubliable, le rôle de Coupeau dans l'adaptation dramatique de *L'Assommoir* (lettre 43,

n.10). Alexis évoque cette création dans le portrait qu'il fait de Gil Naza au *Voltaire* du 10 juin 1879 (app. A:6).

5 Zola consacra à ces deux écrivains plusieurs de ses feuilletons dramatiques du *Bien public* et du *Voltaire* (*Nos Auteurs dramatiques*, O.C., XI, 705–12; 731–42).

6 Alexis nous raconte ses impressions après une visite à la célèbre maison d'Auteuil dans l'article "Edmond de Goncourt" du *Voltaire* du 24 mai 1879 (app. A:5). Georges Lecomte se rappelle qu'une fois Goncourt lui disait: "Drôle d'être que cet Alexis! Maladroit et charmant. Il vous cassera peut-être une porcelaine ou vous froissera une estampe, mais, tout à coup, de ce gros garçon peut jaillir le mot le plus tendre et le plus délicat qui vous fait du bien an cœur!" ("Une époque littéraire. Paul Alexis et le Naturalisme," *Grande Revue*, No. 35 [1905], 175–6)

7 Cet article, "M. Jules Grévy," signé "Pictor," parut dans *Le Voltaire* du 18 mai 1879.

8 La collaboration d'Alexis au *Ralliement* ne fut que de très courte durée (du 22 octobre 1876 au 14 mars 1877). Outre les études déjà mentionnées sur Zola (lettre 32, n.8) et sur les frères Goncourt (lettre 33, n.2), il n'y donna que trois nouvelles.

9 Ardent défenseur d'Edouard Manet, comme l'était Zola avant lui, Alexis analyse le talent de ce peintre dans le troisième article de la série des "Marbres et Plâtres" (*Le Voltaire*, 25-VII-79; app. A:7). Cf. l'Introduction, 17.

10 L'historien Henri Martin (1810–83) avait publié les dix-sept volumes de son *Histoire de France* entre 1837 et 1854. Il devint député en 1871 et sénateur en 1876. Elu à l'Académie française, il devait y être reçu le 29 mai 1879. Cependant la réception fut renvoyée au 13 novembre de la même année, à cause du discours, jugé trop agressif par l'Académie, d'Emile Ollivier (1825–1913), qui était académicien depuis 1870 (en remplacement de Lamartine).

11 Zola recommande Maupassant à Laffitte dans un billet daté du 16 mai (*Corr.*, 527). Maupassant l'en remercie le 30 mai (*Correspondance inédite*, 101). Mais il ne collaborera pas au *Voltaire*. C'est au *Gaulois* qu'il donnera, à partir du 31 mai 1880, ses "Dimanches d'un bourgeois de Paris" (reproduits dans le premier tome des *Œuvres complètes*, Ollendorff 1901).

"Zola a une *gens* de jeunes *fidèles*, remarque Goncourt le 28 mai 1879, dont le *malin* écrivain entretient et nourrit du reste l'admiration, l'enthousiasme, la flamme par l'octroi de correspondances à l'étranger, le faufilement bien payé dans les journaux où il règne en maître, enfin par des services tout matériels" (*Journal*, III, 23).

12 Alexis consacrera entre 1882 et 1897 six articles de journal à l'auteur de "Boule de suif," mais il passe sous silence Céard, Hennique et Huysmans.

13 La centième représentation de *L'Assommoir* (29 avril 1879) fut suivie d'un bal costumé à l'Elysée-Montmartre, offert par les auteurs du drame et par le directeur de l'Ambigu, Henri Chabrillat. "Ce bal –'naturaliste', 'infectionniste', tout ce que l'on voudra!– ce bal était une fête splendide, inouïe, féerique, dont j'ai conservé une impression ineffaçable, se rappelle Alexis. Je ne parle pas de l'entrain exceptionnel, ni de la joie délirante de quatre mille personnes réunissant tout ce que le monde des théâtres, des lettres et des arts contient de jeune et d'intelligent, de vraiment vivant, d'enthousiaste; ni de la royale largesse avec laquelle les auteurs de la pièce et le directeur de l'Ambigu ont humecté les gosiers de cette foule avec cinq mille francs de champagne. Mais je n'oublierai jamais une remarque que j'y ai faite, et que tous les assistants y ont pu faire comme moi: l'étonnante *vraisemblance* avec laquelle la plupart de ces messieurs, très distingués, je vous l'assure, et très comme il faut, portaient des accoutrements de voyous. A s'y tromper, parole d'honneur! Et cette illusion ne contribuait pas peu à la gaieté extraordinaire de la fête" ("Les théâtres," *La Réforme*, 1-IV-80). Alexis-Trublot nous en donne un autre souvenir dans une chronique du *Cri du Peuple* du 8 avril 1887 (app. A:50).

14 Sur ce journal, cf. *Huysmans-Zola*, 29. L'édition littéraire parut chaque samedi, à partir du 17 mai 1879 jusqu'au 31 janvier 1880. Goncourt y apporta "La Saint-Huberty et l'Opéra au XVIII siècle" (du 17 mai au 8 novembre). La première édition de cette étude parut chez Dentu en 1882. – Alexis ne contribua au supplément du *Globe* qu'avec une seule nouvelle (lettre 27, n.9).

MON CHER AMI,

Hier, dans l'atelier de Guillemet,[1] à qui j'étais venu demander des documents pour le portraicturer après Manet,[2] j'ai vu Duranty. Duranty, retour de Londres, voyage artistique de huit jours avec Desboutin.[3] Nous avons, (une fois seul avec Duranty) parlé de Médan. Et nous avons formé le projet (ainsi que vous me l'aviez soufflé) d'aller tous les deux passer avec vous par exemple la journée de *Jeudi prochain, 25* [*sic*]. Nous partirions soit par le train de 9,25 – soit si vous ne voulez perdre votre matinée par celui de 10ʰ,45 ou 11ʰ,40 et reviendrions le soir par le dernier. J'ai rendez-vous avec Duranty Mardi soir à *la nouvelle Athènes* pour nous entendre définitivement. D'ici là, faites-moi savoir vos instructions définitives sur le jour et l'heure.

Avant hier soir *première* de *Lauriane*[4] au Gymnase (une bien mauvaise pièce). Je m'y étais faufilé comme j'avais pu, par Derval.[5] Hier, je suis retourné au même théâtre, et j'ai causé avec Montigny. (Dumas, avant de quitter Paris, lui aura je crois parlé!) Il m'a paru décidé à me jouer cet été[6] et m'a demandé mon adresse. –"Mais, sans vous engager à rien, lui ai-je dit, renseignez-moi à peu près sur l'époque pour que je puisse faire coïncider cela avec mes projets de villégiature. –Ce serait *peut-être la semaine prochaine*, m'a répondu Montigny. Je ferais d'avance copier les rôles." – Voilà. D'où j'induis 1° que Dumas aura parlé 2° que je serai probablement du premier spectacle coupé. Jugez de ma joie. Elle sera complète, si vous me promettez d'assister, vous et votre femme, à ma première *première*.

Entrevu seulement Charpentier au *Voltaire*, la veille de la fête de Gambetta.[7] Mais il revient demain vendredi, et je tâcherai de le voir[8] – Guillemet ne sera pas décoré (on lui préfère Lansyer)[9] et part lundi pour un endroit de la côte encore inconnu, dit-il. – Hennique m'a lu le 1ᵉʳ acte d'une pièce de lui: *une femme honnête* en 3 actes:[10] quelques détails heureux – pas d'intrigue – mais, selon moi, absolument injouable. Un oubli complet d'éclairer sa lanterne. – Feuilleté l'autre jour sur les quais un volume d'articles de critique, remontant à 15 ans, dont un très curieux sur *Flaubert*, qu'on considère comme un parent de Beaudelaire et de Leconte de Lisle. C'est intitulé: *Nos hommes de lettres* par Dusolier, 1862 ou 1863.[11] J'ai bien regretté de n'être pas en fonds ce jour-là. Mais je retournerai l'acheter.

Mes amitiés à votre mère et à ... ma meilleure ennemie.[12] Pour vous, bonne pioche et le reste, comme dirait Flaubert.

Votre ami de dix ans

Paul Alexis.

---

1 L'amitié de Zola et d'Antoine Guillemet (1842–1918) date de loin (lettre 18, n.4). Dans son "Salon" de 1879 Zola fait mention de lui: "Au nombre des paysagistes je citerai Guillemet, qui continue avec tant de talent la révolution naturaliste dans notre école du paysage (*O.C.*, XII, 1005). D'après Bénézit, il avait "au moins en ce qui concerne les récompenses, une brillante carrière" (*Dictionnaire critique et documentaire des peintres, sculpteurs, dessinateurs et graveurs*, IV [Gründ 1951], 506). Un côté du personnage de

Fagerolles dans *L'Œuvre* fait penser à ce peintre (R.J. Niess, *Zola, Cézanne and Manet. A Study of "L'Œuvre"* [Ann Arbor: University of Michigan Press 1968] 37–41). Sur cet artiste, cf. *Huysmans-Zola*, 27–8.

2 Voir la lettre 46, n.9

3 "C'est une tête originale avec une tignasse à la Giorgion et une figure toute cahoteuse de plans et de méplats turgescents, une tête de foudroyé," nous dit Goncourt de Marcellin Desboutin (1823–1902), dans une longue description qu'il fait le 6 février 1875 de l'atelier de cet artiste (*Journal*, ii, 1036–8). Cf. N. Clément-Janin, *La Curieuse Vie de Marcellin Desboutin, peintre, graveur, poète* (Floury 1922); et la préface qu'écrivit Zola le 30 juin 1889 pour le catalogue d'une exposition de l'œuvre gravé de Desboutin (*O.C.*, xii, 1045–6).

4 Comédie en trois actes de Louis Leroy

5 Hyacinthe Dobigny de Ferrières, dit Derval (1801–85), entra au Gymnase en 1857. Son plus grand succès fut la création du rôle du père dans *Le Fils naturel* de Dumas fils (16 janvier 1858). Il devint le bras droit du directeur du Gymnase, Montigny, et se chargea de l'administration de ce théâtre.

6 Pour les détails de la première représentation de *Celle qu'on n'épouse pas*, pièce que Dumas avait fait accepter au Gymnase, voir les lettres 49 à 54.

7 Le président de la Chambre des Députés donna le 14 juillet une fête dans les salons du Palais-Bourbon.

8 Toujours au sujet de la publication de *La Fin de Lucie Pellegrin*.

9 Emmanuel Lansyer (1835–93), peintre de paysages et de monuments, imitateur de Courbet.

10 Cette pièce resta probablement à l'état d'ébauche. Sur Hennique auteur dramatique, cf. O.R. Morgan, "The Plays of Léon Hennique," *Nottingham French Studies*, v (1966), 89–99; vi (1967), 19–29.

11 L'ouvrage d'Alcide Dusolier, *Nos Gens de lettres*, sortit chez Achille Faure en 1864. Les éditeurs Decaux et Dreyfous en publièrent une nouvelle édition augmentée en 1878. L'article sur Flaubert, dont parle Alexis, parut d'abord dans la *Revue française* du 1er janvier 1863. L'auteur y fait mention de Leconte de Lisle, mais pas de Baudelaire. Cependant, dans l'article intitulé "M. Charles Baudelaire ou Boileau hysterique," il y a une comparaison entre l'auteur des *Fleurs du mal* et Flaubert.

12 C'est-à-dire la femme de Zola

48 Paris – [mercredi] 23 Juillet [1879] – 1^h et dem.

MON CHER AMI,

Hier soir, vu Duranty au café.[1] Rendez-vous pris pour Jeudi matin 10^h,30, à la gare St Lazare, *quelque temps qu'il fasse.*

Bien que je vous réponde *tout de suite*, ma lettre ne précédera je crois notre arrivée que de quelques heures: ce qui d'ailleurs est probablement tout ce que vous voulez.

Votre

Paul Alexis

1 Voir la lettre précédente

49 [Paris] Mercredi soir, 6 Août, 1879.

MON CHER EMILE,

Landrol	Eugène Savignac	Adrienne	Mes *Délia Lenormant*
Guitry	Georges Morel	Berthe	*Dinelli*
		Constance	*Giesz*[1]

Telle est la distribution de *Celle qu'on n'épouse pas,* pour laquelle j'ai été convoqué hier 5 août la première fois, 2 ans *jour par jour* après sa réception au *Gymnase.*[2] Détail curieux, la pièce était depuis 5 ou 6 jours en répétition. Mais on avait perdu mon adresse. Et une lettre envoyée à ma demeure d'il y a 4 ans, rue Trézel, était retournée au Gymnase.

Inutile de vous dire ma joie. Dumas évidemment a tenu parole. La distribution elle-même me semble le prouver. *Landrol*! je n'osais l'espérer. Le seul changement qu'on m'ait demandé est de lui vieillir le rôle, d'en faire un viveur de 40 ans – ce qui a été facile, en coupant ça et là une ou deux lignes.

Tous paraissent gober beaucoup la pièce. Landrol entr'autres prétend qu'il est impossible "qu'elle passe inaperçue." Bien qu'on parle d'être prêt environ samedi en huit, 16 Août, à la lenteur de la marche des répétitions, j'espère que ça traînera jusqu'au 20 ou 25. Une seule ombre au tableau: celle qui doit jouer Adrienne, jusqu'ici, malgré le bien qu'on m'en a dit, me paraît manquer absolument de charme, et un peu de talent.[3] Je n'ai pas encore vu Montigny: il ne vient généralement aux répétitions que lorsque les acteurs savent bien les rôles, et que la mise en scène est dégrossie.

Peu d'autres nouvelles. D'infiniment petites que je réserve pour votre prochain voyage à Paris. Ce soir, j'ai dîné avec *Lassez* (décidément assommant) Il m'en a pourtant révélé de bonnes sur Menier,[4] et Guyot, et le *Bien public* et le *Voltaire.*

On vend, m'a-t-il appris aussi, (mais je n'ai pu en trouver encore) une "question" nouvelle: *le dernier mot du Naturalisme.* Ce serait un certain nombre de lettres mobiles qu'on disposerait de manière à former les mots qu'on voudrait, puis, en agitant le tout, on n'aurait plus que... le mot de Cambronne.

Et ce pauvre Manet! l'a-t-on secoué à votre sujet. Je l'ai vu le jour même, dans son atelier. Le nommé *Vigneau*[5] qui se trouvait là, envenimait la blessure. Depuis, votre lettre a versé quelque baume. Mais... Vous auriez dû mentir carrément et dire qu'il s'agissait de Monet. Les Russes vont probablement y perdre: dorénavant vous serez moins expansif![6]

Quand vous verra-t-on à Paris?

Mes amitiés à votre femme et à votre mère.

Votre

Paul Alexis

P.S. Je suis dans la période où ma pièce que j'avais laissée de côté et oubliée, me paraît excellente. Ça durera-t-il? Quel malheur que vous n'habitez actuellement Paris, pour me donner quelques conseils pratiques.

Enfin, je m'en tirerai comme je pourrai. (Charpentier arrive demain, m'a-t-on dit, pour deux jours.)

1 Alice Giesz entra en 1876 au Gymnase, qu'elle quitta en 1887 pour aller jouer au Théâtre de Paris. – Mlle Dinelli, morte en 1894, était aussi au Gymnase depuis 1876. – Marie Pommier, dite Délia Lenormant, joua les ingénues au Gymnase et à l'Ambigu.
   Le père de Sacha Guitry, Germain-Lucien Guitry (1860–1925) se fit remarquer en 1878 dans *La Dame aux camélias* au Gymnase. En 1882 il séjourna à St Pétersbourg. Après avoir joué à l'Odéon, à la Porte-Saint-Martin et au Vaudeville, il fut directeur du Théâtre de la Renaissance de 1902 à 1909.
   Pendant plus de 40 ans Alexandre-Joseph Landrol (1828–88) joua dans des centaines de pièces, dont il sut par cœur tous les rôles, sur la scène du Gymnase. Au moment de sa mort, Alexis-Trublot lui consacra une chronique où il rappelait les répétitions de *Celle qu'on n'épouse pas* (*Le Cri du Peuple*, 21-VIII-88; app. A:61).

2 Voir la lettre 10, n.8

3 Voir toutefois la lettre 52, n.5

4 Directeur des établissements Menier, Emile-Justin Menier (1826–81), avait fondé en 1875 *La Réforme économique*. En février 1876 il avait acquis *Le Bien public*, et fin juin 1878 il fonda *Le Voltaire* qui devait lui succéder.

5 Henri Vigneau rédigeait à *L'Avenir national* la rubrique "Le Journal et le Livre." C'est sans doute l'auteur d'*Une Fortune littéraire* (Faure 1866), dont Zola donna un compte rendu dans *L'Evénement* du 23 mai 1866 (*O.C.*, X, 488). Rédacteur à *Paris-Journal*, il y devint l'ami de Duranty. Il avait été un des témoins (avec Zola) de Manet lors du fameux duel du peintre avec Duranty (lettre 41, n.20).

6 Dans son "Salon" de 1879 (lettre 46, n.1) Zola avait fait une critique des Impressionnistes. Selon lui, "ils pèchent par la technique." Ce ne sont que des pionniers. "Un instant ils avaient mis de grandes espérances en Monet; mais celui-ci paraît épuisé par une production hâtive; il se contente d'à-peu-près; il n'étudie pas la nature avec la passion des vrais créateurs" (*O.C.*, XII, 1003). Le paragraphe où se trouve cette critique fut extrait du *Vestnik Evropy* et inséré en traduction dans le numéro du 26 juillet 1879 de la *Revue politique et littéraire*. Les abonnés de cette revue lisaient cependant le nom de Manet au lieu de celui de Monet. Le lendemain *Le Figaro* cita l'extrait, sous le titre sensationnel de "M. Zola vient de rompre avec Manet." Sur-le-champ, Zola, qui depuis longtemps avait défendu cet artiste, lui écrivit que la traduction du passage n'avait pas été exacte et que le sens en avait été faussé. Manet, assez bouleversé à la lecture de la critique, fit insérer la lettre de Zola dans *Le Figaro* du 30 juillet.
   Comment se fait-il que la traduction de la *Revue politique et littéraire* contienne le nom de Manet? Erreur de la part du correspondant russe de la *Revue*, d'après M. Hemmings. Celui-là aurait changé tous les 'Monet' en 'Manet,' puisque le texte russe de cet article contient une fois par erreur le nom de 'Monet,' même après le prénom 'Edouard.' En lisant les quelques remarques d'Alexis sur cette affaire dans la lettre du 6 août, on se demande pourtant s'il n'y a pas eu embrouillement de noms lors de la traduction en langue russe du manuscrit original (maintenant perdu), où tous les Manet auraient été changés en Monet. Est-ce que Zola aurait visé son ancien ami après tout (opinion de M. Niess)? Sur toute cette question compliquée, cf. F.W.J. Hemmings, "Zola, Manet and the Impressionists, 1875–1880," *PMLA*, LXXIII (1958), 414–15; id., "Emile Zola critique d'art," dans *Salons*, 28–31; E. Moreau-Nélaton, *Manet raconté par lui-même* (H. Laurens 1926), II, 57–9; R.J. Niess, *Zola, Cézanne and Manet*, 143–5.
   Il est intéressant de citer ici le début d'un compte rendu que fit Alexis une année plus tard, dans *La Réforme* du 1er juillet 1880, d'une pièce d'Albin Valabrègue. Il y fait allusion à la confusion que produisent les noms de Manet et de Monet, ainsi que celui d'Albin Valabrègue, le dramaturge, et celui d'Antony Valabrègue, le poète: "Manet et Monet! Pendant plusieurs années, j'ai été plein de commisération pour le destin de ces deux peintres d'un immense talent: avoir le même nom avec la seule différence d'une lettre! Etre pris constamment l'un pour l'autre! Succès, éreintements, avoir pour ainsi dire tout en commun! Pour la personnalité éminemment impressionnable et chatouilleuse de l'artiste, il y a là évidemment de quoi devenir fou!"

137

MON CHER AMI,

Si ma répétition[1] m'a privé Dimanche dernier du plaisir d'aller passer la journée avec vous, ce n'est pas une raison pour vous laisser sans nouvelles.

On me répète toujours. Quand passerai-je? Je n'en sais absolument rien. Mais, très probablement, pas avant le 1er Septembre. La censure vient, paraît-il, d'interdire l'autre pièce en 1 acte que l'on répétait en même temps: *l'indiscrète*, par Janvier de la Motte fils.[2] Le sujet était: une jeunc innocente qui ne veut pas donner son consentement à un mariage sans savoir ce qui lui arriverait la nuit de ces Noces. Une amie de pension avait le lendemain matin les yeux battus. Que lui avait-on fait? J'avais vu une répétition, et il y avait deux ou 3 scènes comiques et originales. J'ignore absolument, maintenant, avec qui je serai joué, – ou si je ne le serai pas tout seul. Le théâtre ne répète en outre qu'une pièce en 3 actes de Paul Ferrier,[3] fort grise et tirée par les cheveux, dont tout le théâtre est mécontent.

Enfin!! il y a trois jours, j'ai éprouvé *une grande joie*. Ayant poussé une pointe jusqu'à la librairie Charpentier, on m'y a montré *une page d'essai de mon volume imprimé*.[4] L'aimable Georges s'était donc décidé à m'envoyer à l'imprimerie (à Corbeil). Il y a 29 lignes à la page, et l'imprimeur sur sa note parlait d'environ 10 feuilles (360 pages). L'annonce de ma pièce en répétition (Charpentier, faisait-il des yeux ronds étonnés, quand je le lui ai annoncé il y a une dizaine de jours) a dû contribuer à cette prompte décision. Mais la seule cause de cet heureux événement c'est vous, encore vous, mon brave ami. Vous me permettrez donc, je l'espère, de vous dédier mon premier volume: la reconnaissance m'en fait un besoin. Et si votre nom ne se trouvait pas en tête du bouquin, cela me porterait malheur. Je serais foutu de ne jamais en pondre un autre.

Lafitte, donne ce soir un dîner pour le 100e numéro du "Nouveau Voltaire."[5] Il m'a envoyé une lettre, mais, dans l'incertitude où je suis de savoir si MM. Hennique, Huysmans et Céard iront, je m'abstiendrai probablement.

J'ai parcouru au café les 2 premiers feuilletons des *rois en exil*.[6] L'effet m'a paru excellent. Après une lacune de quelques jours, je suis tombé sur le 6me: celui-là m'a ennuyé, et j'attends le volume. Mais, à propos de Daudet, quel article dans le *Figaro*![7] Avez-vous vu ça? Qui diable a pu l'arranger ainsi? – On parle de *Puppart Davyl*. Mais je n'en crois rien. N'y aurait-il pas plutôt du *Klein* là-dessous?

Je vais peut-être faire de la chronique dans le *Globe*.[8] Et j'essaierai d'y défendre Daudet du reproche de mettre les gens qu'il connaît dans ses livres: n'est-ce pas notre droit à tous.

J'ai lu à Duranty (qui va partir dans 4 ou 5 jours pour Munich)[9] ce que j'ai fait de votre biographie. Il en a été... enthousiasmé! mais, là, enthousiasmé comme jamais je ne l'avais vu. Il m'a prédit qu'on s'arracherait cela et que "j'en vendrais 15 mille." Alors, je lui ai proposé de me donner quelque jour des notes détaillées et complètes pour que j'écrive un jour aussi la sienne. Inutile de vous dire qu'il n'a pas consenti. J'ai cru lui avoir jeté un seau d'eau glacée dans le cou: le pauvre garçon me semblait mouillé.

Sur ce une vigoureuse poignée de main à vous et aux vôtres

Paul Alexis

1 Voir la lettre précédente
2 La comédie d'Ambroise Janvier de la Motte, dit Beauvallon (1852–1905), fut représentée pour la première fois au Gymnase le 2 mars 1880. Le 15 mars Alexis en donna
un compte rendu dans *La Réforme.* "Je n'ai pas bien compris, dit-il, pourquoi cette
insignifiante bluette 1° a indisposé dame Censure, qui lui a rendu le service d'être
jouée en plein hiver, au lieu de la laisser passer en septembre dernier, et 2° pourquoi
elle a fait se voiler la face à certains critiques pudibonds qui ont prononcé à son encontre le gros reproche de 'sadisme.' Vraiment, *l'Indiscrète* ne méritait: 'ni cet excès
d'honneur, ni cette indignité!' "
3 *Les Ilotes de Pithiviers* (première: le 1er septembre 1879)
4 La première édition de *La Fin de Lucie Pellegrin* (lettre 43, n.7), un volume in-18 de
361 pages, imprimé chez Crété à Corbeil, parut en janvier 1880 aux éditions Charpentier, 13, rue de Grenelle-Saint-Germain. En voici la dédicace, datée du 1er janvier
1880: "A/Emile Zola/ A vous, mon ami, pour votre accueil fraternel, dès mon premier
jour de Paris; à vous, pour toutes les bonnes heures que nous avons passées depuis dans
une communauté d'idées et de sentiments; à vous, pour le soutien et pour le courage
que m'ont apportés toutes vos œuvres; à vous enfin, pour cet avenir que je rêve toujours à vos côtés et dans le triomphe certain de notre combat./Paul Alexis." Dans l'exemplaire de Zola l'auteur y avait ajouté en manuscrit: "Et pour tout le reste" (coll J.-C.
Le Blond).
    Flaubert envoya à Alexis une lettre de quatre pages (1er février 1880, *Correspondance,*
VIII, 365–8) où il fait une critique détaillée de chacune des quatre nouvelles de *La Fin
de Lucie Pellegrin.* "Que signifie, conclut-il, *le triomphe certain de notre combat,'* dans la
dédicace? Quel combat? le Réalisme! Laissez donc ces puérilités-là de côté. Pourquoi
gâter des œuvres par des préfaces et se calomnier soi-même par son enseigne!" Alexis
se justifia dans une longue lettre qu'il adressa à Flaubert le 7 février (reproduite dans
A. Albalat, *Gustave Flaubert et ses amis* [Plon 1927], 240–3).
5 Voir la lettre 46, n.2
6 *Le Temps* publia le roman de Daudet en feuilleton du 15 août au 10 octobre 1879. Le
volume parut la même année en librairie chez Dentu. Pour le compte rendu qu'Alexis
en donna, voir la lettre 61, n.2.
7 Le 15 août *Le Figaro* publia un article intitulé "M. Alphonse Daudet" par Pierre
Quiroul (pseudonyme de Louis Poupart-Davyl [1835–90], auteur dramatique et
romancier, le 'Legrand' du *Jacques Vingtras* de Vallès, dont il était l'ami). Selon
l'article, un roman de Daudet n'est qu'une "succession de jolies choses, d'aventures
agréables, de détails charmants," mais sans envergure ni cohésion. L'auteur accuse
Daudet d'imiter Dickens: "Mais comme il reste au-dessous de son modèle, et comme il
est terne et froid! Joli style, phrases parfaites, expressions heureuses, mais pas de cris,
pas de colères, pas d'indignations! Son papier n'est mouillé que par son encre. [...]
Après Dickens, une autre personnalité est venue troubler M. Daudet, c'est Zola!
Il regarde son confrère comme une puissance; aussi éprouve-t-il une envie folle de
saisir son procédé et de faire comme lui! Il y pense le jour, il y rêve la nuit, et parfois
il se lève en criant: J'ai trouvé une phrase à la Zola!" Suit une attaque fort personnelle
contre l'auteur du *Nabab.*
8 Voir la lettre 46, n.14
9 Ce fut *Le Voltaire* qui envoya Duranty à Munich pour assurer le compte rendu de
l'Exposition internationale des arts. Sur ce voyage artistique de Duranty, cf. M.
Crouzet, 386–8.

꿈👁 51 Paris, Dimanche [7 septembre 1879] 5 heures.

MON AMI,

A l'improviste, brutalement, sans même avoir reçu de bulletin de répétition pour aujourd'hui – j'apprends en passant par hasard au théâtre que je passe *demain lundi* – et tout seul, sans autre première.[1]

N'est-ce pas un sacrifice? N'ai-je pas un ennemi au théâtre? – Je vais distribuer mon service – Tâchez de venir ou envoyez-moi au moins Céar et Hennique, si vous les avez à Médan. Je suis affolé et désolé.

A la grâce de dieu

Votre

Paul Alexis

Je voulais vous télégraphier, mais je viens de découvrir que ma lettre vous arrivera aussi tôt. J'envoie en même temps une lettre et une dépêche à *Dumas*.[2]

1 Voir les lettres 49 et 50
2 On se rappellera que la pièce d'Alexis fut reçue au Gymnase sous le patronage d'Alexandre Dumas fils. Voir la lettre 10, n.8.

꿈👁 52 [Paris, mardi 9 septembre 1879]

MON AMI,

Très content: tout le monde me dit que c'est un succès.[1] La presse, pas mauvaise. Sarcey et Vitu[2] m'ont promis d'y aller. Albert Wolf, dans l'*Evénement* que je vous porterai demain, très aimable.[3] (Prière dans votre petit compte-rendu[4] d'être très aimable pour mes 5 artistes, et surtout, *surtout*, pour Landrol et pour Délia, – à qui je dois le succès)[5] Quant à moi, mon pauvre ami, j'ai pensé tout le temps à vous... vous étiez présent dans ma pensée, – et je me disais que tout ce qui vaut quelque chose dans la pièce, et dans moi littérairement, me vient de vous.

Mes amitiés à votre femme et à votre mère. Je suis sûr que hier soir vous étiez tous les trois de cœur avec moi, et je vous embrasse tous les trois.

Votre

Paul Alexis

P.S. Je n'ai su que je passais lundi, que le Dimanche. Et le télégraphe je crois ne va guère à Médan. Je vous envoie même ceci à tout hasard. En tout cas à demain mercredi. Si vous voulez des places...

1 C'est-à-dire la première de *Celle qu'on n'épouse pas* au Gymnase, le 8 septembre.
2 Le critique dramatique du *Figaro*, Auguste Vitu (1823–91), ne fit pas de compte rendu de la pièce. Pour celui de Sarcey, voir la lettre 53, n.6.
3 Le chroniqueur du *Figaro* Albert Wolff (1835–91) faisait également la "Chronique

théâtrale" pour *L'Evénement*. Le 10 septembre 1879 il écrivait au sujet de cette pièce de début d'Alexis: "Il y a dans ce petit acte plus d'une tirade qui est un doux poème plein de fraîcheur; tout le monde peut trouver un sujet de pièce aussi anodin que celui-ci; mais il faut être vraiment jeune et croire à ce que l'on écrit pour tirer d'une vieille romance des effets agréables et souvent d'une entière nouveauté. [...] Je ne pousserai pas l'indulgence jusqu'à couvrir de lauriers le jeune front de l'écrivain, mais il m'est permis de jeter une fleur sur le passage de ce débutant, comme un encouragement qu'il mérite certainement."

4 Voir la lettre 53, n.1

5 Alexis les mentionne dans la préface de l'édition imprimée de sa pièce: "Il me reste à témoigner publiquement ma reconnaissance aux artistes. Landrol, d'abord. A tout seigneur, tout honneur! Avec quelle carrure et quelle autorité n'a-t-il pas conduit la pièce [...]. De pareils acteurs sont la tranquillité des auteurs. [...] Madame Délia-Lenormant a réalisé l'Adrienne que j'avais rêvée: honnête, douce, désintéressée, poétique. Cette création lui fait grand honneur" (10).

8 53 [Paris] Lundi soir [15 septembre 1879].

MON CHER AMI,

Merci de votre feuilleton,[1] qui dépasse mes espérances, dont je suis fier, et qui me fait plus de plaisir à lui seul que tous les autres réunis.

Ma pièce, depuis trois jours n'est plus jouée. On a voulu donner une fiche de consolation aux *Îlotes de Pithiviers*,[2] et on les joue avec Bébé. Mais j'ai obtenu qu'on mît au bas de l'affiche: "A bientôt la 6ᵉ représentation de *Celle qu'on n'épouse pas*."

A cause de ce contre-temps, et de plusieurs autres choses urgentes: mon feuilleton du *Père Duchêne*[3] à faire; une visite à Peragallo;[4] quelques lettres encore à écrire; etc. etc. je n'irai à Médan que *Mercredi*, ou *Jeudi*, toujours de manière à ne pas déranger votre travail.

Je vous porterai les articles de *Banville*,[5] de *Sarcey*,[6] de *Claretie*,[7] et de *Biéville*,[8] tous aimables, à l'exception de celui de Sarcey. J'ai passé une partie de ma journée à écrire à Sarcey une longue lettre de 6 pages où je le traite de "cher maître", mais où je lui apprends ce que c'est que le théâtre.

Je vais de ce pas au *Gymnase* avoir des nouvelles de la pièce, et savoir si les *Îlotes* ont fait de l'argent.

Peut-être demain irai-je voir jouer Naza et Lina-Munte[9] et je vous porterai des nouvelles de *l'Ambigu*.

A bientôt,

Votre

Paul Alexis

1 Le compte rendu de Zola de *Celle qu'on n'épouse pas* parut dans *Le Voltaire* daté du 16 septembre (*O.C.*, XII, 207–10): "Au point de vue du document, *Celle qu'on n'épouse pas* est très intéressante. [...] C'est de la pure analyse psychologique; c'est, sur un petit terrain, ce qu'il faudrait faire en très grand, ce que je demande pour notre théâtre naturaliste moderne. [...] L'histoire a beau être connue, elle a beau verser dans une sentimentalité facile, elle m'a ému, parce que l'accent de l'auteur n'est pas celui qu'on entend d'ordinaire au théâtre. Cela ne sonne pas le vide sonore des planches. On sent

par-dessous l'observateur, l'amoureux du vrai. La nature est là qui sert de sol résistant à cette œuvre un peu jeune. Et c'est pourquoi le début de M. Alexis me semble heureux et digne d'encouragement. Ah! s'il pouvait garder cette simplicité de moyens, cette naïveté de la sensation, cet amour du vrai dans une œuvre plus solidement humaine et de plus larges dimensions!" (208–9)

2 Pièce de Paul Ferrier (lettre 50, n.3). La comédie en trois actes *Bébé*, d'E. de Najac et A. Hennequin, fut représentée pour la première fois au Gymnase le 10 mars 1877.

3 *Le Père Duchêne*, journal républicain révolutionnaire, paraissant le dimanche de juin 1878 à août 1880. Rédacteur en chef: Hippolyte Buffenoir. Bureaux: 18, rue des Fontaines, Sèvres (S. et O.). Alexis y écrivit une "Semaine théâtrale" du 10 août au 28 septembre 1879. Le journal reproduisit plusieurs articles de Zola, publiés ailleurs antérieurement.

4 Léonce Peragallo (mort en 1882), agent général de la Société des auteurs dramatiques.

5 Dans sa "Revue dramatique et musicale" du *National* du 15 septembre, Théodore de Banville trouvait la pièce d'Alexis "originale et bien écrite"; il y avait "de l'ardeur, de la jeunesse, et un délicat souci de la langue et du style."

6 Francisque Sarcey, dans *Le Temps* du 15 septembre, critique surtout le dénouement de la pièce. Il n'avait pas été bien "préparé." "Mais voilà de bien grosses critiques, ajoute-t-il à la fin, pour une œuvre légère, qui est une œuvre de début. Elle a au moins ce mérite que le dialogue en est scénique et la langue faite pour le théâtre."

7 "Cette pièce, dont la forme est aimable avec des recherches poétiques, est très bien jouée [...], déclare Jules Claretie dans *La Presse* du 15 septembre; le public a applaudi l'auteur et les interprètes."

8 Edmond Desnoyers de Biéville, critique dramatique du *Siècle*, donne un assez long compte rendu de *Celle qu'on n'épouse pas*, également le 15 septembre: "Le Gymnase a joué lundi sans réclame ni invitations à la presse, une petite comédie qui vaut mieux que beaucoup de pièces pour lesquelles on a sollicité toutes les trompettes de la publicité. Ce n'est pas que cette petite comédie [...] brille par l'invention, l'originalité, l'esprit; son mérite est dans l'honnêteté de l'idée, dans la simplicité de l'action, dans le naturel et la mesure du dialogue."

9 Lina Munte (1850?–1909) fut remarquable comme Virginie dans le drame de *L'Assommoir* (lettre 43, n.10). Elle créa aussi le rôle de la comtesse Sabine dans *Nana* (lettre 71, n.7). Jouant à St Pétersbourg elle y remporta de grands succès.

> 54 [Paris] Mercredi soir [17 septembre 1879], minuit.

MON CHER AMI,

Ce ne sera pas encore demain Jeudi, mais après-demain *Vendredi* que j'irai vous voir.

On ne m'a repris que ce soir,[1] et je n'aurai que demain soir, mon manuscrit de la pièce pour l'imprimerie. Et je veux dès demain aller voir *Tresse* ou *Lévy*.[2] On m'a dit au théâtre qu'il y avait urgence, si je voulais avoir quelque espoir d'être joué un peu en province.[3]

Demain soir je compte aussi aller voir Naza et *l'Assommoir*.

Excusez-moi auprès de votre femme et de votre mère. Pardon de rester ainsi suspendu sur vos têtes comme une épée de Damoclès qui ne tombe pas.

Votre

Paul Alexis

1 D'après les annonces des journaux, *Celle qu'on n'épouse pas* fut reprise au Gymnase du 18 (et non pas du 17) au 25 septembre.

2 Ce ne furent pas ces éditeurs, mais G. Charpentier qui publia la pièce d'Alexis, le 15 novembre 1879. L'auteur la dédia à Alexandre Dumas: "Sans vous, sans votre puissante protection, ma pièce de début n'eût peut-être jamais vécu de la vie du théâtre. Permettez-moi, cher Maître, de vous la dédier. Paul Alexis."

3 Dans *Le Cri du Peuple* du 16 décembre 1884, Alexis-Trublot annonce qu'un journaliste italien, Vittorio Pica, vient de traduire *Celle qu'on n'épouse pas*, pour être jouée au Théâtre Rossini, à Naples. – Le 29 juin 1898 la pièce sera reprise à la Comédie-Française.

55 Paris, Samedi soir 4 Oct^e 1879.

MON CHER EMILE,

Je sors du *Gaulois*, où M. Cornély[1] m'a dit de lui faire, avant le 15, apparition de *Nana*, un... *Zola à Médan*.[2] Il me laisse libre de signer, ce que j'ai envie de faire, ne fût-ce que pour me ficher de Lafitte.[3] M'autorisez-vous à l'article et si vous avez 3 minutes jetez-moi sur le papier deux ou trois conseils ou documents, – et spécialement s'il y a quelque chose que vous vouliez que je ne dise pas, ou que je dise.[4]

Fait la connaissance au Gymnase de "Giffart",[5] un garçon très intelligent, et *très dans nos idées*. J'aurai voulu avoir le temps de vous renseigner sur *Jonathan* avant votre article qui doit être fait à l'heure actuelle. C'est une pièce, le point de départ fantaisiste une fois admis, absolument bien. Pas de complications, ni d'intrigues. Le 2^d acte roule absolument sur ceci. que le mariage *n'a pas été consommé*. Et le 3e, qu'il l'a été dans la nuit qui sépare les deux derniers actes. Unité de lieu avec cela: tout dans le même salon du Marais ou des Batignolles.

Mme Tresse m'avait offert 105 de *celle qu'on n'épouse pas*.[6] Mais, avant de lui porter le manuscrit, j'ai cru *délicat* de n'en rien faire sans le dire à Charpentier. Mais lui, a paru tenir à m'imprimer lui-même, et m'a dit qu'il me donnerait les 100 F pour ne me faire rien perdre. Alors hier, je lui ai remis la pièce et la petite préface, que j'ai refaite très courte et très modeste, – que d'ailleurs j'irai une après-midi vous soumettre à Médan, quand j'aurai l'épreuve.[7]

Un mot de Scholl[8] sur *Nana*, pour finir:

—Cet animal de Laffitte a si souvent annoncé *Nana*, que chacun, maintenant, s'imagine l'avoir lu... Un four pour le *Voltaire*!

Moi, je ne suis pas tout à fait de cet avis. *Nana* est annoncée sur les petites plaques: "*Lisez le Voltaire*" des bureaux de tabacs.[9]

Je me suis remis à votre biographie, et je chauffe ferme. Je vais faire l'article: *Zola à Médan* (toujours si vous y consentez!) en ayant pour objectif que ce soit un morceau à intercaler dans la biographie générale.

Mon ex-camarade de la faculté de droit retrouvé l'autre hiver aux soirées de Charpentier est... administrateur du théâtre des Arts.[10] Il m'a fait demander une pièce: je suis allé lui parler de *Mademoiselle Pomme*:[11] mais je n'ai pas voulu lâcher le manuscrit. J'ai demandé une lecture.

Mon père m'a écrit... et est redevenu charmant. Et Marguery? Toute une soirée passée au Gymnase avec lui. Quel brave bassin. Il me semblait qu'Aix entier, toute la province était dans le fauteuil d'orchestre à côté du mien.

Sur ce, une vigoureuse poignée de main à vous tous.

Paul Alexis

Une idée lumineuse qui me travaille. Tirer 3 actes, non de la nouvelle, mais de l'idée des *Femmes du père Lefèvre*,[12] en laissant la nouvelle de côté. Et la *Nouvelle Revue?*[13] Au-dessous de la Réforme.

1 Jean-Joseph Cornély (1845–1907) entra au *Gaulois* en 1878 comme secrétaire de rédaction. Il fonda, avec Emile de Girardin, *Le Clairon*, qui fusionna en 1884 avec *Le Gaulois*. Lors de l'Affaire Dreyfus, Cornély prit vigoureusement parti comme révisionniste dans *Le Figaro*.
   Zola avait collaboré au *Gaulois* du 22 septembre 1868 au 30 septembre 1869, en y rédigeant la chronique des "Livres d'aujourd'hui et de demain" (*O.C.*, x, 771–912). A ce sujet, cf. F.W.J. Hemmings, "Zola on the Staff of *Le Gaulois*," *Modern Language Review*, l (1955), 25–9; E. Zola, *L'Atelier de Zola. Textes de journaux, 1865–1870*, éd. M. Kanes (Genève: Droz 1963), 1–21.
2 *Le Gaulois* inséra le "Zola à Médan" d'Alexis le 15 octobre 1879, sous la rubrique "La Journée parisienne." Presque tout l'article est reproduit dans la biographie, aux pages 184–90.
3 Alexis collaborait toujours au *Voltaire*. Voir la lettre 46, n.2.
4 "Faites l'article qu'on vous demande, répondait Zola le 6 octobre. Comme plan, je vous conseille les lignes suivantes: courte description de Médan, court historique de l'achat de la petite maison et la construction de la grande, vie de vos héros telle que vous la connaissez, et conclusions sur le véritable caractère de l'homme opposé au caractère légendaire qu'on lui prête" (*Corr.*, 535).
5 Pierre-Louis Giffard (1853–1922), collaborateur au *Gaulois*, au *Figaro* et au *Petit Journal*, écrivit la comédie en trois actes *Jonathan*, avec E. Gondinet et F. Oswald. La première eut lieu le 27 septembre 1879 au Gymnase. Zola en fit une mention très brève dans sa "Revue dramatique et littéraire" du *Voltaire* du 7 octobre 1879 (*O.C.*, xii, 215). La pièce était trop fantaisiste selon lui.
6 Voir la lettre précédente
7 Après avoir reçu un exemplaire de la pièce imprimée, Flaubert écrivit à Alexis le 8 décembre 1879: "C'est très gentil, votre acte! Pourquoi n'y en a-t-il pas trois? Je vous remercie d'avoir fait un dénouement qui n'est pas poncif. Puisqu'il est en dehors de la morale vulgaire, il est donc bon. Que le public l'ait avalé, voilà ce qui m'étonne. Mais *entre nous*, mon cher ami, je trouve que, dans votre préface, vous donnez une importance exagérée aux organes génitaux. Qu'importe que... ou que l'on ne... pas, ô mon Dieu! Les classiques avaient le cocuage, qui est une chose gaie. Les romantiques ont inventé l'adultère, qui est une chose sérieuse. Il serait temps que les naturalistes regardassent cette action comme indifférente" (G. Flaubert, *Correspondance*, viii, 333–4).
8 Aurélien Scholl (1833–1902) donnait depuis 1872 un "Courrier de Paris" à *L'Evénement*. Il avait été directeur du *Voltaire* du 5 juillet 1878 au 16 mai 1879. Il sera le rédacteur en chef de *L'Echo de Paris* à partir du 25 juin 1884.
9 Dans la biographie Alexis fait mention de l'extraordinaire réclame qu'on faisait à l'occasion de la publication de *Nana* en feuilleton: "Le *Voltaire* s'était livré à une véritable débauche de publicité, multipliant partout les affiches: dans les journaux, sur les murs, sur la poitrine et au milieu du dos d'une légion de 'sandwichs', et jusqu'à l'extrémité du tuyau en caoutchouc où l'on prend du feu, dans chaque bureau de tabac. '*Lisez Nana! Nana!! Nana!!!*' Et le roman n'était écrit qu'à moitié. Au point où il en était de son travail, l'auteur n'avait encore aucune certitude. [...] Et voilà que l'œuvre était déjà livrée en pâture à la foule, dévorée, discutée, applaudie, out-

rageusement niée surtout! [...] Déplorables conditions de travail pour une nature nerveuse. [...] Que de fois, pendant l'enfantement de ce neuvième roman de la série, [l'auteur] ne dut-il pas se reporter avec mélancolie au grand calme dans lequel il travaillait, jadis, avant le succès! Aujourd'hui, il gagnait beaucoup d'argent, son nom était dans toutes les bouches, mais des angoisses nouvelles enfiévraient sa production, et il ne se sentait pas plus heureux" (*E.Z.*, 117–18). *Nana* parut au *Voltaire* du 16 octobre 1879 au 5 février 1880. Pour l'histoire de cette publication, cf. Auriant, *La Véritable Histoire de "Nana"*; *Huysmans-Zola*, 33–4; *Rougon-Macquart*, II, 1681–8.

10 Le Théâtre des Menus-Plaisirs changea de nom et de direction le 17 mars 1879 et devint le Théâtre des Arts, dont le directeur se nommait Wessel. En 1881 ce théâtre fut remplacé par celui de la Comédie-Parisienne.

11 Voir la lettre 40, n.5

12 Ibid., n.4

13 Cette revue bi-mensuelle importante, qui publia des romans de Flaubert, de Maupassant, de Bourget, de France et de Loti, fut fondée le 1er octobre 1879 par la femme de lettres Mme Edmond Adam, née Juliette Lamber (1836–1936). Elle dut une partie de sa célébrité à son salon, fréquenté par toutes les notabilités du parti républicain. Voici comment Edmond de Goncourt la décrit le 1er mars 1882: "Elle est toutefois commune, cette femme. Son corps ne fait pas de la grâce supérieure. De son intelligence, de son esprit, ne s'échappe pas un de ces riens marqués au coin de la femme d'élite. Elle est, comme le disait Daudet, une des créatures parisiennes tout à fait inférieures à leur fortune et qu'on ne sait pourquoi et comment *bombardées* dans une position inexplicable" (*Journal*, III, 155). Cf. *Zola-Céard*, 128; R. Dumesnil, *L'Epoque réaliste et naturaliste*, 126–30; L. Rièse, *Les Salons littéraires parisiens du Second Empire à nos jours*, 83–6; W. Stephens, *Madame Adam* (London: Chapman & Hall 1917).

Pour *La Réforme*, voir la lettre suivante.

56 [Paris] Mercredi soir [15 octobre 1879] – 1er jour de *Nana*.

MON CHER AMI,

Toute la journée, une 100e de "sandwich" (hommes ayant un écriteau sur la poitrine et dans le dos) à la queue leu leu ont balladé le nom de *Nana* sur les boulevards.[1]

Le *Gaulois* a trouvé mon article très bien, mais n'a pas voulu le publier intégralement. Ce que vous aviez dicté n'a pas pu passer. Voilà ce que c'est que de "devenir journaliste!..." J'ai cru devoir céder. (Laffite doit me reproduire demain en partie.)[2]

J'ai travaillé toute la journée sur les "journaux Allemands",[3] avec un nommé Hellès, excellent traducteur de chez Havas. (Il faudra que je vous mette en rapport avec lui pour l'avenir) Il m'a cité 2 autres grandes études Allemandes que nous ne connaissons pas.

1° Une de Bukovisz dans le *Lloyd de Pesth*.

2° Une de Paul Cohn d'Abrest dans le *Tagblatt* de Vienne[4] –

Mais il faudrait du temps pour se procurer tout cela – Ainsi qu'une grande étude d'un *Américain* demeurant à Paris, et à qui Hellès m'a promis d'écrire demain.

J'ignore ce que vous aviez passé à Huysmans, mais je n'ai presque rien retrouvé chez Charpentier, malgré de minutieuses recherches.

Enfin, avec ce que j'ai, je peux encore faire le "trompe l'œil" d'une grande étude très intéressante. Je ne travaille plus qu'à ça jusqu'à Samedi, et puis je me remets à la biographie.

Laffite, aurait tiré à 250 mille. "Tout le papier, dit-il, est parti." Et il ne saura quelque chose que d'ici 2 ou 3 jours quand "le papier" sera rentré... Quel marchand de papier![5]

Abraham Dreyfus l'aurait fortement blagué, dans un article du *XIX*[e] *siècle* de lundi matin[6] que je n'ai point vu – *La liberté* de ce soir cite un morceau de votre 1er feuilleton avec un fort éreintement[7] – La *France* reproduit une partie de votre étude sur "le roman expérimental."[8] Enfin l'*Estafette*,[9] mon article "Zola à Médan" presqu'en entier.

Voilà les nouvelles.

Dernières nouvelles:

La *Réforme*, à partir du 1er Novembre, devient bimensuelle,[10] et *j'y suis chargé de la "chronique littéraire,"* à 3 sous la ligne. Je compte, dans mon premier article (que je dois avoir remis le 25.) y parler de *Nana*[11] – des *Rois en exil*[12] – et de l'article de Bigot[13] – Donc, si Céard fait un article là-dessus, je désirerais qu'il ne chassât pas dans mes plate-bandes, c'est-à-dire... qu'il le fasse passer au *Voltaire* ou ailleurs.[14]

D'ailleurs Huysmans, dans la même *Réforme*, aura le *Salon*.[15] La nouvelle d'Hennique passera dans le 1er N°.[16] Céard et lui pourront donner des nouvelles et autres articles. L'intention de Francolin et de Lassez est de devenir naturalistes tout en conservant Sarcey.[17] Ils voudraient avoir une nouvelle de vous pour le 2[d] numéro de Novembre.[18] Telles sont les choses que m'a apprises Lassez avec qui j'ai dîné ce soir.

Sur ce excusez mon griffonnage et une poignée de main – A bientôt – Je vous récolterai d'autres nouvelles.

Votre

Paul Alexis

1 Voir la lettre 55, n.9
2 Dans la rubrique "Echos de Paris" *Le Voltaire* du 17 octobre reproduisit des extraits de "Zola à Médan" (lettre 55, n.2).
3 Alexis était en train de préparer une grande étude en six parties, intitulée "Emile Zola à l'étranger," que *Le Voltaire* allait publier entre le 30 octobre et le 26 novembre 1879.
  Le 3 octobre 1879 Laffitte écrivit à Zola: "Comme il paraît intéressant au *Voltaire* de parler de vous à ses lecteurs à l'occasion de Nana – Charpentier et moi avons songé aujourd'hui que nous pourrions reproduire les articles qui ont paru sur vous à l'étranger – Vous devez en avoir sous la main – venant d'Angleterre, de Russie, d'Allemagne et surtout d'Italie – Voudriez-vous nous les envoyer pour les faire traduire –" (B.N., MSS, n.a.f.24521, fols.183–3[v]). Zola répondit le 5 octobre et envoya au directeur du *Voltaire* quelques journaux étrangers qui contenaient des articles sur l'auteur des *Rougon-Macquart*. Cette collection de périodiques, cependant, était loin d'être complète. Charpentier devait en avoir quelques-uns, selon le romancier (*Corr.*, 534–5).
  Ce fut d'abord à Huysmans que Laffitte assigna la tâche d'écrire cette étude. Mais il y eut toutes sortes de difficultés et Huysmans s'en plaignit à Zola le 9 octobre: "Laffitte est de plus en plus imbécile. Je sors de chez lui, à l'instant. Nous ne nous entendons pas du tout. En dehors d'idées stupides qu'il essaie de m'inculquer pour l'article en question, ce falot personnage me colle sur les bras une liasse, un ballot, d'articles écrits dans toutes les langues possibles et il me dit que C'EST A MOI DE LES FAIRE TRADUIRE. [...] Nous nous sommes quittés, sans rien conclure, moi réclamant des documents pour mon article, lui, me mettant sous le nez son paquet de feuilles étran-

146

gères et me répétant: arrangez-vous avec celà!" (H.-Z., 30–2) L'auteur des *Sœurs Vatard* se découragea sans doute et le travail échut à Alexis.

4 Outre ces deux articles Alexis mentionne également dans la première partie de l'étude ("En Allemagne," 30 octobre): Friedrich Karl Petersen, "Emile Zola," *Unsere Zeit* (Leipzig), mars 1877; Julian Schmidt: étude des quatre premiers romans des *Rougon-Macquart, Abendpost* (Vienne), sup. lit.: 4,5,6 et 8 février 1875 ["L'auteur est trop idéaliste pour apprécier tout le réalisme de Zola," selon Alexis]; id.: étude sur *L'Assommoir, Abendpost*, 1877.
   Voici le début de l'article d'Alexis: "La docte Allemagne d'abord! J'ai peut-être tort de commencer par elle: ces bonnes têtes carrées germaniques, ces esprits si bien organisés pour la science et les études calmes, patientes, sérieuses, n'ont pas été les premiers à s'occuper de M. Emile Zola. [...] Néanmoins, avec leur sage lenteur, les Allemands sont arrivés, depuis quatre ou cinq ans, à le lire, à le traduire at à l'approfondir. Nul doute qu'ils ne finissent par creuser plus profondément que d'autres." Sur Zola et l'Allemange, cf. F. Bertaux, "L'influence de Zola en Allemagne," *Revue de Littérature comparée*, IV (1924), 73–91; W.H. Root, *German Criticism of Zola, 1875–1893* (New York: Columbia University Press 1931).

5 En parlant de Laffitte et de la publicité pour *Nana* dans une chronique littéraire sur ce roman (*La Réforme*, 1-XI-79), Alexis dit: "Le directeur d'un journal, après tout, n'est qu'un entrepreneur de renseignements et de distraction quotidienne, un marchand de papier imprimé, un commerçant ordinaire qui achète en gros un roman à un romancier, pour le détailler au public en tranches quotidiennes."

6 Dans sa chronique "La Comédie parisienne" du *XIXᵉ Siècle* daté du 14 octobre, Dreyfus cite un "roman à sensation, *Tata*, suite de *l'Engueuloir* par Z. Hola."

7 L'article de *La Liberté* du 16 octobre, sous le titre d' "A travers champs," n'est pas signé. "Ce feuilleton est lourd, vide, ennuyeux, écrit l'auteur. Les procédés de M. Zola sont si connus maintenant, qu'un écolier de rhétorique les surprend au passage comme lièvres. [...] Le rhythme même de la phrase de M. Zola est usé jusqu'à la corde: c'est de la prose chantante; c'est un mélange hybride des idées contemporaines dans la marmite de Chateaubriand. [Le public] ne comprend rien aux descriptions lentement traînées, aux artifices de style. Il lui faut des imbroglios, de la passion artificielle, quelque chose qui ébranle fortement ses nerfs; et M. Zola n'est plus à même de lui donner ce qu'il réclame."

8 "Le roman expérimental" parut d'abord dans *Le Messager de l'Europe* de septembre 1879. *Le Voltaire* publia l'étude du 16 au 20 octobre de la même année. C'est elle qui donnera le titre au volume d'articles de critique que Zola fait paraître en 1880 chez Charpentier. (L'article en question se trouve aux pages 1175–1203 du tome X des *Œuvres complètes*.) *La France* du 16 octobre 1879 en inséra un extrait dans la rubrique "Revue de la Presse." "Bien étonnant le premier chapitre du *Roman Expérimental*, écrivait Céard le 15 octobre à Zola. Si un lecteur sur cent y comprend quelque chose!!!! Mais les spécialistes vont être ravis" (C. Z., 104). Cf. également les critiques qu'il adressa au Maître de Médan à propos de cette étude (ibid., 107–9).

9 Numéro du 16 octobre ("Revue de la Presse")

10 Voir la lettre 43, n.11

11 Dans la chronique précitée de *La Réforme* sur *Nana*, Alexis prend la défense de Zola contre les attaques survenues lors de la publication du roman en feuilleton. Il y parle plus longuement de l'auteur de *Nana*. Voir la lettre 59.

12 "Chronique littéraire. Les Rois en exil," *La Réforme*, 15-XII-79. Voir la lettre 61, n.2

13 Charles Bigot (1840–93), professeur de littérature et journaliste du *Siècle*, avait sévèrement critiqué le Naturalisme dans son article "L'esthétique naturaliste," que publia la *Revue des Deux Mondes* le 15 septembre 1879 (415–32). Zola lui répondit le 21 octobre dans les colonnes du *Voltaire* ("A M. Charles Bigot," *Le Roman expérimental*, O.C., X, 1333–6). A ce sujet, cf. la lettre du 15 octobre que Céard adressa à Zola (C.-Z., 102–5). Alexis n'a pas écrit de chronique sur cette polémique.

14 Céard ne donnait pas d'articles à des périodiques à ce moment-là.

15 "Le Salon de 1880," du 15 mai au 1er juillet 1880. Le 15 janvier de cette année Huysmans y fit publier "L'architecture nouvelle." M. Baldick considère ce "Salon"

comme un "chef-d'œuvre en fait de critique d'art, [...] un brillant traité de l'Impressionnisme" (*La Vie de J.K. Huysmans*, 71). Huysmans inséra cette étude dans *L'Art moderne* (Charpentier 1883). Cf. H. Jouvin, "La collaboration de Huysmans [...] à la *Réforme* [...]," *Bulletin de la Société J.-K. Huysmans*, No. 18 (1939), 197–206; id., "Huysmans, critique d'art. Ses Salons," *Bulletin* [...] *Huysmans*, No. 20 (1947), 356–75.

16 Ce ne fut que le 15 novembre 1879 que *La Réforme* publia "Les Funérailles de Lucie Cloarec" d'Hennique. La nouvelle parut sous le titre de *Les Funérailles de Francine Cloarec* à la Librairie Nouvelle à Bruxelles en 1887.

17 Dans les numéros du 15 mai au 15 juin 1879 on trouve des "Souvenirs d'enfance" du célèbre critique. Du 1er novembre au 1er décembre de la même année c'est lui qui signera l'article "Le militaire au théâtre."

18 "Naïs Micoulin," publié d'abord dans *Le Messager de l'Europe* (septembre 1877), parut dans *La Réforme* du 15 décembre 1879 au 15 janvier 1880. En 1884 cette nouvelle fournit le titre au volume de nuovelles de Zola que publia Charpentier.

---

57 [Paris] Samedi soir [18 octobre 1879],

MON CHER AMI,

Impossible d'aller vous voir demain. Tout me tombe dessus à la fois: hier soir, l'épreuve de *Celle qu'on n'épouse pas*[1] et la 5me feuille de mon volume;[2] ce soir, la 6me feuille. De plus, les articles "*Zola à l'étranger*"[3] à expédier, à la suite du retard des traducteurs qui ne m'ont remis leur travail que ce soir. Et tout cela presse!

Quant aux articles sur vous, voici en somme ce que j'ai:

Allemagne: 2 articles assez longs: l'un à Berlin, l'autre à Vienne. C'est suffisant!

Italie: Beaucoup de feuillets, un gros paquet qu'on vient de me remettre, ce qui avec le théâtre,[4] est suffisant.

Angleterre: rien que d'insignifiant. Les anglais sont d'ailleurs durs, ils vous tombent, et je tâcherai de les tomber, moi.[5]

Hollandais:[6] rien encore – pas encore de traducteur!

Mais ce qui me manque absolument, et ce dont il faut pourtant que je parle, c'est la *Russie*. Je n'ai que le souvenir: Sarcey, il y a 4 ans faisant une conférence sur *son Excellence*,[7] et parlant pour la première fois de vous avec un certain respect, inspiré par le succès que vos romans avaient déjà en Russie. Si vous avez quelque autre notion, de grâce, envoyez-la-moi vite.[8] Je n'irai vous voir que dans le courant de la semaine, quand je serai un peu allégé. Peut-être sera-ce avec Mirbeau qui va vous tomber dessus un de ces jours.

Le *Gaulois* me paye votre article[9] 100 F. Et je vais en faire un second sur... le café de la *Nouvelle Athènes*, et les types qui le fréquentent.[10]

Votre

Paul Alexis

On vous a envoyé les journaux, me dit-on au *Voltaire*, d'où je vous écris.

1 Voir la lettre 54, n.2
2 *La Fin de Lucie Pellegrin* (lettre 50, n.4)
3 Voir la lettre précédente
4 Zola écrit à Alexis le 14 octobre 1879: "Je reçois cette dépêche de Venise. Elle est curieuse; vous pouvez la donner dans votre travail. Je sais aussi que *Thérèse Raquin* a été applaudie à Palerme. Insistez sur l'émotion littéraire que mon drame cause dans toute l'Italie, parce que cela répondra aux Sarcey, aux Vitu et autres" (*Corr.*, 535).

En effet, Alexis souligne ce fait dans la troisième partie ("En Italie," *Le Voltaire*, 4-XI-79) de son étude sur Zola, dont voici un extrait: "Il me reste [...] à signaler un autre fait, significatif et très curieux, – un fait que, pour ne pas sortir de mon programme, je me contenterai de livrer aux méditations et appréciations de MM. Sarcey, Vitu et autres. Ce fait est l'émotion littéraire causée depuis six mois, dans toute l'Italie, par le drame de *Thérèse Raquin*, représenté en italien chaque soir, je n'exagère pas, sur la scène de huit ou dix grandes villes de la péninsule [...]. Ici, le succès est énorme; ailleurs, on se bat; le public divisé en deux camps se jette presque les petits bancs à la tête. [...] Et tout cela pour une pièce représentée chez nous depuis six ans, et jugée, condamnée, exécutée en un tour de main, morte, je crois, au bout de treize représentations, par une chaleur caniculaire. Comme si les jugements de notre critique, à nous, Français, n'étaient pas inattaquables, prononcés en dernier ressort, et à jamais irrévisables.

"Voici le texte d'une dépêche, arrivée de Venise il n'y a pas dix jours, et adressée à M. Zola: 'Avons honneur faire part représentation *Thérèse Raquin* au théâtre Goldoni à Venise. – Succès enthousiaste. – Grands applaudissements et rappels. – Directeur, Diligenti.' " (Cf. R. Ternois, "Zola sur les scènes italiennes," dans *Zola et ses amis italiens*, 65–84.)

Quant aux études italiennes les plus importantes, Alexis en mentionne une dizaine dans les IVe et Ve parties de l'article, toujours intitulées "En Italie" (*Le Voltaire*, 6 et 10-XI-79), études dont seules les quatre suivantes ne se trouvent pas dans l'ouvrage de G.C. Menichelli, *Bibliographie de Zola en Italie* (Florence: Institut Français 1960): Raffaello Barbiera, "Etude sur le roman contemporain," *Gazzetta letteraria* (Turin), 22-III-79; Francesco de Mercurio: article dans *Verità, gazzetta calabrese*, 16-IV-79; Giancinto Stavelli: article sur *L'Assommoir*, *Il Corriere di Sardegna*, 27-II-79; Panglossi: article dans *La Plebe* (Rome) [s.d.].
5 Zola se hâtait de répondre le 20 octobre: "Je vous en supplie, ne me défendez pas contre les Anglais. *Ne faites pas œuvre de polémiste, mais de greffier*" (lettre inédite [copie], coll. H. Mitterand). Et Alexis d'écrire dans la deuxième partie de son article ("En Angleterre et en Amérique," 1-XI-79): "Eh bien! mon impartialité va devenir tout de suite éclatante. S'il y a une ombre au tableau, dans la renommée de M. Zola à l'étranger, cette ombre, c'est incontestablement l'opinion de l'Angleterre. Eh bien! cette ombre, au lieu de la passer sous silence, ou de chercher à la dissimuler, je la constate. [...] Tout ce qui a été écrit sur Zola en Angleterre (et je ne crois pas aller trop loin en ajoutant en Amérique) peut, je crois, être ramené à ces deux notes principales. Les uns, –comme d'ailleurs cela se fait journellement en France où il y a force grossiers personnages, se fâchent tout rouge. D'autres, moins rétifs et plus intelligents, font effort pour admettre, qui plus, qui moins, des audaces envers lesquelles, paraît-il, est absolument rebelle leur tempérament national actuel." Cf. C.R. Decker, "Zola's Literary Reputation in England," *PMLA*, XLIX (1934), 1140–53; E. Pryme ,"Zola's Plays in England, 1870–1900," *French Studies*, XIII (1959), 28–38; A.J. Salvan, *Zola aux Etats-Unis* (Providence, R.I.: Brown University Press 1943).
6 La sixième et dernière partie d' "Emile Zola à l'étranger" ("En Russie. – En Suède. – En Hollande. – En Belgique. – Conclusion") parut dans *Le Voltaire* du 26 novembre 1879. "Nous voici maintenant dans la calme et pacifique Hollande, écrit l'auteur. Parmi les littérateurs et critiques hollandais, celui qui s'est le plus occupé de Zola, est M. J. Ten Brink, docteur en philosophie et professeur de littérature au lycée de la Haye. [...] C'est [...] un lettré, d'esprit très cultivé, connaissant la langue française mieux que beaucoup de parisiens. Et il s'est surtout appliqué à populariser la littérature française dans sa patrie. [...] On peut le compter parmi les 'fanatiques' de M. Zola, sur lequel il vient de publier une grande étude intitulée: *un Hercule littéraire*. Son œuvre des

Rougon-Macquart est, selon son expression, 'digne d'un demi-dieu grec.' " Sur Zola et la Hollande, cf. J. de Graaf, *Le Réveil littéraire en Hollande et le Naturalisme français, 1880–1900* (Amsterdam: H.J. Paris 1938); J. Ten Brink, *Litterarische Schetsen en Kritieken* (Leiden: Sythoff 1882–8), t.XII, XIII; P. Valkhoff, "Emile Zola et la littérature néerlandaise," dans *Mélanges* [...] *Baldensperger* (Champion 1930), II, 312–26; E. Zola, *Letters to J. van Santen Kolff*, ed. R.J. Niess (Washington University Studies, n.s., Language and Literature, No. 10. St Louis 1940).– Pour la Suède et la Belgique, on se reportera à M. Cazaux, "Zola en Suède," *Revue de Littérature comparée*, XXVII (1953), 428–37; G. Vanwelkenhuyzen, *L'Influence du Naturalisme français en Belgique de 1875 à 1900* (Bruxelles: Palais des Académies 1930).

7 Ce fut le 13 avril 1876 que Francisque Sarcey fit une conférence à la Salle des Capucines sur *Son Excellence Eugène Rougon*, qui avait paru le 25 février de la même année chez Charpentier. Cf. R.B. Grant, *Zola's "Son Excellence Eugène Rougon." An Historical and Critical Study* (Durham, N.C.: Duke University Press 1960).

8 "Tout ce que je puis vous conseiller, c'est d'aller voir si Tourguéneff est de retour à Paris, ce dont je doute. Allez chez lui ce matin ou à cinq heures, et présentez-vous en mon nom. (50 rue de Douai). Avec lui vous auriez toute la Russie. Autrement, parlez de ma collaboration au *Messager de l'Europe* depuis quatre ans, et dites que tous les journaux de là-bas se sont occupés de moi, que c'est la Russie qui m'a la première adopté" (lettre inédite du 20 octobre, coll. H. Mitterand). (Sur Ivan Tourguéneff, voir la lettre 122, n.6.) Fidèlement, Alexis rapporte dans *Le Voltaire* du 26 novembre: "Il n'est pas si simple que l'on croit, d'arriver à une large réputation littéraire. Les plus grands sont quelquefois ceux qui ont été le plus méconnus par leur génération. [...] Pour M. Emile Zola, cette loi ordinaire [...] s'est produite avec une particularité très curieuse. Son nom était encore complètement honni en France, que déjà la Russie l'avait adopté. [...] Tous les journaux là-bas s'occupaient déjà de lui, conseillant la lecture de ses œuvres, si l'on voulait connaître l'écrivain qui donnait le mieux une idée générale de son temps et de la société française actuelle." Cf. I. Braescu, "Emile Zola si Rusia," *Revista de filologie romanicǎ şi germanica* (Bucarest), V (1961), 379–84; E.P. Gauthier, "Zola's Literary Reputation in Russia Prior to *L'Assommoir*," *French Review*, XXXIII (1959), 37–44; A. Pouzikov, "Zola en Russie," *Œuvres et Opinions* (Moscou), No.4 (avril 1965), 171–5.

9 Voir la lettre 55, n.2

10 Alexis ne fera cet article que le 19 mai 1881, au *Henri IV* ("Le nouveau quartier latin"). Voir la lettre 76.

⌘ 58 [Paris] Vendredi soir [24 octobre 1879],

MON CHER AMI,

Le maladroit, et faux, et dénaturant tout, article Champsaur[1] est l'occasion de mon retard au *Voltaire*.[2] J'ai voulu pousser les épreuves de mon volume![3] De plus mon pemier article à faire pour *la Réforme*,[4] que je dois remettre demain soir samedi. J'en ai fait aujourd'hui la moitié et j'espère que vous en serez content! Quant à Laffitte, il peut attendre, lui qui m'a fait si longtemps attendre. Il vient de m'écrire, presque impoliment, et je viens de lui répondre avec de la bonne encre. Il n'aura ses trois articles que Mardi ou Mercredi. D'ailleurs tout va bien. Je suis dans un enthousiasme et une crise de travail extraordinaires. Je veux tout mener de front, et tout avaler.

Une cordiale poignée de main pour vous tous.

Paul Alexis
auteur du "Pot-de-chambre"!
(*Evénement* d'hier)[5]

A propos de la *Réforme*, quand vous m'écrirez, dites-moi deux choses pour Lassez:

1° S'ils auront une nouvelle de vous pour la mi-Novembre.[6]

2° L'affaire est faite avec Huysmans pour le *Salon* et les *Beaux-Arts*. Mais il faut évincer "Sébillot" et "Sébillot" est beau-frère de Guyot. Alors, Francolin et Lassez, un peu gênés, veulent auprès de Guyot se servir de votre nom, dire que vous leur avez imposé Huysmans. Naturellement, vous ne vous y opposez pas et vous vous en fichez!

P.S. Depuis trois jours pas mis les pieds au Voltaire je sais donc peu que vous ne sachiez sur *Nana*.

Dans le *monitor Officielle*, d'il y a trois jours, une fantaisie antique sur l'apparition d'un livre d'*Ovidius*. chez un éditeur de Rome, *Victor Carpentius*, etc. etc. Pas très méchant! (A la fin on dit que c'est *Nana*)[7]

1 Le journaliste Félicien Champsaur (1859–1934) avait écrit "Les disciples de M. Zola," que publia *Le Figaro* du 20 octobre. Il y parle des Vast-Ricouard, de Huysmans, Hennique, Céard (cf. la lettre du 22 octobre 1879, *Céard-Zola*, 105–6), Maupassant et Alexis. Celui-ci, dit Champsaur, "est surtout élève de M. Zola. C'est son titre à lui. ["La Fin de Lucie Pellegrin"] est l'histoire d'une fille racontée à la façon de M. Zola. Ce n'est pas une œuvre sans valeur, mais cela n'a pas de cachet, c'est de l'absinthe imitée. M. Alexis fabrique l'absinthe avec beaucoup de travail et de fatigue. La pensée verte ne sort qu'avec peine de cette tête carrée ressemblant à celle du maître. Il y a entre les deux personnages des rapports intellectuels et physiologiques. Front pareil, barbe pareille, cheveux pareils, traits pareils. L'élève est une seconde édition diminuée. Il est loin, comme M. Zola du reste, d'être un improvisateur, et, plus d'une fois, lorsqu'il est sans témoin, il doit, comme M. Zola encore, qui l'a avoué, se traiter de stérile et d'idiot."
2 Voir la lettre 56, n.3
3 Il s'agit toujours de *La Fin de Lucie Pellegrin*.
4 Voir la lettre suivante
5 Sous la rubrique "Echos de Paris" de *L'Evénement* daté du 24 octobre on pouvait lire:
   Menus Propos
   Nos Naturalistes
   On annonce:
   La *Potiche*, par M. Emile Zola
   Le *Pot à eau*, par M. Huysmans
   Le *Vase de nuit*, par M. Alexis
   Viendra ensuite le *Bidet*, grande étude à sensation, de MM. Vast-Ricouard. Une série, comme on voit.
6 Voir la lettre 56, n.18. Pour le "Salon" de Huysmans dans cette revue, voir la même lettre, n.15.
7 L'article parut dans *Le Moniteur universel* du 21 octobre 1879 et était intitulé: "Lettres du lundi. Apparition de l'*Enéide*. Fantaisie," par Eurotas. Une note en bas de l'article donna les clefs des personnages: Virgilius Maro était Zola; Marcus Carpentius, Laffitte.

59 [Paris] Dimanche soir [26 octobre 1879].

MON CHER AMI,

Voici déjà ce que j'ai entendu dire, de deux côtés différents: par Lassez – et par Catulle. L'un et l'autre le tiendraient du "vendeur" même du *Voltaire*.[1]

La vente du *Voltaire* dans Paris au n°, (non compris par conséquent les gares, évaluables à 4 ou 5 mille, 2° les abonnés, 3° la province et l'étranger) aurait été de 12000, les deux premiers jours, et aurait diminué, depuis, de 500 F par jour: elle ne serait donc plus que 5 ou 6000 aujourd'hui! – Les 12000 du premier jour supposaient un total de 20000 – Et les 5 ou 6 mille d'aujourd'hui, un total de 10 ou 11 mille, ce qui serait encore joli: *Mais la baisse de 500 par jour se continuera-t-elle?* Voilà la question. On dit Lafitte assez soucieux.

Maintenant, chez mon libraire, on m'a dit que – les premiers jours, inondés de *Voltaire*, ils en avaient relativement peu vendus, mais que depuis trois ou quatre jours, il y avait un mouvement d'ascenssion très marqué.

On en parle d'ailleurs toujours beaucoup: dans les cafés par exemple, toutes les cocottes le lisent.

Reçu aujourd'hui de Lafitte une invitation assez curieuse, que je vous copie:

"Cher collaborateur, Mon ami Videl et moi, vous prions de venir passer la soirée de mercredi 29 O^{re} avec nous, on parlera de Nana et l'on fera son possible pour s'amuser.

à 10^h, – 46 r. de Clichy. Mes amitiés.

J. Laffitte."

Etrange n'est-ce pas? *Je ne manquerai pas d'y aller* et de vous renseigner.[2] C'est d'ailleurs une circulaire: Mendès a reçu la même!

Je ferai demain vos commissions à la *Réforme*. Ma première chronique littéraire est intitulée "le vacarme de Nana",[3] je l'ai terminée hier soir (13 pages... en *deux* jours!!!) En voici la grande ligne:

Les premiers feuilletons de *Nana* ont causé *un scandale*: qui 1° *n'est pas imputable* au directeur du *Voltaire* un simple vendeur de papier imprimé,[4]

2° *Pas d'avantage à M. Zola*, dont je fais un long portrait intellectuel, où je me suis inspiré de ce que vous m'aviez dicté (j'ai malheureusement perdu le morceau au *Gaulois*)[5] et je dis que vous ne vous êtes jamais posé en chef d'école, je cite *mes haines*,[6] etc. etc.

3° Donc le scandale a été fait par notre esprit boulevardier, léger, qui parle des choses sans en savoir le premier mot. Moi, pas un mot du roman pour ne pas tomber dans la même faute: il n'est même pas fini: j'attends.[7]

Enfin, j'ai fait de mon mieux! La première fois, je parlerai des *rois en exil* (dont les 11 premiers milles sont partis, dit-on, le premier jour et 7 mille depuis!)[8]

Mais, une déplorable tendance chez cet idiot de *Lassez* à gâcher dans ma copie... et à ne me la payer que 2 sous. Cette après-midi, j'ai été sur le point de l'envoyer péter, et de porter mon article au *Gaulois* ou ailleurs. Je me suis contenu, et j'ai sacrifié 25 lignes! Ce qui m'irritait le plus, c'est que l'idiot voulait m'interdire ceci et cela *sans l'avoir lu*!!! Que sera-ce quand ils le liront en épreuve?

Mais, fort de votre lettre d'aujourd'hui,[9] je les secouerai demain de la belle façon.

Ma petite lettre à l'*Evénement*[10] était mieux: Au lieu de les traiter de "cher Sphinx" il n'y avait que "monsieur". Et ils m'ont coupé: "J'admets la plaisanterie –*même facile à faire, et épicée!*"– D'ailleurs, vous avez raison![11]

1 On se rappellera que ce journal commençait la publication de *Nana* en feuilleton dans le numéro du 16 octobre 1879.
2 Zola avait reçu la même invitation, mais il s'excusa le 28 octobre dans une lettre adressée à Jules Laffitte: "Je vous remercie mille fois de votre aimable invitation; mais je suis cloué à ma table de travail, et je vous prie de ne pas compter sur moi" (*Corr.*, 537).
3 Pour un extrait de l'article d'Alexis, qui porte le titre de "Chronique littéraire. *Nana*," paru dans *La Réforme* du 1er novembre 1879, voir l'app. A:8.
4 Voir la lettre 56, n.5
5 Voir le deuxième paragraphe de la lettre 56
6 La première édition de *Mes Haines* date de 1866 (A. Faure).
7 Alexis fera un article sur *Nana* dans *Le Figaro* du 15 février 1880 ("Une 'première' en librairie"; app. A:8bis) à l'apparition du volume imprimé chez Charpentier.
8 Le roman de Daudet vient d'être mis en vente par Dentu. 40.000 exemplaires sortiront des presses cette année-là. Voir la lettre 61, n.2.
9 Cette lettre ne semble pas avoir été conservée.
10 Le 26 octobre 1879 *L'Evénement* inséra la réplique d'Alexis à l'annonce citée dans la lettre 58, n.5: "Mon cher Sphinx: J'ouvre l'*Evénement* de ce matin et j'y lis, en tête de vos 'Menus Propos': [...] On annonce: *Le Vase de nuit*, par M. Alexis. Je comprends la plaisanterie, mais vous ne me refuserez point une rectification légitime. Ce n'est pas... ce que vous dites!... qui va paraître de M. Alexis, la semaine prochaine, chez Charpentier; c'est... *La Fin de Lucie Pellegrin*. Merci d'avance et bien à vous. Paul Alexis." Mais le volume annoncé ne parut qu'en avril 1880.
11 La lettre ne porte pas de signature sur le manuscrit. Le dernier paragraphe a été ajouté après coup.

✍ 60 [Paris, mardi 28 octobre 1879]

MON CHER AMI,

Je suis désolé! Je sors du *Voltaire*, furieux contre le crétin des crétins. Le premier article[1] (que vous devez recevoir en même temps que ma lettre) est *signé* de moi, lorsque je l'ai fait, d'abord *très vite*, et pour porter la signature *"un greffier littéraire."* Aujourd'hui à 6 heures, je me suis débattu là-dessus, *une demi-heure*, contre cet être borné, (qui a le privilège de me rendre idiot comme lui quand je lui parle) et je me suis laissé esbrouffer. J'en ai très mal dîné. J'ai couru chez moi chercher votre lettre où vous me disiez "de ne pas faire œuvre de polémiste."[2] Et je viens de retourner dans la sacré-boîte, fort de votre lettre. Mais le monteur de coups, m'a assuré qu'il était trop tard, que les pages étaient serrées, et n'a même pas voulu par conséquent me laisser corriger ni voir les épreuves. Il doit avoir pataugé dans ma copie, et je vais passer à vos yeux: ou pour vouloir me faire de la réclame sur vous, – ou pour un imbécile. – Ou pour les deux à la fois!

Il me paiera cela: comme je m'applaudis d'en avoir parlé comme d'un vulgaire marchand de papier dans mon article de la *Réforme*[3] (pour lequel j'ai eu aussi des ennuies avec Lassez – qui m'en a changé le titre, et enlevé

25 lignes.) Et, par là-dessus, toutes ces misères me mettent en retard pour mes dernières feuilles du volume.[4]

Votre

Paul Alexis

P.S. Sur la question de vente, Laffitte a l'air content, sans enthousiasme pourtant. Hier, avec votre article[5] au lieu du feuilleton, la vente au numéro n'a nullement fléchi. Au contraire.

Dites un mot, et j'arrête mes articles sur l'étranger. Comme Huysmans a eu raison...!

Le nommé Laffitte m'a dit aussi dans le courant de la conversation "qu'il aurait voulu vous voir, qu'il a quelque chose à vous proposer." Ça doit être encore la direction littéraire du *Voltaire*: n'allez pas au moins vous laisser entortiller, vous. Il n'y a rien à faire avec cet homme.[6]

1 De la série "Emile Zola à l'étranger" (lettre 56, n.3)
2 Voir la lettre 57, n.5
3 Voir la lettre 56, n.5
4 *La Fin de Lucie Pellegrin*
5 Zola se servait de sa "Revue dramatique et littéraire" du *Voltaire* du 28 octobre (*O.C.*, XII, 597–602) pour défendre son roman, que ce journal était en train de publier et que la presse accueillait par des cris de haine et de rage. "C'est à coup sûr la première fois, écrivait l'auteur, qu'on prouve à un écrivain qu'il a écrit un mauvais livre, lorsque ce livre n'est point connu, pas même de l'écrivain qui le termine en ce moment. Je viens de lire [un] paquet de journaux, et je suis stupéfait. La critique m'a habitué à tout; mais ceci, vraiment, dépasse la mesure et vaut la peine d'être constaté. [...] Un écrivain met dix-huit mois pour écrire un livre. Il en passe six à réunir les documents, à faire le plus de lumière possible sur son sujet. Certes, il se trompe souvent; mais c'est alors plus un péché d'impuissance qu'un péché d'ignorance. Et voilà des gaillards qui ont deux heures pour accoucher d'un article, qui le bâclent sur un coin de table, et qui, sans examen, sans avoir lu, sans rien étudier ni contrôler, traitent l'écrivain d'ignorant, affirment qu'il ne sait pas le premier mot de ce dont il parle; le tout sans conviction le plus souvent, uniquement pour amuser leurs lecteurs. Je trouve que cette méthode critique laisse à désirer" (597, 600). Céard commenta le 28 octobre à Zola: "Votre feuilleton, hier, a fait un très bon effet: il était du reste de vos mieux réussis" (*C.-Z.*, 107). Cf. Auriant, *La Véritable Histoire de "Nana,"* 91–109; *Rougon-Macquart*, II, 1684–7.
6 En effet, sans Laffitte, *Le Voltaire* aurait pu devenir l'organe attitré des Naturalistes (lettre 46, n.2). Mais à ce moment-là la rupture entre ceux-ci et ce journal n'était pas loin. Sur ce sujet, cf. *Zola-Céard*, 84–9.

61 [Paris] Mardi soir [4 novembre 1879].

MON CHER AMI,

Quel est le fin mot de votre feuilleton sur Daudet?[1] Emballage réel? ou des dessous? Votre dernière phrase m'a paru des plus suspectes? J'ai à faire pour le 10, ma seconde *chronique littéraire* sur les *Rois en exil*,[2] et je n'ai le volume que d'aujourd'hui. Ne pourriez-vous, en une ligne, me donner le *la*, (j'espère demain m'en débarasser) D'ailleurs, mes deux dernières feuilles corrigées,[3] et les articles du *Voltaire*[4] commençant à avancer, je vous menace d'une visite si vous ne devez venir que le 15.[5]

Laffitte très fermé sur le *tirage* du *Voltaire*.

Vu personne de la petite bande, si ce n'est Maupassant, l'autre soir.

Manet m'a envoyé un peintre impressionniste (Vénitien), *Zandomeneghi*,[6] qui veut me portraicturer.

Le chapitre du souper chez Nana[7] fait bon effet, autour de moi. Mais une crainte m'est venue ce matin, pour vous. Est-ce qu'ils n'en donnent pas trop à la fois? N'y a-t-il pas danger qu'on vous rattrappe? Déjà près de 4 chapitre, en 20 jours.[8]

Sur ce bonsoir, mon cher ami, je vais me coucher sagement. Mes amitiés à tous.

Votre

Paul Alexis

P.S. Je viens de lire le Schol de ce matin: le passage nous concernant est reproduit dans le *National*.[9] Est-il fâcheux que mon volume ne soit pas lancé demain.

Si Charpentier a les deux dernières feuilles demain soir, puis-je matériellement paraître le 15? Sinon, faut-il renvoyer en février? Cette détermination me semble bien grave: le fer est chaud aujourd'hui et en Février, avec la Chambre,[10] et l'inconnu, il pourrait être refroidi. Ne vaut-il mieux pour moi s'exposer carrément à trébucher dans les livres d'étrennes?[11] Je suis très soucieux: mais tout ça c'est des détails! Il faut bûcher et produire.

1 La "Revue dramatique et littéraire" du *Voltaire* du 4 novembre était consacrée aux *Rois en exil* (*O.C.*, xii, 602–6). Zola louait le roman, l'appelait un chef-d'œuvre. Et il concluait: "Le voilà donc à présent dans toute la force de son génie. Il s'est mis sur le même rang que nos aînés, il a conquis, dans notre littérature, la plus belle place, une haute situation d'écrivain qui a séduit d'abord le public par sa grâce, et qui le retient aujourd'hui par sa puissance. Parmi nous tous, il est le plus aimé et le plus digne de l'être." (605–6).

2 "Soyez *très aimable* pour Daudet," demande Zola à son ami le 6 novembre (lettre inédite [copie], coll. H. Mitterand). L'article d'Alexis paraît dans *La Réforme* du 15 décembre 1879. Après une longue introduction sur Daudet et un court passage sur l'œuvre parue avant *Les Rois en exil*, l'auteur parle de ce dernier roman et s'écrie: "Quelle leçon latente! Quel drame! Quel roman essentiellement naturaliste! Un chef-d'œuvre de simplicité, de logique et d'audace, où M. Alphonse Daudet n'a rien enjolivé, est allé jusqu'au bout! [...] Avec Gustave Flaubert, les de Goncourt, et Emile Zola, Alphonse Daudet constitue le solide, imposant et imprenable quadrilatère du roman contemporain. Imprenable! parce que l'esprit de méthode analytique et d'observation exacte, qui est l'esprit de notre âge, a élevé dans chacune de ces places fortes une citadelle, – et planté un drapeau qui est celui de l'avenir."

3 De *La Fin de Lucie Pellegrin*. Voir ci-dessous la note 11

4 Voir la lettre 56, n.3

5 La préparation et la rédaction de *Nana* tenait le romancier cloué à sa table de travail à Médan. Le 6 novembre il écrivait à Alexis: "Je ne pense pas aller à Paris avant le 15. Je voudrais finir mon chapitre sur les Courses qui est un véritable monde. Ainsi donc, venez, si vous voulez. Vous aurez une chambre. Mais prévenez pour qu'on la prépare. Cela vaut toujours mieux" (lettre inédite [copie], coll. H. Mitterand).

6 Federigo Zandomeneghi (1841–1917) était installé à Paris depuis 1874 et exposait des paysages et des portraits aux Salons des Indépendants. Selon M. Rewald, au Salon de 1880 il y avait un étrange portrait peint par lui, montrant Paul Alexis debout contre un mur où se trouvaient d'innombrables cages d'oiseaux (*The History of Impressionism*, 439). Alexis lui-même, dans une chronique signée Trublot du *Cri du Peuple* (2-v-86), cite "un portrait d'Trubl' à peine ébauché, par Zandomeneghi, l'peintre vénitien. Fâcheux qu'y ait eu la paresse d'pas l'achever, y a cinq ans [...]." (Voir l'app. A:45.)

7 C'est-à-dire le chapitre IV de la première partie, qui parut en feuilleton au *Voltaire* du 31 octobre au 7 novembre

8 Dès le 20 octobre Zola avait averti Laffitte: "N'allons pas si vite, ou nous n'en avons pas pour trois mois. Je vous préviens, car je suis inquiet de la copie que mange le feuilleton" (*Corr.*, 536).

9 Dans la rubrique "Les Gaîtés du jour," *Le National* daté du 5 novembre citait l'extrait suivant d'un compte rendu, paru dans *L'Evénement* de la même date, des *Rois en exil* par Aurélien Scholl: " 'Ceci est un chef-d'œuvre, a dit hier Zola lui-même. Je ne trouve que ce mot, ajoute le pontife, pour dire ma grande admiration.' Et je suis heureux de me trouver de son avis. Mais je constate, d'autre part, que les *Rois en exil* sont dédiés à Edmond de Goncourt, l'auteur de la *Fille Elisa*, comme un témoignage de la *grande admiration* de Daudet. Voici donc trois admirations qui peuvent se combiner heureusement. 'Admirez-vous les uns les autres!' Le conseil du Christ a été amplifié dans un but évident de réclame littéraire. Le fils de Dieu ne se doutait pas qu'il travaillait pour la librairie de l'avenir. A bientôt la sous-admiration de Paul Alexis pour Huysmans et de Huysmans pour Céard. Où le père a passé passera bien l'enfant!"

10 La Chambre s'ouvrira le 13 janvier 1880.

11 "Faites vos efforts pour paraître le 15, tel était le conseil de Zola. J'aurais préféré pour vous un champ plus large, deux ou trois mois d'étalage, mais enfin le moment est bon, profitez de l'occasion et au petit bonheur! Le malheur est que jamais Charpentier ne sera prêt le 15" (6 nov.). En effet, le volume ne parut que fin janvier l'année suivante. Cf. l'Introduction (27) pour l'opinion de Zola sur ce recueil d'Alexis.

62 [Paris] Mercredi [26 novembre 1879], minuit.

MON CHER AMI,

M. Laffitte est vraiment un homme inouï.

A l'occasion de ce procès Suzanne-Laggier[1] (dont il est cause) son idée est celle-ci: sans nommer M. Zola ni M. Flaubert, trouver des gens inconnus qui ayant entendu *le mot*, l'attesteront devant le tribunal, et ce, pour les beaux yeux du *Voltaire*, et pour économiser les deniers de M. Laffitte. Est-ce bête?

1° Je crois qu'en droit, en matière de *diffamation*, la preuve ne peut se faire.

2° Pût-elle se faire, qui est-ce qui irait déposer ainsi contre une femme?

Pas moi, ni personne. Si je suis appelé dans l'affaire, je dirai: "J'ai fait l'article. J'ai entendu le racontar. Je l'ai écrit parce qu'il me paraissait drôle, et que M. Laffitte m'y a poussé, et voilà mon crime."

Envoyez donc promener ceux qui viendront vous ennuyer.

Hier M. Laffitte m'a envoyé lui chercher Maupassant, et a fait proposer 1000 F à Suzanne, pour se désister, – Suzanne ce matin a vu Maupassant, et en veut 3000. Que cet imbécile les donne, et tout ira pour le mieux.

M. Laffitte, qui me prend vraiment pour un domestique, veut me mettre en route demain avec Etiévant.[2]

Outre que je n'aime pas à me lever de très bonne heure, je trouve inutile d'aller vous déranger de votre travail, pour une pareille démarche idiote. Je vais vous voir quand je veux, mais non quand veut M. Laffitte.

Demain jeudi, j'ai à corriger mes épreuves à la *Réforme*.[3] Je n'irai donc vous voir que vendredi,[4] et de manière à ne pas vous déranger de votre travail du matin.

Votre

Paul Alexis

Mon coup de gueule du Figaro!...[5] j'ai fait ce que j'ai pu. *"Facit indignatio versus."*[6]

1 Le 16 novembre 1879 l'actrice Suzanne Lagier (1833–93) fit une conférence au Théâtre du Châtelet. Le lendemain *Le Voltaire*, dans son numéro daté du 18 novembre, en donna un compte rendu élogieux, intitulé "Une concurrence à Sarcey" et signé "Un des deux vieillards." Cependant l'article se terminait par une anecdote assez diffamatoire à l'égard de l'actrice. Celle-ci, à l'âge de quinze ans, aurait attendu, dans une petite antichambre, pour voir le directeur des Variétés, Nestor Roqueplan. Avec elle dans la même pièce se serait trouvé Théophile Gautier. La conversation suivante aurait eu lieu: "–Monsieur, vous attendez comme moi M. Roqueplan? –Oui, mon enfant. –Moi, c'est pour une affaire sérieuse: je veux qu'il m'engage à son théâtre... Vous, c'est probablement aussi pour affaire?... –Oui, mon enfant. –Et vous devez trouver aussi que c'est bien ennuyeux d'attendre? –Oui, mon enfant." Ici, continue l'auteur de l'article, "la chaste Suzanne tourne de tous côtés la tête. Elle était bien seule avec Théophile Gautier. Alors, baissant un peu la voix, sans fausse honte pourtant, avec une candeur superbe: –Si je vous .... un peu en attendant? (Le mot ne peut être imprimé, même en latin, et ne peut être remplacé que par ces huit points.) Alors l'auteur de *Mademoiselle de Maupin*, avec son calme olympien et un sang-froid grandiose: –Cela nous ferait toujours passer un moment..." Mlle Lagier intenta un procès contre *Le Voltaire*, avec le résultat ironique qu'elle entra le 4 février 1880 audit journal pour y écrire ses "Confidences." Le *Journal* des Goncourt cite fréquemment cette femme de peu de moralité. Cf. également *Céard-Zola*, 113–15.
2 Camille Etiévant (1840–85) était secrétaire général de la rédaction du *Voltaire*, où il signait une "Revue des journaux." Le 27 novembre 1879 Zola écrivait à Alexis au sujet de ce procès: "Votre rôle est tout tracé, ne sortez pas de ce que vous m'écrivez. Et ne craignez rien, j'ai répondu très nettement ce matin à Etiévant. Cette affaire est ridicule" (lettre inédite [copie], coll. H. Mitterand).
3 Il n'y a pas d'article signé d'Alexis dans le numéro du 1er décembre 1879 de *La Réforme*. Sa chronique sur *Les Rois en exil* paraît le 15 de ce mois (lettre 61, n.2).
4 "Venez quand il vous plaira. La maison est chaude et votre chambre vous attend" (27 nov.).
5 L'homme politique Charles Floquet (1828–96) avait fait une conférence le 23 novembre 1879 au Théâtre de l'Ambigu sur "*L'Assommoir* et les ouvriers." Il éreintait et le roman et la pièce, en accusant Zola d'être un "faux républicain." Avec indignation Alexis écrivit le lendemain dans les colonnes du *Figaro*: "Quelle après-midi hier à l'Ambigu! La main crispée sur le rebord en velours rouge de ma loge, je me tenais à quatre pour ne pas siffler. [...] Quelle démangeaison de me lever, moi, du balcon, et au risque d'encourir les huées d'un public choisi, de dire son fait à ce courtisan du peuple! [...] Républicains-jacobins! Républicains à panache! Tartufes, néo-jésuites de la République! Il y avait sans doute des trois variétés sur la scène et dans la salle. Ils ont applaudi

M. Floquet à cœur-joie. [...] M. Zola, M. Gambetta et M. Thiers, –tous les trois– le même jour –à la même heure,– ont été insultés, calomniés, vilipendés, en public, par des comparses jaloux. Mais d'aussi basses insultes n'atteignent pas des hommes pareils. Dans vingt ans d'ici, on ne connaîtra [...] plus M. Floquet [...]. Tandis que, dans vingt ans, on lira encore l'*Assommoir* et l'on dira peut-être en parlant de la série des *Rougon-Macquart*, la seconde *Comédie humaine*" ("La 251e de *L'Assommoir*").

"Bravo! mon ami, s'écriait Zola après avoir lu ces mots, et merci du fond du cœur! Votre article est d'un beau jet d'indignation. Ce grotesque de Floquet me rend un joli service en mettant un jour de mon côté la presse réactionnaire" (lettre inédite non datée [copie], coll. H. Mitterand). Le romancier prit sa revanche le 22 novembre 1880, lorqu'il présenta une critique acerbe de Floquet dans l'article "Futur Ministre" dans *Le Figaro* (*Une Campagne*, O.C., xiv, 471–5). Cf. *Céard-Zola*, 114–15; *Zola-Céard*, 22, 92.

6 L'expression "Facit indignatio versum" vient de Juvénal (*Satires*, i, 79).

63 [Paris] Samedi 6 Déc.e [1879]

MON PAUVRE AMI,

Ce n'est pas ni la lenteur, ni la paresse, ni le froid, ni la femme, ni Laffitte, ni... rien de tout cela et de plusieurs autres choses encore, – ce qui a empêché mon voyage à Médan, – c'est... hélas! cinq jours d'indisposition, avec forte fièvre, maux de tête, diète, alitement etc. Cela m'a pris lundi soir en rentrant me coucher. Le plus mauvais jour a été le *mardi*. Le mercredi, un peu mieux, j'ai voulu attendre un jour de mander un docteur. Le jeudi, le mieux se continuant, je m'en suis passé. Et hier, Vendredi, je suis descendu au *Voltaire*, pour ma première sortie.[1]

Là, j'y ai vu Marpond.[2] Il m'a dit que *Celle qu'on n'épouse pas* se vendait très bien. Il m'a dit en avoir pris une 12e à la fois, et être retourné trois fois en chercher chez Charpentier.

Puis, il m'a parlé de mes 6 articles *Zola à l'étranger*[3] – Alors, une inspiration subite m'est venue. Je lui ai dit: "Il y a 6 articles –environ deux mille lignes– Ne pourrait-on en faire une petite brochure, avec quelques documents que j'ai encore et qu'on ajouterait?

–Ça ne ferait pas une petite brochure, mais une grosse, m'a-t-il dit. Au moins trois feuilles... Moi, je suis prêt à tout. Mais si vous vouliez bien la vendre, il faudrait, une préface de M. Zola, ne fût-ce que douze lignes.

–Mais M. Zola, ais-je ajouté, peut-il se faire ainsi une préface pour ainsi dire à lui-même.

–Oui, je comprends... Et, cependant, pourquoi pas?"

Et la conversation est restée là.

Vous allez venir, je crois, le 8 ou 10, vous me direz ce que vous pensez de la brochure.[4] Malheureusement, celle que j'ai entreprise sur votre vie et vos œuvres, autrement intéressante, n'est pas très avancée encore –, et, au lieu de me mettre à la finir, il faut que je me mette immédiatement à la nouvelle "sur la guerre."[5]

Je lis le roman d'Allary pour lequel je brosserai quelques lignes au *Voltaire*.[6]

A Bientôt. Je n'ose plus vous dire que j'irai vous voir: ça me porte malheur, et je n'y vais pas. J'aime mieux ne plus vous le dire, et... le faire. Mes amitiés à vos dames.

Bien cordialement, votre

Paul Alexis

En train de me raccommoder avec Laffitte,[7] qui va me payer peut-être ce soir.

Minuit.

Hélas! non... je crois que 5 jours sans *Nana*[8] ont vidé la caisse –

1 "Vous voilà donc encore malade? écrivait Zola le 8 décembre. Le froid ne vous vaut rien décidément. Mais comme vous auriez dû venir ici! Vous ne vous imaginez pas comme le calorifère chauffe, et comme cela est bon d'être perdu dans toute cette neige. Jamais je n'ai travaillé dans une pareille tranquillité" (*Corr.*, 538).

2 C'était Lucien Marpon, mort en 1888, qui avait fondé la Librairie Marpon et Flammarion.

3 Alexis termina le dernier article de la série (lettre 56, n.3) par une longue citation d'une étude, intitulée "La révolution littéraire," parue dans *Le Journal de Bruges* les 29 et 30 avril 1879: "Il est certain, y dit l'auteur, que, jusqu'ici, les écrivains naturalistes font de la meilleure besogne que les romanciers qui travaillent dans l'idéal. Ils font de l'art solide. Leurs livres, créés avec des matériaux de la plus réelle réalité, ont une ossature qui leur promet certainement une longévité bien plus étendue que celle du roman d'après 1830, qui, né hier, meurt demain faute de lecteurs. Et voilà précisément le point capital. Le public s'en mêle et préfère généralement le livre vrai au roman faux. Cela étant, je crois la chose jugée." Et Alexis d'ajouter: "Et moi aussi."
   Le 27 novembre 1879 Zola écrivit à son ami: "Tous mes remerciements et tous mes compliments maintenant que vos articles sur l'étranger sont finis. Ils étaient très bien, le dernier surtout. Vous voilà en progrès, cela est certain. Ne lâchez pas la corde, vous touchez au succès" (lettre inédite [copie], coll. H. Mitterand).

4 Zola répondait deux jours après: "Ne m'attendez pas avant le commencement du dégel. La neige rend les chemins impraticables; je suis trop bien chez moi, pour aller m'aventurer dans les voitures et dans les rues.
   "Votre idée de brochure ne me plaît pas du tout. Le travail qui a pu faire illusion, publié en fragments, montrerait tout son côté mal renseigné et incomplet, si on le publiait à part. Réservez ça pour la biographie, que vous avez grand tort de ne pas pousser, car vous manquez une occasion qui ne se représentera pas de longtemps. Plus tard, vous pourrez reprendre votre travail sur l'étranger, car j'ai l'idée de faire chercher dans les pays voisins tous les documents qui vous manquent. D'ailleurs, attendez le le dégel, nous causerons de tout ça" (*Corr.*, 538).

5 C'est-à-dire à "Après la bataille," la contribution d'Alexis aux *Soirées de Médan*. Mais à la fin de l'année il n'aura encore rien écrit. Le 24 décembre Céard se plaint à Zola: "Alexis a été vu par Maupassant. Il part à Aix embrasser sa famille pour le 1er janvier, et n'a pas fait une ligne de sa nouvelle!!" (*C.Z.*, 127) Le célèbre recueil paraîtra chez Charpentier le 15 avril 1880.
   "Quant à *Après la bataille*, affirme Alexis plus tard dans un article du *Journal* du 30 novembre 1893, [...] c'est du naturalisme mystique, presque symbolique, dont l'au-delà fut moins goûté en France qu'en Belgique et en Hollande." Selon Maupassant, la nouvelle d'Alexis "ressemble à Barbey d'Aurevilly, mais comme Sarcey veut ressembler à Voltaire" (lettre à Flaubert, fin avril 1880, dans G. de Maupassant, *Chroniques, études, correspondance*, éd. R. Dumesnil [Gründ 1938], 286). Théodore de Banville ne trouvait "rien de plus touchant que [...] *Après la bataille*, idylle amoureuse, qui se passe en carriole entre un blessé et une belle dame, et où l'auteur [...] montre d'admirables qualités de conteur" (*Le National*, 3-v-80). Il est à remarquer que l'auteur de

159

"Boule de suif" fait mention, dans son étude sur Flaubert de 1884, de plusieurs projets littéraires de celui-ci, dont un conte inspiré "par un sujet que lui avait raconté Tourguéneff, [...] une sorte de *Matrone d'Ephèse* moderne" (*Chroniques*, 127). Le 20 septembre 1879 Flaubert avait confié à Goncourt que, dès la parution de *Bouvard et Pécuchet*, il allait se mettre à un volume de contes. "Le genre n'a pas grand succès, disait-il, mais je suis tourmenté par deux ou trois idées à forme courte" (*Journal*, III, 46). On se demande si le conte d'Alexis s'est inspiré de la même source, c'est-à-dire du récit de Tourguéneff. – Cf. G. Hainsworth, "Un thème des romanciers naturalistes: La Matrone d'Ephèse," *Comparative Literature*, III (1951), 129–51.

Dans l'article précité du *Journal*, intitulé "*Les Soirées de Médan*" et écrit à l'occasion de la première de *L'Attaque du moulin*, le drame lyrique de Louis Gallet et Alfred Bruneau, à l'Opéra-Comique (23 novembre 1893), Alexis donne sa version de la genèse du volume de nouvelles; il y rappelle également le projet du "Théâtre de Médan" et celui du journal *La Comédie humaine*, qu'il date d'avant la publication des *Soirées* (voir les lettres 67 [n.1.], 73 [n.3], et l'app. A:64). On consultera également R. Dumesnil, *La Publication des "Soirées de Médan."*

6 "J'ai promis à Allary que vous lui feriez un article d'une centaine de lignes," écrivait Zola à Alexis le 8 décembre (*Corr.*, 538). L'article de celui-ci sur *Laurence Clarys* de Camille Allary (Rouff 1879) ne fut pas inséré au *Voltaire*, mais dans *La Réforme* du 15 février 1880, sous la rubrique de "Bibliographie."

7 Alexis se serait-il brouillé avec le directeur du *Voltaire* à propos de l'affaire Suzanne Lagier (lettre 62)?

8 *Le Voltaire* avait suspendu la publication du feuilleton de *Nana* du 2 au 6 décembre.

64 [Paris] Mercredi, 24 Mars 1880 – 10ʰ du soir.

MON CHER AMI,

Voici le procès-verbal de ce qui s'est passé. A 7 heures retourné chez M. Stap.[1] Pas rentré. Attendu un 1/4 d'heure, à sa porte. Rentré à 7ʰ et quart. Et discussion prolongée jusqu'à 9ʰ. Venu ici, à la *Nouvᵉˡˡᵉ Athènes*, où j'ai trouvé à manger encore une bouchée. Puis, ne pouvant aller vous trouver ce soir, je vous écris. Tout!

J'ai commencé par lui lire votre lettre.[2] Et je lui ai dit: "Voilà, grâce à vous, ce que m'écrit un ami de 10 ans, avec qui je n'avais jamais eu l'ombre d'un dissentiment! Vous voulez donc me brouiller avec lui! N'importe qui n'y arriverait, entendez-vous! Et, quoi qu'il fasse, je trouverai d'avance qu'il aura raison." etc. etc. Je passe les généralités. – Enfin, m'en tenant au texte de votre lettre, j'ai amené la discussion sur deux points: 1° anéantir le manuscrit, 2° arracher l'engagement formel de ne pas promener la pièce.[3]

Sur le premier point, M. Stap. s'y est formellement refusé.

–Mais si je vais l'anéantir, lui ais-je dit, moi?

–Vous n'en avez pas le droit... Tout ce que vous pouvez exiger c'est d'en avoir une copie... Mais s'il mc fait plaisir à moi, ayant fait ce travail, de le garder pour ma satisfaction personnelle, pour me servir de terme de comparaison quand j'écrirai une autre pièce, etc. etc.

Alors nous sommes arrivés au second point. Et je lui ai dit:

–Si vous vous étiez contenté de garder la pièce dans un tiroir, si vous ne l'aviez pas promené à droite et à gauche, je n'aurai pas reçu une lettre pareille de mon ami... Bref! donnez-moi une promesse formelle, même écrite, de ne plus promener la pièce, que M. Zola ne nous a pas autorisé à faire, et que moi, je ne vous ai jamais autorisé à colporter, et que j'aurai voulu anéantir, du moment qu'elle n'était pas agréée.

Ici, sa réponse a été beaucoup moins cathégorique. Il m'a répondu "qu'il n'avait jamais colporté la pièce à des directeurs de théâtre, – qu'elle n'était jamais sortie de son cabinet – que, la Rounat,[4] il m'affirmait ne lui avoir jamais parlé depuis un an, – que, quand à Koning,[5] il se serait borné à lui dire un jour: –Avez-vous lu *Son Exc. Eugène Rougon*, il y aurait là une pièce à tirer, une affaire à proposer un jour, quand vous serez directeur, à M. E. Zola, etc. et qu'*en aucune circonstance il ne m'avait nommé.*"

Enfin, en le pressant davantage, et en lui montrant que j'étais au courant de ce qui vous a été rapporté hier soir à l'Odéon,[6] je lui ai pourtant fait avouer que M. Stap. avait fait lire la pièce à "une personne" (qu'il n'a pas voulu me nommer) mais qu'il aurait nommée à Charpentier et cc, dans le but d'amener une collaboration nouvelle entre cette personne (ne serait-ce pas Scholl) et vous: collaboration où son nom ne figurerait nullement.

Je crois, mon cher ami, que voilà la clef de la question. A ce moment de la conversation, il m'a semblé que j'y voyais plus clair, et que la lanterne s'allumait. Évidemment M. Stap. (qui croit avoir fait avec moi un chef-d'œuvre, que vous n'auriez pas goûté parce que je vous aurai *mal lu*) et voyant l'affaire avec moi manquée, essaye de la *raffraîchir*, en en montant une nouvelle avec "une personne qu'il a nommée à Charpentier."

Aussi m'a-t-il dit "qu'il ne demandait qu'à avoir avec vous un rendez-vous, pour vous donner des explications qui vous satisfairaient.

Enfin, il a ajouté que "dans la nouvelle affaire, lui et cette personne s'effaceraient de nom complètement."

Alors, je me suis de plus en plus fâché. Je lui ai dit que je ne le suivrais jamais sur ce terrain, que je me lavais les mains de toute participation à cette "nouvelle affaire" toute contraire à votre caractère, parce que "s'il avait pu vous arriver de faire signer à quelqu'un une pièce faite en grande partie par vous,[7] vous ne signerez jamais une pièce faite par d'autres que par vous, etc. etc. Enfin, j'en suis arrivé à parler de la lettre que vous écririez au *Figaro*.

Là, il m'a répondu "qu'il ne cherchait en rien le bruit; que si dans la lettre, il n'était pas nommé, ni désigné d'une façon ostensible, il n'y répondrait pas," – qu'en un mot tout ce qu'il voulait, c'était vous proposer une affaire très profitable à vos intérêts, et que "*Charpentier votre éditeur approuvait.*" (Ce doit être une exagération!)

Ne pouvant le faire sortir de là, exténué, sans voix, j'ai brisé l'entretien, et me suis séparé de lui fort froidement: en lui disant que, il était obligé d'en convenir lui-même, je n'étais plus pour rien là-dedans, que je désa-vouais toute démarche passée ou future faite sans mon aveu, etc. et je suis venu dîner ici, et jeter ces notes sur le papier.

Quel malheur que je n'aie pas pu aller vous raconter cela, au lieu de vous l'écrire. Je suis anéanti, consterné, malade. Je m'en remets en tout et pour tout complètement à vous. Pour que vous ne figuriez en rien, ne pourrais-je, moi, le citer devant les auteurs dramatiques.[8] Si j'allais consulter un d'eux sur le cas: Halévy par exemple qui est un brave homme? Pardonnez-moi de vous causer cet ennui inutile. Mais je vous connais assez pour savoir que vous, vous n'avez pas douté un instant de ma droiture complète en tout ceci.

En deux mots, voici ma confession entière. J'avais fait connaissance de M. Stapleaux à un banquet, de la presse républicaine, après lequel nous avions discuté littérature jusqu'à une heure du matin avec Y. Guyot, Francolin et Lassez. J'avais vu en lui un bon gros père, rond et rigolo, bafouillant en critique littéraire, mais plein d'anecdotes, de racontars, sur une génération littéraire ayant précédée la nôtre, etc. Il m'avait amusé. Je le revis plusieurs fois, au café, et chez lui où il m'invita. Je lui avais fait lire *Celle qu'on n'épouse pas* et *Mlle Pomme*, et lui, un roman, que je trouvais idiot, et d'où il me proposait de tirer un drame pour le *Gymnase*. Je ne refusais pourtant pas en principe: mon Dieu! il y avait là, comme ailleurs, un sujet, que l'on aurait pu rendre passable. Et, de plus, j'étais à ce moment, très découragé, désorienté: mon volume de nouvelles[9] pas encore présenté à Charpentier, pas de débouché autre que le *Voltaire* où Lafitte... (Et même non! pas encore même le *Voltaire*!) C'est alors qu'un jour, en causant théâtre, j'eus la malheureuse idée de lui dire (sans jamais de la vie penser à collaborer), que je voyais une pièce dans *Son Excellence*. Il me répondit ne pas le connaître. Et je lui prêtai le volume! *De là tout mon malheur.* C'était vers le 1er Février 1879 – Le surlendemain je le rencontrai: un homme emballé! Vous aviez du génie! La pièce était superbe: c'était votre meilleur livre! La pièce était toute faite! Nous n'avions qu'à la cueillir tous les deux! Nous serions vos seconds "Busnach et Gastineau."[10] Cela nous rapporterait 25000 f à chacun, et à vous 50000. Lui, Stapl., ne figurerait jamais en nom, etc. etc. Enfin, lui, un vieux dur à cuire, école de Dumas père, bâclerait avec moi la chose en 20 jours. Moi, je résistais. Un simple scénario, qui se bâtit en une soirée, et que je vous aurais soumis tout de suite: soit! Si vous n'aviez pas voulu, bernique. Mon Stapleaux, rien de fait! Voilà d'où je ne voulais pas me départir. Mais ce diable d'homme me dit qu'il ne faisait jamais de scénario, que sa manière de travailler était d'abattre illico la besogne, qu'en 10 à 20 jours, nous serions fixés, etc. etc. Et voilà comment je fus embauché. Le lendemain il m'écrivait la lettre suivante,[11] que je retrouve, et joins à la mienne, comme pièce justificative. Tout y est vrai sauf une expression que je souligne "*j'accepte votre proposition*" C'était le contraire qui eût été plus vrai.

Enfin 20 jours après, le 24 ou 25 février, je vous lisais l'ours informe, qui était plus de lui que de moi. (pour les 8 1/10 au moins) Et à mesure que je vous le lisais, et que vous me le démolissiez, *il y avait en moi, dans la partie artistique de mon être, une portion de moi-même qui était satisfaite de l'insuccès,* – tandis que d'un autre côté, j'étais déjà embêté, et j'aurais déjà voulu tout anéantir.

Ouf!...vous en savez autant que moi... je crois n'avoir pas démérité et pouvoir toujours me dire votre fidèle et ardent ami

Paul Alexis

Et pour comble d'infortune, mon article de la *Réforme*[12] qu'il faut que je remette demain soir, et dont je n'ai pas foutu une ligne. Merde pour Stap! jamais de la vie je ne collaborerai plus avec âme qui vive!!![13] Et, quant aux petits camarades du Naturalisme, s'ils m'embêtent là-dessus, je leur dirai *Zut*. Je ne tiens qu'à vous, mon ami, – à vous et aussi à l'amitié et à l'estime de votre femme, parce que, étant votre femme, elle est une autre vous-même. Si j'ai des torts à ses yeux, qu'elle me pardonne. Quant à vous, je suis sûr de vous comme, je l'espère, vous le serez toujours de moi.

Je ne sortirai pas demain de la journée, – à votre disposition si vous me faites appeler.

1 Léopold Stapleaux. Voir la lettre 43
2 Lettre non conservée
3 Tirée du roman *Son Excellence Eugène Rougon*. Voir plus loin
4 Charles Rouvenat, dit La Rounat (1818–84), auteur dramatique et directeur de l'Odéon
5 Victor Koning (1842–94) était alors directeur du Gymnase. En 1884 il épousa l'actrice Jane Hading, puis, après avoir divorcé d'avec elle trois ans plus tard, il se remaria avec Raphaële Sisos. Il mourut fou. Alexis le mentionne dans un article du *Journal* du 23 février 1893 ("Notes sur la vie. En carême").
6 Zola avait assisté à la première des *Noces d'Attila*, drame en quatre actes en vers d'Henri de Bornier, dont il allait faire le compte rendu pour *Le Voltaire* du 30 mars 1880 (*Le Naturalisme au théâtre*, O.C., XI, 443–7).
7 Allusion au drame tiré de *L'Assommoir*, auquel Zola avait activement collaboré (lettre 43, n.10)
8 Pour la Société des auteurs dramatiques, cf. P. Ginisty, *La Vie d'un théâtre* (Schleicher frères 1898), 87–90
9 *La Fin de Lucie Pellegrin*
10 L'auteur dramatique Octave Gastineau (1824–78) était un des signataires (avec Busnach) de la pièce tirée de *L'Assommoir*. En 1849 il devint secrétaire du ministre de l'Instruction publique. Il fit partie du cabinet du président du Corps législatif en 1853 et en 1871 il fut nommé sténographe de l'Assemblée Nationale.
11 Elle porte la date du 4 février 1879: "Oui, mon cher Alexis, il y a une pièce dans son Excellence Eugène Rougon et j'accepte votre proposition de la faire avec vous, aux conditions suivantes: *J'aurai un quart de tous les droits* – pour le reste ce que fera votre ami Zola sera bien fait. Je disparaîtrai même complètement, mais nous règlerons cela dès qu'il aura approuvé notre travail.
   "Rougon sera un rôle splendide pour Dupuis – je vois Réjane dans Clorinde – c'est vous dire que nous viserons le Vaudeville où Zola n'aura qu'à le présenter pour être reçu –
   "Je crois que nous pourrons suivre tout le roman en l'accommodant en prévision des exigences de la censure et en adoucissant certains angles de façon à ne froisser aucun parti. – Il nous faudra une vingtaine de jours – à raison de 12 heures au moins, faites donc provision de liberté, d'activité et de courage et venez demain à une heure – [...]
   "P.S. C'est le quatre qui sera dur il y a plus de cent pages à résumer, mais en faisant de Marcy le *Deus ex Machina* – nous en sortirons" (B.N., MSS, n.a.f.24510, fol.98). La phrase "j'accepte votre proposition" est encerclée de la main d'Alexis sur le manuscrit et il y a ajouté: "ça c'est une blague énorme!"
12 Pour sa chronique "Les théâtres" de *La Réforme* du 1er avril 1880 Alexis fit également un compte rendu des *Noces d'Attila* de de Bornier (voir la note 6 ci-dessus).
13 Toutefois la plupart des pièces d'Alexis sont écrites en collaboration.

65 [Paris, mercredi] 14 Juillet 1880

MON CHER AMI,

L'affaire est conclu avec Portalis.[1] Je dois lui livrer une nouvelle de 10 à 15 feuilletons pour la somme de 700 F. Malheureusement, il a paru tenir tout à fait à ce que je signe: je signerai donc probablement, et mon nom sera à côté du sien sur les affiches. Titre: *le retour de Jacques Clouard*. Je dois avant d'aller vous voir, lui en porter une vingtaine de pages, et je n'en ai encore que huit! Je n'irai donc à Médan que après demain Vendredi 16. Faites paisiblement votre sieste: je n'arriverai que pour le dîner.

Je vous écris au bruit des pétards de la fête,[2] – dont je n'ai encore rien vu. Mais je ne regrette pas d'être resté: dans ma nouvelle, mon amnistié arrive par le train de minuit à la gare de Lyon, passe à la place de la Bastille, et voit s'éteindre les illuminations. Une fin de fête, à décrire. Je vais ce soir aller naturellement faire une descente sur les lieux.

Mes excuses à vos dames, et à Paul,[3] pour mon retard. Une cordiale poignée de main pour vous de votre fidèle

Paul Alexis

1 Après avoir dirigé *Le Corsaire* (1872) et *L'Avenir national* (1873), Edouard Portalis (1845–1918) fonda le 23 juillet 1880 *La Vérité*, qui dura jusqu'au mois de juin 1884. Deux ans plus tard il acheta *Le XIXᵉ Siècle*. Par l'entremise de Zola, les médaniens avaient essayé d'entrer à *La Vérité*, sans beaucoup de succès. Pendant ce mois de juillet 1880 Portalis écrivit à Zola: "Je fais ce que vous m'avez demandé pour vos amis des Soirées de Médan. Je débute par une nouvelle de Paul Alexis et je réserve une place à Hennique – je ne sais pas encore exactement laquelle. Deux sont venus me trouver; j'en prends deux" (B.N., MSS, n.a.f.24523, fol.95). A son tour, Céard approcha Portalis, mais sans résultat (*Céard-Zola*, 138–40). Le journal ne publia que la nouvelle d'Alexis, "Le Retour de Jacques Clouard," du 23 juillet au 7 août 1880. L'auteur la fit insérer dans son volume de nouvelles *Le Besoin d'aimer*. Voir la lettre 121, n.10.
2 La fête nationale du 14 juillet fut célébrée officiellement pour la première fois cette année-là.
3 Cézanne, qui faisait des séjours fréquents chez son ami de jeunesse à Médan (J. Rewald, *Cézanne*, 242–50)

66 Paris, Mercredi soir [4 août 1880]

MON CHER EMILE,

Enfin! je les tiens, ces fameux 400. Ouf!!!

Hier, terminé la nouvelle au sortir de la gare[1] – Plus qu'un feuilleton à passer, lequel feuilleton est retardé d'un jour, et n'a pas encore été composé, vu l'abondance des matières. Donc, je ne reviendrai que *Vendredi*.

Clouard a été en somme un succès. Pierre Denis[2] s'est senti agréablement graté. Et M. Girard, l'administrateur-joueur, m'a demandé... *Madame Cœuriot*.[3] Quant à Portalis, votre prédiction menaçante lui a porté un coup. La *Vérité* n'a d'ailleurs aucun succès de vente.

Et quelle misère pour rentrer en possession de ma copie supprimée!

164

Ces gens-là sont encore plus à plaindre qu'à blâmer. Mais quelle haine de la littérature.

En somme Paris est actuellement lourd, étouffant et triste.

Vive Médan... et Vilcrville.[4]

Votre

Paul Alexis

Je n'oublierai pas *Paul et Virginie*,[5] ni la clef de votre portail d'honneur, malencontreusement emportée par moi.

Amitiés à ces dames et au peintre-batelier.[6]

1 Alexis venait de passer quelque temps à Médan. Pour la nouvelle "Le Retour de Jacques Clouard," voir la lettre précédente.

2 Journaliste révolutionnaire et proudhonien militant, Pierre Denis fut du 20 avril jusqu'au 23 mai 1871 le rédacteur en chef du premier *Cri du Peuple* de Jules Vallès, dont il était l'ami.

3 Voir la lettre 41, n.8

4 Alexis va passer une partie de l'été à Villerville, station balnéaire au nord-est de Trouville.

5 Zola cite le roman de Bernardin de St Pierre dans l'article sur "L'adultère dans la bourgeoisie" (*Le Figaro*, 28-11-81), esquisse préliminaire de *Pot-Bouille*: "Le père et la mère élèvent leur fille, comme si elle devait vivre dans une contrée vague, qu'ils ne connaissent pas bien eux-mêmes, la contrée de l'innocence et de l'honnêteté. Alors, ce sont des soins extraordinaires. [...] Le père, à la maison, met sous clef *Paul et Virginie*, et ne laisse pas traîner un seul journal" (*Une Campagne*, XIV, 535–6). Dès l'été de 1880 l'auteur de *Nana* doit avoir commencé à penser à la préparation de son roman sur la bourgeoisie, qui ne paraîtra que deux ans plus tard. Lors d'une visite à Médan le 20 juin 1881 Edmond de Goncourt observe que Zola "est tout content, tout guilleret." Celui-ci, retrouvant son hôte à la gare de Poissy, lui dit: "J'ai écrit douze pages de mon roman... Douze pages, fichtre!... Ce sera un des plus compliqués que j'aie encore faits, ... il y a soixante-dix personnages." "Et disant cela, poursuit Goncourt, il brandit un affreux petit volume stéréotypé, qui se trouve être un *Paul et Virginie*, qu'il a emporté pour lire en voiture" (*Journal*, III, 117).

6 Voir la lettre 65, n.3

---

67 Trouville, lundi matin [11 octobre 1880] –25, r. d. Paris–

MON CHER AMI,

Ne pouvant me trouver ce soir chez vous avec les amis (je vous expliquerai à vous tout seul pourquoi mon retard?) je vous envoie un portrait de Jules Ferry pour la *Comédie humaine*.[1] J'ai essayé de faire un portrait "dialogué": j'ignore s'il est possible, ou du moins réussi. J'ai peur qu'il soit long et lourd, et pauvre de documents. Enfin, veuillez le parcourir avant de le leur remettre, et voir s'il n'y a rien à élaguer: je vous donne, ainsi qu'à eux, carte blanche. Mais tâchez qu'il passe dans le 1er numéro.

Je serai à Paris mercredi matin *pour le plus tard*. Et j'irai, si ça ne vous dérange pas, samedi soir, vous faire une visite à *Médan*.

On m'assure ici à la poste que ma lettre sera distribuée aujourd'hui à

Paris. Alors mon *Jules Ferry* arrivera à temps, pour que "les jeunes gens" l'aient encore ce soir.

Mes amitiés à votre femme, et à vous, mon brave ami. Ne m'en veuillez point trop de mon silence prolongé. J'en ai long à vous raconter.

Votre

Paul Alexis

Je mettrai aujourd'hui au chemin de fer quelque chose pour vous,[2] que demain matin, *mardi*, à votre retour à Médan je présume vous trouverez gare restante, à *Poissy*.
Second postscriptum.
Je croyais être à peine à temps au courrier et je retrouve dix minutes. Je rouvre ma lettre, pour vous dire la cause de mon retard.

J'ai écrit hier à un normand, propriétaire aux environs d'Honfleur, chez lequel je viens de passer huit jours à la campagne, pour lui demander... sa fille en mariage.[3]
Sous toutes réserves s.v.p.

1 Dans une lettre ayant pour en-tête "*La Comédie humaine* – Journal Politique & Litté-raire paraissant tous les samedis [...]," écrite vers la fin de septembre 1880, Huysmans annonçait à Camille Lemonnier qu'il était en train de fonder "avec le concours de Zola et Goncourt, un journal hebdomadaire dont la vente est assurée, grâce aux fonds derrière et aux lanceurs d'affaires qui le dirigent." Ayant demandé la collaboration de son ami belge, Huysmans précisait: "Le journal est de 4 pages, [...] à 3 colonnes par page. [...] Notre premier numéro paraîtra le 15 octobre prochain." Vers le 5 octobre l'auteur d'*En ménage* écrivait au même destinataire: "Le journal s'annonce merveil-leusement ici – je crois qu'il va bien marcher [...]. Nous allons tâcher d'être un journal propre, poli, très-de-l'avant et pas hurluberlu – [...]. Nous allons [...] être indépen-dant et dire des vérités" (*H.-L.*, 82–3, 85).

Cependant, le journal, auquel devaient collaborer les écrivains naturalistes, qui désiraient toujours un organe officiel de combat (lettre 46, n.2), ne vit jamais le jour, surtout en conséquence des difficultés financières, dont on retrouvera des échos plus loin (lettres 69 et 70). Le 30 novembre 1893, au *Journal*, Alexis rappelle cet épisode curieux de l'histoire du Naturalisme. Il est à remarquer qu'il situe le projet de *La Comédie humaine* avant la publication des *Soirées de Médan* (app. A:64).

Le premier numéro du journal mort-né devait contenir, entre autres, un article de Paul Alexis, intitulé "M. Jules Ferry." L'auteur avait d'abord pensé à Jules Laffitte: "Alexis [...] m'a proposé le portrait de Laffitte pour le 1er N°, écrivait Huysmans à Zola le 1er octobre. Je ne l'ai pas pris, jugeant qu'on nous accuserait immédiatement de vouloir rouvrir la querelle avec cet imbécile. Ça supposerait de la colère pour un homme qui a reçu son paquet et ne vaut plus la peine qu'on s'occupe de lui. Etes-vous de mon avis? – d'autant qu'Alexis a le temps de nous en faire un autre d'ici au 15 octobre" (*H.Z.*, 47).– L'article sur Ferry fut publié plus tard dans *Le Panurge* du 4 février [*sic* pour mars] 1883.

On se reportera aux ouvrages suivants pour l'histoire détaillée du journal de Huys-mans: R. Baldick, *La Vie de J.K. Huysmans*, 74–7; *Céard-Zola*, 151–7; L. Deffoux, "Un projet de journal de Huysmans: 'La Comédie humaine'," dans *J.-K. Huysmans sous divers aspects* (Mercure de France 1942), 28–38; *Huysmans-Goncourt*, 60–6; *Huysmans-Zola*, 44–61.
2 Voir la lettre suivante
3 Voir la lettre 70

MON CHER AMI,

Ce n'est pas demain, mais seulement après demain matin mercredi que sera rendu en gare de Poissy, un poisson que je vous envoie.[1] Aujourd'hui le vent et la marée avaient rendu la pêche nulle.

J'hésitais entre Poissy et Triel. J'ai préféré Poissy, dans un vague espoir que l'envoi coïnciderait avec votre retour de Paris.

Voici la carte de celui à qui je me suis adressé. Si vous êtes satisfait, vous n'aurez qu'à lui écrire à l'avenir. Il tient aussi des huîtres, mais de seconde main: il faut deux jours de plus parce qu'il les fait venir de Courceulles –

A samedi soir. Sauf avis contraire, je viendrai passer mon Dimanche avec vous.

Bien affectueusement

Paul Alexis

1 Voir la lettre précédente

MON CHER AMI,

Que devez-vous penser de moi? Vous me dites d'aller vous voir, en me laissant libre sur la date. Et, ni je n'y vais, ni je ne vous écris. C'est très mal, et je m'en veux, et je vous prie, ainsi que votre femme, de m'excuser. La *Comédie humaine*[1] est en grande partie la cause de mon retard, et le souci de mon premier article (cela, joint à des ennuis particuliers: une ancienne femme à moi qui me poursuit, et me menace de toute sorte de chantages épouvantables, celle qui a écrit à mon père la lettre anonyme que vous savez.) Revenons à un sujet plus agréable.

D'abord, sachez que Céard ira probablement vous voir Dimanche après-midi Moi, sauf avis contraire, j'irai lundi par le train de 4,25 qui arrive pour le dîner.

Retard pour la *Comédie humaine*. Huysmans et nous tous, furieux contre Derveau,[2] qui aurait, sans l'aveu de Huysmans, commandé des affiches contenant les noms de Daudet, d'Heuzy[3] et de Camille Allary. Huysmans, avec raison, tiendra bon: il faut qu'il soit le maître.

Hier, mercredi, et mercredi dernier, nous avons dîné tous les 5 ensemble. Voilà donc nos petits dîners rétablis au grand complet, et moi, l'enfant prodigue, réintégré dans le giron![4] Tout s'est d'ailleurs très bien passé: nous sommes pleins d'espoir, et enchantés les uns et les autres.

Hier nous nous sommes lus presque tout le 1er N°. Il sera épatant. Maupassant déterrera un passage d'une lettre de Flaubert,[5] disant, qu'il aurait été avec nous, et que lui, qui n'a jamais été journaliste, nous eût donné des articles. Puis, votre lettre,[6] qui a eu un immense succès parmi nous, et que nous ferons insérer au *Figaro*, et au *Gaulois*. Enfin nos articles: celui de *la politique*[7] que vous connaissez – Un *Victor Hugo philosophe* de Céard, (un peu long peut-être et rappelant beaucoup le vôtre)[8] – Un article très réussi de Maupassant sur *les divers jésuitismes* – Et enfin, de moi un portrait de *Jules Ferry*, selon votre conseil complètement refait, et qu'ils ont trouvé très enlevé, et très venimeux, et très désagréable.[9] L'ensemble du n°, à moi me paraît excellent et plein du mépris de tout ce qui n'est pas la littérature. Les 3 employés ministériels,[10] s'attendent à être mis à pied tout de suite. Si nous nous maintenons à cette carrure et à cette raideur, il me semble presque impossible que nous ne fassions pas un tapage énorme.

J'ai écrit à *Mme de Kaulla*[11] pour faire sur elle mon second portrait, et un portrait sympathique. Elle ne m'a pas encore répondu. Si elle ne m'accorde pas une entrevue, je récolterai d'ici à lundi les documents que je pourrai et mardi matin, à Médan, je pondrai l'article à vos côtés, sur un coin de la grande table.[12]

A lundi. Vous devez être bien seuls, bien tristes tous les deux, dans la longueur mélancolique des soirées surtout. Quand je pense à cela, je me trouve un misérable de n'être pas accouru dès le lendemain de votre lettre.[13] Enfin, à lundi.

Votre

Paul Alexis

1 Voir la lettre 67, n.1
2 L'éditeur parisien Léon-Victor Derveaux publia les romans de Vast-Ricouard. En 1879 il avait réédité *Marthe* de Huysmans. C'est lui qui devait fournir les capitaux pour la création de *La Comédie humaine*. "J'avais fait tous mes arrangements avec le prote et remis la copie, quand l'on me présenta un en-tête monstrueux de journal donné par Derveaux, se plaignait Huysmans à Zola ce même jeudi. Votre nom figurait dans des caractères ridicules et, de sa propre autorité, Derveaux avait ajouté ceux de Daudet, d'Allary et d'Heusy. J'ai fait décomposer le tout, repris la copie et prévenu Derveaux que s'il se permettait, contrairement au traité, de toucher à quoi que ce soit, le journal ne paraîtrait pas. Il avait avec cela donné à tirer d'odieuses affiches avec les noms ajoutés, etc. [...] Quel terrible youtre! heureusement que je lui pare tous ses coups, mais vous pouvez penser si, pour l'instant, je mène une vie dénuée de tranquillité" (*H.-Z.*, 52–3).
3 Paul Heusy (pseudonyme du Belge Alfred Guinotte) avait fait paraître en 1878 *Un Coin de la vie de misère* (Librairie Générale). Ce recueil de nouvelles, dédié à Flaubert, Goncourt, Daudet et Zola, eut plusieurs éditions. Pour une influence possible de cet ouvrage sur *Germinal*, cf. *Rougon-Macquart*, III, 1823–4.
4 Voir la lettre 41, nn.3 et 6
5 Le 13 février 1880 Flaubert avait écrit à son protégé: "Redis à Zola que je suis enthousiasmé par l'idée de son journal (un autre titre: le Justicier?). Il y aurait toute une série d'articles à faire sur les *Tyrans du dix-neuvième siècle*. On commencerait par la littérature et le journalisme. Buloz, Marc Fournier, Halanzier, Granier de Cassagnac, Girardin, etc.; puis on aborderait les finances: les crimes de la maison Rothschild, etc; puis l'administration, etc. Le tout pour prouver que les misérables susnommés ont fait verser plus de larmes que Waterloo et Sedan. Un livre [*sic*] pareil, bien fait, se vendrait à un million d'exemplaires" (G. Flaubert, *Correspondance*, VIII, 385). On peut remarquer d'après cette lettre de Flaubert que l'idée d'un organe officiel du Naturalisme date de bien avant l'été 1880.

6 Le numéro de lancement du journal devait commencer par une "Lettre-manifeste," adressée par Emile Zola à ses amis: "Ainsi, vous êtes résolus à lancer le journal de combat, dont nous avons parlé souvent. Allez donc, puisque le besoin et l'ambition du vrai vous emportent! [...] L'heure est bonne dans l'étonnante comédie politique et littéraire que nous traversons. [...] On finit par vouloir un journal à soi où l'on dira tout; on peut crever à la peine, au moins on crèvera soulagé..." (citée dans *Huysmans-Zola*, 48–9).

7 "La politique et le nihilisme d'Herzen," par J.-K. Huysmans

8 Zola venait de consacrer sa chronique du *Figaro* du 2 novembre à Victor Hugo (*Une Campagne*, *O.C.*, XIV, 459–65). Il y parle de *L'Ane*, "cet incroyable galimatias, qui est comme une gageure tenue contre notre génie français." Céard, dans son article destiné à *La Comédie humaine*, se proposait de relever l'hypocrisie de la critique vis-à-vis de l'ouvrage de Hugo et du bi-centenaire de la Comédie-Française (*Céard-Zola*, 153).

9 Dans la lettre citée plus haut Huysmans dit à Zola qu'il a vu la veille Céard, Maupassant et Alexis, "qui a fait un très bon portrait de Ferry" (*Huysmans-Zola*, 53).

10 A cette époque-là Céard travaillait au Ministère de la Guerre, Huysmans au Ministère de l'Intérieur et des Cultes, et Maupassant au cabinet de l'Instruction publique et des Beaux-Arts.

11 La baronne Lucy de Kaulla, d'origine bavaroise, fut accusée en 1880 par un journaliste d'avoir utilisé ses relations avec le Général de Cissey, qui fut ministre de la Guerre entre 1870 et 1876, à des fins d'espionnage. Elle porta l'affaire devant les tribunaux en décembre 1880. J. Jacquinot, dans son article "Un procès de J.-K. Huysmans: l'affaire du journal 'La Comédie Humaine'" (*Les Amis de Saint François*, No.68 (1953), 1–8), mentionne "La baronne de Kaula" d'Alexis et affirme que l'article fut écrit pour le premier numéro de *La Comédie humaine*, comme le fait d'ailleurs Alexis lui-même dans son article du *Journal* du 30 novembre 1893 (app. A:64).

12 "Ici, dans le nouveau cabinet de travail, tout est immense. Un atelier de peintre d'histoire pour les dimensions. Cinq mètres cinquante de hauteur, sur neuf mètres de largeur et dix de profondeur. [...] Au milieu, une très grande table. Enfin, en face de la table, une large baie vitrée ouvrant une trouée sur la Seine. [...] De neuf heures à une heure, assis devant l'immense table, Zola travaille à un de ses romans. '*Nulla dies sine linea*,' telle est la devise inscrite en lettres d'or sur la hotte de la cheminée. Tandis que son maître écrit, 'Bertrand' est à ronfler par là, dans un coin" (*E.Z.*, 188). Voir la lettre 43, n.1.

13 Cette lettre n'a pas été conservée. La mère du romancier, Mme François Zola, était morte le 17 octobre 1880. "Ce sont toujours les mêmes amis, les amis de toute sa vie, qui visitent Zola à Médan. Ils viennent d'autant plus fréquemment que, l'année dernière [...], madame veuve François Zola s'est éteinte doucement, dans la maison à peine installée; et ils voudraient contribuer de tout leur pouvoir aux efforts de madame Emile Zola pour cacher au fils un grand vide" (*E.Z.*, 190).

70 [Paris] Samedi soir, 20 Nov. 1880

MON CHER AMI,

Mercredi, je me suis cassé le nez: pas de dîner! Une absence de Maupassant avait rejeté la petite fête à jeudi: et, n'étant pas prévenu, je n'ai pu y assister. Aujourd'hui seulement, j'ai pu mettre la main sur Hennique et Huysmans. Malgré votre dernière lettre,[1] je les ai trouvés fort déconfits, ne comptant plus sur Marpon,[2] rêvant seulement, pour l'avenir, des bailleurs de fonds chimériques. La négociation avec Marpon, d'ailleurs, (traitée par Hennique conduit par Gaullet[3] au restaurant où déjeune Marpon,) a dû être fort mal engagée. Les gaillards n'avaient pas compris que l'affaire étant impossible *en grand*, il fallait la tenter modeste. Mais, en une heure de conversation, je les ai complètement amenés à d'autres vues. Plus de fonctions rétribuées; – la copie modestement payée; – au lieu des 8 grandes pages, contenant 1800 lignes, et revenant, pour un tirage de 10000, à 300 F de composition et autant de papier, nous aurions 8 petites pages contenant 900 lignes et revenant à 150 F de papier et 150 F de composition pour le même tirage de dix mille. Enfin, alors, plus de correspondants étrangers,[4] peut-être même, plus de rédacteur scientifique régulier,[5] ce serait *absolument, uniquement*, les 6 auteurs des *Soirées de Médan*, avec le nom de Goncourt en plus sur l'affiche, et un article de lui le loin en loin. Donc, les 900 lignes chaque semaine, ce serait un article de 100 lignes de chacun de nous, plus une "petite guerre" et un feuilleton – En somme, *tout ce que le public attend d'un journal naturaliste*. Nous avons réussi avec le volume des *Soirées*, pourquoi ne trouverions-nous pas 10000 acheteurs avec le journal? Il y a là, en tout cas, un essai intéressant à tenter: la copie de 900 lignes, payée 600 lignes à 3 sous et 300 lignes à 6 sous; c'est à peine 200 F et avec les autres frais, ça ne dépasse pas 500 F par numéro. Donc, que faut-il? 5000 F de cautionnement *déposés* (et non risqués,) plus, 10000 F pour être sûrs d'atteindre six mois (30 numéros) même sans le moindre succès; et enfin un petit bout de publicité, presque rien, l'indispensable: c'est-à-dire quelques affiches sur les boulevards, et un ou deux échos dans le *Figaro* et le *Gaulois* – Donc enfin, les 20000 F que risquerait peut-être Marpon, seraient *plus que suffisants*.

Il faudrait alors que Marpon vînt déjeuner à Médan, mais Hennique est un si mauvais diplomate, que nous avons sagement incliné, Huysmans et moi, à... attendre tout simplement votre retour à Paris.[6]

Et maintenant, mon cher ami, je passe à un tout autre sujet, un sujet tout personnel, sur lequel néanmoins je vous prie d'appliquer pour votre ami toutes vos facultés d'analyse: je fais appel à l'intérêt que vous me portez, et à votre connaissance de la vie et des hommes, et à votre perspicacité. Tout cela pour me conseiller de prendre un parti, que, indécis comme la nature m'a fait, je me sens presqu'incapable de prendre tout seul et réduit à mes propres lumières.

Dans la lettre que je vous écrivis de Trouville, je vous avais déjà dit un mot de la chose.[7]

Une lecture attentive des 4 pièces justificatives que je vous envoie vous suffiraient à la rigueur à tout reconstruire. Pour éclairer le problème, voici pourtant en deux mots l'aventure.

Le 31 [*sic*] Septembre, soir de la fermeture du *Casino* de Trouville, nuit passée au jeu par votre toqué d'ami, qui perd 10 louis;[8] le matin, à l'aurore, monté dans ma chambre chercher dernier billet de 100 F, pour en rendre 20 empruntés à un petit naturel du pays, de 19 ans, qui repartait pour la campagne le matin même avec son oncle. Lui, nommé de Blanmont, pas avoir monnaie à me rendre sur mon dernier billet, et m'avoir mené à l'hôtel où était descendu l'oncle, qui, me rend mes 80 F, et nous paye à déjeuner avec huîtres et vins blancs. Un type, l'oncle, M. *Charles Desmelliers*: normand, cinquante et quelques ans, bien conservé, vieux beau, gaudrioleur: une certaine race, effacée par une éducation tronquée, – engagé à dix-sept ans, et servi assez longtemps dans la cavalerie – à la mort de son père ayant quitté le service, ayant voyagé; marié avec une irlandaise; et vivant depuis dans ses propriétés de *Pennedepie*, petite commune de 300 âmes, à 7 Kil. de Trouville, et à 5 K. de Honfleur: un peu gentilhomme campagnard, un peu paysan, un peu soudard, un peu maquignon même en ce sens qu'il *élève* une quinzaine de jeunes chevaux parqués dans ses prairies: il les étrille, les bouchonne, les dresse lui-même, et leur lave amoureusement le *cul* comme une mère laverait ses enfants.

Voilà l'homme. A 10 heures du matin, je savais déjà tout cela, et il avait attelé sa jument, et nous partions tous les 3 pour *Pennedepie*, par un temps printanier, un peu gris, sauf le petit de Blanmont qui, en aidant à atteler la jument, bête de sang, avait reçu un formidable coup de pied à la jambe. Et fouette cocher! une simple promenade: à 11 heures nous devions être à sa campagne. Un tour dans la propriété, je voyais l'intérieur du curieux bonhomme, et, je revenais à pied à Trouville, histoire de me dérouiller les quilles, et de me désabrutir un peu de ma nuit de jeu. – Tel était mon projet – Mais une fois à la campagne, un temps épouvantable à ne pas mettre un chien dehors. Avec cela, un intérieur très original et très sympathique: une vieille irlandaise écorchant le français d'une laideur amusante et très bonne femme – plus une jolie fille, très jeune, 16 ans seulement, Mlle Marie, brune, avec des yeux vifs, très noirs, et un petit air réfléchi et intelligent – plus une grande blonde, au nez retroussé, amie de la première, venue de Honfleur passer là quelques jours – Le soir, après le dîner, une partie générale au jeu du "vingt et un": de Blanmont associé avec la jeune blonde et lui faisant un brin de cour, moi, associé avec la brune... Enfin, venu pour une promenade, je me suis laissé retenir toute une semaine. Ma lettre est déjà trop longue: mais avec ce qui précède et une lecture attentive des 4 lettres ci-inclus,[9] vous en saurez assez. D'ailleurs lundi j'arrive par le train de 4^h,25, et, si quelque point restait obscur, je vous donnerai tous les détails complémentaires.

Et maintenant, mon cher ami, que me conseillez-vous? Le problème est bien ardu et complexe. Mais enfin, vous me connaissez – moi; de plus vous connaissez ma famille et ses idées; et voici des éléments pour reconstruire et deviner les autres termes du problème. Eh bien! ce que je vous prie de me dire est ceci:

1° Croyez-vous que le mariage me serait utile, me ferait travailler davantage, me mettrait tout à fait dans la vie, me surexciterait par des besoins nouveaux, et me mettrait dans de meilleures conditions de travail? ou croyez-vous qu'il nuirait en moi à l'artiste? Et, dans l'espèce, que croyez-vous *d'un cas aussi exceptionnel*?[10]

2° Dans l'*affirmative*, avec ma famille antipode de l'autre (si l'autre en est une), quel est le moyen pratique, de ne pas trop froisser l'une? et, l'autre, de lui faire cracher actuellement un petit bout de dot, l'indispensable?

3° Dans le cas *négatif* au contraire, m'étant à la légère avancé si loin, n'ayant pas encore soufflé mot de tout cela à Aix, comment faire une retraite savante, et convenable, et polie, envers un homme très rond, et, non sans finesse, qui, en somme, a été très aimable pour moi?

Tenez! nous parlions de jeu l'autre jour: eh bien! il me semble à moi que tout est jeu dans la vie. Une fois déjà, j'ai joué mon va-tout : il y a 11 ans, quand j'ai foutu le camp d'Aix ;[11] et, *je ne l'ai jamais regretté*. Dois-je ici le jouer encore? Je ne sais que faire. J'hésite. Et je vous montre mon jeu, en vous demandant si c'est un jeu à risquer le paquet.

Je sais qu'un conseil en pareille matière est réputé chose fort délicate, mais c'est justement pour cela que je m'adresse à vous. Vous êtes le seul à qui je puisse m'adresser : et je ne me dissimule pas que c'est une nouvelle preuve d'amitié que je vous demande, à votre femme et à vous, à vous deux qui m'en avez déjà tant donné d'autres.

A lundi soir. Nous causerons de tout cela.

Votre biographe

Paul Alexis

1 Lettre non conservée
2 Il s'agit toujours du lancement du journal naturaliste *La Comédie humaine*. Le 18 novembre Huysmans écrivait à Camille Lemonnier : "Par suite de la retraite d'un des gros actionnaires du journal [Derveaux], nous revoici, le bec dans l'eau, avec un traité signé –cause de procès– un local prêt et meublé, des affiches tirées. [...] Marpon m'offre 30.000 f. ; seulement alors, il faudrait une nouvelle société, n'ayant plus aucun rapport avec l'ancienne – C'est le plein gâchis! [...] Cristi! mon cher ami, pour fonder un journal sérieux, appuyé sur de solides fonds, c'est une sacrée affaire –surtout quand on veut faire une politique *indépendante*– C'est là où a été notre pierre d'achoppement avec un des bâilleurs de fonds – qui a eu peur et a repris sa parole" (*H.-L.*, 90-1).
3 Le caissier de la maison Charpentier, où travaillait Hennique
4 On avait prévu comme collaborateurs à titre étranger : Jan Ten Brink, Piotr Boborykine, Felice Cameroni, Théodore Hannon, Edouard Rod.
5 Le médecin et anthropologiste Charles Letourneau (1831–1902) devait assurer un feuilleton scientifique au journal. On se rappelle que la *Physiologie des passions* (1868) du docteur Letourneau était une des sources de la théorie du roman expérimental de Zola.
6 Vers la mi-décembre Huysmans écrivait encore à Lemonnier : "Zola a offert la combinaison suivante : faire un brûlot de 4 pages, en tout, rédigé seulement par les auteurs des *Soirées de Médan*, payé à 3 sous la ligne – le tout lancé sans réclame, en ayant seulement les 30.000 f. offerts par Marpon. Cette idée acceptée par Céard, Alexis et Hennique a été vivement combattue par Maupassant et par moi. Le journal ainsi verrouillé serait pis qu'un *Rappel*, c'est la chapelle du Parnasse, c'est l'épuisement, sans profit pécuniaire, des quelques rédacteurs, c'est la monotonie la plus complète" (*H.-L.*, 92). Le projet de Zola, à son tour, fut abandonné avant la fin de l'année. A cette époque-là, Zola racontait à Edmond de Amicis : "Si j'avais le temps, [...] je voudrais fonder un journal qui ne donnerait qu'une très petite place à la politique, cette calamité, et aurait pour office de suivre pas à pas, très fidèlement, le mouvement littéraire des autres pays, un journal qui rendrait compte de tous les livres qui paraissent à Madrid comme à Saint-Pétersbourg, à Rome comme à Stockholm, en les faisant connaître de façon impartiale, avec bienveillance plutôt qu'avec sévérité, quel que soit l'auteur et quelle que soit l'école, afin de faire pénétrer en France le plus grand nombre possible d'écrivains étrangers. C'est cela qu'il faudrait chez nous. Mais comment pourrais-je le faire? Un journal suffit à absorber la vie d'un homme" (dans R. Ternois, "Les sources italiennes de *La Joie de vivre*," *Les Cahiers naturalistes*, No.33 (1967), 27-8).
7 Voir la fin de la lettre 67
8 Grand joueur, Alexis se servira de ses expériences dans deux articles qu'il consacre aux maisons de jeu : "Au 'claque-dents'," *Henri IV*, 3-v-81 (reproduit au *Réveil* du 1er juillet 1883) et "Au cercle," *Le Journal*, 8-x-94. Le 2 juillet 1881 Huysmans écrit à Théodore Hannon : "Alexis est dans les tripots et dans les officines à journaux où dès

qu'il entre, le cri s'élève: ah! encore un article sur Zola!'' (lettre inédite [copie], coll. P. Lambert)

9 Ces lettres, sans doute rendues à Alexis, ne se trouvent pas dans la Correspondance de Zola à la Bibliothèque Nationale.

10 La future femme d'Alexis était fille adoptive des Desmelliers. Elle s'appelait Marie Louise Virginie Monnier, fille de Marie Louise Monnier et d'un père inconnu. Voir la lettre 159.

11 Voir l'Introduction, 9–10

71 [Paris, jeudi] 21 avril [18]81.
Le Paul Alexis, journal irrégulier, paraissant à Médan. No 1 –

Informations littéraires.

Goncourt, un pas grand chose qui ne m'a pas seulement remercié.[1] Je me suis vengé... en lui envoyant Guérin porteur d'une lettre de présentation (où je le traite de ''cher maître'').[2] Guérin lui a demandé la *Faustin* pour le Gil Blas, qui lui prendra son roman à 20 sous la ligne si toutefois Goncourt peut se dégager de Laffitte.

Touché aujourd'hui 75 F pour mon article *Les cinq...*[3] Il me restait trois sous!

Quel triple idiot que ce Fourcaud,[4] aujourd'hui ''directeur littéraire et artistique'' du *Gaulois*. Il y a neuf jours, à l'occasion de la fermeture d'un tripot, et de *Monte-Carlo*,[5] je lui porte un article sur ''le jeu'', et les tripots que je connais bien. Il me le rend avec une belle lettre me disant que ''ce n'est pas digne de moi'' – ''Le journalisme n'est méprisable que lorsque les écrivains distingués qui lui demandent des ressources y galvaudent leurs qualités'', etc. etc. et me conseillant amicalement de le retoucher. Je me réatelle à la besogne. Après deux jours et une nuit, d'un travail acharné, je reporte à Fourcaud le même article. Le salaud me le rend encore en m'écrivant une seconde lettre inouïe: ''C'est mieux, mais vous n'y êtes pas encore. Essayez-vous sur autre chose. Je vous affirme qu'il n'est pas si commode que l'on pense d'écrire des chroniques ayant le fond, la fermeté et la vivacité qui conviennent.''

Furieux, j'allais lui riposter ''vous n'êtes qu'un méchant homme.'' Mais je le rencontre le soir même devant le Vaudeville. Je le vois si bête et de si bonne foi que ma colère tombe. Et je vais lui faire une bonne farce. Cette fois je vais lui recopier un vieil article intitulé ''la petite flûte.'' C'est bien mauvais, et ça a déjà paru deux fois:[6] il le prendra!

Le même soir, en quittant Fourcaud je rencontre Paul Bourget, et je passe deux heures avec lui, dans un café. Celui-là au moins est intelligent. Les deux lettres de Fourcaud l'ont bien fait rire. En le quittant, je lui ai promis –et de grand cœur– de vous demander pour lui une invitation à la 100e de *Nana*:[7] j'espère que vous la lui accorderez. – Il y a déjà des invitations lancées: j'en ai vu 2 à des rédacteurs du *Gil Blas* (ceux des théâtres.)

Le 1er Mai, paraît *le Henri IV* grand journal républicain, boulevard Montmartre. Rédacteur en chef, M. Arthur Heulard (qui a passé à la *Vérité*). Je viens de le voir. Et nous sommes convenus d'une "chronique naturaliste," une fois par semaine à 75 F, sur un sujet à mon choix, même littéraire, mais "pas trop théorique cependant." C'est un essai d'un mois.

Tout cela c'est très bien! mais malheureusement ça n'avance pas la biographie.

A bientôt, mon ami. N'oubliez pas la requête de Bourget. Au *Parlement*,[8] dans un article intitulé "Paradoxe sur la couleur," il a consacré quelques lignes très aimables à *En ménage*.[9]

Mille amitiés à la châtelaine de Médan–l'île[10] et Médan–terre ferme.

Votre

P. A.

P.S. Plus revu "les cinq." Dîners du jeudi[11] interrompus. Ce grand serin d'Hennique ne m'a même pas fait savoir son mariage:[12] il doit me considérer comme "son extrême gauche."

J'ai écrit hier à Céard une longue lettre sur *Une belle journée*.[13]

1 Alexis, qui collaborait sans régularité au *Gil Blas* depuis janvier 1881, y avait consacré le 9 avril un article à une lecture en privé de *La Faustin* (dont le titre primitif fut *La Fausta*) chez le peintre Giuseppe de Nittis (app. A:10). Le 2 avril Zola avait demandé à Goncourt une invitation pour Alexis: "Puisque vous invitez nos jeunes gens à entendre votre lecture, priez donc Mme de Nittis de convier Alexis. C'est un de vos grands admirateurs, et il sera bien heureux" (B.N., MSS, n.a.f.22478, fols.179–80).

Le jour de la lecture (le 6 avril) Goncourt note dans son *Journal*: "Je lis chez de Nittis le commencement de *la Faustin*, devant les ménages Zola, Daudet, Heredia, Charpentier et les jeunes réalistes. J'ai un étonnement. Les chapitres documentés de l'humanité la plus saisie sur le vif n'ont pas l'air de porter. En revanche, les chapitres que je méprise un peu, les chapitres de pure imagination, empoignent le petit public" (III, 108). *La Faustin* parut en feuilleton au *Voltaire* du 1er novembre au 8 décembre 1881, puis en librairie chez Charpentier en janvier 1882. Cf. *Goncourt-Céard*, 76–7; *Huysmans-Goncourt*, 69; *Huysmans-Zola*, 62–5.

2 Voici la lettre, à en-tête du *Gil Blas* (B.N., MSS, n.a.f.22450, fol.129):
"Paris, le 12 Avril 1881
   Mon cher maître,
   J'ai l'honneur de vous présenter un de mes grands amis, notre confrère Jules Guérin, secrétaire de rédaction du *Gil Blas*. Le directeur du journal lui a donné pleins-pouvoirs pour s'entendre avec vous, s'il y a lieu, au sujet de *la Faust...in* votre beau roman que chacun, ici, admire déjà.
   Votre fidèle et respectueux
   Paul Alexis"

3 La plus grande partie de l'article "Les cinq" (*Gil Blas*, 22-IV-81), où Alexis raconte la formation du groupe de Médan et le défend contre les attaques de la presse, est reproduite aux pages 181–4 d'*Emile Zola, notes d'un ami*.

4 Le littérateur et critique d'art Louis de Boussès de Fourcaud (1853–1914) fut un des défenseurs de l'Impressionnisme et du Wagnérisme. En 1893 il succéda à Taine comme professeur d'esthétique et d'histoire de l'art à l'Ecole des Beaux-Arts. "Fourcaud, du *Gaulois*: une tête du Midi dans laquelle il y a un peu de brouillard d'une cervelle allemande," selon Edmond de Goncourt (*Journal*, III, 180).

5 Pièce en trois actes d'A. Belot et E. Nus (première au Gymnase le 16 avril 1881)

6 La première fois dans *Le Diable*, journal hebdomadaire (directeur: E. Chevalier;

174

bureau: 2, place Louvois), qui parut entre février et août 1870. Parmi ses collaborateurs le journal fait mention de F. Coppée, T. de Banville, C. Mendès, Champfleury, les frères Goncourt, A. Dumas fils, T. Gautier, etc. Alexis y donna trois nouvelles, dont "La Petite Flûte," parue le 6 août 1870. La même nouvelle fut reproduite dans *Le Ralliement* du 27 octobre 1876, puis au *Gil Blas* du 29 octobre 1883. L'auteur ne l'a pas mise dans ses recueils de nouvelles.

7 La première représentation de *Nana*, drame en cinq actes et dix tableaux, signé de W. Busnach, avait eu lieu à l'Ambigu le 29 janvier 1881 (L.A. Carter, *Zola and the Theater*, 118–22). La centième représentation (du 25 avril) fut suivie d'un souper offert à la presse. *Le Voltaire* du 21 avril 1881 imprima l'invitation que voici: "Mademoiselle Nana a l'honneur de vous inviter à souper le mardi 26 avril, à minuit et demi, au théâtre de l'Ambigu, à l'occasion de la 100e représentation de Nana. On dansera. N.B. – Les hommes seront en habit noir. Les dames... comme elles voudront." L'invitation était accompagnée d'un dessin de Léon Sault, représentant Mlle Nana décolletée et recevant les hommages de tous ses adorateurs, depuis le comte Muffat jusqu'au banquier Steiner, sans oublier le marquis de Chouard ni le jeune Zizi (*O.C.*, xv, 807).

Le 8 avril 1887 Alexis-Trublot mentionne cette fête dans sa chronique du *Cri du Peuple*: "[Le] souper d'*Nana* [...] fut donné, lui, sur la scène même de l'Ambigu, où avaient été dressées un tas d' p'tites tables intimes [...]. Vallès y était, et nous sortîmes ensembl' par une [...] belle matinée d'printemps, et nous fîmes, dans Pantruche qui s'éveillait, une ballade énorme sur des impériales d'omnibus."

8 Du 14 avril 1881

9 Le roman de Huysmans avait été publié chez Charpentier en février 1881. Le 11 avril de cette même année la chronique hebdomadaire de Zola au *Figaro* était intitulée "Céard et Huysmans," et présentait au public *En ménage* et *Une Belle Journée* de Céard, également parue aux éditions Charpentier. Voir *Une Campagne*, *O.C.*, xiv, 580–5); *Céard-Zola*, 161–6; *Huysmans-Zola*, 62–3.

10 "Si le temps est beau, et quand il n'y a pas d'épreuves pressantes à corriger, on prend *Nana*, une barque peinte en vert, et l'on se rend dans l'île en face [de la propriété à Médan], où Zola a fait construire un chalet. Là, on lit, on cause, on se promène, on s'étend sur l'herbe à l'ombre des grands arbres, 'on fait son Robinson', et l'on ne revient sur la terre ferme que pour dîner, parfois après une longue promenade en canot" (*E.Z.*, 189).

11 Voir la lettre 41, n.3

12 Léon Hennique venait de se marier avec Louise Dupont, fille de l'archiviste bien connu Edmond Dupont. Dans une lettre inédite du 20 avril 1881 Alexis écrivait à Henry Céard: "Ignorant si nos dîners du jeudi continuaient ou étaient suspendus, j'ai passé à tout hasard, jeudi dernier, chez Mallet et au restaurant habituel. Il m'est impossible d'y aller demain. Mais ne vous semble-t-il pas, comme à moi, que l'absence de Zola ne devrait pas nous priver du plaisir de nous voir périodiquement une fois par semaine? [...] J'ai appris par le *Gaulois* de ce matin le mariage d'Hennique: j'y serais allé aussi, si, par un simple oubli je pense, Hennique n'avait négligé de me le faire savoir" (coll. C.A. Burns).

13 C'est la lettre dont on vient de lire un extrait dans la note précédente. A propos du roman de Céard on y lit ceci: "Il y a, d'un bout à l'autre de l'œuvre une précision et une aisance et une sûreté de main et une netteté de vues générales, très surprenantes. Dans tout ce que vous avez déjà fait, et même dans la vie elle-même, dans l'homme tout entier, aussi bien dans votre façon de penser, de parler, et d'agir que dans votre façon d'écrire –jusque dans la forme même de votre écriture,– j'ai toujours remarqué et je constate de plus en plus chez vous, ces dons heureux, que j'apprécie d'autant plus que je crois en être complètement privé, moi, nature troublée, incertaine et hésitante, par suite lente et maladroite, incapable de nuire à autrui mais me nuisant continuellement à moi-même. [...]" (ibid.) Voir M. Sachs, "The Esthetics of Naturalism: Henry Céard's *Une Belle Journée*," *L'Esprit créateur*, iv (1964), 76–83.

MON CHER AMI,

Ma première lettre partie, je reçois un mot de *Vallès*[1] m'invitant à dîner pour Dimanche soir et me priant de vous demander une *invitation*[2] pour lundi. Je crois que vous ne pouvez guères la lui refuser d'autant plus qu'il fait une pièce pour Chabrillat,[3] "*La Baraque*." Que dois-je faire? Il me serait très pénible de ne pas la lui porter Dimanche soir. Et, d'un autre côté, j'ai à le voir pour mon article. J'ai déjà dîné chez lui, une fois, mais nous étions 7 à table et je n'ai pu prendre aucune note. C'est Dimanche, où nous ne serons que *deux*, dit-il, qu'il me donnera les documents nécessaires.

Votre ami

Paul Alexis

Il paraît que mon article sur vous au *Figaro*,[4] m'a raconté Bourget, a beaucoup frappé Taine. Il a dit à Bourget "l'avoir mis de côté."

1 Alexis composa un grand article sur Jules Vallès, l'homme et l'œuvre, à l'occasion de la publication de *Jacques Vingtras: Le Bachelier* (Charpentier), pour le Supplément littéraire du *Figaro* du 14 mai 1881 (app. A:11). La nouvelle intitulée "Un bachelier," qu'il fit paraître au *Réveil* du 3 juin 1883, était dédiée à Jules Vallès. Sur cet écrivain, cf. G. Gille, *Jules Vallès, 1832–1885* (Jouve 1941); id., *Sources, bibliographie et iconographie vallésiennes. Essai critique* (Jouve 1941).
2 Pour le souper qui devait suivre la centième représentation de *Nana* (lettre 71, n.7).
3 Henri-Louis Chabrillat (1842–93), auteur dramatique et romancier, était depuis 1878 directeur de l'Ambigu (*Zola-Céard*, 94).
   Jules Vallès se laissa plusieurs fois tenter par le théâtre, sans aucun succès d'ailleurs. Selon G. Gille, la pièce dont parle Alexis, était l'adaptation inachevée d'un roman de Vallès, *La Dompteuse*, qui fut publié en feuilleton dans *Le Citoyen de Paris* du 13 février au 13 mai 1881, moment où la publication en fut interrompue (*Sources* [...], 3, 22). D'après Frantz Jourdain, Séverine (lettre 132, n.9) aurait été chargée du rôle principal de ce drame, écrit à l'intention de l'Ambigu. Cependant Jourdain croit que la pièce ne fut jamais écrite (*Au pays du souvenir* [Crès 1922], 110–11; "Jules Vallès," *La Connaissance*, 1 [1920], 933–47).
   Alexis-Trublot cite la pièce dans l'article "Vallès auteur dramatique" du *Cri du Peuple* du 19 février 1885: "Plus tard, dans la maturité de son talent, Vallès avait longtemps porté et caressé l'idée de [...] *La Baraque* (ou *la Dompteuse*), pièce à grand spectacle, avec parades, cage de dompteuse, bêtes féroces – peignant le monde des saltimbanques, que Vallès avait étudié, – la vie des irréguliers. [...] Je l'ai entendu, plein d'enthousiasme, m'expliquer ce désir 'de donner un coup de corne' dans les conventions scéniques actuelles, et nourrir l'espoir que les préoccupations tout autres apportées par son nom et sa qualité de militant lui permettraient d'oser davantage et de faire accepter plus facilement ses audaces dramatiques." On pourra également consulter J. Thiercelin, "Jules Vallès auteur dramatique," *Comœdia*, 19 et 20 juillet 1932.
4 "*Nana* et l'œuvre d'Emile Zola" est un très long article qui remplit, avec des dessins, tout le numéro du 12 mars 1881 du Supplément littéraire du *Figaro*. L'article est reproduit dans *Emile Zola, notes d'un ami* (ch. VI: "*Les Rougon-Macquart*," 83–129).

73 [Paris] Samedi [23 avril 1881] 2ʰ du matin.

MON CHER AMI,

Ouf! quelle séance! je sors du *Clairon* où je viens de batailler une heure pour l'article "Zola critique",[1] porté hier, pris, composé. Puis, je viens de me butter contre Cornély, bon garçon au fond, mais qui a certaines préventions contre la littérature et surtout *une haine à mort contre Magnard*.[2]

Enfin, après nous être débattus une heure, et moi avoir sacrifié pied à pied quelques phrases, il voulait quand même me payer l'article mais ne pas l'insérer. A la fin j'ai emporté la chose, en le suppliant de me sacrifier, de me blaguer au besoin, dans une note précédant ma prose. Il me traitera de "cas pathologique d'admiration à jets continus" etc. etc. Grâce à ces concessions, il avalera (après demain, je crois) la pilule. Et le public aussi.

Ouf!... Bonsoir.

Votre "fou"

Paul Alexis

Voici d'ailleurs l'épreuve complète. Gardez-la-moi pour le bouquin – Cy joint une coupure de la *France* de ce soir (échos de théâtre)[3] Le canard que j'ai semé, pousse.

Pourvu au moins que Chabrillat ait l'esprit de ne pas protester!

1 L'article, reproduit au ch. VIII (146–55) d'*Emile Zola, notes d'un ami*, parut à la première page du *Clairon* du 26 avril 1881. Cornély le fit précéder d'un avant-propos: "Nous connaissons tous, dans la presse, et nous aimons un brave garçon qui s'appelle Paul Alexis et qui est travaillé par une maladie curieuse: l'admiration de Zola, ce qu'on pourrait appeler une zolite chronique. Il n'a pas de cesse que chaque journal ait publié au moins un article sur son maître et ami. Il nous a apporté le résultat de sa dernière crise. Le voici. Nous publions l'article: 1° parce qu'il est curieux et bien travaillé; 2° parce que nous serions désolés de faire de la peine à ce bon Alexis. Mais nous ne partageons pas toutes ses opinions sur son grand homme." – Le 30 avril Zola écrivit à son ami: "Votre prose faisait très bien dans *Le Clairon*. Merci mille fois" (*Corr.*, 558).
2 On se rappelle que depuis le 20 septembre 1880 Zola faisait une campagne en faveur du Naturalisme au *Figaro*, sur l'invitation du directeur, Francis Magnard.
3 Dans cette rubrique de *La France* datée du 24 avril 1881 on pouvait lire: "M. Chabrillat vient, dit-on, de signer pour l'année prochaine, avec MM. Zola, Paul Alexis, Huysmans, Guy de Maupassant, Henri Céard et Léon Hennique, un traité par lequel il s'engage à monter à l'Ambigu, dans le courant de l'hiver prochain, une série de six pièces en un acte, [...] qui formeront un ou deux spectacles coupés et qui paraîtront en volume à la même époque sous le titre de *Théâtre de Médan*."
L'écho avait été inspiré par le dernier paragraphe de l'article "Les cinq" d'Alexis (*Gil Blas* du 22 avril [lettre 71, n.3]): "Dans un an, les six auteurs des *Soirées de Médan*, que leur joli succès collectif encourage, vont publier encore en société le 'Théâtre de Médan.' Six pièces courtes, audacieuses, mais jouables. Celle de Cassenavet s'appellera 'les Déménageurs,' et celle de Georges Pithiviers 'Au rat mort.' Six pièces, précédées d'une préface d'une ligne, dont voici la primeur: 'Ceci est le théâtre de l'avenir.' Et, le stupéfiant de la chose, c'est que nous avons mis la main sur un héros; le directeur d'une de nos grandes scènes s'est engagé à nous les jouer toutes les six, soit en un seul spectacle coupé, soit en deux fournées, si la longueur des pièces l'exige. Je parle très

177

sérieusement. Nous venons de signer tous le traité; il y a un dédit. –Quel est ce directeur? –Ah! pour ça, non! Vous en demandez trop..." Le projet d'un "Théâtre de Médan," s'il y en avait un, n'eut pas de suite.

74 [Paris] Mercredi, 4 Mai [18]81

MON CHER AMI,

Merci de votre *surprise*:[1] l'intention, c'est-à-dire votre lettre, a suffi pour me la faire, et pour me combler de joie. Et je vous en remercie.

La courte durée de votre séjour à Paris a été cause que je vous ai manqué. Je supposais que, comme l'an dernier à chaque commencement de mois, vous resteriez deux ou trois jours. Lundi, en sortant, vers 5 heures, je passai chez vous, et j'y appris votre brusque départ.

Hier, sur le Boulevard, par Albin Valabrègue[2] qui voit Wolff au "*Cercle de la presse*", j'ai su que Wolff aurait dit: "Nous avons pris Zola 1° pour qu'il ne soit pas ailleurs, 2° pour l'*user*; Zola, ne sait pas ce qu'il fait en écrivant chez nous: aujourd'hui, il voudrait avoir un grand organe à lui, même en se tenant ostensiblement à la cantonnade, il n'aurait encore qu'à vouloir, il aurait tous les capitaux qu'il voudrait. Quand il aura écrit un an seulement chez nous, il sera usé, grâce à notre immense publicité."[3] –

Mon impression est malgré cela que vous avez bien fait "d'être opportuniste." Ça doit embêter Wolff considérablement. Qui sait si le coup de l'article refusé par Magnard ne vient pas de lui, Wolff? C'est même évident à mes yeux. Je crois qu'il aura décidé Magnard à vous fournir une occasion de casser les vitres. Albin m'a même dit cette phrase: "La situation de Zola est compromise au Figaro."

D'ailleurs vous devez en savoir plus que moi, vous avez dû voir Magnard, Dimanche. Vous êtes-vous entendus? Je voudrais être au courant. Voici pourquoi. Cette nuit, en bûchant un portrait de Vallès[4] qui me donne un coton de tous les diables depuis 4 jours, et dont je ne sors pas, parce que j'ai beaucoup de notes, d'anecdotes curieuses, et qu'il me faudrait six cents lignes au lieu de 200 pour tout mettre, il m'est venue le projet d'aller trouver Périvier[5] et de lui demander un supplément entier, comme pour Nana,[6] avec des extraits de *le Bachelier* – et de me faire payer cette fois pour les deux.

Qu'en pensez-vous? Et, en tout cas, où en êtes-vous avec Magnard?

D'ailleurs, si vous désapprouvez mon idée, je puis scinder en deux mon article –l'idée m'en vient– et en donner un au *Gil Blas*, et un à *l'Henri IV* où l'on a été très content de mon 1er article[7] (que je vous ai envoyé hier) et où j'aurai dorénavant une "chronique naturaliste" le mardi – si je puis tenir le coup.

Il m'arrivera même quelquefois si vous m'y autorisez – partant le samedi soir, d'aller faire mon article dans la paix de chez vous, le Dimanche matin. Et si je suis un bon bougre, j'arriverai à m'en débarasser en un jour.

Une cordiale poignée de main à tous les deux

Paul Alexis

J'attends toujours une lettre de Céard qui avait dit qu'on m'avertirait pour redîner ensemble le *jeudi*.[8] A tout hasard, demain, je passerai au restaurant habituel: mais, s'ils n'y sont pas plus que jeudi dernier, je me demanderai si mon article "*les 5*"[9] les aurait froissés. Pas un, je crois, sauf peut-être Maupassant, le soir du souper de *Nana*,[10] ne m'en a ouvert la bouche. *Zut*, trois fois *Zut*, pour les gens avec qui il faut vivre politiquement! Ils m'auraient nommé moi dans un article, même pour le blâmer au besoin, je leur en aurais parlé à coup sûr, – sauf en cas d'oubli, ce qui peut arriver à tout le monde. Mais leur peu d'empressement à recommencer les dîners me donne à réfléchir. Me la font-ils "à la Goncourt"?[11] Le grand coupable doit être... Huysmans.

1 Après l'article "Céard et Huysmans" (lettre 71, n.9) Zola en avait préparé un autre: "Alexis et Maupassant": "Je voulais vous faire une surprise, écrivait-il à Alexis le 30 avril, j'avais envoyé pour lundi au *Figaro* un article sur vous et sur Maupassant. Magnard me renvoie cet article en me disant que vous n'avez pas encore assez de talent tous les deux pour que *Le Figaro* vous prête sa première page. Il y a de 'nos hommes d'esprit' là-dessous. Après avoir eu l'idée de casser les vitres, j'ai pensé qu'il était plus sage d'être opportuniste. [...] Mais je garde mon article, car j'espère bien convaincre Magnard et le lui redonner dans quelques semaines" (*Corr.*, 557). On trouvera à l'app. D:3 une lettre inédite, datée du 29 avril 1881, que Magnard envoya à Zola à ce sujet. Cf. également les deux lettres que Maupassant adressa au Maître de Médan à propos de cet article (G. de Maupassant, *Correspondance inédite*, 111–13). Voir plus loin la lettre 79, n.12.
2 Né en 1853, il est l'auteur de nombreuses pièces gaies.
3 Sur la collaboration de Zola au *Figaro* en 1880 et 1881, cf. H. Mitterand, *Zola journaliste*, 221–30. Voir surtout plus loin les lettres 78 à 87 pour "l'affaire *Henri IV*," tapage soulevé en partie par cette campagne journalistique de l'auteur des *Rougon-Macquart*.
4 Voir la lettre 72, n.1
5 Antonin Périvier (1847–1924) était secrétaire à la rédaction du Supplément littéraire du *Figaro*.
6 Voir la lettre 72, n.4
7 La première "Chronique naturaliste" d'Alexis au *Henri IV* (lettre 71) parut dans le numéro du 3 mai 1881 et était intitulée "Au 'claque-dents' " (lettre 70, n.8). Alexis donna en tout dix chroniques au *Henri IV* (voir les lettres suivantes).
8 Voir la lettre 71, n.12
9 Ibid., n.3
10 Ibid., n.7
11 Voir le début de la lettre 71

᳁ 75 [Paris] Mercredi soir, 4 Mai 1881

MON CHER EMILE,

Il est donc écrit que chaque fois que je vous écris, j'ai *illico* à vous réécrire.[1]

Aujourd'hui, à 5 heures je sors. Ma première lettre jetée à la poste, je passe d'abord au Henri IV, où je touche 100 F pour mon premier article. Puis, je vais à la *Vie Moderne* demander à Charpentier[2] 1° de m'envoyer les bonnes feuilles de *Le Bachelier*[3] – 2° de me prendre le chapitre de la *Biographie* sur "les débuts dans la vie"[4] – ce qu'il accepte. Et, tout en causant, je le consulte sur mon idée d'aller demander un supplément à Périvier.

Charpentier a l'air de trouver l'idée si extraordinaire, que, piqué au jeu, et poussé par mon gredin de tempérament méridional (qui n'a pas été équilibré, lui, par une adjonction de sang de Dourdan)[5] je tombe chez Périvier à tout hasard – qui me reçoit très bien, et m'accorde, non pas le supplément entier de samedi en 8, avec des citations des bonnes feuilles, mais un portrait de 4 ou 500 lignes. – Jugez de ma joie. Inutile de vous dire que j'aurai soin de rester anecdotique, – afin de vous réserver la critique littéraire du *Bachelier*,[6] s'il y a lieu et de ne pas vous couper l'herbe de votre article sous les pieds. D'ailleurs tout ceci, bien entendu, est soumis à votre autorisation.

J'arriverai peut-être samedi, à l'heure du dîner, – mais un mot d'ici là s.v.p.

Votre

Paul Alexis

P.S. Le refus de l'article[7] par Magnard, se sait déjà dans les journaux, paraît-il; et ce, par le *Figaro*. J'apprends aujourd'hui par "Mora"[8] rencontré sur le Boulevard, qu'hier soir, au *Gil Blas* Delpit[9] et Richepin en causaient.

1 Cf. les lettres 71 et 72
2 Georges Charpentier était l'éditeur de l'hebdomadaire *La Vie moderne*, qu'il avait fondé le 10 avril 1879. Emile Bergerat en était le directeur-gérant.
3 Le roman de Vallès parut aux éditions Charpentier le 12 mai 1881. Alexis était toujours en train de préparer son article sur cet écrivain (lettre 72, n.1).
4 Le chapitre IV d'*Emile Zola, notes d'un ami* (45–64). Cet extrait n'a pas été publié dans *La Vie moderne*.
5 La mère de Zola était née a Dourdan, petite ville de Seine-et-Oise. Fier de son origine beauceronne, le romancier fit décorer son cabinet de travail à Médan des armes de Dourdan. Cf. *Céard-Zola*, 302–3.
6 Le compte rendu de Zola du *Bachelier* parut sous le titre de "Souveraineté des Lettres" au *Figaro* du 30 mai 1881 (*Une Campagne*, *O.C.*, XIV, 615–20). En voici un extrait: "Ce livre [...] est une stupeur pour moi. Comment! diable, des garçons jeunes, bien portants, ayant devant eux la vie ouverte, peuvent-ils se passionner pour cette chose laide et sale qui se nomme la politique? Ils sont là une douzaine parlant de tuer le tyran, prononçant des discours, croyant qu'ils font avancer le siècle. Eh! petits malheureux, aimez donc les filles, buvez sec et faites des vers! Puis, si vous avez de l'ambition, tâchez d'être des intelligences; cela vaudra mieux que d'être des ministres un jour" (618). Cf. l'article de Zola sur *L'Enfant* dans *Le Voltaire* du 24 juin 1879 (*O.C.*, XII, 589–93).
7 "Alexis et Maupassant." Voir la lettre 74, n.1
8 Le romancier baron René-Jean Toussaint, dit René Maizeroy ou "Mora" (1856–1918), était rédacteur au *Gil Blas*, au *Figaro* et au *Gaulois*.
9 Né à la Nouvelle-Orléans, Albert Delpit (1849–93) collabora aux journaux éphémères fondés par Alexandre Dumas père vers la fin du Second Empire. Il écrivit également des pièces de théâtre et des romans: *Le Fils de Coralie* (Ollendorff 1879), dont il tira une pièce en quatre actes (Gymnase, 16 janvier 1880).

MON PAUVRE AMI,

Impossible d'aller vous voir aujourd'hui comme j'en avais eu le projet.

Pas tous les documents nécessaires pour faire mon 2^d article du *Henri IV* *"Le nouveau quartier latin"*[1] – c'est-à-dire le quartier Montmartre – la *Nouvelle Athènes*, – le *Rat mort*[2] les brasseries etc. etc. avec beaucoup de noms, pour qu'on achète le journal.

Par là-dessus mon article Vallès[3] qui vient très mal. 800 lignes à faire en 4 jours (pour les deux articles) J'en suis fou! Je voudrais être plus vieux de ces 4 jours.

Plaignez-moi d'être si constipé.

Votre

Paul Alexis

P.S. Un petit "huitain naturaliste" pas méchant dans le *Tintamarre* sur votre article *"Printemps"*.[4]

Dans la revue bleue un éreintement plat de "nos auteurs dramatiques" par le Normalien aplati par vous.[5] Un comble: Il vous reproche de ne pas parler de... Busnach. A la suite quelques lignes aigres sur Céard qu'il dit être "celui qui se conforme le mieux à vos préceptes."

Je viens de faire au café trois premières pages de mon article du *Henri IV*: je suis un peu recollé.

Bonsoir, on ferme la nouvelle Athènes.

1 Ce sera en réalité le troisième article (lettre 77, n.7). La deuxième "Chronique naturaliste" d'Alexis au *Henri IV* (celle du 11 mai) est consacrée à "Zola sous-préfet" (*E.Z.*, 170–4). Celui-ci remercie son ami de l'article le 13 mai: "Votre article fait très bien dans *Le Henri IV*, et il m'a fait plaisir, surtout à titre de document exact. Cela m'arrive si rarement de lire quelque chose de raisonnable sur moi." (*Corr.*, 558)

2 Le café du Rat Mort, place Pigalle, était fréquenté par la même clientèle que la Nouvelle Athènes. Ce fut Léon Goupil qui avait peint l'enseigne du rat mort au plafond. Cf. F. Champsaur, "Le Rat Mort," *Revue moderne et naturaliste*, III (1880), 435–41.

3 Voir la lettre 72, n.1

4 Paru dans *Le Figaro* du 2 mai 1881. Zola y rappelle les excursions d'il y avait vingt ans avec Paul Cézanne aux bois de Verrières. Voici le "sonnet naturaliste," signé Raoul Fauvel, qui parut dans *Le Tintamarre* ("revue hebdomadaire, satirique et financière") du 8 mai 1881:

Pauvre Printemps!

Le printemps chanté par Zola!
Fuyons; ça ne sent pas la rose.
Les fleurs chuchotent: "Oh! là! là!
Le printemps chanté par Zola!"
Les merles sifflent: "Le voilà,
Le naturaliste à la pose.
Le printemps chanté par Zola!
Fuyons; ça ne sent pas la rose."

5 Maxime Gaucher, que Zola avait attaqué dans "Notre Ecole Normale" au *Figaro* du 4 avril 1881 (*Une Campagne*, *O.C.*, XIV, 574–9), critiquait à son tour le Maître de Médan dans la *Revue politique et littéraire*, dite *Revue bleue*, du 7 mai 1881 (3° sér., I, 19,

pp. 603–4). Dans son compte rendu de *Nos Auteurs dramatiques*, qui venait de paraître chez Charpentier, il accuse Zola de toujours parler de lui-même, d'être monotone, d'être un critique intolérant et sans largeur. La dernière partie de l'article est consacrée à *Une Belle Journée*. Selon Gaucher, le roman de Céard, le plus soumis des disciples de Zola, n'a ni poésie, ni sentiment, ni intérêt, rien. L'œuvre ne contient que des observations banales et vulgaires. "Cherchez donc des documents d'un ordre supérieur!" est le conseil du normalien, qui, selon Zola, est "la nullité littéraire étalant son pédantisme le plus désagréable, la bile du professorat s'éjaculant en phrases livides, dans des articles maussades d'impuissant" (*O.C.*, xiv, 576).

77 [Paris] Jeudi soir [19 mai 1881].

MON CHER AMI,

Vallès m'a écrit une lettre très aimable.[1] Hier soir, j'ai dîné chez lui, avec Humbert,[2] Huysmans, et Francis Enne.[3]

Il part pour Londres[4] – samedi soir ou Dimanche – avec Charpentier m'a-t-il dit.

Profitant de l'autorisation que vous m'avez donnée, Vallès et moi, nous viendrons dîner et coucher cette nuit chez vous. Nous arriverons donc *aujourd'hui Vendredi*. Si nous pouvons prendre le train de 3,25, ou de 4,25, nous le ferons de préférence. Mais, ayant beaucoup de choses à faire, je crains bien d'être réduit à celui de 5,25.

(Vous savez: pour le communard, "ni oignon, ni ail, ni ciboule, ni ciboulette!")[5]

Votre

Paul Alexis

Moi, je pensais rester si ça ne vous dérange pas jusqu'à Mardi – Mon jour au *Henri IV* étant devenu le *mercredi*. – Mon article "Sarah Bernhardt"[6] est arrivé trop tard. Et j'ai dû bâcler sur le pouce: *Le nouveau quartier latin*[7] – J'apporterai la biographie –

1 Sans doute pour remercier Alexis de l'article qu'il lui avait consacré (lettre 72, n.1)
2 Déporté en Nouvelle-Calédonie pour avoir participé à la Commune, Alphonse Humbert (né en 1844) rentra en France en 1879 lors de l'amnistie générale. Il était journaliste politique à *L'Intransigeant*, à *La Marseillaise*, au *Père Duchène* et au *Petit Parisien*. En 1893 il fut élu député de Paris.
3 Francis Enne (1844–91) était secrétaire à la rédaction de plusieurs journaux, entre autres *La Marseillaise*, *Le Mot d'Ordre*, *Le Radical* et *Le Réveil*.
4 Pour la préparation de *La Rue à Londres* (lettre 122, n.11)
5 Voir l'app. A:38 l'article "Vallès à Médan" (*Le Cri du Peuple*, 23-vii-85), où Trublot raconte cette visite.
6 "Chronique naturaliste. Nos comédiennes," *Henri IV*, 2-vi-81. L'auteur y affirme que Sarah Bernhardt n'a pas encore mis en lumière sa "flamme moderne" dans une pièce nouvelle. "Je crois que cette artiste serait excessivement remarquable et donnerait sa vraie mesure, si, chance qu'elle n'a pas encore eue, un auteur dramatique de haut vol lui donnait à créer un vrai grand rôle dans une pièce moderne. [...] Mme Sarah Bernhardt est aujourd'hui la principale espérance du théâtre... naturaliste? –n'employons pas ce mot s'il peut blesser– mais du théâtre vivant et moderne."

Entre 1880 et le début de 1881 Zola avait tiré, à la demande de Sarah Bernhardt, la pièce *Renée* de son roman *La Curée*. Entre-temps la célèbre actrice avait démissionné avec éclat de la Comédie-Française le 18 avril 1880 et avait quitté la France pour faire des tournées en Angleterre et en Amérique. Zola cependant termina la pièce mais Sarah ne s'y intéressa plus et l'administrateur de la Comédie-Française, Émile Perrin, la refusa également.

L'article d'Alexis, dont on vient de citer un extrait, ne changea rien à la décision de la capricieuse actrice. *Renée* ne fut représentée pour la première fois que le 16 avril 1887 au Théâtre du Vaudeville (lettres 167 à 169). Pour l'histoire de cette pièce, cf. *Céard-Zola*, 185–7; *Zola-Céard*, 141–2; et surtout la longue préface de Zola qui précède *Renée* (*O.C.*, xv, 417–35).

7 Paru au *Henri IV* du 19 mai 1881. Voir la lettre précédente et l'app. A:12

78 [Paris, vendredi 17 juin 1881]

MON CHER AMI,

La pluie, qui m'attriste moi, un retard de ma blanchisseuse, le *Henri IV* à conquérir, une femme de ménage infidèle à prendre sur le fait et à expédier, mes lenteurs et indécisions ordinaires, sont cause que j'ai différé de jour en jour mon retour à Médan. J'ai été sur le point de me mettre en route aujourd'hui. Puis, toutes réflexions faites, je vais attendre d'avoir expédié mon prochain article (qui sera le 8me)[1] Donc à mercredi ou jeudi.

Pas de grandes nouvelles littéraires. Beaucoup de petites que je garde pour nos conversations du soir. Merci des *Romanciers naturalistes*[2] arrivés avant hier. J'ai déjà lu Stendhall que je ne connaissais pas – et la moitié (la fin) de Flaubert. Le tout est d'un ensemble et d'une tenue superbe. Ce cochon de Monselet ce matin, dans l'*Evénement*![3] Je lui dirai son fait: en 2 ou 3 articles, je veux faire la *chronique actuelle* et les *chroniqueurs*.[4] Dans le 1er, je passerai en revue "les vieux": Scholl, Wolf, Monselet –un mot en passant de Banville– Dans le 2d, je toucherai aux "jeunes"; *Fourcaud*, Chapron, Montjoyeux[5] –un mot de Richepin et Bourget– A la fin du 2d, ou peut-être dans un troisième article, j'arriverai à la conclusion que la chronique deviendra naturaliste, ou disparaîtra dans l'indifférence du public.[6]

Je suis en train de jeter le trouble et la désolation dans la famille d'un pharmacien. Mardi dernier, on me remet au *Henri IV*, un acte et une lettre d'un jeune homme de *18 ans*, qui me dit: "j'ai une série de six actes complètement inédits et que je n'ai présentés à aucun théâtre, car je les crains trop simples et trop suivant la nouvelle méthode pour y être reçus. Mon désir serait de les publier sous le titre de "*Essai d'un théâtre naturaliste*" etc. Bref il me demande une préface.

Alors je lis l'acte, qui n'est pas mal du tout: pas jouable, 5 personnages antipathiques en diable, mais une bonne tenue de style et de dialogue, pas de bêtises, et un réel sentiment du théâtre. Je lui écris hier, de venir me voir aujourd'hui à 2 heures. Aujourd'hui je vois arriver... *le père*, pharmacien, et son associé. La lettre était tombée entre les mains du père! Entrevue homérique, dans laquelle je me suis amusé en diable et dont je vais faire sans doute ma prochaine "*chronique naturaliste*."[7] Il faut que celle-là soit tapée: le sujet me portera, car j'en suis encore frémissant. Pendant une heure, je me suis revu tel que j'étais à Aix en 1869, lorsque vous m'avez rendu le service que je vais rendre à ... Juven[8] (C'est son nom!!!) Je ne l'ai pas vu encore, mais "il n'en paraît que seize" m'a dit le Homais du Faubourg St Denis.

Votre... juven devenu vieux

Paul Alexis

1 Voir plus loin la note 7
2 Ce volume, contenant des études sur Balzac, Stendhal, Flaubert, les frères Goncourt, Daudet, et les romanciers contemporains, études déjà parues au *Messager de l'Europe*, au *Bien public*, ou au *Voltaire*, venait de paraître chez Charpentier.
3 Charles Monselet (1825–88), critique dramatique à *L'Evénement* de 1873 à 1883, avait publié dans le numéro daté du 18 juin 1881, à propos de la parution des *Romanciers naturalistes*, une chronique violente contre l'auteur (app. H:2).
   Alexis donne l'opinion suivante sur ce journaliste: "Il n'y a pas au monde de nature littéraire plus aigre, plus jalouse. [...] Définition de son talent: le vide absolu dans l'aimable. Mais cette amabilité met du venin au milieu des fleurs" (*Henri IV*, 30-VI-81).
4 "Chronique naturaliste. Nos chroniqueurs," *Henri IV*, 30-VI, 8-VII-81. Avant de discuter Wolff, Monselet, Scholl, Fourcaud et Chapron, Alexis explique ce qu'il entend par une "chronique naturaliste": "Par cet accouplement de mots [...] j'entends évidemment une chronique nouvelle, une chronique transformée à son tour par le grand mouvement qui est en train de renouveler le roman, le théâtre, la littérature entière du siècle, –et, non seulement la littérature, mais l'art et la politique elle-même;– enfin, j'entends la chronique de demain, celle qui me paraît appelée à passionner de nouveau le public, en reprenant une importance et une autorité que la chronique d'aujourd'hui a perdue absolument. Perdue, pourquoi? Parce que notre chronique du jour ne fait que répéter les errements de la chronique d'hier, que rabâcher les mêmes plaisanteries boulevardières, que s'attarder dans le même rire grinçant et forcé, tout cela sans s'apercevoir combien les temps sont changés!"
   Comme on verra dans les lettres qui suivent, les critiques portées par Alexis contre les chroniqueurs soulèveront un scandale dans le monde de la presse. Résultat: un flot d'articles attaquant, non seulement l'auteur de *La Fin de Lucie Pellegrin*, mais surtout le Maître de Médan, dont les œuvres et la campagne hebdomadaire au *Figaro* lui ont valu bien des ressentiments. (On pourra consulter à l'app. H:10 un résumé chronologique de "l'affaire *Henri IV*.")
5 Montjoyeux (pseudonyme pour Poignant) collaborait au *Gaulois* et à *L'Echo de Paris*. Léon Chapron (1840–84), avocat puis journaliste, était critique dramatique à *L'Evénement* et au *Gil Blas* (cf. *Huysmans-Zola*, 84).
6 Zola envoya cette carte inédite à Alexis vers le 18 juin 1881: "Venez quand il vous plaira, mon ami, et travaillez bien. Vos médaillons de chroniqueurs sont une bonne idée, mais surtout soyez *poliment* méchant: c'est la grande force. – Je crois que votre Juven m'a écrit autrefois. A bientôt! Emile Zola" (B.N., MSS, n.a.f.24510, fol.545).
   Un mois plus tôt, cependant, à propos d'un article assez virulent d'Emile Bergerat dans *Le Voltaire* du 13 mai 1881 (app. H:1), Zola avait déconseillé à Alexis de répondre aux attaques des chroniqueurs: "Méfiez-vous de vos nerfs. Dans ce moment, on nous accable d'ordures. Ne cédez pas à la tentation de répondre. Ainsi, vous devez avoir lu l'article de Bergerat, qui cherche évidemment à nous ameuter autour de ses chroniques défaillantes. Ne vous occupez jamais de ce goujat, pas plus que des autres d'ailleurs. Vous me contrarieriez si vous vous laissiez prendre à leurs attaques, maintenant que vous avez un journal" (13 mai, *Corr.*, 558).
7 "Perdu pour la pharmacie," *Henri IV*, 23-VI-81: "De simple spectateur, il me semblait être soudain redevenu principal acteur, dans ce drame éternellement le même de la vocation littéraire combattue ouvertement, ou seulement contrariée. Et mes cheveux se dressaient sur la tête: j'étais encore à Aix, en 1869! Le pharmacien me parlait tou-

jours: moi, j'entendais mon père. [...] En 1869, au fond de ma province, loin de ce Paris dont je rêvais jour et nuit, manquant d'air et d'espace dans ma ville natale, isolé intellectuellement, étouffé dans une atmosphère de préjugés aristocratiques séculaires, paralysé par des indolences natives et par l'exemple de toute une jeunesse endormie, oisive, abêtie comme moi, j'eus une chance heureuse: un écrivain faisant alors les livres au *Gaulois*, consacra, sans m'avoir jamais vu non plus, tout un article à mes vers, des vers à la Baudelaire, que je lui avais envoyés de là-bas. Cet article bien heureux décida de mon avenir. Aussi, depuis ce temps, je m'étais toujours promis de rendre le même service à quelque jeune inconnu, si, lui trouvant du talent, je me trouvais un jour en mesure de l'aider à franchir le Rubicon. [...]"

8 La *Revue littéraire et artistique* du 15 novembre 1881 (IV, 597–603) publia une comédie en un acte et à cinq personnages, intitulée "Monsieur de Cé," par Félix Juven. Au début du XXe siècle il y avait à Paris une Librairie Félix Juven (Société d'Edition et de Publications).

79 [Paris] Jeudi soir [7 juillet 1881]

MON CHER AMI,

Quel malheur que vous soyez absent, et que je ne puisse vous demander un conseil moins laconique que "ne répondez pas aux injures." Ici tout le monde me dit "Vous n'envoyez donc pas des témoins à S?"[1] Mardi soir, j'ai télégraphié à Céard de venir déjeuner avec moi hier matin, puis, j'ai trouvé en rentrant une lettre de lui,[2] que je vous envoie.

Le lendemain matin (hier) nous sommes allés au cabinet de lecture et avons copié dans la *Gazette des tribunaux*:[3]

"Considérant qu'il ressort des *enquêtes* et autres éléments du procès que dès le premier jour de son mariage, l'intimé, sans égard pour la jeunesse et les justes susceptibilités de sa femme n'a craint de l'initier aux souvenirs de sa vie de garçon, l'entretenant de ses maîtresses et *d'une actrice aux dépens de laquelle il avait vécu et qui avait passé de ses bras dans ceux de ses amis*, etc."

Quel œil ça vous avait encadré des courtes réflexions que nous avions arrangées autour, puis comme titre

Chronique naturaliste
Le nouveau jeu

Et nous sommes allés trouver Bachelin.[4]

Lui, qui désire un duel pour lancer le journal, nous a dit: "Mais tout Paris sait ça; vous n'apprendrez rien de nouveau; et S. s'est d'ailleurs battu depuis plusieurs fois."

Nous avons tenu bon Céard et moi. A la fin, nous sommes partis pour aller chercher de renfort, c'est-à-dire Charpentier à la *Vie moderne* et le ramener à Bachelin, (qui d'ailleurs, sur la menace de ma démission séance tenante, s'il n'insérait pas l'article, m'a dit: "Non! je l'insérerai si vous y tenez absolument, dût-il m'en coûter 3000 F pour diffamation.")

Malheureusement, à la *Vie moderne* au lieu de Charpentier, nous n'avons trouvé que Gatschy.[5] Nous avons attendu et causé. Céard a fini par me déconseiller l'insertion terrible.

Eh bien! *je le regrette aujourd'hui.*

Songez donc! si *Chapron* à son tour se fâche,[6] me voilà cette fois obligé de me battre avec lui. Ne valait-il pas mieux écraser Scholl par un coup de tonnerre? Enfin, j'attends les événements.

Ce matin à 10ʰ chez Charpentier, notre éditeur, Huysmans et Céard ont tenu une sorte de conseil, où ils ont lu une lettre écrite à Huysmans où je leur disais: "décidez, vous trois ce que je dois faire. Dois-je me battre? Je suis prêt à faire ce que vous me conseillerez." Et ils m'ont répondu le télégramme[7] que je vous envoie aussi ci-joint.

Ce qui, en lisant entre les lignes, me semble contenir un conseil indirect de le faire, ou, je m'explique mal, une désapprobation tacite de ma conduite – hésitante en tout, même en cela. Oh! ce diable de caractère indécis, dont m'a affublé la nature!

Enfin, vous n'étant pas ici, je me sens, en somme, absolument seul. J'attends l'article de Chapron. Selon ce qu'il sera, j'agirai. Céard se tient à ma disposition comme témoin. Si Chapron fait une allusion méchante à mon attitude envers Scholl, je suis obligé d'y aller cette fois carrément. Mais, si je me battais avec lui, il faut que je m'offre la satisfaction de publier le passage de la *Gazette des tribunaux* –afin de faire au moins d'une pierre 2 coups– ou bien de lui décocher une réponse à coups de canne, chez Tortoni.[8]

Tout le monde, Manet entr'autres, me conseille le duel, à part les 3 amis cités qui ne me conseillent rien. Et vous qui me dites "Ne répondez pas."[9] Avec tout cela le temps passe. Mon caractère indécis me fait commettre une lâcheté, ou peut-être aussi m'empêche de faire une bêtise.

Allons! tout cela est idiot!

Et j'en suis un moi-même, je commence à le croire.

Paul Alexis

Quant au mot perfidement retourné "soyez méchamment poli,"[10] c'est un espionnage du petit *Deschaumes*,[11] à qui je n'ai nullement montré votre carte, mais à qui pas au café, mais le jour de la noce à la Malmaison, en causant chronique et journalisme et éreintements et polémique, d'une manière générale, j'ai eu le tort, (sans croire que c'était un espion, lui!) de dire que vous m'aviez conseillé de rester très poli dans ma méchanceté.

Dorénavant *je ne connaîtrai plus* ce tout petit Scholl – je ne lui adresserai plus la parole.

Enfin, tout cela, c'est la guerre! Ah! si l'on avait un journal bien à soi: quel boucan!

L'article du *Figaro* passera-t-il? Ne pourriez-vous, dans une phrase ajoutée, à propos de journalisme, faire à tout cela une allusion, je ne sais quoi, enfin quelque chose.[12]

J'ai tâché aujourd'hui dans mon "*Chapron*"[13] à prendre une attitude fièrement dédaigneuse: ais-je réussi?

Peut-être, faudrait-il être très carré. Si je faisais ma prochaine de "Nos chroniqueurs" sur ceci: *Le duel.*

Un mot s.v.p. sitôt votre retour.[14]

1 Il s'agit de "l'affaire *Henri IV*" (lettre 78, n.4). "Je ne connais point de cas littéraire plus lamentable," disait Alexis d'Aurélien Scholl dans son premier article sur les chroniqueurs. D'après l'auteur, Scholl "passe encore, aux yeux de certains naïfs, pour le roi du petit journalisme tenant le sceptre de l'esprit léger. Mais que de dessous tristes au fond de cette royauté éphémère, contestable et bornée. Hors trois cafés du boulevard et quatre bureaux de rédaction, ce souverain d'opérette n'exerce aucun empire sur le vrai public. [...] Veut-il s'attaquer à des sujets sérieux, cet écrivain patauge. Ses thèmes politiques et sociaux font sourire, sa critique littéraire est d'un enfant." Puis il conclut: "Cette Chronique vieux-jeu, cette Chronique d'il y a vingt ans, cette Chronique sans fond sérieux et sans documents, soufflée de mots pénibles, sautillant du calembour au coq-à-l'âne, ce rire perpétuel et nerveusement vide, cette blague à mort de l'heure de l'absinthe, tout cela fatigue à la longue. [...]" (*Henri IV*, 30-VI-81). La réplique d'Aurélien Scholl parut dans *L'Evénement* du 6 juillet 1881 et était intitulée: "Le nouveau jeu." Il y demanda une réparation par les armes (app. H:3).

2 Lettre inédite du 5 juillet 1881: "Je lis seulement aujourd'hui à 4 heures l'article de Scholl. Vous pouvez répondre et solidement: voici comme: En 1872 ou 1873, le jugement qui a séparé Scholl d'avec sa femme, contient un considérant terrible où il est dit: *attendu que M. Scholl se vantait d'avoir été entretenu par ses maîtresses etc.* Procurez-vous cet extrait, vous le trouverez certainement dans la Gazette des Tribunaux, c'est une affaire de recherches à opérer, et vous allez riposter avec un coup à tout effondrer. A votre place, moi, je ferais ceci. J'intitulerais réponse à M. Scholl quelque chose comme ceci:

"–A la critique courtoise, M. Scholl répond par des insolences. Pour venir au secours de sa vanité blessée il a recours à la provocation. M. Scholl se trompe sur lui-même. Il fait semblant d'ignorer qu'aucun homme ne peut se commettre avec lui. Il est de ceux à qui l'on s'honore de refuser satisfaction. Les tribunaux ont jugé M. Scholl, avec une sévérité qui dépasse la nôtre: le jugement qui l'a séparé d'avec sa femme contient le considérant ci-après. (ici le considérant, avec le journal, la date et la colonne.) S'il convient au journalisme français de conserver parmi ses membres un homme ainsi publiquement flétri, il ne nous convient pas à nous de lui donner une considération à laquelle il n'a pas droit. J'accepte la responsabilité de ce que tout ce que [*sic*] j'écris, on me trouvera toujours derrière mon article, seulement qu'on m'envoie du monde propre. Et signez.

"Mais faites vite: vous ne frapperez fort qu'en frappant rapidement, et l'heure est déjà avancée" (B.N. MSS, n.a.f.24510, fols.134–5).

3 Dans le numéro du 27 mars 1872. Il y a quelques légères erreurs dans la copie d'Alexis.

4 L'un des rédacteurs au *Henri IV*

5 Rédacteur à *La Vie moderne*

6 Voir plus loin la note 13

7 "Pas de conseil à donner. Vous êtes seul juge étant seul intéressé. Ce n'est pas une affaire littéraire, mais une querelle de journal à journal et qui ne peut être réglée que par des gens du métier. Henry Céard" (B.N., MSS, n.a.f.24510, fol.136). Le télégramme porte la date du 9 juillet 1881, ce qui est sans doute une erreur; le cachet de la poste, presqu'illisible, indique le 7.

8 Sur ce célèbre café, qui se trouvait à l'angle de la rue Taitbout et du boulevard des Italiens, et dont Scholl était un des habitués, cf. R. Dumesnil, *L'Epoque réaliste et naturaliste*, 62–3.

9 Cf. la lettre 78, n.6

10 Cf. la carte de Zola, citée dans la note 6 de la lettre précédente, et l'article de Scholl. Zola dit clairement: "Soyez *poliment* méchant," tandis que le chroniqueur cite: "Soyez très méchamment poli," ce qui ne signifie pas tout à fait la même chose.

11 Le romancier Edmond Deschaumes (1856–1916) donnait des chroniques au *Voltaire*, au *Réveil*, à *L'Evénement*, à *L'Echo de Paris*, etc. Il fut un des principaux collaborateurs du *Chat Noir*.

12 L'article "Alexis et Maupassant" (lettre 74, n.1) parut au *Figaro* le 11 juillet 1881 (*Une Campagne*, O.C., XIV, 621–6). En parlant d'Alexis journaliste Zola dit: "En dehors de ses travaux sérieux, il fait du journalisme avec un talent qui s'impose peu à peu.

Je n'ai point, contre le métier de journaliste, la haine de mes aînés, Balzac et Flaubert. Au contraire, je crois que, pour tout romancier débutant, il y a dans le journalisme une gymnastique excellente, un frottement à la vie quotidienne, dont les écrivains puissants ne peuvent que profiter. Et, dans le cas qui lui est personnel, Paul Alexis gagne évidemment tous les jours à mieux connaître notre monde parisien et à forger son style sur la terrible enclume des articles bâclés en quelques heures" (624).

13 "Il s'est, en mainte occasion, montré assez injuste et même brutal envers la littérature de mes meilleurs amis. [Il] arrivait dans la Chronique en élégant, en spirituel dandy du boulevard [...]. Et ça avait la beauté du diable, la forme était passable; quant au fond, à l'originalité, il n'y en avait pas épais; on se disait: 'N'importe, ça viendra!' Eh bien! ça n'est jamais venu. [...] Ce jeune chroniqueur qui fait du vieux, ferme les poings et tape continuellement, tape comme un sourd, sur diverses têtes de Turc. Le naturalisme est une de ces têtes de Turc. Mais le naturalisme a la boîte osseuse très solide: les poings de M. Chapron ne lui font pas de bobo. [...]"(*Henri IV*, 8-vii-81) Pour la réponse de Léon Chapron, voir la lettre 80, n.2.

14 Voir la lettre 80, n.7

⁂ 80 [Paris] Samedi soir [9 juillet 1881]

MON CHER AMI,

J'ai beaucoup réfléchi depuis hier. J'ai passé la journée seul, chez moi, à lire et à réfléchir.

L'orage déchaîné s'accentue. Lisez le *Beaumarchy* de ce soir,[1] que vous recevez. Le premier article est plein de sous-entendus sur nous deux. Puis, il y a sur moi tout seul une demi-colonne d'injures de M. de Marthold –une espèce de toqué– bretteur et duelliste émérite.

Eh bien! il faudrait que je fasse tête à l'orage – garder l'allure que j'ai prise "seul contre tous,"– enfin répondre par un article très carré.

Si *Chapron*, ou *Fourcaud* répondent,[2] naturellement cela pourrait modifier ma réponse. Mais, jusqu'à événements nouveaux, ne vous semble-t-il pas que le sens de mon prochain article pourrait être ceci:

"Jusqu'à ce jour, les naturalistes n'étaient traités que de pornographes, etc. voici que la haine fait un pas de plus. Moi, le plus infime et le plus paresseux jusqu'ici de tous, moi qui ai fait si peu de bruit depuis dix ans, on me traite de polisson, de drôle et de lâche même. Moi, qui ne [*sic*] cherche à exercer avec franchise mon métier d'écrivain, et à dire tout haut ce que je pense en littérature, on voudrait me mettre à la main une épée, que je n'ai jamais appris à manier.

Eh bien! je ne me battrai jamais pour la galerie – Trois bureaux de rédaction et quatre cafés du boulevard peuvent clabauder tant qu'ils voudront, leurs injures, –parlées ou écrites– ne me feront pas sortir de mon rôle de modération.

Je continuerai.

Je suis pour la liberté absolue de la pensée. Moi, je me suis inspiré comme règle envers autrui, de ne jamais quitter le ton de la politesse, et de ne jamais entrer dans la vie privée des gens. Libre aux autres de faire tout le contraire à mon égard: ils le peuvent: *moi je n'ai pas de cadavre dans ma vie.*

Donc, je continuerai avec sérénité.

Si l'on en venait à se livrer à mon égard à des voies de faits —mes précautions seront prises— je me défendrai à l'américaine.

Si les injures et les calomnies dépassaient une certaine mesure, je m'adresserai aux tribunaux.

Mais pas de duel. Il est temps d'en finir avec ce préjugé du point d'honneur, et ces duels pour rire, à propos de rien et de tout, ces duels de journalistes si peu sérieux, où l'on échange deux balles à quarante-cinq pas, ou bien où l'on en est quitte par un piqûre. Le duel n'étant pas naturaliste, le duel est destiné sinon à disparaître, au moins à devenir excessivement rare et pour des raisons excessivement graves – dans le cas par exemple où de deux hommes l'un est de trop sur la terre; le duel ne doit avoir lieu que lorsqu'il servirait à éviter un meurtre.

Pour ma part je suis si maladroit, mais là si maladroit, que, ainsi que disait un de mes amis (Huysmans) je serais capable de tuer mon adversaire.

Et le duel Asselin[3] me donne à réfléchir: je n'aurai pas les moyens de payer cent mille francs à "*sa veuve*".

Quand à ce qui regarde particulièrement M. Scholl, j'avoue volontiers que j'eusse pu tirer autrement parti de ses confidences littéraires,[4] en ne pas disant qu'un de mes bons amis l'avait raccompagné chez lui – et en laissant dans le vague la source d'où je tenais ces renseignements – en faisant de simples suppositions au lieu d'affirmer. J'ai eu tort évidemment, une main plus expérimentée que la mienne eût mieux enveloppé cela. J'ai pu être maladroit sur un point, et cela me servira de bon à l'avenir. Mais, je ne me crois nullement atteint, ni déshonoré par des injures au-dessus desquelles je me sens. Je ne demande aucune rectification à M. Scholl: je n'en ai pas besoin! D'ailleurs, même au plus vif de sa colère, je suis sûr qu'il ne pensait pas un mot des choses aimables qu'il m'a dites."

Ne vous semble-t-il pas, mon bon ami, que telle devrait être mon prochain article.

Maintenant, suis-je sûr que le *Henri IV* ne me lâchera pas? Voilà le *hic*. Il faudra que j'aie une conversation sérieuse avec Bachelin. S'il voulait me soutenir carrément, mettre le journal à ma disposition, et balayer un ou deux ennemis (Etiévant – le petit Deschaumes) enfin prendre Céard,[5] Huysmans, etc. le *Henri IV* pourrait devenir notre *Rappel*.[6]

Il y aurait, je crois, une fortune là-dedans pour lui et pour nous.

Revenez vite, vite de la mer.[7] J'attends vos instructions et votre soutien – Si malgré tout, il faut aller sur le terrain j'irai – Enfin, mon ami, il ne faut pas s'avouer battu. En tout cas, j'irai vous lire mon premier article avant de le porter à Bachelin.

En votre absence, j'avais eu cette après-midi, l'idée d'aller trouver Daudet —qui doit connaître Scholl— le prier d'aller le voir officieusement, pour amener un arrangement: moi, j'aurais regretté d'avoir usé de ses confidences littéraires et lui aurait publiquement retiré ses outrages –

Mais, en sortant, après avoir lu le *Beaumarchey*, je ne veux plus de cette idée. Plutôt un duel, plutôt n'importe quoi. Et je me mords les doigts de n'avoir pas absolument exigé de Bachelin l'insertion de mon article: *"Le nouveau jeu"* qui eût été un coup de foudre.

Votre fidèle

Paul Alexis

Depuis avant hier, je n'ai pas remis les pieds au *Henri IV*. J'attends que l'orage se dessine pour prendre un parti. Demain, pourtant j'irai peut-être voir Bachelin.

D'ailleurs je suis très calme – malgré mon griffonnage. Tout ça, c'est le succès. Ah! si le *Henri IV* était intelligent!...

1 Dans la "Lettre à une petite fille," de Bertrand de Millanvoye (*Le Beaumarchais*, 10 juillet), il y avait des allusions voilées à "l'affaire *Henri IV*" (voir la lettre précédente). Dans le même numéro, sous la rubrique "Feu le temps," signée du romancier et journaliste Jules de Marthold (1852–1927), se trouvait un écho désagréable, où l'auteur accusait Alexis de lâcheté de ne pas s'être battu avec Aurélien Scholl.

2 Fourcaud, ce "Gascon-Allemand [...] avec une pente funeste au philosophisme," ne répondit pas aux critiques d'Alexis. La première réaction de Chapron (lettre 79, n.13) se trouve dans sa "Chronique de Paris" de *L'Evénement* du 11 juillet 1881. L'auteur parle du procès Asselin (voir plus bas la note 3): "Oui, certes, le duel est parfois une implacable nécessité. Encore importe-t-il [...] que la brutalité d'un idiot ou le caprice d'un ferrailleur ne soit pas la cause de la mort d'un brave homme et du deuil d'une famille. [...] Je conseillerais à mes confrères [...] de ne point prêter le collet au premier venu. Voyez-vous un galant et honnête écrivain se commettant avec un naturaliste famélique et à la recherche d'une basse réclame? Non, confrères, il ne devrait pas exister de ces sots points d'honneur. Laissons grouiller autour de nous les valets de lettres sans ponctuation et les bélîtres sans courage, parasites de notre monde, qui ne valent ni un coup d'épée, ni même un coup de botte, et qu'il serait si facile de supprimer avec deux sous d'onguent gris!" Voir également la lettre 87, n.6.

3 Lucien Asselin avait tué Paul de Saint-Victor le 18 mai 1881 dans un duel, provoqué par une histoire de chasse. La conduite d'Asselin avait été cruelle et arrogante et il fut condamné le 8 juillet 1881 à quatre mois de prison, ainsi qu'au versement de cent mille francs de dommages-intérêts à la femme et à la fille de Saint-Victor, payables un mois après la signification de l'arrêt.

4 En parlant de Scholl, Alexis avait fait mention de l'intention que celui-ci aurait eue d'aller à la campagne pour un ou deux ans, afin d'écrire "une vraie œuvre, prouvant qu'il aussi le pouvait" (*Henri IV*, 30-VI-81). Dans le *Journal* des Goncourt on lit, à la date du 4 février 1882: "Scholl aurait dit sérieusement à Maupassant qu'il allait [...] faire du roman, mais qu'il était indécis s'il fallait faire du roman d'observation à la Balzac ou du roman d'aventures à la Ponson du Terrail, ... qu'au fond, le premier n'avait guère plus de vingt admirateurs comme lui, tandis que l'autre roman, il n'y avait pas de petite ville, de village, où il ne fût lu. Oh! le bon homme de lettres, – et le triste idéal qu'a cette basse cervelle!" (III, 148)

5 Un instant il avait été question de l'entrée de Céard au *Henri IV*. Le 21 juin 1881 il écrivit à Zola: "Alexis m'ayant présenté au *Henri IV* où j'ai été bien accueilli, sur sa recommandation, j'y débuterai aussitôt mon retour [du Mont-Dore]" (*C.-Z.*, 188).

6 Pour ce journal de Paul Meurice et d'Auguste Vacquerie, ardents défenseurs de Victor Hugo, voir la lettre 2, n.7

7 Est-ce que Zola serait allé à Grandcamp-les-bains (Calvados) afin d'y louer une maison pour la villégiature qu'il allait faire entre la fin de juillet et le milieu de septembre?

MON PAUVRE AMI,

De la boue! de la boue! encore de la boue! Je suis écœuré. Le *Henri IV* est une caverne de voleurs, un repaire de misérables. Depuis deux jours que j'y ai réapparu, ils me font ce que j'appellerai "un chantage au duel."[1] Hier, je leur porte un article fort bien fait "*Leur politesse*", que nous avions passé l'après-midi du dimanche à polir avec Céard.[2] "Soit! me disent-ils, il passera, avec une note vous excluant de la rédaction." Je demande un sursis de 24 heures, et je cours chez Daudet, avec l'idée de me servir de témoin contre Scholl, dans un but de conciliation – ou bien de lui demander conseil. Daudet me reçoit très bien, me conseille de ne pas envoyer de témoins et de faire un article très crâne intitulé "*Je ne me battrai pas.*" Je le porte cette après-midi dans la caverne. Et je trouve trois bandits, qui me jouent une scène, avec de grands bras et des cris de mélodrame, ne voulant rien lire ni entendre – ni accepter une démission courtoise que j'offrais, à la fin de l'article, à mes collaborateurs. "Non! non! rien! si à onze heures vous n'avez pas envoyé une dépêche annonçant que vous avez envoyé de témoins à Wolff[3] (cette fois!) vous lirez demain trois lignes "vous chassant comme un lâche." Eh bien! faites! Et je m'en vais. Ce sont les gredins qui ont poussé à tout ce scandale. Il y a de véritables espions dans la rédaction, qui ont dû pousser sous-main Scholl et les autres à m'attaquer aussi raide, en dépassant toute limite. Il leur faut quand même un duel pour lancer le journal qui se vend à 5 ou 6 cents – les idiots! Croyez-vous que l'idée leur soit venue seulement de reproduire votre article du *Figaro*? Allons donc! Le jeu qu'ils jouent est celui-ci: me vilipender tellement, jusqu'à vous forcer à me défendre contr'eux dans le *Figaro*. Gardez-vous bien de le faire: c'est à vous qu'ils enverraient des spadassins. Etaient-ils furieux hier et aujourd'hui de voir que toutes ces attaques tombaient sur moi sans tenir compte de leur sacré feuille qui n'a pas dû vendre 50 de plus. Je suis écœuré de tout: mais le beau roman à écrire sur le journalisme! D'ailleurs, malgré ces neufs jours d'impopularité, –où je tourne au paria– je suis très content. Je commence à me croire, moi aussi, une force. Quant au *Figaro* faites ce que vous voulez: si vous croyez politique de me jeter pour le moment par-dessus bord, à l'égard de Wolff, faites-le: je vous y autorise. Je me fous de tout, excepté de votre amitié, et de la foi naissant en mon talent qui me console de tout.

Pourtant que faire, avec la perspective des *trois lignes* de ces misérables. Je suis allé frapper à la porte du *Clairon*, où il y a au moins d'honnêtes confrères; en leur parlant, il me semblait entrer enfin dans une oasis fraîche. Je ne sais pas ce qu'ils vont me conseiller. J'y retourne à 11 heures...

Tout est raté!

Trop tard! Les cochons du *Henri IV* m'ont exécuté.[4]

J'arrive peu après ma lettre, mon pauvre ami, avec deux garçons très jeunes mais très intelligents qui, vu la gravité des circonstances, je me permets d'amener. Ils déjeuneront, n'est-ce pas? et repartiront tout de suite pour Paris, prêts à m'assister pour n'importe quoi, s'il y a à passer dans les journaux.

M. Capus, d'Aix,–un jeune ami de Taine, et M. Mermex,[5] du *Clairon*
où j'ai des sympathies – Quelle tuile! que tout cela.[6]

1 Voir les lettres 78 à 80
2 Ce même après-midi Céard écrivit une longue lettre sur cette affaire à Huysmans.
Pour cette lettre, et la réponse qu'y fit Huysmans (les deux documents sont inédits),
voir l'app. D:1–2.
3 "M. Albert Wolff manque de lettres, d'instruction première, avait écrit Alexis dans le
Henri IV du 30 juin 1881. [...] Traite-t-il un sujet: en un premier jet de vingt lignes,
il épuise toute son idée, qui, les bons jours, se distingue par une certaine rondeur, mais
n'est jamais étendue ni profonde. [...] Tremblant devant l'opinion publique, il n'a
jamais découvert quelqu'un qu'au moment même où ce quelqu'un réussissait. [...] Le
contraire d'un méchant homme d'ailleurs. C'est un souffrant. On constate en lui un
besoin d'importance que sa vie de petit journaliste n'a jamais satisfait. [...] Toujours
prêt à monter sur ses grands chevaux pour faire croire à son autorité. Eh! si on le
décorait un jour! Quelle sécurité pour cet homme toujours sur l'œil, redoutant d'être
attaqué, nerveux comme une femme!"

　D'abord Wolff ne réagit pas à l'article d'Alexis. Cependant, lorsque *Le Figaro*
imprima enfin, le 11 juillet, la chronique de Zola sur Alexis et Maupassant (lettre 79,
n.12), il écrivit un long article, qui parut dans le même journal le lendemain (app. H:4).
Il y censurait moins Alexis que Zola, qui avait pris la défense de ses disciples. "Mon
désir est de faire un peu de vérité sur ces jeunes écrivains qu'on plaisante, qu'on
insulte et qu'on provoque, avait dit Zola à la fin de son article. Puisque je suis le
coupable en tout ceci, puisque c'est moi que le reportage et la chronique tâchent
d'assommer en eux, je devais bien à mes amis de les dégager de ma fortune, en montrant
qu'ils existent par eux-mêmes, et solidement. Il n'y a ni chef ni disciples, il n'y a que
des camarades, qu'une différence d'âge sépare à peine" (*Une Campagne*, *O.C.*, XIV,
625–6).

　Le 12 juillet le directeur du *Figaro*, Francis Magnard, écrivit une lettre à Zola, le
priant de ne pas entamer une polémique avec Wolff (app. D:4). Néanmoins, la chronique de Zola du 18 juillet était un plaidoyer "Pro domo mea" (lettre 83, n.13).
4 En effet, le *Henri IV* du 14 juillet annonçait à ses lecteurs: "Notre titre signifie –
bravoure. M. Paul Alexis en a manqué. *Il ne fait plus partie de notre Rédaction.* Le Rédacteur en chef, Albert de Béville. Le Directeur, Vte de Pons."
5 Gabriel de Vermont, dit Mermeix, rédacteur au *Clairon*. – Alfred Capus (1858–1922),
né à Aix-en-Provence, signait du pseudonyme de "Savyl" au même journal. Il collaborait également au *Gaulois*, au *Matin* et à *L'Echo de Paris*. En 1914 il fut rédacteur en
chef du *Figaro*. L'Académie française le reçut en 1917.
6 La lettre ne porte pas de signature.

🖈 82 [Paris, mercredi 13 juillet 1881]

MON CHER EMILE,

　Guérin, Edwards,[1] Maizeroy, Gatchy, et Marius Roux ont refusé.[2]
Les deux amis de ce matin[3] ne m'ont pas abandonné et sont allés au *Henri
IV*. Deschaumes a constitué pour témoins *Etiévant et Hoschedé*.[4] (deux
salops!)

　Ces messieurs, au vu de ma lettre,[5] ont demandé à mes témoins de
préciser les points sur lesquels porte mon démenti. M.M. Mermeix et
Capus ont déclaré qu'en général je protestais contre l'ingérence de M.
Deschaumes dans une querelle littéraire. Ensuite ils ont déclaré que je
n'avais pas montré la carte que vous savez.[6]

Alors Etiévant et Hoschedé ont demandé que les deux témoins invoqués par Deschaumes, M. de Civry et Souchon, fussent appelés à déposer devant les quatre témoins.

Comment faire pour se tirer de ce pas? opposer mon affirmation à trois affirmations. Entre nous, personne ne me croira. Mais vous vous souvenez des termes de votre carte. Ne pourriez-vous pas écrire à M.M. Mermeix et Capus, un mot, pour attester que vous ne m'avez envoyé *"aucune indication précise et aucun encouragement"* relatifs à la campagne des chroniqueurs.[7]

Ce faisant vous demeurerez dans la stricte vérité et vous rendrez soutenables mes dires et soutenable le rôle de mes témoins. Je vous engage à relire l'article de Deschaumes avec attention. Si vous écrivez à mes témoins le petit mot que je vous demande, adressez à M.M. Mermeix et Savyl, au *Clairon* (Savyl est le pseudonyme de Capus)[8]

Voilà mon bon ami, le résultat de cette première entrevue, ce soir. Mes témoins viennent de me quitter. Leur prochaine entrevue est remise à Vendredi après demain (à cause de la fête) à trois heures, au *Henri IV*. Mais un des témoins et moi, nous irons vous voir le matin de ce jour.

Quelle après-midi terrible, ce refus continuel des gens que nous avons vus – Eperdu, à la suite du refus de *Roux*, –qui est bien égoïste– ne pensant plus à Coste, nous sommes allés chez Céard[9] – je perdais la tête! Là, ça a été le coup de grâce. Le malheureux ainsi qu'Huysmans –qui n'a jamais donné signe de vie dans tout cela– m'a complètement lâché sur l'article de Wolff. Il me l'a dit *bien durement*, devant M. Capus – me reprochant d'avoir été *ingrat* envers Wolff – comme si Wolff, qui a pu faire quelques lignes sur ma pièce,[10] avait été aimable ensuite, lors des *Soirées de Médan*.[11] D'ailleurs, est-ce le moment de discuter mes articles? Plus d'amitié possible avec *Céard et Huysmans*, quant à moi.[12] Ce sont des cœurs froids. J'avais les larmes aux yeux en sortant de chez lui. Et il était 8ʰ du soir. C'est alors, que mes deux jeunes gens, ayant compassion de moi, m'ont dit: "Nous ne vous lâcherons pas. C'est nous qui serons vos deux témoins." Je leur en serai toujours reconnaissant.

Malheureusement ils sont bien jeunes mais plus intelligents à coup sûr qu'Etiévant et *Hoschedé*!

Maintenant, que je n'ai plus à m'occuper de rien, je suis très calme. *Un énorme poids de moins.* Un écho annonçant la chose (sans noms) paraîtra demain dans le *Triboulet*, qui, ce matin contenait ceci[13] (gardez tout, pour mon dossier) Peut-être arrivera-t-on à un retour dans l'opinion publique. Je suis très heureux que Desch. ait constitué des témoins. La chose je vois, va traîner en longueur: est-ce vu bien? Dumont,[14] paraît-il, a trouvé mon exécution odieuse, et a défendu au *Gil Blas* d'insérer un mot contre moi.[15] De même au *Clairon*.– S'il y a du nouveau je vous tiendrai au courant. – Si le duel a lieu peut-être serai-je obligé de vous demander 2 ou 3 cents francs, à me prêter de plus que ce que je ne dois déjà – Mais rien ne presse – Je vous embrasse tous les deux, mes bons amis.

Paul Alexis

193

1 Alfred Edwards, né en 1856, était secrétaire de la rédaction au *Clairon*. En 1876 il avait inauguré au *Figaro* le grand reportage à la façon américaine. Ce fut lui qui fonda, en 1884, le journal d'informations *Le Matin*.

2 Ils ne voulaient pas être les témoins d'Alexis qui avait exigé d'Edmond Deschaumes une réparation par les armes à cause de l'article "L'amitié d'un grand homme," que celui-ci avait publié dans le *Henri IV* daté du 14 juillet (app. h:5). L'auteur y accusait Zola d'avoir été l'instigateur de "l'affaire *Henri IV*" (lettres 78 à 81; app. h:10).

3 Alexis était allé voir Zola au sujet de cette affaire, accompagné de Mermeix et de Capus du *Clairon*.

4 Il s'agit d'Ernest Hoschedé, mort en 1891, directeur d'un grand magasin à Paris et critique d'art intermittent. Il soutenait les impressionnistes et recevait souvent Manet, Monet et Carolus-Duran dans son château à Montgeron. S'étant ruiné vers 1878 dans de mauvaises affaires, il resta largement débiteur. Sa femme Alice (née Raingo) s'en alla vivre avec Claude Monet, qu'elle épousa en 1892. Sur Hoschedé, voir Auriant, "Duranty et Zola," *La Nef*, iii (1946), 51–3.

5 La lettre, adressée aux témoins d'Alexis, est reproduite dans le *Henri IV* du 17 juillet: "Messieurs, Je n'ai pas cru devoir accepter une affaire d'honneur à propos d'une polémique purement littéraire, soulevée par un article de moi. J'ai cru donc devoir dédaigner les violences de plusieurs de mes confrères que je crois avoir simplement jugés dans ma liberté de critique.

"Aujourd'hui, M. Deschaumes porte la question sur le terrain de la vie privée. Je donne le démenti le plus formel à ses allégations et je vous prie de vouloir bien lui demander une réparation par les armes. Votre bien dévoué, Paul Alexis. 34, rue de Douai."

De son côté Edmond Deschaumes écrivit une lettre à ses témoins à lui, où il se déclarait prêt à accorder satisfaction à la demande d'Alexis (ibid.).

6 Voir les lettres 78 (n.6) et 79 (n.10). Dans son article cité plus haut Deschaumes allègue qu'Alexis lui avait parlé de son projet de portraiturer les chroniqueurs. Il cite comme témoins deux collaborateurs, Victor Souchon et de Sivry, et affirme qu'Alexis leur avait montré la fameuse carte de Zola, "contenant en trois lignes des indications précises et de chauds encouragements."

7 Le *Henri IV* du 17 juillet fait mention d'une lettre que Zola avait envoyée aux témoins d'Alexis. Cette lettre, "n'ayant [...] aucune opportunité et se produisant d'une façon tout à fait inattendue," n'a pas été insérée par la rédaction du journal.

8 Les paragraphes deux à cinq ne sont pas écrits de la main d'Alexis.

9 Dans une lettre datée du 12 juillet, Céard parle longuement de l'affaire à Zola: "Ce qui est arrivé était inévitable, le boulevard est décidé à exécuter Alexis et vous pouvez voir que le feu de file est manifestement concerté. N'ayez pas cette illusion qu'il y a la moindre littérature dans l'affaire. La bataille n'est pas sur ce terrain, elle est sur la question de convenances simplement. Alexis est l'obligé de 95% de boulevardiers, à tous il leur a demandé des services, envers tous il s'est conduit sans tact et sans politesse. [...] Le naturalisme n'est point en cause, les idées point en cause, le talent point en cause; on veut faire payer à Alexis toutes ses ingratitudes, tous ses manques de paroles, toute la copie procurée, tous les cancans. Et cela recommencera jusqu'à extinction. Soyez-en sûr! [...] Prenez garde, votre situation morale, votre respect d'homme, et peut-être un peu de votre autorité littéraire peuvent souffrir à l'heure qu'il est. Il va falloir ou bien de l'habileté ou bien de la franchise, et puis quoi, démontrerez-vous jamais qu'Alexis se soit bien conduit? Envers vous? [...] Envers nous? Il nous a et débinés et tiré dessus quand il a eu besoin de 15 francs. Personnellement j'en suis à regretter mon éternelle indulgence" (C.-Z., 193–4).

10 Allusion au compte rendu de Wolff de *Celle qu'on n'épouse pas* (lettre 52, n.3)

11 Dans *Le Figaro* du 19 avril 1880 Wolff avait ainsi accueilli cet ouvrage: "Le bourgeois de Médan a quelquefois du bon sens. Pas toujours. Voici qu'il vient de prendre sous la protection de son nom, une série de nouvelles sans importance, que les jeunes gens de son entourage ont intitulée les *Soirées de Médan*. Titre prétentieux et qui semble vouloir indiquer que le joli village entre Poissy et Triel est aussi connu que les capitales européennes. [...] Sauf la nouvelle de Zola qui ouvre le volume, c'est de la dernière médiocrité."

194

12 Voir l'Introduction, 22–3

13 *Le Triboulet* du 13 juillet faisait mention du renvoi d'Alexis du *Henri IV* (lettre 81, n.4). Dans le numéro du lendemain, au lieu d'un écho, il y avait une chronique par Maxime Boucheron, qui, lui aussi, accusait Zola d'avoir agi derrière Alexis : "Si je tiens à placer mon mot sur cette vilaine affaire, c'est que le pauvre hère en question n'a été que l'instrument d'un personnage de plus grande importance. En somme, le Maître qui l'a fait agir –et si mal agir!– a droit à une forte part de responsabilité. Et le soufflet tombe aussi bien sur la joue de M. Zola que sur celle de son homme de paille. [...] Jamais un écrivain n'avait poussé si loin que M. Zola l'indifférence sur le choix des moyens de propagande personnelle. Les moyens introduits par lui dans le domaine de la critique littéraire et dramatique sont absolument révoltants. [...] Que M. Zola y prenne garde, maintenant surtout que l'excès de zèle d'un maladroit acolyte l'a si bien démasqué. [...] Sinon, je crois pouvoir lui dire –en lui empruntant par extraordinaire et pour cette fois seulement la langue qui est chère,– à quoi il s'exposerait encore : A recevoir un document humain en plein... naturalisme."

14 Auguste Dumont (1816–85) avait fondé *L'Evénement* en 1872 et le *Gil Blas* en 1879.

15 Pourtant, dans une chronique de Virgile Bonnard, "Francs propos d'un bourgeois de Paris" (*Gil Blas*, 25 juillet), il y avait une allusion méchante à "l'affaire *Henri IV*" : "Je me contenterai de dégager [...] la moralité de la chose, à l'usage des jeunes gens de lettres affamés de bruit qui pourraient être tentés de suivre l'exemple donné par l'auteur des 'Médaillons de chroniqueurs', –méchamment polis,– conformément aux conseils de M. Zola. Cette moralité peut se résumer à cette parole très sage de Chamfort, l'aïeul direct d'Aurélien Scholl : –Quand on prend la lanterne de Diogène, il faut aussi prendre son bâton. Et j'ajouterai : –Avec la manière de s'en servir."

83 [Paris, jeudi] 14 Juillet [1881], midi 1/2

MON CHER AMI,

J'ai dormi, réfléchi, je viens de déjeuner, de lire 4 journaux du matin. Je suis redevenu très calme. Je commence à y voir clair, il me semble.

D'abord, je suis très heureux que votre lettre n'ait pas passé dans le *Figaro*.[1] Selon moi, elle rapetissait un peu la question, à une altercation personnelle entre Wolff et vous. De quoi auriez-vous parlé, lundi? D'une non-actualité. La fin de votre campagne d'un an s'en engrisaillait forcément.

Vous avez jusqu'à lundi : tant mieux! Reprenez haleine : ne commencez pas votre article avant samedi. Songez donc que, encore pénétré de la brise de la mer,[2] et tombant tout à coup au milieu de cette fournaise, la secousse a été forte pour vous – comme pour moi d'ailleurs.

En somme, mon brave ami, quel était notre état d'esprit hier matin.[3] Moi, un peu surmené d'avoir subi l'orage pendant neuf jours, tout seul, j'avais besoin de ravitaillement intellectuel et moral. Et vous, vous m'avez dit : "Disparaissez ou battez-vous!"

Disparaître : jamais! il faut se battre, se battre quand même, et par n'importe quels moyens.

Voyons! examinons froidement la situation.

A mes 9ᵐᵉ et 10ᵐᵉ articles, dans un journal qui ne vendait pas *600* à Paris (chiffre exact) j'excite un pareil vacarme. Tout cela parce que dès le commencement, je m'étais imposé de dire quand même la vérité, ce que chacun pense tout bas. Trois ou quatre bêtes féroces, touchées au vif, poussent des cris d'hyène qui ont peur qu'on leur arrache la viande de la bouche, et incapables de me répondre sur le même terrain, ne voulant pas y discuter, s'efforçant de me supprimer par la mort ou le déshonneur.

Voilà la violence! Ils sont violents, parce qu'ils n'ont pas la vraie force.

Et moi contr'eux, moi qui crois avoir la force de la vérité, que fallait-il faire? Des duels! pas si bête. Pourquoi continuer naïvement la bataille sur le terrain où ils veulent m'entraîner. Non! laisser pleuvoir! se supprimer... pour huit jours. Et recommencer: par le journal ou la brochure! Par n'importe quoi!

Maintenant, un petit salop⁴ me donne le *coup de pied de l'âne*. Celui-là mérite une correction personnelle. Le provoquer? fort bien. Je n'en ai pas peur sur aucun terrain, à celui-là et je lui infligerai s'il y a lieu ce qu'il mérite. D'ailleurs, il ne se battra même pas, à moins que le *Henri IV* l'y force, ou ne l'expulse aussi comme moi, ce qui deviendrait un agréable vaudeville. Ça, c'est un détail. S'ils arguent un faux-fuyant, il faut publier dans tous les journaux un bon procès-verbal de mes jeunes témoins. Puis, ou *remonter à Scholl* (?), ou reprendre la plume d'une façon quelconque. Pas de brochure: une *Comédie humaine* hebdomadaire,⁵ à moi tout seul –à un sou– sur papier-chandelle. Moi, je vous dis que j'y ferais un joli vacarme. Aurait-ce été beau, celle que nous rêvions: mais les autres ne sont pas intellectuellement braves; sans cela, elle eût existé, déjà. Céard, celui sur lequel je comptais le plus, est un cœur froid, égoïste, un esprit étroit et tortillé, –aigre, curieux,– mais, sous son scepticisme de phrase, il y a du doctrinaire et du prudhomme. C'est l'article qu'il m'a arrangé –et gâté– l'autre jour⁶ qui m'a fait bien juger son talent. Jamais il n'ira à la foule, car ce n'est pas un passionné. Son rêve peut être de vous remplacer plus tard au *Figaro*, quand vous l'aurez quitté.⁷ (C'est pour ça que l'article de Wolff l'avait tellement démonté.) Eh bien! je lui prédis un fiasco. Jamais il ne produira un de ces soulèvements terribles, comme il s'en trouve cinq ou six déjà dans votre carrière de polémiste, et comme je suis presque fier d'avoir contribué à en soulever un. (L'*express* où il écrit,⁸ tire à plus de six cents, lui!)

Aujourd'hui, que j'ai réfléchi, jamais je n'ai été si calme – Songez que, ma courte campagne du *Henri IV*, eh bien! c'est la première fois où il m'ait été donné d'avoir un "jour fixe" dans un journal et d'avoir une liberté complète qui m'a été coupée sous les pieds au moment où ça allait devenir intéressant. Si le *Henri IV* avait été vraiment à moi, cela eût pris bien d'autres proportions. Mais ces idiots, dès la première minute, n'ont vu que le duel et m'ont dit: "Battez-vous." Je leur ai énergiquement résisté jusqu'au bout, *parce que mon rôle de chroniqueur naturaliste était de ne pas me battre*. Et, je peux le dire bien haut, maintenant que vous avez vu que je ne tremblais pas et que je suis prêt à embrocher Deschaumes.

Le passé est passé. J'ignore ce qui est arrivé hier au *Figaro*, hier, entre Magnard et vous. Je considère la non insertion de votre lettre comme très heureuse, parce que vous avez selon moi un bien bel article à faire lundi. *Il faut me défendre héroïquement!!!*

Avant de commencer aucun article, relisez attentivement la fin, *les dernières lignes*, de mon article sur Chapron⁹ et les deux "chroniques naturalistes" non parues: 1° *Leur politesse*, la première en date, que Céard m'a fait éteindre *"pour ne pas les compromettre eux"* – (comme s'ils ne l'étaient pas, compromis!) et 2° *Je ne me battrai pas* – qui était ma vraie thèse, lorsque les 3 ou 4 hyènes ont poussé leurs cris féroces, de peur de perdre leurs traités au *Figaro* et à l'*Evénement*.

Tout ça c'est une question de pain à manger, de lutte pour la vie. Ils tiennent les grandes places, mais ils ont eu peur. La fin de l'article de Wolff, sur son départ éventuel du *Figaro*, est révélatrice.

Il faut me défendre. Si vous croyez que l'opinion publique est encore trop contre moi, pour aller tout de suite contr'elle, réservez la question en ce qui me concerne pour un 2ᵈ article, en le disant. D'ici là, on pourrait peut-être trouver un point d'appui, une intervention auxiliaire, sur laquelle vous vous appuieriez. D'ailleurs, dans quinze jours, mon *déshonneur* sera réduit à de bien petites proportions. Dans quinze mois, on pourra croire que ç'aura été Vast-Ricouard.[10] Et, dans quinze ans, en 1900, *le lâche sera à coup sûr Aurélien Scholl.*

Moi, en somme, je trouve que tout va bien. Je suis si réconforté, que je vais voir tranquillement les lampions de la fête. Demain, avec un ou deux de mes témoins, nous irons régler avec vous un détail de leur mission. Mais tout cela, le duel Deschaumes, les insultes, la boue des journaux, mon déshonneur, ça n'existe pas. L'important, c'est de le prendre de très haut, vous, dans votre prochain article, et de me blanchir, de me laver, de me rehausser dans l'avenir et dans l'histoire. Je sais que c'est raide à faire, un vrai tour de force, mais je vous connais: la difficulté vous tente. Sans ça, mon pauvre ami, – tenez! lisez l'article que je coupe dans le *Triboulet*[11] – dans huit jours, moi je ne compterai plus et toute mon impopularité actuelle vous sera mise sur le dos.

Donc, en résumé, je ne vois pour vous que deux partis à prendre, dans votre prochain article:

1° Ou bien ceci: "L'article qui a surexcité si fort mon collaborateur Wolff était fait et composé depuis longtemps. Il a passé par inadvertance. M.P. Alexis a manqué à tous ses devoirs en ne pas donnant réparation à M. Scholl. Passons à autre chose." Ce serait affreux pour moi; alors, oui, je serais à jamais un homme fini, flétri. Mais, je vous aime assez pour vous autoriser à le faire, si vous le jugiez nécessaire.

2° Ou bien, alors:

"Je ne vous ai pas assez fait connaître M. Paul Alexis. L'article sur lui, de l'autre jour, remontait à un mois, et n'a pu passer plus tôt. Si je le refaisais aujourd'hui, ce portrait serait tout autre. Depuis douze jours, M.P. Alexis a grandi. Il a dit: "*la vraie originalité littéraire exige un héroïsme à froid.*" Cet héroïsme, il vient de le montrer." Et alors tout raconter: prendre des extraits dans mes lettres, dans les deux articles qui n'ont pu passer, que je vous envoie. Me montrer pendant une semaine mortelle, seul, isolé, sans conseils, dans cette caverne de rastaquouères, ne comprenant même pas leurs véritables intérêts, laissant passer leur seule chance de fonder un journal lu, me sacrifiant à des idées bêtes de troubadour, à des points d'honneur de gentilhomme tarés. De quel côté enfin sont la modération, la vraie bravoure, l'honorabilité, l'intelligence, le sentiment de la dignité des lettres, le talent, l'indépendance d'esprit, le mépris des préjugés et la logique? "On a pu, mon cher Alexis, vous salir –un peu plus encore qu'on ne m'a sali moi-même– Eh bien! tout cela ne vous atteint pas. Moi, je vous lave de tout et je vous tends la main."

"Quand à vous, mon cher Wolff, soyez sans crainte. Loin de vouloir vous expulser du *Figaro* c'est moi qui vous le laisse. Vous avez été bien dur, dans la volée de bois vert que vous avez administrée à mon jeune ami. Mais, il ne vous en veut pas, lui. Les quelques lignes consacrées à *Celle qu'on n'épouse pas*, d'un côté, de l'autre l'éreintement donné aux jeunes auteurs des *Soirées de Médan*[12] – M. Alexis s'est cru libre. Il a voulu faire comme vous qui, tour à tour, dites du bien et du mal des gens. Ne m'en veuillez pas d'avoir joué entre vous ce rôle de conciliateur. Moi, j'ai assez fait de polémique littéraire: je me retire. J'ai mes romans à achever. Mais, quelque jour, M. Paul Alexis, qui a déjà eu trois ou quatre grands articles dans le *Figaro*, pourrait y entrer davantage. Et je connais trop bien votre générosité native, moi, pour être sûr que vous ne vous y opposeriez pas, un jour et que, l'éponge passée depuis longtemps sur cette sotte querelle, vous l'aideriez alors de votre amitié, dont il est digne."

Enfin un rôle de médiateur et de pacificateur, très hautain.[13] Quant à la démission, vous pourriez ne l'offrir comme lui, que d'une façon problématique.

Votre toqué qui vous embrasse ainsi que votre brave femme qui, elle, ne m'a pas lâché hier.

Paul Alexis

1 Cette lettre était sans doute adressée à Albert Wolff, en réponse à son article du 12 juillet (lettre 81, n.3). Voir plus loin, n.13.
2 Voir la lettre 80, n.7
3 Voir la lettre 82, n.3
4 Edmond Deschaumes (lettre 82, n.2)
5 Voir la lettre 67, n.1. On se reportera également à la lettre 136, écrite en décembre 1884, époque où Alexis a enfin satisfait son désir d'avoir une feuille "à lui tout seul."
6 Voir la lettre 81
7 Il fut en effet question de l'entrée de Céard au *Figaro*, mais seulement vers la fin de 1891. Il ambitionnait d'y remplir le poste de critique dramatique, laissé vacant par la mort de Wolff (*Céard-Zola*, 395–6).
8 Céard donnait des articles à *L'Express* depuis le 19 janvier 1881. Cette collaboration devait se terminer le 15 août 1882. Cf. la bibliographie de l'œuvre de Céard, dans R. Frazee, *Henry Céard: idéaliste détrompé*, 170.
9 "Et je souhaite aux naturalistes de cette époque de conserver au moins dans leur vieillesse, assez de liberté d'esprit pour être plus tolérants envers les nouveaux venus, que les vieux romantiques ne le sont, à l'heure qu'il est, envers les jeunes naturalistes" (*Henri IV*, 8-vii-81).
10 Raoul Vast (1850–89) et Georges Ricouard (1853–87) écrivaient des romans populaires, à prétentions 'naturalistes', sous le nom collectif de Vast-Ricouard. En avril 1879 ils avaient fondé *La Revue réaliste*. Cf. A.J. Salvan, "Sept autographes d'Emile Zola," *Les Cahiers naturalistes*, No.32 (1966), 133–4, 138.
11 Voir la lettre 82, n.13
12 Ibid., nn.10 et 11
13 Ce fut le 18 juillet, cette fois avec l'approbation de Magnard (app. D:5), que Zola publia son "Pro domo mea" dans *Le Figaro* (*Une Campagne*, O.C., xiv, 627–31). Se bornant aux attaques personnelles de Wolff, il n'y prend pas la défense d'Alexis.

Il réclame le droit de parler de n'importe quoi ou de n'importe qui dans ses chroniques hebdomadaires; il blâme l'intervention de Wolff, qui n'aurait pas dû rendre le public témoin "d'une lessive de famille." Wolff, selon Zola, reprochait à son collègue de ne pas aimer la chronique: "On dirait, en vérité, que M. Albert Wolff ignore ce qui se publie couramment sur moi. Il y a chaque jour un débordement de commérages odieux, d'histoires bêtes et sales, d'accusations abominables. Et toujours la même ordure, ma maison transformée en tonneau de vidange, tout ce que je touche changé en excrément, mes amis, les miens, tout ce que j'aime noyé dans ce flot de puanteurs. Voyons, franchement, M. Albert Wolff trouve-t-il que la chronique soit très drôle, quand elle s'attaque de cette façon honteuse à un homme de travail, à un homme qui depuis bientôt vingt ans ne se bat que pour la vérité?" (629) Il termine l'article en disant que Wolff ne doit pas craindre d'être supplanté. Lui, Zola, va se retirer dans deux mois, à la fin de sa campagne d'un an.

Le 25 juillet 1881 Edouard Rod écrivait à Zola du Jolliat: "Le tonnerre du cataclysme d'Alexis m'est en effet arrivé, beaucoup affaibli par la distance. Ce que j'y ai vu de plus clair, c'est qu'Albert Wolf vous trouve gênant, et serait enchanté de vous voir partir du *Figaro*. Les articles d'Alexis ne me sont pas parvenus: mais, à en juger par les réponses, il [*sic*] ont dû être bien maladroits. On n'avance pas des *vérités*, comme il le fait, sans la preuve à l'appui; et cela n'est pas facile à prouver" (B.N., MSS, n.a.f.24523, fol.264). Pour une autre réaction d'un des amis de Zola, cf. la lettre inédite de Georges Carré à l'auteur de *Nana*, datée du 18 juillet 1881 (app. D:6).

84 [Paris] Vendredi [15 juillet 1881],

MON BON AMI,

Ce n'est plus pour ce matin – ça va traîner, en longueur.[1] Les misérables! Au sauter du train, j'ai pris une voiture et en deux heures j'ai fait mes diverses courses. Puis, je suis allé chez Robert, maître d'armes, rue du Helder. Eh bien! après une demie heure de causerie, le fleuret à la main, j'en suis sorti avec une tranquillité absolue. "Ce n'est rien!" Et je suis allé attendre mes témoins, au rendez-vous donné. – Là, quelle n'est pas ma stupéfaction que M. Deschaumes, ne veut pas se battre[2] (*Il y a du Scholl, là-dessous.*) Eh bien! maintenant que je suis prêt –ça a été long à me décider, mais au bout de *onze jours* de supplices moraux et de boue humaine accumulée, je suis bien prêt– Je veux répondre par le coup de tonnerre – dont je vous envoie le brouillon.[3]

Je vous embrasse tous deux.

Paul Alexis

Vers dix ou onze h^es chez vous ou chez moi.

1 C'est-à-dire le duel entre Edmond Deschaumes et Alexis. Voir les lettres 78 à 83
2 Le *Henri IV* du 17 juillet fournit l'explication de ce refus. D'après les témoins de Deschaumes, il n'y avait pas matière à rencontre dans l'article en question, Zola s'y trouvant beaucoup plus visé qu'Alexis, qui y était plutôt soutenu qu'attaqué (app. II:5). Il ne saurait convenir à Deschaumes de servir de prétexte au "brevet de courage" recherché par Alexis, et il serait plus à propos que celui-ci se battît avec Aurélien Scholl, par exemple.
3 "À monsieur Deschaume
    "Qu'apprends-je, monsieur? Vous retranchant derrière je ne sais quelle subtilité,

vous refusez de me rendre réparation par les armes. Eh bien, vous êtes un lâche. Oui! vous imaginant que j'étais un homme fini, perdu, à jamais déshonoré, vous avez voulu me donner le coup de pied de l'âne. Vous êtes un lâche! C'est vous qui êtes cause de tout ce vacarme stupide. C'est vous qui avez excité Monsieur Scholl contre moi, par vos racontars mensongers, par votre félonie, par votre crime de lèse-confraternité et de lèse-amitié. C'est vous qui avez changé une question purement littéraire en une question de vie privée. C'est vous qui vous êtes efforcé de compromettre bassement un 'tiers' qui m'est sacré, à moi, et à qui, entendez-vous, je désire que personne ne touche, de près ou de loin. C'est vous qui avez déchaîné contre moi la lâcheté de MM. Scholl, Chapron, Wolff qui ont cru n'avoir affaire à moi qu'à un homme de paille, qu'à un mouton. Eh bien! le mouton devient enragé à la fin, et vous envoie à tous un cartel général. Entendez-vous, réunissez-vous, concertez-vous, MM. Scholl, Chapron, Wolff et Deschaumes – sans compter les deux domestiques à particule qui ont signé une note ignoble s'efforçant de me déshonorer. Entendez-vous! une fois de plus, et que le moins lâche de tous ces lâches vienne me provoquer, à l'arme qu'il voudra. C'est moi qui attends vos témoins à tous, de pied ferme. Je n'ai jamais touché une épée, ni un pistolet de ma vie. Mais j'attends un de vous tous, –le moins lâche!– et je vous avertis que je me sens très fort, parce que j'ai fait d'avance le sacrifice de ma vie.

"J'attends de votre loyauté à tous, MM. Scholl, Chapron, Wolff, Deschaumes et de Pons, l'insertion de la présente lettre, dans les divers journaux où vous écrivez ou n'écrivez pas.

Paul Alexis" (B.N., MSS, n.a.f.24510, fols. 499–500)

85 [Paris] Samedi soir [16 juillet 1881]

MON CHER AMI,

L'insertion de la lettre de mes témoins[1] a été refusée par le *Figaro* et le *Gil Blas*. Mais, *de lui-même*, le père Dumont que j'ai vu, *m'a demandé un article pour lundi*,[2] *sur n'importe quoi*, "afin, m'a-t-il dit, que vous puissiez rentrer ici ou ailleurs." Je trouve cela très bien.

Sur le conseil d'un de mes témoins je viens d'envoyer à Delpit[3] la *carte postale* suivante:

"Mons. Alb. Delpit.
Vous, vous avez attendu, pour venger votre vanité froissée par un ancien article de moi, que je me trouve dans une situation rendue difficile par la malhonnêteté de quelques-uns et la lâcheté des autres.

Je vous dédaigne et je vous méprise. Veuillez considérer ceci comme le soufflet que je ne manquerais pas de vous donner, si vous vous trouviez sur mon passage.

34, r. de Douai   Paul Alexis."

Et voilà mon bon. Ce soir ou demain, je calotterai Deschaumes. Puis 'ouff'. Je pourrai m'en tenir là – sauf un duel éventuel. Je passerai la main au prudent Céard.[4]

Votre fidèle

Paul-de Cassagnac-Alexis[5]

Que c'est bête, cette guerre!

1 S'agit-il de la lettre à Deschaumes qu'Alexis cite dans la lettre précédente?

2 Le prochain article d'Alexis au *Gil Blas*, intitulé "Faut-il voyager?" parut le 19 août 1881 (lettre 88).

3 Le 20 mai 1881, dans une "Revue littéraire" du *Gil Blas*, Albert Delpit avait parlé de l'idéalisme dans la littérature. "Il n'y a plus d'écoles, écrivait-il, il n'y a que des individualités. Oh! je sais bien de qui vous voulez parler! De M. Emile Zola et des cinq clowns qui cabriolent avec lui. Ce sont de simples farceurs, et pas autre chose. Ils n'ont qu'une force: les réclames qu'on leur fait en les attaquant. Ils n'ont qu'une raison d'être: la malpropreté de nos contemporains. Ni conscience d'artistes, ni convictions littéraires, soyez-en persuadé. Ils écrivent des choses sales, dans ce seul but: gagner de l'argent."

Alexis avait riposté dans le *Henri IV* du 26 mai ("Le paladin de l'idéalisme"): "Il paraît que le large courant scientifique qui emporte le siècle n'est qu'une calamité. Il paraît que ceux qui ont le tort d'être de leur temps, d'aimer leur temps, de combattre avec leur temps, ne sont que des gens sans aveu, des corrupteurs de foules, des artistes sans convictions spéculant sur la dépravation universelle, des 'clowns', de simples 'farceurs.' Il paraît enfin qu'un monsieur s'est mis en tête d'opposer une digue au courant, à lui tout seul, et de faire reculer le siècle. [...] Que vaut le paladin? [...] Le *Fils de Coralie* et certaines dispositions pour le théâtre: soit! Mais, de là, à faire reculer le siècle! De là, à vouloir déplacer l'axe de la littérature moderne...! [...] Eh bien, monsieur, écoutez bien une prédiction: –Je ne vous donne pas deux mois pour assommer les lecteurs du *Gil Blas*, pour exaspérer le paternel M. Dumont lui-même, enfin pour disparaître piteusement au milieu de l'indifférence publique."

Delpit revint à la charge en faisant une allusion à "l'affaire *Henri IV*" dans le journal *Paris* daté du 17 juillet ("Notes sur Paris"): "Le naturalisme ne bat plus que d'une aile. L'incident de cette semaine a montré clairement l'incurable lâcheté de ces gens-là. Oh! mon Dieu! je me sens porté d'indulgence pour le pauvre diable que son journal a exécuté. Il a essayé de baver sur trois de nos confrères qui lui ont fait l'honneur de lui répondre. Mais le vrai coupable, ce n'est pas le gnome infortuné, plus digne de pitié que de colère. En somme, c'est son patron, son chef de file, M. Emile Zola, concurrent de marchands de cartes obscènes, souteneur de filles et grand avilisseur d'âmes. C'est lui que la haine a poussé contre ceux de nos confrères dont je parlais. Seulement, c'est un lâche qui aime à injurier, mais qui n'aime pas trop se montrer. Eh bien, avec ces gaillards-là, déshonneur de notre profession, il n'y a qu'une chose à faire: leur envoyer un coup de pied au derrière! Malheureusement, M. Emile Zola en fait collection. Il a ainsi des souvenirs de M. Albert Wolff, de M. Chapron et de moi. Est-ce que par hasard ça lui ferait plaisir?"

4 Ce même jour Céard écrivait encore une longue lettre à Zola à propos de la polémique des chroniqueurs: "Ce monde du boulevard est un monde de bandits. Ce que j'en ai vu m'a causé un écoeurement supérieur, définitif. [...] Ils ont là-dedans une odeur de lit défait, dans les chambres meublées, le matin, délétère et dissolvante. [...] La philosophie de la chose est qu'il convient de rester dans son coin, d'y travailler le plus qu'on peut sans souci de ce qu'on pourra dire. Aussi mon parti est bien pris; comme, au bout de compte, il vaut mieux passer son temps à écrire qu'à faire des armes, comme d'autre part notre position à tous dans la presse militante n'ira pas sans un duel au troisième article, je renonce à toute idée d'entrer dans un journal. Il n'y a plus de place pour nous, les à la suite" (*C.-Z.*, 196–8).

5 Paul Granier de Cassagnac (1843–1904) était directeur du *Pays* et fonda *L'Autorité* en 1886. Défenseur ardent de l'absolutisme, il participa à beaucoup de polémiques et se battit dans d'innombrables duels. Sur ce personnage, cf. H. d'Alméras, *Avant la gloire* (Société Française d'Imprimerie et de Librairie 1903), II, 91–108.

86 [Télégramme envoyé de Paris, dimanche 17 juillet 1881]

Emile Zola
Médan après Triel

Reçu témoins de Delpit[1]
Conféreront avec les miens
demain   Venez

Paul

1 Voir la lettre précédente

87 [Paris] Jeudi soir, 21 juillet [18]81

MON CHER AMI,

Quelle détente et quel aplatissement après les grands émotions![1] Je crois que la lettre de Magnard[2] et le duel combinés, ont complètement terminé la crise.

Depuis 3 jours, j'ai peu bougé de chez moi, j'ai retapé un article fait de vieux morceaux que je jette à la poste pour le *Gil Blas*;[3] puis, j'ai beaucoup réfléchi.

Eh bien! je trouve qu'en toute cette histoire, servi par ma lenteur et mon indécision même, ne suivant que mon instinct, 1° j'ai été logique et dans mon rôle en ne provoquant d'abord personne et en me laissant exécuter par *le Henri IV*, 2° j'ai probablement évité un véritable danger en ne pas m'alignant avec Scholl qui m'eût flanqué un autre coup d'épée que Delpit, 3° j'ai fait en somme beaucoup de bruit; je suis dix fois plus connu qu'il y a un mois – 4° j'ai appris à connaître quels sont mes véritables amis, et j'ai constaté, ce dont je me doutais bien, que je n'ai que vous.

Donc, je serais au comble de mes vœux, s'il ne me restait le regret de vous avoir donné tant d'inquiétudes pendant une semaine.

M. Céard, homme froid mais habile, est venu avant hier prendre le vent. Je l'ai bien reçu, cela va sans dire, –je suis incapable de mal recevoir quelqu'un– il avait l'air un peu attrapé, a paru s'intéresser beaucoup à ma piqûre (qui se ferme) mais je n'ai pu en tirer que ceci: "Maupassant est encore plus coupable que vous?" Pourquoi coupable? Parce qu'on a parlé de lui, en cette circonstance, aussi?[4] Tenez! Céard n'est qu'un jaloux, mais pas un ami pour moi, ni pour personne. *Et il vaut encore mieux qu'Huysmans*, qui, lui, a continué à ne pas donner signe de vie.

Je suis allé remercier le docteur Nitot; il m'a dit que si nous déjeunions ensemble samedi, il faudrait que ce fût de bonne heure, car il a son cabinet à *une heure*. Si c'était le soir, à dîner, l'heure lui serait indifférente. Saurais-je votre décision *vendredi* pour que je puisse *le prévenir par un mot, dans la soirée, et lui dire l'endroit.*

Pardonnez-moi ce nouveau dérangement, et plaidez ma cause auprès de votre femme qui m'a fait beaucoup de peine l'autre soir et que je suis désolé d'avoir troublée aussi.

Votre ami

Paul Alexis

Ce qu'on a écrit de plus raisonnable sur mon cas, est une *chronique* de Fouquier dans le *XIXe*[5] que je vous ferai lire.

Quant à Chapron,[6] son article d'hier est une reculade. Ils ont tous le bec clos, aujourd'hui.

Reçu pas mal de cartes, entr'autres une de Manet.

1 "L'affaire *Henri IV*" (lettres 78 à 86; app. H:10) se termina par la rencontre entre Alexis et Albert Delpit, laquelle eut lieu le 18 juillet, "à la frontière française." Selon *L'Evénement* du 19 juillet, le mobile de Delpit aurait été "sa propre indignation à l'égard des procédés littéraires" d'Alexis. Le lendemain le même journal inséra cet écho: "MM. Albert Delpit et Paul Alexis se sont battus hier, 18 juillet. Au premier engagement, M. Paul Alexis a été atteint à l'avant-bras par un coup droit. L'arme a pénétré assez profondément au milieu des masses musculaires et a déterminé un engourdissement immédiat. Sur l'avis des médecins, les témoins, se référant au procès-verbal qu'ils avaient signé, ont déclaré l'honneur satisfait et arrêté le combat."

Willy, dans ses *Souvenirs littéraires… et autres* (Montaigne 1925), se trompe sur l'arme de combat employée dans ce duel: "Est-il besoin d'ajouter que ce malchanceux [Delpit] maniait l'épée aussi médiocrement que la plume? Et les armes à feu aussi médiocrement que les armes blanches? Lors de son inoffensive rencontre au pistolet avec Paul Alexis, tout le monde s'amusa de la gaucherie des duellistes, sauf les quatre témoins qui appréhendaient de recevoir les balles tirées par leurs empotés de clients. Infortuné Delpit, gouaillaient les boulevardiers: raté du théâtre, raté du roman, raté même par Paul Alexis!" (35)

2 Cette lettre, portant la date du 18 juillet, fut publiée dans *Le Figaro* du lendemain: "Mon cher Wolff, Vous m'envoyez une réponse à l'article de M. Zola [lettre 83, n.13]: je ne pourrais la laisser passer sans aigrir un débat qui prendrait les proportions d'une guerre civile, et à la continuation duquel ni vous, ni M. Zola, ni le public, n'auriez rien à gagner. Vous paraissez surtout tenir à ce qu'on sache que, depuis l'entrée de M. Zola au *Figaro*, vous avez toujours rendu pleine justice à son talent. Cela prouve qu'aucune arrière-pensée de mesquine rivalité ne vous a inspiré, et je le constate hautement. Zola et vous, avez plaidé votre cause chacun avec votre talent accoutumé; permettez-moi de couper court, dans l'intérêt de tout le monde, à une polémique née d'un simple malentendu. Très cordialement à vous, F. Magnard."

3 Voir la lettre suivante

4 On se rappelle que l'article de Zola sur Alexis, paru dans *Le Figaro* du 11 juillet, traitait également de Maupassant (lettre 74, n.1). Dans *Le Tintamarre* du 17 juillet on pouvait lire ces quatre vers satiriques, signés de Maurice Millot:

Maupassant et Alexis

Le premier, à ce qu'on dit,
Doit enfanter des merveilles;
Le second grandit, grandit…
Mais seulement des oreilles.

5 Dans *Le XIXe Siècle* du 21 juillet le journaliste Henry Fouquier (1838–1901) tirait cette morale de "l'affaire *Henri IV*": "Nous agirions en hommes sages en conduisant nos discussions et nos polémiques de telle sorte que jamais elles ne puissent dégénérer en injures et querelles de personnes. M. E. Zola qui, pendant qu'on se gourmait, donnait des conseils comme Don César de Bazan pendant les estocades, a donné à

M. Alexis celui d'être 'méchamment poli.' Il n'est pas besoin d'être méchant. M. E. Zola lui-même, qui a eu souvent de la verve dans la polémique, n'a jamais été méchant. [...] Il ne reste plus rien de ce grand bruit qu'on avait mené à propos d'une querelle qui finissait par n'avoir de littéraire que le nom."

6 Outre l'allusion déjà mentionnée dans la lettre 80, n.2, Léon Chapron consacra encore trois de ses chroniques de *L'Evénement* à cette polémique. Le 14 juillet il accuse Zola d'être l'instigateur de toute l'affaire et le condamne pour son article sur Alexis et Maupassant (app. H:6). Le 18 juillet Chapron publie une lettre à Zola, où il lui demande de s'expliquer publiquement, surtout sur les "encouragements" qu'il était censé avoir donnés à son disciple (app. H:7).

Zola y répond dans *L'Evénement* du 19 juillet (app. H:8). Il cite textuellement la carte tant discutée (lettre 78, n.6). On a déjà pu remarquer la manière dont les mots "poliment méchant" avaient été par la suite tournés en "méchamment poli" par les gens de la presse (lettre 79, n.10). Il est donc très curieux de trouver cette dernière version dans le texte publié par *L'Evénement*. Serait-ce une erreur de Zola, ou, ce qui semble plus probable, une distortion volontaire faite par le journal?

Enfin, le 21 juillet, Chapron revient pour la dernière fois à la charge (app. H:9). Il n'a rien de nouveau à ajouter à la polémique et termine en recommandant à Zola de s'occuper seulement de ses romans. Celui-ci, dégoûté de toute l'affaire, se plaint ce même 21 juillet à Edouard Rod: "Nous avons ici des cataclysmes, dont le tonnerre vous est peut-être parvenu à cette heure. Cet écervelé d'Alexis s'est jeté dans un gâchis abominable, à la suite d'un article contre nos jolis chroniqueurs, et par sa maladresse il a failli m'y jeter avec lui. Lui, il a dû finir par se battre en duel avec Delpit. Moi, j'ai été contraint de monter sur mes grands chevaux de polémiste pour me dégager. Heureusement, l'affaire est finie. Mais j'en sors tellement écœuré, que j'ai fait le serment de quitter à jamais la presse" (lettre inédite citée dans M.G. Lerner, "Edouard Rod et Emile Zola.–I. Jusqu'en 1886," *Les Cahiers naturalistes*, No. 37 [1969], 50).

88 [Paris] Mardi soir 9 Août [1881]

MON CHER AMI,

Je songeais depuis plusieurs jours à vous écrire longuement. Je rentre chez moi, je trouve votre lettre.[1] Et, avant de me mettre au lit, je vous réponds immédiatement.

Merci d'abord de votre bonne invitation qui me touche et me prouve une fois de plus que notre amitié est capable de résister à tous les orages. Oui, en Septembre, à la date que vous me désignerez, une semaine à l'avance.

Vous dirai-je tout ce qui s'est passé en moi depuis le 18 Juillet.[2] Non, devinez-le! Je suis beaucoup resté chez moi, ne sortant que le soir, tard, pour dîner et faire le long des boulveards extérieurs de longues marches solitaires, ne remettant même pas les pieds aux cafés du quartier – à plus forte raison pas dans les cercles où je ne suis plus retourné depuis ma première chronique du *Henri IV*.[3] Chez moi, j'ai d'abord passé trois ou quatre jours à ranger et classer, des vieux journaux, des lettres et papiers, incapable de toucher à une plume, parce que "ne pas faire de brochure" ou "ne pas tenter de lancer un canard à moi tout seul" cela était dur. Il m'a fallu toute mon amitié pour vous et ma déférence à vos conseils. J'éprouvais ce qu'a dû éprouver Napoléon, quand, Paris pris par les alliés, il a *abdiqué*, malgré plusieurs corps d'armée qui lui restaient, repliés sur la Loire, intacts.

Vous n'avez rien vu au *Gil Blas*, parce que j'ai fait deux tentatives infructueuses: 1° *Notes et souvenirs*[4] – cela a paru amer et plein d'allusions cachées – 2° *Monte-Carlo... l'été*, – refusé au *Gil Blas* pour des raisons de boutique. Enfin, un troisième article porté: *Faut-il voyager?* a été reçu par M. Dumont qui m'en a fait des compliments aujourd'hui, mais ça ne passera que Dimanche ou lundi.[5] Quant à *Monte-Carlo l'été*, le *Clairon* me l'a inséré avant hier,[6] mais en "Journée parisienne" sous la signature commune "Monocle." Je vous l'enverrai tout de même, car je crois que vous ne recevez pas le *Clairon*. Enfin, j'ai tâché de conclure une affaire avec le bon Portalis sur ces bases: "un article par semaine à jour fixe absolument anonyme comme *Alceste*[7] l'a été longtemps, sur des sujets à mon choix mais touchant le plus possible à des questions sociales, et ce un essai de 3 mois, à 600 f par mois." – Ça paraissait mordre! Sur sa demande, je lui avais envoyé des "Médaillons de chroniqueurs"[8] et un projet de traité. Mais le voilà embarqué dans de sales histoires avec *Maret*.[9] Aujourd'hui, il m'a fait dire "qu'il n'y était pas." L'affaire est, je le sens, ratée. Et ce n'est peut-être pas un mal.

Voilà mes efforts et tentatives de la quinzaine. Vous avez joliment raison de me conseiller une œuvre immédiate. Se mettre tout entier à ça, ne plus faire d'articles! Mais l'argent? Mon père ne me paraît nullement disposé à me lâcher une pension. Je n'ai *osé* lui demander à l'occasion du duel que 200 f, quoique ne lui ayant rien coûté depuis *Avril*. Et le bougre m'en a envoyé 150, disant que la somme était trop forte. Quel regret de ne pas lui avoir déclaré de plus les 200 f que je vous ai empruntés l'autre jour.[10] Des envies me prennent de *le foudroyer* une fois pour toutes en lui envoyant la liste exacte et complète de mes *six ou sept mille francs de dettes*. (Oh! le bougre!) Et pourtant, la lettre que je lui ai écrite, était nette et raide. Je l'ai lue à Cézanne –dont j'ai reçu l'autre matin l'affectueuse visite.[11] – et qui m'a dit, très épaté: "N. de D!, sur cette lettre, il va t'envoyer des témoins!"

Quant à l'œuvre à faire, je ne l'ai pas commencée. Mais j'y pense constamment. Je n'ai pas encore pris parti. Mais que pensez-vous de ceci?

Comme forme générale extérieure une sorte de *Jacques Vingtras*:[12] c'est-à-dire un récit à la première personne, avec des noms supposés, dont je communiquerai peut-être la clef aux journaux, au moment du lançage du livre. Comme fond, en réalité, une sorte de confession générale et passionnée d'un homme de lettres, où je me cracherai tel que je suis –avec une *sincérité cynique*– Donc: quelque souvenir de première enfance –(rapides) *La province* et la *famille*. Puis, douze années de Paris – de littérature et de journalisme. Par conséquent, de simples mémoires, où je n'inventerai rien – En somme: Moi, devant la province! Moi devant la famille, le collège, *la religion* etc! Moi, devant le journalisme, devant la politique (mon aventure de la Commune)[13] devant le journalisme de province (un mois à Rennes!)[14] devant *le naturalisme* –que, à vos côtés, j'ai vu naître et grandir– et devant les jeunes naturalistes ("*La comédie humaine*")[15] comme devant les aînés: Flaubert, Goncourt, Daudet: tant pis pour ceux qui écopperont! Je serai sincère et je serai juste, selon mon pouvoir. – *L'histoire d'un duel à la fin* –

La femme, de temps en temps, dans le fond, au 2ᵈ plan – Le tout condensé en un volume.

Et voilà, mon bon, qu'en dites-vous?

Votre

Paul Alexis

Mes amitiés à votre femme.

Mercredi

P.s. Plus signe de vie de la part des lascars Céard, Huysmans etc.

Si vous avez deux ou trois noms bien euphoniques, comme *Jacques Vingtras* – dans vos papiers, faites m'en cadeau. Je n'ai encore rien trouvé qui me satisfasse.

Je n'ai plus vu personne –je vis fort retiré, ne voyant guères que mes deux cousins, avec lesquels je dîne parfois– Et j'ignore en somme ce qu'on a pensé de moi généralement dans tout ceci: d'ailleurs je m'en fiche maintenant. –A Aix, ils n'y ont rien compris du tout– D'ailleurs je ne pense plus qu'à mon bouquin, qui fera un joli pendant à celui que je dois publier sur vous – et qui sera quelque chose tenant le milieu entre de simples mémoires et un roman moderne (sorte de mémoires sur la vie contemporaine, avec un côté de fiction) Je ne ferai qu'enlever la fiction, et donner la quintessence de la réalité, – sans déclamations, rien que des faits! selon la formule..

Je vais, cette nuit, tracer le plan général à grands traits – Demain je chercherai des noms. Je pourrai tout de suite m'y mettre – J'attends avec impatience votre opinion là-dessus – que je suis curieux de connaître, notamment sur ces deux points: (la forme à la première personne – et les noms de fantaisie) qui me paraissent l'un et l'autre indispensables, n'est-ce pas?

1 Cette lettre n'a pas été conservée. Sans doute Zola y invitait-il son ami à aller passer quelque temps avec lui à Grandcamp (Calvados), où il villégiaturait pendant les mois d'août et septembre. Le 7 août il avait écrit à Céard: "Voici quinze jours que nous sommes installés ici [...]. La maison est assez mal commode, mais elle se trouve drôlement plantée au bord de la mer, et j'y travaille quand même, malgré le tapage des cabines du voisinage. Depuis longtemps, je n'avais été dans une si bonne santé de travail" (*Z.-C.*, 30).

2 Date à laquelle avait eu lieu le duel Alexis-Delpit, suite de "l'affaire *Henri IV*" (lettres 78 à 87)

3 C'est-à-dire celle du 3 mai 1881 sur les tripots (lettre 74, n.7)

4 Cet article paraîtra dans la *Revue littéraire et artistique*, IV (15-X-81), 532–4. Voir la lettre 91, n.5.

5 Voir la lettre 85, n.2

6 Dans le numéro daté du 8 août

7 Nom de guerre de l'écrivain Hippolyte Castille (1820–86). Comme beaucoup de contemporains, Zola a aussi utilisé ce pseudonyme: dans *L'Evénement illustré*, où il donna du 23 avril au 1er septembre 1868, une chronique fantaisiste tous les deux jours. Cf. F.W.J. Hemmings, "Zola's Apprenticeship to Journalism (1865–1870)," *PMLA*, LXXI (1956), 340–54.

8 Voir la lettre 78, n.4

9 Henry Maret écrivait des articles politiques pour *La Vérité*, autre journal d'Edouard Portalis. Il le quitta fin juillet 1881, pendant une absence du directeur, pour entrer à un journal ennemi, *Le Radical*. *La Vérité* accusait Maret, qui lui avait intenté un procès "pour des sommes dues," de conspiration et d'intrigues politiques. Sur Maret, cf. J. Bertaut, *Chroniqueurs et polémistes* (Sansot et Cie 1906), 79–94.

10 Voir la fin de la lettre 82

11 Cette visite avait eu lieu le 2 août. Ayant entendu parler du duel d'Alexis, Cézanne s'était informé auprès de Zola le 25 juillet: "J'ai appris en allant à Auvers qu'Alexis avait été blessé dans une rencontre, où, comme toujours, le bon droit s'est trouvé lésé. Si cela ne te dérangeait point trop, tu me ferais bien plaisir en me donnant des nouvelles de mon brave compatriote. Je ne peux aller à Paris que dès les premiers jours d'août où je m'enquerrai de sa santé. C'est par un cas fortuit aussi qu'antérieurement j'avais appris le débat soulevé par Wolff au sujet de l'article que tu avais fait sur Maupassant et Alexis. [...] Si Alexis se trouvait auprès de toi, car j'espère toujours que sa blessure n'est point grave, fais-lui part de mes sentiments confraternels" (P. Cézanne, *Correspondance*, 183). Puis le 5 août il écrivait au même destinataire: "Pendant que mardi matin j'étais auprès d'Alexis, ta lettre m'arrivait à Pontoise. J'ai donc appris des deux côtés que l'affaire d'Alexis s'était dénouée d'une façon pas trop fâcheuse pour lui. J'ai vu mon compatriote complètement rétabli, et il m'a montré les articles qui ont précédé et suivi sa rencontre" (ibid., 183–4).

12 Le premier roman (*L'Enfant*) de la trilogie de Vallès avait paru, sous le pseudonyme de Jean La Rue, aux éditions Charpentier en 1879. *Le Bachelier* est daté de 1881 (lettre 75, n.3) et le troisième roman, *L'Insurgé*, de 1886.

13 Voir les lettres 9 à 20

14 Voir les lettres 21 à 24   15 Voir la lettre 67, n.1

89 Paris [jeudi] 18 Août 1881

MON CHER AMI,

Je veux qu'à votre retour de Cherbourg,[1] vous trouviez ma réponse. Votre éloquente lettre[2] m'a remué, mais non convaincu complètement. J'ai même peur de ne pas m'être suffisamment expliqué, moi, dans le rapide et confus exposé de mon projet de livre.[3] D'abord, soyez sûr que loin d'obéir à une mesquine et inquiétante rancune, je cédais surtout à la préoccupation absolument littéraire suivante: – "Puisque nous tendons à *imaginer* de moins en moins, – puisque notre roman devient une sorte de confession à haute voix, pour ainsi dire les mémoires de ce que nous avons vu, observé, senti, éprouvé, ou vu éprouver autour de nous, – puisqu'enfin, personnellement, (vous l'avez reconnu vous-même)[4] j'ai besoin "de voir pour savoir, d'être remué pour peindre," et que je ne suis à l'aise qu'avec des "souvenirs," – eh bien! quelle tentative séduisante et quel régal de faire un livre où je n'aurai *absolument rien à inventer*, mais seulement à me souvenir. Qui me dit d'ailleurs que ce n'est pas à cela qu'on marche, et que dans cinquante ans, il n'y aura pas de *lisible*, que les livres faits ainsi, scientifiques, ayant une valeur absolument positive et documentaire? – Seulement, pour écrire ce livre, et ne pas tomber dans un étroit panégyrique, il faut sortir assez de sa personnalité pour parler de soi avec la même analyse impitoyable que l'on emploierait à l'égard d'un autre, et par exemple dire sans *respect humain*: "ici, j'ai été sot; là, faible; là, lâche; là, méprisable; là, j'aurais commis un crime si j'avais osé; là, j'ai bien agi, mais mon honnêteté se composait de ceci et de cela, etc. etc."[5]

Tel était mon plan réel, mon cher ami. Ma seule *petitesse* était peut-être un calcul de "paresse relative," pensant qu'un pareil livre où je n'aurais rien à inventer, et peu à composer, serait plus vite prêt, peut-être même prêt pour cet hiver. – Je ne voulais pas écrire pour les siècles –ni pour deux cents personnes,– mais pour moi – pour m'étudier et démonter mon propre mécanisme. Je voulais commencer par cette première ligne: "Sept ans! Je ne suis encore qu'une jeune brute humaine. Pas même une brute... une sorte de plante!" – Et au dénouement, mon héros –car je ne dis plus moi, ce n'est plus moi! c'est mon personnage principal– après une légère blessure dans un duel de journaliste, et une crise de trois ou quatre jours de rancune vulgaire et basse, faisait justement ce que vous me conseillez: *"il se met à faire une œuvre."*

Vous voyez, mon ami! Je ne m'étais pas bien expliqué. Quant aux rancunes dont vous parlez, grand dieu! à qui voulez-vous que j'en veuille? – Aux chroniqueurs dont je serai amené à faire au lieu de médaillons, des portraits?...[6] Mais alors, pour qui me prenez-vous? Si j'en avais voulu à Scholl, c'est contre lui que je me serai battu tout d'abord. Et si je n'ai pu me décider à lui envoyer des témoins, malgré toutes les menaces du *Henri IV*, c'est justement en grande partie parce que je ne lui en voulais pas, pas plus qu'à Wolff qui n'est pas un méchant homme au fond. M'ont-ils fait souffrir, en somme, ceux-là? Mais non! leurs attaques ne me sont pas allées au cœur et ne m'ont pas atteint, m'ont même procuré un plaisir particulier. Plus qu'eux m'ont fait souffrir cent fois plus! certaines de mes jeunes émules[7] que je ne veux pas nommer ici et dont je fais pourtant un autre cas que des chroniqueurs. C'est à ceux-là seulement que ma rancune commencerait, car j'ai une certaine estime pour leur personnalité, et je vois que je ne pourrai jamais croire à leur amitié désintéressée. Mon père, lui, que j'aime pourtant et qui m'a fait bien autrement et bien plus longuement souffrir,[8] je lui en veux alors bien davantage. Mais je vous jure, mon cher ami, que si je gravis jusqu'au bout l'échelle de ma rancune, c'est moi que je trouverai au sommet. Chacun de nous n'est-il pas à soi-même son plus mortel ennemi! Quelle que soit la douleur que la vie puisse nous apporter, il faut avoir la fierté d'en vouloir surtout à soi-même, l'orgueil de n'en accuser réellement que soi, parce qu'on ne doit avoir de vraie rancune qu'à l'encontre d'un égal.

Telle est ma situation d'esprit, mon brave ami, et aussi ma fierté. Telle est le livre que j'avais envie de faire –depuis longtemps– et que je ferai à coup sûr un jour ou l'autre. Ce n'est que sur une question de moment et d'à-propos, à un point de vue pratique, opportuniste, que je vous consultais. Si ces éclaircissements ne vous ont pas rassuré sur mon compte, comme j'ai pleinement confiance en votre amitié et en l'intérêt que vous me portez, je vais tout de suite me mettre à *Madame Cœuriot* –ce qui malheureusement exigera bien un an de plus,– et où il me faudra davantage deviner, inventer, imaginer, – c'est-à-dire "être romantique."

Une cordiale poignée de main à votre femme et à vous

Paul Alexis

Le *Gil Blas* m'a enfin publié un article.[9] J'étais à quatre mètres de Gambetta, avant hier, lors de la réunion privée des 10.000.[10] Empoignant, tragique et misérable – du meilleur théâtre.

1 Voir la lettre 88, n.1   2 Lettre non conservée   3 Voir la lettre précédente
4 Cf. le compte rendu de Zola pour *La Fin de Lucie Pellegrin* (Introduction, 27)
5 Cf. l'article "Les âmes choisies" d'Alexis dans *L'Echo de Paris* du 1er août 1884 (Introduction, 29).
6 Voir la lettre 78 et seq.
7 Céard et Huysmans
8 Alexis pense sans doute à ses années de jeunesse passées à Aix-en-Provence. Voir l'Introduction, 3–9
9 Voir la lettre 85, n.2
10 Cette réunion eut lieu le 16 août dans un vaste hangar à Charonne. Le discours que Gambetta y prononça, dans le cadre des élections générales du 21 août, provoqua beaucoup de bagarres. Pour l'opinion de Zola sur cet événement, cf. *Une Campagne*, *O.C.*, xiv, 644–9 ("Esclaves ivres"). On se reportera également à P. Cogny, "Un inédit de Zola: 'Les Esclaves ivres'," *Les Cahiers naturalistes*, No. 1 (1955), 34–6; *Céard-Zola*, 207–9.

90 [Paris] Dimanche matin – 28 Août 1881

MON PAUVRE AMI,
Une triste nouvelle. Etant allé hier au *Courrier du soir* voir Déthez,[1] voici ce qu'il venait de lire dans le *Petit provençal*, daté 26 Août, 1881.[2] Il n'en savait pas davantage; mais le doute n'est malheureusement pas permis.

Ce que c'est que de nous! Luis qui faisait tant de jeux de mots, qui semblait si gai, si bon garçon insouciant et prédestiné au bonheur. Lui dont j'avais si souvent, autrefois, envié le caractère en me disant: "En voilà un qui semble heureux!"

Décidément, l'air d'Aix n'est pas sain. Qui sait si, au milieu des agitations d'une vie à Paris, sa névrose ne se fût pas montrée plus bénigne? N'eût-il pas mieux fait de venir ici et d'être un Busnach?

Sans mettre de noms, je vais tenter peut-être de faire sur son cas, un article pour le *Clairon*, sous ce titre: *un névrosé de province*.[3]

Une affectueuse poignée de main à tous les deux

Paul Alexis

J'ai commencé à m'occuper d'avoir un laisser-passer: Déthez m'en demande un à Baragnon.

Epilogue de mon échauffourée contre les chroniqueurs.[4]

Hier, je me suis trouvé nez à nez, pour la première fois, avec Fourcaud, accompagné de deux autres rédacteurs du Gaulois que je connais et qui, eux, m'ont touché la main comme lorsque je les rencontre. J'ai ensuite tendu la mienne à Fourcaud (désireux de savoir à quoi m'en tenir avec lui;) – il a refusé d'un signe de tête négatif. Je me suis éloigné, en disant à demi-voix: "Très bien."

Rentré chez moi, je voulais lui renvoyer par la poste les deux lettres de lui, assez ridicules, relatives à une chronique, en les accompagnant de ma carte. Puis, j'ai été "plus fier que ça." Je me suis demandé: "A quoi bon?" Et, avant de me coucher, j'ai écrit la première phrase de *Madame Cœuriot*,[5] – ayant enfin reconnu que vous aviez raison, de me détourner de mon premier projet.[6] Je me suis enfin retrouvé moi-même, le Vallès est enterré!

1 Voir la lettre 42, n.7
2 Le journal annonçait la mort de Louis Marguery (lettre 26, n.5). "Un charmant garçon celui-là, qui avait succédé comme avoué à son père et qui est mort tragiquement, dans une crise de folie, en se tirant un coup de carabine: fin terrible que ne faisait pas prévoir son caractère insouciant, ni sa bruyante gaieté" (*E.Z.*, 30).
    Le 25 août Numa Coste écrivait à Zola d'Aix-en-Provence: "En arrivant ici j'apprends le suicide de Marguery: il s'est tiré deux coups de revolver sans que personne puisse en donner la raison. Selson les amis il était atteint depuis quelques mois d'un affaissement de cerveau. [...] Je ne vous ai plus vu depuis bien avant la sotte affaire de cet imbécile d'Alexis qui ne sait sortir d'une affaire que par la plus ridicule des issues. Comment va-t-il?" (lettre inédite, coll. J.-C. Le Blond)
3 Alexis n'a vraisemblablement pas écrit cet article.
4 Pour "l'affaire *Henri IV*," voir les lettres 78 à 87
5 "La pendule sonnait trois heures" (*Madame Meuriot*, 1).
6 Voir les lettres 88 et 89

91 [Paris] Samedi [10 septembre 1881] 5[h] du soir.

MON CHER AMI,

Je viens d'avoir *à l'instant* mon laisser-passer.[1] Avant de quitter les environs de la gare Saint-Lazare, j'y jette ce mot à la poste pour vous, afin que ça parte ce soir.

Hier matin, avant la réception de votre dépêche,[2] j'ai déjeuné avec Boborykine[3] et un autre Russe directeur de la *Revue Nouvelle*.[4] Nous avons pris rendez-vous pour Dimanche soir. Ils me rendront réponse sur une proposition que je leur ai faite.

Je ne puis donc partir que lundi, et n'arriverai à Grandcamp que mardi. Je n'aurai donc guères que quanrante-huit heures à passer avec vous. Puis, après votre départ, je pousserai jusqu'à Cherbourg. Mon laisser-passer est pour Cherbourg avec arrêt-facultatif. Mais je n'en profiterai pas longtemps, vu que les fonds sont rares et que j'ai grande envie de terminer vite la préparation de la biographie, et de me mettre sérieusement à *Madame Cœuriot*.

Pour *me forcer* à la faire, je suis en pourparlers avec la revue Bleue[5] qui a publié *Mal Eclos* (pas fort, *Mal-Eclos*!) Je leur propose de la leur faire *à mesure de la publication*, en quatre ou cinq mois, moyennant une somme de trois cents francs par mois. (Ça ne ferait que 2 sous la ligne, mais je serais *forcé d'aller vite*.)

Donc à mardi – sauf avis contraire télégraphié par vous avant lundi 8[h] du soir.

Mes amitiés à vous deux.

Paul Alexis

1 Pour aller rendre visite à Zola, qui se trouvait toujours au bord de la mer, à Grand-camp. Voir le début de la lettre 88

2 Dépêche non conservée

3 L'écrivain russe Piotr Boborykine (1836–1921) était rédacteur du *Slovo* (Saint-Pétersbourg), revue naturaliste, à laquelle collaborait Céard (*Céard-Zola*, 53–5, 135 6; *Huysmans-Zola*, 15–16; *Zola-Céard*, 118–19). Le 21 juin 1881 Céard écrivait à Zola: "Alexis a dû vous dire que nous avons vu ce policier littéraire qui a nom Boborykine. Il a passé à Paris quelques jours seulement. Il doit revenir au mois de septembre, époque à laquelle il ira vous voir. Vous n'y tenez pas, je crois. Au demeurant toujours plein de projets: il doit toujours fonder un journal, ne le fonde jamais et accuse le malheur du temps. Ce qu'il y a de certain, c'est que de sa conversation il résulte qu'il entre partout où nous ne sommes plus" (*C.Z.*, 187).

4 Le savant et publiciste d'origine russe, Elie de Cyon (1843–1912), était directeur du *Gaulois* et de la *Nouvelle Revue*.

5 La "Revue bleue" était l'appellation habituelle de la *Revue politique et littéraire*. Alexis voulait dire ici la "Revue verte," puisqu'il s'agit de la *Revue littéraire et artistique*, qui était imprimée au 18, rue Bleue. Ce périodique littéraire avait été fondé par Jean de La Leude en avril 1878, sous le nom de *La Plume*. En novembre 1879 il changea de nom et devint la *Revue littéraire et artistique*, ayant Jean de La Leude et Edmond Deschaumes pour directeurs. Le dernier numéro date d'avril 1882. Cette revue parut pendant les trois premières années sous couverture verte, puis bleue, ce qui explique sans doute l'erreur d'Alexis.

Le premier roman de Céard, *Mal Éclos*, avait paru d'abord au *Slovo* en janvier et en février 1880. La *Revue littéraire et artistique* le reproduisit dans ses numéros du 15 août, du 1er et du 15 septembre 1881. Le roman est resté inédit en librairie. Sur la collaboration de Céard à la "Revue verte," cf. *Céard-Zola*, 199–203, 205–7, 211–13; *Zola-Céard*, 31, 105–6.

Entre le 1er décembre 1881 et le 1er avril 1882 Zola y fit insérer deux articles et deux nouvelles. Alexis ne donna à cette revue, qui voulait être 'naturaliste', que deux articles: "Les suites d'une conversation" (IV [1-IV-81], 145–7), et "Notes et souvenirs" (IV [15-X-81], 532–4). Pour un extrait du premier article, où l'auteur explique ce qu'il entend par le Naturalisme, voir l'app. A:9. A ce propos, cf. l'article de M.G. Lerner, "Autour d'une conversation chez Émile Zola," dans *Les Lettres romanes*, XXIV (1970), 265–72.

92 [Paris] Lundi, 12 Sept.e [18]81

MON CHER AMI,

Il pleut. Je ne suis pas très gai. Je ne sors pas d'un nouvel article du *Gil Blas* que j'espérais finir aujourd'hui. *Madame Cœuriot* m'apparaît comme une longue voie douloureuse. Enfin, Céard que je viens de rencontrer aujourd'hui à la revue "Verte",[1] m'explique votre dépêche et me dit que c'est bien le 15 que vous partez[2] et pas le 16, car vous avez loué à la quinzaine. Arriver pour vingt-quatre heures, comme Mars en Carême, tomber au milieu des malles à fermer, vous déranger enfin, toute réflexion faite je ne m'en sens pas le courage. Que voulez-vous? c'est un été solitaire et mélancolique dans ma vie, une saison ratée. Et l'existence, après tout, est faite de ces saisons-là.

Dès que je vous saurai à Médan, j'irai si vous voulez mettre la dernière main à la biographie, et me réconforter un peu auprès de vous. Quant à mon laisser-passer, je l'utiliserai, plus tard, ou jamais.

Mes amitiés à votre femme et à vous.

Paul Alexis

Boborykine, avec qui j'ai passé hier la soirée, s'est fait à peu près fort de me placer la biographie en Russie. Nous le reverrons d'ailleurs: il est à Paris jusqu'au 10 Octobre –

1 Voir la lettre 91, n.5
2 De Grandcamp, où le romancier venait de passer sept semaines

93 [Paris] Vendredi 16 Sep.^e 1881

MON CHER AMI,

J'étais souffrant de corps et d'esprit lors de ma dernière; votre réponse[1] m'a recollé. Oui! je reviendrai avec vous à Médan après *l'Assommoir*,[2] et nous bâclerons la biographie en quelques jours.

Je viens de relire *Gabrielle de Galardy*,[3] et j'ai été frappé de la pièce qui est contenue dans cette remarquable nouvelle – et que vous aviez flairée jadis, si vous vous souvenez. J'ai grande envie de m'essayer à la faire, pour, si j'arrive à faire jouer *Mademoiselle Pomme*,[4] la présenter tout de suite après quelque part. Ce qui remettrait en évidence le nom du pauvre Duranty, déjà un peu trop oublié.[5] Je vois la chose en 4 actes:

1° Un acte d'exposition, à la fin duquel Gabrielle part de la petite ville avec le cabotin (Il pouvait pourtant se faire que cette exposition tienne 2 actes – la pièce en aurait alors 5.)

2° Le retour –trois ans après– chez Mme Rosanat – qui va tâter le père Galardy lequel refuse de revoir sa fille. Elle se défigure avec du vitriol, en scène, à la fin de l'acte.

3° Elle entre en qualité de demoiselle de compagnie chez son père –qui ne la reconnaît pas– scène de la lecture à haute voix, telle que dans le livre, très belle – Le père l'interrompt: "Non! votre voix me rappelle celle d'une fille que j'avais et qui est une malheureuse... Assez pour ce soir." Il se retire. Elle reste seule: "J'aurai mieux fait de me tuer." Rideau.

4° er dernier – Le père baisse. Il est devenu aigri, méchant, avare. La domestique a été renvoyée et Gabrielle, mal habillée, est devenue la bonne, – frotte, *lave à terre*, ouvre la porte. Arrivée des personnages secondaires du premier acte, qui la reconnaissent et *la respectent*. Parmi eux, est son cousin, qui l'a aimée jadis d'une certaine façon, puis qui s'est marié lors du départ avec le cabotin, mais qui est maintenant veuf. Mort du père Galardy: elle se nomme à la fin, mais celui-ci a le délire et n'entend rien. Elle tombe évanouie dans les bras de son cousin – qui l'épousera plus tard.

Il me semble qu'il y a là une tragédie intime –pas d'une gaieté folle,– mais qu'on pourrait faire bien nature et très simple. Tous les types de la nouvelle sont très nets et très vrais, il n'y aurait qu'à les faire vivre dramatiquement.

A mardi soir, n'est-ce pas? Désireux de voir Massin en *Gervaise*, j'irai vous trouver dans votre loge, si votre femme peut me donner un petit coin.

Votre vieil ami

Paul Alexis

S'il n'y a pas difficulté, je voudrais bien avoir pour cette reprise, deux places pour mon cousin Reibaud, qui me les a demandées. J'écrirai à tout hasard un mot à Chabrillat, Dimanche.

1 Cette réponse à la lettre précédente n'a pas été conservée.
2 Le drame tiré de *L'Assommoir* (lettre 43, n.10) fut repris le 20 septembre 1881 à l'Ambigu. Léontine Massin y jouait le rôle de Gervaise. Cf. *Zola-Céard*, 104–5.
3 Une des nouvelles des *Six barons de Septfontaines*, que Duranty avait publiées chez Charpentier en 1878. La "Revue dramatique et littéraire" de Zola, dans *Le Bien public* du 8 avril 1878, était consacrée à l'œuvre de Duranty, surtout à un compte rendu de ce recueil de nouvelles.
   "Gabrielle de Galardy" avait déjà paru dans la *Revue de France* de mars 1876 (XVII, 802–39) et d'avril 1876 (XVIII, 59–101). Le 23 août de la même année Zola écrivait à Duranty qu'il avait été "beaucoup frappé" des nouvelles de celui-ci. "Je rêve même à une grosse affaire. Je crois qu'il y a un très beau drame dans *Mademoiselle de Galardy*" (dans M. Parturier, "Zola et Duranty," *Bulletin du Bibliophile et du Bibliothécaire*, 1948, 103). Et Duranty de répondre le 27 août: "Vos quelques mots sur un drame à tirer de Gabrielle de Galardy me trottent fort par la tête" (ibid., 105). Cf. M. Crouzet, *Duranty*, 330–1, 370–1.
4 Voir la lettre 40, n.5
5 Duranty était mort le 9 avril 1880. Ce jour-là Zola avait écrit à Alexis: "Savez-vous que Duranty est très malade? [...] Son cas est très grave, un abcès à l'anus, je crois, avec inflammation de la prostate" (*Corr.*, 545). Le 15 avril Alexis annonçait aux lecteurs de *La Réforme*: "Je croyais cette chronique théâtrale terminée, et voici que je la rouvre, étonné, stupéfait, et désolé en même temps, par la nouvelle affreuse que j'apprends: celle de la mort foudroyante de mon ami E. Duranty. Bien qu'il n'appartînt pas jusqu'ici publiquement au monde des théâtres [...], bien que la destinée imbécile vienne de foudroyer en pleine force ce romancier, ce critique supérieur, cet homme extraordinaire dont la notoriété n'était pas en rapport avec la valeur, et qui allait peut-être sortir victorieux d'une longue lutte, âpre et douloureuse, soutenue contre la sottise universelle, je puis en dire quelques mots ici, dans cette revue, où le pauvre Duranty allait entreprendre une grande étude sur '*la description dans le roman moderne*.' [...] Le triste métier qu'est le nôtre: à nos regrets et à nos larmes il faut tout de suite qu'il s'y mêle de l'encre."
   Quatorze ans plus tard, Alexis écrivait: "Si, au moins, il avait connu le succès... 'La valeur d'un écrivain –dit Duranty lui-même– n'est jamais constatée dès son début. On commence par essayer de le rayer avec les ongles, avec le bec, avec le fer, le cuivre, le diamant, toutes les matières dures et aiguës usitées dans la critique; et quand on s'est aperçu, après de longs essais, qu'il n'est pas friable et qu'il résiste, chacun lui ôte son chapeau et le prie de s'asseoir.' Lui, on ne lui a pas encore ôté son chapeau et on ne l'a jamais prié de s'asseoir – même depuis qu'il est couché. [...] Le tort de Duranty fut d'arriver trop tôt, d'être en avance d'un quart de siècle sur son temps. On ne le comprit pas. Même ceux qui auraient dû le soutenir –Champfleury, par exemple– le désavouèrent" ("Duranty," *Le Journal*, 15-XI-94).

94 [Paris] Dimanche soir [25 septembre 1881].

MON CHER AMI,

J'arriverai seulement mardi, pour l'heure du dîner. Hier, j'ai eu un double déboire. Le père Dumont m'a rendu *Tous les six mois*,[1] l'article que je lui avais présenté (la rencontre de deux vieux amis de collège, Déthez et moi!) M'attendant un peu d'avance à ce refus (l'article était tout à fait nu et sévère) j'avais eu le soin d'en faire un autre d'avance, – sur une

213

histoire que Boborykine m'avait racontée, lequel la tenait de Maxime du Camp,[2] lequel l'avait entendu raconter dans une maison publique. Bref, j'étais très content de *"Dames de charité"* –que je vous lirai– mais le vieux pornographe de père Dumont, quand je lui ai eu dit où se passait l'article, n'a pas même voulu le lire – Cela m'a fait passer une journée de découragement, mais je viens de me recoller et vais bâcler séance tenante un troisième article que je déposerai Mardi au *Gil Blas*[3] avant de prendre le chemin de fer.

En fait de journalisme, je subis une crise.[4] Le *Figaro*, le *Voltaire*, le *Henri IV* et le *Gaulois* me sont aujourd'hui fermés et le *Gil Blas* m'est à peine entrebâillé. Et mon père me paraît moins décidé que jamais à me pensionner de nouveau. Donc l'hiver va être dur à passer. Il s'annonce aussi mal que le dernier s'annonçait bien. Mais je tiendrai le coup quand même et j'arriverai bien à forcer le succès.

Votre

Paul Alexis

Vos *"adieux"* au Figaro[5] sont d'un réussi : je voulais envoyer à Magnard un article *anonyme* intitulé *"bonjour"*. Mais j'ai eu peur de ne pas mettre dans le mille et de faire de la copie perdue.

1 Cette nouvelle parut dans *Le Réveil* du 25 juin 1882 et est reproduite dans *Le Besoin d'aimer*.
2 Sur l'ancien ami de Flaubert, cf. R. Dumesnil, *Gustave Flaubert*, 108–11, et passim
3 Alexis ne donnera plus d'articles à ce journal avant 1883.
4 A cause de "l'affaire *Henri IV*" (lettres 78 à 87)
5 Le dernier article de Zola au *Figaro*, après sa campagne d'un an, parut le 22 septembre (*Une Campagne*, *O.C.*, XIV, 663–9). En parlant des 'affres' du journalisme, l'auteur des *Rougon-Macquart* affirme néanmoins que c'est "la vie, l'action, ce qui grise et ce qui triomphe." En effet, il a quelques regrets de quitter la bataille. "Quand on la [la presse] quitte, on ne peut jurer que ce sera pour toujours, car elle est une force dont on garde le besoin, du moment où l'on en a mesuré l'étendue. Elle a beau vous avoir traîné sur une claie, elle a beau être stupide et mensongère souvent, elle n'en demeure pas moins un des outils les plus laborieux, les plus efficaces du siècle, et quiconque s'est mis courageusement à la besogne de ce temps, loin de lui garder rancune, retourne lui demander des armes, à chaque nécessité de bataille" (668–9). Sur la retraite de Zola du *Figaro*, cf. également *Céard-Zola*, 211–13.

95 Paris, [lundi] 17 Octobre 1881.

MON CHER AMI,

Hier, une fois de plus dans ma vie, j'ai été un maladroit, un *myope*, un étourdi et un nigaud, en filant de Médan avec Rod[1] et en vous quittant la veille d'un douloureux anniversaire,[2] lorsque du moins, l'an dernier, je me trouvais à côté de vous. A la mélancolie et au remord que j'en ai éprouvé toute la journée, j'ai bien senti, (trop tard malheureusement pour prendre le train et arriver à temps,) que j'ai manqué à un devoir d'amitié. Je veux réparer cela autant qu'il est en mon pouvoir, en vous prouvant que j'ai été aujourd'hui avec vous au moins par la pensée, et que de loin, comme je l'eusse fait de près, j'ai pris ma part de l'affliction dont vous étiez hier déjà envahi –je m'en rends compte aujourd'hui.– Pour me prouver que vous ne m'en voulez pas, pour me relever à mes propres yeux, vous devriez me permettre de mettre le nom de votre mère sur la première page de la biographie. De plus, si votre femme voulait bien y consentir, elle me permettrait d'y placer aussi le sien, afin que cette dédicace réunisse les noms de celles qui, à elles deux, auront été toute votre vie.[3]

Votre ami

Paul Alexis

1 Edouard Rod (1857–1910) était depuis plusieurs années un grand admirateur du Maître de Médan. En 1879 il avait publié la brochure *A propos de "l'Assommoir"* (Marpon et Flammarion). Pratiquant le naturalisme dans ses premiers romans, il se tourna ensuite vers le roman psychologique et les thèses sociales. Voir M.G. Lerner, "Edouard Rod et Emile Zola. – 1. Jusqu'en 1886," *Les Cahiers naturalistes*, No.37 (1969), 41–58; id., "Edouard Rod and Emile Zola. – 11. From *La Course à la mort* to Dreyfus," *Nottingham French Studies*, VIII (1969), 28–39; id., "Edouard Rod et Emile Zola. – 111. L'Affaire Dreyfus et la mort de Zola," *Les Cahiers naturalistes*, No. 40 (1970), 167–76.
2 La mère de Zola était morte le 17 octobre 1880 (lettre 69, n.13).
3 "Vous êtes tout pardonné, mon ami, répondit Zola le 18 octobre. Dans mes grandes tristesses, j'aime à être seul. Votre idée de dédier la biographie à ma mère et à ma femme me touche beaucoup. Il faudra trouver une formule simple et heureuse" (*Corr.*, 562–3).
   La dédicace d'*Emile Zola, notes d'un ami* est formulée ainsi: "A la mémoire/de/Madame François Zola/et à/Madame Emile Zola/en respectueux hommage."

96 [Paris] Mercredi soir 1er [pour 30] Ne.[18]81

MON CHER AMI,

J'ai reçu hier soir les 5 premiers placards de la biographie (environ le premier quart.) Ce n'est pas mal imprimé et je vois qu'ils marcheront vite. Seulement, je trouve que c'est bien compact; comparez avec le caractère de *Nana*: c'est exactement le même. Donc 33 lignes à la page aussi! Outre que la biographie proprement dite, alors, atteindra à peine 200 pages,[1] elle perdra beaucoup selon moi, le *compact* du roman convenant mal à ce genre. Regardez celle d'Alfred de Musset[2] qui n'a que 24 lignes.

Sans tomber dans cet excès, ne pourrait-on point ne pas dépasser 28 ou 29 lignes à la page. Si vous êtes de cet avis, et si vous croyez qu'il en soit temps encore, *vous devriez bien en toucher un mot à Viéville*.[3]

Ayant voulu faire aujourd'hui 2 pages de *Madame Cœuriot* tout de même, je n'ai pu corriger que le premier placard, que je vous envoie.[4] Les autres vont suivre à intervalles rapides. Pour gagner du temps, je vous les enverrai un par un, à mesure. Je vous conjure de pousser la complaisance, jusqu'à revoir tout, absolument comme si c'était pour vous. Et, lorsque mes corrections ne vous paraîtront pas justes, n'en tenez aucun compte: vous avez pleins pouvoirs. – D'ailleurs, vous allez peut-être dire encore que "je me gobe" : mais ma récente impression n'est pas mauvaise. J'espère que nous allons avoir un bouquin très chic.

C'est au point que, surexcité, j'ai depuis *jeudi* 24, fait *20 pages* de *Mme Cœuriot*. Mon premier chapitre a donc déjà 32 pages ; il en aura de 40 à 50. Je commence à y voir plus clair et à sortir de la paralysie ahurie du début. J'irai vous le lire une après-midi, dès qu'il sera fini. Enfin, depuis mon retour,[5] je ne bouge de chez moi que le soir à 7 ou 8 heures – et je travaille comme un bœuf. Si cela continue, vous verrez que, en moins d'un an, j'aurai quelque chose à flanquer par la gueule à tous les idiots auprès desquels je suis, paraît-il, déjà si impopulaire.[6]

Cy joint la recette du "fameux gâteau", pour votre femme à qui je serre cordialement la main, ainsi qu'à vous mon défenseur quand même.

Votre

Paul Alexis

P.S. Mon frère Ambroise vient enfin d'être nommé ingénieur à la Grande Combe,[7] avec 2400 F, plus le logement, chauffage et éclairage : bon augure pour repincer une pension du paternel.

Par mégarde, j'avais mis dans mon sac le peigne de la chambre des amis à Médan :[8] je vous le rapporterai sans lui faire d'enfants.

Un article de Bourget, sur le *Bœuf nature*[9] était aimable pour vous. (Une lacune de la biographie, le *Bœuf nature*.)

Un article du même sur *Beaudelaire*, paru dans la "Revue de mad. Adam", a été reproduit tout au long dans la *France*.[10]

Pas de nouvelles de Maupassant. Tenté hier soir d'aller le voir, je me suis retenu : je veux disparaître à tous, afin de me refaire une virginité.

Bonne santé et bonne bâtisse,[11] ô mon lord !

1 La partie biographique d'*Emile Zola, notes d'un ami* est de 227 pages, avec vingt-neuf lignes à la page. En y ajoutant les vers inédits de Zola, l'ouvrage a 338 pages.
2 La *Biographie de Alfred de Musset, sa vie et ses œuvres* par Paul de Musset (Charpentier 1877) avait eu plusieurs éditions, dont une en 1881.
3 Employé aux éditions Charpentier. – Le 2 décembre Zola répondait : "Nous ne sommes pas les maîtres de la mise en pages. Charpentier ne veut évidemment pas dépasser dix feuilles, trois cent soixante pages ; et si nous ne voulions pas un volume serré, c'était à nous de lui donner moins de matière" Il n'y a donc pas à intervenir, d'autant plus que la moitié du livre est composée" (lettre inédite [copie], coll. H. Mitterand).
4 "Ne tardez pas à m'envoyer les épreuves corrigées, car je ne suis pas le maître de mon temps, comme vous le savez, et je désire profiter de mes moments perdus. Je retournerai directement les épreuves à l'imprimerie. D'ailleurs, vous reverrez les épreuves en pages" (ibid.).
5 De Médan
6 Il s'agit toujours des suites de "l'affaire *Henri IV*" (lettres 78 à 87).
7 La Grand'Combe (Gard), dans le nord du bassin d'Alès, était à cette époque-là une commune d'environ 12.500 habitants, et possédait des mines de houille importantes.
8 "Outre l'ancienne maisonnette de paysan, rendue méconnaissable et augmentée d'une

grande bâtisse carrée qui ressemble à une tour, il a fait bâtir un pavillon qui contient des chambres d'ami, souvent occupées" (E.Z., 190).

9 "Dîners de gens de lettres," *Le Parlement*, 24-XI-81. Voir la lettre 28, n.3

10 *La France* du 30 novembre 1881 avait publié: "Psychologie contemporaine. Notes et portraits. Charles Baudelaire," article qui avait paru d'abord dans la *Nouvelle Revue* de Juliette Adam (numéro du 15 novembre 1881, XIII, 398–416). L'étude est reproduite dans *Essais de psychologie contemporaine* (Lemerre 1883), 3–32.

11 "Il avait acheté la petite maison [à Médan] neuf mille francs. Une bagatelle! La petite maison tenait de la ferme, et le jardin était grand comme un mouchoir. Quelques semaines après, les maçons, les peintres, les tapissiers y entraient pour préparer un premier aménagement. Ils n'en sont plus sortis! C'est que, après leur avoir fait réparer la petite maison, Zola leur en a fait construire une grande, appropriée à ses besoins professionnels, à son goût du confortable, à sa passion unique: le travail. Cette seconde maison, il est vrai, décupla au moins le prix d'achat" (E.Z., 186–7).

97 [Paris] Jeudi 8 Déc^e 1881

MON CHER AMI,

Votre lettre,[1] que l'on m'a montée ce matin, m'a fait passer une journée inquiète.

Lundi soir, j'ai mis à la poste les placards *6 et 7*.[2]

Mardi, les placards *8, 9 et 10*.

Enfin hier *mercredi, les 11, 12 et 13*.

Donc, en trois jours, 8 placards! Je ne suis arrivé à ce résultat qu'en lâchant Mme *Cœuriot*.

Aussi votre lettre m'a fait frémir. Que s'est-il passé? Y a-t-il eu un simple retard de la poste? Mes envois seraient-ils allés se promener à Grand-camp.[3] Ou bien, les épreuves seraient-elles égarées, par suite d'accident aux bandes, ou d'affranchissement insuffisant? Faudrait-il recommencer à nouveau une partie du travail déjà fait? Enfin, vous m'avez donné le trac: rassurez-moi bien vite.

D'ici à samedi soir, 10, j'aurai tout mis à la poste, et, si le service postal est bien fait, vous aurez tout reçu dès *le dimanche 11*.

Et encore, cette après-midi, j'ai dû me déranger pour courir à la rue Grenelle St Germain.[4] Viéville m'en avait écrit bien une autre: "Nous recevons les épreuves corrigées de M. Zola et pas les vôtres! etc. etc." Les étourdits avaient cru que j'étais mort ou endormi. Voilà ce que c'est que d'avoir une "mauvaise réputation!" Si mauvaise, que je dois valoir mieux qu'elle.

Tenez! une peur me vient maintenant: dans mon envoi de lundi soir je me souviens d'avoir intercalé le *spécimen*, que j'étais allé prendre chez Capiomont,[5] et dans la marge duquel je vous ai écrit les mots "trop compact" pour la prose et "trop blanc" pour les vers. Si la poste, considérant ça comme une infraction au règlement, avait intercepté les placards *6 et 7*? Voilà où j'en suis! Rassurez-moi vite, s'il y a lieu.

Mes amitiés à vous deux

Paul Alexis

P.S. Hier, reçu la visite de Béliard qui vous envoie le bonjour. Sa femme va mieux. Et ils rêvent, l'un et l'autre maintenant, de se parisianiser.[6]

Hier également, chez mon cousin, j'ai dîné avec Mlle Marie Julien:[7] une névrosée, ayant le délire de la persécution de Koning, qui aussi peut avoir du talent. Seulement, trop petite: de la taille, mais pas de jambes. Selon l'expression de ma... cousine, l'amie de Sarah B[ernhardt]. "Marie Julien joue à genoux!"

Chez Capiomont, l'autre jour j'ai su qu'un *premier specimen* avait été présenté à la librairie, avec les vers plus compacts (le volume seulement n'avait alors que 9 feuilles) On a eu le tort de ne gagner la 10ᵉ feuille qu'en blanchissant les vers tout seuls. Ce ne sera pas beau typographiquement, mais tant pis! l'important c'est le fond et l'ensemble. Quand vous aurez fini à votre tour, vous me direz votre impression, – la seule à laquelle je tienne réellement.

1 Lettre non conservée
2 Voir la lettre précédente
3 On se rappellera que Zola y avait passé ses vacances d'été.
4 Les éditions Charpentier se trouvaient au numéro 13 de cette rue.
5 E. Capiomont dirigeait une imprimerie, avec V. Renault, dans la rue de Poitevins, numéro 6.
6 Le peintre Edouard Béliard habitait toujours Etampes.
7 L'actrice Marie Jullien avait commencé ses études théâtrales fort tard, sur les conseils d'Alexandre Dumas fils. Elle débuta à l'Odéon en 1878 et entra au Gymnase en 1881. A partir de 1882 elle disparut des affiches.

98 [Paris] Dimanche matin 11 D.ᵉ [18]81

MON CHER AMI,
Merci de m'avoir rassuré.[1] Hier soir, je vous ai adressé la fin. Ne renvoyez pas tout de suite le placard *14*: ce soir ou demain, je vous enverrai une page ou deux sur *le Bœuf nature*, à y intercaler, entre "le dîner des auteurs sifflés" et l'histoire de la formation du petit groupe "des cinq."[2] Bien entendu, quand vous aurez revu et, agréé le morceau, – et retapé.
Quant à la note au bas de la page que je vous ai soumise, relativement aux injures reçues par nous 5 et icelles reçues par moi en Juillet,[3] je vous conjure, si les termes ne vous en plaisaient pas, de les remplacer par d'autres, mais *de mettre toujours quelque chose, en note ou dans le texte*. Je me souviens de l'attitude de Céard, inspiré par Huysmans, en cette circonstance; et il m'en coûterait de ne pas préciser, et de prêter à une équivoque en ayant l'air de vouloir confondre mon cas avec le leur, c'est-à-dire *de les contraindre malgré eux à une solidarité* qu'ils ont absolument repoussée en Juillet 1881.
—La littérature, disaient-ils, n'est pour rien dans votre affaire... Bonsoir!
Eh bien! moi, je soutiens que si. Je ne leur en veux pas, car je ne suis pas rancunier. Seulement, exécuté *tout seul, sans eux*, en cette circonstance, je ne veux pas les compromettre plus qu'ils n'ont désiré l'être.

Voilà le fond de ma pensée. Si vous en modifiez l'expression... que ce soit plutôt pour l'accentuer.

2° N'y aurait-il pas à ajouter une phrase, sur *Nana* – pièce?[4]

3° Si Bourget est allé chez Flaubert, le nommer à côté de Bouchor, dans l'énumération. Cladel[5] y allait aussi... mais lui, zut! faut pas le nommer.

Une idée me vient. Si j'allais voir Lanessan[6] – ou même de Cyon – afin de leur proposer un portrait de vous (x. *L'homme*,[7] arrangé pour le journal, en supprimant quelques lignes?) Si oui, ne vaudrait-il pas mieux que je gardasse l'anonyme, pour ne pas déflorer le livre? Votre avis?– Excusez l'importunité de votre vieux fidèle, qui est un peu fiévreux, mais qui va se calmer dans *Madame Cœuriot*.

Paul Alexis

Hier soir, rencontré Maupassant (et sa suite: Mézeroi.)[8] Il compte aller vous voir. Très affable! M'a invité à dîner pour la semaine prochaine. N'a vu encore ni Huysmans, ni Céard, mais se dit très occupé.

1 Voir la lettre précédente. Encore une fois la lettre de Zola n'a pas été conservée.
2 Le "dîner du Bœuf-nature" n'est pas mentionné dans la biographie.
3 Lors de "l'affaire *Henri IV*." Il n'y a pas d'allusions à cette polémique dans le texte du volume.
4 Voir la lettre 71, n.7
5 Le romancier Léon Cladel (1835–92) peignait surtout, d'un style vigoureux et coloré, les mœurs paysannes. Céard lui consacra un article dans *Le Voltaire* du 27 juillet 1879 ("Un cas de pathologie littéraire"). Cf. également *Les Romanciers naturalistes*, *O.C.*, XI, 242–4 pour l'opinion de Zola sur cet écrivain.
   Ni le nom de Cladel ni celui de Bourget ne sont cités parmi les assidus des dimanches de Flaubert dans la biographie (179–80).
6 Jean de Lanessan (1843–1919) était le directeur politique du *Réveil*. De 1881 à 1891 il fut également député radical de la Seine.
7 Alexis se trompe sur le numéro du chapitre: c'est le chapitre XI dans le volume imprimé.
8 C'est-à-dire René Maizeroi (lettre 75, n.8)

98 [Paris] Mercredi soir [14 décembre 1881],

MON CHER AMI,
Peut-être avez-vous raison: en tout cas, inutile de vous dire que je m'incline à votre volonté.[1]

Voici la première feuille,[2] reçue hier soir; et n'ayant pas d'instructions nouvelles, je me hâte de vous la renvoyer. J'ai soigneusement reconnu si nos corrections étaient bien faites, et j'ai découvert de nouvelles petites broutilles.

Je me tiens tranquille. Tout pour et par *Madame Cœuriot*, à laquelle je viens de me remettre.

Si j'avais eu l'idée de faire paraître le portrait (Ch. XI) c'est que vous me l'aviez vous-même conseillé le soir où je l'avais lu, devant Rod. Mais votre dernier avis est le meilleur : il vaut mieux ne rien déflorer, et passer à d'autres exercices.

Votre raisonnable

Paul Alexis

1 Alexis avait proposé à son ami de publier le chapitre XI ("L'homme") de la biographie séparément comme article dans un journal (lettre précédente). Apparemment Zola n'était pas d'accord.
2 D'*Emile Zola, notes d'un ami*. Voir les lettres 96 à 98

100 [Paris] Vendredi, 30 Déc^e [18]81

MON CHER AMI,

Je m'étais bercé de l'espoir de venir coucher le 31 Déce^e à Médan, avec mon 1er chapitre[1] terminé. Hélas! rien n'arrive! J'ai travaillé. Mon chapitre a *plus de cinquent pages*, mais il n'est pas terminé. Pour *me punir*, je n'irai que quand il le sera, passer une journée avec vous. Et je me vois obligé de confier au papier tous les vœux de bonheur que je forme pour vous deux.

Je vous ai envoyé *ma* fin des épreuves.[2] J'ai reçu ce soir la fin générale. Ces bougres-là nous ont *volé* 60 pages!!!

Tant pis! j'ai bon espoir, malgré le mauvais présage de ce four typographique. Vos vers, que j'ai lus, font un effet épatant. Et la dernière pièce,[3] que 'j'ignorais, est très heureuse. Le vieux Baudelairien que j'ai été,[4] ne faisait pas de vos vers lus en manuscrit, tout le cas dont ils sont dignes. Mais, maintenant, je les comprends et les gobe tout à fait: résultat de "la lettre"[5] qui allume absolument votre lanterne poétique.

Vive la passion, décidément! Mon objectif est de calmer les miennes, pour en répandre le suc dans une belle œuvre. J'espère que le début que vous lirai sous peu, en contiendra déjà quelques gouttes.

Une conviction qui m'est venue, à la suite de votre préface d'*Une campagne*,[6] et à l'occasion d'un canard inutile, sans intérêt, dont j'ai vu le lendemain, le premier numéro, sous ce titre: *la comédie humaine*!!![7] En ne pas faisant la nôtre, l'an dernier, nous, les jeunes des *Soirées de M.*, nous nous sommes suicidés en tant que groupe. Oui! suicidés! Nous n'avons pas été à la hauteur! pour une raison ou pour une autre. Résultat: dix ans de retard pour ceux d'entre nous qui aurons réellement quelque chose. D'ailleurs, il est peut-être idiot de croire en un groupe. Heureux celui qui, comme vous, pourra compter sur soi, uniquement.

Votre

Paul Alexis

Je mettrai demain sous bande pour vous les placards des vers, que l'imprimerie a eu l'inintelligence de m'envoyer.

Déjeuner avant hier avec Béliard. J'irai travailler un mois chez lui, –après le bouquin lancé,– comme pensionnaire, comme j'y fus une fois il y a quatre ans.[8]

1 De *Madame Cœuriot*
2 De la biographie. Voir les lettres 96 à 99
3 La dernière pièce de poésie écrite par Zola, selon une note au bas de la page 333, s'intitule: "A mon dernier amour" (*E.Z.*, 333–6).
4 Voir l'Introduction, 6–8
5 C'est-à-dire la lettre-préface de Zola, datée du 1er décembre 1881, qui précède les vers inédits du romancier (*E.Z.*, 231–3). Cette lettre est reproduite dans *Théâtre et Poèmes* (*O.C.*, xv, 855), dont voici un extrait: "Si [...] mes vers doivent servir ici à quelque chose, je souhaite qu'ils fassent rentrer en eux les poètes inutiles, n'ayant pas le génie nécessaire pour se dégager de la formule romantique, et qu'ils les décident à être de braves prosateurs, tout bêtement."
6 La préface que Zola écrivit pour son volume d'articles critiques parus au *Figaro* (1880–1) porte la date du 15 janvier 1882: "On m'a reproché ma passion. C'est vrai, je suis un passionné [...]. Ma faute est là, même si ma passion est haute, dégagée de toutes les vilenies qu'on lui prête. [...] N'est-ce donc rien, la passion qui flambe, la passion qui tient le cœur chaud? Ah! vivre indigné, vivre enragé contre les talents mensongers, contre les réputations volées, contre la médiocrité universelle! [...] Se sentir la continuelle et irrésistible nécessité de crier tout haut ce qu'on pense, surtout lorsqu'on est le seul à le penser, et quitte à gâter les joies de sa vie! Voilà quelle a été ma passion, j'en suis tout ensanglanté, mais je l'aime, et si je vaux quelque chose, c'est par elle, par elle seule!" (*O.C.*, xiv, 432)
7 Journal hebdomadaire, "littéraire, politique, théâtre, beaux-arts." Rédacteur en chef: F. de Gantès; secrétaire de la rédaction: P. Lordon; administrateur: F. Roussel. Onze numéros parurent entre le 24 décembre 1881 et le 4 mars 1882. – Pour *La Comédie humaine*, le journal "mort-né" des Naturalistes, voir les lettres 67, 69 et 70.
8 Voir la lettre 37

101 [Paris] Mercredi 1er Février [1882]

MON CHER AMI,

Rassurez-vous. Lorsque votre carte[1] m'est arrivée aujourd'hui, j'arrivais de faire ma publicité chez Charpentier[2] – un mot d'Hennique[3] m'avait convoqué pour ce matin.

Bien froid Hennique! Bien sobre et fermé sur le bouquin, qu'il a déjà lu pourtant. Et, en faisant la publicité, il m'a "agacé." Si je l'avais écouté, je n'en aurais envoyé à personne. Je viens de m'apercevoir de beaucoup d'oublis; et je vais retourner demain rue Grenelle[4] pour les réparer.

Charpentier, lui, au contraire, très sympathique et affectueux. A lu le livre en épreuves, et m'a félicité chaleureusement.

Enfin le père Viéville m'a garanti "qu'on retirerait." Je crois sentir un succès.

En somme, mon bon ami, je suis très heureux et très ému. C'est à vous que je dois cela. Je viens de passer deux heures à flairer et à relire le bouquin: douze ans de notre vie en commun sont contenus là-dedans. Par exemple, je suis bien content que vous n'ayez pas biffé les deux ou trois passages, selon vous poétiques et déparant l'ensemble. Vous m'auriez châtré. Voyons!

rappelez-vous: vous étiez "des passionnés." Eh bien! à coup sûr, la biographie, telle qu'elle est, est moins froide.

Maintenant attendons, et travaillons.

J'ignore encore le jour où je pourrai aller vous lire mon premier chapitre[5] qui a 56 pages déjà, et *n'est pas fini*. J'en suis honteux, et confus. Mais je veux me contenter quand même, et je n'ai jamais rien autant travaillé: je suis dans une cave douloureuse; ce n'est que quand je vous aurai lu mon chapitre, que s'ouvrira peut-être un soupirail.

Mes amitiés à votre femme. Je vous ai adressé un volume aujourd'hui, de la librairie: j'ignore si mes recommandations d'envoi immédiat auront été suivies.[6]

Votre "trop passionné"

Paul Alexis

Très chic le procès-réclame Duverdy.[7]

Et très heureux qu'une semaine de retard ait empêché notre bouquin de tomber dans la chute du grand ministère.[8]

1 Carte non conservée
2 *Emile Zola, notes d'un ami* paraîtra aux éditions Charpentier le 4 février. Voir les lettres 96 à 100.
3 Léon Hennique fut lecteur chez Charpentier du début de 1880 jusqu'à la fin de 1882.
4 Voir la lettre 97, n.4
5 De *Madame Cœuriot*
6 Voir la lettre 103, n.1
7 *Pot-Bouille* parut en feuilleton dans *Le Gaulois*, du 23 janvier au 14 avril 1882. Quelques jours après la parution du premier feuilleton, un certain Duverdy, avocat à la Cour d'appel, demanda la suppression du nom du personnage Duverdy, conseiller imaginaire à la Cour d'appel. Après avoir refusé, Zola fut assigné à comparaître devant le Tribunal de la Seine. Le jugement défavorable, rendu le 15 février 1882, obligea le romancier à changer le nom de Duverdy en celui de Duveyrier.
   "Duverdy est un fier imbécile [...] dans son genre! écrivait Huysmans à Zola le 1er février. [...] C'est vraiment monstrueux de songer qu'on ne peut plus mettre, sous peine de procès, un nom dans un roman!" (*H.-Z.*, 78) Cf. également les lettres que Zola envoya au directeur du *Gaulois*, Elie de Cyon, à propos de cette polémique (*Corr.*, 568–83). On trouvera un excellent résumé de toute l'affaire dans *Rougon-Macquart*, III, 1625–9.
8 Le ministère Gambetta tomba le 26 janvier. Il fut suivi de celui de Freycinet (lettre 219, n.7).

102 [Paris] Vendredi soir, 3 Février [1882].

MON PAUVRE AMI,

Désolé! tout va mal! A 6 h[es], aujourd'hui, poussé par un pressentiment j'ai été voir Gille au *Figaro*.[1] Il ne savait rien; mais il a envoyé le garçon prendre l'épreuve du Supplément: les idiots n'y ont mis absolument que votre lettre,[2] – ce que Gille aurait été enchanté de mettre lui-même dans ses Echos, m'a-t-il dit, si vous lui en aviez parlé. Et il m'a conseillé de faire passer ma carte à Magnard; mais celui-ci venait de partir, Périvier aussi.

Gille ne pouvait rien prendre sur lui. Il était trop tard! Voilà la publicité du *Figaro* à moitié manquée. Enfin Ph. Gille, pour me consoler, m'a promis de nombreuses citations de vos vers et de ma prose dans son prochain bulletin bibliographique.[3]

Dans ma désolation, j'ai porté un écho au *Gil Blas*, j'ignore s'il le mettra.[4]

Et le *Gaulois*?[5] Vous savez qu'ils n'ont plus de supplément littéraire!... Bonsoir, mon cher ami. Je vais passer une nuit mélancolique.

Votre fidèle

Paul Alexis

1 Au sujet de la publicité de la biographie. Voir la lettre précédente
2 La "lettre-préface" de Zola (lettre 100, n.5) fut reproduite dans le Supplément du *Figaro* du 4 février 1882.
3 Il ne tint pas cette promesse.
4 Dans le *Gil Blas* daté du 5 février on pouvait lire, sous le titre "Petites nouvelles," l'écho qui suit: "Un comble! Emile Zola... poète!! Plus de deux mille vers inédits de de l'auteur de *Nana*!!! Tel est le 'clou' du volume qui paraît aujourd'hui chez Charpentier, sous ce titre: *Emile Zola, notes d'un ami*, par notre confrère Paul Alexis."
5 Ce fut Maupassant qui annonça la publication de la biographie dans la rubrique "Les livres" (*Le Gaulois*, 7 février): "L'auteur, M. Paul Alexis, se gardant de toute appréciation personnelle, a tenu simplement à faire connaître l'homme tel qu'il est, ses débuts, ses peines, son œuvre enfin. C'est avec le plus grand intérêt que le lecteur verra ce qu'il a fallu de travail, de fermeté de caractère, d'opiniâtreté pour vaincre les difficultés sans nombre du début et devenir l'écrivain le plus attachant, le plus populaire et le plus en vue de notre époque. C'est un intéressant volume que chacun voudra lire, surtout au moment où Emile Zola commence la publication de son nouveau roman: *Pot-Bouille*."

103 [Paris, mercredi 15 février 1882]

MON CHER AMI,

Votre bonne lettre[1] m'a fait plaisir. Voici quelques informations autour de notre bouquin (Pardon! de ne pas vous les porter moi-même, mais je sais que vous allez venir et je me sens comme rivé ici: un effet tout particulier du volume dans les étalages, des journaux à guetter au passage, (souvent pour rien etc.))

1º *Articles*. Outre ceux que vous connaissez, et celui de Drumont[2] que je vous ai envoyé, dans le *Charivari*: *Le panthéon Zola*,[3] deux lignes insignifiantes; dans le *Tintamarre*: *le Paon de Médan*,[4] quinze autres lignes, non moins insignifiantes –les deux ne valent pas l'achat du numéro– enfin ceci: dans l'article de Lapommeraye au "*Paris*",[5] sur la pièce de Busnach, quelques lignes inouïes, où il me taxe d'ingratitude: "Je nie la critique et *je n'en disais pas autant la veille et le lendemain* de ma piécette du Gymnase." Enfin du Lapommeraye enragé: un comble! Ce qui m'a fait encore le plus de plaisir, c'est l'entre-filet de Cameroni,[6] me comprenant et me promettant un grand article: vous avez dû recevoir *il Sole* avec la magnifique réclame sur *Pot-Bouille*.

Demain jeudi, je vais guetter l'article hebdomadaire de Bourget[7] et celui de Delpit...[8] qui m'a dit "qu'il ne pouvait plus, maintenant, éreinter les naturalistes" et à qui j'ai envoyé le bouquin avec cette dédicace: "*à Albert Delpit – Paul Alexis.*"

Quant aux "chroniqueurs", je ne crois pas qu'ils donnent signe de vie, malheureusement.[9] (Wolff, notamment, l'aurait dit à Champsaur.)

2° *Lettres* – Fort peu. Une carte de Goncourt avec deux lignes – Deux billets aimables des peintres Manet et Guillemet.[10] Un aussi de Valabrègue, très touché et content. Une lettre très affectueuse pour vous de votre ami Baille,[11] avec une réserve littéraire. Et c'est tout, avec une lettre de Huysmans[12] assez curieuse (que je vous ferai lire avec les autres) et qui blâme fort les vers, et le livre lui-même, qu'il trouve "pauvre de documents" – il eût rêvé lui, un "*Emile Zola*" à la Gavarni-Goncourt.[13]

3° *Les petits naturalistes.* – Sauf Huysmans, (à qui je venais d'écrire très aimablement sur *A vau l'eau*)[14] un silence général, que j'interprète par la froideur et le mécontentement. Pas un mot, pas une visite, pas une ligne imprimée. La même solitude qu'au moment terrible de ma querelle avec les chroniqueurs. Pourtant, cette fois, *n'est-ce pas de la littérature?*[15] Je veux pourtant espérer encore en Céard[16] et en Maupassant, qui, peut-être, se réservent pour me faire un article. Et encore, non! Maupassant, lui, a peut-être pris les devants et annoncé le livre,[17] pour ne pas avoir à en parler. Quant à Céard, il est trop dur envers "le pion Musset!"[18] pour aimer beaucoup notre bouquin. Enfin, nous verrons bien. Outre Hennique, je n'ai vu que Rod, à deux ou trois reprises, qui m'a paru aussi bien froid et m'a dit chaque fois d'un air pédagogique "Que de choses j'ai à vous reprocher? –Mais quoi?... voyons: quoi?" –Ah! quoi! voici: ceci seulement. Pour Rod, mon livre est "plein de détails oiseux," – le contraire d'Huysmans, qui, lui, le trouve "pauvre de documents." Et le passage où je résume votre vie et mon travail en une phrase – dont je reprends ensuite chaque membre,[19] "c'est mortellement lourd!" Eh! zut! Trois fois zut! Ils commencent à m'emmerder, tous. Ils sont en train de me faire croire que j'ai décidément fait quelque chose de très bien. D'ailleurs vous me l'avez dit, vous! Vous seul! Eh bien! c'est assez et ça me suffit.

D'ailleurs tout cela est passé. *Madame Cœuriot* ou la mort! Je m'y suis remis aujourd'hui, et je vais rageusement réparer le temps perdu.

Si vous prolongez votre séjour à Médan au delà du 20, faites-le-moi savoir, et j'irai. Sinon, à bientôt, ici. Toutes mes amitiés à votre femme et à vous.

Paul Alexis

---

1 "Charpentier ne m a envoyé votre livre [la biographie] qu'hier matin, écrivait l'auteur de *Pot-Bouille* le 7 février, et j'ai passé la soirée à le relire en partie. Il est décidément très bien. C'est ici l'opinion d'un critique difficile, dégagé de tout jouissance personnelle. Les journaux pourront affecter de ne pas s'en occuper, soyez persuadé que cette étude vous sera comptée et qu'elle vous fera honneur tôt ou tard.

"Maintenant j'ai grand peur que mon impopularité jointe à la vôtre ne nuise fort pour le moment au retentissement du bouquin. Non seulement on ne veut pas me faire de réclame, mais on veut peut-être moins encore en faire au *Gaulois*. Enfin, je vous le répète, ne vous occupez pas de cela. L'œuvre est bonne, voilà l'important. Elle aura son succès. Travaillez" (*Corr.*, 574).

2 Edouard Drumont (1844–1917) collabora à *L'Univers*, au *Nain jaune*, à la *Liberté* et au *Monde*. En 1892 il fonda *La Libre Parole*, qui devint violemment anti-dreyfusarde (lettre 221). Le 11 février 1882 Drumond publia une critique de la biographie d'Alexis dans la *Liberté*, sous le titre de "Hommes et Choses" (app. J:2).

3 Article de Paul Girard, dans le numéro du 9 février: "Plus heureux que l'église du Sacré-Cœur de Montmartre, qui a grand'peine à sortir de terre, le Panthéon Zola s'élève majestueux. Il a eu pour Soufflot M. Paul Alexis, disciple fervent, séide incandescent. Nous ne nous attarderons pas à examiner l'édifice. La décoration en est bien simple. Rien que ces mots répétés sur tous les murs: – *Zola est fort! Zola est grand! Zola est sublime!*

"Mais le Panthéon Zola a une annexe, voilà l'imprudence. A la suite du volume, la couverture promet des vers inédits de M. Zola. Et la promesse est tenue, voilà le malheur. Impossible de descendre plus bas au-dessous du zéro poétique. C'est médiocre, plat, chevillé; c'est le néant du néant. Peut-on jouer un aussi abominable tour à une idole! [...]"

4 Paru dans le numéro du 12 février et signé "Grandgousier": "*Emile Zola poète!* Telle est la révélation qui nous est faite dans un volume que publie le jeune disciple Paul Alexis sur les oeuvres de jeunesse du maître. [...] Romancier, auteur dramatique et poète, M. Emile Zola peut être appelé à juste titre l'homme-orchestre de la littérature! Il ne manque plus qu'une chose à *Crème de Modestio*, c'est de se faire sculpteur pour s'élever lui-même une statue!!!"

5 Dans sa chronique théâtrale du 12 février le critique littéraire et dramatique Henri de La Pommeraye (1839–91) fait une brève mention de la biographie: "Dans son livre sur la vie de M. Zola [...], M. Paul Alexis conclut *qu'il n'y a pas actuellement de critique en France*. On pourrait faire humblement remarquer à M. Alexis qu'il n'a pas eu l'air de penser de cette sorte la *veille* de la première représentation de sa comédie [*Celle qu'on n'épouse pas*] jouée au Gymnase, en 1879, et que ce n'est pas non plus ce qu'il a dit au lendemain de cette représentation, alors que nous avons loué son œuvre. Il a trouvé alors qu'il y avait une critique très intelligente, puisqu'elle faisait cas de lui. Mais ce sont là contradictions communes à beaucoup, et nous sommes rompus à ces procédés dégagés." Suit un compte rendu de *La Marchande des quatre saisons*, pièce populaire en cinq actes et huit tableaux, par W. Busnach, représentée à l'Ambigu le 10 février.

6 Le publiciste et critique littéraire italien Felice Cameroni (1844–1913) collaborait à *Il Sole* et à *La Farfalla*, où il répandait le mouvement naturaliste français en Italie. Le 27 janvier 1882 il avait consacré sa chronique "Rassegna bibliografica" d'*Il Sole* à *Pot-Bouille*. Deux mois plus tard (le 25 mars) il fit le compte rendu de la biographie d'Alexis et d'*Une Campagne* de Zola (G.C. Menichelli, *Bibliographie de Zola en Italie*, 55).

Le 22 février 1884 Alexis-Trublot lui fit une réclame dans sa chronique "A Minuit" du *Cri du Peuple*: "Une poignée de main à l'ami F. Cameroni, rédacteur en chef du journal *Il Sole* (le *Soleil*), à Milan. Ce passionné des lettres françaises, non seulement lit mes 'Trublot', qu'il appelle dans sa langue harmonieuse: *quotidiana revista di mezzanotte del Cri du Peuple,* mais ne manque pas une occasion de nous défendre, de nous prôner, de nous répandre en Italie, nous et nos livres. Pour cette fois et pour les autres, au nom *del grande artista rivoluzionnario l'autore del Vingtras*, Enfant, Bachelier, Insurgé, au nom aussi de '*la Fin de Lucie Pellegrin* [...] di Alexis.' – Cordialement merci." Sur cet écrivain italien, cf. *Huysmans-Zola*, 50; R. Ternois, *Zola et ses amis italiens*, 35–50, 135–47.

7 Paul Bourget passa sous silence l'ouvrage d'Alexis dans sa chronique du *Parlement*.

8 Sous le titre de "Notes sur Paris" Albert Delpit écrivit le 3 mars 1882 dans le journal *Paris*: "On lit les lignes suivantes, dans le volume intitulé: *Emile Zola, notes d'un ami* [...]. 'Dans sa première enfance il avait presque un défaut de langue: moins un bégayement caractérisé que de la paresse à prononcer certaines consonnes, le *c* et le *s*, principalement qu'il prononçait: *t*: *tautitton* pour saucisson. Un jour pourtant, vers quatre ans et demi, dans un moment d'indignation enfantine, il proféra un superbe: *cochon!* Son père ravi lui donna cent sous...' Je comprends maintenant pourquoi M. Emile

Zola est un cochon de lettres. C'est un souvenir d'enfance! Il a gagné de l'argent avec ce mot-là quand il était petit: il a voulu continuer!"

9 Par suite de "l'affaire *Henri IV*" (lettres 78 à 87)

10 Ce même mercredi 15 février un autre peintre, Paul Cézanne, écrivait à Alexis au sujet de la biographie: "Je te remercie [...] bien vivement pour les bonnes émotions que tu me donnes au rappel des choses du passé. Que te dirai-je en plus. Je ne te dirai rien de neuf en te disant quelle pâte merveilleuse se trouve dans les beaux vers de celui qui veut bien continuer à être notre ami. Mais tu sais que j'en tiens. Ne le lui dis pas. Il dirait que je suis dans la mélasse. – Ceci entre nous et bien bas" (P. Cézanne, *Correspondance*, 186–7).

11 L'Aixois Jean-Baptistin Baille (1841–1918) avait été, avec Cézanne et Zola, un des "trois inséparables," lors des années d'enfance que celui-ci avait passées à Aix-en-Provence. Devenu ingénieur et ne partageant guère les goûts littéraires de Zola, Baille ne fréquentait presque plus son ami. D'après Alexis, l'ancien camarade de Zola était à ce moment-là "professeur à l'Ecole polytechnique et adjoint au maire du XIᵉ arrondissement" (*E.Z.*, 30). Le romancier fit de lui l'architecte Louis Dubuche de *L'Œuvre* (*Rougon-Macquart*, IV, 1359, 1365–6).

12 Dans cette lettre inédite, qui ne porte pas de date, l'auteur d'*A vau l'eau* fait la critique du livre sur Zola qu'il concevait autrement et fait l'éloge de *La Fin de Lucie Pellegrin*. "Nous voulons du vivant nous autres et peu nous importe que la pudibonderie des imbéciles s'en effarouche et hurle à l'immoralité. Connais pas d'abord l'immoralité et peu m'en soucie." Il fait ensuite le récit sommaire d'une nuit passée dans un taudis, mais la femme a racheté la misère de l'endroit (coll. P. Lambert [d'après No.1279 du catalogue de la vente de la Bibl. G.E. Lang, IIᵉ part., 26/30-1-1936]).

13 L'édition originale de *Gavarni, l'homme et l'œuvre* des Goncourt avait paru en 1873 à la librairie H. Plon. La deuxième édition était sortie chez Charpentier en 1879. Sur le lithographe Guillaume Chevallier, dit Gavarni (1804–66), cf. A. Billy, *Les Frères Goncourt*, 129–34; Goncourt, *Journal*, passim.

14 L'ouvrage fut publié le 26 janvier 1882 par Henry Kistemaeckers, à Bruxelles. Cf. *Huysmans-Zola*, 78–9.

15 On se rappelle que d'après Céard et Huysmans "l'affaire *Henri IV*" n'était pas une polémique littéraire. Cf. l'app. D:1–2; la lettre 98; *Céard-Zola*, 193–4.

16 Le 6 février Céard avait écrit à Zola: "Je viens de lire l'*Emile Zola* d'Alexis. Je trouve que le livre manque de hauteur et qu'il est trop volontairement réduit aux petitesses du simple reportage. Il n'a de valeur que comme document, et ce n'est guère que les matériaux et le plan de la grande étude qu'il faudrait écrire sur vous. Les détails que vous nous avez racontés sur l'époque malheureuse de votre vie n'ont pas d'accent dans la rédaction d'Alexis, on ne devine pas non plus l'énorme quantité de copie que vous avez dépensée dans votre lutte pour le pain. Vous en parlez, vous, avec une simplicité autrement renseignante et quatre de vos phrases, de celles que vous nous avez dites dans le hasard des conversations, en révèlent plus long que la documentation un peu puérile du volume. Assurément le public ne sentira pas cela, mais personnellement j'ai été choqué du défaut de vibration, et il est presque général. La peur du panégyrique a trop refroidi le style. J'imagine qu'on aurait pu faire tout aussi précis en y mettant un peu plus d'élan" (*C.-Z.*, 220). Dans sa lettre du 8 février, Zola répondit qu'il trouvait son ami trop sévère pour le livre d'Alexis (*Z.-C.*, 33).

17 Voir la lettre 102, n.5

18 Les 13 et 14 février 1882 Céard avait écrit deux articles sur Alfred de Musset dans *L'Express*. Voir plus loin les lettres 105 et 106 pour la polémique qu'Alexis entama avec son collègue sur ce poète. Cf. *Céard-Zola*, 221 et *Zola-Céard*, 33 pour une discussion sur la rime riche, à propos des vers de Zola publiés dans la biographie.

19 C'est-à-dire aux pages 195 à 199 du chapitre XI: "L'homme"

MON CHER AMI,

En vous quittant, je viens de descendre au *Réveil*.[1]

Vos exemplaires[2] y sont arrivés hier soir, sauf celui de Robert Caze[3] (que je viens de rassurer,) lui promettant que si le volume s'était égaré, vous lui en adresseriez un à son domicile: 44, r. Rodier.

Maintenant, je vous demanderai, comme un service personnel, d'envoyer *Pot-Bouille* au plus tôt:

1° à un brave garçon dont je vous envoie la carte et qui vous fera une chronique dans le *Mot d'Ordre*[4] (L'adresse chez lui, 59, r. des Petites-Ecuries)

et 2° à *Valentin Simon*,[5] le propriétaire des deux journaux; le mécontentement de ne pas en recevoir pourrait rejaillir sur moi et mes articles futurs.

Votre

Paul Alexis

P.S. A propos, puisque je suis en train de vous importuner, je vous prierai d'envoyer à mes père et mère un exemplaire (non de *Pot-Bouille*,) mais d'*Une campagne*, contenant un article sur leur fils.[6]

Robert Caze mettra de côté tous les articles qui paraîtront. Le *Beaumarchais* contient un écho désagréable,[7] mais vous le recevez, je crois.

1 Alexis collabora du 26 mars 1882 au 22 juin 1884 au *Réveil*. Il y donna en tout 108 articles, dont 42 nouvelles. Beaucoup de ses chroniques hebdomadaires traitent du Naturalisme. Le 28 novembre 1883 il écrivit à Alexandre Dumas: "Le *Réveil* est, depuis deux ans, un organe littéraire, une sorte de concurrence au *Gil Blas*, à deux sous. La politique, tout au second plan, y est heureusement réduite à un minimum, et il est éclectique en littérature. On m'y paie très peu, mais j'y ponds plus volontiers qu'ailleurs, chaque samedi, parce que j'y peux tout dire. (Le rédacteur en chef, M. Edmond Lepelletier [...]. Autres rédacteurs: Cladel, Maizeroi, Hector France, Bauër, Francis Enne. Jules Vallès n'y est plus)" (B.N., MSS, n.a.f.24636, fols.78–78ᵛ)

2 De *Pot-Bouille*, qui avait paru le 12 avril à la librairie Charpentier. Dans une chronique, intitulée "*Pot-Bouille*," au *Réveil* du 15 avril, Alexis salue la parution de ce roman. Il commence par le louer, puis il se permet quelques critiques, ce qui est rare chez ce fervent disciple du Maître de Médan. Il l'accuse de ne pas être assez "naturaliste" dans le nouveau roman: "Maintenant, la constitution intime de l'œuvre. C'est ici, que mon tempérament à moi se cabrerait devant certaines choses. D'abord, je serais personnellement pour un emploi plus calme du document. Au lieu de le torturer, de l'allonger, de le grossir démesurément comme le ventre de la piqueuse de bottines enceinte, de le pressurer pour lui faire rendre tout [...], je voudrais la réalité plus sobrement employée. [...] *Pot-Bouille* m'a donc paru, en somme, une sorte de fresque grandiose, à la Michel-Ange. Il faut la comprendre et l'accepter telle qu'elle est. Par une fougue de pinceau rappelant celle du 'Jugement dernier', certaines de ces innombrables figures ont reçu une déformation, et sont, je ne dirais pas au-dessus, mais en dehors de la nature. [...] On peut même dire qu'il existe deux Emile Zola: celui qui, en critique, a constaté le mouvement scientifique du siècle; et celui qui, dans le roman, emporté par une extraordinaire exubérance de tempérament, a fait plus d'une fois craquer le naturalisme. [...] Ce naturalisme, qu'il a seulement constaté, loin de servir de tremplin à ses œuvres, ne ferait que les entraver, quelquefois les condamner même." Le 30 avril 1882 Alexis s'occupe de nouveau de *Pot-Bouille*, dans un article du *Réveil*, sous le titre de "Cochons et compagnie," pour défendre le choix du sujet contre les attaques de la critique (app. A:13).

3 Alexis avait fait la connaissance du journaliste et romancier Robert Caze (1853–86) aux bureaux du *Réveil*, où celui-ci était secrétaire de rédaction. Caze collaborait également au *Voltaire* et au *Cri du Peuple*. Il mourut le 28 mars 1886, à la suite d'une blessure reçue dans un duel avec Charles Vignier. Alexis lui consacra un article nécrologique dans *Le Cri du Peuple* du 3 avril 1886 (app. A:44). Sur cet écrivain, cf. également A. Billy, *Les Frères Goncourt*, pp. 442–3; *Huysmans-Goncourt*, 100; Goncourt, *Journal*, III, 533, 548–50, 553–4.

4 Le numéro du 21 avril 1882 contient une chronique favorable à *Pot-Bouille*, signée Albert Leroy.

5 Valentin Simond (mort en 1900) était le directeur du *Mot d'Ordre* et du *Réveil*. En 1884 il fonda, avec Aurélien Scholl, *L'Echo de Paris* (lettre 131, n.1).

6 Voir la lettre 74, n.1. Le 27 avril 1882 le père d'Alexis écrivit à Zola une lettre pour le remercier de l'envoi du volume (app. C:7).

7 "Au jour le jour," par Alfred Etiévant, dans le numéro daté du 16 avril: "C'est aujourd'hui que prend fin dans le *Gaulois* ce que M. Paul Alexis compare modestement à 'une fresque de Michel-Ange,' le *Pot-Bouille* d'Emile Zola. Le dernier feuilleton porte le n°69." C'est dans *Le Gaulois* portant la date du 14 avril que parut la dernière livraison du roman.

105 [Paris] Mardi [23 mai 1882] 9ʰ· du soir

MON CHER AMI,

Voici. Lisez. J'avais cru être "aimable pour tous."[1] Appréciez cette aigreur insolente et dédaigneuse. Rapprochez cela de la façon odieuse dont Céard m'a lâché il y a un an,[2] et dont je ne lui avais plus aucune rancune. C'en est trop! Je me dois à moi-même de répondre. J'y vais passer la nuit. Et demain, après demain au plus tard, j'irai vous lire ma réponse.[3] Je ne livre ma copie au *Réveil* que le Vendredi à 5 heures –

Malgré que j'aie le cœur ulcéré, je vais m'efforcer de me maîtriser, de rester poli, et de me montrer habile.

Ne pas répondre? Non, je souffre trop. Les attaques de MM. Wolff, Scholl et Charpron, coalisés, me semblaient en comparaison douces, dans leur violence, parce qu'elles ne partaient pas de quelqu'un que je croyais un peu mon ami.

D'ailleurs, n'ayez pas peur! malgré le ton de cette lettre, je m'efforcerai de rester large et modéré, supérieur. Je ne sais pas encore ce que je veux faire, je vais réfléchir. Mais je veux faire quelque chose. Faites des vœux pour que je sois bien inspiré.

Votre fidèle

Paul Alexis

Si j'étais le rédacteur en chef d'un journal, ma réponse serait ceci:

je reproduirai deux ou trois fragments des *nuits* – puis mon article, celui de Céard, enfin les pages consacrées au "petit groupe" (hélas!) dans mon bouquin.[4] Et je laisserai au public le soin de comparer et de conclure.

1 En réponse aux articles de Céard sur Musset (lettre 103, n.18) Alexis avait publié dans *Le Réveil* du 14 mai 1882: "L'enfant du siècle." Réfutant la thèse de Céard, selon laquelle le poète romantique n'avait rien compris aux idées de 1840 et s'était montré

comme "le plus pionnant de tous leurs pions," Alexis affirme: "Au contraire, ce poète, mort jeune, il y a juste un quart de siècle, fut tellement imprégné de son époque, que, à travers chaque page de son œuvre, on revoit cette époque. C'est elle, ressemblante et 'crachée'. [...] Tout autre que lui un pion, entendez-vous? Un pion, par exemple, mais un pion extraordinaire, ce magistral impuissant qu'on nomme Baudelaire: soit! A vingt ans, au milieu du spleen abêtissant d'une petite ville, j'ai, comme toute ma génération, commis des vers raidis et convulsés par le cauchemar de Baudelaire. Paris, l'actif, le vivant Paris, m'a délivré de la hantise en me faisant renoncer pour toujours à employer la forme des vers. [...]"

Dans sa chronique de *L'Express* daté du 24 mai Céard revint à la charge avec une "Réponse au *Réveil*": "M. Paul Alexis déclare que, en sa qualité de naturaliste, il n'aime pas et ne peut pas aimer les vers; et, on ne sait pourquoi, décrète arbitrairement la supériorité de la prose sur tout autre instrument littéraire: opinion exclusive dont il importe qu'il garde l'entière responsabilité. [...] Pour appuyer son affirmation, il cite les Parnassiens [...]. La poésie française, dans son organisme intime, n'est pas plus ébranlée par leurs excès que le naturalisme lui-même n'est atteint par les erreurs critiques et les fantaisies sentimentales de M. Paul Alexis qui méconnaît volontairement les lois les plus élémentaires de l'histoire philologique et de la prosodie nationale." Céard accuse son "camarade" d'employer un "louche procédé de discussion" et d'"'affecter" de ne pas comprendre ce dont il s'agit. Et il termine son article en louant Baudelaire: "Oui, vous avez raison. C'était bien cet artiste subtil et réservé qu'il convenait d'opposer à ce poète amateur, homme du monde et fat, et je vous remercie de l'imagination de ce parallèle qui me permet de rendre hommage ici à Charles Baudelaire que je considère comme un des plus déconcertants anatomistes des ressorts intimes par où se meut le monde moderne. [...]"

2 Lors de "l'affaire *Henri IV*" (Lettres 78 à 87)
3 Cette réponse eut la forme d'une note suivant la chronique hebdomadaire d'Alexis dans *Le Réveil* du 28 mai: "Dans l'*Express*, M. Henry Céard répondant longuement à mon article sur Alfred de Musset, vient de reprendre sa thèse d'il y a deux mois. Je ne puis que me répéter également: dans tout écrivain, prosateur ou poète, je considère avant tout la quantité d'humanité apportée par cet écrivain. Or, à mon avis, cette quantité est beaucoup plus grande chez Musset que chez Baudelaire, ce qui explique la popularité persistante du premier en face du cercle étroit de dévôts agenouillés devant le second. Il faudrait, à ce propos, faire toute une étude de la passion en littérature. L'abîme est là, entre les sensitifs passionnés et les psychologues rhétoriciens."
4 *Emile Zola, notes d'un ami*, 181-4

106 [Paris, samedi 3 juin 1882]

MON CHER AMI,

Voici l'article de "M." Henry Céard, avec une nouvelle réponse,[1] peu nette. Mais son éreintement de Champsaur n'est pas mal.

Il me prend des envies de la faire (sans renommer Céard) l'étude de "la passion en littérature." Mais la chose est grave, et j'hésite; d'ailleurs vous m'avez "démonté" l'autre jour, en me disant "que je n'étais pas fait pour la polémique."[2]

J'ai été sur le point d'aller vous voir aujourd'hui. Mais, demain c'est "le grand prix"[3] où j'ai envie d'aller faire un tour - et après demain, c'est la S^te touche au *Réveil*. Alors, au lieu de prendre le train, je vous écris.

Pour les renseignements que vous m'avez demandés, je n'ai pu mettre la main sur mon cousin[4] –qui couche tous les soirs à la campagne– mais je viens de lui écrire à votre sujet.

J'ai feuilleté hier devant un libraire un volume: les *Grands Bazars*, par Pierre Giffard, (chez Havard).[5] C'est sur les grands magasins, et vous devriez vous procurer cela si vous ne l'avez. Ça a l'air intelligemment fait. Il y a un chapitre intitulé je crois "la séduction de la femme." Il y a aussi beaucoup de choses sur "les vols".[6]

Je vous signale, à un autre point de vue, dans l'avant dernier numéro de la *Revue des deux mondes* (du 15 Mai) une grande étude, de Brunetière: "A propos de *Pot-Bouille*."[7] Ça a l'air assez dur et au fond, c'est presqu' aimable. J'y suis nommé 4 ou 5 fois, et votre biographie par moi y et ça et là citée.

Sur ce, mes amitiés à la châtelaine et à vous.

A bientôt.

Paul Alexis

1 Il s'agit encore de la polémique entre Alexis et Céard au sujet d'Alfred de Musset (lettre 105, nn.1 et 3). Après avoir fait une critique sévère de *Dinah Samuel* de Félicien Champsaur (Ollendorff 1882) dans *L'Express* du 3 juin, Céard avait ajouté à sa "Revue littéraire" cet appendice: "Dans le *Réveil*, M. Paul Alexis répond à ma réponse. Abandonnant l'impossible défense d'Alfred de Musset comme 'enfant du siècle', il cède devant les faits matériels et se réfugie dans les abstractions. Pour lui, le débat se circonscrit entre les *passionnés sensitifs* et les *psychologues rhétoriciens*. Mais il n'explique pas pourquoi les psychologues sont fatalement plus rhétoriciens que les passionnés, et par quelle faveur naturelle les passionnés lui semblent plus humains que les psychologues. Il voit là, dit-il, la matière d'une intéressante étude devant laquelle il recule. Je le regrette."
2 En effet, dans une lettre datée du 5 juin et adressée à son ami, Zola écrivait: "Non, je vous en prie, n'écrivez pas cette étude sur la passion en littérature. Vous auriez beau ne pas nommer votre contradicteur, la polémique continuerait, et *il faut* qu'elle cesse. Vous me désoleriez. Plus un mot sur tout cela, de près ou de loin, je vous en prie" (lettre inédite [copie], coll. H. Mitterand). Voir cependant l'app. A:15, où sont reproduits des extraits d'un article d'Alexis, "L'amour des lettres" (*Le Réveil*, 2-VII-82), qui a trait à la passion pour la littérature.
3 Le Grand Prix eut lieu cette année-là le dimanche 4 juin.
4 Paul Reibaud, employé à la direction des Affaires civiles du Ministère de la Justice, fournit à Zola des détails sur les traitements d'un professeur de lycée et d'un inspecteur général des haras. La lettre qui contient ces renseignements, écrite le 7 juin 1882 et adressée à Alexis, se trouve dans le dossier préparatoire d'*Au Bonheur des Dames* (B.N., MSS, n.a.f.10278, fol.368). (Pour la reproduction de ce document, voir *Rougon-Macquart*, III, 1714.) Zola, qui avait commencé la rédaction de son roman sur le commerce le 28 mai 1882, fit du personnage du comte de Boves un inspecteur général des haras et du personnage de Marty un professeur de cinquième au lycée Bonaparte. L'œuvre, terminée le 25 janvier 1883, parut en feuilleton au *Gil Blas*, du 17 décembre 1882 au 1er mars 1883. Charpentier en fit sortir l'édition originale le jour suivant. Alexis consacra deux de ses chroniques du *Réveil* au roman de Zola: le 17 décembre 1882 ("Les grands magasins") et le 4 mars 1883 ("*Au Bonheur des Dames*" [app. A:20]).
5 En voici le titre exact: *Paris sous la Troisième République. Les Grands Bazars*. L'auteur (lettre 55, n.5) venait de publier cet ouvrage, qu'Alexis fut sans doute le premier à signaler à son ami, et non pas Léon Carbonnaux, qui en parla à Zola dans une lettre datée seulement du 19 juin 1882 (*Rougon-Macquart*, III, 1695). "J'ai lu le volume de Giffard, l'autre jour, écrivait Huysmans à Zola vers le 15 novembre 1882; ah bien c'est pas ça qui déflorera vos renseignements! quelle sale réclame! et quelle superficie

d'informations! et, par-dessus tout, quel consciencieux manque de talent!" (*H.-Z.*, 90)

6 "Conquête de la femme," 1–18; "Les voleuses," 119–51

7 L'article se trouve aux pages 454–65 de la *Revue des Deux Mondes* (15-v-82); il a été repris dans *Le Roman naturaliste* de Brunetière (Calmann-Lévy 1896), 277–99. Pour le critique, "faire parler les mères de famille et les agents de change de *Pot-Bouille* [...] comme parlaient les zingueurs et les blanchisseuses de *l'Assommoir*, c'est faire la caricature du bourgeois, ce n'est pas en faire le portrait." Le romancier manque de sens moral: "C'est bien à ce manque de sens moral que tiennent ce manque de psychologie, comme ce manque de goût et d'esprit, comme ce manque d'indulgence, comme ce manque de finesse qui le caractérisent." Toutefois, "il a [...] la simplicité de l'invention et même quelquefois l'ampleur, il a la force, et quoi qu'on ait insinué, je crois qu'il a la foi. C'est encore bien des choses."

107 [Paris] Dimanche matin [11 juin 1882].

MON CHER AMI,

Voici la réponse de mon cousin.[1] Je ne vous l'ai pas envoyée plus tôt, comptant d'abord vous la porter moi-même. Puis, ayant retardé ma visite, je vous l'envoie tout de même.

Mon article de cette semaine n'a pu passer encore, à cause de *Mme Bovary*[2] et d'un surcroît de matière. Mais, pour ne pas perdre 50 F, je vais tâcher de le faire glisser un jour quelconque.[3] J'ai fait cette fois des silhouettes de jeunes romanciers: *Rod*[4] – *Harry-Halis*[5] – et *Ernest Leblanc*,[6] un garçon qui m'avait remplacé jadis à Rennes et qui vient de publier chez Charpentier un très remarquable roman, à mon avis: *Dépravée*. Autrement fort, selon moi, que les deux autres, Rod et Harry-Alis.

Des nouvelles, me conseillez-vous.[7] C'est facile à dire, mais ça me donne *encore* plus de mal qu'un article. J'aime mieux alterner, me reposer d'une chose par l'autre, et ne pas me priver du bénéfice de la diversité. C'est ainsi que je m'impose peu à peu au *Réveil*: pourquoi changer? Je ne suis pas polémiste, dites-vous? Soit! Mais ne le devient-on pas? En tout cas, je ne le serai jamais, si je ne m'exerce pas. Quant à Céard, la place qu'il occupe n'est pas tellement grande, que je ne puisse parler littérature, sans me heurter à lui.[8] Vous avez dit le mot: *Nous n'existons plus les uns pour les autres.*[9] (Sauf Maupassant, le seul d'entr'eux qui ait jamais imprimé mon nom[10] et qui vient de me remercier de mon article[11] par un billet fort chaleureux)

A bientôt. Votre vieux ami, qui va avoir, vendredi, trente-cinq ans.

Paul Alexis

1 Voir la lettre précédente, surtout la note 4

2 Le roman de Flaubert fut reproduit en feuilleton au *Réveil* du 11 avril au 8 septembre 1882.

3 L'article, intitulé "Fleurs printanières," ne parut au *Réveil* que la semaine suivante, le 17 juin.

4 "Pâle, émacié, ascétique, mélancolique, rêveur, avec ses longs cheveux qu'il tient plus courts d'année en année depuis 1878, mais qui sont encore considérablement longs, Edouard Rod ressemble à un étudiant d'Heidelberg. [...] Ce jeune homme fait mon admiration. Il a d'abord brisé toutes les entraves! Puis, venu parmi nous, il a en

quelques années tout appris ou deviné: Paris, la vie parisienne, la littérature française, le naturalisme. Que de chemin parcouru! Edouard Rod est surtout une intelligence et une volonté" (ibid.). Trois ans plus tard, Alexis devait toutefois changer d'avis au sujet de Rod (cf. lettre 148, n.10).

5 Le journaliste et romancier Hippolyte Percher, dit Harry Alis (1857–95), collabora au *Figaro*, au *Gil Blas*, à la *Nouvelle Revue* et au *Journal des Débats*. Il écrivit des romans à tendances naturalistes, comme *Hara-Kiri* (lettre 38, n.10). Cet ouvrage, selon Alexis, était un roman 'à clef'. "De quoi voulez-vous qu'on parle, demandait-il, si ce n'est de ce qu'on connaît? Harry-Alis a étiqueté là ses souvenirs de plusieurs années du quartier [latin]. Tous ces personnages ont réellement vécu, même le Japonais. Documents humains! c'est-à-dire armature solide, soutenant la glaise de la statue! antipathie à l'égard des banalités inventées! et déplacement de l'imagination! Sur ce terrain solide de la réalité, l'auteur d'*Hara-Kiri* ne peut faire de faux pas. La vie est large et la réalité profonde: qu'il continue à vivre tout haut, tout en enfonçant davantage son scalpel par la suite" (art.cit.,n.3). Cf. Auriant, "Un ami de Maupassant: Harry Alis. [...]," *Mercure de France*, CCXXVII (1931), 591–623.

6 C'est ce romancier qui signait un "Bulletin" dans le *Journal d'Ille-et-Vilaine* à Rennes, à partir du 16 juin 1875, c'est-à-dire tout de suite après les tentatives infructueuses faites par Alexis pour entrer à ce quotidien (lettres 21 à 24).
   "Ce n'est rien que d'entasser des audaces, écrit l'auteur de *La Fin de Lucie Pellegrin* en parlant de *Dépravée*, mais le tour de force consiste à les planter debout dans la vérité et la logique, à les rendre humaines, à faire qu'elles vivent. Eh bien! sans être le moins du monde graveleux ou pornographique, hautement moral au contraire, écrit avec un tact, une mesure, une science de style consommée, une certitude d'analyse surprenante chez un débutant, ce livre ne passera point inaperçu" (art. cit., n.3).

7 A propos de la nouvelle "Une étudiante," parue au *Réveil* du 4 juin 1882, Zola écrivit à Alexis le lendemain: "Votre dernier article était bien, plus correct surtout. A mon sens, vous devriez ne faire que des nouvelles. Vous prendriez les meilleures et les réuniriez en volume plus tard" (lettre inédite [copie], coll. H. Mitterand).

8 Voir les lettres 105 et 106
9 Voir l'Introduction, 22–3
10 Voir la lettre 102, n.5
11 "Guy de Maupassant," *Le Réveil*, 28-v-82 (app. A:14)

⚇ 108 [Paris] Lundi 26 Juin 1882

MON CHER AMI,

On me charge au *Réveil* de vous demander l'autorisation, de continuer l'essai de donner au lecteur du feuilleton littéraire, en reproduisant *La Curée*.[1]

On ferait la même publicité que pour *Mme Bovary*[2] (elle a été fort bien faite, et je me suis laissé dire que le tirage s'est élevé de 9500 à 15000 n^{os} vendus.)

Seulement, on ne m'a parlé que du prix de reproduction ordinaire (qui est je crois 1 sou la ligne) Bien entendu, si je me suis chargé de la commission, je ne veux peser en rien sur votre décision; fixez vous-même votre prix, que je leur transmettrai, – ou même, si vous ne voulez pas me faire entrer là-dedans (ce qui vaudrait peut-être mieux) écrivez directement votre décision à Robert Caze – Enfin, faites comme vous l'entendrez.

Une nouvelle –chronique– que je viens de faire pour le *Paris-Journal*,– après être allé voir Meyer,[3]– et que je porterai demain – a retardé la visite que je comptais vous faire. Il est fort probable que j'aille à Aix pour la mi-Juillet – mais en m'arrangeant pour n'y rester que trois semaines – Je

232

ne partirai jamais sans vous aller voir. Voici bien longtemps que nous n'avons causé ensemble.

Une cordiale poignée de main à vous deux

Paul Alexis

P.S. Numa Coste est rédacteur en chef d'un journal hebdomadaire aixois: *La Démocratie.*[4]

J'ai reçu hier une lettre d'un jeune employé de ministère, âgé de 22 ans, nommé de Fouchier, qui demande à me connaître après avoir lu mon récent bouquin,[5] et qui veut entreprendre, "une histoire du mouvement naturaliste au XIXe Siècle." Sa lettre n'est pas mal, et je lui ai donné rendez-vous pour Jeudi[6]–

1 Le roman parut dans ce journal du 13 août au 9 novembre 1882.
2 Voir la lettre 107, n.2
3 Après avoir fondé la *Nouvelle Revue de Paris*, Arthur Meyer (1844–1924) créa en 1865, avec Edmond Tarbé, *Le Gaulois*, qu'il ne quitta que deux fois, pour passer à *Paris-Journal*. Alexis ne collabora pas à ce dernier. Sur Meyer, cf. R. Dumesnil, *L'Epoque réaliste et naturaliste,* 271–4.
4 Ce périodique républicain, qui eut trente-deux numéros (du 2 avril au 5 novembre 1882), reproduisit le 3 septembre l'article "A Jules Vallès" d'Alexis (*Le Réveil*, 30-VII-82), et le 8 octobre la nouvelle de Zola: "Le Jeûne" (*La Cloche*, 29 III 70, et *Nouveaux Contes à Ninon*, 1874).
5 La biographie de Zola
6 Alexis raconte cette visite dans "L'amour des lettres," *Le Réveil*, 2-VII-82 (app. A:15).

109 [Paris, mercredi] 5 juillet [18]82

MON CHER EMILE,

Voici. Cette après-midi, en allant toucher au *Réveil*, M.M. Simon et Lepelletier[1] m'ont donné à entendre qu'ils acceptaient sans aucune hésitation votre prix de 1000 F pour la reproduction de la *Curée,*[2] mais... qu'ils seraient désireux de vous voir et de faire votre connaissance et de causer avec vous.

–Quand vient-il à Paris?

Sur ma réponse que vous passeriez toute l'année à Médan, ils m'ont dit: "Eh bien! nous voudrions lui faire une visite à Médan, si ça ne le dérangeait pas, et accompagné de vous. Par exemple, *mardi prochain*, ou tel autre jour qui lui conviendrait. Voudriez-vous lui en demander l'autorisation?"

Telle est donc, mon cher ami, la commission, dont, malgré moi et à l'improviste, je me suis vu chargé. Ma crainte instinctive était, et est encore, de vous imposer une corvée. D'un autre côté, le *Réveil* étant à peu près le seul journal qui vous soutienne ouvertement et où l'on puisse tout imprimer, peut-être devriez-vous contenter ces messieurs, être très aimable même, et peut-être, comme à l'improviste, nous retenir ce jour-là tous les trois à dîner. Ne serait-ce pas de la bonne politique, un peu pour vous et beaucoup pour moi? Simon est un simple marchand de papier,[3] mais qui s'entend parfaitement à louer une affaire; son secret désir serait, j'ai cru le deviner, de vous *tâter* pour votre prochain roman,[4] au moyen duquel il voudrait fonder définitivement le *Réveil*. Vous pourriez le voir venir, sans que cela vous engage à rien. Quant à Lepelletier, c'est un garçon assez intelligent, *qui laisse tout dire*, l'idéal pour moi des rédacteurs-en-chef. Je ne lui ai que de la reconnaissance. Pas d'originalité, mais une extraordinaire facilité. Un garçon curieux d'ailleurs. Fils naturel de lord Seymour,[5] m'a-t-on raconté. De la race!

D'un autre côté, mon brave ami, je serais désolé de vous importuner en cette circonstance. Faites donc absolument comme vous l'entendrez; seulement répondez-moi au plus vite, car *vendredi* jour de ma chronique, je vais revoir ces messieurs. Et, dans le cas, où vous ne voudriez pas les recevoir, tâchez alors de me trouver une porte de sortie, pour me dégager sans me mettre mal avec eux.

Si vous acceptez, désignez-moi non seulement le jour, mais *l'heure du train*, pour vous déranger le moins. L'après-midi, n'est-ce pas?

Mes amitiés à la bourgeoise, et une cordiale poignée de main de votre

Paul Alexis

En tout cas, j'irai toujours vous voir dans le courant de la semaine prochaine.

Mon "ennemi" Céard[6] a fait un très bel article sur *Pot-Bouille* dans la *Vie Moderne*.[7] Son meilleur selon moi, jusqu'à ce jour.

1 Edmond-Adolphe Lepelletier de Bouhélier (1846–1913), rédacteur en chef au *Réveil*, était également romancier et homme politique (adversaire du Boulangisme). Conseiller municipal de Paris en 1900, il fut député du xviie arrondissement deux ans plus tard. S'étant lancé dans le journalisme dès 1868, il collabora à plusieurs périodiques, entre autres au *Nain jaune*, au *Bien public*, aux *Droits de l'Homme*, au *Rappel*, à *La Marseillaise*, au *Mot d'Ordre*, au *Radical*, à *L'Echo de Paris*. Après avoir publié une biographie de Verlaine en 1907, il fit paraître l'année suivante son ouvrage sur l'auteur des *Rougon-Macquart: Emile Zola, sa vie – son œuvre* (Mercure de France).
2 Voir la lettre précédente
3 Cf. la lettre 56, n.5
4 C'est-à-dire *Au Bonheur des Dames* (lettre 106, n.4)
5 Un des fondateurs du *Jockey-Club* en 1833, Lord Henry Seymour (1805–59) fut surtout connu à Paris par ses performances sportives.
6 Allusion à la polémique sur Musset (lettres 105 et 106)
7 Numéro du 1er juillet 1882 (iv, 407, 410). Pour une discussion détaillée de l'article, voir *Zola-Céard*, 111–14.

110 Paris [dimanche] 13 Août [18]82

MON CHER AMI,
Je pars enfin demain pour Plassans.[1]

Voici ma binette que Melandri[2] m'a photographiée à l'œil, pour Kistemaeckers.[3]

Celui-ci a été enchanté du titre: *Le Collage*. Reste à faire la nouvelle: les bords de l'Arc m'inspireront.

Rencontré Rod l'autre jour, qui doit aller vous voir. Roux aussi – que j'ai vu aujourd'hui – Mais il est *seul* au Petit-Journal[4] pour le moment.

J'ai causé hier soir avec Harry-Alis, qui, très reconnaissant de l'article que j'avais fait sur lui,[5] s'est déboutonné avec moi au sujet de "leur" dîner.[6] Il m'a dit que sauf Rod et lui, tous me débinaient beaucoup. Céard serait même "méchant." Mais Maupassant ne romp pas de lances, ni pour, ni contre. Plutôt sympathique.

Je vais tâcher de travailler un peu là-bas. A mon retour on ira vous voir.

Mes amitiés à vous deux

Paul Alexis

Harry-Halis et Champsaur font paraître le 1ᵉʳ Octobre le *Panurge* –hebdomadaire[7]– Ils disent avoir des capitaux, et devoir payer 100 F la chronique –

1 C'est-à-dire Aix-en-Provence. Alexis, qui n'aimait pas beaucoup les voyages, écrivait à ce sujet dans *Le Réveil* du 27 août 1882: "Ce qu'il y a d'affreux, de triste, de révoltant, de douloureux, d'épouvantable, dans le plus simple et le plus ordinaire des voyages, c'est de se mettre en route. Un lendemain de quinze août, par une véritable pluie d'hiver et un ciel maussadement gris, s'arracher à ses habitudes, sortir de chez soi à une heure inaccoutumée, voir l'un, voir l'autre, faire des courses, bâcler des affaires et des adieux, rentrer à la hâte, multiplier les recommandations à sa concierge, fermer sa malle, se jeter dans une voiture, avaler sans appétit un dîner hâtif, les yeux fixés sur le cadran de la gare, tout cela constitue dans l'ensemble de votre existence, une journée vide et bête, absolument manquée. Pourtant, vers sept heures, la pluie cesse. Et, au moment où j'arrive devant la gare de P.-L.-M., un superbe arc-en-ciel entoure la façade de la gare, comme une sorte de porte triomphale. Est-ce pour ma sortie de Paris, ce bel arc-de-triomphe? Allons, tant mieux! mon voyage sera heureux!" ("Les Mistral")

2 Le photographe artistique A. Melandri habitait 19, rue Clauzel. D'après une annonce du *Chat noir* du 27 janvier 1883, "le curieux artiste, le poète délicat, l'exquis dilettante Melandri est aussi le plus étonnant des photographes. Son atelier où se réunit le tout Paris des théâtres, de la finance, de l'art, est un Salon littéraire visité par tous les Souverains de passage à Paris."

3 L'éditeur belge Henry Kistemaeckers publia à la fin de 1882 (l'achevé d'imprimer est du 30 novembre) un petit recueil de sept nouvelles d'Alexis, intitulé *Le Collage*, avec un portrait de l'auteur à l'eau-forte par Théodore Hannon. Voir les lettres 112 à 115.

  "Kist' (le seul, le grand, l'étonnant Kist'), écrit Trublot dans *Le Cri du Peuple* du 22 mai 1884, est tout ce qu'on voudra, il y a gros à dire contre lui [...] Mais ce corsaire, ce forban, cet écumeur de la librairie a du moins un mérite, un seul, qu'on ne peut nier, parce qu'il crève les yeux. Dans sa partie, c'est un artiste et un homme de goût. Lorsque, devant un manuscrit apporté par un jeune, la plupart des ses collègues restent aussi bêtes qu'un directeur de théâtre devant une pièce d'inconnu, lui, avec un flair merveilleux, découvre si le jeune est quelqu'un, si le jeune a quelque chose dans le ventre. [...] Le catalogue de Kist est, jusqu'ici, le livre d'or de notre jeune littérature française." Sur cet éditeur, cf. L. Deffoux et E. Zavie, "Les Editions Kistemaeckers et le Naturalisme (essai bibliographique)," dans *Le Groupe de Médan*, 195–213.

4 Voir la lettre 26   5 Voir la lettre 107, n.5

6 Cf. la lettre 41 (n.3) et la fin de la lettre 74

7 Ce journal parisien illustré parut le dimanche, du 1er octobre 1882 au 15 avril 1883. Harry Alis en fut le directeur: Félicien Champsaur, le rédacteur en chef. Alexis y donna cinq articles.

MON CHER AMI,

Un jeune confrère Belge, M. *Nautet*,[1] correspondant de divers journaux et revues littéraires belges –celui par l'intermédiaire de qui je dois aller, en Novembre, faire une conférence à Verviers sur "le Naturalisme",[2]– est "chargé par le *Do, Mi, Sol*,[3] d'une petite mission auprès de vous" et me demande un petit mot d'introduction. Voilà qui est fait!

C'est un garçon très aimable, qui a fait d'excellents articles de critique, enthousiaste pour les lettres et qui m'a donné d'excellentes notes avec lesquelles je vais faire ces jours-ci, dans le *Réveil*, un article: *La littérature en Belgique*.[4] Je suis heureux de pouvoir lui rendre à mon tour ce léger service.

Je profite de l'occasion, mon cher ami, pour vous dire que je vous écrirai plus longuement un de ces jours. Je ne me porte pas mal, je travaille un peu, et je suis ici pour environ jusqu'à la fin Septembre. Toutes mes amitiés à votre femme et à vous.

Une cordiale poignée de mains

Paul Alexis

1 L'écrivain belge Francis Nautet (1854–96) passa un peu plus de trois ans à Paris: les années 1882, 1883 et 1890. Pendant la première période il fut correcteur à *La Justice* et publia des notes sur les écrivains belges au *Réveil*. Après une vie difficile dans la capitale française il retourna en Belgique. Ardent défenseur du Naturalisme aux premiers jours, il fit ensuite volte-face, condamna "l'école" de Zola et devint adhérent de *La Jeune Belgique*. (Voir la lettre 188, n.1.) On lui doit deux ouvrages de critique: *Notes sur la littérature moderne*, 2 vols. (Verviers: 1885, 1889); *Histoire des Lettres belges d'expression française*, 2 vols. (Bruxelles: Rozel 1892–3).

Nautet fut présenté à Alexis par un peintre belge, Jean Beauduin, qui collaborait comme portraitiste et illustrateur au *Panurge*. Dans le *Do Mi Sol* (voir plus loin, note 3) du 31 décembre 1882 Nautet traça un long portrait de son collègue français. D'après G. Vanwelkenhuyzen, "une commune admiration pour l'auteur de l'*Assommoir*, d'identiques croyances artistiques rapprochèrent le critique belge et l'auteur de *Lucie Pellegrin*, 'ce méridional qui semble un peu froid à première vue,' mais qui cache une âme enthousiaste et sensible" (*Francis Nautet, historien des Lettres belges* [Verviers: Avant-Poste 1931], 33). Et M. Vanwelkenhuyzen continue en citant ces paroles de l'écrivain belge: "J'ai passé chez lui, dans son appartement de la rue de Douai des heures très agréables; sur le bureau, sur la table, sur les fauteuils traînent les derniers volumes parus. Alexis m'en lisait des extraits qui lui paraissaient les plus remarquables et il s'échauffait si bien que pour un peu, il m'aurait lu l'ouvrage entier" (ibid.). M. Vanwelkenhuyzen fait encore mention d'un projet qu'Alexis et lui auraient eu: celui de lancer à Paris un journal naturaliste (ibid., 34).

2 Pas plus que le projet mentionné ci-dessus, cette conférence ne fut jamais réalisée. Voir les lettres 112 à 114.

3 Francis Nautet fut parmi les fondateurs de la feuille verviétoise: le *Do Mi Sol*, "journal des théâtres, concerts et fêtes," qui parut deux fois par semaine, le jeudi et le samedi. Malgré les restrictions du sous-titre, le journal "se lança dans des polémiques littéraires vives, et alla d'instinct aux écrivains modernes; [...] il bataillait pour Flaubert, pour Zola, pour Wagner [...]" (F. Nautet, *Histoire des Lettres belges*, 1, 67).

Cet organe de combat, qui vécut environ deux ans et demi (du 26 septembre 1880 jusqu'à la fin de mars 1883), publia régulièrement des pages de l'œuvre de Zola: par exemple, le 12 décembre 1880 il reproduisit quelques extraits du *Roman expérimental* et l'arbre généalogique des *Rougon-Macquart*; le 13 février et le 17 mars 1881, des fragments d'articles de Zola (et d'Alexis également) parus au *Figaro*. Du 1er au 26 octobre 1882 le journal offrit à ses lecteurs "L'Attaque du moulin," et du 29 octobre 1882 au 22 mars 1883, *Thérèse Raquin*. Plusieurs articles de la campagne naturaliste d'Alexis au *Réveil* furent réimprimés dans la feuille belge. Sur celle-ci, cf. G. Vanwelkenhuyzen, *Francis Nautet*, 6–17; id. *Vocations littéraires* (Genève: Droz 1959), 113–14.

4 L'article, intitulé "Le Naturalisme en Belgique," parut dans *Le Réveil* du 19 novembre 1882 (app. A:18). Il fut reproduit, sous le titre de "La Belgique littéraire à l'étranger," au *Do Mi Sol* du 26 novembre de la même année.

112 Aix, [jeudi] 21 Sept^{re} [18]82

MON CHER AMI,

Aujourd'hui est partie à votre intention une "plante de cassie" que je vous ai adressée *en gare de Villennes*. Je crois qu'au reçu de cette lettre, vous pouvez la faire prendre.[1] Quant aux "sarments de clairette" que vous m'avez demandés, je viens de m'informer: ce n'est pas la saison. C'est en *Mars* qu'il faut pratiquer cette plantation avant que la sève commence à travailler. On vous aura cela en Mars.

Je serai de retour à Paris vers le 1er Octobre. Je commence à en avoir assez, de la province. Il me semble que je suis ici au fond d'un puits. Pas d'air, ni de soleil, intellectuelement.[2] Ouf! j'ai grand besoin d'aller me retremper un peu auprès de vous à Médan.

Un jeune Belge m'a fait lui écrire d'ici une lettre d'introduction auprès de vous; j'ignore s'il est allé vous voir.[3] C'est par lui, que (la chose est aujourd'hui conclue) je dois aller faire à Verviers, pour 300 F, une "conférence sur le Naturalisme" dans le courant de Novembre.

Je commence aussi à m'occuper de mon bouquin de Kistemaeckers.[4] J'ai déjà collé 6 nouvelles, et je vais leur faire une toilette. Avec "*le collage*", que je vais écrire cette semaine, je crois que ce sera suffisant.

Vous avez dû recevoir la visite de Numa Coste. Il est parti pour Paris, et doit aller vous surprendre.[5]

Voilà toutes les menues nouvelles que j'ai à vous dire. Ce n'est pas riche. Ici on ne cause pas littérature, ou, si l'on en cause, c'est à faire dresser les cheveux sur la tête. Un an de séjour, et je deviendrais idiot ou enragé.

Tenez! je suis avec mon frère Ambroise, qui vient de faire ici ses 28 jours. J'avais jadis une bonne opinion de lui: eh bien! depuis qu'il est ingénieur de la Grand Combe, je vous jure qu'il est devenu plus étroit et plus bête. Oh! la bourgeoisie! *Pot-Bouille*, qu'on trouve si noir, c'est de l'eau de rose.

Toutes mes amitiés à votre femme. Une grosse poignée de main de votre

Paul Alexis

Mes parents me chargent d'être leur interprète auprès de votre femme et de vous.

1 "Votre plant de cassis est arrivé aujourd'hui, écrivit Zola le 24 septembre de Médan. Il paraît en fort bon état. La serre n'est malheureusement pas couverte encore, car les ouvriers continuent à me manquer de parole, mais je vais en attendant le mettre en lieu sûr. Mille fois merci" (*Corr.*, 587).

2 Voir à l'app. A: 16 l'article "A Plassans" d'Alexis (*Le Réveil*, 13-VIII-82)

3 Voir la lettre précédente. La visite de Francis Nautet au Maître de Médan eut lieu le 6 septembre 1882. La relation de cette entrevue parut dans le *Do Mi Sol* du 1er octobre 1882 ("Une visite à Médan"). Après avoir décrit le village, Nautet parle de la maison et de la chambre de travail de Zola: "Cette salle spacieuse, admirablement disposée, est enrichie par une quantité considérable de bibelots, de tentures, de divans, de trophées. La table très grande, et couverte de brochures, parmi lesquelles je remarque la *Jeune Belgique*, occupe le milieu de la pièce." Et l'auteur termine ainsi son article: "C'est avec fierté que j'ai serré la main de l'éminent romancier et que j'ai emporté de Médan, avec la vision d'un site admirable, le souvenir d'un court mais agréable entretien" (cité par G. Vanwelkenhuyzen, *Francis Nautet*, 36). Le critique belge revit Zola plusieurs fois à Médan, "acceptant les encouragements, recueillant les avis du maître, dont il continua à faire un éloge vif mais raisonné dans les colonnes du *Do Mi Sol*" (ibid.). Consulter également de M. Vanwelkenhuyzen: *Vocations littéraires*, 118–21.

4 Voir la lettre 110, n.3

5 Dans la lettre du 24 septembre Zola ajoute: "J'ai vu Coste, et j'ai ici Cézanne depuis trois semaines; il vous envoie ses amitiés. Je crois qu'il part pour le midi dans une quinzaine de jours. Vous ne l'y verrez donc pas, si vous revenez vers le 1er" (*Corr.*, 587).

113 Paris, Lundi soir – 16 Oct^e 1882

MON CHER AMI,

Me voici enfin de retour, depuis jeudi dernier. Ma première idée était d'aller tout de suite vous serrer la main. Mais la pluie continuelle qu'il fait depuis trois jours, m'a un peu retenu; et je me suis installé; et je me suis mis au "*Collage*", dont le commencement est mon dernier article du *Réveil*, intitulé "Un célibataire".[1] Pour arriver à temps (avant la fin du mois) et pour ne pas perdre ma copie, j'ai voulu essayer de subdiviser ma nouvelle en trois ou quatre articles, sous des titres différents; je ne sais pas si je m'en tirerai, et surtout, si j'arriverai à faire le petit chef-d'œuvre de sensations aiguës, que je rêve. Enfin, cela me donne beaucoup de souci. Dès que j'aurai fini, ou même avant, dès que j'y verrai un peu plus clair, j'irai vous voir. Et je désire vous demander certains conseils sur *le plan* de la conférence que je dois aller faire à Verviers.[2] Le *Do-Mi-Sol* l'avait annoncée pour le Dimanche 29 Octobre. Mais je crois –et n'en suis pas fâché– qu'il y aura un retard.

Enfin, à bientôt. Mes amitiés à votre femme. Une vigoureuse poignée de mains de votre

Paul Alexis

P.S. Le *collage* est annoncé sur la couverture de *l'Amour qui saigne* de Maizeroi[3] – à qui je trouve bien peu de talent! – Mais O. Mirbeau me paraît avoir fait un bon début au Figaro.[4]

Sauf, au *Réveil*, où je suis allé deux fois, je n'ai vu personne et suis sevré de nouvelles littéraires. Au lieu de me reparisianiser, me voici obligé de me claquemurer. Le supplice de Tantale!

A propos! Ne serait-il pas convenable que je prévienne Charpentier à l'avance que je vais lui faire une petite queue avec Kistemaeckers? Que me conseillez-vous à ce sujet?[5]

1 Paru dans le numéro du 15 octobre. Les autres parties de la nouvelle "Le Collage" furent insérées dans *Le Réveil* le 22 octobre ("Collage"), le 29 du même mois ("Lune de miel"), et le 5 novembre ("Le Chat").

2 Voir les lettres 111 et 112. "Venez donc quand il vous plaira, répondit Zola le 19 octobre. Votre affaire de Verviers m'épouvante pour vous" (*Corr.*, 586 [la lettre est erronément datée du 19 août 1882]).

3 L'ouvrage de René Maizeroi venait de paraître aux éditions Kistemaeckers.

4 Octave Mirbeau avait commencé sa collaboration à ce journal le 21 août 1882, avec "La Chanson de Carmen: conte à la Edgar Poe."

5 Zola fut d'accord avec son disciple: "Oui, il serait gentil de dire à Charpentier un mot de votre affaire avec Kistemaeckers" (lettre du 19 octobre, *Corr.*, 586).

114 [Paris] Mercredi, 25 Oct. [18]82

MON CHER AMI,

Excusez-moi de ne pas être encore allé vous tenir un peu compagnie, puisque vous êtes triste et que ça ne va pas.[1] Je suis dans la même situation moi-même: tous les soirs, en m'endormant, ces secousses brusques dont je vous ai parlé, me font passer de vilains quart d'heure. Puis, surtout, c'est le *Collage* qui ne marche pas. Votre observation, sur ma lenteur à attaquer le sujet,[2] m'a démonté. J'ai continué, mais, depuis deux jours, j'ai absolument perdu la boussole, d'autant plus que le temps passe et Kistemaecker attend ma copie pour le 1er Nov.e Avec cela, au *Réveil* j'ai peur qu'on ne m'embête pour donner ainsi "une suite" en plusieurs articles, déguisée.[3] On vient de refuser un article à Cladel, qui emmerdait le public avec ses "*Miraculés*."[4] Tout cela fait que, comptant prendre le train hier, puis aujourd'hui encore, au dernier moment, je me décide à renvoyer ma visite à samedi ou dimanche, lorsque mon prochain article aura passé ou non. Je vais d'ici là donner un féroce coup de collier, pour arriver un peu moins fiévreux auprès de vous.

Quant à la conférence, elle m'a l'air renvoyé aux calendes grecques,[5] – ce que je regrette d'ailleurs, quoi que vous en disiez.

Hier soir, au milieu de mes angoisses, je suis allé au Gymnase. *Héloïse Paranquet*[6] a certaines parties curieuses. Mais l'*Assassin* d'About,[7] devant lequel se pâmait Sarcey, m'a semblé mortellement long et ennuyeux; c'est d'un esprit qui a les cheveux blancs, et qui m'a navré.

En revanche *Héloïse Pajadou*,[8] que je viens de lire, m'a étonné, stupéfié. C'est de l'Huysmans, sans chic de peintre, sans mots extraordinaires, mais plus sobre, plus profond et plus fort. Et ce Lucien Descaves, qui est venu m'apporter son livre, n'a que vingt ans; il part soldat le mois prochain. C'est épatant! Cette maturité précoce ne s'explique que par le milieu où il a grandi: Paris, c'est-à-dire Montrouge. Fils d'un aqua-fortiste, qui a dû l'élever au biberon de l'Art.

239

Rien autre chose. Si pourant. Mon paternel m'a écrit une lettre absurde à propos de mon article *Célestin Roure*.[9] Quelle tête va lui faire faire le *Collage*![10] J'en rigolle d'avance.

Et, dans le *Panurge*,[11] Champsaur a fait une infamie, en publiant des extraits de la correspondance de Richepin avec une ancienne maîtresse à lui, laquelle correspondance a été achetée, depuis 3 mois, cinquante francs, à ladite maîtresse. Le curieux c'est que ces fragments, accablants pour Champsaur, vous rendent plutôt Richepin intéressant : c'est de la meilleure copie que celle qu'il donne au *Gil-Blas*.[12]

Mes amitiés à votre femme. Une bonne poignée de main. A bientôt –

Votre vieux

Paul Alexis

1 Le 19 octobre Zola avait écrit à Alexis : "Je suis malade depuis huit jours, le ventre et l'estomac pris, et si désagréablement, que j'ai dû cesser tout travail. Vous voyez ma colère! C'est trop bête!" (*Corr.*, 586)
2 " 'Le Collage' me paraît encore, comme tout ce que vous faites, débuter par des choses trop longues, en dehors du sujet, puisqu'il s'agit d'un collage, parlez-nous donc d'un collage, et tout de suite, car vous verrez que vous entamerez votre sujet sérieusement, juste au moment où il faudra terminer votre nouvelle" (ibid.).
3 Voir la lettre 113, n.1
4 Les 6 et 13 octobre 1882, sous la rubrique "Feuilles volantes," *Le Réveil* publia les "Lettres d'un miraculé" (sur les miracles à Lourdes) de Léon Cladel.
5 Pour la conférence sur le Naturalisme qu'Alexis devait faire en Belgique sur l'invitation de Francis Nautet, voir les lettres 111 à 113. L'auteur du *Collage* écrivit le 14 novembre 1882 à ce dernier, que la remise du voyage d'Alexis à Verviers mettait dans un certain embarras : "Ce serait du joli si vous cessiez de venir me voir, au sujet d'un détail aussi misérable, pour un scrupule qui vous honore, mais absolument superflu. Non, mon cher Nautet, je n'en veux pas même à vos amis du *Do Mi Sol*, de ce contretemps. Je continue à me tenir à leur disposition, pour la date qui leur conviendra. Quant à vous, venez, venez plus souvent! Qu'il ne soit plus question de cette misère, et n'oubliez pas que 'nous devons faire un de ces jours un journal ensemble.' [...] Si vous voulez, vous et moi, un de ces matins, sans subsides, sans bailleur de fonds, sans rien qu'avec de la passion littéraire et de l'audace, nous faisons ce que vous avez fait à Verviers et ce que plusieurs de mes 'amis' et moi, il y a deux ans, n'avons pas su faire : nous lançons un brûlot naturaliste" (citée par G. Vanwelkenhuyzen, *Francis Nautet*, 34–5).
6 Pièce en quatre actes d'A. Durantin. Première le 20 janvier 1866; reprise le 21 septembre 1882. Zola parle de l'auteur et du roman d'où la pièce a été tirée, dans *L'Evénement* du 6 février 1866 (*O.C.*, x, 359–61).
7 La comédie en un acte d'Edmond About fut représentée pour la première fois au Gymnase le 29 septembre 1882. Francisque Sarcey en fit un compte rendu élogieux le 2 octobre au *Temps*.
8 *Le Calvaire d'Héloïse Pajadou* de Lucien Descaves (1861–1949) parut en 1882 chez Kistemaeckers. Ce fut cet éditeur qui en avait présenté l'auteur à Alexis (L. Descaves, *Souvenirs d'un ours* [Les Editions de Paris 1946], ch.v: "Débuts dans les lettres"). Voir à l'app. E:1–3 les trois lettres inédites qu'Alexis envoya à Descaves au sujet du *Calvaire*, et à l'app. A:19 l'article d'Alexis, "Bilan littéraire. –1882–" (*Le Réveil*, 31-XII-82), où l'auteur mentionne ce recueil de nouvelles et où il fait l'éloge du Naturalisme. En parlant de l'ouvrage de Descaves, Huysmans disait à Zola vers le milieu de novembre 1882 : "C'est une dilution de vos livres, mais l'auteur a 20 ans, c'est étonnant d'écrire ainsi, à cet âge; et surtout c'est étonnant de n'être pas hugolâtre ou Mussettiste, en sortant à peine du collège. S'il pouvait y en avoir beaucoup comme celà!" (*H.-Z.*, 90–1)

9 Cette nouvelle parut dans *Le Reveil* du 8 octobre. Elle fait partie du *Besoin d'aimer*.

10 Dans une lettre à Zola, qui ne porte pas de date (mais qui fut écrite sans doute à Aix-en-Provence vers le début de 1884), Numa Coste parle de "Panafieu-Trublot": "Sa famille a fini par ne plus s'occuper de ce fils impudique. Lors de l'apparition du collage la mère écrivit à Trublot cette phrase: '–Est-ce pour ta mère, est-ce pour ta sœur que tu as écrit ce livre?–' Aussi, depuis, personne dans la famille ne parle de la littérature d'Alexis. Cependant il n'y a point de colère contre lui. C'est une réprobation tacite et inavouée" (lettre inédite, coll. J.-C. Le Blond).

11 Numéro du 22 octobre

12 Chaque mercredi Jean Richepin signait une chronique à la première page du *Gil Blas*

115 [Paris] Lundi 11 Déc^e 1882

MON CHER AMI,

Il était trop tard! Je n'ai pas ajouté l'article en question. Mais merci tout de même de votre sollicitude – et de l'éloge que vous m'avez envoyé, d'autant plus que l'article en question était tout simplement le commencement du 2° chapitre de *Mme Cœuriot*.[1] Pressé par le temps, –on voulait une nouvelle pour le commencement du *Réveil* à 2 sous[2]– j'ai tout simplement recopié cela, en mettant au présent au lieu de l'imparfait. Cette semaine, j'ai eu au *Réveil* un nouvel ennui. J'avais fait une chronique intitulée *Francis Enne* –dont le livre m'a paru très remarquable– et Lepelletier, –qui n'a pas de volume, lui!– n'en a pas voulu comme article payé. L'article a passé ce matin, en bibliographie,[3] plein de fautes et sacrifié; tandis que j'ai dû fournir immédiatement une vieillerie encore,[4] afin de ne pas perdre les 50 F. Voilà ce que c'est! – Depuis samedi soir j'ai le *Collage*, et je me débats au milieu des 100 volumes, à distribuer à droite et à gauche. Ce n'est pas une petite affaire pour votre gros empêtré d'ami. Je vais mettre le vôtre à la poste[5]– ainsi qu'un numéro du *Passant*, nouveau journal, qui contient un article sur le *capitaine Burle*.[6] (Je n'aurai pas grande réclame au *Réveil*)[7] Que voulez-vous? Lepelletier n'est qu'un journaliste!!!

Si je vais à Aix pour le Noël, je ne partirai pas sans aller vous serrer la main.[8]

Je m'arrête – très pressé. Je n'en ai encore distribué que *trente-six*, sur la rive droite. Et je vais passer les ponts débordés, avec une trentaine de *Rive Gauche*. Demain mardi, j'espère terminer, sauf Goncourt et Rod, que j'irai voir mercredi à Auteuil. Puis, j'aurai mon nouvel article à faire[9] – très découragé par mon four sur Enne. Ah! si j'avais un canard à moi!

Pardon de mon griffonnage. Mes amitiés à vous deux.

Paul Alexis

Marpon m'a assuré que le *Collage* était très demandé en province. Kistemaeckers m'a promis, si ça marchait, une gratification de 100 F, dont j'aurais joliment besoin à cette fin d'année. Hier j'ai entrevu Maupassant. Il blague toujours et ne parle que d'argent. Nous devons dîner un de ces jours ensemble.

Méfiez-vous! Une tuile vous menace: V. Simond parle d'aller vous présenter "son fils" et le capitaine avec lequel il était allé vous voir à cheval et qui veut vous faire des révélations sur l'armée.[10]

1 Il s'agit de l'article "Aux Batignolles," publié dans *Le Réveil* du 27 novembre et qui sera le premier chapitre de la deuxième partie (42–8) de *Madame Meuriot*. Sans doute Zola, à qui apparemment l'extrait avait plu, avait-il demandé à son ami, dans une lettre perdue, s'il ne pouvait pas l'insérer dans son recueil de nouvelles *Le Collage*, que Kistemaeckers venait de faire paraître (l'ouvrage portant le millésime de 1883).

2 La hausse du prix du *Réveil*, de cinq à dix centimes, à partir du 26 novembre, eut pour résultat une amélioration du journal.

3 "Bibliographie. *La Vie simple*," *Le Réveil* daté du 12 décembre. Alexis y fait l'éloge du roman d'Enne, publié chez Charpentier. Il aime son "naturalisme," c'est-à-dire sa vérité, sa simplicité.

4 La nouvelle "Le Passé" (*Le Réveil*, 11 décembre)

5 Zola fut assez enthousiaste au sujet de l'ouvrage d'Alexis: "Avant de vous remercier, j'ai voulu lire *Le Collage*, pour avoir l'impression du texte imprimé, lu d'une haleine. Eh bien! l'impression est très bonne, en dehors des broutilles d'incorrection qui gênent mon esprit classique. Ces quelques pages ont un accent très personnel en somme, et vous ne devez regretter que d'avoir écourté un beau sujet. J'estime que vous vous tirez de la Belgique à votre honneur, *Le Collage* est plutôt un progrès qu'un recul" (lettre du 15 décembre 1882, *O.C.*, xiv, 1426). Cf. la critique que Zola avait faite, deux mois avant, de la même nouvelle (lettre 114, n.2).

6 Le journal républicain *Le Passant*, dirigé par Paul Deléage, parut du 1er décembre 1882 au 3 février 1883. Dans le numéro du 5 décembre, sous la rubrique "Revue bibliographique," signée par Marcel Fouquier, se trouvait un compte rendu du *Capitaine Burle*, le recueil de nouvelles que Zola avait publié chez Charpentier cette même année. L'article était peu favorable. L'auteur considérait Zola "bizarre, exagéré, maniéré, médiocre rhétoricien." Alexis fit une chronique sur la genèse du volume dans *Le Réveil* du 12 novembre 1882.

7 Le 19 décembre *Le Réveil* reproduisit un court extrait du *Collage*.

8 "Si vous n'allez pas à Aix, écrivait Zola dans sa lettre du 15 décembre, venez donc faire la Noël avec nous. Je vais à Paris lundi et ne rentrerai que mercredi; mais, ensuite, vous pouvez tomber ici sans crainte."

9 "Les grands magasins," *Le Réveil*, 17-xii-82. Voir la lettre 106, n.4

10 S'agirait-il ici du capitaine E. Merson, dont le dossier préparatoire de *La Débâcle* contient des notes sur les combats de Bazeilles, prises par le romancier au cours d'une conversation (B.N., MSS, n.a.f. 10287, fols.291–4)? Quoique *La Débâcle* n'ait paru qu'en 1892 (lettre 212, n.4), le projet d'un roman sur la guerre franco-prussienne date de loin. Dans la biographie d'Alexis on lit: "Un 'roman militaire' racontera Sedan, la débâcle du second Empire. Le romancier se propose, quand il en sera là, d'aller visiter le champ de bataille, et de se faire expliquer sur les lieux, par quelque officier d'état-major, les principales opérations de la campagne. Il étudiera la vie militaire, telle qu'elle est, au risque de passer pour un mauvais patriote" (*E.Z.*, 120–1). Cf. *Rougon-Macquart*, v, 1362–70.

116 [Paris] Lundi soir 22 janvier 1882 [pour 1883]–

MON CHER AMI,

Comme je suis en retard pour causer avec vous; – quant à aller vous voir, je comptais le faire samedi ou hier Dimanche. A la fin de semaine alors –samedi ou Dimanche– à moins que, votre roman achevé,[1] il ne soit trop tard.

Maintenant, des racontars littéraires – mais, j'en ai tant, que je suis obligé de les écourter, et de vous les télégraphier en style nègre.

Dîner avec Huysmans – très cordial – lui, un peu isolé, un peu détaché de Céard mais très fermé sur ce point; – mélancolique; – beaucoup parlé de *A rebours*[2] – détails drôles que je vous conterai. (Le lendemain matin, reçu visite d'Hennique – qui n'est plus chez Charpentier!–)[3] Mouvement de *retour* vers moi du petit groupe[4] –m'a-t-il semblé. – Maupassant rencontré, lui, toujours parlant argent – mais se dit "très en retard envers vous." "N'a pas encore lu *Capitaine Burle*" et invoque mal aux yeux: "On me brûle la colonne vertébrale."[5]

Mercredi 24 Ja^r

De plus en plus en retard envers vous!
Suite des petites nouvelles:
Dîner littéraire en formation. Le premier a eu lieu vendredi dernier: Bonnetain, Alex^e Boutique,[6] et moi. Second aura lieu samedi: Bonnetain doit avertir Céard – et moi Rod[7]– j'amènerai en tout cas Nautet, et peut-être Robert Caze qui parle aussi de fonder une revue naturaliste.

Assisté à la première de *Madame Thomassin*[8]– un four! qui, j'en ai peur, peut porter un coup à *Mlle Pomme*[9] Le directeur Maurice Simon, que j'ai vu après le four, était persuadé quand même que c'était un chef-d'œuvre: "Au théâtre-français, on aurait crié au miracle!... La pièce va se relever devant le vrai public." Hélas! je retourne à Cluny, le mercredi pour revoir la pièce; on ne la jouait plus, on ne l'avait jouée que 4 fois. Le vrai public avait rigolé comme l'autre. Et Maurice Simon, un peu plus froid, me remet à huitaine pour ma lecture, et, sans enthousiasme. Voici la huitaine écoulée; et je vais lui écrire pour lui demander enfin à fixer jour et heure. – Mais, il me vient une inspiration. Je me dis que si, de Médan, vous lui écriviez une lettre, de quelques lignes, pour lui recommander *Mlle Pomme* (qui n'a aucun rapport avec *Mme Thomassin*!!) le moment psychologique est arrivé où vous enlèveriez la chose. La chose, c'est: *la lecture*. Je suis persuadé, après avoir vu les 3 actes d'Albin Valabrègue,[10] que si je lis la pièce, elle l'emballera. Il y a, à Cluny, deux ou trois comiques assez drôles et notamment, une excellente duègne, Mme Aubrys,[11] qui ferait une suffisante *Mlle Pomme*. (Si ça vous ennuie tant soit peu, je n'ai rien dit! Mais, si vous lui écriviez il faudrait, pour que la chose fasse plus d'effet, qu'elle ait l'air de venir proprio motu de vous, exécuteur testamentaire de feu Duranty et mon ami en même temps.) J'attends d'être fixé, d'ailleurs, pour lancer à Simon ma demande officielle de lecture.

Un livre qu'il vous faut absolument avoir – que j'ai vu chez Huysmans, lequel, sur les conseils de Coppée, l'a pris et en est enchanté:

Dictionnaire analogique
par Boissière
édité chez Boyer, 49, r. St André des Arts.[12]

Coûte une 20ᵉ de francs – (Sur certains mots, des colonnes entières de synonimes. Livre inappréciable surtout pour la correction des épreuves.

Le *Panurge* m'a écrit pour me demander des articles. Un premier a paru.[13] 30 F – copie d'un côté, argent de l'autre. Je n'en aurai pas cette semaine, car ils font un nº exceptionnel.[14] Et, si j'en fait d'autres, je me méfierai. Je ne veux pas de cette rubrique: *à travers les rédactions*, – terrain brûlant, surtout avec un gaillard comme Champsaur. – Maupassant leur a aussi donné quelque chose.[15]

Rencontré Coppée, qui adresse à *l'Evangéliste*[16] le même reproche critique que vous, sur la psychologie d'Eline Ebsen – Reçu une aimable lettre de Bourget, en ce moment à Cannes – Le père Dumont, m'a-t-on dit, est de retour de Monaco, depuis avant hier soir – Richepin, depuis dix jours, aurait quitté le *Gil Blas*, le père Dumont lui ayant envoyé de là-bas, à propos d'une expression "la boue impériale"[17] une mercuriale que Richepin n'aurait pas acceptée (Comme on va jouer *la Glu*,[18] je ferai probablement cette semaine dans *le Réveil* un portrait de Richepin)

Et en voilà assez pour une fois. La quantité corrige-t-elle le retard, – mon vice constitutionnel? – Mes amitiés à vous deux. Votre

Paul Alexis

Je lis *Charlot s'amuse*.[19] Hum! Hum! si *Pajadou*[20] vous a consterné... ça va être bien pis! La préface de Céard est bien: mais pourquoi dire: "Je n'ai point souci de dominer." Blagueur va! les raisins sont trop verts! Ce garçon-là dominerait au contraire, plus que personne, s'il pouvait.

1 Zola termina *Au Bonheur des Dames* le 25 janvier 1883. Le 30 il annonça à Céard: "J'ai fini mon roman jeudi, et je suis dans la joie de ce gros débarras. A un autre! Nous rentrerons à Paris à la fin de la semaine prochaine" (*Z.-C.*, 40).
2 Le roman de Huysmans, commencé en janvier 1882, parut chez Charpentier en mai 1884.
3 Voir la lettre 101, n.3
4 Cf. les lettres 100, 103, 107 et 110
5 Maupassant, dont la vue empirait depuis quelque temps, écrivait vers cette date à Zola: "Je suis tellement honteux que je rougirai en vous voyant. Je n'ai pu encore aller vous voir étant en ce moment accablé de besognes de toute espèce qui ne me laissent pas dix minutes par jour. Ajoutez à cela que je suis à moitié aveugle depuis six mois, que toute lecture m'est impossible et que j'écris presque à tâtons, et vous saurez comment vous n'avez pas reçu de mes nouvelles" (G. de Maupassant, *Correspondance inédite*, 118).
6 Alexandre Boutique écrivit plusieurs romans, entre autres: *Xavier Testelin* (Lalouette 1883), *Mal mariée* (Ollendorff 1884), *Les Amants adultères* (Ollendorff 1885), etc. Le remerciant de l'envoi de *Xavier Testelin*, Zola écrivait à l'auteur le 18 juillet 1883: "Il y a d'excellentes choses dans votre roman. Comme il arrive toujours, la partie vécue est de beaucoup supérieure à la partie inventée [...]. N'importe, les qualités sont très grandes, marchez droit devant vous, le succès est aux longs efforts. Soyez certain que pas un gramme de force n'est perdu en ce monde" (*Corr.*, 598).
   Paul Bonnetain (1858–99), dont le *Charlot s'amuse* venait de paraître ce 22 janvier chez Kistemaeckers, avec une préface de Céard (voir plus loin), était rédacteur au *Figaro* et en devint le correspondant au Tonkin en 1884.
7 Edouard Rod s'était marié à la fin de 1882, à Florence. Vers le 15 novembre de cette année-là Huysmans écrivit à Zola: "Quelqu'un qui a vu Rod me dit qu'il est trans-

244

formé, que la lune de miel l'éclaire en plein, qu'il rêve de barcarolles et d'oiseaux bleus. Seigneur! ayez pitié de l'Italie et de la Suisse, lâchées sur l'inclément pavé de Paris, sans ressources bien grosses!" (*H.-Z.*, 91)

8 Le drame en un acte de W. Busnach fut représenté pour la première fois le 13 janvier 1883 au Théâtre de Cluny, dont Maurice Simon (mort en 1895) était le directeur depuis juin 1882.

9 Voir la lettre 40, n.5

10 *Les Maris inquiets* (Cluny, 13 janvier 1883)

11 Marie-Pauline Albaret, dite Irma Aubry, joua des rôles de duègne sur les théâtres secondaires.

12 Prudence Boissière, *Dictionnaire analogique de la langue française* (Larousse et Boyer 1862). Il y eut sept réimpressions de l'ouvrage entre 1872 et 1900.

13 Voir la lettre 110, n.7. L'article dont parle Alexis, intitulé "A travers les rédactions : au *Gaulois*," parut dans le numéro du 21 janvier. Le 24 décembre 1882 le journal avait publié quelques extraits de la nouvelle "Le Collage," avec ce commentaire: "Une nouvelle assez malpropre, niaise, terne, monotone, zolaïque; à part cela, pleine de talent."

14 C'est-à-dire en l'occurence un numéro fantaisiste, dédié au roi Henri v, qui y vient prendre sa place légitime sur le trône de ses aïeux.

15 *Le Panurge* publia le 28 janvier une nouvelle de Maupassant: "La Toux." Le premier numéro, celui du 1er octobre 1882, avait reproduit des extraits d'*Une Vie*, qui devait paraître en avril 1883 chez V. Havard.

16 Le roman "parisien" de Daudet venait de sortir chez E. Dentu. Le 10 janvier 1883 Zola avait envoyé à l'auteur une lettre remplie de louanges: "C'est, à mon sens, votre étude la plus soutenue et la plus pénétrante. J'entends que je n'ai aucune réserve à faire, que je n'y ai pas trouvé un de ces gâteaux de miel destinés au public, et qui, personnellement, me sont amers. [...] Mme Ebsen est d'une grande justesse, sans trop de maternité sentimentale, ce qui était l'écueil" (*Corr.*, 593–4).

17 Dans l'article "Gambetta" (*Gil Blas*, 3 janvier), que Richepin avait fait à l'occasion de la mort de celui-ci, survenue le 31 décembre 1882, on pouvait lire ces mots, qu'aurait prononcés l'homme politique à propos de la guerre franco-prussienne: "Cette guerre, criait-il, elle a eu au moins un avantage. Elle nous a débarrassés à jamais de la pourriture impériale!"

Alexis, lui, consacra sa chronique du *Réveil* du 7 janvier 1883 à "La littérature et Gambetta," dont voici un extrait: "Avant tout, il est bon de rappeler que la littérature n'a besoin de personne. Le pouvoir très réel qu'elle exerce sur les esprits et sur les cœurs, elle ne le doit qu'à elle-même, et parce qu'elle répond à certains besoins éternels de l'âme humaine. Pas plus qu'à l'art, il ne lui faut de protection quelconque. Chaque fois que les puissants de la terre ont voulu s'offrir le luxe et la satisfaction vaniteuse d'encourager les lettres, sauf des exceptions rares, leur encouragement est allé de lui-même aux souples, aux modérés, aux agréables, c'est-à-dire aux médiocres."

18 Ce drame en cinq actes et six tableaux, que Jean Richepin avait tiré de son roman du même titre, fut créé à l'Ambigu le 27 janvier 1883. Ce jour-là la chronique d'Alexis dans *Le Réveil* (portant la date du lendemain) était intitulée "Jean Richepin": "Comme Guy de Maupassant, comme bien d'autres, Richepin, je n'oserais l'affirmer, mais je le crois, s'apercevra tôt ou tard, si ce n'est déjà fait, qu'en lui le poète est mort, je veux dire: s'est de plus en plus transformé en prosateur. [...] C'est justement parce que Richepin possède [...] ce sens de la vie, si important et si rare chez l'artiste, que je voudrais le pousser tout particulièrement à cultiver à fond le champ large du roman moderne. [...]"

19 Voir plus haut la note 6. Le 30 janvier 1883 Paul Bonnetain écrivit à Zola: "J'ai appris par Henry Céard que vous aviez bien voulu vous intéresser à mon œuvre et vous faire son parrain en lui trouvant un titre et une épigraphe qui commencent à lui porter bonheur. Au surplus, je me souvenais trop du bienveillant accueil qu'a reçu de vous mon premier volume pour laisser échapper l'occasion de vous dire combien je vous suis sincèrement reconnaissant" (b.n., mss, n.a.f.24511, fols. 196–196ᵛ). L' "épigraphe" de Zola dont fait mention Bonnetain, suit la préface de Céard et consiste

en deux citations de la préface de *Thérèse Raquin*, sur l'étude scientifique des tempéraments au lieu des caractères et sur la moralité de l'œuvre.

Des procès furent intentés à l'auteur et à l'éditeur de ce roman sur l'onanisme, mais ils furent acquittés tous les deux. La préface de Céard fut remplacée, après le procès de Bonnetain (le 27 décembre 1884), par l'acte d'accusation. Cf. *Goncourt-Céard*, 102–3. On trouvera à l'app. A:19bis une critique de *Charlot s'amuse* par Alexis ("La vérité," *Le Chat noir*, 24-II-83), où il accuse l'auteur de ne pas avoir été "suffisamment naturaliste."

20 Voir la lettre 114, n.8

🖉 117 [Paris] Dimanche 28 Février [pour janvier] [18]83

MON CHER AMI,

Sauf des circonstances extraordinaires, imprévues, je prends demain lundi, 4h, 25, le train pour Médan. – Pour Maurice Simon, soit![1] Je vais tenter tout seul ma petite affaire, sauf, en cas d'échec, à recourir à votre office, lorsque, dans quelques semaines, vous porterez la pièce à Céard.[2] (Hé! deux petites pièces de naturalistes, le même jour, n'y a-t-il pas là de quoi tenter Simon? – C'est pour moi, une suprême réserve.)

J'ai assisté hier à la première de *la Glu*.[3] Je vous avoue que certaines audaces m'ont beaucoup plu – autant que le roman me paraît faible. La salle, à ces audaces, a manqué se fâcher – vous avez lu Wolff et Vitu,[4] ce matin – Moi, j'ai applaudi très fort ces passages; au nom de la passion et de la vie! (Tant pis pour Céard)[5] J'ai la sensation que, sans *l'Assommoir* et *Nana* sur les mêmes planches,[6] *la Glu* ne serait pas allée jusqu'au bout. Vous avez montré et aplani la voie. Un "Cocu!" qui terminait le cinquième tableau, aurait passé comme une lettre à la poste et a été malheureusement coupé et remplacé par une admirable crise de nerfs muette de *Réjane*,[7] seule en scène. – Une seconde sensation: Decori[8] ferait un merveilleux *Laurent* et Réjane, une *Thérèse*[9]–ou une Renée[10]– épatante. Voici d'ailleurs l'opinion de Sarcey sur les acteurs.[11]

J'ignore si mon article sur Richepin vous a paru bien. En tout cas, je sais qu'il va me valoir de Lepelletier une mercuriale au nom de feu–le Parnasse.

A ce soir – sauf l'imprévu. Mes excuses à la châtelaine pour le dérangement. Une cordiale poignée de mains de votre

Paul Alexis

Le *Réveil* va reproduire, je crois, les *Sœurs Vatar*;[12] nous sommes en train de travailler Lepelletier en cet égard.

---

1 Voir la lettre précédente. La réponse de Zola n'a pas été conservée.
2 S'agit-il ici d'une première version de *Tout pour l'honneur*, le drame en un acte que Céard tira du "Capitaine Burle"? La nouvelle de Zola, pour laquelle Céard avait fourni des renseignements, avait été publiée au *Messager de l'Europe* de décembre 1880 et reprise dans *La Vie moderne* du 10 février 1881. Dans une lettre à Zola, datée du 15 novembre 1882, Céard fait une allusion à cette nouvelle, pour laquelle il a des "tendresses particulières." Quoi qu'il en soit, il n'est question de la version définitive de *Tout pour l'honneur* que dans la lettre que Céard écrit à Zola le 3 décembre 1886: il y annonce qu'il vient d'achever l'adaptation. Le même jour Zola propose à son collaborateur de venir à

Médan pour lui *relire* la "bluette." Elle sera représentée pour la première fois au Théâtre Libre le 23 décembre 1887 (F. Pruner, *Les Luttes d'Antoine*, I, 137–41, 147–50). Cf. *Céard-Zola*, 82–3, 231, 318; *Zola-Céard*, 63.

Ou bien "la pièce à Céard" serait-elle *Mon pauvre Ernest*, comédie en un acte, qui sera montée le 27 janvier 1887 au Cercle Artistique et Littéraire, 7, rue Volney? L'auteur a recueilli la pièce dans son volume *Le Mauvais Livre* (Librairie Française 1923), en l'intitulant cette fois *Il faut se faire une raison*. D'après R. Frazee, ce titre est emprunté à un vers d'Auguste de Châtillon, cité par Céard dans sa chronique de *L'Express* du 28 mars 1881. Cf. *Céard-Zola*, 323; R. Frazee, *Henry Céard*, 144.

3 Voir la lettre 116, n.18

4 Au cours du compte rendu de la pièce dans *Le Figaro* du 28 janvier, Auguste Vitu parlait de la stérilité d'imagination des jeunes contemporains. D'après lui, *La Glu* n'était qu'un "mélodrame grossier et banal, [...] *Nana*, encadrée de *L'Arlésienne*."

Albert Wolff fit l'éreintement de la pièce, où il y avait selon lui du "naturalisme de bas étage," dans sa "Chronique théâtrale" de *L'Evénement* daté du 29 janvier.

5 Encore une allusion à la polémique d'Alexis et de Céard sur Musset. Voir les lettres 105 et 106

6 Voir les lettres 43 (n.10) et 71 (n.7)

7 Gabrielle-Charlotte Réju, dite Réjane (1856–1920), fut célèbre pour ses rôles dans *Germinie Lacerteux* et *Amoureuse* à l'Odéon, et dans *Madame Sans Gêne*, *Maison de Poupée*, *La Bonne Hélène*, *Divorçons* et *Sapho* au Vaudeville. Ce fut elle qui créa le rôle de Betsy dans *Monsieur Betsy* d'Alexis et de Méténier, le 3 mars 1890 aux Variétés (lettres 178 et 203 [n.5]).

8 Louis Decori (1858–1909), acteur et auteur dramatique, débuta à la Gaîté en 1882. Il joua ensuite à l'Odéon, à l'Ambigu, à la Renaissance, etc.

9 La première de la pièce que Zola tira de *Thérèse Raquin* fut représentée le 11 juillet 1873 au Théâtre de la Renaissance. Le rôle de Thérèse fut créé Mlle Dica-Petit, celui de Laurent par Maurice Desrieux. Marie Laurent joua Madame Raquin, rôle qu'elle reprit le 20 mai 1892, au Théâtre du Vaudeville, avec Jane Hading et André Antoine dans ceux de Thérèse et Laurent. Cf. *E.Z.*, 131–6; H. Mitterand, "*Thérèse Raquin* au théâtre," *Revue des Sciences humaines*, XXVI, fasc. 104 (1961), 489–516.

10 Pour l'adaptation dramatique de *La Curée*, voir les lettres 167 à 169

11 Sarcey donna une première opinion sur *La Glu* dans sa "Chronique théâtrale" du *Temps* daté du 29 janvier. Le 5 février il publia un compte rendu plus complet. Il trouva Decori "charmant, une trouvaille," et Réjane "belle, avec du talent."

12 En feuilleton, du 2 février au 21 mars 1883. L'édition originale du roman de Huysmans date du 26 février 1879 (Charpentier). Cf. *Huysmans-Goncourt*, 52–4.

118 [Paris] Lundi, 7 Mai 1883

MON CHER AMI,

J'ai revu Nautet, qui voudrait faire une grande "étude critique" sur la série[1]– une forte brochure de 150 pages, dit-il, pour laquelle il cherche un éditeur, et dont, en attendant, il ferait passer des morceaux à droite et à gauche, dans les feuilles belges.

Certains volumes de vos œuvres critiques lui manquent. Et il désirerait, sur une de vos cartes, un mot afin d'avoir chez Charpentier:

Le Roman expérimental
Documents littéraires[2]
Une campagne
Les romanciers naturalistes
Emile Zola (notes d'un ami)

247

Et vous devriez ajouter, pour moi alors, *Mes haines*, que je n'ai pas – ce qui m'a bien gêné pour mon article sur Manet.[3]

Veuillez m'envoyer ça ou le lui mander directement à lui-même; Nautet demeure toujours 130, avenue de Clichy.

J'irai sous peu vous surprendre, au milieu du printemps superbe qu'il doit faire. Je récolte des nouvelles, afin d'en avoir dans toutes mes poches. *Une vie*[4] se vendrait fort peu.

Mes amitiés à vous deux

Paul Alexis

Le *Réveil* est toujours menacé, et le ciel de l'avenir fort noir.

1 Francis Nautet (lettre 111, n.1) s'était détaché peu à peu de ses premiers enthousiasmes pour l'école naturaliste. Le long article qu'il consacra à l'œuvre du Maître de Médan parut dans la *Jeune Belgique* (III [1883–4], 293–302, 340–5) sous le titre de "L'évolution naturaliste. M. Emile Zola." L'article, assez sévère, est reproduit dans le premier tome des *Notes sur la littérature moderne* du critique belge.

Voici la réaction d'Alexis à l'apostasie de son ami verviétois: "Laissez-moi vous laver un peu la tête, écrivit-il le 17 octobre 1884, au sujet de certain article de votre petite revue (que vous devriez bien me faire envoyer) que j'ai lue par hasard, me trouvant à Médan, et où vous m'avez paru d'un *anti-naturalisme*!!! Est-ce la Belgique et son influence qui a révolutionné vos idées littéraires? Est-ce le grand Lemonnier, ou tout autre, qui vous a perverti? Racontez-moi la genèse de ce changement: ça m'amusera! – Mais, bien entendu, les opinions sont libres, et je ne considère pas la chose comme devant porter atteinte à nos bonnes relations. [...] Quelle mouche antinaturaliste vous a donc piqué? je vous ai souvent dit que vous tourneriez mal: vous aimez trop la musique, la vague musique!" (citée par G. Vanwelkenhuyzen, *Vocations littéraires*, 122) Cf. également id., *L'Influence du Naturalisme français en Belgique de 1875 à 1900*, 174–5.

2 Ce volume, contenant des articles critiques écrits entre 1875 et 1880 au *Messager de l'Europe*, au *Bien public* et au *Voltaire*, avait été publié chez Charpentier en décembre 1881.

3 Manet étant mort le 30 avril, Alexis donna au *Réveil* du 6 mai un article nécrologique, intitulé "Manet et Duranty" (app. A:21). Sur la maladie qui devait emporter le peintre, cf. *Céard-Zola*, 233–4.

4 Voir la lettre 116, n.15. Dans "Guy de Maupassant" (*Le Réveil*, 15-IV-83) Alexis avait écrit: "La part de l'éloge faite, et elle doit être très large, *Une Vie* encourt quelques blâmes. Je fais assez grand cas de Guy de Maupassant pour lui dire toute la vérité. Par ci, par là, le canevas de son œuvre, si net, et si heureux dans la simplicité, est chargé de quelques arabesques nuisibles. [...] Mais ce ne sont là, je le répète, que des imperfections secondaires. L'effet général est très grand, et le style emporte tout. Je viens, en somme, d'éprouver une grande satisfaction à savourer trois cents pages de cette prose qui me paraît plus que jamais 'franche, souple et forte.' Exubérance de santé, style chaud comme du sang, phrase musclée et d'aplomb, attaches solides d'athlète, j ai retrouvé tout Guy de Maupassant. [...]" Le 27 mai 1883, dans le même journal, Alexis dédia sa nouvelle "Une vie... de chien" à "mon ami Guy de Maupassant."

🐍 119 [Paris] Jeudi 7 Juin 1883

MON CHER AMI,

Je reçois à l'instant une carte postale du Russe Boborykine[1] m'invitant à déjeuner pour *samedi*.

De plus, je ne tiens pas encore la fin de ce malencontreux *"le Triomphe de l'Innocence."*[2] Mon impuissance et la Russie feront que je n'arriverai que samedi et, *pour le plus tôt encore!*

Bobo me dit qu'il compte avec Céard vous demander à déjeuner à Médan.[3] Lui rappelant vos heures de travail, je lui dirai qu'il vaut mieux que ce soit "à dîner".

Mes amitiés et mes excuses à la châtelaine.

Votre

Paul Alexis

Je me renseignerai sur *Chez l'avocat.*[4]
L'adresse de Boborykine:
24, rue Tronchet.

1 Le 10 de ce mois Alexis publiera au *Réveil* une nouvelle ("L'Avortement") qu'il dédie à "mon ami Boborykine."

2 Cette nouvelle, qui fait partie du recueil *Le Besoin d'aimer*, n'a pas été retrouvée dans la presse. Cf. la lettre 193.

3 "Le bruyant Boborykine est à Paris, écrivit Céard à Zola ce même jour. Il me prie de vous demander s'il peut aller vous voir. Je fais la commission. Bien entendu, je lui ai laissé entendre que vous étiez très occupé, de sorte que vous avez toute liberté pour refuser" (*C.-Z.*, 235–6). Le lendemain Zola répondit de Médan: "Je n'ai aucune raison de ne pas voir le bruyant Boborykine. Seulement, je voudrais bien qu'il ne me dérangeât point. Donc, veuillez lui dire que, s'il tient à venir ici, il n'y vienne que par le train de 2 heures, pour dîner. Je n'ose vous donner la corvée de l'accompagner, j'aimerais mieux vous avoir seul, une journée entière. [...] Vous pourriez le mettre sur le dos d'Alexis, que j'attends d'un jour à l'autre" (*Z.-C.*, 41).

4 Cette comédie en un acte et en vers libres de Paul Ferrier fut représentée pour la première fois au Théâtre-Français le 22 juillet 1873 et publiée chez Lévy la même année. Elle fut reprise par la Comédie-Française le 30 mai 1883 et eut sept représentations pendant cette année. C'est une amusante bluette qui traite d'un jeune ménage plaidant en séparation et se rencontrant chez le même avocat.

120 [Paris] Lundi soir 16 Juillet 1883

MON CHER AMI,

Je vous mets en chemin de fer, c'est-à-dire que je vous envoie quelques mots avant votre départ.[1]

Une nouvelle vous fera plaisir! cet *Assommoir*, que tout le monde a lu, vu jouer, etc. vient d'augmenter de 3500 à 4000 le chiffre des *mot d'ordre* vendus journellement à Paris. (La publication a dû commencer le 1er)[2] C'est par Leroy que j'ai su le chiffre, qui est positif. Simon, naturellement, ne m'en a pas parlé; d'ailleurs je n'ai fait que l'entrevoir.

J'ai lu le 2d article de Sarcey,[3] très courtois et très aimable. Il termine en disant que: le naturalisme "malade de l'adorable maladie de l'art," il ne sait même pas ce que ça veut dire. J'ai grande envie de le lui expliquer un de ces jours, dans un nouvel article, portant uniquement là-dessus. Qu'en pensez-vous?

Le travail? Fatalement, le roman[4] a été interrompu – par la fête...
du 14 – et l'article du *Gil Blas*[5] est dur à sortir.

Le 14, j'ai passé l'après-midi et la soirée à Bougival, chez Lepelletier
qui est gentiment installé, tout au bord de l'eau. Mais j'ai eu tous les courages :
pour la première fois de ma vie, j'ai navigué en *yole*, avec, pour nautonier,
ce petit homme au sang bouillant : enfin je n'en suis pas mort ! Sur l'eau, il est
d'ailleurs plus calme que sur terre. (Il ne sait pas nager)

Hier, j'ai reçu une paire de témoins de Germain Nouveau :[6] mais,
maintenant que je sais ce que c'est, j'ai expédié sous jambe cette ridicule
affaire, ainsi que vous l'avez vu. Ces trois messieurs désiraient une *réclame*.

J'ai touché un mot de laisser-passer à Simon, qui ne m'a dit ni oui ni
non. Mais je pense que ce sera oui. A propos, vous m'enverrez votre adresse
maritime, que je ne sais qu'approximativement.

Mes amitiés à votre femme. Dites-lui que le jour de mon arrivée, la
mère souris blanche a accouché de 5 souriceaux – et je les élève tous.[7]

Une affectueuse poignée de mains à vous deux

Paul Alexis

Aujourd'hui visite de Nautet. Il me lira prochainement la première
moitié de son étude sur vous ;[8] il n'est pas retourné à l'*Evénement*, attendant
les vacances de la Chambre[9]–

1 Zola part le 18 pour Bénodet (Finistère), où il passera l'été jusqu'au 15 septembre.
Huit jours après son arrivée Zola écrit à Céard : "Le pays est superbe, d'une sauvagerie
inquiétante. A quinze minutes, nous avons une plage de sable d'une lieue, du sable à
perte de vue, sans une pierre. Et une mer formidable. Ajoutez que notre isolement est
absolu, il faut aller chercher les provisions et la correspondance en barque, comme si
nous étions dans une île. Vous savez que je travaille partout, eh bien ! l'air est tellement
autre ici, que je ne sens plus mes phrases d'aplomb" (*Corr.*, 597 – La lettre, qui porte
dans l'édition la date du 1er juillet 1883, devrait avoir celle du 27 du même mois).
2 Le premier feuilleton du roman de Zola parut dans le numéro daté du 2 juillet, le
dernier dans celui du 5 novembre. On se rappelle que Valentin Simond était le directeur du *Mot d'Ordre* ; Albert Leroy était un des rédacteurs.
3 Il s'agit d'une polémique entre Francisque Sarcey et Alexis sur le style. Dans un article
intitulé "Les nouveaux procédés de style" (*XIXe Siècle*, 11-vi-83) le célèbre critique
attaque le style télégraphique qu'Alexis avait adopté dans sa nouvelle "Denise"
(recueillie dans *Le Livre des Têtes de bois* [57–64], ouvrage collectif que publia Charpentier en 1883). "M. Paul Alexis est un des jeunes écrivains qui cherchent à l'art une
nouvelle formule, constate Sarcey. Il fait profession de se moquer des vieilles règles du
style, et, pour me servir d'une des expressions qu'il a contribué à mettre à la mode, il
est un des outranciers de l'originalité." Et à titre d'exemple, Sarcey cite une phrase
de la nouvelle : "Pierre a quarante-cinq ans. Brun." C'est ce mot "brun," formant à
lui tout seul une phrase complète sans sujet ni verbe, qu'il ne peut accepter : "C'est
l'originalité des signalements de passeport et des permis de chasse."
   Et Alexis de se défendre, au nom du Naturalisme, dans *Le Réveil* du 8 juillet : "M.
Sarcey, professeur de style" (app. A:22). Il y accuse son critique d'être un puriste, de
ne pas aimer le style moderne, de manquer de sens artiste. A l'appui de sa thèse il
prend des exemples dans l'œuvre des frères Goncourt.
   Dans "Questions de style" (*XIXe Siècle*, 10 juillet) Sarcey répète ce qu'il a déjà dit
sans rien ajouter de nouveau. D'après lui, Alexis veut seulement "épater son monde"
avec le style télégraphique. "Ce goût du bizarre" manque entièrement de sincérité.
"Il y a du procédé dans la manière de M. Paul Alexis ; et c'est là ce qui me gâte sa

prose. [...] Quant au naturalisme... je ne sais pas trop ce qu'on entend par là. Si le naturalisme c'est Zola, eh bien! j'ai toujours beaucoup admiré la puissance de Zola [...]. J'avoue que le *naturalisme raffiné, malade de l'adorable maladie de l'art,* m'est fermé absolument, comme le remarque avec beaucoup de sens M. Paul Alexis. Je ne me doute même pas du sens de ces mots."

Alexis clôt le débat dans *Le Réveil* du 22 juillet avec sa chronique "M. Sarcey, élève en art" (app. A:23). Il y affirme sans ambages que Sarcey ignore non seulement le Naturalisme, mais l'art lui-même. Il encourage les jeunes écrivains à abondonner les règles, à se contenter d'être eux-mêmes.

4 *Madame Cœuriot*
5 Le prochain article d'Alexis au *Gil Blas* (la nouvelle: "Une mère") ne paraîtra que le 30 juillet 1883.
6 Le poète et peintre Germain Nouveau (1852–1920), se croyant visé dans la nouvelle satirique "La Comédie politique" d'Alexis (*Le Réveil*, 15 juillet), dont le personnage principal était un "M. Nouveau," demandait satisfaction à l'auteur. Celui-ci, se rappelant sans doute "l'affaire *Pot-Bouille*" d'il y avait un an (lettre 101, n.7), refusa d'obtempérer. Dans une note explicative qu'inséra *Le Réveil* dans son numéro du 16–17 juillet, Alexis affirmait qu'en principe le nom en soi, pas plus que le prénom, n'était à proprement parler une propriété. Et il réclamait "hautement pour le romancier le droit de donner à ses personnages des noms modernes, existants, réellement portés, pourvu qu'il n'entre dans ses choix aucune intention de faire des personnalités."
7 Denise Le Blond-Zola raconte dans ses réminiscences qu'Alexis ramenait chez lui les bêtes errantes, les chats, les chiens perdus. "J'en ai connu plusieurs, éclopés, boitant, un œil crevé. Il ne pouvait voir souffrir les bêtes, leur prodiguait ses soins. C'était, je m'en souviens avec émotion, un si brave homme, d'une grande bonté" ("Alexis, Zola et l'époque du Naturalisme," ms., coll. J.-C. Le Blond). Cf. l'article du même auteur sur "Emile Zola et l'amour des bêtes," *Les Cahiers naturalistes*, No.6 (1956), 284–308.
8 Voir la lettre 118, n.1
9 La session parlementaire se termina cette année-là le 2 août. La réouverture eut lieu vers la fin d'octobre.

⁂ 121 Paris [mardi] 14 Août 1883.

MON CHER AMI,

Vous me demandiez mes projets:[1] n'en ayant que de très vagues, j'ai différé de vous répondre. Mais la précision et la certitude ne venant pas, (oh! mon caractère indécis!) je vous écris tout de même. Qui a contribué à augmenter mon instabilité de projets, c'est ce gredin de Val. Simond, qui, le 5, –pour la première fois depuis 17 mois[2]– ne m'a payé mes 150 F, qu'au moyen d'un chèque à la date du 15. Ce chèque sera-t-il payé demain, ou demain étant fête,[3] après demain. Question? – Enfin, nonobstant, avec 100 F touchés hier d'un nouvel article *Gil Blas*[4] je vais m'efforcer d'envoyer mon collage passer quelque temps dans sa famille, puis, *quand le chèque sera payé*, je demanderai au même Simond un laisser-passer, soit pour Bénodet,[5] soit pour Aix – A vous, dans votre prochaine, de me conseiller à ce sujet. Comment vont la santé et la pioche. Le beau temps revenu ici depuis 3 jours, a-t-il un contre-coup là-bas, et améliore-t-il "votre temps"? Avez-vous eu Céard[6] et la cousine?[7] Avez-vous un lit, et désirez-vous la solitude ou la société? Enfin, dites-moi ce qu'il faut faire: moi, je n'en sais jamais rien. Ce sont les événements qui me poussent, et lorsque, mauvais Schopenhauérien, je veux les déterminer, je fais des gaffes.

251

Mes affaires au *Gil-Blas* continuent à ne pas mal marcher. Mes deux derniers articles –(qu'en pensez-vous?)– ont passé le dimanche suivant du jour où je les ai portés. Et j'ai eu une conversation avec le père Dumont –très aimable– qui m'a dit que "j'avais beaucoup de talent" et qui m'a dit aussi "votre ami Zola doit être content de moi." D'où je conclus que, s'il me prend des articles, il le fait beaucoup pour vous, à votre considération. Je vous prierai donc de l'en remercier chaudement à la première occasion. – Quand à avoir mon jour, il m'a laissé entendre que ce ne serait pas sitôt fait – et, personnellement, avec ma difficulté de travail, je me demande si ce n'est pas un bien pour moi – tant que le *Réveil* vivotera encore.

Enfin, j'ai vu Charpentier. L'affaire est faite pour un volume de nouvelles contenant le *Collage*, mais il ne veut pas que je conserve ce titre, défloré par Kistemaeckers.[8] Je comprends ses raisons mais c'est ennuyeux tout de même. Je mettrai en tête le *Retour de Jacques Clouard*[9] (ou *Jean*, puisque vous avez pris *Jacques*) mais, outre que ça ne vaut pas *"le Collage"*, on dira que j'ai plagié *Jacques Damour*.[10] Le mieux, ne serait-il pas de laisser le Collage en tête, et, pour contenter Charpentier, de donner au bouquin un titre général, –par exemple *"Quelques passionnés"*– ou un autre.[11] Je serais bien aise de savoir votre avis. En tout cas, je commence à coller mes nouvelles. (Puis, je vais m'occuper aussi du volume d'articles: *La passion des lettres*,[12] chez Charpentier, ou ailleurs, car la critique laisse froid cet homme.)

Peu de nouvelles littéraires. *Les Grimaces*,[13] pamphlet genre lanterne, à 50 centimes, –couverture feu– par Mirbeau, Grosclaude, Léris (Paul Hervieu)[14] et le microcéphale Capus – ont un certain jus, et un succès de vente naturellement. Le *Figaro* rage en secret.[15] A l'égard du naturalisme, ils n'ont pas encore pris position, (bien qu'ayant vaguement parlé d'abaissement de la littérature). Mais voilà comment aurait dû être la *Comédie humaine* – Gredins de Maupassant, d'Huysmans, de Céard et d'Hennique! Gredin moi-même, de ne pas l'avoir faite tout seul, comme ça, un beau matin, avec de l'audace![16]

Et Bonnetain, aujourd'hui à Aix-les-Bains avec Marie Colombier,[17] prétend avoir 50000 F pour la faire en Oct^e: oh! misère et avortement!

Sur ces toutes mes amitiés à votre femme. – Et je vous la serre affectueusement.

Paul Alexis

---

1 Sans doute dans une lettre qui n'a pas été conservée

2 Alexis collaborait au *Réveil* depuis le 26 mars 1882 (lettre 104, n.1).

3 La fête de l'Assomption

4 La nouvelle "Un duel" (dans le numéro du 13 août) fait partie du recueil *Le Besoin d'aimer*.

5 Voir la lettre 120, n.1

6 Céard devait arriver à Bénodet le 16 août et y rester une quinzaine de jours (*Céard-Zola*, 238–40). Dans une lettre datée du 6 août Zola avait envoyé à son ami ces renseignements de voyage: "Prenez une voiture à Quimper, et quand vous débarquerez ici, allez au bureau de la douane, où est déposée une corne, destinée à avertir, de l'autre

côté de l'eau, le gardien de la propriété que j'habite. Quelqu'un soufflera dans la corne, et je vous enverrai mon batelier. –Est-ce assez Walter Scott?" (*Z.-C.*, 42)

7 C'est-à-dire Amélie Laborde, dont le mari Emile Laborde (1846-82) était le cousin d'Alexandrine Zola. "Voilà notre cousine partie," annonce Zola le 12 septembre à Céard (ibid., 43).

8 Voir la lettre 110, n.3

9 Voir les lettres 65 et 66

10 La nouvelle de Zola avait paru d'abord au *Messager de l'Europe* en août 1880. Elle fut recueillie dans le volume *Naïs Micoulin* (Charpentier 1884). Bien qu'inspirés de la même donnée (le retour des communards en juillet 1880), "Jacques Damour" et la nouvelle d'Alexis ne se ressemblent pas.

11 Ce sera *Le Besoin d'aimer*, avec la nouvelle "Le Collage" en tête et "Le Retour de Jacques Clouard" à la fin du volume. Voir la lettre 123.

12 Ce projet ne fut pas mis à exécution. Cf. l'Introduction, n.30.

13 Octave Mirbeau fut le rédacteur en chef de cette publication, qui parut tous les samedis, du 21 juillet 1883 au 5 janvier 1884. Trublot en parle le 13 novembre 1883, dans son feuilleton du *Cri du Peuple*: "Depuis quelque temps [les rédacteurs des *Grimaces*], ayant pour eux leur jeunesse et leur sincérité, se livrent dans leur coin à l'intéressante entreprise de dire tout haut –en art, en littérature, en théâtre, même en politique– ce que personne n'ose dire tout haut sur le boulevard, mais ce que chacun pense *in petto*.

"En politique, certes, Trublot se sépare absolument d'eux – d'abord parce qu'il ne s'en occupe pas, de la politique – puis, parce qu'il les croit là-dessus des sceptiques, des indifférents, gueulant pour gueuler, à tort et à travers, sans fond bien sérieux. Mais sur le reste, Trublot est avec eux. 'Les grimaciers' lui semblent des bougres à poil, menant la même campagne que lui."

14 Avant de se consacrer à la littérature, Paul Hervieu (1857–1915) avait exercé de 1879 à 1881 la profession d'avocat.

Le journaliste Etienne Grosclaude (1858–1932) écrivit des fantaisies littéraires dans plusieurs périodiques. Cf. A. Brisson, *Portraits intimes*, II (A. Colin 1896), 33–8.

15 Trublot nous donne la raison du départ de Mirbeau du *Figaro* (lettre 113, n.4) dans l'article cité ci-dessus dans la note 13: "Ces *Grimaces* sont rédigées par quatre ou cinq jeunes gens, groupés autour d'Octave Mirbeau – celui qui s'est fait foutre à la porte du *Figaro*, pour avoir osé, dans ce temple, gueuler à tue-tête que le cabotinage nous dévore, – que les comédiens ne sont, la plupart du temps, que des 'réguliers', évidemment surfaits, de simples employés, bons ou mauvais, un peu inférieurs intellectuellement à ceux dont ils interprètent les œuvres – qu'une Sarah Bernhardt, par exemple, malgré sa 'voix d'or', n'est qu'une névrosée sur le retour, – et que M. Coquelin aîné, malgré ses belles relations, n'a nullement l'étoffe d'un grand premier ministre."

16 Chose curieuse, *La Revue indépendante* de février 1885 porte cette annonce: "Pour paraître prochainement: *La Comédie Humaine*. Directeur: M. Paul Alexis. Rédacteurs: MM. Paul Adam, George Moore, F. Cameroni, Vittorio Pica, Piotr Boborykine, Charles Vignier, Emile Hennequin, Jules Vallès, Oscar Méténier, Pipitone Federico, Francis Enne, Joris-Karl Huysmans, Reis Damaso" (cité dans *Huysmans-Goncourt*, 66). Cette fois encore, le "brûlot" ne parut jamais. Sur celui qu'avait projeté Huysmans, voir la lettre 67, n.1.

17 La capricieuse Marie Colombier (1841–1910), actrice à l'Odéon, à l'Ambigu et à la Gaîté, eut des démêlés avec Sarah Bernhardt et en 1883 publia ses satiriques *Mémoires de Sarah Barnum* (Tous les Libraires), avec une préface de Paul Bonnetain. (Voir la lettre 173, n 2.) Le livre fut saisi et l'auteur condamné pour outrage aux bonnes mœurs à trois mois de prison et à mille francs d'amende. Entre 1898 et 1900 elle fit paraître chez Flammarion les trois volume de ses *Mémoires*.

MON CHER AMI,

Je suis toujours ici! Ainsi l'ont voulu les circonstances. Le 16 Août, le chèque de Simond, a été payé,[1] et j'ai pu le lendemain envoyer *mon Collage* en Bretagne, dans sa famille. Seulement, fort désargenté, je suis resté ici, cloué par la dèche, car –au *Gil Blas* sur lequel je comptais– et où j'avais porté, voici 15 jours, un article – je viens d'apprendre, samedi seulement, que le père Dumont n'en a pas voulu. Le titre: *Un député*,[2] l'aurait-il effrayé? Y aurait-il vu une allusion, quelque personnalité politique qui n'était pas dans ma pensée, je l'ignore. En tout cas, me voici en train de m'escrimer sur un autre article que j'espère achever demain. Mais voilà ma villégiature définitivement flambée: je n'ai pas de chance décidément pour les bains de mer! Grandcamp et Bénodet![3] Quant à Aix, j'ai toujours le temps d'y aller passer un mois. Je veux auparavant remettre au *Gil Blas* ma barque à flot.

Avez-vous vu? J'ai commencé une série au *Réveil*.[4] Et je viens d'en envoyer les deux premiers articles à Kistemaeckers, lui proposant un autre petit volume: *Les anciennes à Gaston*, pour le printemps prochain. (Mais je lui en demande *1000* F, dont moitié *d'avance*; – je crois qu'il ne me répondra même pas!)

Je colle le bouquin de Charpentier[5] et je n'ai toujours pas de titre. *De la prose – Histoires arrivées – Vingt nouvelles – Mes anciennes – Quelques passionnés*, etc. Tout ça ne vaut rien encore, sauf *Mes anciennes*, que je réserve pour le petit bouquin.

Voilà mes nouvelles personnelles, qui n'ont rien de brillant. Aujourd'hui, la mort du pauvre Tourgueneef[6] et un refroidissement de la température, survenu à la suite de la grande pluie d'hier, et de ce grand vent de Dimanche, me donnent la mélancolie. Encore un été de foutu. Et vous savez que j'adore l'été et la chaleur, moi!

L'autre soir, Mendès m'a payé à dîner chez Voisin[7] avec sa troisième femme: Charlotte Rainard.[8] Nous avons causé de vous, et des *Héritiers Rabourdin*.[9] Je connais déjà l'affabulation de la *Reine Fiammète*,[10] mais je ne suis pas assez gai pour vous la raconter.

Le surlendemain soir, passé la soirée avec Vallès, retour de Londres, porteur d'un énorme manuscrit: le bouquin sur Londres pour Charpentier à 100 F l'exemplaire![11] Le sympathique Communard m'a paru un peu démoli, littérairement. Il n'a plus de journal: A *la France*, c'est cassé.[12] Il n'ose plus parler théâtre.[13] Il m'a parlé avec admiration de votre campagne au *Figaro*:[14] voilà ce qui le fait soupirer. Ah! s'il avait 300 mille francs pour faire un journal!...[15] Enfin, toujours le même, quoi! – Il doit, la semaine prochaine, m'appeler à Meudon, pour *ragougnasser* dans la nature.

Et voilà! je cherche en vain la gaieté; ne la rencontrant pas je clos ici ma lettre, qui eût peut-être été moins morose, si j'avais attendu d'avoir fini mon article du *Gil Blas*, (fait avec mon idylle de Pennedepie)[16] dont je serai peut-être content. Mais je n'ai pas voulu attendre plus longtemps de vous envoyer mes amitiés ainsi qu'à votre femme, et de vous serrer cordiale-ment la main.

Votre vieux

Paul Alexis

Rappelez-moi au bon souvenir de vos hôtes, si vous en avez encore.

1 Voir la lettre précédente
2 Cette nouvelle, dédiée à Alexandre Dumas fils, devait paraître dans *Le Réveil* du 28 octobre 1883.
3 Zola quittera Bénodet le 15 septembre. Quant à l'allusion à Grandcamp, où le roman-cier avait passé l'été de 1881, voir les lettres 91 et 92.
4 Il s'agit d'une série de neuf nouvelles, intitulée "Les Anciennes à Gaston," et publiée entre le 26 août 1883 et le 24 mars 1884.
5 *Le Besoin d'aimer*
6 Yvan Tourguéneff mourut le 3 septembre. Cf. la lettre du 4 septembre qu'envoya Zola à Céard (*Corr.*, 598–9), et la réponse de celui-ci du 6 du même mois (*C.-Z.*, 240–1). Alexis consacra sa chronique dans *Le Réveil* du 9 septembre à l'écrivain russe (app. A:24).
7 Il y avait au 95 du boulevard Voltaire une pâtisserie-restaurant, dirigée par la veuve Voisin.
8 Charlotte Raynard était une actrice des théâtres du boulevard. – Après avoir divorcé d'avec Judith Gautier (lettre 41, n.22), Catulle Mendès s'était remarié avec Jane Mette, qui écrivait sous le nom de Jane Catulle-Mendès. Ce mariage ne dura pas non plus.
9 Voir la lettre 20, n.4
10 Le conte dramatique de Mendès ne fut représenté que le 6 décembre 1898 à l'Odéon. Dentu le publia l'année suivante.
11 L'auteur de *Jacques Vingtras* était allé vérifier sur place ses impressions et jugements pour l'ouvrage de souvenirs qu'il allait publier sur son exil en Angleterre. L'édition de luxe de *La Rue à Londres*, portant la date de 1884, fut mise en vente le 31 décembre 1883 (G. Gille, *Sources, bibliographie et iconographie vallésiennes*, 16). Sur la genèse de cet ouvrage, cf. id., *Jules Vallès*, 296–308.
12 Vallès signa dans ce journal, du 23 juin 1882 au 16 août 1883, "Le Tableau de Paris" (G. Gille, *Jules Vallès*, 381–3).
13 Voir la lettre 72, n.3
14 Celle du 20 septembre 1880 au 22 septembre 1881 (*Une Campagne*).
15 Voir la lettre 124
16 Voir la lettre 70 pour l'aventure amoureuse d'Alexis, qui fut l'inspiration de la nou-velle "Mademoiselle Marie" (*Gil Blas*, 8-x-83; recueillie dans *Le Besoin d'aimer*).

123 [Paris, samedi] 15 Sept^re 1883

MON CHER AMI,

Eh bien, oui! je m'égaye un peu. Et encore, il le faut tout! Je crois tenir le titre de mon volume Charpentier.[1] Depuis 4 jours que je le retourne dans ma tête, il me plaît de plus en plus. Et sauf une illumination de votre part je l'adopte définitivement. Il est emprunté un peu à un vers de Musset et beaucoup à l'idée mère de la *Métaphysique de l'amour* de Schopenhauer.[2] Supprimez cette chose de l'humanité, et ça ferait un grand vide dans la vie et dans la littérature. Aucune de mes dix-huit nouvelles[3] n'aurait été faite. Enfin le voici... en tournant la page : c'est *Le besoin d'aimer*,[4] que je suis d'avis de mettre ainsi sur la couverture :

LE

BESOIN

D'AIMER

"Aimer" est bon pour la vente, mais c'est le mot "besoin" qui est la philosophie de mon livre et qu'il faut mettre en grosses lettres.

Merci de votre offre de me recommander chaudement de nouveau au père Dumont –que j'ai vu avant hier– et qui vous attend. Ma situation n'est pas plus mauvaise qu'avant, en ce que mon éclipse provient de la maladresse d'Olagnier,[5] qui, en me rendant *Un député*, a oublié de me dire que mon article était reçu "à corrections", et que M. Dumont désirait que je corsasse –ou que je corse– un peu la fin. Ignorant cela, j'en ai péniblement pondu un nouveau, *Mademoiselle Marie*,[6] –mon idylle à Pennedepie avec un dénouement inventé– que je lui ai porté avant hier. De sorte que j'en ai 2 sur la planche (mais avant de corser *un duel*,[7] je vous le lirai) Telle est la situation. M. Dumont m'a paru *sympathique et amical*. A vous de tâcher d'enlever mon affaire. A défaut d'un jour, je lui ai parlé de me donner "un demi-jour," c'est-à-dire un article toutes les deux dimanches. Il m'a répondu :

–Oui ! mais si je vous donne ce demi-jour, je n'aurai plus la possibilité de satisfaire de temps en temps quelque ami.

Il y a un nommé *Delarue* qu'il faudrait évincer (Le bougre a pris un titre de série : *Histoires d'amour*)[8] tout en secouant un peu Cladel.[9]

Et voilà. – Vous voyez que je suis gai ! – Malgré des soucis nouveaux :

1° La question du "Collage," qui de Bretagne, pousse des cris de détresse, pour avoir fonds pour revenir plus tôt tandis que je suis combattu entre l'*envie* de me séparer et *l'horreur de la solitude*.

2° tuile : mon congé, cette fois par huissier, reçu du propriétaire – congé pour Janvier.[10]

Et, par là-dessus, un voyage à faire à Aix, difficulté de travail m'ayant encore coupé la pauvre *Madame Cœuriot* – sans compter le polype. Mais *Le Besoin d'aimer* n'est pas mal, n'est-ce pas ? – Je suis relativement gai.

Mes amitiés à la bourgeoise et à vous.

Paul Alexis

Faites-moi signe dès que vous serez ici.[11]

---

1 Voir les lettres 121 et 122. Il semble qu'Alexis réponde ici à une lettre de Zola qui n'a pas été conservée.
2 Dans "L'amour," article du *Réveil* du 5 août 1883, Alexis avait donné quelques réflexions sur cet ouvrage du philosophe allemand, recueilli dans ses *Pensées et fragments*, trad. J. Bourdeau, 3me éd., rev. et augm. (Baillière 1881), 81–128.
3 Il devait y en avoir vingt-deux dans le volume imprimé.
4 Voir l'Introduction, 26–7
5 Secrétaire à la rédaction du *Gil Blas*
6 Voir la lettre 122, n.16

7 Alexis veut dire "Un député," "Un duel" ayant déjà paru un mois auparavant (lettre 121, n.4).
8 Emile Delarue ne publia qu'un seul article sous ce titre (*Gil Blas* daté du 16 septembre).
9 Léon Cladel signait de temps en temps au *Gil Blas* une chronique ayant pour titre "Héros et Pantins."
10 Alexis déménagea du 34, rue de Douai, où il habitait depuis 1879, au 7, rue Lepic, où il resta jusqu'au 1er avril 1885. Voir la lettre 126.
11 Zola quittait la Bretagne le 15 septembre pour rentrer à Médan (*Zola-Céard*, 43).

124 [Paris] Mercredi 24 Octobre [18]83

MON BRAVE AMI,

Aujourd'hui, je ne suis pas triste, mais furieux, et contre moi. Avec ma sacrée habitude d'être lent, de le prendre à l'aise, j'ai différé d'aller vous voir. Mon manuscrit de *Le Besoin d'aimer* n'était pas tout à fait prêt. Et aujourd' hui... paf! je ne peux plus. Je vais être pris, quotidiennement, et pour une somme dérisoire. Vallès, qui fait reparaître, samedi matin, son *Cri du Peuple*,[1] à 2 sous, m'a offert aujourd'hui, 180 F par mois pour faire: 1° un article par semaine, 2° chaque jour "*Autour des livres et des pièces*", une rubrique tenant le milieu entre les Prével et le Monsieur de l'Orchestre,[2] et embrassant les nouvelles littéraires.

Naturellement, j'ai accepté et sans marchander.

Maintenant, Vallès m'a demandé de lui-même de faire mon premier "*Autour* etc." sur *Pot-Bouille*, sa distribution etc. peut-être une ou 2 indiscrétions sur la pièce.[3] Je pourrais aller relancer Busnach, mais j'aime beaucoup mieux m'adresser à vous. Pourriez-vous aujourd'hui même, me jeter sur le papier 8 ou 10 lignes de notes, qui, développées par moi, fassent un début épatant. Naturellement, je signerai d'un pseudonyme: je pense à: *Trublot*, ou à *l'oncle Bachelard*.[4]

Les jours suivants, je m'occuperai des *Rois en exil*,[5] de *Nana-Saïb*[6] et de la *Reine Fiammetti*.[7]

Quand viendra aussi le moment, de *La joie de vivre*[8] et de *Naïs Micoulin*.[9]

Quand je n'aurai rien, naturellement, je me contenterai de démarquer les échos d'autrui.

Et voilà! Tout ça, c'est encore au détriment de cette pauvre *Madame Cœuriot*. Tenez! je redeviens triste.

Lisez-vous le livre de Bourget.[10] J'ai commencé hier. Il y a sur le naturalisme (dans l'article *Taine*)[11] des pages que je trouve très bien.

Taine m'a envoyé sa carte, avec deux lignes, me disant que la lettre de *l'Evénement*[12] était "toute privée et a été publiée malgré lui." Je lui ai répondu une lettre, dont je vous lirai le brouillon, le poussant à faire connaître ce qu'il pense des tendances littéraires actuelles "dans une lettre destinée au public."

Votre bravo sur mon article Taine, m'a fait une grande joie, d'autant plus que, dînant il y a dix jours avec Céard et Bonnetain (chez Marie Colombier) j'ai trouvé Céard très aigre à ce sujet, m'accusant à plusieurs reprises de faire des articles "pédants", "prétentieux", et trouvant que la lettre de Taine "contenait des choses extrêmement remarquables." L'animal! Décidément, en dehors de vous, je ne trouverai jamais aucun véritable ami littéraire.

Serais-je comme ça moi-même. Soi, je sais, on ne se voit pas. Mais, si je suis comme ça, c'est à se faire peur à soi-même.– Non! ce n'est pas possible. Moi, je m'emballerai plutôt, et je n'ai pas besoin d'attraper un torticolis pour admirer.

Mes amitiés à votre femme.

Bien affectueusement votre

Paul Alexis

Au *Gil Blas*, mon article *Un député*, bien que retouché, a eu encore du malheur.[13]

P.s. Nom de Dieu! j'oubliais... Valentin Simond, le soir du jour où vous lui avez écrit, m'avait chargé de vous dire: "qu'il ne vous répondrait que dans 4 ou 5 jours." L'a-t-il fait depuis? je l'ignore. Faites comme si j'avais rempli la commission. Sa promesse m'avait paru tellement du bout des lèvres, et j'en faisais si peu de cas, que, je le confesse, j'avais totalement oublié.

Faut-il lui reparler de cela? Disposez de moi. Mais une nouvelle lettre de vous à lui vaudrait peut-être mieux.

1 Avec le numéro daté du 28 octobre 1883 Jules Vallès ressuscitait *Le Cri du Peuple* de 1871. (Cf. G. Gille, *Jules Vallès*, 386–431.) La collaboration d'Alexis à ce journal commença le 28 octobre et dura à peu près cinq ans, jusqu'au 29 août 1888. (Voir l'Introduction, 14–16, 18–20.) Sa rubrique "A Minuit," signée "Trublot," porte le sous-titre: "Petites nouvelles du théâtre et de la littérature," sous-titre qui devait disparaître à partir du 19 janvier 1885. Pendant les deux dernières années la chronique ne parut qu'irrégulièrement. De temps à autre (mais pas chaque semaine, comme le dit Alexis ici), *Le Cri du Peuple* publia également des articles de lui, signés de son propre nom.

Voici un des jugements de la presse sur le feuilleton de Trublot au *Cri du Peuple*: "Tous, les matins Paris, qui ignore peut-être son bonheur, peut lire un courrier de théâtres, unique de son espèce; il est intitulé: *A Minuit*, – la grande heure des travaux nocturnes, et signé Trublot. Je ne m'étonne pas de rencontrer la signature de Trublot, le pinceur de cuisinières, dans un journal où M. Vallès met au feu sa fameuse casserole. [...] On le [Trublot] rencontre aux premières, le long des couloirs, – et dans ces minces tuyaux, il a l'air d'être chez lui. Comment donc! mais il rayonne. C'est une œuvre d'art qu'il a tentée là; il cisèle dans le gras. [...] Le naturalisme a marché. Zola et plus d'un parmi les siens se sont delivrés de la grossièreté inutile, et ont rompu avec le N... de D... Alexis seul veille à ce que rien ne se perde!" (A. Hepp, "Trubloteries variées," *Le Voltaire*, 24-XII-83).

Trublot riposta dans le *Cri* du lendemain: "Au cabanon? Espèce de moraliste! Mais pas du tout! Où sont tes bésicles? T'y vois pas clair. J'veux, au contraire, ramener mes contemporains à la bonne franquette, à la grosse joie gauloise, rabelaisienne, à la nature, quoi! [...] Je gobe ton nom, dont l'unique syllabe fait penser à ce petit cri aérien, excitant, que poussent les écuyères, debout sur leur cheval, avant de prendre l'élan et de crever les cerceaux en papier. Seulement, va, crois-moi, le naturalisme, c'est pas un cerceau en papier. Et, malgré tous les 'Hepp' du monde, ceux qui se lanceront contre lui tête première, ne crèveront rien du tout et se mettront affreusement le nez en marmelade."

258

2 Arnold Mortjié, dit Arnold Mortier (1843–85), chroniqueur dramatique au *Gaulois* et au *Figaro*, signait ses articles "Le Monsieur de l'Orchestre."

Jules Prével (1835–89) était auteur dramatique et assurait la rubrique du "Courrier des théâtres" au *Figaro*.

3 Zola collabora activement à l'adaptation pour la scène de *Pot-Bouille*. Le drame en cinq actes, signé de W. Busnach, fut donné en première le 13 décembre 1883 à l'Ambigu. Le 10 octobre Zola écrivit à Céard: "Imaginez-vous que je veille chaque soir jusqu'à deux heures du matin pour mettre sur pied les trois premiers actes de *Pot-Bouille*, que j'ai formellement promis de donner à l'Ambigu dans dix jours. J'ai un mal de chien [...]. Je suis dans le caca jusqu'au cou" (*Corr.*, 599).

Trublot parle à plusieurs reprises de la pièce. Le 5 novembre il mentionne une nouvelle "affaire Duverdy" (lettre 101, n.7): "MM. Zola et Busnach ont galamment consenti, sur la demande d'un baron *Duveyrier-Mélesville*, membre de la Société des auteurs dramatiques, et fils de l'auteur de la *Marquise de Senneterre*, à changer le nom de Duveyrier, dans *Pot-Bouille*, anciennement 'Duverdy,' en 'Dulaurier.' MM. Zola et Busnach ont été bien bons et bien faibles. Pourquoi un 'Dulaurier' mauvais coucheur, ne réclamerait il pas à son tour? Avis aux sots qui ont besoin de faire parler d'eux. Pour moi, Trublot suis – Trublot resterai."

Dans le numéro du 15 décembre Trublot donne aux lecteurs ses toutes premières impressions de la première de *Pot-Bouille*: "*Une heure du matin*. – Ça vient de finir... immense succès!!! Les naturalistes, dans la joie: sont en train de gueuletonner quelque part. Les autres sont allés se coucher et c'est ce qu'ils avaient de mieux à faire... Vive William Busnach! Vive même Emile Zola!!! Trublot vient de tomber en pleurant dans les bras d'Adèle. Silence et mystère!"

4 Narcisse Bachelard, frère de Madame Josserand dans *Pot-Bouille*. Dans le même roman, l'employé d'agent de change, Hector Trublot, fréquente les bonnes (surtout Adèle) de l'immeuble de la rue de Choiseul.

5 La pièce en cinq actes et sept tableaux de Paul Delair, tirée du roman de Daudet, fut représentée pour la première fois le 1er décembre 1883 au Vaudeville. Trublot trouva la représentation "terriblement froide." Selon lui, la chute des *Rois en exil* était l'événement du jour – et de la semaine. "Il m'a paru curieux, nota-t-il, de relever avec quel acharnement injuste les réactionnaires, les monarchistes sont tombés sur cette pièce. [...] Les auteurs des rois en exil ont essayé de faire œuvre d'art. Pour leur honneur, je crois que tel a été leur unique mobile. Ils n'ont pas réussi complètement. Ils ont fait une pièce fort contestable. Mais il est injuste et inepte de les condamner en se servant d'arguments politiques" (*Cri*, 4 décembre).

6 *Nana-Sahib*, drame en vers en sept tableaux de Jean Richepin; création au Théâtre de la Porte-Saint-Martin le 20 décembre 1883 (avec Sarah Bernhardt dans le rôle principal). Trublot n'aimait pas la pièce, qui pour lui était "un livret d'opéra, sans musique" (*Cri*, 22 décembre).

7 Voir la lettre 122, n.10. Cette pièce n'est pas mentionnée dans les chroniques de Trublot.

8 Zola termina le douzième roman de la série des *Rougon-Macquart* le 23 novembre 1883. Il parut en feuilleton au *Gil Blas* du 29 novembre 1883 au 9 février 1884. Dans le *Cri* daté du 17 février de cette année-là, Trublot annonçait à ses lecteurs la publication en librairie du volume: "Aujourd'hui a paru chez l'ami Georges Charpentier, le douzième volume des Rougon-Macquart: *La Joie de vivre*. Ce livre, ô MM. Ohnet, Claretie, Delpit, etc., a été tiré à quarante éditions de 'mille' – de onze cents en comptant les mains de passe et double-passe – total: quarante-quatre mille exemplaires, dont les deux tiers – trente mille environ – sont partis ce matin, vendus d'avance. Telle est, ô mes enfants, 'la force du naturalisme'. [...]" Voir la lettre 128, n.9. Cf. également N.-O. Franzén, *Zola et "La Joie de vivre"* (Stockholm: Almqvist & Wiksell 1958).

9 Bien que portant la date de 1884 le volume de nouvelles de Zola (comportant, outre la nouvelle du titre, "Nantas", "La Mort d'Olivier Bécaille," "Madame Neigeon." "Les Coquillages de M. Chabre," et "Jacques Damour") sortit des éditions Charpentier en novembre 1883. Le 23 de ce mois-là Céard écrit à Zola: "Je ne crois pas que l'avenir lui [à *Naïs Micoulin*] donne jamais une place dominante dans votre œuvre. En tout temps, j'imagine, il intéressera la critique à la façon dont intéressent les esquis-

259

ses d'un peintre. Il y a là l'embryon de beaucoup d'idées, de beaucoup de projets dont on trouve le développement plus complet dans d'autres volumes de votre série, et puis ce qui est amusant, c'est la sérénité d'architecture des moindres d'entre ces nouvelles" (*C.-Z.*, 248).

10 *Essais de psychologie contemporaine* (Lemerre 1883). "Vous avez écrit là de la critique bien spéciale et bien intéressante, écrivait Zola à l'auteur le 25 novembre 1883. Nous n'avons certainement pas le crâne fait de même, et ma nature exigerait plus de chair, plus de matérialité solide. Mais je n'en goûte pas moins beaucoup ces mélodies critiques, au dessin parfois si ingénieux, aux raffinements presque maladifs. Votre cas personnel est aussi curieux que les cas des écrivains soumis à votre analyse. Il faut un âge bien troublé, pour en venir à ces complications du jugement, à ces nervosités de la compréhension. [...] Faites-nous de la belle critique bien claire et bien juste, nous avons tant besoin de quelque grand porte-lumière!" (*Corr.*, 603) – Alexis donne son opinion sur l'auteur et sur l'œuvre dans un très long article: "Paul Bourget" (*Le Réveil*, 25-XI, 2-XII-83; voir l'app.A:26–7).

11 Chapitre IV, 177–250

12 Le numéro du 7 octobre avait publié "Une lettre de M. Taine," portant la date du 4 octobre 1883 et adressée à Francis Poictevin. Taine y affirme que le parasites, la vermine et les microbes de toute espèce ont un rôle de premier ordre dans le monde social comme dans le monde physiologique, et que l'observateur de la nature humaine a, comme le biologue, les plus fortes raisons pour les décrire. Reste à savoir si ces personnages, si importants dans la science, doivent et peuvent jouer un rôle pareil dans l'art. Taine ne le croit pas. D'après lui, l'art et la science sont deux ordres différents: "Quand, par les procédés du roman, vous créez un personnage, c'est un personnage composé, inventé; ce n'est jamais le personnage réel, existant, le vrai document scientifique. [...] Donnez-moi à sa place des lettres authentiques, un journal intime et daté, des interrogatoires de tribunal, et, à chaque citation caractéristique, ajoutez votre commentaire. [...] Peu m'importe la laideur ou la platitude du sujet; on n'a pas de répugnances, on ne sent pas les mauvaises odeurs dans une salle de dissection, car on est payé par la vue directe, incontestable de la réalité positive. Dans le roman, je subis gratuitement les mauvaises odeurs, et, en somme, ce qui m'en reste, c'est un renseignement sur l'écrivain."

Dans "M. H. Taine a parlé" (*Le Réveil*, 14-X-83) Alexis fait la critique de ces idées exprimées par l'auteur de l'*Histoire de la littérature anglaise*. Il accuse celui-ci d'avoir trahi l'évolution naturaliste, dont il a été un des initiateurs. Et Alexis continue en faisant l'apologue du roman naturaliste. Pour des extraits de cet article, voir l'app. A:25.

13 Voir les lettres 122 et 123

125 [Paris, mardi] 6 Nov^{re} [18]83.

MON CHER AMI,

Une nouvelle commission pour vous, de la part de Valentin Simond,[1] vu hier le 5, à la s^{te} touche.

Cet homme, expulsé de la rue Bergère[2] par le propriétaire –pour termes en retard sans doute– mais qui a payé tout de même ses rédacteurs, m'a prié de vous demander ceci:

"l'autorisation de se servir de la composition de *Nana* dans le Mot d'ordre – pour occuper aussi le rez-de-chaussée de la *Marseillaise*, autre journal de la maison, tombé à zéro comme vente actuellement, mais qu'il continue à faire paraître en vue d'une réorganisation future, en se servant d'emprunts faits aux *Réveil* et *Mot d'ordre*. Naturellement il vous demande ça à l'œil, invoquant pour vous apitoyer toute la publicité faite à *Nana*, affiches, nˢ distribués sur la voie publique etc. "manœuvres vous faisant pénétrer dans des couches nouvelles de public" dit-il. –En effet j'ai vu beaucoup d'affiches– Et voilà ma commission faite, cette fois.[3]

Vous sert-on régulièrement le *Cri du peuple*? J'ai donné votre nom. Lisez-vous mes "Trublot"?[4] Libre jusqu'ici dans ce coin, je voudrais y instituer une sorte de "*Comédie humaine*"[5] – au sein du *Cri*. Mais il faudrait que les camarades m'encourageassent et me soutinssent. (Je crois que mes articles me seront payés en sus des 180 F.) Je crois que le *Cri* prendra, et se tiendra dans les 10 mille vendus.

Surchargé de besogne – et en rupture de collage,[6] avec une phase toute nouvelle "de Pennedepie", suite de mon article du *Gil-Blas*[7]– je vous conterai plus tard – je ne sais quand je pourrai aller vous voir 48 heures. M'autorisez-vous à le faire à l'improviste, un de ces jours. Sans cela j'ai peur de ne jamais vous écrire mon arrivée, de peur d'avoir mal prévu et d'être obligé de vous faire faux bon.[8]

Et voilà, mes chers amis. Je vous le serre cordialement à tous deux –

Votre

Paul Alexis

De grâce, un petit racontar quelconque sur *Pot-Bouille*, – pour faire plaisir à Trublot aux abois.[9]

1 Voir la lettre précédente
2 Le directeur de *La Marseillaise*, du *Mot d'Ordre* et du *Réveil* dut déménager ses bureaux du 19, rue Bergère au 123, rue Montmartre.
3 "J'écris à Simon [sic] que je lui accorde l'autorisation que vous me demandez en son nom" (7 nov., *Corr.*, 600). En effet, *Nana*, reproduit en feuilleton au *Mot d'Ordre* du novembre 1883 au 22 mars 1884, parut également dans *La Marseillaise* du 7 novembre 1883 au 23 mars de l'année suivante.
4 "Oui, je lis régulièrement vos 'Trublot', et je ne les aime guère. C'est le ton lourd et faussement gai qui me déplaît, vous n'êtes pas là dans votre note personnelle. Dites donc les choses tout simplement, elles n'en seront que plus vibrantes. Puis, je ne crois pas au journal de Vallès, il est inepte. [...] Enfin, gagnez votre argent et soulagez-vous de quelques-unes de vos opinions, si vous y êtes réellement libre. Mais soyez certain qu'il n'y a rien de mieux à faire là" (ibid.).
5 Voir la lettre 121, n.16
6 Voir les lettres 121 à 123
7 Voir les lettres 122 (n.16) et 135
8 Dans sa lettre du 7 novembre Zola répondait: "Ne venez pas à Médan, puisque cela vous tracasse. Dans trois semaines, nous serons à Paris. J'y vais tous les huit jours pour les répétitions de *Pot-Bouille*, et je craindrais de vous voir tomber ici pendant une de mes absences. Puis, j'ai tant de besogne, que nous ne pourrions seulement pas causer" (*Corr.*, 600).
9 "Je ne sais rien de drôle sur *Pot-Bouille*. Pourquoi n'inventez-vous pas? Ce n'est pas nous qui vous démentirons" (ibid.). Dans le numéro du *Cri du Peuple* daté du 8 novembre Trublot décrit les décors des cinq actes de la pièce.

O AMI,

Navré du déménagement,[1] déséquilibré par mon installation, écrasé par le rocher de Sisyphe de l'article quotidien,[2] j'ai pas pu me rendre à votre premier jeudi,[3] ni aller vous demander à dîner dimanche. Mais j'irai à votre second, demain jeudi soir, fût-ce un peu tard.

Et, puisque l'on ne joue plus que 8 fois *Pot-Bouille*,[4] vous seriez bien gentil de me préparer (je les emporterai demain soir) deux entrées pour vendredi soir (pour un de mes cousins) et deux autres pour n'importe quel jour (pour un rédacteur du *Cri du peuple*, à qui j'avais promis ça depuis des semaines.)

Oui! c'est triste de déménager, surtout quand on est seul dans la vie! Quatre ans et 1/2 que j'ai passés à ce sixième, où j'ai débuté[5] et que je ne reverrai plus! On se sent vieux et pitoyable.

Puis, arriver dans un fouillis, qu'on ne connaît pas. En entrant, je voulais donner tout de suite congé. Je commence à peine à me reconnaître.

Toutes mes amitiés à vous deux.

Votre Trublot Schopenhauërien:

Paul Alexis

7, r. Lepic.

1 Voir la lettre 123, n.10
2 Dans *Le Cri du Peuple* (lettre 124, n.1)
3 Voir la lettre 36, n.6
4 La pièce fut jouée à l'Ambigu jusqu'au 3 février 1884 (lettre 124, n.3).
5 Avec *Celle qu'on n'épouse pas*, en septembre 1879 (lettres 49 à 54)

MON CHER AMI,

Je viens de voir Guesde.[1] Voici nos deux entrées.[2] A 8h et demie, r. J. Jacques Rousseau, 35. J'arriverai chez vous vers 6 heures –

La réunion sera intéressante et *contradictoire*. D'une part Tony Révillon[3] et un autre radical. De l'autre Guesde et Lafargue[4]– Plus un délégué des grévistes[5] qui arrivera.

D'après Guesde, on vous a trompé sur les bocks: il y aurait deux prix: 10 centimes et 5 centimes.[6]

On me dit aussi que "ce qui vous aurait surtout épaté, ce qu'il faudrait voir, ce sont les *métallurgistes*.

–"Qui n'a pas vu l'admirable grève de Roanne, il y a deux ans,[7] n'a rien vu!"

Sur ce, à bientôt. Votre

Paul Alexis

En principe, les guesdistes sont d'ailleurs ennemis des grêves, moyen insuffisant, le vieux jeu![8]

1 Alexis avait fait la connaissance de Jules Guesde (1845-1922) au *Cri du Peuple*, où celui-ci était un des principaux rédacteurs. Ce fut par l'entremise de Trublot que Zola eut des rapports avec le théoricien du socialisme. Le romancier, qui travaillait depuis un mois à *Germinal*, ne semble pas avoir consulté Guesde personnellement à cette époque-là au sujet du socialisme (E.M. Grant, *Zola's "Germinal,"* 30; *Rougon-Macquart*, IV, 1514). Ce ne fut que pendant la préparation de *La Terre* qu'Alexis les mit en contact (lettres 155 à 157).

2 Pour une réunion organisée par le Parti ouvrier de la région parisienne. *Le Cri du Peuple*, dans ses numéros du 4 au 8 mars 1884, l'annonçait ainsi: "Grande Conférence publique et contradictoire, sous la présidence du citoyen S. Dereure, ancien membre de la Commune: Vendredi 7 mars, à 8 h. 1/2 du soir. Salle de la Redoute, 35, rue Jean-Jacques Rousseau. Ordre du jour: la crise industrielle et la commission parlementaire. Avec le concours des citoyens Jules Guesde et Paul Lafargue, du Parti ouvrier; Tony Révillon, député; Charles Longuet, rédacteur de la *Justice*; J. Manier, conseiller municipal; Gustave Robelet, du parti ouvrier. Le citoyen Lefebvre, délégué des Groupes du Nord, prendra la parole.

"N.B. – La commission des Quarante-Quatre est spécialement invitée à se faire représenter à cette conférence dans laquelle sera discutée cette question si importante de la crise économique. Les personnes qui désireraient prendre la parole devront se faire inscrire au bureau. La salle sera ouverte à huit heures."

Le Cri du Peuple du 10 mars donna un long compte rendu du meeting, "un grand et légitime succès pour le socialisme révolutionnaire." La séance fut ouverte par Paul Lafargue, qui analysa la crise économique. Puis ce fut le tour d'un des délégués des mineurs du Nord, "le citoyen Lefebvre, qui, dans un langage très pittoresque, a dépeint la misère de ces travailleurs de dessous terre et affirmé leur résolution inébranlable d'y mettre fin." Et, selon le reporter, "les bravos ont éclaté à plusieurs reprises, surtout lorsque l'orateur a déclaré que les grévistes ne céderaient pas, et que, s'ils étaient vaincus demain, ils ne redescendraient dans les fosses que pour reprendre la lutte –et d'une façon plus générale– aussitôt leur organisation syndicale achevée." Puis suivit une discussion et un long discours de Jules Guesde sur le collectivisme.

3 Voir la lettre 38, n.13. D'après l'article cité plus haut, Tony Révillon n'assista pas à la séance et envoya une lettre exprimant ses regrets.

4 Gendre de Karl Marx et ami de Guesde, Paul Lafargue collabora à *L'Egalité* (lettre 128). Voir également les lettres 159 et 160.

5 La grève des mineurs d'Anzin commença le 19 février 1884 et dura cinquante-six jours. Dès le début Zola y passa une dizaine de jours pour prendre des notes dont il allait se servir dans *Germinal* ("Mes notes sur Anzin," B N , MSS, n.a.f.10308, fols.208-303, 309-16, 320). Le 26 février Zola écrivit à Céard: "A Valenciennes depuis samedi au milieu des grévistes, qui sont fort calmes d'ailleurs. Pays superbe pour le cadre de mon bouquin" ("Messages Zola-Céard," 132). Sur cette source de *Germinal*, cf. Grant, 26-9; *Rougon-Macquart*, III, 1833-41.

6 D'après ses "Notes sur Anzin," Zola était entré dans un cabaret où les mineurs buvaient "des chopes de bière à deux sous, tirées à des robinets" (*Rougon-Macquart*, III, 1836).

7 La grève des trois mille tisseurs à Roanne en février et mars 1882 fut l'occasion de violentes conférences données par Jules Guesde.

8 Dans un article intitulé "Mes anarchistes" (*Le Journal*, 17-XI-92). Alexis rappelle que "Guesde les détestait, lui, les anarchistes –et les abomine sans doute encore.– Toujours les anarchistes!... disait-il. Il n'y en a que pour eux... Ils me font suer, tous, avec leur anarchie... Détruire pour détruire, je vous demande un peu: le chaos n'est pas une opinion... Les anarchistes! la moitié d'entre eux sont des agents provocateurs, des mouchards... et les autres des bourgeois émancipés... Oui, l'anarchie n'est que le socialisme des bourgeois!"

Premières notes sur Guesde.[1]

A trente-huit ans environ.

Parisien. Fils d'un professeur obscur, qui, vit peut-être encore, en donnant des leçons. Ce père, de nom Benoit, connu sous le surnom de Basile –ou Bazire– Lui, a choisi *Jules Guesde*,[2] – nom qui semble un nom de Balzac ou de Stendhal (à la fois énergique –le son *gueu*– et doux)

A fait une partie de ses études au petit séminaire –sans doute par dèche– afin de recevoir l'instruction secondaire.

Pendant le siège et la commune –très jeune encore– était rédacteur d'un journal de province –dans le midi– (Toulouse ou Montpellier)[3] et y a chaudement défendu le mouvement insurrectionnel. Condamnation pour délit de presse à 3 ans de prison – Pour ne pas les faire, a passé à l'étranger, et a vécu en Italie jusqu'en 1877.

(Période sur laquelle j'aurai facilement des détails très précis, par un rédacteur du *Cri*, qui a vécu là avec lui – et que je n'ai pu interroger encore)

En 1877, rentré en France, (soit gracié, soit amnistié)[4] Guesde a trouvé le parti socialiste, en complet désarroi – Plus de chefs! Les communards encore déportés ou exilés, jusqu'en 1780 [*sic*]. Et pendant ces trois ans, il a *réorganisé le parti*, publiant le premier journal socialiste *L'égalité*, de Meaux,[5] (imprimée sur papier rouge), toujours par monts et par vaux, *réveillant* les diverses chambres syndicales d'ouvriers et les mettant en rapport les uns avec les autres, voyageant, faisant des conférences, imposant à tous ses volontés, galvanisant l'ancienne internationale.

En 1880, à la rentrée des communards, quand le socialisme a tout à fait relevé la tête, le nom de Guesde a grandi dans le parti. Autoritaire en diable, les faisant tous marcher "comme Napoléon Ier ses généraux," lors de son passage à la *Bataille*, il a fini par être exécuté par son propre parti – avec Deville, Massart[6] et quelques autres – et ils ont dû quitter la *Bataille*, organe plutôt anarchiste – Mais cette exécution en réunion publique parisienne amenée sur une divergence de programme –à la suite d'un programme à lui que Guesde avait exposé à Brest– avait pour prétexte "qu'il compromettait le parti, en dépassant la mesure."

En somme, d'après *Mermeix –que vous pourriez interroger et qui parait très ferré sur le socialisme–* J. Guesde, réorganisateur du socialisme dès 1877, serait le plus fort de tous, très connu, supérieur de cent coudées à *Brousse*.[7] "C'est Blanqui,[8] jeune, avec un côté romantique en moins, plus scientifique et vraiment moderne."

Très travailleur – Connaissant beaucoup de faits, et en emmagasinant sans cesse – souvent d'un ordre à côté (Par exemple, ne m'avait-il pas prié de me [*sic*] prêter "vingt-quatre heures" la *Joie de vivre*,[9] (que je lui ai donnée), "pour la lire en une nuit." Mauvaise santé avec cela, médiocre estomac, menacé d'une maladie nerveuse, mais soutenu par une volonté de fer.

Une grande honnêteté et dignité dans la vie –très fier– n'ayant jamais fait tort d'un sou à personne, malgré sa nombreuse petite famille – la femme laide et paraissant âgée, mais les enfants gentils et bien tenus –

Crèverait la faim, plutôt que d'entrer dans un journal suspect.

Au journal,[10] peu encombrant, doux, mesuré, modeste, passant inaperçu, apportant sa copie, puis s'en allant, sur la réserve, mais *pas en bois*, et capable si on lui plaît de vous donner une poignée de mains chaleureuse, en un mot: *réellement distingué et supérieur* au milieu. – Inspire de la vénération à Massart, ex-étudiant en médecine, qui voit en lui un homme de science, très pratique, sachant tirer parti d'un petit fait, "très fort comme agitateur" avec beaucoup de coup d'œil.

Hier, samedi soir, quand je l'ai remercié de ses deux places,[11] avec un compliment banalement poli, il m'a dit avec une effusion passionnée (dont serait incapable un Valabrègue):

–"Oh! ce n'était rien, hier soir!... Mais si votre ami revenait... surtout s'il pouvait se déplacer, venir en province... c'est là qu'il verrait des hommes et qu'il assisterait à des choses...

Et, brusquement, avec une poignée de mains énergiquement cordiale, comme il ne m'en avait encore jamais donnée, il s'est presque sauvé.

Et voilà, mon bon, le commencement de mon enquête.

Ce soir, excusez-moi chez Aspasie...[12] Je n'irai que le 15, chez Georges... Dites que je travaille à votre enquête, non! à un article pour le *Matin*.[13]

Votre vieux

Paul Alexis

Eh. dites donc, dans le *Cri* d'aujourd'hui, nouveau meeting mercredi:[14]

En présence:

le mineur du Danube! Guesde! Et Vallès!!!

Et c'est rue Lévis, dans notre quartier – Ça me tente! J'irai pour sûr. Et, à votre place... j'y viendrais avec la citoyenne Zola!

J'y viendrais pour le dilettantisme et la rigolade, sinon pour l'utilité indispensable: oui! pour la joie de vivre!

1 Cette lettre fait partie du dossier *Germinal* (B.N., MSS, n.a.f.10308, fols.418–24). Sur Guesde, cf. A. Zévaès, "Emile Zola et Jules Guesde," *Commune*, IV, 42 (1937), 689–95; id., *Jules Guesde* (M. Rivière 1928).

2 Il était fils d'Eléonore Guesde et de François Bazile.

3 En 1868 Guesde fut pendant quelques mois secrétaire de rédaction au *Progrès libéral* de Toulouse. L'année suivante il remplit la même fonction à *La Liberté* de Montpellier. Le 1er juin 1870 il lança, toujours à Montpellier, *Les Droits de l'Homme*, journal radical. Après y avoir publié des articles en faveur de la Commune, Guesde fut condamné, le 22 juin 1871, à cinq ans de prison et à 4.000 francs d'amende (Zévaès, *Jules Guesde*, 7–14).

4 D'après Zévaès (art. cit., 690), Guesde n'avait été ni gracié ni amnistié. Il était rentré en France en septembre 1876, après avoir atteint les délais légaux de la prescription.

5 Ce journal théorique et militant, dont Guesde était le rédacteur en chef, fut imprimé

d'abord à Meaux et puis, pour des raisons financières, à Lagny. Sur l'importance de cette publication, qui n'eut pourtant que trente-trois numéros, cf. Zévaès, *Jules Guesde*, 38–40.

6 Emile Massard, un des principaux collaborateurs, avec Gabriel Deville, de *L'Egalité*, avait fondé en 1881, avec Guesde, *Le Citoyen*. A l'époque où Alexis écrivait cette lettre, Massard était secrétaire à la rédaction du *Cri du Peuple*. Deville donnait également des articles à ce journal.

7 Le docteur Paul Brousse (1844–1912) créa avec Joffrin et Guesde le Parti ouvrier possibiliste parlementaire, dont l'organe fut *Le Parti ouvrier*. En 1887 il fut élu au Conseil municipal de Paris, où il fonda le Parti socialiste.

8 Le révolutionnaire Louis-Auguste Blanqui était mort le 1er janvier 1881.

9 Le roman venait de paraître aux éditions Charpentier le 15 février 1884 (lettre 124, n.8). Le lendemain Zola remercia Alexis d'une longue chronique que ce dernier avait consacrée à *La Joie de vivre* dans *Le Réveil* portant la date du 17 février (app. A:28): "Très bon, votre article, mon vieil ami. En dehors du plaisir qu'il me fait, je le trouve bien planté, consciencieux, avec les quelques réserves nécessaires. Il a la solidité et la simplicité qui me plaisent. Enfin, un grand merci et une bonne poignée de main de satisfaction" (lettre inédite [copie], coll. H. Mitterand).

10 *Le Cri du Peuple*

11 Voir la lettre précédente

12 Madame Aspasie Charpentier, la mère de l'éditeur Georges. Voir la lettre 45, n.6

13 Entre le 8 avril et le 12 octobre 1884 Alexis donnera cinq articles au *Matin*. (Voir la lettre 132.) Le premier s'intitule "Naturalisme" (app. A:31).

14 "Grand Meeting au profit des mineurs, sous la présidence du citoyen Lefebvre, délégué des grévistes du Nord, avec le concours des citoyens Jules Vallès, Jules Guesde, Agyriadès, Paul Lafargue, Braut, Robelet, etc. Mercredi 12 mars, à 8 heures 1/2 du soir. Salle Lévis, rue Lévis" (*Cri*, 10 mars).

Dans son numéro du 14 mars le même journal rapporta qu'environ un millier de personnes avaient assisté à la séance. "Le citoyen Jules Guesde fait l'éloge des deux travailleurs qui n'ont pas attendu d'être délégués par les mineurs d'Anzin, et sont venus, munis des pouvoirs de chambres syndicales et de sociétés de secours, créer à Paris une agitation révolutionnaire en faveur des mineurs chassés des mines. [...] A dix heures, le citoyen Jules Vallès [...], malade et se soutenant à peine, mais ne voulant pour rien au monde manquer à l'engagement qu'il avait pris, fait son entrée dans la salle, au milieu des plus vifs applaudissements. Il prononce quelques mots, s'excusant sur son état de santé de ne pouvoir faire un discours, mais ayant tenu, a-t-il dit, à venir échanger la poignée de main fraternelle avec les socialistes révolutionnaires réunis salle Lévis, dans une circonstance où toutes questions de personnes et de coteries doivent s'effacer devant la grande question de solidarité et de secours à nos frères les mineurs du Nord."

129 [Paris] Dimanche 30 Mars [1884]

MON CHER AMI,

Georges Moore et moi,[1] (avec lequel je viens de déjeuner) venons de décider que, si ça ne vous dérange pas, –la bourgeoise ni vous– nous irons vous voir après demain Mardi 1er Avril, l'après-midi. Nous prendrions le train de 2h; et reviendrons à Paris, le *mercredi matin*. Bien entendu si ça ne doit pas troubler le commencement de votre installation.[2] (Passé mercredi, j'ai mon article du *Réveil*;[3] et plus tard... Moore ne compte faire qu'un très court séjour!) Donc, d'ici là, un mot de réponse, s.v.p. soit à moi, soit à Georges Moore qui est descendu à l'*Hôtel Continental*.

Bien cordialement

Paul Alexis

Alexis ecrit pour me eviter les fautes de francais –

George Moore

1 "Trubl' connaît bien c'George Moore, d'puis sept ou huit ans, p't-être dix. J'le rencontrai à l'atelier du peintre Edouard Manet, à l'époque où Moore vivait à Paris. [...] Pourtant, poussé par l'démon d'être un vrai écrivain, influencé par la littérature française contemporaine et notre mouvement naturalisse, mon jeune Anglish comprit qu'un écrivain naturaliste n'pouvait avoir d'existence et d'valeur que sur le sol natal, dans l'milieu où la nature l'avait fait pousser, et au moyen d'la langue indigène. Qu' fait-il alors? Avec la force d'volonté de sa race, voilà mon gaillard qui, un beau matin, vend son p'tit mobilier d'garçon (il habitait en c'temps rue Condorcet) et dit adieu à c'Paris qui était d'venu sa seconde patrie: –Bonsoir, tas de Français!... Ça m'embête beaucoup... Mais j'retourne chez moi pour me retrouver, pour pouvoir travailler sérieusement!... Et il nous fit ses adieux, vers 1878 ou 1879" (*Le Cri du Peuple*, 22-VIII-85).
  Moore avait fait la connaissance de Zola au "Bal de *L'Assommoir*," le 29 avril 1879 (lettre 46, n.13). Ce fut Edouard Manet qui présenta le jeune Anglais au Maître. Celui-ci, cependant, ne s'intéressa pas d'abord à Moore, qui devait renouer connaissance avec lui après son retour en Angleterre. A deux reprises, dans des lettres non-datées, mais sans doute écrites vers 1882, Moore rappelle à Zola l'amitié qu'ils avaient en commun pour Alexis: "Je connais tous vos amis et il est probable que vous avez entendu parler de moi par mon grand et intime ami Alexis et encore peut être par mon ami Hénique vous voyez nous sommes en pays de connaissance" (B.N., MSS., n.a.f. 24522, fol.423). Et encore: "Si vous ne souvenez pas de moi vous n'aurez qu'a vous raporter au Voltaire quant paraissait Nana et ceans y trouveriez une lettre a propos de l'opinion de vous en Angleterre que j'ai adressee comme litteratur anglais a notre cher ami Paul Alexis" (ibid., fol.425). Depuis lors, Moore fit plusieurs visites à Médan, accompagné d'Alexis. Cf. Auriant, "Un disciple anglais d'Emile Zola: George Moore," *Mercure de France*, CCXCVII (1940), 312–23, G.-P. Collet, *George Moore et la France* (Genève: Droz 1957); J. Hone, *The Life of George Moore* (London: V. Gollancz 1936).
2 Zola venait de s'installer à Médan, après avoir passé quelque temps à Paris.
3 Voir la lettre 104, n.1

130 [Paris, lundi] 2 juin 1884

MON CHER AMI,

Vous avez dû recevoir votre *Mot d'ordre*; l'article[1] est d'un brave homme qui n'en fait pas sa spécialité, car il rédige à l'*Echo de Paris* la politique étrangère; il paraît qu'à Budapest (Hongrie) où il a été 15 ans professeur de littérature fr.se il a fait de nombreuses conférences sur vous et les Rougon-Macquard.

Ce que je deviens?... Je deviens que je commence à me languir considérablement de vous voir et de causer un peu littérature. Plus de six fois, ce mois-ci, s'il n'y avait qu'à prendre le train, je me serais décidé à *l'im-*

proviste à aller vous surprendre. Mais, vous avertir l'avant veille ou la veille, c'est ça qui est grave! Et la peur de ne pas être exact m'a jusqu'ici fait différer: vous connaissez mon malheureux caractère indécis.

Enfin, cette semaine, il y a d'abord le 5, jour de sainte touche. Puis, samedi et Dimanche, je veux aller me promener à la fête du Bois de Boulogne.[2] Mais, si ça ne vous dérange pas et si ce n'est pas le moment où vous faites votre apparition mensuelle à Paris, voudriez-vous prier la bourgeoise de me faire préparer un lit pour le lundi (lendemain du Grand-prix),[3] ou s'il pleuvait comme aujourd'hui ce jour-là, pour le lendemain Mardi 10.

Sauf Huysmans, avec lequel j'ai dîné voici 8 jours chez Robert Caze, et qui m'a paru plein comme un œuf de son livre,[4] devenu même un peu "jeune maître", je n'ai vu personne. Non! j'oublie que j'ai vu aussi Desprez, Fèvre,[5] et les deux jeunes chefs de la *Revue indépendante*,[6] qui me portent dans leur cœur. Nous causerons de tout cela, et des nombreux bouquins parus dans la dernière fournée. Je les ai tous reçus même celui de Daudet[7] (c'est la 1ère fois, et avec dédicace s.v.p.) même celui de Bloy[8]– mais pas celui de Richepin, qui, je crois, me boude.[9] Faut-il vous porter quelqu'un de ces livres (les *Blasphèmes* si vous ne les avez pas, je pourrais les demander à Dreyfus.)

Et voilà, mon brave. Mon article sur *Sapho*, pressé par l'heure, j'ai dû un peu le bâcler. Ça se sent-il? En tout cas, je me suis efforcé d'être aimablement sincère, c'est-à-dire raide. J'ai appris aujourd'hui qu'on doit me répondre dans l'*Echo*.[10]

Pas encore vu Jules Hoche; mais il m'a envoyé votre carte,[11] avec une lettre. Il me propose "une collaboration" pour son livre sur les écrivains. C'est bien grave une collaboration! Si j'accepte, me conseillez-vous *de signer* avec lui?

A bientôt de vos nouvelles. Mes amitiés à la châtelaine. Et une cordiale poignée de mains.

Votre

Paul Alexis

qui a 37 ans dans 14 jours. Zut! Et *Madame Cœuriot*?... J'en suis malade. Si le papier que j'ai noirci en 220 Trublots était "de la Madame Cœuriot", j'aurais déjà abordé au port.[12] L'heure des résolutions héroïques me semble sonnée... Oui, je sais, ce n'est là qu'une phrase: il faut que ça devienne un fait.

---

1 Il s'agit sans doute de "*La Fortune des Rougon*. Miette et Silvère" d'A. Saissy, paru dans *Le Mot d'Ordre* du 16 mai 1884. Le premier roman des *Rougon-Macquart* fut reproduit dans ce journal du 17 mai au 8 septembre 1884. *Thérèse Raquin* y avait paru du 22 mars au 21 mai de la même année.

2 Les 7 et 8 juin la Presse parisienne organisa une fête au profit des "Victimes du Devoir."

3 La chronique d'Alexis dans *Le Réveil* du 8 juin, date du Grand-Prix, s'intitulait: "D'autres Grands-Prix": "Nous voici sur le turf littéraire. Ici, le grand vainqueur est d'avance connu: hurrah! pour le naturalisme! N'avançât-il plus qu'à petits pas, lui, il est bien certain d'atteindre au poteau. Tous essoufflés, fourbus, distancés de cent longueurs, les pauvres chevaux, mal en forme, qui sont aux couleurs de 1830. [...]"

4 *A rebours*, qui avait paru chez Charpentier il y avait quelques semaines. Le 24 juin l'auteur écrivit à Camille Lemonnier: "Ce volume m'avait littéralement tué, j'avais peur d'un four littéraire, Dieu merci! je suis sauvé! – C'est égal, c'est à n'en pas refaire comme celui-là–" (*H.-L.*, 111) Pour la critique que fit Zola de cette œuvre et la réponse de Huysmans, cf. *Huysmans-Zola*, 102–8.

5 Le romancier Henry Fèvre (1864–1937) était l'ami et le collaborateur de Louis Desprez (1861–85), dont *L'Evolution naturaliste* avait paru en février 1884 chez Stock. L'unique roman de Desprez, *Autour d'un clocher*, écrit en collaboration avec Fèvre, venait d'être mis en vente par Henry Kistemaeckers à Bruxelles. Voir la lettre 149, n.1. Cf. L. Desprez, *Lettres inédites à Emile Zola*, éd. G. Robert (Les Belles Lettres [1952]); G. Robert, "Lettres inédites à Henry Fèvre," *Revue d'Histoire littéraire de la France*, L (1950), 64–82.

6 Georges Chevrier avait fondé, en mai 1884, la *Revue indépendante*. Félix Fénéon (1863–1944) en fut le rédacteur en chef, Chevrier le directeur-gérant. (Pour la "nouvelle série" de ce périodique, en 1886, voir la lettre 171, n.12.)

Dès le 8 mai 1884 Trublot avait présenté, dans *Le Cri du Peuple*, la revue à ses lecteurs: "Aurions-nous enfin une 'Revue', une vraie Revue – jeune, à la fois sérieuse et vivante, aux tendances larges, traitant à fond les questions passionnantes, pénétrée de l'esprit scientifique contemporain et portée par le courant du siècle? La chose me paraît presque réalisée. Je viens de recevoir et de lire avec attention le premier numéro de la *Revue indépendante* politique, littéraire et artistique[...]. Si MM. Chevrier et Félix Fénéon, ses directeurs, que je n'ai pas l'honneur de connaître, mais qui, dit-on, seraient jeunes, se montrent à la hauteur, il y a une belle place à prendre."

Naturalistes et symbolistes donnèrent des articles à cette revue, où Alexis assura une "Chronique du mois" pendant l'année 1884 (numéros de juillet [sur le roman moderne voir l'app. A:32], de septembre et de novembre). Pour l'histoire de cette revue, cf. les pages 54 et 55 du *Catalogue de l'Exposition Symboliste; Le Cinquantenaire du Symbolisme* (Bibliothèque Nationale 1936). Quant à la collaboration des autres médaniens, cf. P. Galichet, "La collaboration de Huysmans à la *Revue Indépendante*," *Bulletin de la Société J.-K. Huysmans*, No.13 (1935), 198–206; No.14 (1936), 244–5; *Céard-Zola*, 251–3, 265–7; *Zola-Céard*, 46–7; *Huysmans-Goncourt*, 63–4.

7 *Sapho, mœurs parisiennes* (Charpentier 1884). Dans l'article "*Sapho* ou le collage" (*Le Réveil*, 1-VI-84), tout en louant le livre, "vécu et moulé sur la réalité," Alexis y trouve quelque chose de trop, qui l'empêche de "crier au chef-d'œuvre": "Pourquoi, ici et là, [...] M. Daudet se permet-il de conclure personnellement, de porter des appréciations morales? [...] Sans qu'il aille jusqu'au puritanisme, une vieille tare sans doute catholique entache ses plus saines créations, fait dévier son analyse, le jette dans l'à-peu-près, et le joli conventionnel. Croit-il 'mal faire' en restant humain et vrai? Craint-il de bouillir quelque jour au fond d'une chaudière infernale? Non! ce n'est pas ainsi qu'il faut aimer la vie, l'art sincère et vivant. Il faut les aimer comme le forçat Flamant aime Sapho, en la prenant telle qu'elle est, en acceptant ses verrues et ses rides. [...] Moi, je suis pour Flamant, en littérature. Pour la pure passion du faussaire allant jusqu'au bagne. Serrez votre argenterie, si je vous fais peur, mais épargnez-moi votre inutile morale."

8 Léon Bloy, *Propos d'un entrepreneur de démolitions* (Tresse 1884). Alexis l'éreinta dans sa chronique du *Réveil* du 22 juin 1884, intitulée "Un sot." Selon lui, l'ouvrage de Bloy n'était qu'un "bouquet de sottise épanouie," où tout criait "l'impuissance et la niaiserie." Dans le même article l'auteur réplique avec indignation à un article de Bloy dans *Le Chat noir*, daté également du 22 juin ("Les représailles du sphinx"), où celui-ci, en donnant un compte rendu d'*A Rebours*, parlait de Huysmans comme "le collaborateur de Zola et de sa répugnante clique des *Soirées de Médan*." Alexis affirme que Bloy n'a simplement pas compris l'ouvrage de son confrère. Cf. Auriant, "Léon Bloy, J.-K. Huysmans et Paul Alexis," *Mercure de France*, CCLXXXIV (1938), 757–9.

9 On se rappellera qu'Alexis avait critiqué le drame de Richepin: *Nana-Sahib* (lettre 124, n.6). Le 28 mai 1884 Trublot avait inséré dans son feuilleton du *Cri du Peuple* une lettre signée "Dieu" et adressée à Jean Richepin, dont *Les Blasphèmes* venaient de paraître chez M. Dreyfous: "Mon cher insulteur, j'te porte dans mon cœur. T'es-tu un

zig rien batte! Quand tu casseras la pipe de bronze, as pas peur, mon fiston : j'te réserve dans mon paradis un strapontin numéroté. Saint-Pierre te reconnaîtra au contrôle [...]. Sacré bougre de nom de Dieu de Jean, va! Tu m'as fichu une réclame carabinée. Mazette, tu connais ton affaire, toi, et l'on voit que t'as pas perdu ton temps à la Normale. Tu t'es dit qu'un éreintement comme tu sais les torcher vaut trente-six boniments élogieux. Continue, mon aimable éreinteur. [...] Défonce à coups de bottes les trois postérieurs de ma Trinité. Attaque ma vie privée. Dis que je tue les mouches à vingt-cinq pas, qu'on ne rencontre que moi dans les vespasiennes; que je néglige la Sainte-Vierge pour Chouard! Em...mène-moi à la campagne! Badigeonne-moi de *miel*! Enfin, appelle-moi naturaliste. Plus tu m'en diras, plus je te remercie. Je te revaudrai ça, compère. En me rendant ce service, pousse ta propre affaire: c'est de la réclame à deux tranchants. [...] Mais, chut!... Du monde?... Je prends ma grosse voix: *Maudit, tu seras damné!* – TU ROTIRERAS A PERPETE!! – VADE RETRO JEAN SATANAS!!! Le nomme: Dieu."

10 "L'Ecole" par M. de Valleyres (*L'Echo de Paris*, 4-VI-84): "Puisqu'il s'agit *d'école*, j'arrive d'un bond à M. Paul Alexis –Trublot pour les dames– qui pleure une goutte en songeant à la défection de Daudet. [...] Lui, qui n'a vu dans le *collage* que les lits souillés et les planchers sales, qui n'a senti dans cette vie à deux que la douleur d'un coup de pied dans sa noble... caractéristique [...] et la douce sensation d'un bassinage à l'eau froide après la querelle, ne pouvait saisir ce qu'il y a d'infinie délicatesse dans ce roman d'amour – car c'en est un. [...] Et quoi qu'en disent les pessimistes affolés de noir et de boue, l'amour –en tant qu'affection cordiale– est encore de ce monde. Peut-être le sait-il aussi bien que d'autres, mais l'*école*, le naturalisme défend d'admettre autre chose que l'action brutale, et Paul s'incline. Zola, ce maître, a pourtant écrit le *Bonheur des Dames*, et je crois que les personnages sympathiques et affectueux –des gnan-gnan, comme ils disent– ne manquent pas dans ce chef-d'œuvre." Voir l'Introduction, 29–30.

11 "Je songe maintenant, avait écrit Jules Hoche à Zola le 22 mai 1884, qu'un mot de vous pour M. Paul Alexis aplanirait peut-être bien des difficultés. S'il voulait même nous pourrions reprendre ensemble l'idée du *Roman des Contemporains* qui est une tâche trop difficile pour un homme seul. (Je pense d'ailleurs que Paul Alexis ne m'a pas gardé rancune des petites plaisanteries que j'ai faites dans les *Parisiens chez eux*.)" (B.N., MSS, n.a.f.24520, fol.265ᵛ) Dans le chapitre consacré à Emile Zola (399–413) de cet ouvrage documentaire, qui parut chez Dentu en 1883, Hoche fait plusieurs remarques ironiques sur la documentation d'Alexis dans *Emile Zola, notes d'un ami*. Quant au projet d'un "Roman des Contemporains," il ne semble pas avoir eu de suite.

12 Quelques jours auparavant Alexis avait écrit à Lucien Descaves, qui était en train de faire son service militaire: "C'est très bien, de trubloter, d'engueuler des voyous en m'efforçant d'être plus voyou qu'eux, en parole. Mais ça mange joliment des heures. En somme, le petit journaliste en moi rigole et prend du bon temps; mais le romancier se ronge et pleure. Chacun a sa *servitude*, civile ou *militaire*. C'est la *grandeur* qui est rare!" (lettre inédite du 27 mai, coll. P. Lambert)

131 [Paris] Lundi soir [23 juin 1884]

MON CHER AMI,

Ratés les trains à cause de Simond – à qui je n'ai pu dire que 2 mots, tantôt, dans le coup de feu de la fusion des deux canards[1] – N'a pas pris de parti sur moi – Lepelletier m'a dit qu'il me recueillirait toujours au *Mot d'Ordre*, en tout cas – Dumont[2] est à la campagne – A ce soir.

Mes excuses à la châtelaine.

Votre

Paul Alexis

Paris est laid et harassant. Vu Grosclaude, qui m'a dit qu'il avait projeté de vous pousser une visite, avec Bauër,[3] dit "le Sarcey de chez Grübert."[4]

1 Le dernier numéro du *Réveil* (littéraire, politique, quotidien) parut ce jour-là, portant comme d'habitude la date du lendemain. Il fusionna avec *L'Echo de Paris*, à partir du numéro daté du 25 juin. La parution du nouvel *Echo* se déplaça, après la fusion, du soir au matin. Un *Réveil*, "journal quotidien du matin," petit format, fut publié après cette date, avec une nouvelle rédaction.

    Le directeur de *L'Echo* était Valentin Simond; le rédacteur en chef: Aurélien Scholl. Parmi les collaborateurs il y avait E. Lepelletier, A. Silvestre, A. Hepp, A. Saissy, M. Proth, R. Maizeroy, E. Deschaumes, M. de Valleyres, F. Enne, H. France et E. Goudeau. Alexis donna peu d'articles à ce journal, qui publia, en 1890, son roman *Madame Meuriot* (lettre 203, n.2).

2 Le directeur du *Gil Blas* (lettre 82, n.14). Alexis n'y collabora pas entre 1883 et 1889.

3 Henry Bauër (1851-1915), "gros bonhomme sanguin, bourru, borné et honnête" (d'après Goncourt [*Journal*, iii, 644]), était le critique dramatique de *L'Echo de Paris*.

4 Allusion assez obscure. S'agirait-il d'une des tavernes de Gruber et Reeb, dont plusieurs se trouvaient sur les Boulevards à cette époque-là?

132 Paris Lundi soir [25 août 1884]

MON SEUL AMI,

Hélas! oui, je n'ai pas encore été à Veules,[1] faute d'espèce et faute d'avoir achevé les corrections du *Besoin d'aimer*.[2]– Enfin, de l'argent je compte en toucher le 31, puisque je suis entré au *Matin*[3] –à l'essai tout au moins– à 100 ou 150 F l'article: ce n'est pas encore fixé. Vous n'avez dû voir la chose que par les extraits que je me suis payés au *Cri* du 1er article.[4]– Et j'ai mis dans le mille, puisque les *Débats* m'ont consacré quelques lignes[5] sans me nommer, et que le *Petit Journal* m'a consacré un Grimm[6]– Je suis content assez aussi du second, sous le titre: *Trente-six mille lignes*.[7] Je vous enverrai ça à Médan. Et j'espère aller à Veules vers le 3 ou 4 Septre – si la santé le permet. Hélas! depuis 4 ou 5 jours, éreinté de travail, ça va très mal – côté du *pomon* peut-être et de ma maladie de François 1er à coup sûr. Malgré la fatigue du *dîner du concours*[8] il y aurait pourtant du mieux aujourd'hui. Enfin, j'ai un énorme besoin de campagne et de régularité.

Quant à Mme *Cœuriot* elle n'a tenu bon que jusqu'au *Matin* hélas! Et c'est bien fâcheux, je crois que je la tenais: j'en ai lu quelques fragments à Robert Caze, qui a été épaté –

Mes meilleures amitiés à vous deux

Paul Alexis

P.S. A propos, le "Docteur" du *Cri* m'a dit que la patronne Séverine[9] lui aurait écrit que vous aviez parlé à Vallès, mais "en l'évitant." Ce qui d'ailleurs ne concorde pas avec votre lettre.[10] C'est cet animal de Vallès qui lui aura peut-être dit, brutalement, que vous ne vous souciez pas d'elle. De grâce –par amitié pour moi– si vous passez encore 1 jour après réception de ma lettre, tâchez de lui dire quelque mot. Outre que ce serait de la bonne politique pour Trublot, c'est une bonne et brave et malheureuse femme, pas méchante pour 2 sous. Elle est en instance de divorce pour régulariser sa situation avec le docteur. Entr'elle et Vallès, il n'y a peut-être jamais eu que du gobage *Vingtrasien*,[11] je commence à le croire.

1 Station balnéaire, au sud-ouest de Dieppe. Voir la lettre 135. Zola, qui passait le mois d'août au Mont-Dore, avait écrit le 21 à Alexis: "Ce seront une trentaine de jours de vacances que j'aurai pris dans un pays superbe, dont je vous parlerai sous la lampe. Imaginez les rochers de Provence, mais couverts d'une herbe épaisse et des plus beaux arbres du monde. Et des cascades partout, et des fleurs jusqu'au sommet des montagnes." Puis, faisant allusion aux projets de villégiature de son ami, il dit: "La mer est fichue, hein! Qu'est-ce que je vous disais, que vous n'iriez pas si le choléra épargnait Paris? J'espère que *Madame Cœuriot* n'en a pas souffert" (*Corr.*, 621).

2 Voir les lettres 121, 123 et 138 (n.11)

3 Alexis n'écrivit que quatre articles pour *Le Matin*, entre le 17 août et le 12 octobre 1884.

4 "Le journal" (*Le Matin*, 17 août). L'article traite du rôle de la politique et de la littérature dans un journal: "Quand je suis entré dans le journalisme [...], je me souviens de m'être buté bien des fois aux vestiges décourageants et réfrigérants du journalisme suranné. M'efforçais-je d'être moi, de donner ma note, de tout dire, de vider mon être entier et de prodiguer ma passion, je me heurtais à chaque instant à quelque géronte imbécile, qui me jetait un vrai seau d'eau froide en me parlant de l'imprévu et du danger de mes façons de voir, de la ligne du journal compromise. Oh! l'ai-je souvent maudite, cette fameuse 'ligne'! [...] Et le pis est que tout cela ennuie. Comment voulez-vous que nous croyions à votre comédie, nous qui avons pris la rigoureuse habitude de ne croire qu'à ce qui est démontré? Aussi voyons-nous arriver avec une joie profonde l'époque où, dans le journal de l'avenir, la politique, n'occupant plus que la place qu'elle occupera alors dans la vie des peuples, sera reléguée entre le Sport et les Annonces, piteusement. [...]"

Dans *Le Cri du Peuple* du 20 août parurent quelques extraits de cet article, accompagnés, dans les colonnes de Trublot, de cette réclame: "Vous savez bien, M.P. Alexis [...] – un raseur, quoi! et un pignouf, un garçon à ne pas fréquenter, un de ces vidangeurs de lettres, qui remuent tout le temps de la matière, et qui, opprobre de la littérature, dégoût des écrivains 'honnêtes', se disent naturalistes pour abuser du droit d'écrire comme des veaux. [...] Le vilain microbe stercoraire a le toupet de mettre la littérature à cent coudées au-dessus de la politique parlementaire. [...] On n'est pas plus cornichon dans l'irrespect que ce wagon de lettres, que ce farfouilleur de document humain. M. 'deux prénoms et pas encore... etc.', est d'ailleurs une moule, une vache, un veau, un vidangeur, une huître, une truie, un âne, un mastodonte, un poux, un éléphant, une punaise, un ciron, un crapaud, un crocodile, un cloporte et un vilain pingouin. [...]"

5 Sous la rubrique "Bulletin du jour" (*Journal des Débats*, 19 août)

6 Le numéro du 19 août contenait un article leader de Thomas Grimm, intitulé: "Ce que doit être un journal." Contre "la totale liberté," en faveur de laquelle plaidait Alexis, l'auteur affirmait que "avoir l'oreille du public, est la première règle du journalisme."

7 Article paru dans *Le Matin* du 28 août, où Alexis continue sa discussion à propos du journalisme et de "la ligne": "Pour ma part je n'en connais qu'une qui soit sûre, stable, belle de simplicité [...]. C'est la ligne droite, le plus court chemin d'un point démontré à un autre point démontré: la ligne scientifique. Et comme tout se porte vers la science, comme le journal que j'entrevois –pressenti et désiré par trente-cinq millions de Français sur trente-six– est le journal scientifique, quoi d'étonnant que je réserve les trois premières pages pour cette ligne droite? Je suis encore bien large d'abandonner la *quatre* à toutes les variétés de la courbe, aux perfidies de la parabole, à toutes les extravagances de la ligne brisée. [...] Est-ce à dire que la polémique sera

exclue du journal? Croyez-vous que, par journalisme scientifique, j'entende un journalisme mort, pédant, didactique et sans passion? C'est plus de passion et de vie au contraire qu'il me faut, j'en ai soif. [...]"

8 Le 9 août Trublot avait annoncé, dans *Le Cri du Peuple*, un concours: "Prose et vers. (Les vers, vous savez, j'en suis pas fou. Il faut qu'y soient d'un bon! Enfin, c'est *ad libitum*) Sujet du concours: 'le Congrès' qui a lieu actuellement à Versailles, et où sénateurs et députés, de droite et de gauche, *trublottent* à qui mieux mieux et parlent le langage à la mode. [...] Conditions du concours: Faire rigolo et le plus court possible. [...] Celui qui m'enverra la meilleure fantaisie, amusante et courte, sur le Congrès, 1° se verra imprimé tout vif; 2° aura droit à douze numéros pour distribuer à ses amis et connaissances; 3° sera invité à gueuletonner en tête-à-tête avec Trublot au *Café de la Presse*. S'il y a lieu, il y aura un ou plusieurs accessits. Ceux-là auront droit aux mêmes avantages, sauf que le gueuleton sera remplacé par un simple bock, bien tiré. Ils auront soin de se gaver d'avance et nous regarderons baffrer si ça leur plaît, le grand vainqueur et moi. Les veinards!"

Les jours suivants Trublot publia les envois. Dans la lettre citée plus haut (n.1) Zola écrivait: "J'ai suivi votre concours, où vous avez donné des choses bien médiocres, pour deux ou trois passables" (*Corr.*, 621). A la fin Trublot décerna six prix et le "gueuleton" eut lieu le 24 août. Il en publia le menu fantaisiste dans *Le Cri du Peuple* du 26:

Potage
Consommé au Congrès (gluten naturaliste).
Hors d'œuvre
Ronds de beurre Lapommeraye.–Radis belges.–Salade de concombres Ohnet.–Melon académique.
Entrée
Salade de Homard à la Francisque Sarcey.
Rôti
Poulet provençal de Dédèle entouré de cornichons romantiques.
Légumes
Salades de grosses légumes à la Victor Hugo (Nom de Dieu! ça fait déjà trois salades et c'est pas fini).
Salade
De la laitue à la *Revue des Deux-Mondes*.
Desserts
Gruyère à la Cherbuliez. – Roquefort à la Bergerat. – Salade (encore!!!) d'oranges de ces dames. – Petits fours à la *Smilis*. – Pêches de rivière.
Liquides
Kilos à seize, à quatorze et à douze. – Champagne de la patronne (offert par la gentille Mme Marconnet). – Eau de Seine.– Café Gerville – Réach, et liqueurs anarchistes.

9 Séverine, "un ovale court, ramassé, dans lequel il y a de tendres yeux, une grande bouche aux belles dents, et de la bonté" (Goncourt, *Journal*, IV, 191), naquit Caroline Rémy. Après avoir épousé, contre sa volonté, le 26 octobre 1872, un nommé Montrobert, elle s'était séparée de lui le 31 décembre de l'année suivante. Vers 1880 elle avait commencé à vivre avec le médecin suisse Adrien Guebhard, qui l'épousa le 2 décembre 1885, après la loi sur le divorce de Naquet. Trois ans plus tard, elle se sépara de nouveau, pour se lier cette fois avec Georges de Labruyère.

Ce fut le docteur Guebhard qui consacra une partie de sa fortune à financer le journal de Vallès, dont Séverine était la grande amie et admiratrice. A ce sujet, Edmond de Goncourt raconte une anecdote curieuse: "Charles Edmond racontait ce soir [24 février 1885] que le docteur Guebhard, voyant à Vallès un aspect si maladif, hésitait à mettre de l'argent dans le *Cri du Peuple*. Enfin, en dernier lieu, avant de se décider, il lui demandait à examiner ses urines. Et Séverine, dans son dévouement pour l'auteur des *Réfractaires*, substituait les siennes à celles du diabétique, – qui était alors jugé bon par le docteur comme rédacteur pendant une période suffisante... *Se non è vero è ben trovato!*" (ibid., III, 423-4)

A la mort de Vallès, le 14 février 1885, Séverine prendra la direction du *Cri du Peuple*, jusqu'au 29 août 1888. Sur cet ardent disciple de Vallès, cf. J.-C. Le Blond, "Hommage à Séverine," *Les Cahiers naturalistes*, No. 2 (1955), 88–9; B. Lecache, *Séverine* (Gallimard 1930).

10 "Vallès est ici avec votre patronne Séverine, avait dit Zola dans la lettre du 21 août, écrite au Mont-Dore. Je les aperçois au café. Nous nous sommes serrés [*sic*] la main avec le patron, mais je n'ai pas encore fait la connaissance de la patronne. Le bon Vallès a l'air bien souffrant, mais les eaux sont très énergiques, paraît-il, et peut-être le remettront-elles un peu sur pied" (*Corr.*, 621). Le 24 cependant, Zola écrivait à Céard: "Vallès est ici avec sa secrétaire. Il traîne, lamentable, au café! Je le crois fichu" (*Corr.*, 623). Voir la lettre 138, n.9.

11 C'est-à-dire des rapports platoniques. Séverine s'intéressait à Vingtras, aux idées politiques de son créateur, plutôt qu'à l'écrivain lui-même.

⏣❧ 133 [Paris] Samedi soir [6 septembre 1884]

MON CHER AMI,

S.V.P. un conseil?[1] Vous avez passé par là, avec cette différence que *Pot Bouille* était déjà en cours de publication. Avant tout, je tiens essentiellement à mon titre, déjà connu, annoncé en Allemagne, en Italie... et en France. Et auquel je suis habitué! Quelle ligne de conduite à tenir, envers ce crétin, surtout pour gagner du temps. S'il ne me fait procès que quand mon livre aura paru, ça ne me sera-t-il pas plutôt utile? – Je fais appel à votre expérience et à votre coup d'œil. (Le silence? ou quelle réponse?)[2]

Mes amitiés à vous deux.

Paul Alexis

Le mieux continue.[3]

J'ai fait pour le Matin "le Krack Théâtral",[4] dont je suis assez content et que je vous enverrai. Recevez-vous le *Croquis* (j.[1] illustré mensuel);[5] il y a dedans un portrait de Daudet (par le petit Camille de Ste Croix), qui est d'un dur!

Extrait d'une lettre que Bec-Salé[6] m'écrit:

"...avec-z-un tragique et tatonnant allongement d'abattis à la Mounet, quand y joue *Œdipe Roi*.[7]– (J'aime pas énormément l'larbin Sophocle: c'est l'Alphonse Daudet d'la Grèce. Parle-moi d'Eschyle: en v'là un mec qu'a des c....... au cul.)"[8]

La jeunesse sera dure pour votre ami.

1 Sans doute Alexis avait-il joint à cette lettre celle d'un certain Cœuriot, qui menaçait l'auteur de *Madame Cœuriot* d'un procès s'il persistait à se servir de son nom. (Voir la lettre suivante.) On se rappellera le procès de *Pot-Bouille* (lettre 101, n.7), auquel Alexis fait allusion ici et à la suite duquel Zola fut contraint de changer le nom d'un de ses personnages.

2 Zola répondit le 8 septembre: "Je crois que le mieux est de faire le mort. Le procès me paraît difficile, tant qu'il n'y aura pas un commencement d'exécution; c'est-à-dire tant que vous ne publierez pas votre roman dans un journal ou en volume. Vous avez annoncé le titre, et tout ce que peut faire votre imbécile, c'est de vous signifier par huissier de n'avoir pas à prendre son nom; il sera obligé d'attendre que vous le preniez ou que vous ne le preniez pas. Alors, vous verrez. La pauvre *Madame Cœuriot* n'étant pas prête de voir le jour, vous avez le temps de réfléchir.

"Du reste, je suis persuadé que vous perdriez votre procès, s'il était engagé, d'autant plus que le monsieur a l'air d'être un rageur. Nous en causerons. Jusque là tenez-vous tranquille, n'ébruitez pas la réclamation, attendez les événements" (lettre inédite [copie], coll. H. Mitterand).

3 Sur l'état de santé d'Alexis, voir la lettre précédente

4 Voir la lettre 134, n.5

5 Cette revue, qui n'eut que huit numéros, entre avril et novembre 1884, avait pour directeur George Herbert, pour rédacteur en chef Maurice Mercier, et pour secrétaire de rédaction Camille de Sainte-Croix. Ce dernier, qui vécut de 1859 à 1915, était auteur dramatique et romancier, et fit de la critique littéraire à *La Bataille* et à *L'Echo de Paris*. Dans un article intitulé "Nos farceurs. Alphonse Daudet" (*Le Croquis*, No.6 [septembre 1884], 3–5), il parle de "l'indécente fatuité" de celui-ci, homme "attendrissant, gonflé de pleurnicheries." Son œuvre est "pauvre de style, indigne d'estime." – Zola demanda à Alexis, dans la lettre qu'on vient de citer, de lui envoyer l'article en question.

6 Emile Kapp (1861–87) avait pris comme pseudonyme le nom d'un des personnages de *L'Assommoir*. Dans un article nécrologique qu'il consacra à ce confrère (*Le Cri du Peuple*, 5-VII-87), Alexis nous révèle l'origine de leur amitié: "Un rédacteur de ce journal [c'est-à-dire Trublot], au commencement de 1884, reçut un soir une lettre originale, en argot, et anonyme, ou, ce qui revenait au même, signée: *Bec-Salé dit Boit-sans-Soif*. Le lendemain, les jours suivants, nouvelles lettres de Bec-Salé, non moins anonymes, et de plus en plus en argot, sur les événements littéraires, la pièce et le livre du jour, sur les inepties de certains 'publicistes', avec, çà et là, de touchants, de purs enthousiasmes, des élans vers les belles œuvres senties à plein cœur, et un large amour de 'l'humain', une belle passion de sincérité. Tout cela 'carnavalisé' de la façon la plus exquise, dans le langage usuel des escarpes et des filles, idiome instable mais fourmillant de termes imagés, pittoresques, les uns d'une crânerie réjouissante, les autres d'une musique sinistre, admirable pour consterner les bourgeois par un haut fumet de révolte et de cynisme. [...] Tout en reproduisant dans ses *A Minuit* les fragments publiables de ces 'babillardes', Trublot s'instruisait. N'ayant guère le loisir d'aller recueillir sur place, dans les bons endroits, les mots de ce 'dictionnaire de la langue verte' sans cesse transformé, il avait trouvé dans Bec-Salé un précieux initiateur. [...]" La première édition de l'ouvrage d'Alfred Delvau (*Dictionnaire de la langue verte. Argots parisiens comparés*), auquel Alexis fait allusion ici, date de 1866 (Dentu); une nouvelle édition, revue par l'auteur, parut en 1883 chez Marpon et Flammarion.

7 La création la plus haute de l'acteur-tragédien Jean-Sully Mounet, dit Mounet-Sully (1841–1916)

8 Cette lettre fut reproduite par Trublot dans son feuilleton du 9 septembre 1884. La dernière phrase de l'extrait cité ici devint alors: "Parle-moi d'Eschyle: en v'là un mec pour de vrai."

134 [Paris] Samedi soir 13 Sept^e [18]84

MON CHER AMI,

Donc, ce matin, je suis allé porter le *Besoin d'aimer*[1] à Charpentier: hélas! il était en Belgique. Obligé d'y retourner lundi matin; il sera de retour, m'a dit Gaulet. Et c'est alors lundi soir, par le train de 6ʰ,30 que je file, "enfin," à la mer. Vers 7ʰ environ je vous dirai mentalement bonjour en passant devant vous.[2]

Mon adresse: *A Veules, chez M. Louis Dumoulin,*[3] (*Seine inférieure*)

Je compte sur l'air de la mer pour activer ma convalescence, qui ne va pas vite. Mangeant et dormant bien, mais toujours affaibli, amaigri, suant pour un rien, un peu essoufflé, avec de vagues douleurs à la pointe de la plus basse côte, des deux côtés, tel est mon état. Je compte à la fin du mois, si ça va bien, quand Dumoulin sera retourné à Paris, aller faire ma petite expédition à Londres[4] – vous savez pourquoi? "M. Desmelliers"!!! On s'écrit toujours. J'ai reçu matin, dans une lettre très gentille et me donnant de très *intelligentes* indications pour mon expédition en Grande-Bretagne, j'ai reçu, une mince tresse de cheveux longue de près d'un mètre, dont j'ai parfaitement reconnu la nuance. Oui, c'est à ce point! Et je veux en avoir le cœur net.

Au *Matin*, il y a du tirage. L'article *le Krack théâtral* – qui a passé ce soir dans l'*Echo*[5] – m'a été refusé comme "trop boulevardier," "trop Monsieur de l'Orchestre"[6] (*sic*!). Ces lascars de communards (Humbert et Douvet)[7] qui m'ont refusé aussi l'article *J. Ferry*,[8] ne seraient-ils que de vulgaires opportunistes? En tout cas, ce n'est encore pas eux qui réaliseront "le journal de l'Avenir." Sans me décourager, entêté comme une mule provençale, j'ai pondu *"les Werther retournés"*[9] qu'ils ont trouvés bien. Mais, nonobstant, ils m'ont dit d'attendre Octobre – ils prétendent qu'en Septembre, "ils veulent réaliser des économies vu que personne n'est à Paris" (*sic*!) A mon retour "revenez et nous causerons d'une petite périodicité." J'ai conclu de leur attitude que, – ou c'est la dégringolade – ou ils veulent ne plus me payer 100 F – ou ils veulent me mettre, comme Becque,[10] à un article tous les 15 jours. Enfin, malgré un début *inespéré*, je vois que tout ne va pas marcher comme sur des roulettes.

(Veuillez me conserver les 3 *Matin* que je vous envoie: c'est une scie pour en ravoir dans cette boîte anglaise.)

A l'*Echo*, où j'ai porté *le Krack* cette après-midi, j'ai parlé à Scholl pour la première fois depuis 1881.[11] Il a été très gentilhomme, s'est mis tout de suite à me causer de mes articles comme si je l'avais quitté la veille. Mais comme il a vieilli. Il se teint. Et du ramollissement. Il s'est mis, à propos de bottes, à nous narrer (2 autres jeunes rédacteurs de l'*Echo* étaient là) par le menu, à nous *jouer* avec une voix chevrottante, je ne sais quel mauvais mélo tiré de l'anecdote de *Casanova* en question. Empâté, décoré, trop noir de cheveux et de barbe, fini, navrant, il m'a désarmé. Non! Goncourt, qui a au moins son âge, n'est pas comme cela! Ni vous ni moi, ne serons jamais comme cela! La littérature vraie est une eau de jouvence. Un beau matin, comme Flaubert, on pourra tomber foudroyé, mais on ne finira pas dans ce gâtisme, jamais! Daudet ou Mendès, eux, peut-être.– En redescendant, le petit Marc de Valleyre, qui n'est pas un aigle (a commencé par être secrétaire de Champsaur!) me poussait le coude, en pouffant de ce que nous avions entendu.

Et voilà mon brave... Cette pauvre *madame Cœuriot*!

Mes amitiés au couple voyageur – qu'un journal a vu à ... Ouchy![12]

Paul Alexis

P.S. Cette pauvre *Madame Cœuriot* à qui on veut voler son nom.[13] L'affaire se corse. Reçu une lettre du nommé Paul Cœuriot – frère du premier, un musicien, fixé aujourd'hui à Tour, et que –voilà le chiendent– j'ai connu malheureusement un peu, voici cinq ans, dans le quartier. Celui-ci, *mal-*

heureusement, m'écrit une lettre polie, convenable, me prenant par le senti-ment: "Je vous ai connu un peu dans le temps et n'avons jamais eu que de bons rapports... Notre nom honorable n'est porté que par nous, que je sache... Nous sommes des humbles... S'il est trop tard pour ma requête, que votre livre soit déjà tiré, promettez-moi au moins un changement sur la 2me édition..." Zut! malheureusement non! il n'est pas tiré, mon livre! L'em-barras où je me trouve est presque comique. Mais, à celui-ci, je ne puis guère ne pas répondre. Je lui répondrai, de Veules, en lui faisant à mon tour du sentiment: "Vous qui êtes aussi un artiste," etc. Je n'ai encore trouvé que ça.

Pour le *Besoin d'aimer*, je me suis donné un coton de diable –pendant ma maladie– mangeant maintenant chez moi matin et *soir*, ne resortant plus, et bûchant jusqu'au jour. J'ai ajouté 2 petites nouvelles –ce qui fait en tout 20 petites et 2 grandes. J'ai presque réécrit complètement *Jacques Clouard*.[14]

Mais, au dernier moment, je n'ai pas eu le courage, ni surtout le temps, de refaire le passage de "*Monsieur Betsy*" calqué sur l'anecdote Millaud-Judic, dont vous vous êtes servi dans *Nana*.[15] Seulement, après avoir relu la page de *Nana*, j'ai modifié tout à fait le mot "du directeur." D'ailleurs, ce n'est nullement parce que vous avez employé ça dans *Nana*, que je m'en suis servi: c'est quoique! C'est parce que, avec mon système personnel de com-position –ou plutôt de non-composition–, ayant voulu, dans cette nouvelle faire *le trio M. et Mme Judic et Millaud* ("le piedbot" au lieu du "bossu") et connaissant ce fait arrivé, je ne pouvais pas ne pas m'en servir. Que deux peintres portraicturent la même tête, ou paysagent le même site, nul ne criera au plagiat! Alors, si deux écrivains interprètent le même document fourni par la réalité (ce qui équivaut au modèle pour le peintre!) pourquoi le dernier en date sera-t-il incriminé? – Mon raisonnement est-il juste selon vous? Veuillez me le dire. Si je suis dans le vrai, je me laisserai stoïque-ment accuser, en sachant que j'ai raison. Si j'ai tort, je pratiquerai la coupure franche.

Oui! appelez-moi si vous voulez vulgaire impressionniste![16] je ne veux et surtout *ne puis* travailler un peu proprement que sur de la réalité vue par moi, ou même reçue de seconde main et, dans les 2 cas, comme on ne voit ou reçoit jamais que certains petits côtés, ce qui me sollicite, c'est de recon-stituer un ensemble possible, vraisemblable, appuyé au moins sur deux ou trois points fixes.

Exemple: le *Monsieur Betsy* en question, tout mauvais qu'il vous ait paru. Le lendemain de la mort de M. Judic, quelqu'un en en causant devant moi, dit ces mots: "Vous ne savez pas? Le bruit court qu'il s'est suicidé!" A cette idée de suicide, brusque chatouillement en moi: "Tiens! quelle fin curieuse pour un M. Judic! Quels abîmes entr'ouverts! Pourquoi, étant donné le bonhomme, se serait-il suicidé? Joli problème à chercher, comme on cherche un problème d'échecs, en essayant de toutes les façons dont peuvent marcher les pièces, en cherchant comment ont dû s'engraîner les rouages du mon-sieur." Tout cela en une brusque sensation aboutissant à ceci: "Voilà un sujet de nouvelle pour moi!"

Idem, voici hélas! bien du temps, quand j'ai eu l'idée de faire *Mme Cœuriot*: seulement, ici, réalité vue par moi, pendant des années;[17] documents plus nombreux; base certaine plus étendue; rouages mieux connus, par suite plus nombreux et plus compliqués à mettre en mouvement; par suite un roman au lieu d'une nouvelle.

Conclusion... Oh! voici! L'art: *homo additus naturae*, n'est-ce pas? Eh bien! selon moi: *natura* d'abord! puis, *homo* arrive, élevant son échafaudage, mêlant sa part de doigt dans l'œil personnel, doigt dans l'œil qui peut être très beau, d'accord. Tandis que vous –si j'avais à faire de la critique sur vous– je vous reprocherais, de voir quelquefois dans l'art: *natura addita homini*. Vous lâchez la bride au créateur, au poète-constructeur; et, *natura*, vous la lui subordonnez, en la pliant comme une matière malléable, sous prétexte que "tout arrive dans la nature."[18] Eh bien: voilà le point vulnérable, peut-être. Dans la nature, "rien n'arrive que ce qui doit arriver." Et le chic serait, quand on tient un fait, un petit fait vrai, de se comporter comme le savant qui avec un petit os a reconstruit le mastodonte.

Conclusion encore... je suis un bavard, un emballé, et je vous tanne. Bonsoir. J'vais me coucher. Dodo! P.A.

1 Voir la lettre 138, n.11
2 La ligne du chemin de fer de l'Ouest passe le long de la Seine devant la propriété de Zola à Médan. En décrivant dans la biographie l'emploi d'une des journées de son ami, Alexis note: "Ce parfait bourgeois monte se coucher, vers dix heures. Toutes les lampes s'éteignent, sauf la sienne. Jusqu'à une heure avancée de la nuit, il lit. De temps à autre, pendant cette lecture, au milieu de la large paix environnante, les trains de nuit passent sous la fenêtre, prolongeant leur vacarme dans le grand silence de la campagne. Il s'interrompt, écoute, reste un moment rêveur, puis reprend son livre. Il finit par s'endormir, en songeant 'au beau roman moderne qu'il y a à écrire sur les chemins de fer' " (*E.Z.*, 189–90).
3 Le peintre Louis-Jules Dumoulin (1860–1924) débuta par des scènes de la vie de Paris. Il fut le décorateur du palais du gouverneur de l'Indochine à Saigon, et de l'amphithéâtre de l'Ecole de Chartes. Voir la lettre 135, n.7.
4 Voir la lettre suivante pour l'explication et la description de ce voyage en Angleterre, d'où Alexis ramènera sa future épouse, qu'il avait rencontrée pour la première fois en octobre 1880 (lettre 70).
5 "Le krach théâtral" parut dans *L'Echo de Paris* daté du 15 septembre. L'auteur s'y plaint de la saison théâtrale passée. Selon lui, il y a une crise au théâtre: pas de talent, ni pièces, ni acteurs, ni bons directeurs. Résultat: le public se désintéresse.
6 Voir la lettre 124, n.2
7 Rédacteurs en chef au *Matin*
8 L'article "M. Jules Ferry" (lettres 67 et 69) avait déjà été publié dans *Le Panurge* du 4 mars 1883. (Le numéro en question porte erronément la date du 4 février 1883.)
9 Publié dans *Le Matin* du 11 septembre 1884, c'est à peu près le même article, avec quelques variations, que "Les suites d'une conversation," qu'Alexis avait écrites pour la *Revue littéraire et artistique*, IV (1-IV-81), 145–7 (app. A:9).
10 Henry Becque collabora à divers journaux, tels que *Henri IV*, *Le Gaulois*, *Le Figaro*, *Le Journal*, *Gil Blas*, etc. Trublot signala, dans son feuilleton au *Cri du Peuple* du 23 mars 1884, l'entrée du dramaturge au *Matin*: "Par un article sur *Les Danicheff*, où il a redit en excellents termes ce que d'autres, M. Sarcey, et Trublot lui-même, avaient dit avant lui, M. Henry Becque a débuté ce matin dans le journal de ce nom. [...] Tout cela est bien gentil! Mais j'eusse désiré que, sinon par un article de fond, au moins par une phrase, par un mot, l'auteur des *Corbeaux* eût indiqué... ce qu'il pense de l'état actuel de notre théâtre. Au lieu de cette phrase, de ce mot, rien encore. J'attendrai.

Je sais qu'il n'y a pas péril en la demeure. N'importe! auteur d'une pièce curieuse, recommandable par certaines hardiesses, j'espère que M. Becque ne sera pas plus timide dans le journal que sur la scène, qu'il sera le théoricien de ses audaces. Nous attendons tous." La collaboration de Becque au *Matin* ne dura que jusqu'au 28 septembre 1884.

11 C'est-à-dire depuis "l'affaire *Henri IV*" (lettres 78 à 87)

12 Port au sud de Lausanne, sur le lac Léman. Le renseignement est évidemment erroné, puisque les Zola se trouvaient à Médan à ce moment-là.

13 Voir la lettre précédente

14 Alexis a surtout amélioré le style de cette nouvelle (lettre 65, n.1).

15 La nouvelle "M. Betsy," qui fait partie du *Besoin d'aimer*, avait déjà paru dans *Le Réveil* du 11 mai 1884, sous le titre de "Betsy." Plus tard, Alexis, en collaboration avec Oscar Méténier, l'adaptera pour la scène (lettres 176 à 178). Le sujet rappelle celui dont s'est servi Zola dans *Nana*, pour l'histoire du ménage Mignon. Le personnage de Rose Mignon fut suggéré par Mme Judic (lettre 43, n.18), Auguste Mignon son mari, par Judic, et Léon Fauchery, l'amant de Rose, par Albert Millaud (1844–92). Ce dernier était un des rédacteurs au *Figaro*. Il écrivait également des comédies, interprétées par Mme Judic, qu'il épousa après la mort de son mari. (Cf. *Rougon-Macquart*, II, 1707.)

Dans "M. Betsy" Millaud est représenté par Gilbert Laroque, un boursier qui a un pied-bot. Betsy Ludinar est faite à l'image de Mme Judic, et Francis, son mari et anciennement garçon de café, à celui de Judic. Le ménage Betsy-Francis-Gilbert est le parfait exemple d'un vrai 'ménage à trois', à ce point même, qu'une douce intimité s'est établie entre le mari et l'amant, qui ne peuvent plus se passer l'un de l'autre.

Le passage auquel Alexis fait allusion ici, est celui où Gilbert, arrivé dans l'écurie du Cirque au moment où Betsy attend son entrée, aborde Francis avec un formidable coup de poing entre les deux épaules. Pâle comme un linge, tout suffoqué, le mari reprend un moment haleine, puis, sans dire un mot, tombe sur l'amant à coups de poing et à coups de pied. "L'orchestre jouait déjà, et les deux hommes roulés l'un sur l'autre dans la sciure de bois, silencieux, se pétrissaient, s'égratignaient, se mordaient, dans une rage de haine longtemps contenue, assouvie enfin." Et Betsy, en selle, les regarde, muette, ne sachant que faire, n'entendant même pas l'orchestre qui l'appelle. Il faut que le directeur lui-même, prenant la jument par la bride, la pousse dans la piste, en disant à l'écuyère: "Ça ne te regarde pas, toi... Laisse-les, ma fille... Ce ne sont pas tes affaires!" (*Le Réveil*, 18 mai)

Cette scène rappelle celle qui, dans *Nana*, met aux prises Mignon et Fauchery. A la suite d'une plaisanterie et d'un "véritable et vigoureux soufflet" du mari, ils se fâchent et se battent dans les coulisses du Théâtre des Variétés, à la stupéfaction de Rose, qui vient d'arriver: "Et les deux hommes, cessant la comédie, livides et le visage crevant de haine, s'étaient sauté à la gorge. Ils se roulaient par terre, derrière un portant, en se traitant de maquereaux." Le directeur du théâtre, Bordenave, pousse l'actrice en scène, en lui soufflant: "Mais ne regarde donc pas! Va donc! va donc!... Ce n'est pas ton affaire! Tu manques ton entrée!" (*Rougon-Macquart*, II, 1216) Voir la lettre 135, n.3.

16 On se demande si ce sens péjoratif donné au mot "impressionniste" vient de Zola ou d'Alexis lui-même. Depuis quelques années Zola était de plus en plus désabusé par l'Impressionnisme. Il écrivait encore en 1881: "Il ne reste plus à attendre qu'un peintre de génie, dont la poigne soit assez forte pour imposer la réalité. Le génie seul est souverain en art. Je ne crois pas au vrai uniquement pour et par le vrai. Je crois à un tempérament qui, dans notre école de peinture, mettra debout le monde contemporain, en lui soufflant la vie de son haleine créatrice" ("Après une promenade au Salon," *Le Figaro* du 23 mai [*O.C.*, XII, 1035]).

Faisant fidèlement écho aux opinions du Maître, Alexis s'adresse ainsi aux Impressionnistes, dans *Le Réveil* du 8 juin 1884: "Je vous reproche [...] d'éparpiller vos efforts. Trop préoccupés du résultat commercial, vous vous émiettez en morceaux courts, hâtifs, parfois lâchés, en tentatives inquiètes. Pourquoi ne pas vous donner tout entiers, dans quelque œuvre patiemment réalisée, et de portée colossale? Oui! faire grand et sain, en restant simple, tout serait là, au lieu de vous en tenir à de fiévreuses esquisses, à des improvisations maladives. Vous êtes nombreux à avoir du talent, beau-

279

coup de talent: mais on demande du génie. [...]" ("D'autres 'Grand-Prix' ") Cf. R.J.
Niess, "Emile Zola and Impressionism in Painting," *American Society Legion of Honor
Magazine*, XXXIX (1968), 87–101.

17 Alexis parle de la genèse de son roman dans "Cochons et compagnie" (*Le Réveil*,
30-IV-82), dont le point de départ avait été une défense de *Pot-Bouille* (app. A:13).

18 Cf. la critique d'Alexis sur *Pot-Bouille* (lettre 104, n.2). En parlant de Zola critique,
Alexis dit dans la biographie: "La première formule fut donnée par lui dans *Mon
Salon*: 'Une œuvre d'art est un coin de la nature vu à travers un tempérament.' Je
remarque en passant que ce n'est qu'une traduction imagée et très nette de la définition
empruntée à Bacon par Diderot: *Homo additus naturae*. Zola ne s'en est jamais écarté;
c'est-à-dire qu'il a toujours réservé la question de la personnalité, et qu'il a ensuite
pris la nature comme base solide et nécessaire" (*E.Z.*, 154).

⚉ 135 Paris [mercredi] 15 Oct^re [18]84.

MON CHER AMI,

Hier, j'ai su, à l'administration du *Mot d'Ordre*, que le dernier roman de
vous reproduit est la *Fortune des Rougon*.[1]

Profitant de ce que Charpentier ne doit donner mon manuscrit[2] à
l'imprimeur que "dans 15 jours" –dit-il– je vais refaire le passage que vous
savez, suivant votre conseil.[3]

Mais, quant à Londres... Le *Cri* a dû vous apprendre que j'y étais
allé.[4] Malgré toute mon amitié pour vous et ma confiance en votre flair
habituel, je n'ai pas *pu* vous écouter.[5] Vous savez que je suis un homme
d'instinct et j'ai suivi mon instinct. Après ce que j'avais entamé depuis
Octobre 1880, après ce qui s'était renoué à la suite de mon article du *Gil
Blas* d'il y a un an (Octobre 1883),[6] reculer maintenant, en Octobre 1884,
m'eût laissé un regret éternel. On ne vit pas deux fois, sacrebleu! Et je suis
un passionné, en tout, vous le savez.

Dans une semaine ou deux, j'irai passer, si vous voulez, deux ou trois
jours avec vous, et je vous raconterai tout.

Mon séjour à Veules[7] d'abord, qui n'était pas piqué des vers: (les suites
de ma rencontre avec Meurice – un déjeuner chez lui... avec Vacquerie!!![8]
et une longue promenade à un hameau voisin, l'après-midi, avec les deux
fidèles hommes d'armes, avec les 3 filles de Meurice, avec la veuve de
Michelet,[9] avec le jeune opportuniste Strauss,[10] etc. etc. Je vous dirai
Vacquerie conversant avec moi, théâtres, littérature, mais en évitant les
terrains brûlants, charmant d'ailleurs, se faisant presque naturaliste, tandis
que j'exaltais les beautés romantiques du paysage, rendu soudain tragique
et grandiose, par un crépuscule sévère.)

Puis, mes cinq jours à Londres, où j'ai trouvé "mademoiselle Marie",
nourrie et logée depuis 4 mois dans une espèce de Worth[11] anglais, (comme
le sont ici les employés des Gd. Magasins) Inutile d'ajouter que lui faisant
tout quitter et l'épousant librement, je l'ai amenée avec moi. Depuis treize
jours qu'elle est madame Paul Alexis, nous n'avons pas encore eu l'ombre
d'un dissentiment, et je ne vois vraiment point pourquoi ça ne continuerait
pas. Outre qu'elle n'est pas déplaisante à voir, elle me paraît une brave fille,
saine, raisonnable, simple de goûts, douce de caractère et bien équilibrée.

Elle "sait se coucher", le soir, et saute du lit avant moi, le matin. Sous bien des rapports, elle vaut mieux que moi. Enfin, tout, jusqu'ici, me porte à croire que c'est décidément la femme qu'il me faut, et que, comme mes deux frères, je suis maintenant "marié."

Cy inclus un nouvel article du *matin*[12] (pas fameux l'article! un sujet commandé, conseillé tout au moins.) J'y fais une réclame à Moore, avec qui j'ai passé une demie journée à Londres,[13] et qui m'a paru s'occuper beaucoup du placement de *Germinal*;[14] la chose serait faite au *Dely Telegraphe* (?) si la date n'était pas aussi rapprochée.

Bien cordialement à vous

Paul Alexis

Mes amitiés à la châtelaine.

Quand l'oiseau sera assez accoutumé à la cage, pour que je puisse la laisser seule j'irai vous voir.

1 Voir la lettre 130, n.1   2 Du *Besoin d'aimer*
3 Il s'agit de la nouvelle "M. Betsy." Voir la lettre précédente, surtout la note 15. Il est à remarquer que la scène dont il est question dans cette note, ne se trouve plus dans le recueil de nouvelles d'Alexis.
4 Les 7 et 8 octobre Trublot avait donné à ses lecteurs le récit pittoresque de son voyage et de son séjour en Angleterre (app. A:33–4).
5 On se rappellera que dans la lettre 70 Alexis avait demandé à son ami un conseil: s'il devait ou non épouser une jeune fille dont il venait de faire la connaissance à Trouville. L'ayant perdue de vue, il ne la retrouva que quelques années plus tard, comme l'explique la présente lettre. Quoique vivant avec elle à partir d'octobre 1884, il ne l'épousera légalement que le 14 août 1888 (voir surtout les lettres 189 à 192). Née le 12 février 1865, à Honfleur (Calvados), Mme Paul Alexis mourra le 31 mai 1900 (lettre 228).
6 "Mademoiselle Marie" (lettre 122, n.16)
7 Du 19 au 21 septembre Trublot parle du voyage à Veules (lettre 132, n.1). Dans *Le Cri du Peuple* du 3 octobre, il évoque son séjour dans le petit village de la côte normande: "Je couche chez un ami, villa Louis Dumoulin, dans un très grand et très haut atelier de peintre. N'étaient les dimensions de l'atelier, et les deux grandes baies vitrées, comme les quatre murs, du faîte au parquet, sont tapissés de longues lamelles de bois, non peint mais simplement verni, on se croirait dans l'intérieur d'un navire.
    "Je ne couche pas seul... Halte-là! rassurez vous! Je ne veux en rien insinuer que je trompe Dédèle... J'veux simplement dire que, dans le grand atelier, se trouve un autre lit que le mien, lequel est occupé... Devinez! J'vous le donne en cent, en mille. Vous donneriez votre langue au chien. Mieux vaut que je vous le dise tout de suite: Le second lit est occupé... par un homme politique! qui fait partie du conseil municipal de Paris! et qui est un opportuniste avéré!!! Brrrt! Mettez-vous à la place du pauvr' Trubl', en semblable compagnie. [...] C'est plus fort que tout, n'est-ce pas? j'espère que vous plaignez mon malheureux sort. S... (bon! voilà qu'j'allais le nommer!) est mon opposé en tout. [...] Le misérable, en littérature, se permet de se dire 'classique'." Voir plus loin la note 10.
8 Auguste Vacquerie (1819–95) était un des fondateurs, avec Paul Meurice (1820–1905), du *Rappel*. (Voir la lettre 2, n.7.) Celui-ci, qui était exécuteur testamentaire de Victor Hugo, possédait une villa à Veules.
9 Athénaïs Mialaret avait épousé Jules Michelet en 1849, lorsqu'il avait 52 ans. Goncourt la décrit ainsi, à la date du 30 novembre 1884: "Des cheveux tout blancs, une figure toute jeune et une voix un rien *polichinellesque*, une voix légèrement nasale, c'est le

portrait de l'aimable femme'' (*Journal*, III, 402). Cf. A. Brisson, *Portraits intimes*, IV (A. Colin 1899), 31–54.

10 Paul Strauss, né en 1852, fut exilé à l'époque du 16-Mai pour opinions avancées. De retour en France en 1881, il fut élu conseiller municipal de Paris en 1883. Quatorze ans plus tard, on le nomma sénateur de la Seine.

11 Le couturier C.-F. Worth tenait une maison importante rue de la Paix.

12 "Les filles de Joseph Prudhomme," dans le numéro du 12 octobre 1884. L'article traite de l'éducation des filles de la bourgeoisie anglaise et française. L'auteur y mentionne l'accueil favorable accordé à *L'Amant moderne* (Londres: 1883), le premier roman de George Moore. Alexis cite son deuxième, *A Mummer's Wife* (1885), sous le titre de *Cabotins en tournée*. La traduction française de ce roman sera intitulée *La Femme du cabotin* (Charpentier 1888). Voir la lettre 160, n.6.

13 "Je me rappelle le jour où je l'ai rencontré à Londres, écrit Moore dans ses mémoires. Paul était venu à Londres pour retrouver *une petite fermière* dont il s'était amouraché quand il était allé en Normandie terminer son roman" (*Mémoires de ma vie morte*, 60).

14 Zola terminera son roman le 23 janvier 1885. La publication en feuilleton commence au *Gil Blas* le 26 novembre 1884 et prend fin le 25 février de l'année suivante.

Les tentatives de Moore pour faire publier *Germinal* en traduction dans un journal anglais restèrent sans résultat. Vers la fin de 1884 il écrit à Zola: "Je n'ai repondu plus tot a votre lettre car tous les jours je trouvais une nouvelle esperance de placer votre Germinal. J'ai failli plusieurs fois emporter de grandes reussites mais pour diverses raisons, tout et maintenant tombé dans l'eau. Le Pictorial World était engagé jusqu'au mois de mars; le Pall Mall le journal le plus lu et le plus entrprenant, *apres des consultations* avec les *proprietires* ont decide de ne pas faire le tentative. Partout la proposition a beaucoup seduit mais il me faudrait dix pages pour vous expliquer toutes mes demarches. Je regrette de n'avoir pas reussi mais j'ai assez vu qu'ayant plus de temps je pourrais placer un roman de vous une autre fois" (B.N., MSS, n.a.f.24522, fols.405–405ᵛ).

Puis, dans une lettre écrite à Zola le 12 janvier 1885, de l'Irlande (le manuscrit porte, par erreur, l'année 1884), Moore revient sur le même sujet: "D'abord j'ai a vous felicité sur la publication de Germinal dans un journal anglais. C'est décidément un grand pas en avant pour l'Angleterre. Mais suis-je fautif? dix fois j'ai passé la porte de ce journal et dix fois je me suis dit: *c'est inutile*, – un *journal conservative* ne prenderait pas pour feuilleton un livre plein de sympathie pour les socialists. Mon raisonment etait sans doute logique – mais helas je me suis trompé. Je regrette que ce n'ai pas moi qui a arrangé les choses car j'aurais pu avoir arrange pour que on fasse une traduction possible. Ici je suis loin de tout; je ne peux rien vous dire, mais j'espère que la traduction n'est pas trop mauvaise. Vous avez été toujours se mal traduit" (ibid., fols.358–9). *Germinal* parut dans un hebdomadaire londonien, *The People*, au début de 1885, dans la traduction d'A. Vandam.

136 [Paris, vendredi 12 décembre 1884]

MON CHER AMI,

Voici le second N°¹– Littéralement affolé... Cochons le graveur, et l'imprimeur, et le lanceur... Tous!... Le Paul Adam² est une moule, comme "administrateur"... Rien ne marche et je crois que ça ira tout de même, pourtant... Dans la *France* d'hier soir, Mermeix m'a fait un éreintement pommé³... citant les gros mots du premier numéro... excellent comme réclame!!!

Je suis seul, mais j'ai bon courage tout de même. Quand on veut, on peut.

Mon premier *Trublot* vous a déplu... et à moi donc! Mais je n'ai pas voulu faire *bien*, j'ai voulu faire gueulard et populacier, pour la vente.⁴

Vallès, avec tout ça, est médiocrement content. Il m'a interdit de prononcer son nom et de nommer le *Cri* (ce dont je me suis abstenu dans ce second n°). Enfin, tout ça a été lancé dans des conditions déplorables, et, si par extraordinaire, je tiens le coup, ça prouverait que le naturalisme est une vraie force, et ça ferait honte à ceux de ma génération qui ont laissé avorter la *Comédie humaine*.[5] – Huysmans m'a écrit une lettre cordiale,[6] mais faisant ses réserves au point de vue littéraire. Céard a fait mettre dans la *Justice* une note désavouant sa collaboration.[7] Caze m'a envoyé la parodie d'Hugo[8] et l'autorisation de reproduire ses nouvelles courtes – Maupassant n'a pas donné signe de vie, et je dois terriblement le "compromettre," enfin c'est très gai. – Si j'avais un bon administrateur!...

Nous avons tiré le 1er à 10000; (coût 200 F) Perrin et Soirat,[9] nous donne 1 sou par n° vendu. Donc à 4000 vendus nous aurons fait nos frais; c'est ce que je vais savoir aujourd'hui.

Mille amitiés à vous deux.

A bientôt.[10]

1 Du *Trublot* (rédaction et administration: 106, rue Richelieu), dont il n'y eut que quatre numéros (décembre 1884). C'est ainsi qu'Alexis annonça le périodique dans son feuilleton du *Cri du Peuple* du 7 décembre:

Le Trublot
Torchon hebdomadaire à Dédèle

Diderot (1713–1784), Stendhal (1783–1842), Balzac (1799–1805), Gustave Flaubert (1821–1880), Duranty (1833–1880).

Rédacteur en chef: Le Peuple. – Directeur: Dédèle. – Garçon de bureau: Trublot.

Quatre leaders: Edmond de Goncourt. – Emile Zola. – Jules Vallès. – Alphonse Daudet.

Collaborateurs: Guy de Maupassant. – J.-K. Huysmans. – Henry Céard. – Léon Hennique. – Paul Alexis. – Robert Caze. – Paul Bourget. – E. Lepelletier. – Louis Desprez. – Henry Fèvre. – Paul Adam. Ferdinand Chastan – Francis Enne. – Gros-claude. – Félix Fénéon. – "Bec-Salé," dit "Boit-sans-soif." – Hennequin. – J. Des-clozeaux. – Lantier, etc.

Correspondants étrangers. – Angleterre: Georges Moore. – Italie: J. Cameroni (Milan); Vittorio Pica (Naples); Pipitone Federico (Palerme). – Belgique: Jules-Gabriel Didier, et François Nautet. – Hollande: Jan Ten Brink, professeur à La Haye. – Prusse: Barth (Berlin). – Autriche: Ernest Ziegler (Vienne). – Suisse: Louis Monchal (Genève). – Suède: Auguste Strindberg (Stockholm). – Portugal: Queiros (Lisbonne). – États-Unis: Miss Nella Wiggins. – Russie: Boborykine.

Sommaire du premier numéro:
Tas d'hommes!!! (Leader article): – Dédèle. Fin de la politique: – Bonnemort, "charretier des mines de Monsou." Le grand parti naturaliste: – Etienne Lantier. Soyons mouchards: – Monsieur Gourd, "concierge." Notre souscription: – T... Nous emmiellons les minisses: – Jupillon. Mon équipe: – re-Dédèle. En faisant son quart: – Des gonzesses. Les tâtonnements d'une Adèle: – Paul Alexis.

Le premier article, "Tas d'hommes!!!" signé "Dédèle," donne le ton général de cette feuille de chou d'Alexis: "Non! Tas de mufles et de mufletons! Députés! Aca-démiciens! Sénateurs! Normaliens! Ministres! Boulevardiers! Mecs et pantes! Public des premières! Faux artisses! Mauvais auteurs! Romanciers idéalisses! Tartuffes de toutes les chapelles! Cagots et Francs-Maçons! Abonnés du *XIXe Siècle*! Proprios! Vautours! Escarpes! Raseurs de la critique! Banquistes! Tas de banquiers et de concierges! Haut et bas crapulo, vous allez voir! vous allez voir! J'ai mon balai! Méfiez-vous. J'ai ma pelle et mes pincettes! Vous avez pas fini de rire! J'ai de la poudre insecticide. Vous allez passer de sales quarts d'heure, tous! J'fonde un torchon, –un torchon à deux sous,– qui paraîtra chaque semaine. Et, pour vous montrer combien j'me fous de vous, histoire de vous avertir et de vous humilier, vous ne savez pas... Tenez! Regardez-le... Je vous montre mon derrière.''

2 Le journaliste et romancier Paul Adam (1862–1920) décrit Alexis ainsi, dans le *Petit Bottin des Lettres et des Arts* (Giraud 1886): ''N'entre dîner au restaurant qu'à l'heure tardive où les garçons empilent les chaises sur les tables et posent les volets. Le seul des *Soirées de Médan* qui garde encore du talent et ne sacrifice pas à la pièce de cent sous. Signe particulier: – Une passion pour l'argot dont il sert chaque matin une tartine dans le *Cri du Peuple*'' (4).

3 ''M. Paul Alexis a la prétention d'arracher le peuple à l'admiration des vieux romans et des vieux drames qui nous ont tous charmés ou fait pleurer. C'est pour corriger ce goût populaire, qu'il trouve mauvais; pour amener le peuple à se nourrir de son naturalisme, à acheter ses livres et ceux de tous les petits saute-ruisseau de l'école. [...] Il s'exprime toujours dans le plus bas argot, s'amusant aux grossièretés les plus lourdement bêtes. Il s'imagine, le malheureux, qu'il fait une œuvre populaire! Mais il insulte son public en lui parlant dans sa langue verte. Il s'en moque; et il le maintient dans cette crapule intellectuelle et morale qui distingue ordinairement les parleurs d'argot. Aucune loi ne protège en France le bon goût; on punit un auteur pour une ligne où les mœurs sont offensées, on ne punit pas un lourdaud qui de parti pris déshonore la langue en se vautrant sur elle comme un pourceau sur sa litière'' (''Le torchon et le pschutt,'' *La France*, 12-XII-84).

4 ''Mon bon ami, écrivait Zola le 18 décembre, votre second numéro est certainement meilleur que le premier; mais je persiste dans mon idée: au lieu de ce canard qui ne vivra pas, il eût mieux valu faire dix pages de ''Madame Cœuriot.'' Vous allez vous donner beaucoup de soucis, pour pas grand'chose. Enfin, les apprentissages ont toujours du bon. Courage tout de même [...]'' (lettre inédite [copie], coll. H. Mitterand).

5 Voir la lettre 67, n.1

6 Alexis l'en remercia dans une lettre datée du 28 décembre: ''Merci de votre amicale lettre, au sujet du canard. Il ne bat que d'une aile, le malheureux! Vente du no.1: 2756 ex., sans publicité, sans affiche, avec un vendeur brigand, qui n'ayant plus rendu compte des autres... Désastre! J'ai changé de vendeur, mais sans doute trop tard. Mon premier no. n'était pas réussi, et qu'en dites-vous? Mais si vous saviez dans quelles déplorables conditions... Malgré tout, c'était amusant à tenter. Et n'ayant jamais lancé de ces volatiles, je considérais la chose comme un pucelage gênant que je voulais perdre. [...]

''A propos, bonne année. Comment va la pioche? – Après le jour calamiteux qui inaugurera 1885, vous serez bien gentil, de me prévenir l'avant-veille d'un soir quelconque –à votre choix– afin de venir manger une soupe vers 7 heures au grand 7 de la rue Lepic. Mon épouse, que je vous présenterai, réussit admirablement les potages'' (lettre inédite, coll. P. Lambert).

7 La rubrique ''Gazette du jour'' dans *La Justice* du 8 décembre contenait cette note: ''Notre confrère et ami Henry Céard nous prie d'annoncer qu'il est étranger à la rédaction du *Trublot*.''

8 Elle n'a pas paru dans le journal d'Alexis. *Le Chat noir* du 21 et du 28 juillet avait publié une parodie anonyme sur Hugo, intitulée: ''L'incontinence. Légende du siècle.'' Serait-ce celle de Caze dont parle Alexis?

9 Vendeurs en gros, 146, rue Montmartre

10 La lettre ne porte pas de signature.

MES CHERS AMIS,

J'peux pas laisser s'achever celui-ci sans vous envoyer une cordiale poignée de mains. Excusez-moi de ne pas aller vous voir comme d'habitude, mais la pensée y est, à Médan, et le cœur aussi. Vous savez... les exigences d'une "lune de miel"...¹ (décidément, j'crois que Dédèle² est une perle... Faudra voir!) puis, beaucoup de turbin... N'm'en veuillez pas si je ne vous pousse pas ma visite. J'aime mieux ne rien vous promettre et... vous surprendre une après-midi, tout de même. D'ailleurs le 5, je tâcherai d'aller au banquet Manet.³ Malade, le canard!⁴ Le cinquième n°, fait, prêt, composé, ne paraîtra que dans quelques jours... s'il paraît... Quand on aura crié le bouillon des 4 premiers. Enfin, une agonie. Tant mieux, pour cette pauvre Mᵐᵉ Cœuriot: il faut que ce soit "son année."

Et vous deux, "bonne santé, bonne pioche et le reste" comme m'écrivait une fois le pauvre Flaubert à pareille date.

Toujours votre vieux

Paul Alexis

1 Voir la lettre 135, n.5
2 Surnom de la bonne Adèle (dans *Pot-Bouille*), à qui Trublot fait la cour. Alexis l'emploie souvent dans ses feuilletons du *Cri du Peuple*. Dans la lettre, bien entendu, le nom désigne sa femme.
3 Donné au restaurant "Le père Lathuile," sous la présidence d'Antonin Proust, pour célébrer l'anniversaire de l'exposition Manet, ouverte un an auparavant à l'Ecole des Beaux-Arts. Trublot en donne un compte rendu dans *Le Cri du Peuple* du 8 janvier: "Donc, nous étions cent trente. [...] Ce qu'il y avait de mieux, dans le dîner, c'était le menu, parce que ce menu était offert à chaque invité, avec une eau forte, reproduisant *Chez le Père Lathuile*: un des plus vivants tableaux d'Edouard Manet.
"L'immense table en fer à cheval présentait un joli coup d'œil: mais on se serrait par trop les coudes. Les noms? Faut-il vous les dire? La barbe et les cheveux plus courts, un peu vieilli, M. Antonin Proust était assis entre MM. Zola et Fantin-Latour. Le sympathique M. Leenhoff, le jeune beau-frère que Manet aimait comme un fils, lui faisait vis-à-vis. Puis pêle-mêle, des confrères et des peintres.
"Ces derniers pouvaient se diviser en deux groupes; d'une part, 'les impressionnistes' au grand complet: MM. Monet, Degaz [sic], Pissarro, Renoir, Caillebotte, Raffaëlli, puis un grand nombre de ceux que j'appellerai 'les opportunistes de la peinture'. – MM. Gervex, Roll, Cazin et Goeneutte, par exemple – c'est-à-dire des souples, des habiles, qui, influencés par Manet, font du modernisme sans doute, mais sans rompre avec l'école: tel était celui qui vient de mourir, Bastien Lepage: ni chair ni poisson! – Tiens! je viens de m'apercevoir que j'oublie Guillemet, qui a beaucoup de talent, mais avec lequel je suis trop camarade pour chercher à le classer [cf. lettre 47, n.1].
"[...] Mais si je vous disais que, au commencement du gueuleton, un mot – un bout de dialogue, non loin de moi, entre je ne sais plus qui, m'a remué autrement que tous les speechs: –Nous y sommes tous... les amis de la veille et ceux du lendemain!... –Même ceux de l'année prochaine!!! Mais quelqu'un manque... –Qui? –Duranty...
"Edmond Duranty! J'ai pensé à lui tout le temps [...], chez le *Père Lathuile*, restaurant admirablement placé, à deux pas de ce café Guerbois, qui, voici dix ans, était le quartier général de l'Ecole de peinture, dite 'des Batignolles'. Que d'anecdotes et de souvenirs, si j'avais le temps! [...] Comme c'est loin, ce temps-là. La jeunesse est une belle chose, mais elle est courte."

4 Voir la lettre précédente. A ce sujet, on trouvera à l'app. J:5 un article satirique: "M. Paul Alexis Trublot (notes d'un ami)," par Maurice Barrès, publié dans *Les Taches d'encre*, No.3 (janvier 1885), 1–4.

🐝 138 Paris, [mercredi] 28 Janvier [18]85.

MON BRAVE AMI,

Donc, ce coquin de Paris ne me lâchant pas, cloué par des drames, des procès, des premières, des expulsions où il faut faire un peu acte de présence, voici au moins des *échos* à votre usage.

Oh! la *Revue* de Rod!...[1] Du deuil jusque sur la couverture. Je viens de le saler de la belle façon, cet après-midi, dans le *Cri*. Je crains même d'avoir eu la main un peu lourde: mais, après son article de jadis sur le *Collage*,[2] je suis dans mon droit. En avant la franchise! Mon "intérêt" était de ne pas me fermer ce débouché où j'aurais pu placer de la copie: mais j'ai préféré "me soulager."

La *Bataille* a reproduit, cette fois avec éloge, sous le titre: *Du pain! Du pain! Du Pain!* la ballade des grévistes sous le nez de la société du directeur.[3]

On dit du bien partout de *Germinal* – que je suis *honteux de ne pas avoir encore lu* – A quand ces bonnes feuilles?[4] Il faut que je fasse un article – peut-être à l'*Evénement*, car j'ai été voir Magnier.[5] Il n'a parlé de 125 F la chronique, et doit m'écrire, "au commencement de Février," dit-il. – J'y crois assez, à cause de vous! Il me traite de "cher ami"!

Mendès, très emballé depuis douze feuilletons, dit, qu'en maints endroits auparavant, "c'était du Xau."[6] – Paul Adam, emballé, dit pourtant que c'est "un de vos romans les plus romantiques." – Chastan,[7] du *Cri*, trouve superbe: "Ce que ça fera crier tantôt les bourgeois et tantôt les socialistes!" *Bec-Salé* (Emile Kappe), le plus enthousiaste, est furieux des lignes de points...[8] Et moi, je n'ai lu que la première partie. N'd'D! Vite, les bonnes feuilles, au moins le commencement s.v.p. car il y a des lacunes dans les trente premiers feuilletons qu'on m'a coupés.

Vallès, foutu, ne quitte presque plus le lit.[9] – J'ai été sur le point de démissionner avec éclat du *Cri*, à cause de *Denise*:[10] on avait gâché dans ma copie, en m'ajoutant un paragraphe de 4 lignes, contre "l'homme" lorsque, la veille, j'avais assisté à la répétition générale sur une aimable invitation. Je vous conterai ça en détail. Outré de la connerie de ces socialistes, j'avais rédigé un erratum furibond qui n'a pas passé, et ça m'a fait outrer peut-être l'éloge de la pièce: d'ailleurs, n'êtes-vous pas de mon avis, d'après la simple lecture des articles: je trouve la pièce bien supérieure aux deux précédentes de Dumas, qui me semble avoir fait un pas vers la simplicité et la vérité?

Vu Coste, en partance pour Médan – Charpentier m'a dit, le soir de *Denise*, m'avoir envoyé à l'impression.[11] – Et voilà! Pardon de mon gribouillage: cette fois vous ne pourrez jamais me lire. – Mes amitiés à votre femme, dont l'aimable lettre[12] m'a fait grand plaisir; j'ai averti au bazar que je changerai l'objet; mais, ayant donné mon coup d'œil sans trouver rien d'épatant, je vous avoue que je n'y suis pas encore retourné, mais j'irai demain sans faute, pour ne pas abuser de la latitude qu'ils m'ont laissée.

Cordiale poignée de mains de votre

Paul Alexis

1 Le premier numéro de la *Revue contemporaine* (littéraire, politique et philosophique) avait paru le 25 janvier 1885. Le directeur était A. Remacle, le rédacteur en chef, Edouard Rod. La couverture de la revue était de couleur jaune, avec des caractères en noir.

Le 29 janvier Trublot consacre son feuilleton du *Cri du Peuple* à cette nouvelle publication: "Sous ce titre, qui a déjà servi: la *Revue contemporaine*, quelques jeunes vieillards viennent de fonder une revue sans jeunesse et sans flamme, une revue froide, éclectique, protestante, prétentieuse, doctrinaire et pessimiste, une revue d'avance condamnée à mourir. [...] Et le roman dont la revue commence la publication, est intitulé lui-même: *La Course à la mort* [lettre 148, n.10].

"[...] Au milieu de tout ce spleen, de ces cendres, de ce funèbre ennui, jugez de quel éclat extraordinaire brillent les sept ou huit lettres inédites de Jules de Goncourt, extraites du volume de correspondance en préparation chez Charpentier. Ah! le saisissant contraste! En voilà un qui vivait, qui était radicuement jeune, qui ne pratiquait pas l'indifférence, qui avait 'des phrases de lumière, des pages de soleil, des épithètes qu'on respire, des idées qui frémissent sur la tige des mots.' Quelle poignante surprise de le trouver là, seul en vie au milieu de cette nécropole, devisant avec Gavarni et avec Flaubert.

"Tel est le début de cette revue, annoncée pourtant avec fracas. Ni la jeunesse française, ni les étrangers, ne se méprendront sur son compte; elle ne représente rien. Elle n'a ni le sens du siècle, ni le sens du peuple; toute 'munie' qu'elle puisse se dire (grâce à l'enthousiasme d'un bailleur de fonds désintéressé), elle est morte d'avance. [...]"

2 Dans "Le mouvement littéraire. Romans et poésie" (*Le Parlement*, 10-11-83), Edouard Rod avait parlé du Naturalisme, tel surtout qu'il se présentait dans *Le Collage* d'Alexis, dans *Le Calvaire d'Héloïse Pajadou* de Descaves, et dans les romans des Vast-Ricouard. Le naturalisme, dit-il, tel qu'il a été compris par ceux qui les premiers l'ont appliqué et en ont établi la théorie, est tout simplement une méthode, laquelle consiste à appliquer à l'étude psychologique et sociale les procédés d'observation exacte qu'on emploie dans les sciences naturelles. Il trouve cette méthode, consciente ou non, dans toutes les œuvres de valeur publiées depuis vingt ans. Cependant, d'après l'auteur, les écrivains en question sont allés trop loin et ont abandonné toute méthode. Le naturalisme est devenu pour eux "l'art d'être malpropre." A leur sens, plus on est malpropre, plus on est naturaliste. "C'est l'homme ramené à la sensation seulement, – et à la sensation maladive. [...] Par bonheur, les maladies auxquelles ils s'attachent de préférence existent en nombre limité: aussi peut-on espérer que, lorsque le public sera initié à tous les secrets malsains qu'il désire connaître, il demandera autre chose et en reviendra aux véritables études de la vie telle qu'elle est en dehors de Bicêtre et de la Salpêtrière."

3 Il s'agit du chapitre v de la 5e partie de *Germinal* (*Rougon-Macquart*, iii, 1434-7), qui était en cours de publication au *Gil Blas* (lettre 135, n.14). Cet extrait, "un tableau saisissant de l'exaspération des ouvriers, provoquée par l'attitude des exploiteurs," fut reproduit dans *La Bataille* du 25 janvier. Un mois plus tôt, le 19 décembre, le même journal contenait un éreintement de *Germinal* par H. Lissagaray, qui n'y voyait que de "l'écume pornographique," où l'auteur insultait le peuple.

4 L'édition originale de *Germinal* parut aux éditions Charpentier vers la fin de février 1885. Voir la lettre 141 pour l'appréciation d'Alexis de ce roman.

5 Edmond Magnier, né en 1841, avait fondé *L'Evénement* en 1872.
6 Le journaliste Fernand Xau (1852–99) avait publié en 1880 (chez Marpon & Flammarion) une courte monographie sur Emile Zola. Il fonda *Le Journal* en 1892, fut directeur du *Soir* de 1895 à 1897, et prit ensuite la direction du *Gil Blas*.
7 Ferdinand Chastan, rédacteur au *Cri du Peuple*
8 Le *Gil Blas* avait omis deux passages dans la description de la mutilation du cadavre du débitant Maigrat (fin de la 5ᵉ partie); à savoir: celui qui va de "Déjà, la Mouquette le déculottait [...]" jusqu'à "Cette mutilation affreuse [...]," et celui de "Lucie et Jeanne déclarèrent [...]" jusqu'à "Toutes deux restèrent béantes" (*Rougon-Macquart*, III, 1453–4). Cette coupure fut indiquée par des lignes de points de suspension.
9 Atteint de diabète, Jules Vallès mourut le 14 février 1885. (Cf. la lettre 132 [n.10] et G. Gille, *Jules Vallès*, 423–7.) Goncourt notait ce jour-là: "On crie, ce soir, sur les boulevards, la mort de Vallès. Zola affirme chez Daudet que le pauvre garçon avait la conscience de son état, le sentiment de sa mort prochaine. Il raconte qu'au Mont-Dore, où il s'est trouvé avec lui, cet été, il lui arrivait souvent, au milieu d'une causerie animée, de voir tout à coup l'œil de Vallès être pris d'un petit tournoiement et devenir fixe, en arrêt dans le vide, en même temps que sa parole s'arrêtait un moment, avec de l'effroi sur la figure: 'C'était terrible, ces regards fixes, ce figement de la vie!' dit Zola qui ajoute: 'La mort de Flaubert, le foudroiement, voilà la mort désirable...' " (*Journal*, III, 419–20) – Le 24 du même mois Alexis donna un émouvant article à *L'Echo de Paris*, consacré à Vallès, à l'homme et à l'œuvre (app. A:37).
10 La répétition générale de la pièce en quatre actes de Dumas fils eut lieu le 17 janvier et la première le 19 au Théâtre-Français. Dès le 4 janvier Alexis avait écrit à l'auteur: "Vous avez deviné, n'est-ce pas? Je brûle du désir de voir *Denise*, dans sa virginité, je veux dire: dès la répétition générale. – Puis, pousseriez-vous la bonté jusqu'à donner mon nom, afin que je puisse *louer deux places* pour la première, (*deux* s'il n'y a pas trop grande indiscrétion.) Au nom de ma passion pour le théâtre, – au nom surtout des services que vous m'avez rendus – n'allez pas me refuser. Un succès, c'est le public à remuer, 'quinze cents cœurs à faire battre plus vite'; eh bien, querellerie [*sic*] d'école à part, je vous en souhaite quatorze cents quatre-vingt dix-neuf aussi susceptibles d'enthousiasme, et de reconnaissance, que le mien" (B.N., MSS, n.a.f.24636, fols.82–3).
    Le 21 et le 22 janvier Trublot parle de la première représentation de *Denise* dans son feuilleton du *Cri du Peuple*. Le paragraphe auquel il fait allusion dans cette lettre à Zola se trouve vers le début: "Nous ne voulons pas parler de l'homme auquel il est des choses que l'on ne peut pardonner, c'est de l'auteur dramatique que nous nous occuperons." Deux jours plus tard, cependant, Trublot insère cet erratum: "Une erreur de typographie, trois mots oubliés, ont altéré le sens et la portée d'une phrase de mon article d'avant-hier sur *Denise* et M. Dumas. Voici la phrase rétablie: 'Nous ne voulons pas parler de l'homme politique, en lui, auquel il est des choses que l'on ne peut pas pardonner au *Cri du Peuple*, c'est de l'auteur dramatique que nous nous occuperons.' "
    En parlant de la pièce dans l'article du 22, il la loue sans réserves: "Ça ne m'arrive pas si souvent d'admirer, et ici je suis heureux d'admirer. A l'âge de M. Dumas et au point où il est arrivé dans la carrière, au lieu de se croiser les bras après avoir beaucoup fait, il vient d'aller plus loin dans la force et la vérité. Etant donnés le passé et la personnalité de M. Dumas, le pas est surprenant. Ce qu'il cherchait en tâtonnant dans l'*Etrangère* et la *Princesse de Bagdad*, il l'a réalisé avec *Denise*. Tant mieux que ce soit par lui que le naturalisme envahisse le théâtre: la position acquise, les succès précédents et la poussée de la génération qui vient, sont là pour lui faire un devoir de tout oser."
11 Le recueil de nouvelles *Le Besoin d'aimer* (lettres 121 et 123) paraîtra le 6 mai 1885 (Introduction, 14).
12 Sans doute écrite pour le remercier de ses étrennes. Alexis en avait parlé le 28 décembre 1884, dans une lettre adressée à Huysmans: "J'espère que pour le cadeau à Mme Zola –si votre intention est d'en faire un– vous avez pensé à moi, comme les précédentes années. Voici une carte à cet usage. Et dites-moi alors quelle est ma fraction, afin que je vous l'aboule" (lettre inédite, coll. P. Lambert).

MON CHER AMI,

Je viens de faire votre commission, auprès du docteur et de *Séverine*. Votre condition est agréée: *Germinal* passera tel que dans le *Gil Blas*.[1] Aujourd'hui lundi, je dois aller déjeuner à 1 heure chez le docteur, pour ensuite venir vous voir vers 3 heures, avec le docteur Ghuébard qui s'entendra définitivement avec vous.

Votre

Paul Alexis

Je ne partirai de chez moi[2] qu'à *midi*, de sorte que vous auriez le temps de me prévenir si vous ne pouviez être chez vous à *3 heures*.

1 Voir la lettre 135, n.14. *Germinal* parut au *Cri du Peuple* du 14 juillet au 21 décembre 1885. Dans le numéro du 23 juin on pouvait lire: "Nous sommes heureux d'annoncer à nos lecteurs que, par suite d'un traité spécial avec M. Emile Zola, nous pourrons commencer prochainement en feuilleton la publication de *Germinal*, la dernière œuvre la plus remarqué et certainement la plus puissante du grand écrivain. Il appartenait au *Cri du Peuple* de s'assurer, avant toute autre publication à cinq centimes, la primeur de ce chef-d'œuvre d'une portée sociale si élevée et qui constitue, pour le peuple, le plus éloquent des plaidoyers."
2 Alexis avait déménagé le 1er avril 1885 de la rue Lepic au 13, rue Girardon, où il allait rester une dizaine d'années. Il parle de son déménagement dans le *Cri* du 3 avril 1885: "J'viens d'monter tout en haut, sur l'sommet de la butte, à côté même du Moulin d'la Galette. Certes, l'ascension n'a pas été sans peine. Qué fatigue à hisser son bazar! [...] Et quels gnons sur mes vieux meubles! Mais ils sont solides, tout d'même, comme il convient aux meubles d'un naturaliste. Car ça blinde rudement, les hommes et les choses, ce satané naturalisme – la force du siècle, quoi! [...] Enivré d'cet air sain qu'on respire là-haut, j'viens d'me mettre à la fenêtre – pour regarder Paris. A nous deux, maintenant, ô monstre! C'est d'ici qu'je vais trubloter à mort. [...]"
   La nouvelle demeure d'Alexis était un pavillon dans un long immeuble, connu sous le nom de "Château des brouillards." Dans ses souvenirs Denise Le Blond-Zola rappelle la demeure d'Alexis: "Moi aussi, toute petite, j'ai joué là avec la fille aînée de Paul Alexis. C'est un de mes plus anciens souvenirs: je revois le pavillon, l'étroite salle à manger, les jardinets avec des fusains ou des lilas, l'allée où l'on pouvait courir! Je me croyais à la campagne, petite parisienne habituée à un appartement haut situé" ("Alexis, Zola et l'époque du Naturalisme," MS, coll. J.-C. Le Blond).

MON CHER AMI,

On me prie au *Cri* de vous demander un exemplaire de l'affiche illustrée du *Gil Blas* pour Germinal[1] –avec, si vous les savez, les noms et adresses du dessinateur– On voudrait reproduire ce dessin, le 14 Juillet, dans le n° de lançage[2] qui sera tiré à 100000.

Bien à vous

Paul Alexis

P.S. Ne leur aviez-vous pas promis deux emplaires [*sic*], avec la coupure?[3] – Mais ça on ne m'en a pas parlé: la commission dont je suis chargé ne porte que sur le dessin.

A bientôt, à ce soir ou à lundi.[4] Mais répondez-moi tout de même au plus vite.

1 Pour une reproduction de cette affiche, voir l'*Album Zola* d'H. Mitterand et J. Vidal (Gallimard 1963), 211.
2 Du feuilleton de *Germinal* (lettre 139, n.1)
3 Voir la lettre 138, n.8
4 Zola devait partir pour Médan le mardi 30 juin ("Messages Zola-Céard," 133).

141 [Paris, jeudi] 16 Juillet 1885

MON CHER AMI,

Peut-être que ma lettre ne me précédera que d'une journée – ou deux. Mais, avec moi, on ne sait jamais... Le plus prudent est de causer un peu, en attendant: causons!

D'abord je vous dirai –bien bas, car je suis très honteux du retard– que je viens de terminer à peine la lecture de *Germinal*, et je suis encore sous le charme de cet épatant morceau, un des plus solides de la série. Une chose m'a surtout frappé: malgré la multiplicité des personnages et des faits, ces personnages sont si bien à leurs plans respectifs, et ces événements découlent si naturellement les uns des autres, que le lecteur a la sensation d'une œuvre très simple, et "courte" malgré le très grand nombre de pages. Quand la collision avec la force armée en fauche un certain nombre, –de lecteurs[1]– on est quasiment surpris et désappointé, comme il arrive lorsque l'on doit se séparer de vieilles connaissances dont la société nous était devenue chère. Avec, en moins, la curiosité de langue de l'*Assommoir* et l'inouï de ses types plus fouillés sinon plus vivants, sans les verdeurs, la beauté du diable, les tumultueux empâtements de couleur et les demi-emballages des premiers, *Germinal* me paraît en revanche le plus égal, le plus soutenu, le plus voulu, le plus sobre, le plus sage et le plus mûr de vos livres. Le style est devenu parfait dans la simplicité. Enfin, je ne connais rien de plus puissant, de plus grandiose, que l'effondrement du puits.[2] – Maintenant la critique: c'est ce qui suit l'effondrement, ce sont les journées d'enfouissement souterrain, où, sans que je cesse pour cela d'être empoigné, le naturaliste en moi doute, ne croit plus, et proteste même sur ce point: Etienne, Chaval et Catherine, étant enfermés ainsi, Etienne tue Chaval, fort bien! Mais, cela étant, les survivants, Etienne et Catherine, *devaient nécessairement manger Chaval*; le sentiment de la conservation leur en faisait un "devoir," surtout lorsqu'ils entendaient qu'on travaillait pour venir à leur secours. Ce cauchemar étant, pourquoi avoir reculé, ne pas être allé jusqu'au fond de l'horreur? Tant pis si vous étiez tombé dans Ugolin dévorant ses enfants![3] Je dis, moi, que, au bout des premiers vingt-quatre heures de famine, Chaval, comme Etienne, n'est qu'un bon jeune homme, s'il n'a cette pensée fixe: "Ne va-t-il pas, au moment où je m'y attendrai le moins, me massacrer, afin de prolonger son existence

290

et celle de Catherine avec ma chair?... Il faut que je me méfie!... Le plus sûr et le plus prudent est de commencer moi-même!!!'' – N'importe! cette fin est quand même très épatante et vous avez pondu un crâne bouquin.

Mes amitiés à la châtelaine et rappelez-moi au bon souvenir de vos aimables invités.

Bien cordialement

Paul Alexis

P.S. Le *Cri* vous a fait pas mal de réclame:[4] outre les affiches, et la prime[5] (la reliure mobile des feuilletons –très ingénieuse– on vous en enverra une) on a distribué 800000 petites cocardes – Et la lettre à Jean Labeur,[6] *quid*?

P.P.S. Sur ma demande (de 300 F) lancée le lendemain de votre départ,[7] mes appointements ont été élevés à ... 240 F.

P.P.P.S. A propos, vous avez dû voir dans le *Cri*, que, n'ayant pas accepté le tournoi Clovis Hugues,[8] j'ai été expliquer mon refus et ''causer'' littérature au *Cercle les Egaux du XIe, 43, r. Basfroi*. Intéressants, ces bons prolos! Un seul anarchiste, à qui j'ai cloué le bec, quand il m'a eu dit que les romanciers, et les savants aussi, étaient tous ''des monteurs de coup'' – Je vous conterai ça. Enfin, j'ai promis, en partant, de vous demander vos six volumes de critique[9] pour la bibliothèque du cercle   ainsi qu'*Emile Zola (notes d'un ami)*; vous seriez bien aimable, donc, de faire envoyer ces bouquins à l'adresse plus haut.

P.P.P.P.S. A la suite de ce, j'ai pondu un article assez solide: ''*le Naturalisme politique*'', et l'ai porté au *télégraphe*: M. Piégu,[10] et un peu Céard aussi, je crois, l'ont refusé.

P.P.P.P.P.S. J'ai bâclé en revanche une assez médiocre nouvelle pour la *Petite presse illustrée*,[11] ce ''Gil Blas'' à un sou, dont m'avait parlé Hennique: eh bien, la médiocre nouvelle a dû les enchanter, car c'est avec elle que, lundi prochain, commence la transformation de la dite feuille.

---

1 Il veut dire, bien sûr, ''de personnages.''

2 Au chapitre III de la 7e partie (*Rougon-Macquart*, III, 1546–7)

3 Cet épisode, rendu célèbre par Dante, se trouve dans le Canto XXXIII (*Inferno*) de la *Divina Commedia*.

4 A propos de la reproduction de *Germinal* dans ce journal (voir les deux lettres précédentes). A partir du 1er juillet *Le Cri du Peuple* fit chaque jour de la publicité pour ce roman. Le numéro du 13 juillet publia, sous le titre de ''M. Zola et les mineurs,'' la lettre du 4 avril 1885 que Zola avait envoyée au directeur du *Figaro*, Francis Magnard, pour répondre aux critiques que contenait un article de H. Duhamel. (Publiée dans *Le Figaro* du 5 avril, la lettre est reproduite aux pages 638–9 de la *Correspondance* de Zola [édition Bernouard].)

5 Dans le numéro du 16 juillet le *Cri* annonça pour la première fois sa ''prime nouvelle'': ''S'il est un feuilleton que nos lecteurs tiendront à conserver, c'est assurément celui de *Germinal*, la dernière œuvre, l'œuvre la plus puissante et certainement la plus remarquée d'*Emile Zola*. Aussi est-ce à l'occasion de la publication de ce chef-d'œuvre que nous avons voulu inaugurer pour notre public un système de *prime véritablement extraordinaire* qui permettra à tout lecteur du *Cri du Peuple* de transformer instantanément, et avec la plus grande facilité, en un *magnifique volume cartonné* du format dit 'italien', les feuilletons coupés au jour le jour à notre rez-de-chaussée.

''Notre administration n'a reculé devant aucun sacrifice pour obtenir une *reliure tout à fait artistique* spécialement dessinée et fabriquée pour le *Cri du Peuple* avec plats de toile

291

gauffrée en deux couleurs, dos genre cuir de Russie, titres et fleurons imprimés en or avec fers spéciaux pour le roman de *Germinal*. Quoique cette *reliure à ressort extra-forte* représente une valeur commerciale d'au moins DEUX FRANCS c'est au prix inouï de CINQUANTE CENTIMES qu'elle sera remise à tout lecteur qui se présentera dans nos bureaux porteur des DIX *premiers feuilletons de 'Germinal'*."

6 Dans "Lettre à Jean Labeur" (*Cri*, 14-VII-85), Séverine présente *Germinal*, "grand œuvre socialiste," à l'homme du peuple et fait des vœux pour qu'il la lise. Elle fait toutefois quelques réserves à propos des "gros mots" de l'ouvrage.

7 Pour Médan (lettre 140, n.4)

8 Clovis Hugues (1851–1907), "un Méridional marmiteux, ayant tout à fait l'air d'un bon bougre" (Goncourt, *Journal*, III, 231), avait pris part à la Commune de Marseille en 1871. En 1881 et 1885 il fut député socialiste de cette ville.

Trublot fait mention du "tournoi" dans son feuilleton du 25 juin: "Au nom des socialistes révolutionnaires du Cercle les *Egaux du onzième*, trois citoyens [...] m'ont fait le grand honneur de m'écrire la lettre suivante: 'Le Cercle les *Egaux du onzième* a décidé, depuis un certain temps, d'organiser une conférence contradictoire sur *le Romantisme et le Naturalisme*. Nous avons été trouver le citoyen Clovis Hugues, qui défendra le Romantisme et nous croyons utile de vous demander votre concours pour exposer les idées de l'école naturaliste. Cette conférence aura pour résultat de déterminer l'*influence de la littérature sur le Socialisme*'" Alexis, cependant, n'accepte pas, puisque Hugues est député de Marseille, bon orateur et à la veille d'élections. L'outil à Trublot, dit-il, c'est la plume.

9 *Le Roman expérimental* (1880), *Les Romanciers naturalistes* (1881), *Le Naturalisme au théâtre* (1881), *Nos Auteurs dramatiques* (1881), *Documents littéraires* (1881), *Une Campagne* (1882)

10 Paul Piégu (1843–88) avait acheté *Le Télégraphe* en janvier 1885. Il fut aussi directeur du *Petit Parisien* et de *La Vie populaire*. Henry Céard assura au *Télégraphe*, du 16 avril au 15 août 1885 une chronique dramatique. Cf. *Céard-Zola*, 267–8, 273–5.

11 *La Petite Presse*, qui parut de septembre 1866 à août 1897, devint illustrée à partir du 26 juillet 1885. Alexis y donna cinq articles, du 27 juillet au 16 novembre 1885. Le premier, sous forme de nouvelle, s'appelait "Les Nuées (Sur la Butte)" et fut inclus plus tard dans *L'Education amoureuse*. On trouve dans ce périodique également des nouvelles de Céard ("A la mer," 6-IX-85) et d'Hennique ("La Cantinière," 8-X-85).

🐦 142 Paris [mardi – mercredi] 25–26 Août [18]85

Eh bien, mon bon pessimiste, quand je vous le disais!... Je crois à mon étoile, là.

(Le choléra... oui! Mon voyage suspendu aussi,[1] maintenant que j'ai eu un laisser-passer du *Cri* – par Bordeaux! Suspendu d'après une lettre de la famille elle-même. Arrivons vite à Porel.)[2]

"Vendredi," veille du 15 août, après deux ou trois voyages blancs à l'Odéon, je lui parle.

–"Oui, vous voulez une lecture... Je comprends... Vous voulez vite être fixé: eh bien, moi aussi... Venez chez moi, lundi, à 10es 1/2 du matin."

Dimanche soir, je lis la pièce à "Dédèle,"[3] pour me la mettre dans la voix. C'est le *1*, qui me paraît clocher. Je passe la nuit jusqu'à cinq heures du matin à retaper le un: j'en efface la valeur de soixante lignes, en faisant la guerre au mots inutiles. Je modifie l'explication donnée par le jardinier (que vous m'aviez signalée) Je réduis de 20 lignes à 6 le monologue de "Juliette seule" etc. Puis je dors trois heures, et je file, lesté d'un café au lait, pas trop fatigué, et "plein d'un secret espoir": oui, *il faisait soleil!*

Chez Porel, 10, rue de Babylone, en face le Bon-Marché. Cabinet de travail somptueux, encombré de livres, la plus part reliés, avec 4 ou 5 bibliothèques et, sans un angle un piano. Il me donne les journaux du matin et me demande un quart d'heure pour achever de déjeuner. Puis, quand il a fini, je lui demande où l'on pisse. Je l'entends pianoter un peu, pendant que j'opère. Puis, il se met dans un grand fauteuil, près de la cheminée. Moi, en face, tout près, sur un fauteuil plus bas et tournant le dos au jour – place que j'avais guignée, et je déroule l'ours. Onze heures.

Eh bien, oui, c'est l'imprévu, le théâtre! Le *un*, dont je doutais passe comme une lettre à la poste; l'acte fini, il me dit "C'est très gentil!" Ai-je plus mal lu le deux? Est-ce parce que je l'avais moins retapé? – Je ne sais. Mais, quand je me suis tu, j'ai cru une seconde que c'était foutu.

Maintenant voici ce qu'il m'a dit; pour abréger, je fais un discours de qui était dialogue; c'est-à-dire que je supprime mes répliques personnelles:

–Voici ce que j'en pense, monsieur... L'idée est jolie, mais, la fin gâtée, manquée. (*Je me crois blacboulé*) Voici ce que je vous conseille: ils se marient à la fin? Non! Ils ne doivent pas... Si c'est une concession pour faire plaisir au public, c'est une erreur... Le mariage entre ces deux vieux a quelque chose de répugnant... Votre *Sycomore* n'est pas une pièce, (*bon, je suis foutu!*) Je veux dire pas une pièce selon la formule de Scribe: il ne faut pas la fausser en la gâtant (*l'espoir me renaît*) La leçon sera plus forte, plus âpre, plus vraie, si Adrien qui a connu l'action, qui est tout autre, se montre plus amer à la fin, moins sentimental, et bref si, comme dans la réalité, cette rencontre au bout de 30 ans n'amène rien!... 30 ans les ont changés absolument, ce sont des personnages *tout autres* et voici comment nous la jouerons...

–Alors, elle est reçue? (*1000 Kilg. de moins!*)

–Oui, mais pas cet hiver..., j'en ai trop... Dans "ma lune de miel de directeur" j'ai reçu une douzaine de petites pièces, pensant d'ailleurs, "qu'il vaut mieux jouer un acte aux jeunes, que de les laisser chez eux tourner les pouces."

–Puis-je l'annoncer?

–Oui, mais en spécifiant qu'elle ne passera qu'en 86–87.

(A cette seconde heureuse, j'ai cru les voir, toutes, "les gueules" dont vous parlez.)[4]

–Voici comment nous procéderons... Le moment venu, on vous la fera mettre tout à fait au point: très peu de chose! Cependant, gardez-la, et, ce soir, puisque vous en êtes plein, voyez si vous trouvez le vrai dénouement... (Je l'ai remportée, mais n'y ai pas retravaillé encore!) Nous la jouerons en un acte et deux tableaux – à peine le premier fini, le rideau se relèvera presque tout de suite, et le joli sera que deux nouveaux acteurs seront tout prêts à jouer *Juliette* et *Adrien*... Oui, ce sera le très joli; ils sont devenus tout autres et d'abord ne se reconnaissent pas... D'ailleurs "je monterai ça avec amour" (*sic*). J'y vois de jolis détails de mise en scène... On peut réussir ou tomber, et il faut d'excellents acteurs, *non deux mais quatre*, pour jouer les 2 principaux rôles... Et c'est très difficile d'avoir de bons acteurs, quand on les sort de la formule de Scribe: mais ce n'est pas impossible!..."

Et voilà, mon brave: je l'aurais embrassé.

–Vous allez me faire passer une bonne journée, lui ai-je dit. Et, lui, m'a tendu la main.

Et, quand, en le quittant, je lui ai dit, que j'allais me mettre au travail pour avoir une grande pièce à lui lire en 86–87, il m'a dit:

–"Oui, et surtout, ne soyez pas timide, ne craignez pas d'aller loin: moi, je suis un jeune comme directeur, et je suis pour les audaces."

Et voilà!

Ma première audace a été, en allant porter la chose au *Figaro*,[5] de le faire... en deux actes!... de ne parler de Moore que la seconde fois. Quant à l'adaptation, je me suis contenté de l'avouer pour le moment, à M. Porel, qui m'a paru y être absolument indifférend.[6]

Et, sur ce, mille amabilités à la baigneuse[7] et tous mes souhaits de bonne santé, de votre vieil ami l'optimiste

Paul Alexis

Si vous avez le temps, dites-moi tout de suite, ce que vous pensez du dénouement qu'il demande. Faut-il remanier tout l'acte? ou simplement ajouter pour le moment deux ou trois *couplets de refus* de Juliette?... Ou bien attendre 1886 pour le mettre au point: mais ce serait maladroit!

1 Voir la lettre suivante. Zola, qui passait encore cette année-là le mois d'août au Mont-Dore, et qui s'était proposé de faire, avec son éditeur, un séjour en Provence au début de septembre, avait écrit à Alexis le 23 août: "Le voyage dans le Midi avec les Charpentier est tombé dans l'eau. Ils s'inquiètent du choléra pour les enfants, et c'est très sage. Il est fort douteux que nous allions là-bas nous-mêmes" (*Corr.*, 645).

2 Désiré-Paul Parfouru, dit Porel (1842–1917), fit ses débuts, comme acteur, en 1863 à l'Odéon. Il y fut nommé directeur en 1884.

Dans la lettre qui vient d'être citée, Zola écrivait: "J'ai lu dans les feuilles que vous aviez subjugué Porel. Vous voyez d'ici mon 'épatement'. J'avoue que rien au monde ne pouvait plus me surprendre. Décidément, au théâtre, c'est toujours l'improbable qui arrive" (*ibid.*). Il s'agit ici de la pièce en deux actes, "Le Sycomore," d'Alexis et de George Moore, adaptée de la pièce anglaise *Sweethearts*, "an original dramatic contrast, in two acts," par W.S. Gilbert. Celle-ci avait été représentée pour la première fois le 7 novembre 1874, au Prince of Wales Theatre à Londres.

L'adaptation française avait été commencée en 1883. Le 17 septembre de cette même année Moore avait écrit à Zola: "J'espere d'etre a Paris dans le printemps et naturellement je ne manquerai pas de vous faire une visite – J'ai commencé une petite pièce avec Alexis je crois qu'il vous ai lu. – Il ne me reponds pas" (B.N., MSS, n.a.f. 24522, fol.357ᵛ).

La version française ne fut créée que le 20 septembre 1894, toujours au Théâtre de l'Odéon (lettre 217). Restée inédite en librairie, la pièce existe en copie théâtrale manuscrite aux Archives Nationales (Dossier F18 727, No.17223).

3 Voir la lettre 137, n.2

4 "Parlez-moi de l'immense Porel qui s'est amusé à la lecture du *Sycomore* et qui n'a pas eu peur de cette romance en deux pendants, pour le vaste cadre de l'Odéon. Je plaisante, mais vous savez que je suis très heureux, très heureux de l'aventure. Vos succès sont un peu les miens. Puis, cela a dû vous ravir, et il y en a tant d'autres qui feront 'leur gueule'. Ah! si vous pouviez avoir un beau succès, cela vengerait ma vieille amitié" (lettre du 23 août, *Corr.*, 645).

5 Le "Courrier des théâtres" du *Figaro* annonça la pièce les 18 et 20 août. La deuxième fois on lisait: "Dans la nouvelle que nous avons donnée concernant le *Sycomore*, pièce en deux actes que le directeur de l'Odéon vient de recevoir, nous n'avons mentionné,

comme auteur, que M. Paul Alexis. [Celui-ci] nous déclare qu'il a écrit cette pièce en collaboration avec M. George Moore, un jeune romancier anglais de grand talent – même 'le seul romancier naturaliste'' de l'Angleterre, jusqu'ici. [...]"

6 "Vous avez bien fait de réclamer pour Moore, disait Zola, toujours dans la lettre du 23 août. Et vous auriez dû tout de suite avouer cette adaptation d'après l'anglais, car on vous en fera un crime, soyez-en certain, si vous vous taisez. Mais vous avez un an devant vous, il sera temps de rendre aux Anglais ce qui leur appartient, quand on vous répètera" (*Corr.*, 645).

7 "Nous vivons ici en bons bourgeois. Le temps est superbe, et ma femme se trouve bien de son traitement" (ibid.).

143 *Germinal* (non! la Grand-Combe)[1]
Jeudi matin, 15 Octobre [1885]

MON CHER EMILE,

Je suis un muffe de ne pas vous avoir écrit plus tôt... Le *Cri* seul vous a donné un aperçu vague de mon voyage à Aix[2]... Je viens d'y passer trois semaines, nerveuses, anxieuses, douloureuses, cruelles... Ouf! enfin c'est fini, puisque je suis ici, pour deux ou trois jours, chez mon frère Ambroise... Je serai à Paris lundi au plus tard... A Aix, dans mon abrutissement attristé, je ne suis même pas allé voir *Paul*,[3] et je n'ai entrevu Coste, qu'une après-midi, en pleines illusions électorales opportunistes – (c'est-à-dire avant le 4!)[4] – Demain, je descends avec mon frère Ambroise dans sa mine, histoire de relire, (après), votre beau *Germinal*. Quel pays superbe, pittoresquement accidenté ici... Des gorges profondes... Votre livre aurait eu forcément un tout autre caractère, fait à travers ici... Je ne regrette pas l'autre, qui est épatant: mais l'autre, je le connais, et je rêve à celui que vous n'eussiez pas manqué de faire, sur ici[5]... Et voilà! Mes affectueuses amitiés à votre femme. Puis, pour terminer, une grande nouvelle, qui me fait plutôt plaisir, quoiqu'elle soit... grave! Oh. très grave! et quoique, depuis bien avant mon départ pour Aix, la plume me démangeât pour vous l'envoyer.

La voici:

Il est *infiniment probable* que, dans *six* mois environ, je serai... père.[6]

Une cordiale poignée de mains de votre ami

Paul Alexis

P.S. Il va sans dire que je ne demande qu'à régulariser la situation.[7] Mais voilà: ce sera joliment dur pour la famille, que je viens de voir – attentivement – de près – en romancier autant qu'en parent – Que faire? Comment m'y prendre? Quel moment choisir? Quelle anxiété, pour un caractère indécis!

Enfin... Enfin... Comment vous dire cela?... Ah! j'y suis!... Voudriez-vous "me donner un conseil sur le *choix* d'un parrain et d'une marraine?"

P.P.S. Cy inclus un "document humain" (que vous me conserverez, car je garde comme vous toutes mes lettres)

1 Voir la lettre 96, n.7
2 A partir du 21 septembre Trublot avait consacré plusieurs de ses chroniques du *Cri*

du Peuple à son voyage et à son séjour au Midi. Toujours détestant sa ville natale, il intitulait son feuilleton du 6 octobre "Une cité fossile": "Aix a d'l'apparence, un certain grand air, une profusion d'platanes, des promenades épatantes, des eaux thermales, une cour d'appel, un sous-préfet, des académies (!!!), des Facultés, une grêle d'églises, paroisses, chapelles, des chanoines, curés, vicaires, moines, sœurs d'toutes espèces d'coiffes, capucines, capucins, jésuites, jésuitesses, des confréries de pénitents blancs, noirs, bleus, gris, etc., etc. Eh bien, c'tte ville d'vingt-cinq mille âmes, malgré quèques améliorations matérielles [...], est une ville morte, fossile, qui r'tarde d'cent cinquante ans.

"Figurez-vous qu'y a pour ainsi dire trois Aix – trois villes distinctes, trois mondes divers, tous arriérés, s'coudoyant sans se confondre, s'regardant comme des chiens de faïence, passant l'temps à s'épier, à s'envier, à faire des cancans plus ou moins calomnieux. Ces trois villes ont des quartiers à part, des mœurs et des idées absolument différentes. Si j'vous disais, par exemple, qu'sur 'le Cours' où y a deux allées plantées, *celle du Midi* est fréquentée par 'le peuple', et *celle du Nord* par 'l'aristocratie...' hein? ça vous paraît fort; ce'st pourtant l'exacte vérité." (Cf. la description de Plassans et de ses habitants dans *La Fortune des Rougon* [*Rougon-Macquart*, i, 36–41].)

3 Cézanne

4 Lors des élections législatives du 4 octobre 1885, le parti radical-socialiste (anti-opportuniste) avait gagné aux Bouches-du-Rhône. Le 1er septembre 1885 Zola avait écrit à Numa Coste: "Je lis vos lettres dans *Le Sémaphore*, et je vois en effet que vous nagez en pleine politique. Comme vous le dites, cela est quand même intéressant pour les gaillards sans ambition, qui s'amusent à regarder la face humaine. Prenez des notes, et tâchez donc de nous faire quelque chose, une étude bien vivante" (*Corr.*, 646).

Faisant allusion aux vacances qu'Alexis venait de passer à Aix, Coste écrit à Zola le 25 octobre de cette année-là: "J'ai un peu vu Panafieu lors de son séjour ici. Mais j'étais si pris de mon côté et lui était si discipliné qu'il est resté sous les jupons maternels sans que nous nous soyons rencontrés souvent" (lettre inédite, coll. J.-C. Le Blond).

5 Pour une description pittoresque des mines qu'Alexis avait visitées et qu'il compare à celle de *Germinal*, voir l'app. A:40 ("*Germinal* dans... le Gard," *Le Cri du Peuple*, 20-x-85).

6 Voir les lettres 153 à 155

7 De son "mariage." Voir la lettre 135, n.5

144 Paris, mercredi soir [28 octobre 1885]

MON CHER ZOLA,

Voici mon collaborateur M. Georges de Labruyère[1] auquel je vous prie de faire bon accueil... Outre qu'il voudrait, je crois, vous *interviewer* un brin, il est chargé de la part du *Cri*, de vous demander plusieurs choses. Entr' autres, celle-ci:

Vous m'aviez promis de me donner quelques-unes des phrases marquées au crayon rouge par Anastasie.[2] Mais, Séverine voulant faire un numéro exceptionnel, qui contiendrait la reproduction de votre article du *Figaro*,[3] plus votre portrait (d'après une photographie) et l'interview de M. de Labruyère, vous seriez bien gentil de nous donner la scène entière, (ou les scènes,) des *gendarmes canardant les mineurs*.[4] Profitant de ce que *Germinal* n'est pas fini dans le *Cri*,[5] on reposerait des affiches.

Bien amicalement et à bientôt

Paul Alexis

P.S. Peut-être à la semaine prochaine?

1 Georges Poidebard de Labruyère, journaliste au *Cri du Peuple* et à *La Cocarde*. Voir aussi les lettres 132 (n.9), 148 (n.1) et 165 (n.5).

2 Le drame en cinq actes et douze tableaux que Zola et Busnach avaient tiré de *Germinal*, venait d'être interdit (le 27 octobre) par la Commission d'examen. La décision en avait été prise par le ministre de l'Instruction publique, René Goblet (lettre 165, n.2). La raison donnée officiellement fut qu'il y avait trop de tendances socialistes, subversives même, dans la pièce. "L'affaire *Germinal*" souleva dans la presse une très vive polémique qui continua pendant quelques semaines. Exaspéré, Zola écrivait à Céard le 11 novembre: "C'est une honte, cette lâcheté. Et ce qui m'indigne surtout, c'est la solitude où je me sens. A part le brave Geffroy, mon vieil Alexis, deux ou trois autres enfants perdus, pas un mot de soutien, pas une solidarité de talent et de courage. Ah! les lâches, tous! même nos amis!" (*Corr.*, 648) Le jour de l'interdiction Goncourt avait noté: "[Zola] est superbe d'indignation, déclarant qu'il ne ménagera rien, qu'il ira jusqu'au bout, qu'il proclamera que Goblet est un sot. [...] 'S'ils me rendent un jour ma pièce, je demanderai au directeur qui la voudra dix mille francs de prime... Car ça vaudra ça alors, revenant de l'interdiction, ma pièce!' Zola est tout entier dans ces paroles, c'est le retors dans les audaces, l'habile dans les hardiesses littéraires" (*Journal*, III, 499).

A son tour Trublot s'indigne à plusieurs reprises de la conduite d' 'Anastasie'. Le 23 octobre il écrit dans *Le Cri du Peuple*: "Y a encore les bruits (faux, j'l'espère!) d'*Germinal* interdit par la censure [...]. A s'rait trop verte, qu'des ré-pu-bli-cains au pouvoir interdisent l'drame naturalisse-socialisse! Faudrait-y être muffe tout d'même? Què sale et imbécile institution la censure- qui coûte au moins 18.000 balles – pour rien! (Qu'on m'nomme un peu miniss' des finances, c'est moi qui vous en foutrais, des économies!!!)" Et encore le 9 novembre: "Nous sommes un peuple vicié jusqu'dans les moëlles pur dix siècles d'servitude. [...] Notre théâtre est décidément foutu, comm' la République, comm' la France. N, i, ni, fini, la vieille nation gâtée. Plus qu'à nous coucher comm' des veaux et à roupiller du sommeil final. [...] Qu'on la [la censure] supprime ou pas (toutes les muff'ries sont à prévoir), les jeunes auteurs doivent la tenir pour non-avenue, et avoir l'toupet de tout oser dans leurs pièces, d'faire comme si elle n'était pas. V'là la recette pour pondre quèqu' chose d'un peu chouette."

La question de la pièce de *Germinal* et la censure a été étudiée à fond dans les ouvrages suivants: L.A. Carter, *Zola and the Theater*, 136–43; M. Kanes, "Zola, *Germinal* et la censure dramatique," *Les Cahiers naturalistes*, No.29 (1965), 35–42; *Céard-Zola*, 281–94; *Zola-Céard*, 53–8, 131–7. Voir également la lettre 180, n.3 pour la première de cette pièce, en avril 1888.

3 *Le Figaro* du 28 octobre avait publié une lettre de Zola adressée à son directeur, Francis Magnard, lui demandant de bien vouloir imprimer un article, dans lequel Zola racontait l'histoire de l'interdiction de *Germinal*. L'article, intitulé simplement "*Germinal*," parut dans le numéro du lendemain (*O.C.*, xv, 821–6). Il fut reproduit dans *Le Cri du Peuple* du 31 octobre, et non pas dans le numéro exceptionnel du 1er novembre (voir la note suivante).

4 C'est-à-dire le 7me tableau de la pièce (le chapitre v de la 6me partie du roman [*Rougon-Macquart*, III, 1499–1511]). *Le Cri du Peuple* du 1er novembre en publia des extraits à la première page, qui était tout entière consacrée à Zola et à *Germinal*. (Pour une reproduction de cette page, cf. H. Mitterand et J. Vidal, *Album Zola*, 212.) Ces extraits parurent sous le titre: "Les phrases rouges." "Pour la première fois peut-être dans l'histoire de la censure, dit M. Kanes, le travail de cette dernière se trouvait étalé à la une, exposé à la pleine lumière de la presse parisienne" ("Zola, *Germinal* et la censure dramatique," 41).

A la première page du journal paraissait également "Chez Zola" par Labruyère: après avoir donné ses impressions de la maison à Médan, l'auteur y fait le récit de son interview avec Zola sur la pièce interdite et sur *L'Œuvre*, alors en préparation. L'article est suivi d'une "Lettre à Zola" par Séverine. Se rapportant à un article qu'il avait publié jadis au *Figaro* ("Souveraineté des Lettres," 30-v-81 [lettre 75, n.6]), elle s'écrie: "Ah! vous avez proclamé la souveraineté des lettres, prêché le dédain de l'action [...]. Eh bien non! Quiconque tient une plume n'est pas le maître, puisque vous, le Maître

297

incontesté, vous passez sous les fourches caudines d'un robin qui vous traite en parvenu. Les lettres ne sont pas souveraines, puisqu'un veto ministériel suffit à enrayer, sinon à rayer une belle œuvre. Le dédain de l'action est une chimère, puisqu'il faudra encore un effort, encore une poussée des militants, pour qu'on fasse le pas en avant qui permettra de jouer *Germinal*. [...] Il ne vous reste plus qu'à admettre que l'action, et non l'idée, est la reine du monde, et qu'il faut qu'il y en ait qui souffrent et qui luttent, qui pleurent et qui saignent, qui protestent et qui s'insurgent, qui meurent dans des trous, s'éteignent sur les pontons, soient écrasés à coups de crosse dans des impasses, ou fauchés à coups de mitrailleuse contre le mur d'un cimetière – pour qu'on joue vos pièces!"

5 Voir la lettre 139, n.1

꧁ 145 [Paris] Vendredi soir 6 Nov. [18]85.

MON BRAVE AMI,

Par téléphone: – Enfin!!! – Directeur Maurice Simon, vu avant hier se décide à jouer *Mademoiselle Pomme*.[1]

J'ai rendez-vous avec lui lundi. Il aura relu la pièce, et me dira s'il veut quelques modifications de détail. Puis, on la portera à la copie, et je la lirai aux artistes; les répétitions commenceront tout de suite. D'ailleurs il ne me promet pas de la jouer plus de 15 à 20 fois. Sa direction finit d'ailleurs fin Décembre. Je seria son chant du cygne. D'ailleurs aussi, il ne peut me donner (par raison de santé, dit-il) l'excellente Mme Aubrys, une duègne ronde, ronde, énorme et bonne diseuse –la femme du rôle– mais une certaine Mme Génat,[2] maigre et médiocre, je crois. On sifflera, mais je m'en fiche. J'espère que, pour la mémoire de Duranty, et un peu pour moi, vous viendrez tous les deux m'assister de votre présence, le grand jour, qui tombera vers les premiers jours de Décembre, je présume.

Je n'ai pu mettre encore la main sur Charpentier (j'y retournerai demain) qui, je l'espère, me fera la brochure.[3] Et je vais tout de suite pondre une préface, que je vous lirai avant de la livrer à l'impression.

L'ennui de tout ça, c'est que mon voyage à Médan va être retardé. Enfin, mon entrevue de lundi avec Simon décidera; malgré les répétitions, je trouverai toujours 48 heures pour aller vous serrer la main.

Mille choses affectueuses pour vous deux, de votre

Paul Alexis

P.S. Entendu ce soir Clovis Hugues, conférencier sur *Germinal* – très aimable – je ferai un bout d'article.[4]

P.P.S. Aujourd'hui aussi, vous avez eu deux excellents articles sympathiques à remercier– celui de Mirbeau surtout (*Matin*, journal)[5] Et, dans la *Justice*, Geffroy,[6] l'autre, a tombé Sardou, comme je l'ai fait hier.[7]

P.P.P.S. Si je descends au *Cri* demain, je tâcherai de vous les couper tous les deux. Je vous écris trop tardivement – pour que je puisse me procurer ces journaux-là – surtout sur la Butte.

P.P.P.P.S. Aujourd'hui, j'ai fait le plan définitif du IV de *Madame Cœuriot* (celui du milieu!)

P.P.P.P.P.S. Le directeur des conférences Capuciniènes,[8] ce soir, en me laissant entrer m'a demandé... une conférence. –Non! ai-je dit. –Eh bien, alors, une lecture! a-t-il riposté.

Si Mlle *Pomme* tombe à plat, et que le directeur la retire, je la lis aux Capucines!!!

1 Voir les lettres 40 (n.5), 116 et 117
2 Fanny Génat (1831–1902) avait renoncé à la carrière de danseuse à la suite d'un accident au pied. Jouant beaucoup de genres un peu partout, elle resta sept ans au Théâtre du Vaudeville comme duègne.
3 Restée inédite en librairie, la pièce a été récemment publiée dans *Les Cahiers naturalistes* (No.21 [1962], 201–13), par M.F. Pruner. Le manuscrit théâtral se trouve aux Archives Nationales (Dossier F 18 1210, No. 17318).
4 Trublot n'y consacre qu'une ligne: "L'portefeuille de M. Goblet est fichu: le député Clovis Hugues, dit 'l'enfant de Bohème' des Bouches-du-Rhône, a fait hier soir une conférence sur *Germinal* au boulevard des Capucines" (*Cri*, 8-XI-85).
5 L'article "Emile Zola" d'Octave Mirbeau dans *Le Matin* du 6 novembre 1885 fut inspiré par "l'affaire *Germinal*" (lettre 144, n.2), alors apaisée. Quoique l'opinion publique eût été généralement favorable à Zola, la haine de la critique "bourgeoise et distinguée" s'était montrée tout à fait féroce. "C'est une chose vraiment curieuse, écrit Mirbeau, qu'un homme ne puisse plus, maintenant, confesser une foi littéraire, combattre pour une idée, parce qu'il la croyait juste, belle et féconde, sans qu'on l'accuse d'être mû par des désirs bas de réclame et des avidités d'argent. [...] Et il faut que cet homme se laisse béatement exploiter, voler, calomnier, vilipender. S'il pousse un cri, alors ce n'est que de la vanité, ou le besoin pervers de faire retentir son nom sur la foule des imbéciles et des gobemouches." La haine qui poursuit toujours l'auteur de *Germinal* est facile à connaître et à déterminer: "Elle vient de son grand talent, d'abord, car les médiocres ne pardonnent pas aux forts d'être des forts; elle vient ensuite de ce que M. Zola s'est poussé tout seul dans la vie. Car c'est la jouissance égoïste des médiocres de s'imaginer qu'ils sont pour quelque chose dans la gloire d'un écrivain."
   Puis il passe en revue les débuts difficiles de Zola. Pour tenir tête à ses insulteurs, le romancier les assomme "à coups de chefs-d'œuvre." "Savoir admirer, termine l'auteur, c'est l'excuse des humbles comme nous, qui peinons, dans les journaux, à d'obscures et inutiles besognes, et c'est ce qui nous distingue des misérables gamins, destructeurs inconscients du beau, à qui toute grandeur, toute éloquence, toute vérité échappent. Réunion de blagueurs, multitude grimaçante de cabots qui n'aiment que l'exagération du mot, le grincement bête du rire, le drapement théâtral des douleurs; qui voient toutes choses à travers des cinquièmes actes de mélodrames ou de vaudeville, et qui forcent la nature et la vie à se plier à toutes les déformations de l'esprit... esprit de concierge et de chroniqueur."
6 Le journaliste et romancier Gustave Geffroy (1855–1926) faisait partie de la rédaction de *La Justice* depuis 1880. Sa chronique dans le numéro du 6 novembre 1885, intitulée "L'avocat de la censure," était un compte rendu ironique de l'interview donnée par Victorien Sardou à un journal (*L'Evénement* du 6 novembre) au sujet de la censure et de *Germinal*. Le dramaturge était pour le maintien de la censure théâtrale. Voir *Céard-Zola*, 289–90. Sur Geffroy, cf. R.T. Denommé, *The Naturalism of Gustave Geffroy* (Genève: Droz 1963).
7 Dans *Le Cri du Peuple* daté du 6 novembre Trublot avait, sous le titre "Les défenseurs d'Anastasie," donné son opinion sur l'enquête que certains journaux étaient en train de faire sur la censure: "Depuis les hauts faits de M. Goblet, un certain nombre de reporters passent leur temps à aller se ballader chez des auteurs, des directeurs, même des acteurs et des actrices, pour leur demander ce qu'ils pensent de 'La censure'." Trublot, lui, s'en moque, parce que le personnages interrogés ont tous intérêt à défendre 'Anastasie'. Il passe en revue, en les satirisant, les réponses de Camille Doucet, Dennery, Sarah Bernhardt ("T'as donc bien peur qu'on mette *Sarah Barnum* sur la scène, dis?"), Meilhac, Augier, Dumas, etc.

Enfin il arrive à Sardou: "Son amour pour la censure n'a rien qui m'épate: 1° Anastasie a laissé jouer *Rabagas*! 2° Anastasie (ou ce qui, vers 1874, en t'nait la place) a fait une jolie p'tite réclame à l'*Oncle Sam*, en r'tardant de quelques mois la représentation; 3° Anastasie ne peut être vraiment dure que pour un auteur d'un fier talent et d'un haut vol, tandis qu' M. Sardou, selon un mot de Zola, qui l'a marqué à jamais, *'n'a pas notre estime littéraire'*! [cf. *Nos Auteurs dramatiques*, O.C., xı, 683]

"[...] Ça prouve... que sous sa calotte de velours légendaire, l'auteur de *Théodora* n'est qu'un esprit rancunier, – un cœur étroit aussi. – Ça explique le côté 'petit', mesquin, qui abîme son œuvre. Que n'est-il 'censeur' lui-même! *Germinal*, *Sapho* aussi, d'autres pièces encore, en verraient de dures. La rénovation naturaliste du théâtre s'rait enrayée pour longtemps encore."

8 Données dans la Salle des Conférences, 39, boulevard des Capucines

ᛞᛞ 146 [Paris] Mercredi soir, 25 Nov. [18]85

MON CHER AMI,

Vous devez vous demander pourquoi je n'arrive pas. C'est la faute au théâtre, au sacré théâtre. Depuis 15 jours déjà, ce sacré Cluny[1] me tient en haleine, me remettant de deux ou trois jours, en deux ou trois, pour une raison ou pour une autre. D'abord, le bon Simon, vu les jolies recettes de *Mon Oncle*,[2] ne voulant me jouer que 15 ou 20 fois, m'a fait lanterner 8 jours par petites doses. Puis, la question de la principale interprète a pris une autre semaine. Je voulais Mme Aubrys, qui me semblait la Mlle Pomme rêvée, vu sa rotondité. On m'a dit non, puis oui, puis non; puis j'ai tenté une démarche personnelle, l'engagement de la dite duègne ne comportant que l'obligation de jouer dans la grande pièce. J'ai lu la pièce à Mme Aubrys qui, tout en consentant, pour me faire plaisir, m'a persuadé (à demi) que mieux vaut Mme Génat, qui sera une *Pomme* minaudière et laide. Bref, j'aurai madame *Génat*, et, je crois cette fois que c'est après demain Vendredi, 27, que je lirai aux artistes. Les 2 copies pour la censure, et les rôles, sont prêts. Enfin, je crois que ça y est, et que, si ça marche je passerai vers le 10 ou 12 Décembre. Distribution d'ailleurs très hasardeuse. Rien que des inconnus, jouant le lever de rideau actuel. Enfin, zut! On verra bien. *Malgré tout, j'ai bon espoir.* Et je serais satisfait si je vous avais fait visite. Enfin si vous ne venez pas à Paris ces jours-ci, je tâcherai d'aller un samedi à Médan pour revenir le Dimanche soir.

Votre fidèle

Paul Alexis

P.s. J'ai bon espoir... si vous honorez de votre présence ma petite première!

La *Petite Presse*[3] ne va pas fort. Presque toute l'équipe littéraire a été balayée, sauf Coquelin Cadet,[4] et moi; j'ai conservé 2 articles par mois le 15 et le 30. Enfin, on m'a dit hier que le moment était bon pour redonner des nouvelles au *Gil Blas*. Je vais en pondre une.

Au milieu de tout ça le pauvre iv de *Madame Cœuriot* va doucement: j'en ai pourtant 12 pages dont je suis content à peu près (Total: 255 pages!) Pas tout à fait la moitié hélas!

Et *l'Œuvre*?... Ça fait rudement bien, comme titre, dans les boniments du *Gil Blas*.[5]

Mes amitiés à la bourgeoise.

Comment avez-vous trouvé le Marfori de la reine... Séverine?[6]

Paul-Alexis fils[7] pousse et gigotte depuis 3 jours: j'ai décidé que ce serait un garçon!

1 Il s'agit toujours de *Mademoiselle Pomme*. Voir la lettre précédente.
2 Comédie en trois actes de P. Burani et M. Ordonneau (première au Cluny le 5 octobre 1885)
3 Voir la lettre 141, n.11
4 L'acteur Ernest-Alexandre-Honoré Coquelin (1848–1909) avait donné régulièrement des articles à *La Petite Presse*.
5 Le journal, où devait paraître le quatorzième roman des *Rougon-Macquart*, du 23 décembre 1885 au 27 mars 1886, en annonçait la publication depuis le 29 septembre. Zola avait commencé la rédaction de *L'Œuvre* le 12 mai 1885 et la termina le 23 février de l'année suivante. Le 15 décembre 1885 il se plaint à Alphonse Daudet: "Je travaille à en être malade, bousculé par ce diable de *Gil Blas*, qui m'a fait accepter une date trop rapprochée" (*Corr.*, 650).
6 L'homme politique Don Carlos Marfori, marquis de Loja (1828–92), était le favori de la reine Isabelle II. Après la révolution de 1868 il l'avait suivie en exil en France.
   L'allusion d'Alexis est obscure. Est-ce qu'elle a trait au docteur Guebhard ou plutôt à Georges de Labruyère? Voir la lettre 132, n.9.
7 Voir la lettre 143

147 [Paris] Lundi soir, 7 Déc[e] [1885]

MON CHER AMI,

Un mot, à la hâte pour vous avertir que ce sacré-cochon de M. Maurice Simon, (après m'avoir fait faire pour 16 F de copies de *Mlle Pomme*!) ne m'a pas mis encore en répétition. Après m'avoir renvoyé de 2 jours, en 2 jours, il ne veut maintenant me jouer qu'à *Déjazet*,[1] (qu'il va louer pour y transporter "*Mon Oncle*,")[2] et, encore, pas avec cette pièce, mais, dit-il, avec une reprise des *Noces de Me Lobrichet*.[3] – Un sale fumiste, quoi! – Avant de l'exécuter, dans un trublotage dont il se souviendra, j'ai envie de tenter une démarche personnelle, auprès de Burani[4] – un des 2 auteurs de *Mon Oncle* – pour lui proposer une transaction quant à ma part de droits d'auteurs.

En tout cas, je suis furieux. Vous avez raison: "ça trouble joliment, le théâtre." Même les simples levers de rideaux! puisque, depuis trois semaines que ça traîne (lettres, dépêches, rendez-vous reçus, pourparlers, courses inutiles) j'ai perdu le temps d'en écrire une autre, de pièce, et cela m'a privé d'aller vous voir – ce que je ferais dès demain, – si je ne vous supposais en partance vous-même pour Paris.

A bientôt de toute façon et bien à vous deux

Paul Alexis

1 C'est en effet dans ce théâtre que *Mademoiselle Pomme* sera représentée neuf ans plus tard, le 14 novembre 1894. Elle y restera à l'affiche pendant cinquante-six représentations. Cf. M. Crouzet, *Duranty*, 421–3.

2 La comédie de Burani et d'Ordonneau fut jouée au Théâtre Déjazet à partir du 31 décembre 1885.

3 Il veut dire: *Les Noces de Mademoiselle Lorinquet*, comédie en trois actes d'E. Grenet-Dancourt, créée au Cluny le 26 septembre 1882. Cette pièce ne fut pas reprise au Déjazet.

4 Urbain Roucoux, dit Paul Burani (1845–1901), débuta comme comédien. Colla-borateur à la revue *Le Café-concert*, à *L'Evénement*, au *Gil Blas*, etc., il écrivit également des comédies et des romans.

148 [Paris] Mardi matin, 15 Déc^e [18]85

MON CHER AMI,

Drame au *Cri*!¹ Crise épatante, l'équivalent au moins de l'affaire Ballerich!² Quelle collection de documents pour le roman que je veux faire décidément, après *Mme Cœuriot*! Ci-inclus une des pièces du dossier que j'ai commencé d'amasser (vous me la conserverez) pour *"Le journal,"* titre provisoire.³ Séverine est esbrouffante, remuant ciel et terre, jonglant avec les jurys d'honneur, mâtant les Guesde, Goullé,⁴ etc, menant de plus en plus "le docteur" comme un tonton, crevant de peur chaque soir de voir la *Bataille* du lendemain matin découvrir clairement le pot aux roses, et affectant le détachement, la joie. Le soir d'un article pareil, elle arrive au journal en coup de vent avec des rires de fille qu'on entend déjà lorsqu'elle n'est qu'au milieu de l'escalier, grands éclats de rire forcés, grimaces d'in-souciance, derrière lesquels on sent les larmes secrètes prêtes à couler. Mariée depuis dix jours, par là-dessus!⁵

Heureusement, dans tout ça, je ne suis que spectateur désintéressé. Mais, il s'en est fallu d'un cheveu, l'autre soir, que je ne fusse témoin, à la place du Camélinat⁶ en question, qu'on ne trouvait pas. Heureusement que ma bonne étoile m'en a préservé. Et, bien que Séverine m'ait prié, en amie, de me tenir pendant ces quelques jours prêt à tout événement, j'espère que ça se bornera là. Je suis aux premières loges en revanche. Le seul ennui réel pour moi est que ça a encore retardé mon voyage à Médan. Excusez-moi auprès de votre femme, qui doit me trouver bien lâcheur. D'ailleurs, voici, dit-on, *Sapho*, Vendredi.⁷ Et j'ai écrit à Daudet pour qu'il me fasse voir au moins la répétition générale.

Un autre motif qui m'engage à faire acte de présence au *Cri*, c'est que, à moins que les choses ne se gâtent trop pour le journal, j'ai une vague promesse d'être mis à 300 F par mois, à partir du premier Janvier, époque où je commencerai à en avoir fort besoin. (Mais, on exigera je crois un article signé chaque semaine.)

A bientôt et bien affectueusement, votre vieil ami

Paul Alexis

Je suis votre conseil pour Maurice Simon.⁸ – Dimanche, été chez Goncourt:⁹ revu Maupassant, qui m'a demandé: "quand viendra Zola à Paris?" – Et Rod, souriant, me tenant les deux mains, avec une amabilité aigre-douce, m'a dit: "Vous savez, que j'ai été sur le point de vous envoyer des témoins pour votre article sur la *Course à la Mort*."[10] –Pourquoi ne l'avez-vous pas fait? lui ai-je répondu non moins gentiment. Vous y êtes encore à temps... Est-ce que nous ne vivons pas sur le pied de la franchise absolue?

1 Dans *Le Cri du Peuple* du 8 décembre 1885 Georges de Labruyère avait publié un article, intitulé "M. Lissagaray," où il dénonçait le directeur de *La Bataille* pour avoir écrit un article contre le *Cri*. Le lendemain une rencontre sur le terrain eut lieu entre les deux hommes. Lissagaray ayant été vaincu, *La Bataille* du 10 décembre, dans l'article "Un duel grotesque," contredisait le procès-verbal de la rencontre. Labruyère exigea un nouveau duel ou bien une rétractation des insinuations de l'article. Lissagaray répondit le 12 décembre en publiant des faits d'indignité graves à la charge de son adversaire: il l'accusait de s'être dérobé à une affaire d'honneur, d'avoir de grosses dettes, etc. A la suite de ces accusations, Labruyère demanda à Lissagaray de constituer un jury d'honneur pour prouver son innocence. Bien entendu, celui-ci refusa; *Le Cri du Peuple* en constitua un et publia les procès-verbaux les 14 et 16 décembre. Ayant refusé également de les reproduire dans *La Bataille*, Lissagaray y fut contraint par les voies correctionnelles.

2 L'un des frères Ballerich était commissaire de police, l'autre officier de paix. Leur mère ayant été assassinée rue de Grenelle le 30 novembre 1884, ils s'étaient juré de la venger en s'en prenant d'abord aux journalistes, surtout à Jules Vallès, qui était peu favorable à la police. Au début de 1885 *Le Cri du Peuple* avait publié des dossiers secrets sur la police. L'honneur de la mère des Ballerich avait été mis en cause dans un article anonyme (mais écrit en effet par F. Chastan, mouchard de la police, qui s'était infiltré dans l'équipe du journal). Le 6 janvier les frères étaient entrés dans les bureaux du *Cri* pour y chercher le directeur. Ils ne trouvèrent que Duc-Quercy. Pendant la grande bataille qui s'était ensuivie, l'un des frères fut grièvement blessé. Cf. G. Gille, *Jules Vallès*, 420–2.

3 Ce projet ne fut jamais réalisé.

4 Le blanquiste Albert Goullé traitait les questions syndicales au *Cri du Peuple*.

5 Avec le docteur Adrien Guebhard. Voir la lettre 132, n.9

6 Le socialiste militant Zéphirin Camélinat (1840–1932) fut député de la Seine de 1885 à 1889. Il avait pris part à la Commune, et avait soutenu les grèves de Decazeville et de Vierzon. Il fut parmi les fondateurs de "L'Internationale des travailleurs" et en 1921 il fit du journal *L'Humanité* l'organe du parti communiste. Lors de l'affaire Labruyère-Lissagaray, à laquelle Alexis fait allusion ici, Camélinat avait été un des témoins du rédacteur du *Cri du Peuple* (voir ci-dessus la note 1).

7 La première de *Sapho*, pièce en cinq actes, tirée du roman du même titre par Daudet et Adolphe Belot (lettre 130, n.7), eut lieu le 18 décembre 1885 au Théâtre du Gymnase.
Alexis en fit des comptes rendus dans *Le Cri du Peuple* des 20, 21 et 22 décembre. "Je sors du Gymnase, écrivait-il dans le numéro du 20. Il est une heure du matin. Je viens de goûter la joie profonde d'assister au triomphe du naturalisme au théâtre. Avec de la passion et de la vérité, M. Alphonse Daudet a remporté une grande et incontestable victoire." Succès sur toute la ligne." Et il continuait le 21: "Oui, c'est un grand pas de plus fait vers la vérité relative que l'on peut obtenir sur les planches. [...] Une nouvelle brèche, plus large que les précédentes –par où tous pourront passer– vient d'être pratiquée dans le rempart branlant de la convention. Après l'injustice criante d'*Henriette Maréchal*, autrefois; après l'insuccès du *Candidat* et de l'*Arlésienne*; après le coup de bélier inutile de *Thérèse Raquin*; après les travaux d'approche, éminemment utiles, de *Fromont jeune*, de l'*Assommoir*, du *Nabab*, de *Nana*, des *Rois en exil* eux-mêmes, de *Pot-Bouille*, autant de pièces de transition; après les honorables tentatives des *Corbeaux* et de la *Parisienne* –j'en passe sans doute– voici que *Sapho* triomphe [...]. Tandis que les derniers invalides de la formule de Scribe s'effarent, et n'y comprennent plus rien, toute la jeunesse, tout l'avenir –sans compter le public, le grand public, plus désireux de vérité et de passion, plus susceptible d'intelligence qu'on ne le croit générale-

303

ment, et qui ne demandait qu'à être conquis– va crier avec mes amis et moi: 'Vive Sapho!' [...]"

8 Alexis essaye toujours de faire jouer *Mademoiselle Pomme*, sans succès d'ailleurs. Voir les lettres 145 à 147.

9 Les célèbres dimanches au "Grenier" d'Edmond de Goncourt, à Auteuil, furent inaugurés le 1er février 1885. Voir à l'app. A:36 le compte rendu que fit Trublot de cette inauguration dans *Le Cri du Peuple* du 4 février.

10 Le roman d'Edouard Rod avait paru chez L. Frinzine en 1885. L'article en question doit être celui qu'Alexis avait écrit dans le *Cri* du 14 juin 1885, sous le titre de "La course à la morgue." C'est un éreintement complet. Il trouve l'ouvrage ennuyeux et sans intérêt, le héros veule et "négatif." Voici le début de la chronique de Trublot: "J'entends encore la bonne voix [...] du patron: –Rod! ... Oh! Rod!... Rod!... Rod!... Et, avec son ironie [...] il ajoutait: –Comment va votre maladie de matrice? Dites?...

"Consterné, Rod ne disait rien... Aujourd'hui, il vient d'donner raison au mot à l'emporte-pièce du patron, en publiant un roman anémique, sans carcasse osseuse, mou et fluide, intitulé glorieusement *La Course à la Morgue* [*sic*].

"Voici cinq ans, nous étions trois: Vallès, moi, et Ed. Rod. Et, ce dernier m'rendit le service d'émettre deux ou trois idées d'une philosophaillerie si saugrenue dans la désolation, si helvétique et fromage de gruyère, que, écœurés l'un comme l'autre, Vallès et Trubl' s'trouvèrent tout de suite copains [...]. Et, ces 'idées', je les retrouve aujourd'hui épanouies dans 'La Course à la Morgue.' " Suit une analyse du roman.

149 Paris, [vendredi] 25 Décembre 1885

MON CHER AMI,

La mort de Desprez et le bruit qu'on a fait autour,[1] n'intimide pas la magistrature, au contraire. Je viens de recevoir la visite de Paul Adam, m'annonçant qu'il a reçu ce matin une invite de se rendre demain, pour faire ses 15 jours (pour *"out' aux bonnes mœurs"*, dit textuellement l'exploit),[2] non pas au Pavillon des Princes à Sainte-Pélagie – mais à la *prison de la Santé*, où il se trouvera mêlé, comme Desprez, aux escarpes et voleurs. Ne pourriez-vous, mon cher ami, soit réclamer pour lui comme pour l'autre, auprès du préfet de police actuel, soit –ce qui lui serait plus efficacement profitable sans doute– envoyer une protestation de quelques lignes, au *Figaro* ou au *Gil Blas*?[3]

Non seulement pour la prison, mais pour l'amende aussi, la magistrature est intraitable. Ainsi tandis que le *Cri*, qui a des amendes accumulées tant et plus, pour plusieurs milliers de francs, s'en tire au moyen d'une redevance de 100 F par mois, m'a-t-on dit, Paul Adam pour ses mille francs d'amende, a été forcé d'en abouler 850 en deux mois, sous menace de contrainte par corps. Enfin, faites pour le mieux, mon ami, mais tâchez de faire quelque chose pour ce brave garçon, très sérieux, très travailleur et très intéressant, qui a sa mère sur le bras, comme vous autrefois complètement ruiné, à la mort du père, qui était "directeur des postes de la maison de l'Empereur." Ruiné au point qu'il a été réduit à vendre des livres pour payer les frais de *Chair Molle*, qui ne lui a apporté que 100 F, et qui lui en a coûté 1800 au moins, (1000 d'amende, 300 de frais, et 500 d'avocat.)

Voilà mon brave. Je voulais écrire aussi à Goncourt et à Daudet, mais ce ne sont pas des révolutionnaires et, à mon simple appel, ils n'aurient probablement rien fait. Il n'y a encore que vous.

Bien affectueusement votre vieil ami à tous deux

Paul Alexis

P.S. Je reçois à l'instant votre mot:[4] je savais la chose, le docteur m'en ayant parlé, *de lui-même*. Hein? bonne maison!!! Seulement, il faisait une erreur de trois mille lignes, et, c'est sur mon observation que ça faisait "moins de lignes qu'au *Gil Blas*" qu'il a fait vérifier: on avait oublié un mois.[5]

L'adresse d'Adam: 16, rue Daubigny, parc Monceau.[6]

1 Louis Desprez venait de mourir le 6 décembre, à la suite d'une cruelle maladie. Le 20 décembre 1884 il avait été condamné à un mois de prison et à mille francs d'amende: résultat des poursuites judiciaires engagées contre lui après la publication d'*Autour d'un clocher* (lettre 130, n.5). Comme il était mineur, son collaborateur Henry Fèvre avait été mis hors de cause. Cette condamnation avait provoqué maintes réactions dans la presse, qui était assez bien disposée envers le romancier. Le lendemain du verdict, Trublot adressa une lettre à Desprez, dans *Le Cri du Peuple* du 23 décembre 1884, le félicitant de "l'honneur" qui lui était échu (app. A:35).

D'après G. Robert, Desprez était entré en prison le 10 février 1885 (*L. Desprez, Lettres inédites à Emile Zola*, 36). Trublot parle du 12 février (*Cri*, 15-11-85: "Une honte"): "Avant-hier, jeudi, notre jeune confrère, M. Louis Desprez [...] est entré à la prison de Sainte-Pélagie, afin d'y purger sa condamnation." Alexis fit une visite au condamné vers le 9 mars (*Cri*, 11-111-85). Très affaibli par ce séjour en prison, Desprez rentra à Rouvres où il termina ses jours. C'est de ce village qu'il envoya le 25 mai 1885 une lettre à Alexis pour le remercier de son *Besoin d'aimer*. Celui-ci reproduisit cette lettre plus tard dans son feuilleton du 12 avril 1888 au *Cri du Peuple* (app. A:58). Dans un post-scriptum, Desprez avait ajouté laconiquement: "*Clocher* saisi à Bruxelles; procès encore là-bas; suppression définitive; plus d'asile." Et Trublot de commenter: "Pauv' garçon! Rien qu'c' post-scriptum l'peint tout entier. Cloué d'puis deux mois sur son lit de souffrance, c'est l'sort de son bouquin pourchassé par l'imbécilité et l'hypocrisie bourgeoises qui l' préoccupe surtout."

Dans le numéro du 10 décembre 1885, *Le Cri du Peuple* publia "Louis Desprez," article nécrologique signé d'Alexis (app. A:43). Le même jour *Le Figaro* (portant la date du 9 décembre) fit paraître celui de Zola (reproduit dans "Mélanges critiques," O.C., XII, 641-2). Enfin, le 17 décembre, Trublot revenait encore une fois sur ce sujet avec "Plusieurs enterrements": "Avez-vous lu l' navrant récit que fait Henry Fèvre d'l'enterrement d'son collaborateur, à Rouvres, dans l'*Evénement* d'hier? C'est à arracher des larmes – et bien autr'ment beau qu' la somptueuse apothéose d'Hugo, au Panthéon. La modeste chambre du village, pauvre, encombrée d'livres pourtant, avec l'tout petit cercueil, d'ce chétif. Absence d'la famille, car la mort même n' réconcilie pas les familles bourgeoises avec la littérature. Rien qu'deux amis, et quèques vignerons; plus un chantre extraordinaire, un curé d'village, etc., enfin, quoi! tous les personnages d'*Autour d'un clocher*! Connaissez-vous rien d'plus navrant, qu'ce romancier d'vingt-quatre ans, qui, à travers des champs détrempés, sous des rafales d'vent glacé, s'en va à sa dernière d'meure, accompagné seulement par ceusses qui lui ont servi d' modèle pour son œuvre?[...]"

2 Le roman naturaliste *Chair molle* de Paul Adam avait paru chez Brancart à Bruxelles au début de 1885. "Si vous tenez à savoir le fond de mon cœur naturaliste, disait Alexis dans la préface datée du 6 février 1885, je vous avouerai que ces questions de forme rigoureuse, de correction parfaite, d'habillement irréprochable, je les tiens pour secondaires dans le mérite d'un livre. [...] Ce qui m'a conquis dans *Chair molle*, ce

que j'ai trouvé solide, et sain, et rassérénant, ce sont les dessous de vérité que j'ai cru reconnaître derrière chaque page. Comme aurait dit Duranty: 'Ce livre a le son de la réalité.' "

Le roman, qui traite de l'onanisme, fut saisi. "J'apprends à l'instant, annonçait Trublot à ses lecteurs dans le *Cri* du 19 juin, que *Chair molle*, de M. Paul Adam, est poursuivi. C'est un garçon de vingt-deux ans, doux, inoffensif, bien élevé, studieux [...]. L'autr' jour, pendant qu'un très fort accès d'fièvre l'tenait couché, pan! pan! On frappe à la porte. Qui est là? La mère va ouvrir. C'est un huissier, embelli d'un énorme gourdin, qui, en l'absence du malade, a signifié à la mère la mise en prévention de son fils, 'auteur d'un livre ayant outragé les bonnes mœurs.' [...] Un d'ces jours, l'malheureux enfant ira s'asseoir sur l'banc [...]. Cette monstruosité inique sera l'œuvre, on peut l'dire, d'M. Francisque Sarcey, prince d'la critique, professeur d'théâtre, pion d'lettres, répétiteur d'petites au Conservatoire. Nom d'Dieu d'sacré nom d'Dieu!"

Le procès, auquel Alexis avait été appelé à comparaître, eut lieu le 10 août. "Trubl', aujourd'hui, est positivement écœuré, écrivait-il le lendemain. Y sort d'un procès –d'un procès à huis clos, s.v.p.– auquel il a assisté comm' il a pu, en s'déguisant en gendarme, p't'être. [...] Un procès, dont y n'nommera par conséquent ni l'président, ni l'avocat général, ni l'accusé, ni l'défenseur, ni les témoins. Y aura pas besoin d'tout ça pour démontrer, une fois d'plus, la bêtise générale et l'muffisme d'la magistrature. Quand on veut condamner un bouquin, une œuvre d'art, une manifestation élevée d'la pensée humaine, y a pas de vilaine mistouffe qu'on n'puisse employer. Tous les sales coups sont permis. Les ruses d'renard aussi. [...] Deux ans d'travail perdus! Plus d'bricheton! et l'déshonneur pour les imbéciles!" ("Une honte," ibid., 12 août) – Sur l'affaire Adam, cf. également A. Zévaès, *Les Procès littéraires au XIXe siècle* (Perrin 1924), 239–44.

3 Il ne semble pas que Zola soit intervenue dans cette affaire.

4 Billet non conservé

5 Il s'agit de la publication du feuilleton de *Germinal* au *Cri du Peuple*, laquelle avait été terminée le 21 décembre 1885. Voir la lettre 139.

6 Il veut dire: Plaine-Monceau, aux Batignolles.

150 [Paris] Lundi 15 Février [18]86

MON CHER AMI,

Un siècle encore sans vous donner signe de vie. Oh! La journée d'hier, anniversaire de Vallès,[1] le cimetière, la salle Graffard, Séverine et Poitebard,[2] zut! zut! Quand aurai-je conquis mon indépendance? Plus d'trubloterie: quel rêve! Hélas! – Enfin, causons d'autre chose.

Vu la reprise de l'*Assommoir*.[3] Deshayes, moins d'puissance que Gil-Naza, mais seul "personnel" après lui, trouvant des effets neufs. Pas encore été voir *Nana*.[4]

Grrrande nouvelle: les Daudet, chez lesquels je n'ai pourtant pas encore mis les pieds le jeudi, m'ont invité à dîner le 18.

Le 7, fait une apparition dans les nouveaux salons Charpentier.[5] Très brillants, tout le monde sur le pont, sauf vous et "les jeunes gens". (Tiens! on m'a affirmé –*on* c'est Paul Adam qui va publier *Soi*[6] chez Tresse,– que Huysmans et Hennique auraient quitté Charpentier, en s'engageant avec Tresse par traité pour leurs romans futurs.)[7] J'ai causé un peu, le 7, avec Cartillier,[8] qui a toujours une nouvelle à moi: "*La Pêche*", et ne m'a pas paru mal disposé: mais voilà tout de même *40 jours* que j'attends. Je crois qu'un mot de vous emporterait aujourd'hui la chose.

Votre filleul ou filleule[9] pousse et remue (je l'ai senti remuer). On est dans la layette jusqu'au cou. – Reçu la visite de Béliard, enfin, qui nous a invités tous les deux à aller à Etampes. Si ce beau soleil d'aujourd'hui, disperseur de pessimisme, continue, et si je me dépêtre vite de ma "souscrission naturalisse",[10] j'irai passer une semaine à Etampes, dans un but hygiénique pour ma progéniture future.

Quant à la pauvre *Mam'zelle Pomme*...[11] c'était afin de m'avertir que un acte de M. Noël,[12] ami de Valabrègue (Albin) passerait avant!!! Zut! – Le *Sycomore*[13] est enfin à la copie – Et c'te pauvre Mme Cœuriot?... j'm'y remets à peine.

A bientôt, n'est-ce pas? Et mille amitiés pour votre femme et pour vous

Paul Alexis

P.S. A propos d'ma "souscrission"! Pardon d'la charge qu'Trubl' vous a faite, à tous, d'la solliciter. Ça f'sait bien, dans l'boniment: c'était même indiqué! Pourtant si, un *"conseiller municipal de Médan démissionnaire"*, [14] ou tout autre appellation, – ou une liste de membres de la famille Rougon-Macquart, ou des personnages de l'*Œuvre*,[15] voulait m'envoyer des timbres-postes, c'est ça qui f'rait bien dans la boîte. Ou bien, gare à vous! gare! Trubl' est capable (à moins que je ne le retienne) de terminer la liste finale en mettant d'office: *"Emile Zola*, 25 centimes."

1 Le dimanche 14 février *Le Cri du Peuple* avait organisé un pèlerinage à la tombe de l'auteur de *Jacques Vingtras*, qui était mort il y avait un an (lettre 138, n.9).

A l'issue de cette manifestation le Comité central de l'Union des Socialistes pour l'action révolutionnaire avait convoqué un grand meeting public dans la Salle Graffard, 138, Boulevard de Ménilmontant. La réunion, organisée pour venir en aide aux grévistes de Decazeville et de Saint-Quentin, fut haranguée par Louise Michel, Duc-Quercy, Albert Goullé et Jules Guesde.

2 Voir la lettre 144, n.1

3 Au Châtelet, depuis le 9 février 1886. Le rôle de Coupeau, créé par Gil Naza (lettre 43, n.10), fut joué par Paul Deshayes (mort en 1891), qui était également auteur dramatique et musicien.

4 La pièce tirée de *Nana* (lettre 71, n.7) avait été reprise au Théâtre des Bouffes-du-Nord le 6 février 1886.

5 Voir la lettre 45, n.7

6 Trublot annonce le roman dans le *Cri* du 14 mai 1886: "Ce matin, chez Giraud [*sic*], paraît *Soi*, par Paul Adam. Ce récent livre de l'auteur de *Chair molle* est dédié à M. Paul Alexis, – c'qui n'gâte rien! Mais c'est pas à Trubl' qu'de pareils honneurs arriveraient."

Après avoir lu *Soi*, Zola écrivit à l'auteur le 1er juillet: "Il y a peut-être progrès sur *Chair molle*, bien que pour mon compte je préfère ce dernier, qui est d'une réalité plus immédiate et plus vibrante. Vous savez que je suis un bourgeois que la suggestion et autres décadences laissent froid" ("Vingt-deux lettres et billets d'Emile Zola," éd. A.J. Salvan, *Les Cahiers naturalistes*, No.37 [1969], 67).

7 En effet, ce sont Tresse et Stock qui publieront une grande partie des ouvrages de Huysmans, entre autres: *En Rade* (1887), *Certains* (1889), *Là-Bas* (1891) et *En Route* (1895). D'Hennique les mêmes éditeurs feront paraître *La Mort du duc d'Enghien* (1886), *Pœuf* (1887), *Un Caractère* (1889), *L'Amour* (1890), etc.

8 Rédacteur en chef au *Gil Blas*

9 Voir les lettres 143 et 146. Zola et sa femme seront les parrains de la première enfant d'Alexis. A son tour Trublot deviendra le parrain du fils de Zola, Jacques (né le 25

septembre 1891), tandis que la femme d'Alexis sera la marraine de la fille du romancier, Denise (née le 20 septembre 1889).

10 Titre complet: "Souscrission naturalisse d'Trublot pour les gosses à la Maheude," c'est-à-dire pour les petits des mineurs grévistes emprisonnés de Decazeville. "Y viennent d'jouer *Germinal*, lit-on dans le feuilleton de Trublot du 31 janvier 1886. Oui, dans la réalité, – à Decazeville. Est-ce que vous n'seriez plus ministre, monsieur Goblet? Et vous, monsieur Turquet, à quoi pensez-vous? Malgré votre interdiction, v'là qu'de vrais mineurs ont occis leur sous-directeur. Et l'on en est au tableau des gendarmes, qu'est pas fini d'représenter. [...] Est-c'que j'viens pas d'lire dans un torchon réactionnaire à 15 centimes (l'prix des w.c. bécarres!) qu'ce drame d'Decazeville est la faute à *Germinal* lui-même et à M. Zola, 'artiste inconscient'! Ça c'est-z-épatant d'idiotie et d'mauvaise foi. Aller accuser l'médecin qu'examine une plaie et qui la décrit d'l'avoir produite! Y a-t-y pas d'quoi vous faire sortir des gonds? On n'saurait pousser plus loin l'crétinisme injuste ni la haine d'la vérité."

Tout de suite après l'incident de Decazeville *Le Cri du Peuple* ouvrit une souscription pour venir en aide aux familles des "victimes." Trublot annonça la sienne le 9 février: "S'agit, –ô mes lecteurs et mes lectrices,– d'montrer qu' vous avez pour ma fiole un brin d'sympathie. C'est une espèce d'appel au suffrage universel qu'je fais. Si vous gobez mes '*A minuit*,' qui sont une espèce d'cri dans l'*Cri*,– d'cri naturalisse à ma façon, l'moment est venu de ... me prendre pour tirelire. [...] Faut qu'les naturalisses à leur tour apportent leur obole aux 'Petits des Justiciers.' Est-c'qu'y doivent point ça aux socialisses, dont l'*Cri*, leur chouette organe, d'puis beau temps permet à Trubl' d'imprimer tout c'qu'y pense, c'qu'on n'lui laisserait dire nulle part ailleurs? [...]

"En donnant à ma p'tite souscription particulière –qui, bien entendu, s'ra religieusement versée dans la grande,– en donnant si peu qu'ça soit, c'sera faire coup double, c'est-à-dire: c'sera donner aussi pour la bonne littérature généreuse, cell' de *Germinal* et de l'*Assommoir*, – ça s'ra s'ficher des crétins et des muffes d'toute espèce, ça s'ra donner un coup d'pied au c... aux Gobelets et *tutti quanti* du gouvern'ment qui auraient rudement mieux fait d'laisser jouer *Germinal* sur la scène, qu'de l'laisser jouer dans l'Aveyron. [...]"

Le 5 mars 1886 Trublot change le titre de sa souscription en: "Souscrission naturalisse pour les gas de 'Germinal'," pour aider non seulement les petits mais aussi les mineurs et leurs femmes en grève. Y ajoutant, à partir du 1er avril, une "loterie," Trublot annoncera le 15 août 1886 la fin de sa souscription à lui et de la loterie. Grand total: 9.186,35.

11 Voir les lettres 145 à 147

12 La comédie en un acte d'Edouard Noël et de L. Paté, *David Teniers*, fut représentée pour la première fois le 1er mars 1886 à l'Odéon. Il semble donc qu'Alexis fût à ce moment en pourparlers avec Porel pour la représentation de sa pièce à ce théâtre.

13 Voir la lettre 142

14 Depuis le 16 janvier 1881 Zola était conseiller municipal de Médan. Il le resta jusqu'en 1888. Cependant, à partir de 1885, il n'assista plus aux réunions du Conseil. Cf. G. Robert, "*La Terre*" *d'Emile Zola*, 121–2.

15 Le 23 février 1886 Zola écrit à Céard: "Je n'ai fini *L'Œuvre* que ce matin. Ce roman, où mes souvenirs et mon cœur ont débordé, a pris une longueur inattendue. [...] Mais m'en voici délivré, et je suis bien heureux, très content de la fin, d'ailleurs" (*Corr.*, 655–6).

≈ 151 [Paris] Vendredi 26 Mars [1886] Dans un café, 11 h^es soir

MON CHER AMI,

Votre bonne vient de me dire (par la petite fenêtre ronde)[1] que vous deviez être couché. – Je venais vous prier de ne plus tarder trop de me faire le *grand*, *grand*, l'immense plaisir de venir déjeuner un matin (à votre heure ordinaire, qui est aussi la nôtre). Songez que votre présence (hélas! les "convenances" font que je n'ose parler de votre femme, qui pourtant est tacitement invitée aussi, cela va sans dire) nous apporterait un peu de cette force morale dont on commence à avoir grand besoin ici, –moi tout le premier– devant un inconnu qui malheureusement peut être terrible.

Oui, venez, je vous en conjure, et vite, ce matin si vous voulez, ou demain, ou quand vous voudrez, pas besoin de prévenir, (seulement en arrivant un peu avant pour qu'on ait le temps de renforcer les côtelettes.) Qu'ajouterais-je? Que je veux vous montrer la layette de votre filleul (ou filleule) absolument terminée? Que j'ai, depuis trois jours, une salle-à-manger!!! Non ce n'est pas cela. Vous avez vu combien vous me remplissiez de joie, en me disant, de votre propre mouvement, il y a déjà bien des semaines, que vous viendriez. Songez donc quel regret, maintenant, et quel regret mortel, si vous arriviez *trop tard*. Hélas! superstitieux que je suis, j'y verrais un sombre présage.

Bien affectueusement à vous deux

Paul Alexis

P.S. J'ai terminé *l'Œuvre* ce matin.[2] Ce cimetière est un de vos plus belles pages et m'a remué: "le pauvre Duranty!" Et Flaubert![3] Et Cézanne, et moi,[4] et nous tous! *Notre* jeunesse à tous est dans ce livre.

1 De 23, rue de Boulogne
2 Le dernier feuilleton du roman avait paru dans le numéro daté du 27 mars du *Gil Blas* (lettre 146, n.5).
3 Zola s'est inspiré de Flaubert pour le personnage du peintre Bongrand, le "Vieux" révéré par la jeune école. En décrivant les funérailles de Claude Lantier, le romancier s'est souvenu de l'enterrement de Duranty, comme l'indiquent les notes qu'il avait prises sur le cimetière de Saint-Ouen, où reposait l'auteur du *Malheur d'Henriette Gérard* (*Rougon-Macquart*, IV, 1377). Sur les obsèques de Duranty, cf. M. Crouzet, *Duranty*, 394–7; voir aussi plus loin la lettre 168, n.3.
4 "Naturellement, Zola, dans cette œuvre, se verra forcé de mettre à contribution ses amis, de recueillir leurs traits les plus typiques. Si je m'y trouve, pour ma part, et même si je n'y suis point flatté, je m'engage à ne pas lui faire un procès" (*E.Z.*, 122). On se rappellera que l'idée du personnage de Paul Jory fut suggérée par Alexis. "De l'Alexis, je fais un journaliste," notait Zola dans l'Ebauche du roman. Et dans les notes sur les personnages: "Etudier en lui le journalisme courant, pas méchant garçon, mais tombant dans la fabrique et dans l'exploitation de la bourgeoisie, tout en gardant un scepticisme et en blaguant les bourgeois dans l'intimité " (B.N., MSS, n.a.f.10316, fols.290,234). Cf. *Rougon-Macquart*, IV, 1359, 1366–7.
   Sur le rapport entre le héros du livre, Claude Lantier, et Paul Cézanne, on consultera P. Brady, *"L'Œuvre" de Emile Zola* (Genève: Droz 1968), passim; R.J. Niess, *Zola, Cézanne and Manet*, 78–112; J. Rewald, *Cézanne*, 299–334.

152 [Paris, jeudi 1er avril 1886][1]

Pas eu le temps aller chez édit⁵ Charp^r:[2] mais tout va bien et, ce matin, on compte sur vous n'est-ce pas?[3]

Bien à vous

P.A.

1 Carte postale adressée à "Monsieur Emile Zola, 23 r. de Boulogne, Paris." Le cachet d'oblitération porte la date du 1er avril 1886.
2 Probablement pour y chercher son exemplaire de *L'Œuvre*, qui venait de paraître
3 Voir la lettre précédente

⅜🖢 153 Montmartre, Vendredi 2 Avril [1886], 11ʰ· soir – la veille probable de la grrrande journée.

Depuis ce matin, premiers indices avant-coureurs. Sage-femme, venue tantôt vers 5 heures, prétend que demain samedi, de *Midi à deux*, je serais fixé sur le sexe de ma progéniture. Divination problématique!

Tout est prêt: femme de ménage couche dans mon cabinet, sur le divan. Ma petite femme, pleine de courage, vient de se remettre au lit, et s'endort, en poussant quelques longs soupirs. Je vais vous jeter ce mot à la poste en fumant une pipe. Puis, je rentrerai lire un peu, et me coucher enfin, sur le qui vive d'ailleurs. – Demain, on vous tiendra au courant.

Bien affectueusement à vous, mes deux seuls amis véritables

Paul Alexis

P.S. Merci de l'*Œuvre* que j'ai reçue hier, et que je vais relire pour faire un article[1] après la crise, quand la critique d'ailleurs aura donné.

Séverine, vue tantôt au *Cri*, à 7 heures, n'avait pas encore reçu votre livre.

P.P.S. L'adresse actuelle de Duc-Quercy[2] est: à Decazeville, *hôtel du Midi*.

P.P.P.S. Ce n'est pas pour que vous vous *pressiez* pour le berceau que vous voulez bien nous donner,[3] que je vous envoie ces premières nouvelles. Au contraire, prenez tout votre temps: la sage-femme m'a dit que les premiers jours, un simple tiroir de commode remplaçait très bien le berceau. – Et, vous savez, de la simplicité, –naturalistement! – P.P.P.P.S. Quelle envie furieuse d'épater la famille, dans quelques 24 heures, par lettre ou dépêche!![4]

1 Le seul article qu'Alexis consacrât à *L'Œuvre* fut celui du *Cri du Peuple* du 11 janvier 1886. Trublot y prend un journal à partie pour avoir critiqué le roman après dix-huit feuilletons seulement.
2 Jean Quercy, dit Duc-Quercy, était un des rédacteurs au *Cri du Peuple*.
3 Voir à l'app. J:12 l'extrait des *Mémoires de ma vie morte* de George Moore, où l'auteur raconte une visite à Alexis, chez qui il a remarqué "le lit d'enfant," qui était "un cadeau du grand, cher et illustre maître" (60).
4 La famille d'Alexis ignore toujours la situation conjugale de ce dernier (lettre 135, n.5).

MES GENTILS AMIS,

Ne vous ayant pas trouvés tantôt, (comme je m'y attendais malheureusement, du moment que j'ai encore ce Dimanche raté Goncourt)[1] je tiens à vous remercier aussi.[2] Quelle bonne journée vous m'avez fait passer, heureux, doublement, car je l'étais aussi de voir la surprise et la joie que vous produisiez. Jusqu'à la petite bonne que nous avons prise pour un mois, qui en dansait de plaisir en venant nous annoncer ça, et qui, lorsque le joli petit lit blanc a été tout dressé (oh! ça n'a pas été long) et les rideaux passés dans la flèche, et le beau nœud bleu en place, et les mignons objets exposés sur le moëlleux couvre-lit au crochet, répétait: "Madame, ce soir! ce soir!... Il faudrait maintenant qu'il arrivât ce soir!!!"

C'est qu'*il* n'a pas encore l'air de se disposer à arriver, maintenant que la fausse alerte (suivie d'une ou deux moins fortes) est passée. Enfin, ce sera toujours un poisson d'Avril dans un œuf de Pâques – ça j'en réponds.

Merci encore et bien affectueusement. Votre vieil ami

Paul Alexis

P.S. A bientôt! N'est-ce pas, que devez-vous penser de ma "rareté"? J'en suis furieux contre moi, furieux contre l'affollement où me jette la *loterie-souscription*,[3] qui, grâce à ma lenteur hésitante, m'accable de travail; jusqu'à des onze heures du soir, englué au *Cri*, où je finis par me faire apporter un potage, perdu au milieu des chiffres, des timbres, des mandats, des lots, d'un tas de types qui viennent me relancer. Comment vais-je m'en tirer et quand tout ça sera-t-il fini? – Me faire aider? L'administration? Vu la ladrerie du docteur,[4] il n'y a que deux malheureux employés, plus perdus que moi dans la grande souscription.

P.P.S. Très chic, M. *Edinger*, l'éditeur aux petits bouquins à 5 sous.[5] Intelligent! Quelque chose à faire avec lui.[6] – Je vais traiter pour *Pellegrin*, en 3 petits volumes, à 100 d'avance pour chacun, plus 5ᶠ pour chaque mille tirés. Son édition est de 5000! Il espère créer des débouchés dont on ne se doute pas, dit-il.

---

1 Edmond de Goncourt notait dans son *Journal* ce jour-là: "Je montre aujourd'hui à Jeanniot et aux gens qui sont là des aquarelles de mon frère. C'est vraiment très amusant de voir l'ennui que cela cause à Zola, et le manège auquel il se livre pour ne point les regarder et gagner le fond de la pièce. [...]" (III, 560)

2 Du berceau que les Zola avaient offert aux Alexis (voir la lettre précédente)

3 Voir la lettre 150, n.10

4 Guebhard (lettre 132, n.9)

5 "Un homme intelligent et hardi, M. Edinger, qui, d'simple p'tit libraire à Lyon, est en train d'd'venir un des premiers éditeurs pantinois, vient d'créer, au 34 d'la rue d'la Montagne-Geneviève, une '*petite bibliothèque universelle*' à... 25 centimes l'bouquin. Certes, ça existait déjà, les bouquins à 25 centimes: mais on n'vous servait qu'des vieilleries: du Bossuet, ou l'théâtre de Voltaire, ou les sermons d' Massillon: mince!

"Alors, hip, hip, hip, hurrah pour M. Edinger, qui, lui, moyennant *cinq ronds* 'bouquin, vous sert déjà du Léon Hennique, du Cladel, de l'Hector France, du Bonnetain, du... Paul Alexis, –dame! c'est qu'un commenc'ment, tout ça!– mais qu'est en train, j'crois, d'traiter pour la *Thérèse Raquin* d'Zola. – Et, d'ici quatre ou cinq ans, si vous l'aidez parbleu! y a formé l'projet d'répandre, –à c'prix modique d'cinq sous,– *tous les bouquins naturalisses*, jusque dans 'les plus petits villages' d'France. Qu'on s'le dise! Oui, une grrrande idée (vous savez qu'Trubl' s'y connaît, en idées), qu'a eue là M. Edinger – souvenez-vous bien d'ce nom! [...]" ("La révolution du livre," *Le Cri du Peuple*, 2-XII-86)

6 La "Librairie des Publications à 5 centimes" sortit en 1886 *Les Femmes du père Lefèvre* et *Un Amour platonique* (anciennement: "Journal de M. Mure"); l'année suivante parut *L'Infortune de monsieur Fraque*. Ces trois nouvelles font partie du recueil de quatre nouvelles que Charpentier avait publié en 1880: *La Fin de Lucie Pellegrin* (lettre 50, n.4).

🐌 155 [Paris, dimanche] 25 Avril [18]86

MON CHER AMI,

Ouf! quelle semaine je viens de passer, d'angoisses, de transes continuelles, avec cela mal servi par une femme de ménage "moule" et insuffisante, faisant moi-même la garde-malade, et obligé de m'occuper de tout, moi qui, depuis de longs mois, avais repris l'habitude d'enfance de ne m'occuper de rien. Enfin, tout va bien. La malade, aujourd'hui, s'est levée une demie heure, pour la première fois. "Le lait est monté!" Et votre filleule[1] est une superbe demoiselle très forte et très sage, qui tète avec l'appétit de son père et dort presque tout le reste du temps, en ne pleurant à peu près jamais.

Maintenant que j'ai un peu plus de liberté d'esprit, je vais pouvoir m'occuper de l'*Œuvre*.[2] –

J'ai fait votre commission auprès de Guesde,[3] qui, très gentiment, s'est mis aussitôt à votre disposition, en vous demandant seulement huit ou dix jours de répit, au sujet des événements et de l'élection.[4] (Mais trois ou quatre jours sont déjà passés depuis notre entretien et la candidature Roche a été décidée.)

Guesde, au sujet du lieu de l'entrevue, a ajouté:

–"Ce sera où M. Zola voudra; mais, pour éviter la gêne et la froideur de l'*interview*, ce serait plus gentil de déjeuner ensemble, tous les trois et c'est vous qui nous serviriez de trait d'union..."

Qu'en pensez-vous? Si la chose vous va, fichez vous-même le jour, l'heure et l'endroit. Dès que je connaîtrai votre décision,[5] je la transmettrai à Guesde, un garçon très curieux, très poli, vivant haut, c'est-à-dire en plein rêve, et, l'âme du *Cri* aujourd'hui.[6]

Bien affectueusement à vous deux

Paul Alexis

1 Paule Alexandrine Emilie Jeanne Marie, premier enfant d'Alexis, naquit le 19 avril, à huit heures du matin. Elle mourra le 7 mars 1952, à Bruxelles. Cf. l'article illustré de son fils, signé "Vallobra" (pseudonyme de Gabriel de Grandry): "Hommage à ma mère. Lettre d'adieu," *Apollo* (Bruxelles), No.96 (1er avril 1952).

2 Voir la lettre 153, n.1

3 Zola prépare son prochain roman, *La Terre*, depuis le début de mars 1886. Il écrira à Van Santen Kolff le 27 mai: "Ce roman m'épouvante moi-même, car il sera certainement un des plus chargés de matière, dans sa simplicité. [...] J'y veux poser la question sociale de la propriété; j'y veux montrer où nous allons, dans cette crise de l'agriculture, si grave en ce moment. Toutes les fois maintenant que j'entreprends une étude, je me heurte au socialisme. [...] J'ai l'ambition démesurée de faire tenir toute la vie du paysan dans mon livre, travaux, amours, politique, religion, passé, présent, avenir [...]. Mais aurai-je la force de remuer un si gros morceau? En tout cas, je vais le tenter" (E. Zola, *Letters to J. Van Santen Kolff*, 10).

Par l'entremise d'Alexis, l'auteur de *Germinal* aura le 2 mai une entrevue avec Jules Guesde (lettres 156 et 157), auprès de qui il veut se renseigner sur les aspects sociaux de l'agriculture. On trouve les résultats de cette rencontre dans les "Notes Guesde," qui font partie du dossier préparatoire de *La Terre* (b.n., mss, n.a.f.10329, fols.241–6, 249–61. Cf. G. Robert, *"La Terre" d'Emile Zola*, 134–5; *Rougon-Macquart*, iv, 1514–15.

4 Pour les élections législatives du 2 mai 1886 le Congrès électoral socialiste avait nommé Ernest Roche le 21 avril comme candidat du département de la Seine. Il fut battu le 2 mai par Alfred Gaulier, candidat des Radicaux.

5 Celle-ci ne se fait pas attendre: "En effet, il vaut mieux déjeuner, et c'est moi qui vous offre, n'est-ce pas? où vous l'aurez décidé vous-même. Seulement, il faut se hâter, car je vais partir. Ne pourriez-vous voir M. Guesde demain et lui demander s'il sera libre après-demain mercredi? S'il le peut, prenez rendez-vous où il vous plaira et venez me chercher mercredi à onze heures. Cela m'arrangerait absolument. [...] Cela me ferait plaisir d'avoir la réponse demain soir" (lettre du 26 avril, *Corr.*, 657).

6 Depuis la mort de Jules Vallès, Guesde était le directeur politique du *Cri du Peuple*. Il allait quitter le journal le 1er avril 1887.

§🐍 156 [Paris] Mardi soir [27 avril 1886]

MON CHER AMI,

Pas de chance! Guesde n'est pas venu ce soir au *Cri*, il a... le ver solitaire! Et a dû se traiter aujourd'hui. Je n'ai donc pu l'avertir.[1]

Si je ne le vois pas demain, je lui écrirai – pour Dimanche.

A bientôt. Votre

Paul Alexis

N'ayant pas de carte télégraphique sous la main, et l'heure étant tardive, je vous écris par la poste.

1 Voir la lettre précédente

§🐍 157 [Paris] Mercredi soir [28 avril 1886]

MON CHER AMI,

Enfin, j'ai vu Guesde, allégé de 25 mètres de ver solitaire. Il accepte votre invitation pour Dimanche[1] (le jour lui va même tout à fait: élection! donc *pas de réunion!*) Rendez-vous à Midi moins quart, au *café de la Presse* (rue Montmartre). J'irai donc vous prendre à 11 heures. Et nous tâcherons de le faire sortir son autre tœnia, – le socialisme.

Votre

Paul Alexis

L'adresse de l'homme au double ténia est 23, r. Brézin. Il m'a dit être très exact, et je n'ai à lui écrire qu'en cas de contr'ordre.

1 Voir les lettres 155 et 156

〰 158 [Paris] Dimanche soir [9 mai 1886]

MON CHER AMI,

Tantôt, en passant devant chez vous, j'ai su votre retour de la Beauce,[1] en bonne santé.

Puisque vous m'avez laissé le choix sur la date du baptême,[2] je vous avoue que nous préférerions en *Juin*. Le rétablissement de ma femme se fait trop lentement pour y songer tout de suite. Médiocrement servis par une femme de ménage à peu près nulle, ma femme voudrait mettre la main à tout et ce serait actuellement une fatigue qui pourrait lui être funeste, d'autant plus qu'elle nourrit comme vous savez.

Votre filleule prospère, – sauf un terrible coup d'air à un œil (avant hier, en pleurant, il y avait du sang dans ses larmes) qui nous a donné bien du souci. Que de transes, de tout genre! C'est bien dur, une crise pareille, dans les conditions d'inexpérience où nous la traversons, réduits à nous-mêmes hélas! Pas même de médecin sérieux sous la main! Le Dr. Dubrocca que nous avons rappelé une fois, n'est qu'un méridional grossier, poseur, brutal, et, fort probablement, incapable. Quant à la sage-femme, lorsque je lui ai eu complété ses 40 f, elle nous a dit dès le 8me jour que sa présence devenait inutile. Puis, à partir du surlendemain, de son propre mouvement, elle est revenue trois jours de suite, avec des allures étranges; puis, le 3me jour, moi n'étant pas là, elle a déposé sur la cheminée une note de *107 f*, mentionnant reçu *40 f* à compte. J'arrive sur ces entrefaites: jugez de ma stupéfaction! Et de mon irritation aussi, de voir le mal qu'elle faisait à la nourrice: je l'ai à peu près mise à la porte, et depuis, bien entendu, elle n'a plus donné signe de vie.

Hier soir, très inquiet par l'œil de la petite, j'ai demandé un médecin au docteur Ghuébard, qui, séance tenante, m'a écrit un mot pour un certain Dr. Lafage, 30, rue Legendre, qui est le beau-frère de Quercy: séance tenante j'ai mis le mot à la poste, et, toute la journée, nous avons attendu, en vain. Heureusement que l'œil a l'air d'aller mieux tout de même. Allez! tout n'est pas rose: mais je ne regrette rien pour cela: c'est la vie.

Bien affectueusement, votre vieil ami

Paul Alexis

Le *Cri* vous arrive-t-il? J'ai fait votre commission,[3] mais avec un retard de 2 jours. – Pas encore eu une heure de liberté d'esprit pour m'occuper de l'*Œuvre*. Les boîtes de baptême: il m'en faudrait 5 ou 6 pour les dames du *Cri* et 3 ou 4 pour les voisines de la maison – si je ne suis pas indiscret.

1 La date de cette lettre ne laisse plus de doute sur la durée du séjour que fit Zola en Beauce, où il était allé le 3 mai, pour y faire une enquête sur les lieux. L'auteur avait écrit le 6 mai de Châteaudun une lettre à Céard, où il annonçait son retour à Médan pour le 11 mai: "Je tiens le coin de terre dont j'ai besoin. [...] J'y aurai tout ce que je désire, de la grande culture et de la petite, un point central bien français, un horizon typique, très caractérisé, une population gaie, sans patois. Enfin le rêve que j'avais fait" (*Corr.*, 658). Il avait donc trouvé son village de Rognes de *La Terre*: il fut modelé sur celui de Romilly-sur-Aigre, près de Cloyes. Cf. G. Robert, *"La Terre" d'Emile Zola*, 136–40; *Rougon-Macquart*, IV, 1515–17.
2 De la fille d'Alexis (lettre 155, n.1)
3 Il pourrait s'agir ici d'un des articles que Jules Guesde avait publiés dans *Le Cri du Peuple* sur les questions agraires (numéros du 20 et du 23 avril 1884, du 28 février 1885), et dont le romancier aurait besoin pour la préparation de son œuvre. Il était cependant un abonné régulier du *Cri*.

159 [Paris, mardi] 1er Juin 1886

MON CHER AMI,

J'ai rappelé à Guesde. Il va demander à son ami Lafargue les trois articles en question:[1] dont deux ont déjà paru dans des revues, et l'autre, encore inédit, vous sera communiqué en manuscrit.

Guesde a ajouté qu'il ne possédait pas, mais que, si vous aviez quelque ami à Londres, vous pourriez vous procurer:

"*L'Enquête sur l'agriculture américaine*, faite par 3 membres de la Chambre des Communes, délégués aux Etats-Unis."

–Cette enquête a-t-elle été traduite en Français?

–C'est probable, m'a-t-il répondu; mais je ne saurais vous le garantir.

Et voilà, mon bon, dès qu'il va me donner quelque chose, je vous adresserai cela à Médan. (S'il oubliait, je lui rafraîchirais la mémoire.)

Je suis un peu plus calme. La santé de Paule Alexandrine est bonne, les yeux guéris, l'appétit énorme. Depuis qu'elle est entrée dans son second mois, le sourire est venu. Ma dernière inquiétude est que nourrir fatigue la mère, qui, tout en ayant du lait, m'a dit le médecin, pourrait, si elle s'entête, y laisser sa santé.

Maintenant, relativement au service que je vous ai prié de me rendre auprès de la famille,[2] dès que vous irez dans le Midi, (irez-vous cette année au moins?)[3] je vous dirai que j'ai fait une excellente découverte: Ma femme n'a réellement pas été reconnue, par sa mère. L'acte de naissance que je vous ai montré, n'est qu'une déclaration de sage-femme, laquelle n'a pas été suivie d'effet, la mère n'ayant jamais fait d'acte de reconnaissance. "Donc, m'a-t-on dit au bureau de l'Etat civil de Montmartre, votre femme, étant majeure, peut se marier, quand elle voudra, sur la présentation de cette seule pièce, sans le consentement de personne." Voilà qui simplifiera énormément les choses.

Restera à inventer une histoire bien vraisemblable et pas trop compliquée, pour faire avaler la chose à mes provinciaux de parents. N'est-ce pas, vous m'aiderez à la chercher, dans la logique, ô romancier.

Bien affectueusement à vous deux

Paul Alexis

P.S. Pour le baptême, la date qui vous conviendra le mieux: fixez-la vous-même.[4]

P.P.S. A ce propos, un conseil s.v.p. Ayant actuellement un peu d'argent, (grâce à Edinger éditeur),[5] je voudrais acheter tout de suite –sinon le buffet déjà,– au moins une table de salle à manger à rallonge et des chaises de salle à manger. Où me conseillez-vous de chercher ça, et en quel bois, et dans quel prix?

P.P.P.S. Ce qu'elle commence à me bassiner la loterie-souscription.[6] – Dire que je n'ai pas encore eu le temps ni la place, de pondre le bel article que je rêve sur l'*Œuvre*.[7]

P.P.P.P.S. Avez-vous lu? Une *Mademoiselle Pomme* roman, par Mlle Angèle Regnault.[8] Sous le coup de la mélancolie première, je me suis laissé aller à écrire quelques lignes bien senties mais aimables, au bon Philippe Gille, qui a eu le mufflisme jusqu'ici de les tenir pour non avenues.

1 Il s'agit de trois parties d'un seul article de Paul Lafargue: "Le blé en Amérique, production et commerce," dont les deux premières avaient paru dans le *Journal des Economistes*, numéros de juillet et d'août 1884. Voir la lettre suivante et *Rougon-Macquart*, IV, 1600.
   Quant à *L'Enquête sur l'agriculture américaine*, dont le *Journal d'Agriculture* fit un compte rendu en janvier 1881, il ne semble pas que Zola s'en soit servi pour la documentation de *La Terre* (G. Robert, *"La Terre" d'Emile Zola*, 135).
2 Ce sera Zola qui ira jouer le rôle d'intermédiaire entre Alexis et sa famille à Aix-en-Provence, pour leur révéler le "mariage" de leur fils. Voir la lettre 162.
3 Zola ne s'y rendra pas; il va passer quelque temps au mois de septembre à Royan, chez les Charpentier.
4 Voir la lettre 161
5 Voir la lettre 154
6 Voir la lettre 150, n.10
7 Voir la lettre 153, n.1
8 Alexis se trompe de prénom. C'est l'actrice Alice Regnault, future femme d'Octave Mirbeau, qui était l'auteur du roman portant le même titre que la pièce de Duranty et Alexis. La "Revue bibliographique" du *Figaro* du 9 juin 1886 décrivait brièvement ce roman comme la "photographie d'une existence du demi-monde, roman-étude dont le dénouement laissera peu de lecteurs indifférents." Le manuscrit de l'ouvrage se trouve à la Bibliothèque de l'Institut (dossier Mirbeau, MS. 4523).

---

160 [Paris] Mardi soir 8 Juin [1886]

MON CHER AMI,

En même temps que ce mot, je jette à la poste un petit rouleau contenant ce que m'a remis Guesde, le manuscrit du 3me article de M. Lafargue, et la conclusion du second.[1] Quand à la lettre de Lafargue à Guesde, qui accompagnait le tout, j'ai préféré l'adjoindre à la mienne. A vous de décider s'il faut que j'achète, (ou si vous ferez acheter par la librairie Charpentier qui aura peut-être la remise) les deux n^os en question du *Journal des Economistes*, qu'on trouverait, m'a-t-on dit au Palais-Royal, à la "Librairie Economique Guillaumin."

Et voilà... Non! j'oubliais... J'ai à vous faire une commission de la part de Guesde qui vous demande le service suivant: Il désirerait que vous écriviez un mot à Marpon pour M. Lafargue, qui est l'auteur d'un travail sur *Hugo*,[2] jugé comme il convient au point de vue socialiste,– qu'il désirerait publier en brochure et qui lui a été refusé par tous les éditeurs, comme insuffisamment respectueux.

Bonne pioche. Et nos amitiés à vous deux.

Paul Alexis

Bébé va bien, s'est dit d'être magnifique pour le baptême, tête en conséquence. Béliard, l'autre matin, est venu déjeuner, et nous a réinvités à aller à Etampes, ce que je ferai peut-être, en Juillet,[3] après la cérémonie. Pourvu que d'ici là, je sois débarassé de cette "loterie" de malheur![4] A ce propos, je vous rappelle que vous m'avez promis deux *Germinal illustré*,[5] dont un comme lot, avec autographe. Je vais le mettre dans le premier tirage!

Je suis enfoncé aussi dans les épreuves de Moore.[6] – Hélas! cette pauvre Mme Cœuriot au milieu de toutes ces vaines besognes! – Je ne parle pas de Bébé, – mon œuvre la plus vivante jusqu'ici.

---

1 Voir la lettre 159, n.1

2 *La Légende de Victor Hugo* de Paul Lafargue ne fut publiée qu'en 1902, chez G. Jacques.

3 Alexis passera quinze jours au mois d'août chez Béliard. Voir la lettre 162.

4 Voir la lettre 150, n.10

5 La Librairie Illustrée avait sorti en plusieurs livraisons, entre décembre 1885 et mai 1886, une édition de *Germinal*, illustrée par J. Férat (*Rougon-Macquart*, III, 1809).

Le 1er avril 1886 Trublot avait annoncé à ses lecteurs: "Je viens de recevoir *deux* nouveaux *lots*!!! 1° Un exemplaire de *Germinal*, par Emile Zola, sur papier de Hollande, avec *autographe* de l'auteur. 2° Un exemplaire du *Besoin d'aimer*, par Paul Alexis, également avec *autographe* de l'auteur, mais sur papier très ordinaire (hélas!)."

6 Il s'agit de la traduction française de *A Mummer's Wife* de George Moore (London: Vizetelly 1885). Dès le 29 octobre 1884 Théodore Duret écrivait à Zola de Londres: "J'ai vu Moore très souvent, ces derniers temps. Je viens de lire son nouveau roman *A Mummer's wife* qu'on peut traduire par *La femme d'un Cabotin*. C'est une œuvre très remarquable, supérieure à tout ce que j'eusse attendu de lui. Le roman est puissant, se développant logiquement par grandes lignes. Il se rattache à votre école par la réalité du milieu, la vérité des types, la hardiesse des peintures, mais on n'y sent point le pastiche. La couleur du style et le moule de la phrase sont bien anglais, faisant beaucoup plus penser à Dickens ou à Georges Elliott, qu'à aucun romancier français. En somme notre ami Moore vient de se signaler et je ne doute point de son avenir" (B.N., MSS, n.a.f.24518, fols.279^v–280). (Cf. M. Chaikin, "George Moore's *A Mummer's Wife* and Zola," *Revue de Littérature comparée*, XXXI (1957), 85–8.)

La traduction française de ce roman, par Judith Bernard, dont Alexis corrigea les épreuves, parut chez Charpentier en 1888. Il y a plusieurs allusions à cette traduction dans les lettres de George Moore à Emile Zola (B.N., MSS, n.a.f. 24522). La plupart des lettres ne portent pas de date. Vers le début de 1885 Moore écrivait: "J'ai reçu de Madame Judith Bernard, sociétaire de la Comédie Française, une proposition de traduire mon livre. Avez-vous jamais entendu parle d'elle? Est-elle capable de faire une traduction" (fol.361). Et un peu plus tard: "Suivant vos consills j'ai ecrit a Madame Bernard pour qu'elle commence de suite la traduction de mon livre" (fol.403).

Mais les choses traînèrent et Moore s'impatienta de plus en plus. "Je ne sais ce qui devient de Madame Bernard. Il me semble qu'elle ne vaut grand chose. Quel rasoir" (fol.416v). Le 16 août 1885 il demande: "Avez-vous entendu parler de la dame qui traduit le Mummer's wife – On traduire le livre maintenant en Hollandais, du moins M. Netecher me le dit: mais apres les retards de Madame Judith je commence a perdre confiance dans les traductions" (fols.389–389v). Et encore le mois suivant, le 26 octobre: "Il y a un mois que j'ai dans la tête de vous écrire, mais j'aime guerre de vous embêter avec le recit des ennuis que j'ai avec Madame Bernard. Je lutte mais je ne suis pas encore sorti du cauchemar dont elle m'enveloppe. Duret est a Londres et il me dit que Charpentier reclame la traduction mais la bonne femme ne peut comprendre que je ne puis attendre indefinement lorsqu'elle cherche a placer le livre en feuilleton. Aujourd'hui je lui ecris encore qu'elle fini la date qui lui conviendra, mais que ce soit une date" (fols.394–394v). Voir plus loin les lettres 164 (n.8) et 117 (n.12).

⁂ 161 [Paris] Dimanche soir [11 juillet 1886].

MES MEILLEURS AMIS,

Comme il y a longtemps que je ne vous ai donné de nouvelles! Votre dernière[1] m'a trouvé à cette période aiguë du remord, qui finit par me mettre la main à la plume.

Oui, pour le 17, voilà qui est entendu.[2] Mlle ma fille et sa nourrice vont maintenant très bien, le moment est donc parfaitement choisi. Nous n'avons rien acheté de ce que vous voulez bien nous offrir, et, une fois de plus, je vous serai très reconnaissant. En revanche, j'ai fait des folies: une salle à manger Henri II, avec chaises et table de l'époque: je ne vous dis que ça! Et j'aurai donc la joie de pendre avec vous la crémaillière, samedi, à l'heure que vous nous indiquerez. Je n'ai invité que M^r et Mme Lasellaz,[3] ce peintre mon voisin dont la femme a été si bonne pour la mienne, le 19 Avril,[4] en m'aidant à sortir de mon inexpérience affolée, et en servant de mère à celle qui n'en a pour ainsi dire jamais eue. Me permettez-vous d'inviter aussi Paul Adam, qui est un brave garçon, pas riche, –même très en dèche aujourd'hui[5]– à qui je voudrais donner cette preuve d'amitié?[6]

Enfin, à bientôt. Empêtré dans ma maudite loterie,[7] je remettrai à plus tard ma visite, puisque vous revenez le 15. Soyez mon interprète auprès de vos hôtes,[8] exprimez-leur tous mes regrets de ne pas pouvoir passé une ou deux bonnes soirées avec eux, comme l'an dernier. Hélas! on ne fait jamais ce qu'on veut.

Une bien affectueuse poignée de mains de votre vieux

Paul Alexis

P.S. Rencontré Coste Numa, avant hier, sur le Boulevard. Venu pour son procès. Il compte allez vous voir à Médan, mais quand vous y serez, sans doute, retourné. D'ailleurs, si je le revois, d'ici à samedi, je l'inviterai aussi (Une table à trois rallonges!!!)

1 La lettre du 10 juillet 1886 (voir ci-dessous)
2 Le baptême de Paule Alexandrine Alexis, auquel devaient assister les Zola, en leur
   qualité de parrains, eut lieu le 17 juillet. Il avait d'abord été prévu pour le début de
   juillet. "Nous comptions aller à Paris vers le 5, et profiter du voyage pour procéder au
   baptême de votre héritière, avait écrit Zola le 30 juin. Mais les Charpentier qui ne
   devaient venir ici qu'à la fin du mois, nous écrivent qu'ils arriveront le 3 juillet pour
   repartir le 12. Donc voilà notre voyage et la cérémonie reculés d'une vingtaine de
   jours. Je vous préviens pour que vous ne nous attendiez pas en vain" (Corr., 660–1).
      Nouvelle lettre le 10 juillet: "Ce sera le samedi 17 juillet que nous baptiserons le
   bébé, si cela vous convient. Et dès maintenant, car il est d'usage que la marraine donne
   la robe de baptême, la pelisse et le bonnet, je vous prie de me dire si vous n'auriez pas
   déjà ces objets, auquel cas, la marraine donnerait autre chose. Réponse tout de suite,
   car nous désirons être fixés pour les achats quand nous irons à Paris. Nous y arriverons
   le jeudi 15, sans doute, et je vous écrirai pour vous voir dès ce soir-là. Mais ma femme
   désire être renseignée tout de suite. Ecrivez-nous donc ici dès que vous le pourrez"
   (ibid., 662).
3 Le peintre et pastelliste Gustave-François Lasellaz exposait depuis 1883 au Salon des
   Artistes français, dont il était sociétaire.
4 Date de la naissance de la fille d'Alexis
5 Voir la lettre 149
6 "Invitez Paul Adam, vous êtes chez vous, et cela me fera grand plaisir de le voir.
   Seulement, il faut que nous rentrions absolument à Médan samedi soir, car le lendemain dimanche, jour de fête du pays, ma femme donne le pain bénit. Nous ne pourrons donc que déjeuner chez vous, et voici ce que je vous prie de faire tout de suite.
   Allez à l'église, voyez si l'on ne consentirait pas à faire le baptême à onze heures, ou
   même à midi, ce qui est contraire à l'usage, je crois; dans ce cas, nous déjeunerions chez
   vous à midi et demi, après le baptême. Ou bien, faites mettre ce baptême à trois heures
   précises et nous déjeunerions à midi pour aller ensuite à l'église, de façon à ce que nous
   soyons libres à quatre heures" (lettre du 14 juillet, ibid , 662–3).
7 C'est toujours la "souscrission-loterie naturaliste" de Trublot (lettre 150, n.10).
8 Les Charpentier (vous plus haut la note 2). "Je vous sais trop occupé pour vous dire
   de venir passer un jour ici avec votre éditeur, avait ajouté Zola dans la lettre du 30
   juin. Enfin, si le désir vous en prend, vous savez que vous nous ferez plaisir et que votre
   lit est toujours prêt" (Corr., 661).

162 Genville, près Lardy, S. et Oise (chez Jaffré, mercier).
Jeudi, 2 Septembre 1886

MON CHER AMI,

   Donc, enfin, voici de nos nouvelles Le 10 Août, parti pour Etampes,
avec ma femme, votre filleule et Black.[1] Nous avons passé deux semaines
chez Béliard, un Béliard vieilli, mais surtout attristé, assombri, éteint par la
politique, un Béliard endolori de la récente claque électorale reçue.[2] Plus
même ce bel entichement de sincérité et de justice, ni cette ardeur de discussion à jet continue, que nous lui connaissions! Non! un taciturne, parlant
à peine, ne touchant plus un pinceau cela va sans dire, passant des heures,
pendant que j'élucubrais, debout devant la fenêtre du cabinet de travail,
tantôt à regarder le talus du chemin de fer qui passe à cinquante mètres,
dans le ciel, tantôt à se couper des poils de barbe ou à se brosser les dents, et
la langue, en face d'une petite glace portative mise devant la fenêtre. Par
exemple, pondant généralement un article par semaine dans un canard de la
région. Quant à Mme Béliard, elle va mieux, tient très bien sa maison,

319

gagne à être vue dans son intérieur, d'une propreté flamande, aujourd'hui très confortablement meublé, parquets en pichepin, etc. D'ailleurs, avait à soigner une de ses sœurs en convalescence après une fausse-couche de deux jumaux avant terme. – Egayer Béliard, au milieu de tout ça, n'était pas facile; à la fin, pourtant j'y étais arrivé: il cherchait des motifs et parlait de se remettre à des études. L'avant veille de notre départ, un dîner où étaient invités à notre intention ses amis Desplier, père et fille, s'est passé assez gaîment. Un type de province à utiliser, la dite demoiselle: dot de 80 mille et Sainte Catherine!

Et, votre filleule et sa nounou s'étant trouvées admirablement bien de ce commencement de villégiature, depuis le 24 Août, nous sommes ici, dans un adorable petit endroit, (que j'ai découvert après 2 jours de recherches d'Etampes à Brétigny), genre Médan, pas de bourgeois, une jolie petite rivière, qui fait lac devant un moulin, de grands arbres, un pont, etc.[3] Pour 12 F par mois, une vaste chambre, pas luxueuse par exemple, même d'un sale, avant notre arrivée, oh! d'un sale! mais Dédèle a aussitôt fait laver et nettoyer tout ça. Nourriture, 5 F par jour pour nous deux. A midi, nous mangeons dans une espèce de tonnelle de vigne-vierge, attenant à la bibine; le soir, nous dînons dans notre chambre. Et, tout comme à Médan, je me suis remis à *M*ᵐᵉ *Cœuriot*. Parbleu: je me couche à 10 heures![4] Ce soir, une vraie débauche: il est onze heures et quart et je clos mon épître en vous disant mille choses aimables à tous deux. Votre vieil ami

Paul Alexis

P.S. Votre filleule, toujours très sage, se joint à moi, ainsi que sa nounou. Elle prospère beaucoup, Paule Alexandrine, presque toujours dehors, au moyen d'une petite voiture que je lui ai achetée à Etampes (30 F: une *roue d'devant* et *2 d'derrière* dirait Trublot!–)

La seule ombre au tableau, c'est que, jusqu'ici, avec la queue de cette maudite loterie,[5] chaque samedi soir, jusqu'au dimanche ou lundi matin j'ai dû aller à Paris. Mais encore un ou deux de ces voyages, j'espère en être sauf, et rester ici le plus longtemps possible.

3 Septembre, Vendredi

Une autre ombre au tableau, mon pauvre ami, c'est cette affectueuse lettre de ma mère, que je ne reçois que ce matin, car elle s'est promenée à Paris. Vous voyez comment on me réclame et en quels termes pressants. Comprenez-vous maintenant pourquoi, moi, l'hésitant habituel, j'aspire à une régularisation, à une solution définitive?[6]

Cette solution, comment l'amener?

Par une lettre? c'est bien brutal, me disiez-vous avec raison.

Par un voyage que je ferais là-bas et une confession orale?– Je n'en ai ni l'aplomb, ni la décision, ni l'autorité, ni le prestige, ni la carrure néces- saires.

L'intermédiaire d'un prêtre, du "confesseur de ma mère" comme me conseillait Hennique, c'est bien romantique.

Reste donc, de pratique et de simple, l'intermédiaire d'un parent, ou d'un ami.

Comme parent, le docteur Silbert auquel j'avais songé un moment, 1° n'a jamais vu ma femme 2° n'est qu'un allié, un cousin très éloigné en somme, qui passe à Aix pour "bavard" et que mes parents verraient probablement avec peine entrer dans la confidence de nos secrets de famille.

En procédant par élimination, je ne vois donc qu'un ami qui puisse me rendre ce service, et, parmi mes amis, deux seulement d'indiqués, parce que, tous deux, au courant des faits, connaissent les divers personnages de ce drame intime, c'est-à-dire connaissent à la fois mes parents et ma fille et ma femme. Les deux amis sont, il est inutile de vous le dire: *Coste* et *vous*.

Seulement, aux yeux de mes parents, quelle différence entre vous deux, comme surface, comme garantie morale, comme position dans le monde!

Numa C. tout brave garçon sympathique qu'il puisse paraître aux miens, présente à *leurs* yeux les infériorités suivantes: 1° c'est un célibataire, presque de mon âge; 2° il a été saute-ruisseau chez le paternel,[7] à 30 F par mois; 3° fils d'un ex-cordonnier contrebandier, ayant une famille qui ne compte pas à Aix, que personne ne voit, pour une tête d'Aixois, il est d'une condition sociale inférieure.[8]

Tandis que vous, mon ami, ô vous c'est une autre paire de manches. Plus âgé que moi, marié, établi, ayant pignon sur rue, célèbre comme Thiers, Gambetta ou Victor Hugo, de plus ayant le prestige de la distance, (du personnage qu'on voit tous les cinq ans,) vous avez, toute littérature à part, un autre prestige, palpable, positif, supérieur, aux yeux de tout bon bourgeois d'Aix ou d'ailleurs, je veux dire le prestige unique d'un lapin qui, bon an mal an, se fait dans les cent mille de bénéfices nets, en sa partie. Enfin, circonstance particulière, vous êtes déjà le parrain de Paule Alexandrine.

Donc, mon brave, j'ai hâte de conclure: vous êtes à mes yeux l'ami de la situation, l'homme indiqué, *le seul*, qui puissiez me tirer d'un impasse, et au nom de notre vieille amitié, vieille de 17 ans et inaltérable,– je viens vous conjurer d'accepter la corvée de me rendre ce grand service, –soit que vous alliez cette année dans le Midi, soit, si vous renoncez à ce projet, par correspondance (en faisant remettre votre lettre par Coste, si vous jugez cette variante utile.)– J'ai pleine confiance en vous, en vous seul, et je ne vous cache pas que, dans l'espèce, il faut que je m'en remette en quelqu'un, car, plus je vais, moins j'ai la présence d'esprit nécessaire pour régler les détails de cette opération diplomatique.

1 Le chien des Alexis
2 Membre du Conseil municipal d'Etamps depuis dix ans et membre de la Délégation cantonale, Edouard Béliard fut le candidat républicain du canton d'Etampes aux élections du 1er août 1886 au Conseil général de Seine-et-Oise. Au premier tour de scrutin le conservateur Lefebvre fut élu avec une surprenante majorité (1432 voix contre 980).
3 Trublot consacra plusieurs de ses chroniques du *Cri du Peuple* à sa villégiature, sous le titre de: "Trubl' au vert." "Ici, c'est pas du toc, c'est pas d'l'op-comique, écrit-il le 28 août. Ni ch'vaux d'bois, ni balançoires; pas d'Robinsons, d'tables, d'restaurants dans les grands arbres. La petite rivière coule doucement sans canotiers gueulards. Même y

a des champs pour d'bon, avec d'vrais paysans, des moissons pas pour rire, des vaches sincères, jusqu'à du fumier véritable. L'air même et l'soleil sont tout autres. D'puis que j'me suis amené ici, j'suis comme pompette. [...] J'viens d'dîner en plein air, sous une tonnelle en vigne vierge, d'où y tombe d'temps en temps une chenille dans l'cou à Dédèle. Ça n'arrive qu'à elle, ces malheurs-là. La chambre où j'vais roupiller est carrelée et pleine d'monticules et d'ravins, comme une carte en relief."

4 "C'qu'est rudement profitable pour la santé au p'tit village, c'est qu'on s'colle au pieu d'aussi bonne heure qu'les poules. A sept heures et quart, maint'nant, y fait noir ainsi qu'en un four. Quoi faire alorse? Boustifailler. Et lorsqu'on a boustifaillé? Parbleu! y a plus qu'eul plumard. Oui, c'est c'te vie-là qui détend les nerfs. S'rapprocher d'la nature, faire comm' les canards et les dindons, s'régler sur l'soleil, ça vous ravigotte joliment un noctambule, les aminches" (ibid., 12-IX-86).

5 La loterie de Trublot se termina le 15 août (lettre 150, n.10).

6 De sa situation conjugale. Voir la lettre 159, n.2

7 On se rappellera que le père d'Alexis était notaire à Aix-en-Provence (Introduction, 5).

8 Cela fait penser au personnage de Macquart ("ce gueux de Macquart") das *La Fortune des Rougon* (*Rougon-Macquart*, I, 42–3).

163 Paris, mercredi soir, 29 Sep^re [1886]

MON CHER AMI,

Appelé ici, au *Cri*, ce soir, (ordre de la patronne! pour la queue des lots à distribuer!)[1] je trouve cette demande à vous transmettre, d'une sincérité dans son manque d'orthographe, qui vous touchera. Comme la réponse presse (ils parlent de *Vendredi soir*) prière de la leur envoyer vous-même directement.[2]

Bien affectueusement à vous deux

Paul Alexis

Votre bonne lettre[3] m'a un peu réconforté. Nous suivrons la marche que vous m'indiquez, et nous réglerons tout ça ensemble. Quant à aller 15 jours à Aix, c'est presque impossible, avec le *Cri* (qui d'ailleurs ne me donnerait pas de laisser-passer, je crois, à la suite de tous les voyages faits pour la grève.)[4] Tout ce que je peux faire, c'est de prolonger un peu en Octobre mon séjour à Janville-Lardy,[5] où nous sommes de mieux en mieux (ayant changé et de local et de bibine) et où je travaille un peu, et où votre filleule se fait des joues superbes. Puis, dès mon retour, j'irai vous voir à Médan.

Si, pourtant, vous partiez pour la Provence,[6] prévenez-moi, car j'accourrais tout de suite, avant de quitter *Janville-Lardy*. (chez M.Thorin, tisserand) – ou rien: le facteur ne connaît que moi!

1 Voir la lettre 162, n.5

2 Il s'agit d'une demande de permission des ouvriers et des socialistes de Vierzon, qui voulaient reproduire *Germinal* en feuilleton dans *La République sociale*. (Voir à l'app. F:1–2 les lettres inédites des Vierzonnais à Trublot et à Zola.)
    "Un excellent petit journal vient de paraître à Vierzon: la *République sociale*, rapporte Trublot dans *Le Cri du Peuple* du 13 octobre 1886. M. Emile Zola a adressé à ce journal la lettre suivante [datée du 30 septembre]: 'Messieurs, puisque vous défendez la cause

des pauvres et des souffrants, *Germinal* est à vous; je vous le donne, publiez-le, et tant mieux s'il fait quelque bien. Cordialement, Emile Zola.' "

3 Cette lettre, en réponse à celle d'Alexis du 3 septembre (162), n'a pas été conservée.
4 A Decazeville
5 Voir la lettre précédente. Zola se serait-il inspiré de ces lieux pour la description de Janville dans *Fécondité*?
6 Voir la lettre 159, n.3

164 Paris, Samedi 30 Octobre [1886].

MON CHER AMI,

Rentrée de Janville[1] aujourd'hui, sans encombre, par ce temps magnifique. J'aurais bien prolongé mon séjour, mais j'ai eu peur que ce ne soit pas très prudent au *Cri*, avec le point noir Labruyère, ferment de désagrégation, inquiétant, non seulement pour moi mais pour le journal tout entier.[2]

De plus, je commence à me languir extraordinairement de vous voir. Voilà trois grands mois... Mais pour ne pas avoir l'air de multiplier mes absences du journal, et de prendre un second congé, même d'une semaine, tout de suite après l'autre, je vais ne faire qu'un des deux, c'est-à-dire passer deux ou trois jours ici sur la Butte[3] –sans remettre les pieds à la boite– et filer sur Médan dès que vous m'aurez dit si vous n'êtes en partance pour Paris, et si je ne vous dérangerai pas.

Pardon de ne pas vous en dire plus long, mais nous avons tant à causer, et des sujets les plus variés, que, si je commençais... Je me connais! Et désirant demain Dimanche aller au *grenier*,[4] il faut que je trublote[5] d'avance.

Je vous dirai pourtant que votre filleule est superbe et très sage. Pas encore de dents, mais elle dit "papa", et a un petit sifflet dans lequel elle siffle. Enfin, je suis très content de mon séjour à Janville: j'y compte retourner l'an prochain dès les premiers beaux jours. Mon ami, M. Thorin, président de "la Commission syndicale" et... futur maire, m'attend. Janville sera peut-être mon Médan Le jour où j'aurai quelque braise, j'y achèterai une chaumine.

On vous envoie à tous deux ses meilleures amitiés. Votre vieux blanchi

Paul Alexis

P.S. Hein? Ce veinard de Céard, on le répète enfin![6] Quand pensez-vous que sera la première? Je saurai d'ailleurs ça, demain, chez Goncourt.

P.P.S. Béliard, chez lequel nous sommes allés repasser une journée, plus gai, recollé de son atout électoral.

P.P.P.S. Et ces décadents?[7] Font-ils du bruit, les animaux. Voilà les naturalistes passés presque à l'état de réactionnaires. Mélancolique!

P.P.P.P.S. Avez-vous des nouvelles de Moore?[8] Son roman n'est pas mal jusqu'ici, mais quel coton il me donne! Je viens d'en abattre un morceau de 4000 lignes.

1 Voir la lettre 162
2 Voir les lettres 148 (n.1) et 165 (n.5)
3 "Un pays rigolo, et très chouette, qu'la Butte, où j'ai installé ma Trublotière [lettre

323

139, n.2]. J'parle pas d'la vue dont on jouit d'là-haut. C'est épatant. On peut pas faire cent pas sans avoir une échappée sur Paris, –énorme,– fumant à l'horizon. On dirait les vagues d'une mer. [...] C'est gai, là-haut. Qu'd'air, que d'soleil! On est comm' dans un p'tit village qui s'serait suspendu au-d'ssus d'la capitale. Que d'arbres, qu'd'fleurs!

"Et tout l'monde s'connaît [...]. On sort sans s'mettre sur son trente-un: la toilette est pas d'mise. [...] Puis, c'est un port d'mer tout plein d'endroits amusants. Y a l'moulin d'la Galette, ousqu'un tas d'petites délurées vont en apprentissage l'jeudi et l'dimanche – en apprentissage d'cancan. A côté, y a les chevaux d'bois et l'chemin de fer russe, et les balançoires – tout ça entouré d'petits bosquets d'verdure: on dirait d'vrais nids, pour les jeunes coqs et les poulettes, qu'ont à s'bécoter sans être trop vus. Puis, un peu plus bas, y a l'Moulin-Rouge, – une concurrence à la Galette. C'est sous ma fenêtre" (Trublot, "Du haut d'la Butte," *Le Cri du Peuple*, 2-VII-85).

4 Voir la lettre 148, n.9

5 Trublot venait d'évoquer, dans son feuilleton du 29 octobre, les trois ans de "trublotage" au *Cri du Peuple* ("1883–1886"; voir l'app. A:46).

6 Henry Céard avait travaillé à l'adaptation théâtrale du roman des Goncourt, *Renée Mauperin*, depuis 1880. L'ayant faite d'abord en cinq actes, puis réduite à trois, il eut de grandes difficultés à la placer dans un théâtre. Reçue enfin par Porel à l'Odéon, elle traîna encore quelque temps, puis fut jouée pour la première fois le 18 novembre 1886. (Pour le compte rendu d'Alexis, voir la lettre suivante, note 3.) L'accueil étant assez frois, la pièce fut retirée de la scène après vingt représentations. On peut suivre toutes les tribulations de ce drame, dont l'échec fut en fin de compte la cause de la brouille entre Céard et Edmond de Goncourt, dans les abondantes annotations qui accompagnent les lettres publiées des deux auteurs (*Goncourt-Céard*, passim). On se reportera également à A. Billy, *Les Frères Goncourt*, 367–71; C.A. Burns, "Edmond de Goncourt et Henry Céard," *Revue d'Histoire littéraire de la France*, LIV (1954), 357–70; H. Céard, "L'histoire de *Renée Mauperin*," *La Revue théâtrale*, janvier-juin 1903; *Céard-Zola*, 308–19.

7 Anatole Baju avait affirmé, dans *Le Décadent littéraire et artistique* du 30 octobre 1886, qu'il y avait "deux littératures": une pour le Peuple, qui traitait plus spécialement de la moralité des choses; l'autre pour "l'Aristocratie": cette littérature-là était plus spirituelle et plus psychologique, l'étude de l'âme en étant le but: c'était la littérature de l'avenir, celle des Décadents.

En ce mois d'octobre parut un nouvel organe, en concurrence avec le *Décadent*: *Le Symboliste*, qui n'eut que quatre numéros. Trublot en signale le début dans sa chronique du 31 octobre, où il donne en même temps son opinion sur la nouvelle école littéraire: "C'que c'est qu'de nous. Y paraîtrait qu'le *Décadent*, malgré son titre, n'était qu'un organe déliquescent. C'est le *Symboliste* qui l'traite d' 'follicule déliquescente,' tandis qu'c'est lui qu'a la prétention d'semer la bonne parole, d'être l'Journal Officiel d'la Décadence Pure. Jugez si j'me suis jeté avec avidité sur l'numéro qu'on m'a envoyé d'c't organe 'littéraire et politique,' paraissant l'jeudi (directeur, M. Gustave Kahn; rédacteur en chef, M. Moréas; secrétaire de rédaction, M. Paul Adam), dans l'espoir d'y comprendre enfin quèque chose. [...]

"Eh bien, l'opinion d'Trubl' sur 'l'école du symbole', la voici: Y n'vont pas à la ch'ville des Décadents! C'sont de bons loupiots d'lettres, eusses, qu'ont en général du talent, qui savent écrire, aussi c'qu'y sont obligés d'se décarcasser pour jouer ainsi d'la clarinette en s't'nant pendus par les pieds. Y n'vont pas à la cheville des Décadents d'Baju Anatole, lesquels sont boulés par les Déliquescents. Et les vrais Déliquescents eux-mêmes ont encore des maîtres, qui sont les pauvr's internés à Saint-Anne, qui mettent des mots sans suite sur du papier. Et encore là même, là, y a des degrés.

"Les plus forts sont les ceusses qui, dans leurs gribouillis d'aliénés gâteux, en sont arrivés à n'plus tracer sur l'papier ni des mots d'aucune langue, ni des syllabes, ni des lettres d'aucun alphabet. A ces derniers l'pompon. Y-z-ont mérité d'être décorés, dans c'te 'Exposition des Incohérents' d'la littérature. Y sont les maîtres incontestés: M. Stéphane Mallarmé, lui, n'donne que des espérances."

8 A propos de la traduction française de *A Mummer's Wife* (lettre 160, n.6), George Moore se plaint à Zola dans une lettre sans date mais probablement écrite au cours de l'année 1886: "Par Duret j'apprends que la traduction de la femme du cabotin est

324

très mauvaise; mais puisque le père a suffert en Angleterre il est juste que le fils souffre en France" (B.N., MSS, n.a.f.24522, fol.420). Etant sans nouvelles de son roman, il demande encore une fois: "Et Paul Alexis a-t-il enfin termine les correction du jolie texte de Madame Bernard. Je vous avez lu le livre je vous prie de m'écrire" (ibid., fol.413ᵛ).

165 [Paris, dimanche] 12 Décbre [18]86

MON CHER AMI,

Deux petites choses que je vous avais demandées et que je vous rappelle parce qu'on m'en reparle souvent.

1° Un autographe: un petit passage pour le *Germinal* illustré,[1] plus la mention que c'est vous qui avez offert ce livre à la grrrande loterie naturaliste. Le gagnant passe de temps en temps au *Cri* et ne veut pas emporter son bouquin sans l'autographe promis.

2° Un exemplaire de l'*Œuvre* pour Duc-Quercy (adresse: 6, r. Rollin) ou par mon entremise, à votre choix – ce socialiste aimable, (et naturaliste, dit-il,) est justement celui qui a eu l'idée de reproduire votre portrait de *Goblet* dans le journal, l'autre jour.[2]

Et c'est tout. Comme le temps passe! Rien et que de choses depuis la première de *Renée*,[3] encore un succès qui n'aura pas fait d'argent, je crois du moins – Bien froid à mon égard, Céard; il ne m'a pas donné signe de vie après toute la réclame que 'Trubl' lui fit, réclame compromettante peut-être – Autr'ment gentil, Mirbeau m'a envoyé aussitot son *Calvaire*,[4] avec une vibrante et chaleureuse lettre: l'antithèse m'a fait paraître encore plus gelé le mutisme du "tendre" Céard. – Et l'affaire Poitebard-Peyrouton:[5] hein? Le docteur,[6] faible, écrasé, annihilé, dit: "Je regrette mon laboratoire! Là, au moins, quand une cornue éclate et vous tue, on s'y attend et ça sert à quelque chose, des fois." Quand au couple adultère,[7] il reste triomphant, radieux: "La lutte!" dit Séverine. Et elle s'imagine que c'est parce qu'elle a "opté pour les pauvres" qu'elle reçoit ces tessons de cuvette.

Et *la Terre*?[8] Quant à la pauvre *Madame C.........* (je n'ose plus la nommer,) le IV est enfin fini, pas mal peut-être, et le v entamé, mais pas de beaucoup, hélas! – Je ne vous décris pas la lecture de *Mademoiselle Pomme à la Butte*, ayant donné la note juste dans le *Cri* de ce matin;[9] sauf que je ne saurai que samedi, si *la Butte* va la monter. Imaginez-vous que, hier soir, sans cet idiot d'*Volapuk-Busnach*,[10] j'avais Sarcey pour auditeur: le peintre Noro était allé l'inviter. – Un mot aussi des *Fours glorieux*, mien articulet de la *Revue Indépendante*,[11] qui fait sa revue des 2 mondes et "ne paye pas le premier article": par principe je voulais refuser; mais, étant resté deux jours sans répondre à la lettre du Dujardin,[12] j'ai cru devoir accepter par politesse. Et, pressé par le temps, je n'ai pu, sur le sujet qui m'était proposé que pondre à la diable, le programme de tout un travail, intéressant mais *délicat*, que je ne puis exécuter que si "les intéressés" y consentent bien et veulent me documenter. Qu'en pensez-vous? Je pourrais toujours commencer par le *Candidat*[13] en m'aidant de mes souvenirs et de la *Correspondance* de Flaubert;[14]

il doit y avoir aussi quelque chose dans celles de Jules de Goncourt et de George Sand,[15] qui sont aussi dans ma bibliothèque. Ce qui me tente là-dedans, plus encore que le côté anecdotique c'est le dosage des diverses quantités d'insuccès, et la recherche des causes.

Et voilà mes dernières semaines, sur ma Butte, entre votre filleule *bidentée*, toujours belle et douce, et ma femme, qui m'inquiète beaucoup, très amaigrie, les yeux cernés, par suite de la fonction de nourrice. La perte sanguine qu'elle avait eue le mois dernier ne s'est heureusement pas reproduite: nonobstant, pourra-t-elle aller jusqu'au bout, et ce, sans compromettre sa santé à venir? La soulager, en donnant du lait à la petite: Oui! on essaye depuis un mois, mais la coquine refuse, la tasse comme la cuiller; et, quant au biberon, comme elle a un hochet où elle sait siffler, la misérable, quand on lui met le bout de caoutchouc dans la bouche, veut siffler au lieu d'aspirer! Depuis trois jours, on essaye une espèce de bouillie (lait et fécule) avec un résultat un peu meilleur. Par là-dessus, une énorme répugnance de tout médecin, que je ne parviens pas à vaincre chez ma femme, d'autant plus que je n'en ai pas de bon sous la main.

Cette fois, c'est bien tout? Non! je compte aller voir M. Laguerre,[16] (qui doit être bien avec le général Boulanger) pour le prier de faire changer de garnison mon frère Félix, passé capitaine en premier, mais depuis un mois, exilé au fort de Joux, (près Pontarlier, celui où fut enfermé Mirabeau)[17] et ce au milieu des neiges, loin de sa femme qui vient de lui donner une fille, et qui ne le rejoindra qu'au Printemps, s'il y a lieu.

Et, maintenant, une cordiale poignée de mains pour vous deux. Il est des heures indues: bonsoir! Bien affectueusement

Paul Alexis

Viendrez-vous bientôt? Et, quand, pour le *Ventre de Paris*?[18]

1 Voir la lettre 160, n.5

2 *Le Cri du Peuple* du 10 décembre avait reproduit, sous le titre de "Goblet jugé par Zola," le portrait satirique de René Goblet, extrait de l'article *"Germinal"* (*Le Figaro*, 29-x-85), que le romancier avait écrit lors de l'interdiction de la pièce (lettre 144, nn.2 et 3). Goblet (1828–1905) avait été élu président du Conseil le 8 décembre 1886, poste qu'il occupa jusqu'au 17 mai 1887. Il revint au pouvoir dans le cabinet Floquet en 1888, comme ministre des Affaires étrangères. En 1891, il devint sénateur de la Seine.

3 C'est-à-dire de *Renée Mauperin* (lettre 164, n.6). Alexis avait fait un compte rendu enthousiaste de la pièce ("Les premières. *Renée Mauperin,*" *Le Cri du Peuple*, 20-XI-86): "Une belle soirée de plus, à l'Odéon, après les reprises d'*Henriette Maréchal* et de l'*Arlésienne*, à ajouter à l'actif de M. Porel. Un nouveau démenti infligé à ceux qui affirment qu'en dehors du théâtre de Scribe, il n'y a pas de théâtre. La révélation d'un nouvel auteur dramatique, qui, romancier d'origine, s'est tiré d'une tâche ardue, avec une sûreté de main, un tact, un instinct et une sobriété de touche qu'on n'eût jamais obtenus avec un spécialiste, avec un 'homme de théâtre' de profession: telles sont – sans oublier une admiration de plus en plus grande pour les frères de Goncourt – les principales émotions par lesquelles m'a fait passer cette première de *Renée Mauperin*. [...] Pour Edmond de Goncourt d'abord, ensuite pour mon vieux camarade Céard, et – l'avouerai-je? – peut-être un peu aussi pour ... quelqu'un, le littéraire et mérité succès de cette pièce me fait battre joyeusement le cœur."

4 Publié chez Ollendorff, avec la date de 1887. Dans le *Cri* du 10 décembre 1886 Trublot s'était plaint de ne point avoir reçu le nouvel ouvrage d'Octave Mirbeau. Il ajoute:

"Faut dire qu'après avoir été un peu camaro, jadis, avec Octave, on s'est perdu d'vue. Dame, c'est la vie! Chacun s'amène ousqueul'destin et nos entraînements particuliers nous poussent." Puis il s'adresse à son ancient camarade: "T'oublierais donc les ceusses qu't'as connus au départ, au temps jadis. Dix ans, j'crois? Oui, c'était bien aux alentours de 1876, pas? T'souviens-tu quand ton garnau d'la rue d'Douai était voisin d'mon perchoir d'la rue d'Laval? Et c'mémorable gueuleton chez Trapp, ousque six jeunes, –car nous l'étions tous alors,– nos deux fioles avec quatre autres zigs, nous nous donnâmes les gants d'traiter, une fois, des convives comm' Gustave Flaubert, Edmond d'Goncourt et Emile Zola, sans compter eul'aminche Charpentier Georges, qui, d'puis, a été décoré. Mince d'toupet, dis! C'qu'on a d'aplomb tout d'même, quand on débute! Oh! eul' bon temps des débuts, aved les audaces d'la virginité, avec d'la jeunesse à la clef, et c'te croyance qu'on va tout avaler, uniqu'ment parc'qu' on jouit d'un appétit à bouffer des cailloux.

"Ça fait rien. Bien qu'dix ans aient roulé là-d'ssus, Trutru est sincèrement satisfait d'voir qu'avec *Le Calvaire* Mirbeau vient d'décrocher un succès. Et y doit, pour sûr, contenir des morceaux tout à fait réussis, c'bouquin, puisqu'eul' livre II, une description réaliste d'la guerre d'1870, et d'ses gentillesses, n'avait pu passer dans la *Nouvelle Revue*. [...] Bravo, zig! Dix ans n't'ont point changé: t'es red'venu, ou t'es resté, un bon. Puis, veux-tu qu'j'te l'dise, sais-tu où y aurait dû paraître, c'chapitre où sont contés les 'navrements d'une armée vaincue'? Oui, tu n'd'vines pas? – Dans les *Soirées d'Médan*, tiens, où t'aurais dû autr'fois déposer la tienne, au lieu d'aller faire eul' poireau au fond d'j'ne sais quelle préfecture pyrénéenne."

5 Abel Peyrouton, rédacteur à *L'Echo de Paris* et ex-président du Conseil d'Etat sous la Commune, avait injurié Georges de Labruyère lors d'un incident survenu pendant une réunion de socialistes le 28 novembre 1886, à la Salle du Tivoli-Vaux-Hall. Pour le provoquer Labruyère avait craché publiquement au visage de Peyrouton. Celui-ci cependant refusa un duel. D'après *Le Cri du Peuple* du 11 décembre, le directeur de *L'Echo de Paris*, Valentin Simond, faisait circuler de prétendus dossiers visant soit Séverine, soit Labruyère. Ayant été mis au défi par le *Cri* de les publier, Simond envoya des témoins. Le journal socialiste exigea toujours la publication des pièces accusatrices. Après un nouveau refus, Peyrouton et Simond furent assignés en diffamation et appelés le 11 décembre à comparaître devant la 11e Chambre le 12 janvier 1887.

6 Guebhard

7 Séverine et Labruyère (lettre 132, n.9)

8 "Ah! non, disait le romancier le 24 novembre 1886 au peintre Guillemet, je ne suis guère avancé, avec mon bouquin; *La Terre* [...] ne va que lentement. J'ai toutes les peines du monde avec ce sacré livre. Aussi ne rentrerons-nous à Paris que vers la fin janvier, car je veux donner un coup de collier d'ici là" (*Corr.*, 665).

Le feuilleton de Trublot du 6 janvier 1887 ici annoncé au nouveau *Rougon-Macquart* (app. A:48). Le 13 du même mois il donne à ses lecteurs la primeur d'une page de *La Terre*: celle sur le tirage au sort (*Rougon-Macquart*, IV, 425-7). Sur ce roman, cf. G. Robert, *"La Terre" d'Emile Zola*.

9 Trublot annonça la lecture de la pièce dans le *Cri* daté du 14 décembre 1886: "Sam'di soir, pendant l'plus fort de la bourrasque, sous l'ruissell'ment d'la pluie diluvienne qui f'sait un boucan infernal sur la vaste baie vitrée d'un atelier d' la rue Ravignan, d'vant un toutou, un gosse, une dizaine d'Dédèles et une cinquantaine d' membres ou d'invités, peintres, poètes, journalisses, tous Montmartrois au moins d'cœur, M. Paul Alexis a lu *Mademoiselle Pomme*, c'te infortunée farce d' Duranty [...]. L'lecteur d'c'tte piécette était enrhumé, et la pluie ruiss'lait sur la baie vitrée [...]. Nonobstant ces malchances, tout [...] c'public intelligent a écouté d'abord avec respect, puis rigolé à ventr' déboutonné, enfin vigoureus'ment applaudi l'flanche. Et, séance tenante, la *Butte*, artistico-dramatico-littéraire, a décidé à l'unanimité qu'elle allait soit louer une salle *ad hoc*, soit construire une scène dans son local habituel, afin d'pouvoir monter et jouer *Mademoiselle Pomme* après eul' carnaval. La distribution des quatre rôles d'hommes et des deux rôles d'femmes est déjà faite, entr' membres féminins et virils d'la *Butte*." Voir à l'app. A:42 la chronique de Trublot, intitulée "La Butte" (*Le Cri du Peuple*, 25-XI-85), où il donne une description pittoresque de ce cercle artistique et du peintre Jean

Norogrand, dit Noro. – Pour la première représentation de la pièce d'Alexis et de Duranty, qui eut lieu, non pas au "Cercle de la Butte," mais au Théâtre Libre d' Antoine, voir la lettre 166, n.1.

10 La revue en trois actes et neuf tableaux, *Volapück-Revue*, de W. Busnach et A. Vanloo, fut donnée en première le 11 décembre 1886 au Théâtre des Menus-Plaisirs. Sarcey y consacra un court paragraphe dans sa "Chronique théâtrale" du *Temps* du 13 décembre.

11 Dans le numéro de décembre 1886 (n.s.2, pp.206–7). Il s'agit d'une introduction à une série d'articles sur les "fours" du théâtre naturaliste, articles qui ne furent jamais écrits. Dans cette introduction Alexis fait mention du fameux "dîner des auteurs sifflés": "Un soir, dînant ensemble dans un restaurant, très cher, comme ils en avaient de temps en temps l'habitude, quatre romanciers français et un écrivain russe, se mirent à causer théâtre. –Tiens! c'est curieux! remarqua gaiement un des quatre Français, chacun de nous a eu des désagréments au théâtre. Et, comme le Russe jura ses grands dieux qu'il avait également connu sur les planches, dans sa patrie, la sensation toute spéciale du 'four', les cinq écrivains –Tourguéneff, Flaubert, Goncourt, Zola et Daudet– baptisèrent à l'unanimité leur dîner mensuel: *'le dîner des auteurs sifflés.'*

"[...] J'ai assisté à la plupart de ces fours honorables, glorieux même, qui appartiennent à l'histoire et deviendront un jour légendaires; et comme, d'autre part, maintes fois j'ai entendu raconter par les auteurs eux-mêmes, ou par des témoins oculaires, celles de ces premières représentations auxquelles il ne m'a pas été donné d'assister, je voudrais rassembler quelques notes hâtives, incomplètes certes, à coup sûr insuffisantes, mais pouvant inspirer à quelque jeune lecteur l'idée d'un livre curieux. C'est une poignée de souvenirs à consulter, pour qui, plus tard, voudra étudier l'enfance, et les premiers vagissements, et la dentition douloureuse, du théâtre naturaliste."

Suit une note de la rédaction, annonçant la publication prochaine des "Fours glorieux." L'auteur ne se bornera pas à parler du *Candidat* et des pièces jouées; il compte dire un mot des pièces seulement imprimées, attendant toujours la vie de la rampe, telles que *La Patrie en danger* des Goncourt, *Le Château des cœurs*, féerie de Flaubert, *La Mort du duc d'Enghien* de Léon Hennique. Il parlera également des pièces encore manuscrites: "Le Sexe faible" de Flaubert; "Mademoiselle Pomme," "Autour de la Comtesse," "La Boutique et le salon," de Duranty; "Renée" de Zola; "Les Résignés" de Céard. Enfin, on annonce un certain nombre de pièces restées à l'état de scénario ou même de simple velléité, telles que: "La Simple Vie d'Augustine Landois" de Zola, et "les six pièces qui eussent composé le *Théâtre de Médan.*"

12 Le poète, dramaturge et romancier symboliste Edouard Dujardin (1861–1949) était le directeur de la nouvelle série de la *Revue indépendante* (lettre 130, n.6). Il avait fondé la *Revue wagnérienne* en février 1885.

13 Voir la lettre 34, n.5

14 Quatre volumes de la *Correspondance* de Flaubert furent publiés par Charpentier entre 1887 et 1893. Les *Lettres de Gustave Flaubert à George Sand*, précédées d'une étude de Guy de Maupassant, avaient paru chez le même éditeur en 1884. Lors de la parution de ce volume Alexis donna ses impressions de l'auteur de *Madame Bovary*, "d'après ses lettres intimes," dans *Le Réveil* du 24 février 1884 (app. A:29).

15 Les six tomes de la *Correspondance, 1812–1876* de George Sand avaient paru chez Lévy entre 1882 et 1884. Alexis parle de cette publication dans la "Chronique du mois" de la *Revue indépendante* de septembre 1884 (I, 425–36).

Les *Lettres* de Jules de Goncourt, avec une préface de Céard, avaient été publiées aux éditions Charpentier en 1885. Voir la lettre 138, n.1 pour l'opinion de Trublot sur quelques-unes de ces lettres. Cf. également *Goncourt-Céard*, 112–14, 123–9.

16 Georges Laguerre (1852–1912), député boulangiste du Vaucluse depuis 1883. Sa femme, née Marguerite de la Valfère, était la célèbre "amazone du Boulangisme."

17 En 1775, à la demande de son père, pour y expier ses péchés de jeunesse

18 "Moi je suis en plein 'Ventre de Paris,' écrivait Zola à Céard le 3 décembre 1886. Je tâche de peindre ça largement, à la détrempe, pour le point d'optique d'où cela doit être vu. Je veux avoir fini ce mois-ci, et je ne lâche pas mon roman. Vous voyez que je mets les morceaux doubles" (*Z.-C.*, 63–4). La pièce en cinq actes et six tableaux, tirée

du roman par l'auteur lui-même, avec la collaboration de Busnach, se joua au Théâtre de Paris du 18 février au 1er juin 1887. Cf. L.A. Carter, *Zola and the Theater*, 126–36.

166 [Paris] Lundi soir [14 février 1887]

MON CHER AMI,

1° L'adresse de Mr *A. Antoine*,[1] (celui du cercle dramatique dit *Gaulois*,[2] qui désire 2 places,)[3] est

42, rue de Dunkerque

2° Je vous ai parlé de mon désir de faire voir *Le Ventre* à mes nouveaux collabos Labusquière et Marouck,[4] qui m'ont paru des socialistes... naturalistes, – c'est-à-dire aimant la littérature, et aussi larges d'esprit que les précédents l'étaient peu.

3° Mon ami Paul Signac,[5] peintre impressionniste (130, Boulevard Clichy) –celui-là auquel vous m'aviez promis de donner *l'Œuvre*– voudrait bien aussi aller vous applaudir. Ne pourriez-vous, ou lui donner 2 entrées aussi pour la répétition générale – ou, à votre choix, me donner une seconde place à côté de la mienne pour la première, auquel cas je l'emmènerais avec moi, tout seul alors?

Tels sont mes *desiderata*. Inutile d'ajouter que si vous avez des *petites places*, même au poulailler pour les 2de et 3me, en ma qualité de président de la Butte, j'ai une dixaine de "Romains" solides à vous fournir, tout un embrigadement très dévoué, et fort sûrs, notamment les 5 qui répètent en ce moment Mlle *Pomme*.

Et voilà, mon bon. Inutile aussi de vous souhaiter bonne chance: je crois que ça va être une belle semaine pour le théâtre littéraire dit de transition: j'en ai la sensation très nette   en dehors du vif désir que j'en ai également. Votre vieux

Paul Alexis

P.S. Impossible il m'a été ce soir de mettre la main sur le couple *Séverine-Labruyère*, mais je ferai ce mardi votre commission.[6] (A ce propos, tenez la main à ce que le théâtre de Paris leur fasse le service de rigueur, bien entendu –surtout pour la répétition générale, qui est la séance utile–, et même pour la première aussi.)

1 Alexis avait fait la connaissance d'André Antoine au début de l'année 1887. Le premier "souvenir" de celui-ci évoque cet événement: "Ce soir [le 16 janvier], après le dîner, Jules Vidal me conduit chez Paul Alexis qu'il a connu au Grenier des Goncourt et auquel il a parlé de notre projet de représentations inédites. L'ami de Zola habite tout en haut de la Butte; de son cabinet de travail, on a une incomparable vue sur Paris. C'est un bon gros garçon aux yeux clairs, sous son lorgnon de myope, l'air affable avec un bon sourire frais et de grosses moustaches tombantes. Fort intimidé d'abord près d'un homme qui est l'intime de Zola, je suis tout de suite mis en cordialité. Alexis n'a pas de pièce; cependant, emballé sur notre idée, il entrevoit une espèce d'acte guignolesque trouvé dans les papiers de Duranty dont il est l'exécuteur testamentaire, mais *Mademoiselle Pomme* n'est plus à lui; il l'a donnée à une société mi-artistique, mi-littéraire, dont il est le président et qui se réunit dans un atelier de Montmartre. Même,

329

ces jeunes gens ont déjà commencé à répéter la pièce pour l'une de leurs soirées; cependant, on pourrait voir et il offre de nous y conduire prochainement" (*Mes Souvenirs sur le Théâtre-Libre*, 19).

Dans un article du *Journal* du 17 novembre 1892, où il parle du Cercle de la Butte (lettre 165, n.9), Alexis fait mention de la visite d'Antoine: "Par Arthur Byl et Jules Vidal, je fis la connaissance de l'employé du Gaz, Antoine, qui préparait la première soirée d'essai du Théâtre-Libre. Antoine monta un soir rue Ravignan, à la demande générale nous déclama quelque chose (la *Bénédiction*, de François Coppée), puis assista à notre répétition, me demanda la pièce pour son spectacle, et, comme le temps pressait, l'interprétation aussi. De sorte que, chose dont on ne s'était jamais douté, cette *Mademoiselle Pomme* (en fait, la première pièce du Théâtre-Libre) fut jouée par des anarchistes, sous des pseudonymes et à la va-comme-je-te-pousse. Pour comble de malheur, –pauvre Duranty, même mort, tu n'eus jamais de chance!– MM. Henry Fouquier et Lapommeraye, les deux seuls critiques qui assistèrent à la première représentation d'Antoine, n'arrivèrent que vers neuf heures, quand *Mademoiselle Pomme* était déjà 'jouée' " ("Mes anarchistes").

Pour le rôle que joua Alexis dans la fondation du Théâtre Libre, voir l'Introduction, 18–20. Sur Antoine et son théâtre, cf. A. Antoine, *Lettres à Pauline (1884–1888)*; F. Pruner, *Le Théâtre Libre d'Antoine. I. Le répertoire étranger* (Lettres Modernes 1958); id., *Les Luttes d'Antoine* [...].

2 Voir à l'app. A:49 la première description qu'ait faite Trublot, dans *Le Cri du Peuple* du 29 janvier 1887, de ce cercle théâtral, banc d'essai, pendant deux ans, du Théâtre Libre.

3 Pour la répétition générale du *Ventre de Paris* le 17 février au Théâtre de Paris. Tout de suite après la représentation Antoine écrivit à Pauline Verdavoine: "Le succès, d'abord incertain malgré des décors merveilleux, s'est brusquement tourné vers la fin en un triomphe pour Marie Laurent, qui a fait une création magnifique dans un rôle de vieille grand'mère – marchande de poissons. Mais comme on a assassiné ce beau livre qui était le poème des Halles! Le succès sera à côté et n'aura rien de littéraire et de significatif pour le naturalisme. Il a fallu, pour le public, trouver un mélodrame à une œuvre d'observation pittoresque. – Cela ne ressemble plus à rien" (*Lettres à Pauline*, 272–3).

4 Victor Marouck et John Labusquière faisaient partie de la nouvelle rédaction du *Cri du Peuple*. Les anciens rédacteurs avaient démissionné en masse, en janvier 1887. "Un seul [...], raconte Charles Chincholle dans ses *Mémoires de Paris* (Librairie Moderne 1889), qui ne se trouvait point là à l'heure de la démission en masse, Trublot, consulté sur ses intentions, écrivit: 'Je suis entré au journal sous Vallès. On me dit que Séverine reste. Or, Séverine, c'est Vallès. Je reste' " (11–12). (L'ouvrage de Chincholle contient une préface de Zola, reproduite dans *O.C.*, XII, 649–52.)

5 Trublot consacra de nombreux articles aux impressionnistes, avec l'aide du paysagiste et aquarelliste Paul Signac (1863–1935). Le théoricien du groupe néo-impressionniste écrivit le 17 mai 1935, peu avant sa mort, à Denise Le Blond-Zola, à propos d'Alexis: "J'ai été assez lié avec lui au moment de sa collaboration au *Cri du Peuple*. Il était un tantinet paresseux, et souvent j'écrivais son 'Trublot' quand il s'agissait d'art. Nous mangions la soupe ensemble, soit chez lui rue Girardon, soit chez moi. Souvent nous allions ensemble aux 'premières.' J'étais avec lui à celle de *Germinal*, au Châtelet. Presque chaque soir, nous allions aux répétitions du Théâtre Libre, rue Blanche. [...] Sa 'Lucie Pellegrin' [...] est un chef-d'œuvre. (J'ai eu le plaisir d'acheter à une vente l'exemplaire du roman dédicacé à Flaubert... avec observations et points d'exclamation du vieux maître.)

"J'ai retrouvé Alexis à Saint-Tropez, où il était l'hôte d'un singulier ami de tripot, vous savez qu'il était joueur – un soi-disant marquis de Brossard! [...] Je crois bien que je n'oserai pas vous faire connaître le procédé que notre ami employait pour séduire les Madame Bovary du square des Batignolles. Il m'affirmait qu'il réussissait à merveille. Stendhal aurait apprécié cette méthode basée sur une adroite proportion de physiologie et de psychologie" (lettre citée dans D. Le Blond-Zola, "Paul Alexis, ami des peintres, bohème et critique d'art," *Mercure de France*, CCXC [1939], 298).

6 Serait-ce à propos du numéro spécial que *Le Cri du Peuple* allait consacrer au *Ventre de Paris*, le 21 février 1887? Voir la lettre 168, n.4.

167 Paris, [vendredi] le 15 Avril 1887. Du *Cri*, 2 heures du matin

MON CHER AMI,

Vous m'obligeriez infiniment, moi, personnellement, en recommandant tout particulièrement *Séverine* à M. Carré,[1] pour la première de *Renée*.[2] – Montrez-lui cette lettre, à M. Carré, car c'est sur lui que M. Deslandes s'est déchargé de la corvée des services. – Dites-lui que "Trublot" qui a déjà consacré deux articles à la pièce[3] et qui n'en restera pas là, ne lui a pas demandé de place (puisqu'il est pourvu, comme votre ami) mais qu'il lui demande comme un service personnel de donner, ou de louer, deux places à peu près, pour sa "patronne".

Bien affectueusement

Paul Alexis

1 Albert Carré (1852–1938) était co-directeur, avec Raymond Deslandes (1825–1890), du *Vaudeville*.

2 Alexis mentionne la pièce brièvement dans sa biographie de Zola, au chapitre sur "l'auteur dramatique"1 "Il reste plein de projets. Certains jours, il se sent pris de la tristesse de n'avoir pas fait et d'envies terribles de faire. Ces jours-là, il se met à *Renée*, une sorte de *Phèdre* contemporaine" (*E.Z.*, 145).

Tirée de *La Curée*, la pièce en cinq actes, que l'auteur avait destinée à Sarah Bernhardt (lettre 77, n.6), fut refusée à la Comédie-Française, au Gymnase et à l'Odéon. Enfin, par l'entremise du critique Henri de La Pommeraye, qui avait reproché à Zola, lors des représentations du *Ventre de Paris*, de n'écrire que des pièces en collaboration, *Renée*, signée du seul nom de Zola, fut reçue par Deslandes au Vaudeville, où elle fut donnée en première le 16 avril 1887, sans beaucoup de succès d'ailleurs.

Antoine, se trompant de date (il donne celle du 10 mai 1887), écrit: "Paul Alexis a eu la gentillesse de me donner hier soir une place au Vaudeville pour la première de *Renée* [...], et, perché au dernier étage, je suis heureux d'assister à cette soirée annoncée comme une importante manifestation naturaliste. [...] Tout ce public, qui admet *Phèdre*, s'indigne bientôt et proteste contre le même sujet transporté dans un milieu moderne!" Puis, le 11 mai, il ajoute: "Alexis que j'ai vu ce soir, me conte que Zola n'est nullement effrayé de sa presse mauvaise et hargneuse. Son seul vrai chagrin est d'avoir été un peu lâché à la fin de la soirée pour un souper projeté avec Goncourt et les Daudet, chez Paillard, en face du théâtre, et auquel ses amis se sont dérobés dans la gêne et l'embarras de l'insuccès" (*Mes Souvenirs sur le Théâtre-Libre*, 37 8). Voir L.A. Carter, *Zola and the Theater*, 48–55.

3 Même avant la chute de la pièce, Trublot donna raison à son ami: "De deux choses l'une: Ou... *Renée* f'ra four, et y diront à Mimile d'Médan: 'C'est bien fait! voilà ce que c'est que d'avoir appliqué vos théories naturalistes.' Ou... *Renée* s'ra un succès et y diront alors à Mimile d'Médan: 'Oui, vous avez réussi, mais uniquement parce que vous n'avez pas mis en pratique vos théories naturalistes.'

"De sorte que, four ou succès, l'naturalisme est certain d'écoper tout d'même. Mais, succès ou four, c'est lui qui finalement aura raison. Parc'qu' les temps sont arrivés, –parc'qu'y n'y a rien d'vant et qu'tout l'reste croule,– parc'que les critiques passent, mais qu'les œuvres restent, même les œuvres qu'les intrigues sont parvenues à étouffer momentanément, – et parce qu'la vérité finit toujours par faire balle, – ou boulet d'canon" ("*Renée* en répétition," *Le Cri du Peuple*, 15-IV-87.)

331

MON CHER AMI,

Vous seriez bien gentil, mais là tout à fait –pour moi– d'envoyer votre obole, si minime fût-elle, à la souscription –qui ne bat que d'une aile– de Séverine pour la tombe de Gill.[1]

Outre que Gill fut l'illustrateur de *l'Assommoir*,[2] vous pouvez bien faire ce grand plaisir à la pauvre "patronne" qui a donné 50 F pour la tombe de Duranty,[3] et qui a fait de la réclame au *Ventre de Paris*.[4] Sans compter que votre exemple entraînerait sans doute Daudet qui a préfacé le dernier bouquin de Gill,[5] et le bon G. Charpentier aussi.

Merci d'avance, n'est-ce pas, et bien cordialement à vous deux

Paul Alexis

P.S. – Je ne suis pas encore retourné à *Renée*, mais enfin on la joue toujours, et c'est l'important. Que fait-on comme recettes, maintenant?[6]

P.P.S. – Pas de chance, l'ami Solari! C'est son "buste de Mme H..." qui a été inscrit sur le livret, tandis que c'est mon médaillon seul qui a été effectivement reçu et se trouve au Salon sans n°.[7] L'aurait-on fait exprès?

P.P.P.S. – Samedi, au sortir de l'Exposition de George Petit,[8] rencontré sur le Boulevard, Maupassant. Très bien portant, très affable, pour 3 semaines à Paris, et disant être allé vous voir en vain. – Il doit m'inviter à dîner et venir, un de ces matins, déjeuner chez moi.

P.P.P.P.S. – Votre filleule a 8 dents, ne tète plus qu'une fois par 24 heures, fait quelques pas (en la tenant) et vous envoie à tous deux "une bizette" affectueuse.

---

1 Séverine lança une souscription pour la tombe du peintre et caricaturiste André Gill (1840–85) dans *Le Cri du Peuple* du 5 mai 1887. Alexis y versa cinq francs (le 6 mai), Zola vingt francs (le 14 mai).

"Trubl' commence, écrit Alexis dans sa chronique du 11 mai, à être outré d'la lenteur avec laquelle un tas d'anciens copains à Gill, sourds à l'éloquent appel d'la patronne, s'décident –ou, plutôt, n's'décident pas, les feignasses!– à délier les cordons d'leur boursicot. Un peu d'courage à la profonde, nom d'Dieu! Ou j'mets les pieds dans la sébille et j'vous brise sur l'pif la tirelire. Trutru n'croyait certes pas à tant d'circonspection financière dans l'monde des arts et des lettres. Voyons! qui qu'est l'zig d'marque qui va donner eul' bon exemple, histoire d'dégeler la corporation et d'mettre en branle tous les moutons ed'Panurge. [...]" ("Pour la tombe du pauvre Gill")

2 Il n'en fut qu'un parmi plusieurs. La première édition illustrée de gravures sur bois avait paru en avril 1878 chez Marpon & Flammarion (*Rougon-Macquart*, II, 1534).

3 Les cendres de Duranty avaient été transférées du cimetière de Saint-Ouen, où il était enterré depuis le 13 avril 1880, au Père-Lachaise le 16 décembre 1885. L'inauguration d'un monument sur la tombe de l'écrivain eut lieu le 23 avril 1887. Trublot rapporte l'événement dans le *Cri* du 21 et du 25 avril de cette année-là (app. A:51–52). Cf. également M. Crouzet, *Duranty*, 414–16.

4 Le 21 février 1887 *Le Cri du Peuple* avait consacré un numéro spécial au *Ventre de Paris*: il contenait un compte rendu de la pièce (lettre 165, n.18) par G. de Labruyère, la scène XIII du 5me tableau ("Le café Charles"), un dessin du 3me tableau ("Le réveil des Halles"), et la première livraison d'une nouvelle publication en feuilleton du roman, qui sera terminée le 1er juillet 1887.

5 *Vingt années de Paris* (Marpon & Flammarion 1883)

6 Zola écrivait à Charpentier le 6 mai: "Si l'on ne siffle plus *Renée*, c'est peut-être qu'il n'y a plus personne. Les recettes ont beaucoup baissé depuis deux jours. Enfin, il y a déjà vingt représentations, cela me suffit" (*Corr.*, 675). Il y en aura trente-huit.

7 Il s'agit d'un médaillon en plâtre de Trublot, fait par son compatriote Philippe Solari. Alexis en parle plusieurs fois dans *Le Cri du Peuple*. "Après en avoir dûment délibéré, déclare-t-il dès le 15 mars 1887, Trutru décerne haut la main le 'grand prix d'honneur du Salon' à l'auteur de l'œuvre suivante: '*Trublot,*' *médaillon (plâtre)*, par Solari. Faudra voir ça; c'est rien tapé. C'qu'y aura d'Dédèles en contemplation autour, eul' jour du vernissage!" Et dans le feuilleton du 6 avril il décrit le coulage du médaillon: "Sans être joli, joli, tiens! on a encore une assez bonne gueule, – en plâtre! A moins qu'eul' jury d'sculpture n'joue quèque vilaine mistouffe à Solari, –histoire d'l'apprendre à mieux choisir ses modèles, – vous pourrez v'nir voir la binette à Trutru au Salon, un dimanche, pour rien. [...]"

Le 13 mai il se plaint de n'avoir pas été inscrit sur le catalogue officiel du Salon et d'être relégué "piteusement dans un coin d'choix, pas sur la cimaise [...], et presqu' [...] à la porte d' sortie," où il semble avoir "l'air toléré par charité, comm' un gêneur qu'on n'veut pas laisser pénétrer et qu'on fich'rait bien volontiers d'hors, si l'on osait!!!" Enfin, le 6 août, il annonce que pour tout un mois "la bobine à Trubl' est visible à l'œil nu, pour rien," dans les bureaux du *Cri*. Tout le monde est invité: "Passez par la rue Montmartre, mes gironds lecteurs, am'nez vos Dédèles et loupiots, et vous pourrez contempler ma hure, crachée et vivante, dans l'beau médaillon en plâtre du bon sculpteur Solari, qu'était au Salon, mais où la sympathie du jury m'avait si bien caché qu'à peu près personne n'm'y a découvert."

8 La galerie Georges Petit, 12, rue Godot-de-Mauroy, galerie d'art fondée en 1846, avait ouvert son Exposition internationale annuelle de peinture et de sculpture le 7 mai. "Qué jolie exposition, qu'la 6ᵐᵉ exposition internationale d'chez Georges Petit [...]. Comm' ça r'pose des grandes Halles Centrales d'l'art officiel! C'qu'y a sur tout une gironde p'tite patronne, oui une tout plein mariole Séverine, adorablement croquée par Renoir, au pastel. Et des Pissaro à s'mettre à g'noux d'vant! Et des Claude Monet solides, un peu figés et raidis, avec des duretés de porphyre, mais superbes! Et des Sisley, des Mme Berthe Morizot, des Wister [*sic*], etc., etc. Enfin faudra r'venir sur tout's ces merveilles" (Trublot, "Chez Georges Petit," *Le Cri du Peuple*, 11-v-87).

169 [Paris, mardi] 24 Mai 1887

MON CHER AMI,

Le joli mois de Mai! Quel froid, samedi et Dimanche! Grippé fortement, voici trois jours que je garde l'appartement. Mais il y a du mieux: les frissons de fièvre de Dimanche, maintenant passés; la toux devient grasse, de sèche et brûlante; enfin, une fois de plus, ce bon vieux "*pômon*" aura résisté.[1]

Donc mon voyage à Médan renvoyé à la semaine prochaine – s'il fait beau un peu plus – et si ça ne vous dérange en rien – et si...[2] Qu'est-ce que ce dîner des "Balzaciens" dont vous devez être? et y assisterez-vous la première semaine de juin? – (D'ailleurs, n'y a-t-il pas moyen d'en être aussi et à qui s'adresser pour poser sa candidature?)[3]

J'ai fait mes adieux à *Renée*[4] jeudi dernier, dans une loge que M. Deslandes m'avait octroyée. Une belle salle, malgré la fête.[5] Payants ou non, un public ne s'embêtant pas, poussant par ci par là quelques "oh!" mais, loin de se fâcher, avec une positive volupté. Des bêtas, venus avec la conviction qu'ils allaient savourer un morceau très pornographique, continuant à le croire d'acte en acte et poussant ces "oh" pour se tenir en haleine et se persuader à eux-mêmes qu'ils n'ont pas été tout à fait volés en croustillance: voilà ma sensation sur ce public! Quel aimable contraste d'ailleurs, avec l'indifférence noire, avec l'ennui mortel, de –je ne parle pas des *Rois en exil*[6]– d'une salle de Dimanche ou Fête aussi, (et tout à la fin de sa carrière également), de *Sapho*, au Gymnase![7]

Lu, en ces trois jours, le *Journal des Goncourt*.[8] Malgré le trublotage en extase –pondu en me battant les flancs et à coups de citations– que j'ai envoyé dessus aujourd'hui, à côté des choses réussies et exquises, bien des choses insignifiantes, –selon Bibi[9]– les diminuant plutôt et qu'Edmond eût bien fait d'élaguer. Exemple: "... dans la création, Dieu n'a pas été libre... etc. *Pour pouvoir faire l'été il a été obligé de faire l'hiver.*" –Parbleu!!! D'abord Dieu...? Et puis, et ceux qui, comme vous, aiment surtout l'hiver! – Autre exemple: au bas de la page 371, cet extasiement et cet abominement d'un peigne imité, en carton, avec poux écrasés, et caetera. Un de mes lecteurs, anonyme, m'en a envoyé un pareil un commencement de l'hiver, pour "démêler un de mes articles." Eh bien, je vous jure que pas un *cheveu de ma tête*, si j'écrivais un "Journal", n'eût songé à lui consacrer un mot de description. Non! trop insignifiant, le démêloir!

A bientôt, alors. Je prendrai le train de 3ʰ,25 et un jour de beau soleil, –dirait le *Tintamarre*.[10]– Affectueuse poignée de mains en partie-double de votre

Paul Alexis

P.S. Grosse nouvelle: j'ai "pris du logement" en plus, depuis... ce soir! J'ai maintenant *tout l'étage*, avec une seconde cave.[11] *700 F* au lieu de *600 F*. Sans impositions: ma *proprio*, en bonapartiste, carotte la République.

1 Cf. la lettre 132
2 "Vous êtes bien gentil de m'écrire, répond Zola le 26 mai. Je me doutais, en voyant le temps, que le froid vous épouvanterait. Il fait pourtant très chaud chez nous, les calorifères sont allumés. D'ailleurs, à quand vous voudrez. Attendez un plus beau temps" (*Corr.*, 677).
3 "J'ai vu en effet dans les journaux que je faisais partie d'un dîner de balzaciens, mais personne ne m'a écrit, je n'ai rien accepté et il est à croire que je n'accepterai rien. Donc impossible de vous renseigner et de vous aider" (ibid., 676).
   D'après *Le Voltaire* du 20 mai 1887, "le dîner des Balzaciens" venait d'être fondé. La liste des fondateurs comprendrait Zola, Goncourt, Daudet, Maupassant, Bourget, Céard, F. Fabre. La première réunion aurait lieu le 4 juin et on espérerait faire une quête pour une statue de l'auteur de *La Comédie humaine*.
4 "*Renée* prolonge son existence, avait écrit Céard à Zola, le 12 mai. [...] Chaque soir amène ses protestations, et [...] l'on fait toujours, aux endroits que vous savez, un léger brouhaha" (*C.-Z.*, 327).
   L'auteur est assez satisfait des résultats de sa pièce. Dans la lettre à Alexis qu'on vient de citer il ajoute: "Je brûle de recommencer, d'autant plus que je trouve des sujets de pièce qui m'excitent. Vous verrez ça. Ah! si mes romans ne me tenaient pas à la gorge!" (*Corr.*, 677)
5 Du 19 mai, jour de l'Ascension
6 Voir la lettre 124, n.5
7 Voir la lettre 148, n.7

8 Le premier tome avait paru chez Charpentier le 3 mars 1887 (A. Billy, *Les Frères Goncourt*, 451-3). Des extraits avaient déjà été publiés dans *Le Figaro* pendant la seconde moitié de 1886. Zola écrivait à Edmond le 11 mars 1887: "Je viens de relire votre Journal en volume, et je tiens à vous dire combien, pour moi, ces pages gagnent à ne plus être fragmentées en courtes tranches. C'est à ce point que j'en sors avec l'idée que vous avez ajouté beaucoup de choses, et des meilleures. Il y a là des choses profondes et des choses charmantes. C'est toute une vie d'artiste, une œuvre qui n'a pas sa pareille évidemment. Peut-être faut-il regretter que vous n'ayez pu donner le *Journal* complet à la fois: on en aurait mieux saisi la plénitude et l'ampleur. Mais je parle là au point de vue du public. Pour nous tous, écrivains de cet âge, un bon morceau de l'histoire de notre cervelle littéraire est là-dedans" (*O.C.*, XIV, 1455).

Le compte rendu de Trublot paraît dans le *Cri* du 26 mai: "Eh bien, là, vrai, j'm'ai tout d'même bien imprudemment avancé, hier, quand j'vous ai dit qu'Trutru vous causerait longuement d'un rupin livre, unique, qu'j'viens d'déguster comm' on déguste du nanan, en f'sant les yeux blancs et à p'tites gorgées. Oui, tous les soirs d'puis, quèque temps, avant d'souffler ma camoufle, j'm'offre un' p'tite tranche d'c'premier volume (1851–1861) d'c'*Journal des Goncourt* (*mémoires de la vie littéraire*), qu'est admirable d'vie, d'vérité prise sur l'fait, puis jetée sur l'papier, en rentrant, avant d's'aller coller au pieu, à l'heure où on y voit clair des fois, où y vous vient des illuminations brusques sur sezigue et sur les camaros. [...] Quoi! dans une pauv' trubloterie, faire t'nir ces grands écrivains qui, avec Balzac, Stendhal, Flaubert et Duranty, ont fondé notre roman moderne, vous voudriez pas? Vous r'commander d'm'lire ça: vous répondriez qu'on a pas des 2 fr. 75 à ficher sur un bouquin, au prix où est l'beurre et par ce temps d'crise. Alors, qu'reste-t-il? Parbleu! vous en donner d'courts extraits, bien choisis et variés, afin d'vous procurer un brin eul' goût du nanan complet. [...]"

9 Bibi-la-Grillade, ouvrier de *L'Assommoir*. Trublot le fait parler de temps à autre dans ses feuilletons.

10 Voir la lettre 76, n.4

11 Alexis habite toujours 13, rue Girardon (lettre 139, n.2). "Vous devenez donc bien riche, que vous élargissez vos Salons?" demandait Zola dans la lettre du 26 mai (*Corr.*, 677).

170 [Paris] Lundi, 6 Juin 1887

MON CHER EMILE,

Quelques mots hâtifs pour vous faire prendre patience. C'est aujourd'hui que je voulais partir. Et, outre que j'ai deux ou trois affaires à expédier avant, ma femme s'est réveillée ce matin avec un lombago-torticolis, — impossible de se remuer— et je ne puis la laisser ainsi, d'autant plus que nous avons une bonne plus que médiocre, et que votre fillcule tousse toujours et, quoique allant mieux, a encore un air maladif: je serais parti inquiet. Mais j'espère qu'un délai de deux ou trois jours améliorera les choses. Donc, à bientôt. Préparez la chambre: je tâcherai de prendre le train de 3h,45.

Bien affectueusement à vous deux

Paul Alexis

On vous apportera la *Parisienne*,[1] j'ai un exemplaire qui appartient à Hennique.

Suis allé —enfin— chez Goncourt hier. Je vous raconterai ça, ainsi que la 2de soirée du Théâtre-Libre.[2] *En Famille*, de Méténier,[3] merveilleuse: on peut décidément tout oser au théâtre. Le public actuel ressemble à cette vieille femme sévère qui s'en allait partout en disant: "*Où viole-t-on?*" – Et, appliquant déjà la méthode d'adaptation d'*En famille* (qui a consisté à suivre pas à pas la nouvelle) je viens de commencer –et j'espère terminer en 3 ou 4 jours de travail,– *La fin de Lucie Pellegrin*, pièce en un acte, destinée au Théâtre-Libre.[4] Acteurs: huit femmes, dont une habillé en voyou, plus une petite fille de dix ans jouant un petit garçon de huit, et... pas d'hommes!

1 La pièce d'Henry Becque fut représentée pour la première fois le 7 février 1885 au Théâtre de la Renaissance et parut en librairie chez C. Lévy la même année.
   "C'est un très chic et très audacieux naturaliste, écrivait Trublot au sujet de l'auteur dramatique le 10 février 1885. [...] Je trouve sa pièce exquise et supérieure. Et ça ne m'arrive pas tous les jours. Depuis longtemps –depuis les *Corbeaux*– je n'ai pas vu une pièce jeter au nez du public, avec tranquillité, des choses aussi dures et aussi humaines. Bravo, monsieur! Et, il n'y a pas à dire, vous avez gagné la bataille, cette fois. Cet atroce public des premières, où abondent les cocus comme Du Mesnil, et les catins 'honnêtes' comme Clotilde, tout ce haut crapulo a essayé en vain, au premier acte, de vous ficher votre *Parisienne* à terre; dès le 'deux', à force d'esprit et de vérité, vous l'avez muselé; de sorte que le trois a passé en allongeant aux mufles des atouts de plus en plus renforcés. Papa Trubl' est en joie!
   "Si t'avais vu la gueule du critique Francisque? C'qu'y renaudait! C'est que ça lui démolit son flanche de 'la scène à faire', ta *Parisienne*. Oh! mais là tout à fait. C'est pas du Scribe, c'est pas du théâtre comme ils l'entendent. O désolation de l'abomination!
   "Mais c'est du théâtre selon mon cœur. Quelle simplicité! Trois actes dans le même décor, et à vrai dire, rien que trois personnages, les trois éternels: le mari, la femme et l'amant. [...] La scène à faire! Mais, dans cette délicieuse comédie, la même scène est faite et refaite tout le temps. Essuie tes lunettes, Sarcey."
2 "La soirée Bergerat" (F. Pruner, *Les Luttes d'Antoine*, 1, 80–4) eut lieu les 30 et 31 mai 1887, toujours dans la Salle du 37, Passage de l'Elysée-des-Beaux-Arts. Au programme: *En famille*, pièce en un acte d'O. Méténier, et la comédie en trois actes, en vers, *La Nuit bergamasque*, d'Emile Bergerat.
   Trublot rapporte, après la répétition générale: "Oui, le Théâtre-Libre m'semble définitivement fondé. Et son jeune et hardi directeur, M. Antoine, à c'te heure, doit s'frotter joyeus'ment les mains. Sans braise, avec rien (si c'est avoir 'rien' qu'd'avoir d' l'audace, du flair, du bonheur, une méthodique activité et une endiablée passion d'son art, avec l'dédain du 'qu'en dira-t-on?' et un courage à toute épreuve), arriver à fonder quèqu'chose, d'neuf, d'original et d'viable, v'là qu'est un peu très chouette.
   "Tout Paris, désormais, a appris l'ch'min de c'te p'tite salle d'300 places, qui, désormais, compt'ra, tonnerre! et laiss'ra un nom dans l'histoire littéraire d'c'temps. [...] Auteurs et acteurs s'battront pour apporter au Théâtre-Libre leurs plus hardis et leur talent d'interprètes, leur temps et leur peine: tout ça, *gratis pro Deo*! Pour l'pur amour du théâtre affranchi! Affranchi d'la censure, et du veau d'or, et du moule de M. Scribe, –délivré des fausses pudeurs imbéciles comm' d'l'ornière d' 'la scène à faire',– échappant à Francisque, – nettoyé d'Bordenave, d'M. Sardou, et d'toute une floppée d'sous-Sardou qui s'ront pas toujours *victoriens*" (*Le Cri du Peuple*, 2-VI-87).
   Dans le compte rendu de la première de cette seconde soirée, Alexis ne trouvait la pièce de Bergerat qu'une "languissante bluette en vers," tandis que l'adaptation de la nouvelle de Maupassant par Méténier avait été pour lui un "spectacle profond, philosophique et psychologique, simple et vrai." Quant aux interprètes Mévisto, Antoine et Mlle Barny, c'étaient "un trio d'artistes comme j'en vois peu sur n'importe quelle scène parisienne" ("Les premières. Théâtre-Libre," ibid., 4-VI-87).
3 Oscar Méténier (1859–1913), collaborateur théâtral d'Alexis (*Les Frères Zemganno* [1890], *Monsieur Betsy* [1890] et *Charles Demailly* [1892]), fut pendant longtemps secrétaire de commissaire de police à Paris. Dans ses romans et ses pièces il représenta surtout avec réalisme les bas-fonds sociaux. En 1896 son adaptation de *Mademoiselle*

Fifi fut interdite par la censure, ce qui souleva un scandale dans le monde des lettres.
4 Alexis parlera longuement de cette pièce, qui sera représentée pour la première fois au Théâtre Libre le 15 juin 1888, dans les lettres 179 à 181 et 183 à 187. Pour la nouvelle du même titre, voir la lettre 32, n.6.

171   Paris, [samedi] 23 Juillet [18]87

MON CHER AMI,

D'abord, voici le papier à votre adresse, découvert par moi, avant hier, au *Cri* –tel quel, avec timbre adhérent, et pas d'enveloppe– dans la boîte aux oubliettes. Bien qu'il ne soit pas daté, ça doit remonter avant le 14 Juillet. Répondez vite. Ce Louis Laval,[1] de Toulouse, est celui qui m'avait envoyé de là-bas un perroquet, comme lot vivant, à la "loterie naturalisse."[2]

Maintenant, des nouvelles:

Sans sortir du *Cri.* L'autre jour, en dînant avec moi, le docteur m'a parlé lui-même de vos 1000 F.[3]

–Pourvu que Zola ne me les réclame pas tout de suite!

–Ah bah!!!

Alors, devant ma stupéfaction, il m'a parlé d'une manière de crise budgétaire: d'un côté, pendant que j'étais à Médan, le caissier est parti, avec une douzaine de mille francs défaut. De l'autre, notre ancien vendeur ayant gagné un procès contre le Guebhard, a mis arrêt depuis 2 mois sur le produit des annonces, chez Lagrange et Cerf.[4]

–Mais, alors, désignez l'époque où vous voulez abouler les 1000 F, lui ai-je dit par 2 fois.

Il a hésité... et pas désigné. Donc, vous êtes libre d'agir, censé ne rien savoir. *Je ne vous ai rien dit.* Faites comme vous l'entendrez.[5] Quant à la crise, je la crois, en somme, peu grave. On nous paye toujours à caisse ouverte, et d'avance. Notre tirage est de 40 mille et quelques cents, chiffre *positif.*

Du côté de Janville,[6] il m'est arrivé une mésaventure: nos deux petites pièces de l'an passé, m'ont été soufflées, par un qui en donnait le double. Obligé de chercher ailleurs. Enfin, après divers tâtonnements, et un nouveau voyage à Auvers (où j'ai déjeuné chez l'ex-pâtissier Murer,[7] romancier bien rigolo) j'ai trouvé mon affaire, en ce village. Deux petites pièces, chez un vieux couple de paysans, qui ont l'air d'être de très braves gens, pour 25 F par mois. Nous partons samedi prochain. – Adresse: *chez M. George Sanders, –rue Remy–* à Auvers-sur-Oise.

Quant à la photographie de votre filleule, après avoir eu trois semaines le bec dans l'eau avec mon photographe ordinaire de la Butte, je viens seulement de la faire poser aujourd'hui chez *Marius,*[8] nouveau photographe du *Cri.* (Dame! quand on veut avoir les choses à l'œil!...) Ce qui fait que la bombe chargée de dynamite ne partira pour Aix, que la veille de mon départ pour Auvers, où j'attendrai l'effet dans le calme reposant de la nature bonne conseillère.[9]

Et voilà tout ce que j'ai à vous apprendre... Je lis chaque jour *la Terre,*[10] avec grand plaisir. Très chic, avant hier, la fin de la 3ᵐᵉ partie, avec le mensonge de Buteau s'accusant d'un inceste pour ne pas lâcher "le bien" de sa belle-sœur, et l'homérique bataille à coup de fléau, et la circonspection belliqueuse des deux troupes d'oies, plus raisonnables que les hommes. Ça fera encore un crâne bouquin, digne des plus chics entre les aînés.

Si vous passez un jour ou deux à Paris, avant votre départ pour la mer, faites-moi signe à l'avance. Comme je viendrai à Paris, une ou deux fois par mois, je ferai coïncider.[11]

Mes amitiés à votre femme. Une affectueuse poignée de mains de votre

Paul Alexis

P.S. A propos, la *Revue Indépendante* m'offre 400 F pour quatre grands articles à faire, de deux mois en deux mois, sur une série que j'avais annoncée dans une sorte d'avant-propos (voir le n° 2 de la *Revue indépendante* réapparue)[12] sous ce titre, un peu élastique, lancé à la légère: *Les fours glorieux.*[13] – Je suis un peu embarassé – mais je n'ai pas le droit de cracher sur 400 F – Mon idée serait de commencer par *le Candidat,* – ou par *Henriette Maréchal*[14] – mais comment réunir des documents, sans trop me la fouler? – Fouiller peut-être à la Bibliothèque? – Que me conseillez-vous?

Mon aspiration –hélas! vague encore– serait, en somme, de réunir un volume de documents sur les balbutiements du théâtre de l'avenir (naturaliste ou *livresque*) Qu'en pensez-vous?

Les 4 articles, commandés et promis, seraient l'embryon de ce volume.

1 "J'envoie au citoyen Laval l'autorisation de publier gratuitement *Germinal,*" écrit Zola à Alexis le 26 juillet (*Corr.*, 679).
2 Voir la lettre 150, n.10
3 Sans doute le montant des droits de reproduction du *Ventre de Paris* (lettre 168, n.4)
4 Lagrange, Cerf et Cie, Société générale d'annonces, 8, place de la Bourse
5 "Je vais écrire à Guebhard pour lui demander mes mille francs. Il vaut toujours mieux prendre date" (lettre du 26 juillet, *Corr.*, 679).
6 Voir les lettres 162 et 164
7 Eugène Auguste Meunier, dit Eugène Murer (pseudonyme: Gène-Mur), avait été d'abord pâtissier boulevard Voltaire. Etant devenu romancier, il publia en 1887 chez Lévy *Pauline Lavinia*, avec un dessin de L. Pissarro. En 1888, chez le même éditeur, il fit paraître un recueil de sept nouvelles: *La Mère Nom de Dieu*, dont l'une, "La Brûleuse," était dédiée à Alexis. Celui-ci mentionne Murer dans sa chronique du *Cri du Peuple* du 15 août 1887, où il évoque Auvers-sur-Oise (app. A:53). Dans le numéro du 21 octobre 1887 il décrit la collection de tableaux impressionnistes que possédait Murer à Auvers. Très féru d'impressionnisme, l'ex-pâtissier recevait des peintres chaque mercredi à l'heure du dîner. Renoir écrivit un jour à Murer: "Si vous voyez Trublot, dites-lui que c'est un excellent garçon, mais il me ferait bien plaisir de ne pas dire un *mot* sur moi; de mes toiles tant qu'il voudra, mais j'ai horreur de penser que le public sache comment je mange ma côtelette, et si je suis né de parents pauvres, mais honnêtes. Les peintres sont assommants avec leurs histoires lamentables, et on s'en fout comme de l'an quarante" (citée dans P. Gachet, *Lettres impressionnistes* [Grasset 1957], 95). Cf. P. Gachet, *Deux amis des impressionnistes: le docteur Gachet et Murer* (Editions des Musées Nationaux 1956); J. Rewald, *The History of Impressionism*, 413–15 (on y trouvera une reproduction en couleurs d'un portrait d'Eugène Murer par Renoir, peint vers 1877). M. Gachet, dans son ouvrage sur Murer, cite aux pages 168–9 l'article "Murer," un portrait écrit par Alexis le 22 octobre 1895 comme préface pour le

catalogue de la première exposition de Murer au Théâtre de la Bodinière (18, rue Saint-Lazare), qui eut lieu du 23 novembre au 20 décembre 1895. Aux pages 170–3 le même auteur reproduit l'article de Trublot mentionné plus haut, sur "La collection Murer."

8 Le 28 juillet Trublot raconte à ses lecteurs sa visite chez le photographe Marius, 55, rue Réaumur.

9 C'est par l'entremise de Zola qu'Alexis va enfin révéler à sa famille sa situation conjugale (voir la fin de la lettre 162). Dans la lettre du 26 juillet Zola écrit: "Tenez-moi au courant du côté de votre famille. Peut-être, d'ailleurs, quelques éclats de la bombe voleront-ils jusqu'à Médan. Je vous les enverrai" (*Corr.*, 679–80).

10 La publication du quinzième roman des *Rougon-Macquart* avait commencé le 29 mai 1887 dans le *Gil Blas*. Elle s'arrêtera le 16 septembre de la même année.

"Un évén'ment littéraire, annonçait Trublot le 1er juin 1887 dans le *Cri*. L'nouveau bouquin des *Rougon-Macquart*, qu'était annoncé et attendu d'puis quèque temps, vient d'commencer à paraître en feuilleton dans l'*Gil Blas*. [...] On sait qu'*la Terre* –un crâne titre tout d'même, crâne à force d'simplicité: puis, est-c'que c'est pas l'nom à notre dabe à tous?– s'ra un livre sur les croquants. [...] L'zig Zola Emile va dépioter l'peuple des campagnes, eul'paysan, penché sur son rude turbin, c'lui sans l'quel nous mangerions point d'bricheton. Mince d'b'sogne délicate! Songez à c'qu'ça r'mue: tout un envers, et l'moins étudié, d'la question sociale.

"[...] J'n'puis vous causer qu'du pr'mier chapitre d'la *Terre*, chapitre qui –comm' presque toujours chez Zola– est une grandiose ouverture, obt'nue par des moyens plus simples qu' jamais, car, laissant aux symbolistes leur truffe de dernier romantisme gâté, eul' romancier naturaliste va d'plus en plus vers la simplicité. [...] Bravo! Zola, t'es un poteau, un gonzier d'attaque, décidément. Y s'agissait pas d'nous faire des paysans d'Op'-Com', ni d'nous servir des croquants d'George Sand."

11 "Nous partirons de Médan le dimanche 28 août, nous passerons à Paris le lundi et le mardi et nous nous mettrons en route pour Royan le mercredi 31. Donc, venez dîner rue de Boulogne le lundi ou le mardi, en me prévenant d'avance" (lettre du 26 juillet, *Corr.*, 679).

12 La première série s'étant arrêtée à la fin de mai 1885, la *Revue indépendante* avait commencé une nouvelle série au mois de novembre 1886, sous la direction d'Edouard Dujardin et de Gustave Kahn. Voir à l'app. A:59 l'intéressante description que Trublot fait des bureaux de ce périodique, dans *Le Cri du Peuple* du 14 avril 1888.

13 Voir la lettre 165, n.11

14 Représentée pour la première fois le 5 décembre 1865 au Théâtre-Français, la pièce des Goncourt n'eut que six représentations. Lors d'une reprise à l'Odéon le 3 mars 1885, Trublot avait écrit dans son feuilleton du 5 mars: "Elle avait tout pour réussir, dès 1865, *Henriette Maréchal*. Elle palpite de vie, de tendresse et d'esprit, cette pièce. Une verve endiablée et, par moments, la profondeur, un charme de jeunesse, un souffle de passion en font une de ces œuvres exquises, à part, qu'on ne recommence pas.

" 'Fantaisie,' a écrit plus tard, dans une préface, M. Edmond de Goncourt, 'Dans le roman, je le confesse, je suis un réaliste convaincu; mais au théâtre, pas le moins du monde.' Possible! Mais qui vous dit qu'à l'usage et avec la pratique, vous ne seriez pas allé de plus en plus vers la vérité? Vous êtes sincère, en avouant que vous rêviez un théâtre libre, indépendant, poussant à la bouffonnerie satirique, allant jusqu'à la féerie. Soit! mais rien ne m'ôterait de l'idée –et *Henriette Maréchal* me confirme dans ma croyance– que, en passant du rêve à la réalisation, vous eussiez de plus en plus obéi à votre tempérament de réalistes. Vous l'avouez vous-même: notre *Henriette* a été étranglée, il y a vingt ans, pour cause de réalisme. C'est avec du réalisme dramatique que vous l'eussiez vengée." Cf. A. Billy, *Les Frères Goncourt*, 174–92.

MON CHER AMI,

J'allais justement vous écrire.[1] Alors, à mardi 30, pour dîner. Mais je tâcherai de vous faire une petite visite lundi, à tout hazard, impatient que je suis, d'abord de vous voir, puis de vous demander les souvenirs personnels que vous m'avez promis sur le *Candidat,* etc. avec indications pouvant m'aider à me tirer des *Fours Glorieux* – On m'a encore écrit de la *Revue*[2]–

Hein? ces petits salops![3] Répondrez-vous? Je n'ose vous conseiller, mais, le mieux n'est-il pas de vous taire. Vos trente volumes, vos vingt ans de production, ne répondent-ils pas assez haut? – Pourtant, à répondre, une lettre d'quinze lignes à Magnard, oui, un simple soufflet de grand seigneur littéraire, serait plus que suffisant.

Et "la bombe" peut éclater :[4] elle est partie. Mise à la poste, vendredi dernier 19 Août, par la main même de votre filleule, ayant ce jour-là 16 mois. – J'attends, avec émotion.

La dite bombe porte la date du 31 Juillet; mais j'ai recommandé à Coste d'expliquer ce retard par sa vraie raison: les lenteurs que Marius photographe a mis à nous tirer, à nous rater, à nous recommencer, et ce pour un client à l'œil, avec lequel on le prend à l'aise, – et, qui, par là-dessus, a eu à s'installer à Auvers. – D'ailleurs, je vous envoie les pièces.

Ici, nous sommes très bien, comme nourriture et logement; mais c'est un peu gros bourg, et je regrette mon rustique Janville, – un Médan, quoi! Auvers tourne au Villennes.[5]

Donc, à bientôt. Je serai à Paris lundi, et y passerai 3 ou 4 jours s'il le faut, pour faire des fouilles à la Bibliothèque dans les critiques théâtrales du *Candidat,* d'*Henriette Maréchal, Thérèse Raquin,* etc. Je compte m'en tirer avec beaucoup de citations, pour ne pas mourir sur ces articles, car je me suis remis à cette éternelle *Mme Cœuriot.*

Ma femme et ma fille se joignent à moi, pour vous envoyer à tous deux leurs amitiés. Une grosse poignée de mains de votre vieux solide

Paul Alexis

Vous seriez bien gentil d'apporter à Paris, (pour que je passe chez vous une heure à le consulter) le dossier de cette ridicule et *bourgeoise* levée de boucliers. Sans journaux ici, je n'ai lu que les deux articles du *Figaro,* et un de Bauër dans l'*Echo* de Paris.[6] N'y en a-t-il pas un autre de Bauër ailleurs? un de Scholl?[7] etc.

---

1 Alexis répond à une lettre de son ami qui n'a pas été conservée.

2 La *Revue indépendante.* Voir la lettre précédente

3 Allusion au célèbre article: "*La Terre.* A Emile Zola" (dit "Le Manifeste des Cinq"), qu'avait publié *Le Figaro* le 18 août 1887. Les signataires en furent Paul Bonnetain, J.-H. Rosny, Lucien Descaves, Paul Margueritte et Gustave Guiches. A cette protestation contre "les aberrations du Maître," "au nom [du] suprême respect pour l'*Art,*" Bonnetain ajouta le 22 août, dans le même journal, une "Explication," signée de lui seul.

Dans un court billet portant la date du 18 août Céard fit sur-le-champ part à Zola de sa réaction: "Quelque basse idée que nous professions pour l'humanité, l'humanité est toujours au-dessous de ce que nous pensons d'elle" (*C.-Z.*, 330). Peu après Huysmans ajoutait la sienne: "Ces braves gens ne semblant pas se douter qu'ils renouvellent les vieux griefs criés depuis des ans par les Sarcey et par les Scholl. Ils recommencent la stupidité de la discussion sur les sujets, sur les mots; car en somme, c'est ça, c'est le pet et le mot merde qui les offusque! Quelle bêtise et quelle étroitesse d'art!" (*H.-Z.*, 129) Pour les commentaires de Trublot sur cet événement (*Le Cri du Peuple* des 22 et 23 août 1887), voir l'app. A:54–5. Les différents aspects du "Manifeste" ont été étudiés en détail dans G. Robert, *"La Terre" d'Emile Zola*, 415–39; *Rougon-Macquart*, IV, 1525–31.

4 Voir la lettre 171, n.9

5 A partir du 11 août Trublot avait tenu ses lecteurs au courant de son voyage et de sa villégiature à Auvers-sur-Oise. Dans le *Cri* du 15 août il parle surtout d'Eugène Murer et du docteur Paul Gachet (app. A:53).

6 Dans le numéro du 23 août de *L'Echo de Paris*, sous le titre: "De l'obscène," Henry Bauër essayait de définir ce qui sépare la vraie littérature de la gravelure, ce qui distingue l'érotique de l'obscène. Deux jours plus tôt il avait déjà parlé du "Manifeste" dans *Le Réveil Matin*: "L'excommunication d'Emile Zola." Voir *Zola-Céard*, 147–8.

7 Aurélien Scholl avait consacré tout son "Courrier de Paris" dans *Le Matin* du 13 août à *La Terre*. D'après lui, l'auteur de ce roman n'était qu'"un malade qu'il faut soigner sans perdre une minute, si l'on ne veut être obligé de l'enfermer d'ici quelque temps." Il était atteint de "*sadisme* aigu." Scholl fit quelques allusions au "Manifeste" dans sa chronique du 27 août.

173 Auvers-sur-Oise (Seine et Oise)–rue Remy–
Lundi 19 Septembre 1887

MES CHERS AMIS,

Rassurez-vous sur mon compte, au sujet de ce duel.[1] Bien que le jeune Sarah-gosse ferraille depuis l'âge de 10 ans, (une science que je nie, l'escrime!) je n'ai pas fait mauvaise contenance et m'en suis tiré avec une égratignure aussi légère que les motifs (après *Dinah Samuel* et *Sarah Barnum*)[2] pour lesquels ce jeune homme a jugé à propos de m'envoyer des témoins.

Et je pense qu'à Aix, cette affaire produira une diversion qui ne peut qu'être que favorable à ce que vous savez.[3]

Vu Numa Coste, ici à Paris, pour un mois, au sujet de je ne sais quelles affaires industrielles (une invention perfectionnant les moulins à huile, brevet à vendre, audience avec Rouvier,[4] etc.)

Il m'a dit que la famille, (il a dîné à Meyran la veille de son départ), en somme très atterrée, est prête à consentir à tout. Il faudrait faire le mariage aux environs de Paris. Ma mère, probablement, viendrait, peut-être avec Félix, mis dans la confidence. Il faudrait inventer une histoire *pour le monde* et pour ma sœur. La seule, l'énorme difficulté, est l'existence de votre filleule, qui a aujourd'hui même, ses dix-sept mois? Comment la glisser dans une apparence normale?

J'écris une longue lettre à ma mère, (racontant les choses bien entendu sans les noms) et dès que j'aurai sa réponse, je vous tiendrai au courant des événements.

Mille choses affectueuses de nous trois pour vous deux, et soyez mon interprète auprès des Charpentier.[5]

Votre vieux qui vous la serre

Paul Alexis

Et la *Terre*? Quand paraît-elle?[6] Depuis que je suis à Auvers, je n'ai pu la suivre en feuilleton: comment avoir le bouquin *le plus tôt possible*, afin que je puisse en trubloter avec connaissance de cause.

Le Théâtre-Libre a un local superbe, 96, r. Blanche. Déjà 40 actionnaires, dont M. Deslandes. M. Antoine a brûlé ses vaisseaux –a quitté le gaz– pour être tout à la magnifique partie à jouer.[7]

1 Zola avait écrit à Alexis dans une lettre portant la date du 19 septembre 1887: "Je lis dans un journal que vous vous êtes battu et que vous avez reçu une blessure au bras. Est-ce vrai? Le silence du *Cri* m'étonne. En tout cas, je vous envoie nos bonnes amitiés, en hâte" (*Corr.*, 682).

Trublot avait publié, dans *Le Cri du Peuple* du 16 septembre 1887, un article intitulé "Chez la grande modiste." Cette fantaisie assez légère, où l'auteur vise plutôt à des effets comiques qu'à des critiques sérieuses, a la forme d'un dialogue: Sarah Bernhardt, revenue de sa tournée en Amérique, veut acheter des chapeaux et parle avec la modiste, une certaine Madame Sabattier, qui avait récemment figuré dans les journaux au sujet d'un crime passionnel. Trublot malmène quelque peu Sarah, en semblant lui attribuer une attitude morale assez légère.

Pourquoi se moquait-il d'elle? Serait-ce à cause de l'attitude qu'elle avait prise au sujet de la censure théâtrale en novembre 1885 (lettre 145, n.7)? Ou lui tenait-il rigueur de ne pas avoir accepté le rôle de Renée dans la pièce écrite pour elle par Zola (lettre 167, n.2)? En tout cas, se croyant offensée, l'actrice fit envoyer des témoins à Alexis par son fils Maurice. Une rencontre à l'épée eut lieu le 17 septembre. D'après *L'Echo de Paris* du 19 septembre, la blessure que reçut Alexis au bras droit était assez profonde. Le 23 du même mois Céard déclare à Zola qu'Alexis "ne semble pas souffrir du coup d'épée qu'il a reçu" (*C.-Z.*, 335).

2 Pour ces deux ouvrages d'inspiration satirique, voir les lettres 106 (n.1) et 121 (n.17). En rendant compte de celui de Marie Colombier, dans *Le Réveil* du 6 janvier 1884, Alexis s'exclamait: "Oui! elle est bien le produit de notre âge, cette Sarah Barnum, tragédienne, comédienne, sculpteur, peintre, écrivain, aéronaute, directrice de théâtre, séductrice de plusieurs générations, adorée de la foule et exerçant son pouvoir sur un cercle d'adorateurs, hommes distingués à coup sûr, qu'elle affole, en les menant à la cravache, plus dure à leur égard qu'un sultan envers les odalisques de son harem. Et notez qu'elle est à peine femme avec cela; que son corps, dit-on, n'est qu'un élégant squelette bon à satisfaire des besoins d'amour macabre; que tout reste artificiel en elle: l'artiste et son talent, la femme et sa beauté. On ne peut s'empêcher de compter avec elle, car elle est une force, et de l'admirer aussi. Quant à l'aimer, c'est autre chose! Et je sais, pour ma part, que l'unique fois où il m'a été donné de la voir de près, dans un salon, à une soirée, et de l'entendre causer, elle m'a inspiré l'envie d'aller de là dans les bras de quelque bonne grosse fille aux joues rebondies, mais qui serait nature" ("*Sarah Barnum*").

3 Zola répondit le 23 septembre: "Nous sommes heureux d'apprendre que votre blessure se réduit à une égratignure. Et tant mieux, si cette affaire imbécile a sur votre famille le bon effet que vous en espérez. Du reste, comme je vous disais, vos parents n'ont qu'à s'exécuter. C'est une question de temps. Tout va bien, j'en suis convaincu aujourd'hui. [...] Soyez joyeux, puisque tout marche à souhait" (*Corr.*, 683–4). Voir la lettre 171, n.9.

4 Ministre du Commerce et des Colonies sous Gambetta (1881–2), l'Aixois Maurice Rouvier (1842–1911) fut président du Conseil du 30 mai au 4 décembre 1887.

5 Les Zola passèrent le mois de septembre et une partie d'octobre avec les Charpentier à Royan. "Le temps est ici magnifique, une vraie Provence, écrivait Zola à Alexis dans la lettre du 23 septembre. Je ne fais rien, je me remets un peu de ma terrible année" (*Corr.*, 683).

6 "*La Terre* ne paraîtra pas avant le 20 octobre. Vous voyez que vous avez le temps. Dès qu'on aura des bonnes feuilles, je vous en ferai remettre" (ibid.). Charpentier ne sortit le roman que le 15 novembre 1887.

7 "J'ai brûlé mes vaisseaux, annonça Antoine à Pauline Verdavoine le 26 juillet 1887. Me voici donc en plein dans la grande aventure! Ce n'est pas sans quelque mélancolie [...]. Cependant il n'y a plus à reculer, et il faut vaincre maintenant, à tout prix. Je me sens la force et l'énergie des désespérés, puisque c'est tout mon avenir (et tout mon bonheur!) qui sont en jeu" (A. Antoine, *Lettres à Pauline*, 321).

Trublot mentionne le déménagement du Théâtre Libre dans le *Cri* du 7 septembre. La chronique s'intitule "Le grand seize," puisque l'auteur situe le nouveau siège au 16, rue de La Tour d'Auvergne (ancien nom de la rue Blanche): "Les mémorables r'présentations du Théâtre-Libre, c'te saison, vont continuer d's'donner là où all's ont si brillamment commencé, dans c'te gironde p'tite salle du passage d'l'Elysée des Beaux-Arts, agréabl'ment r'tapée par la Commission des Incendies, et munie d'un rideau d'tôle, à deux fins, car y servira aussi pour 'faire le pompier'.

"Mais une salle, ça suffit pas. J'vous dis qu'd'puis samedi, le Théâtre-Libre s'est mis dans ses meubles. Son directeur, M. Antoine, vient d'signer un bail [...] pour un vaste local compr'nant un grand atelier pour les répétitions, un autre pour les décors, avec un fumoir et un chouette salon pour jaspiner. On va luncher là-d'dans, jour et nuit. Les aminches d'la maison, sans compter les acteurs, les critiques, trouv'ront là un bout d'divan pour v'nir tailler une bavette quand ça leur-z-y dira. [...] Mais c'est pas l'tout d'avoir un local: s'agit aussi d'le décorer chiquement. M. Antoine m'écrit:

Mon cher Trublot,
J'ai soixante ou quatre-vingts mètres carrés de murailles à décorer dans la salle de répétitions. J'ai songé aussi aux autres jeunes, ceux qui peignent ou sculptent des merveilles quelquefois et les gardent dans leurs greniers. Voulez-vous leur adresser un appel dans votre *Cri*?
Chez moi, ils viendront accrocher la toile faite, et comme je vais avoir un va et vient de gens chics, ce sera une exposition très modeste, mais peut-être utile. Songez que j'ai sur ma liste d'abonnement déjà des princes et des millionnaires. Il suffira qu'un bout de toile leur tape dans l'œil pour qu'ils l'achètent. Les artistes enlèveront cela quand ça leur plaira.
N'est ce pas que l'idée est bonne? Et qu'elle sera peut-être utile pour tout le monde? Pas besoin de cadres, je veux garder, à ce siège social du Théâtre-Libre, un caractère purement artistique et pas du tout bourgeois. – On y fera des choses d'art de toutes les manières. – Que ces jeunes gens se mettent en rapport avec moi, un bout de lettre rue de Dunkerque 42, n'est-ce pas?
Merci et bien votre,

A. Antoine.

"V'là qu'est fait mon fiston. Et v'là un gas d'attaque, c't Antoine, et qui mérite d'réussir, et qui réussira, j'y prédis. Des idées géniales, un esprit d'organisation extra-ordinaire et une volonté, n'vous dis qu'ça. [...] Oui, les peintres –et les sculpteurs aussi– n'manqueront point d'venir embellir l'siège d'notr' Théâtre-Libre. Mézigue garantit les impressionnisses."

MON CHER AMI,

"Réjouissez-vous," me dites-vous.[1] Il y a dans cette bonne parole comme un reflet des flots bleus au bord desquels vous êtes.[2] Vous voilà devenu optimiste.

Mais voici la très émouvante lettre que j'ai reçue de ma mère. Elle révèle très clairement "l'état d'une âme," comme dirait un psychologue, – et me remue profondément. Comment la satisfaire?

Elle, ce n'est pas, vous le voyez, la préoccupation étroite et basse de l'argent qui la préoccupe et l'inquiète. Et, voyant tout le mal que je lui fais, me rendant compte de l'effort sur elle-même qu'elle a dû faire –à son âge: 63 ans!– pour s'arracher ce consentement contraire à ses idées, à son éducation, à toute sa vie, à son milieu, je vous conjure de m'aider à alléger autant que possible "son sacrifice", de m'aider à "trouver quelque chose" comme elle dit pour "donner à ce mariage une apparence ordinaire" aux yeux de mes frères, sœur et belles-sœurs, aux yeux du public (Aixois). Quoi? – Je n'en sais rien. Manquant de perspicacité, ou de sang-froid seulement, je ne trouve pas ou je trouve les choses les plus folles. Et ce point d'interrogation me hante, me ronge, m'empêche de travailler.

Enfin, à votre prochain passage à Paris, vous me ferez signe et j'accourrai. Et nous causerons de tout ça et chercherons à deux si vous ne trouvez pas le "quelque chose" tout seul.

Mes amitiés à votre femme et une chaude poignée de mains de votre vieux –devenu pessimiste, lui–

Paul Alexis

P.S. Mon petit monde va bien et se joint à moi, se rappelle à votre affectueux souvenir. Votre filleule a fortement prospéré ici et marche presque seule.

P.P.S. *Jacques Damour*? Je suis allé à la première.[3] On a nui à la pièce, en voulant l'adoucir. Et ils l'ont *jouée* en sales cabots: au Théâtre-Libre on la *vivait* presque. Dix Mounet[4] pour un Antoine! Il n'y a que le Théâtre-Libre, décidément. Ce grand benêt d'Hennique paraissait très satisfait:[5] à sa place, j'eusse été furieux, en ce sens que –selon moi– je mets en fait que si *Jacques Damour* avait été jouée à l'Odéon, avec la conviction, la sincérité et le talent des artistes du Théâtre-Libre, le succès eût été écrasant. En comparant les 2 interprétations rôle à rôle, le *Sagnard* seul est préférable à l'Odéon,[6] et, encore, celui du Théâtre-Libre, avait un meilleur physique pour suppléer à son manque de talent. – Pas un de ces cochons de l'Odéon à coup sûr n'avait lu la nouvelle! – Des dangers? On en a créé en atténuant. – Mounet, l'air d'un gamin, d'un étudiant déguisé en ouvrier. – Il n'y a pas de pièces dangereuses quand elles sont vraiment bien jouées.

Renée a été *mal jouée*, elle aussi.[7]

1 Voir la lettre 173, n.3
2 Toujours à Royan, Zola écrit le 6 octobre à Céard: "Après quelques jours de vilain

temps, les belles journées douces ont recommencé. Nous avons pu nous baigner jusqu'à ces jours-ci" (*Z.-C.*, 69).

3 La vraie première du drame en un acte que Léon Hennique avait tiré de la nouvelle de Zola, eut lieu le 30 mars 1887 au Théâtre Libre (sans compter la répétition générale, la veille au soir, devant 300 invités). Cf. F. Pruner, *Les Luttes d'Antoine*, I, 77–8.

Ayant refusé la pièce avant son succès au Théâtre Libre, Porel la reprit à l'Odéon le 22 septembre 1887. Enthousiaste, Trublot écrit dans son feuilleton du 30 septembre: "*Jacques Damour* est un succès de larmes... L'mérite –faut point être ingrat– en revient pour une part à M. Antoine, qui, l'premier, non seulement r'çut *Jacques Damour* au Théâtre-Libre, mais qui fit du héros une création épatante, inoubliable, à force d'vérité et d'conviction réaliste... Mais quèques soient les mérites d' M. Antoine, y a un directeur, M. Porel, qu'a fait quèque chose d'plus rare et d'plus méritant encore... Oui, primitivement, M. Porel n'y croyait pas, mais là, pas du tout, du tout, à *Jacques Damour*, à c'point qu'y avait r'filé l'manuscrit à Hennique, en y disant: 'Léon, tu t'l'es fourré dans l'quinquet jusqu'au coude: faut m'élucubrer aut'chose.'

"Puis, v'là qu'sur l'succès d'*Damour* dans la bonbonnière du passage d'l'Elysée des Beaux-Arts, l'même M. Porel s'est décidé à jouer la pièce tout d'même et l'a superb' ment montée, en y donnant un tour ed'faveur et en casquant d'la bonne braise pour un décor tout neuf, épatant, qui montre l'envers d'une belle boucherie des Batignolles... Est-ce point là un beau trait, unique malheureusement dans les fastes du théâtre contemporain? Trouvez-m'en beaucoup des directeurs, même subventionnés, qui consentent comm' ça à s'déjuger pour ainsi dire et à r'noncer modestement à la prétention à l'infaillibilité qu'est la caractéristique des Bordenave. Oui, trouvez-m'en!" Cf. également *Céard-Zola*, 333–6 (lettre du 23 septembre 1887); *Zola-Céard*, 67, 148, 149 (lettre du 25 septembre 1887).

4 Paul Mounet (1847–1922) débuta à l'Odéon en 1880. Il entra à la Comédie-Française en 1889. Ce fut lui qui interpréta le rôle de Jacques Damour lors de la reprise de la pièce à l'Odéon. Dans le compte rendu cité plus haut Trublot le jugeait ainsi: "Paul Mounet, avec sa belle prestance, sa voix admirable, est un superbe Jacques Damour. Y a enlevé la salle, et Hennique y doit une belle chandelle. Et j'dois pourtant vous dire qu'y n'm'a pas fait oublier l'Jacques Damour du Théâtre-Libre, compris différemment, moins jeune, moins brillant, moins cassé, vanné, minable, autr'ment attendrissant parc'qu'on sent qu'tout est fini pour lui, et bien fini."

5 "Gros succès d'artistes hier au soir, écrivait Hennique à Zola le lendemain de la première à l'Odéon; mais presse relativement très désagréable aujourd'hui. [...] Je crois pourtant que le pièce roulera sa bosse tout de même. Je n'étais pas dans la salle; je ne saurais donc vous en donner une opinion sérieuse; mais Céard vous en écrira, lui. Il a trouvé la fin de la pièce très mal mise en scène; mais je suis de l'avis absolument contraire. D'ailleurs, je suis complètement abruti, ne comprenant plus rien au théâtre, et stupéfait de voir débiner aigre doucement certains passages de Jacques Damour où, après des silences durant lesquels on aurait entendu voler une mouche, la salle entière éclatait en bravos. N'importe! mon bon ami, ça secoue, ça fait du bien" (B.N., MSS, n.a.f.24520, fols.172–3).

6 Le rôle y fut tenu par Arthur Rebel: "Rien qu' des éloges pour [...] Rebel, bien à son plan en boucher Sagnard" (Trublot, article du 30 sept.). Au Théâtre Libre il fut créé par Chauvet.

7 Voir la lettre 167, n.2

175 Auvers-s-Oise Lundi soir, 10 Octobre [18]87

MON CHER AMI,

Je reçois à l'instant cette lettre de Coste,[1] et, sans prendre le temps de bien réfléchir à ce qu'il me dit, de peser le pour et le contre, je me hâte de vous la communiquer, afin que, puisque je dois aller dîner avec vous mercredi 12, vous puissiez m'en causer avec connaissance de cause.

345

D'ailleurs, au pied levé, voici ma sensation première. Passer, aux yeux du cercle de ma famille (de mes frères, sœur, tante, oncles, belles-sœurs, cousins, cousines) et du bon public Aixois, pour être devenu par mon mariage le "petit cousin" de votre femme n'aurait pour moi rien que de très agréable, de très flatteur, et je m'efforcerais de me rendre digne en tous points de cette fiction qui, évidemment, arrangerait tout, expliquerait tout et paraîtrait vraisemblable. Seulement, voilà! Il faudrait que votre femme consentît à nous faire ce grand honneur et cette amitié. Je vous avoue tout bas que je n'aurais jamais osé le lui demander; mais cette proposition évidemment concertée entre Coste et ma mère, le lui demande indirectement: à vous de voir si vous voudriez compléter et appuyer la demande.

Maintenant, si cette première partie de l'idée de Costa et de ma mère me semble un trait de lumière qui arrangerait tout, le reste, l'invention d'un premier mari me paraît dangereuse, et le reniement momentané de ma fille, me répugne un peu, personnellement. Mais ma femme m'objecte –et avec raison– que c'est la seule façon de pouvoir montrer notre fille dès maintenant, en avouant la vérité plus tard, par exemple lorsque ma sœur sera mariée – et qu'elle se chargera de la lui dire alors elle-même.

Enfin, je commence à entrevoir que tout s'arrangera. Mais, maintenant, ce n'est plus du côté de ma famille que je tremble, c'est... Une fois de plus, mon ami, soyez mon éloquent porte-parole et mon sauveur. – A mercredi.

Bien affectueusement à vous deux

Paul Alexis

P.S. Quant à Béliard, (qui ne serait jamais qu'un pis-aller, sous tous tous les rapports) outre qu'il est inconnu absolument à Aix, c'est un muffle-ton: deux fois je lui ai écrit de l'été, sans réponse. L'autre jour, j'ai passé par hazard au *Grand-Cerf*:[2] on est aussi sans nouvelles de lui, depuis des mois. La politique[3] m'a l'air de le crétiniser et la province l'embourgeoise. Ne me renvoyez pas à lui: outre que ça retarderait et compliquerait les choses, – *il refuserait!*[4]

P.P.S. J'irai demain mardi à la 1ère du Théâtre-Libre:[5] si je ne vous y vois pas, à mercredi.

P.P.P.S. Nous rentrerons à Paris à la fin de la semaine: Séverine me rappelle. *Le Cri* baisse, et elle pousse un: "Tout le monde sur le pont!" Je ne suis pas sans inquiétudes; immédiates? non! mais pour l'avenir. Aussi, pour le cas où le navire sombrerait, je me procurerai dès mon retour une barque de sauvetage – au *Gil Blas*, ou, à défaut, à l'*Echo de Paris*![6]

1 A propos du mariage d'Alexis. Voir surtout les deux lettres précédentes
2 A Pontoise, à six kilomètres d'Auvers
3 Voir la lettre 162, n.2
4 De se poser en parent de la femme d'Alexis
5 Au programme: *Sœur Philomène*, pièce en deux actes, d'après le roman des Goncourt, par Arthur Byl et Jules Vidal, et *L'Evasion*, drame en un acte, de Villiers de L'Isle-Adam. Cf. F. Pruner, *Les Luttes d'Antoine*, I, 107–16.
   Le compte rendu que fit Alexis de cette troisième soirée du Théâtre Libre, parut dans *Le Cri du Peuple* du 17 octobre 1887 ("Au Théâtre-Libre"), sous la forme d'une

lettre adressée à Antoine. "Continuez, disait-il en conclusion, votre glorieuse campagne, dont les trois premières batailles sont trois victoires incontestables. Continuez, vous avez le vent dans vos voiles et rien ne saurait désormais vous arrêter. Ne vous y trompez pas, c'est de l'histoire que vous faites, c'est une page inattendue et joliment surprenante que sera un jour le Théâtre-Libre dans les fastes de notre art dramatique. Et l'on s'apercevra bientôt –malgré que les 'maîtres incontestés' vivent encore– combien il a du plomb dans l'aile le théâtre 'commercial', le théâtre soumis à la censure, à l'argent, à la niaiserie, aux préjugés, à la corruption et aux hypocrisies d'une classe en décadence, – le Théâtre-Esclave."

6 Ce n'est qu'en 1889 qu'Alexis redonnera des nouvelles au *Gil Blas*. *L'Echo de Paris* publiera son roman *Madame Meuriot* en feuilleton en 1890 (lettre 203).

176 [Paris] Vendredi soir [18 novembre 1887] –

Mon cher ami, Jules Guesde, lors du changement de rédaction[1] demeurait *23, r. Brézin*. S'il demeure toujours là, –ce que je n'ai pu savoir au *Cri*– vous pourriez y adresser aussi l'exemplaire pour son ami Lafargue.[2] –Pardon de n'être pas retourné vous voir, mais je suis enfoncé dans *Monsieur Betsy*[3] jusqu'au cou et je lis la *Terre*, sans compter que ma femme a dû garder 3 jours le lit, pour une entorse, à la suite d'une chute qu'elle a faite dans la rue Girardon en portant votre filleule au bras, mardi matin; celle-ci heureusement n'a rien eu, et la mère s'est levée aujourd'hui.

Les 3 premiers actes de *Betsy* absolument finis, et "très chic." Demain samedi nous attaquons le quatre. On vous lira ça la semaine prochaine. – Votre vieux

Paul Alexis

1 Guesde et ses amis avaient quitté *Le Cri du Peuple* au début de 1887 (lettre 166, n.4).
2 On se rappellera que Guesde et Paul Lafargue avaient fourni des renseignements à Zola pour *La Terre* (lettres 155 à 160), qui venait maintenant de paraître chez Charpentier (le 15 novembre).
3 Comédie en quatre actes, en prose, tirée en collaboration avec Oscar Méténier de la nouvelle du même titre d'Alexis (lettre 134, n.15). Après plusieurs refus la pièce sera enfin représentée pour la première fois aux Variétés le 3 mars 1890. Voir les lettres 117 et 178, 187 et 203 (n.5).

177 [Paris, dimanche] 1er Janvier 1888

MES MEILLEURS AMIS,

L'année est commencée depuis une heure environ. Nous venons de la souhaiter bonne et brillante à Séverine, tous, en chœur. Mais je ne veux pas me coucher sans vous écrire quelques lignes. C'est de vive voix que j'eusse voulu aller vous exprimer mes vœux pour votre bonheur à tous deux. Mais, outre que vous êtes, je crois, très nombreux, et que je ne voudrais pas vous encombrer, j'ai une nouvelle à vous donner. Ce Jeudi 5 janvier, à neuf heures du soir, nous lisons *Monsieur Betsy* à M. "de" Porel, et son cabinet odéonien, c'est-à-dire au théâtre. Et nous sommes en train, Méténier et moi, de pomponner l'ours, de lui limer les griffes, de lui faire cette dernière toilette dont s'acquittent si bien les maquignons avant de conduire une haridelle à la foire.

Voilà comment la chose est arrivée. D'un côté, j'avais vu Méténier désireux de se réserver Claretie,[1] à qui il compte lire, le lendemain de la *Puissance des Ténèbres*,[2] le drame d'Ostrowski[3] (?) qu'il est en train de traduire avec Pawloski. D'un autre côté, après la lettre de Bergerat à M. Porel,[4] j'ai cru le moment bon pour prier celui-ci de "tripatouiller" notre pièce. Une visite au "grenier", Dimanche, où l'on a beaucoup parlé de cet événement, a achevé de me décider. J'ai donc, lundi, pénétré dans l'antre directorial, où j'ai trouvé un Porel doux comme un mouton, gentillet, amical, qui, à ma demande, a aussitôt marqué Jeudi 5 sur un agenda, et qui même –vous allez encore me traiter de gobeur– m'a paru "ne pas demander mieux que notre pièce soit très bien." Je vous écrirai le résultat. Dans le cas où cet homme dirait: "reçue", Oscar Méténier, qui est un homme d'action, a déjà préparé sa phrase: "Vous voudrez bien nous fixer une date... approximative. Et... (*en prenant ici son petit air penché*) on pourrait même signer un bout de traité!"

Voilà, mon bon, où nous en sommes. Vous avez eu beau prononcer notre condamnation à mort,[5] nous espérons encore. J'ai toujours, dans l'oreille, cette phrase de Daudet, qui, Dimanche, après avoir parlé de *la Sérénade*[6] qu'il trouve très bien, (au point que, directeur, il appellerait demain Jullien et lui commanderait quelque chose) disait: "Avec le rire, voyez-vous, on peut faire passer bien des choses!" – Enfin, on verra.

Pas d'autre nouvelle... Ah, si! Le même Lundi, en revenant de l'Odéon, j'ai essuyé un échec –volontaire– chez ce gredin de Stock, l'éditeur d'Huysmans et d'Hennique,[7] à qui, dix jours auparavant, j'avais porté *Le petit Village*, –par Trublot,– avec préface de Séverine – une vingtaine de trubloteries champêtres,[8] retapées, formant un petit tout qui va du départ de Paris au retour quand les oies sauvages passent et que l'hiver a vaincu l'été, enfin de quoi former un petit bouquin comme *Pœuf*.[9] Alors, ce machiavélique Stock m'a tenu ce language, quasi déshonnête: –"Je trouve cette affaire comme mauvaise, commercialement. Mais, ainsi que deux de vos amis, signez-moi un traité, de dix ans, vous engageant à ne rien publier ailleurs, et j'envoie immédiatement *le Petit Village* à l'imprimeur, nous paraissons fin Janvier, et je m'engage à publier *tout* ce que vous voudrez, à dix sous au lieu de huit le volume de trois francs cinquante."– Inutile de vous dire que j'ai refusé, en lui disant que Charpentier était mon ami et que je n'avais aucune raison pour le quitter. –"Mais, alors, pourquoi ne vous adressez-vous pas à lui, pour ce petit volume?" J'ai eu beau lui jurer que c'était parce qu'il a une petite collection à 2 f ct que Charpentier n'en publie pas, il n'a rien voulu entendre: "Hennique n'a pas fait comme vous! Charpentier n'ayant pas voulu son *Duc d'Enghien*, il a signé un traité et je l'ai publié, comme prime. Mon idée est d'avoir les cinq des soirées de Médan, et complètement. Tout ou rien! Je ne veux pas éditer les ours, pour qu'on porte les bonnes choses aux autres, etc. etc." – Si je n'étais parti, je crois qu'il bavarderait encore, cet animal. Enfin, je vais chercher ailleurs.[10]

Et moi aussi, je suis un grand bavard. Il est temps que je continue 1888, en allant me coucher. Bien qu'elles dorment les poings fermés, depuis long-temps, votre filleule et sa maman se joignent à moi pour vous souhaiter à tous deux les meilleures prospérités.

Votre vieux fidèle

Paul Alexis

P.S. Soyez mon interprète auprès de Monsieur et de Mme Georges, s'ils sont encore vos hôtes.[11]

P.P.S. Je viens enfin de terminer les épreuves de Moore,[12] que je porterai Lundi. Et, demain, pas de Trublot: je vais finir la *Terre*. Pas trop tôt, dites!!![13]

1 Jules Claretie fut directeur de la Comédie-Française de 1885 à 1913. N'aimant guère son œuvre, Alexis l'avait accusé, quelques années auparavant, de n'avoir que du "simili-talent": "Voici plus de vingt ans que vous donnez à vous-même une illusion: celle du talent. Victime de la plus déplorable facilité, vous êtes comme un robinet in-tarissable. Romancier, auteur dramatique, historien, chroniqueur, critique d'art, vous coulez, vous coulez, partout et toujours. Ce n'est jamais un vin de grand cru, pas même du bon ordinaire, mais une piquette fabriquée avec un peu de marc de raisin d'autrui, noyé dans une énorme quantité d'eau tiède" (*Le Réveil*, 25-11-83).

2 Le drame en six actes de Léon Tolstoï fut traduit par Isaac Pavlovski et Oscar Méténier, et représenté au Théâtre Libre le 10 février 1888. Dès le 28 juin 1887 Trublot parlait de la pièce aux lecteurs du *Cri*: "Proportion gardée, la *Puissance des Ténèbres* [...] n'est pas sans rapports avec *En Famille* d'Oscar Méténier dont j'vous ai servi une tranche. Oui, avec la différence d'une grande toile à un tableautin d'chevalet; c'est une sorte d'*En Famille*, davantage fouillée et arrivant à un tragique grandiose, à donner la chair d'poule tant y est égal'ment vrai."

Le lendemain de la première Alexis publia une "lettre au comte Léon Tolstoï" dans *Le Cri du Peuple* du 13 février 1888 ("*La Puissance des Ténèbres* au Théâtre-Libre"). La pièce lui avait semblé très morale: "Au lieu des 'rudesses' et 'obscénités' dont on vous a accusé, j'y ai trouvé au contraire une largeur admirable, l'amour des humbles, un sentiment des injustices sociales, une pitié humaine générale même à l'endroit des criminels dans lesquels vous découvrez des malheureux. En un mot, vous avez tout ce qui manque à la *Tosca*. Nos plus célèbres hommes de théâtre devraient vous tirer humblement leur chapeau. [...]" Le 16 avril 1888 il donne un autre compte rendu dans le *Cri* de la même pièce, représentée cette fois aux Bouffes-du-Nord. Cf. F. Pruner, *Les Luttes d'Antoine*, I, 155–64; id., *Le Théâtre Libre d'Antoine*, I, 19–38.

3 *L'Orage*, drame en cinq actes et six tableaux, par A.N. Ostrovski, dans la traduction d'O. Méténier et I. Pavlovski, sera représenté pour la première fois au Théâtre Beau-marchais le 1er mars 1889.

4 Il veut dire la lettre qu'Emile Bergerat adressa au courriériste théâtral du *Figaro*, Jules Prével. Celui-ci la publia le 22 décembre 1887. Bergerat y donne la raison pour laquelle sa pièce *Le Capitaine Fracasse* fut retirée de la scène de l'Odéon. Porel, le direc-teur du théâtre, ayant voulu "tripatouiller" dans l'ouvrage, l'auteur s'était soustrait "à l'honneur de cette collaboration anonyme."

La moralité de cet incident, d'après Alexis, c'est que la colère fait dire des bêtises. Bergerat a oublié que l'art théâtral tout entier est un "tripatouillage." "Faire repré-senter une pièce, c'est, pour un auteur, accepter la collaboration avouée ou latente, mais nécessaire –et je dirai même désirable– du directeur, du metteur en scène, des acteurs, des décorateurs, même du souffleur, du gazier-lampiste, de l'avertisseur, du concierge et du pompier de service. [...] On ne dérange pas quinze cents spectateurs chaque soir, pour les faire assister aux poses et contorsions variées d'un monsieur qui se gobe. Contempler son nombril ne peut être qu'un plaisir solitaire" ("Tripatouiller," *Le Cri du Peuple*, 8-1-88).

5 "*Monsieur Betsy* naquit en 1888, écrivait Oscar Méténier (dans "Les aventures de *Monsieur Betsy*," *Revue théâtrale*, III, n.s.4 [février 1904], 86). Emile Zola le tint sur les fonds baptismaux. –Voici, dit-il aux parents, un gaillard qui ne demande qu'à vivre et à faire parler de lui, mais si vous trouvez jamais un directeur disposé à l'adopter, vous m'en ferez part.

"Emile Zola avait vu juste. Il était dans la destinée du pauvre marmot d'être présenté dans presque tous les théâtres de Paris et refusé partout."

Le 2 janvier 1888 Zola écrivit encore à Alexis: "Je souhaite surtout que Porel vous prenne votre pièce. Le moment est excellent, car il a besoin de faire un acte de courage. Pourtant, je continue à avoir de grands doutes. Jamais il n'osera aller jusque-là" (lettre inédite [copie], coll. H. Mitterand).

6 Pièce en trois actes de Jean Jullien (1854–1919), jouée le 23 décembre 1887 au Théâtre Libre, qui donnait ses représentations depuis novembre de cette année-là au Théâtre Montparnasse. (Voir la chronique de Trublot du 2 novembre 1887, où il donne les "dessous" du déménagement du Théâtre Libre [app. A:56].)

7 Voir la lettre 150, n.7

8 Les "Trublot" écrits d'Auvers-sur-Oise (lettre 172, n.5)

9 La nouvelle d'Hennique, publiée chez Tresse et Stock en 1887, est basée sur des souvenirs de jeunesse, et contient des descriptions champêtres de la Guadeloupe. Trublot en parle dans le *Cri* du 4 février 1887.

10 "Ne faites pas la bêtise de vous engager chez un autre éditeur, écrit Zola le 2 janvier. Vous vous en repentiriez amèrement plus tard" (lettre inédite [copie], coll. H. Mitterand).

11 "Les Charpentier qui sont encore ici [à Médan], ne partent que demain. Je leur ai transmis vos amitiés, et ils vous envoient les leurs" (ibid.).

12 De la traduction de *A Mummer's Wife* (lettre 160, n.6). Ne sachant plus si le livre paraîtrait ou non, Moore avait écrit à Zola le 23 août 1887: "Et a propos de Charpentier croyez-vous qu'il a l'intention de publier *La femme d'un Cabotin*? Aprez le travaille d'Alexis il est vraiment regrettable que le livre soit perdu" (B.N., MSS, n.a.f.24522, fols.391–391').

La version française parut enfin en 1888, mais sans la préface de Zola que Moore avait sollicitée. "J'ai une confession a vous faire, écrivait l'Irlandais au Maître de Médan en 1885: pour faire une petite reclame je me suis permis de dire dans les journaux ici que le livre sera precedé par une preface par Emile Zola. Vous savez bien que la lutte et difficile pour moi et que toutes les démarches sont nécessaires pour arriver. Que j'ai dis cela ne vous engage en rien et cela m'a fait une belle réclame. Alors, cher maître, je suis pardonnez n'est-ce pas? Je ne puis dire que je n'espère vivement pour quelques lignes de vous pour lancer mon livre mais soyez sur que je serai tres satisfait d'entendre que vous ne pouvez pas, que vous n'avez pas le temps" (ibid., fols.403–4).

Après avoir promis de lui écrire cette préface Zola refusa au dernier moment de la fournir, à cause des remarques compromettantes que Moore avait faites au sujet des Naturalistes dans des fragments de ses *Confessions d'un jeune Anglais*, alors en publication dans la *Revue indépendante* (mars-août 1888). Voir la lettre 180, n.1.

13 "J'décoche un blâme à c'te fégnasse d'Paul Alexis qui m'a promis d'consacrer un grand article d'fond à c'superbe flanche: *La Terre*. Y prétend qu'y avait pas d'place [...] et qu'aujourd'hui y faut laisser passer le coup d'feu des livres d'étrennes, enfin qu'y s'exécutera en janvier, après les fêtes. Soit! mais pas plus tard, ou gare!" (Trublot, *Le Cri du Peuple*, 17-XII-87) L'article promis ne vit jamais le jour.

MON CHER AMI,

Nous sortons de chez Porel.[1]

Accueil très chaud; –après mon article sur Bergerat,[2] il ne m'appelle plus que "mon ami".

Malheureusement Méténier, de service, n'a pu arriver qu'à 11 heures: c'est donc moi qui ai dû lire les trois premiers actes. N'importe! L'effet n'a pas été mauvais.

Après le *un*, Porel: "Raide! Mais bien posé, très clair, et du vrai théâtre: s'il y a une pièce, ça y est."

Après le *deux*: "Très curieux, mais la pièce n'y est guères, jusqu'ici."

(Si Méténier était arrivé ici, tout pouvait être sauvé!)

Après le *trois* –que, démonté un peu, j'ai médiocrement lu– il m'a parlé vaguement de "tripatouillage": "Il faudrait, pour faire avaler ces choses, un drame parallèle, très corsé."

Le quatre, enlevé par Oscar, l'a fait rire aux larmes. Un moment, une lueur d'espoir! même quand la lecture a été finie.

Sentant très bien, ayant compris "le côté clownesque, macabre anglais, Edgard Poe, pince-sans-rire" de la pièce, et sa tenue littéraire, sa supériorité sur "ce que viennent lui lire les Bisson,[3] les Albin Valabrègue, etc. qui sont ses amis et viennent lui lire tout, sachent [*sic*] qu'il écoute, qu'il a une oreille," Porel s'est mis en quelque sorte à réfléchir tout haut devant nous, pour chercher un joint:

"Il serait très intéressant de jouer ça devant notre public des premières... Voir s'il avalerait ça... Mais il faudrait que ce soit tenu!... pour faire passer ces choses... Ma troupe, ce ne sont que des débutants, des échappés du Conservatoire: aussi, jouant ça en fin de saison, ou en commencement de saison, avec eux, nous tombons, ou nous passons inaperçu... A risquer la grande partie, au cœur de la saison, avec des engagements spéciaux, vingt jours au moins de répétitions, c'est vingt-cinq mille francs de pertes, si ça ne va pas au bout..."

Et il continue:

–"Avec Dupuis, des Variétés, en M. Betsy, et Baron en Gilbert Laroque, s'ils voulaient jouer *nature*, ce serait un triomphe, *sûr*, aux Variétés... Voulez-vous que j'en parle à Bertrand?"[4]

Nous lui répondons que les Variétés, c'est... la maison de Judic!!![5]

Il rit: "Oui, d'ailleurs rien à faire avec une vieille bête comme Bertrand ... Ni en face, avec le Brasseur:[6] ça glisserait dans la charge... Il faut un directeur jeune... Attendez!"

Et séance tenante, il se met à son bureau, et écrit la lettre suivante, que je vous copie:

"*Paris*, 8 *Janvier* 1888.

Mon cher Samuel,[7]

Nous ne sommes qu'à moitié bien ensemble, vous ne m'avez jamais traité chez vous (c'est pour une question de places aux premières) avec les égards que je méritais... Cependant, j'ai en estime votre jeunesse et votre audace. Vous avez essayé de la littérature sérieuse. Vous avez joué un chef-d'œuvre, *la Parisienne* de Becque: eh bien! ce préambule fini, croyez-moi, lisez et jouez ces 4 actes: *M. Betsy*.

A l'Odéon, ils ne finiraient pas. Joués par Galipaux, Raymond, Delannoy, Mlle Leriche,[8] ils pourraient crouler... mais à coup sûr ils vous feront honneur et peut-être iront aux nues...

Comme mot de passe aux auteurs, je vous rappelle que c'est moi qui vous ai envoyé le *Voyage au Caucase*...[9] C'est quelque chose.

Faites surtout que M. Méténier vous lise la pièce, c'est l'affaire d'une heure 1/2.

Cordialement

Porel.''

Donc, demain lundi, nous frappons à la Renaissance, munis de cette lettre. Et, dans le cas où ça ne marchera pas, Porel a ajouté: "Vous me la rapportez alors, et je vous la fais lire, ici, dans mon cabinet, à Mlle Réjane, qui peut s'enticher du rôle..."

Et voilà, mon ami. Vous avez été une fois de plus bon prophète: mais nous avons lieu, je crois, d'être contents tout de même. – Je vous la secoue chaleureusement.

Votre vieux

Paul Alexis

P.S. – *Lundi, 6 heures du soir*

Nous sortons de la Renaissance. Quelle drôle de boîte! A peine entrevu, entre deux portes, un petit Samuel, que le secrétaire du théâtre, de Trogoff,[10] appelle Fernand, tutoie, et qui, ahuri, gêné, indécis, nous a paru être le prisonnier de trois ou quatre corsaires louches, dont Trogof, en permanence autour de lui. – Enfin, il a une première Vendredi,[11] cet homme. De là peut-être cet ahurissement. Lundi prochain, il voudra bien nous recevoir et causer. Enfin, il faut attendre. On verra bien! Mais la maison, jusqu'à preuve du contraire, ne me paraît sentir bien bon.

P.P.S. Prière de me conserver cette lettre, comme notes prises sur le fait, pour notre future préface.

P.P.P.S. Maintenant, autre grosse nouvelle:

Eté chez Goncourt, Dimanche dernier. Et, Daudet étant présent, j'ai demandé à Goncourt s'il me permettrait de tirer quelque pièce d'un de ses romans.

–"Mais oui! Sauf la *Faustin*, qui est retenue par Vidal,[12] tous sont libres... Et Daudet me disait justement, qu'en laissant à l'arrière-plan le côté *journalistes*, il y aurait trois actes à tirer du drame passionnel de *Charles Demailly*."[13]

–Mais vous aviez fait une pièce avant le roman avec votre frère.

–Oui, mais elle est perdue. Et je ne sais même plus ce qu'il y avait dedans...

Alors, en causant, m'est venue l'idée, que Daudet trouve très bonne, de faire, au dénouement, Charles Demailly frappé subite d'aphasie en scène, et au moment où il a le plus besoin de parler, ne trouvant plus que *chaise* par exemple pour dire "ma femme", *pantoufles* pour dire: "Misérable."

Conclusion: nous allons (par reconnaissance, j'ai parlé de Méténier) pondre un scénario, que nous soumettrons à Goncourt et Daudet... Ça va être une pièce de famille, qu'on mijotera à la papa: la croyez-vous... pratique?

Une ingénue du Gymnase, la femme. "La lutte entre "un homme de vérité" et une cabotine de planches, jouant quand même et toujours dans la vie": telle est l'idée de Daudet.[14]

P.P.P.P.S. – Jusqu'à quand, à Médan. Peut-on aller vous voir? ou revenez-vous tout de suite? – Bonjour à l'aimable marraine.

1 Voir la lettre précédente
2 Ibid., n.4
3 Alexandre Bisson (1848–1912) écrivait surtout des comédies et des vaudevilles.
4 L'acteur Eugène Bertrand (1834–99) était depuis 1869 directeur du Théâtre des Variétés. Louis Bouchené, dit Baron (1838–1920), était entré aux Variétés en 1866. Il devint l'associé de Bertrand en 1866. C'est lui en effet qui créa aux mêmes Variétés le rôle de Gilbert Laroque dans *Monsieur Betsy* en mars 1890, tandis que celui de Francis ("M. Betsy") fut joué par Joseph Dupuis (1831–1900), l'acteur comique connu pour ses interprétations dans des pièces d'Offenbach. Réjane s'illustra dans le rôle de Betsy.

"Baron [...], notait Alexis, aimait bien notre pièce, –que nous n'avions jamais 'osé' présenter aux Variétés, et que lui, avait décidé le théâtre à nous demander;– il l'aimait pour son soupçon d'audace et de danger, pour ses velléités d'ironie, et, sans doute aussi [...] pour ses défauts. Et il appelait tout cela: 'le genre Théâtre-Libre' " ("Baron," *Le Journal*, 2-IV-93).
5 Voir les lettres 43 (n.18) et 134 (n.15)
6 Le directeur du Théâtre des Nouveautés (lettre 42, n.8)
7 Fernand Samuel, directeur du Théâtre de la Renaissance.
8 Après avoir débuté aux Variétés en 1879, Augustine Leriche (née en 1860) interpréta le rôle d'Adèle dans *Pot-Bouille* à l'Ambigu (lettre 124, n.3). Elle fit son entrée à la Renaissance en 1880. – Léopold-Emile Edmond Delannoy joua également dans *Pot-Bouille*; il passa la plus grande partie de sa vie sur la scène du Vaudeville (1848–82). Né en 1817, il mourut le 29 décembre 1888. – Hippolyte Raymond (1844–95) était également auteur de vaudevilles. – L'acteur et auteur comique Félix Galipaux (1860–1931) avait fait ses débuts au Palais-Royal.
9 Comédie en trois actes par E. Blavet et F. Carré, représentée pour la première fois le 29 novembre 1884. Trublot en parle dans le *Cri* du 2 décembre 1884: "L'habilité des directeurs! Le nez creux! Leur coup d'œil! Y l'avaient tous refusé, ce *Voyage au Caucase*, que la Renaissance nous a donné samedi soir. [...] Courage récompensé. Succès sur toute la ligne. Est-ce qu'il aurait quelque chose dans l'coco, décidément, c' petit-là? J'parle du jeune directeur. Serait-il le phénix demandé? l'oiseau rare? Eh, eh! Pourvu que Sarcey l'gâte pas, au moins!" Pourquoi la pièce avait-elle été si souvent refusée? "Parce que c'est agrémenté d'un peu d'observation, – saupoudré d'un peu de vérité. C'est du burlesque agrémenté d'un soupçon de réalisme. Aussi plusieurs bêtas de directeurs n'y avaient rien compris du tout."
10 Le secrétaire de la direction de la *Renaissance* s'appelait Christian de Trogoff.
11 La première d'*Hypnotisé*, comédie-vaudeville en trois actes d'E. de Najac et A. Millaud, fut remise du 13 au 16 janvier 1888.
12 Jules Vidal (1858–95), auteur dramatique, romancier et peintre, avait déjà adapté, avec Arthur Byl, *Sœur Philomène* pour le Théâtre Libre (lettre 175, n.5). Il ne tira pas de pièce de *La Faustin*. Ce fut Edmond de Goncourt lui-même qui le fit. En pensant à la

353

possibilité de confier la version dramatique de *La Fille Elisa* à Vidal, Goncourt écrit dans son *Journal* le 11 octobre 1888: "Je me disais qu'il fallait faire la pièce moi-même et ne pas confier sa fabrication à des *jeunes* inexpérimentés. Et je ne sais comment ma pensée allait à *La Faustin*, avec le désir d'en tirer moi-même une pièce, – songeant à faire de *Germinie Lacerteux*, de *La Fille Elisa*, de *La Faustin*, une trilogie naturaliste. Peut-être, dans deux ou trois jours, cette foucade théâtrale sera-t-elle passée; mais aujourd'hui, je suis mordu, mordu par le désir d'écrire ces pièces" (III, 838). L'adaptation scénique de *La Faustin* ne fut pas jouée; elle fut publiée dans la *Revue de Paris* du 15 juillet 1910 (XVII, 225–81).

13 *Les Hommes de Lettres*, titre primitif de *Charles Demailly*, parut en janvier 1860 chez Dentu. La version originale de l'œuvre avait été composée par les deux frères sous la forme d'une pièce de théâtre, intitulée: "La Guerre des Lettres." Refusés partout, ils en firent enfin un roman. Cf. A. Billy, *Les Frères Goncourt*, 96–101.

14 Le lendemain 9 janvier Alexis écrit à Goncourt: "J'ai presque achevé de relire votre beau *Charles Demailly*. Oui, vous aviez raison, et il y a une poignante pièce à tirer, en trois actes au moins, de l'accouplement de cet 'homme de vérité,' comme disait Daudet, avec cette poupée de théâtre, séduisante, charmeresse, inconsciente (pour qu'elle ne soit pas trop antipathique), mais godiche au fond, bourrée de son au lieu d'avoir un cœur.

"Cette pièce, j'entrevois deux ou trois façons de la faire. J'ai besoin de réfléchir encore –et, la plume à la main– avant d'arriver à un scénario que j'irai vous soumettre, que vous serez libre de jeter au panier, ou de me faire modifier, s'il ne vous plaît tel quel. [...] Dans ma reconnaissance pour Méténier (qui m'a donné l'idée de tirer *M. Betsy* de ma nouvelle de ce nom), je lui ai parlé, hier soir, de *Charles Demailly* qu'il va lire. Nous collaborons bien: il a les qualités de mes défauts. Nous irons plus vite, à deux, –si vous le permettez– sans que ce soit moins amoureusement fouillé, ça je m'y engage" (B.N., MSS, n.a.f.22450, fols.141–142ᵛ). La première de la pièce en cinq actes aura lieu le 19 décembre 1892 au Gymnase-Dramatique. Voir la lettre 213, n.4.

179 [Paris] Lundi soir, 25 [pour 26] Mars 1888

MON CHER AMI,

Tâchez, je vous prie, d'être demain soir, à 9 heures, chez vous. Antoine, que j'irai prendre rue Blanche, et moi, irons vous voir. Il s'agit de cette pauvre *Lucie Pellegrin*[1] gravement compromise. D'un côté, Antoine consterné par les articles, et "*croyant à la puissance de la presse.*"[2] D'un autre côté, Mendès, qui, après l'avoir prévenu par lettre, est venu ce soir rue Blanche, avec Mˡˡᵉ Defresnes,[3] et là, –pas franchement, cauteleusement, avec sa perfidie... connue,– est venu pousser à Antoine, *le Vidame*, pièce Louis XV, en prose, gaie, de Pradel,[4] publiée voici 15 ans chez Lemerre, avec un rôle pour Antoine, et ça, naturellement, au lieu et place de cette pauvre *Lucie*.

Notez bien que avec les 3 actes de *la Prose*,[5] sujet charmant dont nous causions hier, et ce *Vidame* (!) il y aurait une composition de spectacle variée, curieuse, mais voici: Mendès est perfide et Antoine tremble.

Enfin, à demain soir, n'est-ce pas?

Quant à moi, j'ai la sensation nette, et triste, que si *Lucie* n'est pas jouée cette fois, elle ne le sera jamais au Théâtre-Libre –j'entends dans de bonnes conditions– à moins qu'elle ne soit étouffée, à une queue d'année.

Ce sera le pendant à cette pauvre *Mademoiselle Pomme*, pièce gaie, elle, qui a essuyé les plâtres du Théâtre-Libre,[6] si peu jouée et si inaperçue.

A demain mardi. Votre vieux

Paul Alexis

1 Voir la lettre 170, n.4
2 La soirée du 23 mars 1888 du Théâtre Libre, réunissant des pièces de P. Bonnetain et L. Descaves (*La Pelote*), de P. Margueritte (*Pierrot assassin de sa femme*), de G. Guiches (*Au mois de mai*), et d'H. Lavedan (*Entre frères*), avait été mal reçue par la presse, qui trouvait les ouvrages trop "macabres" et trop "noirs," "de simples fumisteries," selon Sarcey. Voulant varier ses programmes, Antoine crut devoir remettre l'acte d'Alexis à la fin de la saison (15 juin 1888). Cf. F. Pruner, *Les Luttes d'Antoine*, I, 165–80.
3 Marie Defresnes, actrice au Théâtre Libre
4 La comédie en un acte, *Le Vidame*, publiée en 1873 chez A. Lemerre, est de Gustave Ringal
5 Comédie de Gaston Salandri, représentée le 15 juin 1888 au Théâtre Libre (avec *La Fin de Lucie Pellegrin* et *Monsieur Lambin*, comédie en un acte de Georges Ancey)
6 Il y avait un an (lettre 166, n.1). Voir à l'app. A:57 l'article: "Premier anniversaire du Théâtre-Libre" de Trublot (*Le Cri du Peuple*, 4-IV-88).

180 Paris, Jeudi 10 Mai [18]88

MON CHER AMI,

J'ai plusieurs choses à vous dire – et très peu de temps: les voici donc en tas.

1° Sauf avis contraire de votre part – nous avons rendez-vous avec Moore à la gare St. Lazare afin de vous aller voir *samedi* par le train de 10ʰ, 55. A vue de nez, le passage de la *Revue Indépendante* ne m'a pas paru aussi terrible que le voyait le bon Duret , plutôt pas content lui-même de la ligne qui le concerne à la page suivante. Et il aura reporté sur vous son mécontentement... puéril.[1]

2° Coste reparti. Son opinion et la mienne est qu'il faut en finir avec mon mariage.[2] Ma mère devant venir, je désirerais que ce fût avant les chaleurs caniculaires. Me ferez-vous l'honneur et la grande amitié d'être mon premier témoin malgré le dérangement que ça vous causera? Nous réglerons ensemble le choix des 3 autres.

3° Au *Cri*, le Yves Plessis, qui s'est battu pour... la *Mouquette*;[3] rétabli aujourd'hui, attend toujours son bouquin.[4] Et Séverine est étonnée de ne pas avoir eu de réponse.

4° En comptant Defresnes, et Sylviac[5] qui va jouer *Un Mâle* à Bruxelles,[6] nous sommes à la 5ᵐᵉ Lucie Pellegrin et elle est encore impossible!!![7] Je sors de l'Ambigu, où j'étais pour voir jouer une certaine Mᵐᵉ Hébert-Cassan[8] dont on m'a parlé. Une grande bringue maigre pas enthousiasmé. De la voix pourtant. Mais j'ai Mᵐᵉ France,[9] qui, vous aviez bien raison, sera une concierge *épatante*. Les autres, bien. Chochotte me donne du souci. Une

Chochotte minuscule, toute mignonne (ça c'est bien!) mais qui zézaye et qu'on entend difficilement.

Bien affectueusement à vous deux

Paul Alexis

1 *Les Confessions d'un jeune Anglais* de George Moore furent publiées par la *Revue indépendante*, en six parties, de mars à août 1888. Au début du chapitre qui s'intitule "La synthèse de la Nouvelle Athènes" l'auteur reproche à Zola son manque de style. *L'Œuvre* lui semble banale et bourrée d'inexactitudes. *Pro domo sua* Moore écrivit à Zola le 17 mars: "Quant a mon denier livre qui se publie en ce moment ci dans la revue Independante j'ai quelque chose a vous dire quand je parle personnelement. Et j'en parle dans le prochain numero. Je des de vous ce que j'ai toujours dit, mais dans un chapitre intitule La synthese de la nouvelle Athenes j'enomce les paradoxes les plus platres, alors il y a des choses desagreable pour tout le monde. Mais Duret ne veut pas ou ne peut pas comprendre cela et chaque fois qu'il m'écrit et chaque fois qu'il me rencontre, c'est toujours –'je ne comprends pas pourquoi vous avez cherché systematiquement a etre desagréable a Zola Goncourt et Daudet.' Je lui repond, mais lisey donc ce que je dis sur Zola sur une autre page du même livre. Mais non, il revient toujours a ses moutons – je ne comprend pas pourquoi etc. Daudet et Goncourt sont des connaissances, s'ils se fachent je le regretterai, mais vous vous etes un ami, et croyez moi cher maitre que cela me serait tres penible de vous offenser d'aucune facon. Mais j'ai l'espoir que vous comprendrez La Synthese de la Nouvelles Athenes comme je la comprend et non comme Duret" (B.N., MSSS, n.a.f.24522, fols.369–70ᵛ).

Dans le numéro de mai de la *Revue* Moore fait la critique des Goncourt. D'après lui, Edmond n'est qu'une vieille femme, pas un artiste. (Après avoir lu ce passage, celui-ci s'exclamait: "C'est trop bête au fond, moi, pas artiste! Alors qu'est-ce qui l'est donc, dans les écrivains modernes?" [*Journal*, III, 784]) Ensuite Moore parle de l'art de Whistler. En évoquant le portrait de l'historien et critique d'art, Théodore Duret (1838–1927), il appelle ce dernier "un *littérateur*, qui est toujours dans la société des hommes, rarement des femmes."

Pour s'expliquer auprès du Maître de Médan, l'Irlandais lui avait encore écrit le 8 mai, dans une lettre à en-tête de l'Hôtel Continental, 3, rue Castiglione, Paris: "Alexis me charge de vous dire que nous avons arrangé de dejuner avec vous samedi prochain. Je lui a fait voir les passages dans la revue independante; il s'est mis a rire et il m'a rassure completement. Mes opinions n'ont pas changé en rien et dans mon article Les Heritiers de Balzac je compte de faire votre eloge et celui de Flaubert comme j'ai toujours fait et comme je ferai toujours. Enfin j'espere que cette affaire expliquee" (ibid., fols.384–5).

Moore nous a laissé le souvenir de cette visite dans la deuxième partie de son "A visit to Médan" (publié d'abord comme "My Impressions of Zola" dans le *English Illustrated Magazine*, XI [1894], 477–89): "I did not feel quite at ease, so I called on my way for the faithful Alexis – bulky Alexis's placid temperament would serve as a buffer when the discussion became strained. [...] I told Alexis exactly what I had written, and the dear fellow assured me that Zola could not take offence at such light criticism. 'Yes, Alexis, but you always say what is agreeable to hear.'

"[...] Zola was lying on the sofa by the window, and after a few words of greeting, he said: 'I'm afraid, my dear friend, that I shall not be able to write the preface [pour *La Femme du cabotin* (lettre 177, n.12)]. You have made it impossible for me to do so.' [...] The passages were already marked, and they were read to me in a low and deliberate voice. I listened, thinking what was the best defence to set up; Zola commented on every fresh sarcasm. 'How can I write your preface after that? I want to, you know, but I ask you how can I?' [...]

"Alexis had devoted months to the correction of the translation that Charpentier was about to issue, and looked to Zola's preface to recoup himself for the labour he had spent upon the book, and a few casual words of mine had wrecked these hopes. He did not reproach me with having cost him some monetary losses; he merely said, 'C'est Charpentier qui va boire un bouillon. Mille francs de corrections' " (dans *Confessions of a Young Man* [London: Heinemann 1937], 203–6).

2 Voir la lettre 175

3 La première représentation du drame de *Germinal* avait eu lieu le 21 avril 1888 au Théâtre du Châtelet. Zola n'y assista pas, pour protester contre les sévères coupures exigées par la Censure (lettre 144, n.2). La presse fut assez défavorable, sauf, bien entendu, Alexis dans le *Cri* daté du 24 avril (app. A:60). Zola le remercia le 23 avril: "Merci de votre bon article, mon vieil ami. Vous êtes, avec Durranc, le seul à défendre la pièce, à la comprendre surtout. Jamais la presse n'a été plus violente. Et je suis très touché de votre grande amitié" (lettre inédite [copie], coll. H. Mitterand).

Un autre rédacteur du *Cri*, Yves Plessis, avait protesté, dans le même numéro du 24 ("A M. Duchemin," signé "M.R."), plus particulièrement contre la critique d'Alphonse Duchemin du *Soir*, qui avait traité la Mouquette de "drôlesse du prolétariat." Pour celui-ci, les personnages de *Germinal* n'étaient que de faux ouvriers. Plessis invite son collègue à aller faire une visite dans les puits, pour observer de près les vrais mineurs. D'avoir traité Duchemin de "sot" et de "drôle aux gages du patronat" lui valut finalement un duel avec ce dernier. Une rencontre à l'épée eut lieu le 24 avril, où Plessis fut blessé au sein.

4 Un exemplaire de *Germinal* ou de *La Terre*?

5 Actrice au Théâtre Libre

6 La première de cette pièce naturaliste en quatre actes, tirée de son roman du même nom (Kistemaeckers 1881) par Camille Lemonnier, en collaboration avec Anatole Bahier et Jean Dubois, eut lieu le 19 mai 1888 au Théâtre du Parc, à Bruxelles. L'œuvre fut reprise le 25 mai 1891 au Théâtre de l'Avenir-Dramatique, à Paris.

7 Alexis écrivit à son éditeur Georges Charpentier le 4 mai: "Sauf une Lucie que nous n'avons pas encore, –ce misérable Mendès a fait que Defresne m'a lâché, (nous en avons déjà usé *trois*, en trois répétitions, – et, si vous en connaissiez une étonnante, signalez-la-nous,) la distribution n'est pas mauvaise: [...] un quatuor étonnant de 'dames' du quartier Bréda, ah mais oui! surtout une *Autre Adèle* qui a un profil de cheval, – et une *Héloïse*, courte de jambes mais bien en buste, avec des yeux luisant comme des braises [...] – Mais une Lucie? Qui m'enverra une Desclée inconnue? [...] Au pis aller, une Sarah Bernhardt jeune?" (lettre inédite, coll. C.A. Burns).

8 Elle interprétait le rôle de Suzanne de Valgeneuse dans une reprise des *Mohicans de Paris* (lettre 184, n.3).

9 Louise France (morte en 1903), "une roublarde" selon Goncourt (*Journal*, IV, 12), jouait surtout sur les scènes de l'Ambigu et du Théâtre Libre.

181 [Paris] Jeudi, 17 Mai 1888

MON CHER AMI,

Antoine part demain matin Vendredi, à 7ʰ 1/2, avec dix de ses pensionnaires, pour Bruxelles. Il y jouera quatre ou cinq jours au moins (*Le Baiser, le Pain du Péché*, et *En Famille*.)[1] Et, si ça marche, il promènera le Théâtre-Libre à Anvers et dans une ou deux autres villes, en remplaçant le *Pain* par *Tout pour l'honneur*[2] parce que Defresnes ne veut jouer qu'à Bruxelles.

Conclusion: nous ne passerons que le *Vendredi 8 Juin*, – au plus tôt. Et encore, ce serait le 15, la veille du jour de ma naissance, qu'il n'y aurait rien d'extraordinaire.[3]

Quant à ma pièce, elle commence à me mettre dans tous mes états. En avons-nous fait déjà des Lucie Pellegrin, et des plus extraordinaires! Une "lectrice" de Got,[4] vieille, laide, avec des dents et un accent anglais, bien qu'elle se dit Franc-Comtoise! Une qui n'a répété qu'une fois, avec sa mère présente, laquelle, de scène en scène, par une pantomime vive et animée, lui signifiait de ne pas jouer cette horreur-là! Et la dernière, une jolie fille, se disant "cousine à Coquelin", mais répondant au nom de Blanche Mugnet, et avec une voix de vinaigre! qui, au bout de huit répétitions, n'osait même pas lire le rôle, parce que trois personnes de plus assistaient à la séance. Enfin, depuis hier, Nancy Vernet. "Dans le royaume des aveugles, les borgnes sont rois!" Elle a beau jeu pour briller après ces tourtes. Et, si vous ne m'aviez un peu prévenu contre elle, je serais relativement content. Mais je suis bourrelé de regrets: enhardi par l'amabilité sympathique avec laquelle Rochard[5] m'a prêté Mme France (qui est merveilleuse!) pourquoi n'être pas allé raconter mon embarras à Porel, qui me traite de "cher ami"?[6] Pourquoi n'être pas allé supplier Tessandier[7] que je connus un peu, jadis, au Gymnase, où elle couchait avec Guitry, en 1879?[8] Pourquoi ne pas m'adresser à une vraie et grande artiste, – espèce, dont Antoine, lui, a l'horreur, (pour ne pas être écrasé par la comparaison, même dans les pièces dont il n'est pas.) Il me souffle perfidement que, avec une grande artiste, "qui mourrait en dame aux Camélias," le reste de ma pièce, qui en est la partie originale, serait écrasé. Et il est personnellement pour beaucoup dans le lâchage de Defresnes, (dont il ne veut plus au Théâtre-Libre) Mendès, avec lequel j'ai eu, hier seulement, une longue explication à ce sujet, m'a dit que Defresnes hésitait uniquement à cause du côté "vice particulier" du personnage. "Elle a craint seulement le sourire équivoque avec lequel, le lendemain, en se promenant au Bois, les petites camarades l'auraient accueillie." Lui, ajoutait-il, désirant, par Lockroy,[9] la faire entrer aux Français, n'a osé prendre sur lui de lui imposer de passer outre. "Je lui avais même conseillé d'aller voir Zola, qui m'avait parlé le premier du rôle pour elle et de lui dire: "Si vous me promettez un rôle dans votre prochaine pièce, je jouerai Lucie." Et Mendès m'a juré ses grands dieux que les choses an étaient là, lorsqu' Antoine m'a fait lire la pièce "sans les convoquer."

Bref, je suis très ennuyé. Chochotte par là-dessus, est une petite noiraude laide, pas distinguée, et qui zézaye. A se faire accrocher n'importe où. Antoine jure que c'est "une trouvaille": mais, en attendant, l'autre soir, quand on est entré au café après le Théâtre-Libre, Antoine n'a pas voulu qu'elle entrât avec nous, parce qu'elle marque trop mal!

Et voilà, mon brave. Par contre, par une sorte de travail psychologique contraire, je "crois" de plus en plus à cette pauvre *Lucie Pellegrin*. Et il me semble que, jouée par une Tessandier, –ou une Réjane comme conseillait Mendès– elle passerait comme une lettre à la poste, et s'imposerait certainement.

En attendant, mes meilleures amitiés à vous deux.

Paul Alexis

P.S. Eté Dimanche chez Goncourt. Eu, avec Rosny,[10] une grande discussion au sujet de l'opportunité de votre campagne annoncée au *Figaro*.[11] Il m'agaçait tellement ce Valabrègue conférencier, qu'à la fin, au bas de l'escalier, sur le seuil de la porte, je lui ai dit: "Vous m'embêtez à la fin... là, vous m'assommez... Zut!" et ça devant Goncourt, qui se faisait une bosse de rire, –et qui était plutôt pour moi!– Pour ne pas avoir à se fâcher, Rosny s'en est tiré, en me ripostant: "Voila qu'il fait Trublot, maintenant!"

P.P.S. Ce sera Guiches, et probablement cette semaine-ci, qui me portraicturera au *Figaro*.[12]

P.P.S. A propos! Pendant la scène de la tante, – Céard venu hier pour la première fois à ma répétition, jure que c'est contraire aux règles, de laisser à droite et à gauche, en deux groupes, immobiles et glacés, les 4 femmes pendant l'engueulade de la tante. – Mme France, très intelligente, disait de les mettre toutes les quatre le corps dans le salon de gauche et ne passant que la tête. – Enfin, on pourrait en mettre 2 ainsi dans le salon de gauche, et 2 sur le balcon à droite. Enfin, dernière combinaison qui me vient maintenant à l'esprit: Marie la frisée et Héloïse dans le salon, passant leurs têtes; la grande Adèle, sur le balcon, passant la tête; et l'Autre Adèle, affalée sur la chaise longue qui est près du balcon, indifférente, étendue, immobile. – *Quid* du lièvre levé par Céard, qui me semble un metteur en scène *terriblement* sûr de lui et doctoral?

P.P.P.P.S. Céard me conseillerait aussi de refaire la scène de Chochotte, – où Lucie, est trop au dernier plan selon lui – il voudrait... un commencement de la scène entr'elles deux, afin de "mettre réellement le gougnottage au théâtre." Il me semble que ce n'est pas le lieu, ni le moment, –leur vie est une chose au passé, la maladie a purifié Lucie– enfin que la scène est bien assez dangereuse comme ça.

Seulement, pour être plus clair, en bien posant dans quel sentiment se trouve Lucie à l'égard de Chochotte quand celle-ci entre, je crois qu'il y a une ligne à ajouter, à la scène précédente, au couplet de Lucie qui se termine ainsi: (Voir le feuillet inclus où je vous copie au net, ce gribouillage.)[13]

Lucie. – ... Je veux encore faire des hommes! (*Un petit homme, large de hanches, ouvre brusquement la porte, et reste sur le seuil, immobile.*) Ah! (*Un silence.*) Ça c'est gentil... Elle manquait: la partie sera complète. (*Gaîment*) Bonjour, Chochotte! (*Chochotte répond au bonjour par un haussement d'épaules.*)

SCENE X

Les mêmes, Chochotte.

Chochotte, toujours sur le seuil, après un silence, long, solennel, pendant lequel, d'un air mauvais, elle dévisage l'une après l'autre les femmes, et reconnaît les consommations, commence en affectant de ne pas s'adresser à Lucie – Comme ça on liche... on liche à l'égoïste... etc.

Que vous en semble? Comme ça le public est tout de suite fixé. Avant que Chochotte ait ouvert la bouche, il sait que c'est bien elle.

1 Antoine et sa troupe ne resteront que très peu de temps à Bruxelles, où ils joueront au Théâtre Molière. L'entreprise ayant échoué, ils devront emprunter de l'argent pour payer leur retour en France. Voir les lettres 182 et 183, et F. Pruner, *Les Luttes d'Antoine*, I, 185–97.

Le Pain du péché, drame en deux actes et quatre tableaux, en vers, de Paul Arène (d'après Aubanel), avait été joué pour la première fois au Théâtre Libre le 27 avril 1888 (Pruner, 179–84). Le 29 avril Alexis écrit dans son compte rendu du *Cri*: "Le

359

Pain du péché a beau être l'adaptation faite en vers français, et par un vrai poète, de la pièce d'un poète provençal, ces quatre petits actes, dans leur simplicité, sont si profondément vrais et humains que, malgré les apparences, le naturalisme peut avec justice les réclamer. [...]"

L'acte en vers de Théodore de Banville *Le Baiser* fit partie du spectacle du 23 décembre 1887 du Théâtre Libre (Pruner, 143–7). Pour *En famille* de Méténier, on se reportera à la lettre 170, n.2.

2 La pièce de Céard (lettre 117, n.2) avait déjà été jouée à Bruxelles en janvier 1888, au Théâtre Molière, où elle eut sept représentations. Cf. *Céard-Zola*, 349–54; *Zola-Céard*, 72–3.

3 Ce sera en effet le 15 juin que passera *La Fin de Lucie Pellegrin*.

4 Edmond Got (1822–1901), le célèbre acteur du Théâtre-Français et professeur au Conservatoire

5 Emile Rochard, directeur de l'Ambigu

6 Voir la lettre 178

7 Aimée-Jeanne Tessandier (1851–1923) débuta dans les théâtres des boulevards. En 1885 elle remporta un grand succès dans *L'Arlésienne* et en 1889 elle entra à la Comédie-Française.

8 La première de *Celle qu'on n'épouse pas* au Gymnase date du 8 septembre de cette année-là (lettres 49 à 54).

9 Le littérateur et homme politique Edouard Simon, dit Lockroy (1840–1913), député de Paris de 1881 à 1913, fut de 1888 à 1889 ministre de l'Instruction publique dans le cabinet Floquet.

10 Le romancier Joseph-Henri Boex, dit J.-H. Rosny aîné (1856–1940), nous a laissé un portrait curieux d'Alexis dans le deuxième chapitre, "Le Grenier Goncourt," des *Torches et lumignons. Souvenirs de la vie littéraire* (La Force Française 1921) [app. J:9].

11 *Le Figaro* du 22 mars 1888 avait imprimé, sous la rubrique "La Vie parisienne," une chronique signée "Parisis" et intitulée "Zola et les 'Cinq'." On y lisait les commentaires du Maître au sujet de la soirée du 23 mars 1888 du Théâtre Libre, où quatre des cinq auteurs représentés étaient des signataires du fameux "Manifeste des Cinq" (lettres 172, n.3 et 179, n.2).

Zola exprime son intérêt et sa sympathie pour le désir des jeunes de "faire neuf." Il admet que peut-être le Naturalisme a eu son heure. Il s'avoue pourtant mal satisfait du nouveau "symbolisme" à la Barrès, qui va trop loin dans le sens de la dématérialisation: "Pour moi, la littérature de l'avenir [...] sera matérialiste, mitigée de symbolisme." Et il continue: "C'est dans cet esprit que j'irai, vendredi prochain, au Théâtre-Libre, espérant trouver une indication de cette littérature nouvelle dans l'œuvre des jeunes, qui, solennellement, m'ont déclaré que le naturalisme n'était pas éternel. Certes, il n'est pas éternel! Seulement [...] on s'est peut-être un peu trop hâté d'envoyer la formule littéraire du siècle 'au Musée'. Et je crois qu'elle en a pour quelque temps encore dans le ventre.

"D'ailleurs, je me réserve de développer bientôt moi-même ce que je viens de vous esquisser à grands traits. Voilà sept ans que j'ai déposé ma plume de critique et je brûle de la reprendre. Avant peu –probablement pendant l'Exposition [...]– je ferai, comme en 1880–1881, une nouvelle campagne d'une année. Dès aujourd'hui, je forme des dossiers, je prends des notes, je bâtis des maquettes d'articles et je fais un choix de sujets qui me plaisent: la littérature russe, les décadents, etc., en vue de cette campagne au *Figaro*. Tenez pour certain [...] que [...] j'aurai quelque chose à dire. Et je dirai du nouveau." En fait la nouvelle campagne de Zola au *Figaro* ne commencera qu'à la fin de 1895 et sera terminée au milieu de 1896. On en retrouvera les articles dans le volume *Nouvelle Campagne* (1897).

12 A l'occasion d'une réimpression des *Soirées de Médan*, le Supplément littéraire du *Figaro* était en train de publier, sous le titre général de "Ceux de Médan," les portraits à la plume de cinq médaniens par les cinq qui avaient signé le "Manifeste" contre *La Terre*. Avaient déjà paru: "Huysmans" par Descaves (28 avril); "Céard" par Geffroy (5 mai); "Maupassant" par Rosny (12 mai); "Hennique" par Margueritte (19 mai). Celui d'Alexis, seul éreinté, par le romancier et ancien disciple de Zola, Gustave Guiches (né en 1860), parut le 26 mai (app. J:6).

360

13 Après voir commencé à copier l'extrait qui suit, Alexis ratura les quelques lignes du début et recopia le tout sur une autre feuille.

182 Paris, Mardi soir, 22 Mai 1888

MON CHER AMI,

De retour de Janville[1] – où je suis allé passer 48 heures avec toute ma *smala*, je viens d'apprendre, à l'*instant*, la "terrible crise du Théâtre-Libre."

Imaginez-vous que ce bon Antoine, parti pour Bruxelles, Vendredi matin,[2] avec sa troupe, pour aller jouer *à ses frais* au Molière, a été indignement fichu dedans par Alhaiza,[3] lequel n'avait "même pas fait poser d' affiches." De sorte que, ils ont joué devant 80 personnes le soir (200 F de recettes!) Le Dimanche, avec la Pentecôte, *idem*. Le lundi, Defresne et Mendès l'ont lâché. Et voilà mon Antoine *en panne* absolument, à l'*Hôtel du Grand Monarque*, avec 10 personnes à sa charge, à 10 F par jour (11 personnes en comptant la mère de la petite Valter)[4] et ne pouvant ni payer, ni jouer. Depuis, dépêches sur dépêches, à ses amis, ici – M. *Chastanet* (22, rue Milton), et Mévisto[5] –, les conjurant de trouver les mille francs nécessaires au rapatriement. Ces deux braves garçons font ce qu'ils peuvent, mais n'ont pu encore aboutir.

Je vous envoie ça à titre de renseignements. Mais c'est bien fâcheux: faute de mille francs, voilà le Théâtre-Libre accroché et –si ça se sait– peut-être foutu.

Et les circulaires faisant appel aux abonnés pour la saison 88–89, ont déjà produit 2750 F, –de signatures– payables au 1er Octobre seulement. Ne pourrait-on trouver un banquier qui escompterait une partie de ça?

Enfin, ça me fait enrager, tout ça. Comme la vie est bête! Il n'est pas possible qu'un simple caillou détruise une machine si prospère jusqu'ici.

Je comptais ce soir aller à l'Odéon causer avec Tessandier:[6] mais j'ai appris tout cela.

Bien affectueusement à vous deux

Paul Alexis

1 Voir la lettre 162

2 Voir la lettre précédente

3 Paul Alhaiza, acteur connu et directeur du Théâtre Molière à Bruxelles. "Alhaiza lui-même est absent, note Antoine dans ses *Souvenirs*, et, en arrivant, notre spectacle n'était pas même affiché. Aussi, quelle recette, aussi maigre le deuxième que le troisième jour, et, comme j'ai installé mes artistes à l'hôtel du Grand-Monarque, nous voici tous sans le sou, sans même l'argent pour rentrer à Paris. Et le dernier spectacle de la saison qui est en retard et qu'il faut donner!" (*Mes Souvenirs sur le Théâtre-Libre*, 98)

4 La petite Walter jouait l'enfant de l'Hôtesse dans *Le Pain du péché*.

5 Charles-Auguste Wisteaux, dit Mévisto (né en 1859), était acteur au Théâtre Libre et ami d'Antoine. – Chastan, dit Chastanet, également un des amis d'Antoine, allait devenir administrateur du Théâtre Libre après Montégut. En 1901 il fera paraître, sous le pseudonyme de F.-C. Ramond, *Les Personnages des "Rougon-Macquart"* (Fasquelle).

6 Au sujet du rôle de Lucie Pellegrin (lettre 181)

MON CHER AMI,

Vous aviez raison: Antoine est revenu.[1] Sa malheureuse semaine Belge lui coûte environ 1500 F, mais "l'honneur est sauf", dit-il, et l'avenir intact. Les bulletins d'abonnement lancés depuis huit jours pour la saison nouvelle, amènent des signatures d'abonnés en masse –dont beaucoup sont nouveaux– pour plus de quatre mille francs déjà; tandis que l'an dernier, il avait attendu six semaines le 2[d] abonné. – 3 loges à 500 F sont notamment retenues: la 3me par "les Daudet, les Lockroy et Edmond de Goncourt, avec faculté d'amener Léon Daudet et Georges Hugo,[2] – et offre d'envoyer tout de suite les 500 F." – Conclusion: le Théâtre-Libre vivra.

Pour la date,[3] Antoine parle toujours du 8 Juin. Mais le 2[d] acte de *la Prose*[4] n'a pas encore été répété, le jeune homme, l'enleveur de la jeune fille n'est pas trouvé; ce soir, lundi, on ne répète pas, Antoine allant jouer *Jacques Damour* dans le monde,[5] –contre un cachet;– de sorte que, malgré ses protestations, je ne suis pas sans certain espoir que l'on ne passerait que le 15, – ce qui m'arrangerait de toutes les façons. Car cette pauvre Lucie, elle aussi, n'est pas sur ses pieds, tant s'en faut.

Tessandier? Rien à faire! Je l'ai vue deux fois, mais Jacques Sheppart[6] l'absorbe. Non, définitivement! – Nancy Vernet, descendante du peintre[7] et bachelière ès lettres –dit-elle– ne rendra pas mal les petits côtés du rôle; la voix, le physique, sont bien; mais elle sera faible dans la mort; et inhabile à rendre, par la tenue générale et la lassitude du geste l'état de maladie, elle tousse tout le temps, que c'en est fatigant.

Chastanet, qui est allé voir *Dora*,[8] m'a parlé de *Malvaux*[9] accepterait-elle? – Lina Munte est de retour de Russie: où la trouver? Faut-il se contenter de "Nancy" Vernet? – Mais Chochotte me fait absolument peur: une petite noireaude, laide, et zézayant. Antoine prétend qu'elle fait l'affaire – mais ne veut pas comprendre que je tienne à de la distinction personnelle pour relever l'arsouille du personnage. Que ne lui écrivez-vous un mot, pour lui dessiller les yeux! Avec une Desclée pour Lucie, je passerais assurément sur cette Chochotte: mais avec Nancy Vernet, je voudrais *au moins* une Luce Collas;[10] – quoiqu'elle soit forte pour le travesti.

Excellents, vos conseils pour la scène des 4 femmes; je viens d'exécuter les diverses modifications.[11]

Quant à la modification de la scène de Chochotte!!! c'est difficile, délicat, mais je vais essayer. Ne fût-ce que dans l'espoir que cette modification entraînera forcément le départ de la Chochotte actuelle.

Bien affectueusement à vous deux

Paul Alexis

P.S. A propos! Vendredi, billet de mon frère Ambroise, l'ingénieur minier, qui me dit: "j'arriverai demain à 9[h],15, par le rapide, à Paris pour 4 jours, pour affaire que je t'expliquerai."

Samedi, avant hier, je vais le recevoir, me demandant si son affaire ne serait point la mienne.[12] Nullement! Et, ô la famille bourgeoise fin XIXe siècle! il ne savait *rien de rien*! (D'ailleurs, il ne venait pas d'Aix, mais de Roquevaire!) De sorte que, j'ai dû, en route, le mettre au courant et lui raconter notre petit roman. Une heure après, il embrassait votre filleule et... sa "belle-sœur", et nous déjeunions tous quatre, "en famille."

L'impression sur lui n'a pas dû être mauvaise, car, le lendemain, (hier) il revenait avec des joujoux pour sa nièce et, pour ma femme, six petits cuillers en argent, achetés au Palais-Royal.

S'il ne repartait qu'à la fin de la semaine, il serait possible que –sauf avis contraire– je pousse avec lui une courte visite à Médan, histoire de vous présenter et ma scène de Chochotte, refaite, et mon frère: mais c'est fort douteux.

P.P.S. Et ces gredins des "5": hein? ai-je écoppé?[13] On ne répondra pas un traître mot. Guiches a d'ailleurs raison: *Mme Cœuriot* devrait être achevée! Il n'y a que ça de vrai dans son sous-manifeste.

P.P.P.S. Mais de que ça fait de la réclame à ma pièce! Gare les sifflets, dans 8 jours. Outre la *Vie moderne*,[14] voilà que la Batte de M. Tisserand[15] va me consacrer une moitié de son numéro hebdomadaire.

1 De Bruxelles. Voir les deux lettres précédentes
2 Le fils de Charles Hugo
3 De la première de *La Fin de Lucie Pellegrin*
4 Voir la lettre 179, n.5
5 Chez Mme Thierry de la Noue, rue du Cirque (F. Pruner, *Les Luttes d'Antoine*, I, 190)
6 Rôle travesti dans *Les Chevaliers du brouillard* de Dennery, créé il y avait trente ans par M. Laurent. La pièce fut reprise le 7 juillet 1888 à la Porte-Saint-Martin.
7 S'agirait-il d'Horace Vernet (1789–1863), le célèbre peintre d'histoire?
8 La pièce en cinq actes de Sardou fut représentée pour la première fois le 22 janvier 1877 au Vaudeville. Le Gymnase la reprit le 29 mars 1888. "Dame! s'écria Trublot en parlant de la reprise, les pièces d'intrigue pure, dont les personnages sont des pantins sans humanité, n's'rait jamais qu'un théâtre inférieur, à cent pieds au-d'ssous des pièces d'mœurs et d'caractères" (*Le Cri du Peuple*, 8-IV-88).
9 Jeanne Malvau interpréta le rôle de l'héroïne dans la reprise de la pièce de Sardou.
10 Luce Colas, actrice au Vaudeville et à l'Œuvre, fit ses débuts au Théâtre Libre le 30 mai 1887 dans *En famille* de Méténier.
11 Voir la fin de la lettre 181
12 C'est-à-dire celle de son mariage (lettres 174 et 175)
13 Voir la lettre 181, n.12
14 Le 17 juin 1888 cette revue publia "*La Fin de Lucie Pellegrin*," grand article de Dangeau, décrivant une répétition de la pièce, en présence de l'auteur, rue Blanche (app. J:8). L'article est illustré d'un croquis impressionniste de Seurat, montrant Alexis à la répétition au Théâtre Libre.
15 Alex Tisserand, rédacteur en chef de *La Batte*, gazette satirique, paraissant tous les quinze jours (entre mars et octobre 1888). Voir la lettre 185

Grosse nouvelle, mon brave ami.

D'elle-même, à la lecture de la scène de Chochotte complétée, la titulaire qui zézayait[1] a rendu le rôle.

Et, je suis à peu près certain d'en avoir *une, merveilleuse*: M*lle* *Mallet*,[2] *de l'Ambigu*, qui a eu un gros succès dans Babolin (le travesti des *Mohicans*)[3]

Hier, amenée par hazard à la répétition, par Me France, elle a, (en l'absence de l'autre) lu la scène. Et moi, sans savoir encore qui c'était, mon ami, –(tout empêtré dans mes 6 béquets, je ne l'avais pas vue entrer,)– eh bien: le coup de foudre! Rien qu'à sa façon ondulante et féline de s'avancer vers Lucie, j'ai été estomaqué. Chochotte elle-même! –Elle doit en être "une"– (France m'a juré d'ailleurs qu'elle était "vierge": ce serait complet.) Le rôle d'ailleurs l'a tout de suite empoignée. Elle le voit: "pas même en Gavroche: en amoureux sérieux, passionné," et elle a ajouté cette parole profonde: "Non seulement, il faut jouer ça en travesti, mais... *avec la conviction qu'on est soi-même un homme*!"

Seulement, si elle le joue, elle demande que je lui ajoute, en trois ou 4 lignes au plus, "le côté philosophique" du personnage. Par exemple un mot sur "la fatalité" de celles qui sont ainsi. –(Ça doit être "son idée fixe" à cette "vierge"!)– Elle prétend que ça fera "passer le personnage" – Hum! hum! j'en doute. C'est là qu'on sifflera, si je fais l'apologie du vice. – Mais il faut d'ailleurs la satisfaire, quand même, cette enfant, – et ça allongerait un peu son rôle, au moins.

Donc, voici:

C'est dans le couplet de séduction de Chochotte: "Te rappelles-tu, comme c'était gentil quand tu montais me réveiller etc.", et après aussi, après l'explosion de joie de Lucie retournée: "Ah! ma bonne Chochotte!" qu'elle peut, dans un élan, ajouter en substance: "que ce n'est pas sa faute, si elle est ainsi... qu'elles ne font de mal à personne après tout... que c'est encore de l'amour, puisqu'elle est sincère... qu'elles doivent se ficher du qu'en dira-t-on"..... le tout, avec un rappel de la 2me scène, où il est dit: "ces *cochons* d'hommes" et "les hommes sont bien *bêtes*."

Voyez-vous d'autres *idées*? Et le pis est qu'on ne peut qu'effleurer, il me semble: –deux phrases synthéthiques, ou trois, ouvrant une fenêtre sur les horizons philosophiques, et ça dans le mouvement passionné de cette scène.

Est-ce votre avis?

Votre vieux

Paul Alexis

Toujours les 14 et 15 *Juin*.[4]

---

1 Voir la lettre précédente
2 Félicia Mallet (1863–1928), chanteuse et comédienne, joua sur les planches de l'Ambigu et du Théâtre Libre. Antoine se trompe donc, lorsqu'il écrit dans ses *Souvenirs sur le Théâtre-Libre* (101) qu'il était "assez gêné pour distribuer le rôle principal qui est fort beau et fort curieux," et qu'il avait fini par le confier à Mallet. Ce fut Nancy Vernet

qui créa Lucie Pellegrin, tandis que Félicia Mallet joua Chochotte. La distribution fut complétée par Louise France ("Mme Printemps"), Odette Delpré ("L'autre Adèle"), Luce Colas ("Marie la Frisée"), Mlle Barny ("La Tante"), Mlle Andrée ("Héloïse"), et Mlle Lucy-Léonce ("La grande Adèle"). "S'il ne s'agissait de Paul Alexis, ajoute Antoine, et d'une œuvre hautement littéraire, j'aurais refusé la pièce" (ibid.).

3 *Les Mohicans de Paris*, drame en cinq actes et neuf tableaux, d'Alexandre Dumas père. Première: le 20 août 1864, au Théâtre de la Gaîté; reprise: avril-mai 1888, à l'Ambigu

4 C'est-à-dire la répétition générale de *Lucie* le 14 et la première le lendemain

〽 185 [Paris, mai-juin 1888]

MON CHER AMI,

Veuillez vous laisser un brin interwiewer par M. Ulric Guttinger, sur "Le Théâtre-Libre, *Lucie Pellegrin* etc etc etc," pour *la Batte* qui consacrerait un numéro spécial à ma petite pièce.[1] Vous seriez tout à fait gentil.

Bien cordialement

Paul Alexis

1 L'interview, intitulée: "Une journée chez Zola," et signée d'Ulric Guttinguer, parut dans *La Batte* du 10 juin 1888 (No.6), 229–39 (app. J:7). L'article traite non seulement d'Alexis et de sa pièce, mais également de l'œuvre de Zola.

〽 186 [Paris] Mardi, soir [12 juin] 1888[1]

MON BRAVE AMI,

Donc, c'est *Vendredi soir*.[2] Jeudi, après-midi, répétition générale.

Et ce mercredi 2 répétitions sur la scène: une l'après-midi, et une ce soir [*sic*], à huis clos, en costume –

Ah! que n'êtes-vous ici!

Superbe, la Chochotte! Mais la Lucie... Misère! Quelle Moule!

Une mort déplorable. Oh! Mallet et Tessandier! Ce serait un triomphe sûr.

La réplique demandée par Chochotte,[3] elles l'ont jugée trop dangereuse. Mais elle sera dans la brochure: je l'ai d'ailleurs abîmée, je crois, en la modifiant, en la pulvérisant en 6 petites répliques...

Votre ami qui vous attend avec impatience tous les deux.

Paul Alexis

P.S. Ma mère a écrit à ma femme une très affectueuse lettre (l'impression de mon frère Ambroise ayant été très bonne)[4] Et, ma pièce jouée, je vais m'occuper de la publication des bans.

Ma mère a le plus grand désir de venir: seulement j'ai lu entre les lignes que mon père se fait tirer l'oreille – et la bourse surtout pour la laisser venir.

1 L'année a été ajoutée au crayon sur le manuscrit, mais pas de la main d'Alexis.
2 Se référant à la date du 16 juin 1888, Antoine écrit dans *Mes Souvenirs sur le Théâtre-Libre*: "La saison s'achève sur une offensive des naturalistes, soulignée encore par *la Fin de Lucie Pellegrin*, d'Alexis, autour de laquelle la curiosité était énorme et qui a passé sans protestations. La sincérité de l'art de Paul Alexis a imposé le respect, mais je pense que nous ferons bien de ne pas aller trop loin dans cette voie. D'ailleurs, nous trouverions difficilement, dans un pareil genre, des œuvres d'une valeur littéraire aussi incontestable que celle-ci" (103).
La plus grande partie de la presse, cependant, protesta et accusa l'auteur de pornographie: d'être la réincarnation du marquis de Sade. Tout, dans la pièce, affirmait-on, était violent, cru, grossier. Alexis, cependant, insistait sur la moralité de son ouvrage et en prit plusieurs fois la défense. Les 20, 22 et 23 juin il publia dans *Le Cri du Peuple*, sous la signature d'"Un greffier naturaliste," trois longs articles, où il fait la revue de la presse ("*La Fin de Lucie Pellegrin* devant la critique"). Le 25 juin, dans le même journal, paraît "Aux huit interprètes de *La Fin de Lucie Pellegrin*," huit félicitations personnelles par l'auteur de la pièce. Le "scandale" à peine apaisé, il résume son point de vue dans "Le nouvel *Hernani*" (*L'Evénement*, 28 juin; app. A:60bis). Cf. F. Pruner, *Les Luttes d'Antoine*, i, 204–9.
3 Voir la lettre 184. Ce changement a été incorporé dans la version imprimée, scène x, 38–9. La brochure est dédiée à Antoine: "A André Antoine / sans le "Théâtre Libre" / –sans vous– / je n'eusse jamais écrit cette pièce / veuillez en accepter / la dédicace / Paul Alexis."
4 Voir la lettre 183

187 Paris, [mercredi] 4 Juillet 1888

MON BRAVE AMI,

Votre mot[1] m'a fait grand plaisir. Quand je vous sens avec moi, tout m'est égal: ils peuvent beugler, les gredins, et les bêtas.

Un bêta, au fond, "un bourgeois" – Antoine, malgré son intelligence spéciale, technique, dans sa partie.

Son départ pour Bruxelles,[2] Dimanche matin 24, sans que j'aie pu le voir, a été non la cause, mais "l'occasion" du malentendu.

La veille, samedi 23, Mme France était venue me voir. Nous l'avions gardée à déjeuner et elle m'avait beaucoup causé représentations de *Lucie* à organiser en Belgique, et même une à Paris. "Je ne demande pas mieux, moi! Voyez Antoine, qui m'a dit *non*, mais faites-le revenir sur sa décision, comme vous y êtes si bien arrivée, lors du remplacement de "sa" Chochotte par Mlle Mallet."[3]

Le soir, je vais avec ma femme au théâtre des Batignolles, voir Mallet jouer pour la 1ère fois *Coquard et Bicoquet*.[4] Dans un entr'acte, je vais sur la scène féliciter Chochotte et je retrouve France, qui me présente à Boucheron l'auteur. On cause de *Lucie*. Et c'est Boucheron qui me donne l'idée, pour éluder la censure, d'une représentation à un louis le fauteuil, sous le nom de "répétition générale" d'une tournée supposée. "Si Antoine ne veut pas, voyez Boscher!"[5] –"Oh! oui, Boscher!" dit Mme France, et son nez remuait, car elle a été 4 ans la femme de Boscher qui l'a lâchée, pour être aujourd'hui avec Mme Lunéville. –"Soit! mais si Antoine ne veut rien faire, et consent que nous fassions sans lui, car je ne veux en rien le froisser." –"Parbleu! et moi non plus!" dit France.

366

La représentation finie, nous rentrons, ma femme étant fatiguée. Mais France court après Antoine, passe rue Blanche à tout hasard avant de se rendre au café Poucet[6] rue Montmartre, l'y trouve en nombreuse compagnie, et, le lendemain me court après au *Cri*, chez moi, parle à ma femme, et lui dit qu'Antoine *ne veut rien faire, mais consent à tout*; elle revient le Lundi, me jure ses grands dieux la même chose, et, séance tenante, devant elle, j'écris à Antoine (à l'*Hôtel du Grand Monarque*, – Bruxelles) l'avertissant que, d'après ce que me disait Mme France, nous allions aller de l'avant, pour Paris *seulement*; "mais, ajoutais-je, même en ne voulant rien faire à Paris, vous devriez organiser quelque chose en Belgique, et dans le cas où vous ne vou driez encore pas, rendez-moi le service amical, puisque vous êtes sur les lieux, de m'aboucher avec quelqu'un." Cette lettre jetée à la poste vers 4 heures, nous allons voir Boscher. – Le lendemain Mardi pas de réponse d'Antoine! et vers 6 heures du soir, Boscher et moi, allons voir Prével. Le mercredi matin, paraît notre 1ère note[7] et... vous savez le reste![8] Antoine télégraphie à Prével...[9] Une dépêche à moi envoyée la veille, eût tout arrêté.

Et puis, zut! Depuis, il m'a écrit 3 lettres: dans la dernière tout en continuant son dire toc, il me passe la main dans le dos: "Vous voilà accolé à M. Boscher! et à M. Berthin![10] c'est le châtiment..." Puis, plus loin: je lui ai causé "le chagrin d'avoir à beugler contre un des hommes que j'estime et que j'aime le plus."

J'allais peut-être lui écrire pour la première fois un mot, hier soir, quand sa petite lettre de l'*Evénement* m'est tombée sous les yeux, et, bien qu'il fût minuit 1/2, j'ai riposté en lui retournant ses phrases.[11]

En somme, je suis très content:

1° Ça fait un regain de boucan énorme; 2° Grâce à Boscher je pourrai me faire refuser *Lucie* par la Censure, à la rentrée; 3° Antoine mettra les pouces quand je voudrai; et 4° résultat assez original: nous devions lire *M. Betsy*[12] à Frantz Jourdain;[13] mais, celui-ci n'ayant pu venir, ce soir-là, c'est Boscher et Mme Lunéville, conduits chez Méténier, qui ont avalé l'ours. Boscher paraît gober la pièce et Mme Lunéville, toquée du rôle de Betsy, parle... de nous monter fin Août, quand Déjazet ne sera plus loué à Berthin, mais... sous une autre direction d'été, celle-ci fictive... car Mme la directrice croit la partie douteuse, "un four en entraîne un autre", et la direction Boscher n'avouerait Mr *Betsy* qu'en cas de succès. Mais le rôle de l'écuyère la chatouille: je crois d'ailleurs qu'elle y serait toc!

Ouf!...

Mes meilleures amitiés à vous deux – et à *vos hôtes*! J'irais bien volontiers vous voir de Samedi à Lundi, mais je ne promets rien – sans compter que je vous dérangerais peut-être?

Paul Alexis

P.S. Mon mariage est décidé.[14] Je suis allé cet après-midi à la mairie pour les publications: à partir du 19, je pourrai convoler. Mais la question est de savoir si ma mère viendra –comme je le désire vivement– et j'ignore encore absolument la date.

p.p.s. A propos de *M. Betsy...* Vous ai-je dit que Antoine, à qui nous l'avons lu, voici quinze jours, nous a *refusé* notre pièce (par rancune contre Méténier! au fond! car il ne m'en pouvait pas encore vouloir, à moi!) – L'âge d'or du Théâtre-Libre est passé: Antoine va devenir, est déjà devenu, *porélien.*[15] Et j'eusse été bien bon, avouez-le, de m'incliner devant son épître à Sarcey[16] et ses ukases de l'Hôtel du *Grand Monarque!* La "spéculation" ne venait qu'après, ou parallèlement tout au moins.

1 Voir plus loin la note 9

2 Pour y assister, au Théâtre de la Monnaie, du 24 juin au 1er juillet, à des représentations de la troupe du Duc de Saxe-Meiningen, alors en tournée (F. Pruner, *Les Luttes d'Antoine,* I, 219–25).

3 Voir la lettre 184

4 Cette comédie-vaudeville en trois actes d'Hyppolyte Raymond et de Maxime Boucheron (1846–96), rédacteur au *Figaro,* avait été jouée pour la première fois le 22 février 1888 au Théâtre de la Renaissance. Trublot avait fait un compte rendu de la reprise au Théâtre des Batignolles dans *Le Cri du Peuple* du 26 juin 1888.

5 L'acteur Henri Boscher (mort en 1901) dirigea le Cluny de 1880 à 1883, le Paris de 1884 à 1887, et le Déjazet de 1888 à 1894, ce dernier en collaboration avec Mme Lunéville, actrice du théâtre.

6 La brasserie Pousset était le rendez-vous préféré des artistes du Théâtre Libre.

7 Cette note fut insérée par Jules Prével dans son "Courrier des théâtres" au *Figaro* du jeudi 28 juin: "Les artistes qui ont créé au Théâtre Libre la *Fin de Lucie Pellegrin* –la pièce de M. Paul Alexis qui vient de susciter tant de polémiques– vont aller jouer cette pièce dans plusieurs villes de l'étranger, où il n'y a pas de censure. Avant de partir, ils en donneront, dans le courant de la semaine prochaine, une répétition générale au Théâtre-Déjazet, à onze heures du soir. Cette répétition générale *étant absolument privée,* on n'y sera admis que sur une invitation délivrée d'avance par M. Boscher, directeur du Théâtre-Déjazet, de 3 à 4 heures, jusqu'à lundi prochain, au théâtre."

8 Antoine explique le désaccord entre lui et Alexis d'une façon différente, dans une lettre qu'il écrit à Zola le 6 juillet 1888: "Après la représentation, d'une signification si importante pour nous tous, Alexis qui est un grand bon enfant sans flair, m'avait proposé une soirée *publique.* Comme il flairait très bien une opposition toute naturelle de ma part, il avait même pris le soin de voir Bauër et de tâcher de faire lever de ce côté quelques-uns de mes scrupules. Bauër était de mon avis: en rester là pour le moment et coucher sur les positions conquises – avant donc mon départ pour Bruxelles, je pris soin de dire toute ma pensée à Alexis en le conjurant de renoncer pour l'heure à quelques sous pour laisser intacte la signification de cette soirée. – Malheureusement, il est d'un entêtement forcené et un beau jour à Bruxelles je vis cette note du Figaro, le jour même où je recevais une nouvelle lettre de lui apportant les mêmes propositions. C'était grave pour la maison: J'ai donné cet hiver deux soirées payantes et il n'y avait doute pour personne: c'est que j'allais en sous-main manigancer cette représentation sans même avoir le courage d'en accepter la responsabilité. Je me suis dégagé nettement et peut-être plus brusquement qu'il n'eût fallu. Je sentais derrière tout un ramas de gens prêts à exploiter Alexis, le Théâtre-Libre et se moquant tout à fait de nous voir prêter le flanc à de nouvelles insinuations toutes faciles et toutes simples. [...] Puis, savez-vous que la censure me guette férocement et que cette pseudo-répétition générale organisée avec toute la maladresse possible n'était qu'une représentation payante et qu'on avait beau jeu à étrangler tout le monde avec cette illégalité? C'était du propre et de la jolie besogne – tout ça pour une recette – ah! non!!!!" (B.N., MSS, n.a.f.24510, fols.584–5)

9 De Bruxelles, le 28 juin: "Je désapprouve absolument représentation nouvelle quelconque de *Lucie Pellegrin.* Toutes celles des artistes qui prêteront leur concours à cette spéculation n'auront jamais plus l'honneur de reparaître devant le public du Théâtre-

Libre. Je vous prie de dégager mon honorabilité et ma sincérité de cette vilaine affaire. Antoine" (*Le Figaro*, 29 juin).

Le lendemain 30 juin le même courriériste du *Figaro* reproduisait une lettre d'Alexis, datée du 29: "Cher monsieur Prével, M. Antoine n'avait pas à approuver ni à désapprouver ce à quoi il était absolument étranger [...]. Mais M. Antoine devait peut-être, aux bons rapports que nous avons toujours eus depuis dix-sept mois, au courage avec lequel je crois avoir bataillé pour 'son œuvre' depuis la première heure, lorsqu'il n'était, lui, encore qu'un modeste amateur de cercle dramatique, – M. Antoine se devait enfin à lui-même comme à moi de ne pas employer les termes inacceptables de sa dépêche, termes qui ont dû lui échapper dans un moment de nervosité et qu'il regrette déjà sans doute.

"[...] Pour ma part, je ne vois pas pourquoi, honni, conspué par une partie de la critique, je baisserais le front. Suivi ou lâché par M. Antoine, je crois ma pièce absolument morale, [...] et j'avertis, une fois pour toutes, le 'directeur du Théâtre-Libre,' que [...] je ferai jouer ma pièce –sans honte– à Paris, en province, à l'étranger, le plus que je pourrai et sans la permission de personne: voilà comment je comprends le Théâtre-Libre, 'le mien,' celui que j'emporterai avec moi."

"Mon cher ami, écrivait Zola après avoir lu cette lettre d'Alexis, je veux vous dire que je trouve votre réponse à Antoine très bien, et que je suis avec vous. Après avoir joué la pièce, les termes de sa dépêche étaient outrageux et inacceptables. Ah! la peur de Sarcey! elle est le commencement de la lâcheté en art" (lettre inédite [copie], s.d., coll. H. Mitterand).

10 Directeur intérimaire du Théâtre Déjazet à cette époque-là. Il affirma dans une lettre à Prével, qui la publia dans *Le Figaro* du 29 juin, qu'il avait loué à Boscher le Déjazet jusqu'au mois de septembre et que, par conséquent, il protestait contre la représentation sans son assentiment de *Lucie Pellegrin* dans ce théâtre.

11 La rubrique du "Courrier des théâtres" de *L'Evénement*, signée "Panscrose," reproduisit dans le numéro du 4 juillet cette lettre d'Antoine adressée au critique Louis Besson, à propos de la polémique en question: "Qu'il reste acquis, une fois pour toutes, que le Théâtre-Libre n'a pas été créé pour des spéculations de ce genre. J'étais compromis, je me suis dégagé et ce sera la punition de mon ami Paul Alexis de voir finir cette artistique bataille dans des réclames et des potins sans intérêt pour le public."

Et Alexis de répondre le lendemain: "Qu'il reste acquis, une fois pour toutes, que les pièces jouées au Théâtre-Libre n'ont pas été écrites uniquement pour le bon plaisir du jeune directeur. J'étais violemment attaqué par la critique, j'ai voulu protester à ma guise, en appeler au grand public, et ce sera la punition de mon ami Antoine, de voir recommencer cette artistique bataille, cet hiver, au théâtre Déjazet, grâce à l'hospitalité de M. Henri Boscher, qui, plus courageux que lui, sera, ce soir-là, 'le vrai directeur du Théâtre-Libre' " (*L'Evénement*, 5 juillet).

L'acte d'Alexis ne sera pas repris. Pour une discussion de cette polémique, on se reportera à l'ouvrage de F. Pruner sur Antoine (211–15).

12 Voir la lettre 176, n.3

13 Né à Anvers, Frantz Jourdain (1847-1935) s'était fait naturaliser français en 1870. Architecte, romancier et critique d'art, il s'intéressa beaucoup au théâtre. C'est lui qui fut l'intermédiaire entre Antoine et le directeur du Théâtre des Menus-Plaisirs (actuellement le Théâtre-Antoine), dont il était le dessinateur et où le Théâtre Libre s'installa à partir de la saison 1888–1889 (Pruner, 195–7).

14 Voir les lettres 189 à 192

15 C'est en 1896 qu'Antoine deviendra directeur de l'Odéon.

16 Allusion à la longue lettre qu'Antoine avait adressée à Sarcey, qui l'avait reproduite dans son feuilleton du *Temps* du 25 juin 1888: le directeur du Théâtre Libre y voulait défendre son établissement contre les attaques de la presse suscitées par la représentation de *La Fin de Lucie Pellegrin* (Pruner, 209–11). Pour le compte rendu de la pièce d'Alexis et la réaction de Sarcey à cette lettre d'Antoine qu'il cite, voir *Quarante ans de théâtre*, VIII (Bibliothèque des Annales 1902), 253–7.

Furieux, Trublot s'écriait dans le *Cri* du 3 juillet: "Nom d'Dieu! A la fin, c'est trop raide!... En v'là une façon d'dégager l'honneur, en passant la main dans l'dos à

Francisque... S'voir accuser d'mauvaise action, parc'qu'on veut point faire d'courbette forcée... Tezigue aussi, j'y pense, tu n'serais donc pas autr'chose qu'un *bourgeois*!" Et à la date du 5 juillet Antoine note dans ses *Souvenirs* (105): "Le bon Alexis, à propos de la représentation ratée de *Déjazet*, me tombe dessus dans son *Cri du peuple*, me traite de pion et m'accuse de fréquenter Sarcey."

Calmé, Alexis écrira toutefois dans le *Cri* du 7 juillet ("Apaisement") au sujet de sa querelle avec Antoine: "De pareils orages, cette passion et même ces horions échangés, démontreraient, s'il en était besoin, la vitalité du Théâtre-Libre, dont, comme par le passe, je reste l'ardent ami et le plus ardent défenseur. Puis, quant à 'l'utilité' du Théâtre-Libre, un simple regard en arrière, l'impartial résumé de la besogne accomplie en quinze mois, suffiraient à la démontrer aussi, victorieusement."

⅜❧ 188 [Paris, mercredi] 18 Juillet 1888[1]

Mon cher Emile, ma mélancolie, que j'ai cru réelle, depuis le moment où vous m'avez appris vous-même la grande nouvelle[2] jusqu'à l'heure où j'ai "trubloté"[3] (hâtivement d'ailleurs, et tout à fait à faux dans le dernier paragraphe, où mon sentiment vrai et complet était: "y m'semble que quèqu'chose se casse dans *notre* carrière... c'qui vient d's'arrêter, c'est p't'être *notre* jeunesse après tout" etc. etc.), ma mélancolie, dis-je, ne devait être qu'à fleur de peau, car elle est aujourd'hui bien loin; et puisque, en somme, vous vous sentez content et "moins ancêtre" au contraire, il ne me reste qu'un sentiment, celui de m'associer complètement et sans arrière-pensée à votre satisfaction. – *Bravo*! pour ce premier pas, à sensation, et *bis*! surtout bientôt, avec *ter* ensuite et *quater* (l'Académie).[4] Votre P. Alexis.

1 Lettre écrite sur une carte de visite d'Alexis
2 Zola venait d'être nommé chevalier de la Légion d'honneur par Lockroy (lettre 181, n.9). Goncourt fait cette remarque dans son *Journal* le 14 juillet: "Diable m'emporte si j'avais été Zola, si j'aurais accepté la décoration à l'heure qu'il est. Il n'a pas compris donc qu'il se diminue en devenant chevalier! Mais le révolutionnaite littéraire sera un jour commandeur de la Légion d'honneur et secrétaire perpétuel de l'Académie et finira par écrire des livres si ennuyeusement vertueux qu'on reculera à les donner aux distributions de prix des pensionnats de demoiselles!" (III, 811–12)
     A ce sujet, cf. les deux lettres que Maupassant écrivit à Zola vers cette époque et non pas en 1887, date que donne l'édition (G. de Maupassant, *Correspondance inédite*, 124–6).
3 Dès le 26 juillet 1884 Trublot avait fait part aux lecteurs du *Cri* de ses sentiments envers la Légion d'honneur: "Trublot est de ceux qui considèrent la décoration appliquée aux écrivains et aux artistes, comme une bonne fumisterie. Pour les militaires, elle a sa raison d'être et entraîne certains avantages pécuniaires qui ne sont que justice. Mais pour les écrivains et les artistes, oh! là là! Ces derniers se décorent eux-mêmes, tous les jours. Leurs plus belles croix, ce sont leurs œuvres."
     On imagine donc l'indignation de Trublot à l'annonce de la décoration de son ami. Il consacre tout son feuilleton du 17 juillet 1888 à cet événement, sous le titre de "Comment! Zola est décoré!!": "Zola décoré! Nom de Dieu! En voilà une nouvelle... J'en suis encore tout stomaqué. Oui, y a pas à dire! Pour être raide, celle-là est raide. A qui s'fier, maintenant?... Zola décoré... J'en reviens pas. M'mettre en colère?... Non, j'en ai seulement pas la force... C'sont les abattis et les guibolles qui m'manquent. Et j'd' mande à réfléchir. Non pas pour m'remettre –j'sais qu'mézigue s'en r'mettra jamais– mais uniquement pour rassembler mes idées – si j'puis. C'est une mélancolie, une immense et profonde mélancolie, qu'mézigue sent r'monter, plutôt qu'd'la colère.

"[...] J'aurais compris qu' toi, on t'fit ch'valier de la Légion d'honneur, y a douze ans, avant l'succès, avant l'*Assommoir*, ou même tout d'suite après. Mais, aujourd'hui, m'semble que c'est absolument trop tard. Voyons! tu l'étais déjà, décoré! D'puis vingt ans, d'puis *Thérèse Raquin* (1868), est-ce que tous les muffles, les nigauds, et les salopiots, en t'tombant d'ssus –en vain– n't'avaient pas décoré? D'puis Louis Ulbach qui, un des pr'miers, traita ta littérature d' 'putride', jusqu'aux derniers venus, M. Bonnetain et ses amis [...] qui, après un feuilleton rabelaisien de *la Terre*, avaient eu l'innocence de te croire fini, est c' qu'y n'sont pas une légion à t'avoir nommé chevalier, –même officier, –et commandeur, –et même grand'croix?

"De sorte que, c'maigre bout d'ruban qu'y t'octroient aujourd'hui, pour ton 14 Juillet, mézigue a beau s'creuser l'intellect, i n'y découvre qu'un sens: c'est toi, grand écrivain, qui, en l'acceptant, fais honneur au gouvern'ment [...]. Songe que, du même coup, tu 'décores' ainsi M. Floquet – qu'un jour, sur la scène même d'l'Ambigu, encore chaude d'la pièce créée par Gil-Naza et Hélène Petit, j'entendis vomir des horreurs sur ton *Assommoir* et sur toi, histoire d's'faire d'la popularité électorale! – Songe que, du même coup, tu 'décores' en quèque sorte M. René Goblet, l'p'tit avocat d'Amiens, l'homme 'à la bouche mauvaise'.

"Donc, vieil aminche, mon pauvre bon Mimile d'Médan, va! [...] j'peux pas m'empêcher d'm'avouer qu'c'est d'ta part un changement complet d'ligne, d'direction et d'attitude, c'maudit bout d'ruban rouge. [...] Tu partais pour n'jamais rien être, que toi, tandis que, maint'nant qu'eul' pr'mier pas est fait, logiqu'ment, y a pas d'raison pour que tu n'continues point, –(t'auras même tort maint'nant d't'arrêter)– Et j'te vois déjà grand-croix, grand officier, académicien, etc. Soit, mon garçon. Va-z-y, puisque ça te dit. La vie, après tout, est courte, et j'admets qu'on veuille passer par toutes les sensations – par toutes les déceptions humaines.

"N'importe, y m'semble qu'quèque chose se casse, dans ta carrière. C'est tout au moins la fin d'une période et l'commenc'ment d'autre chose. Et comme c'qui vient d's'arrêter, c'est p't'être la jeunesse après tout, l'âge des généreuses folies, des sentiments héroïques, et des superbes emballages, mézigue, qui t'gobe comme tu sais, s'sent tout... comment dirai-je? – Ça m'f'rait p't'être autant d'effet si j'appr'nais subito qu'Dédèle vient d'm'en faire porter." (Cf. la lettre 215.)

4 En parlant de *L'Immortel* de Daudet (Lemerre 1888) dans "Critiques secondaires" (*Le Cri du Peuple*, 12-VII-88), Alexis avait fait remarquer: "1° Stendhal, Balzac, Flaubert, Jules de Goncourt, Duranty n'ont jamais été académiciens; 2° Edmond de Goncourt, Zola et Alphonse Daudet ne sont pas académiciens, ne le seront jamais. Donc, l'Académie n'est 'rien'. Et elle peut, si ça l'amuse, appeler dans son sein qui elle voudra: le tendre Nestor, le respectueux M. Bigot, [...] et d'autres critiques, avec M. Georges Ohnet, avec une réserve de normaliens austères, de folâtres hommes politiques, et un choix de vaudevillistes, l'Académie continuera de ne pas exister."

Deux jours plus tard Zola écrivait à Maupassant: "Si l'Académie s'offre jamais à moi, comme la décoration s'est offerte, c'est-à-dire si un groupe d'académiciens veulent voter pour moi et me demandent de poser ma candidature, je la poserai, simplement, en dehors de tout métier de candidat. Je crois cela bon, et cela ne serait d'ailleurs que le résultat logique du premier pas que je viens de faire" (*Corr.*, 699). Voir la lettre 189, n.3.

189 [Paris, mercredi] 25 Juillet, [18]88

MON CHER AMI,

Mon mariage s'avance. Les publications, (vous l'avez vu dans deux ou trois feuilles) sont faites. Tout est prêt – pour la mairie et l'Eglise. – Ma mère viendra; je lui ai parlé comme date du mariage, vers le 8 ou 10, ou 11 au plus tard.[1] Et, comme elle désire avoir une semaine environ devant elle, pour se retourner et "réparer les désordres de notre garde-robe," je voudrais qu'elle arrivât le 2 ou 3.

Je n'ai plus que *deux* questions à régler, qui ne sont pas sans m'embarasser un peu.

1° Mon père désire que nous nous marions avec contrat de mariage – et sous le régime de la séparation de biens!!! (Zéro, séparé de zéro = zéro) Enfin, soit! Il faut le contenter, cet homme. Connaîtriez-vous un notaire, qui me ferait ça dans les prix doux, et me traiterait en fils de confrère? Dans tous les cas, je m'aboucherais au plus tôt avec lui, pour pouvoir renseigner mon paternel sur la carte à payer. (Vous savez que le contrat de mariage ne peut se faire qu'*avant* le mariage.)

2° Ma mère m'écrit aujourd'hui que "d'après mon frère,[2] nous étions trop à l'étroit pour la loger, qu'elle ne veut en rien nous déranger, et de lui chercher, le plus près possible de nous, une chambre dans un hôtel ou une maison meublée convenablement." – Vous voyez ça d'ici, vous qui, parisien, connaissez le haut Montmartre et la Butte. Les hôtels à voyageur, convenables, n'y existent guères. Et les "meublés" qui s'y trouvent sont impossibles. D'un autre côté, loger ma mère, qui a 64 ans, et viendra seule, aux environs de la Bourse ou des grands Boulevards!!! Donnez-moi une idée, vous, romancier et homme pratique.

Et, sur ce, nos meilleures amitiés à vous deux, M. le Chevalier et Mme la Chevalière.

Je vous la serre tout aussi vigoureusement qu'avant, futur Académicien![3]

Paul Alexis

P.S. Vous avez lu ma "dernière à Antoine."[4] Avec modération, je démens une fausse nouvelle, qui aurait pu me nuire dans l'esprit de Porel. – Antoine m'écrit "qu'il ne répondra pas": elle est bien bonne! Que voulez-vous qu'il réponde? Je ne fais que rétablir l'exacte vérité et avec politesse et modération. – C'est lui qui, de sa propre autorité, et malgré mes protestations, avait inscrit le *Sycomore* sur une grande pancarte, affichée au local de la rue Blanche, depuis 1 mois et 1/2, et contenant ses projets directoriaux: sa pancarte a amené la fausse nouvelle: trop de sans gêne, mon autocrate!

1 Il aura lieu le 14 août. Voir les trois lettres qui suivent.
2 Voir le lettre 183
3 Après la décoration de Zola le 14 juillet, plusieurs journaux discutaient la possibilité d'une candidature du romancier à l'Académie française. A ce propos, cf. *Céard-Zola*, 367–71; *Corr.*, 699–701 (lettres à Goncourt); *Zola-Céard*, 77–9, 159–64; R. Peter, "Zola et l'Académie," *Mercure de France*, ccxcvi (1940), 568–82; G. Randal, "Emile Zola et l'Académie française," *Aesculape*, xxxiv (1953), 18–23. – Se présentant plusieurs fois, le Maître de Médan ne sera jamais reçu (A. Zévaès, *Zola* [Nouvelle Revue Critique 1945], 171–4).
4 Allusion aux lettres envoyées aux journaux par Antoine et Alexis au sujet de *Lucie Pellegrin* (lettre 187). Voici un passage de la lettre dont il s'agit ici, adressée par Alexis à Jules Prével et portant la date du 20 juillet 1888: "Depuis quelques jours circulent diverses listes des pièces que doit jouer, la saison prochaine, le Théâtre-Libre installé aux Menus-Plaisirs; et, sur un de ces programmes, qui a passé dans plusieurs feuilles,

je lis: 'Le Sycomore, pièce en deux actes. de MM. Paul Alexis et Georges Moore' [lettre 142, n.2]. Or, la nouvelle est inexacte, par l'excellente raison que notre Sycomore, reçu depuis deux ans à l'Odéon, attend son tour – un tour qui, mon collaborateur et moi l'espérons, n'est maintenant pas loin d'arriver.

"Le directeur du Théâtre-Libre n'a jamais eu entre les mains notre Sycomore: M. Antoine ne connaît même pas une ligne de notre pièce dont le manuscrit définitif –heureusement modifié d'après les conseils de M. Porel, qui nous a inspiré un dénouement superbe, à la fois plus hardi, plus simple et autrement vrai– se trouve, aujourd'hui comme hier, là où la reconnaissance la plus élémentaire, sans compter notre intérêt, nous commande de le laisser. [...]" ("Courrier des théâtres," Le Figaro, 22-VII-88)

Antoine convoitait l'ouvrage d'Alexis et de Moore depuis plus d'un an. Le 8 avril 1887 il avait écrit à Pauline Verdavoine: "[Alexis] m'a conté une pièce en deux actes qui est reçue à l'Odéon, et qui me paraît délicieuse. Quel plaisir de la jouer tous les deux si le Théâtre Libre a jamais les fonds nécessaires pour faire fabriquer un arbre indispensable" (Lettres à Pauline, 297). Voir la lettre 194, n.7.

190 Paris, Vendredi, 3 Août 1888.

MES CHERS AMIS,

Enfin! votre vieux camarade est au comble du bonheur. Et, comme vous êtes pour beaucoup dans ce bonheur, (par la lettre à mes parents qu'Emile eut la grande bonté de m'écrire voici un an)[1] et que vous êtes mes deux seuls grands amis pour de vrai, j'ai la douce joie de vous raconter ce qui vient de se passer.

Aujourd'hui, tantôt à 5h 58, ma mère est arrivée –après un voyage de 26 heures, à 64 ans et quelques mois;– comme de juste, ma femme et moi l'attendions à la gare. Et la présentation est faite, – oh! elle a été facile, des caresses générales ont remplacé les paroles; enfin tout s'est admirablement passé.

Ma mère (outre une très belle parure en diamants qu'elle a apportée à ma femme, bague, boucle d'oreilles et bracelet,) me donne ce qu'elle a donné à mes frères: dix mille francs pour m'installer – pris sur son avoir personnel, auquel, d'après son propre contrat de mariage, elle ne pouvait toucher que dans ce cas; (de là, l'explication du contrat de mariage (quelconque) que l'on va me faire faire, et sans lequel ce don eût été impossible.)

Hein? dix mille francs, je sais que ce n'est pas le Pérou, mais je me vois subitement –outre des arrangements pris avec mes créanciers pour éteindre peu à peu mes dettes de garçon– débarassé du petit froid dans le dos que me faisait la possibilité d'un effondrement subit du Cri,[2] et, si la bagarre arrive, à la tête d'assez de temps pour voir venir et écrire la seconde moitié de Mme Cœuriot, enfin.

Il est maintenant minuit: depuis dix heures du soir, ma mère, ma femme et votre filleule, dorment paisiblement – sous le même toit, puisque ma mère est installée dans le pavillon voisin du nôtre (où sont arrivés cet après-midi les meubles en pitchpin que nous avions achetés à crédit) et je viens de descendre à la Bourse, pour envoyer une dépêche à Aix; et je termine cette

373

heureuse journée en vous tenant au courant de mon bonheur – qui est un peu votre œuvre, et même beaucoup.

Bien affectueusement à vous deux

Paul Alexis

P.s. Dès que la date définitive du mariage sera fixée, je vous l'écrirai. – Pour éviter le samedi, peut-être, au lieu de samedi 11, faudra-t-il attendre le mardi 14? Mais je vous dis ces deux dates-là *en l'air*: nous n'avons pas encore causé de cela, avec ma mère fatiguée du voyage. D'ici à deux ou trois jours, ça se dessinera et je vous tiendrai au courant.

1 Voir la lettre 171, n.9
2 C'est le 29 août 1888, date où Séverine elle-même quittera le *Cri*, que s'arrêtera la collaboration d'Alexis à ce journal (cf. lettre 166, n.4). Un mois avant la disparition de Trublot, Goncourt écrit dans son *Journal*: "Vraiment, ce *Trublot*, dans le monde des lettres, est à peu près le seul défenseur des vrais talents et de choses littérairement propres. Sa liaison intime avec Zola ne l'a jamais empêché de faire des réclames à Daudet et à moi, toutes les fois qu'il en a trouvé l'occasion, et sa liaison intime avec Zola ne l'a pas empêché de lui adresser des reproches, des reproches vraiment durs à propos de son apostasie. Quel malheur que sa prose si brave, si honnête, si enamourée de justice, ait cru devoir parler cet argot de voleur, si peu nécessaire au succès de son feuilletonisme!" (III, 816–17)

191 [Paris] Mardi soir, 7 Août, 1888

MON CHER AMI,

Il nous en arrive une bien bonne... non, une *très mauvaise*. Oh! la prévoyance des pères... et des notaires en particulier!

Je vous ai annoncé que ma mère me donnait dix mille francs,[1] pour subvenir à mes frais d'installation et autres. Ces dix mille francs seront pris sur une inscription de rente de 564 F (et qui sera scindée) – dont voici le titre de dépôt à la *Société Générale*. Avec ce titre, nous comptions ma mère et moi, avoir l'argent tout de suite, ou dès le lendemain du contrat. – Eh bien, non! venons-nous d'apprendre à la-dite *Société Générale*. – Ce ne sera que huit ou dix jours, après la célébration du mariage lui-même, que je toucherai. De sorte que nous voilà le bec dans l'eau, – mon père n'ayant donné que très peu d'argent à ma mère, pour son voyage.

Si j'écris à Aix, mon père –qui perd un peu la mémoire– ne comprendra pas tout de suite, répondra, on lui rerépondra et il finira par nous envoyer trente-sept francs!!! Et... nous ne serons jamais prêts le 14.

Conclusion: il nous faudrait tout de suite deux mille fr. – ou 1500 F à la rigueur, – ou *mille au minimum* – pour qu'il n'y ait aucun retard. Pourriez-vous, mon cher ami, nous en faire l'avance à ma mère et à moi, jusqu'au jour où je palperai?

Dans tous les cas, une réponse *rapide* s.v.p.

Bien affectueusement à vous deux

Paul Alexis

P.S. Ne perdez pas *le papier vert*, car ce n'est qu'avec lui, et le reste, des papiers indiqués par la note de mon père, que je pourrai toucher.

1 Voir la lettre précédente

⚏🏵 192 Paris, [jeudi] 9 Août [18]88

MON GENTIL AMI,

Merci, de la part de ma mère et de la mienne surtout, dix fois plutôt qu'une. Nous voilà tranquillisés et tout va marcher.[1]

La cérémonie irrévocablement *Mardi 14.* –La Mairie avertie aujourd'hui. L'adjoint marie, m'a-t-on dit, de 10^h 1/2 à midi. On m'a assuré qu'en arrivant à 10^h 1/4 nous passerions les premiers. L'église aussitôt après et vers midi, la demie au plus tard, le déjeuner.

Pour les autres témoins, je vais reécrire à Béliard, – qui a accepté. Et mon frère Ambroise est déjà à Paris. Quant à Félix, sa présence est douteuse, car elle est subordonnée à l'inspection d'un général du génie qui arrive demain à Besançon. Et, s'il ne peut venir, qui? Roux? Je n'y tiens pas énormément! – J'aurais pris Déthez: mais sa femme? que personne ne connaît? (Si Hennique n'était pas absent, je l'eusse choisi, sûrement) – Mieux vaudrait un célibataire: que penseriez-vous de Céard?[2] Y verrait-il une corvée? – (J'avais pensé un moment à l'aimable Frantz Jourdain, à qui je dois présenter demain mon frère, pour son affaire de chemin de fer: mais il est marié!) – Paul Adam? non! il est devenu bien décadent, et outre qu'il vous a éreinté, me lâche fort.[3] – Méténier? Ce serait parfait, mais il faudrait inviter sa mère et son frère: alors non! – Un de mes deux cousins Reibaud, mais ma mère ne s'en soucie pas. Conclusion: je ne sais encore qui et suis très embarrassé.

Enfin, si je ne vous écris plus, à Mardi 14, n'est-ce pas? au plus tard à 10 heures, tous les deux, à la "trublotière"! Que votre femme ne s'épouvante pas: on aura toujours un sapin pour, de la mairie, rehisser les dames sur la Butte. D'ailleurs, la veille au soir, je passerai chez vous, pour vous la serrer affectueusement, mes meilleurs amis.

Paul Alexis

P.S. Ma mère et ma femme vous envoient à tous les deux, mille choses aimables.

P.P.S. Le notaire, chez qui nous signerons le contrat Samedi, m'a dit que le titre de rente de ma mère sera vendu demain, et que, selon lui, nous pourrons toucher deux ou trois jours après le mariage –c'est-à-dire *bien avant le 24.*– Je repasserai d'ailleurs demain à la *Société Générale* pour être fixé sur ce point.

1 Voir la lettre précédente
2 "Je me marie après demain *Mardi, 14 Août*, sans aucun tra la la, écrivait Alexis à Céard le 12. Voulez-vous me faire la grande amitié de me servir de témoin? Je sais que ma demande est on ne peut plus tardive. Je comptais sur la présence de mes deux

375

frères; mais, au dernier moment, celui qui est capitaine du génie, me manque, et je m'adresse à vous pour ce service d'ami. [...] Pardon de mon sans-gêne, mon cher ami. Dans tous les cas, une rapide réponse, s.v.p., surtout si vous ne pouviez être des nôtres" (lettre inédite, coll. C.A. Burns). En effet, Céard fut, avec Ambroise Alexis, témoin de Trublot, tandis que Zola et Edouard Béliard le furent de sa femme, Marie Monnier (d'après un "echo" dans *Le Figaro* du 24 août).

3 Trois an plus tard Paul Adam déclarera à Jules Huret: "Zola et Alexis restent seuls des naturalistes: Hennique, devenu spirite avec *Un caractère*; Huysmans, dans *A rebours*, s'éloignant également de la formule; Céard passé archiviste, et Maupassant, transformé en conteur pour salons" (*Enquête sur l'évolution littéraire*, 43).

🐌 193 Auvers-sur-Oise (S. et O.) [samedi] 22 Sept^bre [18]88

MON CHER AMI,

J'y étais venu passer deux jours. Puis, devant la magnificence de cette fin d'été, je viens d'y louer pour un mois, (à 25 F) une maisonnette de paysan: – au rez-de-chaussée, une salle-à-manger cuisine et une cave; au premier, une chambre et un réduit où couche la bonne. Mais c'est au Midi, j'ai un jardinet grand comme la main. Ça fait le plus grand bien à votre filleu-le. Et je m'y remets à mon roman.[1] Je suis bien le Vitu de la *Cocarde*:[2] mais l'argent de la *Cocarde* est jusqu'ici si problématique, que je serais bien bon de me priver de villégiature pour elle. D'ailleurs, je viens de calculer, qu'en ne pas payant mes créanciers, j'ai au moins une soixantaine de semaines à vivre, tranquille. Sans renoncer tout à fait au journalisme, j'ai grande envie de tenter de faire surtout mon roman – et du théâtre aussi.

Et voilà à peu près toutes les nouvelles. Sauf en matière théâtrale.

Je vous dirai d'abord qu'avant de venir, j'ai fait ma paix avec Antoine, qui est venu déjeuner sur la Butte: une paix définitive.[3] C'est par un simple oubli que mon nom n'a pas été mis dans le *Figaro* au programme du Théâtre-Libre,[4] mais l'erreur sera réparée ces jours-ci. J'ai donné à Antoine comme titre: le *Triomphe de l'Innocence*, 1 acte, (contraste de *Lucie Pellegrin*) à tirer de ma nouvelle de ce nom, du *Besoin d'Aimer*.[5] Sujet un peu coco d'ailleurs, et assez difficile à organiser. Mais on y verrait aussi une femme dans un lit, (cette fois une jeune fille chaste,) que le monsieur, (Antoine), très allumé par une scène chaude avec une veuve coquette et ayant fait son étroite, respecte et épouse. La difficulté: il faut que la scène de la veuve ait lieu dans la chambre de la jeune vierge! Ou bien, (au Théâtre-Libre, ce serait possible et rigolo!) le théâtre, *coupé en 2, représenterait les deux chambres*. Pendant la résistance de la veuve au monsieur entreprenant, à droite, la vierge se cou-chcrait chastement à gauche, après avoir rêvé à la fenêtre et fait sa prière: scène à peu près muette coupant les phases du flirtage d'à côté. Puis, dans la scène contraire, pendant que "l'innocence triompherait", d'un côté, la veuve, restée seule, pourrait s'enlever beaucoup de faux cheveux, se mettre dans un provocant déshabillé, puis allumer une cigarette, et lire un roman d'Ohnet[6] dans une pose archi-inconvenante. – Qu'en dites-vous? – Au Théâtre-Libre, ne l'oubliez pas. – Moi, je tiens au titre: le *Triomphe de l'Innocence,* après *Lucie Pellegrin* et l'attitude des Vitu-Sarcey,[7] me raffraîchit l'âme.

Autre projet théâtral, plus sérieux. (Mais qui n'exclut pas l'autre, car il faut que je ponde 1 petit acte contraste à *Lucie*.) Nous en avons causé avec Antoine, (et avec Méténier qui en serait,) et je viens d'écrire à Goncourt.[8] Ce serait:

Les frères Zemganno
en 2 actes et 3 tableaux

Acte I
Les deux frères, chez eux, *en bons bourgeois.* Exposition de leur amitié, de leur amour pour leur art. Défilent *la Tompkins* (3me rôle),[9] le clown Tiffany, etc. Gianni couve et prépare un tour extraordinaire.

Acte II
Premier tableau
Les coulisses du Cirque, le soir de la première du tour prodigieux. Les deux frères *en maillot.* Gilet à cœur, écuyers; un cheval caparaçonné etc. Enfin, le moment solennel est venu, on entend l'orchestre, et Nello prend son élan, disparaît... Un bruit terrible dans la coulisse! Pan! Rumeurs du public. – On le rapporte en scène, les jambes brisées.

2^d tableau
Décor du 1er acte – Nello en béquilles – Il joue plaintivement du violon, puis s'endort. – Gianni, profitant de son sommeil, fait furieusement du trapèze – Réveil de Nello: scène déchirante. Gianni renonce à leur art, ils reprennent leur violon, "le derrière sur une chaise."

Et voilà, mon bon. Antoine, amoureux du rôle de Nello, – et Gianni (Mévisto). – Un grand succès *unanime,* et *certain.* J'attends réponse Goncourt.

Mes meilleures amitiés à votre femme. Et une vigoureuse poignée de mains de votre vieux

Paul Alexis

Bonjour aux Charpentier.[10]

1 *Madame Meuriot*
2 Ce journal politique quotidien, dont Maurice Barrès sera le directeur du 5 septembre 1894 au 7 mars 1895, parut à partir du 13 mars 1888, avec G. de Labruyère comme rédacteur en chef. La rubrique des "Théâtres" était signée du pseudonyme "Cocardasse." Un numéro préoriginal, d'une seule page, avait paru le 17 janvier 1888, contenant une chronique non signée sous le titre d' "A minuit."
3 Voir les lettres 187 et 189
4 C'est-à-dire celui de la saison 1888–9, paru dans *Le Figaro* du 9 septembre (F. Pruner, *Les Luttes d'Antoine,* I, 231). Aucune pièce d'Alexis n'y figure cette fois.
5 Voir la lettre 123. Ce projet ne fut jamais réalisé.
6 Georges Ohnet (1848–1918) présentait un faux idéalisme moral dans ses nombreux romans et pièces de théâtre. *Le Maître de forges* (Ollendorff 1882) eut un immense succes. La pièce en quatre actes et cinq tableaux, tirée de ce roman, tint l'affiche du Gymnase pendant une année (à partir du 15 décembre 1883).
7 Cf. la lettre 186, n.2

8 Voici la lettre en question, qui porte elle aussi la date du 22 septembre : "Je viens de relire les *Frères Zemganno*, et, sous le coup d'un redoublement d'admiration pour ce beau livre où vous avez mis tant de vous-même, –de vous deux,– je vois, absolument nettement, une pièce, courte [...], en deux actes [et] en trois tableaux. [...] Ce serait épatant, mon cher ami : du pur 'théâtre livresque.' [...] Avec ça, il y a de quoi faire pleurer toute une salle. C'est profondément humain : je vois d'ici tirer les mouchoirs. Et, j'ajouterai que, pratiquement, je vois la chose au Théâtre-Libre, où la pièce serait reçue d'avance" (B.N., MSS, n.a.f.22450, fols.143ᵛ, 145).

La pièce en trois actes, tirée du roman d'Edmond de Goncourt (Charpentier 1879) par Alexis et Méténier, sera représentée au Théâtre Libre (avec Antoine dans le rôle de Gianni) le 25 février 1890, sans grand succès. Cf. F. Pruner, *Luttes*, I, 377–81 ; et P. Alexis, *Lettres inédites à Edmond de Goncourt*, éd. B.H. Bakker (en préparation).

9 Deux mois plus tard, le 26 novembre, Edmond écrira dans le *Journal* : "Je rencontre Paul Alexis sur le boulevard, et il m'annonce qu'il a fait avec Méténier deux actes des *Frères Zemganno*, qu'il est content de ces deux actes, mais qu'il a dîné hier avec Zola et que Zola lui a versé une potée d'eau froide sur la tête, en lui disant que la Tompkins, ne faisant pas traverser la pièce, n'amenant pas même un refroidissement entre les deux frères, sa pièce était absolument dénuée d'intérêt. Allons, je retrouve là mon Zola, et ç'a dû être enveloppé de toutes les herbes de la Saint-Jean de la perfidie" (III, 861).

10 Cette année-là encore les Zola passaient une partie de l'été à Royan, près du "Paradou," la maison des Charpentier. Voir H. Mitterand et J. Vidal, *Album Zola*, 242–3.

194 Paris, [vendredi] 17 Mai [18]89

MON CHER AMI,

Des nouvelles de Paris, vous ai-je promis... La plus gaie, c'est Béliard qui vient de me quitter : B.ʳᵈ, officier d'Académie[1] depuis le 5 Mai !!! Lui aussi, a pris du ruban. Tout un poème, qu'il vient de me conter, en me permettant d'en faire une nouvelle : *La décoration de Daribel*.[2]

Au Théâtre-Libre. *Le Comte Witold*[3] a dû être retapé, émondé aux répétitions, réduit à 3 actes. Antoine ne parle plus que de passer le 26. – Vu, hier soir, à la répétition : Boborykine, de passage ici. N'ayez pas peur : il repart demain![4] Aura cet hiver un grand théâtre à Moscou, et se propose d'y faire venir le Théâtre-Libre, cet hiver, pendant "le carême Russe", entre 2 spectacles mensuels : "il faut un mois en tout, avec escale à Vienne et à Warsovie." – D'un autre côté, le réabonnement pour la saison prochaine donne en masse. Déjà 12000 F d'abonnements assurés, lorsque l'an dernier, à pareille époque, le réabonnement n'était pas encore entamé. (Dans un seul courrier : 1700 F d'abonnés.) Les nouveaux dans la proportion d'un tiers. Parmi les nouveaux : Puvis de Chavanne,[5] Guillemet, et... le duc d'Aumale, qui a pris un fauteuil. Antoine, très content, dit que ça s'annonce comme devant monter à *60000* F, et, qu'à ce prix, il pourra peut-être troquer les Menus-Plaisirs pour le Vaudeville.[6]

Il y aura décidément en Juin un 9ᵐᵉ spectacle : *Le Sycomore* ![7] – Moore, de passage pour huit jours, est venu me voir.[8]

Madame Cœuriot a actuellement *553 pages*, dont 14 pour le septième et dernier chapitre, qui s'annonce assez bien. – J'ai lu hier à Moore, les 53 pages de l'épisode : une nuit chez *Eva de Pommeuse*,[9] qui termine le sixième chapitre ; j'avais choisi ce morceau, parce qu'il allait chez Nina.[10] Il a reconnu au passage Mendès, Villiers de l'Isle Adam, Tony Révillon, Toupier-Bézier, Mme Ratazzi, Cabaner,[11] Cross, Frank Lamy,[12] Forain, Manet, et vingt autres, qui grouillent là-dedans; et, à la fin, mon Moore enthousiasmé, s'est écrié: "C'est mieux que du Guy de Maupassant!" Puisse-t-il dire vrai! – En continuant mon petit train-train de vieille patache, j'estime que j'aurai fini fin Juillet. – Seulement, au nom de notre vieille amitié, je vous en conjure, faites –le possible? non!– l'impossible, pour que le *Gil Blas* me le prenne en feuilleton vers la fin de l'été.[13] – Si *oui*, c'est le salut! C'est, outre les 3 ou 4 mille francs du feuilleton, mon bouquin lancé, 3 ou 4 éditions chez Charpentier; c'est le temps devant moi de faire mon second roman: (le *Cri*, avec le quatuor Séverine, Guebhard, Vallès, Labruyère!)[14] Si *non*, je suis foutu, archifoutu: *Mme Cœuriot* ne me rapportera que mille francs chez Charpentier, passera inaperçue. Et je me vois, avant la fin de l'année, mes quatre sous d'avances bouffés, obligé, avec une femme et deux enfants[15] sur les bras, de me renfoncer dans la galère quotidienne des basses besognes du journal, stérilisantes et mortelles pour ceux qui n'ont comme moi pas le travail facile. (Par les basses besognes, j'entends celles qui ne sont plus de la littérature: mais songez à la difficulté d'imposer du journalisme littéraire: 1° Au supplément du *Figaro*, mon article sur Portalis, Pierre Denys, passera, m'a-t-on dit, mais... mais il y déjà un mois de ça: alors, quand? – 2° Au *Gil Blas*: une première nouvelle, portée le 15 Janvier, a passé... le 27 Mars![16] Puis, trois jours après, ils en ont eu une seconde, dont je viens –avant hier– de corriger les épreuves, mais qui attend encore, malgré la promesse de Guérin que "j'en aurai toujours une par mois."

Et voilà, mon brave. Donc, je ne vous cache point que je considère que c'est un peu beaucoup "mon avenir" et celui des miens, qui va se jouer, dans le petit entre-sol du *Gil Blas*, lorsque, la semaine prochaine, vous irez voir d'Hubert[17] à mon sujet.

1° N'oubliez pas que cet ex-calicot, tout gentil d'ailleurs, est aujourd'hui seul maître, (le comité s'étant dissous), et que, très petit garçon devant vous, –comme de juste–, il fera "ce que vous voudrez," –c'est l'expression de Guérin si, l'œil dans l'œil, vous lui dites: "*J'y tiens... Je veux... Rendez-moi ce service et plus tard je vous revaudrai ça!*"

2° Un "oui", en l'air, de ce bon jeune homme, ne fera pas un pli, parbleu! Mais ce "oui" ne vaudra quelque chose, que si vous le précisez aussitôt en l'acculant à la date.

Et ici, voici des renseignements précis, et utiles, sur les engagements actuels du *Gil Blas*, comme feuilletons.

Il y en a 3 principaux:

1° Un roman *Camille Lemonnier* qui va succéder à celui de Delpit.[18]

2° – Un roman d'*Ohnet*.[19]

3° – En *Janvier ou Février 90* seulement, un roman de *Bourget*.[20]

Entre ces trois romans principaux, doivent passer deux soldes défraîchis, deux ours: l'un d'*Edgard Monteil* et l'autre de *Maizeroi*,[21] qui ne passeront que parce qu'ils sont déjà payés d'avance; celui de Maizeroi n'est peut-être même pas fait; enfin, ce sont des en cas, des bouche-trous, qui permettront au journal de rentrer dans ses débours.

Enfin, le hazard m'a fait assister, la semaine dernière, au commencement d'un entretien entre d'Hubert et cette fripouille de *Champsaur* extirpant au premier une lettre-engagement pour un feuilleton, et demandant un tour de faveur, c'est-à-dire *"entre Lemonnier et Ohnet"* – C'est la bonne place – j'ignore si Champsaur l'a obtenue, mais je crois que *oui*,[22] (le ton de son attaque sut le plagiaire Richard O'Monroy,[23] me le fait croire.) Et je conclus: Si Champsaur l'a obtenue, il faudrait alors tâcher de passer: soit entre Lemonnier et Champsaur, soit entre Champsaur et Ohnet.

Et voilà, mon bon. Pardonnez-moi ces fastidieux détails: mais le moment est psychologique, et il s'agit de vaincre ou mourir.

Votre vieux qui vous la serre affectueusement à tous deux

Paul Alexis

Un autre souci lancinant: votre filleule a depuis 15 jours, une petite grosseur sous la paupière inférieure de l'œil droit. Le docteur Willette [24] dit que c'est un "Kyste", qu'il n'y a rien à faire mais que si ça augmente, il faudra l'enlever... qu'il m'adressera à un spécialiste pr enfants... qu'il faudra *la chloroformer*!! Voyez notre trac – La petite ne souffre pas; mais depuis 2 jours, le Kyste loin de diminuer, prend une teinte rosâtre.

1 C'est-à-dire de celle des Beaux-Arts

2 Cette nouvelle n'a pas été retrouvée.

3 Pièce en trois actes de Stanislas Rzewuski; représentée au Théâtre Libre le 31 mai 1889 (F. Pruner, *Les Luttes d'Antoine*, I, 323–4; id., *Le Théâtre Libre d'Antoine*, I, 47–55)

4 Cf. la lettre 119, n.3

5 Zola s'exprimait ainsi au sujet de Pierre Puvis de Chavannes (1824–98) dans son "Salon de 1875": "Voici enfin un talent réellement original, qui s'est formé loin de toute influence académique. Lui seul peut réussir dans la peinture décorative, dans les vastes fresques que demande le jour cru des édifices publics. [...] Il sait être intéressant et vivant, en simplifiant les lignes et en peignant par tons uniformes" (*O.C.*, XII, 928).

6 Antoine restera cependant aux Menus-Plaisirs, n'ayant pu louer le Vaudeville (Pruner, *Luttes*, I, 337–9).

7 La soirée du 31 mai, mentionnée plus haut dans la note 3, sera la dernière de la saison. "Le Sycomore" ne sera jamais monté au Théâtre Libre. Voir la lettre 189, n.4.

8 Ayant rendu un jour visite à Alexis, Moore nous a laissé dans ses *Mémoires de ma vie morte* (57–63) une description de la demeure de l'auteur de *Lucie Pellegrin*, au numéro 13 de la rue Girardon, sur la Butte (app. J:12).

9 Nom qu'Alexis a donné au personnage modelé sur Nina de Villard dans son roman. Voir la lettre 38.

10 Moore rappelle les soirées chez Nina dans le chapitre VIII des *Mémoires*: "La table d'hôte de Ninon."

11 Trublot parle plusieurs fois du compositeur bohème Ernest Cabaner (1833–78) dans ses colonnes du *Cri*. "Oh! le brave garçon, c'lui-là, s'écriait-il le 17 janvier 1885, un peu loufoque, mais de l'attendrissante folie de l'art." Pour une plus longue description de cet artiste original, voir l'article de Trublot du 5 novembre 1886 (app. A:47). Cf. également G. Rivière, *Renoir et ses amis* (ch. VII: "Cabaner")

12 Le peintre Pierre-Désiré-Eugène-Franc Lamy, dit Franc-Lamy (1855–1919), faisait surtout des portraits et des compositions décoratives. – Charles Cros (1842–88), inventeur, humoriste et poète, s'était lié avec Nina de Villard depuis 1868.

13 *Madame Meuriot* paraîtra en feuilleton à *L'Echo de Paris* pendant l'été de 1890 (lettre 203).

14 Ce projet non plus ne fut pas réalisé. Le second roman d'Alexis sera *Vallobra* (lettre 227, n.3).

15 "Hier soir, télégraphiait Alexis à Goncourt le 18 janvier 1889, après notre lecture [des *Frères Zemganno*], en rentrant chez moi, un autre drame. Et, après une longue, très longue nuit, à onze heures vingt ce matin, *elle* est née" (B.N., MSS, n.a.f. 22450, fol.151). "Elle," c'est la deuxième fille d'Alexis, Marthe Edmée Jeanne, qui est morte le 18 juin 1890 à Cheverchemont, près de Médan. Elle est inhumée au cimetière de Triel, dans le même tombeau qu'Alexis et sa femme.

16 "A quoi rêvent les vieilles filles" parut dans le numéro daté du 28 mars 1889. La nouvelle fait partie du recueil *L'Education amoureuse*. Le *Gil Blas* publiera encore six nouvelles d'Alexis, mais à des intervalles irréguliers. La suivante, "Ceci...," paraît le 6 juin 1889.

17 René d'Hubert, directeur du *Gil Blas* de 1886 à 1892

18 Le *Gil Blas* publia *Passionnément* (Ollendorff 1889) d'Albert Delpit en feuilleton du 15 avril au 12 juin 1889.

Le *Possédé*, *étude passionnelle* (Charpentier 1890) de Camille Lemonnier parut dans le même journal du 13 avril au 26 mai 1890. Sur cet écrivain belge, cf. *Huysmans-Lemonnier*; G. Vanwelkenhuyzen, "Camille Lemonnier et Emile Zola," *Les Cahiers naturalistes*, No. 2 (1955), 62–80.

19 *Dette de haine* (Ollendorff 1891), au *Gil Blas* du 13 avril au 16 juin 1891

20 *Pauvre Monstre!*, du 2 au 15 mars 1891

21 Le *Gil Blas* publiera trois ouvrages de René Maizeroy en deux ans: *Cantabeille* (A. Fayard 1893), du 11 juin au 13 juillet 1889; *La Peau* (V. Havard 1890), du 7 octobre au 16 décembre 1889; *Vieux Garçon* (V. Havard 1891), du 24 octobre au 29 novembre 1890

Le romancier et homme politique Edgar Monteil (1845–1926) fit paraître *La Tournée dramatique* en 1890 chez Charpentier (après la publication en feuilleton au *Gil Blas* du 24 mai au 26 juin de la même année).

22 Il n'y a pas de feuilleton de Félicien Champsaur au *Gil Blas* pendant les années 1889-90.

23 Le vicomte Jean-Edmond de l'Isle de Falcon de Saint-Geniès, dit Richard O'Monroy (1849–1916), littérateur et écrivain humoristique et gaulois, était en train de publier dans le *Gil Blas*, où il rédigeait "La Soirée parisienne," un feuilleton intitulé: "Ne bissez jamais." Il fut accusé par Champsaur, dans *L'Evénement* du 9 ("Chronique parisienne") et du 14 mai ("Un frelon de lettres"), d'avoir pillé un roman de celui-ci, intitulé: *L'Amant des danseuses* (Dentu 1888).

24 Le médecin des Alexis, qui habitait 25, rue Lepic

---

195 [Paris] Lundi soir, 3 Juin [1889].

MON CHER AMI,

Que s'est-il passé? *Le soir même* de votre départ,[1] j'ai écrit à Bourget dans les termes dont nous étions convenus. Et, depuis... aucune réponse. N'aurait-il pas reçu ma lettre? Vous aurait-il écrit directement? Je me perds en conjectures.

J'ai passé tantôt chez lui, (7, rue Monsieur) et, ne l'y ayant pas trouvé, j'ai écrit chez son concierge un mot sur ma carte.

J'aurai sans doute une réponse de lui demain. Mais j'attends de nouvelles instructions. S'il dit oui, ça tient-il pour le 6? (Car, si rien n'est convenu entre vous, le 5 est trop rapproché.)

Enfin, je suis fort ennuyé. Qui sait? Peut-être ne s'est-il pas cru "suffisamment invité" par mon canal. Il est de fait qu'un mot de vous l'invitant eût été plus "régulier." Enfin, quoiqu'il arrive, mes intentions étaient pures, je n'ai rien à me reprocher, et je m'en lave les mains – et je vous les serre affectueusement à tous les deux.

Votre vieux

Paul Alexis

A part ça, rien de neuf. Mon dernier chapitre[2] me donne du coton. – Faudrait être génial, là!... pour couronner, ou sauver les six autres.

Et mon 2[d] article ne passe toujours pas au *Gil Blas*, bien que composé.[3]

1 Pour Médan
2 Il s'agit toujours du roman *Madame Meuriot*.
3 Voir la lettre 194, n.16

⁂ 196 [Paris] Mardi, 4 Juin [1889]

MON CHER AMI,

Vu ce matin Bourget.[1] Le malentendu est expliqué : il m'avait répondu "rue de Girardin",[2] et sa lettre lui est retournée.

Il vous propose Lundi, 10, et pour déjeuner seulement. Les épreuves et une préface qu'il écrit,[3] l'absorbent. Il vous écrit d'ailleurs. – A vous de décider *si ce sera Lundi*, ou de nous fixer, à chacun, la date que vous voudrez, postérieurement au 10.[4]

Votre qui vous la serre à tous les deux

Paul Alexis

1 Voir la lettre précédente
2 On se rappelle qu'Alexis habitait à cette époque la rue Girardon. La rue de Girardin n'existait pas.
3 Pour *Le Disciple*, qui allait paraître le 17 juin 1889 chez Lemerre. Le roman avait été publié en feuilleton dans *La Nouvelle Revue* de février à mai de la même année.
4 Zola répond le 5 juin: "Je reçois votre lettre et celle de Bourget, fixant votre visite au lundi 10; le malheur est que ce jour-là, je ne serai pas à Médan. J'écris à Bourget pour lui demander s'il ne pourrait pas venir le jeudi 13. S'il est libre, entendez-vous avec lui. Il m'écrira, et je vous attendrai tous les deux. Hein! est-ce difficile de tomber d'accord sur la moindre chose" (*Corr.*, 710–11).

⁂ 197 Paris, le Mardi 11 juin 1889   6[h] 1/2 du soir

MON CHER AMI,

Je viens de voir *ici*[1] d'Hubert, je lui ai dit que vous ne l'aviez pas trouvé hier, et il m'a répondu que Charpentier lui avait parlé de le faire déjeuner avec vous.

Je vous en conjure, au nom de notre vieille amitié. Déjeunez –avant de repartir– et enlevez mon affaire[2] entre la poire et le fromage.

C'est une question de vie ou de mort pour moi – non, pour quatre personnes.

Bien affectueusement

Paul Alexis

Eté chez Bourget ce matin, à 11 heures, sans le trouver. Je lui ai laissé un mot le priant de fixer *au plus tôt* le jour pour la semaine prochaine.[3]

1 Le manuscrit porte l'en-tête du *Gil Blas*.
2 C'est-à-dire la publication de *Madame Meuriot* en feuilleton. Voir la lettre 194
3 Voir la lettre précédente

198 Paris, Jeudi 13 Juin [1889].

MON CHER AMI,

Pas de nouvelles, sauf que Bourget m'a écrit — *ce qu'il a dû vous écrire d'abord à vous-même* — qu'à son grand regret, ce jour, désigné par vous,[1] tombait mal (le jeudi étant son jour de correction d'épreuves de son article hebdomadaire de la *Vie Parisienne*,[2] et ayant de plus à faire ce jeudi-ci les dédicaces de son bouquin[3] qui paraît Lundi 17.

Mais il me prie en même temps d'aller le voir un matin, au commencement de la semaine prochaine, pour nous entendre sur ce voyage "si retardé et si désiré," dit-il.

Je compte donc y aller Lundi prochain, 17. – Vous m'aurez répondu d'ici là: quel jour faut-il lui proposer, pour en finir? – Mardi 18, je dois dîner avec les "peintres Indépendants."[4] En lui laissant le jeudi, quel jour vous irait le mieux de: *Mercredi 19*? ou *Vendredi 21*? ou *Samedi 22*?

Il m'a fait une très bonne impression, Bourget, en son intérieur de garçon, gentil mais sans le luxe prétentieux de Maupassant, un petit nid de travail paisible, donnant sur les beaux ombrages du jardin d'un hôtel. Lui, au moins, aime encore la littérature et il en parle. Il vous est reconnaissant d'une chose: "vous lui avez, par votre exemple, fait comprendre de bonne heure ce que doit être la vie littéraire: le travail, la retraite chez soi avec quelques rares amis. Le reste est de la blague, et c'est sur vous qu'il a depuis longtemps calqué sa vie."

Mon dernier chapitre[5] me donne un mal de chien, et n'a encore que 30 pages (il commence à 540 et j'en suis à 570). Il me semble que j'entre à peine dans le vrai sujet, que j'ai perdu du temps à des longueurs, et je tremble que tout ce qui me reste à dire soit écourté. – Depuis 48 heures, je me suis même interrompu, pour réfléchir et pour faire une nouvelle pour le *Gil Blas*[6] (que j'achèverai demain, elle a déjà 9 pages)

D'un autre côté, mes deux filles ne vont pas très bien. Outre que la plus jeune est très enrhumée, votre filleule, depuis 3 semaines surtout, n'a plus du tout d'appétit et a beaucoup maigri. Trois fois en huit jours, elle a rendu son dîner. Le docteur Willette, qui l'a vue 2 fois, ne me paraît pas trop savoir. Il lui a prescrit, la 1ère fois, une potion à l'aconit, qui a fait disparaître sa toux, car elle était enrhumée aussi. La 2de fois, de l'huile de ricin, et une potion avec du fer et de la chaux : mais, malgré la purge, sa langue est restée très blanche, et l'appétit nul. La mère avec cela nerveuse, perdant un peu la tête. Enfin, notre intérieur est triste, actuellement. Et, pourtant, ce n'est, jusqu'ici du moins, pas une maladie véritable. Que serait-ce, alors ?

Bien affectueusement à vous deux.

Paul Alexis

P.S. Ce gredin de Méténier ! Ce que je voulais, et veux encore, par votre intervention, faire au *Gil Blas*, pour *Madame Cœuriot*, il vient, prenant les devants, de le faire, pour une certaine *Madame Boule*,[7] roman dont il dit avoir fait 150 pages. Pas davantage ! mais notre Oscar ne doute de rien. Il commencerait dans 18 jours, tout de suite après la nouvelle de Maizeroy. Tel est du moins ce qu'il m'a annoncé très allumé (comme toujours !) la dernière fois que je vis [*sic*], voici cinq jours, au *Gil Blas*, où il venait de causer avec d'Hubert, qui l'avait convoqué, par lettre.

"30 centimes la ligne, disait-il, et plus si je fais augmenter le tirage !... On me fera de la réclame... On a confiance en moi : *on m'annonce ce soir...* et je prends dès demain un congé d'un mois pour mettre les morceaux doubles, et ne pas être débordé..."

Depuis les 5 jours, cependant, je n'ai rien vu annoncer du tout. Y aurait-il du nouveau ? Je le saurai demain, en allant porter ma 3me nouvelle.

P.P.S. Antoine parti en villégiature, pour 3 mois.[8] Le pauvre *Sycomore* resté sur le carreau,[9] renvoyé à l'Odéon, c'est-à-dire : aux calendes grecques.

Il me prend donc des envies de devenir pessimiste – sur le tard.[10] J'y songerai !

1 Voir la lettre 196, n.4
2 Cette revue publia du 25 août 1888 au 14 septembre 1889 la *Physiologie de l'amour moderne* de Bourget. L'ouvrage parut en librairie chez Lemerre en 1891 (édition définitive chez Plon en 1903).
3 *Le Disciple*
4 En rendant compte d'une exposition des "Artistes Indépendants," Trublot avait écrit dans *Le Cri du Peuple* du 22 août 1886 : "Cette très intéressante Société, fondée depuis le 29 juin 1884, déjà très florissante, est appelée à un très brillant avenir, à cause de la largeur d'esprit et de la libéralité de ses statuts. Oui ! elle est instituée sur une base large et solide : la liberté de l'art. Elle a pour but le renversement des coteries et petites chapelles qui rétrécissent le champ artistique, et elle y arrive par la 'suppression du jury.' [...] Il va sans dire que la suppression du jury entraîne la suppression de toutes ces récompenses qui en sont le corollaire : mentions, médailles, croix, etc., et qui diminuent les artistes au point d'en faire des 'collégiens de l'Art.' Non ! Trubl' vous fiche son billet qu'l'avenir est là, parce que la dignité, l'indépendance et le progrès de l'art sont là."
5 De *Madame Meuriot*
6 Ce sera "La Comtesse des hercules," publiée dans le numéro du 28 juin 1889, et qui porte le titre de "William" dans le recueil de *Trente Romans*. Pour la collaboration d'Alexis au *Gil Blas*, voir la lettre 194, n.16.
7 Après *Cantabeille* de Maizeroy (lettre 194, n.21) le *Gil Blas* fait paraître en feuilleton, du 14 juillet au 10 octobre 1889, *Madame Boule* d'Oscar Méténier (Charpentier 1890).

8 Il passera l'été en Bretagne (F. Pruner, *Les Luttes d'Antoine*, I, 336–7).
9 Voir la lettre 194, n.7
10 Cf. le début de la lettre 142

199 [Paris] Mercredi 21 Août [18]89

MON CHER AMI,

De nos nouvelles... voici plusieurs jours que je vous en veux donner...

D'abord, pour commencer par le commencement, l'autre soir, nous avons manqué manquer le train.[1] Bien m'en a pris de passer le long du chemin de fer! Si nous avions passé par la route, ça y était! Obligés de coucher à Villennes, sous le *sophora*!

Depuis, nous avons échangé une paire de lettres avec le propriétaire de la petite maison de Cheverchemont.[2] Il m'a d'abord écrit son dernier prix: 400 F. – Je lui ai répondu que, vu mes frais d'installation, je ne pouvais donner que 350 F, les deux premières années; que je consentais 400 pour la troisième... et pour les suivantes, si, comme je l'espérais, mes trois ans faits, je continuais le bail. Il m'a fait répondre aujourd'hui, verbalement, par un habitant de Mantes, qu'il acceptait mes propositions, et que je vais recevoir le projet de bail.

Donc, ça y est! Et si je vous disais, que, avec mon malheureux caractère d'hésitant, maintenant que j'ai ce que je désire, je ne le désire presque plus. Ce soir, du moins. D'abord, il pleut. Et je me dis que, avec les lenteurs et difficultés des choses les plus simples, du diable si nous serons installés avant Septembre, précisément au moment où vous rappliquerez vous-même à Paris. De sorte que, cette année du moins, nous ne pourrons guères voisiner – ce qui était, pour moi, le grand attrait. – Mais ça ne fait rien: je suis bâti comme cela! Et, demain, il fera peut-être un beau soleil.

Bien affectueusement

Paul Alexis

P.S. Nos amitiés à votre femme, que nous avons dû bien déranger, évidemment, par l'invasion inopinée de toute ma smalah. Et veuillez nous rappeler au bon souvenir des mesdames Laborde.[3] – Votre filleule me charge tout spécialement de dire qu'elle embrasse "la *patite* fille, et *la* garçon, si *gentilles, è deux*."

P.P.S. Bon effet produit sur d'Hubert par lettre. On compose enfin *Madame Yolande*,[4] et Guérin m'a affirmé qu'au retour du dit, serait réglée la date d'apparition de mes articles.

P.P.P.S. Et "Panafieu" qui paraît...[5] Tout arrive. Mais tard!

Je réfléchis que, avec ça, et une vingtaine de petites machines, j'ai dès maintenant de quoi publier un troisième bouquin de nouvelles chez Charpentier.[6] Ne croyez-vous pas que j'aurais raison de le faire tout de suite (pour Octobre prochain ou Novembre), c'est-à-dire avant *Madame Cœuriot* (qui, retardée forcément par le Gil Blas,[7] ne pourra jamais, même en mettant les choses au mieux, paraître en volume avant la fin de l'hiver, oui, avant Avril, et peut-être Octobre 90!)

Ou bien, vaut-il mieux, quand même, attendre?

1 Les Alexis venaient de passer quelque temps à Médan. Le 4 août Zola avait écrit à Numa Coste: "Alexis, que j'ai en ce moment même près de moi, vous envoie une vigoureuse poignée de main [...]" (*Corr.*, 713).

2 Hameau situé en Seine-et-Oise (aujourd'hui les Yvelines), au-dessus de Triel et en face de Médan, où les Alexis finiront par s'installer. Au sujet des étés passés à Cheverchemont, Denise Le Blond-Zola écrit dans son ouvrage sur Alexis: "Dans une maison voisine, ma mère, Jeanne Rozerot, passa les étés de 1889 à 1895. Madame Paul Alexis était ma marraine et Paul Alexis, le parrain de mon frère. A Cheverchemont, ils eurent le chagrin de perdre leur seconde fille [en 1890], et ils n'eurent plus qu'un désir, celui de fuir cette région" ("Alexis, Zola et l'époque du Naturalisme," ms., coll. J.-C. Le Blond).

Les Alexis, cependant, retournèrent un peu plus tard dans le même pays. C'est encore la fille de Zola qui évoque le souvenir de ces séjours: "Nous passions désormais l'été à Verneuil, tout près de Médan. [...] Les Alexis s'installaient non loin de chez nous: parfois, mes parents partaient avec Mme Alexis à bicyclette; quant à Paul Alexis, incapable de se tenir en équilibre sur deux roues, il les suivait sur un tricycle, mais il y renonça vite, car il était rapidement 'semé'. Le brave homme ne s'en fâchait pas, attendait le retour des promeneurs, certain de prendre bientôt sa revanche: c'était alors de grandes discussions littéraires" (*Emile Zola raconté par sa fille*, 173). Voir H. Mitterand et J. Vidal, *Album Zola*, 258–61.

3 C'est-à-dire Amélie Laborde et sa belle-mère, Bibienne Alexandrine Laborde, née Méley (1813–93). La femme de Zola, Alexandrine Méley, était cousine germaine d'Emile Laborde, le mari d'Amélie. Ces derniers eurent deux enfants: Elina et Albert. Celui-ci écrit: "Il est des déjeuners à Médan qui ont marqué dans mes souvenirs de jeunesse: ceux, par exemple, qu'Henri Céard animait de sa verve bon enfant, mais très parisienne, soutenue par les fines répliques de Thiébaut, le fidèle bon ami, écrivain peut-être à ses heures, tandis que Paul Alexis le disciple dont la demeure était voisine subissait tout rondement les attaques amicales de notre hôtesse sur ce que le 'nulla dies sine linea' demeurait chez lui sans résonances" ("Emile Zola à Médan," *Les Lettres françaises*, 11 juin 1959). Consulter du même auteur: *Trente-huit années près de Zola. Vie d'Alexandrine Emile Zola* (Les Editeurs Français Réunis 1963).

4 La nouvelle paraît dans le *Gil Blas* du 24 août 1889 et fera partie des *Trente Romans*. Le *Gil Blas* ne publiera pas d'autres articles d'Alexis à cette époque.

5 Des recherches portant sur une trentaine de périodiques n'ont révélé aucune trace de cette nouvelle. Voir la lettre 1, n.9.

6 Ce sera *L'Education amoureuse* (lettre 204).

7 Voir la lettre 194

200 Paris, 28 Août [18]89 – Mercredi soir.

MON CHER AMI,

C'est fait. Le bail signé aujourd'hui, aux conditions que je vous ai dites: 350 F d'abord, puis 400 F.[1]

A la suite de quoi, nous sommes allés, avec ma femme, acheter une lessiveuse de 52 F, chez *Allez frères*.[2] Mais je crois, *depuis*, en avoir vu, ailleurs, de bien meilleur marché qui eussent également fait l'affaire. Enfin! Il nous faut aussi une "cuisinière." Connaîtriez-vous un bon endroit? et un modèle pratique?

Enfin, je me suis déjà occupé de la grave question du déménagement.

Sur le conseil du propriétaire, je me suis adressé tantôt à un certain *Paul Petitpas* (!) – un nom trouvé, pour un qui s'intitule "messager de Meulan à Paris"! – Il me demande 25 F... Seulement, voilà le chiendent: Il demande, pour effectuer le transport, *24 heures: de midi environ, à midi*! De sorte que nous aurons à passer une nuit à l'hôtel, avec les enfants, ce qui est bien ennuyeux. A moins que... (je n'ose vraiment vous prier de nous abriter pour une nuit, ce serait vraiment beaucoup trop d'indiscrétion de ma part et de dérangement pour vous deux,) – mais, à moins que, dis-je, en allant à Triel un jour, vous ne traitiez pour moi avec ce voiturier qui, disiez-vous, "ferait sans doute le voyage de 7 heures du matin à 4 ou 5 heures de l'après-midi."

Quant à *Petitpas*, ses départs de Paris sont: les *Mercredi* et *Samedi*. Nous ne serons évidemment pas prêts Samedi 1er Sept^bre, pour toutes sortes de raisons, mais nous tâcherons de l'être, –et nous le serons– Mercredi prochain, le 5 Septembre.[3]

Hein?... déjà, que de tracas et de soucis... La vie!... Et, nonobstant, je suis au font intérieurement satisfait et flatté d'avoir signé mon premier bail.

Nos meilleures amitiés à votre femme et à vous, – sans oublier vos aimables parents, les trois générations comprises.[4]

Votre vieux

Paul Alexis,

Et *Panafieu?*[5]
D'Hubert est de retour. Je ne l'ai pas encore vu, mais j'ai remis une autre nouvelle, intitulée *Sylvie* – avec ce titre de série proposé: "*L'Education Amoureuse.*"[6]

1 Voir la lettre précédente
2 Quincailliers, au coin de la rue St. Martin et du Quai des Gesvres
3 Il veut dire le mercredi 4 septembre, ainsi que le samedi 31 août.
4 Voir la lettre 199, n.3
5 Ibid., n.5
6 "L'Education amoureuse. Sylvie," *Gil Blas*, 15-XII-89. La série de feuilletons promise en reste là. Mais Alexis garde le titre pour son prochain volume de nouvelles (lettre 204, n.2).

201 [Paris] Lundi 2 Sept^bre |18|89[1]

Tout va être fait comme vous me le conseillez,[2] ô mon sage ami. Et votre visite Vendredi, si le temps est possible, nous fera bien plaisir à tous.
Nos meilleures amitiés à vous et aux vôtres.

Paul Alexis

1 Ecrite sur une carte de visite d'Alexis
2 Il s'agit sans doute du déménagement des Alexis à Cheverchemont (voir la lettre précédente).

MON VIEIL AMI,

Merci de l'abonnement du *Fig*. Dès que je vous reverrai, on vous remboursera les 7 F, 50. Quant au *Gil Blas*, continuez, n'est-ce pas, 5 par 5. J'ai bien écrit au nommé Guérin de me faire faire momentanément le service. Mais ce boulevardier à monocle, qui joue les Montpavon,[1] ne m'a encore fait l'honneur ni d'une réponse ni du service. Je vais écrire à Méténier[2] d'y aller voir; et, si d'Hubert est rentré, je m'adresserai à sa grandeur, pour le service et, surtout, pour mon article *Sylvie* (*l'Education Amoureuse*–, une série!)[3] qui n'a point passé, n'est-ce pas? que je sache.

Oui, je suis toujours enchanté de Cheverchemont. On y est bien pour travailler, et je m'y lève entre 8 et 9. Ce sera le salut, peut-être, pour moi. Le métier est toujours pénible (je n'ai encore fait que 12 pages)[4] mais j'en suis content. Il me semble que j'y vois plus clair. Pour mes filles, ma femme, ce sera aussi excellent. De sorte que, une fois de plus, j'aurai à vous remercier de m'avoir donné d'excellents conseils.

Ma famille, par exemple, à laquelle j'ai écrit d'ici, longuement, n'a pas l'air d'avoir bien compris mes raisons. – Elles ne comprennent jamais bien, les familles! – Mais, à ce sujet, puisque vos conseils sont toujours très bons et que je m'en trouve toujours admirablement, permettez-moi de vous en demander un nouveau, (d'autant plus qu'il s'agit de votre filleule). Tenez! voici la lettre de ma mère. Lisez bien attentivement la 3me page. Ma mère, embarassée, victime des "convenances" et de sa timidité, (elle en fait elle-même l'aveu, et il faut lui en savoir gré. A son âge surtout, et dans le milieu où elle vit: j'en suis sincèrement touché), me dit: "*Résous le problème si tu peux et viens...*" C'est "le problème",[5] dont je vous prie de m'aider à trouver la solution. J'irais ensuite là-bas "moi et ma famille." Quand? Maintenant, mon livre pas achevé: impossible! Mais pour la Noël. La date: du 20 Décembre au 10 ou 15 Janvier, me semble tout indiquée.

Nos amitiés à votre femme. Bien affectueusement

Paul Alexis

Bonne pioche! comme disait Flaubert, dont la *Correspondance*,[6] dégustée le soir, au lit, à petites doses, me calme et m'enchante.

Et demain, allez-vous bien voter?[7] Hein! pas de boulangisme! J'ai assisté Dimanche dernier, à une réunion électorale dans la salle Tréheux. 3 candidats se sont mollement houspillés, mais le public d'ici s'en fout.

Savez-vous quelque chose sur la date de *La Lutte pour la Vie*?...[8] Je compte y aller, ainsi qu'à l'ouverture du Théâtre-Libre.[9]

1 Allusion au marquis de Monpavon, le viveur-affairiste du *Nabab* de Daudet?
2 Dont le roman *Madame Boule* paraissait dans le journal en question (lettre 198, n.7)
3 Voir la lettre 200, n.6
4 De *Madame Meuriot*
5 C'est-à-dire la naissance de sa fille Paule avant son mariage (lettres 162 et 173 à 175)
6 Voir la lettre 165, n.14

7 Aux élections législatives, dont le résultat devait marquer la fin du mouvement boulangiste
8 La pièce en cinq actes et six tableaux d'Alphonse Daudet sera représentée pour la
première fois au Gymnase le 30 octobre 1889. Le lendemain de la première, Goncourt
note: "La pièce est acceptée, sans un sifflet, sans une protestation, et même très applaudie aux fins d'actes. Moi qui trouve la pièce très bien faite, qui reconnais à Daudet
des qualités d'invention scénique comme aucun de ses contemporains n'en a, qui
admire l'écriture de la partie comique, ma seule critique est celle-ci: l'écriture de la
partie dramatique est de l'écriture un peu *mélo*" (*Journal*, III, 1063–4).
9 Antoine ouvre la saison 1889–90 de son théâtre le 21 octobre avec deux pièces de Jean
Aicard: *Dans le guignol* (prologue en un acte, en prose) et *Le Père Lebonnard* (quatre
actes, en vers). Cf. F. Pruner, *Les Luttes d'Antoine*, I, 345–52.

203 Paris, samedi [16 novembre 1889], minuit 1/2,
en sortant de la reprise d'*Une Perle*.[1]

MON CHER AMI,

Voici. Affaire de mon roman est à peu près faite à l'*Echo*.[2] Mais Simond
tardant à me donner sa signature, modifiant les conditions entendues,
voulant se réserver un délai d'un an, introduisant une clause "maximum de
12000 lignes" (lorsque mon roman en a au moins 15 ou 16 mille), et dur à la
détente pour avances – bref Juif quoique décoré.

A 6 heures, ce soir, je rencontre Mendès et je lui vide mes ressentiments…
au moment où il entrait à l'*Echo*.

Ce soir, après le théâtre, je le revois, et Mendès me dit:

–"Votre affaire est faite… Acceptez n'importe quelles conditions…
Simond ne peut pas ne pas vous payer votre surplus de lignes… Mais voici…
Valentin et moi, irons Mardi matin demander à Zola son prochain roman.[3] Il en
aura ce qu'il voudra, 5000 F de plus que partout ailleurs."

–Trente mille? lui dis-je à tout hazard.

–Trente mille, ce serait peut-être beaucoup, répond Mendès. Mais
vingt-cinq mille, l'affaire est faite, avec enthousiasme. Et c'est mieux que
les 25 mille de la *Vie Populaire*, qui, le privant d'une reproduction de 3000,
n'en valent en réalité que 22000…… Et alors, pour votre cas personnel, si,
demain Dimanche, ayant vu Zola, vous pouviez venir annoncer à l'*Echo*
(vers 6 heures, 6 h 1/2) que Zola accepte en principe, ça embellirait à coup
sûr votre affaire, peut être vous donnerait-on aussi une chronique par
quinzaine… Vous auriez rendu un service énorme au journal…"

Telle est la conversation sténographiée, toute chaude et textuelle. *Je ne
vous demande rien.* Voyez, et décidez, pour le mieux de vos intérêts, des miens
aussi. Dans tous les cas, méfiez-vous du Juif Valentin, qui depuis trois jours
vient de me faire suer – peut-être à dessein, d'ailleurs.

Dans tous les cas, voici l'ordre de ma journée aujourd'hui Dimanche.

A 9 heures, Méténier vient chez moi finir le un de *Demailly*.[4] Puis nous
déjeunons. Et à 1 heure 1/2, nous descendons de la Butte pour lire *Betsy*[5] à
Jane Hading[6] – elle nous attend à 2 heures. (24 Bd des Batignolles) En
sortant de chez elle, vers 4 ou 5 heures, je passerai chez vous. Si vous n'y

êtes pas, un mot s.v.p. que me remettront vos gens, me disant *si je dois aller à l'Echo,* et *si oui, ce qu'il faut dire. Je le dirai religieusement.*

Dans tous les cas, je viendrai dîner à 7$^{h.}$1/2.

Votre vieux

Paul Alexis

Betsy s'annonce admirablement. "C'est à nous," viennent de nous dire Letombe et Mme Nixau.[7] Nous allons peut-être avoir le trio: St Germain,[8] Jane Hadingue et Dupuis... des Variétés!!! que M. Bertrand consent à prêter.

1 Comédie en trois actes de Crisafulli et H. Bocage, jouée à la Renaissance

2 Le premier roman d'Alexis paraîtra enfin dans *L'Echo de Paris* du 2 juillet au 17 septembre 1890. En écrivant le 10 novembre 1889 à Edmond de Goncourt au sujet de *Monsieur Betsy* et de *Charles Demailly,* Alexis ajoutait: "Et je profite de l'occasion pour vous rappeler votre offre obligeante de recommander *Madame Cœuriot* au nommé Valentin Simond. L'affaire n'est d'ailleurs pas en mauvaise voie. J'ai rendez-vous après demain *Mardi* à cinq heures, à l'Echo de Paris, – probablement pour signer. Un petit mot de vous, bien senti, que vous enverriez ce soir, de façon à tomber Mardi matin *–comme par hazard!* –sur l'âme directoriale de Simond, faciliterait singulièrement la chose et me grandirait sans doute à ses yeux" (B.N., MSS, n.a.f.22450, fols.159–60). Goncourt s'exécute et Alexis lui écrit de nouveau le 20 novembre: "Je tiens à vous remercier tout de suite de votre lettre à Simond, qui a dû produire son petit effet puisque... l'affaire est faite avec l'*Echo.* Nous avons échangé les signatures, Lundi" (ibid., fol.161^{v}).

3 *La Vie populaire* venait de commencer la publication de *La Bête humaine* (14 novembre 1889 au 2 mars 1890). Le feuilleton du dix-huitième *Rougon-Macquart, L'Argent,* paraîtra dans le *Gil Blas,* du 30 novembre 1890 au 4 mars 1891. A. Laporte signale que le *Gil Blas* paya ce feuilleton 30.000 francs (*Le Naturalisme ou l'immoralité littéraire. Emile Zola, l'homme et l'œuvre* [18, rue Séguier 1894], 267). Le roman sera repris par *La Vie populaire* du 22 mars au 30 août 1891.

4 Voir la lettre 178

5 La pièce d'Alexis et de Méténier était restée pendant presque deux ans au fond d'un tiroir. "Un beau jour, raconte Méténier, nous reçumes une lettre de M. Letombe, successeur de M. Samuel à la Renaissance: 'Apportez votre manuscrit. Je le reçois d'avance.' Il tint parole, mais ce fut alors le tour des acteurs de se récuser. A part Saint-Germain qui se déclara prêt à accepter le rôle de Laroque, ce fut Mme Hading qui répondit: –Je serais heureuse de jouer miss Betsy, mais j'ai quitté Paris depuis deux ans. Ce serait une trop grosse partie à risquer pour ma rentrée. [...] Le grand José Dupuis, l'idéal Francis que MM. Bertrand et Baron offraient de nous prêter, nous avouait: –J'en suis nerveux, j'en suis malade! Voici une véritable journée de combat, mais, vrai! je n'ose prendre cette responsabilité. [...] Cependant Dupuis avait parlé à Baron de *Monsieur Betsy.* Ce qu'il en avait dit avait piqué la curiosité du co-directeur des Variétés. Sur sa demande, la pièce lui fut communiquée. Désormais l'infortuné *Monsieur Betsy* avait rencontré un protecteur sérieux. Baron, très emballé, décida son associé à recevoir notre œuvre, détermina Réjane à accepter le rôle de l'écuyère et Dupuis celui de Francis" ("Les aventures de *Monsieur Betsy,*" *Revue théâtrale,* III, n.s.4 (1904), 86).

Le 6 février 1890 Goncourt nota dans son *Journal:* "Ce matin, dans ma toilette du matin, presque dans mon déculottage, tombe Réjane, toute tourbillonnante dans une pelisse rose. Quelle vitalité, quelle alacrité chez cette femme! Je lui ai écrit à propos de la pièce de *Monsieur Betsy* de Paul Alexis, qu'elle se refuse à jouer [...]. Elle me dit qu'elle trouve bonne la pièce d'Alexis, mais son rôle détestable" (III, 1120). Cependant, la pièce vit enfin les feux de la rampe aux Variétés le 3 mars de la même année, interprêtée par Réjane, Dupuis et Baron lui-même. (Voir la lettre 178, n.4.) "Mais, ajoute encore Méténier dans l'article précité, le lendemain, dans toute la presse, quelle volée de bois vert! On montra aux imprudents auteurs ce qu'il en coûtait d'écrire une pièce où le vice s'étalait cyniquement –comme dans la vie!– et d'où le personnage sympathique et vertueux était soigneusement exclu!"

Céard, pourtant, semble avoir goûté *Monsieur Betsy*. Il écrit dans *Le Siècle* du 4 mars 1890: "Cette pièce ironique et cruelle, audacieuse et discrète tout ensemble, car, avec beaucoup de tact, elle rend acceptable le spectacle du ménage à trois consenti par les intéressés, a séduit ce soir tous les esprits indépendants, amis de la vérité et point rebelles le moins du monde quand ils trouvent sous le feu des lustres, les situations que la vie ordinaire leur montre libéralement tous les jours. [...] Rarement la satire des naïves hypocrisies sociales a été réalisée avec plus de sobriété et de vigueur, rarement la constatation des inconsciences de la passion a été faite avec un mépris plus souriant des défaillances de la pauvre humanité."

Léon Hennique déclarait à Amédée Boyer: "Pourquoi ne vous dirai-je pas [...] combien j'ai apprécié *Monsieur Betsy*, de Paul Alexis... En fait de théâtre, voilà trois actes [*sic*] originaux!... et si bien venus... Le milieu, si spécial, était-il bien présenté! D'ailleurs, elle a eu un gros succès, du moins littéraire" (A. Boyer, *La Littérature et les arts contemporains*, 96).

6 Jeanne Tréfouret, dite Jane Hading (née en 1859), fut célèbre pour ses interprétations au Gymnase et à la Comédie-Française.

7 Actrice à la Renaissance

8 Ayant joué de 1859 à 1876 au Vaudeville, François Saint-Germain (1832–99) passa ensuite au Gymnase, à l'Odéon et à la Comédie-Française.

⚏🙞 204 [Paris] Dimanche soir, 18 Mai [18]90

MON CHER AMI,
D'abord, un vigoureux merci pour l'affaire d'Hubert.[1] Vous m'avez, une fois de plus, rendu un grand service. Le lendemain de votre mot, je suis allé au *Gil Blas*. Il m'a mieux reçu que d'habitude, et même tout à fait bien, cette fois. Seulement, il ne veut pas de "titre de série." – "*Si vos articles ne passent pas très régulièrement*, m'a-t-il objecté, le public ne s'y reconnaîtrait plus!" J'aime peu cette hypothèse.

Demain Lundi, paraît enfin l'*Education Amoureuse*.[2] J'en ai reçu ce matin un premier exemplaire par le poste: il n'a pas trop mauvais air.

Nous avions fixé à samedi prochain 24, notre départ pour Chever-chemont.[3] Et je viens d'apprendre à l'instant que le Théâtre-Libre ne passe pas cette semaine, mais probablement: Mardi et Mercredi 26 et 27.[4] C'est bien ennuyeux, ce retard. Nonobstant, si le temps est à peu près beau, je crois que nous partirons tout de même ce samedi 24.

Hier, suis allé à *Une famille*,[5] en un fauteuil que je m'étais fait donner par Claretie. A l'exception de deux belles scènes, un four d'estime. Et la salle était pourtant joliment bien disposée. – Causé avec Bourget, qui, son roman achevé,[6] ira vous voir à Médan.

Enfin, à bientôt. Et, en attendant le plaisir de vous revoir, mille choses affectueuses pour vous deux, de notre part à tous.

Votre vieux

Paul Alexis

p.s. A propos! Vous allez sans doute recevoir la visite du fameux "capitaine Jovis": celui qui a élevé aujourd'hui dans les airs Périvier, avec M. et Mme Laguerre, – l'autre semaine Bonnetain, – et, anciennement, Maupassant,[7] Paul Arène, etc. Il rêve de vous faire faire une ascenssion, jure qu'il n'y a aucun danger, "moins qu'en locomotive,"[8] et prétend qu'il faut avoir vu ça..... Tâchez de lui accorder un quart d'heure d'entretien: un homme qui a fait douze cents ascenssions mérite bien un quart d'heure. – Quant à la réponse que vous ferez à sa demande, c'est votre affaire, et je ne veux nullement vous influencer. Non, en rien! Seulement, si, par hazard, aujourd'hui ou plus tard, vous acceptiez (ce que je ne crois pas!) je me déclare... prêt d'avance à vous accompagner, – comme me l'a offert le nommé Jovis.

1 Il s'agit toujours de la collaboration d'Alexis au *Gil Blas*. Voir les lettres 200 (n.6) et 202.
2 Le recueil que publie Charpentier, contient les nouvelles suivantes: "César Panafieu," "Joies d'enfants" (une série de cinq courtes nouvelles), "Sur la butte" (série de six), "Produits du Midi" (série de six), "Stanislas Levillain," et "Le Bonheur." Le volume porte cette dédicace: "A la mémoire / de / Duranty / Mort à quarante-sept ans / Le 9 avril 1880 / Pauvre / Impopulaire et fier."
3 Voir la lettre 199, n.2
4 Il veut dire le 27 et le 28. Ce fut le 30 mai que le Théâtre Libre présenta *Les Revenants*, drame en trois actes d'Henrik Ibsen, dans la traduction de Rodolphe Darzens, et un acte d'Henry Céard: *La Pêche*.
   Dès le 6 et le 10 juillet 1887 Trublot avait entretenu ses lecteurs du *Cri du Peuple* d'Ibsen et des *Revenants*: "Nous l'découvrons à peine, en France! O bêtise française! [...] Chez nos voisins, en Allemagne, on le traduit, on le joue, on le discute. Les enthousiastes disent qu'c'est l'plus grand auteur dramatique du Nord, et l'appellent 'le Shakespeare contemporain.' [...] Un rude lapin, allez, qu'c't Ibsen! Encore in a qui j'payerais volontiers une chopine d'la bouteille. Et d'deux, avec Tolstoï, qui sont plus grands qu' nos 'hommes d'théâtre!' Ont-y, ou n'ont-y pas, l'don, ceusses-là? M. Sardou aurait beau s'mettre d'bout sur la bosse d'M. Ohnet, y n'arriv'rait encore pas aux cordons d'leurs souliers. Et Trutru, par d'ssus la frontière envoie une poignée d'main émue à ces deux zigs de la bath."
   Il fut même question, à l'origine, d'une adaptation des *Revenants* par Alexis (*Le Cri du Peuple*, 2-viii-87: Trublot y annonce le programme du Théâtre Libre pour la saison 1887–8). Sur cette pièce, cf. F. Pruner, *Les Luttes d'Antoine*, i, 425–8; id., *Le Théâtre Libre d'Antoine*, i, 73–94.
5 Comédie en quatre actes d'H. Lavedan; première à la Comédie-Française le 17 mai 1890
6 *Un Cœur de femme* parut chez A. Lemerre cette année-là.
7 Trublot parle du voyage aérien de Maupassant dans le *Cri* du 17 juin 1887: "L'aminche Guy de Maupassant [...], non content d'canoter sur l'eau, [...] va sous peu canoter... dans les airs! Oui, on est en train d'construire un beau ballon tout neuf, qui s'ra appelé *la Horla* –comm' son dernier bouquin– et dans l'quel Maupassant f'ra une ascension l'mois prochain, en compagnie d'un spécialiste, l'capitaine Jovis. [...] Cette ascension s'ra combinée d'façon à c'que les personnages de *la Horla* puissent assister à trois

choses: 1° A un coucher du soleil; 2° A un lever de lune; 3° Au lever du soleil. On choisira, en juillet, un soir en conséquence.

"Et l'on sait qu'all' sont plus dang'reuses, les ascensions, qu'à l'époque où Sarah Bernhardt exécuta la sienne. Jadis, y avait qu'un grand danger: que l'ballon s'dirigeât trop vite du côté d'l'Océan. Eh bien, aujourd'hui, la direction d'l'Allemagne est tout aussi r'doutable pour les aéronautes. Oui, les Prussiens ont peur qu'en passant sur eux, on n'pige une photo instantanée d'leurs forteresses. Et les descentes en Allemagne sont plus qu'dangereuses: y tireraient sur la *Horla* comm' sur une grive. Ça fait rien, Guy, si t'avais une place d'reste, des fois, fais-moi signe: j't'accompagne. Ne fût-ce que pour trubloter dans les nuages – une fois ed' plus." Cf. F. Tassart, *Nouveaux Souvenirs sur Guy de Maupassant*, éd. P. Cogny (Nizet 1962), 20–4.

8 Allusion au voyage que fit l'auteur de *La Bête humaine*, en avril 1889, sur une locomotive, de Paris à Mantes. Cf. M. Kanes, *Zola's "La Bête humaine." A Study in Literary Creation* (Berkeley: University of California Press 1962), 122–4; H. Mitterand et J. Vidal, *Album Zola*, 248; *Rougon-Macquart*, IV, 1741–2.

205 Villa Meyran, près d'Aix (B. du R.) [mercredi] 17 Sept[bre] 1890

MON CHER AMI,

Un grand mois et... je vous écris seulement! N'en accusez que mon bouquin, enfin fini... à la dernière minute. (Le dernier feuilleton, j'ai dû l'envoyer directement à l'*Echo*,[1] en manuscrit). Enfin, après des transes continuelles, ouf!... Et hélas! non, pas ouf! Maintenant, ce sont les épreuves, pour lesquelles je suis horriblement en retard, car cette fin m'absorbait tout entier. Arriverai-je dans un mois?[2] Ce sont de nouvelles transes...

Pour la santé, tout va bien, surtout depuis certain vésicatoire, que j'ai fini par mettre, il y aura 3 semaines Dimanche.

Plus de toux! Et mon vieil appétit revenu. Ce n'étaient évidemment que de vieilles adhérences irritées par un chaud et froid. Je continue cependant à prendre des capsules de goudron, et l'on m'a fait commencer un traitement, lent, devant durer longtemps, à l'*iodure de sodium*. – Ce qui n'empêche qu'à mon retour, je suis tout disposé à consulter un spécialiste, – deux s'il le faut.

Le midi fait aussi le plus grand bien à votre filleule, qui joue du matin au soir avec les 3 enfants d'Ambroise, et a meilleur appétit, et se couche en même temps qu'eux à 8 heures. Seulement, les Ambroise partent demain et seront remplacés samedi par Félix[3] en permission, avec sa femme et ses 2 filles. (La place nous manque, malheureusement pour être réunis tous: 15 alors.)

Quant à Marie,[4] elle a absolument "fait la conquête" de tout le monde (sauf de Mme Félix... qui n'arrive que demain). Ma sœur Jeanne et elle se tutoient, depuis 8 jours. Et, chose extraordinaire, Marie (et moi) avons été frappés par une mystérieuse ressemblance entre la plus jeune fillette d'Ambroise et notre pauvre Marthe:[5] même âge d'abord, et même voix surtout, même façon chantante de s'exprimer: les yeux fermés, nous la retrouvons. Inutile d'ajouter que cette ressemblance a tout de suite rendu sympathiques l'une à l'autre les deux mères...

Et vous, mon vieil ami, comment va la santé, et la pioche?[6] Ne mettez pas aussi longtemps que moi à nous donner de vos nouvelles. Vous voici, je crois, sur le point de votre rentrée à Paris:[7] moi, j'ai fort envie de prolonger jusqu'au 15 Oct., tant je suis enchanté de mon séjour. – Un ennui, pourtant, pourrait me faire revenir le 5: la lenteur du nommé Valentin Simond, à m'envoyer "mes lignes" d'Août, malgré des réclamations restées sans réponse. Il me redoit actuellement, (en comptant Septembre) 2360 et quelques francs; et, avec ce gaillard-là... je redoute quelque tour de grippe-sou.

Votre filleule vous embrasse tous les deux. Marie, et mes parents, et mes 2 frères, se rappellent tous à votre souvenir.

Votre vieil ami, qui vous la serre vigoureusement

Paul Alexis

P.S. De grâce, si vous avez lu un peu de mes 76 feuilletons, ou si vous en avez entendu de nouveau causer –en bien ou en mal– dites-le-moi. Ici, je suis aussi sans nouvelles, que si j'étais en villégiature en Chine.

P.P.S. Je n'ai mis que trois fois les pieds à Aix, une demie heure: il me fait toujours horreur et froid dans les os.[8]

1 *L'Echo de Paris* vient de terminer la publication en feuilleton de *Madame Meuriot* (lettre 203, n.2). L'auteur a dû changer son titre au dernier moment, puisque le nom de l'héroïne est orthographié "Mœuriot" dans le feuilleton. L'orthographe se simplifie encore dans l'édition imprimée. Voir les lettres 133 et 134 pour la raison de ce changement.

2 *Madame Meuriot, mœurs parisiennes*, paraît aux éditions Charpentier le 5 novembre 1890. Le roman est dédié "à la mémoire vénérée de Gustave Flaubert."

Léon Deffoux et Emile Zavie citent, dans *Le Groupe de Médan* (167–8), une lettre d'Alexis à Georges Charpentier, où il est question d'un passage risqué du roman (3e partie, ch. IV, 125), que l'éditeur voulait supprimer de l'édition. Cette lettre fut également écrite de la Villa Meyran et porte la date du 21 octobre 1890: "Quant à la scène 'si terrible' est-ce possible, mon brave ami, que j'aie à la défendre contre le courageux éditeur, d'une audace littéraire et artistique proverbiale, qui a publié tout Zola sans jamais lui demander un mot de suppression? Est-ce bien vous? Vous aurait-on changé?

"Je vous ferai d'abord remarquer que cette scène –qui a paru dans un journal sans aucun bobo– ne contient aucune audace de mots. La personne vraiment chaste qui la lira ne comprendra pas et passera outre... à moins de ne pas être chaste. Elle n'est pas si longue que vous le dites. Enfin vous la prétendez 'pas vraie et inutile.' Ici vous me faites bondir. Non, pour votre excuse, je crois (ce qui n'aurait rien d'étonnant) que vous ne connaissez pas encore mon livre. Cette scène, c'est la note aiguë et nécessaire, le point extrême de ce que j'ai voulu peindre dans Juliette: la maternité dans l'amour, la complaisance et le désintéressement absolus, la faiblesse extraordinaire. Pourquoi ne serait-ce pas vrai? Parce qu'il s'agit d'une femme du monde? *Elles le font mieux que les autres, mon bon, quand elles le font...* Je vous dis que cette immolation d'elle-même la rend attendrissante et marque d'un fer rouge ce petit décadent de Gustave. Et la même femme, à son lit de mort, fait de la philosophie et de la métaphysique; ceci est aussi nécessaire que cela. Tout se tient dans mon œuvre, se répond et une chose découle des autres. Tant pis, ou tant mieux, si des sots se scandalisent: ils sont légion... Puissiez-vous dire vrai! Dans tous les cas, mon œuvre est ce qu'elle est: je la veux ainsi. Couper cette scène, ça déflorerait tout, comme si vous enleviez le gros numéro qui termine *l'Education Sentimentale*. Non, mon cher: au nom de Flaubert, à qui Mme *Meuriot* est dédiée, je vous jure que j'ai raison et qu'il vous donnerait tort. [...]"

3 Ambroise et Félix, les deux frères cadets d'Alexis

4 La femme d'Alexis

5 Voir la lettre 194, n.15

6 Zola avait commencé la rédaction de *L'Argent* le 10 juin 1890. Le 4 septembre il écrivait de Médan, à Céard: "Je ne bouge pas d'ici, je travaille à mon roman, sans grand plaisir. Il me donne un mal de chien [...]" (*Corr.*, 722). Sur cette œuvre, cf. *Rougon-Macquart*, v, 1225–89.

7 "Nous ne rentrerons rue de Bruxelles que vers le 15 octobre; et je bûche ferme pour avoir à cette époque huit chapitres terminés sur douze" (lettre citée à Céard, *Corr.*, 722). Les Zola avaient quitté le 23 de la rue Ballu, pour s'installer, en septembre 1889, au 21bis de la rue de Bruxelles. Voir l'*Album Zola*, 244–5.

8 Cf. la lettre 143, n.2

206 [Aix, décembre 1890]

MON PAUVRE AMI,

Que devez-vous penser de mon long silence? Aux tristesses et aux mélancolies dont je ne vous parlerai point,[1] car vous avez vous-même passé par là, sont venus s'ajouter toutes sortes d'ennuis et de soucis, pour le présent, pour l'avenir.

Ce que je redoutais, vous ai-je dit jadis, n'est que trop arrivé. Mon père, qui répétait à chaque instant: "Je me ruine... Mes charges sont trop fortes... Nous mangeons le capital..." ne disait que trop vrai et est mort à peu près ruiné. En 1861, à la mort de mon grand-père, il s'est trouvé à la tête d'une fortune assez jolie pour Aix, – car, en 1876, (d'après une sorte d'inventaire dressé par lui que nous avons retrouvé,) sa fortune *personnelle*, déjà bien réduite, s'élevait encore à 350 mille francs, indépendamment des 150 mille francs de l'avoir de ma mère. – (Dans cet inventaire, la maison est estimée 70 mille; Meyran 60 mille; Puiricard,[2] 80 mille; l'étude 40 mille; et, le reste, argent placé.)

Eh bien, aujourd'hui, 15 ans après, voici la situation:

1° *Ma mère*, (après avoir donné dix mille francs à chacun de ses fils pour leur mariage)[3] n'a plus qu'un titre de 2706 francs de rentes à son nom, en 3 pour cent, et... cinquante mille francs *que lui doit la succession*.

2° *La succession*, (qui doit donc 50000 F à ma mère, et 25000 F à moi, (le legs de mon grand-père)), ne consiste, pour faire face à cela, que dans: *la maison*, – *la campagne* et environ 24 mille francs en argent ou obligations de P.L.M., retrouvées.

Tout cela est arrivé insensiblement, sans vices, sans folies, mais par une dégringolade, résultat de l'incurie, lente d'abord et très rapide dans les dernières années. Malgré les 48000 F payés par le chemin de fer pour un morceau de Meyran. La campagne de Puiricard, qui ne lui rapportait pas mille francs, a été vendue trop tard, il y a huit ans, pour 70000 F, sans doute dévorés d'avance. De même l'étude qui ne lui a jamais rapporté l'intérêt de son argent (de 200 actes annuels il était tombé en 1886 à *vingt*, et, depuis, à environ zéro...) l'Etude a été pourtant vendue au commencement de l'année[4] d'une façon *inespérée*: 45000 F; et il avait aussi touché cette année les 10000 F de son cautionnement. Eh bien, nous n'avons retrouvé, de ces

395

55 mille francs, que vingt-quatre mille : le reste a servi à payer des billets qu'il avait dû souscrire depuis deux ou trois ans : donc l'étude elle-même était à moitié bouffée d'avance.

Telle est la situation, mon pauvre ami. Et notez que ma sœur n'est pas mariée, que ma mère, tenue en tutelle pour ainsi dire pendant toute son existence, et, par suite, n'ayant aucune expérience de la vie, ne me semble pas, jusqu'ici du moins, en état de dominer la situation. A son âge, restreindre son train de maison, modifier son genre de vie, lui sera extraordinairement cruel, –en province où tout se sait– et sa plus grande préoccupation me semble être jusqu'ici : *que rien ne se sache.* – Soit ! A cause de ma sœur à marier ! mais, est-ce suffisant ? – Même si –ce dont il n'a pas encore été question– mes frères et moi, renonçant actuellement à tout, laissons tout dans les mains de ma mère, arriverait-elle à joindre les deux bouts ? Serait-ce un bon service à lui rendre ? – Dans tous les cas, –et, en ceci, je crois que vous ne me désapprouverez pas– même dans le cas d'une renonciation générale et momentanée à la succession de notre père, (mort sans testament autre qu'un vieux projet non signé) – je compte devoir personnellement prélever les 30 mille F (réduits à 25000 par suite d'une réduction consentie jadis par moi) provenant de la succession de mon grand-père. Je veux que, si je venais à mourir, ma femme et ma fille aient au moins un morceau de pain assuré.

Rien, d'ailleurs, n'a encore été décidé, ni même agité. Félix, retourné à Montpellier, a donné sa procuration à Numa Coste,[5] avec lequel nous n'avons fait jusqu'ici qu'examiner les papiers, les classer, en détruire des liasses inutiles. Nous commençons à peine à y voir un peu clair, et la clarté est ce que je viens de vous dire. Mais cet exposé de la situation n'est que l'exorde de ma lettre. Le but principal, maintenant que je me suis dégonflé dans votre cœur, est un *gros service* que je viens vous demander –au nom de nous tous– pour Ambroise, pour mon malheureux frère Ambroise, – le plus à plaindre de tous.

Il est sans position, depuis que, son affaire de *l'affichage dans les vagons,...* des flibustiers l'ont joué et évincé. De plus, son beau-père, M. Castellan, (de Roquevaire), qui lui faisait 3000 F de pension, complètement ruiné depuis un an, (dans les savons) ne peut plus lui donner un sou, et lui retombe en partie sur les bras. En outre, le voilà père d'un 4ᵐᵉ enfant (le petit Edouard, né le lendemain de la mort de mon père, et dont je suis le parrain). Depuis six mois, cet enguignonné d'Ambroise cherche une position, et ne trouve rien... rien... Cette semaine encore, un poste (modeste, mais sur lequel il espérait sauter en attendant – *ingénieur dans les tuileries de St Henri*, près Marseille : 3600 F et le logement), lui a passé sous le nez... Débrouillard, il avait remué ciel et terre, on lui avait *promis...* et un concurrent, sortant de l'usine Cail de Paris, lui a été préféré...

Cela étant, mon brave ami, voici à quoi, en désespoir de cause, nous avons tous songé :

Pourriez-vous, utilisant pour nous vos relations confraternelles d'autrefois avec M. Yves Guyot,[6] risquer auprès de celui-ci une démarche personnelle ? Lui demander le service de caser, dans un emploi ressortant de son ministère, un ingénieur sorti de l'Ecole des Mines, 35 ans, débrouillard, intelligent, etc. Cet emploi, ni vous ni moi, ni mon frère, ne sommes à même de le désigner: *vous pourriez demander à Guyot un "bon conseil" autant que son appui...* Bien entendu, en lui laissant entendre, que ce n'est pas un poste d'expéditionnaire, ni d'employé à 1800 F qui peut lui convenir... Mais qu'Ambroise est propre non seulement à *une des diverses branches de l'état d'ingénieur* en général, mais même à un emploi en dehors ou à côté... A Paris, ou en province... En France, ou en Algérie... (Mais pas au Tonkin!!!) Enfin, vous voyez cela d'ici...[7] – Et ma lettre est déjà immense. Je la clos donc, en vous chargeant de dire mille choses aimables à votre femme, de la part de tous les miens, – et de celle de votre filleule spécialement, qui va depuis 8 jours à l'école, et vous embrasse tous les deux.

Votre vieil ami bien tourmenté de tout cela

Paul Alexis

P.S. Et cette pauvre *Madame Meuriot*, qui, par là-dessus, n'a pas décroché un article!!! Sauf quelques lignes de Gille[8] et 2 articles... en Italie!!! Pourriez-vous me dire où en est Charpentier?[9]

P.P.S. Je suis *l'Argent*, [10] avec un grand intérêt... Votre feuilleton me console chaque soir des ennuis et soucis de la journée: et ils sont cruels!

P.P.P.S. Quand pourrais-je remonter là-haut? Hélas! quand tout sera fini... mais j'ai peur que ça tire en longueur... En attendant, je vais pondre un article pour d'Hubert, afin de tâcher de reprendre mon traité à partir du 1er Janvier,[11] et, je soutire à ma sœur des notes pour (probablement), avant de me mettre à mon roman sur le *Cri*,[12] commencer par un petit "roman court" –comme dit Maupassant– sur... le *Sacré-Cœur*.[13]

1 Alexis venait de perdre son père. Le mardi 25 novembre Goncourt notait: "Dimanche, Zola était amusant dans l'imitation comique de Paul Alexis, mélangeant en ses paroles d'hier, sur une note triste, la mort de son père, sur une note allègre, les recettes de *Monsieur Betsy*" (*Journal*, III, 1269).

2 Endroits où la famille Alexis possédait des maisons de campagne (lettre 27)

3 Voir la lettre 190

4 Donnant des nouvelles d'Alexis à Zola, Numa Coste écrivit d'Aix le 27 mars 1890: "Son père a vendu son étude. Cela délivre son existence d'un grand poids mais il n'aura plus d'excuse pour venir fumer la pipe à Aix à 4ʰ du matin lorsqu'il habite la campagne" (lettre inédite, coll. J.-C. Le Blond).

5 Coste écrivait encore à Zola le 6 décembre 1890: "Mais si je ne vous ai pas écrit nous avons du moins journellement parlé de vous avec Alexis, avant son départ et depuis son retour. Vous avez appris la mort de son père. En ce moment, je tâche de mettre un peu de clarté dans la succession. Félix m'a laissé sa procuration et, comme il y a des montagnes de papiers empoussiérés à remuer, cela me procure un surcroît d'occupation dont je me serais bien passé. D'autant plus qu'il n'y a, dans cette brave famille, guère de gens d'affaires et pas beaucoup de gens pratiques" (lettre inédite, ibid.).

6 Voir les lettres 43 (n.14) et 32 (n.3)

7 Zola répond à son ami le 30 décembre: "Je n'ai pu encore voir Guyot pour votre frère. Il y a eu la discussion du budget, puis voici les fêtes. Je vais lui écrire pour lui demander un rendez-vous. Seulement, il est bien mauvais d'aller lui demander un conseil et non une situation précise, un emploi nettement désigné. Cela vraiment lui laisse trop de portes de sortie. Votre frère ne pourrait-il savoir au juste ce qui existe et ce qu'il désire? Je vous dis cela, parce que je me sentirais beaucoup plus fort, si j'arrivais avec une demande formelle. Autrement, cela ne va plus en finir. Enfin, quand vous serez ici,

nous verrons cela, car je pense bien que vous rentrerez après le 15 janvier. Ne vous faites pas trop oublier" (*Corr.*, 784–5 [Cette lettre est bien de 1890, et non pas de 1896, comme l'indique erronément l'édition]).

8 Le roman d'Alexis, d'après Philippe Gille, est "une étude ultranaturaliste des mœurs bourgeoises [...], étude cruelle, détaillée, point faite, bien certainement, pour les jeunes filles et qui forme un gros volume vraiment intéressant. Il est difficile d'analyser une action aussi touffue, aussi compliquée, bien qu'il ne s'agisse que des événements presque ordinaires de la vie bourgeoise. Montés de plusieurs degrés dans l'échelle sociale, les faits qui sont racontés fourniraient presque des sujets tragiques mais à la hauteur où nous sommes, les hésitations de Mme Meuriot pour marier sa fille avec son amant ne sont plus que du domaine du monde vulgaire. Avec un grand talent, une rare intensité d'observation, M. Paul Alexis nous a fait suivre la marche de toutes les passions dans ces cœurs bourgeois où le crime s'est glissé sans peine, s'est installé peu à peu, comme s'il y était né et n'avait eu qu'à s'y développer naturellement" ("Revue bibliographique," *Le Figaro*, 26-xi-90).

9 "Votre *Madame Cœuriot* n'a pas mal marché. Il y aura certainement un autre tirage; seulement, nous sommes en pleine crise de livres d'étrennes et la vente ne reprendra guère avant quinze jours" (lettre du 30 décembre, *Corr.*, 784).

10 Le *Gil Blas* avait commencé la publication du roman de Zola le 30 novembre de cette année-là (lettre 203, n.3).

11 Le traité d'Alexis avec le *Gil Blas* ne sera pas renouvelé.

12 Voir la lettre 194, n.14

13 Dans la lettre à Zola du 6 décembre, citée plus haut (n.5), Coste ajoute: "Alexis a fini par nous donner Madame Moeriot [*sic*]. C'est un effort dont il n'est guère coutumier et je crains qu'il ne s'endorme sur le rôti. En ce moment il est irrésolu. Je lui conseille de faire un roman chaste et de lui donner le Sacré-Cœur (le couvent) pour cadre. Trublot faisant un livre de pensionnaires cela serait original. Mais il y a si loin de la conception à l'accouchement!"

Goncourt parle longuement le 15 avril 1891 d'Alexis et de ses projets littéraires: "Paul Alexis, de retour de sa province, vient m'apporter un exemplaire sur papier de Hollande de *Madame Meuriot*. Le pauvre garçon n'a pas hérité! Le peu qui lui est échu de l'honnête homme de loi qui était son père et qui dépensait plus qu'il ne gagnait, il l'a laissé à sa mère, et le voilà condamné, le paresseux et lambin plumitif, à gagner sa vie ainsi qu'auparavant.

"Il m'entretient de ses projets littéraires. Il veut d'abord, sous le titre du *Cousin Tintin*, faire une nouvelle, puis une pièce pour Baron, de l'histoire d'un testament fabriqué par la sœur d'un défunt. Il roule encore dans son esprit un roman qui serait le roman d'une jeune fille élevée au Sacré-Cœur, un Sacré-Cœur de province, un roman documenté par les conversations de sa mère et de sa sœur [...]. Et pendant qu'il passe son paletot avec des gestes balourds, il laisse tomber dans un rire qu'il cherche à rendre malicieux: 'Puis, après, ce sera mon roman de Séverine et du docteur Guebhard... Mais je ne veux pas me presser' " (*Journal*, IV, 74–5).

§ 207 [Aix] Vendredi, 13 Février 1891.

MON CHER AMI,

Quel muffle que "notre ami" Marius Roux! – permettez-moi de soulager mon cœur, en commençant ma lettre ainsi.

Est-ce qu'il n'a pas eu la saligauderie de me faire réclamer –et ce sans dire gare– le montant de que je lui dois, par le ministère de M^{tre} Laugier, avoué à Aix, avec recommandation d'user de tous les moyens légaux, d'intervenir au besoin dans la succession,[1] etc.

L'origine de la dette était, au moment de mon départ d'Aix, en 69,[2] un compte de *620* F de bocks, (bus par moi ou d'autres) et devenu, par une succession de billets renouvelés, *1112* F (d'après le dernier, daté 1884) et il me réclame aujourd'hui pour le billet et les intérêts depuis, la somme rondelette de *quinze cents francs.* – Heureusement, il s'est trouvé que, Mre Laugier, un de mes anciens camarades de l'Ecole de Droit, m'a laissé entendre que les intérêts de ce billet de 1112 F étaient absolument contestables, vu que le billet ne portait pas mention d'intérêts à 5%, ni à aucun taux quelconque. J'ai donc fait répondre à notre ami (!) que j'étais prêt à lui donner 1112 F, mais *pas un sou de plus.* A salaud, salaud et demi, autant que possible! Qu'il me poursuive, s'il l'ose. – Mais passons à des sujets plus intéressants, mon brave ami.

Me voici enfin au terme de nos ennuis, et sur le point de signer un partage, à l'amiable et sous seing privé, que Coste est en train de nous rédiger. Ma mère, pour ses reprises, aura la propriété complète de Meyran et le mobilier de la maison et de la campagne. En outre, nous lui laissons sa vie durant la jouissance complète de la maison, qu'elle pourra habiter, louer, etc. et que nous n'aurons à partager qu'après elle, tous les quatre. Le paiement du legs de 25000 F de mon grand-père, est ainsi devenu possible par les 19 mille francs d'actions retrouvées, et une soulte de 6 mille francs que me compte ma mère. Mais, ces derniers six mille francs, vu la position actuellement embarassée de mon frère Ambroise, au lieu de les toucher, je les lui prête –et sans intérêts– afin de lui permettre de se retourner. Et il me les rendra quand il pourra, dès qu'il sera arrivé à la position brillante dont son intelligence le rend digne, certes; et vous m'avez si cordialement promis d'user de vos relations avec Guyot pour arriver à la lui procurer.

J'arrive donc au cas personnel d'Ambroise et à l'enquête que vous nous avez conseillé de faire à son sujet.[3]

Cette enquête est horriblement difficile à faire, à Marseille comme à Aix. Mon frère sait bien "ce qu'il désire" –huit à dix mille balles, parbleu! dans n'importe quelle industrie ou administration–, mais n'a pu découvrir "ce qui existe." Il avait pensé aux *Chemins de fer de l'Etat,* où Yves Guyot doit être tout puissant. Mais, après enquête (auprès de M. Bricka, ingénieur en chef à Paris, du service de la voie), Ambroise craint que, ingénieur civil, il lui soit bien difficile de s'immiscer parmi les ingénieurs de l'Etat. Mais il croit que, si Guyot veut *vraiment* vous être agréable, il pourrait lui trouver une bonne petite place dans un des services de la Direction centrale à Paris... ou *ailleurs...* car un ministre a le bras long, partout. (N.B. "Ailleurs" signifie et dans toute autre résidence que Paris et dans toute autre industrie que les Chemins de Fer de l'Etat.) – Faites donc pour le mieux, et, je vous en prie, ne perdez pas une minute. N'attendons pas que l'ami Guyot la saute, à son tour, comme les autres.

A part ça, pas grand chose. Me voici sur la fin de mon séjour à Aix: j'espère être de retour avant Pâques. Nonobstant, ce sera un hiver manqué, et mélancolique. Trois mois, trois grands mois, à peu près perdus pour la littérature! Je n'ai pu que prendre quelques notes pour mon prochain bouquin. Cette ville est morne, désolante et paralysante. Coste, le seul que je fréquente un peu, n'est pas drôle tous les jours. Ah! mais non![4] Heureusement que Cézanne, depuis quelque temps retrouvé, met un peu de chaleur et de vie dans mes fréquentations. Lui, au moins, vibre, est expansif et vivant.

Il est furieux contre la Boule,[5] qui, à la suite d'un séjour d'un an à Paris, lui a infligé, l'été dernier, cinq mois de Suisse et de tables d'hôte... où il n'a rencontré un peu de sympathie que chez un Prussien. Après la Suisse, la Boule escorté de son bourgeois de fils, est refilée à Paris. Mais, en lui coupant à demi les vivres, on l'a amenée à rappliquer à Aix. Hier soir Jeudi, à 7 heures, Paul nous quittait pour aller les recevoir, à la gare, elle, son crapeau de fils; et le mobilier de Paris, ramené pour quatre cents francs, va arriver aussi. Paul compte installer le tout dans un local loué rue de la Monnaie, où il leur servira leur pension (Il a même dit à son rejeton: "Quelles bêtises que tu fasses jamais, je n'oublierai point que je suis ton père!...") Nonobstant, lui, ne compte pas quitter sa mère et sa sœur aînée, chez lesquelles il est installé au Faubourg, où il se sent très bien et qu'il préfère carrément à sa femme, là! Maintenant, si, comme il l'espère, la Boule et le mioche prennent racine ici, rien ne l'empêchera plus d'aller de temps en temps vivre six mois à Paris. "Vive le beau soleil et la liberté!" crie-t-il. – Les journées, il peint au Jas de Bouffan,[6] où un ouvrier lui sert de modèle, et où j'irai un de ces jours voir ce qu'il fait. – Enfin, pour compléter sa psychologie: converti, il croit et pratique. "C'est la peur!... Je me sens pour encore quatre jours sur la terre: puis, après? Je crois que je survivrai, et je ne veux pas risquer de rôtir *in aeternum*." – D'ailleurs, nul embarras d'argent. Grâce à son paternel, qu'il vénère aujourd'hui, –qui lui disait: "Chaque fois que tu sors, sache où tu vas!" et ceci aussi: "Ne te passionne pas trop... prends le temps, et ménage-toi!"– il a de quoi vivre. Et il a d'abord fait de son revenu douze tranches mensuelles; puis, chacune d'elles est subdivisée en 3: pour la Boule! pour le Boulet! et pour lui! Seulement, la Boule, peu délicate paraît-il, a de continuelles tendances à empiéter sur sa fraction personnelle. Aujourd'hui, arcbouté sur sa mère et sa sœur –qui détestent la particulière– il se sent de taille à résister.

Et, maintenant, je n'ai plus à vous dire que ceci que l'*Argent*[7] dont je me régale au lit, chaque soir, me ravit et me transporte. Mon vieux cœur d'ancien joueur[8] gobe cet héroïque Saccard et s'est serré en voyant l'effondrement de l'Universelle. Comme j'aurais voulu que Grouchy ne fît point faux bon avec sa réserve de millions![9] Votre Napoléon de l'agio n'aura-t-il point une revanche? N'est-il pas fâcheux que ce gredin de Gundermann ait la logique pour lui. Ces jours derniers, quelqu'un me racontait que c'est à cause de ses pertes momentanées en vendant de la Générale qu'un Rotschild se suicida. Donc, partant de là, j'espérais (et j'espère encore que, au moment d'un retour de veine de Saccard) Gundermann se suiciderait... Me suis-je trompé.

Nos amitiés de tous les miens à votre femme. Et une vigoureuse poignée de mains à tous les deux.

Votre vieux de la vieille

Paul Alexis

P.S. Vous voilà donc des Gens de Lettres...[10] Cela ne m'empêchera point de finir enfin par m'en mettre, comme je suis, depuis un an, décidé à le faire. On dira que je vous imite, mais tant pis!

P.P.S. Et cette pauvre *Mme Meuriot*? Où en est-elle, chez Charpentier?[11]– J'ai, voici un grand mois, écrit au cormoran Ginisty,[12] le priant de me la reproduire à la *Vie populaire*, et de me dire si c'est "par ordre" qu'il n'en a jamais soufflé mot au *Gil Blas*... Pas de réponse! Si vous le rencontrez, dites-lui un mot pour moi.

1 Voir la lettre précédente
2 Voir l'Introduction, 9–10
3 Voir la lettre 206, n.7
4 Coste, de son côté, se plaint à Zola de la conduite d'Alexis, dans une lettre inédite datée du 5 mars 1891: "Nous avons commencé avec Alexis une pièce qui pourrait être curieuse, mais c'est un si bizarre collaborateur! Il dort quand il faudrait veiller et se met à la besogne –quand il s'y met– lorsqu'il faudrait dormir. Il est désespérant et je comprends très bien qu'il ait fait pousser des cheveux blancs à sa femme" (coll. J.-C. Le Blond). On ne sait pas exactement de quelle pièce il s'agit ici. Cf. toutefois la lettre 206, n.13.
5 Surnom d'Hortense Fiquet, que le peintre avait épousée le 28 avril 1886, à Aix-en-Provence. Pour tout ce qui suit, cf. J. Rewald, *Cézanne*, 236–41, 335–7.
6 La propriété des Cézanne à Aix. Selon Paul Signac, Cézanne fit cadeau de quatre de ses toiles à Alexis, lors du séjour de ce dernier dans le Midi (Rewald, 336).
7 Voir la lettre 206, n.10. L'édition originale va paraître le 4 mars 1891 à la Bibliothèque Charpentier.
8 Voir la lettre 70, n.8
9 Dans le premier plan détaillé du chapitre x, le romancier avait noté: "Un véritable Waterloo: la victoire d'abord, puis la défaite brusque parce que Grouchy n'arrive pas. Grouchy ce sera Daigremont: il aura promis d'arriver avec cinquante millions sur le marché pour soutenir les cours. Et il trahit, il change ses positions, fait vendre ses titres d'un bloc, écrase le marché. C'est la débâcle" (*Rougon-Macquart*, v, 1346).
10 Entré à la Société des Gens de Lettres le 9 février 1891, le romancier fut élu membre du Comité le 5 avril et nommé président le lendemain. Zola avait demandé à Alphonse Daudet et à Ludovic Halévy de lui servir de parrains (*Corr.*, 729–30). Cf. A. Cim, *Le Dîner des Gens de Lettres (souvenirs littéraires)* [Flammarion 1903], 68–90. – C'est le 22 juin 1891 qu'Alexis devint sociétaire des Gens de Lettres.
11 Voir la lettre 206, n.9
12 Le littérateur et administrateur Paul Ginisty (1855–1932) collabora à divers journaux. En 1896 il fut nommé co-directeur, avec Antoine, de l'Odéon.

208 Marseille, [jeudi] 9 Avril [1891]

MON CHER AMI,

Enfin!... nous sommes en route... pour le retour... et, d'autre part, nous venons de mettre enfin la main avec Ambroise, (après de laborieuses recherches) sur un poste demandable au dit Yves Guyot.[1] Ci-inclus une petite note explicative,[2] que nous venons de rédiger ensemble, et sur laquelle aux alentours de Dimanche, j'espère vous porter oralement les explications nécessaires, et nous déciderons s'il doit préalablement rédiger une demande officielle écrite.

Donc, à bientôt, ô monsieur le Président de la Société des Gens de lettres.³ Nos amitiés à votre femme, de la part de tous les miens, et notamment de ma mère et de ma femme. La filleule, que vous allez trouver renforcée et grandie, vous embrasse tous les deux.

Votre vieux

Paul Alexis

1 Voir les deux lettres précédentes
2 Note non conservée
3 Voir la lettre 207, n.10

209 Mercredi soir, 23 Déc. [18]91–Aix.

MON PAUVRE AMI,

Merci de votre affectueuse lettre.¹– Jeudi soir, chez vous, je ne savais rien. Au contraire, dans la journée, nous avions reçu d'ici 2 colis postaux, confitures sèches et autres objets. Le lendemain matin, Vendredi, une lettre de ma sœur Jeanne, datée Mercredi soir, m'annonça, mais d'une façon très rassurante, et au milieu de mille autres choses, que ma mère, prise de la bronchite dont, depuis 2 ou 3 ans, elle payait généralement son tribut à l'hiver, gardait le lit depuis 2 jours, "par précaution", mais que "ça allait déjà mieux et que ce ne serait rien." – Le soir, nous avions à dîner M^r et Mme Paul Merwart² (le peintre, que nous connaissons, et à qui j'ai acheté un piano, qu'ils venaient chez nous en quelque sorte inaugurer.) Puis, vers minuit, au moment où nos invités, après beaucoup de Wagner³ et de musique russe, étaient déjà levés pour partir, un violent coup de sonnette. Une dépêche! Le cœur serré d'angoisse, "pourvu qu'elle ne soit pas d'Aix," je l'ouvre. Hélas! elle venait d'Aix: *"Maman très mal te demande venir seul sans retard."* – Je cours à la Bourse⁴ répondre. Et le Samedi soir, je prends le Rapide (car, par celui du matin, faute de 14 minutes, j'aurai eu le supplice de coucher à Marseille, et ne serais arrivé à Aix tout de même que le Dimanche matin.) En route, vers 5 h. du matin, gare de Lyon, je reçois une dépêche plus rassurante, que je m'étais fait adresser gare restante: ma mère mieux, "il y a de l'espoir." Enfin, le Dimanche à midi, me voilà auprès d'elle. Elle vit, m'embrasse, me parle. "Tu vois, si je m'en tire, je reviendrais de loin!" Hélas! la même respiration sifflante, les mêmes râles que ma petite Marthe,⁵ et la même rareté de toux (qui dégagerait.) Seulement, de la vigueur encore, toute sa tête. Je cours chez le Docteur Silbert. "Je suis l'aîné... A moi, vous devez tout dire... Est-elle perdue? – Oui... il y a 5 jours que je le sais... Ce n'est pas tant la bronchite capillaire... c'est l'*influenza*... une sorte d'empoisonnement mystérieux, contre lequel on n'a rien trouvé, qui attaque le cœur autant que le poumon... Et il vient d'y en avoir d'autres cas mortels, tous dans le quartier St Jean... J'ai mis des vésicatoires, lui fais respirer de l'oxygène, lui injecte de la caféine... Hier, pourtant, j'ai eu de l'espoir: elle allait mieux. Mais, ce matin, le mieux est parti... Allons la voir." Nous la trouvons baignée de sueur, symptôme nouveau, et terrible, prodrome d'agonie. Des serviettes bouillantes... "Non! vous me brûlez et j'ai froid à côté... Changez-moi de lit." Le docteur Silbert et les 2 autres, (M. Laty son gendre, et le Dr. Castellan,) se consultent. "Je ne veux pas rester comme ça... Oh! les lambins!" Enfin, vers 3 heures, un lit préparé, tout chaud, à côté du sien, – Ambroise et Félix l'y transportent. "Là! quel bien-être!" Mais la nuit tombe, et la sueur continue. Les médecins reviennent, injectent de la caféine. Et la malade n'a plus qu'une idée: se faire reporter dans son lit primitif, pour la nuit... "Oh! ces sifflements, dit-elle aux médecins... Si on ne me fait pas passer ça, je vous avertis, jamais je ne pourrai passer encore toute une nuit, la huitième, sans dormir..." Les docteurs balbutient des mots rassurants, injectent, ils se sauvent. Vers 6 heures et 1/2, Félix et Ambroise la remettent dans son lit. "Là, je suis bien, laissez-moi reposer." Ils viennent me retrouver dans la chambre à côté; mais, ils n'avaient pas refermé la porte que la garde nous rappelle. Les sifflements plus faibles, mais c'était la fin. En une minute, sans agonie, très calme, ma mère a passé, comme un enfant qui s'endort. Cela, dans la grande chambre jaune, au midi, sur le jardin, – dans la même alcôve où je suis né et où j'ai déjà vu mourir mon grand-père.

Et voilà, mon pauvre ami. Ma femme et votre filleule sont venues me rejoindre. L'enterrement a eu lieu mardi, la messe de huitaine hier. Que va devenir ma sœur, sur qui ce malheur frappe plus directement que sur nous trois? Je n'en sais rien. Tant qu'elle ne sera point mariée, il ne lui reste que ses trois frères. Pour le moment, Ambroise, encore sans place, est fixé ici, jusqu'à nouvel ordre. Mais il est en instance pour entrer dans une Société qui se forme à Marseille pour les grands travaux d'assainissement et autres. S'il y est nommé, je crois que Jeanne le suivra tout d'abord à Marseille, où nous avons des cousines germaines de ma mère, qui s'occuperont sans doute de lui trouver un parti. Mais tout cela est encore vague et incertain. Pour le moment, nous sommes tous ici, atterrés et bien tristes: et, la consolation, ce sont ces 4 jeunes enfants, 6, en comptant les 2 de Félix, logés chez leur grand-père maternel mais qui viennent tous les jours,– et qui remplissent quand même la maison de leurs ébats – "la vie qui recommence."

Pour moi, qui suis ici au moins pour le mois de Janvier, je vais tâcher de travailler un peu. Mes articles sur les éditeurs[6] enfin finis de paraître, je viens d'envoyer à M. Magnard un article de tête: "L'Avenir du Livre et Notre Exportation Littéraire,"[7] très documenté. (Si vous rencontriez Magnard, tâchez de savoir ce qu'il en est advenu.) Puis, avant de me remettre au *Cousin Tintin*,[8] je vais me débarasser des 2d et 3e acte de *la Poupée* (mon adaptation de *Tristi Amores*)[9] qu'en retournant à Paris, je compte porter à M. Carré.

Et vous, mon vieil ami... Bonne pioche et soignez bien votre santé. Votre vieux ami vous embrasse affectueusement.

Paul Alexis

Ma mère n'ayant laissé aucune disposition spéciale, je crois que nous conserverons indivis la maison et la campagne, afin de garder au moins, au milieu de notre dispersion, un centre de réunion – une continuation du foyer éteint et refroidi.

1 La mère d'Alexis était morte le 13 décembre. La lettre de condoléances de Zola n'a pas été conservée.
2 Ayant fait des études à Vienne, à Munich et à Düsseldorf, le peintre Paul Merwart (1856–1902) s'était installé à Paris après 1877.
3 Voir la lettre 35, n.3
4 Le bureau des P.T.T. place de la Bourse était ouvert toute la nuit.
5 Voir la lettre 194, n.15
6 "Le mouvement littéraire en 1891–1892," Le Figaro, 14, 19-x; 2-xi; 14, 16-xii-91. Ces articles étaient le résultat d'interviews avec dix-sept éditeurs sur l'état de la librairie et sur les prochaines publications.
7 Ce résumé des interviews mentionnées ci-dessus, fut publié dans Le Figaro du 3 janvier 1892. La plupart des éditeurs signalaient comme causes du malaise de leur industrie: la surproduction, "les mauvais volumes," l'abus de la réclame, l'éclipse totale de la critique. Ils incriminaient surtout les volumes populaires à soixante centimes. Mais, constate Alexis, "il est depuis longtemps prouvé que, par exemple, plus il y a de théâtres, plus on va au théâtre. De même plus on lit, plus on veut lire. [...] Quelque chose me dit [...] que le 'trois francs cinquante' actuel, format in-12, est en train de devenir le 'vingt sous', petit à petit. [...] Il est à croire que ce mouvement continuera. En attendant, c'est précisément cette période de transition, démocratique –et pour tous désirable– qui a contribué à la crise, autant que la surproduction et le reste, en jetant le désarroi parmi les avides et les routiniers de la librairie. Mais admettons que je sois trop en avance sur la majorité des éditeurs de mon temps; réservons même la question pour le vingtième siècle, – qui, j'en suis certain, me donnera raison."
8 Cette nouvelle a dû rester à l'état de manuscrit (lettre 206, n.13).
9 Ce sera ultérieurement La Provinciale, pièce en trois actes, adaptée de Tristi Amori, de l'auteur dramatique Giuseppe Giacosa (1847–1906). La première représentation de cette comédie romanesque eut lieu à Rome en mars 1887. L'adaptation d'Alexis sera interprétée pour la première fois le 6 octobre 1893 au Vaudeville (lettre 215, n.6).
Alexis connaissait Giacosa depuis plusieurs années, à en croire Le Figaro du 7 octobre 1893 ("La Soirée théâtrale. La Provinciale," par "Un Monsieur de l'Orchestre"): "C'est Monsieur Betsy qui fut le point de départ de leur collaboration. 'Votre pièce est un chef-d'œuvre, dit à M. Paul Alexis il cavaliere Giacosa... Permettez-moi de la traduire et de la faire jouer là-bas chez nous!' Il emporta la brochure et, le mois suivant, il envoyait, en échange, son dernier drame, un certain Tristi amori, d'un accent très transalpin, représenté 'là-bas' avec un succès énorme.
"Tristi amori dormirent longtemps au fond d'un tiroir. Enfin, un beau jour de l'année dernière, M. Paul Alexis se souvint qu'il était en reste de politesse avec il cavaliere Giacosa; il relut sa pièce, dont la donnée très humaine le séduisit; et l'idée lui vint de s'en servir comme d'un simple scénario pour écrire, librement, une pièce tout à fait française qui se passerait dans quelque sous-préfecture de province. La Provinciale est le produit de ce croisement."
Sur cet écrivain italien, cf. P. Nardi, Vita e tempo di Giuseppe Giacosa (Milano: A. Mondadori 1949); R. Ternois, Zola et ses amis italiens, 85–98; G. de Rienzo e G. Mirandola, "Inediti francesi nell'archivio di Giuseppe Giacosa," Studi francesi, No. 36 (1968), 458–68.

⁂ 210 Aix, [jeudi] 28 Janvier 1892.

MON CHER AMI,

Je me vois encore ici pour plusieurs semaines encore, ayant toujours bien des ennuis et des affaires, et des mélancolies,[1] cela dans cette atmosphère assoupie de la province où les choses traînent démesurément en longueur, – et lorsqu'il faudrait d'un autre côté que je rentre au plus tôt à Paris.

Un de nos soucis est de voir toujours mon frère Ambroise exactement dans la même situation que l'année dernière à la même époque, lorsque je vous priai de nous aboucher avec Yves Guyot.[2] Tous ces temps derniers, nous espérions fort le voir entrer dans les *Travaux d'Assainissement* de Marseille, une société en train de se former et où nous avions plusieurs aboutissants. Mais, voilà qu'aujourd'hui, tout semble remis en suspens, – il y a même des pessimistes qui doutent que la Société en question arrive à se constituer. Et, d'un autre côté, comme il devient de plus en plus urgent que mon frère trouve à se caser enfin, l'idée nous est venue de nous retourner ailleurs. Croyez-vous qu'il serait impossible de faire d'Ambroise... un sous-préfet? N'ayant aucun passé politique, il servirait aussi bien la République que beaucoup d'autres. Je compte faire la semaine prochaine une visite à notre député, M. Leydet,[3] que je connais un peu, pour lui demander au besoin son concours. D'un autre côté, quelle serait selon vous la marche à suivre pour arriver à notre but? Et, parmi vos relations gouvernementales, verriez-vous quelqu'un auprès de qui vous pourriez nous donner un sérieux coup d'épaule, vous, ou Charpentier à qui j'étais sur le point d'écrire; mais, réflexion faite, je crois qu'il vaut mieux que la demande lui vînt de vous, dans le cas où il serait bien avec M. Constans,[4] ou avec quelqu'un de son entourage.

Je sais combien tout est difficile et quel encombrement règne partout. Nous n'ignorons pas que les situations ne s'enlèvent pas comme cela par un coup de baguette. Mais mon frère, contraint par la nécessité, est prêt à subir courageusement toutes les exigences du métier de solliciteur, (en venant pour cela à Paris quand ce sera urgent) Et je compte une fois de plus sur notre vieille amitié, et sur votre grand sens pratique, qui nous indiquera la façon de procéder.

Votre affectionné qui vous la serre vigoureusement

Paul Alexis

P.S. Tous les miens me chargent de leurs amabilités pour vous ainsi que pour Madame Zola.

P.P.S. Je vois de loin en loin Cézanne, que j'ai décidé à exposer aux Indépendants.[5] Et ce pauvre Maupassant? Où en est-il au juste?[6]– Votre bouquin, avance-t-il?[7] – J'ai proposé mes articles du *Figaro*,[8] (réunis en brochure), à Flammarion, qui n'en veut pas. Mais Curel (Dentu) m'a à peu près dit oui.[9] Seulement je ne vois comme titre que: *Le Krach de la Littérature* – par antiphrase bien entendu. Mais... ce n'est pas fameux, je le sais.

1 Voir la lettre précédente
2 Voir les lettres 206 et 207
3 L'Aixois Victor Leydet (né en 1845) représenta la Gauche radicale. En 1871 il avait fondé *Le National d'Aix*.
4 Ernest Constans (1833–1913), un des principaux adversaires du Boulangisme, fut ministre de l'Intérieur dans le cabinet Freycinet, de 1889 à 1892.
5 Le peintre n'y consentit qu'à partir de 1899 (J. Rewald, *Cézanne*, 368, 374; id., *The History of Impressionism*, 577). Sur la "Société des Indépendants," voir la lettre 198, n.4.
6 L'auteur de *Bel-Ami* avait attenté à ses jours au début de janvier 1892, à Cannes.

Enfermé dans le sanatorium du docteur Blanche, il devait y mourir le 6 juillet 1893 (lettre 214, n.5). Voir A. Lanoux, *Maupassant le Bel-Ami* (Fayard 1967), 398–410.

7 Zola s'était mis à écrire *La Débâcle* le 18 juillet 1891. Il la terminera le 12 mai 1892. L'auteur en parle à Van Santen Kolff, dans une lettre datée du 26 janvier 1892: "L'enfantement d'un livre est pour moi une abominable torture, parce qu'il ne saurait contenter mon besoin impérieux d'universalité et de totalité. – Celui-ci me fait souffrir plus que les autres, car il est plus complexe et plus touffu. Ce sera le plus long de tous mes romans. [...] J'achève en ce moment la deuxième partie, c'est à dire le deuxième tiers" (E. Zola, *Letters to J. Van Santen Kolff*, 45). Sur ce roman, cf. H. La Rue Rufener, *Biography of a War Novel. Zola's "La Débâcle"* (New York: King's Crown Press 1946); *Rougon-Macquart*, v, 1353–1469.

8 Voir la lettre 209, nn.6 et 7

9 L'éditeur Curel ne publiera pas cet ouvrage.

⁐ 211 [jeudi] 10 Mars 1892 – Aix

MON CHER AMI,

En attendant mon retour, qui aura lieu dans la première quinzaine d'Avril, je viens causer un peu avec vous.

Relativement à mon frère Ambroise,[1] vos conseils avaient du bon, sans doute, mais, comme il arrive quelquefois, sont tombés après le fait accompli. – D'ailleurs, trouver une position à Marseille n'est pas si facile; il y a dix-huit mois qu'il en cherche – et le récent déboire qu'il vient d'éprouver pour un poste de sous-directeur dans la Société des Egouts de Marseille (poste qui, après une longue attente et toutes sortes de protections et de promesses a fini *par ne pas être créé,*) tout cela était bien fait, avouez-le, pour que nous nous décidions immédiatement à chercher autre chose et ailleurs.

Donc Ambroise est dès aujourd'hui *candidat sous-préfet*. M. Leydet, qui nous a indiqués la marche à suivre, est parti d'Aix, lors de la rentrée de la Chambre, avec une lettre d'Ambroise au ministre, qu'il a apostillée et s'est chargé de remettre lui-même. En effet, quelques jours après, est arrivé de Paris à la Sous-Préfecture d'Aix, tout un long questionnaire à remplir, sur mon frère, sur son physique et son moral, sur la future sous-préfète etc. etc. Ayant le maire Abram et le sous-préfet d'Aix dans notre manche, c'est nous-mêmes qui avons rempli le dit questionnaire, qui, aujourd'hui, doit être de retour au ministère, apostillé, paraphé, avec toutes les herbes de la Saint-Jean. Maintenant, tout ce travail préliminaire étant fait et bien fait, nous allons entrer dans la période difficile, et, ici, attention:

1° Mon frère vient d'écrire à Leydet pour le remercier et lui demander de lui continuer son appui, de le guider dans les démarches à faire, de lui indiquer le moment opportun pour se rendre à Paris, etc. etc. Nous attendons sa réponse. Mais, naturellement, –outre qu'il est d'une nuance radicale, pas ministérielle– nous ne savons pas jusqu'à quel point il se mettra en quatre pour enlever la chose.

Donc, 2°, c'est surtout, en vous et sur vous, que je compte mon cher ami. – Je crois savoir que les nominations des sous-préfets dépendent surtout du chef du personnel (pour les préfets, c'est du ministre lui-même.) Le chef du personnel de M. Constans était un certain M. Demagny, qui vient d'être remplacé par un M. Reynaud, – je crois.

Il s'agirait alors d'avoir quelque aboutissant qui connût ce M. Reynaud, – ou, mieux encore, son chef de file Loubet.[2] Voyons, parmi vos connaissances politiques, qui croyez-vous pouvoir... M. Lockroy, par exemple? Seriez-vous assez intime avec lui? ou me conseilleriez-vous d'écrire à Daudet pour lui demander ce service. *Quid* de M. Floquet,[3] avec qui vous êtes bien aujourd'hui, – ou de tout autre à qui je ne pense pas? Me conseilleriez-vous d'autre part d'écrire à Charpentier – ou, peut-être mieux encore à sa femme? Enfin, ne croyez-vous pas que le plus simple (et le plus sûr) serait qu'un beau jour, –si vous vous décidiez à cette démarche,– faisant passer votre carte à M. Loubet, (qui, même sans vous connaître, vous recevrait) et lui demandant qu'on vous communiquât le dossier de mon frère, vous en sortiriez avec sa nomination, ou avec une promesse formelle pour le premier poste vacant... Oui, je sais, dans la réalité, les choses ne se passent pas toujours aussi simplement. Mais, en résumé, voilà où nous en sommes. Et, une fois de plus, votre vieux camarade compte uniquement sur vous. – Quant à mon frère, il est prêt à se rendre à Paris dès que vous, ou M. Leydet, jugerez le moment opportun.[4]

En dehors de ça, pas grand'chose à vous dire. Ici, bien des mélancolies, quelques ennuis, et peu d'entrain au travail. Cependant, je rapporterai à Paris et présenterai tout de suite à M. Carré (ou au Théâtre-Français?) les trois actes tirés de la pièce de Giacosa; titre: l'*Enfant*, – ou *la Poupée*, – ou la *Provinciale*.[5]

Même à travers la distance, le coup a été assez dur pour moi de voir la *Bonne à tout faire* aux Variétés.[6] Auriez-vous vu la pièce? Littérairement, je crois qu'elle ne fait que relever *M. Betsy*. Mais, au point de vue des pépettes, je crois qu'en vertu de la force acquise, c'est un réel succès. – Je suis resté d'ailleurs en correspondance avec Méténier, et, si vous avez l'occasion de le voir, ne manquez pas de lui conseiller de travailler avec moi, dès mon retour en Avril, à un pendant à *M. Betsy*.

J'ai lu vos trois premiers chapitres de la *Débâcle*,[7] qui m'ont paru très saisissants [*sic*], – surtout le récit de cette débandade de troupes vaincus sans avoir vu un ennemi. Mais, j'ai laissé passer 2 N°s, que je n'ai plus pu me procurer: va te faire fiche! Si vous voyez le nommé Ginisty, dites-lui de me faire faire le service (et rappelez-lui, par occasion, qu'il m'a presque promis de reproduire *Mme Meuriot*)[8]

C'est donc le 20, monsieur le président, qu'ont lieu les grrrandes élections.[9] Je viens de recevoir les feuilles. Et, me conformant à une note "*Avis*" imprimée au dos,[10] je vais envoyer mes noms à M. Edouard Montagne,[11] afin que, si M. Frantz Jourdain était toujours décidé à me porter, comme il le disait, mon absence, d'ailleurs sur le point de finir, ne soit plus un cas rédhibitoire.

Et me voici au bout de mon papier et de mon rouleau, mon brave ami.

Bonne santé, bonne pioche et le reste.

Paul Alexis

Tous les miens me chargent de leurs amabilités pour vous, ainsi que pour votre femme.

1 Voir la lettre précédente. La lettre de Zola à laquelle Alexis fait allusion ici, n'a pas été conservée.

2 Emile Loubet (1838–1929) fut président du Conseil et ministre de l'Intérieur du 27 février au 7 décembre 1892. Dreyfusard, il devint président de la République en 1899.

3 Voir la lettre 62, n.5

4 Zola parle longuement d'Ambroise à Alexis, dans une lettre qui porte la date du 30 mars 1892: "Ne croyez pas que je vous oublie, si je tarde tant à vous répondre. C'est que je suis accablé de travail, exténué de fatigue. Et puis, je suis vraiment embarrassé, pour vous contenter au sujet de votre frère. [...] Vous rêvez tout éveillé, mon bon ami, lorsque vous croyez qu'un simple écrivain comme moi enlève en cinq minutes une nomination de sous-préfet. On nous reçoit très poliment, mais comme nous ne votons même pas, on garde les faveurs pour les électeurs influents. [...] Soyez donc convaincu que les situations de sous-préfet sont réservées pour payer les services rendus, que les députés choisissent presque toujours leurs sous-préfets, enfin qu'il y a là toute une cuisine politique particulière dans laquelle il est extrêmement difficile de s'aventurer. [...] Puisque vous devez être à Paris dans la première quinzaine d'avril, attendez cette époque pour agir en personne, car les lettres se lisent à peine et restent choses mortes. [...] Vous seul, entendez-vous bien, vous seul pouvez activer l'affaire" (*Corr.*, 745–6).

5 Voir la lettre 209, n.9. Georges Lecomte rappelle une lecture de la pièce par l'auteur lui-même: "[Ce] souvenir me fait réapparaître Paul Alexis dans sa vie de bon travailleur de lettres et de brave homme heureux dans la douceur du foyer. [...] Il venait d'achever la *Provinciale*, cette émouvante comédie qui fut jouée plus tard au Vaudeville, et, dans la joie de l'œuvre finie, il m'avait prié à déjeuner chez lui, pour m'en offrir la primeur. La forte impression que j'eus de cette pièce humaine et si joliment évocatrice de l'éveil d'une passion dans la torpeur provinciale m'ayant permis de dire à l'auteur, en pleine franchise, des paroles en accord avec son espoir, le déjeuner fut joyeux, cordial – un de ces déjeuners de douceur et de confiance que nous connaissons tous et qui sont de bonnes haltes dans notre effort. Je nous revois encore dans la petite salle à manger toute illuminée d'un soleil de printemps, avec le brave camarade gai, musard, un peu enfant, avec sa chère femme dont le regard était si jeune sous les cheveux prématurément blanchis, avec les deux fillettes aux yeux de joie qui avaient comme une allégresse d'oiseaux jaseurs dans la lumière. Spectacle de frais et solide bonheur qui faisait du bien, car ce bonheur semblait plein d'avenir" ("Une époque littéraire. Paul Alexis et le Naturalisme," *Grande Revue*, No.35 [1905], 174).

6 La comédie en trois actes d'Oscar Méténier et Dubut de Laforest fut représentée pour la première fois à ce théâtre le 20 février 1892. On se rappellera que c'est dans le même théâtre qu'avait eu lieu la première de *Monsieur Betsy* deux ans plus tôt (lettre 203, n.5).

7 La publication en feuilleton avait commencé le 21 février dans *La Vie populaire*. La dernière livraison paraîtra le 21 juillet 1892.

8 Voir la fin de la lettre 207. Zola répond le 30: "Ginisty n'est plus à *La Vie Populaire*, et je n'ai donc pu vous recommander à lui" (*Corr.*, 746).

9 L'Assemblée générale de la Société des Gens de Lettres réélut, le 20 mars 1892, Zola comme président (lettre 207, n.10) pour l'année 1892–3. Il le sera encore pendant 1893–4 et 1895–6. Cf. *Nouvelle Campagne, O.C.*, XIV, 743–54.
Alexis se présenta aux élections du 20 mars 1892, sans succès. Dans la lettre du 30 mars Zola annonce: "Vous avez eu une dizaine de voix aux élections pour le Comité, et c'est un commencement; si vous aviez été là, votre campagne aurait été meilleure" (ibid.). En réalité, l'auteur de *Madame Meuriot* obtint huit voix cette année-là. En 1893 il en aura vingt, en 1894 quatorze, et en 1895 vingt-deux.

10 De la circulaire adressée aux sociétaires et datée du 4 mars 1892: "M.M. les Sociétaires candidats pour l'élection au Comité sont priés d'adresser leurs noms et demandes à M. Edouard Montagne, délégué, qui les fera inscrire, conformément au Règlement, sur la liste affichée dans la salle de réunion de l'Assemblée générale."

11 Romancier et auteur dramatique, Edouard Montagne (1830–99) avait publié en 1889 une *Histoire de la Société des Gens de Lettres* (Librairie Mondaine). Cf. A. Cim, *Le Dîner des Gens de Lettres*, 177–83.

212 Hôtel de *la Réserve*, (à la Condamine) – *Monaco*
Mardi, 26 Avril 1892

MON CHER AMI,

Voici de nos nouvelles. Elles ne sont pas brillantes. Imaginez-vous que depuis trois semaines, nous sommes ici, bloqués dans un hôtel, avec votre filleule malade. Je la crois aujourd'hui absolument hors de danger, mais nous avons passé par de rudes transes.

Imaginez-vous que, comptant retourner à Paris le surlendemain de Pâques, nous étions partis d'Aix, avec ma femme et ma fille, le 1er Avril, histoire de refaire à trois l'excursion délicieuse que j'ai faite seul l'an dernier: de Marseille à Nice en bateau à vapeur, 5 ou 6 jours de séjour dans ce féerique pays, puis, retour à Aix par le chemin de fer,– pour faire alors nos malles et remonter à Montmartre après les fêtes pascales.

Eh bien, il est arrivé que dès le surlendemain de notre arrivée ici, votre filleule a eu la jaunisse d'abord; puis, après quelques jours de demi-maladie, la jaunisse a dégénéré en fièvre scarlatine avec menace de broncho-pneumonie (fièvre à 140 pulsations, et 39°,5 dixièmes de chaleur.) Du Vendredi-Saint au jour de Pâques, cela a été une angoisse terrible (avec le souvenir de notre pauvre petite Marthe!)[1] Puis, le mercredi suivant, 20 Avril, chaleur et pulsations avaient repris la normale. La voilà en pleine convalescence... Eh bien, non! pas encore. Plus rien du côté de la poitrine, bronchite définitivement enrayée, mais reprise de la fièvre, avec langue chargée... Nuits très calmes, mais, dans le jour, encore 120 pulsations et chaleur à 38°, et même hier midi à 39° Le soir, la fièvre tombe et reprend le matin... Cette fois, la scarlatine semblerait avoir dégénéré à son tour en simple "fièvre bilieuse," – histoire de retarder la convalescence, sans doute, et, par moments de nous redonner des alertes.

Et –j'oubliais de vous dire– que, pendant ces événements, nous apprenions que les 3 enfants d'Ambroise (que nous avions laissés bien portants, et qui, ainsi que leur cousine Paule, avaient été préservés tous les trois de la forte épidémie rougeoleuse qui a sévi cet hiver à Aix), ont eu tous les trois la rougeole; et que même la plus jeune a manqué y passer. – Conclusion: Paule a dû arriver ici avec le mauvais germe, pris à la petite pension où elle allait avec son cousin Jean, le premier atteint des trois.

Au moins, si nous sommes à l'hôtel, nous sommes bien tombés: une grande chambre à 2 fenêtres, au 1er, avec large balcon, tout au bord de la grève, avec, devant nous, une mer admirable, – et une nourriture très poissonneuse (*la Réserve*!) – et le tout pour 15 F par jour, tout compris. Nonobstant, je voudrais bien que la chose fût finie, et être déjà rentré à Paris, –où j'ai à lire 3 actes[2] à M. Carré,– et où ma femme accouchera vers la mi-Juillet.[3]

Votre filleule, bien amaigrie, envoie "deux grosses caresses à mon parrain et à ma marraine."

Bien affectueusement votre

Paul Alexis

Et la *Débâcle*?... Hélas! je n'ai plus pu la suivre et j'attends impatiemment le bouquin.[4] – Vous avez eu tout le monde pour vous contre cet abruti de Loti: c'est très chic... et cela vous met déjà une fesse au moins dans le fauteuil... Votre élection maintenant est presque mûre.[5]

1 Voir la lettre 194, n.15
2 Ceux de *La Provinciale*. Lors d'une interview dans *Le Matin* du 15 août 1892, Alexis déclare: "La *Provinciale* n'est pas le contre-pied de la *Parisienne* de Becque, comme on serait tenté de le supposer. C'est une pièce sur l'adultère, une Mme Bovary au théâtre, dont les trois personnages: le mari, l'amant, la femme, sont également sympathiques, étrange contradiction avec les idées qu'on se fait sur le théâtre libre, où le noir domine" ("Invasion théâtrale. Jeunes auteurs et nouvelles pièces").
3 Ce sera encore une fille: Marthe Angeline Jeanne. Alexis en informe Edmond de Goncourt le 24 juillet: "J'ai l'honneur de vous faire part, de la naissance de Mlle Marthe. [...] Avant hier Vendredi, à 2ʰ de l'après-midi, il m'est né une fille" (B.N., MSS, n.a.f.22450, fol.176).
4 L'édition imprimée sort de chez Charpentier-Fasquelle le 20 juin 1892, un mois avant la fin de la publication en feuilleton (lettre 211, n.7). Voir aussi la lettre 213, n.2.
5 Sur Zola et l'Académie française, voir les lettres 188 (n.4) et 189 (n.3). Pierre Loti, élu le 22 mai 1891 au fauteuil de Feuillet (Zola, qui s'était présenté, avait obtenu huit voix), avait prononcé le 7 avril 1892 un discours de réception où il attaquait le Naturalisme. Pour lui, le mouvement avait échoué, "malgré le monstrueux talent de quelques écrivains de cette école." Furieux, Goncourt écrit ce même jour dans son *Journal*: "Décidément, c'est un jean-foutre que ce Loti! Il a été, pour les antipathies imbéciles de l'Académie, d'un *lèche-culisme* dépassant tout ce qu'on peut imaginer. Comment? cet homme, dont le talent anti-académique est tout nôtre par les procédés d'observation et de style, pour complaire à l'Académie, s'est fait, de gaîté de cœur, le domestique éreinteur de tous les talents pères et frères du sien!" (IV, 226)

213 [Paris, lundi] 27 Juin 1892

MON CHER AMI,

Si vous vouliez être bien gentil, vous me feriez signe d'aller passer une soirée chez vous à Médan ou ici: je voudrais vous lire mes 3 actes,[1] et vous consulter sur deux ou trois points délicats au sujet de la pièce. (Faut-il la présenter à Claretie? ou à Carré, à qui j'en ai déjà touché un mot, et qui est aujourd'hui aux environs de St. Nazaire? etc.) Et, si vous me faites signe tout de suite, je vous les lirai avant de les porter à la copie, –ce qui vaut mieux, en cas de remaniements possibles–

Votre lettre m'a fait bien plaisir.[2] Pardon de la fin un peu bâclée de mon article. Mes critiques? il m'eût fallu une colonne de plus pour les expliquer; et telles quelles, elles outrepassent ma pensée.

Quel muffle que Goncourt! Tantôt, devant ce Théâtre-Libre où nous avons fait jouer les *Zemganno*,[3] est-ce qu'il ne m'a pas déclaré qu'il a donné à un autre l'autorisation de théâtrifier ce *Charles Demailly*,[4] –dont nous avons déjà fait 2 actes sur 4– et ça, sans nous prévenir – lorsque, depuis que je ne l'ai vu, nous aurions fort bien pu finir la pièce sans être avertis. Quel vieux goujat que ce gentilhomme! Votre vieux solide

Paul Alexis

J'irai l'engueuler chez lui Mercredi, et, s'il persiste, je ne refous jamais les pieds au grenier. Oh mais non!

1 Il s'agit toujours de *La Provinciale*. Numa Coste écrivait à Zola le 17 juin: "Vous devez avoir revu la famille Panafieu retour de Menton et d'Aix. Alexis m'a lu une pièce bien insignifiante dont il est satisfait. C'est se contenter de peu et je suis assez inquiet sur son avenir à tous les points de vue. Ses frères sont de braves garçons mais aucun d'eux n'a l'air de se douter de la situation dans laquelle ils se trouvent" (lettre inédite, coll. J.-C. Le Blond).

2 Alexis avait publié le 20 juin 1892, jour de la parution de *La Débâcle*, un très long compte rendu du roman dans le *Gil Blas* (le numéro porte la date du lendemain; voir l'app. A:62). "Je le revois encore, raconte Georges Lecomte, venant me lire un soir –ma lampe attirait parfois sa rôderie nocturne– l'article chaleureux qu'il venait de finir pour saluer l'apparition de *la Débâcle*, d'Emile Zola. Très sûr que notre doux musard était plus soucieux de prolonger sa soirée que de prendre, comme il voulait bien le dire, l'avis d'un cadet sympathique à la littérature de vérité, je l'écoutais d'abord avec intérêt car il mettait en belle lumière tous les mérites de ce livre puissant, puis bientôt avec émotion lorsque je sentis, au tremblement de sa voix, son espoir de faire quelque plaisir à son grand ami fraternel et son bonheur d'avoir pu, lui, travailleur un peu lent, rassembler tout de même sa gerbe de fleurs ardentes pour la glorification de l'art auquel il était attaché. Mieux que jamais je compris ce soir-là sa tendresse et sa fidélité" ("Une époque littéraire. Paul Alexis et le Naturalisme," *Grande Revue*, No. 35 [1905], 174).

   Zola remercia son ami de l'article dans une lettre envoyée de Médan le 21 juin 1892: "J'ai attendu d'être rentré ici, pour vous remercier de votre bel et important article. Il a dû vous donner de la peine, car ce n'est pas une chose commode que de parler de *La Débâcle*. L'œuvre est terriblement longue et touffue. Vous vous en êtes bien tiré, la division de votre article est bonne. Je ne suis pas de votre avis sur mes derniers chapitres, naturellement, non pas que je les aime beaucoup; mais ils sont logiquement ce qu'ils devaient être, une toile de fond brossée largement, sur laquelle j'ai détaché le dénoûment fatal. D'ailleurs, je ne discute pas, je vous remercie de tout mon cœur pour le gros travail que mon bouquin vous a coûté et pour le très grand plaisir que vous venez de me faire" (*Corr.*, 740).

3 Voir la lettre 193, n.8.

4 Edmond de Goncourt était sans doute las d'attendre aussi longtemps la version scénique de son roman par Alexis et Méténier (lettre 178, n.14). Tout consterné, Alexis écrit au Maître d'Auteuil le 28 juin: "Je n'en ai pas dormi de la nuit. On ne traite pas ainsi un vieil ami, qui vous connaît depuis 1876, et qui, ayant aujourd'hui lui-même les cheveux blancs, a passé sa jeunesse à vous aimer, à vous admirer et à crier son admiration sur les toits, sous toutes les formes, à l'heure où il y avait quelque courage à le faire. Et c'est devant ce même Théâtre-Libre, où nous fîmes jouer les *Zemganno* que vous auriez eu hier soir la cruauté de m'avouer que, comme ça, sans même nous prévenir, *Charles Demailly* nous a été retiré pour être donné à un autre...? Non! ce n'est pas possible! C'est évidemment un mauvais rêve... Flaubert, lui, n'eût jamais agi ainsi, –ni Jules de Goncourt– même à l'égard du plus obscur des débutants... Et Edmond de Goncourt, se retrouvant lui-même, me recevra demain mercredi à cœur ouvert – car il aura déjà renoncé à un procédé aussi humiliant pour moi qu'indigne de lui" (B.N., MSS, n.a.f. 22450, fol. 171).

   En effet, Goncourt revint sur sa décision et permit aux auteurs de terminer la pièce.

"Je vous ferai cependant observer, déclare-t-il à Alexis, que voilà je crois, deux ans, que vous avez lu à Porel, les deux des actes faits, et que depuis ce temps ni vous ni Méténier, ne m'avez dit ou écrit un mot, un seul mot, m'annonçant que vous persistez dans la fabrication de la pièce, en sorte que je me croyais complètement libre de la donner à qui me la demanderait. [...] Puis mettez-vous dans la tête que j'ai soixante-dix ans et pas le temps d'être à la merci d'un travail *à la papa, je vous donne un an pour la terminer*, au bout de quoi, je rentre en possession de mon livre avec la liberté de faire faire la pièce par n'importe qui.

"Quant à ce que vous m'écrivez de peu aimable comparativement à mon frère et à Flaubert je vous dirai que mon frère sous son aspect bien plus civil [?] que le mien était plus chien que moi pour les choses de la littérature, et que Flaubert qui avait dix fois plus d'orgueil [...] que votre serviteur, si vous lui aviez fait une pièce de *Mme Bovary*, qui ne l'a pas satisfait vous aurait envoyé faire foutre autrement brutalement que moi" (lettre non datée [brouillon], ibid., fol.170).

"Merci, lui répond Alexis le 1er juillet. Voilà qui est entendu. Si, d'ici au 30 Juin 1893, nous ne nous sommes pas exécutés –et chiquement– *Charles Demailly* passe à un autre. Mais j'espère que bien avant... Songez que, pendant les deux ans d'éclipse dont vous parlez, j'ai perdu ma petite fille, mon père et ma mère – et que, devenu chef de famille, j'ai dû passer deux fois l'hiver –presqu'entièrement– à deux cents lieues de Paris" (ibid., fol.172).

L'adaptation fut prête avant la date désignée par Goncourt et la première eut lieu au Gymnase à la fin de l'année 1892, c'est-à-dire le 19 décembre. Le rôle de Charles Demailly fut créé par Raphaël Duflos, celui de Marthe par Raphaële Sisos. Pour une discussion plus détaillée de cette pièce, cf. Paul Alexis, *Lettres inédites à Edmond de Goncourt*, éd. B.H. Bakker (en préparation).

214 [Paris, mardi] 1 Août 1893

MON CHER EMILE,

Je pars ce soir pour le Midi, désolé de ne pas vous avoir trouvé Lundi aux Gens de Lettres[1] (je comptais sans les vacances,) et tout triste de *ne pouvoir* au moins aller vous dire adieu.

Votre vieil ami

Paul Alexis

P.S. J'arrive sans doute le dernier pour vous féliciter de votre nomination d' "officier":[2] mais vous me connaissez assez pour ne pas avoir douté un seul instant du plaisir sincère que me fait tout ce qui peut vous arriver d'heureux. – Quant à la croix de Céard...[3] il me semble (après avoir lu l'article de Scholl) que ce serait au moins mon tour, si ça ne l'était pas avant. Et j'ose espérer que si, avant la fin de l'année, vous voyiez poindre l'occasion de faire une démarche à mon endroit, vous la saisiriez au cheveu. (*N.B.*: Je connais Roujon depuis la *République des Lettres*,[4] et ai renouvelé la connaissance avec lui à l'enterrement du pauvre Maupassant.)[5]

P.P.S. Mon adresse:

1° Pendant tout le mois d'Août

aux Garcinières

Cocolin, près St Tropez (Var)

où je vais attendre, chez un mien cousin, ce qu'il retournera du choléra;[6]

et 2°, pendant le mois de Septembre (si le choléra disparaît d'Aix – où le doct^r Raimbaud et sa femme ont été emportés en trois jours) :

Villa Meyran

près d'Aix-en-Provence.

P.P.P.S.–Ma femme vous envoie ses amitiés. – Ma fille aînée me dit de vous écrire "qu'elle embrasse bien son parrain et sa marraine."

1 Voir la lettre 211, n.9
2 Zola avait été nommé officier de la Légion d'honneur le 14 juillet 1893. (Voir la lettre 188, n.2.)
3 A la même date Henry Céard avait été nommé chevalier. Deux ans avant la décoration de ce médanien, Goncourt avait écrit dans son *Journal*, le 11 juillet: "Céard a fait demander par Léon Daudet d'écrire à Bourgeois de lui obtenir la croix. C'est curieux, le peu de personnalité qu'il y a chez les hommes de Médan! Du moment que Zola est *rentré dans le rang*, Céard s'empresse de l'imiter" (IV, 119). Et encore, le 29 octobre de cette même année: "Céard, s'il est un jour décoré, n'aura pas, fichtre! la surprise de sa décoration, tant il l'a fait bassement quémander par ses amis, ses relations, ses connaissances! C'est le vrai mameluck de Zola dans la honteuse évolution du maître!" (IV, 154)
   Dans sa "Chronique parisienne" de *L'Echo de Paris* du 21 juillet 1893, Aurélien Scholl écrivait: "Ce que je ne puis m'expliquer, c'est que M. Céard ait été décoré avant Huysmans, Léon Hennique et Paul Alexis. Des auteurs participants des *Soirées de Médan*, il était bon dernier. [...] Paul Alexis est à la tête d'un bagage littéraire déjà considérable; il a obtenu des succès d'estime et des succès de vente. Au théâtre, son œuvre dépasse de beaucoup la dyspeptique production de M. Céard. *Monsieur Betzy* [sic], comédie en trois actes qui a pleinement réussi aux Variétés, apportait à la scène une note nouvelle, originale. L'observation, l'étude des caractères y primaient le souci de l'intrigue, l'enchevêtrement si cher aux hommes de métier. Pourquoi donc est-ce le moindre des camarades de la première heure qui met la main sur la timbale?" Suit une critique sévère de l'œuvre de Céard.
4 Voir la lettre 27 (n.9) et l'app. J:10
5 L'enterrement avait eu lieu le 8 juillet 1893. Ce jour même Alexis publia dans *Le Journal*: "Quelques souvenirs sur Maupassant": "Maupassant mort... Le petit groupe des *Soirées de Médan* décimé... Le commencement de la fin: et, avec le départ de celui qui semblait le plus sain et le plus vivace de notre génération, combien d'heureux souvenirs de ma jeunesse littéraire emportés à jamais... Un peu de moi-même aussi descendu au fond d'un grand trou. [...]
   "La dernière fois que je l'ai vu tout à fait comme autrefois un Maupassant sain et fort comme un jeune dieu, enthousiasmé, ce soir-là, par l'odeur de la poudre, frémissant et tout heureux de la bataille littéraire d'un camarade– remonte déjà à cinq ans... Oui, c'était le vendredi soir, 15 juin 1888, dans une avant-scène du petit théâtre Montparnasse... non! du Théâtre Libre, où Maupassant n'est jamais venu, je crois, que ce soir là, pour applaudir de tout son cœur *Lucie Pellegrin*, comme, plusieurs années avant, celui qui rassemble ces souvenirs avait applaudi *Histoire du vieux temps* au 'troisième Théâtre-Français'."
   Plus loin Alexis rappelle un autre incident: "Est-ce que Maupassant, à brûle-pourpoint (et sans 'une galerie', devant laquelle il eût pu vouloir poser et devant laquelle j'eusse peut-être fait chorus avec lui pour épater les imbéciles) ne se met pas à me dire tranquillement, sérieusement, que la littérature l'assomme, qu'il n'en fait que pour gagner de l'argent, que son rêve serait de ne plus en faire... de vivre en Turquie, etc... 'La littérature, malheureux! Cette littérature que Flaubert aimait si passionnément... dont il est mort... et sans laquelle nous ne nous connaîtrions même pas...'– 'Moi, je n'aime rien...' – 'Tu mens? Ce n'est pas vrai...' – Mais, hélas! mon étonnement effrayé venait moins de ce qu'il disait que de la certitude qu'il était sincère, ne cherchait pas à me faire poser, et de la sensation qu'il déraisonnait..."
   Et Alexis termine ses souvenirs par ces paroles émouvantes: "Neuf et 'vécus', comme

413

ses confidences de jeune homme, ses vers, puis, plus tard, sa prose, flambèrent de cette même flamme sensuelle, et de cette vigueur de beau mâle, de cette franchise, qui régalait tant Flaubert et les autres. Et il se trouva être un grand écrivain, tout naturellement, tout simplement. Un clair et admirable écrivain de race, qui, si nous pleurons l'homme aujourd'hui, entre en vainqueur dans l'immortalité, où il restera pour l'honneur de la France et la joie de nos arrière-petits enfants, comme un cas unique de clarté er de virilité robuste, une merveille de santé littéraire.''

6 Il y avait une épidémie dans tout le Midi, l'Espagne, l'Italie, l'Egypte, la Russie et l'Europe de l'Est.

§◕ 215 Villa Meyran, –Aix– [dimanche] 19 Nov^e [18]93

MON VIEIL AMI,

Je ne suis pas mort, ni ne vous oublie, comme vous pourriez le croire. Mais les jours passent, à la fois encombrés d'inutilités et vides. Je serais bien heureux d'avoir de vos nouvelles et voici des miennes:

Mes yeux ne vont pas mieux.[1] Le soir je ne peux plus lire; le travail, pénible matériellement; par là-dessus mes articles passent mal au *journal*,[2] – *faites honte à Xau* si vous le rencontrez; et je n'ai pu encore commencer *Vallobra*, ma prochaine pièce (politique)[3] – Je suis ici au moins encore jusqu'à la mi-Janvier.– Ma sœur Jeanne épouse le 30 de ce mois M. Desbief, un courtier Marseillais, âgé de 36 ans, allié à des commerçants Marseillais très riches (aux Bergasse (?)) et en est très entichée; mais il me paraît à moi ''inquiétant'': un blond fatigué, un peu sot, très volontaire et archi-bourgeois; (maintenant, je ne l'ai encore vu que deux fois!) car nous sommes seuls à Meyran, et ma sœur demeure actuellement à Marseille, 66, rue Marengo, chez mon frère Ambroise.[4]

Pour une jolie ''crasse'', c'en est une que Charpentier (et *Fasquelle*[5] *surtout*) m'ont faite en ne pas voulant m'imprimer *La Provinciale*,[6] lorsque mes 5 premières pièces sont dans la maison. Les Calmann Lévy va me l'imprimer je crois (à l'œil, mais *ne le dites pas* à Charpentier) Et –ceci également entre nous,– je viens d'écrire aux Calmann Lévy pour les tâter au sujet de ''*Dernières Illusions*'',[7] un volume de nouvelles (ainsi subdivisées: I *La Chair*; II *Le Cœur*; III *La tête*): si ces messieurs m'en donnent 10 sous le volume (comme j'avais eu pour *Mme Meuriot*), je compte, même à prix égal, leur donner la préférence. – Enfin, après ''l'honnêteté littéraire'' de la *Provinciale*,[8] et certain article de Scholl,[9] je vous prierais bien de faire une démarche pour m'obtenir un petit bout de ruban pour le jour de l'An, mais j'aurais peur que vous me répondiez que je suis un enfant, et un vaniteux trop pressé, un ami raseur et encombrant, enfin que ''ça ne se fait pas comme ça''... Aussi je ne vous demande rien.[10]

Et à part ces mélancolies, ces difficultés, ces ennuis, et le désespoir de mes mauvais yeux, tout va pour le mieux et –tous les miens se joignent à moi– je vous la serre bien affectueusement

Paul Alexis

p.s. Veuillez excuser mon absence au Comité des "Romanciers Fran-çais",[11]– et me renseigner sur ce point: "Que *dois-je* donner pour le monument Maupassant?"[12]

1 Dans le post-scriptum d'une lettre adressée à Goncourt et écrite vers le 12 octobre 1892, sur la pièce *Charles Demailly*, Alexis ajoutait: "Pardon de ce griffonnage. Depuis le surlendemain du jour où je vous vis à Champrosay [le 28 juillet 1892], *je n'y vois quasi plus*. Ça s'appelle, une *scléro-choroïdite* d'après le docteur *Chevallereau* l'oculiste qui opéra Sarcey, et qui me soigne mais jusqu'ici sans résultats appréciables. Je suis touché: le commencement de la fin, mon bon. Et ça au moment où j'ai deux pièces reçues. Misère!" (B.N., MSS, n.a.f.22450, fol.182ᵛ)
Deffoux et Zavie racontent l'anecdote apocryphe suivante sur la maladie oculaire d'Alexis: "Le gros travail qu'avait fourni Alexis depuis quelques années, notamment les répétitions de *Charles Demailly*, l'avaient beaucoup fatigué; la myopie dont il souffrait avait pris des proportions assez inquiétantes pour faire craindre à l'écrivain une cécité prochaine; et, comme disent les annonces médicales, il avait, sans obtenir de résultat, tout essayé pour corriger la redoutable infirmité." Zola, qui se trouvait à cette époque-là à Lourdes pour la documentation du premier roman des *Trois Villes*, aurait envoyé à son ami la dépêche que voici: "Vous envoie aujourd'hui bouteille eau puisée par moi à la grotte de Massabielle." Et, poursuivent les auteurs, "le courrier suivant apporta la bouteille promise aussi soigneusement emballée qu'un échantillon de vieux bourgogne. Alexis n'hésita pas. Il n'avait aucune foi en Lourdes; mais son affection pour Zola était si vive qu'il se baigna chaque jour les yeux avec de l'eau de la précieuse bouteille. Et l'un des plus beaux miracles littéraires s'accomplit: la vue de Paul Alexis s'améliora sensiblement" (*Le Groupe de Médan*, 155–6).
2 Du 30 septembre 1892 au 28 novembre 1894 Alexis fournit, d'une façon assez régulière, des articles (surtout en forme de nouvelles) au *Journal*.
3 Alexis avait dit à Goncourt, le 1er octobre de cette année-là, qu'il avait envie "de faire une pièce politique où l'homme politique ne serait ni une bête ni une canaille ni un cocu" (*Journal*, IV, 463). "Vallobra," pièce en cinq actes, inspirée de Gambetta et de Ferry, et reçue à la fin de 1896 à l'Odéon par Antoine, ne fut jamais représentée ni éditée en librairie. A ce sujet, cf. "Dix lettres inédites de Paul Alexis à André Antoine (1896–1901)," présentées par B.H. Bakker (à paraître dans *Les Cahiers naturalistes*). Pour ce qui est du roman qu'Alexis tira de sa pièce, voir la lettre 227, n.3.
4 Après la cérémonie Zola écrira à son ami, le 4 décembre: "Je sais que votre sœur est mariée. Coste m'a écrit de Marseille le jour de la noce. Qu'elle soit heureuse! c'est une chose difficile" (*Corr.*, 761). Le romancier pense ici sans doute à sa propre situation domestique (voir l'Introduction, 25).
5 Eugène Fasquelle (né en 1863), ancien employé de Georges Charpentier et devenu son associé, prit la succession de la maison d'édition en 1897.
6 L'adaptation d'Alexis de la pièce de Giacosa (lettre 209, n.9) fut publiée en 1894 par Lévy. L'édition porte cette dédicace: "A / Monsieur Albert Carré / directeur du Vaudeville / en souvenir de notre profonde et éternelle reconnaissance / P.A. – G.G."
"Ce qui reste incontestable, constatait Céard le lendemain de la première du 6 octobre 1893, c'est que la *Provinciale*, encore qu'elle fasse voir des situations connues et des péripéties de pathétique conjugal déjà exploitées sur la scène française [...], produit beaucoup d'effet par l'intimité pénétrante et par la savante atmosphère de médiocrité dont elle est enveloppée. Les épisodes de l'amour adultère, bien qu'ils ne soient pas d'une psychologie bien nouvelle, prennent une intensité particulière qui résulte de la précision des détails matériels et de l'exactitude du milieu où ils se développent. [...] Auteurs et acteurs, tous ont été vivement applaudis, et c'était justice" (*L'Evénement*, 8-x-93).
Sarcey était plutôt réservé: "La *Provinciale*, en son ensemble, m'a laissé froid. Je ne saurais m'habituer à un théâtre où l'on ne m'explique rien, où l'on ne me prépare rien, où il n'y a d'étude ni de caractère, ni de passion, où l'on ne voit que des faits qui se succèdent et tombent l'un sur l'autre avec la rapidité de coups de poings qu'une main

brutale assène. [...] Ce n'est pas le talent, il s'en faut, qui manque à M. Paul Alexis, et s'il n'était pas égaré par des théories fausses, il conquerrait aisément le public" (*Le Temps*, 9-x-93).

Les rôles principaux de la pièce avaient été créés par Maria Legault, Alphonse-Emile Dieudonné et Henry Mayer. Alexis remercia publiquement tous les artistes dans *Le Journal* du 14 octobre 1893 ("Les interprètes de *La Provinciale*"). Ce sont les mêmes artistes qui reprirent la pièce le 1er mars 1895 au Gymnase.

7 Titre provisoire de *Trente Romans*. Voir la lettre suivante

8 Faisant l'éloge de la pièce, Victor de Cottens, dans *Le Voltaire* du 8 octobre 1893, parlait de "la haute probité littéraire" d'Alexis, de son "fin talent d'écrivain."

9 Voir la lettre 214, n.3

10 "Vous me parlez de votre décoration, écrivait Zola dans la lettre du 4 décembre, soyez convaincu que ce n'est pas là-bas que vous la gagnerez. Il faudra que je vous parle sérieusement de cette affaire, quand je vous reverrai. Vous en parlez en garçon innocent, et si vraiment vous voulez être décoré, il faudra agir pour cela avec un peu de sérieux et de méthode" (*Corr.*, 761). Voir la lettre 216, n.9.

11 C'est-à-dire de la Société des Romanciers français, fondée au début de cette année-là par Gustave Toudouze et présidée par Edmond de Goncourt. Celui-ci avait noté le 5 mars: "Je reçois ce soir une dépêche de Toudouze, qui m'apprend que je suis nommé président de la *Société des Romanciers* à la majorité de 69 voix sur 70 votants. Faut-il que mon Toudouze eût tripoté, falsifié, biseauté le suffrage! Moi, avoir 69 voix sur 70 votants, moi si détesté de mes confrères, allons donc!" (*iv*, 371)

12 Le comité de la Société des Gens de Lettres avait ouvert, sur l'initiative de Jacques Normand, une souscription pour élever un monument à Maupassant. Zola offrit 100 francs. Le total monta à 13.231,45 francs. Un buste de l'écrivain fut inauguré, le 24 octobre 1897, au Parc Monceau à Paris. A cette occasion Alexis publia le même jour dans *Le Figaro* un article intitulé "Chez le père et la mère de Guy de Maupassant." (Cf. *Journal*, iv, 461–3, où Goncourt, à la date du 1er octobre 1893, fait le récit d'une visite récente d'Alexis à Laure de Maupassant.) Le discours que Zola prononça à l'inauguration du monument a été reproduit dans "Mélanges critiques," *O.C.*, xii, 716–18.

216 Paris [vendredi] 17 Août 1894

MON CHER AMI,

C'est la première fois que, pour économiser mes yeux –dont l'état d'ailleurs est stationnaire– je vous écris en dictant.[1] Votre mot sur mon article *Lourdes*[2] m'a fait grand plaisir et dédommagé un peu des malechances du dit article qui, après s'être cassé le nez au *Figaro* contre votre lettre à Gille, se replia en bon ordre au *Gaulois*, y fut composé, puis refusé par le juif Meyer comme pas assez catholique, et n'entra qu'enfin au port du *Journal* où je me suis borné à le décatholiciser un peu sur épreuves.

En partance pour la Provence, où je filerai au plus tard à la fin du mois, et ayant d'ici là plusieurs affaires à régler et n'étant pas sûr de pouvoir aller vous faire mes adieux de vive voix, (d'autant plus que les feuilles vous signalent en ce moment sur la côte normande)[3] je vous les fais dans tous les cas aujourd'hui, – et vous prie de me rendre un très réel service.

Voici. Avant mon départ, je compte porter à Charpentier (ou à Fasquelle) mon volume de nouvelles complètement mises au point, mais sur le titre duquel je ne suis pas encore fixé, – hésitation sans laquelle j'eusse paru depuis longtemps et dont il faut enfin sortir.

416

Le volume se compose de 30 nouvelles subdivisées ainsi: I *Le cœur* – II *La chair* – III *L'esprit*. Eh bien, mon ancien titre: *Dernières Illusions* me paraissant décidément pâlot et endeuillé, j'hésite entre les suivants:

L'éternelle Illusion
Illusions tenaces
Trois Illusions, (ou *Triple Illusion*)
La Continuelle Illusion
La Tenace Illusion

N'oubliez pas que Pascal a dit: "La vie humaine est une illusion perpétuelle."[4] Malheureusement, "*La perpétuelle Illusion*" me semble laid. Enfin, il me vient des envies de flanquer tout cela en l'air et d'appeler tout simplement mon bouquin: *Trente Romans*.

Voilà où j'en suis, mon cher ami, et vous seriez bien gentil de m'envoyer un bon conseil qui me tirerait de ma perplexité – ou un titre tout autre.[5]

Si je suis encore dans le Midi quand vous irez à Rome, ne pourrions-nous nous voir un peu au passage? – Ah! *Rome*, j'y pense quelquefois avec un petit frisson: voilà un sujet qui ne me paraît pas commode.[6] Tandis que *Paris*,[7] si vous utilisez la fin de Carnot et l'énergique petit Caserio,[8] il me semble que cela ira tout seul. – Vous savez que je n'ai pu mettre encore la main sur Roujon filé en vacances et voilà ma croix renvoyée aux calendes grecques, j'en ai peur, à moins que vous-même, un de ces quatre matins, pris d'un beau zèle...[9] – En attendant, soignez bien votre santé, mon vieil ami, et bien affectueusement à vous

Paul Alexis

Ma femme se joint à moi pour vous envoyer ses amitiés, – et votre filleule vous embrasse.

1 D'ici jusqu'à la fin de la correspondance, la plupart des lettres ne sont plus de la main d'Alexis. Toutefois les salutations sont presque toujours ajoutées par l'auteur lui-même. Son écriture est devenue à peu près illisible (lettre 215, n.1).
   Edmond de Goncourt fait plusieurs fois allusion à la maladie oculaire d'Alexis. Au début de 1894 il écrit: "Paul Alexis est de retour du Midi avec sa bonne figure et une apparence de santé provinciale, mais ses yeux sont restés mauvais comme ils l'étaient: le pauvre garçon peut encore écrire, mais a toutes les difficultés pour lire" (*Journal*, IV, 521). Puis, le 24 juin de la même année: "Paul Alexis venu aujourd'hui au *Grenier*, a toujours les yeux bien malades: il ne peut plus lire et est maintenant obligé de dicter ses articles" (ibid., 599). Enfin, un an plus tard, Goncourt cite l'opinion même de l'ophtalmologiste Edmond Landolt, qui venait d'examiner les yeux d'Alexis: "Une ruine à laquelle il manquait plusieurs étages" (ibid., 822).
2 Le premier roman des *Trois Villes* avait paru chez Charpentier-Fasquelle le 26 juillet 1894. Le *Gil Blas* l'avait imprimé en feuilleton du 15 avril au 15 août de la même année.
   C'est dans *Le Journal* du 29 juillet qu'Alexis publia son compte rendu de l'ouvrage. "Dans ce merveilleux livre, tout palpitant d'amour humain et divin, trempé de larmes comme une prière, cet homme, qui n'a pourtant pas la foi et ne pratique pas, l'auteur –j'allais dire le miraculé– n'a pas écrit une phrase, un mot, dont puisse s'effaroucher un catholique. Et cela, dans un sujet où le miracle semble constant, normal, devient l'atmosphère ambiante et 'l'état même de nature.' [...] Il en a vu, certes, des miracles.

[...] Il en a vu: mais y croire? Eh bien! avec une conscience absolue, Zola voulut croire, s'est efforcé de croire. Et, de cet effort, est sorti l'abbé Pierre Froment, le héros du livre, le plus solidement campé et le mieux fouillé de ses innombrables personnages, car il n'est autre que Zola lui-même. Un Zola angoissé par le doute, mais tourmenté du désir de croire et humiliant sans cesse sa raison pour y arriver, mais n'y parvenant pas, grâce à la prédominance de cette raison due à une cause héréditaire.

"[...] Certes, on pourra renouveler certains reproches déjà adressés à l'auteur des *Rougon-Macquart*. Chaque écrivain porte en lui un moule éternel de livre, rajeunissable sans doute. Et *Lourdes* ne semblerait pas suffisamment rajeuni, puisqu'il se trouve conçu, coupé, conduit exactement comme *Une page d'amour*. On pourrait chercher aussi querelle à Zola sur les inconvénients de son procédé habituel, le trop grand nombre des personnages éparpillant l'attention, la multiplicité des épisodes fatiguant l'intérêt au lieu de l'émoustiller, l'abus du *leit-motiv*. Et son habitude de tout mettre en action, sans omettre un détail, donne parfois trop d'importance au décor, à l'extériorité des choses. Mais comme tout cela est habilement mené, dosé, est souvent truqué! Quel tour de main! Et quelle science des préparations, quel sentiment de la couleur et des contrastes président à la confection d'une de ses puissantes œuvres, se jouant devant vos yeux comme un drame aux cent actes divers! [...] Le penseur est chez lui aussi solide, aussi puissant, et plus haut encore que l'artiste. [...]

"Et la conclusion de l'œuvre maintenant? On a prononcé le grand mot prétentieux d'une 'religion nouvelle.' Avant de se prononcer, il convient d'attendre. Après l'étude de cet étonnant retour, sur le seuil du vingtième siècle, à la foi absolue, aveugle, et au mysticisme du moyen âge, il faut laisser M. Emile Zola d'abord étudier dans *Rome* la religion modernisée et tentant de s'adapter au monde contemporain; puis, dans *Paris*, dresser lui-même la conclusion définitive de sa trilogie 'les Trois Villes,' qui sera, non pas comme on pourrait le croire, une nouvelle série, mais le développement normal, nécessaire du *Docteur Pascal* – l'appendice religieux et philosophique des *Rougon-Macquart*."

La réaction de Zola à cet article, à laquelle Alexis fait allusion dans sa lettre, n'a pas été conservée. Sur *Les Trois Villes*, cf. R. Ternois, *Zola et son temps*. *"Lourdes,"* *"Rome,"* *"Paris"* (Les Belles Lettres 1961).

3 Un "écho" du *Journal* du 16 août 1894 rapportait que le romancier assistait aux courses à Deauville.

4 "Ainsi la vie humaine n'est qu'une illusion perpétuelle; on ne fait que s'entre-tromper et s'entre-flatter" (*Pensées*, éd. Brunschvicq, article II: "Misère de l'homme sans dieu" [100. "Amour-propre"]).

5 "Mon avis est que *L'Eternelle Illusion* est le meilleur des quelques titres que vous me soumettez. Et je ne déteste pas non plus *Trente Romans*, et je le crois même préférable pour la vente. Choisissez entre ces deux-là. En somme, moi, je penche pour le dernier. Vous allez avoir affaire à Fasquelle, qui, seul, est à Paris, en ce moment, Charpentier ne rentrera qu'à la fin de septembre. Mais je pense que votre livre est pris à l'avance" (lettre du 29 août, *Corr.*, 766).

Trente Romans: le cœur, la chair, l'esprit paraissent en février 1895 aux éditions Charpentier-Fasquelle. Le recueil de nouvelles est dédié à "Guy de Maupassant / toujours jeune et fort / resté vivant dans mon souvenir."

6 Dans la lettre précitée, Zola ajoutait: "Moi, je ne rentrerai à Paris [de Médan] que le 5 octobre. Puis, le 3 novembre, sans doute, je filerai pour un mois sur Rome. Ne vous inquiétez pas: le sujet est superbe et je crois déjà le tenir. Mais il est certain que je ne reviendrai pas par la Provence, car j'aurai hâte de me mettre au travail" (ibid., 766-7).

Les Zola partirent pour Rome le 29 octobre de cette année-là, y arrivèrent le 31, et furent de retour le 16 décembre (cf. le "Journal de voyage" du romancier dans *O.C.*, VII, 1011–1125). *Rome* fut d'abord publié dans *Le Journal*, du 21 décembre 1895 au mai 1896. Il parut en librairie ce même jour chez Charpentier-Fasquelle.

7 Le dernier roman de la trilogie devait paraître dans *Le Journal* du 23 octobre 1897 au 9 février 1898. Il fut mis en vente par Fasquelle le mois suivant.

8 Sadi Carnot, président de la République depuis le 3 décembre 1887, avait été assassiné

à Lyon, le 24 juin 1894, par l'anarchiste italien Caserio. Condamné à mort, celui-ci fut exécuté le 16 août 1894 (R. Ternois, *Zola et son temps*, 346–7).

9 Au sujet de la décoration d'Alexis, Albert Cim rapporte l'histoire suivante, qui fit beaucoup de tapage: "Ce fut la toute franche et cordiale riposte d'un ministre à Emile Zola, promoteur de la candidature de Paul Alexis à la Légion d'honneur. 'Comment! Alexis n'est pas décoré? –Non, monsieur le ministre; il est même, de tous ses anciens frères d'armes, les survivants des *Soirées de Médan*, le seul qui ne le soit pas. –Croyez bien, mon cher maître, que je vais m'efforcer de réparer cet oubli. Je serai enchanté, positivement ravi... Oh! mais fichtre! rectifia soudain Son Excellence. Pas cette fois! Nous allons entrer dans la période électorale, et ce serait une croix de perdue! Qu'Alexis patiente encore un peu, hein? Dites-le-lui, je vous promets...' Alexis est mort étant toujours sous l'orme" (*Le Dîner des Gens de Lettres*, 65–6).

⁂ 217 Paris lundi soir 17 [septembre 1894] 7ʰʳˢ

MON CHER AMI,

Jeudi soir 20, première du *Sycomore*.[1] La veille à 2 heures, répétition générale. Un de vos voyages à Paris ne pourrait-il coïncider avec l'une ou l'autre de ces deux petites solennités? Sans compter qu'elle me fournirait l'occasion de vous voir, votre présence me ferait un immense plaisir.

Georges Moore, lui, est accouru d'Aix-les-Bains; mais, vu sa situation littéraire actuelle en Angleterre, il ne veut plus signer avec moi,[2] et substitue à son nom celui de l'auteur de la pièce anglaise (W. Gilbert) à qui il a écrit, mais dont la réponse n'arrive pas. On va passer outre et d'autor mettre le nom de Gilbert sur l'affiche à côté du mien: pourvu au moins, grand Dieu! que cela ne tourne pas mal! (Quel est votre avis?) Car vous savez, mon vieil ami, que je vous consulte toujours dans les cas difficiles.

Quant aux *Trente Romans*,[3] ne voyant pas votre réponse venir, je venais de me décider pour cet heureux titre lorsque votre lettre m'est arrivée: quelle joie de voir que j'avais adopté d'avance votre choix et deviné votre goût.

Un petit mot par le retour du courrier s.v.p. afin que je sache si je dois aller déposer rue de Bruxelles[4] vos deux fauteuils.

Dans tous les cas, bien affectueusement à vous

Paul Alexis

1 Voir la lettre 142, n.2. "Four complet hier à l'Odéon pour Alexis. Le Sycomore est une pièce nulle," remarquait Paul Brulat dans une lettre adressée à Zola le 21 septembre (B.N., MSS, n.a.f.24512, fol. 94).
"Comment donc se fait-il, se demande Jacques du Tillet dans un compte rendu, que le *Sycomore*, dont le succès de larmes a, paraît-il, été très vif à Londres, nous ait laissés assez froids l'autre soir? C'est d'abord [...] que nous n'avons pas l'attendrissement littéraire aussi facile que nos voisins. [...] C'est aussi que nous n'aimons pas l'attendrissement pour lui-même, que nous y voulons un peu de logique, de raisonnement, si l'on veut, et surtout un peu de mesure. Et, de cela surtout, le *Sycomore* est assez sensiblement dépourvu" (*Revue politique et littéraire*, 4ᵉ sér., II, 13 [29-IX-94], 411–13).
2 Sans doute l'écrivain irlandais voulait-il se dissocier complètement du mouvement naturaliste. On se rappellera que ce fut au mois de janvier 1894 qu'il fit paraître ses

"Impressions of Zola," article fort désobligeant pour le Maître de Médan (lettre 180, n.1). Son roman, *Esther Waters*, publié en mars de cette année-là, avait été accueilli très favorablement.

3 Voir la lettre précédente (surtout la note 5)
4 Voir la lettre 205, n.7

218 [Levallois-Perret] Mercredi, 30 Nov. [18]98

MON BRAVE AMI,

Votre lettre[1] m'a fait bien plaisir. Et, si je ne vous ai pas ré-écrit plus tôt, cela ne vient que du désir que j'aurais de vous envoyer une causerie longue, documentée, anecdotique, – intéressante là! Seulement, lorsque on rêve des lettres trop chic on finit par ne pas les écrire.

La vérité vraie est que, tous ces temps-ci, je n'ai pas bougé beaucoup de Levallois,[2] où je travaille un peu (à mon sacré *Vallobra*-roman[3] qui, à mesure que j'avance, me donne plus de coton), mais j'ai vu peu de monde.

D'abord, vous le dirai-je, depuis que vous êtes en exil, Paris ne me semble plus bien Paris. Vous *lui manquez* évidemment, comme vous me manquez à moi. Et, par là-dessus, l' "Affaire", cette envahissante et de plus en plus étendue "Affaire" qui bouche tout, arrête tout, et, à notre insu, nous arrache à nous-mêmes "en déplaçant l'axe de la littérature." Oui, il n'y a pas à dire, tous, petits et grands, nous étions plus ou moins dans la tour d'ivoire et voilà que, sur le revers de notre demi-siècle, elle (l'Affaire) et vous, vous nous en faites sortir: un tel changement d'habitude déroute un peu.

Ainsi, il y a seulement dix mois, qui m'aurait dit que je serais à Levallois-Perret Président effectif d'un comité "Vérité-Justice-Liberté", –dont vous êtes, peut-être sans le savoir, Président d'Honneur.– Tous les Mercredis, à 9^{hes}, dans l'arrière-salle d'un marchand de vins, séance. Ce soir,[4] car j'en sors, nous avons décidé deux choses:

1° Un appel par des affiches pour grossir les signatures Levalloisiennes de protestation Picquart;[5]

2° Pour demain en huit, un "punch-conférence" Levalloisien, 30^{c} d'entrée, où seront invités quelques "intellectuels" de la bande Pressensé.[6] – Plusieurs dreyfusiens de Paris (dont Brulat,[7] Briand de la Lanterne,[8] etc.) font partie du groupe, et nous avons atteint ce soir le chiffre de 50. – Le jour de la décision de Zurlinden, voici ce que je voulais faire: rédiger et signer tous une injonction polie au général de s'incliner devant la Cour de Cassation[9] et de donner sa démission. Puis, cela étant fait, de porter nous-mêmes le factum, en corps, au Gouvernement de Paris, (Dimanche dernier, vers les 5^{hes} de l'après-midi) en demandant à le voir *lui-même* et, devant le refus certain de nous recevoir, en refusant de nous en aller, *jusqu'à ce qu'on nous expulsât par la force*... Jugez du joli chahut dans les feuilles du lendemain, – même au prix de quelques heures passées au poste. Un retard fortuit de notre réunion de la semaine dernière m'a empêché de réaliser mon idée, car, ce soir, il était trop tard. Je n'aurais plus réussi à entraîner la 20^{ne}

de types résolus nécessaires. Mais ce sera pour la première gaffe que fera l'Etat-Major.

Elle est assez bonne, n'est-ce pas, voilà un Paul Alexis que vous ne connaissiez guère et qui, (par sympathie pour notre député Renou, et par reconnaissance pour certaine lettre d'Allemane, le premier socialiste qui vous soutint, lors de votre procès,)[10] est depuis un mois "membre du Parti-Ouvrier!!!"[11]

Pour que ce soit tout à fait rigolo, il faudrait être un brin orateur. On le devient, dit-on: mais rassurez-vous, ce n'est pas encore fait.[12]

Connaissez-vous *La Volonté*,[13] concurrence au *Journal* et à l'*Echo*. Des jeunes. On prétend qu'ils ont 1.500.000 F. Ils font un plébiscite à 2 degrés pour nommer "un prince de la prose." Les réponses du "peuple", le résultat n'en sera connu et publié que le 10 Déc.ᵉ et vous y avez la majorité.[14] Quant aux réponses des confrères (ci-inclus *la mienne*)[15] vous y êtes en ballotage avec Anatole France que la *Volonté*, pour des raisons de boutique, me semble favoriser. Et que de palinodies, de lâches circonspections dans force réponses Celle de Céard, une merveille d'hypocrite mufflisme: "Le prince de la prose, d'après Zola lui-même, c'est... *le capitaine Dreyfus*!"[16] Je vous envoie aussi un excellent article de tête, paru dans la *Volonté* de ce matin.[17]

Et quand reviendrez vous? Pour moi, en somme, c'est *fini* normalement. L'admirable Cornély de ce matin, en réponse au punch d'adieu du G.ᵃˡ Mercier,[18] est significatif et me semble un bilan de l'état actuel de l'Affaire. En résumé, d'ici au 12 Décᵉ, date de la réunion du Conseil de guerre, votre sort va sans doute se décider. Pour ma part, j'espère très fortement que l'on pourra réveillonner ensemble. Et, à la place de la Cour de Cassation, je ne manquerais pas de vous citer comme témoin pour vous demander les causes morales de votre lettre *j'accuse*.[19] Vous n'auriez qu'à vous incliner et à venir déposer... ce que je doute fort que fasse ces jours-ci le sieur Dupaty de Clam.[20]

A vous de tout coeur

Paul Alexis

1 C'est-à-dire la lettre du 6 novembre 1898 (*Corr.*, 813–14) que Zola avait envoyée d'Angleterre à son ami, en réponse à une lettre non-retrouvée d'Alexis. Nous sommes en pleine Affaire Dreyfus. Le romancier se trouve en exil depuis le 18 juillet et ne rentrera en France que le 5 juin de l'année suivante.

"Je ne vous écris guère, dit-il à Alexis, que pour vous dire que je me porte bien et que je travaille, car je vis ici loin de tout, ne connaissant les événements qu'au bout de vingt-quatre heures. [...] Voici bientôt quatre mois que je me trouve violemment arraché de mes habitudes de cœur et d'esprit. J'en ai assez, il faut que cela cesse. L'exil n'est plus possible, avec l'hiver qui commence. Aussi, me voilà à compter les jours, dans l'attente heureusement certaine de la victoire. [...] Ce qui m'aide à patienter, c'est le désir que la monstrueuse affaire soit toute entière enterrée, et à jamais." Cf. C.A. Burns, "Zola in Exile," *French Studies*, XVII (1963), 14–26; E.A. Vizetelly, *With Zola in England* (London: Chatto & Windus 1899); E. Zola, "Pages d'exil," éd. C.A. Burns, *Nottingham French Studies*, III (1964), 2–46, 48–62 (*O.C.*, XIV, 1125–79).

2 Depuis quatre ans les Alexis habitent Levallois-Perret, au numéro 70 de la rue de Villiers.

3 L'œuvre paraîtra en février 1901 (lettre 227, n.3).

4 *L'Aurore* du 30 novembre 1898 portait cette annonce: "Levallois-Perret. – Comité

Vérité-Justice-Liberté. – Réunion, à huit heures et demie très précises, salle Mézerette, 36, rue Gravel. La tournure que prennent les événements, la sit ation particulièrement grave que, par ses haines et avec la complicité d'un gou nement lâche, le haut commandement militaire nous prépare, exigent de tous les amis de la justice et de la vérité un redoublement de vigilance. C'est dire que nous comptons absolument sur tous à cette importante réunion."

5 Accusé d'avoir forgé le fameux 'petit bleu', le lieutenant-colonel Georges Picquart (1854–1914), chef du Service des renseignements, avait été arrêté le 13 juillet 1898. Une protestation publique fut organisée contre la décision du général Emile Zurlinden (1837–1929), ministre de la Guerre, de faire passer Picquart en conseil de guerre plutôt que devant un tribunal civil. Le 8 décembre la Chambre criminelle de la Cour de cassation octroya une suspension d'instances pour sortir de l'impasse. L'accusé resta en prison jusqu'au 9 juin 1899.

6 Francis-Charles Dehault de Pressensé (1853–1914) député et président de la Ligue des Droits de l'homme, fondée en 1898, à l'occasion de l'Affaire Dreyfus.

7 Paul Brulat (1866–1940) fut un des premiers apôtres de la révision du procès Dreyfus. Parmi ses publications citons *L'Affaire Dreyfus, violence et raison* (P.-V. Stock 1898) et l'*Histoire populaire d'Emile Zola* (Librairie Mondiale [1908]). Voir à l'app. G:1 une lettre inédite de Brulat à Zola, datée du 14 juin 1892, où il raconte au Maître ses premières impressions, assez curieuses, d'Alexis.

8 Pour *La Lanterne*, voir la lettre 37, n.19. – Député de la Loire, Aristide Briand (1862–1932) était co-fondateur, avec Jean Allemane (1867–1917), député de la Seine, du Parti Socialiste en France.

9 Elle avait agréé, le 29 octobre 1898, la demande en révision de l'Affaire Dreyfus.

10 Le 23 février 1898 Zola avait été condamné, par la Cour d'assises de la Seine, à un an de prison et à trois mille francs d'amende. Cf. *Le Procès Zola devant la Cour d'assises et la Cour de cassation*, 2 vols. (Stock 1898).

11 "Eh bien! mon vieil ami, écrit Zola le 11 décembre, vous voilà donc lancé sur la mer orageuse de la politique! J'ai lu dans *L'Aurore* que vous présidiez des réunions où l'on acclame Picquart, et où l'on vote la destruction des conseils de guerre. Qui aurait dit ça de nous, si dédaigneux de la rue, sur notre roc littéraire? Nous allons décidément finir en soldats de la révolution" (*Corr.*, 817).

12 Cf. la lettre 220

13 Brulat avait déjà écrit à Zola au sujet de ce quotidien dans une lettre datée du 11 octobre 1898: "Vous savez peut-être qu'il se fonde à Paris un grand journal littéraire et politique, *La Volonté*, dont le premier numéro paraît le 17 de ce mois. Le journal est très riche. Il a déjà fait 500.000 francs de réclame avec ses affiches, à Paris et dans toute la France – et il occupe un très beau local, 8, place de l'Opéra. Ce journal sera un journal de jeunes, une œuvre de renaissance et de régénérescence et qui défendra énergiquement votre cause, c'est-à-dire la cause de la vérité et de la justice. Le fondateur, Jacques Daurelle, qui est un de mes meilleurs amis, m'y a fait une situation importante" (B.N., MSS, n.a.f.24512, fols.117–117ᵛ).

14 C'est le 21 décembre 1898 que le journal publie le bilan des suffrages des lecteurs: Emile Zola: 2357; Anatole France: 1723; Pierre Loti: 443; Octave Mirbeau: 426; Paul Adam: 225; Maurice Barrès: 130; divers (Paul Bourget, André Theuriet, Pierre Louys, J.-K. Huysmans, François Coppée, Léon Bloy, Jean Jaurès, Joséphin Peladan, Georges Clemenceau): 218; total: 5522 voix.

15 "C'est *Lui*, parbleu! Prononcer son nom? Tous ceux qui pensent, tous ceux qui lisent, l'ont déjà reconnu, salué. Prince incontesté de la Prose française, à cinquante-huit ans sonnés, par enthousiasme pur et amour héroïque de la vérité, ne s'est-il pas montré plus jeune que 'les jeunes' en sortant le premier de la Tour d'ivoire où, inutile à la besogne du siècle, sommeillait la Littérature?" (*La Volonté*, 27-XI-98)

16 Voici le texte intégral de la réponse de Céard, reproduite dans le numéro du 18 novembre: "Quel est le prince des prosateurs? Il me semble que cette question est résolue depuis le 16 juillet 1898. En effet, à cette date, dans une lettre publiquement adressée à M. Brisson, M. Emile Zola, parlant d'Alfred Dreyfus, écrivait ceci: 'Et ses lettres, vous ne les avez donc pas lues! Elles sont admirables. Je ne connais pas de pages plus hautes,

plus éloquentes… et plus tard elles resteront comme un monument impérissable, lorsque nos œuvres à nous écrivains, auront peut-être sombré dans l'oubli.' D'où nous devons logiquement et respectueusement conclure que *Alfred Dreyfus* est le Prince des Prosateurs."

17 L'article, simplement intitulé "Zola," est signé de Georges Bourdon. On y parle de l'auteur des *Rougon-Macquart* comme du plus grand prosateur vivant, bien supérieur à Anatole France. Bourdon défend également l'attitude courageuse qu'avait prise le romancier dans l'Affaire: "Pourquoi ne pas dire aussi la pensée qui m'obsède, et refuser à cette magnifique apostrophe de *J'accuse*! la place qui lui revient dans l'œuvre et dans la vie de Zola? Ah! les chacals ont hurlé, et les drôles se sont tordus sous le crépitement de leur chair. […] Et Zola fut condamné par l'opinion avant de l'être par une parodie de justice dans un simulacre de prétoire. Pauvres moutons geignants et tondus, triste peuple d'âmes vides, cœurs flétris et desséchés!… Ils n'ont pas compris qu'un grand acte venait de s'accomplir, et le monde n'a pas tressailli devant cette fortune insigne: la Vérité qui se dresse, un homme libre qui se lève. […] Par cet acte, l'œuvre est désormais scellée. Par lui, vingt-cinq volumes de haute littérature s'illuminent de la clarté dernière. Par lui, Zola s'est haussé à la conscience totale de son être et l'harmonie de sa vie est parachevée (*La Volonté*, 1-XII-98).

18 A l'occasion de la retraite du général Auguste Mercier (1833–1921), ministre de la Guerre de 1893–5 et responsable de l'arrestation de Dreyfus (le 15 octobre 1894), un punch lui avait été offert le 29 novembre 1898 dans le hall de la Bourse du commerce du Mans. Jean-Joseph Cornély, ayant pris vigoureusement parti comme révisionniste, écrivit dans *Le Figaro* daté du 1er décembre 1898: "J'admets parfaitement qu'on soit persuadé de la culpabilité de Dreyfus. J'admets aussi qu'on croie à son innocence. J'admets surtout qu'on réclame, qu'on attende et qu'on espère la lumière. Mais, toutes ces opinions étant réservées, il faut vraiment être doué d'une légèreté extraordinaire, il faut totalement manquer de flair pour qualifier d'arguties un débat qui, aux yeux des hommes de bonne foi, porte sur le pivot même de la convention sociale, sur le droit que chacun de nous possède d'être jugé selon les formes convenues, et avec les garanties stipulées. Ce droit, nous l'avons tous acheté par l'abandon de nos droits naturels. Et s'il n'existe plus, il n'y a plus de société" ("Les arguties du général Mercier").

19 La célèbre lettre ouverte, adressée au président de la République, avait rempli toute la première page de *L'Aurore* du jeudi 13 janvier 1898. Cf. H. Mitterand et J. Vidal, *Album Zola*, 278–9; A. Zévaès, *Le Cinquantenaire de "J'accuse"* (Fasquelle 1948); E. Zola, *La Vérité en marche*, O.C., XIV, 921–31.

20 Le lieutenant-colonel Armand-Auguste-Charles-Ferdinand-Marie Mercier, marquis du Paty de Clam (1853–1916), commandant du troisième bureau de l'Etat-Major, fut un des principaux meneurs du jeu dans les manœuvres anti-dreyfusardes au Ministère de la Guerre. C'est lui qui compara l'écriture du bordereau avec celle de Dreyfus et conclut à l'identité des écritures. Après avoir préparé et exécuté l'arrestation de ce dernier, il le soumit à des interrogatoires et à des épreuves, tout en lui cachant les charges qui pesaient sur lui. Zola accusa Du Paty de Clam "d'avoir été l'ouvrier diabolique de l'erreur judiciaire […] et d'avoir ensuite défendu son œuvre néfaste […] par les machinations les plus saugrenues et les plus coupables" (O.C., XIV, 930). Le romancier l'a dépeint dans *Vérité* sous le nom de "frère Fulgence."

219 [Levallois, dimanche] 18 Décembre [18]98

MON VIEIL AMI,

Vos "amis de Paris" (?) m'ont tout l'air de vous avoir donné un pitoyable conseil.[1] – D'abord, qui désignez-vous sous ce vocable? Evidemment pas vos familiers, Fasquelle, Bruneau, Desmoulin, ou le petit cousin Lara,[2] car, il me semble, vous ne pouvez guères compter de leur part sur un avis très personnel. Il doit donc s'agir plutôt de vos amis politiques – Clemenceau,

Labory,[3] Mirbeau etc. (dont les autres ne doivent après tout vous apporter que le reflet) : eh bien, tout en faisant aujourd'hui de la politique, méfions-nous de celle-ci, et comptez l'amitié politique pour ce qu'elle vaut.

Maintenant, après ce préambule parti du cœur, moi qui suis plutôt un sensitif, laissez-moi vous dire mes sensations de Levalloisien solitaire.

Pour être clair et afin que vous puissiez mieux suivre l'enchaînement de mes idées, prenons la chose *ab ovo*.

I. – *Votre départ.* – Après la double merveille de votre acte *J'accuse*...! et de votre glorieux procès, votre départ ne fut pas une faute, certes. Cependant "pour la ligne" et plus encore pour *les conséquences* qui aujourd'hui se continu-ent, il y avait du pour et du contre. Je comprends très bien vos raisons personnelles : ne pas vous laisser étrangler en pleine canicule en l'absence des Chambres, et vous être accordé des vacances, un peu de grand air dont vous aviez considérablement besoin. D'un autre côté, je trouve plausible et in-génieuse l'explication publique donnée par vous dans l'*Aurore* :[4] votre absence, n'est-ce pas, créait une sorte de réserve procédurière, de précaution contre l'étouffement de l'Affaire, et comme une épée de Damoclès sur la tête de l'Etat-Major. Seulement l'inconvénient est que cette raison, bonne pour une élite, restait peu accessible à la tourbe des indifférents. Et puis, le mauvais côté ultérieur, c'était l'incertitude dans laquelle vous voilà aujourd' hui : dame! lorsqu'on est sorti, il faut bien finir par rentrer. Et c'est cette rentrée-là qu'il s'agit de faire chicquement.

II. – *De votre départ à aujourd'hui.*

Quand se produisit le fait nouveau (aveux de suicide d'Henry),[5] peut-être enclin à l'optimisme, je me suis dit: "L'Affaire est *virtuellement* finie... Après ce coup de lumière, tout ne va pas aller tout seul, mais le résultat est désormais certain." Et pensant aussitôt à vous: "Le veinard! *Il pourrait presque rentrer aujourd'hui: ce sera pour Octobre*..."

Ensuite, quand la révision fut décidée, une révision sérieuse faite par la Cour de Cassation elle-même : "Enfin! nous avons une justice en France!... cette fois, il va rentrer!..." Cependant, la chute de Brisson et la composition du ministère Dupuy[6] m'ont vite expliqué votre *statu quo*. En effet, comme tout s'enchaîne, le jésuitisme de Dupuy-Fraissinet[7] ayant amené l'impasse de l'antagonisme des deux juridictions (civile et militaire) vous avez dû attendre encore. La décision de la Cour éventra heureusement l'impasse. – Conclusion: pas encore de temps perdu, car les divers retards successifs ne sont que la conséquence des événements et la suite forcée de la décision initiale prise en sortant du palais de justice de Versailles.[8]

III. – *Il faut rentrer.* – Il n'y a certes pas péril en la demeure puisque la Cour de Cassation en aurait encore pour six mois (d'après une récente interview de Mazeau, de Loew – *Journal*.)[9] Cette perspective, votre rentrée, a beau terrifier vos amis, il faut tout de même s'y préparer, parce que Estherhazy, lui, ne rentrera pas,[10] et Dupaty de Clam sans doute non plus. Il faut rentrer parce que nous avons enfin une justice en France, la Cour de Cass.[n] l'a déjà quatre fois prouvé. Il faut rentrer, parce qu'ici votre sûreté personnelle ne sera pas plus menacée maintenant qu'elle ne l'a déjà été dans une période autrement aiguë, (dans une prison civile, si vous en faites un peu, j'ose espérer que vous courrez encore moins de danger qu'en ville.) Il faut rentrer... parce qu'entre les lignes de votre dernière, on devine que vous ne pensez qu'à ça, que vous en brûlez d'envie et que vous ne vivez plus dans votre exil, où vous commencez à vous sentir bien plus en prison que vous ne pourriez l'être ici.[11] Il faut rentrer parce que... tenez! l'autre samedi, à la salle Chaynes, dans cette belle réunion Duclaux,[12] Pressenssé, etc. où l'on criait autant de "Vive Zola!" que de "Vive Picquart!" (et où la personne physique de Déroulède[13] fut sauvée par un admirable discours de Sébastien Faure[14] clouant au pilori les idées du grotesque patriote), je me disais: "Quelle merveilleuse chose si, au lieu de Déroulède, tout à coup, sans qu'on s'y attende, Zola apparaissait, arrivant de la gare du Nord...!"

IV. – *Comment faut-il rentrer?* – Oh! ici, n'ayant pas à mon service les renseignements de vos amis politiques (s'ils en ont?) je ne puis recourir qu'à mon humble jugeotte, à mon instinct. Et mon instinct me ramène à ce que j'entrevoyais déjà dans ma précédente; mais ça se précise aujourd'hui et ça me semble devenu très praticable:

Voici. Votre départ ayant eu un prétexte juridique, il faudrait que votre retour fût aussi juridiquement justifié.

Quoi de plus simple que Me Mornard[15] demande à la Cour de Cassation qu'elle vous cite comme témoin, –et ce à un moment bien choisi– par exemple au lendemain du jour où M. Dupaty de Clam ferait défaut?

Zola se rendant à l'appel de la justice de son pays, quand les fripouilles refusent de comparaître, n'est-ce pas indiqué et accessible à tous. – j'ai dit et... c'est Clair!

Bien affectueusement à vous

Paul Alexis

P.S. Dans tous les cas, comment votre retour pourrait-il "compromettre la cause?" Ça m'échappe. Je sais, au parquet, les Bertrand, Folliolay[16] etc. n'étant guères pour vous, pourraient tenter, si vous rentriez et lorsque vous ferez opposition à votre condamnation par défaut, de recommencer dare dare votre procès: mais le pourront-ils? Il me semble que la parole est à la Cour de Cassation, qui, ayant su se garer de la diversion du procès Picquart, saura aussi se garer de la diversion du procès de la veuve Henry,[17] et ne manquerait pas de faire reculer le vôtre, de procès, si on tentait de le rouvrir. – M. Forichon,[18] 1er président, laissé là par Brisson, ne manquerait pas de contenir le zèle des Bertrand-Folliolay. – Oui, il n'est pas possible qu'à côté de la révision en silence, sérieux et scientifique de la Cour de Cass.n, on laisse se produire le vacarme d'une révision en public écourtée, forcément gueularde et superficielle de Cour d'Assises... Car, cette fois, que diable! la question *serait posée*... Et comment renouvelleraient-ils le truc Pellieux?[19]

P.P.S. En dehors de ça, peu de chose... *Vallobra*-roman marche, mais bien lentement. La pièce, reçue par Antoine,[20] mais pas pour cet hiver, hélas! vu les circonstances...

A Sté des G. de L., – où ai vu avec plaisir que vous veniez d'être rapporteur d'une réception,[21] je me suis amusé aussi – en écrivant une belle lettre à Houssaye[22] voici 15 jours: "sans renier en rien mes amitiés,... et en trouvant que M. D...[23] fait de plus en plus tache, en continuant à vice-présider un Comité dont fait partie M. Zola... etc. je pose ma candidature au prix Chauchard..."[24] N'ayant d'ailleurs aucun espoir –il y a 2 autres candidats: *Louis Hénaut* et les *Margueritte*[25]– je n'ai fait aucune visite à l'appui, et me suis contenté d'avertir par un mot Reibrach et Lavedan, et de Nion,[26] avec lesquels je suis plutôt bien. (Pour les deux prix de 1000^{frs}, il n'y a que 18 concurrents!!!)

Et l'Acadm. Goncourt?[27] On dit qu'elle se fera... Je ne suis pas encore allé interviewer Hennique. Et j'irai voir Huysmans aussi: son candidat de cœur est... Rodenbach,[28] mais on m'a affirmé que sur l'autre (le jeune Descaves) il n'est pas irréductible et que... il a conservé un très amical souvenir de moi parmi les Médanistes, tandis qu'il dit "ce Céard" et a Hennique dans le nez.

P.P.P.S. Et voilà... veinard que vous êtes d'avoir pondu un demi roman ...[29] (après tout, voilà l'important.) Et moi qui, ayant à achever 3 et 1/2 treizièmes du mien (soit 7 vingt-sixièmes) n'en sors plus, je vous envie. Et *si* je vous disais que... *si* on m'allouait un prix ou un accessit Chauchard et *si* vous aviez besoin d'un compagnon d'exil, (mais combien de *si*,) je ne rêverais que d'aller auprès de vous diminuer mes sept vingt-sixièmes... Mais voilà... les rêves ne se réalisent que dans le *Reve*... celui de vos bouquins qui ressemble le moins à la vie.[30]

1 Zola avait écrit à Alexis de son lieu d'exil le 11 décembre: "Nos amis de Paris m'écrivent des lettres terrifiées, en réponse au désir que je leur témoigne de rentrer. Ils me disent qu'il n'en va pas seulement de ma sûreté personnelle, mais que je compromettrais sûrement la cause" (*Corr.*, 818).

2 C'est-à-dire le docteur Jules Larat. – Le graveur et dessinateur Fernand Desmoulin (1853–1914) exécuta les six portraits des auteurs des *Soirées de Médan* qui illustrent l'édition de luxe de 1890. Voyageant entre Paris et Londres, il exerça les fonctions de messager privé de Zola lors du séjour en Angleterre. – Le musicien Alfred Bruneau (1857–1934) composa plusieurs drames lyriques sur des textes de Zola. Le premier, *Le Rêve*, date de 1891. Sur la collaboration Bruneau-Zola, consulter A. Bruneau, *A l'ombre d'un grand cœur. Souvenirs d'une collaboration* (Fasquelle 1932); L.A. Carter, *Zola and the Theater*, 170–203; E. Zola, *Œuvres complètes*, xv, 519–31.

3 Fernand Labori (1860–1917), l'avocat de Zola en 1898 et de Dreyfus en 1899. Cf. les *Lettres à Maître Labori (1898–1902)* de Zola, publiées en appendice à la *Correspondance*.
    Georges Clemenceau (1841–1929), le futur ministre de la Guerre et président du Conseil en 1917, fut celui qui, en sa qualité de rédacteur en chef de *L'Aurore*, avait donné à la lettre de Zola le titre provocateur: "J'accuse!" Son frère, Albert Clemenceau (1861–1927), défendit, avec Labori, le romancier lors de ses procès.

4 Cette explication, signée de Zola, avait en fait été écrite par Georges Clemenceau, qui l'avait publiée dans *L'Aurore* du 20 juillet 1898, sous le titre de "Pour la preuve." L'article est reproduit dans *La Vérité en marche*, O.C., xiv, 1102–3.

5 Attaché au Service de renseignements (Section de statistique), le lieutenant-colonel Hubert-Joseph Henry, né en 1846, s'était suicidé le 31 août 1898, après avoir été accusé de la fabrication du document connu sous le nom de "faux Henry."

6 Charles-Alexandre Dupuy (1851–1923) succéda à Eugène-Henri Brisson (1835–1912) comme Premier ministre le 31 octobre 1898. Son cabinet devait tomber le 12 juin de l'année suivante, une semaine après la cassation du jugement de 1894.

7 Charles-Louis de Saulces de Freycinet (1828–1923) était ministre de la Guerre dans le cabinet Dupuy. Il démissionna le 5 mai 1899.

8 La Cour de cassation, où Zola s'était pourvu, avait cassé le 2 avril 1898 l'arrêt de la Cour d'assises du 23 février (lettre 218, n.10). Une nouvelle assignation fut lancée le 11 avril, cette fois par le Conseil de guerre et non par le ministre de la Guerre. Le 23 mai le deuxième procès de Zola fut ouvert dans la Cour d'assises de Versailles. Le 18 juillet l'auteur fut de nouveau condamné, ce qui eut pour effet qu'il s'exila.

9 Numéro du 15 décembre. Le sénateur Charles Mazeau était le premier président de la Cour de cassation. – Louis Loew était président de la Chambre criminelle.

10 L'auteur du "bordereau," Marie-Charles-Ferdinand Walsin-Esterhazy (1847–1923) était passé en Angleterre au début de septembre 1898.

11 Dans la lettre du 11 décembre Zola avait écrit: "Vous êtes bien heureux de pouvoir vous battre à Paris. Je suis ici, las d'être en paix et en toute sécurité. [...] Me voilà [...] cloué pour quelques semaines encore dans mon cloître, où je ne vois personne, où je ne desserre souvent pas les lèvres de la journée. [...] Je ne souffre [...] que d'être séparé de tout ce que j'aime. Tout mon cœur et toute ma pensée sont là-bas, avec vous autres" (*Corr.*, 817–18).

12 Pierre-Emile Duclaux (1840–1904), professeur de chimie biologique à la Sorbonne, directeur de l'Institut Pasteur, fut un des fondateurs de la Ligue des droits de l'homme et du citoyen.
   Un grand meeting, sous la présidence de Duclaux, avait eu lieu le 10 décembre, à la salle Chaynes (12, rue d'Allemagne), en l'honneur de Picquart. L'ordre du jour: "La Justice militaire." (Voir P. Boussel, *L'Affaire Dreyfus et la presse* [A. Colin 1960], 201.)

13 Paul Déroulède (1846–1914), poète et homme politique, président de la Ligue des patriotes

14 L'anarchiste Sébastien Faure (né en 1858) donna souvent des conférences, dont la violence le fit emprisonner. En 1892 il avait fondé le journal *L'Agitation* à Marseille.
   "Ce qui prouve que nous avons raison, avait-il dit dans son discours à la salle Chaynes, c'est la rage de nos adversaires. Si nous avions tort, ils seraient calmes. Leur rage démontre qu'ils n'ont point d'arguments à nous opposer." S'adressant à Déroulède, l'orateur poursuivait: "Quand une cause, qui ne résiste pas à l'examen, a pour principal avocat un avocat aussi ridicule... [Protestation de Déroulède] Vous protestez, monsieur, mais vos journaux nous jettent tous les jours la suprême injure ou nous traitent de vendus, et vous ne protestez pas. [...] Le fossé qui existe entre nous, c'est vous, ce sont les vôtres qui l'ont creusé. Nous ne voulons que la justice." En terminant Faure adjure la salle d'écouter Déroulède, ce à quoi elle consent (G. Laporte, "Le meeting de la Salle Chaynes," *L'Aurore*, 11-XII-98).

15 Le criminaliste Henry Mornard (1859–1928) plaida à l'instance de la première révision de l'Affaire Dreyfus devant la Cour de cassation. C'était lui qui avait soutenu devant la même Cour, le 31 mars 1898, le pourvoi de Zola contre l'arrêt rendu par la Cour d'assises de la Seine (voir plus haut la note 8).

16 Le secrétaire d'Alexis veut dire sans doute Marie-Guillaume-Germain Feuilloley, procureur de la République en 1898, puis avocat-général près la Cour de cassation à partir du 1er juillet 1899. – Edmond Bertrand était le procureur général au procès Zola.

17 Berthe-Amélie Henry (née Bertincourt) intenta un procès à Joseph Reinach, à la suite d'une série d'articles de celui-ci dans *Le Siècle* en novembre et décembre 1898, où il avait accusé Henry de complicité avec Esterhazy. Reinach fut condamné le 2 juin 1902 à mille francs de dommages-intérêts, à payer à la famille Henry par lui et par *Le Siècle*.

18 Emile Forichon (1848–1915), premier président à la Cour d'appel

19 Le général Georges de Pellieux (1852–1900) présida l'enquête sur les dénonciations d'Esterhazy par Mathieu Dreyfus. Esterhazy fut acquitté le 11 janvier 1898. Deux jours plus tard parut "J'accuse!" L'assignation que reçut Zola à la suite de son libelle portait sur les seules accusations faites contre le Conseil de guerre de l'affaire Esterhazy. De cette façon le procès Dreyfus de 1894 ne fut pas mis en cause.
   C'est au général de Pellieux que Zola adressa ces paroles, maintenant célèbres, prononcées le 11 février 1898, au cours de son procès en Cour d'assises: "Je demande au

général de Pellieux s'il ne pense pas qu'il y ait différentes façons de servir la France. On peut la servir par l'épée et par la plume. M. le général de Pellieux a sans doute gagné de grandes victoires. J'ai gagné les miennes. La postérité choisira entre le nom du général de Pellieux et celui d'Emile Zola" (citées par A. Lanoux, *Bonjour, Monsieur Zola* [Amiot-Dumont 1954], 315).

20 Voir la lettre 215, n.3

21 A la séance du 7 novembre 1898 de la Société des Gens de Lettres madame Génu de Régiol avait été élue sociétaire sur le rapport de Zola.

22 Henry Houssaye (1848–1911), président de la Société

23 L'historien Alfred Duquet (1842–1916) était anti-dreyfusard.

24 Le philanthrope Alfred Chauchard (1821–1909) était l'un des fondateurs des magasins du Louvre, en 1855. Les prix Chauchard de la Société des Gens de Lettres étaient de deux catégories: la première, composée de prix ayant un caractère essentiellement littéraire; la seconde, de prix ayant de plus un caractère de bienfaisance. Les prix de la catégorie littéraire étaient divisés ainsi: 1° Un prix de trois mille francs, attribué à un sociétaire, soit pour une œuvre de valeur méritant d'être récompensée, soit pour l'ensemble de ses œuvres et de sa vie littéraire; 2° Deux prix de mille francs chacun, décernés dans les mêmes conditions.

25 Les frères Margueritte, Paul (1860–1918) et Victor (1866–1942), écrivirent de 1896 à 1908 de nombreux romans en collaboration. Les quatre volumes d'*Une Epoque* (Plon-Nourrit 1898–1904) furent inspirés par *La Débâcle.*

Louis Enault (1824–1900) écrivit des récits de voyage, des critiques d'art et des romans. Le 19 décembre 1898 la Société des Gens de Lettres lui décerna le prix Chauchard de trois mille francs.

26 François de Nion (1854–1923), Henri Lavedan (1859–1940) et Jean Chabrier, dit Reibrach (1855–1927), furent à cette époque-là membres du comité de la Société.

27 Lorsque le testament d'Edmond de Goncourt fut entériné le 5 août 1897, il ne restait encore en vie que sept "académiciens," sur les dix prévus par Edmond; c'étaient Huysmans, Mirbeau, les deux Rosny, Hennique, Geffroy, Paul Margueritte.

Au nombre des candidats pressentis pour les trois places vacantes figuraient Alexis, Rodenbach, Barrès. "Quant à la candidature de M. Maurice Barrès, annonçait *Le Cri de Paris* le 3 octobre 1897 (No.36, p.6), ceux qui la soutiendraient avec le plus de plaisir, à cause des liens d'amitié qui les unissent à l'auteur des *Déracinés*, sont ceux-là même qui se doivent à eux-mêmes de ne pas la lancer, au moins cette fois-ci, puisque ce sont eux qui font campagne pour M. Paul Alexis, et mettre ce nom en avant, c'est s'obliger à le soutenir, tellement il serait épouvantable de leurrer cet honnête homme. D'ailleurs, il en est, parmi les académiciens actuels, qui arguent avec raison que Goncourt a fondé son Académie pour venir en aide au talent nécessiteux et, sinon farouche, du moins indépendant. Or, choisir M. Barrès, c'est justement prendre un littérateur fortuné et académicien-français nécessaire. On trouve même qu'il y a déjà trop de 'riches' dans l'Académie et M. Rodenbach, encore bien plus que son état civil flamand, a contre lui ses trente mille livres de rentes."

Les élections n'eurent lieu que le 7 avril 1900 et ce furent Léon Daudet, Elémir Bourges et Lucien Descaves qui complétèrent l'Académie Goncourt. Sur la candidature d'Alexis, voir la lettre 222, n.7. Cf. également L. Deffoux, *Chronique de l'Académie Goncourt* (Firmin-Didot 1929); J.-H. Rosny, *L'Académie Goncourt* (Crès 1927).

28 Le poète belge Georges Rodenbach, né en 1855, s'établit à Paris à partir de 1876. Il y collabora à la *Nouvelle Revue*, la *Revue blanche*, le *Mercure de France*, etc. Il se lia d'amitié avec Goncourt, Mallarmé, Verhaeren. Candidat à l'Académie Goncourt, il mourut le 25 décembre 1898.

29 L'auteur des *Trois Villes* avait écrit à Alexis le 11 décembre: "Je n'ai ici qu'un ami, mon roman sur le chantier, qui est un bon compagnon. Je vais en avoir fait la moitié, et j'ai donné un rude coup de collier, car c'est un gros morceau, un vrai monde, qui n'est pas commode à mettre debout" (*Corr.*, 818). Il s'agit du premier des *Quatre Evangiles*: *Fécondité.* Le roman paraîtra dans *L'Aurore* du 15 mai au 4 octobre 1899, puis en librairie chez Fasquelle.

30 Le jour de la publication du premier feuilleton de ce roman dans la *Revue illustrée* (1er

avril au 15 octobre 1888), Trublot écrivait: "Après la *Terre*, – le *Rêve*! Après c'qu'est en bas, sous nos pieds, c'qui flotte par d'là les nuages bleus! Comm' je m'étais cousu la bouche, crainte d'en dire trop long, on a p't-être cru qu'c'titre antithèse était une blague inventée par mézigue. Mais mézigue plaisant jamais avec les choses sérieuses. [...] Donc, c'coup-ci, l'auteur des *Rougon-Macquart* est en train d'en pondre un pour les jeunes filles. [...] Dans c'bouquin, l'zig Zola s'est offert un malin plaisir d'donner tout c'que les bêcheurs lui r'fusent et lui nient: simplicité de sujet et de style, psychologie, préoccupation de l'*au-delà*, etc. Toutes les herbes de Saint-Jean, quoi! Bref, l'bouquin d'protestation et d'intention que les cinq p'tits cornichons les ceusses qu'ont voulu dénigrer la *Terre*, auraient dû faire –et s'raient incapables d'faire– Mimile l'a pondu lui-même... Histoire d'se délasser un brin" ("*Le Reve*," *Le Cri du Peuple*, 2-iv-88).

220 [Levallois] Dimanche 15 Janvier [18]99

MON CHER EMILE,

Malgré une véritable tempête atmosphérique – et malgré aussi le départ pour Toulouse de Mirbeau, de Presencé et Quillard,[1] qui seraient venus, – tout s'est admirablement passé.[2] La salle, étant pour 75 couverts, nous avons dîné 81. – Mon petit discours? L'*Aurore* vous en a donné le résumé.[3] La vérité est que, indécis comme toujours, j'en avais écrit trois différents, sans en apprendre aucun par cœur; et, au dernier moment, je me suis décidé à les condenser tous les trois en improvisant, c'est-à-dire sans chercher à trop me rappeler mes phrases. Quant au passage de votre lettre intime,[4] c'est après avoir lu celle-ci à Duclaux pendant le dîner et avoir pris son avis, que je me suis décidé à en citer la phrase en question que le reporter de l'*Aurore* a reproduite de mémoire... et qui a été formidablement applaudie. – Duclaux, pas beaucoup plus orateur que moi,[5] s'en est également bien tiré par une intéressante causerie. Mais celui que l'*Aurore* aurait dû reproduire *in extenso*, c'est incontestablement Renou, notre député, un simple tailleur de pierre, qui est un très grand orateur... Et c'est lui qui, à la fin, lorsqu'un autre membre du Parti Ouvrier, le citoyen Hardy, a fait décider qu'on vous envoyât une adresse officielle, a repris la parole pour que le souvenir de votre père François Zola[6] soit associé à la dite adresse.

En somme, c'est un incontestable succès[7] et, une autre fois, il nous faudra faire plus grand, c'est-à-dire faire quelque chose à *Paris*! C'est même ce que je voulais faire dès cette fois et je regrette un peu que l'avis des "Levalloisiens" ait prévalu, car, à Paris notre banquet *J'accuse* eût certainement réuni 500 couverts et obtenu une tout autre portée.

Hier soir, dîné chez Paul Reibaud, mon cousin, chef de bureau à la Justice. Ses tuyaux sur l'Affaire, très rassurants. La veille, cependant, les bruits de démission de deux membres de la Chambre criminelle l'avaient ému autant qu'indigné. Mais ce n'était qu'une fausse alerte – Q. de Beaurepaire[8] n'était qu'un fou, détesté par les membres de sa propre Chambre et dont le départ n'est nullement regretté. Les conseillers de la Cour, en somme, sont de braves gens ayant achevé leur carrière et sur lesquels on ne peut faire de pression. Leur opinion est depuis longtemps faite; mais les principaux témoins étant déjà entendus, ils en sont à l'examen des pièces: bordereau et dossier secret.[9] Selon Reibaud toujours, leur jugement rendu fin Février[10] se bornera à innocenter Dreyfus, par des attendus très complets et très catégoriques, mais en laissant le "mérite" de l'acquitter au Conseil de Guerre qui sera ensuite réuni (et que Freycinet se serait engagé à choisir dans les conditions d'impartialité désirables.)

"–Quant à dénoncer elle-même le véritable traître et à déterminer les responsabilités, il est peu à croire que la Cour de Cassation... Cela vous regarde, vous autres socialistes!"

Et voilà, mon exilé... Je crois que cela sonne la réalité: la justice militaire forcée d'acquitter elle-même, c'est le dénouement à désirer, parce qu'il calmera les passions – et vous aurez un beau retour.

Les miens se joignent à moi pour vous embrasser.

Paul Alexis

1 Le poète et publiciste français Pierre Quillard (1864–1912) était vice-président, puis secrétaire général à la Ligue des Droits de l'homme.
2 Le comité "Vérité-Justice-Liberté" de Levallois-Perret (lettre 218) avait organisé, le 12 janvier 1899, un "banquet Emile Zola," pour fêter l'anniversaire de la publication de "J'accuse." Parmi les lettres manuscrites d'Alexis à Zola se trouve un billet d'entrée à ce banquet, numéroté 0561. On lit au dos du billet le texte suivant, écrit par une main inconnue: "Ont parlé, dans l'ordre suivant: P. Alexis, Delaporte (lecture des lettres d'absents), Duclaux, Renou, P. Vibert, Armand Charpentier, Brulat, Félix Gaborit, Corlieu, Wilm, Lembrey, Hardy, Boidin, Lenormand" (B.N., MSS, n.a.f.24510, fol.355–355^{v}).
3 "Il y a un an, quelques brigands et plusieurs scélérats étaient dans la joie. Esterhazy venait d'être acquitté. Et, à la même heure, une équipe de 'typos' composait dans les ateliers de l'*Aurore* cette admirable lettre qui devait faire trembler les misérables et réfléchir les honnêtes gens. Et, à ce sujet, permettez-moi de rappeler un souvenir personnel.
"Le 6 janvier 1898, Zola et moi remontions à petits pas la rue d'Amsterdam. Il était cinq heures du soir, et la nuit était tombée. Nous causions de l'affaire. J'arrivais de Marseille [...]. J'étais persuadé que le Uhlan serait condamné par le conseil de guerre. Et Zola me dit: –Il sera acquitté. Puis il ajouta: J'en suis tellement convaincu que dès demain je vais me mettre à écrire une lettre au président de la République. Cette lettre, nous la connaissons.
"Comme je me montrais un peu surpris de cette prophétie, il reprit: –J'ai bien réfléchi; et j'ai senti passer le coche. Depuis, tous ont senti passer le coche. Les uns ont quitté le laboratoire, les autres l'hôpital, d'autres encore leur chaire et sont allés vers le peuple. Sans doute le peuple avait besoin d'eux. Mais ceux qu'on a appelé ironiquement des intellectuels avaient besoin davantage encore du peuple, de sa force, de sa santé.
"Avant de porter la santé de l'absent, laissez-moi vous dire que j'avais sollicité de lui quelques mots à votre intention. Il s'y est refusé. Dans une lettre personnelle qu'il m'a écrite, il me dit qu'il s'est juré de ne plus rien dire ni écrire jusqu'à ce que la vérité soit connue. Je citerai cependant cette phrase: –Si au lieu de cette lettre toute intime je vous envoyais même deux lignes que vous liriez au public, je croirais manquer à mon serment et gâter mon cas. Les morts ne parlent point et je suis comme Lazare, un mort, tant que la trompette de la justice ne m'aura pas réveillé.
"Je lève mon verre au grand exilé, à Emile Zola" (*L'Aurore*, 13-1-99).
4 La voici, datée du 8 janvier 1899, en réponse à une lettre d'Alexis qui n'a pas été conservée: "Mon vieil ami, je suis vraiment désolé de ne pouvoir vous être agréable, en faisant ce que vous me demandez. Mais c'est un serment que j'ai fait, je ne veux pas faire acte public en France, tant que la justice ne sera pas victorieuse; et vous savez ce que j'entends par là. Je rentrerai, je ressusciterai plutôt, lorsque la justice elle-même rentrera, ressuscitera.

430

"Donc, si, au lieu de cette lettre toute intime, je vous donnais deux lignes seulement pour être lues en public, je croirais manquer à mon serment et gâter mon cas. Les morts ne parlent pas. Et je suis, comme Lazare, un mort, tant que la trompette sacrée de la justice enfin triomphante ne m'aura pas réveillé. [...]" (*O.C.*, XIV, 1515–16).

5 Denise Le Blond-Zola raconte une anecdote amusante au sujet d'Alexis conférencier: "D'avoir été président d'un comité à Levallois-Perret et comme tel d'avoir eu l'obligation de prendre la parole en public, n'avait pas donné à Alexis l'aisance d'un conférencier mondain. Désirant faire plaisir à de jeunes amis, vaguement flatté d'être distingué par eux comme un littérateur digne de leur attention, il n'avait pas résisté à leurs insistances. Mais, voyant approcher l'heure de la conférence et pris d'une véritable angoisse, il cherche divers prétextes pour s'éloigner, entre autres celui de la nécessité absolue où il était de s'absenter pendant quelques secondes. On se méfiait un peu de lui. Comment s'en tirer? D'autant plus qu'il fallait, pour sortir, traverser la salle où, déjà, s'entassait le public. Pour le retenir, quelqu'un proposa d'aller chercher ... une bouteille et un entonnoir. Lorsqu'on apporta les deux ustensiles, Alexis s'en servit, faisant contre fortune bon cœur; puis, entra aussi bravement que possible, s'assit à la table et commença à entretenir ses auditeurs de la politique au Théâtre et dans le Roman" ("Alexis, Zola et l'époque du Naturalisme," ms., coll. J.-C. Le Blond).

6 Le jour même de la réunion de la Cour d'assises à Versailles, convoquée pour traiter de l'Affaire Zola (le 23 mai 1898), Ernest Judet avait publié dans *Le Petit Journal* une attaque calomniatrice contre le père du romancier. Zola riposta, dans *L'Aurore* du 28 mai, avec l'article "Mon Père." Judet fut condamné le 3 août 1898, pour son article du 23 mai, à deux mille francs d'amende et, avec *Le Petit Journal*, à cinq mille francs de dommages-intérêts. Sur François Zola, cf. J. Dhur, *Le Père d'Emile Zola* (Société Libre d'Edition des Gens de Lettres 1899); H. Mitterand et J. Vidal, *Album Zola*, 1–7, 298–9; R. Ternois, "Les Zola. Histoire d'une famille vénitienne," dans *Zola et ses amis italiens*, 1–33; *La Vérité en marche*, *O.C.*, XIV, 1004–39.

7 Zola remercia son ami le 2 février: "Vous avez [...] parlé de moi avec tout votre cœur, que je connais bien, car vous êtes, comme disait Flaubert, 'un vieux solide,' le plus fidèle entre les amis fidèles. Votre banquet à Levallois m'a beaucoup touché, je vous prie de remercier en mon nom tous ceux qui se sont montrés sympathiques pour moi. C'est en somme un beau succès, et je vous le dois. Il ne m'en est que plus doux" (*Corr.*, 826).

8 Jules Quesnay de Beaurepaire (1837–1923), grand adversaire de Dreyfus, avait démissionné le 8 janvier 1899 comme président de la Chambre à la Cour de cassation.

9 Le "bordereau" était la lettre adressée à Schwartzkoppen (lettre 226, n.1), concernant des armements français. – Le "dossier secret" se composait de pièces ayant rapport à l'Affaire Dreyfus.

10 La cassation du jugement de 1894 ne sera signifiée à Dreyfus que le 5 juin 1899.

221 [Levallois] Vendredi 3 Mars [18]99

MON BRAVE ET GRAND AMI,

Moi aussi je viens d'être paresseux à votre endroit.[1] Mais que voulez-vous? tant d'événements viennent de se succéder coup sur coup depuis une quinzaine. Il y a des moments où la vie marche trop vite: les quelques lignes que l'on voulait écrire le matin sont déjà vieilles le soir. Et, par là-dessus, l'idée que mes lettres mettent deux fois plus de temps à vous arriver...

D'abord, la mort de F.F.,[2] – Si providentielle et mystérieuse. Providentielle, car elle tombe dans l'Affaire tout aussi à pic que celle du Colonel Henry. C'est juste au moment où tout semble perdu comme lors de votre départ – qu'un fait imprévu se produit et change la face des choses. Curieux, dites? Très compromis, dit-on, par la déposition du général Mercier,[3] F.F., dans la coulisse, était certainement la clef de voûte de l'obscure et opiniâtre résistance; et le coup de théâtre de sa disparition me paraît une certitude de succès définitif. – Quant au mystère... une version dit qu'il serait mort chez une dame: "Caseria". Pour *la Libre Parole*[4] il aurait été assassiné par les dreyfusiens! (sic) Mais une autre hypothèse, qui n'a pas été examinée, me hante depuis le 16 Février: ne se serait-il pas assassiné lui-même? Dans tous les cas, si ce n'est qu'un rêve, le beau roman à écrire:

"Dans un ministère Dupuy en 1894 trois ministres lâches: ceux de la guerre et de la marine[5] compromis dans une expédition de Madagascar et le chef de cabinet aussi; alors, tous les trois, par crainte de Drumont et d'une campagne de *la Libre Parole* perdant un Dreyfus, – lâches au point de le faire condamner secrètement. (Cela sans doute avec la complicité d'un Guérin,[6] spécialiste de la Justice, mais entre eux quatre sans rien dire aux autres ministres les petits ni encore moins au Président de la République d'alors). Puis, grâce à ce crime, un des quatre coquins, celui de la Marine, remplace Casimir-Périer[7] et vous devinez le reste: pendant quatre ans, à l'Elysée, au sein des grandeurs, parmi les apothéoses de l'alliance russe,[8] un remords secret chez le F.F. – tout est empoisonné etc. Enfin, la dernière année, ce champignon terrible de l'Affaire, ce prodigieux cancer, plusieurs fois coupé et renaissant toujours, qui terrorise les nuits de F.F. et aboutissant au suicide, – à la veille du jour où, sachant que son complice Mercier a mangé le morceau devant la Cour de Cassation, il comprend que c'est fini et que (malgré la loi de dessaisissement) il va être à jamais déshonoré aux yeux de l'univers, même de l'histoire, et le lâche se supprime avant que son ami le Tsar lui tourne le dos."[9]

Samedi, 4 Mars.

Après mes hypothèses –mes divagations– arrivons à la réalité.

Vu hier soir mon cousin[10] – à votre intention. Quant à l'enquête de la Chambre Criminelle, voici ce qu'il croit savoir: la Cour de Cassation, laissant de côté les questions parallèles telles que la communication des pièces secrètes au 1er Conseil de Guerre etc. – et n'ayant pas pu *prouver* juridiquement la complicité d'Henry avec Esterhazy, prouve victorieusement les trois points suivants.

1° Le bordereau est d'Esterhazy; – 2° toutes les pièces secrètes se rapportant à Dreyfus sont des faux; – 3° toutes les autres pièces secrètes peuvent s'appliquer à n'importe qui aussi bien qu'à Dreyfus.

Quant à l'arrêt de la Cour de Cassation toutes chambres réunies, il croit que (les 3 conseillers Petit, Lepelletier et Crépon[11] étant récusés) la majorité sera d'une dizaine de voix en faveur de la révision, c'est-à-dire, bien entendu, en faveur du renvoi de Dreyfus devant un nouveau conseil de guerre (de l'impartialité duquel Freycinet répondrait).

Quant à Manau,[12] il est probable qu'il tiendra maintenant le coup. "Evidemment mieux vaudrait un homme qui aurait plus d'autorité par la

Cour... Bétolaud[13] par exemple... Mais qui sait en revanche si on ne remplacerait point Manau par un Guérin."

Enfin, il a une excellente opinion de Loubet, homme beaucoup plus résistant qu'on ne suppose. Et il croit à la possibilité d'un prochain cabinet Waldeck-Rousseau[14] – ce qui n'aurait rien pour vous déplaire sans doute.

En résumé, son opinion est que, "avant la mort de F.F. vous n'aviez qu'à vous acheter une maison à Londres... tandis que maintenant vous êtes sûr de pouvoir revenir."

Mais quand reviendrez-vous? C'est la question que je me pose depuis hier. Evidemment, dans mon impatience, je préférerais que ce soit après l'arrêt de la Cour de Cassation. Seulement, hélas! je prévois qu'il vous faudra certainement attendre la décision du Conseil de Guerre final, car avant tout, il est nécessaire, et nous le désirons tous, que vous fassiez une rentrée triomphale.[15]

Bien affectueusement à vous

Paul Alexis

Et je ne vous ai pas parlé de notre orageux meeting du 18 – le jour du Congrès![16] – dans une salle accordée par le maire... Levallois en est encore [...][17] nationalistes locaux avaient été affichées deux heures avant les nôtres.... Le m[...] compris [?] ... 400 sergots sur pied... un duel local et des rixes dans les cafés... Une révolution dans les rues.

1 Le 2 février Zola avait écrit à Alexis: "Je travaille beaucoup, je suis un peu las, et la solitude ne me donne qu'un désir plus grand de solitude, de paix, d'oubli du monde. C'est pour cela que j'écris le moins possible" (*Corr.*, 826).

2 L'anti-dreyfusard Félix Faure, président de la République depuis le 17 janvier 1895, était emporté par une hémorragie cérébrale le 16 février 1899, à la suite d'une visite privée de son amie Mme Adolphe Steinheil (1869–1954), la "Caseria" dont Alexis fait mention dans cette lettre. La mort de Faure provoqua une crise violente: des rixes éclatèrent sur les Boulevards le jour de ses obsèques (le 23 février), où Déroulède tenta d'entraîner les troupes du général Roget vers l'Elysée. Ce fut Emile Loubet (lettre 211, n.2) qui succéda à Faure. Sur les circonstances de la mort de ce dernier, voir Ch. Braibant, *Félix Faure à l'Elysée* (Hachette 1963), 90–101, 294–5.

3 Auguste Mercier déposa deux fois devant la Cour de cassation: le 8 novembre 1898 et le 20 janvier 1899.

4 Numéros du 23 et du 25 février: "L'ont-ils tué?"

5 Mercier et Faure respectivement

6 Eugène Guérin, ministre de la Justice dans le cabinet Dupuy

7 Jean Casimir-Périer (1847–1907), président de la République de juin 1894 à janvier 1895

8 Le 26 août 1897 Félix Faure et Nicolas II, à bord du Ponthuau en Russie, proclamèrent officiellement l'alliance franco-russe dans des toasts devenus historiques.

9 Le 12 mars Zola commentait les suppositions émises par Alexis: "Votre imagination d'un Félix Faure se tuant par remords est bien romantique. On pourrait, en effet, en faire un beau drame shakespearien, comme nous disons. Ce serait Macbeth, ayant voulu devenir roi, et finissant par la demi-folie d'Hamlet, un Hamlet du remords qui irait jusqu'au suicide. Mais je vous assure que, dans la réalité, jamais Félix Faure n'a eu le moindre remords de toutes les abominations qu'il a aidé à commettre. Il a eu très peur, il est peut-être mort de peur, cela est possible. Enfin, sa disparition n'en est pas moins une belle chance de justice; et vous avez raison, quel que soit le drame, il est superbe. Depuis dix-huit mois, l'Histoire travaille pour nous, romanciers" (*Corr.*, 831).

10 Paul Reibaud, chef de bureau au Ministère de la Justice (lettre 220)
11 Théophile Crépon des Varennes, Emile Lepelletier, Charles Petit
12 Le magistrat Jean-Pierre Manau (1822–1908) était procureur-général près la Cour de cassation.
13 Juriste célèbre au barreau parisien, Jacques Bétolaud (1828–1915) était avocat-conseiller de la Préfecture de la Seine. En 1893 il fut élu membre de l'Académie des Sciences morales et politiques.
14 En effet, René Waldeck-Rousseau (1846–1904) devint premier ministre le 22 juin 1899. Il resta au pouvoir pendant trois ans.
15 "Je vous remercie des bonnes nouvelles que vous me donnez après les avoir prises pour moi à la source autorisée. Elles sont très bonnes et me confirment tout ce que je sais. La victoire est certaine, ce n'est plus qu'une question de temps. Mais j'avoue que je m'impatiente un peu et que les continuels retards m'exaspèrent. J'ai renoncé à l'idée de rentrer tant que l'innocence de D. ne sera pas définitivement reconnue. Si donc on le renvoie devant un conseil de guerre, comme cela est à craindre, me voilà ici pour trois grands mois encore" (lettre du 12 mars, *Corr.*, 831). L'auteur de "J'accuse" rentrera en France le 5 juin 1899.
16 C'est-à-dire le Congrès de Versailles, où l'Assemblée nationale avait choisi Loubet comme nouveau président de la République.
    Ce même jour, le Comité "Vérité-Justice-Liberté" de Levallois-Perret avait organisé un "grand meeting public et contradictoire" dans la Salle des Fêtes de l'ancienne mairie de Levallois-Perret. La réunion était sous la présidence de Francis de Pressensé. L'ordre du jour: "Conséquences et enseignements de l'affaire Dreyfus-Picquart. – Le vrai patriotisme" (*L'Aurore*, 18-II-99). G. Laporte en rendit compte dans *L'Aurore* du lendemain: "Au début, ils essayèrent de faire du bruit comme vingt, les quatre perturbateurs. On jeta hors la salle trois d'entre eux, ne gardant que [un seul], pour le forcer à expliquer ses interruptions. Encore aurait-il bien voulu s'en aller. Il l'essaya à deux reprises différentes.
    "Par acclamations, l'assemblée [1500 personnes] avait ainsi formulé son bureau: président, notre collaborateur Francis de Pressensé, assisté des citoyens Hardy, du Parti ouvrier socialiste révolutionnaire, et du citoyen Paul Alexis, membre du Comité Vérité-Justice-Liberté, qui avait organisé la réunion. [Ce dernier], en une courte allocution, explique comment une foule de braves gens, indifférents au début, en sont venus, par amour de la justice, à se passionner pour l'Affaire. Puis, notre collaborateur [...], en un merveilleux discours, exposa l'Affaire de son origine à l'époque actuelle. C'est ce moment que les nationalistes choisirent pour essayer de troubler la réunion. Ce qui leur réussit bien mal. [...] Au dehors, quelques déroulédistes, massés sous la protection de la police, essayèrent d'invectiver les bons citoyens. On n'eut point grand peine à les faire taire. Nos amis sont bien décidés à faire respecter partout où ils iront la liberté de réunion, il faut que les sous-Déroulèdes se le tiennent pour dit" ("Le meeting de Levallois-Perret").
17 Le bas de la feuille manuscrite ayant été coupé, la transcription de cette phrase et de la suivante doit nécessairement rester incomplète.

⚇➤ 222 [dimanche] 12 Mars [18]99
(70, r. de Villiers, à Levallois (Seine))

MON CHER EMILE,
    Toujours par la même voix,[1] (j'ai dîné chez lui hier soir), j'ai un nouveau détail certain, et de nature à vous intéresser. Le choix de M. Ballot-Beaupré,[2] comme rapporteur est de tous points excellent. Ce serait un "vrai magistrat" et une des lumières de la Cour de Cassation et, avec cela, n'ayant aucune opinion préconçue. Enfin, un des conseillers, *dreyfusien*,

aurait dit ces propres paroles: "Si la chambre criminelle, M.M. Loew, Bard, Atthalin, Dumas, Chambaraud,³ etc., etc., et moi nous avions été appelés à choisir nous-mêmes le rapporteur, nous aurions voté à l'unanimité pour M. Ballot-Beaupré."

Un autre détail, non moins curieux, – que je tiens d'une autre source, mais dont je n'ai aucune raison de douter non plus. Voici:

Déjà, plusieurs officiers de divers grades (des arrivistes, sans doute), auraient écrit ou fait dire à M. de Freycinet que sans préventions ni attaches pour ou contre Dreyfus, ils se trouvaient dans d'excellentes conditions d'impartialité pour faire partie du prochain Conseil de Guerre, celui qui, la Révision décidée, sera chargé de statuer définitivement sur le sort du condamné.⁴

Enfin il n'y a pas à dire: ça se décolle! Du moment que F.F. "la clef de voûte" a disparu.⁵ Chaque jour, de nouveaux signes avant-coureurs. Hier ce discours de Freycinet⁶ avouant que l'espionnage, au fond, c'est de la blague. Et le bon reître Estherazy –si intéressant le seul "soldat" de la bande– qui, à chaque instant, en mange un nouveau morceau... Mon vieil optimisme boit définitivement du lait.

Tous les miens se joignent à moi pour embrasser affectueusement l'exilé.

Paul Alexis

P.S. Une chose qui ne va pas, par exemple oh! mas pas du tout– c'est... l'infortunée Académie Goncourt.⁷ (Je ne parle point de mon élection qui, très simplifiée par la fin de Rodenbach, serait au contraire en bonne voie. En effet: plus que 7 votants – donc, majorité 4. Or, Hennique et Huysmans étant aujourd'hui pour moi, il n'y aurait plus qu'à décider les deux dreyfusiens Mirbeau et Geffroy. Le candidat Duret qui a déjà *fait des visites* (sic) n'était pas sérieux et Barrès ainsi que Paul Adam préférant l'autre Académie,⁸ il me semble que Descaves et moi scrions tout indiqués...) Seulement, voilà le *hic*: l'Académie Goncourt elle-même me semble, sinon irrémédiablement foutue, au moins *très compromise*. Huysmans, qui vient déjeuner demain chez moi, m'ouvrira sans doute son cœur, et je vous en dirai davantage... Je ne sais pas encore bien les détails mais j'entrevois une autre Affaire... (littéraire) Malheureux Goncourt, s'ils revivaient...? Le rêve de toute leur vie! – Oui, elle est foutue, je le sens, à moins que, à votre retour, pris vous-même d'indignation, vous ne la sauviez –et ne la fondiez par une sorte de seconde lettre "*J'accuse...!*"⁹

P.P.S. Hier samedi, très belle première de la *Nouvelle Idole*,¹⁰ chez Antoine, où j'ai mené avec ma femme certaine dame de votre connaissance.¹¹

P.P.P.S. Mon roman¹² pousse, mais bien difficilement. Une difficulté, un scrupule, tout politique m'arrête. Je vais me résoudre peut-être, à demander une heure d'entretien à M. Reinach¹³ (qui, je crois, aime les lettres et connaissait bien Gambetta et Ferry) Mais combien je préférais, (si le sieur *Beauchamp*¹⁴ était *seul* et pouvait m'offrir 4 ou 5 jours d'hospitalité,) traverser le détroit avec ce fatal ch. x, complètement achevé (900 lignes environ) intitulé *Le Grain de Sable* – mais où j'ai peur qu'il y ait un cheveu.¹⁵

435

1 Celle du cousin d'Alexis (lettres 220 et 221)

2 Alexis Ballot-Beaupré (1836–1917), rapporteur de la première révision de l'Affaire Dreyfus, fut premier président de la Cour de cassation de 1900 à 1917.

3 Jean Chambareaud, Marius Dumas, Gaston Laurent-Atthalin, Alphonse Bard

4 Le 19 mars l'exilé répondit: "Merci des deux bonnes nouvelles. C'est très important que le rapporteur ne soit pas un adversaire. Je m'inquiétais justement, n'ayant aucun renseignement précis, sur le juge choisi; et votre lettre est venue à propos me tirer d'une crainte. Il est aussi bien désirable qu'on choisisse de braves gens, des caboches à peu près saines, pour composer le Conseil de guerre. Mais sur cela, mes doutes restent grands, et le mieux est d'attendre" (*Corr.*, 832).

5 Voir la lettre 221, n.2

6 *Le Figaro* du 12 mars résumait ainsi le discours du ministre de la Guerre à la Chambre: "Il n'y a pas de secrets, pas de mystères, pas d'espions, pas de traîtres."

7 Voir la lettre 219, n.27. Racontant la candidature d'Alexis dans ses souvenirs de la vie littéraire, J.-H. Rosny aîné écrit: "La dernière fois que je l'ai rencontré, il se sentait très las, comme un homme qui va mourir. Il comptait se reposer dans le Midi et désirait mon suffrage à l'Académie Goncourt, où nous devions élire trois membres. Je le revois, par une après-midi chagrine, enfoui dans un vieux fauteuil cuivreux. Les poches avaient grandi autour de ses pauvres yeux; ses chairs apparaissaient molasses, des chairs d'arthritique, couvertes d'une peau jaunissante et poussiéreuse. Il m'exposait timidement son vœu et sollicitait mon vote d'un accent découragé, qui semblait venir de très loin. Et, m'ayant énuméré ceux auxquels il savait des chances, il s'écriait: 'D... on dit que D... sera élu. Eh bien! non... ça ne serait pas juste!... Je ne vaux pas beaucoup, mais je vaux autant... et je suis d'une promotion plus ancienne.' La voix faible, lourde, protestait mal; une résignation recrue de fatigue coupait l'indignation; une lueur plombagineuse, venue des nuages, enveloppait l'homme malchanceux, – et je ressentais une pitié infinie, avec la certitude qu'il ne serait pas élu, que tout se liguait pour écarter sa mélancolique candidature... Il sortit, voûté, oscillant, déjà saisi par les forces implacables" (*Torches et lumignons*, 104–5).

Deux jours après son échec aux élections du 7 avril 1900, Alexis écrivit à Lucien Descaves, qui neuf ans plus tôt avait déclaré à Jules Huret: "Ce pauvre Alexis! Il n'y a plus que lui qu'hypnotise le tas énorme des éditions de Zola" (*Enquête sur l'évolution littéraire*, 250): "Permettez-moi de vous féliciter très sincèrement. L'Académie Goncourt, je m'imaginais avoir aussi certains droits... ne fût-ce que ceux de l'ancienneté – hélas! Qu'importe que je me sois trompé? L'écroulement d'un ancien rêve ne m'empêchera point d'aimer encore ce que j'ai aimé, de me croire resté un peu des vôtres... de loin. Et je suis satisfait de vous y voir, vous, au moins, – chez qui, dès l'heure des débuts, vous le rappelez-vous? je pressentais un sincère et un passionné, à l'esprit clair, juste [lettre 114, n.8]. Oh! ce n'est pas vous qui auriez jamais proféré cette ineptie: '*Plus je vais, moins que je goûte Flaubert...*' De la démence pure, qui désarme. Vive les Goncourt! Mais: Vive Flaubert! Maintenant encore – et toujours" (lettre inédite, coll. P. Lambert). Descaves fit allusion à cette lettre dans celle qu'il adressa le 14 avril 1900 à Huysmans: "J'ai reçu une lettre assez mélancolique de ce pauvre Alexis. Je vous la montrerai et j'aurai encore bien des choses, hélas! à vous dire là-dessus" (ibid.).

8 Maurice Barrès fut élu de l'Académie française en 1906.

9 "Oui, écrit Zola dans la lettre du 19 mars, la pauvre Académie Goncourt m'a l'air fort malade. Pourtant, je ne vois encore rien d'impossible à ce qu'elle soit constituée. Le grand obstacle, je crois, a été Alphonse Daudet. Quant à moi, je vous ai déjà dit ma façon de penser. Puis, si vous saviez, mon ami, combien un mois de solitude m'a rendu sage. Me voilà en chemin pour le désintéressement absolu, pour la sagesse totale" (*Corr.*, 833).

10 La pièce en trois actes de François de Curel fut représentée au Théâtre Antoine.

11 Il veut dire sans doute Jeanne Rozerot. "Au moment de l'Affaire, raconte Denise Le Blond-Zola, Alexis se fit plus assidu chez nous, en admettant que la chose fût possible, désireux de s'entretenir avec Zola de la cause qui le passionnait non moins que lui. [...] J'entends encore Alexis et mon père discuter longuement à la maison. [...] Il régnait, en ce mois de juillet 1898, à Verneuil, une fièvre inaccoutumée; Alexis et sa

famille s'étaient, comme chaque année, installés dans nos parages. [...] Ce fut à Verneuil que le résultat du procès de Versailles parvint à Jeanne Rozerot. Nous étions devant la maison, mon frère, Paule et Marthe Alexis, et moi, jouant, menant beau tapage, près de ma mère, d'Alexis et de sa femme" (*Emile Zola raconté par sa fille*, 222, 224). Voir la lettre 199 (n.2) et l'Introduction, 25–6.

12 *Vallobra*

13 L'historien de l'Affaire Dreyfus, Joseph Reinach (1856–1921), avait été chef de cabinet de Gambetta en 1881–2.

14 Jacques Beauchamp, un des pseudonymes dont se servait Zola lors de son séjour en Angleterre

15 "Vous me parlez de votre roman, vous désireriez m'en soumettre un chapitre qui vous donne des inquiétudes. Si c'est sur une difficulté politique, comme vous semblez le dire, je suis bien ignorant. Et si c'est sur une question littéraire, vous auriez tort de me consulter, car vous savez que ces sortes de consultation ne nous apportent toujours que beaucoup de trouble sans aucun bénéfice. D'ailleurs, malgré le grand plaisir que j'aurais à vous embrasser, je suis ici dans de telles conditions, que je ne veux ni ne peux recevoir personne. Mais vous avez une idée excellente, allez voir Reinach (6 avenue Van-Dyck) qui a été un des lieutenants de Gambetta et de Ferry et qui connaît admirablement toute cette période politique. Allez le voir en mon nom, un matin, il vous recevra parfaitement, j'en suis sûr" (19 mars, *Corr.*, 832–3).

223 [Levallois] 70, r. de Villiers – [mercredi] 29 mars [18]99

MON GRAND ET CHER EXILE,

Quelques détails sur la déconvenue de Duquet à la Sté des G. de L.,[1] je veux dire sur votre succès très réel:

1° Le 18 Mars, pas au courant de l'initiative Marcel Prévost,[2] et nous croyant menacés d'une présidence J. Lemaître,[3] et sentant qu'il fallait tenter quelque chose, j'ai pris sur moi d'écrire à Montagne (en communiquant ma lettre à Chincholle[4] et au *Temps*) ceci:

"Monsieur le délégué, – Notre comité devant se trouver bientôt nettoyé par la sortie obligatoire de M. Duquet, je comptais y poser ma candidature.

Mais, par la chronique de la Société des Gens de Lettres, je viens d'apprendre l'admission rapide de M. Jules Lemaître comme membre de la Société, – rapide au point qu'on a exempté ce confrère de la formalité du rapport. Cette précipitation ne me dit rien qui vaille, et je ne me soucie nullement d'entrer dans un Comité qui risque d'être présidé par le Président de la ligue de la Patrie Française.

Donc, à une autre année et poignée de mains."

Ni le *Figaro* ni le *Temps* ne voulurent insérer à cause du mot "nettoyé." Quant au bon Montagne, il me répondit que J. Lemaître, comme académicien, avait été dispensé de la formalité du rapport. Puis, j'assistai le Jeudi, 23 Mars, à une réunion préparatoire chez Marcel Prévost qui en me voyant arriver chez lui me dit tout de suite à l'oreille: "ici nous sommes très modérés!" – Ils me prennent donc pour un épouvantail, depuis l'an dernier,[5] ces bons opportunistes! – Dès le lendemain, à l'exceptionnelle réunion préparatoire de la Cité Rougemont[6] (90 votants dont déjà Yves Guyot, Lucien-Victor Meunier,[7] etc.), je crus au succès de la bonne liste et le Samedi veille du grand jour, après m'être entendu par téléphone avec Vaughan[8] j'écrivis d'avance une chronique pour l'*Aurore* où je rendais Duquet à jamais impossible et je terminais en conseillant à Marcel Prévost, "au jeune capitaine qui vient de nous conduire à la victoire", de frapper un grand coup en s'effaçant dans la première séance du nouveau comité et de faire réélire président... quelqu'un que vous connaissez.

Eh bien, voyez si j'ai eu de la guigne, personnellement:

1° Ma chronique n'a pas passé à l'*Aurore*, jugée trop violente contre Duquet;

2° l'ami Chincholle à qui j'avais parlé, le Dimanche 26, de mon idée de vous faire passer président, m'engagea à écrire au Comité une lettre "éloquente" qu'on lirait à la séance du Lundi et que personnellement il me promettait d'insérer au *Figaro* "si elle ne contenait pas d'injures."

Hélas! hélas! le Comité, je l'ai su, a lu ma lettre, mais n'en a tenu aucun compte; et quant à Chincholle, il a fini par ne pas l'insérer du tout, malgré qu'elle ne fut nullement injurieuse, – au contraire!... D'ailleurs, la voici:

"Mes chers confrères,

Zola fut déjà notre président pendant trois ans.[9] Lors de sa réélection, en 97, il ne tenait qu'à lui d'être renommé président; on lui offrit même la présidence honoraire –plusieurs d'entre vous s'en souviennent,– mais il préféra rester simple membre du Comité, "pour ne pas devenir encombrant, disait-il, ni passer à l'état de bonze." Ce n'est donc pas pour lui, croyez-le, qu'au lendemain de ces heureuses élections, je viens vous supplier de l'acclamer président une seconde fois. Mais c'est pour notre Société elle-même et son renom, pour sa prospérité morale. Et c'est surtout pour vous Comité, pour la paix de votre conscience. Car, j'en suis très certain, une voix secrète parle à chacun de vous: écoutez-la.

Notez que vous n'êtes pas un Comité ordinaire. Il y a dix ans, les Comités des Gens de Lettres passaient pour des réunions d'illustres inconnus, tandis que chez vous se rencontrent un Paul Hervieu, un Marcel Prévost, un Lavedan. (Trois présidents au choix!) Et les autres que je devrais aussi nommer – les jeunes pleins d'avenir, et mes contemporains (pleins d'avenir encore s.v.p.) comme mon vieux camarade Chincholle et Toudouze[10] que je connus aux "Dimanches" de Gustave Flaubert. Tous enfin, oui tous... Et je n'excepte pas M. Jacques Normand,[11] malgré son speech... politique et "conciliant" (?) de Vendredi soir: son collaborateur Guy de Maupassant et moi, nous lui avons déjà pardonné.

Donc, messieurs, tous, sans exception aucune, vous êtes dignes de comprendre ce que mon cœur m'inspire. Et c'est pour vos cœurs seuls que le mien se répand. Nous aimons tous la littérature, dites? Ne seriez-vous pas convaincus comme moi, qu'au vingt-et-unième siècle, de nos tapageuses dissensions d'aujourd'hui, il ne restera peut-être qu'un nom et quelques œuvres? Eh bien, ce nom, je vous conjure tout simplement d'avoir la clairvoyance de le pressentir et l'habileté de le saluer – pendant qu'il y a encore à cela quelque mérite.

Avec mes meilleurs sentiments."

Ouf! en voilà du document!... Somme toute, j'ai eu cette lettre et une chronique rentrées. Mais n'importe! l'excellence du résultat pour ce qui vous concerne l'emporte, et de beaucoup, sur mes deux petites déceptions particulières. Et, sans rancune aucune, je tire mon chapeau devant l'habileté de la fameuse phrase du discours d'ouverture de l'opportuniste Marcel Prévost que vous avez dû lire.[12]

Quant à l'Affaire, cette diablesse d'affaire, aux phases si multiples et aux transformations continuelles, je vous avoue que depuis le maintien des trois Conseillers réfractaires,[13] mon optimisme tourne au pessimisme... Le Ballot-Beaupré maintenant me fait peur. (Même, il faudra que je revois R, mon cousin, pour lui en causer.) Que deviendrions-nous si les deux chambres adjointes, moins portées à s'occuper de questions de faits que la chambre Criminelle, par l'habitude même de leurs attributions, allaient se cantonner dans des questions de droit, et, par exemple, tout en admettant que Dreyfus est innocent et peut-être même gracié, s'avisaient de refuser de faire la révision sous prétexte de manque de fait nouveau? Ce serait vraiment terrible! Je doute fort que l'opinion publique se contenterait d'une pareille abstraction, et la campagne continuerait certainement, à moins que Dupuy parvînt à bâillonner la presse. Mais Loubet permettrait-il à Dupuy de...? *That is it question.*[14]

Dans tous les cas, le 6 Avril grand banquet organisé par Clemenceau, de Pressensé, Ranc,[15] etc. etc. en faveur de la liberté de la presse....[16]

1 Avril

Ce banquet me semble une démonstration heureuse pour aller au devant de ce danger d'étouffement effectuel. On y sera. Et depuis que j'ai interrompu ma lettre, s'est produit le coup de maître du *Figaro* commençant à publier l'enquête:[17] allons, tout va bien! Me voilà revenu à la confiance et à la joie.

Votre vieux solide

Paul Alexis

Je suivrai votre conseil et irai voir Reinach,[18] après les vacances de Pâques. – Voici même une de mes idées de derrière la tête. Je me suis laissé dire que, depuis l'extension de son capital, le *Siècle* était devenu "très riche." Qui sait si, en intéressant M. Reinach à Vallobra, je ne parviendrais point à publier mon roman dans le *Siècle*, à 50 centimes la ligne, au lieu de le faire paraître dans l'*Echo de Paris* à 25 c^es? – Ce serait bien désirable, car, je ne vous le cache pas, je vis depuis un an en grande partie sur mon petit capital – qui s'en va à vue d'œil, et il serait désirable que j'arrive ainsi à le reconstituer. (Croyez-vous mon idée heureuse, de tenter, en allant voir Reinach, de *faire ainsi d'une pierre deux coups?*)[19]

1 L'Assemblée générale de la Société des Gens de Lettres avait élu, le 26 mars 1899, huit nouveaux membres en remplacement du tiers du Comité. Fernand Lafargue et Léonce

de Larmandie avaient succédé aux vice-présidents Alfred Duquet et Jacques Normand.

2 Le romancier Marcel Prévost (1862–1941) avait été élu président de la Société, le 26 mars.

3 Dispensé du rapport préalable de nomination en sa qualité de membre de l'Institut, Jules Lemaître était devenu sociétaire des Gens de Lettres le 27 février 1899. Il présida la Ligue de la Patrie française, association formée en décembre 1898 en riposte à celle des Droits de l'homme (lettre 218, n.6). Elle disparut après l'Affaire Dreyfus.

4 Charles Chincholle (1843–1902), rédacteur du *Figaro*, fut questeur au Comité des Gens de Lettres.

5 Allusion sans doute à l'Assemblée générale du 27 mars 1898 de la Société. Dans le procès-verbal de la *Chronique de la Société des Gens de Lettres* (mai 1898) on lit: "M. Paul Alexis a la parole. Il entre dans des considérations qui ne découlent ni du rapport qu'on vient d'entendre, ni des questions mises à l'ordre du jour, et M. le Président, après l'avoir rappelé plusieurs fois à la question, se trouve dans l'obligation, conformément au règlement, de lui retirer la parole."

6 Sous la présidence de Zola la Société avait acheté pour 225.000 francs l'hôtel des Ingénieurs civils, cité Rougemont, où elle fut transférée (de la rue de la Chaussée-d'Antin) fin 1896.

7 Le romancier Lucien-Victor Meunier était rédacteur en chef du *Rappel*. En le remerciant d'un article sur *Fécondité*, paru dans le numéro du 16 octobre 1899, Zola écrit ce même jour à l'auteur: "Ma récompense [...] est d'être compris et loué par un homme, par un combattant tel que vous, qui avez toujours mené le bon combat de la Liberté, de la Vérité et de la Justice. Nous vaincrons, cela est certain" (*Corr.*, 853).

8 Ernest Boutin, dit Vaughan, fondateur de *L'Aurore*.

9 La présidence de Zola s'étendit sur quatre ans (lettre 211, n.9).

10 Gustave Toudouze (1847–1904), romancier et journaliste. Cf. l'Introduction, 31; la lettre 215, n.11

11 Jacques Normand (1848–1931) avait collaboré avec Maupassant au drame en trois actes: *Musotte*, qui fut représenté pour la première fois le 4 mars 1891, au Gymnase. Alexis fait des réflexions sur Maupassant et sur une reprise de *Musotte* dans *Le Journal* du 31 janvier 1893 ("Notes sur la vie. Au Gymnase"; app. A:63).

12 Dans *Le Figaro* du 28 mars 1899: "Mes chers collègues, je suis convaincu que votre assentiment signifie encore autre chose. Il signifie que lorsqu'un de nos confrères a travaillé, a écrit des livres dont la Société a bénéficié, en quelque mesure que ce soit, pour les pensions de ses retraités et l'assistance de ses indigents; lorsque ce confrère s'est assis à cette table, nous a donné son assiduité et son effort, s'il se trouve un jour en butte aux vicissitudes de l'opinion, nous lui devons –nous nous devons à nous-mêmes– nous devons à la vraie tradition littéraire et française de ne pas exciter la foule contre lui, de ne pas lui jeter des pierres, de nos mains – qu'il a serrées."

Zola réagit aux manœuvres d'Alexis dans une lettre datée du 10 avril 1899: "Je connais votre vieille et solide affection et je vous remercie du courageux combat que vous menez en ma faveur. Mais je vous avoue que, si vous aviez réussi à me faire nommer président de la Société, vous m'auriez mis dans un grand embarras. J'aurais certainement donné tout de suite ma démission, ou plutôt j'aurais continué à faire le mort, car je vous répète que je n'existe plus et que je ne veux rien être en ce moment. Votre intervention, dans mon affaire, a ceci de fâcheux, qu'on peut me croire derrière vous. Et Dieu sait si vous n'exprimiez pas juste le contraire de mon désir, en demandant pour moi la présidence! Enfin, les choses ont très bien tourné, et je suis heureux de ce que vous appelez l'opportunisme de Marcel Prévost. Tout cela ne m'empêche pas d'être très touché de votre tendre dévoûment et vous en remercier en bon frère" (*Corr.*, 834).

13 Voir la lettre 221, n.11

14 La personne à qui Alexis dictait cette lettre avait bien écrit "the question." Ce fut Alexis lui-même qui changea l'article en "it."

15 Le sénateur Arthur Ranc (1831–1908) était un ardent défenseur de Dreyfus.

16 Ce banquet avait été organisé à l'occasion de l'acquittement d'Urbain Gohier, rédacteur de *L'Aurore*, qui avait dénoncé les crimes de l'Etat-Major dans *L'Armée contre la nation*, ouvrage publié en 1898, aux Editions de la *Revue Blanche*.

A propos de la liberté de la presse, voici ce que répondit (en partie) Alexis à une "Enquête sur la Presse," faite par la *Revue naturiste* en mars 1900: "Un journal bien fait est une fenêtre, au moins une lucarne ouverte sur la vie. Tout ce qu'on peut lui demander, c'est d'être bien renseigné, exact relativement, d'admettre avec impartialité le pour et le contre, cela pour satisfaire notre besoin d'enquête, une des caractéristiques de l'époque. Quel malheur que *Le Figaro,* –et *La Revue Naturiste* aussi– n'aient pas existé déjà au siècle de Périclès et à celui d'Auguste et pendant la décadence Byzantine, et au Moyen-Âge, et à la Renaissance, et pendant la Révolution! Comme nous les dévorerions, ces documents, grâce auxquels il nous serait facile de reconstituer la vie de ces grandes époques disparues.

"Quant à chercher à modifier l'action de la Presse, ce serait une absurdité. Les peuples n'ont que la Presse qu'ils méritent, et ce sont les mœurs qui font le gouvernement et la littérature. Changez d'abord les mœurs –si vous pouvez!– mais la Presse n'a besoin que de liberté. Ceux qui en abusent, de la liberté –les Rochefort, Drumont, Judet– ne doivent pas être épargnés, certes, lorsqu'ils violent le droit commun. Mais lorsqu'ils ne violent que le sens commun, et la justice, et la vérité, quand ils ne font qu'exploiter la naïveté des masses et chatouiller les basses passions de leurs lecteurs, le mépris public doit rester leur principal châtiment. D'ailleurs nous ne sommes pas forcés de les lire: laissons-les s'abêtir tout seuls et s'empoisonner eux-mêmes avec leur encre" (III, 208–9). (Pour la réponse de Zola à la même enquête, cf. *O.C.,* XII, 725–6.)

17 A partir du 31 mars 1899, *Le Figaro* publia chaque jour le dossier complet de l'enquête de la Cour de cassation. Les procès-verbaux avaient été communiqués aux maîtres Mornard et Labori. Le 8 avril *Le Figaro* fut condamné à cinq cents francs d'amende.

18 Voir la lettre 222, n.15

19 "J'ignore si *Le Siècle* est riche. Mais vous pouvez toujours voir d'abord Reinach pour des renseignements puis l'employer auprès de Guyot, s'il s'intéressait à *Vallobra.* Reinach est un homme de raison et de talent" (10 avril, *Corr.,* 835). Yves Guyot était le rédacteur en chef du *Siècle,* dont Joseph Reinach était un des principaux collaborateurs.

224 [Levallois, jeudi] 13 Avril [18]99

MON CHER ABSENT,

Oui, vous faites votre "Lazare",[1] voilà qui est bien entendu. Mais, reconnaissez-le tout de même, vous faire élire Président par le Comité "nettoyé" des G. d. L.[2] c'eût été vous élever un petit mausolée qui aurait fait considérablement rager certains, que nous connaissons bien! L'effet aurait été énormément amusant, et là consistait tout l'intérêt. Car, croyez-le, je n'ai pas eu une seconde la simplicité de m'imaginer que l'auteur de la lettre "J'accuse...!" pouvait tenir un tant soit peu à la re-présidence de la S. des G. d. L. Mon seul tort et il est *très grand*– c'est de n'avoir pas réussi. Et je pouvais réussir si cet épais et ladre Vaughan ne m'avait manqué de parole (pour économiser 50[fr]) Oui, si Lundi matin, avant de se réunir pour la première fois, ces messieurs du Comité "nettoyé" avaient trouvé 1° dans l'*Aurore* ma chronique où j'attachais le grelot, et 2° dans le *Figaro* ma lettre au Comité communiquée à Chincholle, qui sait? mon bon, qui sait? Notez bien que, la veille, Dimanche après-midi, à la cité Rougemont, j'avais fortement (ébranlé? Non! *il n'a aussi plus qu'un an* de Comité à faire) mais cuisiné et inquiété le bon Prévost... Puis, le lendemain lundi, rien dans l'*Aurore*: j'aurais mangé Vaughan... Enfin, –pour épuiser la matière– voici l'épilogue. Le Mardi, en trouvant dans le *Figaro* l'*opportuniste* discours de notre Loubet des G. d. L.[3] où tout en couronnant Houssaye de roses, il vous "défend" dans une épatante phrase qui sent l'huile, ça été plus fort que moi, et je lui ai écrit sur ma carte:

"Mon cher Président, – bravo pour votre merveilleux discours, – d'un homme de gouvernement. Vous êtes digne du pouvoir, vous au moins. Mon tempérament de "primitif buté" –comme on m'a appelé– vous admire et vous envie et mon zolisme vous est très reconnaissant. – P.A."

Alors, quatre jours après, j'ai reçu ce mot:

"La Roche" par Vianne (Lot-et-Garonne).

"Mon cher ami, – Aucune lettre ne m'a fait plus de plaisir que la vôtre; c'est surtout les braves cœurs comme le vôtre que je souhaitais contenter... et l'on ne peut pas toujours faire tout ce que l'on voudrait! – Votre bien dévoué. – Marcel Prévost."

Donc, voilà l'épilogue. Et, maintenant que vous avez toutes les pièces sous les yeux, vous devez bien voir que pas un instant Marcel Prévost n'a pu pu croire que "vous étiez derrière moi," ni lui ni les autres. Car, ce me semble, les besognes commandées, on ne les fait pas, même pour son meilleur ami, on ne parviendrait pas à les faire avec cette soudaineté de passion qui s'appelle... l'emballement.

16 Avril–

Maintenant, l'Affaire. Je n'ai pas encore pu aller voir R.[4] Et j'irai cette semaine pour vous faire plaisir. Mais parlons tout de suite un peu de Ballot-Beaupré. Et je voudrais calmer déjà votre inquiétude, (une nervosité, résultant sans doute de la solitude), qui vous fait redouter que le sort du pays dépende d'un seul homme.[5]

Cette opinion, cette appréhension, je l'avais aussi quand j'ai vu le dit rapporteur conclure au maintien du trio Petit-Lepelletier-Crépon. Mais, depuis, la publication de l'enquête par le *Figaro* est arrivée très rassurante.

Non, je ne crois plus du tout d'une bonne analyse de dire que l'arrêt dépendra d'un seul homme. Je ne vois pas M. Ballot-Beaupré entrant en loge dans son cabinet, tout seul devant les documents, et prenant sous son bonnet d'opiner. Son rapport sera, je crois plutôt, une moyenne et la résultante des impressions de la Cour de Cassation tout entière. Il est influencé par le milieu, par ses collègues, et ceux-ci, soyez-en sûr, le sont chaque jour eux-mêmes par le milieu sans cesse élargi de ceux à qui la divulgation de l'enquête fait ouvrir les yeux. Oui, l'initiative du *Figaro* fait faire chaque matin un pas énorme: maintenant, plus de crainte! Ça y est! Cette publication quotidienne me semble un diachylon merveilleux pour faire sortir le pus de la plaie. Sans compter que mille signes avant-coureurs se produisent. Entre autres, depuis trois ou quatre jours, *la Presse* ne vient-elle pas de publier des articles "dreyfusiens"![6] Un journal n'a-t-il pas prêté aux trois anabaptistes (Petit, Lepelletier, Crépon) aux trois irréductibles, le propos suivant: *qu'on se trouvait devant une tout autre affaire!* Enfin, il me semble qu'une enquête supplémentaire va faire le reste. Bien qu'elle puisse retarder un peu votre retour, il la faut, ne fût-ce que pour donner le *la* aux deux compagnes de la Chambre Criminelle. Et puis, croyez-vous que si l'on pouvait mettre nez-ànez du Paty de Clam, Estherazy, Boisdeffre et Gonse,[7] ce ne serait pas une joie, et des plus instructives. Et puis... l'interrogatoire de Dreyfus lui-même devrait être le complément de l'enquête.

Cornély, avec qui j'ai causé Vendredi, 14, quelques instants, m'a dit en terminant:

—"La *révision* est fort probable... mais, dans tous les cas, soyez certain qu'il y aura à défaut l'*annulation*."

Oui, la déposition de Casimir-Périer, les réticences de Mercier et de Boisdeffre sont des aveux qui entraînent au moins l'annulation.

Même Dimanche, 5[h] du soir.

Le hasard vient de me faire tomber sur cette citation de *La Liberté* de Samedi 15.[8] Je vous l'envoie parce qu'elle me semble un éclaircissement de ce que me disait la veille Cornély, et aussi une sorte de réponse à l'éloquent article de Duruy dans le *Figaro* du même Vendredi.[9] Mais il ne faut point prendre cela au pied de la lettre:

1° *La Liberté* est antidreyfusienne.

2° Cette soit-disant majorité de 8 voix peut se volatiliser après l'*Enquête supplémentaire*.

3° enfin, même au cas de simple annulation, (ce qui serait le pis aller) cette date "à l'automne" ne me semble pas l'Evangile.[10]

Enfin je me demande si pareille chose arrivait – l'annulation sèche et sans considérants endiguant d'avance la besogne du nouveau conseil de guerre, la réouverture du procès Zola ne serait pas à tenter pour mater d'avance la justice militaire?

Mais, non! on n'en viendra pas à ces extrémités. Nous tenons le bon bout. Et, en se rapportant au point où nous étions le 15 Août 98, il est permis d'être optimiste.

A bientôt... dès que j'aurai vu mon cousin...

Votre

Paul Alexis

1 Voir la lettre 220, n.4. Alexis répond ici à la lettre que son ami lui avait écrite le 10 avril (*Corr.*, 834–5).
   Le drame lyrique en un acte *Lazare*, que Zola écrivit vers la fin de 1893 et pour lequel Alfred Bruneau avait composé une partition, ne fut jamais représenté. Il fut publié pour la première fois dans l'ouvrage posthume *Poèmes lyriques* (Fasquelle 1921).
2 Voir la lettre précédente
3 C'est-à-dire de Marcel Prévost (lettre 223, n.12)
4 Paul Reibaud, le cousin d'Alexis
5 Zola avait écrit dans la lettre du 10: "Je crois bien que je ne tarderai pas à vous serrer la main. Pourtant, je ne saurais encore fixer une date précise. Il nous faut attendre avec le plus d'espoir possible. Je crois savoir que le bon arrêt est dans les mains du rapporteur. L'arrêt sera ce que sera le rapport. Cela m'inquiète bien un peu que le sort du pays dépende ainsi d'un seul homme. Mais, si l'arrêt rejetait la révision, nous ne serions pas encore battus, tout recommencerait, et l'inévitable révolution serait au bout. Mon désir de paix me fait seul désirer la révision immédiate, pour en finir tout de suite" (*Corr.*, 835). Sur Ballot-Beaupré, voir les lettres 222 et 223.
6 "Les lettres d'Esterhazy" (9 avril); "M. Dupuy et le général Zurlinden" (11 avril); "L'annulation" (15 avril): articles signés de Léon Bailby.

7 Le général Arthur Gonse (1839–1917), sous-chef d'état-major général, était un des principaux anti-dreyfusards de l'armée. Son chef, le général Charles Le Mouton de Boisdeffre (1839–1919), avait démissionné le 31 août 1898, après le suicide du colonel Henry (lettre 219, n.5).

8 "Si nous en croyons les renseignements que nous transmet une personnalité en situation d'être bien informée, il y aurait à la cour une majorité de *huit voix* estimant que l'enquête n'a pas révélé de 'fait nouveau' tel que le définit la loi. La révision ne serait donc pas admissible, si on n'envisage que le point de vue juridique.

"En ce qui concerne l'*annulation*, il est au contraire certain que la grande majorité de la cour s'y rallierait si elle en était saisie. L'annulation impliquerait le renvoi devant un conseil de guerre, le retour de Dreyfus et un second jugement rendu dans les mêmes formes que le premier. L'admission de l'annulation reporterait donc à l'automne la conclusion de l'Affaire" ("Affaire Dreyfus. L'arrêt de la Cour").

9 L'historien Georges Duruy (1853–1918), professeur à l'Ecole polytechnique, dont il fut suspendu du 30 avril au 15 mai 1899, à la suite de ses articles au *Figaro*, termina ainsi celui qu'il avait intitulé "Plaise à la Cour!...," dans le numéro du 14 avril: "Vérité. vérité, vérité! voilà le mot que la terre entière vous crie, aussi bien que nous, Français, qui avons mis dans la droiture, dans la justice de vos âmes notre suprême espérance... Plaise à la Cour ne pas faire à la Patrie le mal irréparable de donner, au nom de la France, un soufflet à la conscience du genre humain!"

10 Après la cassation du jugement de 1894 le procès Dreyfus revint devant le Conseil de guerre de Rennes du 7 août au 9 septembre 1899.

225 [Levallois] Mardi soir, 18 Avril [18]99

MON CHER AMI,

Je sors de chez R...[1] Ainsi que je le prévoyais, il n'a guère pu que me confirmer ce qu'il m'avait dit, au sujet de Ballot-Beaupré. C'est par un sien ami, conseiller à la Cour de Cassation et dreyfusien, qu'il tient le renseignement: "Si nous avions eu à voter le choix du rapporteur, nous, les révisionnistes, nous aurions tous voté pour B-B." A ajouter ce correctif que R... m'a également communiqué: "B.B. est un consciencieux et très honnête homme, peut-être un peu timoré."

–Timoré? Diable!... Ne serait-il pas alors influencé par Mazeau? R... m'a répondu:

–Oh! Mazeau... Pas estimé... On ne le salue plus à la Cour de Cassation, depuis le désaississement...[2] Comme au Sénat d'ailleurs, et pourtant ceux-là ne sont que des politiciens!

Enfin, comme pointage actuel, voici les chiffres que donne le conseiller ami de mon cousin: 1° 15 sont tout à fait irréductibles contre la révision (magistrats des chambres civiles et des requêtes qui ont la tête *juridique*, ou pour des passions religieuses, des parents dans l'armée etc.) 2° 18 sont révisionnistes, également irréductibles. 3° le reste, une dizaine, l'inconnu! flottants, pouvant être ramenés d'un côté ou de l'autre et qu'on travaille fortement.

Quant au cas du capitaine Freystatter[3] dont le nom est venu dans la conversation:

–Son témoignage est important en dehors même de la question d'annulation, pour le *fait nouveau* nécessaire à la révision... En effet, il suffit pour le fait nouveau que Freystatter vienne dire à la Cour: "C'est le témoignage d'Henry qui m'a fait prononcer la condamnation de Dreyfus." Cette seule affirmation constituerait *le fait nouveau*.

Voudront-ils entendre Freystatter? cela se décidera probablement demain. Dans tous les cas, notre impression actuelle est que: d'abord le rapport B.B. peut fort bien ne pas conclure; mais qu'il conclue ou non, il est à croire que la révision sera accordée ou non, à *deux ou trois voix* de majorité (selon le partage des dix flottants). Conséquences presque certaines: 1° l'*affaire* continuera, plus violente que jamais; 2° dès que Dupuy tombera,[4] –s'il ne le fait lui-même pour ne pas tomber– le gouvernement saisira la Cour de l'annulation; 3° que le gouvernement saisisse ou non, il vous faudra être ici dès le lendemain du jour où la révision serait repoussée afin que les antidreyfusiens aient trois procès en cour d'assises dans les jambes: le vôtre et ceux de Reinach et de Picquart.[5]

Somme toute: l'affaire suit son cours, et même si ça allait mal quant à l'arrêt de Mai,[6] rien ne serait perdu: au contraire!

À la hâte –pour ne pas manquer le courrier– votre vieux fidèle

Paul Alexis

P.S. Et vous... qu'est-ce que vous savez de votre côté, et que pensez-vous?[7]

Vos lettres m'arrivent fidèlement, mais quelquefois cinq jours après...[8]

1 Voir la lettre précédente
2 Formulée d'après une enquête de Mazeau, la loi du dessaisissement du 1er mars 1899 attribuait à la Cour de cassation, toutes chambres réunies (au lieu de la seule Chambre criminelle), la décision à prendre sur toute affaire de révision.
3 Le capitaine Martin Freystaetter était un des sept juges qui avaient fait passer Dreyfus en conseil de guerre en 1894. Accablé de doutes, il déposa devant la Cour de cassation le 24 avril 1899. La Cour cependant ne voulut pas interroger les juges de Dreyfus sur ce qui s'était passé dans la salle des délibérations.
4 Voir la lettre 219, n.6
5 En effet, dès sa rentrée à Paris le 4 juin, Zola reçut l'arrêt de la Cour d'assises de Versailles du 18 juillet 1898, le condamnant par défaut. Il fut assigné devant la même cour pour le 23 novembre 1899. Le procès cependant fut remis plusieurs fois, puis rayé après la loi d'amnistie du 2 juin 1900. Pour les procès Picquart et Reinach, voir les lettres 218 (n.5) et 219 (n.17).
6 L'arrêt de la Cour de cassation sera rendu le 5 juin 1899.
7 "Vous me demandez ce que je pense moi-même de la situation. Selon les dépêches du matin, je flotte du pessimisme à l'optimisme. Mais j'avoue que c'est le pessimisme qui l'emporte le plus souvent. Je crois que la révision sera rejetée à quelques voix, car lorsque Dupuy a fait voter sa loi de dessaisissement, il devait avoir la Cour dans sa poche. Je sais bien que, depuis, il y a eu la publication de l'enquête, dans *Le Figaro*. N'importe! ces gens ont toutes les impudences, toutes les scélératesses, et ils sont capables de passer outre, en se disant qu'ils ont la Chambre avec eux, ce qui est vrai.

"Ce qui me donne, pourtant, quelque espoir, depuis avant-hier, c'est le supplément d'enquête. Si Freystätter est entendu, son témoignage peut être décisif. Puis, la Cour, en décidant ce supplément d'enquête, semble avec nous, car si elle était déjà en majorité résolue à la révision, elle ne voudrait pas courir le risque de faire encore de la lumière. Enfin, au dernier moment, elle peut très bien voter la révision, dans la terreur de l'annulation, dont les conséquences seraient grandes. Et ce sera peut-être Dupuy alors, qui exigera d'elle la révision.

"Je dois ajouter que, depuis quelques jours, les nouvelles que je reçois de toutes parts sont excellentes. La famille du condamné, les avocats, nos amis, tous sont convaincus que la Cour ne peut pas repousser la révision. Nous verrons bien. Tout au fond, je garde quand même un petit frisson de terreur. En tout cas, vous me verrez dans un mois, car je rentrerai après l'arrêt quel qu'il soit. Si nous sommes battus, nous allons recommencer la lutte, furieusement. Et notre victoire définitive est quand même certaine" (23 avril, *Corr.*, 838–9).

8 Pour raison de sécurité, les lettres que le romancier adressa de son exil à ses amis furent toujours envoyées à un intermédiaire.

226 [Levallois, mardi] 25 Avril [18]99

MON BON AMI Z,

"Allons, ça se tire," même là-bas vous devez vous en apercevoir: ici, c'est visible à l'œil nu.

Voici de nouveaux renseignements, sortant d'une toute autre source, mais corroborant exactement ceux de mon cousin.

Les frères M. sont deux magistrats absolument dreyfusiens: l'un substitut à Paris, l'autre juge d'instruction dans une Cour d'appel voisine. D'un dreyfusisme si passionné que, ayant chacun le téléphone, ils causent de l'Affaire toute la journée et à mots couverts, car ils se méfient de la discrétion de ces demoiselles téléphonistes.

Eh bien, un soir de la semaine dernière, grand dîner chez le substitut. Parmi les convives, trois conseillers de la Cour de Cassation, dont deux dreyfusiens: le conseiller B. (qui se trouve être justement celui de mon cousin) et le conseiller D. un type, appelant les choses par leur nom et que ses collègues désignent: "un queutier." Quant à l'antidreyfusien, nous pouvons le nommer: M. Falcimaigne, frère d'un général, je crois. Malgré la divergence d'opinions, dîner très cordial. Naturellement, on en parla. Bout de dialogue authentique:

B. à Falcimaigne – *avec intention* – C'est peut-être la dernière fois que nous dînons ensemble (*Etonnement de Falcim.*) Eh oui, mon cher, quand vous aurez voté contre, il est certain qu'on ne pourra plus dîner avec vous (*assentiment de D.*)

Falcimaigne Mais qu'est-ce que ça vous fait que je vote pour ou contre, du moment que vous avez vos *trois* voix de majorité?

D. avec emportement – Mais ce n'est pas pour nous, sacrebleu! c'est pour vous.

Falcim. ennuyé. Enfin, mes chers amis, parlons d'autre chose, je vous en prie... d'un sujet sur lequel nous soyons tous d'accord.

La maîtresse de maison spirituelle – Il y a longtemps qu'on n'a pas parlé de M. Mazeau.

Les trois conseillers en *chœur*, et *convaincus*. Cette crapule de Mazeau!!!

Il est à remarquer que cette unanimité des deux camps sur le compte de Mazeau et que ce chiffre de 3 voix de majorité admis d'avance comme une quasi-certitude, confirment absolument mes derniers renseignements. Et, je vous le répète, je n'ai pas revu mon cousin, parti pour Antibes en congé d'un mois. Ça m'est donc venu d'ailleurs.

De la même source: un bruit circulerait dans la Cour de Cassation. En cas d'échec de la révision, on serait menacé d'une communication officielle allemande, émanée de Schwartzkop[1] et démasquant Esterhazy, racontant ses longues relations avec lui.

En somme, je sais qui le substitut M. aussi perplexe que vous l'autre semaine, et presque aussi nerveux que vous quant au résultat, rayonne aujourd'hui.

Dixi.

Et vous, quand vous lira-t-on? Et même l'impatience de vous lire me suggère le désir que Z. m'écrive directement rue de Villiers.[2] Je ne me crois pas un assez grand personnage pour être signalé au Cabinet Noir. Enfin, je m'en remets à votre sagesse et à votre prudence.

Bien affectueusement votre

P.A.

Vos enfants sont venus jouer ici Dimanche[3] et sont superbes de santé. Les miens et ma femme se joignent à moi pour embrasser l'absent.

---

1 Le lieutenant-colonel Maximilian von Schwartzkoppen (1850–1917) fut le premier attaché militaire allemand à Paris du 10 décembre 1891 au 15 novembre 1897. Esterhazy espionna pour lui de 1894 à 1896. Schwartzkoppen n'établit l'exacte vérité sur Dreyfus que dans ses *Carnets*, publiés en allemand en 1930 et en traduction française l'année suivante (Rieder).

2 Voir la lettre 225, n.8

3 Denise Le Blond-Zola nous a transmis les souvenirs de ses visites à la maison d'Alexis à Levallois-Perret: "De chaque côté de la petite grille, deux petits lions de faïence bleue décoraient le haut du mur de clôture. Combien de fois ai-je franchi ce seuil! Il me semble entendre encore le son clair de la sonnette et le grincement de la grille sur le gravier! Combien de fois ai-je joué autour de la pelouse et sous la tonnelle, avec les filles d'Alexis, Paule mon aînée, Marthe, ma cadette! Nous avons appris à monter à bicyclette ensemble, boulevard Bineau, qui était absolument désert, et dans un manège, situé sur le bord de la Seine. [...]

"Alexis était là très patriarcal, dans sa demeure, le dimanche après-midi. Des amis venaient le voir. [...] L'appartement renfermait beaucoup de peintures de Cézanne, de Seurat, de Renoir, les murs en étaient si tapissés qu'on n'aurait rien pu y accrocher de nouveau. Alexis se montrait très fier de sa collection. [...] Dans le cabinet de travail, sur la table, un énorme aérolite servait de presse-papier. Alexis contait qu'il était tombé à ses pieds sur une plage normande, alors qu'il se promenait. Peut-être s'amusait-il à corser les détails pour nous terrifier, ses filles et moi: il aurait pu être tué! Nous le considérions et l'écoutions sans mot dire avec admiration et effroi! [...] Il avait une certaine majesté bonhomme, chez lui, drapé dans sa robe de chambre usagée. Il ne travaillait jamais le jour, mais la nuit. [...]

"Et les goûters! les grandes tartines de confiture de fraise, le tiomphe de ma marraine! Et le petit chien noir qu'il avait appelé Betsy! Je trouvais que c'était là un drôle de nom pour un chien! Personne bien entendu ne m'avait expliqué que c'était celui d'un personnage de théâtre" ("Alexis, Zola et l'époque du Naturalisme," MS., coll. J.-C. Le Blond).

447

MON CHER EXILE,

Voici deux nouvelles cartes que m'a envoyées Larmandie–*Bossuet*: "Montagne se meurt... Montagne est mort."[1] Je lui ai répondu que je vous ai transmis sa demande: à vous de voir si vous devez le satisfaire. Et, pour que votre avis sur sa candidature arrive au Comité de Lundi, il me semble que vous pourriez y aller d'une dépêche cité Rougemont, dussiez-vous ne la signer que de vos initiales. Enfin vous déciderez. L'adresse du candidat est: 1 rue de Narbonne.

L'affaire me paraît aller de mieux en mieux. Je viens de lire dans *Le Matin*[2] que Ballot-Beaupré déposerait son rapport le 24 et que les débats ouvriraient le 29. Et j'ose espérer que l'arrêt sera conçu de telle façon que vous n'aurez pas à attendre, pour revenir, l'épilogue: Dreyfus devant un nouveau conseil de guerre.

Je n'ai pas encore vu Reinach,[3] mais je vais me décider. J'ai presque fini le 11me chapitre de mon roman: il ne me reste que le 12me et le 13me, c'est-à-dire l'épisode de la colonie et la mort (mes quatrième et cinquième actes).

Reçu ce matin un mot de Numa Coste arrivé à Paris. Je suis curieux de savoir s'il est dreyfusien ou pas.

Ai été réveillé hier matin, à mon grand étonnement, par un marchand de tableaux de la rue Laffitte venant voir mes 5 Cézanne et il m'en offre (en y ajoutant une petite pochade de Pissarro et mon Artichaut de Renoir)[4] deux mille francs. Ma femme pousse les hauts cris à l'idée de vendre, mais ce chiffre, je vous l'avoue, m'a rendu rêveur. D'autant plus qu'une proposition de 2000, que j'ai nullement provoquée, contient en germe le chiffre de 3000.[5]

Je suis aussi à la fin du 3e acte des *Voleurs* (4 actes en collaboration avec André Maréchal, mon ancien secrétaire).[6] Nous en sommes très contents et, à votre retour, j'espère que vous en subirez la lecture: ça vous apprendra d'arriver de London – où se passent trois de nos actes. Et, curieux hasard –oh! comme le monde est petit– dans *les mémoires de Goron*[7] le personnage réel qui nous a inspiré notre comédie est un certain... *M. Beauchamp*,[8] un Français qui demeure à Richmond! (mais chez nous il s'appelle Chantenac).

Les affiches de *Fécondité*,[9] depuis ce matin, brillent sur les murs de Paris. Je ne les ai pas encore vues, mais elles représentent, paraît-il, un grand champ de blé doré, avec, sous un chêne, une mère qui allaite son petit dernier. Le père la contemple, appuyé sur une faux, et le reste de la progéniture cabriole dans les blés et cherche des coquelicots. – Je ne crois pas que cela soit de Carrière.[10] – Et voilà la fin de mon *Journal*... A propos! je lis celui de Daudet, *Notes sur la Vie*,[11] où déjà perce l'hostilité d'Alphonse contre l'Académie Goncourt.

Nous vous embrassons tous très affectueusement

Paul Alexis

1 Le littérateur Léonce de Larmandie (1851–1921) fut élu délégué de la Société des Gens de Lettres le 15 mai 1899, après la mort d'Edouard Montagne. Parmi les lettres manuscrites d'Alexis à Zola se trouvent trois cartes de visite sans date de Larmandie, adressées à Alexis: "Mon cher confrère, dites bien à Zola que je suis tout avec lui. Etant catholique et idéaliste, je ne suis pas de son école, mais je suis devenu son partisan résolu depuis qu'à la maîtrise de la plume il a joint l'illustration du courage" (b.n., mss, n.a.f.24510, fol.366). – "Montaigne est fort malade et je poserai ma candidature à la délégation avec l'approbation de tout notre groupe. L'adhésion de Zola me serait précieuse. Dites-le-lui. Sitôt que la vacance se produira je vous écrirai, et notre cher maître pourra transmettre son vote par écrit par une lettre officielle au Président, au siège social" (ibid., fol.373). – "Notre pauvre délégué est mort. Avisez je vous prie Zola et dites-lui que j'attacherais un grand prix à son vote écrit qu'il pourrait envoyer de suite au siège social, à l'adresse du président. Merci d'avance et bien cordialement à vous. Larmandie" (ibid., fol.374).

2 L'article, dans le numéro du 5 mai, s'intitulait: "A la cour suprême." Le rapporteur Ballot-Beaupré présenta son rapport à la Cour, toutes chambres réunies, le 29 et le 30 mai 1899.

3 A propos de *Vallobra* (lettre 222, n.15). Le roman, suivant de près la pièce originale (lettre 215, n.3), paraîtra au mois de février 1901. "Lorsque *Vallobra* parut en librairie [...], raconte Denise Le Blond-Zola, Alexis, dans un accès de grande joie et d'orgueil naïf, tapissa les murs de son antichambre, la porte d'entrée de la maison, la grille du jardin, d'affiches annonçant le livre en grosses lettres noires sur fond orange, si la mémoire ne me fait pas défaut. Je crois pouvoir affirmer que ce fut sa dernière grande joie" ("Alexis, Zola et l'époque du Naturalisme," ms., coll. J.-C. Le Blond).

4 Alexis voisinait autrefois avec Auguste Renoir, lorsqu'il habitait Montmartre (Introduction, 15; lettre 41, n.13).

5 L'auteur de *Madame Meuriot* ne résista pas longtemps et vendit quelques-unes de ses toiles pour un prix dérisoire (d'après D. Le Blond-Zola, "Alexis, Zola et l'époque du Naturalisme").

A propos de ventes de tableaux, Ambroise Vollard relate: "Un jour, chez Paul Alexis, je vis un *Effet de neige* signé d'un inconnu, quelque chose comme Montillard. Paul Alexis me dit: –Puisque vous achetez des tableaux, vous devriez prendre celui-là. –Combien? –Deux cent cinquante francs. –Soit!

"Je me disposais à emporter mon acquisition, lorsqu'il m'arrêta. –Attendez que j'enlève le cadre. –Mais c'est pour le cadre que je l'achète. Je puis même vous laisser la toile. –C'est que je tiens au cadre, moi aussi. –Mais comment avez-vous pu mettre un pareil tableau dans un cadre de prix? –Un pareil tableau? Mais son auteur n'est pas le premier venu. Il a fait partie du groupe des impressionnistes. Il a connu intimement Cézanne, Pissarro... [S'agirait-il peut-être d'Edouard Béliard?]

"Il commençait à m'intéresser, ce Montillard. Un homme qui a connu Cézanne, Pissarro, avait peut-être chez lui des tableaux de ces peintres. –Qu'est-il devenu votre Montillard? demandai-je à Paul Alexis. –Je crois qu'il habite toujours Gif" (*Souvenirs d'un marchand de tableaux* [Club des Libraires de France 1957], 86). – Pour la description d'une partie de la collection d'Alexis, voir l'article de Trublot: "Mon vernissage," dans *Le Cri du Peuple* du 2 mai 1886 (app. A:45).

6 "Je lui ai connu deux secrétaires, rappelle Denise Le Blond-Zola, André Maréchal et Amédée Boyer, un garçon du Midi, cousin éloigné qui avait été secrétaire d'Edmond Lepelletier, auparavant, et qui était, en 1900, comme un chien fidèle à ses côtés, lorsqu' Alexis devint presque aveugle, vers la fin de sa vie" ("Alexis, Zola et l'époque du Naturalisme").

Quant à la pièce des "Voleurs," c'est sous le titre de "Chantenac" qu'Alexis essaya de la faire jouer, au début de 1901, à l'Odéon, où Antoine n'en voulait pas plus que de "Vallobra." "Chantenac" est resté inédit et le manuscrit n'a pas été retrouvé.

7 François Goron (1847–1933), ancien chef de la police de sûreté à Paris (1887–94), avait publié ses *Mémoires* en 1897 (Flammarion), puis, deux ans plus tard, chez le même éditeur, *L'Amour à Paris, nouveaux mémoires*.

8 Voir la lettre 222, n.14

9 Voir la lettre 219, n.29. Pour une reproduction de l'affiche de ce roman (d'après un dessin de Raymond Tournon), cf. H. Mitterand et J. Vidal, *Album Zola*, 304.

10 Eugène Carrière (1849–1906) est surtout connu pour ses peintures de la vie familiale. Avec Rodin et Chavannes, il fonda en 1890 la Société nationale des beaux-arts. Pour Goncourt, Carrière était, par excellence, "le peintre de l'Allaitement" (*Journal*, III, 1188).

11 Elles furent publiées, par les soins de la femme de Daudet, chez Fasquelle en 1899.

228 [Levallois, vendredi 1er juin 1900][1]

MON PAUVRE AMI,

Ma femme chérie morte – ce soir, Jeudi, à minuit.[2]

Que vais-je devenir, sans elle, avec mes deux filles, dont une malade encore?

Le 2 Octobre, il y aurait eu 16 ans que nous nous aimions.[3]

Votre vieil ami

Paul Alexis

1 Date du cachet de la poste sur une carte pneumatique, adressée à Emile Zola, 21bis rue de Bruxelles

2 D'après l'acte de décès, Marie Alexis mourut le 31 mai 1900, à onze heures du soir. Elle avait été atteinte de la fièvre typhoïde, dont souffrait Paule, sa fille aînée. Deux jours avant la mort de la femme d'Alexis, Zola avait écrit à son ami: "Mon cœur est avec le vôtre, dans les tourments que vous traversez. C'est vraiment trop de malheur en une fois. Mais il ne faut pas désespérer, ayez confiance dans la vie, il est certain que votre chère femme guérira, comme a guéri votre chère fille. [...] Je crois que tout va bien, du moment que la situation reste la même, sans aggravation, depuis quinze grands jours écoulés. [...] Embrassez Paule pour moi, embrassez aussi votre chère malade, et dites-lui que nous nous intéressons à son état" (*Corr.*, 864–5).

Après avoir appris la mort de Marie, Zola écrit de nouveau: "Ah! mon pauvre ami, votre calvaire est vraiment trop rude. Vous êtes frappé si durement que tout mon être en est révolté, hanté. Dans de pareils écroulements, il n'y a pas de consolations possibles. Songez pourtant à vos deux chères fillettes qui vont avoir bien besoin de vous. Il ne faut pas vous abandonner et nous serons tous là pour vous conseiller et vous donner du courage" (1er juin, *Corr.*, 865–6).

La femme d'Alexis fut inhumée le 2 juin au cimetière de Triel, dans le même tombeau que sa deuxième fille, morte dix ans plus tôt (lettre 194, n.15).

3 Voir la lettre 135, n.5

229 [Levallois] Mardi soir, 5 Juin [1900]

MON CHER AMI,

Des nouvelles? Je les dicte à mon fidèle Amédée[1]– qui, pour moi, a définitivement quitté "ce bandit de Lepelletier." Et, je serais allé cette après-midi vous les porter moi-même sans une absence de la garde[2] qui, ayant eu à sortir aujourd'hui, m'a forcé à rester chez moi.

Paule irait plutôt mieux. Elle continue à dormir la nuit et, le matin, la fièvre a disparu; mais vers le soir, malgré un cachet de quinine, sa température remonte à 38° et aujourd'hui, (serait-ce l'absence de la garde?)

elle a eu 38° 2 dixièmes. Le docteur Thiercelin continue à venir tous les 2 ou 3 jours, il la maintient au lait. Ce n'est que lorsque la fièvre aura complètement disparu depuis huit ou dix jours qu'il l'alimentera. En attendant, il lui permet de se lever une heure par jour, en restant dans un fauteuil, emmaillotée de couvertures. Quant au docteur Dumouly, de Levallois, il a compris que je préférais la confier à Thiercelin et a cessé de lui-même ses visites – à l'amiable.

La désinfection de l'appartement a été très sérieusement faite Samedi dernier, le jour des obsèques. Rien ne s'opposerait donc plus à ce que vous veniez voir votre filleule, visite qu'elle espère et désire beaucoup, car elle s'ennuie comme de juste considérablement.[3]

Bien entendu, elle continue à *ne rien savoir* et a très bien admis que sa mère, sur le conseil de Thiercelin, a été transportée Samedi matin à Neuilly, avenue du Roule dans la maison de santé où Séverine fut opérée l'an dernier, – maison de santé qu'elle connaît, y étant allé deux fois voir Séverine avec sa mère et où elle sait que c'est très confortable, où il y a un grand jardin, etc.. Je suis censé aller tous les jours prendre de ses nouvelles, et c'est une supercherie bien douloureuse à entretenir. Mais il le faut tant qu'elle ne sera pas complètement sur pied. Sans compter que je vis dans les transes continuelles car, outre que je ne suis pas sûr de la bonne, "une éthéromane", je sens bien qu'un simple hasard peut, d'un moment à l'autre, faire s'écrouler ce tragique château de cartes.

Votre très malheureux

Paul Alexis

P.S. – Thiercelin revient Jeudi de 4 à 6.

Quant à Toton,[4] qui ignore aussi la vérité, elle est toujours dans la petite pension où elle a été conduite, *mais c'est trop près de moi*. D'ailleurs, je continue de me priver d'aller l'embrasser.

Mon frère reparti hier soir pour Fumay.

1 Voir la lettre 227, n.6. Ce fut au printemps de 1900 que Boyer (mort en 1914) recueillit les déclarations d'Alexis à propos du Naturalisme, "la littérature du vingtième siècle." L'interview est reproduite dans *La Littérature et les arts contemporains*, 207–9 (app. A:65).
2 Voir la lettre 228, n.2
3 Zola écrivit la dernière lettre qu'on ait conservée de lui à Alexis le 8 juin 1900: "En somme, Paule paraît aller mieux, et il faut bien vous résigner à ce que la maladie ait son cours. La convalescence sera certainement très longue, mais j'espère que vous serez dans peu de jours hors de tout souci.
    "Ne vous étonnez pas si je tarde encore un peu à vous aller rendre visite, pour embrasser votre chère malade. Mon petit monde me force à beaucoup de prudence. Vous seriez désolé vous-même qu'un accident arrivât. J'ai su qu'il y avait eu dans votre quartier plusieurs cas de fièvre typhoïde et de fièvre muqueuse. Attendons qu'il n'y ait plus l'ombre d'une crainte.
    "Vos chagrins et vos embarras sont certainement bien grands. Mais je vous l'ai dit, il faut trouver en vous-même la force de vaincre. Et je ne puis que vous y encourager de toute ma vieille affection" (*Corr.*, 866).
4 Surnom de Marthe Alexis, la sœur cadette de Paule. Les trois dernières nouvelles ("Toton," "La Chambre de Paule," "Leur Jardin") de *La Comtesse*, recueil qu'Alexis publia en 1897 chez Fasquelle, sont des croquis inspirés de ses enfants.

APPENDICES

APPENDICE A
Articles de Paul Alexis

A:1 *"La Curée" La Cloche*, 24-x-72

Le second empire aura son historien. [...] Mais il y a deux espèces d'Histoire. Il en est une qui raconte les hommes et les faits, qui compulse les documents et fixe les dates: l'Histoire proprement dite, celle de Tacite, de Michelet, de M. Thiers. Puis, à côté de celle-ci, plus haut encore, tout à fait au sommet des littératures, il existe une autre région de l'esprit humain, où l'on fait mieux que raconter une époque; on la fait revivre telle qu'elle était, on la coule en un bloc de bronze [...]. C'est l'Histoire grandie et supérieure, plus vraie que l'autre et plus profonde. Elle ne raconte pas les menus faits accidentels, mais elle dégage le sens absolu des choses et leur réalité latente. Elle n'explique pas toujours, elle juge rarement, mais elle crée; et ceux qui ont su écrire quelques pages de cette Histoire-là: Eschyle, Homère, Shakespeare, Dante, Goethe, Balzac, sont plutôt des dieux que des hommes.

[...] L'auteur [Zola] y tente évidemment de faire revivre le second Empire; et, sans lui assigner une place que sa modestie lui refuserait elle-même, je puis dire que j'ai cru reconnaître en cette œuvre un effort ambitieux, mais louable, pour devenir un de ces romanciers historiens d'une époque. [...] On a dit de *Grandeur et décadence de César Birotteau* que ce chef-d'œuvre de Balzac était le poème de la faillite. On pourrait dire que *la Curée* est le poème de la banqueroute du second empire. L'or et la chair, comme le romancier l'a voulu, y chantent à chaque page. Ces deux thèmes s'enroulent l'une à l'autre, se confondent, se soutiennent, se quittent pour s'enlacer bientôt plus étroitement encore, et cette phrase mélodique dure tout le long du livre, produisant une musique à part, métallique et rose, vertigineuse et chatoyante. [...] Tout le carnaval impérial est là, fixé en bas-relief, déroulant son cancan échevelé, au milieu d'une prospérité factice, mais qui semble éternelle, comme toute cette cohue dorée est bien celle d'hier, même encore celle d'aujourd'hui! Comme on pourrait rétablir soi-même les vrais noms des modèles qu'a fait poser le peintre, on éprouve, à lire ce livre, la rare et curieuse jouissance de retrouver son temps vivant déjà de la vie particulière de l'art, pris sur le fait une fois pour toutes, immobilisé pour l'avenir. [...]

A:2 *"Emile Zola" Le Ralliement*, 4-11-77

[L'auteur parle de *L'Assommoir*]

Mais, en dehors de la littérature utilitaire, il existe une littérature pure, une littérature d'art, dont le seul but immédiat, –comme en peinture ou en musique,– est la recherche du beau, du "beau" que nous définirons si vous voulez avec Platon "la splendeur du vrai" et que notre grande école contemporaine, dite naturaliste, se propose d'atteindre dans le rendu exact et intense de la vie. [...] Oui, la vie! la vie! la vie!... Elle, avant tout: avant la forme, avant le style, avant la langue même...

455

Langue, style, forme, qu'est-ce tout cela, sans la vie? Les mots ne sont que des sons auxquels un nombre d'hommes, toujours restreint comparativement au reste de l'humanité, attache un sens. [...]

Je ne crois pas me tromper; il y a une révolution littéraire dans l'air. – Elle se fait. – Elle est presque faite. [...] Aujourd'hui, il n'y a plus que le grand courant scientifique positif qui emporte le siècle. La littérature répondra de plus en plus à ce besoin moderne d'analyse expérimentale, qui, de nos jours, a déjà produit tant de grandes choses dans la science et l'industrie. L'*historique*, le *poétique*, la *légende*, le *fantastique*, le *bizarre*, l'*idéal convenu*, cèderont tout à fait le pas à l'observation exacte. Dans le roman, au théâtre, plus de convention, d'imitation, aucune espèce d' "*école*", mais l'expression franche et complète des individualités. Chacun, entièrement indépendant de son voisin, rendra dans des œuvres-document l'impression que lui aura produite son époque.

A:3 "Les de Goncourt" *Le Ralliement*, 10, 12, 14-III-77

Ils étaient deux frères, deux écrivains de race, deux talents originaux se fondant l'un dans l'autre au point de ne former qu'une individualité littéraire. Ils avaient si bien cloîtré leur vie dans le travail, que l'univers leur semblait finir aux murs de leur cabinet d'études. A la table commune de production, penchés l'un et l'autre sur la même description, sur le même dialogue, sur la même analyse, quelquefois sur la même phrase, ces deux créateurs, après Stendhal, après Balzac, parallèlement à Flaubert, avaient su tailler leur place dans le roman, tirer d'eux un monde tout frissonnant et tout contemporain. [...]

Il y a, dans l'air, quelque chose, une révolution littéraire. [...] Une révolution littéraire qui, après une période d'incubation lente, pénible, peu tapageuse, mais sûre, en est arrivée aujourd'hui à une éclosion que, déjà, 1877 ne peut plus nier, et que les années suivantes, j'en suis certain, verront éclatante.

[...] Ils ont [...] élargi le domaine du roman moderne qui, étendant aujourd'hui son enquête à toutes les classes, et empruntant une part de ses procédés à la science, est vraiment devenu selon leur expression, "l'*Histoire morale et contemporaine*."

[...] Oui! nous en sommes maintenant à la sténographie et à la photographie. Rien n'est trop vil ou trop bas pour le creuset de l'art. Et une récente et mémorable expérience [la publication de *L'Assommoir*] ne vient-elle pas de montrer une fois pour toutes qu'un grand artiste ne s'est nullement sali à ramasser toutes les trivialités de l'argot, toutes les ordures d'une langue, pour en pétrir une chose belle et pure?

[Enfin il souligne la dette des jeunes écrivains aux Goncourt] Leur perfection artistique est si grande, le rendu de la sensibilité contemporaine se trouve chez eux poussé si loin, que ce serait folie de chercher à les dépasser ou même à les suivre dans cette voie. Leur domaine reste pourtant si large et si personnel, ce qu'ils ont apporté dans la littérature moderne est si bien à eux, que, désormais, tous, tant que nous sommes, même sans le vouloir, nous procédons d'eux et nous sommes leurs fils. A notre insu nous verrons comme eux, nous serons émus comme eux, des associations de mots que sans eux nous n'eussions jamais osées, des tournures de phrase "à la Goncourt" viendront d'elles-mêmes solliciter notre plume. Et il en sera ainsi tant que subsistera notre goût moderne, notre mode actuel de sentir.

Tant d'art, tant de raffinement, tant de perfection sont-ils indispensables? Je ne

456

le pense pas. Heureusement non. Ou bien le précédent des de Goncourt serait désespérant pour toute notre génération littéraire. Après eux, il ne nous resterait qu'à briser notre plume, qu'à nous croiser les bras. D'autant plus qu'à côté de leur perfection, il y a aussi la perfection de Flaubert, plus classique, avec son lyrisme mathématique contenu dans des pages qu'on voit se tenir debout comme si elles étaient en marbre.

Après Flaubert, après les Goncourt, si nous ne voulons pas leur donner de trop indignes continuateurs, il ne nous reste d'autre ressource que de croire surtout à la vie, que de chercher avant tout à faire des œuvres vivantes. Si nous avons à être les fils de ces écrivains parfaits, souvenons-nous que nous sommes aussi les petits-fils de Stendhal et de Balzac. Eux purent ne pas être parfaits. Stendhal, qui se vantait de relire un titre du Code civil pour se donner le ton avant d'écrire, est arrivé à une intensité de vie étonnante malgré son dédain réel ou affecté de la forme, l'incorrection, la sécheresse de procès-verbal, la pauvreté d'images, l'inélégance, les répétitions de son style. Balzac, lui, cherchait quelquefois le style. Malgré toutes les scories de son œuvre, ses longueurs, ses prétentions pédantes, sociales, politiques, religieuses, morales, philosophiques; malgré ses plaisanteries à assommer un bœuf, ses exagérations, ses engouements de provincial pour la pairie, pour les duchesses du noble faubourg, malgré tout, il est le grand Balzac, notre maître à tous. Et la *Comédie humaine* reste prodigieuse, unique, peuplée qu'elle est des Grandet, des baron Hulot, des père Goriot, types colossaux et inoubliables de vie mise à nu, d'humanité écorchée.

A:4 "La demi-douzaine" *Les Cloches de Paris*, 18,25-VI; 2-VII-77

Vraiment, nous en avons pitié de la demi douzaine de – *célébrités... de l'avenir* – qui ont pris pour maîtres: Flaubert, Goncourt, Zola. Et qui ont la prétention de fonder une école na-tu-ra-lis-te. Toute la semaine, ayant attendu en vain un cartel d'un des six "Zoléens," –qui sont peut-être de bons diables!– nous allons faire encore quelque chose pour eux. Pauvres petits, on va vous montrer tout nus au public, –et histoire seulement de prouver que les *Cloches de Paris* sont bien informées,– nous carillonnerons pour nos cinq cent mille lecteurs la liste de vos chefs-d'œuvre ... ignorés. Boum! Boum!! Attention!... On commence.

I

Paul Alexis

Le premier des six... par lettre alphabétique. – Le plus "zoléen" des zoléens. – Venu de sa sous-préfecture méridionale vers l'an 1869, pour conquérir Paris avec des vers à la Baudelaire [*sic*]. Depuis (Paul Alexis) a renoncé aux vers, et, harassé de ce grand effort, il s'est reposé.

Nature asiatique, –sensitive et molle,– se laissant aller à la dérive. Médiocre journaliste: – A la *Cloche*, ce gros papillon turbulent et peu commode d'Ulbach ne pouvait le souffrir.– A l'*Avenir national*, M. Portalis, le séduisant ambitieux patricien, aujourd'hui un peu oublié, lui avait pourtant laissé faire un *Salon*... naturaliste. Romancier, – n'a jamais produit encore que des nouvelles. Son chef-d'œuvre la *Fin de Lucie Pellegrin*, a paru, il y a un an, dans une feuille de choux littéraire appartenant à l'illustre et déplaisant Buffenoir. Auteur dramatique: 1° un petit acte présenté, dit-on, par Dumas à M. Montigny... qui n'en a pas encore voulu; 2° *Louise Letellier*, un CHEF-D'ŒUVRE, en cinq actes!... *qui n'est pas encore fait*; 3° c'est tout.

Depuis que Catulle Mendès –un ennemi littéraire pourtant!– lui publie "l'*Infortune de M. Lorely*" dans la *République des lettres,* on peut voir, vers six heures, Paul Alexis, attablé devant Tortoni avec le blond pâle, inventeur du Parnasse. – A une table voisine, Albert Wolff, entouré d'une cour de peintres: Manet, Guillemet, etc. – Ecoutez! murmure le jeune naturaliste à l'oreille de Catulle, devinez quelle a été la plus grande satisfaction littéraire de ma vie? –Des vers d'amour irréprochables, aux rimes riches, soupirés dans les bras de l'adorée... répond le tendre poète. –Non! mon cher, il ne s'agit pas de femme!... Seulement je suis allé chez Albert Wolff, que je ne connaissais pas... Il peut y avoir de cela trois mois... Nous avons causé littérature environ une heure... Et j'ai su, le lendemain, par un ami commun, qu'*Albert Wolff m'avait pris pour un fou*!!! Ouf!

II

Henry Céard

[...] Bien qu'auteur d'une certaine ballade... leste, dont ces Messieurs de "la demi-douzaine" se gargarisent parfois à la fin de leur dîner hebdomadaire du mardi (chez Joseph, 51, rue Condorcet: 2 fr.25 par tête, compris le garçon et les cigares), – Henry Céard n'a jamais compté sur ses vers. Ni sur sa prose, ni sur ses *Idylles ratées,* volume de nouvelles, à faire, ni sur "le grand roman" – chacun des six a son *grand roman...* sur le chantier! – ni sur sa collaboration à la *Vie littéraire.*

Mais Henry Céard s'est dit: "Je ne suis pas assez bête pour me cacher plus longtemps à moi-même que j'ai de l'esprit. Je fais des mots dans le flou de Gavarni. Les dames me gobent. Denoisel, le parfait parisien de *Renée Mauperin,* n'est pas plus Parisien que moi..." Et il a regardé où en était son habit noir! – Un claque d'occasion! – Des bottines vernies toutes neuves! – Et il a brillé tout l'hiver aux "vendredis" de l'éditeur Charpentier, – et aux "dimanches" de Flaubert et aux "jeudis" d'Emile Zola.

Et maintenant, l'été venu, Henry Céard se trouverait tout triste, s'il n'avait pas sur la planche... *du travail*!! C'est un quatrain naturaliste que Zola veut faire chanter par un troupier pochard dans sa pièce du *Bouton de rose* (pour cet automne, au Palais Royal) et qu'Henry Céard, –ô joie profonde! mais ô responsabilité lourde!– s'est engagé à composer, en cinq mois, en collaboration avec

III

Léon Hennique

Un gaillard, celui-ci, et un veinard, et un chançart, et même un roublard! Toutes proportions gardées, – quelque chose comme le "Dumas père" de la petite bande. Un aplomb bœuf, une imperturbable assurance, une si indéracinable foi en lui qu'il arrive à l'enfoncer chez les autres; et, avec cela, une belle exubérance. – Il vous menace d'une série de cinquante volumes: *Les héros modernes!* [...] Puis, il y a quelques mois, [il] vous a "stupéfiés" en vous faisant avaler "la brise aigre et peu chantante" d'une conférence sur l'*Assommoir,* au boulevard des Capucines. [...] Zola comparé, préféré à Hugo, – oui, à Hugo!!! O déchaînement! O ouragan! O trahison! O vent des passions bouleversées! O brise chantante... Ou bien, pour parler le langage à la mode: –*Peut-on ainsi se coquarder*!!! Ou mieux encore, comme disent maintenant les Zoléens: –"*Se coupeauter.*"

IV

J.-K. Huysmans

Celui-ci, c'est une autre affaire. – Autre guitare... Jusqu'ici, dans les diverses dissections auxquelles je me suis livré, au sujet des jeunes personnalités littéraires de "la demi-douzaine," je suis bien sûr d'une chose: c'est qu'au fond, MM. Paul Alexis, Henry Céard, Léon Hennique, etc., etc., bien que j'aie dit d'eux et de leurs folles présomptions, tout le mal que j'en pense, n'étaient pas trop fâchés, –au fond!– de la volée de bois vert bien méritée que je leur administrais. [...] J.-K. Huysmans, lui, seul, m'a envoyé, par la poste, une absinthe qui n'était ni anisée, ni gommée, ni orgeatée, –ni même pure– puisqu'elle contenait à l'adresse d'A. Tilsitt le petit mot *naturaliste* de "déjections." Eh bien! A. Tilsitt se venge, et se venge noblement... Oui, *noblement!* En reproduisant le sonnet suivant de J.-K. Huysmans. [Suivent les vers d' "A une chanteuse" du premier chapitre de *Marthe*] O public, ô souverain, arbitre suprême et juge en dernier ressort de toutes les grandes questions sociales, politiques, littéraires, etc., n'est-ce pas désolant!... Où allons-nous?... Pauvre France! [...]

Comment! six jeunes hommes de lettres, absolument inconnus, si ce n'est par une modeste orgie chez Trapp, réussissent à faire du tapage, un tout petit tapage, il est vrai. Un seul d'entre eux, J.-K. Huysmans, me fait l'effet d'avoir un bout de talent; et voilà que ce phénix de la demi-douzaine accouche d'une œuvre presque ordurière, qui s'appelle: MARTHE, Histoire d'une fille. [...] Naturalistes, qu'avez-vous fait de l'art, de la poésie, de la *Reine des belles*? Tueurs d'idéal, la bouche en cœur, vous la faites sourire aux voyous. Moi, je n'en suis pas! je vous laisse les filles Marthe et Elisa... Dorénavant, je ne lirai plus que Berquin ou les romans de Louis Ulbach.

A:5 "Edmond de Goncourt" *Le Voltaire*, 24-V-79

[...] Nous voici au premier étage, dans le cabinet de travail. La vieille bonne qui nous a introduits a repoussé derrière elle la porte, en disant: "Monsieur va venir." Eh! la vieille bonne! ce doit être le cordon bleu remarquable qui prépare à son maître des plats extraordinaires, car, nous savons, son maître, un gourmand en art, est aussi un raffiné à table!... Mais le sourire s'efface tout de suite sur nos lèvres. Il n'y a pas à dire, nous sommes émus, pris sans doute dès le vestibule par l'odeur de musée rare et de sanctuaire laborieux qui est l'atmosphère de cette maison. Et maintenant, dans le cabinet, nos regards parcourent les quatre murs, du parquet au plafond tapissés de livres: œuvres de choix, documents curieux, ignorés, introuvables. Rien que sur la cuisine, par exemple, la cuisine de tous les siècles, et chez tous les peuples, une centaine de volumes et de plaquettes, luxueusement reliés, de divers formats, un rayon entier de bibliothèque.

Tout à coup, notre attention se porte sur une grande table de travail, placée devant la fenêtre. Aussitôt, nous ne voyons plus qu'elle, cette table large pour deux! N'est-ce pas sur elle que s'est produit pendant vingt ans le prodige d'un seul écrivain en deux personnes. Pendant vingt ans, produisant là, coude à coude, penchés l'un et l'autre sur une même page, parfois sur une même phrase, mariant leurs deux intelligences, les Goncourt n'ont à eux deux qu'une volonté, qu'une flamme, qu'un cœur, qu'une passion.

[...] Il vous conduit volontiers dans "le sanctuaire", une pièce calme et claire du

459

petit hôtel. Pas un bruit, on se croirait loin de Paris; à travers les vitres, on voit se découper les verdures étranges du jardin, qui n'est lui-même qu'un musée précieux d'horticulture exotique. Partout, au plafond et contre les murs, sous de hautes vitrines, sont amoureusement rangées des merveilles, rien que des pièces extra-ordinaires, tout ce que la Chine et le Japon ont produit de riche, d'étonnant, d'ini-mitable. [...] Et il faut le voir au milieu d'eux, Gianni: vingt ans de moins, l'œil pétille, un autre homme. Par exemple, n'allez pas gesticuler, Méridional! myope, n'avancez pas trop! Cette petite tasse qui n'a l'air de rien, si vous veniez à la casser, le cœur de de Gianni serait crevé, et Gianni, par précaution, l'éloigne de votre coude. Ah! si une bande d'enfants turbulents et piailleurs faisait tout à coup irruption au milieu du sanctuaire, quelle abomination! C'est que c'est sa passion à cet homme, le bibelot! D'autres aiment le jeu, la boisson, les femmes, l'ambition; lui, toute sa vie, a aimé cela. [...] Maintenant encore, aux heures mélancoliques où la laideur de la vie apparaît, ou bien lorsque son cœur saigne sous la morsure du souvenir, ou s'il veut s'entraîner au travail, Gianni se retire dans le sanctuaire. Là, toute une après-midi, il s'absorbera dans la contemplation d'une "coulée" de porcelaine de chine, verte et dure comme du porphyre, ou de deux colombes blanches, merveilleuses de dessin, d'éclat soyeux, brodées sur étoffe comme on ne brode pas en France. [...]

A:6 "Gil-Naza" *Le Voltaire*, 10-VI-79

[...] Depuis le matin où, dans un cabinet de Brébant, à la fin d'un déjeuner en tête-à-tête, M. Chabrillat lui a fait lire le manuscrit du drame de l'*Assommoir*, Gil-Naza n'est plus Gil-Naza. Il est devenu Coupeau. L'idée du type à créer, du person-nage à mettre debout en chair et en os, ne le quitte plus. D'abord il lit et relit le roman d'où est tirée la pièce, le fouille, le dissèque, en revit par la pensée les scènes les plus typiques, se familiarise avec tous les personnages. Puis, ses explorations personnelles, dans le milieu social décrit par l'auteur, commencent. La pièce serait historique qu'il irait s'enfoncer dans les musées et les bibliothèques. Mais elle est contemporaine et populaire: alors pour s'inspirer de la nature et de la réalité, il recommence, au point de vue de son rôle, l'enquête préalable de l'écrivain. Il va prendre sur les lieux le costume, le langage, l'attitude, la démarche, les gestes. Il prête une attention spéciale au métier: Coupeau est zingueur; il apprend à zinguer. Coupeau meurt alcoolisé; il va tous les matins à Sainte-Anne étudier la maladie avec l'aide de M. Vallon, un interne.

Aussi, le jour de la première représentation, que de naturel! quelle vérité! D'acte en acte, le personnage se développe dans la logique et l'observation. Il réalise tour à tour les sept ou huit Coupeau dont la succession compose le type: – Coupeau jeune, gentil et amoureux; – Coupeau entrant en ménage avec cinq sous dans la poche; – Coupeau père, faisant faire *à dada* à sa fille; – Coupeau tombé de l'échafau-dage, commençant à boire, – Coupeau s'enfonçant de plus en plus dans l'ivrognerie; – enfin, Coupeau expirant dans des hallucinations terribles. Et, à cette dernière scène du *delirium tremens*, voici qu'une femme nerveuse se trouve mal; tandis que le docteur Dagonet, chef de service à Sainte-Anne, se penche aux fauteuils d'orchestre à l'oreille d'un voisin: –"C'est ça! je me retiens à chaque instant pour ne pas aller lui tâter le pouls sur la scène!"

Enfin Coupeau revient; rappelé deux et trois fois. On se met debout sur les banquettes pour applaudir. On agite des chapeaux et des mouchoirs. On crie: "*Bravo, Frédéric Lemaître!*" Puis, Coupeau se traîne jusque dans sa loge, exténué, sans haleine et sans voix, fumant de tout le corps comme s'il sortait d'une étuve. Pendant que son habilleur l'eponge, vous croyez qu'il va reprendre enfin sa personnalité et cesser d'être Coupeau, au moins jusqu'à demain. Non! depuis dix mois qu'il étudie l'*Assommoir*, depuis quatre mois qu'il le joue, pas un jour, pas une heure, l'obsession de son rôle ne le quitte. Tremblant de ne pas le rejouer ce soir comme il l'a joué hier, il le creuse sans cesse, cherchant encore, observant toujours, faisant de nouvelles découvertes. [...]

A:7 "Manet" *Le Voltaire*, 25-VII-79

[...] Si vous aimez les contrastes, du salon où l'homme du monde est adulé, transportez-vous tout à coup devant la cimaise où est exposée quelque toile du peintre. La foule défile: observez, écoutez. La foule! depuis vingt ans que ce "grand enfant" qui est un artiste personnel et original, expose, des millions de curieux ont défilé devant les tableaux de Manet. S'il était possible que quelqu'un ait vu le défilé entier, écouté tout ce qui s'est dit là devant, tout sténographié, quel document précieux sur la bêtise humaine ne posséderions-nous pas! Quelle pyramide d'ignorance, de sottise et de grossièreté! Un homme seul, avec des pinceaux et quelques tubes de couleur, avoir occasionné cela! Cet homme est une force, et, quelle que soit son œuvre, je me sens déjà porté à la sympathie. Croyez-vous que ce soit chose facile d'occuper vingt ans le public de soi, de le passionner pour ou contre sa personnalité, même de lui épanouir la rate et de l'horripiler pendant si longtemps. Il faut être, pour cela, quelqu'un Monsieur *un tel*, qui commettez des œuvres si nulles, sans défauts ni qualités, essayez donc!

[...] Ce talent, quel est-il? Le moment est venu de l'analyser; il est fait de trois choses: de simplicité, de justesse et d'élégance. La simplicité d'abord. On a crié à l'image d'Epinal. On n'a jamais voulu comprendre qu'à ce peintre, procédant par taches, il faut un certain recul pour que l'œil arrive à reconstituer la diffusion de nuances qui existe dans la nature. Ensuite, la justesse: une grande justesse de tons dans une gamme légèrement plus blonde et plus gaie que la réalité. C'est là la note personnelle de ce tempérament. Cela fait de toute peinture de Manet une sorte de symphonie lumineuse, étrangement intense et aussi étrangement douce. C'est comme certains mets exotiques à saveur délicieuse: il faut toute une initiation avant de pouvoir les apprécier et les aimer. De même, pour l'élégance de ce talent. Toutes les finesses, et les raffinements de sensations de l'homme du monde, y sont contenues. Mais la distinction, à cette haute dose, a une saveur bien nouvelle et bien rude pour le palais de la multitude. [...]

A:8 "*Nana*" *La Réforme*, 1-XI-79

[...] La première fois que je passai la soirée avec [l'écrivain], c'était en septembre 1869, dans le petit pavillon, précédé d'un jardin, où il habitait alors, 14, rue de La Condamine. De neuf heures du soir à une heure du matin, il me lut le plan de sa série des *Rougon-Macquart*, plan auquel il travaillait depuis un an, fouillant les bibliothèques pour amasser une base scientifique, arrêtant les grandes lignes, choisissant de milieux sociaux caractéristiques pour chaque œuvre, dressant une généalogie de la famille et ce fameux "arbre" qui ne fut publié que huit ans après, en tête d'*Une page d'amour*, à la grande joie des bons critiques légers et clairvoyants, qui prirent "l'arbre" pour une simple plaisanterie inventée après coup. Et il me lut aussi, ce soir-là, les premières pages manuscrites de la *Fortune des Rougon*, le premier roman de la série, dont il n'avait encore écrit que trois chapitres.

Voilà donc dix ans que cette "*histoire naturelle et sociale d'une famille sous le second Empire*," je la vois sortir de terre, et se développer, lentement, méthodiquement, sûrement. J'ai cru en elle, à sa prodigieuse vitalité, et j'ai admiré la structure de ses racines bien avant que les premières pousses n'arrivassent à la lumière du grand jour, c'est-à-dire au public. D'une place unique, dans les secrets de la coulisse en quelque sorte, témoin oculaire de la période de gestation et de l'enfantement laborieux de chaque œuvre, je pourrais mieux que personne, en faisant simplement appel à mes souvenirs, reconstituer une déposition complète qui serait l'histoire détaillée de chaque volume, et qui certifierait de la suite dans les idées, de la continuité de plan, de la hardie et admirable préméditation littéraire dont ne s'est jamais départi, depuis dix ans, l'auteur des *Rougon-Macquart*.

Ce travail-là, peut-être l'entreprendrai-je un jour, et prochainement. Tant d'injustice collective à l'égard d'un seul homme, des intentions les plus légitimes et les plus méritoires si injustement méconnues, les mêmes bêtises sans cesse rabâchées, des sourds ne voulant jamais entendre: tout cela m'agace à la fin! Et, ce que j'en ferai, ce sera moins pour la défense de M. Zola qui, après tout, n'a pas besoin d'être défendu, que pour mon soulagement personnel. L'autre jour, j'ai fait simplement œuvre de reporter, en racontant, dans un journal, la vie patriarcale, à Médan, de l'auteur de *Nana*, retiré dans un coin de nature adorable pour y travailler en paix, loin du vacarme de la sottise et de l'envie. Mais c'est sa vie intellectuelle et morale qu'il faudrait surtout dépeindre. Au lieu du "Zola de la légende," sorte d'halluciné crevant d'orgueil au dire des petits journalistes, ne cherchant qu'à se poser en chef d'école, ne rêvant que dictature intellectuelle conquise à coups d'état littéraires, il faudrait faire connaître "le vrai Zola." Pas d'homme plus simple ni plus modeste, posant moins pour la galerie, plus éloigné par tempérament de tout cabotinage d'attitude, de geste ou de parole! Tous ceux qui l'ont plus ou moins approché, vous parleraient plutôt de sa timidité naturelle que de son outrecuidance. Incontestablement M. Emile Zola peut, par ses œuvres, prétendre à une légitime part d'influence au milieu de la littérature de son temps. [...]

A:8bis "Une 'première' en librairie" *Le Figaro* (sup.lit.), 15-11-80

[...] *Nana*! A travers quelles manipulations industrielles et commerciales la *copie* de M. Emile Zola est-elle devenue ce livre à couverture jaune, à 3 fr.50? Chacun sait ce qu'on entend par "la copie." Matériellement, peu de chose! Une certaine quantité de feuilles volantes, couvertes d'écriture d'un seul côté. Mais ce peu de chose coûte joliment de la peine. Tous mes confrères, les plus célèbres comme les plus inconnus, doivent en savoir quelque chose. Les plus grands sont ceux qui se martyrisent le plus.

La copie de M. Emile Zola est toujours écrite sur du papier écolier ordinaire, de préférence très fort, coupé en quatre. Une trentaine de lignes, d'une écriture très compacte, par page. Un peu moins que la matière contenue dans une page de volume. Le manuscrit complet de *Nana*, que j'ai vu, est donc de 600 et quelques feuillets formant un paquet d'environ 25 centimètres d'épaisseur.

Mais ce manuscrit n'est jamais allé chez l'éditeur Charpentier. *Nana*, comme on sait, avant d'être éditée, a été publiée en feuilleton dans le *Voltaire*. A mesure que les feuilletons paraissaient, Zola les découpait, séparait les unes des autres les six colonnes du feuilleton, et collait chaque colonne à l'angle d'une feuille de papier à copie ordinaire, de manière à conserver une large marge blanche pour les corrections.

Ces corrections, je les ai examinées avant la livraison de ce second manuscrit à l'éditeur. [...] Elles consistent à peu près uniquement en courtes suppressions. Pas cinquante lignes ajoutées, en tout. La valeur d'une vingtaine de pages, effacée çà et là, par toutes petites quantités. Puis, quelques mots répétés, changés par un équivalent. Voilà. Mais l'enlevage de ces bavures et répétitions coûte tout de même de longues heures inquiètes. Et c'est encore pis quand on corrige les épreuves. On doute de soi. Tout vous paraît décousu, incomplet, incolore, pauvre. Dans la partie, on appelle ça: "se remâcher." C'est si peu drôle que l'on ne commence à se remettre qu'en signant le bon à tirer.

Voilà le second manuscrit de *Nana* chez Charpentier. L'éditeur, ayant fait choix d'une des diverses imprimeries qu'il fait travailler, lui envoie à son tour le manuscrit. *Nana* se trouve maintenant à Corbeil, imprimerie Crété. M. Crété, après une inspection minutieuse du manuscrit, et des calculs approximatifs écrit à l'éditeur. —"... 15 feuilles – à 35 lignes à la page – à [ici le chiffre est omis] lettres à la ligne, en cicero... Voici d'ailleurs un modèle." L'éditeur ayant renvoyé la page toute imprimée, et prise au hasard comme spécimen, avec ou sans observations, la "composition" commence.

Vingt ouvriers typographes de M. Crété ont composé *Nana* en quinze jours de travail, la journée ordinaire étant de dix heures par jour. De sorte que, si la composition de *Nana* avait été exécutée par un seul ouvrier, celui-là y aurait mis 300 jours; – c'est-à-dire que, en tenant compte des dimanches et fêtes, un seul ouvrier y aurait consacré une année entière.

Nana est composée. Elle forme quinze *feuilles*, la feuille étant de trente-six pages. M. Émile Zola a reçu, corrigé et renvoyé deux fois chaque feuille (en *première* et en *seconde*). Il a signé et envoyé le bon à tirer. L'éditeur n'a plus qu'à se procurer le papier nécessaire; mais, avant de donner pleins pouvoirs à l'expérimenté M. Viéville – l'employé spécial chargé des impressions, M. Charpentier consulte un registre sur la couverture duquel se trouve écrit, depuis longtemps, en grosses lettres: "Demandes de *Nana*."

Et ici, M. Charpentier se frotte les mains. *Nana* est demandée depuis un an. Depuis un an, la librairie Charpentier a reçu en moyenne 10 lettres par jour, concernant *Nana*. Dans le dernier mois seul, il est arrivé 500 lettres: commandes, réclamations, etc. Et, au bas de plusieurs colonnes de chiffres, M. Charpentier lit: *Total des demandes pour Paris*: 20.000 volumes. Sur ces vingt mille volumes, un libraire y est, à lui tout seul, pour 7.000. D'autres pour 2.000, pour 1.500, pour 1.000; ce qui s'explique, une partie de ces volumes étant pour l'exportation.

Puis, parcourant les commandes des libraires de province, M. Charpentier lit encore, çà et là:

Toulon (un seul libraire)   600 volumes
Bordeaux   600
Rennes   100
Lyon   350
Marseille   450
Etc., etc.

Et, à l'étranger: –un libraire de Bruxelles, demandant 1.000 volumes; un d'Amsterdam, 1.250; un de Rotterdam, 500; un de Londres, 250; un de Milan, 350; un de Vienne (Autriche), 600; un de Leipsig, 300; un de Moscou, 500; un de Saint-Pétersbourg, 1.000; enfin, un libraire de Java, 100. Et, comme Java est un peu loin, à côté du nom de ce dernier, la recommandation: *"Par poste."*

Alors, pour satisfaire à ces *quarante-huit mille et quelques* demandes arrivées à l'avance, M. Charpentier, l'exactitude des totaux bien justifiée, se décide à faire de *Nana* un premier tirage de 50 éditions; c'est-à-dire – l'édition de 1.100 étant de 1.100 à cause de la "passe" et de la "double passe," – *Nana* sera tirée d'emblée à 55.000 exemplaires. Fait inouï et unique en librairie, j'en appelle à MM. Dentu, Calmann-Lévy, Hachette, etc. Si je fais erreur, je ne demande qu'à être démenti.

Il a fallu, pour ce premier tirage énorme de *Nana*, dix-huit cents rames de papier! 1.800 rames! c'est ce qu'une machine, marchant continuellement, peut produire en dix fois vingt-quatre heures. Deux équipes, de trente ouvriers chacune, doivent se relayer continuellement: l'une de midi à minuit, et l'autre de minuit à midi.

Dix-huit cents rames, – à 13 kilog. la rame – cela pèse vingt-trois mille quatre cents kilogrammes de papier. Dix-huit cents rames! – la rame, c'est 500 feuilles. La feuille, contenant de quoi imprimer 18 pages *recto* et 18 pages *verso*, – c'est une surface de 70 centimètres de longueur sur 57 centimètres de largeur. De sorte qu'en mettant bout à bout toutes ces feuilles, –je me suis amusé à faire le calcul,– on obtiendrait une bande de papier, qui, large de 57 centimètres, aurait 630 kilomètres de longueur: c'est-à-dire la distance de Paris à Grenoble.

Et, –autre calcul facile à faire,– en multipliant cette longueur de 630 mille mètres par 0 mètre 57, vous obtenez la superficie totale de "trois cent cinquante-neuf mille cent mètres carrés." C'est-à-dire, une feuille unique colossale, de 36 hectares de surface, qui serait imprimée à la fois sur le recto et le verso: – la contenance d'une magnifique propriété!

Maintenant, de ces trente-six hectares de papier imprimé sur les deux côtés, pour faire 55 mille volumes, il faut s'adresser à une industrie auxiliaire de l'imprimerie, à "la brochure." Il n'existe pas à Paris de maison de brochure assez importante pour se charger de brocher cinquante-cinq mille volumes à bref délai. M. Viéville, –le bras droit de M. Charpentier,– a donc dû employer 12 maisons de brochure à la fois.

La brochure, consistant en plusieurs opérations distinctes, exécutées chacune par une main d'œuvre spéciale, –afin de simplifier en donnant une idée générale de ces opérations– au lieu de prendre chacune des douze maisons en particulier, je vais réunir tout de suite les totaux comme si *Nana* avait été brochée par *une seule* maison.

464

1° L'assemblage: –seize ouvriers, travaillant du matin au soir, ont mis *huit* jours rien que pour "assembler" les feuilles, c'est-à-dire pour superposer cinquante-cinq mille fois, et dans leur ordre, les quinze feuilles d'imprimerie de *Nana*; 2° Le satinage: trente ouvriers *satineurs* ont également mis huit jours pour cette seconde opération, qui consiste à "abattre le foulage," c'est-à-dire à faire un brin de toilette à chaque feuille que le tirage a toujours plus ou moins chiffonnée; 3° Il faut ensuite *plier* et *coudre* ensemble les feuilles: *deux cent cinquante* femmes ont plié et cousu *Nana* en huit jours; 4° Enfin six ouvriers ont encore travaillé huit jours pour "ébarber," avec de grands ciseaux, les cinquante-cinq mille volumes, et pour les vêtir de la belle couverture jaune de la maison Charpentier.

En somme, rien que pour la brochure, *Nana* a fait gagner du pain, pendant huit jours, à trois cent deux travailleurs, hommes et femmes. Et qu'on vienne dire maintenant que les romanciers sont des amuseurs et des inutiles! Que Proudhon –et M. Floquet!– les chassent encore de la République!

Enfin, nous voici au commencement de la présente semaine. L'apparation du volume est irrévocablement fixée pour le samedi. Et voici les cinquante-cinq mille *Nana* arrivant des douze maisons de brochure à la fois, envahissant le n°13 de la rue Grenelle-Saint-Germain. Glissons-nous à leur suite.

Quel remue-ménage! Il faut voir dans une grande librairie ce que c'est que le lançage d'un livre comme celui-ci. Une véritable fièvre gagne et grandit pendant deux ou trois mois, jusqu'aux derniers jours. Alors, il y a un coup de feu terrible.

Depuis une semaine, les employés de la maison, dévoués et prenant la chose à cœur, trouvent à peine le temps de manger, ne dorment plus. Malgré l'aide de plusieurs employés supplémentaires, on passe les nuits. On décachette les dépêches, on dépouille des monceaux de lettres. On prépare les paquets. On presse les emballeurs. On répond à une nuée de placiers. Il faut se reconnaître au milieu d'un déluge de demandes.

La bousculade vient surtout de ce que chaque libraire voudrait être le premier à mettre le nouveau livre dans sa vitrine, espérant ainsi accaparer l'acheteur et tuer le débit du libraire voisin. Parfois même, c'est très drôle. Il y a des gaillards qui, voulant ainsi tirer la couverture à eux, envoient de la province ou de l'étranger des dépêches bien amusantes. Ils ont pensé à un train "qui arrive avant le rapide!..." – Ils ont découvert un paquebot exceptionnel, auquel personne ne pense: "Gardez-moi le secret!..." Et, en même temps, arrivent les lettres de leurs confrères qui, tous, ont pensé au même train ou paquebot, et demandent également le secret.

Puis, le grand jour se lève: *Nana* paraît (C'est ce matin, samedi.) Dès l'aurore, l'assaut est donné à la librairie Charpentier. Dans la grande salle, large galerie de vingt-cinq mètres, on peut à peine passer, tant les paquets terminés, ficelés, étiquetés, et entassés les uns sur les autres, barrent le chemin. Au milieu de ces montagnes de *Nana*, sont ménagés d'étroits ravins, pour qu'on puisse se glisser d'un comptoir à un autre. Et les employés principaux, MM. Gaullet et Coulon, de peur d'être débordés, ont prudemment fermé à clef les boiseries de chêne qui les isolent du public.

Dans la rue de Grenelle-Saint-Germain, une queue a dû se former dès la première heure: tapissières, voitures à bras, fiacres, tous les moyens de transport imaginables. Certains commis viennent en fiacre pour emporter tout de suite leur commande, tandis que les commissionnaires en librairie, moins pressés, se contentent de la voiture à bras. Et tout ce monde voudrait entrer à la fois dans l'étroite cour qui précède la librairie. Il faut un service d'ordre.

La distribution commence. On voit les premiers servis se sauver, comme des voleurs, à toutes jambes, ou fouetter leurs chevaux; cela rappelle les jours de grande émotion publique lorsque les journaux sont fiévreusement attendus, et que des nuées de vendeurs s'échappent en courant des imprimeries. – Toute la journée, la librairie Charpentier écoule ainsi son trop-plein. Un fleuve de papier noirci qui se déverse! Paris, – la province, – l'étranger, – sont inondés de *Nana*, et l'heureux éditeur est obligé d'écrire immédiatement à l'imprimeur pour lui commander un nouveau tirage de *dix mille*... Ce que M. Georges Charpentier a fait hier.

A:9 "Les suites d'une conversation" *Revue littéraire et artistique*, IV (1-IV-81), 145-7
[...] Le tout est d'aller dans le sens du siècle. Mais n'ayons pas l'outrecuidance de croire que nous le dirigerons. Ce sont les mœurs qui font les littératures, comme les peuples leurs gouvernements. Le siècle va à droite ou à gauche, de sa propre impulsion. Et nous ne tenons pas le gouvernail: nous ne faisons que relever la longitude et la latitude, et consigner nos observations sur des feuilles blanches.

[...] En sortant [...] une fois pour toutes de la fameuse et antique tour d'ivoire, en mettant carrément les pieds dans la réalité, en nous campant au beau milieu de la vie, les bras nus pour ne pas avoir peur de salir nos manchettes et les narines ouvertes pour humer tous les vents du siècle, il est certain que notre objectif littéraire différera fort de celui de nos aînés. Peut-être, à notre insu, obéirons-nous à la démocratisation générale de l'époque. [...] Notre idéal de style, les complications inutiles de notre composition, les amusettes de nos balancements romantiques, notre stérilisante recherche de la perfection, tout sera profondément modifié, et ce, dans le sens de la simplicité et de la largeur. [...] Il faudra que nos œuvres soient des fleuves profonds, aux eaux moins limpides peut-être, roulant de la fange et du gravier mêlés aux pépites d'or, mais au lit assez large et aux rives assez accessibles pour que la foule entière puisse venir y boire, et s'y mirer passionnément, s'y reconnaître, car c'est la vie contemporaine, sa propre vie, que la foule regardera couler dans notre œuvre.

[...] "Etre avec le siècle?" –Oui. –"Ne pas laisser échapper le mouvement du siècle?" –Sans doute. C'est-à-dire nous rendre compte de ce mouvement, l'étudier profondément, analyser de quelles forces motrices il est le résultat, prévoir tant que possible sa direction, enfin le reproduire avec intensité dans notre œuvre. –"Etre utile à notre siècle?" –Soit! encore! Lui procurer l'utilité spéciale de l'art, lui servir de miroir, et de miroir reproduisant non pas seulement l'aspect extérieur de la vie, mais ses profondeurs occultes et ses rouages secrets. [...]

Reconstruire n'est pas en notre pouvoir: notre unique outil, l'analyse, ne peut que "constater." Reconstruire, ce serait créer, ce serait substituer notre action à celle de la nature. Laissons cette folle prétention aux époques de lyrisme. Reconstruire! mais, pour cela, il faudrait être capable, au moins, de détruire. Et l'homme ne peut non plus détruire: rien! pas même une molécule de matière! encore moins une loi mathématique, physique ou chimique!

[...] Donc, ni détruire, ni reconstruire! Mais observer, comprendre et constater. Nous méfier de l'obsession de l'absolu. Nous résigner à notre rôle de "roseau pensant."

Sans emballage d'imagination, sans jouer au bon Dieu ni nous substituer à la providence, arriver à produire nos œuvres comme l'herbe pousse: voilà tout le Naturalisme.

A:10 *"La Fausta" Gil Blas*, 9-IV-81

Hier soir, dans l'atelier de M. de Nittis, Edmond de Goncourt nous a fait une lecture. Trois mille cinq cents lignes! c'est-à-dire le tiers environ du nouveau roman qu'il est en train d'écrire: *La Fausta*. Une lecture! C'est absolument passé de mode, aujourd'hui, dans notre monde littéraire. Et, depuis celle d'hier surtout, je suis convaincu que c'est fort regrettable. C'est parce qu'il n'y a plus, à proprement parler, de salons littéraires qu'on ne fait plus de lectures. Dans notre âge de transition, l'esprit de sociabilité subit une éclipse. La lutte pour la vie est trop âpre. Chacun se claquemure dans son coin et lutte égoïstement. [...]

Frappant, ce portrait de Goncourt, par Nittis, –à demi retourné contre le mur– mais que j'aperçois bien dans la glace de la psyché! Sous la neige saupoudrant sa chevelure, et sa moustache, et sa barbiche d'officier en bourgeois, que de jeunesse encore! Que de passion contenue, se relévant par les trous de ces pupilles percées comme avec une vrille! Sous la réserve, la politesse d'homme de l'ancien régime, sous l'apparente froideur, quelle nervosité!

[...] Tout à coup, par je ne sais quelle transition, voici que je me mets à penser à Gustave Flaubert: –Ils étaient quatre! Quatre amis, quatre grands romanciers, que l'on avait surnommés "le quadrilatère du roman moderne." Et voici qu'il en manque un à l'appel! Puis, regardant l'un après l'autre, les restes du quadrilatère démantelé, passant de Goncourt à Zola, de Zola à Daudet, j'ajoutais mentalement: –Eh bien! puisque "le patron" n'est plus là, c'est Goncourt, maintenant, le patron!...

[...] Allez! cher maître, vous avez dû être content de votre lecture. Elle va vous donner la force, une fois rentré dans votre petite maison du boulevard Montmorency, de continuer la *Fausta*, d'achever un chef-d'œuvre. Vous avez dû voir que notre génération vous comprend et vous aime filialement. Le roi est mort: vive le roi! – Flaubert n'est plus: vive Goncourt!

A:11 *"Jules Vallès" Le Figaro* (sup. lit.), 14-V-81

[...] De taille moyenne, plutôt petit, sans embonpoint gênant mais solide et râblé, c'est un gaillard bâti à chaux et à sable, de tempérament sanguin. Quelque chose de la richesse et de la vigueur de cette ferrugineuse terre d'Auvergne circule en lui, à fleur de peau. Jamais malade, ayant toujours trop chaud, songeant tout de suite à faire ouvrir portes et fenêtres. Sa poignée de main est chaleureuse. Nature en dehors, un sensitif qui est un expansif, il n'aime pas la solitude. Les portes et fenêtres de son être intérieur, il cherche à les ouvrir aussi, toutes grandes. [...] La neige précoce qui saupoudre sa barbe aujourd'hui bien taillée et ses cheveux toujours drus au sommet de son haut front, toute cette blancheur argentée, tempère heureusement ce que ce visage puissamment moulé devait présenter de dur, de heurté. Chaque figure humaine ayant son "animalité" on le comparait parfois au taureau qu'une loque rouge met en fureur. Un caricaturiste a pu en faire une tête de bouledogue, ressemblante. Aujourd'hui, grâce à cette barbe et à ces cheveux blancs qui ne le

467

vieillissent pas, grâce au renflement de certaines lignes, la vue du visage de Vallès évoque l'idée d'un lion, très vivant et très beau, qui serait devenu très doux. [...]

Vallès, devenu "un écrivain naturaliste" [...], a fait œuvre de romancier moderne, se contentant d'exposer, de raconter, de donner le procès-verbal de ses impressions d'enfant et d'homme. A chaque instant, quand la fougue de ce tempérament de révolté risque, semble-t-il, de le faire verser dans quelque fondrière, heureusement que le naturalisme est là et lui sert de garde-fou. Vallès est un très grand artiste, ayant le don de la vie: devant sa page, une fois seul en face de son œuvre, les excitations étrangères tombent, et, pour obéir à sa nature, il fait vivant! Et, faisant vivant il est bien forcé de faire vrai, juste, impartial.

Qu'on ne dise pas que cette qualification de "romancier" naturaliste que je donne à Vallès est impropre, parce que la série de *Jacques Vingtras* ne sera qu'une autobiographie. Le romancier moderne lui-même ne fait guère autre chose aujourd'hui que de l'autobiographie déguisée, et nos romans ne sont au fond que des sortes de "mémoires" de ce que nous avons vu, senti, éprouvé nous-mêmes, seulement, tout cela sous le voile d'une forme impersonnelle. [...]

S'il existe encore, l'ancien! – Toute une heure, l'autre soir, je l'ai écouté gronder. Ne m'a-t-il pas regardé de travers l'espace d'une seconde, quand je lui ai appris que j'allais parler de lui aux cinq cent mille lecteurs du *Figaro*. Dans ses yeux, tout au fond de ses yeux, n'ai-je point surpris un éclair de méfiance. Et il m'a énergiquement chapitré, me recommandant de dire qu'il place avant tout, quand même, la politique; – qu'il est par-dessus tout un révolté, dont son prochain livre, l'*Insurgé*, donnera la vraie mesure; – que, s'il cherche à avoir un talent littéraire, c'est uniquement parce qu'il voit dans le talent un outil de révolution.

Non seulement il prend ainsi tout à coup la parole, le Vallès d'autrefois, mais il fait encore certains projets et caresse des rêves. Rêves de tout lâcher un beau jour: littérature, art dramatique, aisance et sécurité bourgeoises, pour parler de nouveau dans des réunions publiques! Projets de se consacrer à un grand journal socialiste, entrepris avec un million de capitaux, qui s'appellerait toujours la *Rue*, – ce qui est d'ailleurs un beau titre. [...]

A:12 "Le nouveau quartier latin" *Henri IV*, 19-v-81
"Le vieux Paris s'en va! Les formes d'une ville
Changent plus aisément que le cœur des mortels..."

Baudelaire aurait dû dire que le vieux Paris "se déplace." C'est très joli, "s'en va"; mais ce n'est que de la poésie. J'aime mieux l'exactitude de la prose.

En simple prose, Paris se déplace. Du temps de Balzac, par exemple, le Palais-Royal, avec ses galeries de bois et ses maisons de jeu, n'était-il pas le vrai centre de Paris. Eh bien! aujourd'hui, ce même Palais-Royal est devenu un désert. Encore quelques étrangers: des vieux, qui, pour suivre la tradition, se donnent, comme il y a trente ans, rendez-vous à la Rotonde! Des naïfs, qui, attirés par la musique militaire de cinq heures, vont encore se faire empoisonner dans les restaurants à prix fixe! Mais, dès neuf heures du soir, [...] les galeries sont devenues une solitude. [...] Tandis qu'au même moment, à trois cents mètres de distance, le nouveau cœur de Paris précipite ses pulsations, et le trottoir du boulevard Montmartre bout, et le *Henri IV* s'élabore en pleine fournaise.

Eh bien! depuis que les larges boulevards neufs de M. Haussmann ont éventré et anéanti ce qu'on nommait "le vieux quartier latin," un déplacement analogue s'est accompli. Egalement de gauche à droite! Des environs du Panthéon, des lointains parages de l'Odéon, tout le côté vraiment vivant de la jeunesse s'est trouvé un beau jour avoir sauté sur la rive droite – à vol d'oiseau! [...]

Au pied de la Butte-Montmartre, – plus large, plus aéré, plus sain, moins braillard, plus sérieux, plus pratique, davantage dans la vie, mais non moins enthousiaste que l'ancien, quoique sous des formes nouvelles, s'étend le moderne quartier latin. Il occupe tout le versant de la montagne de Montmartre en pente vers le cœur de la ville. De là-haut, comme Rastignac contemplant Paris des hauteurs du père Lachaise, cet énorme et prodigieux Paris qui est à conquérir, il semble dire aussi: –"A nous deux!"

Ses quatre points cardinaux sont: au nord, le Moulin de la Galette; au sud, l'hôtel de M. Thiers; à l'est, l'atelier du peintre Desboutin, rue Rochechouart; à l'ouest, l'atelier de Sarah Bernhardt, avenue de Villiers. Le parc Monceau, splendide depuis trois semaines, est son jardin du Luxembourg. Le bal de l'Elysée – vulgo "la présidence"– est son Bullier. Le théâtre de Montmartre et celui des Batignolles toujours pleins, exploités par deux troupes jeunes qui alternent et représentent toutes les nouveautés de l'année, valent bien à eux deux, le lointain Odéon. [...]

Le nouveau quartier latin coudoie trois ou quatre mondes très différents, sans se confondre avec aucun d'eux. A Batignolles, les vieux rentiers! A Montmartre, le peuple! Quartier Bréda, les cocottes! Eh bien, ici et là, répandus à la fois dans des milieux très divers, poussant un peu partout comme une végétation vivace, comme une pullulante fleur d'art et d'intelligence, les naturels du nouveau pays latin conservent leur originalité propre. Loin d'être modifiés par le frottement, ce sont eux qui vivifient la contrée entière d'une bouffée de jeunesse. A leur contact journalier, la momie de café devient moins obtuse, l'artisan moins grossier. Affinée par leur fréquentation, la fille retrouvera du désintéressement et des innocences.

D'ailleurs, ces vivants ne font pas comme ces provinciaux de Paris, qui ne sont jamais sortis de leur arrondissement. La plupart sont en plein dans la lutte; même, c'est afin de se trouver tout à portée du combat de Paris, que leur instinct les a groupés là. A chaque instant du jour, par les rues les plus directes et les plus rapides, rue des Martyrs, rue Fontaine, rue Blanche, rue de Clichy, rue d'Amsterdam, ils dégringolent jusque sur le champ de bataille. Puis, à la nuit, l'escarmouche quotidienne livrée, vaincus ou vainqueurs, triomphants ou désespérés, ils remontent à petits pas, combinant de nouvelles stratégies.

Ah! rien que rue Notre-Dame-de-Lorette, si l'on savait, tout ce qui remonte en un seul soir: projets de romans et de pièces, idées d'articles, partitions, ébauchées, esquisses poussées en imagination, rêves de statue, désirs de cœur ou de chair, exaltations de tête. Et, à moi, voici soudain qu'il m'en vient une, d'exaltation. Tout ce nouveau quartier latin, je voudrais l'évoquer ici dans son ensemble, palpitant, grouillant. Hélas! N'avoir que des mots à mon service pour le peindre, le mouler, le chanter, lui souffler la vie. Pourquoi ne pas être en même temps: peintre, sculpteur, musicien – et aussi: préfet de police, sorcier, Dieu?

Par où commencer? – Trois heures du matin. Les rues désertes. Rien d'ouvert que "la Tartine": un charcutier tout en haut de la rue des Martyrs. Départ des derniers clients: souteneurs avinés parlant argot. Peu après, devant la Boule-Noire, une rixe. Coups sourds de trois hommes acharnés contre un quatrième, qui se débat sans crier, redoutant sans doute autant que les trois autres l'arrivée de la police. [...]

Mais les ailes du moulin de la Galette commencent à se détacher sur un ciel pâlissant. C'est l'aurore. En face de "la Tartine" qui ferme, s'ouvre une première crémerie. Çà et là, dans la poussière que font les balayeurs et les balayeuses sur le boulevard extérieur, les derniers becs de gaz s'éteignent. Voici le soleil.

Déjà, du monde partout; la vie s'éveille dans la gaieté du matin. Mes gaillards du nouveau quartier latin, eux, dorment en masse. Pourtant les peintres, amants de la lumière, sont les premiers à remuer. Sept heures du matin : dans l'atelier, inondé de clarté, certains font déjà leur palette. Huit heures : autour du bassin rond de la place Pigalle, un rassemblement de modèles : brunes Italiennes aux jupes bleues et rouges. Dix heures du matin, café de Larochefoucault, au premier. Diable! quels coups de fourchettes! Quels sont ces hommes, généralement d'âge mûr et décorés, qui déjeunent d'aussi bonne heure? Ce sont des peintres... sérieux, qui mangent de bonne heure, afin de travailler plus longtemps. [...]

Et maintenant cinq heures, – l'heure verte! – entrons à *la nouvelle Athènes*. Le café des peintres par excellence, le plus fréquenté et le plus cosmopolite. Toutes sortes de coteries et de sous-coteries –ne se connaissant pas– ou évitant de se rencontrer aux mêmes tables, et, pour cela, adoptant de préférence certains coins de l'établissement.

A l'heure de l'absinthe, dans une moitié de la terrasse, le tout petit clan des classiques. [...] Même café, après le dîner. Voici toute l'école impressionniste. Egalement sur la terrasse, là où les classiques se tenaient en nombre avant le dîner, voici : Monet, Pissarro, Gœnœutte, Zandomeneghi, Degaz [sic], Raffaelli, Soldi, le statuaire unique de l'école, et, au milieu d'eux tous, mon collaborateur et ami, Hoschédé. Manet, jadis assidu, se fait très rare. Je ne puis regarder sans une mélancolie aiguë, la place où s'asseyait toujours, en face de l'entrée, mon pauvre ami Duranty, mort il y a un an.

[...] Tiens! mais sur le côté droit de la terrasse, quels sont donc ceux-ci, qui ont l'air de ne pas faire attention du tout à ceux-là? –C'est le coin des architectes, me raconte un garçon bien informé. Ces architectes sont des hommes de talent, très intelligents, mais méprisant tous plus ou moins la peinture. [...]

Et dans l'intérieur du café, voici d'autres coteries encore. A cette table écartée, trois jeunes confrères de grand talent : MM. Rivière, Mermeix et Capus, tous les trois rédacteurs du *Clairon*. Et, en face, quels sont ceux-ci qui entassent des piles de soucoupes? Des journalistes de toute couleur et des nuances les plus tranchées, frayant ensemble. [...]

Et, à la même heure, cent autres milieux artistiques vivent, grouillent, sont pleins de fumée et d'ardentes discussions. La place me manque. A la fois, dans une seule étreinte, je voudrais embrasser tout ce Paris artistique et jeune, et vous en présenter le panorama. [...] Rien qu'au Rat-Mort et à la brasserie Fontaine, le centre le plus animé à deux heures du matin, [...] il faudrait consacrer tout un chant de poème épique. Moi, pauvre moderne essoufflé, je ne suis pas un Homère pour sortir victorieux du dénombrement de toute une armée, celle de l'art et de la jeunesse. Je m'avoue écrasé par l'ensemble et vaincu; je demande à souffler. Mais ces endroits illustres ne perdront rien pour attendre, et, sous peu, je prendrai ma revanche.

A:13   "Cochons et compagnie" *Le Réveil*, 30-IV-82

[...] A mon humble avis, Zola y [*Pot-Bouille*] a mis [...] de la discrétion. En évoquant mes impressions et mes souvenirs, si je fais un total de ce que j'ai vu, éprouvé, et souffert de par la bourgeoisie, quoique bourgeois moi-même, en un mot, si je remue le stock de mon expérience personnelle, j'en arrive à cette conclusion que le réquisitoire est encore trop doux. [...]

Je ne travaille que d'après nature. Pour faire quelque chose, bien ou mal, il faut que j'aie vu cette chose. Est-ce une infirmité? Peut-être. En tout cas, dans une maison parisienne, pas loin de la rue de Choiseul, j'ai assisté, pendant quelques années à ceci. [Suivent les détails d'une histoire d'adultère] J'ai vu de près ces choses, qui, je l'avoue, ne sont pas propres. Bien avant qu'il ne fût question de *Pot-Bouille*, j'ai pris mes notes sur nature, et j'ai commencé d'écrire *Madame Cœuriot*. Voyons, je serais joliment naïf de ne pas continuer tranquillement. Quelle stupidité de ma part, si, averti de ce qui m'attend par la façon dont on accueille une œuvre sincère, je songeais à faire la moindre concession, si je cherchais à adoucir la vérité.

Je persiste à croire de plus en plus, que je n'arriverai à produire quelque chose de passable, qu'en mettant impitoyablement la vie à nu, qu'en me vidant moi-même tout entier, cœur et entrailles, devant qui en voudra. Si *Pot-Bouille* semble trop cruel à certains, mon devoir professionnel est de le dépasser en cruauté si je puis, bien entendu sans sortir de la logique, sans cesser d'être vrai; et je suis donc en droit de crier aujourd'hui aux insulteurs de Zola: Vous trouvez, vous autres, que ce romancier calomnie les gens bien élevés, déprécie la redingote et l'habit noir, salit l'humanité entière: eh bien! moi pas! Je rêve de le dépasser selon mon pouvoir en exactitude et en audace, je brûle de mériter vos injures. L'humanité me paraît encore plus sale qu'à lui.

A:14   "Guy de Maupassant" *Le Réveil*, 28-V-82

[...] Depuis longtemps, depuis deux ans surtout, attelé à d'autres labeurs dont je vais parler, Maupassant n'a plus fait de vers. Mon opinion intime est même qu'il n'abandonnera plus la prose, notre rigoureuse prose travaillée, autrement souple que le vers, plus apte que lui à rendre toutes les complications de notre vie moderne, et non moins accessible à la poésie. [...] Notre génération a d'ailleurs mieux à faire qu'à galvaniser une forme, je ne dirai pas usée à jamais, mais pour le moment considérablement fatiguée. La prose, de plus en plus, va être l'outil contemporain. Sorti de Balzac et de Stendhal, le roman moderne sera la gloire du siècle.

Aucun de ma génération immédiate, je veux parler de ceux qui ont aujourd'hui de vingt-huit à trente-cinq ans, n'a encore donné sa vraie mesure comme romancier, Maupassant pas plus que les autres. Seulement, pour qui réfléchit avec détachement personnel et pour qui sait voir, le caractère de ses débuts, plus d'un autre signe avant-coureur, constituent de magnifiques promesses. D'ailleurs, ici, il a déjà mieux fait que de promettre: Maupassant a tenu.

[...] Comme son vers de jadis, sa prose est franche, souple et forte. La même exubérance de tempérament, la même santé, la même passion physique, qui rendaient le jeune homme si intéressant, sont la marque de fabrique de sa phrase. En lui, tout est sain, tout est chaud, tout est riche. Son style, ce sang de l'écrivain, roule du fer, et sort de lui tout fumant, comme certaines sources chauffées à un foyer intérieur.

[...] Voici un autre fait révélateur. Avec toute notre génération, mais contrairement aux idées de la génération littéraire de Flaubert et à une opinion bien arrêtée de ce dernier, Maupassant a compris l'utilité contemporaine du journalisme. Il y a vingt ans, nos aînés, aux vacarmes profonds et sourds sortis de la retentissante usine, devenaient tout pâles; au lieu d'y pénétrer hardiment, au risque d'attraper quelque poussière, la peur de se sentir pris dans l'engrenage par un coin de leur manche puis d'y passer tout entiers, les faisait se tenir à l'écart, se croisant les bras et dédaigneux. Aujourd'hui, nous avons démocratisé notre attitude. Nous entrons, et, les membres nus, nous contribuons passionnément à brasser notre part de l'œuvre collective. Et joliment bien nous nous en trouvons! Outre que nous y gagnons plus ou moins l'existence de chaque jour, nous y assouplissons nos membres, nous y décuplons nos forces dans une hebdomadaire ou quotidienne gymnastique. [...]

Quand Maupassant voudra appliquer au théâtre sa belle énergie d'homme, de santé de poète, ses heureux dons de romancier, il se comportera sur les planches comme dans le journal et dans le livre. Il frappera vite et fort. Il ira loin. De ma génération littéraire immédiate, c'est le plus vigoureusement doué, celui qui a le plus promis et tenu jusqu'à présent. D'ailleurs, je l'aime.

A:15 "L'amour des lettres" *Le Réveil*, 2-VII-82

[...] Mais où donc se tient-elle alors, la passion des lettres? Où perche-t-elle? Si *l'on n'aime pas la littérature*, si ceux qui se donnent pour mission de guider le goût public n'ont que la passion de régenter, de faire la classe et de pontifier, où donc rencontrer l'être introuvable, qui aime cette littérature passionnément et pour elle-même. Eh bien! pas plus tard qu'aujourd'hui, ici, chez moi, à mon cinquième au-dessus de l'entresol, un de ces êtres extraordinairement rares jusqu'à en être improbables, est venue me rendre visite.

[...] Ce jeune homme [...] brûle pour la littérature d'une belle flamme, exquise et rare, toute désintéressée. Une heure de conversation avec lui m'a réconforté et rafraîchi. Je me suis revu en lui tel que j'étais, il y a un trop grand nombre d'années, à l'heure charmante de la virginité qui s'ignore et de la pureté première du désir. Il ne fait pas de vers, lui: la génération qui vient d'avoir vingt ans, plus précoce que la nôtre, paraît-il, se détourne déjà du vers. [...] Conservatrice et religieuse, ascétique, mystique, [sa] famille croirait son Benjamin perdu, dans cette vie et dans l'autre, damné, si elle se doutait jamais qu'il a fait la connaissance d'un de ces affreux "sous-naturalistes" qui sont l'épouvantail des honnêtes gens, le rébut de la littérature et l'opprobre de la société. Mais, dans ce milieu étouffé, le jeune Henri de F..., outre qu'il aspire à toutes les révoltes, a déjà été touché par l'esprit du siècle. Il a lu tout ce que j'ai lu, il comprend tout ce que je comprends, il aime tout ce que j'aime. A l'âge où l'on n'a pas encore vécu, lui, déjà porté à l'observation exacte et à l'analyse, s'étudie sans cesse, prend des notes sur lui-même, et a commencé d'écrire une autobiographie. Les quelques fragments qu'il m'en a lu, ont déjà le son exact de la réalité. Son instinct tout seul lui a déjà appris bien des choses que mon voisin, M. Sarcey, ne lui apprendrait pas, attendu qu'il les ignore lui-même. Aussi, je crois beaucoup à l'avenir du jeune Henri de F... [...]

A :16 "A Plassans" *Le Réveil*, 13-VIII-82

[...] J'y ai souffert de la province, et de son atmosphère étouffée, et de ses idées en retard d'un siècle, étroites, compressives. Des sueurs froides me viennent, aujourd' hui encore, quand je me mets par la pensée à revivre cette époque.

Et je ne dois pas être "un monstre." D'autres que moi éprouvèrent sans doute une sensation identique. Tenez! en 1879, je me promenais à Plassans, un jour d'été, avec l'auteur des *Rougon-Macquart*. En passant avec moi dans une sorte de ruelle étroite: "lou Barri" –d'un côté, une rangée de maisonnettes pauvres, de l'autre le vieux rampart couvert de lierre des antiques fortifications,– Zola me montra deux petites fenêtres.

–Tenez! ce sont elles! Je les reconnais bien! me dit-il. La muraille n'a pas même été recrépie depuis vingt ans... Voilà mon dernier logement d'Aix, celui d'où je suis parti pour Paris en février 1858, au milieu de ma seconde... Puis, après être resté un grand moment rêveur, il ajouta: –Eh bien! il me prend comme une angoisse et un frisson, en regardant ces deux fenêtres!... Rien ne s'est passé, me semble-t-il... les vingt ans écoulés depuis ne sont qu'un rêve... je me revois seul, inconnu, ne pouvant compter sur rien, sans pain, sans avenir, comme j'étais alors... Et ça me fait froid dans le dos!

Au contraire, rien ne me manquait, à moi. J'avais du pain et du beefteak. J'avais de l'avenir... dans le notariat! Mais ce n'en était que plus terrible. Je ne me sentais que plus englué par la collante province, que mieux enfoncé jusqu'au cou dans la vase affreuse et désolée.

Heureusement, par un matin de septembre froid et pluvieux malgré la saison, j'eus la sensation ineffable de partir, la douceur non-pareille d'être enfin mon maître. Je connus une bonne fois l'émotion forte, mais précieuse, de "franchir le Rubicon." J'allais enfin réaliser mes rêves les plus fous et les plus chers, c'est-à-dire faire de la littérature. [...]

A:17 *"Le Capitaine Burle" Le Réveil*, 12-XI-82

[...] *Pour une nuit d'amour* vint [...] à la suite d'une conversation. Vers 1874, nous avions fondé certain dîner mensuel, artistique et littéraire, intitulé: "Le Bœuf-nature." Les membres fondateurs étaient: Paul Bourget, François Coppée, Maurice Bouchor, Marius Roux, Antony Valabrègue, Albert Déthez, Edouard Sylvain; deux peintres. Béliard et Coste; Emile Zola et votre serviteur. Eh bien! à un de nos diners, Bourget nous parla d'une anecdote dramatique qu'il venait de lire dans les *Mémoires de Casanova*.

En passant devant la demeure d'un illustre grand d'Espagne, Casanova avait été appelé par les "pstt, pstt," d'une jeune fille, penchée à la fenêtre. Il était monté. Et cette jeune fille lui avait offert de se donner à lui, à condition qu'il la débarras-serait du cadavre d'un amant, là, dans son alcove, tué par elle dans un accès de jalousie.

L'aventure de Casanova, racontée par Bourget, nous fit causer une grande partie de la soirée, sur le parti que pourrait tirer d'un tel fait, un romancier ou un homme de théâtre. Trois des assistants à ma connaissance, Paul Bourget, Zola et moi, s'amusè-rent, chacun de son côté, à faire une nouvelle sur cette anecdote, en s'efforçant de la transposer dans le monde moderne. Je ne connais pas la version de Bourget et je le regrette, car je tiens Bourget pour un des esprits les plus subtils, les plus larges et les plus passionnés littérairement de ma génération. La mienne, de version, je ne la connais que trop! Enfin, celle de Zola, c'est: *Pour une nuit d'amour.* Voici trois ans, lorsque cette nouvelle parut en feuilleton dans un journal, il arriva qu'une réputation surfaite, un vieux monsieur qui a passé pour un écrivain, un romancier pas content et pour cause, de l'étude sur les *Romanciers contemporains,* M. Louis Ulbach lui-même, accusa Zola dans un article d'être "*un plagiaire.*" Bourget, Zola et moi, et quelques autres, nous en avons bien ri toute une soirée.

A:18 "Le Naturalisme en Belgique" *Le Réveil,* 19-XI-82

[Le] caractère belge, sage, modéré, pratique, un peu timide littérairement, trop prudent pour se perdre dans les nues romantiques, aussi peu enclin à goûter le lyrisme que les aberrations d'une Louise Michel, comment va-t-il se comporter en présence du naturalisme? Si vraiment, chez nous, en France, sous la troisième république, à la suite de nos malheurs publics, il s'est produit une littérature "basée, comme dit Nautet, sur la raison, la science et le positivisme" et si le récent mouvement, au lieu de n'être qu'une palinodie, inventée par un homme, est, au contraire, la constatation de la marche générale du siècle, et un développement normal de notre génie, remis en branle par nos catastrophes, alors il faut s'attendre à un retentissement profond de notre récente sagesse chez ce petit peuple, plus sage que nous par tempérament, presque trop sage.

Eh bien, le retentissement dont je parle, a eu lieu. Depuis trois ou quatre ans je le guette: le voici devenu tout à fait sensible. Une jeune génération belge commence à s'affirmer, profondément naturaliste. Voici quelques années à peine, il existait dans maintes grandes villes des "centres littéraires," où régnait absolument un esprit étroit, rétrograde; de jeunes prudhommes là-dedans ne pensaient pas, ou pensaient en vieillards. Puis, tout d'un coup, comme par enchantement, cela a changé. De nouvelles couches de jeunesse sont apparues, ayant sucé en bas âge un lait tout autre. Les dissidences, d'abord isolées, se sont réunies, ont pris corps. Et, par des sortes de générations spontanées, des petits journaux très littéraires, très avancés, sont sortis de terre çà et là. En France, par exemple, grâce à l'intelligent éclectisme du *Réveil,* et à son aimable hospitalité, j'écris toujours ici ce que je pense; mais, à Paris, il n'existe pas encore à ma connaissance d'organe intégralement naturaliste. En Belgique, à Verviers, le *Do Mi Sol,* bi-hebdomadaire, fondé sans subsides par quatre amis intelligents, MM. Nautet, Schipperges, Cerf et Andelbrouck, existe déjà depuis trois [sic] ans, et défend à outrance le Naturalisme, et *fait ses frais,* dans une petite ville qui danserait au milieu des Batignolles! [...]

M. François Nautet, –retenez bien ce nom!– [...] est le seul que je connaisse personnellement. Vingt-sept ans, très blond, marié, déjà père d'un adorable baby encore plus blond que lui, il s'est fixé depuis un an à Paris, avenue de Clichy, 130. J'ai suivi son active collaboration à *La Jeune Belgique,* au *Do Mi Sol,* à l'*Union libérale de Verviers,* etc. Travailleur, ayant déjà beaucoup lu, comparé, surtout deviné, M. François Nautet s'est aussi étudié lui-même. Il se consacrera à la critique. [...] En France, parmi mes jeunes contemporains, je n'ai pas encore rencontré une vue aussi nette, servant une aussi sincère passion des lettres.

[...] Je n'en ai pas moins constaté un fait: l'importation soudaine du naturalisme chez nos voisins, autrement remués par la doctrine nouvelle que transportés jadis par le lyrisme romantique. L'attitude de cette jeunesse en fermentation, la création surprenante de ces journaux de combat, la mise en évidence de ces jeunes, dont deux ou trois ont conquis très vite une notoriété jusque chez nous, telles sont les preuves de cette importation. Que le mouvement naturaliste s'accentue encore, là-bas, ici; et bientôt, demain, la Belgique sera redevenue, littérairement, une province de la France. Une véritable annexion, celle-là, autrement glorieuse et plus durable que celles qui se sont cimentées avec la boue sanglante des batailles.

A : 19 "Bilan littéraire. –1882–" *Le Réveil*, 31-XII-82

[...] C'est [...] dans le roman, que la tendance générale nouvelle éclate et saute aux yeux. Oui! le Naturalisme a triomphé sur toute la ligne, cette année. Je n'en donnerai qu'une preuve, à mes yeux concluante. [...] Laissant de côté les grandes situations acquises, c'est du côté de l'avenir que je me tourne, et je crois pouvoir dire: le Naturalisme triomphe, parce que la jeunesse va à lui, parce que, parmi les nouveaux venus de l'année, tous ceux qui ont montré un talent naissant ou déjà mûr, tous ceux qui ont mérité quelque attention, sont imprégnés, entachés si l'on veut, de naturalisme.

J'ai déjà signalé dans ce journal plusieurs de ces œuvres. [...] Et le *Calvaire d'Héloïse Pajadou*, par Lucien Descaves? Encore un nouveau venu! Celui-ci m'a stupéfié. Fils d'un aquafortiste, parisien, né à Montrouge, poussé dans un milieu mi-bourgeois, mi-artiste, d'abord employé dans une banque, à l'âge où d'ordinaire on commence à peine à soupirer pour la littérature, de loin et platoniquement, lui, Lucien Descaves, à vingt et un ans, vient de partir pour le service militaire, en laissant derrière lui un livre des plus remarquables, publié depuis trois mois [...]. Ce sont cinq nouvelles absolument étonnantes, d'un talent déjà mûr, d'un style tantôt fouillé, imagé, procédant curieusement d'Huysmans, et tantôt d'une simplicité préférable à mon avis, car elle lui est plus personnelle. Encore du naturalisme, vous dis-je, et du meilleur! Partout du naturalisme! [...]

Enfin le mouvement actuel est si large, si irrésistible, que nous commençons à voir se produire, en littérature, un effet fort curieux et plein d'analogie avec ce qui se passe depuis quelques années chez les peintres. Dans nos derniers Salons, on peut dire: depuis la guerre, mais depuis quatre ou cinq ans surtout, combien de jeunes peintres, élèves de Cabanel, ayant sucé au berceau le lait de l'école, subitement influencés par Courbet et Manet, n'ont-ils pas fait une demie conversion vers l'impressionnisme, pressentant que le succès était là. Eh bien, dans les romans de l'année, combien d'élèves de Cabanel aussi passés au naturalisme! [...] Le succès est tellement là, vous dis-je, que, avant quelques dix ans, il n'y aura plus que le naturalisme. Tous des naturalistes! Tellement que la promiscuité en deviendra gênante. [...]

A : 19bis "La vérité" *Le Chat noir*, 24-II-83

[...] En art, en peinture comme en littérature, le sujet importe peu. La façon de traiter ce sujet reste tout. Je veux dire qu'un tableau, un livre, ne sera pas idéaliste ou réaliste, parce que le peintre, l'écrivain, se sera proposé de représenter tel coin de la nature plutôt que tel autre. Eh bien! il ne faut pas sortir de là. Ce n'est pas parce que M. Paul Bonnetain s'est proposé d'exposer un cas pathologique qu'il sera vraiment un écrivain naturaliste. A ce compte, du jour au lendemain, il serait trop facile à chacun de s'ériger en ceci ou en cela. Non! la question est de savoir comment M. Paul Bonnetain a compris son sujet, et si, en le traitant, il a vraiment manifesté des tendances conformes à la poussée générale du siècle.

Eh bien! il s'agit d'être très catégorique. On parle à tort et à travers de naturalisme! On prête à ce mot toute sorte de sens, excepté le véritable! Je dis, moi, envers et contre toute la critique pudibonde, que *Charlot s'amuse* n'est pas, à mon avis, une œuvre suffisamment naturaliste.

Il faut s'expliquer. Ce naturalisme, je me tue à le dire, partout, n'est qu'une méthode, une tendance. Il n'y a pas encore à proprement parler de naturalistes, il n'y a que des écrivains en train de le devenir, plus ou moins. Comme les autres, M. Paul Bonnetain, qui a vingt-cinq ans, je crois, se trouve lui-même infesté jusqu'aux moëlles de ce fatal virus romantique qui nous a tous, peu ou prou, viciés au berceau. Nos enfants seront plus purs que nous, mais conserveront un vieux reste.

[...] Quand, de la conception générale de son étude, absolument méritoire et irréprochable, M. Paul Bonnetain a passé à la conception des détails, puis à l'exécution, il est arrivé ceci: son naturalisme a eu, comme son style, des défaillances. Soit tare idéaliste, manque de courage ou maladresse de débutant, ou mauvais calcul d'habileté, il n'est pas allé jusqu'au bout. Là où il était méritoire, honnête même, de brûler complètement ses vaisseaux, M. Paul Bonnetain ne l'a point fait. On dirait que, audacieux couard, il a tenu à se réserver quelque échappatoire. En maints endroits de son livre, inutilement, à contre-sens, l'auteur s'est permis de "faire de la moralité."

[...] Un manque très regrettable de plans dans l'étude de la passion principale me frappe davantage, et je finis par trouver l'ensemble monotone et superficiel. [...] En cent endroits, par une affectation de violence inutile, pourquoi [l'auteur] s'expose-t-il gratuitement à renforcer les préjugés que conservent certaines gens à l'encontre du naturalisme?

Et, pour conclure, je trouve que, depuis quelque temps, on le galvaude étrangement ce mot: le naturalisme. A tort et à travers, tout le monde l'emploie. Et, dans le nombre, bien peu savent au juste ce qu'il signifie.

Pour les uns, pour le vulgaire, pour une multitude qui n'a pas le temps de se former une opinion par elle-même dans les choses du goût et de l'esprit, et qui est condamnée à accepter une opinion toute faite, celle que lui inculquent les critiques légers, ou les critiques gommés, – railleurs par profession, ignorants, ou doctrinaires affectant un maintien composé et trop grave – pour tout ce monde-là, "être naturaliste" c'est être un monsieur grotesque, et mal élevé, et pas propre, affectant de mal se tenir en société, et de n'employer que des termes bas, voyous, canailles, et de ne se complaire que dans une atmosphère de vice inélégant et de populacière corruption.

Tandis que pour les autres, moins rares qu'on ne croit, pour bien des hommes de bon sens, pour certains esprits sérieux, observateurs, réfléchis, le naturalisme est beaucoup moins drôle que cela, et ne consiste qu'en une tendance de l'esprit humain –pas une tendance d'hier, inventée à plaisir par un homme – mais un besoin éternel, remontant à l'antiquité la plus reculée, – mais une passion de vérité, de logique et de science, – qui traverse l'histoire de l'humanité, – qu'on croirait par moments éteinte, refroidie, pendant les siècles d'obscurantisme – puis, qui, réveillée tout à coup, comme dans le siècle actuel, semble galvaniser l'esprit humain, en multipliant les découvertes, en préparant de nouvelles merveilles. [...]

A:20 *"Au Bonheur des Dames" Le Réveil*, 4-III-83

[...] Avant de parler de la nouvelle œuvre de M. Zola, un mot d'éloge, en passant, pour la critique à l'égard de laquelle ni mes "pareils," ni moi ne saurions être suspectés de tendresse. A plusieurs reprises, je m'étais élevé contre la surprenante et injuste précipitation avec laquelle, d'ordinaire, lorsque M. Zola fait paraître un roman, dès les quatre premiers feuilletons, des écrivains qui se posent en défenseurs de la morale et du goût, le dépècent, le calomnient et l'exécutent. Eh bien! pour *Au Bonheur des Dames*, les mêmes écrivains semblent avoir renoncé à ce cannibalisme littéraire. Au rebours de ce qu'ils avaient fait contre *Nana* et *Pot-Bouille*, ils ont eu la circonspection et la sagesse d'attendre le livre, cette fois, avant de le juger. A la bonne heure! que ma faible voix ait été entendue, ou que, d'eux-mêmes, ces confrères aient cédé tous ensemble à un bon mouvement, à un remords de conscience, à un retour vers le sérieux et vers le juste, je les félicite. Maintenant que voici l'œuvre, ils peuvent parler en connaissance de cause: leur opinion, même hostile, aura au moins quelque apparence de poids.

[...] Dans *Au Bonheur des Dames*, M. Emile Zola vient de nous prouver une fois encore, et avec plus d'ampleur et de courage que jamais, qu'il reste un exceptionnel constructeur littéraire. [...] La réalité lui fournissait un fait tout contemporain, et bien typique: l'existence de maisons comme le *Bon Marché*, le *Louvre* ou le *Printemps*, c'est-à-dire une révolution complète dans la façon d'entendre le commerce. [...]

Eh bien! la surprenante beauté du *Bonheur des Dames* consiste en ceci: l'unité de l'œuvre, la simplicité et la continuité de l'idée principale. De la première ligne à la dernière, cette œuvre n'est que l'épanouissement d'une réalité, que le récit et la glorification d'une sorte de Quatre-Vingt-Neuf commercial.

Un récit? Non! Les quatorze chapitres du livre sont plutôt les quatorze chants du poème du nouveau commerce. Naturellement, le poète, dramatisant, unifiant et personnalisant, comme c'est son devoir, a pris un seul magasin typique, aux débuts de sa prospérité exceptionnelle, puis, tout le long du poème, avec une puissance épique, avec une science des plans et une diversité de moyens infinie, il l'a montré grossissant toujours, s'engraissant de la ruine de tout un quartier, et triomphant définitivement du vieux négoce à l'issue d'une lutte pour la vie, aussi acharnée que grandiose.

[...] Et je me sers du mot poème, parce qu'il exprime ici mon admiration. Autour de ce couple vrai [Octave et Denise], contemporain, mais pourtant grandi –et, encore, sait-on exactement les limites du réel?– mais en tout cas grandi dans la logique, on s'intéresse extraordinairement à la poussée graduelle du colosse. On connaît la grande aisance avec laquelle Zola fait grouiller les foules. Je ne surprendrai non plus personne en constatant qu'il a, avec son ordinaire fertilité de ressources, su montrer le monstre sous toutes ses faces, dans tous ses recoins, depuis les sous-sols jusqu'aux combles. Mais, ce qui m'a tout spécialement frappé, c'est l'amour intense de la vie qui fait palpiter cette lutte de l'ancien et du nouveau commerce. [...] Tous, ils ont le diable au corps pour avoir de l'argent ou de l'amour. Tous, ils cèdent à quelque chose qui leur fouaille le cœur, qui les fait se trémousser sur le gril de l'espérance ou du regret. Et un besoin continuel d'émotion, une rage de vie, éclatant à chaque instant en phrases superbes. [...]

A:21 "Manet et Duranty" *Le Réveil*, 6-v-83

[...] Edouard Manet, artiste original, a eu le sort de tous les maîtres originaux de ce siècle: Ingrès et Delacroix, Corot et Courbet; – et le sort de Berlioz, de Wagner en musique; – et celui de Stendhal, de Balzac, de tant d'autres, en littérature. On ne lui a rendu justice que tard. On a attendu qu'il eût des cheveux gris pour lui accorder une seconde médaille, encouragement donné plutôt à de jeunes peintres, parfois médiocres, – qu'il fût gravement malade, pour le décorer, – mort, pour le classer à son rang et le glorifier. Avec une naïveté et une inconscience admirables, avec un entraînement de moutons de Panurge, chacun va répéter sur les toits, mot pour mot, ce que deux ou trois esprits d'élite ont nettement affirmé voici quelque vingt ans, avec le courage d'être seuls, et sans que personne voulût alors les croire.

Ce fait: l'aveuglement et la surdité volontaires de contemporains, – la répugnance de la foule à accepter un artiste primesautier dont l'originalité la dérangera dans ses habitudes d'idéal – se renouvelle même si fréquemment, qu'on peut en induire une loi constante. Je trouve cette loi nettement [illustrée] par E. Duranty, un grand romancier et critique, et ami de Manet, mort voici trois ans, un autre artiste d'une originalité si en avance sur son époque et si abrupte, que la mort elle-même ne l'a pas encore arraché à l'impopularité qui martyrisa sa vie. [...] Lui, l'auteur d'*Henriette Gérard*, n'a pas eu il y a trois ans "une belle presse" et nous étions quatre pelés et un tondu à l'accompagner de la maison Dubois au cimetière de Cayenne. Mais, je ne perds pas pour cela tout espoir de justice. Et je m'imagine que dans un demi-siècle, quand nous ne serons plus là depuis longtemps, quelque brillant normalien de l' époque le "découvrira" enfin, comme d'autres normaliens retrouvèrent un jour Stendhal, et comme la presse de ces quatre derniers jours vient de s'apercevoir que Manet n'était ni un fou dangereux, ni un rapin fumiste. [...]

A:22 "M. Sarcey, professeur de style" *Le Réveil*, 8-vii-83

[...] M. Sarcey n'aime pas le style moderne, dont les procédés nouveaux le surprennent, l'effarouchent, et qu'il accuse d'incorrection prétentieuse. Mais cet ennemi du style moderne admettra-t-il avec moi que le style ne tient pas tout entier dans la syntaxe? La logique? certes, j'en raffole! La simplicité n'est pas mon ennemie. J'adore la clarté autant que mon contradicteur. Seulement, je ne considère la grammaire que comme un garde-fou. Je crois même que, si l'on est vraiment quelqu'un, si l'on apporte avec soi un style personnel, on peut, de loin en loin, se permettre la joie de donner un coup de pied quelque part à la syntaxe.

[...] Le style moderne, M. Sarcey a beau ne pas l'aimer, il n'en est pas moins vrai qu'il existe. Ce style s'élabore chaque jour sous ses yeux, à sa barbe, malgré lui. Aucune faux pédagogique ne le moissonnera en sa fleur. Ce qui aujourd'hui est taxé d'incorrection, demain sera peut-être classique.

[...] M. Sarcey abomine la phrase sans verbe. [...] Comment [...] ne se doute-t-il pas qu'une phrase sans verbe, dans certains cas, peut être plus énergique et plus vivante? "Originalité des signalements de passeport et des permis de chasse," s'écrie mon courtois contradicteur. Vrai style de dépêche télégraphique! Eh! pourquoi pas? Nous vivons en un siècle de vapeur et d'électricité, où tout se fait vite, où nous sommes plus avares que nos pères de ce qui est l'étoffe de la vie: du temps! Dire en quatre mots ce qui peut être dit en trois, même en deux, nous répugne.

L'existence moderne est donc comme un terreau particulier dans lequel a poussé la phrase sans verbe. Pourquoi se fâcher contre cette fleur de l'époque? C'est bon pour un grammairien puriste: un philosophe, lui, se contenterait de constater le fait.

[...] Serait-ce notre vie moderne que M. Sarcey ne sentirait pas, ou qu'il ne serait pas fâché de régenter à sa guise? Non! M. Sarcey a trop de bon sens pour ne point accepter notre temps; ce qu'il n'accepte pas, ce sont les efforts de nos écrivains modernes s'acharnant à s'exprimer l'ardente vie qui secoue notre siècle. Sa bête noire est le modernisme en art et en littéraire. Je crains fort que M. Sarcey ne soit pas artiste. Le manque du sens artiste, ce sixième sens littéraire, voilà selon moi ce qui rend inconsistante et étroite la critique de cet écrivain qui n'a pour lui que la bonne foi – ce qui est déjà beaucoup.

Un exemple. Prenez les frères de Goncourt qui apportèrent, il y a vingt ans, un style à eux, le style le plus frissonnant, le plus personnel, le plus contemporain que je connaisse, un style auquel tous, tant que nous sommes, nous avons emprunté plus ou moins. Eh bien! depuis vingt ans, M. Francisque Sarcey n'a pu encore accepter Edmond et Jules de Goncourt. Et notez que M. Sarcey est pourtant en progrès, qu'il fait les plus louables efforts pour élargir sa compréhension artistique. Ainsi, après des années d'hésitation, il a fini par avaler le romantisme, qui lui était resté en travers de la gorge pendant sa jeunesse. Il en est maintenant à tourner d'un air aimable autour du naturalisme. Mais le naturalisme raffiné, malade de l'adorable maladie de l'art, lui est encore fermé absolument.

Eh bien, je ne veux pas perdre espoir. M. Sarcey est très long à comprendre, mais il finit toujours par comprendre. Quelque chose me dit qu'un soir, dans la salle des Capucines, l'éminent conférencier découvrira enfin *Manette Salomon*, et *la Faustin*. Ce soir-là, je serai le premier à l'applaudir avec enthousiasme.

A:23 "M. Sarcey, élève en art" *Le Réveil*, 22-VII-83

[...] L'idée que l'art poussé à son extrême devient une maladie, une adorable et précieuse maladie intellectuelle, ne pénètre pas en lui! Eh bien, j'en conclus que ce n'est pas le naturalisme que M. Sarcey ignore, mais l'art lui-même, auquel il est absolument fermé. C'est le sentiment artistique qui lui manque et dont il ne veut même pas admettre chez autrui l'existence. [...]

Ce que nous savions tous de notre grand Flaubert, c'est qu'il était atteint de l'épilepsie de la correction. Un mot répété, une expression toute faite, une rime, une virgule mal mise, l'abattaient pour longtemps sur une phrase. Un matin, l'éditeur Georges Charpentier arrive chez Flaubert, qui lui montre son travail de toute une nuit: cinq ou six feuilles de papier écolier sur lesquelles, partout, la même phrase, répétée, avec des variantes insignifiantes, perpétuellement: le grand écrivain n'était pas arrivé à se satisfaire!

Et les deux Goncourt, Edmond et Jules, que M. Sarcey, à force de bonne volonté, est arrivé à lire avec "curiosité," les voyez-vous, à la même table, peinant sur la même page, s'efforçant de rendre avec des mots la couleur, le son, le parfum, le frisson, l'âme même des choses? Deux malades encore! Leur œuvre entière vit, palpite, souffre, crie, peint, fait des mots, invente des locutions nouvelles, a le diable au corps, est atteinte de la névrose contemporaine.

Donc, jeune homme qui m'écoutes [...] toi aussi, tu veux être artiste? [...] Avant tout, ne te préoccupe pas des règles. Il n'y en a pas, pour toi du moins; c'est de ce que tu vas faire qu'on extraira des règles, pour embrouiller les artistes de l'avenir. Puis, méfie-toi de la santé parfaite, du trop d'équilibre, de la sagesse. [...]

Puis, maintenant que tu sais ce qui est à savoir, va, pars, marche. Cherche l'impossible. Escalade des chimères. Surfais-toi. Gonfle-toi, crève comme la grenouille de la fable. Manque de tenue, de bon goût, de mesure, de proportions, d'élégance, de justice, n'écoute que ta passion. Sois insupportable au besoin: tâche de te persuader que tout ce qui sort de toi est de bronze et d'or. Vis, si tu peux, dans la croyance que ta page est un feu d'artifice, ton paragraphe un soleil, ta phrase une fusée, et que de temps en temps une étoile décrochée descend sur ton chapitre et qu'un peu de poussière de la voie lactée te sert de sable. [...]

A:24 "Yvan Tourguéneff" *Le Réveil*, 9-IX-83

[...] Yvan Tourguéneff [...] était moins un théoricien qu'un conteur. Il avait beaucoup vu, beaucoup retenu, et, lorsqu'il racontait quelque souvenir, je ne sais quel parfum exotique donnait un grand charme à sa parole. Oh! au commencement, non! Quand on l'entendait d'abord chercher ses mots, d'une voix hésitante, et "établir" lentement son anecdote, on aurait cru qu'il allait ennuyer son monde. Puis, tout à coup, la vie affluait; une âme transfigurait ses récits; comme dans ses livres, par une bonhomie apparente de moyens, il arrivait à une saveur originale, à une intensité de couleur, extraordinaires.

Comme son vieil ami Gustave Flaubert, il était de haute taille. Les années avaient neigé sur sa tête, sans le courber de leur poids. Et, malgré les cheveux d'un blanc argent, une flamme de jeunesse toujours sur son visage. Je ne crois pas avoir rencontré jamais une physionomie de vieillard plus sympathique, respirant mieux l'indulgence et la bonté. Une âme d'enfant, droite, simple, enthousiaste, ayant conservé des naïvetés. Oui, d'adorables naïvetés. Ainsi, le mémorable soir, où, dans un atelier de peintre, devant quelques amis et trois dames invitées – dont la blonde Mme V... – fut représentée *A la feuille de rose*, pièce légèrement décolletée, d'un certain Guy de... *Valmont*, jouée par l'auteur lui-même et quelques camarades, lorsqu'une certaine Rafaëla parut en scène, nue à faire illusion, complètement nue, grâce à un maillot qui représentait fidèlement la nature, le bon Tourguéneff, en frottant les verres de son pince-nez, ne nous avouait-il pas que "jamais de sa vie, au grand jamais, il n'avait aussi bien vu... la réalité"! [...]

A:25 "M. H. Taine a parlé" *Le Réveil*, 14-X-83

[...] C'est que notre génération, jadis, comptait beaucoup sur M. Taine. Nous avons grandi en admirant en lui un philosophe doublé d'un critique littéraire d'une autre envergure que Sainte-Beuve. Son *Histoire de la littérature anglaise* [...], ses merveilleuses études littéraires sur Balzac et Stendhal, ont substantiellement nourri notre adolescence. [...] Tous, pendant des années, nous avons vu en lui le grand initiateur de l'évolution naturaliste. Enfin, son système philosophique, la théorie de "l'influence du milieu" formulée par lui, a profondément marqué nos jeunes intelligences.

Puis, d'enfants, nous sommes devenus hommes. Que de fois notre génération, à l'heure de ses efforts personnels et de ses luttes, n'a-t-elle pas cherché du regard cette sorte de père nourricier intellectuel! [...] Hélas! M. Taine, pendant ce temps, écrivait de l'histoire, entrait à l'Académie; l'audacieux d'autrefois s'effaçait, le systématique révolutionnaire avortait, le novateur positiviste devenait timide, politique et timoré. Enfin, aujourd'hui, après des années de prudence complète, voilà qu'il parle, mais en professeur devenu bourgeois et rétrograde. Au lieu d'un désaveu formel du naturalisme, il laisse seulement entrevoir que notre évolution littéraire consterne l'ex-normalien, autant que la Commune de 71 a paralysé en lui l'historien de la Révolution française.

[...] Nous le savions [...] que toujours un personnage de roman se trouve jusqu'à un certain point composé, arrangé, qu'il n'est jamais le personnage vivant, réel, le document scientifique brut. Eh! après? De ce que chaque manifestation de l'intelligence humaine a son domaine propre et ses procédés particuliers, s'ensuit-il que ce qui est intéressant à étudier dans la science ne le soit plus dans l'art, par le vain prétexte que les procédés changeraient? [...]

Mais, toujours d'après M. Taine, [...] vous voulez décrire un individu moyen, même un avorté, puisez, dans les *Fragments psychologiques* de Leuret, le document indispensable. "Alors je suivrai avec un vif intérêt votre commentaire," ajoute M. Taine. Eh bien! pour nous faire connaître à fond un avorté, je vous dis, moi: Laissez-là Leuret et tous les livres; faites comme Flaubert arrachant des entrailles de M. Bovary, attablé avec Rodolphe, le superbe: "Je ne vous en veux pas!" Et ce n'est pas avec un vif intérêt, mais avec un frisson attendri, avec une profonde émotion, que j'entendrai ce cri humain. Gardez-vous surtout de me le gâter par quelque commentaire.

[...] L'essentiel est de savoir quel sera l'écrivain, ce qu'il peut "avoir dans le ventre," quelles idées et émotions il est apte à exprimer. Quant à ménager les habitudes d'esprit du lecteur, [...] ce serait honteux. Quoi! à notre époque démocratique, un public aussi exclusivement bourgeois et aussi restreint! Il faudrait vraiment être sorti de l'Ecole Normale pour s'en contenter. Et les femmes, donc? Nous ne sommes pas assez professeur de l'Ecole de France pour les dédaigner comme public. Le naturalisme élargit la coupe où tous les assoiffés de vie et de passion peuvent venir boire. Et ils y viennent. Et ils écouteront plus particulièrement ceux d'entre nous qui se donneront tels qu'ils sont et tout entiers. Ménager son public présent, grand Dieu! Soigner son public futur! Mais faut-il être académicien, et historien, et normalien, pour voir les choses sous cet angle. Ne rien ménager, ni soi ni autrui; dans la même page, surprendre, secouer, attendrir, fustiger qui nous lit; par moments l'irriter peut-être, lui faire tomber le livre des mains, puis le forcer à nous revenir comme un amant à une vieille maîtresse et lui insuffler un peu de cette flamme, de ce diable au corps, sans lequel aucun de nous n'est rien, et dont M. Taine semblait heureusement possédé, jadis, jadis!

Est-il à jamais glacé aujourd'hui? Nous voudrions nous être trompés, avoir mal lu sa lettre, mal pénétré sa pensée. Qu'il se hâte alors de s'expliquer, de déchirer les voiles! [...] L'ayant beaucoup lu jadis, admiré, aimé, nous ne pouvons nous décider à voir en lui un adversaire. Après avoir longtemps attendu son concours, ma génération attendra encore.

A:26–7 "Paul Bourget" *Le Réveil*, 25-XI, 2-XII-83

[...] Voici pas loin de dix ans! Une après-midi d'automne, en passant sous une porte voûtée du Louvre, je suis accosté par un ami. Un garçon très jeune, imberbe encore, se tenait un peu à l'écart. Tout à coup, baissant la voix, mon ami: –Veux-tu connaître celui qui a fait l'article d'éreintement sur Zola, dans la *Revue des Deux-Mondes*?

Et il nous présenta l'un à l'autre. C'était ce tout jeune homme, frêle, blême, moustache naissante, qui avait déjà été imprimé dans la pudibonde Revue. Il s'appelait Paul Bourget. Nous entamons séance tenante une discussion littéraire. L'article d'éreintement, – cet article a été le point de départ des excellents rapports qui n'ont jamais cessé d'exister entre Zola et Bourget, – on le lui avait imposé, commandé. Cependant... L'ami, de guerre lasse, nous laissa tous deux. Une heure et demie après, sous les arcades de la rue de Rivoli, Bourget et moi, nous discutions encore littérature.

Et maintenant, dix ans après, chaque fois que le hasard nous remet en présence, –oh! pas assez souvent à mon gré!– nous en avons encore pour des heures, qui me semblent courtes, à causer littérature. Tout simplement la queue de notre première conversation, qui n'est pas achevée encore. [...]

Conquérant de gloire littéraire et héros de Balzac, en rêve, Paul Bourget l'était effectivement à cette époque. Balzac était le préféré, l'éternel thème de conversation, dans nos sans-façon et charmants dîners du *Bœuf-nature* –un des meilleurs souvenirs de ma première jeunesse littéraire– où Zola, qui n'avait pas encore écrit une ligne de l'*Assommoir*, où le poète fin comme l'ambre qui vient d'avoir raison avec *Severo Torelli*, où Maurice Bouchor, Antony Valabrègue, Roux, les peintres Béliard et Coste, Déthez, Bourget et celui qui écrit ces lignes, nous étions tous, vers deux heures du matin, n'ayant bu pourtant que de l'eau rougie, délicieusement ivres d'art et de littérature. Et Balzac et Stendhal étaient les deux grands crus qui nous portaient à la tête à tous et nous procuraient le bienfait de l'oubli.

Mais, pour Paul Bourget, l'exquise intoxication n'avait pas de lendemain. Hanté par les superbes types de la *Comédie humaine*, vivant avec eux en pensée, aussi avec Fabrice et Julien Sorel, sa noble préoccupation à cette époque était de faire *grand* et *intense*. [...] Vous souvient-il, mon cher Bourget, d'un hiver où, au beau milieu de nos dîners, des somnolences subites, invincibles, vous prenaient? Vos paupières d'elles-mêmes, se baissaient. [...] Très intrigués, vous accusant de tous les débordements, nous vous interrogeâmes. Et vous nous révélâtes que "vous faisiez Balzac." Oui, comme Balzac pressuré par la dette et allant à la maladie de cœur, ce jeune héros des lettres, âgé de vingt-trois ans, et obligé de donner quelques leçons dans le jour, se couchait régulièrement à six heures du soir, puis se relevait à minuit, afin de travailler jusqu'à dix heures du matin "comme Balzac." De sorte que les soirs du *Bœuf nature*, Paul Bourget, en dînant avec nous, découchait.

Aujourd'hui, Paul Bourget ne découche plus. Et le *Bœuf nature*, voici quatre ans, est mort de sa belle mort, dans son lit, chez Brébant, – mort dans la cinquième année de son âge, ce qui est l'âge caduc pour les institutions de ce genre. [...]

Pour écrire sur lui une étude complète, il faudrait étudier principalement deux hommes en lui: le critique et le poète. [...] L'étudier sous l'aspect "poète," c'est le regarder par le mauvais bout de la lorgnette. J'aime mieux l'étudier sous l'aspect "critique." Là, M. Paul Bourget nous apparaîtra aisément sous ses proportions véritables. [...]

[2-XII-83]

[...] J'ai rarement rencontré un cas aussi complet du "passionné de lettres." Et, en même temps, je ne connais pas d'intelligence plus ouverte, moins puritaine, plus affranchie, alliant à ce point la tolérance avec la passion, affectant moins les dehors rêches du pion littéraire.

[...] Le premier livre en prose de M. Bourget [*Essais de psychologie contemporaine*] est, à vraiment parler, une sorte d'autobiographie intellectuelle. D'autres débutent aussi dans les lettres en utilisant ce qu'ils ont vécu, quelque aventure personnelle de jeunesse, misère, amour, collage, rupture, douleur, ou quelque drame qu'ils auront vu se passer sous leurs yeux, dont ils auront coudoyé les personnages. Lui, studieux jeune homme et passionné de lettres, et curieux d'intelligence et amoureux d'analyse, a commencé par beaucoup lire, par sentir, surtout à travers les livres, à "vivre" longuement ses lectures et à étonnamment réfléchir. Et il a bâti sa première œuvre de façon à utiliser tout cela avec une profonde sincérité.

De cette sincérité est résulté la qualité maîtresse de ce livre: une profonde originalité. Toute une jeunesse laborieuse, huit ou dix ans de passion artistique, de jouissances élevées, d'ambitions exquises et de rêves solitaires sont contenus dans cette œuvre hors pair – tellement personnelle que je n'en connais pas d'analogue – dans cette sorte de confession littéraire qu'il est impossible de ne pas aimer si l'on aime vraiment la littérature.

Mais, d'un autre côté, ce livre où Paul Bourget s'est mis tout entier, contient les défauts de ses qualités. Que lui reprocherait-on? Un excès d'intelligence peut-être! Une surabondance de pensées ténues! Trop d'aspects ingénieux. Avec des morceaux tout à fait nets, profonds, heureux, l'ensemble devient quelque chose de fluide et de brillant qui plaît encore, mais qui se dérobe et qui échappe. Le dilettantisme, sur lequel il y a, çà et là dans l'œuvre, des aperçus remarquables, est l'écueil de M. Paul Bourget. Peu affirmer est une commode façon de peu se tromper. A la façon dont il parle du dilettantisme, on voit que l'auteur des *Essais* connaît à fond sa maladie, et –diagnostic fâcheux– qu'il adore son mal. Je n'oserai prendre sur moi de lui conseiller de chercher la guérison. En effet, que lui dirai-je pour le convaincre? Qu'il faut se guérir, qu'il faut montrer moins de répugnance devant "l'horrible manie de la certitude"? Le menacerai-je d'être, s'il continue, destiné à ne jamais aller à la foule? Bourget me répondra qu'il s'inquiète peu d'aller à la foule ou non, qu'il écrit surtout pour se rendre heureux lui-même, pour se faire plaisir.

Tout bien considéré, comme en se faisant plaisir à lui il me charme moi aussi, me voilà désarmé. – A notre prochain dîner du *Bœuf nature*, mon cher essayiste, nous reprendrons cette discussion... oiseuse? probablement!... mais intéressante, si vous dites votre mot. Ça, essayisme dans le coin, je puis l'affirmer!

[...] Une observation que tout esprit non prévenu a pu faire comme moi, c'est que cet écrivain [Zola] qui, jusqu'à ce jour, a eu la chance de scandaliser les prud-hommes et de révolter les sots, reste au contraire moral, toujours moral en diable, d'idée première et d'intention, mais là d'une moralité élémentaire qui ne déparerait nullement la morale en action. Ainsi, l'*Assommoir* crie de la première ligne à la dernière: "Peuple, il ne faut pas boire!" *Nana,* ce sont les dangers de la prostitution et de l'amour vénal! *Pot-Bouille* prouve que, sous des dehors tranquilles, sous un aspect pot-au-feu et les apparences sauvées, l'amour adultère n'est pas moins danger-eux. *Au Bonheur des Dames* montre un exemple à suivre: Denise, avec de l'honnêteté, Octave Mouret, avec de l'audace, de la méthode, et surtout avec de la compréhen-sion des besoins de son époque, sont deux héros contemporains qui arrivent à la fortune et au bonheur. Eh bien, arrivant après ces quatre livres, évidemment, la *Joie de vivre* doit à son tour avoir un but apparent ou caché, nous proposer quelque autre exemple à suivre, ou nous avertir de quelque autre traquenard social, de quelque autre plaie humaine. [...]

Ce n'est pas bien difficile à trouver! Quel est le mot de la fin de la *Joie de vivre?* – Dans les livres de ce grand constructeur, livres composés comme une symphonie, avec une symétrie et une science étonnantes, il arrive toujours que tout converge vers l'effet final, le mot de la fin est généralement un trait typique résumant tout, enfonçant une dernière fois l'idée générale dans l'esprit comme un coup de marteau définitif. [...] Dans la *Joie de vivre,* une fois de plus, le dernier mot est significatif. Notez qu'il est proféré par Chanteau, un pauvre goutteux, perclus de ses membres, souffrant le martyre, un personnage de second plan dont le rôle, dans le livre, ne consiste qu'en un perpétuel crie de douleur! Au moment où l'on apprend le suicide de la bonne, Véronique, qui, sans motifs, laissa son dîner en train, s'est pendue à un poirier, Chanteau [...] s'écrie: –Faut-il être bête pour se tuer!

Eh bien! ce cri de Chanteau est la clef de l'œuvre. Le romancier a voulu montrer que, malgré son train-train déplorable et son avortement perpétuel, la vie est encore une bonne chose par elle-même, la seule vraiment bonne chose qui existe. La *Joie de vivre* est une réfutation par les faits et une condamnation du pessimisme et de ses maximes stérilisantes. Dans cette philosophie nouvelle et sans issue, –d'où sortent les nihilistes russes et les anarchistes,– le romancier a flairé un danger actuel, un mal général dont, à certaines heures, nous ressentons tous plus ou moins les at-teintes, et il a étudié de près cette contagion dans Lazare, son personnage central. [...] Ceux qui ont présente à l'esprit l'avant-dernière œuvre de M. Zola, remarquer-ont le commencement de cette préoccupation du pessimisme dans *Au Bonheur des Dames.* Il y a là un personnage de troisième plan, dont les négations et les désespér-ances font hausser les épaules à Octave Mouret, solide gaillard, qui vit au moins, lui, et n'a pas le temps de s'ennuyer, car il agit sans cesse et est tout le temps passionné comme un beau diable. Dans la *Joie de vivre,* au lieu de signaler au passage ces ten-dances dans une figure de demi-plan, l'auteur des Rougon-Macquart étudie à fond cette plaie contemporaine.

[...] M. Emile Zola a-t-il obéi réellement à sa nature, a-t-il mis en œuvre toutes les ressources de son tempérament personnel d'écrivain? [...] D'abord, j'ai cru sur-prendre, tout le long de cette dernière œuvre, une préoccupation du romancier de se montrer psychologue – peut-être pour répondre à la mauvaise querelle faite par ceux qui accusent les naturalistes de manquer de psychologie. Plus d'étude d'un milieu spécial tenant une grande place et déterminant les personnages! Le roman qui se passe à Bonneville, un petit village au bord de la mer, aurait pu se dérouler partout ailleurs. Les paysages, admirablement réussis dans leur brièveté, ne consistent qu'en deux ou trois traits d'une largeur saisissante. [...] Moins d'attention consacrée aux objets du monde extérieur, mais, le dedans des personnages, le contre-coup sur eux des chocs de la vie, semblent cette fois avoir été étudiés de préférence. Conséquence forcée de ce changement: certaines pages semblent quitter terre, s'enlever dans la discussion philosophique, le pur raisonnement. Je reprocherai aussi à la bonne Véronique, une raisonneuse qui raisonne trop bien, d'arrondir certaines phrases et d'être par moments "une Desgenais," c'est-à-dire de parler pour exprimer les pensées de l'auteur. Mais à part ces observations –ténues d'ailleurs et ne résultant que de certaines manières de voir, à moi personnelles– à part ces querelles minutieuses, quelle admirable tenue! C'est bâti à chaux et à sable. Puis, chaque fois que le romancier, au lieu d'inventer et de construire, emploie ce qu'il a vu, observé, éprouvé par lui-même, quel coup au cœur! Il a beau être un merveilleux mécanicien littéraire, ce qui vit surtout dans cette œuvre, ce sont les impressions presque autobiographiques, des sanglots et des terreurs de Lazare. Et les animaux donc! ce Mathieu qui vient vous mettre sa bonne grosse tête sur les genoux, et qui regarde son maître avec des larmes presque humaines, puis, cette Minouche aux débordements mensuels, si fé conde et si mauvaise mère, qui rêve du matin au soir en se lustrant les poils avec la langue.

Et l'accouchement de Louise, surtout! C'est pour la bonne bouche qu'il convient de réserver cette magistrale page. Pour les gens du métier, c'est un tour de force: tout de suite après un livre contenant l'accouchement d'Adèle, exécuter un accouchement tout différent de l'autre, plus saisissant encore. Mais comment les imbéciles se comporteront-ils devant celui-ci? En est-il qui se scandaliseront plus fort? Comprendront-ils moins encore et s'endurciront-ils dans une irrémédiable bêtise?

Les imbéciles crient très haut et contribuent généralement au succès, malgré eux. M. Emile Zola continue son œuvre avec sérénité. Et les Rougon-Macquart, s'élevant chaque année d'une assise, commencent à développer leurs grandioses proportions. Donc, tout est bien! Les choses vont comme elles doivent marcher! Et ce n'est pas le cas de se montrer pessimiste.

A:29 "Gustave Flaubert, d'après ses lettres intimes" *Le Réveil*, 24-11-84.

Brave homme, grand cœur, simple, bon, affectueux, avec les naïvetés du génie et avec un certain stock d'idées de sa génération bien surprenantes pour les jeunes qui, sur la fin de sa vie, s'étaient groupés autour de lui, tel m'avait apparu l'auteur de *Madame Bovary*! [...]

Ce qui faisait la grandeur unique de l'homme, ce qui à mes yeux l'entourait d'une auréole et me le rendait profondément sympathique, c'était moins la profondeur de ses jugements, l'excellence et la sûreté de sa critique, la suite et la coordination de ses opinions, que l'existence en lui d'une belle passion, absorbante, envahissante, à laquelle il ramenait tout et qui le possédait tout entier. Je veux dire la passion des lettres. C'était encore là ce qu'il avait de meilleur en lui, et il n'était ce qu'il était que par elle.

[...] S'il étouffait souvent d'opinions rentrées, c'était une joie de l'entendre dans l'intimité sortir tout cela et répandre son cœur devant les amis de sa voix de stentor. Mais il aurait eu beau parvenir à l'âge le plus avancé: il n'eût jamais fait de la critique. La vérité est que le sens critique lui manquait absolument. Que de fois, je l'ai entendu dans la conversation surfaire des hommes et des œuvres qui n'en valaient pas la peine, tandis qu'il déclarait Stendhal illisible, et qu'en parlant d'Alfred de Musset, il disait avec un certain dédain: "M. de Musset." Oui! Flaubert était l'homme aux engouements profonds. La littérature ne le laissait jamais assez froid pour qu'il pût juger tranquillement, sans emballage. Comme un vrai passionné qu'il était, ou il haïssait ou il aimait une œuvre. Ça se bornait là et il n'y avait pas de milieu. Allez faire de la critique, avec une pareille impressionnabilité!

Mais si le sens critique lui manquait généralement, si n'étant pas bâti pour faire de la critique, il émettait parfois des opinions stupéfiantes pour certains de ma génération (qui, n'étant guère plus critiques que lui, manquaient également de tolérance), le charme n'en était pas moins profond d'entendre ce glorieux forcené de littérature se livrer tout entier, se pâmer de jouissance ou hurler de douleur, et, tout cela à propos de "la seule chose importante au monde."

[...] Je me demande si ce mot [de naturalisme], devant lequel il avait pu se cabrer au commencement, il ne l'admettait point sur la fin de sa vie. Quant à la chose, Flaubert, l'ennemi personnel de toute école, le réfractaire à tout embrigadement, avait sans doute compris que le naturalisme est le contraire de toute école, est la négation des maîtres, est l'affranchissement de l'art, est la bride-sur-le-cou pour les écrivains originaux.

A:30 "Le Naturalisme en musique" *Le Cri du Peuple*, 11-III-84

Vous savez, la musique... Moi, j'y connais rien!... A peu près comme un aveugle aux couleurs... D'abord, littérateur dans le sang et fort capable d'être injuste –même m'en faisant grand honneur– je crois que, la sorbonne sous le coupant de la veuve, je gueulerais encore: "T'as de borgeois! y a qu'la littérature d'chouette!..." Puis, quand même, j'trouve qu'la musique étant un art un peu vague, il est plus facile qu'ailleurs d'y être médiocre... Puis, j'aime guère les gueulards de chanteurs, les instrumentistes, non plus, que je trouve plus perruquiers encore que les peintres –ce qui n'est pas peu dire, caramba!– Puis, quand je prenais des leçons de piano, tout gosse, y a des années, des années, faut vous dire qu'c'était pour moi une occasion d'me ballader seul le soir, dans un tas d'ruelles impossibles, pleines de maisons Telliers, où, hélas! je n'avais pas l'âge de pénétrer, mais à travers les volets clos desquelles j'entendais des vacarmes autrement émouvants que les "exercices" du solfège...

Eh bien! malgré tout, antimélomane dans l'âme, n'ayant aimé que les valses de Métra, au temps où il m'arrivait de les "marcher" avec quelque passionnée dans les bras, ne sachant jouer qu'*Au clair de la lune* avec un doigt, j'avoue volontiers que je viens d'être épaté, ému au possible, remué jusque dans mes fibres artistiques les plus intimes, en recevant hier [...] l'ardente, et sincère, et superbe glorification de Wagner que l'on va lire:

"Mon bon Trublot, tu m'as fait de la peine en parlant hier, sur un ton léger, de *Vaisseau-Fantôme*, de Wagner et des Wagnériens. Il y a trois hommes au monde qui

qui synthétisent la marche en avant, la révolution dans l'art: Zola, Wagner, Manet. Tous trois ont voulu la même chose: que l'art soit identique à la nature.

"[...] Un opéra ancien est une succession de chansonnettes et de romances que des bonshommes se débitent les uns aux autres. Et ces bonshommes ne se meuvent pas dans un milieu, ils sont pris en abstraction, à peu près – comme les gens du théâtre classique, et tout au plus, dans les derniers opéras, comme les personnages romantiques. Wagner a compris que tout cela est bête, faux, antinaturel. Alors il a établi l'opéra tel qu'il doit être, c'est-à-dire un *drame*.

"Imagine-toi des individus qui ne savent pas parler, mais qui chantent, comme des oiseaux; c'est leur façon naturelle de s'exprimer. Fais une pièce, avec, pour interlocuteurs, ces gens-là – et tu as un opéra Wagnérien.

"[...] Comme en littérature, le milieu, en musique, est d'invention naturaliste: elle est, après la constitution individuelle, le second facteur des sensations et actes des individus. Et j'ajouterai: je ne connais pas au monde de descriptions aussi exactes que celles de Wagner, montrant aussi bien ce qu'elles veulent montrer – si ce n'est celles de Zola. Tous les grands drames de Wagner se passent dans les merveilles. C'est encore du naturalisme. Comprends-moi: Dans la vie ordinaire, les relations entre individus sont parlées, non chantées. Wagner, dans ses œuvres, a fait vivre uniquement des personnages merveilleux, afin d'être logique, naturel, la façon de s'exprimer des personnages d'opéra étant merveilleuse. [...]

"Et maintenant – écoute: Salue avec un respect infini, ce maître, Wagner. Il est venu après Berlioz, comme Zola après Flaubert, pour formuler la méthode que ceux-ci avaient appliquée, à peu près inconsciemment dans *Madame Bovary* et dans la *Damnation de Faust*. Admire-le, aime-le de toute ton âme. Il fut le grand lutteur, le révolutionnaire. On l'a insulté, méconnu, comme Zola et Manet; on parle de lui en commettant des erreurs identiques. Le naturalisme littéraire passe, auprès des ignorants, pour être la rhétorique de l'ordure; le naturalisme musical est accusé d'être une école toute d'harmonie, sans mélodie. Or, il n'y a pas au monde –tu entends bien– il n'y a pas au monde de compositeur qui ait écrit plus de mélodies que lui, des airs, oui, des machines qui se fredonnent. J'en ai la tête toute pleine délicieusement, et je me les chante sans cesse, la plume sous les doigts, pour me donner du cœur au travail.

"Tu me feras plaisir en insérant ma lettre; ces quelques mots que je t'envoie sont bons à dire, à répéter dans la bataille, pour la marche en avant dans l'art. Un naturaliste, qui un jour, quand il aura grandi viendra te serrer la main."

[...] Ecoute, mon brave correspondant anonyme, tu n'as pas besoin de rien attendre. Viens! Sans savoir ton nom, ton âge, ta nationalité, ta profession, –ni même ton sexe [...]– maintenant je te connais. Je sens en toi un esprit frère du mien, un sensitif et un passionné, un révolutionnaire de l'art, un volontaire de la grande bataille contemporaine, prêt à aller de l'avant.

Viens! frangin; j'ai pu parler à la légère de ton Wagner, qui, en somme, est encore pour moi à l'état de *X*. Mais ce parallélisme entre la littérature, la peinture, la musique, et l'histoire, et la politique même, et toutes les sciences, j'y ai souvent songé comme toi. Ces mélodies, ces airs, dont tu as la tête délicieusement pleine, nous irons les entendre ensemble, chez Pasdeloup. Tu m'initieras. Ah! ces "machines qui se fredonnent," si elles pouvaient m'entrer dans la caboche, au point de me donner du cœur au travail, à moi aussi. [...]

[...] Me voici donc dans cette maison intelligente et hospitalière, où je peux parler librement du naturalisme et du socialisme, ces deux ferments contemporains que l'on peut assurément redouter, abominer, combattre – mais qu'il serait inutile et imprudent de nier. Pour moi, naturaliste, désireux de savoir comment doivent se comporter l'un à l'égard de l'autre le naturalisme et le socialisme, [je me suis] préoccupé depuis longtemps de ce problème: "Jusqu'à quel point ces deux forces contemporaines pourraient-elles faire alliance et exercer une action commune?" [...]

Nous [les Naturalistes] allons, ou nous croyons remonter, aux origines. Autant qu'un médecin, observant le malade et l'effet de la maladie, remonte à l'origine. Tous nos livres sont là, depuis ceux de Zola jusqu'à ceux de Robert Caze, qu'on les lise. [...]

Notre prétendu mépris à l'égard des militants de la cause sociale, vient de ce que nous les trouvons empêtrés dans des partis pris et des haines qui empêchent de voir la vérité. Ce sont des sectaires, pour la plupart, ce ne sont pas des hommes de libre observation. La preuve éclatante en est dans ce voile qu'ils veulent jeter sur les défaillances du peuple, cette matière première de la société idéale qu'ils rêvent. Pourquoi donc, après avoir dit la vérité à la femme du monde, ne la dirions-nous pas à la femme du peuple? Nous sommes d'autant plus supérieurs à eux, que nous disons la vérité à tout le monde.

Mais j'arrive au cœur du débat. Si l'homme tenait tout entier dans la question du "posséder" ou du "non posséder," je comprendrais jusqu'à un certain point que la *question sociale* absorbât tout. Mais manger, boire ou dormir, être logé et vêtu, avoir de l'argent de poche, fumer des cigares, est-ce l'homme tout entier? Avec de l'argent, on n'a pas tout. Posséder, n'est qu'une partie de l'existence heureuse, mais c'est le bonheur lui-même, qui est tout. Donc, à côté et au-dessus même de la *question sociale*, il y a la *question humaine*. C'est elle aussi qu'il s'agit de résoudre, et qui prime toute autre.

[...] Si donc la répartition des biens n'est pas tout, si derrière et au-dessus de la question sociale, il y a la question humaine, je dis que le naturalisme, embrassant l'homme tout entier, est plus étendu et autrement large que le socialisme – qui, lui, n'est en réalité qu'une partie du naturalisme.

[...] Il ne s'agit pas de nous ignorer, de nous tenir en suspicion, ni de nous dédaigner les uns les autres. La vérité est que nous sommes congénères, et que: 1° Tous les naturalistes sont, par cela même, des socialistes. 2° Ceux des socialistes qui ne veulent se dire que socialistes, sont des naturalistes incomplets.

A:32 "Chronique du mois" *Revue indépendante*, 1 (juillet 1884), 246–53

[...] La vérité est, qu'en cette seconde moitié, surtout en ce dernier tiers de siècle, c'est le roman [...] réaliste ou naturaliste, qui accapare les forces vives de la jeunesse, et les facultés diverses de notre race. Il n'y en a que pour lui! Il tend à devenir tout. Lorsqu'on croit qu'il a pris tout ce qu'il pouvait prendre, il absorbe encore. [...]

Voilà pourquoi, une fois de plus, dans les récentes publications, c'est le roman qui tient la tête, par le nombre et la qualité des œuvres. C'est du côté du roman naturaliste qu'il faut chercher la vigueur, le progrès, le grouillement de la vie. [...]

Et si ce glorieux roman naturaliste, de plus en plus envahissant, vient d'emporter une nouvelle victoire ce mois-ci, et tout l'hiver également, et même les années précédentes; s'il absorbe de plus en plus la littérature entière, tellement que le théâtre pas encore naturaliste comme l'on sait (et je vous dirai pourquoi quant vous voudrez) languit et meurt, – je n'en suis pas moins coupable, très très coupable, d'avoir laissé la littérature et le naturalisme de juin me déborder moi-même et remplir cette revue. Peut-être teniez-vous à m'entendre parler du départ général pour la mer ou les champs, de la fermeture du Salon, de l'opération de M. Sarcey, de la fête noyée des "victimes du devoir," de la découverte de M. Pasteur, de l'entrée aux Folies-Bergère de la princesse Pignatelle qui y tient aujourd'hui un bar. Mais, incorrigible que je suis, peut-être serais-je arrivé à introduire du naturalisme dans l'affaire. Alors, vous m'en tenez quitte, n'est-ce pas?

A:33 "Trublot en mer" *Le Cri du Peuple*, 7-X-84

J'ai été bête. Moi, à qui il arrive de me perdre en plein Montmartre, et qui ne connais que superficiellement la rue du Croissant, j'ai voulu passer le détroit. J'ai voulu aller visiter Londres, que je ne connaissais qu'en rêve – ce qui, souvent, n'est pas la plus mauvaise manière. Ah! mais oui! Nos rêves sont souvent plus grands que la réalité.

Passé par Dieppe. Le soir, avant l'embarquement, sur *The Brighton*, le vapeur de la compagnie franco-anglaise, j'ai passé quelques heures au casino de Dieppe. Rien de plus sinistre qu'un casino qui boucle dans quelques jours. Le gaz flambe encore partout afin d'attirer une cohue absente. Rien ne marche plus que les petits-chevaux. Et quel monde se presse autour de la piste en drap vert! Faut voir ça, mes enfants. Des cocottes échouées, dont vous ne voudriez pas pour cuisinières, avec leurs souteneurs; de louches ménages, retenus peut-être par l'impuissance de payer la note de l'hôtel et de faire face aux dépenses d'un voyage; quelques familles anglaises, avec une ribambelle de fillettes coiffées d'affreux chapeaux d'homme; des passants comme moi, épouvantés par ce vide, glacés par cette solitude.

The Brighton doit partir à la pointe du jour; mais faculté de marquer sa place dans l'entrepont et de passer la nuit à bord pour ne pas arriver en retard. Après de mûres réflexions, j'opte pour un coin. Puis, je remonte sur le pont. C'est amusant de voir un tas de passagers, errant comme moi, un cigare à la bouche, pendant qu'une grue embarque des marchandises et les dépose à fond de cale. Quelques femmes encapuchonnées mystérieusement, çà et là, sur des bancs. Sont-elles seules? Partent-elles joyeuses ou la mort dans l'âme? Auront-elles le mal de mer?

Et les hommes? Ici je fais une découverte. Le premier auquel je m'adresse pour lui communiquer ma satisfaction de voir la mer douce comme de l'huile, me répond par un sifflant charabia. Le second et le troisième *idem*. Le quatrième, haussant les épaules, continue son chemin, ne me répondant même pas. Alors, désappointé de me trouver déjà au milieu de tant d'Anglais, j'essaie d'entrer en relation avec des gens de l'équipage: tous sont des sujets de la reine Victoria! Et je m'aperçois que sur le pont de ce bateau, encore accroché à la côte de France, je me trouve déjà en Angleterre.

Deux heures du matin. – Il est temps de dormir. Je gagne mon "lit", dans un coin, au rang le plus élevé, où je ne parviens qu'en posant le pied sur le lit d'un dormeur inférieur. Il pousse un grognement, sans se réveiller: j'ai dû lui marcher dessus. Et je m'endors, difficilement. Mais dès cinq heures du matin, un vacarme épouvantable commence. Plus moyen de refermer l'œil. Ce sont les préparatifs. On chauffe.

Enfin, à la pointe de jour [...], par une petite pluie fine, on lève l'escalier qui nous relie au continent. Nous filons comme un zèbre. Bonsoir la France qui, en un quart d'heure, n'est plus qu'une ligne au ras de l'horizon! Mais pas la moindre émotion patriotique; je ne songe qu'à ce dilemme: "J'aurai ou je n'aurai pas le mal de mer?" Eh bien! Trubl' a le cœur solide. Je ne l'ai pas eu, moi. Tandis que la plupart de ces dames...

A:34 "Trublot en Angleterre" *Le Cri du Peuple*, 8-x-84

Trubl' est à Londres, où il n'avait jamais fichu les pieds. Croyez pas qu'en m'aidant d'un plan et du guide, j'vais découvrir Londres. C'serait banal et trop facile. [...] Non! c'sont d'simples notes que je jette au hasard de la plume. Les impressions d'un voyageur de carton, qui ne croit pas à l'utilité des voyages.

A Newhaven, comme dans tout autre port, dès qu'on foule le sol de "la libre Angleterre" –un cliché– la première impression est des plus désagréables. La douane anglaise vient vous bassiner. L'air de la mer vous a creusé. Au lieu de donner un fier coup d'fourchette au buffet, pendant les vingt minutes qu'on vous laisse avant de monter dans le train pour Londres, il faut déficeler sa malle, et la livrer toute ouverte à des particuliers curieux qui mettent tout sens dessus dessous. [...] Et c'était des particuliers qui ont une gueule de bois, inexpressive, et de longues pattes qui trifouillent vos affaires avec une régularité de machine. C'est pas vrai "la libre Angleterre." On n'est libre nulle part; partout il y a des lois, des règlementations et des emmiéleurs. [...]

De Newhaven à Londres, deux heures de trajet en chemin de fer au milieu de grasses prairies. Ça ressemble à la Normandie, comme deux gouttes d'eau. Beaucoup de troupeaux parqués. J'n'aime guère jusqu'ici les gueules anglaises, mais je me sens rempli de tendresse pour les moutons et pour les vaches.

London, enfin! London! Eh bien! voulez-vous que je vous dise l'exacte vérité? – London ne ressemble à rien de ce que je m'imaginais. On m'avait parlé de Londres enfumé, de Londres couvert des brouillards de la Tamise, de Londres pluvieux. Rien de pareil. Comme si, moi Méridional devenu Parisien, j'avais apporté dans ma malle un peu du ciel natal, je l'avais introduit sous le nez des douaniers sans le déclarer, il arrive que, depuis que je suis ici –en octobre– Londres jouit d'un climat admirable. Pas un nuage dans la coupole azurée! Pas une flaque de boue dans les rues. [...] Malgré cette rencontre heureuse, Londres m'épate fortement. Ça vous a un rude cachet tout de même. C'est profondément différent de ce que j'aime, du milieu où j'ai poussé. Aussi, à part Westminster, dont la masse imposante et les flèches hardies, les dentelles de pierres percées à jour m'ont impressionné, quand je les ai vues reflétées dans la Tamise par un clair de lune vénitien, – à part aussi Hyde-Parc, où j'ai retrouvé un Bois de Boulogne dans l'intérieur de la ville, je ne suis pas fou de Londres. Les Dédèles ont toutes de grands pieds, sont fagotées comme des souillons. Et puis, elles marchent si mal. Comment doivent-elles aimer?

MON CHER AMI,

Vous avez vingt-cinq ans, vous êtes l'auteur de deux beaux et bons livres, l'*Evolution naturaliste* et *Autour d'un clocher* (sans compter un volume de vers, un péché de jeunesse, que vous avez promis de ne plus recommencer), et le jury de la Seine, malgré une brillante plaidoirie de Me Laguerre, vient de vous condamner à un mois de prison et à mille francs d'amende. Eh bien! laissez-moi vous dire franchement ma pensée, toute ma pensée. Je vous félicite hautement du "bonheur" qui vous arrive. Loin de vous plaindre, condamné que vous êtes, je viens ici vous donner publiquement la cordiale poignée de mains à laquelle vous avez droit, et vous certifier l'estime sympathique où doit vous tenir aujourd'hui quiconque a l'honneur de tenir une plume, sans distinction de tendance ou d'école.

Oui! mon cher confrère, une condamnation, si sévère fut-elle, n'est *rien* et "ne compte pas," lorsque le juge qui la prononce est incompétent. Or, la littérature ne relève d'aucune juridiction; le délit de presse, à proprement parler, n'existe pas et ne peut être équitablement jugé par aucun tribunal; le seul tort dont puisse se rendre coupable un écrivain, est de manquer de talent, et la seule pénalité qu'il puisse équitablement encourir est le mépris ou l'indifférence publique. – Certes, ces principes, ces "axiomes", allais-je dire, sont hors de discussion, pour tout écrivain, grand ou petit, pour tout véritable artiste, romantique ou naturaliste. D'Edmond de Goncourt à M. Mendès, et de Victor Hugo à celui qui écrit ces lignes, nous devons tous penser ces choses, et J'AFFIRME QUE NOUS LES PENSONS TOUS. Aussi, quand, tantôt, je viens de lire certains "tribunaliers" applaudissant à la poursuite, et traitant *Autour d'un clocher* de "malpropreté écœurante," j'en conclus que ce ne sont que des gratte-papier qui ne font pas partie de la grande république des lettres.

Donc, mon jeune et vaillant romancier, "on ne vous a point condamné," puisque nulle juridiction au monde n'était en droit de le faire. Alors le reste n'est rien. – Les mille francs d'amende? Je compte bien que votre éditeur, à qui votre œuvre a sans doute rapporté plus qu'à vous, les payera à votre place; et puis l'argent n'est jamais que l'argent! – Le mois de prison? Par exemple, vous le ferez; sans trop murmurer, certain de l'estime et de la sympathie de tous les vrais écrivains, vous payerez ce tribut à la bêtise humaine et à la haine de la littérature. Qu'est-ce d'ailleurs que trente jours de prison auprès de la réclusion perpétuelle à laquelle nous nous condamnons tous pour l'amour de notre métier, par conscience artistique et littéraire? Et si, comme je le crois, vous êtes vraiment quelqu'un, vous les emploierez, ces trente jours, à travailler paisiblement, libre d'esprit, ne faisant pas même à vos condamnateurs impuissants l'honneur de vous souvenir.

Sur ce, mon brave confrère, ne vous étonnez point que je vous félicite au lieu de vous plaindre. Même si vous voulez tout savoir, je vous envie.

Trublot

Dimanche, 1er février, j'ai assisté à une "première" de la littérature, bien autrement intéressante que toutes les premières du théâtre. La veille au soir, j'avais reçu, ainsi qu'une vingtaine de mes confrères, trois petites lignes d'une écriture bien connue: *Le Grenier de Goncourt ouvre ses dimanches littéraires le dimanche 1er février 1885. Il sera très honoré de votre présence.*

C'que j'ai eu soin d'pas manquer. J'étais plus ému que je ne saurais vous dire, en grimpant les marches qui conduisent au "grenier." Faut vous expliquer... Jadis, y a cinq ans, du vivant de Gustave Flaubert, on était quelques zigs chouettes, ayant l'habitude, le dimanche, d'se rendre chez l'auteur de *Madame Bovary*. Oh! c'était pas pour pontifier, pour crâner, pour "faire une chapelle." C'était parce que, ce jour-là, on était sûr de trouver chez lui le grand romancier, et qu'on ne s'y embêtait pas, ah! mais non! qu'on y rencontrait tantôt l'un, tantôt l'autre, des gas d'âge, d'opinion les plus opposés. Et c'est ça qui en faisait le chic! On pouvait tout dire, tout discuter, tout nier. Le seul lien qui existât entre les habitués était une affection commune pour Flaubert. Enfin, y avait pas besoin de faire toilette. On apportait chacun sa bouffarde, tiens!

Eh bien! depuis cinq ans, que la mort avait interrompu "les dimanches de Flaubert," tous ceux qui y avaient mis les pieds, soupiraient: "Nom de Dieu! Est-ce triste que ce soit fini!" Et l'on ajoutait: "Y a qu'Edmond de Goncourt qui pourrait recommencer ça... Y a qu'Edmond de Goncourt!"

Eh bien, Goncourt a recommencé... De deux petites pièces, au second étage de son artistique demeure, il n'en a fait qu'une en jetant à bas une cloison. Et il vous l'a décoré avec un goût... Mais je ne suis pas "bibelottier", moi, et j'aurais fait un médiocre reporter. Dans mon émotion j'ai rien vu, qu'une chose: c'est que beaucoup des anciens, pour une raison ou pour une autre n'étaient plus là; mais qu'en revanche, y en avait beaucoup de nouveaux. C'est qu'Edmond de Goncourt, resté jeune de cœur, plus vivant que jamais, aime la jeunesse qui le lui rend bien. [...] Les assistants [...] étaient MM. Alphonse Daudet, Georges Charpentier, Huysmans, Céard, Hennique, Gustave Geffroy, Robert Caze, Remâcle, Jourdain, Caraguel, Hennequin, Gaïda et Paul Alexis. J'en oublie, sans doute. J'suis un déplorable reporter, les aminches.

A:37 "Vallès écrivain" *L'Echo de Paris*, 24-II-85

C'est de l'homme de lettres, et aussi de l'homme lui-même, de l'ami que je voudrais dire un mot. [...] Je ne le connaissais que depuis sa rentrée en France, à l'amnistie. Mais, sur les bancs du collège, en province, j'avais dévoré les *Réfractaires* et la *Rue*. Puis, pendant qu'il était en exil, la lecture de l'*Enfant* m'avait rendu son passionné admirateur et, en 1879, je lui envoyai à Bruxelles mon premier bouquin avec le respectueux empressement dû à un maître.

Aussi, un soir d'hiver 1880–81, avec quelle avidité je me dirigeai vers la maison de l'éditeur Charpentier, sachant que "j'y verrai Vallès." – Tiens! c'est vous? me dit-il en me tendant la main, comme à une vieille connaissance. Et, retirés dans un coin du petit salon japonais de l'éditeur, nous causâmes longuement; je fus tout de suite pris, séduit, charmé, par l'homme comme je l'avais été par l'écrivain.

Son ami Gill, le caricaturiste, l'avait représenté en bouledogue grincheux. Mais à l'époque où je le connus, déjà blanchi par sa vie surmenée, calmé et adouci par l'âge arrivant (il avait quarante-huit ans alors), il ressemblait plutôt à un lion, très fier, mais au fond très doux. Oui! bourgeois de toutes catégories, Vallès était foncièrement bon, quoi qu'on en ait dit. Sous ses brusqueries courtes de bourru bienfaisant, il y avait un brave homme. Il était diffile de l'approcher sans l'aimer. Et quel charmeur, quand il voulait, quel tour d'esprit vivant et original! Avec sa vision curieusement intense et personnelle, comme d'un mot, pittoresque, à l'emporte-pièce, inoubliable, il savait marquer les hommes et les choses! Et dire que, l'autre jour, dans un journal du matin, on lui refusait de "l'esprit." L'esprit! Mais il avait plus et mieux: il avait une fleur d'originalité, un rare bonheur d'expression et des trouvailles continuelles, toutes les envolées d'un talent supérieur. Il était quelqu'un, il était lui! D'ailleurs, dans tout ce qui sortait de sa plume, dans sa conversation, jusque dans sa façon de vous aborder ou de vous quitter, Vallès le suait par tous les pores, l'esprit. Non! pas un esprit de boulevard, fait de calembours, emprunté aux revues de fin d'année, déguisant une lourde prudhomie sous des fleurs de légèreté. Mais un esprit du terroir, bien français, surprenant, mais robuste et durable, saisissant au vol et burinant d'un trait inouï les ridicules de tous genres que sa perspicacité native, sa finesse paysanne d'origine, le rendaient habile à démêler.

Par son esprit et par son cœur, par son vigoureux et superbe talent, il était nôtre, et, devant sa tombe, comme je l'ai fait à plusieurs reprises devant sa vie, je le revendique hautement au nom de la littérature. Avec le *Rouge et Noir*, les *Parents Pauvres*, *Madame Bovary*, *Manette Salomon*, l'*Assommoir*, *Sapho*, et quelques autres, la trilogie de Jacques Vingtras [...] est une des œuvres de ce siècle qui ont chance de survie.

Ce n'est d'ailleurs pas en quelques lignes que l'on peut apprécier, avec une justesse définitive, la part accordée à la littérature par cette personnalité ardente et complexe. Mais, dès maintenant, il est un trait de sa physionomie littéraire que je voudrais mettre en son jour. D'une génération précédant la nôtre, par conséquent davantage entachée de romantisme, Vallès, sans être un esprit critique, eut pourtant, de bonne heure, l'intuition de la littérature humaine et... réaliste vers laquelle nous évolutionnons en cette fin de siècle.

Moins lettré que vivant, plus instinctif que calculé, homme tout de premier mouvement et de passion, il eut quelques éclairs de divination critique. C'est ainsi que, le premier je crois, il montra que ce colosse de bronze et d'or, qu'on nomme Hugo, et qui, vers 1865, semblait obstruer l'avenir, avait des côtés vulnérables. C'est ainsi que, seul de la presse républicaine, il défendit *Henriette Maréchal*. C'est ainsi que, démolisseur de plusieurs fétiches [...], il préférait les enseignements de la rue à l'érudition des bibliothèques. Enfin, arborant un des premiers le drapeau du modernisme, il disait que "les gloires ne durent que trente-cinq ans," et que la littérature pour lui "ne commençait qu'à Stendhal et à Balzac."

Aussi, bien qu'il fût souvent très romantique de forme, on peut dire que le grand courant du siècle avait touché cet esprit, un des premiers parmi ses contemporains! Jusque dans son penchant à se raconter lui-même, à écrire sous toutes ses faces son autobiographie, on retrouverait la grande tendance générale de l'époque, le souci du document. Et, ne l'ai-je pas entendu, maintes fois, quand il avait un journal, conseiller à ses rédacteurs de ne pas se perdre dans les nuages théoriques. "Le fait! Rien que le fait!" leur recommandait-il avec obstination, sans dire s'il mettait toujours, lui, ses recommandations en pratique. Eh oui! les bons jours, il prêchait d'exemple, surtout lorsqu'il racontait son enfance et sa jeunesse. Et c'est par des dessous de vérité, d'âpre et cruelle vérité, que *Jacques Vingtras* et ses *Réfractaires* seront encore lus au vingtième siècle.

Le directeur de journal en lui? Ici je me récuse; l'émotion et la reconnaissance m'empêchent de juger. Pendant quinze mois, environ cinq cents jours de suite, dans son propre organe, n'a-t-il pas donné carte blanche à quelqu'un que je connais bien, lui permettant de tout dire, des choses qu'aucune autre feuille n'aurait imprimées sous cette forme, et dont le fond surtout devait parfois le consterner. Eh bien, soit sympathie pour celui qui signait "Trublot," soit respect de la liberté absolue de penser et d'écrire, ce personnel qui passait pour un féroce et qui appartenait à la génération précédente, a laissé une sentinelle avancée du naturalisme, embusquée dans son propre journal, faire avec passion le coup de feu. Voilà "un fait," et il devra entrer en ligne de compte, quand un critique s'occupera de juger définitivement un tel écrivain.

Pour moi, je sais que, depuis la mort de Duranty et de Flaubert, aucune fin d'hommes de lettres ne m'a aussi profondément affecté. Oh! l'autre samedi, en passant dans cette rue Montmartre, que nous avions si souvent parcourue ensemble, quand j'ai entendu, soudain, un vendeur de journaux crier: "la mort de Jules Vallès!" Dire que c'est bien fini, que je ne le reverrai plus! On reste petit et confondu devant ce "plus jamais" de la séparation.

A:38 "Vallès à Médan" *Le Cri du Peuple*, 23-VII-85

Médan, par Villennes (S.-et-O.)

Au même guichet de la même gare, j'viens d'prendre l'même train de 4ʰ25. J'viens d'refaire l'même parcours qu'un jour, en juillet 1881, j'eus la grande joie d'faire avec l'patron. Et, par la pensée, j'viens de revivre les moindres incidents d'ce petit voyage exquis, que, trubloterais-je encore un d'mi siècle, j'n'oublierai jamais, jamais, jamais.

Y m'avait dit, l'patron: –Trubl' (j'm'appelais pas encore Trubl' en c'temps, mais ça fait rien), je veux aller voir l'homme de Médan dans sa *médanière*... j'lui dois bien ça, puisque, pendant l'exil, avec un ou deux autres, il s'est bien comporté à mon égard, lorsqu'il y avait quelque courage à le faire... Alors, vous seriez gentil de m'accompagner pour m'montrer l'chemin, vous qui le connaissez bien...

Nous voilà tous deux dans notre compartiment, nous épongeant la sorbonne, rapport à c'qui fait très chaud. Et pendant qu'le train omnibus stoppe à chaque petite station: Houilles, Maisons-Laffitte, Achères, Poissy, nous causons de ceci et de cela, passant de Paris à Londres, de l'*Assommoir* à l'*Enfant*, de l'*Insurgé* à... *Germinal*, alors encore en projet.

Aussi quel' épat', personnellement, quand j'entends l'propre chef d'gare d'la petite "halte" crier: –Villennes!... Villennes!... Pas possible! Déjà? Voilà une heure qui m'a paru bien rapide. –Vallès, y faut descendre... –Voyons, qu'y m'dit, pas de blague!... Vous savez que j'ai horreur de la marche... Pour combien en avons-nous, de Villennes à Médan, à pied? –Pour vingt-cinq petites minutes... Trente au plus!

Diable! j'vois son front se rembrunir: y la trouve mauvaise. Et, malgré l'air embaumé d'l'odeur des foins qui nous passe comme un velours dans les poumons, voici mon Vallès qui s'met à déblatérer contre la campagne, mais en bourru bien faisant qui dit pis que pendre d'une personne pourtant profondément aimée.

–La campagne!!! Ce n'est bon "que pour y venir manger." Mais s'y enterrer! Fi du calme des champs! Rien ne vaut la rue, la rue grouillante. – Notez que nous suivions un admirable sentier, qui n'a pas changé de place, avec des blés, déjà lourds, qui nous montaient jusqu'à la ceinture! La mer même n'trouvait pas grâce devant lui, la mer et son immensité mortellement triste: il ne la tolérait "qu'avec une barque!"

Tout à coup, en proie à une émotion subite, mon compagnon s'arrête net, et, me saisissant le bras: –Tenez... regardez! Nous étions arrivés dans un chemin creux. A notre gauche, dans un vieux mur délabré, moussu, une petite porte vermoulue, disloquée, qui n'avait pas dû s'ouvrir d'puis beau temps. Un grand silence. N'voulant pas troubler l'patron, j'attends patiemment ses confidences. A la fin, avec un bon regard, qui n'blaguait plus, mon bourru bienfaisant m'dit: "–Ce mur, moussu, hérissé de culs d'bouteilles, cette porte hors de service, si vous saviez!... Si vous saviez!... ça me rajeunit de trente-cinq ans!... C'est devant une porte pareille, que, enfant, j'allais attendre 'les petites cousines' dont il est parlé dans *Jacques Vingtras*..."

Quatre ans après, Trubl' vient de tout revoir: la porte, le mur, le chemin creux. Rien n'est changé! A chacun de mes pas, c'te après-midi, j'ai retrouvé de sympathiques souvenirs. Et, savez-vous où j'ai pondu ces lignes? Dans une des deux chambres d'amis, contiguës, où nous passâmes une nuit, séparés par une mince cloison.

N'ayant pas très sommeil, comme si j'avais bu du café (une soirée de causerie avec Vallès et Zola, savez-vous, ça valait bien plusieurs tasses de café), j'étais allé fumer une dernière bouffarde auprès de son lit, et nous échangions nos impressions sur le compte d'celui qui nous recevait: le passant en revue, le déplotant, le débinant même un brin comme ça se fait couramment d'invités à amphitryon. Et Vallès est encore devant nos yeux, déjà au lit, nu jusqu'à la ceinture (par cette canicule, il s'était couché sans chemise) et, me disant du futur auteur de *Germinal*, avec sa plus grosse voix et en roulant des yeux terribles: –"*Est-ce que ce ne serait qu'un régulier!!!*"

A:39 "Aix et... 'le Cours' " *Le Cri du Peuple*, 1-x-85
"Aix a une belle entrée," dit-on dans toute la Provence – et à dix même. Ça s'jaspine comm' ça et il y a du vrai. En effet, quand on arrive d'la gare, on a d'abord la Rotonde, sorte d'place d'la Concorde –en p'tit d'ailleurs,– où aboutissent, non les Champs-Elysées, mais plusieurs belles chaussées, plantées d'beaux arbres, conduisant à trois grandes routes départ'mentales, celles d'Avignon, d'Marseille et d'Toulon, routes qui, avant l'invention des chemins de fer, avaient une certaine importance... Au lieu de l'Obélisque, c'est une "Fontaine Monumentale," décorée de trois blanches statues, qu'occupe l'centre d'la Rotonde... Puis, en face, s'allonge "le Cours," (qui s'appelle *Cours Mirabeau* d'puis 1870) une sorte d'large boulevard, long de cinq cents mètres, bordé à droite et à gauche d'vieux hôtels, planté d'une quadruple rangée de platanes, et dont la chaussée du milieu contient trois autres fontaines plus p'tites, d'cent cinquante mètres en cent cinquante mètres; d'abord la *Fontaine des Neuf Éanous*, puis la *Fontaine Chaude* (toujours fumante, car c'est de l'eau minérale qui coule), enfin la *Fontaine du Roi-René*, surmontée d'une statue de ce monarque, en pierre. [...] Donc, c'est l'fleuron de l'ex-capitale de la Provence, c' "Cours." (J'd'vrais écrire *Course*!!! car les Provençaux prononcent terriblement l'*s*!) L'*bon Aixois*, convaincu (y en a!), est fier d' "son *Course*." [...] Il est certain qu'l'cours Mirabeau, bien qu'fort'ment gâté par ses platanes, arbre au feuillage lourd, à l'ombre opaque, loin d'valoir les ormeaux dont y était planté y a vingt-cinq ans, vous a un certain air aristo et *Louis quatorzien* auquel faudrait pas s'laisser prendre! En p'tit, ça joue la

495

grandeur. On croirait pénétrer dans une cité d'cent mille âmes, tandis qu'Aix n'en a guère qu'l'quart. Oui, ça vous a un certain cachet, j'dis pas. Entr' les villes, voyez-vous, c'est comm' entr' les individus: certaines ont avec d'autres des airs d'famille qui font penser à des congénères. Ainsi connaissez-vous Rennes, en Bretagne, autr' ancienne ville d'Parl'ment? Rennes, c'est Aix, quatre fois plus grand, avec, en moins, la gaîté du ciel méridional. On pourrait dire aussi que, toutes proportions gardées, Aix est à Marseille, c'qu' Versailles est à Paris.

A:40 "*Germinal* dans... le Gard" *Le Cri du Peuple*, 20-x-85

[...] Ces jours-ci, pour jouir d'mon reste, en m'baladant dans l'Gard, ousqu'y a tant d'charbonnages, j'vous d'mande un peu si j'pouvais faire autr'ment qu'de pousser une visite aux mines. Hein? j'd'vais bien ça à... *Germinal*, notr' chouette feuilleton, histoire d'voir si l'zig Zola Emile avait bien dit la vérité dans son flanche naturalisse-socialisse.

Eh bien, là, blague dans l'coin, faudrait avoir les quinquets bouchés: *Germinal* est une œuvre sincère, pas du tout exagérée. D'puis quarante-huit heures, Trubl' vit dans les mines du Gard, n'quittant presqu' pas "l'fond", noir comme un charbonnier. [...] Comme l'père Bonnemort, j'mouche et crache noir. J'ai déjà fait du ch'min, allez! dans les galeries souterraines, crotté, barbouillé, fichu comme quat' sous, enfoui comme une taupe, m'collant des gnons à chaque instant sur l'occiput en rampant sous les boisages. Ça fait rien, j'suis rud'ment content d'voir c'que j'vois. Faites point attention d'ailleurs si mon jaspinage est un peu s'coué: j'ai encore l'trembl'ment d'la benne dans tout l'corps, et d'puis que j'suis r'monté à la lumière, mes yeux seuls, blancs dans mon visage d'moricaud, sont effarés et pas encore ouverts, comme ceux des hiboux, parbleu!

Què qu'je disais donc?... Ah! oui, qu'*Germinal*, c'est tapé!... j'veux qu'le grisou m'écrabouille tantôt, moi et ma petite lampe, si Zola a chargé...

Ici, l'décor est superbe. Sol accidenté, montagneux, ravins à pic, rocs nus à côté d'bois d'pins et d'châtaigniers. Mais, pour l'côté humain et social, c'est kif kif avec c'qui s'passe dans les plaines mornes et désolées du Nord... J'viens d'r'connaître Maheu et la Mouquette! C'est plein d'Alzire, et d'Bébert, et d'Zacharie! La langue, par exemple est changée: les noms d'*galibots*, d'*porions*, de *herscheurs*, sont pas connus; mais les emplois s'r'trouvent, et, surtout, l'fond des choses est l'même... C'sont les mêmes hommes, qui mènent la même existence, et n'font pas d'vieux os parc' qu'y souffrent des mêmes douleurs. Oui! y sont graves aussi, et tristes, et silencieux. Y tapent à la veine, ou remplissent leurs wagonnets, avec la lenteur désespérée qu'j'ai r'marquée jadis, à Toulon, chez les travailleurs du bagne...

Ah! ça, mais, tiens! tiens! Què qu'y m'prend? Suis-je pas fou, fou à lier, d'vouloir m'mêler d'décrire ça à mon tour? descendez et lisez notre feuilleton: tout y est! C'est aussi complet, qu'exact et terrible.

A:41 "M. Mignet" *La Petite Presse*, 16-xi-85

[...] Plus je vais, plus je me sens convaincu de l'inutilité d'écrire autre chose que ce que l'on a vu, senti, observé soi-même. Et livre ou journal, romans, articles, théâtre même, ne me semblent tout à fait intéressants que s'ils sont en quelque sorte les mémoires d'un homme de lettres.

Chaque année, vers l'été, M. Mignet passait quelques semaines en Provence, dans une campagne aux environs d'Aix, chez un parent. [...] Un jour, j'accompagnai mon grand-père dans une visite à M. Mignet. Enfant de treize ans alors, comme j'ouvris les oreilles au son de cette voix d'Académicien qui me paraissait enchanteresse! Je me crus en présence de quelque demi-dieu, du représentant d'un monde d'essence supérieure. Songez qu'à l'âge où l'on est si passionné de lecture, je venais de découvrir Balzac! Sans rêver positivement la carrière littéraire, ayant déjà en horreur la province et sa médiocrité, je vivais en pensée, "là-haut," au milieu de la capitale, sur le champ de bataille. [...]

Dix ans écoulés. Je venais de débarquer [à Paris], léger de bagage, d'argent surtout, mais chargé de conseils, accablé de recommandations par ma famille, fort attristée comme de juste, elle, de me voir embrasser la littérature. [...] Une des choses que me recommandaient instamment les miens était de me présenter chez M. Mignet. "Un académicien!" vous comprenez! A leurs yeux, n'était-ce pas une garantie? Si M. Mignet approuvait mon choix de la carrière littéraire, il n'y avait plus à désespérer de mon avenir. Je valais peut-être encore deux sous!

[...] Je me disais surtout: "A quoi bon?" J'avais bien changé en ces dix ans. Au petit provincial, rêvant "la capitale," et tout impressionné lui-même par le prestige d'un nom célèbre, avait succédé un aspirant journaliste et un romancier en herbe, tout ce qu'il y avait de plus en herbe, n'ayant pas publié une ligne encore (sauf des vers!!!), mais déjà un passionné de lettres, un assoiffé d'art original et de vie indépendante, venant de rompre ses entraves. Cependant, pour ne pas contrarier inutilement les miens, je finis par me décider. [...]

[Chez M. Mignet] Soudain j'eus la sensation que je conversais là, inutilement, avec un homme d'un autre siècle, que lui et moi n'arriverions jamais à nous comprendre. Et, quand il m'eut obligeamment demandé vers quelle branche de la littérature je me sentais plus particulièrement attiré, ce fut bien autre chose! – En attendant, lui répondis-je, pour me former, et pour vivre, je voudrais faire du journalisme... Mais je me sens surtout attiré vers le roman...

Le sentiment du froid que je produisais en lui me coupa la parole. Et le petit cabinet de travail me semblait à moi-même une Sibérie. Je me croyais presque retourné à Aix. [...]

A:42 "La Butte" *Le Cri du Peuple*, 25-XI-85

"La Butte" est une société naissante, en formation – non! j'me trompe, déjà formée, puisque, c'te semaine, un projet de statuts va être soumis à l'approbation obligatoire de la préfectance; un premier noyau existe déjà: peintres, sculpteurs, musiciens, poètes, journalistes, jeunes gens et des deux sexes, s.v.p.! Oui, p'faitement! Ça gâte rien, et au contraire, la présence du beau sesque.

L'but de "la Butte" est bien simple: galvaniser la butte, –c'est-à-dire Montmartre,– c'est-à-dire Paris, par suite, et l'monde entier. C'est faire d'la littérature, de l'art et d'la vie intelligente: ouvrir des expositions libres, donner des fêtes publiques, des r'présentations théâtrales, des bals, des concerts, des conférences, créer des concours et des bibliothèques, – enfin c'est s'amuser d'toutes les façons, mais chouett'

497

ment, dans l'sens l'plus complet et l'plus élevé du mot. Hein! l'programme est large. [...]

Donc, l'aut' soir, pas plus tard qu'samedi dernier, Trubl' a été convoqué à la s'conde réunion préparatoire d'la société nouvelle. J'ai pas manqué d'm'y rendre et j'ai point r'gretté ma démarche, allez! La rue Ravignan est une des plus audacieuse-ment escarpées, qui escaladent la Butte-Montmartre. Le n°13 de c'te rue est une maison bien typique, contenant onze ateliers d'artistes. Une vraie colonie, quoi! C'est dans un d'ces onze ateliers, – c'lui de M. Jean Norogrand, encombré de ch'valets, aux murs r'couverts de toiles, d'plâtres, etc., qu'se t'nait la p'tite séance.

Un bon type et joliment sympathique, Jean Noro, qui mérite un bout d'crayon. D'origine italienne, très brun, maigre comm' Don Quichotte, quarante ans à peine. Possède un gosse dans les douze ans, gentil comme tout. Ancien fédéré, a pu, au dernier moment, gagner l'étranger, où sa femme est venue l'r'joindre, après avoir passé vingt-cinq jours, elle, dans les prisons d'Versailles. Un vrai cauch'mar, qu'ces vingt-cinq jours! Mme Noro s'souvient qu'd'une chose: en ces vingt-cinq jours, quatre-vingts d'ses compagnes d'captivité dans une position intéressante, ont avorté.

Jusqu'à l'amnistie, Jean Noro a voyagé, vivant d'son pinceau, en Italie, en Suisse, en Turquie. Y connaît Constantinople comm' la poche et sa conversation est des plus attachantes. A portraicturé des sultanes dans leur sérail, – l'veinard. Et pas seul'ment peintre, maniant encore l'ébauchoir à ses heures, en amateur, mais bien. [...] Il manie la plume aussi: auteur d'la *Bouche de la Vérité*, un intéressant p'tit bouquin racontant des scènes d'la vie romaine pigées d'après nature.

Enfin, j'vous dis qu'ça: Trubl', qui s'méfie d'ordinaire d'ces p'tites fêtes, a point r'gretté d'être allé au 13 d'la rue Ravignan, accompagné de M. Lasellaz, un autre peintre d'talent, qu'a aussi son atelier dans la maison; c'est l'éventailliste bien connu, dont les dames d'la haute s'arrachent les poétiques et aériennes compositions.

On était bien trente. [...] Soudain, vers minuit moins vingt, toc toc, à la porte d'l'atelier. Jean Noro ouvre et entrent trente-cinq membres d'une autre société, "la Bohème d'Montmartre" qui fusionne séance tenante avec "la Butte." On s'tasse comm' on peut. L'vaste atelier d'vient trop p'tit, mais ça va bien. J'vous dis qu'*la Butte* a quèqu'chose dans l'ventre!

A:43 "Louis Desprez" *Le Cri du Peuple*, 10-XII-85

[...] Comme s'il ne nous suffisait pas de la mélancolie de cette fin précoce, comme si ce n'était pas assez de voir cette espérance anéantie, cette promesse brillante fauchée dans sa fleur, il faut qu'une rage amère avive nos regrets, exaspère notre douleur.

Oui! notre jeune et infortuné ami vient de mourir, "à la suite d'une maladie contractée à la Sainte-Pélagie," comme le dit laconiquement l'écho d'un journal, nous annonçant ce matin la nouvelle. Et cet écho, navrant comme un procès-verbal, éloquent comme la vérité toute simple, ajoute ce que, depuis de longs mois, nous ne savions que trop, nous, ses amis: "Confondu avec les escarpes et gardé pendant neuf jours au secret, M. Desprez avait eu beaucoup à souffrir pendant sa détention; sa situation fut améliorée, grâce aux démarches réitérées de MM. Alphonse Daudet, Zola, Clemenceau, etc. Le préfet de police atténua les cruautés du règlement, mais il était malheureusement trop tard." [...]

Sa biographie? [...] Il souffrit dès le berceau, il travailla, puis il mourut, victime de l'imbécilité prudhommesque et de la haine de la littérature: tel fut, en trois actes, le drame navrant de son existence.

[...] Comme toute la jeunesse d'élite, il vint à ce que nous aimons nous-mêmes, à l'affranchissement complet, au mépris de la fausse morale, de la fausse pudeur, de la fausse esthétique bourgeoise. Il y vint sans arrière-pensée, avec une passion du vrai et une bravoure d'esprit qui faisait notre admiration à tous, qui lui valut d'emblée, dès son début, la haute estime et l'amitié de plusieurs de nos aînés illustres. Ceux-ci le plaçaient déjà très haut, s'inquiétaient de ses jugements critiques, lui prédisaient un large avenir. Oui! à l'âge où tant d'autres, en littérature et en art, ne sont encore que des écoliers se cherchant, il était déjà quelqu'un.

[...] A la première page [d'*Autour d'un clocher*], je relis cette dédicace, qui, en une ligne, suffirait, s'il en était besoin, à laver les deux auteurs du reproche de pornographie: "A Paul Alexis, Une goutte de Rabelais dans la morosité naturaliste. Fèvre-Desprez."

[...] Et ce ne sont pas que les livres de Desprez, dont je ne me décide plus à détacher les yeux. Voici surtout un chiffon de papier que je retrouve, un simple billet, tout récent, envoyé à Louis Desprez par son collaborateur Henry Fèvre, qui vient d'achever son service militaire:

Chaumont, 30 octobre 1885.

MON CHER LOUIS,

Tu as vu l'interdiction de *Germinal*. Je t'expédie une diatribe. Si ça en vaut la peine, envoie donc ça à Alexis, dont je ne sais plus l'adresse, ou à un autre. Ça va-t-il mieux? Je repasse à Rouvres, de mercredi ou de jeudi en huit, LIBERE!

Te serre vigoureusement les mains.

Henry Fèvre.

Et, tout en haut de papier, reçu par moi avec le manuscrit en question, le moribond, trop fatigué pour m'écrire encore, s'est contenté de tracer quelques lignes de sa belle écriture nette toujours, mais fatiguée, déjà mourante:

Ça ne va pas mieux; et mon désespoir, c'est d'être cloué dans ces mauvais climats du Nord par une maudite jambe qui ne se reguérit pas vite et qui est toujours immobilisée. Sept mois de lit déjà, sept siècles! Je suis Chanteau et je commence à devenir Lazare. Plaignez-moi et tirez parti du papier ci-joint, si vous pouvez, mon cher Alexis. Poignée de main toujours cordiale. Vous reverrai-je? Pourrai-je vous rendre votre dîner du mois de janvier???? Je plonge dans l'hiver et dans le spleen. Louis Desprez.

Hélas! jamais nous ne nous reverrons. Et mes yeux se mouillent à la pensée, que, depuis quatre semaines, n'ayant pas trouvé tout de suite l'emploi du manuscrit, j'ai différé de répondre. De sorte que, sur son lit de souffrance, Louis Desprez a pu croire que je l'oubliais. Ce que c'est que de nous! Comme, avec les meilleures intentions du monde, on peut mal agir. La minute qui tombe est déjà loin, et la vie n'est qu'un rêve, souvent mauvais, où nous ne faisons pas la dixième partie de ce que nous voudrions faire.

Me pardonnerez-vous, Henri Fèvre? Moi, non, je me reprocherai toujours cet irréparable retard, et je ne me sentirai un peu moins navré que le jour où, vous qui qui avez dû recueillir les volontés extrêmes de votre ami –"libéré," lui aussi,– vous nous donnerez *Lit de Famille* (un beau titre pour un roman sur la magistrature), dont Desprez a écrit je crois les deux tiers et que d'après ses instructions il doit vous appartenir à vous d'achever. En restant jusqu'au bout le fidèle collaborateur de notre ami, couchez-la une fois pour toutes sur une claie d'infamie, cette magistrature archi-bourgeoise, qui, sans se douter seulement de ce qu'elle faisait, je veux le croire, nous l'a stupidement tué. Faites que, une fois de plus, en abattant l'écrivain, elle ait été impuissante à supprimer l'œuvre vengeresse, à étouffer la pensée.

A:44 "Robert *Caze*" *Le Cri du Peuple*, 3-IV-86

[...] Voici quatre ans, presque jour pour jour, un soir, fin mars 1882, je fis sa connaissance en entrant au *Réveil*, un *Réveil* littéraire. Je le trouvai secrétaire de rédaction de ce journal, où Vallès écrivait aussi, chaque dimanche matin. Quatre ans! Quelque chose comme quinze cents jours, pas davantage! Et, dans ce pas davantage, si vite écoulé, combien de mélancolies, déjà! Ensemble, le patron, Caze et moi, nos besognes achevées, nous avons passé plus d'une bonne soirée, en intimes causeries. Qui nous eût dit, en ces heures légères et charmantes, que, deux sur trois, ne seraient plus là fin mars 1886! Oui, si l'on savait! La vie, d'ailleurs, ne se passe-t-elle pas à mourir un peu tous les jours, même sans savoir!

La glace fut vite rompue entre Caze et celui qui écrit ces lignes: ayant les mêmes goûts, les mêmes admirations artistiques et littéraires, nous nous trouvions encore assez jeunes pour devenir vite de grands amis. [...] N'ayant publié encore que des plaquettes de vers, ou fait des besognes dans des journaux, Robert Caze vint franchement vers les naturalistes à une époque où il y avait encore courage et mérite à le faire. Il travailla donc beaucoup au *Réveil*, puis débuta dans le livre, avec une abondance, un succès soudain, un éclat dont le souvenir n'est pas prêt de s'effacer. Huit volumes, en moins de trois ans, songez donc! Comme s'il eût eu le pressentiment que le temps lui était compté, quelle activité, quelle volonté féconde, quelle fièvre de production! [...] Il avait d'emblée conquis sa place, entre les meilleurs; que ne lui réservait pas l'avenir?

Puis, tout à coup, au bout de ces trois fécondes années, quoi? Un trou! Plus jamais et plus rien! Une veuve admirable de volonté, de force héroïque! Deux orphelins ne comprenant pas encore! Et, cette catastrophe, pourquoi? Pour la plus mince, la plus légère, la plus futile des causes! Pour un enfantin point d'honneur, qui subsiste en n'étant plus du siècle, pour une exécrable et fatale concession à je ne sais quoi, au "qu'en dira-t-on" des petits confrères, au "qu'en pense-t-on" d'un canard mort avant celui qu'il a tué, pour une condescendance à des médisances de terrasse de café, à des amours-propres de sous-parlottes de sous-chapelles ignorées.

Voilà ce qui m'enrage et me révolte. L'aventure me paraît si médiocre et si lamentable que je ne puis me faire encore à l'idée qu'elle soit réellement arrivée. Oui! Robert Caze avait beau être quelqu'un: celui que nous sommes allés accompagner hier matin, est mort victime d'un minotaure, qui nous guette et nous menace tous, qui, pour un qu'il supprime tragiquement, en corrompt, en émascule, en paralyse, en tue une légion à petit feu: le Boulevard!

[..] Eh bien, Trubl', alorse, est resté chez lui avec enthousiasme. Et, d'la peinture, j'en ai vu tout d'même. Sans m'déranger, en pantoufles et en robe d'chambre, comm' un proprio, j'ai passé une heure à r'garder, avec une attention toute spéciale, les chefs-d'œuvre qui sont pendus dans ma trublottière. Na!

Trois pommes, par Paul Cézanne, sont d'la solide peinture, un peu noircie comm' du Courbet, mais solide, solide. En r'vanche, voici une page toute vibrante d'soleil, avec une Seine toute bleue, toute chaude: de Paul Signac, le jeune et déjà magistral impressionniste.

Deux mignonnes marines de Seurat, un autre impressionniste, violemment sincère, avec un coin de la rue Saint-Vincent, effect de neige sur la Butte. Encore la mer, la mer avec deux grandes barques de pêches, voiles gonflées par la brise: c'est signé G. Lasellaz, c'te superbe aquarelle, pleine de poésie et de science à la fois.

Puis, entre deux admirables eaux-fortes d'Manet, la fameuse *Lola de Valence* avec les quatre vers connus d'Baudelaire,[1] et celle d'après les *Petits Cavaliers* d'Velasquez à côté d'une pochade d'Forain et d'deux autres eaux-fortes, très justes, de Guérard, voici un *Bord de la Seine*, très fin de ton, par Louis Dumoulin.

Et c'est pas là tout! Voici un portrait d'Trubl' à peine ébauché, par Zandomeneghi, l'peintre vénitien. Fâcheux qu'y ait eu la paresse d'pas l'achever, y a cinq ans, oh! oui, Trubl' en c'temps-là plus jeune, trublotait encore plus gaillard'ment qu'aujourd'hui – et c'est pas peu dire.

Un peu flou d'dessin, mais intéressante, c'te *Dédèle* s'regardant dans une glace, par Meiwart. Connaissez-vous d'la plus honnête peinture, consciencieuse et sincère, que c'te *Vue de Pontoise* par Edouard Béliard, –un zig d'la bath,– Béliard, aujourd'hui conseiller municipal à Etampes, et, demain, qui sait?... Oh, l'misérable ambitieux!

Côté d'la sculpture –oui! y en a aussi!– voilà encore Trubl'! En haut relief terre cuite, par Syamour (Mme Gegout), une jeune femme de talent qui en r'montr'rait à bien des vieilles barbes de l'Institut.

Enfin, sur c'te autr' muraille, voici deux places, deux bonnes places vides admirabl'ment éclairées et qui attendent.– Qui attendent... quoi?– Un tout petit Guillemet, une "raclure d'palette," qu'ce membre du jury m'a promise (si j'l'ai pas rêvé) et un Pissarro qu'j'ai jamais d'mandé, par exemple, mais qui, un d'ces quatre matins, j'l'parierais, m'arrivera tout d'même.

Et v'là! Vous voyez qu'j'ai point perdu mon après-midi, et sans m'mouiller, et sans m'buter à c'Tout Paris brillamment imbécile des premières, qu'est tout aussi bête au Salon, qu'au théâtre –des fois même davantage!– parc'que l'ouverture du Salon ayant lieu une seule fois l'an, et qu'il la sort tout en une fois, son ineptie artistique.

1 Entre tant de beautés que partout on peut voir
Je comprends bien, amis, que le désir balance;
Mais on voit scintiller en Lola de Valence
Le charme inattendu d'un bijou rose et noir.

("Lola de Valence," 1863)

Oui, hier, y a eu trois ans! Trois ans qu'Trubl' est Trubl' et trublote à cœur joie, à "bouche d'*employé*," contr' les grands muffes et les muff'tons du théâtre, d'la littérature, d'l'art, d'la Normale et d'l'Académie et d'l'Ecole d'Rome, contr' les Bordenave et les Cabots qui la font à la pose, contr' les ceusses du Tout-Pantin des premières, contr' les fumisses, les grotesques, et l'haut crapulo qui font l'épat'ment des gogos du boul'vard! Trois ans qu'mézigue poursuit la p'tite guerre à côté d'la grande, élevant ma minuscule guérite d'papier au milieu d'notr' barricade, tirant avec mon fusil pour rire et mon pistolet de bois, à côté des camaros qui lancent des bombes pour d'vrai, et visant eul' même ennemi, la bourgeoisie, aussi dégoûtante d'vant l'art qu'devant l'capital, partout mesquine et moule, étalant eul' pignouffisme originaire! [...]

C'que j'sais, c'est qu'j'ai toujours tâché d'dire c'qu'j'pensais, tapant d'mon mieux sur les monteurs d'coup et ouvrant mes abattis aux sincères, n'distinguant pas entr' les classiques, les romantiques, les décadents, m'consacrant tout entier au triomphe universel du naturalisme, qu'est l'affranchiss'ment d'la pensée, a fin et la négation d'toutes les écoles.

C'que j'sais encore, c'est que, d'1883 à 1886, eul' naturalisme révolutionnaire, lui aussi, a fait des progrès d'géant. La preuve: c'est l'arche-sainte du théâtre dans laquelle nos pièces pénètrent, c'est l'succès des r'prises d'*Henriette Maréchal* et d'l'*Arlésienne*, cassant l'arrêt imbécile du public des premières d'autres fois, c'est Becque joué au Théâtre-Français, et à la Renaissance, c'est *Renée Mauperin* –et d'autres encore– qui vont passer à l'Odéon, c'est même une farce d'Duranty qu'M. Boscher du théâtre Déjazet a promis d'monter enfin. Et c'sont les Dumas, les Augier et M. Sardou lui-même, s'efforçant, dans leurs dernières pièces, d'faire un pas en avant vers la vérité, évidemment préoccupés qu'y sont par l'naturalisme qui monte.

La preuve encore, d'ce progrès du naturalisme, c'fut c't'année, sur un autre terrain, l'prodigieux et inouï succès d'la souscrission-loterie pour les gas d'*Germinal*. J'en jaspine qu'pour mémoire, ainsi qu'du triomphe du naturalisme dans les bouquins. Donc Trutru peut dire que sur tous les terrains la *triade* qu'y fête aujourd'hui est tapée. Non pas qu'j'réclame pour ma fiole tout l'honneur du flanche. Mais on y a été d'son turbin – et c'la suffit à mézigue.

Cela suffit à mézigue pour r'doubler d'ardeur et d'nerf à l'avenir. C'la suffit à mézigue pour envoyer un merci attendri au pauv' patron que j'aimais bien et qu'aurait été si heureux d'voir qu'y s'était point trompé en embauchant Trutru dans l'équipe. C'la suffit à mézigue pour r'mercier aussi tous les copains et tous les collabos inconnus avant d' r'commencer la bataille d'plus belle. Vive eul' Naturalisme! Hip, hip, hip, hurrah! pour la sincérité artistique et littéraire!

[...] Qué bon type qu'eul' pauvr' Cabaner, maigre comm' un clou, poitrinaire jusqu'à la moelle des os. J'l'r'vois grignottant du matin au soir son p'tit pain d'un rond. Y fallait qu'y mastiquât tout l'temps. "Ça m'empêche de tousser!" disait-il. Et y chantait, avec c'la, d'sa voix nasillarde et cassée. Oui, y chantait les compositions musicales qu'il éditait lui-même. Et c'qu'y vous f'sait mal à entendre! Dame, on l'aimait, c'brave garçon.

[...] Rien à lui! Oh! sa chambre au rez-de-chaussée, d'plein-pied avec un p'tit jardin, grand comme un mouch'choir, rue Laroch'foucauld: jamais j'l'oublierai! Què Capharnaüm! Què bric-à-brac joyeux, amusant, sentant la dèche à plein pif, mais la dèche artistique, dorée par un rayon du gai soleil d'bohème.

[...] J'r'verrai toujours l'orgue, l'fameux orgue, avec des tambours, des cymbales, des trompettes. Què qu'a bien pu d'venir c'te pièce historique du musée d'not' joyeux temps? Et l'plumard d'Cabaner, donc, eul' fameux *plumard Henri II* s.v.p.! En bas, c'était qu'un pauvr' grabat, une misérabl' paillasse étriquée comme la poitrine d'un musicien: mais y avait conservé les colonnes, les quatre colonnes anciennes, et pour qu'a tinssent, all's étaient-y point pendues au plafond, par des ficelles qui les laissaient brinqueballantes, pardi!

Eh bien, tel qu'y était, c'touchant plumard *artistique* (oh, oui!) ni jour ni nuit n'restait n'inoccupé. Jamais eul' logis d'c'coeur d'or, qui pratiquait eul' socialisme à sa façon, n'fut fermé à clef. Y pénétrait qui voulait, et chacun y était absolument chez soi. Que d'fois, en rentrant à des trois heures du matin, l'hiver, par un froid d'loup, n'trouvant pas d'luisantes, Cabaner gagnait son plumard à tâtons. Et, avant d's'y fourrer, envoyant la main par précaution, il y trouvait deux ou trois, ou quatre pionceurs, quèqu'fois des deux sesques, qui poussaient un grogn'ment, n'aimant point à être dérangés en roupillant. R'trouvait-il une allumette, un bout d'chandelle, Cabaner allait r'garder les pionceurs: c'étaient des inconnus souvent!

Alors y cherchait un restant d'brich'ton et de camembert, avec un fond d'bouteille qu'y avait dû rester du matin: j't'en fiche! Ses nouveaux aminches avaient tout lampé et boulotté. Alors, sans s'épater, toujours doux comm' un mouton, y cherchait philosophiquement un siège pour roupiller aussi: mais les sièges des fois étaient aussi occupés. Qu'faire alorse? Mon Cabaner finissait par aller frapper chez Richepin qu'occupait un aut' p'tit pavillon dans la même cambuse. [...]

A:48 *"La Terre" Le Cri du Peuple*, 6-1-87

Not' mère nourrice à tous, "la terre"! Hein? c'est un beau titre pour un bouquin sur les paysans et l'agriculture. Et c'est c'lui qu'eul' zig Zola Emile a choisi pour l'roman qu'y est en train d'masser.[...]

Donc, en continuant c'te "histoire naturelle et sociale d'une famille sous le second Empire," qu'est la série des *Rougon-Macquart*, après avoir touché à l'Art, dans l'dernier d'ses livres, l'*Œuvre* (qu'était, pour l'romancier, une manière d'repos et d'délassement entr' deux études plus générales), voici qu'Zola r'met sur son établi la "question sociale"; seulement, au lieu d'la prendre sous l'aspect d'la mine et des mineurs, comm' dans *Germinal*, y va étudier la question du sol et d'la culture, en tentant une monographie complète de c't être général'ment peu expansif, plutôt concentré, partant obscur et mystérieux, "eul' paysan" qu'les avocats politiciens connaissent aussi peu qu'les littérateurs d'salon ou d'alcôve, parc'que, dans leur juste mépris à l'endroit des beaux messieurs d'la ville, nos cultivateurs sont général'ment point faciles à confesser. Ah! mais non. Et c'qu'y font bien, d'ailleurs!

La Terre [...] s'passe dans la Beauce, qu'Zola connaît y a beau temps, par les récits d'sa mère qu'était d'Dourdan –la ville natale d'Francisque– et qu'il est allé visiter au printemps dernier avant d' se mettre au travail. [...]

Très nombreux d'ailleurs les personnages. Soixante au moins! C'est point l'plaisir d'montrer sa maîtrise à animer et à manier des foules, mais l'besoin d'être complet, l'ambition d'toucher à tous les côtés d'une question, qui fait qu'Zola multiplie comm' ça les acteurs. Ainsi, dans *la Terre*, y aura voulu montrer à la fois, les semences, la poussée d'la végétation, les récoltes et les vendanges, les orages qui compromettent toute une année d'labeur, – même les engrais. D'même qu'y aura étudié l'paysan, par rapport à la politique, à la famille, à la religion, à la propriété, à l'héritage, etc., le cadre dramatique du bouquin doit être un partage entre vifs et ce qu'il en advient. [...]

C'est grand et simple. [...] Et je vous garantis qu'tout est comm' ça, Zola allant d'plus en plus vers la simplicité. Enfin, Trutru s'attend à un fier bouquin. Et y est enchanté d'apprendre que, définitivement, *la Terre* n'sera pas déflorée par une publication en feuilletons, chose pour laquelle c'te œuvre n'est guère faite, première mouture, qu'a l'inconvénient d'mettre en l'air les chroniquailleurs, et reportaillons qui s'épatent ou s'scandalisent, des fois, rien qu'sur les bagatelles d'la porte. Non! *la Terre* s'ra-z-un gros morceau, et il faudra qu'ils l'avalent en bloc, s'ils ont la gargamelle assez large. L'effet d'sa portée sociale et humaine en sera plus foudroyant.

A:49 "Le Cercle Gaulois" *Le Cri du Peuple*, 29-1-87

[...] Un des plus connus d'ces "cercles dramatiques" est *l'Cercle Pigalle*, l'plus connu parc' qu'y est l'plus ancien, j'crois: y dure d'puis vingt-cinq ou trente ans. Et, chaque hiver, dans leur local rue d'l'Elysée-des-Beaux-Arts, y montent une revue d'fin d'année qu'est une véritable institution –c'est pas Francisque qui la manqu'rait– revue écrite, jouée par les membres, qui font aussi, j'crois, les décorateurs et les machinisses.

Eh bien, tout à côté du Cercle Pigalle, y en a un autre, plus récent, moins connu sans doute jusqu'ici, mais qui d'main le sera p'têtre davantage: eul' *Cercle Gaulois*. C'est également l'amour d'l'art dramatique qu'est l'lien entre ces jeunes gens. Y sont une trentaine au plus, mais ça suffit. Trente bonnes volontés réunies peuvent faire bien des choses. Au pied d'Montmartre aussi, cité du Midi, j'crois, y-z-ont une très jolie salle, avec une vraie scène, presque aussi grande qu'celle du théâtre Montmartre. –Et d'la braise pour s'payer tout ça?– Dame, on fait comme on peut. Chacun y met du sien. Y en a d'déchards, y en a d'calés, dans la trentaine: j'm'imagine qu'les calés s'prêtent à la circonstance. Puis, les jours où l'Cercle n'a pas b'soin d'sa salle, all' est louée à des tournées d'province en formation, qui viennent y répéter.

Inutile d'ajouter qu' les "actrices" n'manquent pas. Dame! eul'goût du théâtre, heureus'ment, tient l'beau sesque comm' l'autre. Plus d'une future grande artiste fait là-d'dans son apprentissage. L'aut' jour, on a joué *la Dernière Idole*, d'Alphonse Daudet, et bath'ment, j'vous prie d'le croire.

A la tête du Cercle –non! c'est une république– j'veux dire qu'les deux membres du Cercle gaulois qui remplissent les fonctions d'administrateur, régisseur, metteur en scène, etc., s'appellent MM. Renevet [*sic*] et Antoine. Souv'nez-vous bien d'ces deux noms-là: en voilà qui f'raient d'épatants directeurs d'théâtre, – et y n'est point dit qu'y n'l'seront pas un jour.

Eh bien, MM. Renevet et Antoine viennent d'avoir une idée épatante: celle d'organiser pour les premiers jours de mars, un spectacle coupé, composé uniquement d'ces pièces à tendances vraies, humaines – oui, naturalisses, si l'mot n'vous étrangle point, d'ces pièces dont les Duquesnel, les Briet et les Koning font général'ment fi.

Sitôt l'idée conçue, y s'sont mis en campagne, MM. Antoine et Renevet. Et voici l'très curieux programme des quatre flanches en un acte déjà en répétition pour c'te mémorable r'présentation d'mars: 1° *Jacques Damour*, pièce en un acte, par M. Léon Hennique, tirée de la nouvelle d'Emile Zola; 2° *Mademoiselle Pomme*, comédie-farce en un acte, par Duranty et M. Paul Alexis (qui sera jouée avec le concours du cercle la *Butte*, à qui le cercle Gaulois offrira ce soir-là l'hospitalité); 3° *La Cocarde*, comédie en un acte, par M. Jules Vidal; 4° *Un préfet*, drame en un acte, par M. Arthur Byl.

Trutru parierait eul' chignon d'Dédèle contre trois ronds que ça s'ra urf. Et, pour faire marronner ces salopiots d'directeurs, on les invitera tous.

A:50 "Bastringues et tombes" *Le Cri du Peuple*, 8-IV-87

[Le bal du *Ventre de Paris*] m'rappellera c'mémorable bal qui fut donné, y a beau temps, à l'Elysée-Montmartre, "à la Présidence," – pour fêter la centième de l'*Assommoir*. Et ça m'rajeunira d'autant – pour un soir, tiens! Mais ça s'ra mélancolique tout d'même. Parc'que j'pourrai pas m'empêcher d'penser à deux absents: à Edouard Manet et à Tourguéneff qui y étaient. Manet, lui (et quèques autres, dont Mimile d'Médan et ma fiole), avait eu la timidité d'y aller en sifflet d'ébène et en tuyau d'poêle. Mais Tourguéneff, brav'ment, s'était mis en Lantier, comm' les autres, avec une casquette à ponts –à trois ponts.– Et c'qu'y était rupin aussi, dominant tout l'monde d'sa haute taille d'grand Russe. J'le vois encore.

Et y eut dans les cinq mille entrées. Tous en Lantier ou en Coupeau, les dames en Virginie ou en Gervaise. Et quelle joie! quel entrain! J'ai jamais vu une animation pareille. Une électricité d'folie faisait pétiller les quinquets, s'couait les abattis, et f'sait tricoter les guibolles. Faut dire qu'eul' directeur d'l'Ambigu qu'avait joué l'*Assommoir*, M. Chabrillat, et les auteurs aussi avaient fait royal'ment les choses. Outre un gueuleton, un gueuleton monstre, et à l'œil, qui fut pourtant absorbé dès minuit et d'mie, –en un clin d'œil– eul' Champagne coula toute la nuit, royal'ment. Des tonneaux d'Champagne furent vidés par c'te soif d'cinq mille gueules des Danaïdes.

Au matin, au p'tit jour, j'm'souviens qu'j'redescendis l'escalier d'la présidence, en compagnie d'Gervaise, d'la vraie, – c'est-à-dire d'Hélène Petit, au bras d'Marais, son mari. On causa tous les trois, en r'faisant un bout d'conduite dans la pâleur d'l'aube naissante sur eul' boul'vard Roch'chouard. Bien lasse – dame! all' avait joué l'soir, avant d'avoir dansé toute la nuit, – Hélène Petit p'sait un peu sur l'bras d'son homme. Et all' souriait. All' semblait bien heureuse. J'y allai d'mon p'tit compliment, la trouvant si mariolle. J'y dis que, puisqu'elle avait été l'grand succès d'la pièce, eul' charme et la poésie d'l'*Assommoir*, c'était elle qu'nous v'nions d'fêter d'si grand cœur toute la nuit. All' m'répondit par un nouveau sourire, joyeux certes, mais d'une joie où y avait d'la mélancolie. Qui sait? p't'-être le pressentiment d'sa fin prochaine. [...]

505

A:51 "Duranty aura un tombeau" *Le Cri du Peuple*, 21-IV-87

Je reçois l'invitation suivante: "Les exécuteurs testamentaires de Duranty adressent leurs remerciements à 'M. Trublot' et le prient de vouloir bien assister à l'inauguration du tombeau que, grâce à son concours, ils ont pu élever à la mémoire de l'ami et de l'écrivain. La cérémonie aura lieu le samedi 23 avril 1887, au Père-Lachaise, à quatre heures précises. Rendez-vous à la porte principale du cimetière. Par autorisation des exécuteurs testamentaires: Le secrétaire de la souscription, Henry Céard."

On ira. Je rappelais l'autre jour que, en avril 1880, nous avions été "quatre chats à escorter Duranty, de l'hospice Dubois au cimetière de Cayenne." Nous verrons si, sept ans après, les admirateurs de Duranty ne seront pas plus nombreux. L'oubli, parfois, vient vite, pour des morts qui, leur vie durant, remplirent le monde du tamtam de leur renommée. Mais ceux qui vécurent méconnus et fiers, supérieurs et dédaignés, n'ont rien à craindre de la postérité. Les contemporains ne les ayant pas gâtés, –au contraire– l'ombre et la paix du cercueil doivent moins leur peser. Accoutumés déjà au silence, à l'inattention et au délaissement, ils ont enfin, pour la première fois *"de l'avenir,"* et peuvent comme Stendhal, espérer la mélancolique réparation d'une justice tardive.

Donc, sans avoir le temps de consulter les exécuteurs testamentaires, sans prétendre engager en rien leur responsabilité, je prends sur moi de convoquer –pour samedi prochain, 23 avril, à quatre heures précises (rendez-vous à la porte principale du Père-Lachaise)– non seulement tous les amis connus ou inconnus de Duranty, mais même ceux qui, ne l'ayant pas lu encore, ont pu éprouver le désir de le connaître en me voyant le nommer ici, de temps en temps, avec une admiration émue.

Oui, si après douze cents et tant de jours que je "trublote" à cette place, je me suis fait un certain nombre d'amis personnels, lecteurs ou lectrices, daignant "me suivre," partageant mes enthousiasmes, vibrant de mes colères, indulgents pour mes lapsus et mes faiblesses – révolutionnaires de l'idée, anarchos de la littérature et de l'art, révoltés de l'ébauchoir, du pinceau, ou de la plume – qu'ils me fassent, tous et toutes, l'amitié de se joindre à "mézigue," pour boucher les vides qui ont pu se produire en sept ans, et, s'il est possible, pour grossir quelque peu la petite phalange des "quatre chats" d'avril 1880.

A:52 "Inauguration du tombeau de Duranty" *Le Cri du Peuple*, 25-IV-87

En sept ans, –tandis que la mort est le commencement de l'oubli pour bien des célèbres– le nom de Duranty a grandi. La preuve en est la cérémonie d'hier, où nous sommes trouvés... beaucoup plus de "treize," le chiffre de ceux qui, en avril 1880, accompagnèrent les restes de notre ami, de l'hospice Dubois au cimetière de Cayenne.

Oui, au lieu de treize, nous étions plus de cent, parmi lesquels j'ai remarqué –et avec une émotion profonde– une soixantaine au moins d'amis inconnus, lecteurs et lectrices de Trubl', de tous les âges et de toutes les conditions sociales, qui se sont rendus à mon appel, parce qu'en trois ans et demi, ils ont lu souvent le nom de Duranty dans mes "artiques." J'eusse voulu ici les nommer tous; mais, plusieurs, à qui je me suis adressé, n'ont accepté qu'une poignée de mains, et n'ont pas voulu me dire leur nom, afin que "je ne puisse pas supposer qu'ils étaient venus dans un espoir de réclame." Aussi ai-je tenu à les mentionner tout d'abord et à les remercier en bloc.

C'est aux amis inconnus et anonymes que je pense toujours en "trublotant," et c'est pour eux que je tâcherai de mieux faire à l'avenir.

[...] Notre émotion a été profonde, en nous trouvant tout à coup devant une modeste sépulture en granit, entourée d'une grille et portant simplement ceci:

DURANTY

1833–1880

Une ondée, qui avait abattu la poussière, venait de finir. Le soleil printanier luisant gaîment. Et, en face de nous, s'étendait Paris, – ce Paris devant lequel Duranty mort, et en apparence vaincu, semblera dire encore le: *A nous deux*, de Rastignac vivant. Et qui sait si, vers 1920, nouveau Stendhal, il n'en fera pas tardivement la conquête? [...]

A:53 "Trubl' – Auvers-sur-Oise" *Le Cri du Peuple*, 15-VIII-87

[...] Tout en longueur [...], couché l'long d'l'Oise comm' un lézard qui lézarde au soleil, adossé à une longue crète d'rocs rongés par des carrières d'pierres, Auvers-sur-Oise part d'Vallarmé, presque d'Pontoise, et va jusqu'à Butry, pendant environ huit ou dix kilomètres. Un gros bourg qui, peuplé d'deux mille habitants l'hiver, d'trois mille chaque été, vous a pourtant une allure générale d'p'tit village grâce à son éparpill'ment. Tandis qu'au-d'là du pont (où y faut encore abouler son rond pour l'péage, chaque fois qu'on traverse) Méry-sur-Oise, qui n'a qu'douze cents habitants, paraît une p'tite ville parc' que Méry est mieux groupé et mieux distribué. [...]

Sans compter la rude population des carriers à étudier, et d'les ceusses qui font des "carrières d'champignons," qu'd'choses intéressantes! Vous irez voir "la maison du pendu," où l'on trouva un matin un paysan qui s'était fait périr, et dont l'peintre Paul Cézanne, qui habita longtemps Auvers, a fait une saisissante étude. [...]

Enfin, quelle intéressante colonie artistique à Auvers-sur-Oise! Voici d'abord M. Murer, un romancier de talent, l'auteur de *Pauline Lavinia*, une œuvre fouillée, à la donnée saisissante, dont la critique ne s'est peut être pas assez occupée, mais il faudra un jour ou l'autre réparer cette injustice.

Dans une bonbonnière de villa, où l'escalier a l'air d'une tour crénelée, au milieu des fleurs, M. Murer passe là neuf mois de l'année, en compagnie de sa charmante sœur, très aimable et très bonne, qui, avec une grâce et un tact infinis, fait les honneurs de la maison, si hospitalière aux artistes. Ce sont surtout les peintres, et les peintres impressionnistes, qui viennent là comme chez eux: Renoir, Pissarro, etc. Et il faut ajouter que M. Murer possède une merveilleuse collection de tableaux impressionnistes de la bonne époque: des Monet, des Sisley, des Pissarro, des Paul Cézanne, des Renoir, etc. Il y aurait un bouquin à écrire sur ces morceaux rares, dont la valeur sera un jour inestimable.

Tout de suite après la collection de M. Murer, il faut placer celle du docteur Gachet, artiste lui-même à ses moments perdus, un des hommes les plus vivants et les plus sympathiquement originaux. Toujours par monts et par vaux, d'une activité extraordinaire, il mène tout de front: ses consultations en son cabinet du faubourg Poissonnière [*sic* pour faubourg Saint-Denis], et la peinture à Auvers, l'homéo-

507

pathie et l'allopathie, la littérature et la pêche à la ligne, le canotage, sans compter l'éducation de ses aimables enfants: "monsieur Coco" et "les deux pécores."

A ses moments perdus, il a inventé une eau merveilleuse, l'*Elixir du docteur Gachet*, qui guérit toute espèce de maux, panacée des hommes et même des bestiaux: foulures, coupures, plaies vives, etc. Et il ne la vend pas son eau, il la donne. Il en a inondé le pays, où, comme vous pensez, il est énormément populaire. Un seul défaut, à son passif: le docteur Gachet est "boulangiste." Et pourquoi? Par bonté d'âme et crédulité patriotique sans doute.

Enfin, après ces deux-là, ne croyez pas qu'il faille tirer l'échelle. Que d'Auversois remarquables encore, tels que le graveur Rajon –un maître– le peintre Martinez, le vieux sculpteur Précaut, le directeur du théâtre d'Asnières (subventionné s.v.p.). [...]

Et j'ai gardé Daniel pour la bonne bouche – Mme Daniel plutôt! C'est une "peintresse," qui vit dans une ferme, rue Boucher, toute seule avec ses deux chiens, surtout avec sa passion dévorante de l'art, qui lui tient compagnie. Sa solitude, dans cette ferme, est d'autant plus mystérieuse, que Mme Daniel est merveilleusement belle, d'une beauté à s'mettre à g'noux d'vant, ma parole!

En somme, vous voyez qu'Auvers est un pays d'ressources, où vous aurez pas l'temps d'vous embêter.

A:54 "Tartufe venge Jésus-Christ" *Le Cri du Peuple*, 22-VIII-87

Tout s'paye, sous la calotte du ciel, eul' talent comm' le reste, même la gloire. Surtout la gloire littéraire. Jamais plus répugnant éreint'ment qu'c'lui intitulé *La Terre*, l'aut' jour, à la première page du *Fig.* M. Emile Zola croyait p't-être l'avoir vidée et vidée jusqu'à la lie, la coupe amère des artistes calomniés, vilipendés, traînés dans la boue par leurs contemporains. Eh bien, c'coup-ci, y a un cran d'plus dans la vilenie et la bassesse d'l'attaque. Un degré d'plus dans la perfidie goujate et la mauvaise foi. [...]

Eh bien, pas un ch'veu d'ma sorbonne, j'vous l'dis comm' j' le pense, n'a pris une s'conde au sérieux c'te ineptie, "signée" d' cinq signatures, pour mézigue apocryphes, et dans laquelle j'vois moins un manifeste creux et imbécile qu'une fumisterie de mauvais goût. [...]

Notez bien que quat' des cinq prétendus signataires m'sont personnellement connus et j'crois compter parmi eusses un ou deux aminches. Et j'donnerais mon p'tit doigt à couper qu'aucun d'ces quatr'-s-à n'est capable d'approuver –par suite d'signer– une saloperie aussi odieuse, aussi bourgeoisement niaise, aussi malpropre, invoquant une prétendue "maladie rénale" (*sic*) pour nier l'talent et la portée d'une grande œuvre; – une critique d'apothicaire qui s'trompe par habitude, en s'penchant sur eul' pot de chambre au lieu d'regarder c'qu'y a dans l'encrier d'un grand écrivain.

Donc, dans ma jugeotte, jusqu'à plus ample informé, j'espère –non pour *La Terre* qu'est à cent coudées au-d'ssus de c'te cochonnerie– mais pour ces cinq jeunes naturalisses (et qu' dis-je? J'espère? J'me crois sûr et j'me porte garant), qu'pas un des cinq n'est pour quoi qu'c'soit dans c'flanche dégoûtant.

Mais –et c'est là qu'j'veux en v'nir, ou sinon, la chose n' mérit'rait point l'honneur d'un trublotage,– qué qu'ça m'fiche qu'l'ordure soit signée d'Pierre ou d'Paul, soit réell'ment la vilenie d'cinq ou d'un seul? C'coup-ci, ça ne vient pas d'quèque mesquine jalousie d'métier, ne d'l'envie littéraire. Ça part c'te fois d'Tartufe ou de Loyola. Jésuitisme d'porte-soutane, ou jésuitisme d'normalien en froc, y a du jésuitisme là-d'ssous.

—Ah bah!... Comment donc? Pas possible?

—Ecoutez... dans *La Terre* y a un paysan qui, comme la plupart des paysans, porte un surnom: Jésus-Christ!... Et c'Jésus-Christ est un triste garnement. Grossier, soulard, noceur, mauvais dabe, et encore plus mauvais fils. Y n'a qu'une qualité à son actif, il est gai et vivant. Son moindre défaut est une certaine... Comment dirais-je?... Bref, les anciens, qui divinisaient tout, en avaient fait un dieu, d'son défaut: l'adieu Crépitus, que Flaubert n'a pas omis dans la *Tentation de St Antoine*... Bref, pendant tout un chapitre, superbe de puissance, —on dirait du Rabelais dans un chant d'Homère,— Jésus-Christ a mangé trop de haricots... Jugez si les cagots la trouvent mauvaise!

—Vous m'en direz tant!

—Déjà, lors des premiers feuilletons, où Jésus-Christ est à peine nommé, une dame X..., d'meurant à Smyrne, écrivit à Mimile une babillarde —qu' j'ai lue-anonyme, mais très polie, lui r'prochant son "impiété" et l'm'naçant d'toutes les torches d'l'Enfer, s'y gardait c'nom... Jugez d'l'exaspération où dut entrer Mme X..., de Smyrne, et bien d'autres catholiques, quand parut le fameux "chant" des haricots...

J'te crois.. T'as mis dans l'mille, et j'comprends maint'nant... Jésus-Christ a pu faire un bruit, mais c'est Tartufe qui n'fleure pas bon.

p.s. — Mais, si c'était vrai, tout d'même?... Si les signatures des cinq loupiots étaient authentiques?... Nom d'Dieu! ça s'rait une autre paire d'manches... Mais non, c'est trop vil, c'est trop bas, c'est trop laid: la tête sur l'billot, mézigue soutiendrait encore mordicus qu'dans toute la littérature française, y n's'trouverait pas cinq... naturalisses? non!... mais même cinq romantiques, cinq parnassiens, cinq idéalisses (ni même cinq décadents, bien qu'ceux-ci soient loufoques), assez cornichons pour s'déconsidérer à jamais, en signant une aussi plate "machine."

A:55 "Les cinq cornichons" *Le Cri du Peuple*, 23-VIII-87

Eh bien, là, vrai, paraît qu'j'm'avais fourré eul' doigt dans l'quinquet. [...] Y a pas d'déshonneur, allez, à s'tromper [...] — surtout quand on s'est trompé volontairement pour ainsi dire, par bonté d'âme et répugnance à admettre l'mal. [...]

Mimile, d'Médan, dans son interview par Fernand Xau [...], a dit vrai en certifiant qu'ses "lécheurs," —avec lesquels y n's'savait certes pas autant lié,— lui-z-étaient absolument inconnus, sauf un, venu une fois chez lui pour d'mander et obtenir— un service littéraire. Mais c'que Mimile n'a pas dit —et c'que mézigue ai évu par mes quinquets, d'puis beau temps,— c'sont les tentatives d'quèques-uns d'ces cinq-là et d'une foule d'autres pour y pénétrer à Médan.

Y en a qu'ont essayé d'franchir la lourde, mais la lourde était bouclée. D'autres ont tenté d'escalader les murs du jardin, mais les murailles étaient trop élevées. D'autres, encore pleins d'*Hernani* et d'*Ruy-Blas*, s's'raient contentés d'pénétrer romantiqu'ment par la fenêtre, mais la fenêtre était hors d'leur portée. A la fin, quoi d'étonnant qu'parmi les ceusses qu'étaient fatigués d'faire eul' poireau autour d'la Mecque, y s'en soit trouvé qui, perdant patience, ont ramassé des cailloux pour les

509

faire parvenir là où y n'avaient pu parvenir eusses-mêmes : mais lancés d'une patte débile, les cailloux leur-z-y sont r'tombés sur l'pif, en y faisant des bleus, hélas!

Et v'là tout : un peu d'bruit pour moins qu'rien. L'éclipse d'soleil, vendredi dernier, n'en a pas moins été visible à Pantin. Et l'vent, l'grand vent d'analyse qui purifie l'siècle et prépare l'avenir n'en continuera pas moins d'souffler dans les grands arbres, avec des musiques tantôt formidables, tantôt mélodieuses.

Et l'Peuple, –j'n'dis pas la "foule," mais l'Peuple,– s'en fout, lui, profondément, certain d'lire bientôt la *Terre* dans l'*Cri,* et ayant d'autres chats à fouetter qu'd'se retourner aux criailleries des bébés d'la littérature. Oui, Trutru n'vous l'envoie pas dire, vous n'êtes que des bébés mal torchés, et qui n'sentez pas la rose, ni les uns ni les autres. Des bébés en rupture d'biberon, ameutés contr' votr' nourrice.

Mais votr' nourrice a les tétins trop durs pour qu'vous puissiez même la chatouiller. Eh! nom d'Dieu, vous qu'en êtes encore à bégayer *popot, nanan, pipi, kaka, joujou, tété,* et qui parlez d'dégénérescence et d'dignité, c'est trop raide : attendez d'avoir fait vingt chefs-d'œuvre pour vous croire quèqu'un, et n'essayez pas d'déchirer personne avant qu'les quenottes vous aient poussé. Vous v'nez de voir combien on se fait du mal, quand, trop pressé, l'on essaie de mordre seulement avec les gencives.

A:56 [Chronique de Trublot sur le déménagement du Théâtre-Libre] *Le Cri du Peuple,* 2-XI-87

Savez-vous la nouvelle? Un grand chang'ment, qui pourrait être périlleux pour une institution moins vivace qu'le Théâtre-Libre et n'répondant pas comm' lui à un besoin, oui, à besoin artistique impérieux. Mais un chang'ment qui va s'tourner au contraire pour l'plus grand profit d'l'œuvre si intéressante et si féconde, entreprise par M. Antoine.

Eh bien, n, i, ni, c'est fini pour l'étroit et sinueux passage d'l'Elysée-des-Beaux-Arts, d'être envahi deux soirs par mois par tant d'roulantes, simples sapins, ou coupés [...] capitalisses. L'Théâtre-Libre vient d'être forcé d'transporter ailleurs son cabriolet d'Thespis. [...]

Pardine, c'est rien moins qu'la plume à l'auteur du *Cousin Pons* qu'y faudrait pour vous dépeindre eul' père Kraus, l'propriétaire d'la désormais historique p'tite salle aux bancs si durs, qu'a été la pr'mière coquille du Théâtre-Libre, avec son avis affiché : "Le dernier qui sortira est prié d'éteindre le gaz." Du Kraus tout pur, c't avis. [...]

C'père Kraus est un vieux off' d'intendance en r'traite, qu'a pu sans doute s'faire sa p'tite pélotte, probabl'ment sous l'règne d'Louis-Philippe. Sign' particulier : décoré, et un drôle d'original. L'jour où y rentr' dans la vie privée, (y a quèqu' vingt ans d'ça), v'là mon p'tit rentier qui s'dit : "Que faire?... je vais me bâtir une salle de théâtre, pour moi tout seul." [...] Par spéculation? Pour gagner des pépettes en louant sa salle à des cercles d'amateurs et à des tournées d'province répétant avant d'partir? Y avait d'ça, parbleu! Mais y avait aussi un amour extra-épatant du répertoire d'Duvert et Lausanne. Une victime d'Sarcey, quoi! Eh bien, pendant quèqu' vingt ans, ses amateurs y en ont joué du Duvert et Lausanne, et pis encore, jusqu'à extinction d'salive, et l'père Kraus a été heureux.

Puis, est arrivé l'Théâtre-Libre, et son prodigieux succès. Oh! malheur. Le père Kraus en a été tout désorienté. D'abord, M. Antoine jouait tout autr' chose qu'l'vieux vaudeville rococo. Première plaie dans l'cœur à la victime à Francisque. Puis, c'te ruelle pleine d'voitures, c'beau public intelligent, où on montrait à c'vieux provincial: "Tiens! v'là Goncourt!... v'là Vitu!... v'là Zola!... v'là l'fils d'Hugo!...," tout c'la y troublait sa digestion et y changeait ses habitudes, à c'maniaque. Enfin, troisième grief, dans son cœur vieux, contr' l'institution nouvelle: *"On applaudissait fort!..."* (*sic*). Et, dame, comm' les murailles de c'te salle étaient bâties en carton, l'prudent Kraus tremblait pour la solidité d'son immeuble, d'autant plus qu'y n'avait rien fait pour s'conformer aux prescriptions d'la commission d'incendie.

Dans l'dernier spectacle, y paraît même qu'Mévisto, jouant l'évadé de l'*Évasion*, a joué aussi trop fort, puisqu'y y a cassé une chaise, une chaise ed' trente-cinq balles, aux barreaux dorés. Quand l'père Kraus, qui surveillait lui-même les accessoires, a eu r'cueilli dans ses abattis les morceaux d'son meuble chéri, y les a pressés sur son viscère cardiaque et on l'a entendu soupirer: "C'est trop... Oh, oui, c'en est trop... Cette fois, c'est bien la fin!" [...]

Heureus'ment que, n'pouvant rien trouver à Montmartre, après une odyssée qu'y s'rait trop long d'narrer, M. Antoine a eu l'idée d's'adresser à M. Hartman, directeur du théâtre Montparnasse, un homme intelligent c'lui-ci, avec l'quel y s'est tout d'suite entendu. Et voilà pourquoi, vendredi prochain, *Esther Brandès*, du copain Hennique, avec la *Femme de Tabarin*, d'l'aminche Catulle Mendès, s'ront donnés dans une jolie salle fraîch'ment décorée [...]. Tout est bien qui finit bien. Dans Montparnasse, comm' dans Montmartre, il y a "mont." Et l'Théâtre-Libre n'en s'ra pas moins l'Théâtre-Libre, c'est-à-dire une cime élevée et supérieure d'l'art, en plein air pur.

A:57 "Premier anniversaire du Théâtre-Libre" *Le Cri du Peuple*, 4-IV-88

[...] Ce premier anniversaire a été joyeusement célébré, en famille, c'est-à-dire entr' acteurs et auteurs joués, et amis intimes de la maison. [...] Avant d'procéder au récit d'c'te délicieuse et... touchante cérémonie [...], récapitulons un brin.

Dans une première année le Théâtre-Libre a monté *sept* spectacles. [...] Total: dix-neuf pièces, ne comprenant pas moins de *trente-trois* actes ou tableaux, et émanant de vingt auteurs différents. Et tout ça, monté avec la conscience artistique que l'on sait: tout ça réalisé sans subvention d'aucune sorte, rien que par un miracle de l'initiative privée! Tout ça créé – et fondé pour l'avenir (et pouvant produire des résultats incalculables) – grâce à un élan d'audace et de foi désintéressée, grâce à un prodige d'enthousiasme, de jeunesse et de bonheur.

Alors, pigez un peu si l'on s'en est donné la nuit dernière. Tous copains, et d'la joie dans l'cœur; tous heureux d'l'œuvre commune. C'qu'on a rigolé, tricoté des guibolles, liché du punch, d'la bière et du thé, baffré des p'tits gâteaux. Et tout ça sans flafla ni préparation, par "génération spontanée" comm' eul' Théâtre-Libre lui-même. [...]

Et v'là que j'oubliais l'plus gentil d'la cérémonie. Une p'tite surprise était ménagée à Antoine. Oui, d'puis deux jours on avait machiné ça à la sourdine. D'sort' qu'au beau milieu d'c'te nuit, Mlle Barny (désignée à l'unanimité comme la plus méritante) a offert à Antoine, au nom d'tous, un gros œuf d'Pâques en chocolat.

Antoine, pr'nant sans doute l'œuf pour un poisson d'avril, l'a cassé avec quèqu' méfiance. L'œuf contenait du coton et, au milieu, un mignon écrin en cuir de Russie, dans l'écrin, une mignonne croix d'officier d'académie, avec d'p'tits brillants. Oh! alors, y a compris tout à coup. Et quel bon bécot y a fait à Mlle Barny, en proie comm' lui à une émotion... Oh! mais à une émotion qu'nous partagions tous, d'ailleurs.

Et j'aurais voulu qu'les muffetons d'certains canards qu'ont déblatéré dernièr' ment contr' l'Théâtre-Libre et si vilainement calomnié son directeur, eussent pu, par un trou d'la serrure, assister à c'te scène touchante: y-z-auraient eu des r'mords, les muffetons d'débineurs, j'l'espère du moins. Y-z-auraient r'gretté leurs perfides insinuations, sans bonne foi, et leur détestable besogne.

A:58 "Correspondance posthume" *Le Cri du Peuple*, 12-IV-88

Rouvres, 25 mai 1885

MON CHER ....,
Votre livre [*Le Besoin d'aimer*] est arrivé à propos.

Je l'ai lu à petites journées, comme on lit lorsqu'on est malade. Je me souviens d'avoir lu ainsi presque tout le père Dumas, étant encore enfant et dans de bien mauvais jours. Et j'ai gardé au conteur de la reconnaissance; bien que mes admirations littéraires soient aujourd'hui très loin du bonhomme, je lui trouve toujours je ne sais quelle fraîcheur; je remets dans ces épopées faciles et pleines de brio toutes mes impressions premières.

Je crois bien que le *Collage* est ce que vous avez écrit de plus personnel et de meilleur jusqu'à présent. Il n'y a pas un mot à retrancher ni à y ajouter. Tout cela est d'une grande vérité, bien dans notre lumière de tous les jours, et d'un récit alerte et spirituel, plein de bonne humeur. L'épisode du chat est exquis. Et tout cela sent si bien le train-train de la vie quotidienne. En vérité, ces quarante-sept pages valent un volume. Je vous admire, vous et mon ami Henry Fèvre, pour la façon crâne et heureuse dont vous acceptez l'existence. Moi, je suis de plus en plus de la sale famille des Lazare; je suis le docteur tant pis et je ne sais plus que grogner et me fâcher.

J'ai curieusement comparé *Mademoiselle d'Entrecasteaux* et le *Retour de Jacques Clouard* –qui semblent le résultat d'une gageure également– aux deux nouvelles correspondantes de Zola: *Jacques Damour* et une autre, dont le titre m'échappe; mais ce n'est point ce que je préfère dans votre volume, non plus que telle nouvelle romantique: *Un Duel*, par exemple, qui m'a rappelé certaine pièce de Cluny, où deux inventeurs, rivaux comme vos bonshommes, tiraient au sort comme eux pour savoir qui devait disparaître, et disparaître d'une façon très originale, en introduisant son bras dans l'engrenage de la machine inventée le jour de l'expérience publique!

Combien je préfère quelques petites nouvelles, très simples, qui sont charmantes en quelques pages: *Une belle vie*, ou mieux encore: *Célestin Roure*. Il me semble que vous avez connu ce type-là.

Merci donc de nouveau; j'attends *Madame Cœuriot*. Je suis toujours très souffrant: un genou impossible, des bronches engorgées, je n'ai pas quitté le lit depuis le 20 mars. Que de banalités, dites, sur le père Hugo! La seule chose propre a été écrite par Renan, dans le *Figaro*.

Poignée de main bien cordiale.
Louis Desprez.

P.S. – *Clocher* saisi à Bruxelles; procès encore là-bas; suppression définitive; plus d'asile.

A:59 "Visite à la *Revue Indépendante*" *Le Cri du Peuple*, 14-IV-88

Aujourd'hui qu'y tombe de la lance et qu'la politique naturalisse l'permet, si mézigue allait faire une ballade du côté d'la littérature sérieuse. Oui, pénétrons dans une r'vue, pourquoi pas? Non point dans une d'ces boîtes sérieuses qui suintent l'embêt'ment ou la mort, –comm' la *Revue des Deux Mondes*– mais dans une revue d'jeunes, bien vivante, j'dirai même grouillante d'passion, endiablée, car all' r'tentit du vacarme qu'fait l'choc des idées et des gnons artistiques et littéraires qu'y s'y échangent continuell'ment.

Eh bien, y en a qu'une, d'ces boîtes-là, à ma connaissance, qu'y soit vraiment chic. Dame! c'est un périodique mensuel, qui date déjà d'quatre ans –c'qu'est la grande majorité pour ces flanches,– et une femme supérieure, Mme Alphonse Daudet, n'parle jamais, m'a-t-on assuré, d'ce périodique, sans dire "la Revue" tout court. C'est la *Revue Indépendante*, là!

Hâtons-nous donc d'pénétrer dans l'antre. C'est 11, rue d'la Chaussée d'Antin, dans une librairie [...] qui contient une épatante collection d'tableaux toujours impressionnistes. Au mur, des Manet, pochades sympathiques: la *Maîtresse de Baudelaire*, une Dédèle étendue sur un divan, la face noire, boucanée et tannée; le *Cimetière d'Ivry*, "l'affreux Ivry dévorateur," comme dit le bon Verlaine; un *Faure en Hamlet*, qu'est un peu joli, joli pour un Hamlet. Puis, faut pas oublier le Signac et le Seurat, – de rigueur dans toutes les trublotières de la jeune littérature.

Là-dedans fleurit, l'aspect aimable, orné d'une cravate blanche, le gilet décoratif, mais la boutonnière décorée de violet, Edouard Dujardin, prosateur affolé. Tout en pensant qu'il a cascadé sur la grammaire et les femmes en deux cents pages à grande justification, il ne néglige point le soin des affaires. Et tout en articulant cérémonieusement des opinions, il envoie au groom de la revue des ordres commerciaux.

Le sourire et la rigolade de la bibine, c'est Jean Ajalbert, ce poète que les dames préféreront à Huysmans, dès que ce jeune barbe abandonnera les banlieues pour s'ébattre en plein Pantin, autrement qu'aux heures de journal et de revue. Imperturbablement tubé d'un gibus très frais, invariablement enlacé d'une épatante reding' à la proprio, le col cardinalesque d'un frampin foulard rouge, Ajalbert se tient raide comm' la justice. Tout l'hiver, la main à plat sur l'poêle, il offrait son profil aux comparaisons de ses jeunes amis, comparaisons variant entre Néron, Louis XIV, Louis XV et Renan dab.

Gustave Kahn, la partie lyrique du trio directorial, arrive habituellement précédé d'un deuxsoutados que suivra un autre deuxsoutados. Après avoir éructé quelques synchronismes ou généralisations, et regardé les terribles bouquins des autres qui sont l'massacre à faire, et attendu souvent inutilement le jeune qui doit venir apporter de la bonne copie, il emmène le rédacteur qu'il a sous la main, –Ajalbert quand c'est possible,– dire du mal de ses collègues, et de l'alexandrin qui est son ennemi personnel, du naturalisme qu'il traite, c'rigolo, de "période désagréable, mais nécessaire," et jaser sur son prochain roman *Colombine*, qui s'ra, en date et en fait, l'pr'mier "roman symboliste."

Félix Fénéon, diplomate et froid, vient, regarde, raconte une histoire à faire rougir le baron d'Ange: il module, d'une voix musicale et céleste, qu'il est "pénible de s'occuper de papiers noircis." Il sort des ministères pour aller chez les chands de tableaux, du même aspect froid et la démarche quasi dansante, sous un tuyau d'poêle bord plat, le nez d'Henri IV et un parapluie dont la cime lui éclot de l'omoplate et dont la pointe menace le sol; en dehors de la revue, traite habituellement son rédacteur en chef Gustave Kahn, de "bourgeois." – Ça, c'est bath!

De 5 à 7, outre ce quatuor: la barbe blanche de Camille Pissarro, le mutisme de Seurat, les bras levés du bon Dubreuilh, l'allure en pente douce de Paul Adam, l'absence de Stéphane Mallarmé, occupé à d'autres loisirs. Raffaelli parfois. Verlaine doit venir, mais il a mal à la jambe, George Moore, l'auteur d'la *Femme du cabotin* et du *Sycomore* aussi, mais il est en Angleterre!

Jacques Blanche y met une lueur astinguée, que contrecarre l'exubérant Signac, qui s'adresse au monocle qui s'enfouit à la barbe de Dubois-Pillet. Francis Poictevin demande urgemment l'avis de ses amis sur ses secrets. Antoine apparaît, suivi de Luce et de Christophe, et parfois, moins rarement, Hervieu, Hennique et Hennequin, et autres, et l'allure paradoxale de Charles Henry qui passe – un inventeur.

Quèqui va sortir d'tout ça? Mézigue est pas prophète. Mais ça fait rien: en c'nouveau local, qui lui portera chance, c'est indiqué, la *Revue Indépendante* n'peut qu'être appelée à d'hautes destinées.

A:60 "Les premières" [*Germinal*] *Le Cri du Peuple*, 24-IV-88

Non seulement j'écris au *Cri du Peuple*, mais j'écris pour le peuple. Et, comme j'aime le peuple, il se trouve qu'en écrivant pour lui je le fais aussi pour moi, pour mon plaisir, pour ma passion des lettres.

Eh bien, du beau drame que M. William Busnach vient de tirer du roman de M. Zola, et qui, selon la routine ordinaire, a été joué pour la première fois devant un public bourgeois, –toujours le même: archi-bourgeois– ce qui, naturellement, m'a frappé tout particulièrement, ce qui m'a ravi, enthousiasmé, ce n'est pas la splendeur des décors, incontestablement fort beaux, dans leur réalisme, ce ne sont pas les angoisses passablement lyriques d'Etienne et de Catherine "sous terre" pendant que l'inondation monte, ce n'est même pas la déchirante mort de la petite Alzire, ni l'espèce de fatalité antique qui s'abat sur la vieille Maheude, victime expiatoire de la grève et de ses conséquences, car elle reste seule, ayant perdu tour à tour son mari et ses deux filles. Non, ces beautés-là, bien qu'elles ne courent pas les rues, nous avions pu en rencontrer ailleurs d'analogues.

Mais ce qui m'a semblé vraiment neuf au théâtre, et, par suite, supérieur, c'est ce qui a –sourdement, il est vrai– énervé, agacé, ce "brillant" public des premières, c'est ce qui a dépassé de cent coudées ces bourgeois, trop bas pour comprendre, trop enfoncés dans leur obtus égoïsme, ou leur insouciante bêtise, ce sont les côtés *durs*, pour eux, de l'œuvre, l'amère pilule "sociale," qu'ils ont avalée pourtant bel et bien (Dieu sait avec quelles grimaces et contorsions individuelles!) et encore grâce à l'habileté des auteurs qui ont su la subdiviser –la pilule– en douze petits tableaux courts, simples, clairs, passant comme une lettre à la poste, et dans plusieurs desquels le décor et la figuration viennent tellement en avant qu'ils font diversion déroutante pour nos lourdauds des fauteuils et des loges.

Ainsi, quelle silhouette noblement campée que celle de Souvarine, qui, bien que relégué au second plan, et tiré tel quel du livre, suffirait à lui seul à faire de ce drame une œuvre hors pair, car il ouvre un au-delà sur la formidable pièce sociale et politique à laquelle nous assistons tous les jours, qui est la fin d'un monde et la désagrégation d'une société! Quelle envie, l'autre soir, de crier tout haut leur imbécilité à ceux qui, au lieu de comprendre, se rebiffaient sottement à chacune des phrases "subversives" de cet agent de destruction, effrayant de logique implacable, et voulant si simplement tout détruire afin de tout refaire.

La pièce, elle est ce qu'elle devait être –ce qu'elle pouvait être, au Châtelet,– découpée dans le roman avec un rare bonheur, faite pour le peuple et non pas pour le public des premières, pour ceux qui travaillent et souffrent et non pour les jouisseurs, admirablement simple et à la portée des cœurs simples. [...]

Mais, si j'ai un reproche à adresser à *Germinal*, c'est au contraire que "c'est encore *beaucoup trop du théâtre*." Une dose considérable d' "opportunisme théâtral." Des concessions au vieux jeu, des prudences, des griffes de Bonnemort et de Rasseneur, coupées. Une trop merveilleuse habileté, je le répète, à faire avaler aux bourgeois, public des premières, la pilule: partie sociale de la pièce.

Eh! quand bien même les bourgeois de samedi soir se seraient fâchés tout à fait. Quand bien même on eût fait quelque chahut, jeté des petits bancs et quelque peu endommagé le lustre. Oui, où serait le mal? Je sais, il est possible que, moins habilement dosé, *Germinal* eût encore attendu sous l'orme le bon vouloir de la censure. Mais la censure ne sera pas éternelle. *Germinal*, un *Germinal* plus uniformément audacieux, eût fini par venir à bout de la censure. Et MM. Zola et Busnach pouvaient attendre.

A:60bis "Le nouvel *Hernani*" *L'Evénement*, 28-VI-88

[...] Pour un peu, depuis quatre soirs, les camelots du boulevard, à la sortie des passages, glapiraient: "Demandez ... l'attentat de *Lucie Pellegrin* ... le grrrand scandale du Théâtre-Libre." Et, à la presque unanimité, la critique théâtrale "par suite d'un accord tacite et spontané" dont M. Henry Fouquier lui-même affirme n'avoir pas encore vu d'exemple, s'est voilé le visage et ne m'a pas épargné les propos désagréables. Pour les uns, il est vrai, le talent est sauf et je serais doué de certaine vigueur, de qualités réelles d'observation, même d'une précision de plaque photographique [...]. Pour les autres, dont M. Sarcey, le talent est absolument absent, je n'ai rien que du toupet et de l'incongruité, le sujet de ma "triste pièce" n'est pas à raconter même en latin. Et, chose alors qui m'affecte profondément, vilenie odieuse et inutile, que j'ai vu apparaître çà et là, n'a-t-on pas essayé d'englober dans la même réprobation le Théâtre-Libre lui-même et son jeune directeur.

[...] Pourquoi lui en voudrais-je, à la critique? Avec son zèle ordinaire même avec un excès de zèle que je me sens un peu fier d'avoir suscité– ne vient-elle pas de jouer son rôle, de s'acquitter de sa fonction? Rien à dire contre les gens qui font –même trop bien– ce pour quoi ils ont été mis au monde.

Duranty – un Stendhal que, huit ans après sa mort, on n'a pas encore découvert, mais à qui le vingtième siècle rendra justice; et ce n'est pas sans mélancolie que je songe à lui en cette circonstance, à lui qui, hélas! de son vivant, n'eut jamais la chance d'exciter une pareille levée de boucliers, mais qui méritait tant cet honneur, car il était vraiment un supérieur écrivain – Duranty, dans son journal *Réalisme*, en mai 1857, disait: "La valeur d'un écrivain n'est jamais constatée dès son début. On commence par essayer de le rayer avec les ongles, avec le bec, avec le fer, le cuivre, le diamant, toutes les matières dures et aiguës usitées dans la critique, et quand on s'est aperçu, après de longs essais qu'il n'est pas friable et qu'il résiste, chacun lui ôte son chapeau et le prie de s'asseoir." Or, je viens de les sentir, le bec et les ongles de la critique sur ma peau, et comme ça n'est pas entré, comme je ne m'en porte pas plus mal –au contraire– je me déclare absolument satisfait de l'attitude de certains de mes confrères: [...] Cette colère de second mouvement contre une pièce qui a passé sans protestations, ce succès de première représentation changé en scandale du lendemain matin, les mêmes cœurs dociles le soir, empoignés par l'émotion où j'avais voulu les jeter, puis, bientôt après, courroucés contre l'auteur, les mêmes mains faisant craquer des gants pour applaudir, puis, écrivant des éreintements voulus, gênés, contra-dictoires, où l'on me reproche, ici d'avoir grossièrement tout dit et là de n'être pas allé jusqu'au bout, ici d'avoir flatté les bas instincts et trente lignes plus loin de ne pas avoir analysé le vice, (je l'eusse fait dans un roman tandis que le théâtre vit de synthèse), enfin, où l'on m'accuse à cette colonne, d'être abominable, malpropre, cynique, et à la colonne suivante, "de ne pas être un esprit vraiment perverti, ou possédé par un goût sincère du vice."

[...] Un de ces amis inconnus qui, de loin, nous suivent, et nous font de temps en temps la joie de nous écrire à cœur ouvert, m'a envoyé une longue lettre, sans signature, dont je détache le passage suivant, sans y changer rien:

"Ils m'amusent ces critiques de la décadence bourgeoise, qui se fâchent, savez-vous pourquoi? parce que votre œuvre est beaucoup trop morale ... Pour moi, votre pièce devrait être donnée en représentation gratuite, sur une place grande comme le Champ de Mars, ayant pour spectateurs le Peuple, sur des gradins élevés par sou-scription nationale; et, au fronton de la scène, un immense cartouche porterait en lettres gigantesques, cette inscription: *"Peuple, regarde ce que la bourgeoisie pourrie de 1888 a fait de tes filles!"* – Ne voyez-vous pas que, instinctivement, un corps social gangrené n'aime pas qu'on lui mette sous le nez certaines choses trop vraies..."

A:61 "Landrol" *Le Cri du Peuple*, 21-VIII-88

[...] Pauv' Landrol! va. Toute la journée, j'ai pas pu m'empêcher d'penser d'temps en temps à toi, avec un serrement d'cœur. Et pourtant, d'puis septembre 1879, l'époque où tu montas l'premier flanche théâtral d'un d'nos bons aminches, *Celle qu'on n'épouse pas*, j't'avais pas oublié, non, certes; mais j't'avais qu'trois ou quatre fois rencontré et parlé. D'ailleurs, ça fait rien: on n'oublie jamais un acteur, qui, non seul'ment, a créé l'premier rôle d'not' première pièce, mais qui, un mois durant, s'est assis chaque jour à côté d'vous, d'vant l'trou du souffleur, pour mettre en scène notre œuvre. Pendant c'mois d'répétitions d'*Celle qu'on n'épouse pas* –une des 191 pièces qu'y a créées, Trubl' l'constate avec orgueil,– j'avais eu l'temps d'apprécier Landrol.

Rien d'un cabot, d'abord. Un artiste sérieux, consciencieux, modeste, chercheur. N'croyant pas avoir la science infuse, comme tant d'autres, l'génie impeccable, et à chacune d'ses trouvailles d'mise en scène –car c't élève d'Montigny, l'grand directeur, avait d'véritables trouvailles,– Landrol n'manquait point d'consulter l'auteur, c'lui-là fût-il Dumas fils on un gringalet comm' mon aminche l'était alorse. Oui, d'un r'gard qui lui glissait du coin d'l'œil, y lui disait à la muette, chaque fois: "Est-ce bien votre pensée que je rends? Ça ne va-t-il pas contre vos intentions?"

Puis, la pièce sue, quand M. Montigny, âgé, déjà malade, venait assister aux dernières répétitions, histoire d'donner un coup d'fion à la mise en scène ébauchée, dame! au lieu d'crâner, comm' aurait fait un prétentieux, v'là qu'mon Landrol disparaissait subitement. Où était-il pendant qu'eul' patron dirigeait la répétition? A la fin, pour l'consulter, l'patron l'appelait: "Landrol? où êtes-vous?" Et on entendait alors la voix d'mon Landrol sortir du cintre, où y était monté pour s'rendre compte d'l'acoustique, pour savoir si ses camaros jaspinaient assez fort.

Bref, y était l'âme du Gymnase, c'bon Landrol, qui [...] n'en sortit jamais plus, pendant 41 ans. [...]

A:62 *"La Débâcle" Gil Blas,* 21-VI-92

[...] Voici, d'un côté, la guerre, un sujet qui n'était pas inexploré certes, comme les Grands Magasins, les Halles, ou la Bourse, et un sujet très vaste, éternel, où tant de génies depuis Homère se sont essayés et où, de nos jours, sans parler de la *Guerre et la Paix* de Tolstoï, deux chefs-d'œuvre français, opposés comme les deux pôles, ont surgi et semblent tout obstruer: la romantique description de la bataille de Waterloo des *Misérables,* et la vivante et merveilleuse même bataille dans la *Chartreuse de Parme* de Stendhal – Puis, voici M. Zola, le puissant écrivain que nous connaissons, aussi poète que romancier, plus naturaliste dans sa critique que dans ses romans. Il ne faudrait pas s'étonner outre mesure que, ayant à raconter la guerre de 70, et l'écroulement du second Empire, et "la fin d'un monde," l'auteur des *Rougon-Macquart* ait accouché d'un débordant poème en prose, ayant la grandeur, la magnificence, mais, aussi, quelques-uns des inconvénients du genre.

Ce poème –qui est en même temps l'avant-dernier volume de la série des *Rougon-Macquart,* et une page d'histoire, page saignante et douloureuse s'il en fut– se divise en trois "chants": 1° avant Sedan; 2° la bataille de Sedan; 3° après Sedan.

Dans la première des trois parties, tout en déroulant à mesure le navrant tableau de notre infériorité militaire [...], le poète nous fait faire connaissance avec ses innombrables personnages. Je dis "innombrables," mais, en somme, il n'y en a qu'un. Son grand héros, c'est, en face de l'armée prussienne, l'armée française tout entière, et plus spécialement l'armée du camp de Châlons [...]. Aussi faut-il savoir gré à l'auteur d'avoir absolument banni l'amour de la *Débâcle.* Les rares femmes du livre [...], il les a mises tout à fait au second plan. Et pour remplacer l'amour, la grande passion intéressante, le ressort presque obligatoire du roman et du théâtre, il a eu l'audace et la délicatesse de s'adresser à l'amitié.

[...] C'est au milieu du tohu-bohu des premiers revers, des marches et contre-marches, des grondements sourds encore, mais déjà sinistres, du formidable orage qui va crever, que l'auteur fait grouiller toute cette vie et se joue des difficultés. Tout ce premier chant du poème est magistral et grandiose, vous prend à la gorge. Et une pitié vous étreint le cœur pour ce misérable empereur [...]. Il s'agit bien ici de bonapartisme ou de républicanisme: quelles qu'aient pu être les fautes, même les crimes du malheureux, il ne s'agit plus que d'humanité, et c'est à vous arracher des larmes. [...]

Toute [la] seconde partie de la *Débâcle* vaut la première, est grandiose et sublime.

La résumer, condenser les épouvantements, les scènes d'horreur de la grande tuerie, rapetisser l'énorme charnier, à quoi bon? Par une simple accumulation de faits, de rapides épisodes, avec le procédé de la bataille de Waterloo de Stendhal assoupli et élargi, M. Zola a su faire vivre une grande page, qu'il faut voir dans son ensemble. [...]

Dans le troisième et dernier chant du poème, "Après Sedan," les merveilles continuent. [...] Toute cette fin, l'avouerai-je, m'enthousiasme moins. Jean [...], une fois guéri, retrouve son ami à Paris, ne parvient pas à l'arracher à l'insurrection, et le voilà dans l'armée de Versailles. Lorsque les troupes régulières reprennent Paris, le "hasard" qui fait que Jean transperce Maurice d'un coup de baïonnette ne m'émeut point. Je sais! nous sommes en plein lyrisme, et Maurice est ici une sorte de personnage allégorique, représentant la partie saine de la population, et commençant "la grande et rude besogne de toute une France à refaire." Possible! mais je ne suis pas fou des allégories, même à la lueur des incendies "purifiant Paris." Sans compter qu'il y a quelque danger à écourter en cinquante pages un sujet comme la Commune, si large, si complexe et si pittoresque, si près de nous. Pourquoi alors ne pas nous raconter aussi le Boulangisme, qui fut à la Commune ce que la Commune fut à Sedan?

N'importe! malgré ces querelles de détail, la *Débâcle* n'en est pas moins une maîtresse œuvre, quelque chose comme un tragique "quatrième acte" dans la série des *Rougon-Macquart*. D'ailleurs, le soleil lui-même a des taches. Et encore, est-ce bien sûr? Ce que nous prenons pour des taches, peut-être ne provient que des imperfections de notre vue, d'un excès de sensibilité de notre regard.

A:63 "Au Gymnase" *Le Journal*, 31-1-93

[...] Voilà dix-huit ans que je connais Guy de Maupassant. C'était dans l'hiver 1875–1876. Un soir, j'eus une grosse émotion, en décachetant un billet de quatre lignes, m'accusant réception d'une nouvelle "trouvée pas mal," et m'invitant à me rendre, le dimanche suivant, vers deux heures de l'après-midi, au 240 du faubourg Saint-Honoré. C'était signé: Gustave Flaubert. Jugez de ma joie et de "mon orgueil." Oui, être reçu par l'auteur de *Madame Bovary*, de cette passionnante *Madame Bovary*, qui m'avait foudroyé d'admiration sur les bancs du collège, à seize ans, et que, tout en la sachant par cœur, je relis et relirai jusqu'à la fin de mes jours! Me trouver enfin là, seul à seul, devant Flaubert, l'écouter et lui parler! Comme le cœur me faisait tic-tac, le dimanche, en gravissant les cinq étages. Après une heure de conversation avec le paternel grand écrivain, enthousiaste et brave homme, un coup de sonnette. –"Ça, c'est Guy, me dit Flaubert, ne vous dérangez pas!" Et je vis entrer un jeune homme de vingt-cinq ans environ, coloré de teint, vigoureux et bien découplé, un gaillard dont la santé, l'intelligence hardie et l'exubérante rondeur m'attirèrent tout de suite. Flaubert nous présenta l'un à l'autre. Puis, de nouveaux coups de sonnette. Le cabinet de travail se peupla peu à peu. Edmond de Goncourt, Ivan Tourguéneff, Daudet, Zola, Mendès, je ne sais plus quels autres visiteurs habituels, arrivèrent. Je laisse à deviner si l'on parlait littérature, et si, heureux de me sentir là pour la première fois, j'écoutais avec avidité. Tout à coup, la conversation ayant tourné, on parla femmes. Comme un cheval de guerre frémissant au bruit du canon, Maupassant se leva. Il en avait une bien bonne à raconter, qui lui était arrivée, à lui. Et,

avec une compétence spéciale, avec une autorité surprenante pour son âge au milieu
de tels écrivains, il tint tout le monde sous le charme, par l'audace, par la flamme
et par la franchise, par la profondeur des sensations vécues auxquelles il nous initiait.
Ces aînés, ces illustres, dont la plupart avaient des cheveux gris, écoutaient le tout
jeune homme en secouant la tête, et fouillaient dans leur mémoire, établissaient de
tacites comparaisons entre ce qu'ils entendaient et leurs propres souvenirs.

[...] Quelle époque heureuse, lorsqu'on la revoit en pensée, que cette heure
des débuts. Plus tard, une fois dans la bataille, chacun va de son côté, songe à sa
peau et livre son combat personnel. On ne se rencontre plus que de loin en loin,
chaque fois, par exemple, avec un nouvel élan de cœur, et l'on passe une heure
charmante à revivre le passé, la main dans la main; puis, on repart chacun dans sa
direction –peut-être pour ne jamais se revoir.– Aussi le meilleur temps est-il celui
des débuts, où l'on est vraiment ensemble, où l'on ne se perd pas encore de vue
parce que le rêve est plus pur, plus complet que la réalité, que l'action, et qu'on se
contente encore de caresser en commun un beau rêve... Et j'en appelle à vous –Mirbeau, Hennique, Huysmans, Céard– vivent les années heureuses où, bien avant les
Soirées de Médan, nous dînions ensemble, avec Maupassant, une fois par semaine
chez un troquet-empoisonneur de Montmartre, à quarante sous! Et je mets chacun
de vous quatre au défi de passer aujourd'hui devant certaine maison de la rue Clauzel
[l'habitation de Maupassant] –où nous allions achever la soirée– sans jeter un long
regard sur la porte, subitement ému, un peu pâle. [...]

A:64 *"Les Soirées de Médan" Le Journal*, 30-XI-93

[...] Voici, exactement, la genèse des *Soirées de Médan*. En 1879, si nous n'avions
pas encore débuté réellement [...], nous étions cinq jeunes hommes de lettres en
expectative, mais ayant tous écrit dans divers journaux, fréquentant déjà Flaubert,
Zola, Goncourt et même Daudet, et, de plus, depuis au moins deux ans, nous réunissant –chaque mercredi, je crois– dans un dîner hebdomadaire, chez un simple
"troquet" de Montmartre, rue Coustou. A vrai dire, les *Soirées* sont sorties de là,
de nos "dîners de l'Assommoir"; mais voici de quelle façon. Le mazagran avalé
"dans un verre" et l'addition réglée –oh! un pique-nique dans les deux francs cinquante!– nous allions achever la soirée chez un de nous, presque toujours chez
Maupassant, tout près de là, rue Clauzel. [...] Enfin, la porte refermée, le "groupe"
ne badinait plus et jusqu'à deux heures du matin on causait littérature. – Octave
Mirbeau venait souvent, était le sixième, et le seul hasard d'une absence en province,
où il fut quelque temps secrétaire d'un préfet, fut cause qu'il ne fut pas des *Soirées de
Médan*. – Le lendemain soir, jeudi, on se retrouvait tous chez Zola, et le dimanche
après-midi chez Flaubert. [...]

Notre première idée, celle qui se présenta tout naturellement à chacun, fut
d'avoir un organe à nous –revue ou journal– où nous aurions exposé nos idées et
combattu le bon combat. Un excellent titre fut adopté à l'unanimité: *la Comédie
humaine*. L'argent? Certes, nous n'en avions pas. Mais quand on est jeune et qu'on a
de l'enthousiasme, on ne s'arrête pas à d'aussi minces détails. Ayant Zola avec nous,
et pour chef de file, on se sentait fort et absolument rassuré. Il était bien certain,
pensions-nous, que, le premier numéro une fois lancé, le vacarme serait tel que les

capitaux d'eux-mêmes afflueraient. Il suffisait donc qu'il fût extraordinaire, ce premier numéro: de cela, nous nous en chargions. Prenant chacun notre plume de Tolède, nous nous mîmes tous à pondre un ou plusieurs articles. Et ce ne fut pas long! Je me souviens notamment d'un article de tête: *Sur la politique*, par J.-K. Huysmans, un morceau à l'emporte-pièce, serré et éloquent. Et personnellement, j'avais préparé un "article de grand reportage," documenté à fond, sur la baronne de Kaulla, mise alors en vedette par un procès scandaleux, le Panama de l'époque. Puis, quand le premier numéro se trouva prêt, il arriva... ce qu'il pouvait nous arriver de plus heureux à tous: *la Comédie humaine* ne parut jamais! Et ce fut Zola qui, après avoir abondé dans notre idée, bien faite pour tenter le polémiste qu'il y eut toujours au fond de lui, eut, au dernier moment, l'inspiration d'en haut de nous crier: casse-cou! [...] A moins d'être disciplinés tous par une main de fer –que n'était pas Zola– par quelque pion féroce [...] – il serait arrivé que, dès le troisième numéro, nous nous serions regardés de travers, fatalement, et bien avant le dixième nous nous fussions dévorés les uns les autres. Tandis qu'aujourd'hui, quatorze ans après, malgré les divergences de la vie, les quatre qui survivent peuvent se serrer encore la main.

Alors, ayant fini par ne pas faire *la Comédie humaine*, et comme il fallait faire tout de même quelque chose ensemble, nous fîmes un volume de nouvelles collectif. – La coïncidence racontée par Huysmans, que trois d'entre nous, sans se l'être dit, avaient publié chacun dans quelque journal ou revue une nouvelle sur la guerre de 70, est absolument exacte: seulement, cette coïncidence ne fut que "l'occasion" et non la cause de notre volume collectif; si elle ne s'était présentée, il est à croire que le volume eût paru tout de même sur un thème différent, peut-être moins heureux. Mais la vraie, l'unique "cause" des *Soirées de Médan*, fut ce que je viens de raconter: notre grande amitié littéraire de 1878 à 1880 et l'avortement de notre *Comédie humaine*, dont le premier numéro fut écrit mais ne parut jamais – par bonheur!

[...] Les *Soirées de Médan* devaient avoir, non pas une suite, mais un pendant: le *Théâtre de Médan*. Les six auteurs s'étaient dit qu'il serait assez piquant de donner un autre volume collectif, composé cette fois de six pièces de théâtre, librement écrites, c'est-à-dire sans le souci de la représentation immédiate. Donc, une manière de "spectacle dans un fauteuil" ou de "théâtre-libre" précurseur. La chose fut même annoncée dans le Courrier des théâtres du *Figaro*, où il était dit qu'en apprenant la nouvelle, un directeur, le pauvre Chabrillat, s'était écrié: "Mais ça me fera un spectacle, à moi, le *Théâtre de Médan*!... Je représenterai leurs six pièces le même soir..."

Je ne sais plus qui de nous avait eu l'idée, le premier, mais je me souviens que la chose fut décidée avec enthousiasme et à l'unanimité. Si bien que nous nous racontions déjà nos scénarios. Zola devait faire trois courts tableaux, très touchants et très simples, un peu à la façon d'Epinal, qu'il eût appelé: la *Simple vie d'Augustine Landois*. Je pensais, moi, à la *Fin de Lucie Pellegrin*, un acte, ayant pour personnages huit femmes et une chienne, mais pas d'hommes (et qui fut représentée plus tard chez Antoine). Maupassant, Hennique et Céard, avaient aussi leur idée, et même Huysmans. Oui, Huysmans, si dur pour le théâtre aujourd'hui, consentit à en être. Et, grâce à Chabrillat, nous l'aurions sans doute vu, tremblant comme la feuille et ému jusqu'aux larmes pendant qu'un acteur aurait "claironné" de sa prose. Cette joie, hélas! nous a été refusée. Comme les plus belles choses d'ici-bas, comme l'amour et quelquefois même l'amitié, les *Soirées de Médan* ne devaient pas avoir de lendemain.

A:65 Déclarations faites au printemps de 1900 par Alexis à Amédée Boyer

La Littérature et les arts contemporains (Méricant [1910]), 207–9

– Mon sentiment est très net: le naturalisme sera la littérature du vingtième siècle. Mon opinion s'affermit tous les jours. Toutefois, entendez-moi bien, je veux dire par naturalisme l'étude de la réalité dans tous les ordres de choses possibles. La nature est la seule école, car je ne crois pas aux écoles, sortes de classifications arbitraires se faisant toujours après coup, sur des talents très divers, qui, la plupart du temps, n'ont de commun que leur contemporanéité. La vie est le grand sujet d'étude, et la rendre telle qu'elle est, cette vie, me paraît le vrai but de l'art et de la littérature. Très large, elle contient tout: le rêve, le mystère, le besoin d'absolu, d'au-delà, qui font aussi partie de l'homme. Du moment que l'on s'efforce de peindre avec exactitude un sentiment, un caractère, un type ou une société, on fait acte de naturalisme, puisque l'on essaie de saisir la vie dans sa réalité et sa nécessité. Je crois, en outre, que la littérature doit s'occuper de peindre la vie politique du pays, des transformations sociales. Et les récents événements que nous venons de traverser ne resteront pas, à mon avis, sans influence sur l'évolution intellectuelle. Tel esprit, affranchi de la bourgeoisie par la littérature, qui était devenu sceptique, veut aujourd' hui des solutions plus largement humaines.

D'ailleurs, le champ d'étude pour l'art est infini. Il n'y a rien dans la nature qui ne soit digne d'être traduit, interprété ou dépeint. Le monde avec ses multiples aspects est un modèle admirable qu'il faut s'efforcer de comprendre, de pénétrer. Tous les êtres sont intéressants.

Ce qui m'a précisément frappé dans un roman, récemment paru, de Saint-Georges de Bouhélier, c'est qu'il met en scène des créatures très ordinaires, comme un cordonnier, une fille publique. Je trouve très curieux et très significatif ce retour chez les jeunes gens à l'étude des réalités et de la vie. L'auteur de la *Route noire*, par exemple, a débuté, il y a quelques années, par des livres vaguement imprégnés de mysticisme, et, par un effort progressif qui est assez remarquable, il est revenu petit à petit à une vision plus naturelle, plus normale, plus habituelle. D'où je conclus que le symbolisme est bien mort.

Cela permet d'espérer, comme je vous le disais tout d'abord, que la littérature ira de plus en plus vers l'observation et la recherche de la vérité. Le naturalisme, sans cesse élargi et agrandi, sera bien la littérature du vingtième siècle... et des suivants. Tous les esprits, bien équilibrés iront vers cette formule d'art qui donne à l'écrivain la nature comme maître et la vie elle-même comme sujet. Un large domaine, vous voyez.

APPENDICES B–G
Lettres inédites

App. B *Emile Barlatier à Zola* [extraits] B.N., MSS, n.a.f.24511

B:1 [25-IV-72; fols.33ᵛ–34]

Je n'ai point répondu à la dernière lettre de mon cousin Alexis. Priez-le de m'excuser, je viens de passer huit jours dans mon lit. Il me demande de me faire un salon. Hélas! je ne le puis; le salon est au "Sémaphore" et depuis sept ans la propriété d'un compatriote et confrère, Chaumelin, qui tient essentiellement chaque année à envoyer par l'intermédiaire du "Sémaphore" sa carte de visite aux anciens amis de Marseille.

Dites cela à Alexis, je vous prie, et exprimez-lui tout le désir que j'ai de lui être agréable si jamais j'ai la bonne occasion de l'employer.

B:2 [28-1-74 (pour 75); fols.37–38ᵛ]

La "Société des agriculteurs de France" va tenir ces jours-ci sa session annuelle à Paris. Elle nous a adressé une carte d'entrée à ses séances publiques et une invitation au banquet qui clôt ce congrès. Je comprends très bien qu'elle désire faire un peu de bruit autour d'elle dans notre midi, et je veux répondre à ce désir. A coup sûr je ne veux point vous demander de nous représenter, mais je songe que peut-être notre ami Paul Alexis aurait quelques loisirs et qu'il me rendrait, si vous l'en priez, le service d'être mon reporter. Entre nous, je ne crois pas que mon excellent et aimable cousin soit bien au courant des choses de l'agriculture; mais je le sais homme d'esprit et très capable de s'assimiler pas mal de choses positives, s'il veut y consentir. Ah! il faut peu de poésie à coup sûr dans cette affaire, je lui permettrai cependant d'en mettre un brin dans les trois ou quatre ou cinq ou six lettres que je lui demande et que vous lui demanderez de m'adresser.

Pensez-vous qu'Alexis veuille entreprendre cette besogne? Si oui, passez-lui le fatras de papier ci-joint. Cela le mettra au courant de l'histoire dont il s'agit, et lui permettra d'apprécier s'il accepte le service que j'attends de lui.

Maintenant que ma demande est introduite, laissez-moi vous dire, mon cher ami, que je me suis rappelé cette fois de votre recommandation au sujet d'Alexis. Vous voyez que je saisis la première occasion qui se présente de recourir à ses bons offices. Il est certain que la mission n'a rien d'extraordinairement gai et que je vais dépayser mon aimable cousin. Ce n'est point ma faute si les circonstances sont aussi peu favorables. Je me plais du reste à espérer qu'elles changeront et que je trouverai un jour ou l'autre le moyen de lui faire une place régulière parmi nous. Pour le présent, il s'agira seulement d'un coup de collier embêtant à donner. Vous pourrez présenter la chose à Paul sous des couleurs plus attrayantes que je ne serais capable de le faire et c'est pourquoi je n'ai pas hésité à vous déléguer mes pouvoirs, ayant en outre une raison majeure: j'ai oublié son numéro de la rue de Lacondamine. S'il accepte, j'en serai enchanté, et je crois que nous pourrons faire adroitement savoir à son père que Paul est un homme essentiellement sérieux, puisque... etc. Mais si la mission ne lui agrée point, eh bien, admettons que je n'aie rien dit et que vous avez perdu votre temps à lire ces quatre pages.

Il va sans dire que je vous charge d'avance de régler avec Paul l'indemnité à laquelle sa collaboration accidentelle lui donnera droit. Vous avez carte blanche sur ce point, et il suffira que vous m'avisiez en ajoutant le montant à votre prochaine traite. Vous chargerez Paul de remplir la carte d'invitation ci-jointe en cas d'acceptation, et de faire parvenir la réponse demandée par la Société. De plus, j'espère qu'Alexis voudra bien m'informer s'il accepte l'embêtement en question.

B:3 [12-11-75; fols.39–39ᵛ]

Je compte écrire ces jours-ci à Alexis pour le remercier d'avoir accepté l'ennuyeuse besogne dont je l'avais chargé. Obligez-moi de régler avec lui cette petite affaire et dites-moi par un mot comment vous l'aurez arrangée, afin qu'à présentation de votre traite sur nous on soit avisé au bureau. Dites en même temps à Alexis que je ne l'oublie pas et que je songerai à lui toutes les fois que je le pourrai. L'occasion se présentera de nouveau je l'espère et au besoin nous tâcherons qu'elle naisse en appliquant un peu le forceps.

B:4 [18-11-75; fol.40]

L'arrangement avec l'excellent Alexis est approuvé tel que vous le proposez. Vous aurez donc la bonté de régler cela avec lui et de tirer sur moi pour la somme, en l'ajoutant à votre traite de fin du mois.

Pressé ce soir, je n'écris pas à Alexis. Mais je le ferai avant peu.

B:5 [11-111-75; fols.41–41ᵛ]

Alexis a raison de s'impatienter, mais priez-le de me faire crédit encore quelques jours. Je viens de passer un mois assommant en route presque toujours entre Aix et Marseille où j'avais des malades et où nous venons de perdre une vieille tante.

D'ailleurs ce qu'il me demande n'est pas réalisable pour le présent. La place me manque toujours pour des articles réguliers et la correspondance qu'il me propose exigerait une régularité réelle. Mais j'entrevois que, cette année encore, je pourrai recourir à ses services à deux reprises au moins. Assurez-le que je ne l'oublie point, mais qu'il me pardonne mes retards.

App. C *Edouard Alexis et Félix Alexis à Zola et à Paul Alexis* B.N., MSS, n.a.f.24510

C:1 [fols.34–35]

MONSIEUR

Mon fils Paul a eu beaucoup à nous raconter, vous n'en doutez pas, depuis son retour au milieu de nous; mais, croyez-le bien, il n'a eu garde de passer sous silence l'accueil tout bienveillant que vous lui avez fait, l'appui cordial que vous lui avez prêté, et pour tout dire, les excellents conseils que vous avez si souvent joints à ces bontés, conseils qui n'ont pas même cessé de l'accompagner jusqu'ici. Permettez donc, Monsieur, que je vienne avec sa mère vous en témoigner nos bien vifs et sincères remerciments.

A plus d'un titre vous nous étiez déjà connu, Monsieur, et vous nous apparteniez si je puis dire; car je ne suis ni de ceux qui ont pu pécher par ingratitude envers la mémoire de votre respectable père, ni de ceux qui ont pu demeurer indifférents à vos brillants succès littéraires. Mais je suis heureux de voir qu'un lien plus intime vient s'établir entre vous et moi, et vous devinez qu'il s'agit de celui résultant de la pure et franche amitié dont vous avez bien voulu honorer mon fils.

Je sais tout ce que la littérature, et la belle et bonne s'entend, peut avoir de brillant et de noble, et je vous avouerais que la réelle ardeur de Paul pour le travail et vos encouragements eux-mêmes ne me laissent point sans quelque espoir à son sujet. Mais réservons notre jugement l'un et l'autre, ce qui sera plus sage; car nous pourrions nous tromper, vous, à cause même de votre sympathie pour lui, et moi par autres raisons peut-être. –

J'aurai du reste sous peu, et à la rentrée des classes l'occasion de me trouver à Paris où je me propose d'aller placer le second de mes fils dans une Ecole prépar.^{re} Et il va sans dire que j'aurai l'honneur d'aller vous présenter mes civilités, et si vous le permettez aussi, de causer plus longuement avec vous de tout cela. –

En attendant agréez Monsieur je vous prie la nouvelle expression de notre gratitude ainsi que nos salutations les plus affectueuses.

Ed. Alexis

Aix 15 Juillet 1871.

c:2 [fol.39]
Aix 12 avril 1876

MON CHER MONSIEUR ZOLA

Les nouvelles que nous avons reçues de Paul par les lettres et dépêches de Félix n'ont pas manqué, vous le comprenez, de nous émouvoir, et il n'a fallu rien moins que le ton rassuré des dernières dépêches pour nous dissuader sa mère et moi de nous transporter de suite auprès de lui – mais il est hors de danger nous dit Félix, et nous pensons que le voyage serait inutile.

Nous ne devons pas moins vous remercier vous et Madame Zola de l'intérêt que vous lui avez témoigné, soit en le faisant transporter dans la maison de santé dont s'agit [sic], (car quels soins aurait-il eus là où il était) soit en vous tenant au courant de ses nouvelles. –

Félix ne nous a pas dit encore s'il a obtenu permission de rester auprès de lui, et s'il en est ainsi priez-le s.v.p. de nous écrire tous les jours. Enfin, et si vous me permettez de vous le dire, ne le négligez pas vous-même je vous prie, et comptez sur toute notre reconnaissance.

Recevez cher Monsieur avec Mad.^e Zola nos salutations les plus affectueuses.

Ed. Alexis

c:3 [fols.40–41]
Aix 20 Avril 1876

MON CHER PAUL —

[...] Ta maladie nous avait mis dans les plus mortelles inquiétudes, et c'est au point que je m'étais demandé [...] si je ne ferais pas bien d'aller jusqu'à Paris. – Mais te voilà enfin sur pied, grâce à dieu, et félicite-toi d'avoir eu de bons amis qui ont fait ce qu'il y avait lieu de faire. – M. Zola a eu la bonté de nous écrire pour me renseigner aussi sur toutes choses, et ne manque pas de l'en remercier de ma part de la manière la plus chaleureuse, et quand je dis M. Zola, j'entends M. et Madame Zola. –

Rien ne m'ôte de l'idée du reste que tu auras fait quelque imprudence, et par exemple que tu ne te seras pas suffisamment garanti par ex.^{e} de l'humidité aux pieds par une bonne chaussure, ce que je t'ai toujours recommandé pourtant, ou que tu auras pris froid et chaud par ta faute, ou par une course trop précipitée, ou par quelque sortie trop tardive, ce qui est assez dans tes habitudes. Mais laissons tout cela et profite au moins de la leçon. –

Tu n'as maintenant qu'à te remettre en évitant toutes imprudences, et comme le dit Zola, à venir te refaire un peu avec nous dès que tu le pourras sans imprudence –

Je pense donc que lorsque tu pourras quitter la maison Dubois, et toujours sans précipitation, tu agiras bien de le faire ainsi, ne fût-ce que pour mettre un terme à cette dépense, et il va sans dire aussi que tu ne le feras sans te faire remettre la note à payer *que je te prie me faire passer* – Cette lettre que tu peux montrer au besoin, fera voir je n'en doute pas que je suis tout prêt à payer – puis tu passes quelques jours encore à ton logement ne fût-ce que pour prendre l'air moyen comme l'on dit, mieux interroger tes forces, faire ton paquet et je t'engage à te mettre en route. –

[...] Tout cela [...] est un surcroît de dépenses pour moi, et j'espère que tu entreras dans mes vues pour la conduite que je viens de te tracer. Réponds à ma lettre je te prie, et répare-toi du mieux possible, pour venir nous voir au plus tôt mais sans commettre aucune imprudence.

Nous t'embrassons tous
ton père dévoué et affectionné
Ed. Alexis

c:4 [fols.42–43]
Aix 20 Avril 1876

MON CHER MONSIEUR ZOLA —

J'arrive d'un petit voyage à St Etienne, et (comme je le disais ce matin même à Paul en lui écrivant) il va sans dire que je n'aurais pas tardé de venir vous remercier à nouveau vous et Madame Zola, de tout ce que vous avez fait pour lui, et disons mieux, de toute la sincère amitié que vous lui avez témoignée; car il n'est pas possible d'être plus obligeant que vous ne l'avez été et que vous ne l'êtes encore, et comment pourrons-nous vous en marquer nous-mêmes notre reconnaissance?

Mais je reçois de lui à l'instant une nouvelle lettre, assez longue du reste, où il me dit entr'autres choses que vous avez eu l'extrême bonté d'avancer pour lui de plusieurs manières, ce que j'aurais pu deviner du reste, et qu'il s'agit d'y ajouter

soit pour des frais de garde, soit pour une seconde quinzaine à la maison Dubois –
soyez donc assez bon, mon cher Monsieur Zola, (car je craindrais fort de me tromper
sur ses indications incomplètes du reste) pour me donner le chiffre exact de tout ce
que je vous dois, et même de ce qui est à payer à nouveau, et sur votre lettre je
m'empresserai de vous en couvrir par un mandat à vue sur Mes Périer frères et Cie
mes correspondants à Paris.

Paul me dit un mot du projet que vous auriez vous et Madame Zola de venir
passer quelque temps en Provence au beau temps – ne renoncez pas je vous prie à
cette idée, car ce sera pour nous l'occasion de vous rendre en ville ou à la campagne
quoique en partie, la bienveillante hospitalité que vous avez toujours offerte à notre
cher Paul.

Dans l'attente de votre réponse agréez cher Monsieur Zola pour vous et Mad^e
Zola nos bien vifs sentiments de gratitude et d'affection.

Ed. Alexis

c:5 [fol.44]
Aix 22 Avril 1876

CHER MONSIEUR ZOLA. –

Je ne puis que vous remercier de cœur de tout ce que vous faites pour Paul.
Et voici un mandat à vue de fr 500 sur Mes Périer frères et Cie, ce qui vous permettra
de compter à Paul les f 195 qui excèdent ce qu'il vous doit.–

Je lui avertis lui-même par le présent courrier ne fût-ce que pour le calmer. –

Ne le négligez pas je vous prie du reste, tant vous que Félix, et tâchez que nous
soyons toujours au courant de lui, et que nous le sachions au plus tôt débarrassé – le
dernier parag^e de votre lettre ne laisse pas de nous inquiéter encore –

Mille remerciements derechef, et croyez-moi toujours votre tout dévoué

Ed. Alexis

c:6 [fol.49]

MONSIEUR ET CHER AMI

Voici la lettre que m'envoie ma mère au sujet de Paul. – Il se trouve qu'aujourd'
hui Dimanche je suis consigné aux arrêts à Fontainebleau en sorte qu'il m'a été
impossible d'aller à Paris voir le docteur Feneol; je suis d'ailleurs très certain que
Paul ne partira pas si le docteur ne le lui ordonne pas, et je crois qu'il serait très
dangereux de le laisser livré à lui-même d'ici à un mois ou six semaines; je trouve
que sa maladie tire un peu en longueur et je crains qu'il ne sorte de chez Dubois
avec des poumons encore très impressionnables.

Je vous serai très obligé de me dire ce que vous pensez de tout cela, et si vous
croyez avoir assez d'influence pour décider Paul à partir; vous pourriez peut-être
écrire un mot et envoyer cette lettre de ma mère au docteur Feneol, ou trouver un
[sic] combinaison quelconque.

Je vous ai trop de reconnaissance pour bien des choses pour vous l'exprimer
ici et je suis votre dévoué

Félix Alexis

Fontainebleau 7 Mai [1876]

c:7 [fol.48]
Aix 27 avril 1882.

CHER MONSIEUR ZOLA.

J'ai reçu ces jours-ci, et avec la plus grande gratitude je vous assure, votre nouveau livre intitulé Une Campagne, et il n'est pas besoin de vous ajouter, non seulement que je me propose de le lire en son entier avec le plus grand intérêt, comme tout ce qui émane de vous, mais encore que je vous remercie de cœur avec Mad^{me} Alexis de tout ce que vous voulez bien y insérer de favorable à notre fils Paul, comme une lecture superficielle nous a permis de le remarquer. Soyez assez bon pour lui continuer cette bienveillance, et nous ne doutons point qu'elle lui soit profitable. –

Vous avez toujours, m'a-t-on dit le projet de venir passer une partie de la belle saison en Provence avec Madame Zola. Laissez-nous espérer que cette idée se réalisera et que vous voudrez bien nous consacrer quelques jours à Meyran, où nous serons trop heureux de vous recevoir.

Je puis vous dire aussi, et à titre de renseignement sur les parents que vous avez ici, que M. Pecoult mon jeune clerc m'a quitté ces jours passés pour aller se fixer avec sa mère à Perpignan.

Recevez mon cher monsieur Zola, et ce tant pour vous que pour Madame Zola, l'expression de nos sentiments les plus affectueux

Ed. Alexis

App. D ''L'affaire Henri IV''

D:1 [coll. P. Lambert]
10 juillet 1881 Dimanche 2 heures.

MON CHER HUIJSMANS,

[...] L'affaire d'Alexis continue. J'ai déjà arrangé avec Guérin du Gil Blas une histoire qui tournait au grave. Guérin qui s'est montré fort aimable m'a dit très carrément le fin mot de la situation, à savoir qu'Alexis les embêtait. Tout le monde lui avait rendu des services en lui faisant placer de la copie, et il abusait des bienveillances qu'on avait pour lui en débinant ses collègues de table de café. Il a même ajouté: tout cela n'a peu d'importance, l'autre côté du boulevard, personne n'en parle, mais ici, à l'heure de l'absinthe, chacun s'en occupe, dans notre monde. La situation est des plus difficiles, et si vous êtes son ami, engagez-le à ne pas prendre des bocks avec des confrères pour les débiner ensuite, inutilement.

Je croyais tout apaisé, quand ce matin m'arrive le cousin du dit Alexis, autre homme aimable considérablement embêté des prétentions d'Alexis qui, devenu matamore, parle maintenant de relever six lignes très aiguës de Chapron dans l'Evénement d'aujourd'hui et part à Médan espérant y trouver Zola pour avoir un conseil – toujours.

Il déclare solennellement qu'il ne veut pas ''déshonorer le naturalisme.'' J'aurai beau faire, je n'échapperai point à la nécessité de lui servir de témoin. Vous voyez comme ça m'amuse! Je ferai tout pour la conciliation, et si je ne réussis pas, je le prierai de se faire accompagner sur le terrain, par des gens compétents. C'est l'avis suppliant de son cousin qui m'a fait de sa maladresse un portrait désolant; quand il va le voir, Alexis, lui casse tout chez lui. Je souhaite comme j'ai rarement souhaité quelque chose, que Zola, soit par parole, soit par télégraphe tranche la question dans le sens de la paix. Si vous avez vu l'article de Chapron, mon arbitrage se bornera à demander qu'il retire uniquement le mot "naturaliste", m'appuyant sur ceci qu'il a l'air de désigner un groupe d'écrivains au nom desquels M. Alexis *n'avait pas mandat pour parler*. Ce mot-là retiré, le brave Alexis n'est pas tenu de se reconnaître pour famélique et morpion. Puis l'école écartée, il y aura moyen de s'entendre car l'article de ce maladroit sur Chapron n'a rien qui le puisse légitimement blesser. Je suis bien décidé, et crois entrer dans vos sentiments, en lâchant Alexis sur la question d'école. Au demeurant, c'est le seul moyen de l'en tirer.

Je ferai l'impossible pour que la solution de l'affaire soit pacifique. Seulement voilà une semaine que je perds à régler des points d'honneur sans délicatesse et le recommencement de l'aventure ne me trouverait plus chez moi. Il faut que Zola sache, et je le lui dirai, que c'est à cause de lui seul, que j'ai consenti à me mêler de ces tripotages, et qu'à mon sens, il ferait bien d'imposer à Alexis le silence le plus absolu. Il est temps que nous ne recevions pas les éclaboussures de ses maladresses.

Je vais lui laisser du reste toute liberté. Si Zola ne répond pas et qu'il n'y ait pas moyen d'arriver à un arrangement avec les témoins de Chapron, le duel est inévitable, mais, moi témoin, il n'aura pas lieu, sans la présence d'*un maître d'armes consommé* qui réglera les conditions. Je n'y entends rien, et c'est une responsabilité qu'il serait criminel d'assumer.

Et tout cela parce que ce lourdaud veut se ménager la faculté de pouvoir encore placer de la *copie*. Ah! misère!

Ce que j'ai vu du journalisme en ces jours est écœurant jusqu'à la mort. Ce monde a rééllement une odeur particulière que mes poumons ne peuvent respirer. Décidément je suis un bourgeois, rien qu'un bourgeois, un sale bourgeois et le spectacle que je contemple me fait aisément résigner à cette condition, je vous assure.

Bien cordialement

Henry Céard

D:2 [à Céard; ibid.]
[vers le 12 juillet 1881]

MON CHER AMI,

Des renseignements qui me parviennent et qui concordent avec les vôtres, du reste, il résulte qu'Alexis est la fable du boulevard. Le *Henri IV* est, paraît-il, disposé à le jeter par dessus bord, en mettant un mot raide, en tête du journal. – L'affaire Chapron est du réchauffé – à coup sûr, il n'enlèvera pas le mot naturaliste.

Tirez-vous de là, à tout prix, voilà mon cri! Je sais que notre abstention dans cette affaire avait été bien prise. Ne vous fourrez pas là-dedans; laissez ce balourd patauger dans le dépotoir où il est tombé, quelques précautions que vous ayez, vous serez sali.

Du reste, quoi que vous fassiez, vous ne pourrez empêcher Zola d'être éclaboussé par ce sot; si le duel n'a pas lieu, votre nom sera accolé à celui d'Alexis, d'autant que vous prêcherez forcément la paix. On vous englobera comme un homme prudent dans cette affaire – et si le duel a lieu, alors la situation peut être, sous tous les rapports, très grave. Quant à Alexis qui ne veut pas déshonorer le naturalisme, dit-il, il s'agit justement de cela. Le naturalisme n'a pas été mêlé là-dedans; la seule façon de ne pas le déshonorer, c'est justement que l'affaire reste dans le journalisme et qu'aucun de nous n'y soit mêlé. C'est là, l'opinion générale. Je ne crois pas, du reste, que Chapron enlève le mot naturaliste, eh bien, s'il l'enlève, en quoi cela change-t-il la question. Alexis n'est-il pas tout aussi désigné – qui en douterait sur les boulevards? – Il se contenterait de cette rectification, mais ce serait ridicule. Ici encore, il n'a qu'à se taire, ou à exiger toute la suppression du paragraphe et s'aligner. De quelque façon que je retourne cette affaire, je n'y vois que du gâchis et du ridicule pour vous, et je le répète, vous ne pourrez garer Zola de rien. – Au contraire, vous pas mêlé là-dedans, ça donne un cachet plus personnel à l'affaire d'Alexis qui peut plus facilement être censé avoir agi seul; refusez le rôle de témoin, comme moi je le refuserais s'il m'était proposé, c'est je crois, un bon conseil. Laissons les journalistes s'arranger entr'eux, sans y mêler des hommes de lettres. [...]

Bien à vous,

J.-K. Huijsmans.

D:3 [B.N., MSS, n.a.f.24521, fols.448–9]
Vendredi [29 avril 1881] 5 heures.

MON CHER MONSIEUR ZOLA

Je n'ai pas besoin de protester de mon très vif désir de vous laisser la plus grande liberté d'allures et d'appréciation mais laissez-moi vous dire qu'un article solennel, en tête du *Figaro*, sur MM. de Maupassant et Alexis après celui que vous avez consacré à MM. Céard et Huysmans dépasse vraiment la mesure.

Le public juge peut-être mal ces messieurs mais il ne leur accorde *encore* aucune importance et nos lecteurs auraient le droit de trouver la plaisanterie un peu amère. J'ajouterai que le sujet de la nouvelle qui donne son titre au volume de M. de Maupassant [*La Maison Tellier*] est particulièrement choquant pour des lecteurs pudibonds. Vous nous exposeriez donc sans aucune bonne raison à des mécontentements qu'il est superflu de braver.

Permettez-moi donc à mon grand regret, de ne point accepter l'article que vous m'avez envoyé: si par aventure, vous en aviez un autre sous la main, je serais très heureux que vous eussiez le temps de l'envoyer pour dimanche: de cette façon la série de vos lundis ne se trouverait pas interrompue.

Veuillez croire à mes sentiments très dévoués

Fr. Magnard.

D:4 [à Zola; ibid., fols.440–440ᵛ]
Mardi soir [12 juillet 1881].

MON CHER COLLABORATEUR,

Vous savez que je redoute un peu les guerres civiles, peste des empires. Permettez-moi d'espérer que vous n'entamerez pas une polémique avec Wolff. Entre nous, son article est une réponse du berger à la bergère. Votre premier article sur

Hugo, quinze jours après le sien, celui sur la statue de Dumas dont il était un peu l'initiateur, enfin votre philippique contre les marchands d'esprit vous constituent un joli débet [*sic*] à son égard.

L'article sur ce M. Alexis qui vraiment ne comporte pas de dérangement, arrivant après l'éreintement de Wolff par ledit Alexis, bien qu'il ait été composé fort antérieurement a mis le feu aux poudres. Vous répondriez. Wolff répondrait aussi et voilà la guerre allumée. Y tenez-vous? Moi pas et je préfère de beaucoup les études où vous pratiquez le naturalisme à coup de bon style et d'observation à vos articles didactiques et théoriques. Si vous saviez quel succès a eu la *Mort du Paysan*, vous penseriez moins à nous révéler la genèse du talent de Mr de Maupassant.

Excusez ma franchise et croyez-moi

Très cordialement à vous

Fr. Magnard.

D:5 [à Zola; ibid., fols. 447–447ᵛ]
Vendredi [15 juillet 1881] 10 heures

MON CHER COLLABORATEUR,

L'article est parfait; je ne vous demanderai qu'une suppression. C'est la phrase entourée dans le 3e paquet; elle me met indirectement en scène, ce que je désire éviter: j'ai à me débattre contre tant de cabales, contre tant de perfidies, tant d'inimitiés avouées ou cachées! Ç'a été la clef de mon attitude dans votre débat avec Wolff, attitude qui a pu et qui a dû vous paraître singulière. Un jour que nous aurions l'occasion et le temps de causer longuement, je pourrais vous donner des notes précieuses sur le "cœur humain journaliste."

L'article me faisait peur, parce que vous me l'aviez annoncé *terrible*; il est juste, très à point, et mettra, je crois, le public de votre côté. Après sa publication d'ailleurs, j'arrête les frais et ne permettrai point à Wolff de continuer la polémique.

Très cordialement à vous

Fr. Magnard.

[...]

D:6 [Georges Carré à Zola (extrait); B.N., MSS, n.a.f. 24515, fols. 445–6]
Lundi [18 juillet 1881], 11 heures, 76 rue de Passy

A propos de votre article de ce matin dans le Figaro: Bravo! mon cher maître, quoique vous n'ayiez [*sic*] pas exprimé la chose d'une façon aussi nette que vous auriez pu: Mais la dignité de soi et d'autrui est une barrière.

J'ai failli vous écrire au lendemain de l'article de Mr. Wolff, s'emballant d'une façon si bête (pour dire le mot) pour vous exprimer combien j'étais surpris de le voir ainsi *déplacer la question*:

Ma foi! sur le moment, crûment et nettement, si j'avais été à votre place, je lui aurais dit:

"*Voyons, ça ne peut empêcher Mr. Alexis d'avoir du talent, – et ça ne peut m'empêcher de* le lire, alors même qu'il aurait été ingrat envers le pauvre Mr. Wolff à tort ou à raison. – Supposons le plus grand écrivain du siècle, ... *Balzac par exemple*, disant (par hasard!) du mal de Mr. Wolf... (s'il avait vécu alors) ... Et voilà *Mr. Wolff* blesse *"dans son amour propre" refusant à Balzac toute valeur littéraire*! ... et proclamant que c'est un pleutre et un gredin de lettres! – C'est risible; – et toutes proportions gardées, c'est ce que Mr. Wolf a fait vis à vis de Mr. Alexis; – Oui, vrai! cela fait rire d'autant plus que Mr. Alexis a frappé juste sur certains points. –

Bref, mon cher Maître, vous avez été indulgent en cette circonstance, (mais vous êtes resté de bonne compagnie, et vs avez bien fait), car votre *Plume* avait beau jeu... pour se transformer en *Verge* et fouailler à plaisir cette personnalité jalouse et mesquine qui, *abstraction faite de toute question d'art et de lettres*, a mis *au-dessus de tout dans son article*: ... *"son Amour-propre" et rien de plus*! –

C'est là *le nœud de la question et vous l'avez deviné, n'est-ce pas*!

App. E *Alexis à Lucien Descaves* Coll. P. Lambert

E:1
Paris, 13 octobre [18]82

MONSIEUR ET CHER CONFRÈRE,

A la suite d'un séjour de six semaines dans le midi de la France, je rentre chez moi et je trouve votre aimable lettre.

Je vous attends avec empressement, vous et votre livre. Kistemaeckers m'avait déjà écrit le plus grand bien de *Le calvaire d'Héloïse Pajadou*. De sorte que j'avais déjà envie de connaître et le livre et l'auteur.

Je suis généralement chez moi tous les jours de 2^h à 4, et quelquefois plus tard. (Maintenant, demain samedi, je vais rendre visite à Zola, à Médan d'où je ne reviendrai que lundi ou mardi.) En tenant compte de cela, venez donc le jour qui vous agréera le mieux. Je vous avertis que je perche au 6me.

Bien cordialement

Paul Alexis

34, rue de Douai.

E:2
Mercredi, 25 Oct^e 1882

MONSIEUR ET CHER CONFRÈRE,

Je viens d'achever votre livre. Et je sors de cette lecture enthousiasmé par la précoce maturité de votre talent. Je fais un retour mélancolique sur ma première jeunesse, et, en me souvenant des vers Baudelairiens et de la prose informe que j'écrivais à votre âge au fond de ma province, je vous envie d'avoir poussé, vous, en plein terreau artistique parisien, et je vous admire.

Pardonnez-moi, pour aujourd'hui, de ne pas entrer dans le détail, de ne pas spécifier pourquoi j'aime passionnément vos cinq nouvelles. Je réserve cela pour un article que je tenterai, dans le *Réveil*, quand je serai débarassé de "Le collage", le mois prochain. D'ici là, n'en restons point où nous en sommes, voyons-nous un peu. Je désire connaître plus profondément l'écrivain, avant de relire l'œuvre et d'en parler. Comme c'est fâcheux que vous partiez pour servir la France, que vous servirez bien mieux, en donnant à *Héloïse Pajadou* des sœurs et des frères.

Une cordiale poignée de mains

Paul Alexis

34, r. de Douai.

E:3

31 Déc^e [18]82

Mon cher confrère, je viens de jeter à la poste, pour vous, *le Collage* et un n° du *Réveil*, où, dans une revue littéraire de l'année, je m'exécute, *en partie hélas*! en vous consacrant quelques lignes, au lieu de la grande étude détaillée, que j'eusse voulu faire. Mais que voulez-vous? le naturaliste propose et les rédacteurs en chef disposent. Enfin, voilà! Quant à vos vers, je vous avoue, en toute sincérité, que je ne les ai pas trouvés *neufs* ni étonnants. Je crois avoir agi dans votre intérêt en ne les publiant pas. Excusez ma franchise et croyez-moi votre sincère ami.

Paul Alexis

Ayant perdu votre adresse *militaire* je vous envoie tout ça chez votre père –

App. F *Socialistes de Vierzon à Alexis et à Zola* B.N., MSS, n.a.f.24510

F:1 [fol.440]

Vierzon le 29 septembre 1886

CHER CITOYEN TRUBLOT,

Les ouvriers et les socialistes de Vierzon vont cette semaine publier le premier numero d'un journal "La Republique social" qui n'auras pas seulement pour but de soutenir la caisse des grévistes et des ouvriers mais aussi celle du parti socialiste qui fait de si grand progrès dans le (Cher). Un feuilleton nous est necessaire mais nous voulons un feuilleton qui fasse œuvre de propagande à la fois socialiste et naturaliste. C'est vous dire que nous avons pensé à Germinal qui répondrait tellement à notre desir que nous osons à peine esperer que nous pouvons l'obtenir car trop pauvres pour payer aucun droit il nous faudrait que Zolá nous autorisat à le publier gratuitement.

Aussi si nous avions su son adresse nous lui aurions écris directement mais vous sachant son ami nous vous prions d'étre auprès de lui l'interprete de notre demande.

Nous ne savon pas s'il est possible que notre desir soie réalisé en tout cas quelque soit le resultat de notre demande soyez assuré ainsi que le citoyen Zolá de notre sincère amitié et cordiale sympathie.

Pour le comité Republicain Socialiste
Pour la chambre syndicale des porcelainiers
Pour le comité de la grève
Pour la chambre syndicale des manœuvres
Pour la chambre syndicale des Métalurgistes

[Les signatures sont illisibles]

Vierzon le 29 7bre 1886

CHER CITOYEN ZOLA

Nous avons prier le Citoyen Trublot de vous demander au noms des soçialistes de Vierzon l'autorisation de publier Germinal en feuilleton dans le journal la *république soçial* dont le premier N° doit paraître Samedi prochain. Nous ne connaissons aucune œuvre comparable de propagande a la foit soçialiste et naturaliste c'est pourquoi il n'en est aucune autre qui pour nous pourrait le remplaçer. Nous sommes certains que si cela vous êtes possible vous nous donnerait cette autorisation a la quelle nous attachons le plus haut prix car nous savons combien elle nous aidcrait à l'organisation ouvrière et soçialiste du centre qui fait chaque jour tant de progrès et donnerait bientôt au partie soçialiste une forçe irrésistible qu'elle que soit votre reponse et votre décision ne mettant pas en doute votre bonne volonté nous vous assurons de notre amitié cordial et de notre sincères sympathic.

[Suivent les mêmes signatures de la lettre reproduite ci-dessus]

P.S. Notre journal seras ebdomadaire et il serait urgent que nous ayons votre reponse vendredi soir.

App. G Paul Drulat à Zola [extrait] D.N., MSS, n.a.f.a4510, fols.58-9

Paris, 14-6-92

J'ai fait hier la connaissance d'Alexis. Je l'ai rencontré sur sa porte au moment où il s'apprêtait à sortir... J'ai trouvé en lui un homme très simple, très modeste et très accueillant, ce qui touche toujours quand on est jeune. Nous avons causé de vous, du midi et de littérature. Sur ce dernier point, par exemple, nous avons failli ne pas nous entendre. J'ai vu le moment où, pour quelques phrases malheureuses, j'allais me faire traiter de pur décadent et de psychologue. J'ai dû me confondre en excuses. Mais malgré tout Alexis doit se défier de moi.

Quelle intolérance! mon cher Maître. Mais comment leur en vouloir, à ces êtres-là? On devine en eux tant de bonne foi et de sincérité au fond de cette injustice qu'ils demeurent quand même des sympathiques. Quand on se trouve en leur présence il faut se contenter, je crois, de faire quelques tristes réflexions, en se persuadant une fois de plus qu'il n'y a rien à espérer de la justice des hommes.

Le plus drôle de l'aventure est qu'aujourd'hui je rencontre Barrès. Je lui raconte mon entrevue avec Alexis... Vous dire le bon sang que nous nous sommes faits! Mais je suis le premier à reconnaître que nous avons eu tort, moi surtout, pour cette simple raison que je ne suis rien et qu'Alexis est un homme de talent. J'irai le revoir un de ces jours et je me promets de faire tous mes efforts et de ne reculer devant aucune concession pour lui être agréable. Si vous le voyez vous-même dites-lui bien que je suis très heureux et très flatté d'avoir fait sa connaissance et que je désire vivement compter un jour au nombre de ses amis, mais dites-lui aussi, si vous n'y voyez pas vous-même d'inconvénient, qu'il n'empêchera pas que *Werther* ne soit un chef-d'œuvre et Goethe un homme de génie.

APPENDICE H

Articles sur "l'affaire *Henri IV*" (suivis d'une chronologie)

H:1 "La bataille de Médan" par "L'Homme masqué" [Emile Bergerat]
Le Voltaire, 13-v-81

On aurait tort de vouloir confondre la bataille de Médan avec celle de Sedan; elles n'ont de rapports entre elles que par une quasie homonymie qui ne suffira certainement pas à dérouter l'histoire. Médan, près Poissy, est un lieu... d'aisance et de plaisance, où de jeunes fanatiques, prosternés nuit et jour devant un cheik constipé, écoutent les gargouillades sacrées de son ventre et tâchent de les imiter par des bruits de bouche similaires. Leur conviction est profonde et leur dévouement absolu. Ces hachichins nouveaux entretiennent leur enthousiasme en mâchant le chanvre de la bêtise, le foin des gros mots et le doux guano vert que le cheik, pareil à l'oiseau Rock, laisse tomber dédaigneusement à ses pieds. [...]

Ce combat, auquel la postérité conservera le nom de Bataille de Médan, que je lui donne, –j'ose du moins l'espérer,– s'exerce depuis cinq ou six années contre le beau style, le bon goût, la politesse d'esprit, l'imagination, le talent, contre tout enfin ce qui fait que la France est la France et qu'il y a honneur et plaisir à parler sa langue, à vivre sa vie, à être de ses enfants. A certaines dates de colique le cheik se lance, lui et les siens, sur l'un des hommes qui représentent le mieux ces dons nationaux et il l'encambronnise. [...] Debout parmi ses munitions, le cheik ruisselle, et il passe la langue dans sa barbe, belle de moutarde et fumante. Autour de lui, les petits hachichins, les yeux hors de la tête, font: bran! bran! sur des tambours, bombardent et pétardent. C'est le sublime carré de Waterloo-closet.

[...] Mais le temps marche et les jeunes fanatiques s'exercent à leur tour; et quand le Vieux de la Montagne laissera tomber ses bras lassés et glorieusement bitumineux, les lieutenants continueront la bataille, la rude bataille de Médan. Jusqu'à présent le Vieux n'avait risqué que l'oplite Alexis. Dans les grands cas, il s'écriait: Faites donner l'oplite Alexis, et l'oplite Alexis donnait. C'était terrible, en cela qu'il donnait comme un bœuf. Bouse formidable, ayant un vague parfum d'encens, qui s'écrabouillait sur les personnes, et l'on disait: Ah çà! qu'est-ce qu'il peut bien manger, l'oplite, pour que l'alentour soit si odorant; c'est donc de l'ail doux de Provence! Jours finis, voici l'oplite remisé, et l'on attend les vélites. [...]

H:2 "Chronique" par Charles Monselet *L'Evénement*, 18-vi-81

Les factums de M. Emile Zola se succèdent presque sans interruption. Après le *Roman experimental* et *Nos auteurs dramatiques*, voici les *Romanciers naturalistes*. Pour moi, c'est toujours le même ouvrage. [...] Il y est continuellement question de l'évolution romantique et de l'évolution naturaliste. Ces deux mots reviennent plusieurs fois à chaque page et ne contribuent pas peu à entretenir une douce monotonie dans l'esprit des lecteurs. [...]

"J'ai déjà, dit-il, quatorze ans de dur travail littéraire derrière moi; j'ai gagné à grand' peine le pain que je mange, *j'ai grandi dans le respect des lettres* et dans l'ambition de laisser une œuvre."

La peste! voilà un gaillard qui le prend sur un ton bien superbe! Voyons, voyons, cependant; ne nous laissons pas trop attendrir – et sachons ce qu'il entend par *grandir dans le respect des lettres*. Eh bien! c'est drôle, là, tout de bon. J'ai cru un instant que c'était Vauvenargues qui parlait. Ce n'était que l'auteur des *Rougon-Macquart*, cette *Comédie humaine* de l'égout.

Grandir dans le respect des lettres, c'est, selon M. Emile Zola, écrire *Nana* après l'*Assommoir*; c'est faire succéder l'étude de la prostitution à l'étude de l'ivresse; c'est tremper sa plume dans les boues les plus fétides et les plus corrosives; c'est traîner la littérature par tous les trottoirs immondes; c'est être le Vaugelas de la *langue verte*; c'est remplacer la *Fille aux yeux d'or* par "cette petite roulure de Satin," et le baron Hulot par "ce vieux saligaud de marquis de Chouard"; c'est ramasser de l'argent et de la notoriété là où personne ne s'était encore avisé d'en aller chercher. Pouah!

Grandir, mon garçon! tu es encore bien petit! Continue à gagner le pain que tu manges; il doit avoir un singulier goût. Mais ne nous parle plus du *respect des lettres*. Le plus humble des romanciers que tu malmènes du haut de tes cent éditions vaut mieux que toi; il n'écrit pas celui-là avec les mots les plus ignominieux du diction-naire et n'a pas besoin de se laver les mains, son chapitre écrit.

J'ai l'ambition de laisser une œuvre! Sois tranquille, tu la laisseras; elle existe déjà. On ira plus tard y regarder et s'y pencher par curiosité. On y trouvera cette verve sinistre qui éclate dans *Justine*. Tu vivras, et je ne t'en fais pas mon compliment; tu auras fondé un genre, mais quel genre!

Combien mieux vaut être mort comme Léon Gozlan, comme Jules de la Madolène, comme Edouard Ourliac, comme tant d'autres romanciers, qui ne savaient pas ce que c'était que le naturalisme, et qui ont vécu et écrit, ceux-là, dans le véritable *respect des lettres*!

Causons d'autre chose. [...]

H:3 "Le nouveau jeu" par Aurélien Scholl *L'Evénement*, 6-VII-81

[...] Parmi les jeunes gens qui se sont dévoués au poussah de Médan se trouve un de ces malheureux à qui la modeste existence de clerc d'huissier n'a pas suffi et qui, sans instruction, sans idées et sans orthographe, essaient de se faufiler dans le journalisme. Quand le maître a quelque raison de craindre pour ses oreilles, il met en avant ce fruit sec de tous les genres connus, comptant sur l'infinité du sujet pour écarter tout péril. [...] La besogne du jeune drôle consiste pour le moment à diffamer les écrivains qui ont osé dire leur façon de penser sur les tendances littéraires de l'auteur de *Nana*, cette œuvre putride, fausse à tous les points de vue, et qui semble écrite par un sous-vacher de la maison Tellier. C'est qu'il ne faut pas toucher au commerce du patron! M. Zola est le Potin de la littérature en même temps que le Menier de la vidange. [...] On se plaint beaucoup des odeurs de Paris. Le public accuse les fabriques de sulfure d'ammoniaque et il ne songe pas à l'usine de Médan.

[...] Le disciple a montré à la brasserie Fontaine, dont il est le client assidu, une lettre de Médan le poussant à démolir les chroniqueurs qui s'étaient permis de ne pas l'admirer, mais ajoutant: "Soyez très méchamment poli." [...] Le procédé est simple. Tout ce qui s'écrit en dehors de la petite sentine est nul et non avenu. Il n'y a que le labeur de Zola qui compte; tout le reste est une concurrence déloyale.

Le disciple poussé dans cette circonstance est âgé de trente-deux ou trente-trois ans. Qu'a-t-il fait? Rien. Il promène sa figure stupide dans les cafés des boulevards extérieurs et roule, en souriant, ses yeux de fond de pot de chambre, quand il entend dire autour de lui: Dieu! que ce garçon-là est bête! [...]

Et maintenant que j'ai publié cette poignée de vérités, je reste chez moi, pour savoir si ma franchise aura les conséquences qu'elle comporte. C'est le vieux jeu. – Mais vous verrez qu'il ne se présentera personne. C'est le nouveau jeu.

H:4 "Courrier de Paris" par Albert Wolff *Le Figaro*, 12-VII-81

Ce n'est pas sans une certaine stupéfaction que j'ai lu dans le *Figaro* d'hier un article consacré à un jeune nigaud de lettres, par M. Emile Zola. Je n'ai pas voulu répondre aux bêtises et aux calomnies que cet imbécile a publiées sur moi dans un journal, car vraiment je considère un tel adversaire comme tout à fait indigne d'une polémique avec moi. [...] Mais la situation est changée aujourd'hui. [...]

M. Emile Zola ne sait rien des choses parisiennes; il vit à l'écart au milieu d'un groupe de disciples et de camarades [...]. Il se croit obligé de les défendre en toute circonstance et de les couvrir de son autorité. Quelques-uns n'ont pas besoin de cette protection. M. Maupassant par exemple, un écrivain d'énormément de talent, ne sera que médiocrement flatté de recevoir des mains de M. Zola un prix de bonne conduite en littérature au même titre que l'infime M. Paul Alexis [...].

Ce que l'infime Paul Alexis pense [...] de mes travaux m'est absolument indifférent. Mais si par des mensonges et de basses calomnies il s'attaque à mon caractère, c'est une autre affaire, et nous verrons bien si M. Emile Zola prendra lundi prochain sous la protection de son nom les vilenies de ce petit monsieur. [...]

–Est-ce bien à vous, Zola, de venir défendre ici l'obscur scribe, qui audacieusement affirme que je n'ai jamais employé mon autorité plus ou moins grande à rendre service à quelqu'un, [...] et que l'éloge ou l'attaque naissent chez moi d'une arrière-pensée indigne d'un galant homme? Est-ce bien à vous, que j'ai soutenu dans ce journal du peu de crédit dont je puis jouir, de couvrir de l'autorité de votre nom le jouvenceau, indigne de votre amitié, qui entre dans la carrière littéraire [...] avec une froide calomnie de mon caractère, ce qui est à la fois une imbécilité et une vilenie? [...] Mon âge et la situation acquise par un labeur qui, s'il est sans gloire, n'est pas sans honneur, me donnent le droit de mépriser la calomnie. Je ne l'eusse pas ramassée dans la boue d'où elle est sortie, si vous n'aviez pas jugé à propos d'intervenir dans ce journal où je suis votre égal et votre collaborateur, en faveur d'un sous-naturaliste qui a cherché à jeter la déconsidération sur ma probité littéraire. Si vraiment vous faites de ce calomniateur votre camarade, l'offense n'est pas pour moi. Vous vous manquez de respect à vous-même.

Et maintenant, après avoir dit tout cela à M. Zola, je me permettrai de lui donner un petit avis, c'est de rentrer dans les rangs du *Figaro*, où son talent est le bien venu de tous, mais où la plus simple bienséance devrait lui défendre de se faire l'allié de ceux qui nous dénigrent et nous calomnient. Pour M. Zola, il est vraiment fâcheux que les basses attaques se produisent au moment où il est devenu des nôtres. La médisance pourrait l'accuser de jouer ici des épaules pour faire le vide autour de lui. Dans tous les cas, ce serait là une besogne peu glorieuse et très ingrate en même temps, car si personne ne croit que le sous-naturaliste mérite les hommages de la critique littéraire mieux que Victor Hugo, il ne se trouvera pas parmi nos lecteurs un imbécile pour penser que M. Zola a les épaules assez solides pour porter à lui seul le fardeau du *Figaro*, qui est une œuvre collective et de bonne confraternité.

L'homme de Paris le plus à plaindre en ce moment est peut-être bien M. Zola. Il a provoqué lui-même, et de gaieté de cœur, la situation fâcheuse dans laquelle se trouve son disciple favori, son protégé le plus cher, M. Paul Alexis, qui cesse aujourd' hui même de collaborer à ce journal. [...]

Dans tout ceci il n'y a qu'un coupable, et ce coupable c'est M. Zola. Le pauvre garçon qui vient de se briser les ailes dans cette grotesque aventure était le disciple le plus dévoué à son maître. Son bagage très sommaire dénotait de belles qualités d'écrivain, mais ne suffisait pas à lui faire occuper la place qu'il ambitionnait probablement. En journalisme, il n'était connu que pour être le satellite de M. Zola. [...] Il donna des articles et des études qui n'eurent jamais d'autre objet que la figure aimée de son maître. [...] Une fois entré au *Henri IV*, [il] continua dans ce journal à se faire l'ombre et l'écho de celui auquel il s'était attaché.

Je connais pour ma part plusieurs des jeunes naturalistes, et je dois déclarer à leur honneur qu'ils ont su conserver une tenue très digne. Ni M. de Maupassant, ni M. Céard ne se sont servis des journaux auxquels ils collaborent actuellement pour en faire des instruments de réclame et des organes naturalistes. Ils se sont bornés à y défendre leurs convictions lorsqu'elles étaient attaquées. Nul n'aurait le droit de leur reprocher cette attitude.

[...] Il est de fait, malheureusement, que l'auteur de l'*Assommoir* s'est engagé dès à présent sur un terrain d'où il pourrait bien difficilement se retirer, si l'envie lui en prenait. Il est trop avancé, je le crains, pour reculer. Il a peur du silence et de l'ombre; la polémique seule peut donner à son nom le retentissement et le bruit dont il a besoin plus que jamais.

En cela, M. Zola doit souffrir atrocement, car cet homme, qui prend les allures d'un ogre, qui semble vouloir tout dévorer, s'est conduit dans certaines circonstances avec une grandeur que peu de gens soupçonneraient. Ce qui prouve que la méchanceté n'est pas dans sa nature, c'est qu'il a un petit nombre d'amis très dévoués et très fidèles.

Je lui demanderai pardon de franchir une fois, par hasard, ce fameux mur de la vie privée pour lequel j'ai toujours conservé le respect le plus entier. Il faut que l'on sache que le père de M. Zola, un ingénieur de haut talent et d'une probité antique, qui a construit le canal qui porte toujours son nom, est mort en laissant une œuvre utile et des dettes. Légalement, M. Émile Zola était libre de ne pas les reconnaître. Il n'en fit rien et il travailla opiniâtrement avec sa mère jusqu'à ce que le mont paternel fût entièrement libéré.

L'homme qui accomplit silencieusement de telles actions ne peut être méchant. Il faut en vérité qu'un orgueil bien farouche, des rancunes bien mesquines l'aient jeté hors de son caractère pour que nous assistions au spectacle qu'il nous donne gratuitement depuis le succès prodigieux de l'*Assommoir*. [...]

On a déjà fait trop de bruit autour de ces hommes qui consacrent leur talent au scandale et aux études immondes et qui voudraient qu'on les prît pour les confrères des honnêtes gens qui accomplissent tranquillement leur œuvre d'écrivains. En tout la patience a des bornes. Si résolu que l'on soit à se taire, il arrive un moment où l'écœurement s'empare des esprits les plus indulgents, lorsque l'on voit insulter des personnalités d'un indiscutable mérite et que le génie lui-même ne trouve pas grâce devant les charlatans qui prétendent renouveler la littérature contemporaine.

Une fois Victor Hugo renversé de son piédestal, M. Zola n'a plus qu'à y placer le *Chroniqueur naturaliste*. Le lecteur est prévenu dès maintenant. Cette époque sera définitivement nommée le *Siècle de Paul Alexis*. [...]

Il est grandement temps que M. Zola, remis à juste place, renonce à briser la carrière de ses protégés et rentre en son castel de Médan pour y terminer les chefs-d'œuvre qui s'attardent sur sa table de travail. [...] Il se doit au public et commet un crime de lèse-littérature en se laissant absorber par le journalisme quotidien. [...]

н:6-7 "Chronique de Paris" par Léon Chapron *L'Evénement*, 14, 18-vii-81

[...] Il y a, dans cette petite aventure, qui n'a guère préoccupé que deux cents "gens de lettres," un particulier que je plains fort, le bon M. Zola. Il s'est servi de quelques niais, chargés de répandre sa gloire par le monde, et a tenu à honneur de payer les services de ces quelques arbalétriers. Je connais Zola –non le répugnant Zola de *Nana*, un commissionnaire en marchandises prohibées– mais le Zola de *Thérèse Raquin* et de la *Faute de l'abbé Mouret*. Il s'est exécuté et a dû souffrir en écrivant l'étonnant article que le *Figaro* a inséré il y a deux jours, à la stupéfaction toujours croissante de ses abonnés, j'imagine. Zola se porte fort pour le drôle en question. Il le met de pair avec un jeune homme qui a écrit *Boule-de-Suif* et *En Famille*, et qui, le jour où il rompra avec l'école du gros malpropre et renoncera à faire des *Maison Tellier*, sera un mâle, un vrai mâle. M. de Maupassant [...] n'a dû guère être flatté de se trouver en société avec l'auteur des chroniques en question. Le pauvre Zola, débiteur honnête, a réglé sa dette de si mauvais cœur, au fond, que les phrases les plus étranges ont échappé à sa plume, moins élégante que laborieuse. Il parle du vieux raté "ut supra," et le représente comme un sensitif qui a besoin d' "être ébranlé pour rendre." Qu'est-ce à dire, ô immortel auteur des "crevettes roses"? Toujours des cochonneries, alors! On l'a bien "ébranlé," votre brosseur! – Je vous jure qu'il n'a rien "rendu." Puis, répétez votre phrase à haute voix, et voyez la tête du myope qui ne lit qu'à demi le participe! Ces naturalistes ne sont, au vrai, que des pornographes – autorisés on ne sait pourquoi.

[18-vii]
A Monsieur Emile Zola, homme de lettres.

MONSIEUR,

[...] Je prends la liberté grande de venir vous demander aujourd'hui, et publiquement, une explication que vous n'avez pas le droit de refuser aux hommes qui, tout comme vous, ont l'honneur de tenir une plume. Il vient de se passer, dans notre tumultueuse République des lettres, un fait qui a ému quelques-uns et qui a surpris tout le monde. Pour ne point mâcher les mots, il a été question d'"espionnage" et de "mouchardise." D'une voix commune, on a fait remonter jusqu'à vous cette grosse accusation. En vous mettant en demeure de vous expliquer, sous peine de réelle forfaiture, je m'efforcerai de ne pas m'éloigner une minute des plus strictes règles de la courtoisie. N'estimez-vous pas, monsieur, que le débat vaut d'être vidé?

Il convient de déclarer tout d'abord hors de cause un pauvre garçon, sur lequel j'ai daubé comme les camarades, qui n'avait pas trop volé sa râclée de bois vert, mais qui, à tout prendre, est plutôt un grand dadais qu'un méchant diable. Le nom du personnage importe peu. On l'a exécuté et sacrifié d'une façon presque pénible. C'est un écrivain à la mer – et qui ne le soupçonne peut-être pas, l'innocent. Il a manœuvré de telle sorte que pas un journal ne donnera désormais asile à sa prose déconsidérée. Son seul crime, à ce triste niais, c'est d'être féru de fétichisme. Or, le fétiche, le grand manitou, c'est vous et non un autre. Il y a là matière à quelque orgueil, je le veux. Mais quoi! Le sot a joué une partie de sa vie littéraire sur une seule carte. Il a perdu. Vous voilà condamné, monsieur, à lui faire des rentes. Vous serez le mauvais payeur de cette fâcheuse aventure.

[...] S'il faut en croire la chronique médisante, c'est vous et bien vous, monsieur, qui êtes l'auteur masqué, l'"homodeï," de ces attaques sournoises et intéressées. [...] Vous vous êtes bien gardé de charger de cette besogne un brave petit homme de lettres tel que M. de Maupassant. Vous vous êtes adressé au naïf, au fasciné, au "doux hère," dirait le vieux poète Régnier, qui ne s'est point fait répéter deux fois le mot d'ordre et s'est jeté, tête basse, au plus fort de la mêlée. Quand on se hasarde à ces luttes-là, monsieur, il est bon de s'y hasarder de sa personne et de ne point sacrifier inutilement des tirailleurs.

[...] M. Deschaumes [...] affirme qu'il a vu, de ses yeux vu, ce qui s'appelle vu, une lettre de vous, adressée à l'exécuteur de vos basses œuvres, et dans laquelle vous nous recommandez particulièrement au prône. [...] Bien que brève, elle contenait des "indications précises." C'était un plan de campagne en cinq lignes. Mes compliments, monsieur. Vous êtes un stratégiste de la vieille école.

[...] La déclaration de M. Deschaumes est-elle sujette à conteste? Là est la question que je pose, que nous posons tous. Ce n'est pas au "négociant" de *Nana*, c'est à l'homme de lettres honorable, à l'auteur de la *Conquête de Plassans*, une grimace de chef-d'œuvre, que je m'adresse. [...]

II:8 Lettre d'Emile Zola à Léon Chapron *L'Evénement*, 19-VII-81

A Monsieur Léon Chapron, rédacteur de *l'Evénement*.

MONSIEUR,

Vous êtes courtois, et j'en suis ravi, car je vais pouvoir vous répondre.

C'est donc une histoire de ma vie privée qu'il vous faut. Je vous la conterai. Il est des heures amères, lorsque la haine dénature les faits, où le plus honnête homme du monde en est réduit à s'expliquer devant le public.

M. Paul Alexis m'écrit un jour qu'il ne peut venir, comme il me l'avait promis, passer quelque temps chez moi, à la campagne, et parmi beaucoup d'autres choses il me parle d'un projet littéraire. Il était entré au *Henri IV* (pourquoi ne m'accuse-t-on pas d'avoir corrompu ce journal à prix d'or?), et il rêvait d'y faire une série de médaillons, comme Colombine en avait donné au *Gil Blas*; seulement, au lieu de s'attaquer aux gens de théâtre, il songeait à protraicturer les chroniqueurs. Sa lettre m'annonçait ce projet.

Je le sais passionné, encore malhabile à manier l'arme dangereuse de la polémique, et je fus inquiet, je lui envoyai par retour du courrier quelques lignes écrites à la hâte sur une carte de visite.

Il a gardé heureusement cette carte. Voici ces quelques lignes, que je me permets de qualifier de paternelles:

"Venez quand il vous plaira, mon ami, et travaillez bien. Vos médaillons de chroniqueurs sont une bonne idée, mais surtout soyez méchamment poli; c'est la grande force. Je crois bien que votre Juven m'a écrit autrefois."

Où sont, je vous prie, monsieur, les "chauds encouragements" et surtout les "indications précises"? Qui trouvera, dans ces lignes, autre chose qu'un conseil de modération? Qui osera bâtir sur elles cette histoire abominable d'un mouchard et d'un insulteur délégué par moi? Vraiment, est-ce que je n'ai pas toujours dit très haut ce que je croyais avoir à dire, et M. Paul Alexis, qui a eu sa part de boue, n'avait-il pas des raisons personnelles suffisantes pour entrer de lui-même en campagne?

Vous parlez au nom de la dignité de la presse, monsieur, et vous vous érigez en justicier. C'est un beau rôle. Eh bien! je vous dénonce le fait suivant. Dans un café, un garçon trop confiant montre à un ami une lettre qu'il vient de recevoir, et cet ami, abusant de cette confidence, va colporter partout le contenu de cette lettre; il fait plus, il le dénature, et ainsi dénaturé il l'introduit dans une polémique, d'abord purement littéraire, et qui dès lors prend un caractère de violence sans exemple.

Puisque vous voulez être un justicier, monsieur, prononcez-vous.

Recevez mes confraternelles salutations.

Emile Zola.

Médan, 17 juillet 1881.

H:9 "Chronique de Paris" par Léon Chapron *L'Evénement*, 21-VII-81

[...] Je ne demandais pas à M. Zola qu'il me "contât une histoire de sa vie privée." Les indications qu'il avait données à son maladroit caudataire étaient devenues publiques. [Celui-ci] avait montré la carte de M. Zola et n'avait nullement demandé le secret. M. Deschaumes était donc absolument libre de raconter cette petite anecdote instructive, et que je considère, en ce qui me touche, comme un document humain tout à fait curieux. La responsabilité de ce jeune homme est hors de cause.

Je ne m'explique guère que M. Zola n'ait pas compris qu'il se condamnait lui-même. La teneur de cette fameuse carte, que M. Zola se plaît à qualifier de paternelle, me paraît être, à moi –j'y persiste– une de ces "adhortations au combat" qui servaient jadis de thèmes à nos discours latins. Je prie M. Zola de vouloir bien relire ces deux lignes: "Vos médaillons de chroniqueurs sont une bonne idée, mais surtout soyez méchamment poli." En bonne conscience, est-il possible de s'y méprendre un instant? M. Zola peut-il nier qu'il recommande à son séide d'être tout ensemble méchant et poli. [...] M. Zola a formellement poussé son infortuné disciple à accabler les chroniqueurs qu'il hait, d'une foule de perfidies. Je ne veux pas de nouveau revenir sur ce procédé un peu bien naturaliste.

[...] Que M. Zola, au lieu de nous donner un roman hystérique à la façon de *Nana*, écrive un beau livre comme *Thérèse Raquin*, et il verra si ces chroniqueurs, objets de son ressentiment, ne seront pas les premiers à crier ses louanges par-dessus les toits, sans rancune du passé. L'homme ivre de sa personnalité et plongé dans la contemplation de son nombril ne saurait nous occuper davantage. Nous l'attendons à ses œuvres. C'est de cela seul que nous avons souci.

H:10 Résumé chronologique de "l'affaire *Henri IV*"

[20 sept. 1880–22 sept. 1881: Collaboration de Zola au *Figaro* (*Une Campagne*)]

[1881]

29 avril Lettre de Magnard à Zola (app. D:3)
30 avril Lettre de Zola à Alexis (l.74, n.1)
 4 mai Lettre d'Alexis à Zola (l.74)
12 mai E. Bergerat, "La bataille de Médan," *Le Voltaire*, 13-v-81 (app. H:1)
13 mai Lettre de Zola à Alexis (l.78, n.6)
19 mai A. Delpit, "Revue littéraire [sur l'idéalisme en littérature]," *Gil Blas*, 20-v-81 (l.85, n.3)
25 mai P. Alexis, "Le paladin de l'idéalisme [sur Delpit]," *Henri IV*, 26-v-81 (l.85, n.3)

LA POLÉMIQUE

17 juin Ch. Monselet, "Chronique [sur *Les Romanciers naturalistes*]," *L'Evénement*, 18-vi-81 (app. H:2)
      Lettre d'Alexis à Zola (l.78)
18 juin Carte de Zola à Alexis (l.70, n.6)
29 juin P. Alexis, "Chronique naturaliste. Nos chroniqueurs," *Henri IV*, 30-vi-81 (l.78, n.3 [Monselet]; l.78, n.4; l.79, n.1 [Scholl]; l.81, n.3 [Wolff])
 5 juillet A. Scholl, "Le nouveau jeu," *L'Evénement*, 6-vii-81 (app. H:3)
      Lettre de Céard à Alexis (l.79, n.2)
 7 juillet P. Alexis, "Chronique naturaliste. Nos chroniqueurs," *Henri IV*, 8-vii-81 (l.79, n.13 [Chapron]; l.80, n.2 [Fourcaud]; l.83, n.9)
      Lettre d'Alexis à Zola (l.79)
      Télégramme de Céard à Alexis (l.79, n.7)
 9 juillet J. de Marthold, "Feu le temps," *Le Beaumarchais*, 10-vii-81 (l.80, n.1)
      Lettre d'Alexis à Zola (l.80)
10 juillet L. Chapron, "Chronique de Paris," *L'Evénement*, 11-vii-81 (l.80, n.2)
      Lettre de Céard à Huysmans (app. D:1)
11 juillet E. Zola, "Alexis et Maupassant," *Le Figaro*, 11-vii-81 (l.79, n.12)
12 juillet A. Wolff, "Courrier de Paris," *Le Figaro*, 12-vii-81 (app. H:4)
      Lettre d'Alexis à Zola (l.81)
      Lettre de Céard à Zola (l.82, n.9)
      Lettre de Huysmans à Céard (app. D:2)
      Lettre de Magnard à Zola (app. D:4)
13 juillet Annonce du renvoi d'Alexis, *Henri IV*, 14-vii-81 (l.81, n.4)
      E. Deschaumes, "L'amitié d'un grand homme," ibid. (app. H:5)
      L. Chapron "Chronique de Paris," *L'Evénement*, 14-vii-81 (app. H:6)
      Lettre d'Alexis à Zola (l.82)
14 juillet M. Boucheron, "Chronique de Paris," *Le Triboulet*, 14-vii-81 (l.82, n.13)
      Lettre d'Alexis à Zola (l.83)
15 juillet Lettre d'Alexis à Deschaumes (l.84, n.3)
      Lettre d'Alexis à Zola (l.84)
      Lettre de Magnard à Zola (app. D:5)

16 juillet Echo sur un duel Alexis-Deschaumes, *Henri IV*, 17-VII-81 (1.82, n.5)
A.Delpit, "Notes sur Paris," *Paris*, 17-VII-81 (1.85, n.3)
Lettre d'Alexis à Zola (1.85)
Lettre de Céard à Zola (1.85, n.4)

17 juillet Lettre de Chapron à Zola, *L'Evénement*, 18-VII-81 (app. H:7)
Télégramme d'Alexis à Zola (1.86)

18 juillet E. Zola, "Pro domo mea," *Le Figaro*, 18-VII-81 (1.83, n.13)
Echo sur le duel Alexis-Delpit [18 juil.], *L'Evénement*, 19-VII-81 (1.87, n.1)
Lettre de Zola à Chapron, ibid. (app. H:8)
Lettre de G. Carré à Zola (app. D:6)

19 juillet Echo sur le duel Alexis-Delpit, *L'Evénement*, 20-VII-81 (1.87, n.1)
Lettre de Magnard à Wolff, *Le Figaro*, 19-VII-81 (1.87, n.2)

20 juillet L. Chapron, "Chronique de Paris," *L'Evénement*, 21-VII-81 (app. H:9)
H. Fouquier, "Chronique," *Le XIXe Siècle*, 21-VII-81 (1.87, n.5)

21 juillet Lettre d'Alexis à Zola (1.87)
Lettre de Zola à Rod (1.87, n.6)

EPILOGUE

24 juillet V. Bonnard, "Francs propos d'un bourgeois de Paris," *Gil Blas*, 25-VII-81
(1.82, n.15)

25 juillet Lettre de Cézanne à Zola (1.88, n.11)
Lettre d'E. Rod à Zola (1.83, n.13)

5 août Lettre de Cézanne à Zola (1.88, n.11)

9 août Lettre d'Alexis à Zola (1.88)

18 août Lettre d'Alexis à Zola (1.89)

APPENDICE J*
Articles sur Alexis et les Naturalistes

J:1 "Dig-Din-Don" par A. Tilsitt *Les Cloches de Paris*, 4-VI-77

Ils étaient une demi-douzaine chez Trap, ils sont encore une demi-douzaine, – ils resteront une demi-douzaine. Ils se nomment: Paul Alexis, Henry Céard, Léon Hennique. F.-K. Huysmann [*sic*], Octave Mirbeau, Guy de Valmont. Ils travaillent à la fondation d'une école. Et quelle école! Ils ont trois maîtres: Gustave Flaubert, Edmond de Goncourt, Emile Zola. [...]

Où veulent-ils en venir? Le savent-ils eux-mêmes? J'en doute. Ils sont une demi-douzaine décidés à mettre en circulation des phrases dans le genre de ces lignes de l'*Assommoir*: "Moi, je m'abonne, murmura-t-il, pour qu'on me fasse comme ça pipi dans la bouche." Oh! pardon, mille fois pardon, mes chers lecteurs, de mettre sous vos yeux ces mots écrits cependant par un homme auquel on ne peut nier un véritable talent: Emile Zola. Quel dommage que ce – Monsieur (dois-je le désigner ainsi?) sache si bien agencer une étude ordurière. Je maintiens le mot.

L'*Assommoir* est une étude de mœurs que la plupart d'entre nous a faite sans oser l'écrire. Emile Zola a eu plus de courage. Disciple de de Goncourt, il a dépassé son maître: le sentier tracé par le disciple a été élargi et est devenu une route que

*Pour éviter toute confusion avec le numéro 1 il n'y a pas d'appendice I.

le maître a traversée, traînant à la remorque quelques pages plus ignobles encore que l'*Assommoir*: la *Fille Elisa*.

Et ils sont une demi-douzaine *grands* contempteurs de notre littérature moderne qui essaient de nous engager dans des voies nouvelles et de nous régénérer???... C'est à pouffer de rire. [...] Ils se prennent au sérieux, mais tellement au sérieux qu'ils se sont avisés de se "payer," il y a déjà quelque temps il est vrai, un dîner où figuraient des truites saumonées à la *Fille Elisa*, des vins de *Coupeau*, des liqueurs de l'*Assommoir*, etc. On le voit, c'est tout ce qu'il y a de plus – naturaliste.

Ils sont une demi-douzaine... Ils se rencontrent dans la rue, ils ne se serrent pas la main: ils s'agrafent; ils ne s'invitent pas à boire, ils se crient: Allons-nous enfler un canon sur le zinc? – Ils ne vont pas se coucher, ils vont roupiller. – Ils ne s'empruntent pas de l'argent, ils se lampent de cent sous pour lincher. Il est vrai qu'ils sont une demi-douzaine: de quoi – boucher la boutique d'un mastroquet.

Et voilà l'école qui se fonde: l'école na-tu-ra-lis-te. Ils sont une demi-douzaine. Une demi-douzaine qu'il faut battre en brèche parce qu'elle menace de gâter le tout. Ah çà! s'ils allaient faire des petits!

Monsieur de Goncourt, c'est à vous que je m'adresse: avouez-moi franchement que votre *Fille Elisa* ne "se promène pas sur la table de l'appartement où vous recevez des gens qui se respectent." Et vous, monsieur Zola, l'*Assommoir* doit-il être placé entre les mains de... tout le monde?

La demi-douzaine prête à rire, et mes lecteurs ne me prendront pas au sérieux si je lui accorde un peu plus de place dans les *Cloches* – journal sans prétention. En bons confrères, nous devons cependant leur faire un peu de réclame. La voici, sur l'air des *Charlatans*: Ohé! ohé! les Zoléens! Etc., etc., etc. Laissons à d'autres le soin de rimer les lignes non écrites. S'ils étaient plus nombreux?... Mais on les compte: une demi-douzaine. Quel dommage que Zola ait du talent et que Goncourt ait si bien observé le monde où vivait la fille Elisa!

J:2 "Hommes et Choses" par Edouard Drumont *Liberté*, 11-11-82

[...] Evidemment, si l'on se place au point de vue de l'éternelle raison et du sens commun ordinaire, il y a quelque chose de prodigieusement grotesque dans l'acte d'un homme qui noircit un gros volume pour nous initier aux moindres actes de la vie de Zola. L'énorme est atteint quand l'auteur nous dit que, selon toute vraisemblance, "Zola a été conçu au mois de mars." Mais cela n'est qu'une des formes de la folie où nous vivons, c'est bien dans la note du jour. [...]

Etant donné le cynisme des réclames actuelles, l'affichage éhonté de soi-même, l'absence de tout sentiment de convenance et de mesure qui caractérisent notre époque, pourquoi l'homme de lettres se gênerait-il plus que les autres? [...] Même dans les exagérations d'une amitié complaisante, on aperçoit un côté illusion qui touche, et comme une naïveté qui désarme.[...]

Zola paraît dans cette biographie tel qu'il est. [...] M. Paul Alexis, qui a les mêmes convictions, agit très honnêtement en propageant la gloire du grand homme. Cette double foi leur donne à tous deux, pour agir, pour manifester, pour remuer leurs contemporains, le *stimulus* qui manque aux gens de sens calme, aux vieux Français clairvoyants et raisonnables, tout dépaysés dans une société qu'on a comparée assez justement, à un bas-empire américain, à un mélange de corruption raffinée et de mercantilisme.

Vous riez de Zola, et demain, vous prendrez au sérieux des projets d'hommes d'Etat qui sont plus chimériques encore que ceux de l'écrivain; car, en réalité, Zola a produit quelque chose, quelque chose de bien inférieur à ce qu'il imagine, mais qui, enfin, durera plus longtemps que beaucoup de romans de politique contemporaine.

Le livre de M. Paul Alexis, en tout cas, est de ceux qu'il faut acheter et léguer à ses enfants. Il éclaire d'une lumière éclatante l'état d'esprit de la génération présente; il témoigne de tout ce qu'on peut se permettre sans soulever des huées trop formidables; il montre la place qu'il est possible de conquérir, avec une certaine vigueur de tempérament, un aplomb imperturbable, l'ignorance de toute délicatesse et de tout respect humain, l'art de grouper autour de soi des êtres de bonne volonté qui aiment à servir d'accompagnateurs et de hérauts. Zola, je l'ai dit souvent et ne puis trop le répéter, c'est Gambetta. Vous rencontrerez chez les deux la même apparence décevante de force, le même don d'attirer l'attention, la même habileté à être toujours en scène, la même impuissance effective. La foule, vis-à-vis des deux, éprouve une impression identique: la tristesse de ne pas avoir trouvé le vrai grand homme qu'elle désirait tant, qu'elle attendait, qu'elle était prête à acclamer...

J:3 "A propos de *Sapho*" par Nestor [Henri Fouquier] *Gil Blas*, 9-VII-84

[...] La gloire de l'école contemporaine du roman, –hé! je dirai du naturalisme, si vous voulez!– c'est d'avoir vu que l'homme était corps et âme, que la physiologie était à l'autre bout de la psychique, que l'être abstrait était produit, en grande partie, par l'être social, que le milieu et l'heure, et le hasard et les indifférents faisaient des drames, tout comme l'action d'une âme sur elle-même et le duel de deux sentiments abstraits. Mais le danger du naturalisme, c'est d'aller à l'excès d'une réaction légitime, de trop négliger le travail que l'esprit fait sur lui-même avant de rendre dé-finitive la sensation perçue et de la convertir en sentiment, en idée, en volonté. Si je hais les divisions d'école, c'est justement parce qu'elles déconseillent au romancier de puiser également aux deux sources de la vérité, l'âme et le corps, la liberté humaine et le fatalisme des milieux. Et si j'admire sort la *Sapho* de M. Daudet, c'est parce que, en dépit de quelques concessions faites à la manière de l'Ecole, surtout dans le style, il me paraît avoir fixé le point juste d'où l'observation, qui est tout le roman, voit la vie sous son double aspect. [...]

Mais cette vérité du Naturalisme, qui complète la vérité du roman idéaliste, comme une démonstration d'anatomie confirme une théorie sur la vie, il faut qu'elle reste choisie, pour que l'art ne s'abaisse pas. En même temps que *Sapho*, je relisais une petite plaquette de M. P. Alexis, qui s'appelle brutalement: *un collage*. Même sujet. Je dirais presque mêmes personnages: deux employés et deux filles d'aventure. Seulement, –et ce seulement, c'est tout!– les personnages de M. Daudet réagissent (vainqueurs ou vaincus), contre le milieu, le hasard, la circonstance: ceux de M. Alexis ne réagissent pas. Ici, il y a drame: là – procès-verbal. Notez que je ne conteste pas la vérité du procès-verbal. Mais il ne m'intéresse pas, parce que, en art, il n'y a d'intérêt, dans la plastique, qu'avec des formes choisies, et, dans le roman, qu'avec des âmes également choisies. Ces âmes peuvent être abominables: il y a chez M. Daudet, qui sait tout dire, des physionomies de filles qui sont aussi terribles que les filles que nous montre M. Alexis, qui dit tout. Le roman de *Sapho* a toutes les hardiesses dont *un collage*, avec ses crudités, ne nous donne que l'illusion. Mais, dans *Sapho*, les passions vivent: dans *un collage*, on ne les sent plus: ici, c'est la bataille de l'existence, avec ses épisodes variés: là, c'est la photographie du champ de bataille. Que nous font ces morts, dont nous ne savons seulement pas s'ils ont lutté, s'ils sont tombés en brutes lâches ou en héros? Idéalistes, naturalistes, brûlez vos drapeaux, jetez au feu les étiquettes! Il n'y a qu'un roman au monde, celui où l'homme vit, corps et âme, et le romancier est seul grand et complet qui sait dire la lutte incessante de ces deux choses éternellement réelles, l'idéal et la fatalité.

J:4 "Les modérés" par Nestor *Gil Blas*, 6-VIII-84

[...] Un [des] naturalistes, dans le *Cri du Peuple*, signe Trublot. Ce Trublot me paraît être fort ami de M. Paul Alexis et lié avec lui comme les deux doigts de la main, ainsi qu'on dit. Trublot admire Alexis. Il le cite avec complaisance: il estime que "ce bon zig de naturaliste m'a collé" d'importance. M. Alexis, en effet, a bien voulu réfuter ce qu'il appelle "ma théorie bizarre des âmes choisies," qui n'est pas une théorie, mais une simple observation. La critique aujourd'hui, en effet, n'en est plus à vouloir donner à l'art, quel qu'il soit, des règles, des leçons, des procédés. Personne ne serait assez osé pour prétendre fournir une recette de bon roman, comme une recette d'omelette aux champignons. M. Alexis sait bien reconnaître que je n'ai point cette sotte pensée. Il abandonne encore, en quoi il a raison, toutes les querelles de mots; et, allant au fond des choses, pose la question en ses termes les plus simples, entre la vérité choisie et la vérité qui ne l'est pas. Je crois que, là-dessus, nous nous entendrons très bien, en nous séparant tout à fait.

Pourtant, comme il arrive toujours quand on se querelle, nous avons un point de départ commun, l'étude de la vérité. Le roman est la peinture de la vie; c'est à elle qu'il doit emprunter ses tableaux, ses incidents, ses caractères et ses passions. Mais ici intervient cette observation que j'ai faite, et sur moi, et sur bien d'autres, observation pure et qui n'est pas une théorie, que l'œuvre d'art est d'autant plus intéressante que l'artiste a choisi davantage ses modèles et, dans ses modèles, certaines façons d'être, soit morales, soit plastiques.

[...] Qu'il choisisse donc les âmes de ses personnages, comme le peintre choisit les physionomies de ses modèles. Je n'entends par âmes choisies, comme M. Alexis feint de le croire, des âmes particulièrement vertueuses, surtout de cette vertu bourgeoise qui chagrine fort son ami Trublot. J'entends des âmes où les passions aient une vivacité, un relief, une force qui les rende intéressantes. [...] J'avais dit que ce qui nous captive, dans la bataille de la vie, c'est la lutte des fatalités de la nature et de l'idéal de l'esprit. M. Alexis accorde bien que le roman doit nous dire cette bataille. Mais les fatalités, il les appelle des instincts, ce qui se touche de près, encore que fatalité dise mieux l'influence des objets et des milieux: quant à l'idéal, il lui substitue l'intérêt. Soit. [...]

Mais nous voilà, je pense, en plein roman psychologique! J'accorde que, souvent, la physiologie (qui fait la part des instincts ou des fatalités) a été trop négligée par nos devanciers. Je ne demande pas mieux que de lui voir une plus large place. Mais, ici encore, l'observation intervient, pour nous apprendre que l'humanité, par une loi qui m'échappe, s'intéresse davantage à la catégorie des passions qu'à celle des fatalités pathologiques. Othello jaloux a, pour l'artiste, ce "quelque chose" dont je parlais, qui manque à Coupeau pochard. Coupeau pochard a cependant un intérêt; mais cet intérêt, il le doit à ceci que son vice, –sa fatalité,– lutte contre un idéal, et un idéal bien "bourgeois," mon bon Trublot! un idéal d'ouvrier travailleur, bon père et bon époux. Et une autre observation nous apprendra que, dans cet idéal d'un personnage de roman, il entre toujours quelque chose de l'idéal de l'auteur. [...] Le désintéressement absolu du romancier est un paradoxe que Flaubert a vainement poursuivi. Cet impersonnel a rempli son œuvre de sa personnalité. Et le romancier, en partant du choix du sujet et des moyens d'expression, en arrive forcément à exprimer sa doctrine morale de la vie. Quand vous voudrez, nous prendrons Zola, le plus puissant de vous tous, et nous tirerons une morale de ses œuvres, une morale austère, digne de cet homme puissant qui, si on va bien au fond des choses, est un fils de Proudhon. [...]

J:5 "M. Paul Alexis Trublot (notes d'un ami)" par Maurice Barrès *Les Taches d'encre*, No.3 (janvier 1885), 1–4

J'avais fait un bel article sur M. Paul Alexis, délicieux écrivain, qui vient de fonder le *Trublot, torchon hebdomadaire à Dédèle*. J'appliquais à pénétrer son théâtre, ses romans, tout son bagage, ces modestes qualités de psychologue que des amis ont l'indulgence de m'accorder le jour que j'étudie leurs œuvres.

Ma petite chose se développait en trois parties: I.– Le novateur. II.– Sa grâce et sa fantaisie. III.– Le penseur.

J'en adressai une copie à un lettré de goût très sûr et de bon conseil qui fréquente depuis des années M. Paul Alexis, avec prière de vouloir suppléer à mes omissions, ou rectifier mes erreurs. Le lendemain mon manuscrit me revenait sans plus, raturé ainsi qu'il suit:

M. Paul Alexis ....
....
.... Zola ....
....
....
....
Zola...
.... imbécile.

A parler franc, cette concision déjà connue me paraît toujours nouvelle. Les esprits paresseux et tous ceux qui n'ont pas de temps à perdre m'approuveront.

Songez que ce malheureux Trublot, déplorable pasticheur de Boquillon, est un pauvre vieux jeune, supporté et porté tant bien que mal par des camarades qu'il rase et des jeunes qu'il paye en réclames, perpétuelle risée de tous ceux du métier, écrivain à cent sous l'article dans ce Cri du Peuple (*iste*), raté du théâtre où Dumas fils et Wolff qu'il injurie le firent entrer, raté du roman où il ne trouve à détailler que ses piteuses fredaines, raté enfin même par Albert Delpit...!

A peser sa laborieuse impuissance, la vieillesse qui arrive, la monomanie orgueilleuse où il se galvaude, on songe à ces pauvres bougres de poètes ruraux, tolérés dans les sous-préfectures, le nez toujours bleu de froid, les ongles attristés et des "œuvres complètes" dans l'imagination. Puis tandis qu'il rôde autour de la notoriété, son petit *torchon* à la main, je crois voir ces vieux Trublots qui sourient niaisement et sont fiers tandis que, bien campée, la cuisinière rit d'eux largement et les gifle.

J:6 "Ceux de Médan" par Gustave Guiches *Le Figaro* (sup.lit.), 26-v-88

Si M. Paul Alexis n'avait eu l'inespérée fortune de participer à la combinaison des "Soirées de Médan," la pénurie littéraire, que maint de ses rares ouvrages affirme si puissamment, l'aurait, pour toujours à coup sûr, retenu dans une impénétrable et légitime obscurité.

Aussi, désirant conquérir les suffrages de son Juge, le candidat produisit cet apport de qualités négatives exigé par le conseil de révision naturaliste: nulle personnalité, nulle rareté, nulle subtilité, nulle nouveauté, nulle excentricité. N'étant ni abstrus, ni abstrait, ni concret, rien ne s'opposait à son admission, et le futur Trublot fut jugé digne d'être enrégimenté, après avoir, –mais lui sans espoir de s'affranchir,– prêté le serment indispensable de ne jamais penser, de ne jamais s'émouvoir, même de haïr le rêve, de vilipender la métaphysique et, au besoin, de déconsidérer l'Idéal.

M. Paul Alexis a généreusement tenu ses promesses. Comme au jour de son ordination littéraire, il est un esprit enamouré de discipline. Jamais ne s'est démentie son assiduité. Jamais n'a bronché son zèle hiérarchique, ni sa persévérance farouche à respecter la Doctrine, à défendre les Préceptes du Formulaire de Médan. Malgré le vide alarmant qui se fait dans son église d'élection, vide qui explique peut-être l'extraordinaire maigrissement du Dieu, il reste inamovible au poste qu'il s'est infligé à la droite de son Seigneur intellectuel dont il est le dernier Séraphin. Et son encensoir oscille avec une indécourageable ferveur.

Producteur peu fécond, M. Paul Alexis dénombre son œuvre avec une désespérante facilité: deux volumes de nouvelles, une Biographie panégyrique de M. Emile Zola, une anecdote intercalée dans le recueil des *Soirées* fameuses et une comédie en un acte que l'auteur déclare améliorée par l'inspiration de M. Alexandre Dumas fils, qui n'a pas tardé à ressentir les cuisants effets d'une ardente gratitude promise pour avoir bien voulu fortifier une insuffisante verve dramatique de quelques accents professionnels.

Au total, trois ouvrages dont pas un n'a l'importance d'un roman ou ne rachète son aride brièveté par une suffisante intensité d'art. C'est peu, si l'on songe que M. Paul Alexis n'est plus jeune, qu'il est même beaucoup plus âgé que ses camarades d'école et qu'il est resté stationnaire, à d'incalculables distances, derrière eux.

J:7 "Une journée chez Zola" par Ulric Guttinguer *La Batte*, No.6 (10-vi-88), 229-39

[...] – Maître, puisque nous parlons d'Alexis, que pensez-vous de son tempérament? Croyez-vous qu'il soit un de ceux qui se rapprochent le plus de votre formule?

–Ah ça, mon jeune ami, on dirait un reporter que j'ai à ma table? Vous me faites là une question à laquelle je suis très embarrassé de répondre. Alexis, je vous l'ai déjà dit, est un ami des mauvaises heures; un de ces amis-là dont on ne peut parler avec autant de facilité que des autres. Ensuite, je l'ai répété cent fois, je n'ai pas de formule, que diable! J'ai été la pierre d'achoppement, et c'est tout. Voyez-vous la nature comme moi, Guttinguer?

–A peu près.

–Eh bien, nous en sommes tous là, nous en sommes tous à des *à peu près*; chacun agit selon son tempérament, avec ses vues spéciales, et celui qui essaye de suivre en littérature une méthode, celui-là est un pauvre homme d'écrivain, car rien n'est plus méprisable qu'un pastiche.

—Je suis de votre avis, maître, mais j'estime que les écrivains qui se sont groupés autour de vous sont *les sincères*, ceux qui veulent la vérité dans la description. Est-ce bien là la forme du naturalisme?

—Oui, je peux être le chef de cette école du vrai, mais ce vrai, chacun l'exprime avec ses vues personnelles, avec ses instincts, et Alexis est un de ceux-là.

—Donc, selon vous, Alexis est...

—... Un sensitif, un indépendant. Alexis est très lent à concevoir et à produire. Chacune des pages d'un de ses romans lui donne plus de mal qu'à moi un chapitre. On doit lui tenir compte de ce travail extraordinaire, car il n'est pas responsable de cette paresse et de cette lenteur d'esprit qui le caractérisent.

—Il vous admire beaucoup.

—Vous m'étonnez. Alexis est le *type* le moins admirateur que je connaisse, et rares sont ceux qui se peuvent vanter d'avoir reçu des compliments de lui.

—Et sa *Lucie Pellegrin*, qu'en dites-vous?

—La nouvelle? ou la pièce qui va être jouée prochainement au Théâtre Libre?

—Les deux.

—Ma foi, je vous dirai qu'entre les deux mon cœur balance. La nouvelle me séduit par l'âpreté de son observation, mais d'un autre côté, les hardiesses de la pièce ne sont pas faites pour me déplaire.

—Je suis presque sûr qu'on la sifflera au Théâtre Libre.

—C'est possible, Alexis est peu aimé: il *écoppe* aisément; mais si la scène canaille et véritablement horrible de l'entrée de Chochotte passe, la mort dramatique de Lucie Pellegrin assurera le succès qu'elle mérite. C'est très bien étudié, c'est une des choses les plus sincères et les plus intenses qu'ait faites Alexis.

—Je l'ai vu, il y a quelques jours, chez Antoine, diriger les répétitions, et il n'est jamais content de rien; il a changé déjà dix fois son manuscrit, et fait répéter à son interprète, Madame Nancy-Vernet, vingt ou trente manières de mourir, sans être encore satisfait d'une seule.

—Vous ne m'étonnez pas: quand il est venu ici me lire sa pièce, il m'a prévenu qu'il y ferait des changements.

—Avez-vous lu, maître, l'article de Guiches sur Alexis?

—Oui; c'est absolument idiot. Voilà un monsieur qui ne connaît aucun de nous, qui n'a jamais vu Alexis, qui n'a aucun motif de rancune contre lui, qui vient on ne sait d'où, et qui attaque le pauvre garçon avec une rage extraordinaire. Je le comprends de la part de Bonnetain qui est très mal avec lui; mais de Guiches, je trouve que c'est le coup de pied de l'âne.

[L'interview se poursuit sur le Théâtre Libre, la pièce *Germinal*, la politique (Boulanger, Clemenceau), les *Rougon-Macquart*.]

J:8 *"La Fin de Lucie Pellegrin"* par Dangeau *La Vie moderne*, x (17-VI-88), 372–3

96, rue Blanche. La salle des répétitions du Théâtre Libre: un vaste local plus long que large, très élevé, avec, au fond, une cheminée monumentale de marbre brun, et à droite, des fenêtres aux rideaux rouges à lions héraldiques. Les murs sont ornés d'affiches rappelant les triomphes remportés par la troupe du *Théâtre Libre*, en Belgique, et de quelques cadres renfermant des photographies d'acteurs et d'actrices. A gauche, sur une vaste table, des journaux s'étalent; tout autour, un divan ponceau règne, semé par-ci par-là de coussins. Quelques fauteuils et sièges pareils s'espacent dans la pièce.

Il est cinq heures et un quart. La répétition est annoncée pour cinq heures précises. Seul encore, pourtant, Paul Alexis, les mains, se crispant derrière le dos, sur un manuscrit mi-roulé, les cheveux hérissés en brosse, et le lorgnon bombé de myope fixé sur les yeux, se promène d'un pas automatique et ennuyé. Ses interprètes l'ont donc abandonné?... Du tout! Seulement...

Soudain, il s'arrête devant le divan, au haut bout de la table, et, plus suppliant que fâché – du ton d'un maître d'études à qui quelques vingt galopins ont réussi à faire mettre les pouces:

–Alors, nous ne répéterons pas, aujourd-hui? demande-t-il. Des voix s'élèvent, lasses, ennuyées:

–Il fait si chaud.

–Et puis, nous ne sommes pas au complet!

–Et puis, vous n'avez pas encore de *Chochotte.*

Quelques femmes sont là, étalées en espalier sur le divan, tout habillées, en chapeaux et cache-poussière, à peine un peu dégrafées et la tête reposant sur les coussins. On les dirait écrasées par quinze heures de fatigue ou de scène – et elles viennent d'arriver: même plus la force de causer engagements en Espagne ou de débiner les retardataires! Celle-ci bâille; celle-là pépie; Alexis lève au ciel des bras désolés, et, au bout de son poing, son manuscrit s'agite comme le signal d'un naufragé.

–Pas de *Chochotte!* Pas de *Chochotte!* s'écrie-t-il, vous répétez toujours la même chose. Je le sais bien que j'en ai pas de *Chochotte.* Mais, aussi, pourquoi aucune de vous ne veut-elle le jouer, ce rôle!

–Tiens, parbleu, pour passer... pour ce qu'on n'est pas!

Cette réplique cloue au sol le malheureux auteur. Tant d'illogisme le stupéfie: quoi? elles ont accepté, celle-ci, un rôle de noceuse phtysique, celles-là des personnages de catins sur le retour, ou de concierge empiétant sur le proxénétisme, sans craindre un instant qu'on les soupçonnât d'exercer réellement ces diverses professions, et les voilà qui refusent le rôle de *Chochotte!* Une, même, lui a dit avec l'anxiété de la vertu aux abois:

–Mon pauvre M. Alexis! Je voudrais bien vous la jouer, moi, cette *Chochotte,* mais enfin... je me demande si, après avoir joué ça, une artiste peut encore passer pour une honnête femme!!!...

[...] Cinq heures et demie. Une retardataire se montre enfin.

–Ah! voilà *Chochotte!*

Et Alexis court au-devant d'elle:

–Eh bien! vous êtes-vous décidée?

–Hum! hum!... je ne sais pas encore!... c'est bien dur... de jouer un rôle comme ça quand... ça n'est pas dans vos habitudes... Enfin, pour vous obliger, je vais toujours répéter, mais je ne promets rien... non, je ne promets rien!

–Alors, répétons!

–Oui, mais vite, car il se fait tard; et je ne tiens pas à dîner à huit heures, tous les jours.

On plante les décors et les accessoires, figurés par des chaises. Et la répétition commence. A lui seul, Alexis lit trois rôles, confiés à des absentes et souffle sans

549

vergogne toutes les répliques de *Chochotte* qui, tout à ses hésitations digne de Rodrique, a oublié de jeter un coup d'œil sur le livret.

Rien de singulier comme cette pièce où il n'y a que des femmes! Les répliques se suivent, annoncées plus que dites, et ce qui gêne infiniment les interprètes, c'est ce langage archi-naturel, tout fait de phrases banales, ordinaires, sans redondances, ni recherches stylistiques. Elles n'auraient qu'à jouer comme elles parlent. Mais, cela, c'est au-dessus des forces de tout artiste. Et c'est un effet bien curieux que celui produit, au milieu des interjections canailles et des locutions argotiques, par certaines intonations entachées de lyrisme, par cette habitude conservatoiresque, d'ouvrir démesurément l' "é" dans l'article "les," et par dix autres façons tout autant "vieux jeu"!

Une lassitude lourde empâte les mouvements des femmes tandis qu'elles esquissent les gestes et les jeux de scène. Une bouffée d'impatience interrompt une réplique: c'est un changement demandé par une absente et qu'Alexis a accordé avec son habituelle bonne grâce.

—Dam! fait une des présentes, si vous changez toujours, nous n'en finirons jamais!

—Mais, puisque c'est l'autre Adèle qui l'a demandé, ce changement,... vous vous souvenez bien... vous y étiez!

—L'autre Adèle!... C'est vrai, tout ce qu'elle vous demande, vous le faites, tandis que vous ne changeriez même pas une syllabe dans mon rôle!

Un rire, heureusement, interrompt la querelle, provoqué par une énorme trivialité du livret. Et joyeusement, Lucie s'écrie:

—Bon Dieu! si les hommes de l'orchestre laissent passer celle-là, ils auront bonne tête.

Alexis accueille ce compliment comme une flatterie. Et la répétition continue, coupée à chaque instant par des incidents analogues. [...]

—Par exemple, M. Alexis, jamais je ne dirai ce mot-là!

—Pourquoi donc!!

—Vous le demandez!!!

—Mais c'est un mot qu'on dit tous les jours! intervient une camarade.

—Oh! madame!... vous, peut-être, moi, jamais!

—Cependant, puisqu'on se dispute, ce mot-là est tout naturel.

—Sans doute, celui-là ou un autre: vous n'avez qu'à lâcher tout ce qui vous viendrait à l'idée si vous vous trouviez dans une situation analogue...

—Je ne dirai pas ce mot-là, en tout cas!

—Moi, je comprends ça!

—Eh bien! et moi, alors, avec toute ma scène de Chochotte.

—Et moi, avec ce que je dis des hommes!

—Et moi...

—Et moi...

Alexis fait de vigoureux efforts pour ne pas devenir fou. Il ne comprend pas du tout que ce pauvre petit mot provoque une si grande tempête. D'autant plus, qu'il ne dépare en rien la pièce. Mais, vaincu par cette révolte de son équipage, il va peut-être céder, lorsque, entré en tapinois, le grand maître, Antoine lui-même, intervient:

—Tout ça, c'est des blagues! affirme-t-il d'un ton d'autorité! Vous n'avez pas à discuter votre rôle. Jouez-le, c'est déjà suffisant!... Mais, voulez-vous que je vous dise: vous avez toutes le trac; vous avez peur des bourgeois; eh bien, que celles qui ont le trac, rendent leurs rôles; on les remplacera.

Cette seule menace fait plus que toutes les prières d'Alexis. Ne pas jouer, quel malheur! Le fameux mot n'a plus l'air d'une si impossible chose. On le murmure d'abord, avec timidité, il ne brûle pas les lèvres; on le dit plus haut, il sonne bien; on le lance enfin avec toute l'énergie du désespoir, et comme le premier mot seul coûte –l'écluse étant ouverte,– on fait suivre le premier mot d'un déluge d'invectives pittoresques, de défis boueux, d'injures ordurières à en rendre jaloux Trublot lui-même, si Trublot n'avait pas, pour tout ce qui "jaspine bigorne," un véritable cœur de père!

J:9 Portrait d'Alexis par J.-H. Rosny aîné *Torches et lumignons* (La Force Française 1921), 102-4

Garçon opaque, aux yeux nébuleux, à la vue basse, il marchait mal, semblait maladroit de ses membres, et ses paupières, trop pochées, dénonçaient le fléchissement du cœur. Il s'enchaîna au char d'Emile Zola, dont il fut, de beaucoup, le plus fidèle disciple. Singulier mélange d'instincts grossiers et de sensations délicates, il professait sur l'amour des doctrines tolérantes et ne concevait pas que la jalousie pût excuser l'homicide ni même les coups. Son talent, ensemble lourd et fin, unissait une sensualité brutale à des sentiments subtils.

Quand Zola réussit, Paul Alexis aurait pu avoir sa part de la brioche. Il n'était pas indispensable que son ami lui jetât des miettes: avec de l'entregent, le disciple aurait conquis les gazettes et les revues. Je ne sais qui l'avait logé au *Cri du Peuple*, où il signait des chroniquettes naturalistes sous le nom de Trublot: *le Cri*, très littéraire, mais dans une note spéciale, ne pouvait rien pour ce timide cynique.

Au reste, Paul Alexis frappait à maintes portes, et, souvent accueilli, il ne tirait aucun parti de ses chances: c'était l'homme qui, affligé d'une insurmontable inertie, laisse faire le sort. Sa mine annonçait la malchance: ses livres n'ameutaient pas les foules. [...]

Encore que le "Grenier" fût plutôt hostile à son maître, Alexis le fréquenta, car il ne détestait pas Goncourt et écoutait Daudet avec prédilection. Par échappées, sa voix brumeuse distillait quelque observation vague ou quelque obscure anecdote. Brave homme et sympathique, mais d'un idéal si restreint, si miteux, si larveux, qu'on éprouvait, en sa compagnie, un petit malaise, entremêlé de compassion... Cependant, sa fidélité à Zola, et à quelques doctrines, une intransigeance assez fière, une sincérité morne, révélaient de la noblesse...

J:10 "Naturalistes et Parnassiens. Emile Zola et Paul Alexis en Provence. Souvenirs" par P. Vigné d'Octon *Nouvelles littéraires*, 17-IV-26

Parmi les figures sympathiques que Paul Alexis aimait évoquer quand il nous racontait ainsi les impressions et les souvenirs de sa vie littéraire, je me garderai d'oublier celle de Catulle Mendès. Bien que la personne même de l'écrivain lui fût indifférente et qu'il lui reprochât ce qu'il appelait son "dandysme," il n'en rendait pas moins hommage à son talent de poète et de prosateur. Il nous parlait souvent du Parnasse et des Parnassiens, alors dans toute leur gloire et dont Mendès était un des plus illustres. Il s'attachait à nous prouver que cette école [...] avait donné tout ce que contenait sa formule et qu'elle devait céder le pas au naturalisme ou plutôt fusionner avec lui. – Aux Parnassiens, disait-il, appartient incontestablement l'honneur d'avoir brillamment poursuivi l'évolution romantique commencée en 1830, et d'avoir maintenu, avec éclat, le prestige hugolesque.

Avec Mendès, il admettait que Zola était, avant tout, un grand poète, mais il souriait quand l'auteur de *Zohar* affectait de ranger sous la bannière parnassienne son école tout entière.[...] – Non! Non! [...] Mendès ne comprend pas l'œuvre de Zola! Mais je l'aime, nous l'aimons parce qu'il reste, malgré tout, son admirateur comme il est celui de Victor Hugo... Avec lui nous reconnaissons que l'auteur des *Misérables* a le premier, avant notre Maître, proclamé la liberté de tout regarder et de tout dire: mais nous protestons lorsqu'il affirme que nous n'apportons rien de nouveau, dans la littérature contemporaine, que nous ne sommes pas une école, mais un groupe, que notre apparition n'est que la suite de l'évolution romantique et que nous sommes tout simplement des poètes, des Parnassiens, révoltés, mais des Parnassiens...

Toutefois la raison principale pour laquelle, malgré leurs divergences, Paul Alexis aimait beaucoup Catulle Mendès, c'était parce qu'il avait avec d'autres parnassiens, devenus depuis illustres, fondé d'abord la *Revue fantaisiste*, puis la *République des lettres*, toutes deux favorables au Maître et aux plus notoires de ses disciples. Sur la première, il ne tarissait pas d'éloges. –[...] Elle réserva une des meilleures places, au précurseur direct de notre Maître, à cet étonnant Champfleury qui déjà menait le combat du réalisme littéraire, préparant ainsi la voie au père des *Rougon-Macquart*.

[...] Paul Alexis se montrait encore plus élogieux et reconnaissant à l'égard de la *République des lettres* [...]. –Dans celle-là, nous disait-il, j'ai écrit dès le début de ma vie littéraire. Je n'oublierai jamais la large hospitalité, qu'avec moi tous ceux de Médan y trouvèrent, [...] à l'heure même où la tempête faisait rage contre le naturalisme. [...] Et comment oublier que ce fut la *République des lettres*, qui vaillamment recueillit le chef d'œuvre de notre Maître? [...] Oui, vraiment comment oublier, après cela, la courageuse et intelligente attitude des parnassiens à notre endroit? Comment, malgré nos divergences d'Idéal, ne pas aimer Catulle Mendès et ses amis, dont l'œuvre fut bonne et dont la gloire ne sera pas éphémère? [...]

J:11 "Les écrivains à la Nouvelle-Athènes" par Georges Rivière
Nouvelles littéraires, 7-v-27
[...] Le café de la Nouvelle-Athènes, place Pigalle, a été pendant une dizaine d'années entre 1873 et 1885 le rendez-vous d'un certain nombre d'écrivains et d'artistes, gens d'un talent original pour la plupart et d'intelligence éveillée, ayant entre eux une certaine affinité d'esprit. Dans l'étroite travée qui s'étendait sur la largeur de la façade du café, des tables de marbre, placées bout à bout, étaient chaque soir occupées par des peintres et des littérateurs groupés autour de Marcelin Desboutin.[...]

Quoique Huysmans fût très lié avec Zola et se rattachât littérairement à lui, un autre écrivain parmi ceux qui venaient au café de la place Pigalle semblait plus que lui le parfait disciple du maître: c'était Paul Alexis. Non seulement celui-ci suivait avec succès la route littéraire tracée par Zola, mais encore il ressemblait physiquement à son maître. Il était plus empâté, plus bedonnant que Zola, mais c'était la même silhouette amplifiée comme l'ombre sur le mur. Il riait aussi plus facilement que Zola et son lorgnon était placé moins en bataille sur un nez plus épais et cependant finissant plus en pointe que celui du modèle. Paul Alexis avait aussi l'aspect professoral plus accentué que Zola; il avait beaucoup du pion dans ses attitudes et dans sa conversation. Il était doctrinaire et paraissait bien convaincu que Zola et ses disciples remplissaient une mission quasi religieuse. Il les considérait comme de nouveaux évangélistes.

Au moment où parurent l'*Assommoir* et *Nana*, les prétentions affichées par les amis de Zola n'offusquaient personne et ne semblaient pas aussi ridicules qu'elles le paraissent aujourd'hui; c'est que l'Ecole naturaliste, à peu près morte, était alors en sa prime jeunesse. Ceux mêmes qui ne se laissaient pas tromper sur la qualité de ce rajeunissement du romantisme et sur la réalité des fantoches présentés comme des copies de la nature, étaient sympathiques au mouvement littéraire que représentait Zola. [...]

Les réunions de la Nouvelle-Athènes avaient un caractère particulier: on n'y venait pas pour y faire de l'esprit. Le ton y était donné par Desboutin qui, grâce à son tact, à sa courtoisie, à la bienveillance qu'il témoignait à chacun, faisait régner dans la conversation un ton de bonne compagnie. Je ne veux pas affirmer qu'on n'y disait jamais du mal du prochain, mais on ne s'y déchirait pas. C'était déjà beaucoup et peut-être même est-ce la raison pour laquelle nombre de gens furent fidèles aux réunions du vieux café, tant que Desboutin s'y montra assidu; car après son départ, ce fut fini, les tables perdirent leurs habitués.

J:12 Description de l'habitation d'Alexis (13, rue Girardon) par George Moore *Mémoires de ma vie morte*, trad. G. Jean-Aubry (Grasset 1928), 57–63 [ch.v: "La Butte"]

[...] A ma gauche une porte en fer oscille sur des gonds rouillés, elle conduit à une grande terrasse à l'extrémité de laquelle s'aligne une rangée de maisons; dans une de ces maisons habite mon ami. Tout en tirant la sonnette je pense que le plaisir de le voir mérite l'ascension, et mes pensées remontent en arrière vers ce temps lointain où j'ai connu Paul. Cela remonte aux origines, c'est-à-dire aux temps où nous commençâmes d'écrire. Mais Paul n'est justement pas chez lui. La bonne viens ouvrir, un bébé dans les bras, et elle me dit que Monsieur et Madame sont sortit pour la journée. Ni déjeuner, ni cigares, ni causerie à propos de littérature, rien qu' une longue marche pour rentrer, car on ne trouve pas de fiacres sur ces hauteurs; un long chemin pour rentrer, sous le soleil brûlant. Et ce n'est guère une consolation que de me dire que j'aurais dû écrire un mot et les avertir que je viendrais.

Il faut que je me repose un moment, je demande à m'asseoir; et voici que la bonne apporte du vin et un siphon, et me dit qu'il fait meilleur s'asseoir dans le bureau que dans la pièce de devant, et c'est ma foi vrai, car dans cette pièce-ci les rayons blancs passent à travers les fentes, et s'allongent comme des lames d'épées sur le plancher. Le bureau est agréable, et le vin si rafraîchissant que je me mets à considérer avec attention la maison bâtie sur ce coteau à pic. A cinquante pieds, plus même, cent pieds au-dessous de moi, il y a des jardins, accrochés on ne sait comment à un creux de la colline, avec des arbres, de grands arbres, car il y pend des balançoires, autrement je ne saurais pas qu'ils sont grands. Du haut de cette fenêtre, ils ont l'air d'arbustes, et par delà les maisons qui entourent ce jardin, Paris s'étale au loin dans la plaine, masse sombre et rougeâtre, semblable à un gigantesque chantier ; au loin se dessine une ligne de collines, que surmonte un ciel pâle et léger comme la cendre bleue d'une cigarette. Je ne puis contempler cette ville sans émotion. [...] Pour ce qui est de Paul, je connais la couleur habituelle et chacune des ombres diverses de son esprit, et pourtant je n'en saurais pas faire le héros d'un roman. Je sais quand il se lève, combien de temps il lui faut pour s'habiller, et ce qu'il porte. Je sais le déjeuner qu'il mange, et les rues par où il descend, leur forme, leur couleur, leur odeur. Je sais exactement ce que la vie a été pour lui, comment elle l'a affecté [...].

Voici la salle à manger meublée d'un joli buffet en chêne avec six chaises assorties ; à gauche c'est leur chambre à coucher, et le lit d'enfant est un cadeau du grand, cher et illustre maître. M. et Mme Paul sortent péniblement de leurs draps vers les midi, ils lambinent en déjeunant et sirotent des petits verres. Quelques amis viennent, puis vers quatre heures Paul se met à écrire son article qu'il termine, ou à peu près, vers le moment du dîner. Ils flânent en dînant jusqu'à ce que l'heure sonne pour Paul de porter son article au journal [*Le Cri du Peuple*]. Il flâne dans le bureau de rédaction ou au café jusqu'à ce que son épreuve soit prête, et quand il l'a corrigée, il flâne dans les nombreux cafés du Faubourg Montmartre, fumant d'interminables cigares, remontant vers la butte sur les trois ou quatre heures du matin.

Paul est gras et d'une humeur égale. Il a foi dans le naturalisme toute la journée, particulièrement après le déjeuner, au moment des petits verres. Il ne dit jamais un mot désobligeant à qui que ce soit, et je suis sûr qu'il n'en a jamais pensé un seul. Il avait un certain goût pour les grisettes autrefois, mais depuis qu'il est marié, il ne pense plus qu'à sa femme ; il écrit des choses raides, mais jamais femme n'a eu un meilleur ami. Maintenant vous le connaissez aussi bien que moi. [...]

Je vois la série des Rougon-Macquart, chacun des volumes lui a été offert par l'auteur, puis Goncourt, Huysmans, Duranty, Céard, Maupassant, Hennique, etc..., en un mot les œuvres de ceux avec qui j'ai grandi, ceux qui m'ont attaché autour du cou mon premier tablier littéraire. Mais voici aussi les *Moralités Légendaires* de Laforgue et les *Illuminations* d'Arthur Rimbaud. Paul ne les a pas lus ; on les lui a envoyés pour des comptes rendus, et il les a mis de côté dans la bibliothèque sans les couper. [...]

APPENDICE K
Repères chronologiques

Vie et œuvre d'Alexis	Vie et œuvre de Zola	Evénements historiques, littéraires et artistiques
	1840 Naissance de Zola, à Paris (2 avril)	1840 Monarchie de Juillet Ministères Thiers, Guizot Hugo *Les Rayons et les Ombres* Musset *Œuvres complètes*
		1842 Balzac: premier volume de *La Comédie humaine*
	1843 Installation de la famille Zola à Aix-en-Provence	
		1846 Sand *La Mare au Diable*
1847 Naissance d'Alexis, à Aix-en-Provence (16 juin)	1847 Mort de François Zola, à Marseille (27 mars)	
	1848 Elève à la pension Notre-Dame (avec Roux et Solari)	1848 Chute de la Monarchie de Juillet Election de Louis-Napoléon Bonaparte à la Présidence de la République (déc).
		1850 Mort de Balzac
		1851 Coup d'état de L.-N. Bonaparte (2 déc.)
	1852-7 Etudes au collège Bourbon d'Aix. Amitié avec Baille, Cézanne	1852 Establissement du Second Empire (2 déc.) Gautier *Emaux et Camées* Leconte de Lisle *Poèmes antiques*
		1853 Hugo *Les Châtiments*
		1854-5 Guerre de Crimée

Vie et œuvre d'Alexis	Vie et œuvre de Zola	Evénements historiques, littéraires et artistiques
		1855 Exposition internationale à Paris Débuts des grands travaux d'Haussman Exposition privée de Courbet à Paris ("Le Réalisme")
		1856 Duranty et Champfleury *Le Réalisme* Hugo *Les Contemplations*
1857 Entrée au collège Bourbon. Amitié avec Cézanne, Coste, Roux, Solari, Valabrègue		1857 Mort de Musset Baudelaire *Les Fleurs du Mal* Flaubert *Madame Bovary*
	1858 Déménagement à Paris (févr.) Vacances d'été à Aix	
	1859 Vacances d'été à Aix	1859 Guerre d'Italie Hugo *La Légende des siècles*
		1860 Duranty *Le Malheur d'Henriette Gérard*
	1862 Entrée aux bureaux de Hachette (févr.)	1862 Flaubert *Salammbô* Hugo *Les Misérables* Leconte de Lisle *Poèmes barbares*
		1863 Fromentin *Dominique* Salon des Refusés Manet *Le Déjeuner sur l'herbe*
	1864 *Contes à Ninon* (déc.)	1864 Taine *Histoire de la littérature anglaise*
1865 Etudes juridiques à Aix Naissance de Marie Monnier, future épouse d'Alexis, à Honfleur (12 févr.)	1865 Rencontre d'Alexandrine Meley Reçoit, le jeudi, Baille, Cézanne, Roux, Solari, etc. *La Confession de Claude* (nov.)	1865 Bernard *Introduction à l'étude de la médecine expérimentale* Goncourt *Germinie Lacerteux* Manet *Olympia*

Vie et œuvre d'Alexis	Vie et œuvre de Zola	Evénements historiques, littéraires et artistiques
	1866 Quitte la Librairie Hachette (janv.) Séjour à Bennecourt, avec Cézanne (print., été) *Mes Haines; Mon Salon* (juin) *Le Vœu d'une morte* (nov.)	1866 *Le Parnasse contemporain* Verlaine *Poèmes saturniens*
1867 Suit des leçons de dessin à Aix d'Honoré Gibert	1867 Amitié de Duranty, Guillemin, Manet, Pissarro *Edouard Manet* (juin) *Les Mystères de Marseille* (juin, oct.) *Thérèse Raquin* (déc.)	1867 Exposition internationale à Paris Mort de Baudelaire, de Lamartine Goncourt *Manette Salomon* Manet: Exposition privée
1868 Collaboration au *Grognon provençal* d'Aix (du 20 déc, au 27 mars 1869)	1868 Séjours à Bennecourt *Thérèse Raquin* (2e éd., avec Préface; avril) *Les Mystères de Marseille* (III; Juil.) *Madeleine Férat* (déc.)	1868 Letourneau *Physiologie des passions* Au Salon: Manet, Monet, Pissarro
1869 Publication d'un poème dans *Le Figaro* du 8 janvier Zola consacre deux de ses chroniques du *Gaulois* aux vers d'Alexis (10, 19 janv.) Arrivée à Paris (sept.) S'installe 25, rue Cardinal Lemoine Première visite à Zola (15 sept.)	1869 Projet des *Rougon-Macquart* accepté par l'éditeur Lacroix Préparation de *La Fortune des Rougon* Collaboration au *Gaulois* (janv.–sept.), au *Rappel*, à *La Tribune* S'installe 14, rue de La Condamine	1869 Mort de Sainte-Beuve Flaubert *L'Education sentimentale* Goncourt *Madame Gervaisais*

Vie et œuvre d'Alexis	Vie et œuvre de Zola	Evénements historiques, littéraires et artistiques
1870 Habite 5, rue de Linnée; puis l'hôtel Lemercier, 12, rue Lemercier Témoin au mariage de Zola (31 mai)	1870 Achèvement de *La Fortune des Rougon*; préparation de *La Curée* Collaboration à *La Cloche* (févr.–août), au *Rappel* Mariage de Zola et d'Alexandrine Meley (31 mai) Séjours à Bennecourt Départ des Zola pour Marseille (7 sept.) Publication de *La Marseillaise* (avec Roux) Départ pour Bordeaux (11 déc.) Nommé secrétaire particulier de Glais-Bizoin, membre de la Délégation générale (21 déc.)	1870 Déclaration de guerre à la Prusse (19 juil.). Sedan (2 sept.) Effondrement de l'Empire (4 sept.) Investissement de Paris (19 sept.) Mort de Jules de Goncourt et de Mérimée L'Ecole des Batignolles (Bazille, Fantin-Latour, Manet, Renoir, etc.)
1871 S'installe 20, rue St. Georges, Batignolles (févr.) Séjour à Aix-en-Provence (juin–oct.)	1871 Collaboration à *La Cloche* et au *Sémaphore de Marseille* (à.p.d. févr.) Rentrée des Zola à Paris (14 mars) Séjour à Bennecourt (mai) *La Fortune des Rougon* (oct.)	1871 Armistice (28 janv.) Fin du siège de Paris Election d'une Assemblée Nationale, qui siège à Bordeaux, puis à Versailles (8 févr.) Thiers chef du pouvoir exécutif de la République Insurrection à Paris La Commune (18 mars) Semaine sanglante et défaite de la Commune (21–8 mai) Succès républicain aux élections législatives partielles (2 juil.)
1872 Collaboration à *La Cloche* (janv.–oct.) Séjour dans le Midi (déc.)	1872 *La Curée* (janv.); préparation du *Ventre de Paris* Collaboration à *La Cloche*, au *Corsaire* (déc.), au *Sémaphore de Marseille* Amitié de Daudet, Edmond de Goncourt, Flaubert, Tourguéneff	1872 Mort de Gautier Daudet *Tartarin de Tarascon*

Vie et œuvre d'Alexis	Vie et œuvre de Zola	Evénements historiques, littéraires et artistiques
1873 Collaboration au *Corsaire* (mars–juin), à *L'Avenir national* (avril–oct.)	1873 Collaboration à *L'Avenir national* (févr. juin) et au *Sémaphore de Marseille* *Le Ventre de Paris* (mai) Première de *Thérèse Raquin* à la Renaissance (11 juil.)	1873 Démission de Thiers (24 mai). Election de Mac-Mahon à la Présidence de la République Daudet *Contes du lundi* Rimbaud *Une Saison en enfer*
1874 Habite 38, rue de La Condamine	1874 Collaboration au *Sémaphore de Marseille* *La Conquête de Plassans* (juin) Première des *Héritiers Rabourdin* au Théâtre de Cluny (3 nov.) *Nouveaux Contes à Ninon* (nov.) Installation au 21, rue Saint-Georges	1874 Daudet *Fromont jeune et Risler aîné* Huysmans *Le Drageoir à épices* Verlaine *Romances sans paroles* Première exposition impressionniste (avril)
1875 S'installe 24, rue Trézel Se trouve en prison (23 avril–5 mai) Habite Rennes (mai–juin) Séjour à Saint-Aubin chez Zola (août) Voyage à Aix (sept.–oct.) Déménage à 32bis, rue Laval, à Paris	1875 Collaboration au *Messager de l'Europe* (à.p.d. mars) et au *Sémaphore de Marseille* *La Faute de l'abbé Mouret* (avril) Amitié de Maupassant Vacances d'été à Saint-Aubin-sur-Mer (Calvados)	1875 Marx: traduction française du *Capital* Richepin *La Chanson des gueux*
1876 Fréquente Flaubert: rencontre Goncourt, Maupassant Malade à la Maison Dubois (avril) Séjour à Aix (mai–août) Collaboration au *Ralliement* (à.p.d. oct.) Fait la connaissance de Céard, de Huysmans, d'Hennique (automne)	1876 *Son Excellence Eugène Rougon* (févr.) Collaboration au *Bien public* (à.p.d. avril), au *Sémaphore de Marseille* et au *Messager de l'Europe* Vacances d'été à Piriac, en Bretagne	1876 Ministère Dufaure et Jules Simon Invention du téléphone Mort de G. Sand Daudet *Jack* Huysmans *Marthe* Mallarmé *L'Après-midi d'un faune* (illustr. par Manet) Deux expositions impressionnistes (mars–avril)

559

Vie et œuvre d'Alexis	Vie et œuvre de Zola	Evénements historiques, littéraires et artistiques
1877 Collaboration au *Ralliement* (jusq. mars) Séjour à Etampes, chez Béliard (juin-juil). Vacances d'été à Aix (août–oct.)	1877 *L'Assommoir* (mars) Collaboration au *Bien public*, au *Messager de l'Europe* et au *Sémaphore de Marseille* (jusq. mai) Amitié de Céard, Huysmans, Mirbeau S'installe 23, rue de Boulogne Vacances d'été à l'Estaque	1877 Démission de J. Simon (16 mai) Dissolution de la Chambre (25 juin). Elections et majorité républicaine (oct.) Daudet *Le Nabab* Flaubert *Trois Contes* Goncourt *La Fille Elisa* Hugo *La Légende des siècles* (nouv. série) Trois expositions impressionnistes
1878 Collaboration à *La Réforme* (à.p.d. sept.)	1878 Collaboration au *Voltaire* et au *Messager de l'Europe* *Une Page d'amour* (avril) Première du *Bouton de rose* au Palais-Royal (6 mai) Achat de la villa de Médan (printemps) Préparation de *Nana*	1878 Reconstitution d'un parti socialiste Exposition universelle à Paris Bourget *Edel* Hennique *La Dévouée*
1879 Collaboration à *La Réforme* et au *Voltaire* (à.p.d. mai) Installation au 34, rue de Douai (juil.) Première de *Celle qu'on n'épouse pas* au Gymnase (8 sept.)	1879 Collaboration au *Voltaire* et au *Messager de l'Europe* Première de *L'Assommoir* à l'Ambigu (18 janv.)	1879 Démission de Mac-Mahon. Grévy président de la République Gambetta président de la Chambre. Victoire définitive des Républicains Daudet *Les Rois en exil* Dumas : Préface de *L'Etrangère* Goncourt *Les Frères Zemganno* Huysmans *Les Sœurs Vatard* Vallès *Jacques Vingtras. L'Enfant.*

Vie et œuvre d'Alexis	Vie et œuvre de Zola	Événements historiques, littéraires et artistiques
1880 Collaboration à *La Réforme* (jusq. juil.) et au *Voltaire* (jusq. mai) *La Fin de Lucie Pellegrin* (janv.) Collabore aux *Soirées de Médan* (avril) Vacances à Villerville (Calvados) et à Trouville (sept.–oct.)	1880 Collaboration au *Voltaire* (jusq. août), au *Figaro* (à.p.d. sept.) et au *Messager de l'Europe* (jusq. déc.) *Nana* (mars) *Les Soirées de Médan* (15 avril) Mort de la mère de Zola (17 oct.) *Le Roman expérimental* (déc.)	1880 Amnistie des communards Mort de Flaubert et de Littré Hennique *Les Hauts Faits de M. de Ponthau* Maupassant *Des Vers* Schopenhauer : traduction française de *Pensées, maximes et fragments*
1881 Collaboration au *Henri IV* (mai–juil.) "L'affaire *Henri IV*" (juin–juil.) Publie des nouvelles au *Gil Blas*	1881 Collaboration au *Figaro* (jusq. sept.) Première de *Nana* à l'Ambigu (29 janv.) *Les Romanciers naturalistes* *Nos Auteurs dramatiques* *Le Naturalisme au théâtre* *Documents littéraires* Vacances d'été à Grandcamp (Calvados)	1881 Ministère Gambetta (nov.) Céard *Une Belle Journée* Flaubert *Bouvard et Pécuchet* France *Le Crime de Sylvestre Bonnard* Huysmans *En ménage* Maupassant *La Maison Tellier*
1882 *Emile Zola, notes d'un ami* (4 févr.) Collaboration au *Réveil* (à.p.d. mars) Séjour à Aix (août–oct.) *Le Collage* (déc.)	1882 Collaboration à *La Revue littéraire et artistique* *Une Campagne* (janv.) *Pot-Bouille* (avril) *Le Capitaine Burle* (nov.)	1882 Scission du parti socialiste et formation du parti ouvrier de Jules Guesde Crise financière. Krach de l'Union générale Becque *Les Corbeaux* Goncourt *La Faustin* Huysmans *A vau-l'eau* Maupassant *Mademoiselle Fifi*
1883 Collaboration au *Réveil* et au *Cri du Peuple* (à.p.d. 28 oct.) Publie des nouvelles au *Gil Blas*	1883 *Au Bonheur des Dames* (mars) Vacances d'été à Bénodet (Finistère) *Naïs Micoulin* (nov.) Première de *Pot-Bouille* à l'Ambigu (13 déc.)	1883 Mort de Tourguéneff et de Manet Bourget *Essais de psychologie contemporaine* Brunetière *Le Roman naturaliste* Daudet *L'Evangéliste* Hennique *L'Accident de monsieur Hébert* Maupassant *Contes de la Bécasse ; Une Vie* Villiers de l'Isle-Adam *Contes cruels*

Vie et œuvre d'Alexis	Vie et œuvre de Zola	Evénements historiques, littéraires et artistiques
1884 S'installe 7, rue Lepic (janv.) Collaboration au *Cri du Peuple*, au *Réveil* (jusq. juin) et au *Matin* (août–oct.) Séjour à Veules et voyage à Londres, d'où il ramène Marie Monnier, sa future épouse (sept.) Publication du *Trublot* (4 nos., déc.)	1884 Collaboration à *La Revue indépendante* *La Joie de vivre* (févr.) Voyage à Anzin (févr.–mars) Séjour au Mont-Dore (août)	1884 Grève des mineurs à Anzin Daudet *Sapho* Desprez *L'Evolution naturaliste* Goncourt *Chérie* Huysmans *A rebours* Maupassant *Miss Harriet*
1885 Collaboration au *Cri du Peuple* et à *La Petite Presse* (juil.–nov.) Installation au Château des Brouillards, 13, rue Girardon (1er avril) *Le Besoin d'aimer* (mai) Séjour à Aix (sept.–oct.)	1885 *Germinal* (mars) Vacances d'été au Mont-Dore (août) Campagne dans *Le Figaro* contre la censure au théâtre (oct.–nov.)	1885 Guerre du Tonkin Mort de Hugo Daudet *Tartarin sur les Alpes* Maupassant *Bel Ami*; *Contes du jour et de la nuit* *La Revue wagnérienne*
1886 Collaboration au *Cri du Peuple* Naissance de Paule Alexandrine (19 avril) Séjour à Etampes et à Janville (août–oct.)	1886 *L'Œuvre* (mars) Censure du drame tiré de *Germinal* Vacances d'été à Saint-Palais-sur-Mer (sept.) Agrandissement de la maison à Médan	1886 Mouvements symbolistes et décadents: *Le Décadent, La Vogue, Le Symboliste* Exposition des néo-impressionnistes
1887 Collaboration au *Cri du Peuple* Fait la connaissance d'André Antoine (janv.) Première de *Mademoiselle Pomme* au Théâtre Libre (30 mars) Séjour à Auvers-sur-Oise (août–oct.)	1887 Première du *Ventre de Paris* au Théâtre de Paris (25 févr.) Première de *Renée* au Vaudeville (16 avril) Vacances à Royan (sept.) *La Terre* (nov.)	1887 Agitation nationaliste et révisionniste de Boulanger, de Déroulède et de Drumont (1887–9) Débuts du Théâtre Libre Manifeste des Cinq contre *La Terre*, dans *Le Figaro* (18 août) Céard: première de *Tout pour l'honneur* au Théâtre Libre (23 déc.) Hennique: première de *Jacques Damour* au Théâtre Libre (30 mars); *Pœuf* Maupassant *Mont-Oriol*

Vie et œuvre d'Alexis	Vie et œuvre de Zola	Evénements historiques, littéraires et artistiques
1888 Première de *La Fin de Lucie Pellegrin* au Théâtre Libre (15 juin) Mariage d'Alexis et de Marie Monnier (14 août) Dernière chronique au *Cri du Peuple* (29 août) Séjour à Auvers-sur-Oise (sept.–oct.)	1888 Première de *Germinal* au Châtelet (21 avril) Chevalier de la Légion d'honneur (14 juil.) Vacances d'été à Royan Rencontre de Jeanne Rozerot *Le Rêve* (oct.)	1888 Daudet *L'Immortel* Maupassant *Pierre et Jean; Sur l'eau*
1889 Naissance de Marthe-Jeanne-Edmée (18 janv.) Publie des nouvelles au *Gil Blas* Séjour à Cheverchemont, près de Médan (sept.–oct.)	1889 Première de *Madeleine* au Théâtre Libre (1er mai) Naissance de Denise (20 sept.) Les Zola s'installent 21 bis, rue de Bruxelles (automne)	1889 Exposition universelle à Paris. La Tour Eiffel Développement du théâtre symboliste Bourget *Le Disciple* Hennique *Un Caractère* Maupassant *Fort comme la mort* Rod *Le Sens de la vie*
1890 Première des *Frères Zemganno* au Théâtre Libre (25 févr.) Première de *Monsieur Betsy* aux Variétés (3 mars) *L'Education amoureuse* (mai) Séjour à Cheverchemont (mai-juin) Mort de Marthe (18 juin) Séjour à Aix (août–oct.) *Madame Meuriot* (5 nov.) Mort du père d'Alexis (nov.) Habite Aix (nov.–avril 1891)	1890 *La Bête humaine* (mars) Candidat à l'Académie française	1890 Première manifestation ouvrière du 1er mai France *Thaïs* Maupassant *Notre Cœur* Renan *L'Avenir de la science*

Vie et œuvre d'Alexis	Vie et œuvre de Zola	Evénements historiques, littéraires et artistiques
1891 Télégramme et lettre à Jules Huret, à propos de l'enquête sur l'évolution littéraire (4 avril) Mort de la mère d'Alexis (13 déc.) Séjour à Aix (déc.– mars 1892)	1891 *L'Argent* (mars) Président de la Société des Gens de Lettres (6 avril) Première du *Rêve* à l'Opéra-Comique (18 juin) Voyage dans les Pyrénées (sept.) Naissance de Jacques (25 sept.)	1891 Mort de Rimbaud Gide *Les Cahiers d'André Walter* Huret *Enquête sur l'évolution littéraire* Huysmans *Là-Bas* Maupassant: première de *Musotte* au Gymnase (4 mars)
1892 Séjour à Monaco (avril–mai) Naissance de Marthe-Angéline-Jeanne (22 juil.) Collaboration au *Journal* (à.p.d. sept.) Première de *Charles Demailly* au Gymnase (19 déc.)	1892 *La Débâcle* (juin) Séjour à Lourdes, à Aix-en-Provence, sur la Côte d'Azur et à Gênes (août–sept.)	
1893 Collaboration au *Journal* Séjour dans le Midi (août–janv. 1894) Première de *La Provinciale* au Vaudeville (6 oct.)	1893 Collaboration épisodique au *Journal* et au *Temps* *Le Docteur Pascal* (juin) Officier de la Légion d'honneur (13 juil.) Voyage à Londres (oct.) Première de *L'Attaque du moulin* à l'Opéra-Comique (24 nov.)	1893 Scandale de Panama Attentats anarchistes Alliance franco-russe Mort de Maupassant et de Taine
1894 Collaboration au *Journal* (jusq. févr.) Première du "Sycomore" à l'Odéon (20 sept.) *Mademoiselle Pomme* au Théâtre Déjazet (14 nov.) *Trente Romans* (déc.)	1894 *Lourdes* (août) Voyage en Italie (31 oct.–14 déc.)	1894 Arrestation (oct.) et condamnation (22 déc.) du capitaine Dreyfus Election de Casimir Périer à la Présidence de la République France *Le Lys rouge*
1895 Séjour à Nice, avec Edmond Lepelletier Installation au 70, rue de Villiers, à Levallois-Perret	1895 Préparation de *Rome* Collaboration au *Figaro* (à.p.d. déc.)	1895 Exposition de Cézanne à Paris (chez Ambroise Vollard)

Vie et œuvre d'Alexis	Vie et œuvre de Zola	Evénements historiques, littéraires et artistiques
1896 Passe quelques semaines pendant l'été à Verneuil, près de Jeanne Rozerot	1896 Collaboration au *Figaro* (jusq. juin) *Rome* (mai)	1896 Mort d'Edmond de Goncourt et de Verlaine Goncourt *Journal* (dern. tome) Huysmans *En route*
1897 *La Comtesse* (avril) Séjour à Verneuil (été)	1897 Première de *Messidor* à l'Opéra (19 févr.) *Nouvelle Campagne* (mars)	1897 Mort de Daudet *La Revue naturiste* France *L'Orme du mail* Gide *Les Nourritures terrestres*
1898 Reprise de *Celle qu'on n'épouse pas* à la Comédie-Française (29 juin) Séjour à Verneuil (été)	1898 "J'accuse" dans *L'Aurore* (13 janv.) Condamnation à un an de prison et à 3000 francs d'amende par la Cour d'assises de la Seine (23 févr.) *Paris* (mars) Début du procès de Versailles (23 mai) Exil en Angleterre (18 juil.)	1898 Acquittement d'Esterhazy par le Conseil de guerre (11 janv.) Picquart arrêté (13 juil.) Emprisonné jusqu'au 9 juin 1899 Suicide du lieutenant-colonel Henry (31 août) Ministère Dupuy (31 oct.) Mort de Mallarmé Huysmans *La Cathédrale*
1899 Séjour à Verneuil (été)	1899 Rentrée en France (5 juin) Articles sur l'Affaire Dreyfus dans *L'Aurore* *Fécondité* (oct.)	1899 Mort de Félix Faure (16 févr.). Emile Loubet président de la République Publication dans *Le Figaro* du dossier de l'enquête de la Cour de cassation (à.p.d. 31 mars) Arrêt de révision du procès Dreyfus, rendu par la Cour de cassation (3 juin) Ministère Waldeck-Rousseau (22 juin) Deuxième procès Dreyfus, à Rennes (7 août–9 sept.) Dreyfus gracié (19 sept.)

Vie et œuvre d'Alexis	Vie et œuvre de Zola	Evénements historiques, littéraires et artistiques
1900 Mort de la femme d'Alexis (31 mai)	1900 Articles sur l'Affaire Dreyfus dans *L'Aurore*	1900 Exposition universelle à Paris Claudel *Connaissance de l'est* France *Le Socialisme et les travailleurs intellectuels*
1901 *Vallobra* (févr.) Mort d'Alexis à Levallois-Perret (29 juil.) Funérailles au cimetière de Triel (31 juil.)	1901 *La Vérité en marche* (févr.) Première de *L'Ouragan* à l'Opéra-Comique (29 avril) *Travail* (mai)	1901 France *M. Bergeret à Paris; L'Affaire Cranquebille* Maupassant *Les Dimanches d'un bourgeois de Paris*
	1902 Mort de Zola (29 sept.) Funérailles (5 oct.)	
	1903 *Vérité* (févr.)	
1904 Reprise de *M. Betsy* aux Variétés (5 févr.)		
1905 Inauguration du monument d'Alexis au cimetière de Triel (4 juin)	1905 Première de *L'Enfant-Roi* à l'Opéra-Comique (3 mars)	1905 Mort de Huysmans
		1906 Dreyfus réhabilité et réintégré dans l'armée (12 juil.) Mort de Cézanne Céard *Terrains à vendre au bord de la mer*
	1908 Transfert des cendres de Zola au Panthéon (4 juin)	

BIBLIOGRAPHIE
1 L'Œuvre de Paul Alexis

A ARTICLES DE JOURNAUX ET DE REVUES

[La bibliographie ne fait pas état des nombreux contes et nouvelles qu'a publiés Alexis dans les périodiques – surtout au *Gil Blas*, au *Journal* et au *Réveil*.]

L'Aurore
1898 "Je pardonne...!" (5–7 févr.)

L'Avenir national
1873 "Paris qui travaille. La grande armée" (14 avril)
"Paris qui travaille. Les œufs de Pâques" (21 avril)
"Paris qui travaille. Aux peintres et sculpteurs" (5 mai)
"Aux peintres et sculpteurs. Une lettre de M. Claude Monet" (12 mai)
"Le Salon. Impression générale" (19 mai)
"Le Salon. Les paysages" (2 juin)
"Le Salon. Les portraits" (17 juin)
"La Journée" (chronique, 4 sept –9 oct.)

La Butte-Montmartre
1886 "A la rédaction de la *Butte-Montmartre*" (18 juil.)

Le Chat noir
1883 "La vérité" (24 févr.)

Le Clairon
1881 "Zola critique" (26 avril)
"La Journée parisienne. Monte-Carlo... l'été" (par "Monocle," 8 août)

La Cloche
1870 "Le château de Saint-Cloud" (sans signature, 17 oct.)
1872 "Buzenval" (19 janv.)
"Un tambourinaire" (26 févr.)
"La débâcle de la Compagnie immobilière" (13 mars)
"Variétés. Paris qui travaille" (8 avril)
"Le cabaret des mendiants" (14 avril)
"Les funérailles d'Alexandre Dumas" (18 avril)
"Concert de l'Orphéon" (24 avril)
"Une réception à l'Académie française" (4 mai)
[Compte rendu de *La Sorcière noire* de Duprés au Théâtre Beaumarchais] (20–1 mai)
"Histoire de la semaine" (chronique, 4, 11, 18 juin)
"Echos des départements" (chronique, 19–21 juin)

"Faisons le tour de monde" (5 juil.)
"Nouvelles départementales" (chronique, 5–23 sept.)
"*La Curée*" (24 oct.)

Les Cloches de Paris
1877 "La demi-douzaine" (par "A. Tilsitt," 18 et 25 juin, 2 juil.)

Le Corsaire
1873 "Bulletin du travail" (chronique, 15 mars–9 juin)

Le Cri du Peuple
1883 "A Minuit" (chroniques signées "Trublot," 28 oct.–29 août 1888)
"La Guerre" (29 oct.)
"Au rédacteur en chef" (9 nov.)
1885 "Vallès chez lui" (17 févr.)
"Les premières. *Les Jacobites*" (23 nov.)
"Louis Desprez" (10 déc.)
"*Sapho*" (20–2 déc.)
1886 "Robert Caze" (3 avril)
"Les premières. *Renée Mauperin*" (20 nov.)
1887 "Premières représentations. Nord et Midi" (compte rendu de *Numa Roumestan*, 17 févr.)
"Le Théâtre-Libre. Une première victoire. Bulletin de la soirée du 30 mars" (2 avril)
"Les premières. Théâtre-Libre" (compte rendu d'*En famille* et de *La Nuit bergamasque*, 4 juin)
"Emile Kapp" (5 juil.)
"Au Théâtre-Libre" (compte rendu de *L'Evasion* et de *Sœur Philomène*, 17 oct.)
"Les premières. *L'Affaire Clémenceau*" (23 déc.)
[Compte rendu du Théâtre Libre: *Le Baiser, Tout pour l'honneur*] (27 déc.)
1888 "Tripatouiller" (8 janv.)
"La Côte d'azur" (15 janv.)
"Eirôneia" (22 janv.)
"Le rire et la faim" (29 janv.)
"Dialogues des vivants" (7 févr.)
"*La Puissance des ténèbres* au Théâtre-Libre" (13 févr.)
"Quelques 'microbes' mystiques" (9 avril)
"Les premières" (chronique, entre le 16 avril et le 12 août)
"Pourquoi?" (15 mai)
"*La Fin de Lucie Pellegrin* devant la critique" (par "Un greffier naturaliste," 20, 22, 23 juin)
"Aux huit interprètes de *La Fin de Lucie Pellegrin*" (25 juin)
"Apaisement" (7 juil.)
"Critiques secondaires" (12 juil.)

La Démocratie (Aix-en-Province)
1882 "A Jules Vallès" (3 sept.; voir *Le Réveil* du 30 juil. 1882)

L'Echo de Paris
1884 "Les âmes choisies" (1er août)
    "Le krach théâtral" (15 sept.)
1885 "Vallès écrivain" (24 févr.)

España moderna
1893 "Los Rougon-Macquart" (No.55 [juil.], 164–72; No.56 [août], 143–59)

L'Estafette
1879 "Revue de la presse. Zola à Médan" (16 oct.; voir *Le Gaulois* du 15 oct. 1879)

L'Evénement
1888 "Le nouvel *Hernani*" (28 juin)

Le Figaro
1879 "La 251ᵉ de *L'Assommoir*. Conférence de M. Floquet à l'Ambigu" (24 nov.)
1880 "Une 'première' en librairie" (supplément littéraire, 15 févr.)
1881 "*Nana* et l'œuvre d'Emile Zola" (sup. lit., 12 mars)
    "Jules Vallès" (sup. lit., 14 mai)
1891 "Le mouvement littéraire en 1891–1892" (14, 19 oct.; 2 nov.; 14, 16 déc.)
1892 "L'avenir du livre et notre exportation littéraire" (3 janv.)
1897 "Chez le père et la mère de Guy de Maupassant" (24 oct.)

Le Gaulois
1879 "La Journée parisienne. Zola à Médan" (15 oct.)

Gil Blas
1881 "*La Fausta*" (9 avril)
    "Les cinq" (22 avril)
    "Faut-il voyager?" (19 août)
1892 "*La Débâcle*" (21 juin)

Le Grognon provençal (Aix-en-Provence)
1868–9 "Gazette de Hollande" (chronique signée "Le prince Paul," 20 déc.–24 janv.)

Henri IV
1881 "Chronique naturaliste. Au 'claque-dents' " (3 mai)
    "Chronique naturaliste. Zola sous-préfet" (11 mai)
    "Chronique naturaliste. Le nouveau quartier latin" (19 mai)
    "Chronique naturaliste. Le paladin de l'idéalisme" (26 mai)
    "Chronique naturaliste. Nos comédiennes" (2 juin)
    "Chronique naturaliste. Hugo" (9 juin)
    "Chronique naturaliste. D'autres 'Grands-Prix' " (16 juin)
    "Chronique naturaliste. Perdu pour la pharmacie" (23 juin)
    "Chronique naturaliste. Nos chroniqueurs" (30 juin; 8 juil.)

Le Journal
1892 "L'amour pardonne" (30 sept.)
    "L'article" (13 oct.)
    "La meilleure interview" (20 oct.)

"Notes sur la vie. Chez les folles" (10 nov.)
"Notes sur la vie. Mes anarchistes" (17 nov.)
"Deux fauteuils jaseurs" (9 déc.)
"Notes sur la vie. Un scénario" (15 déc.)
1893 "1892–1893" (2 janv.)
[A la 4me page du numéro du 2 janv. on lit: "Le Scandale, quotidien du soir."
Le gérant responsable est Paul Alexis. Tous les articles, sur la pièce de *Charles
Demailly*, sont signés d'un pseudonyme.]
"Notes sur la vie. Au Gymnase" (sur Maupassant et *Musotte*, 31 janv.)
"Notes sur la vie. En carême" (23 févr.)
"N... et B..." (20 mars)
[Note sur Jeanne Granier] (supplément illustré, 22 mars)
"Baron" (2 avril)
"Migraine au Salon" (7 mai)
"Notes sur la vie. Ma 'voix' " (9 juin)
"Documents épistolaires" (26 juin; voir *Le Réveil* du 13 janv. 1884)
"Quelques souvenirs sur Maupassant" (8 juil.)
"Notes sur la vie. Le candidat 'unique' " (23 juil.)
"En Provence" (28 août)
"La vie de château au pays des Maures" (13 sept.)
"Un saint homme" (30 sept.)
"Les interprètes de *La Provinciale*" (14 oct.)
"Une leçon de théâtre" (19 nov.)
"Les Soirées de Médan" (30 nov.)
1894 "Notes sur la vie. A 893 kilomètres de la rue de Richelieu" (19 janv.)
"Symboles. Le voyiste" (24 avril)
"Symboles. Un quatrième acte à *Maison de Poupée* "(3 mai)
"Dialogue végétal" (20 mai)
"Les animaux de Paris" (22 juil.)
"Lourdes" (29 juil.)
"Les animaux de Paris. Fanfan" (7 août)
[Compte rendu de *Severo Torelli* de F. Coppée, signé "P.A."] (29 août)
"Les travailleurs de la Seine" (23 sept.)
"Au cercle" (8 oct.)
"Duranty" (15 nov.)

Le Matin
1884 "Naturalisme" (8 avril)
"Le journal" (17 août)
"Trente-six mille lignes" (24 août)
"Les Werther retournés" (11 sept.; voir *Revue littéraire et artistique* du 1er avril
1881)
"Les filles de Joseph Prudhomme" (12 oct.)

Le Panurge
1883 "A travers les rédactions: au *Gaulois*" (21 janv.)
"La comédie politique" (11 févr.)
"M. Jules Ferry" (4 févr. [*sic* pour mars])

Le Père Duchène
1879 "Semaine théâtrale" (chronique pas signée, 10 août–28 sept.)

La Petite Presse
1885 "M. Mignet" (16 nov.; voir *Le Réveil* du 6 avril 1884)

Le Ralliement
1877 "Emile Zola" (signé "P...," 4 févr.)
    "Romanciers contemporains. Les de Goncourt" (10, 12, 14 mars)

La Réforme
1878 "Les théâtres" (15 nov.)
1879 "Chronique littéraire. *Nana*" (1er nov.)
    "Chronique littéraire. *Les Rois en exil*" (15 déc.)
1880 "Les théâtres" (chronique, 1er févr.–15 juil.)
    "Bibliographie" (15 févr.)

Le Réveil
1882 "Avant le salon" (1er avril)
    "Œufs de Pâques" (8 avril; voir *L'Avenir national* du 21 avril 1873)
    "*Pot-Bouille*" (15 avril)
    "Cochons et compagnie" (30 avril)
    "L'enfant du siècle" (14 mai)
    "Guy de Maupassant" (28 mai)
    "Fleurs printanières" (17 juin)
    "L'amour des lettres" (2 juil.)
    "Edmond de Goncourt" (23 juil.)
    "A Jules Vallès" (30 juil.)
    "L'amour expérimental" (6 août)
    "A Plassans" (13 août)
    "Partons-nous?" (19 août)
    "Du Midi" (20 août)
    "Les Mistral" (27 août)
    "Un fou" (28 août)
    "*Le Capitaine Burle*" (12 nov.)
    "Le Naturalisme en Belgique" (19 nov.)
    "Bibliographie. *La Vie simple*" (12 déc.)
    "Les grands magasins" (17 déc.)
    "Bilan littéraire. –1882–" (31 déc.)
1883 "La littérature et Gambetta" (7 janv.)
    "Le prince Napoléon" (21 janv.)
    "Jean Richepin" (28 janv.)
    "Marius Allègre" (4 févr.)
    "Courrier de Paris. A Sarah Bernhardt" (11 févr.)
    "Le simili-talent" (25 févr.)
    "*Au Bonheur des Dames*" (4 mars)
    "Aux potaches" (18 mars)
    "Paul Alexis. Histoire d'un chroniqueur parisien du Midi" (1er avril)

571

"La grande armée" (8 avril; voir *L'Avenir national* du 14 avril 1873)
"Guy de Maupassant" (15 avril)
"Dangers du notariat" (22 avril)
"Elie Calmé. Légende d'avant le Salon" (29 avril)
"Manet et Duranty" (6 mai)
"L'écrivain X..." (13 mai)
"Cauchemar académique" (20 mai)
"Au 'claque-dents' " (1er juil.; voir le *Henri IV* du 3 mai 1881)
"M. Sarcey, professeur de style" (8 juil.)
"M. Sarcey, élève en art" (22 juil.)
"Chez le choléra" (29 juil.)
"L'amour" (5 août)
"Confidences d'un Naturaliste" (12 août)
"Yvan Tourguéneff" (9 sept.)
"Edmond et Jules de Goncourt" (16 sept.)
"Un nouveau romantisme" (7 oct.)
"M. H. Taine a parlé" (14 oct.)
"Feuilles d'automne" (21 oct.)
"Christophe Colomb" (sur Duranty, 11 nov.)
"Alexandre Dumas fils" (18 nov.)
"Paul Bourget" (25 nov.; 2 déc.)
"L'étudiant" (30 déc.)
1884 "*Sarah Barnum*" (6 janv.)
"Documents féminins" (13 janv.)
"Petite paille! (Pailleron)" (20 janv.)
"*La Joie de vivre*" (17 févr.)
"Gustave Flaubert, d'après ses lettres intimes" (24 févr.)
"A M. Alexandre Dumas" (31 mars)
"Deux visites à M. Mignet" (6 avril)
"Les mœurs" (13 avril)
"*Chérie*" (20 avril)
"Nos jeunes filles" (27 avril)
"Tourbillon" (4 mai)
"*Sapho* ou le collage" (1er juin)
"D'autres 'Grands-Prix' " (8 juin; voir le *Henri IV* du 16 juin 1881)
"Un sot" (sur L. Bloy, 22 juin)

Revue indépendante
1884 "Chronique du mois" (I [juil.], 246–53; I [sept.], 425–36; II [nov.], 79–84)
1886 "Chronique parisienne. Les fours glorieux" (n.s., No.2 [déc.], 206–7)

Revue littéraire et artistique
1881 "Les suites d'une conversation" (IV [1er avril], 145–7)
"Notes et souvenirs" (IV [15 oct.], 532–4)

Revue moderne et naturaliste
1880 "Gustave Flaubert" (III [juin], 241–4; voir *Le Voltaire* du 14 mai 1880)
"Manet" (III [juil.], 289–95)

Revue naturiste
1897 [Réponse à une "Enquête sur le féminisme"] (I [juil.], 205–6)
1900 [Réponse à une "Enquête sur la Presse"] (III [mars], 208–9)

Le Sémaphore de Marseille
1875 "Chronique agricole" ("De notre correspondant spécial," 6–9, 11–13, 17 févr.)

Le Trublot
1884 "Tas d'hommes!!!" (par "Dédèle," No.1 [déc.])
    "Défendons-nous!" (sur L. Desprez, No.4 [déc.])

Le Voltaire
1879 "Marbres et Plâtres. I. Edmond de Goncourt" (24 mai)
    "Marbres et Plâtres. II. Gil-Naza" (10 juin)
    "Marbres et Plâtres. III. Manet" (25 juil.)
    "Variété littéraire. Emile Zola à l'étranger" (30 oct. ["En Allemagne"]; 1er
    nov. ["En Angleterre et en Amérique"]; 4, 6, 10 nov. ["En Italie"]; 26 nov.
    ["En Russie. En Suède. En Hollande. En Belgique. Conclusion"])
    "Une concurrence à Sarcey" (par "Un des deux vieillards," 18 nov.)
    "Théâtres. Reprise de *Paillasse*" (24 nov.)
1880 "Quelques souvenirs sur Flaubert" (14 mai)

B BIOGRAPHIE
Emile Zola, notes d'un ami (Avec des vers inédits d'Emile Zola) Charpentier 1882

C CONTES ET NOUVELLES
Un Amour platonique Librairie des Publications à 5 centimes 1886
"Après la bataille," dans *Les Soirées de Médan* Charpentier 1880
Le Besoin d'aimer Charpentier 1885
Le Collage Bruxelles: Kistemaeckers 1883
Le Collage. Le Retour de Jacques Clouard. Journal de monsieur Mure Dentu [s.d.]
La Comtesse. Treize symboles. Quelques originaux Fasquelle 1897
"Denise," dans *Le Livre des Têtes de bois* Charpentier 1883
L'Education amoureuse Charpentier 1890
Les Femmes du père Lefèvre Librairie des Publications à 5 centimes 1886
Les Femmes du père Lefèvre. La Fin de Lucie Pellegrin. L'Infortune de monsieur Fraque
Flammarion 1892
*La Fin de Lucie Pellegrin. L'Infortune de monsieur Fraque. Les Femmes du père Lefèvre.
Journal de monsieur Mure* Charpentier 1880
L'Infortune de monsieur Fraque Librairie des Publications à 5 centimes 1887
Trente Romans: le cœur, la chair, l'esprit Charpentier & Fasquelle 1895

D DECLARATIONS ET INTERVIEWS
Boyer, A. *La Littérature et les arts contemporains* (Méricant [1910]), 207–9
Huret, J. *Enquête sur l'évolution littéraire* (Charpentier 1891), 190–95
– *Tout yeux, tout oreilles* (Fasquelle 1901), 182–4 ("A propos de *L'Attaque du moulin*")
Livre d'hommage des Lettres françaises à Emile Zola (Société Libre d'Editions des Gens
de Lettres 1898), 1–2

E POESIE

"A l'amphithéâtre" *Le Figaro*, 8-1-69

"La Bouchère" *Le Réveil*, 4-11-83; *Visages du monde*, No.17 (1934), 156

"Celle que j'aime" *Le Grognon provençal*, 3-1-69

"Celles de la rue" *Le Cri du Peuple*, 27-VII-85

"Les Etoiles" *Le Réveil*, 4-11-83

"Les Lits" *Le Gaulois*, 10-1-69; *Nouveau Parnasse satirique du XIXᵉ siècle* (Bruxelles: [Kistemaeckers] 1881), 133–4; *Le Réveil*, 4-11-83; L. Deffoux et E. Zavie, *Le Groupe de Médan* (Payot 1920), 160; L. Deffoux et P. Dufay, *Anthologie du pastiche* (Crès 1926), I, 200–1 [extrait]; *L'Atelier de Zola*, éd. M. Kanes (Genève: Droz 1963), 109–10; E. Zola, *Œuvres complètes*, x, 776

"Ma Grande Dame" *L'Artiste*, décembre 1871, 128–9

"Moi" (extrait) *Le Réveil*, 4-11-83

"Le Spleen du cocher de fiacre" (extrait) *Le Cri du Peuple*, 4-11-88

"Symphonie en la mineur" *Le Grognon provençal*, 27-III-69; *Le Réveil*, 4-11-83 (extrait)

"Les Vieilles Plaies" *Le Carcan*, 15-XI-85

F PREFACE

"Préface," dans *Chair molle* de Paul Adam. Bruxelles:Brancart 1885

G ROMANS

Madame Meuriot, mœurs parisiennes Charpentier 1890

Vallobra Fasquelle 1901

H THEATRE

Celle qu'on n'épouse pas Comédie en un acte. Charpentier 1879

Charles Demailly Pièce en cinq actes (En collaboration avec O. Méténier) Charpentier & Fasquelle 1893

La Fin de Lucie Pellegrin Pièce en un acte. Charpentier 1888

Les Frères Zemganno Pièce en trois actes (En collaboration avec O. Méténier) Charpentier 1890

Mademoiselle Pomme Pièce en un acte (En collaboration avec E. Duranty) *Les Cahiers naturalistes*, No.21 (1962), 201–13

Monsieur Betsy Comédie en quatre actes (En collaboration avec O. Méténier) Charpentier 1890

La Provinciale Pièce en trois actes (En collaboration avec G. Giacosa) Lévy 1894

"Le Sycomore" Pièce en deux actes (En collaboration avec G. Moore) Archives Nationales:dossier F18 727, No.17223 (copie théâtrale manuscrite)

2 Ouvrages et articles de référence

Albalat, A. *Gustave Flaubert et ses amis* Plon 1927

Alméras, H. d'. *Avant la gloire* 2 vols. Société Française d'Imprimerie et de Librairie 1903

Antoine, A. *Lettres à Pauline (1884–1888)*, éd. F. Pruner. Les Belles Lettres 1962

– *Mes Souvenirs sur le Théâtre Antoine et sur l'Odéon (première direction)* Grasset 1928

– *Mes Souvenirs sur le Théâtre-Libre* Fayard 1921

– *Le Théâtre* 2 vols. Editions de France 1932

Arrighi, P. "Zola et De Sanctis" *Revue de Littérature comparée*, XXVIII (1953), 438–46.

Auriant, A. "Au Théâtre Libre. Documents inédits" *Mercure de France*, CCLXXV (1937), 266–89

– "Autour du cinquantenaire de *La Terre*: Paul Bonnetain et Emile Zola (lettres inédites)" *Mercure de France*, CCLXXVI (1937), 662–4

– "Un disciple anglais d'Emile Zola: George Moore" *Mercure de France*, CCXCVII (1940), 312–23

– "17, rue Clauzel. A propos de la pose d'une plaque. Un ami de Maupassant: Harry Alis. Documents inédits" *Mercure de France*, CCXXVII (1931), 591–623

– "Duranty et Zola" *La Nef*, III (1946), 43–58

– "Léon Bloy, J.-K. Huysmans et Paul Alexis" *Mercure de France*, CCLXXXIV (1938), 757–9

– *Les Lionnes du Second Empire* Gallimard 1935

– "Notes et documents littéraires. Une soirée chez Nina de Villars, décrite par un romancier naturaliste. Documents inédits" *Mercure de France*, CCLXXII (1936), 171–5

– "Paul Bourget jugé par lui-même et par Paul Alexis" *Mercure de France*, CCLXVI (1936), 442–3

– *La Véritable Histoire de "Nana"* Mercure de France 1942

Avenel, H. *Histoire de la Presse française depuis 1789 jusqu'à nos jours* Flammarion 1900

Baguley, D. "Les sources et la fortune des nouvelles de Zola" *Les Cahiers naturalistes*, No. 32 (1966), 118–32

Bakker, B.H. "Paul Alexis et Emile Zola, 1869–1969" *Les Cahiers naturalistes*, No. 38 (1969), 115–27

– "Zola, Alexis et l'affaire *Henri IV*" *Les Cahiers naturalistes*, No. 42 (1971) [Numéro spécial]

Baldick, R. *La Vie de J.K. Huysmans*, trad. M. Thomas. Denoël 1958

Bayard, J.-E. *Montmartre, hier et aujourd'hui* Jouve 1925

Becker, G.J., éd. *Documents of Modern Literary Realism* Princeton: Princeton University Press 1963

Bernex, J. "Zola, Cézanne, Solari" *Les Cahiers d'Aix-en-Provence*, automne 1923, 49

Bertaut, J. *Figures contemporaines. Chroniqueurs et polémistes* Sansot & Cie 1906

– *L'Opinion et les mœurs sous la Troisième République* Les Editions de France 1931

Bertaux, F. "L'influence de Zola en Allemagne" *Revue de Littérature comparée*, IV (1924), 73–91

Beuchat, Ch. *Histoire du naturalisme français* 2 vols. Corrêa 1949

Bibliothèque Nationale *Le Cinquantenaire du Symbolisme*. Catalogue de l'Exposition Symboliste. B.N. 1936

Billy, A. *L'Epoque 1900* Tallandier 1951

– *Les Frères Goncourt. La vie littéraire à Paris pendant la seconde moitié du XIXe siècle* Flammarion 1954

– *Vie des frères Goncourt* 3 vols. Les Editions de l'Imprimerie Nationale de Monaco 1956

Bornecque, J.-H., et P. Cogny *Réalisme et Naturalisme* Hachette 1958

Bouhélier, Saint-Georges de "Notes littéraires: Paul Alexis" *La Revue naturiste*, VI (1901), 81–6

Boussel, P. *L'Affaire Dreyfus et la presse* A. Colin 1960

575

Boyé, M.-P. "Un ami de jeunesse de Zola et de Cézanne: A. Valabrègue, poète et historien d'art" *Rolet*, 18 décembre 1952; 1er, 8, 15 et 22 janvier 1953

Boyer, A. *La Littérature et les arts contemporains* Méricant [1910]

Brady, P. *"L'Œuvre" de Emile Zola. Roman sur les arts* Genève: Droz 1968

Braescu, I. "Emile Zola şi Rusia" *Revista de filologie romanicà si germanicà* (Bucarest), v (1961), 379–84

Braibant, Ch. *Félix Faure à l'Elysée* Hachette 1963

Brisson, A. *Portraits intimes* 5 vols. A. Colin 1894–1901

Brown, C.S. "Music in Zola's Fiction, Especially Wagner's Music" *PMLA*, LXXI (1956), 84–96

– et R.J. Niess "Wagner and Zola Again" *PMLA*, LXXIII (1958), 448–52

Brulat, P. *Lumières et grandes ombres* Grasset 1930

Bruneau, A. *A l'ombre d'un grand cœur. Souvenirs d'une collaboration* Fasquelle 1932

Burnand, R. *La Vie quotidienne en France de 1870 à 1900* Hachette 1947

Burns, C.A. "A Disciple of Gustave Flaubert. Some Unpublished Letters of Henry Céard" *Modern Language Review*, L (1955), 142–6

– "Edmond de Goncourt et Henry Céard" *Revue d'Histoire littéraire de la France*, LIV (1954), 357–70

– "Emile Zola et Henry Céard" *Les Cahiers naturalistes*, No.2 (1955), 81–7

– "Henry Céard and His Relations with Flaubert and Zola" *French Studies*, VI (1952), 308–24

– "Nouvelles perspectives sur le Naturalisme (avec des inédits d'H. Céard)" *Studi francesi*, No.25 (1965), 41–61

– "Zola et l'Angleterre" *Les Cahiers naturalistes*, No.12 (1959), 495–503

– "Zola in Exile" *French Studies*, XVII (1963), 14–26

Cadilhac, P.-E. "Pèlerinage à Médan," dans *Demeures inspirées et sites romanesques*, éd. R. Lécuyer et P.-E. Cadilhac, I, 313–24 SNEP-Illustration 1949

Camacho, M. *Judith Gautier, sa vie el son œuvre* Genève: Droz 1939

Carol-Bérard "L'intelligence musicale d'Emile Zola" *Revue mondiale*, CLV (1923), 187–92

Carter, L.A. *Zola and the Theater* New Haven: Yale University Press 1963

Cazaux, M. "Zola en Suède" *Revue de Littérature comparée*, XXVII (1953), 428–37

Céard, H. *Lettres inédites à Emile Zola*, éd. C.A. Burns. Nizet 1958

– "Paul Alexis" *L'Evénement*, 3 août 1901

– "Zola intime" *Revue illustrée*, III (1887), 141–8

– et J. de Caldain *Le "Huysmans intime,"* éd. P. Cogny. Nizet 1957

– et E. de Goncourt *Correspondance inédite (1876–1896)*, suivie de *Coups d'œil et clins d'yeux* d'Henry Céard, éd. C.A. Burns. Nizet 1965

Cerfberr, A. "Paul Alexis" *Les Hommes d'aujourd'hui*, VII, 336 (1888)

"Cézanne et ses intimes" *Apollo* (Bruxelles), No.70 (1er juin 1949)

Cézanne, P. *Correspondance*, éd. J. Rewald. Grasset 1937

Chaikin, M. "George Moore's *A Mummer's Wife* and Zola" *Revue de Littérature comparée*, XXXI (1957), 85–8

Chemel, H. "Zola collaborateur du *Sémaphore* de Marseille, 1871–1877" *Les Cahiers naturalistes*, No.14 (1960), 555–67; No.18 (1961), 71–9

Chincholle, Ch. *Les Mémoires de Paris* Librairie Moderne 1889

Christie, J. "Naturalisme et Naturisme" *Nottingham French Studies*, II, 2 (1963), 11–24

Cim, A. *Le Dîner des Gens de Lettres (souvenirs littéraires)* Flammarion 1903

Claretie, J. *La Vie à Paris, 1880–1883* 4 vols. V. Havard 1881–4

Clément-Janin, N. *La Curieuse Vie de Marcellin Desboutin, peintre, graveur, poète* Floury 1922

Cogny, P. "Un inédit de Zola:'Les Esclaves ivres'" *Les Cahiers naturalistes*, No.1 (1955), 34–6

– *Le Naturalisme* Presses Universitaires de France 1963

Collet, G.-P. *George Moore et la France* Genève: Droz 1957

Colombier, M. *Mémoires* 3 vols. Flammarion 1898–1900

Compère-Morel *Jules Guesde* A. Quillet 1937

Crepet, J., et P. Dufay "Documents baudelairiens. Baudelaire, Zola, et les *Vieilles Plaies*" *Mercure de France*, CCLXXXIV (1938), 508–10; CCLXXXV (1938), 251, 509–10

Crouzet, M. *Un Méconnu du Réalisme: Duranty (1833–1880)* Nizet 1964

Decker, C.R. "Zola's Literary Reputation in England" *PMLA*, XLIX (1934), 1140–53

Deffoux, L. *Chronique de l'Académie Goncourt* Firmin-Didot 1929

– "Le cinquantenaire des *Soirées de Médan*" *Mercure de France*, CCXX (1930), 246–8

– *J.-K. Huysmans sous divers aspects* Mercure de France 1942

– *Le Naturalisme* Les Œuvres Représentatives 1929

– "Paul Alexis chez Nina de Villard" *Œuvre*, 6 décembre 1936

– "Paul Alexis, écrivain méconnu" *Œuvre*, 6 février 1934

– *La Publication de "L'Assommoir"* Malfère 1931

– "Sur Léon Hennique. Notes, souvenirs et textes inédits" *Mercure de France*, CCLXV (1936), 489–504

– "Le tombeau de Duranty" *Mercure de France*, CXLV (1921), 858

– et P. Dufay *Anthologie du pastiche* 2 vols. Crès 1926

– et E. Zavie *Le Groupe de Médan* Payot 1920

Delaisement, G. *Maupassant, journaliste et chroniqueur* A. Michel 1956

Denommé, R.T. *The Naturalism of Gustave Geffroy* Genève: Droz 1963

Descaves, L. *Souvenirs d'un ours* Les Editions de Paris 1946

Descharmes, R., et R. Dumesnil *Autour de Flaubert* 2 vols. Mercure de France 1912

Desprez, L. *L'Evolution naturaliste* Tresse 1884

– *Lettres inédites à Emile Zola*, éd G. Robert. Les Belles Lettres 1952

Dezalay, A. "Cent ans après. Un journaliste bien parisien: Emile Zola portraitiste" *Les Cahiers naturalistes*, No.34 (1967), 114–23

Dreyfous, M. *Ce qu'il me reste à dire. Un demi-siècle de choses vues et entendues, 1848–1900* Ollendorff 1912

Dumesnil, R. *En marge de Flaubert* Librairie de France 1928

– *L'Epoque réaliste et naturaliste* Tallandier 1945

– *Gustave Flaubert, l'homme et l'œuvre* Desclée de Brouwer 1932

– *Guy de Maupassant, l'homme et l'œuvre* Tallandier 1947

– *La Publication des "Soirées de Médan"* Malfère 1933

– *Le Réalisme et le Naturalisme* Del Duca [1962]

– *Le Rideau à l'italienne* Mercure de France 1959

Dupuy, A. *1870–1871: la guerre, la Commune et la presse* A. Colin 1959

Europe Numéro spécial (XLVI, avril-mai 1968) *Zola*

Faguet, E. *Notes sur le théâtre contemporain* Tomes 1 et 3 Lecène 1889–91

Faison, S.L. "Manet's Portrait of Zola" *Magazine of Art*, XLII (1949), 163–8

Flaubert, G. *Correspondance*, nlle. éd. augm. 9 vols. Conard 1926–33

– *Correspondance. Supplément*, éd. R. Dumesnil, J. Pommier et C. Digeon 4 vols. Conard 1954

– *Trois Contes* [p.219:lettre d'Alexis à Flaubert] Conard 1910

Florisoone, M. "Van Gogh et les peintres d'Auvers chez le docteur Gachet" *L'Amour de l'Art*, fasc. 64–6 (1952)

Frandon, I.-M. *Autour de "Germinal." La mine et les mineurs* Genève:Droz 1955

Franzén, N.-O. *Zola et "La Joie de vivre." La genèse du roman, les personnages, les idées* Stockholm:Almqvist & Wiksell 1958

Frazee, R. *Henry Céard: idéaliste détrompé* Presses Universitaires de France 1963

Gachet, P. *Deux amis des impressionnistes: le docteur Gachet et Murer* Editions des Musées Nationaux 1956

– *Lettres impressionnistes* Grasset 1957

Galichet, P. "La collaboration de Huysmans à la *Revue indépendante*" *Bulletin de la Société J.-K. Huysmans*, No.13 (1935), 198–206; No.14 (1936), 244–5

Gauthier, E.P. "Zola's Literary Reputation in Russia Prior to *L'Assommoir*" *French Review*, XXXIII (1959), 37–44

Gille, G. *Jules Vallès, 1832–1885* Jouve 1941

– *Sources, bibliographie et iconographie vallésiennes. Essai critique* Jouve 1941

Gille, Ph. *La Bataille littéraire* 4 vols. Havard 1889–91

– *Les Mercredis d'un critique –1894–* Lévy 1895

Ginisty, P. *L'Année littéraire (1885)* Giraud 1886

– *L'Année littéraire (1892)* Charpentier & Fasquelle 1893

– *La Vie d'un théâtre* Schleicher frères 1898

Goncourt, E. de, et H. Céard *Correspondance inédite (1876–1896)* [...], éd. C.A. Burns Nizet 1965

– et J. de Goncourt *Journal. Mémoires de la vie littéraire*, éd. R. Ricatte 4 vols. Fasquelle et Flammarion [1959]

Goudeau, E. *Dix ans de bohème* Librairie Illustrée 1888

Graaf, J. de *Le Réveil littéraire en Hollande et le Naturalisme français, 1880–1900* Amsterdam:H.J. Paris 1938

Grant, E.M. *Zola's "Germinal." A Critical and Historical Study* Leicester: Leicester University Press 1962

Grant, R. B. *Zola's "Son Excellence Eugène Rougon." An Historical and Critical Study* Durham, N.C.:Duke University Press 1960

Guichard, L. *La Musique et les Lettres en France au temps du Wagnérisme* Presses Universitaires de France 1963

Guillemin, H. "Lettres inédites de Zola (1898–1899)" *Les Lettres françaises*, 31 janvier 1963

Hainsworth, G. "Un thème des romanciers naturalistes:La Matrone d'Ephèse" *Comparative Literature*, III (1951), 129–51

Hatzfeld, A. "Discussion sur le Naturalisme français" *Studies in Philology*, XXXIX (1942), 696–726

Hemmings, F.W.J. "The Elaboration of Character in the *Ebauches* of Zola's *Rougon-Macquart* Novels" *PMLA*, LXXXI (1966), 286–96

– *Emile Zola* Oxford:Clarendon Press 1966

578

- "Emile Zola critique d'art," dans *Salons* d'Emile Zola, 9–42 Genève: Droz 1959
- "The Origin of the Terms *naturalisme, naturaliste*" *French Studies*, VIII (1954), 109–21
- "Zola, *Le Bien public* and *Le Voltaire*" *Romanic Review*, XLVII (1956), 103–16
- "Zola, Manet and the Impressionists, 1875–1880" *PMLA*, LXXIII (1958), 407–17
- "Zola on the Staff of *Le Gaulois*" *Modern Language Review*, L (1955), 25–9
- "Zola's Apprenticeship to Journalism (1865–1870)" *PMLA*, LXXI (1956), 340–54
Hennique-Valentin, N. *Mon Père: Léon Hennique* Editions du Dauphin 1959
Henriot, E. *Réalistes et Naturalistes* A. Michel 1954
Hoche, J. *Les Parisiens chez eux* Dentu 1883
Hone, J. *The Life of George Moore* London: V. Gollancz 1936
Huret, J. *Enquête sur l'évolution littéraire* Charpentier 1891
- *Tout yeux, tout oreilles* Fasquelle 1901
Huysmans, J.-K. *Lettres inédites à Camille Lemonnier*, éd. G. Vanwelkenhuyzen. Genève: Droz 1957
- *Lettres inédites à Edmond de Goncourt*, éd P. Lambert. Nizet [1956]
- *Lettres inédites à Emile Zola*, éd. P. Lambert. Genève: Droz 1953
- *Œuvres complètes*, éd. L. Descaves. Tome 2 Crès 1928
Jacquinot, J. "Un procès de J.-K. Huysmans: l'affaire du journal 'La Comédie humaine' " *Les Amis de Saint François*, No.68 (1953), 1–8
Jäckel, K. *Richard Wagner in der französischen Literatur* 2 vols. Breslau: Priebatsch 1931–2
Jakób, G. *L'Illusion et la désillusion dans le roman réaliste français, 1851–1890* Jouve 1911
Jourdain, Francis *Né en 76* Editions du Pavillon [1951]
Jourdain, Frantz *Au pays du souvenir* Crès 1922
- "Jules Vallès" *La Connaissance*, I (1920), 933–47
Jouvin, H. "La collaboration de Huysmans à la *Cravache* de 1888, au *Voltaire*, à la *Réforme*, à la *Vie moderne* et à la *Revue moderne et naturaliste*" *Bulletin de la Société J.-K. Huysmans*, No.18 (1939), 197–206
- "La collaboration de Huysmans à la *Cravache*, l'*Eclair*, la *Vie littéraire* et la *Revue littéraire et artistique*" *Bulletin* [...] *Huysmans*, No.17 (1938), 123–8
- "La collaboration de J.-K. Huysmans à la *République des Lettres*, à *Paris-Plaisir*, au *Gaulois*, à la *Revue moderniste*, au *Gil Blas* et à la *Revue wagnérienne*" *Bulletin* [...] *Huysmans*, No.19 (1942), 265–83
- "Huysmans, critique d'art. Ses Salons" *Bulletin* [...] *Huysmans*, No.20 (1947), 356–75
Kanes, M. "Zola and Busnach: the Temptation of the Stage" *PMLA*, LXXVII (1962), 109–15
- "Zola, *Germinal* et la censure dramatique" *Les Cahiers naturalistes*, No.29 (1965), 35–42
- *Zola's "La Bête humaine." A Study in Literary Creation* Berkeley: University of California Press 1962
Laborde, A. "Emile Zola à Médan" *Les Lettres françaises*, 11 juin 1959
- *Trente-huit années près de Zola. Vie d'Alexandrine Emile Zola* Les Editeurs Français Réunis 1963
Lanoux, A. *Bonjour, Monsieur Zola* Amiot-Dumont 1954 [Hachette 1962]
- *Maupassant le Bel-Ami* A. Fayard 1967

579

Laporte, A. *Le Naturalisme ou l'immoralité littéraire. Emile Zola, l'homme et l'œuvre* 18, rue Séguier 1894

Lapp. J.C. "Emile Zola et Ludovic Halévy: notes sur une correspondance" *Les Cahiers naturalistes*, No.27 (1964), 91–100

– "Ludovic Halévy et Emile Zola" *Revue des Deux Mondes*, 15 juillet 1954, 323–7

– *Zola before the "Rougon-Macquart"* Toronto: University of Toronto Press 1964

Le Blond, .J-C. "Hommage à Séverine" *Les Cahiers naturalistes*, No.2 (1955), 88–9

Le Blond, M. *La Publication de "La Terre"* Malfère 1937

Le Blond-Zola, D. "Emile Zola et l'amour des bêtes" *Les Cahiers naturalistes*, No.6 (1956), 284–308

– *Emile Zola raconté par sa fille* Fasquelle 1931

– "Paul Alexis, ami des peintres, bohème et critique d'art" *Mercure de France*, CCXC (1939), 293–303

Lecache, B. *Séverine* Gallimard 1930

Lecomte, G. "Une époque littéraire. Paul Alexis et le Naturalisme" *Grande Revue*, No.35 (1905), 173–82

Lefrançois, P. "L'adaptation de *L'Assommoir* et de *Nana* à la scène" *Le Miroir de l'Histoire*, No.70 (1955), 597–605

Lemaître, J. *Impressions de théâtre* Tome 7 Lecène & Oudin 1896

Lepelletier, E. *Emile Zola, sa vie – son œuvre* Mercure de France 1908

Lerner, M.G. "Autour d'une conversation chez Emile Zola" *Les Lettres romanes*, XXIV (1970), 265–72

– "Edoaurd Rod et Emile Zola. – I. Jusqu'en 1886" *Les Cahiers naturalistes*, No.37 (1969), 41–58

– "Edouard Rod and Emile Zola. – II. From *La Course à la mort* to Dreyfus" *Nottingham French Studies*, VIII (1969), 28–39

– "Edouard Rod et Emile Zola. – III. L'Affaire Dreyfus et la mort de Zola" *Les Cahiers naturalistes*, No.40 (1970), 167-76

– "Paul Alexis and *La Fin de Lucie Pellegrin*" *Les Lettres romanes*, XXV (1971)

Lethève, J. *Impressionnistes et Symbolistes devant la presse* A. Colin 1959

Manévy, R. *La Presse de la Troisième République* J. Foret 1955

Mansuy, M. *Un Moderne: Paul Bourget (de l'enfance au "Disciple")* Les Belles Lettres 1960

Les Marges Numéro spécial (n.s.9, 1930) *Le Naturalisme et "Les Soirées de Médan"*

Martino, P. *Le Naturalisme français (1870–1895)* A. Colin 1923

Maupassant, G. de *Chroniques, études, correspondance*, éd. R. Dumesnil. Gründ [1938]

– *Correspondance inédite*, éd. A. Artinian. D. Wapler [1951]

Menichelli, G.C. *Bibliographie de Zola en Italie* Florence: Institut Français 1960

Miquel, P. *L'Affaire Dreyfus* Presses Universitaires de France 1960

Mitterand, H. "La correspondance (inédite) entre Emile Zola et Michel Stassulevitch, directeur du *Messager de l'Europe* (1875–1881)" *Les Cahiers naturalistes*, No.22 (1962), 255–79

– "Emile Zola à Marseille et à Bordeaux de septembre à décembre 1870. Lettres et documents inédits" *Revue des Sciences humaines*, XXV, fasc.98–9 (1960), 257–87

– "Emile Zola et *Le Rappel*" *Les Cahiers naturalistes*, No.15 (1960), 589–604

– "*Thérèse Raquin* au théâtre" *Revue des Sciences humaines*, XXVI, fasc.104 (1961), 489–516

– *Zola journaliste* A. Colin 1962

- et H. Suwala *Emile Zola journaliste. Bibliographie chronologique et analytique. I (1859–1881)* Les Belles Lettres 1968
- et J. Vidal *Album Zola* Gallimard 1963
Moore, G. *Confessions of a Young Man* London:Heinemann 1937
- *Mémoires de ma vie morte*, trad. G. Jean-Aubry. Grasset 1928
- "My Impressions of Zola" *English Illustrated Magazine*, xi (1894), 477–89
- *Vale* London:Heinemann 1947
Morand, P. *Vie de Guy de Maupassant* Flammarion 1942
Moreau-Nélaton, E. *Manet raconté par lui-même* 2 vols. H. Laurens 1926
Morgan, O.R. "Léon Hennique and the Disintegration of Naturalism" *Nottingham French Studies*, 1,2 (1962), 24–33
- "Léon Hennique et Emile Zola" *Les Cahiers naturalistes*, No.30 (1965), 139–44
- "The plays of Léon Hennique" *Nottingham French Studies*, v (1966), 89–99; vi (1967), 19–29
Nardi, P. *Vita e tempo di Giuseppe Giacosa* Milano:A. Mondadori 1949
Nautet, F. *Histoire des Lettres belges d'expression française* 2 vols. Bruxelles:Rosez 1892–3
- *Notes sur la littérature moderne* 2 vols. Verviers:1885, 1889
Niess, R.J. "Emile Zola and Impressionism in painting" *American Society Legion of Honor Magazine*, xxxix (1968), 87–101
- "George Moore and Paul Alexis:the Death of La Pellegrin" *Romanic Review*, xxxviii (1947), 34–42
- *Zola, Cézanne and Manet. A Study of "L'Œuvre"* Ann Arbor: University of Michigan Press 1968
Parturier, M. "Duranty, Paul Alexis et *Mademoiselle Pomme*" *Bulletin du Bibliophile et du Bibliothécaire*, 1950, 213–24
- "Zola et Duranty" *Bulletin du Bibliophile et du Bibliothécaire*, 1948, 49–73, 97–124
Peter, R. *Le Théâtre et la vie sous la Troisième République* 2 vols. Editions Littéraires de France 1945 (t.1); Marchot 1947 (t.2)
- "Zola et l'Académie" *Mercure de France*, ccxcvi (1940), 568–82
Petit Bottin des Lettres et des Arts Giraud 1886
Pouzikov, A. "Zola en Russie" *Œuvres et Opinions* (Moscou), No.4 (avril 1965), 171–5
Provence, M. "Cézanne et ses amis. Numa Coste" *Mercure de France*, ulxxxvii(1926), 54–81
Pruner, F. "Les infortunes de *Mademoiselle Pomme*" *Les Cahiers naturalistes*, No.21 (1962), 194–200
- *Les Luttes d'Antoine. Au Théâtre Libre* Tome 1er. Lettres Modernes 1964
- *Le Théâtre Libre d'Antoine I. Le répertoire étranger* Lettres Modernes 1958
Pryme, E. "Zola's Plays in England. 1870–1900" *French Studies*, xiii (1959), 28–38
Psichari, H. *Des jours et des hommes (1890–1961)* Grasset 1962
Raimbault, M. *Numa Coste* Aix-en-Provence:B. Nill 1907
Raitt, A.W. *Villiers de l'Isle-Adam et le mouvement symboliste* J. Corti 1965
Randal, G. "Emile Zola et l'Académie française" *Aesculape*, xxxiv (1953), 18–23
- "Sept lettres inédites d'Emile Zola à Alphonse Daudet" *Quo Vadis*, v (1952), 23–42
Reuterswärd, O. *Impressionisterna inför publik och kritik* Stockholm:A. Bonniers 1952
Rewald, J. *Cézanne, sa vie, son œuvre, son amitié pour Zola* A. Michel 1939
- *The History of Impressionism* New York:The Museum of Modern Art 1961

- *Post-Impressionism. From Van Gogh to Gauguin* New York : The Museum of Modern Art 1962

Richepin, J. "Copains et copines. Paul Alexis" *Demain*, No.16 (1925), 5–11

- "Poètes et bohèmes. II. Cabaner" *Demain*, No.9 (1924), 18–27

Rienzo, G. de, et G. Mirandola "Inediti francesi nell' archivio di Giuseppe Giacosa" *Studi francesi*, No. 36 (1968), 452–68

Rièse, L. *Les Salons littéraires parisiens du Second Empire à nos jours* Privat 1962

Ripoll, R. "Quelques articles retrouvés de *La Marseillaise*" *Les Cahiers naturalistes*, No.34 (1967), 148–64

Rivière, G. "Les écrivains à la Nouvelle-Athènes" *Nouvelles littéraires*, 7 mai 1927

- "La formation de P. Cézanne" *L'Art vivant*, I, 15 (1925), 1–4

- *Renoir et ses amis* H. Floury 1921

Robert, G. "Lettres inédites à Henry Fèvre" *Revue d'Histoire littéraire de la France*, L (1950), 64–82

- "*La Terre*" *d'Emile Zola. Etude historique et critique* Les Belles Lettres 1952

Robida, M. *Le Salon Charpentier et les Impressionnistes* Bibliothèque des Arts 1958

Root, W.H. *German Criticism of Zola, 1875–1893* New York : Columbia University Press 1931

Rosny, J.-H. *L'Académie Goncourt* Crès 1927

- *Torches et lumignons. Souvenirs de la vie littéraire* La Force Française 1921

Rufener, H. La Rue *Biography of a War Novel. Zola's "La Débâcle"* New York : King's Crown Press 1946

Sachs, M. "The Esthetics of Naturalism : Henry Céard's *Une Belle Journée*" *L'Esprit créateur*, IV (1964), 76–83

- "The Success and the Failure of Henry Céard" *Modern Language Review*, LXIII (1968), 581–6

Salvan, A.J. "Sept autographes d'Emile Zola" *Les Cahiers naturalistes*, No.32 (1966), 133–44

- *Zola aux Etats-Unis* Providence, R.I. : Brown University Press 1943

Sarcey, F. *Quarante ans de théâtre* Tome 8 Bibliothèque des Annales 1902

Schwarz, M. *Octave Mirbeau. Vie et œuvre* La Haye : Mouton et Cie 1966

Signac, P. *D'Eugène Delacroix au néo-impressionnisme* H. Floury 1939

Silvestre, A. *Au pays des souvenirs* Librairie Illustrée 1892

Simond, C. *Paris de 1800 à 1900* Tome 3 (1870–1900) Plon 1901

Stephens, W. *Madame Adam* London : Chapman & Hall 1917

Tabarant, A. *Peinture sous vers* Montaigne 1929

Tassart, F. *Nouveaux Souvenirs intimes sur Maupassant*, éd. P. Cogny. Nizet 1962

- *Souvenirs sur Guy de Maupassant* Plon 1911

Ten Brink, J. *Litterarische Schetsen en Kritieken* 20 vols. Leiden : Sythoff 1882–8

Ternois, R. "Les sources italiennes de *La Joie de vivre*" *Les Cahiers naturalistes*, No.33 (1967), 27–38

- *Zola et ses amis italiens* Les Belles Lettres 1967

- *Zola et son temps. "Lourdes," "Rome," "Paris"* Les Belles Lettres 1961

Thiercelin, J. "Jules Vallès auteur dramatique" *Comœdia*, 19 et 20 juillet 1932

Thiry, O. *La Miraculeuse Aventure des Jeunes Belgiques (1880–1896)* Bruxelles : La Belgique Artistique et Littéraire 1910

Torchet, J. "Emile Zola, musicien" *Guide musical*, LI (1905), 616–18

Triomphe, J. "Zola collaborateur du *Messager de l'Europe*" *Revue de Littérature comparée*, XVII (1937), 754–65

Valkhoff, P. "Emile Zola et la littérature néerlandaise," dans *Mélanges d'histoire littéraire, générale et comparée, offerts à Fernand Baldensperger*, II, 312–26 Champion 1930

Vallobra [Gabriel de Grandry] "Hommage à ma mère. Lettre d'adieu" *Apollo* (Bruxelles), No.96 (1er avril 1952)

Vanwelkenhuyzen, G. "Camille Lemonnier et Emile Zola" *Les Cahiers naturalistes*, No.2 (1955), 62–80

– *Francis Nautet, historien des Lettres belges* Verviers: Avant-Poste 1931

– *L'Influence du Naturalisme français en Belgique de 1875 à 1900* Bruxelles: Palais des Académies 1930

– *Vocation littéraires* Genève: Droz 1959

Via, S. E. "Paul Alexis, Flaubert et le naturalisme" *Les Cahiers naturalistes*, No. 39 (1970), 75–82

Vigné d'Octon, P. "Naturalistes et Parnassiens. Emile Zola et Paul Alexis en Provence. Souvenirs" *Nouvelles littéraires*, 10 et 17 avril 1926

Villiers de l'Isle-Adam, P.-A. *Œuvres complètes* Tome 11, Mercure de France 1931

Visages du monde Numéro spécial (17, 1934) *Au temps du Naturalisme*

Vizetelly, E.A. *With Zola in England* London: Chatto & Windus 1899

Vollard, A. *Cézanne* Crès 1924

– *Souvenirs d'un marchand de tableaux* Club des Libraires de France 1957

Walter, R. "Emile Zola à Bennecourt en 1868: les vacances d'un chroniqueur" *Les Cahiers naturalistes*, No.37 (1969), 29–40

– "Emile Zola et Claude Monet" *Les Cahiers naturalistes*, No.26 (1964), 51–61

– "Zola à Bennecourt en 1867 Quelques aperçus nouveaux sur *Thérèse Raquin*" *Les Cahiers naturalistes*, No.30 (1965), 119–91

– "Zola à Bennecourt en 1867. *Thérèse Raquin*, vingt ans avant *La Terre*" *Les Cahiers naturalistes*, No.33 (1967), 12–26

– "Zola et ses amis à Bennecourt (1866)" *Les Cahiers naturalistes*, No.17 (1961), 19–35

Willy *Souvenirs littéraires ... et autres* Montaigne 1925

Xau, F. *Emile Zola* Marpon & Flammarion 1880

Zévaès, A. *Le Cinquantenaire de "J'accuse"* Fasquelle 1948

– "Emile Zola et Jules Guesde" *Commune*, IV, 42 (1937), 689–95

– *Histoire de la Troisième République, 1870–1925* Nouvelle Revue Critique 1946

– *Jules Guesde* M. Rivière 1928

– "Jules Vallès et le Naturalisme" *Commune*, IV, 37 (1936), 40–7

– *Les Procès littéraires au XIXe siècle* Perrin 1924

– *Zola* Nouvelle Revue Critique 1945

Zola, E. *L'Atelier de Zola. Textes de journaux, 1865–1870*, éd. M. Kanes. Genève: Droz 1963

– *Correspondance*, éd. M. Le Blond 2 vols. Bernouard 1929

– *Emile Zola's Letters to J. van Santen Kolff*, éd. R.J. Niess. St. Louis: Washington University Studies, n.s., Language and Literature, No.10, 1940

– *Lettres de Paris*, éd. P.A. Duncan et V. Erdely. Genève: Droz 1963

– *Lettres inédites à Henry Céard*, éd. A.J. Salvan. Providence, R.I.: Brown University Press 1959

– *Mes Voyages. Lourdes. Rome*, éd. R. Ternois. Fasquelle 1958
– *Œuvres complètes*, éd. H. Mitterand 15 vols. Cercle du Livre Précieux 1966–70
– "Pages d'exil," éd. C.A. Burns *Nottingham French Studies*, III (1964), 2–46, 48–62
– *La République en marche, chroniques parlementaires*, éd. J. Kayser 2 vols. Fasquelle 1956
– *Les Rougon-Macquart. Histoire naturelle et sociale d'une famille sous le Second Empire*, éd. A. Lanoux et H. Mitterand 5 vols. Gallimard 1960–7
– *Salons*, éd. F.W.J. Hemmings et R.J. Niess. Genève : Droz 1959
– "Vingt-deux lettres et billets d'Emile Zola," éd. A.J. Salvan *Les Cahiers naturalistes*, No.37 (1969), 59–75
– "Vingt messages inédits de Zola à Céard," éd. A.J. Salvan *Les Cahiers naturalistes*, No.19 (1961), 123–46

INDEX

INDEX

About, Edmond, 239, 240; *L'Assassin*, 239
Abram (maire d'Aix-en-Provence), 406
Adam, Juliette, 145, 216, 217
Adam, Paul, 253, 282, 283, 284, 286,
   304–6, 307, 318, 319, 324, 375, 376, 422,
   435, 514; *Chair molle*, 304, 305–6, 307;
   Soi, 306, 307
Adou, Alfred, 61
Agyriadès (socialiste), 266
Aicard, Jean, 389
Ajalbert, Jean, 513
Alceste, *voir* Castille, Hippolyte
Alexis, Ambroise, 85, 216, 237, 295, 362–3,
   365, 375, 376, 393, 396–7, 399, 401, 403,
   404–5, 406–7, 408, 409, 414
Alexis, Edouard, 3, 8, 37, 39, 51, 67, 91–2,
   185, 205, 208, 214, 228, 240, 365, 372,
   374, 395–6, 397, 523–7
Alexis, Mme Edouard (*née* Angélique
   Leydet), 3, 67, 241, 320, 341, 344, 346,
   355, 365, 367, 371–2, 373 5, 388, 395–6,
   399, 402–4
Alexis, Félix, 56, 61, 65, 66, 71, 73, 76, 77,
   80, 82, 85, 87, 92, 326, 341, 375, 393,
   396, 397, 403, 451, 523, 524, 526
Alexis, Jean, 32, 409
Alexis, Jeanne, 117, 346, 393, 396, 402,
   403, 414, 415
Alexis, Marthe-Angéline, 410, 437, 447, 451
Alexis, Marthe-Edmée, 32, 381, 386, 393,
   402, 409
Alexis, Paul: Académie Goncourt, 23, 426,
   428, 435, 436; Affaire Dreyfus, 24–5,
   420–36, 439, 442–7, 448; "affaire
   Henri IV," 183–204, 208, 209–10, 218,
   228, 527–31, 534–42; Aix-en-Provence,
   description d', 3, 9, 41, 45, 185, 237, 296,
   399, 495–6; Angleterre, voyage en, 280,
   281, 282, 489–90; et Antoine, 18–20,
   329–30, 331, 336, 342, 343, 344, 345,
   347, 354, 357–8, 361–2, 365, 366–7,
   368–70, 372–3, 376, 377, 384, 425, 449,
   504–5, 510–12, 550; art, critique d',
   15–18, 133, 330, 384, 461; Auvers-sur-
   Oise, description d', 340, 376, 507–8; et
   Béliard, 59, 104, 106, 132, 218, 221, 307,
   317, 319–20, 323, 346, 375, 378, 501;
   Bœuf-nature, dîner du, 87, 88, 95, 473,

482–3; et Bourget, 92, 93, 109–10, 112,
   173, 257, 381–2, 383, 391, 473–4, 482–3;
au Café de la Nouvelle-Athènes, 118,
   120, 134, 148, 160, 181, 470, 552–3;
caractère, 5, 12, 26, 27, 32, 33, 127,
   129–30, 186, 251, 548, 551; et Céard, 22,
   107, 129, 133, 138, 146, 174, 175, 185,
   186, 187, 193, 194, 196, 200, 202, 218,
   224, 226, 228–9, 230, 231, 234, 235, 243,
   244, 246, 257–8, 283, 323, 325, 359,
   375–6, 391, 412, 415, 421, 458, 527–8;
et Cézanne, 9, 10, 13, 18, 38, 43, 50,
   205, 207, 226, 295, 309, 400, 401, 405,
   447, 448, 449, 501, 507; au Château des
   Brouillards, 15, 289, à Cheverchemont,
   381, 385, 386, 387–8, 391; au Collège
   Bourbon, 4; *La Comédie humaine*,
   collaboration à, 165–70, 172, 519–20; la
   Commune, 37, 39, 40, 46, 62, 68; *Cri du
   Peuple*, collaboration au, 11 13, 10–20,
   257, 258, 261, 262, 271, 273, 286, 289,
   291, 296, 302, 306, 307, 308, 311, 322,
   323, 325, 330, 337, 346, 374, 494, 502,
   546; décoration, 370–1, 412, 413, 414,
   416, 419; départ d'Aix en 1869, 9–10,
   172; et Desprez, 268, 304, 305, 491,
   498–500, 512; et Duranty, 13, 58, 60,
   116, 118, 121, 130, 134, 135, 138–9, 212,
   213, 243, 285, 309, 332, 470, 478, 506–7,
   515–16; l'écrivain, caractéristiques de, 12,
   26–30, 32–3, 48–9, 50, 119, 205–6,
   207–8, 277–8, 388, 471, 496–7, 548, 551;
à l'Estaque, 43–4, 115; études juridiques,
   5; famille à Aix, relations avec, 8, 24, 45,
   49, 51, 67, 68, 85, 91, 205, 241, 295, 316,
   320–1, 341, 344, 346, 363, 365, 373, 374,
   388, 393, 395–6, 397, 399, 402–3, 525;
femme, 24, 31, 171, 173, 276, 280–1, 285,
   310, 312, 314, 315, 318, 320, 326, 335,
   346, 347, 384, 393, 408, 448, 450–1;
fille aînée, 24, 312, 314, 315, 317, 318,
   319, 320, 321, 323, 326, 332, 335, 337,
   344, 346, 380, 383–4, 385, 388, 393, 409,
   450–1; et Flaubert, 13, 69, 95, 96, 102,
   139, 144, 309, 467, 485–6, 492, 518; et
   E. de Goncourt, 13, 23, 69, 96, 102, 132,
   133, 173, 174, 276, 304, 305, 334, 352–3,
   354, 359, 374, 377, 378, 381, 390, 397,

Alexis, Paul: *suite*
398, 410–12, 415, 459–60, 467, 492, 551;
Groupe de Médan, relations avec, 20–3,
104, 105, 107, 117, 119, 124, 128, 133,
155, 164, 165, 167, 169–70, 174, 175,
177, 179, 216, 220, 228, 231, 235, 243,
252, 327, 348, 360, 426, 519–20, 542–3;
et Hennique, 22, 103, 107, 117, 124, 125,
129, 133, 134, 138, 174, 175, 221, 243,
306, 375, 391, 435, 458; Huret, enquête
de, 30–1; et Huysmans, 22, 105, 107,
108, 117, 129, 133, 138, 179, 186, 193,
202, 218, 224, 226, 243, 268, 283, 284,
288, 306, 426, 435, 459, 528–9;
Impressionnisme, 15–16, 17, 18, 277,
279–80; jeunesse, 3–5, 90, 116, 185,
399, 473, 497, 531; journalisme, 5–6,
13–14, 20, 48, 52, 53, 68, 69, 122, 123,
124, 126, 129, 133, 138, 142, 143, 145,
146, 147, 150, 152, 154, 157, 164, 173,
174, 177, 178, 179–80, 181, 183, 184,
186–7, 191, 192, 195, 196, 197–8, 204–5,
211, 214, 227, 231, 238, 239, 240, 241,
244, 252, 254, 256, 262, 268, 269, 270,
271, 272–3, 276, 282, 286, 292, 300, 302,
306, 309, 338, 374, 376, 379, 391, 415,
441, 472, 497, 500, 522–3; littérature,
vues sur, 14–15, 98, 155, 201, 207–8, 229,
230, 245, 455–7, 472, 478–80, 481–2,
533; et Manet, 17, 118, 121, 133, 136,
137, 155, 186, 203, 248, 267, 285, 461,
470, 478, 501, 505; mariage, 24, 166,
171–2, 281, 315, 355, 365, 367, 371–2,
374–6; et Maupassant, 22, 112, 131–2,
133, 156, 179, 216, 219, 224, 231, 235,
241, 243, 248, 283, 302, 332, 383, 392–3,
405, 412, 413–14, 415, 416, 418, 471–2,
518–19; à Médan, 119, 125, 127, 168,
169, 175, 214, 216, 217, 278, 494–5; et
Moore, 95, 266–7, 281, 282, 294–5, 310,
317, 323, 325, 349, 350, 355, 356–7,
378–9, 380, 419, 553–4; mort, 31–2;
naissance, 3; Naturalisme, vues sur,
13–14, 20, 29–31, 120, 159, 250–1, 260,
268, 466–7, 474–7, 479, 481, 486–9, 502,
521, 544–6; et Nautet, 236, 237, 240,
243, 247–8, 250, 474; opinions
politiques, 23, 68, 272, 421; Paris,
description de, 12–13, 323–4, 468–70;
poèmes, 6–8, 9; en prison, 55–69;
Rennes, aventure journalistique à, 70–8;
et Roux, 6, 8, 38–9, 47, 54, 81, 82–3, 87,
93, 193, 235, 375, 398–9; et J. Rozerot,
12, 25–6, 386, 435, 436–7; Saint-Malo
et environs, description de, 78–80; santé,
81, 82, 83, 91–2, 102–3, 104, 158, 159,
239, 271, 275–6, 333, 393, 414, 415, 416,

417, 524–6; Sarcey, polémique avec, 249,
250–1, 478–80; Société des Gens de
Lettres, 401, 407, 408, 426, 437–9, 440,
441–2; *Soirées de Médan*, collaboration
aux, 21–2, 158, 159–60, 170, 327, 360,
519–20; Solari, sculpté par, 332, 333;
Son Excellence Eugène Rougon, adaptation
théâtrale de, 160–3; Symbolisme, vues
sur, 323, 324; tableaux, collection de,
401, 447, 448, 449, 501; théâtre, vues
sur, 18, 19, 96, 97, 120, 182, 278, 288,
293, 300, 303, 328, 336, 339, 345, 349,
363, 502, 514–15; "Le Théâtre de
Médan," 160, 177–8, 520; Théâtre
Libre, 18, 19–20, 330, 336, 342, 343, 344,
346–7, 354–5, 357–8, 359, 361–2, 364–5,
366–7, 368–70, 372–3, 376, 378, 392,
510–12, 515, 548–51; son tombeau,
inauguration de, 32; et Vallès, 14, 175,
176, 178, 182, 254, 257, 271–2, 283, 286,
288, 304, 330, 467–8, 492–5, 502; à
Verneuil, 25–6, 386, 436–7; *Voltaire*,
collaboration au, 122, 131, 132, 145, 146,
148, 149–50, 152, 153–4, 155, 156–7, 159,
160; Zola, amitié pour, 11–12, 23–5, 31,
33, 44, 46–7, 139, 160, 202, 204, 214–15,
321, 411, 431, 551; Zola, critique de,
227, 278, 290–1, 374, 418, 426, 485, 518;
Zola, jugé par, 7, 8, 12, 27, 47–8, 50,
100, 116, 141–2, 187–8, 232, 240, 241,
242, 261, 266, 273, 284, 411, 548; Zola,
première visite à, 11, 46, 461–2; Zola,
publicité pour, 13, 132, 143, 144, 145,
146–7, 148, 149–50, 152, 153–4, 155, 158,
159, 176, 177, 227, 230, 257, 259, 266,
327, 331, 339, 350, 417–18, 429, 455,
462–6, 477–8, 484–5, 496, 503–4, 514–15,
517–18
— *Le Besoin d'aimer*, 14, 26–7, 93, 253, 254,
255–6, 257, 271, 275, 277, 279, 281, 288,
317, 376, 512; *Celle qu'on n'épouse pas*, 59,
66, 95, 99, 115, 120, 134, 136, 137, 138,
140–3, 144, 148, 158, 162, 198, 225,
516–17, 547; *Charles Demailly* (pièce), 23,
352–3, 354, 389, 390, 411–12, 415; *Le
Collage*, 234, 235, 237, 238, 239, 240, 241,
242, 286, 287, 544; *La Comtesse*, 451;
L'Education amoureuse, 386, 391; *Emile
Zola, notes d'un ami*, 23, 124, 125, 128,
138, 143, 158, 159, 174, 179, 210, 211,
212, 215, 216, 217–26, 270, 543–4, 547;
La Fin de Lucie Pellegrin, 27–8, 92, 95,
105, 116, 126, 129, 135, 138, 139, 153,
155, 156, 226, 311, 312, 372, 457, 548;
La Fin de Lucie Pellegrin (pièce), 330, 336,
354–6, 357–9, 360, 362, 363, 364–9, 376,
377, 413, 515–16, 520, 548–51; *Les*

Frères Zemganno (pièce), 23, 377, 378, 381, 410, 411; *Madame Meuriot*, 29, 60, 114, 117, 120, 164, 208, 210, 211, 215, 216, 219, 220, 222, 224, 241, 242, 257, 268, 271, 272, 274, 276, 278, 284, 285, 298, 300, 307, 320, 325, 340, 347, 363, 373, 378, 379, 382, 383, 384, 385, 388, 389, 390, 394, 397, 398, 401, 407, 414, 471; *Mademoiselle Pomme*, 19, 116, 118, 122, 130, 143, 162, 212, 243, 298, 299, 300, 301, 304, 307, 325, 327, 328, 329–30, 355, 505; *Monsieur Betsy*, 247, 347–8, 350, 351–2, 353, 354, 367, 368, 389, 390–1, 397, 404, 407, 408, 413; *La Provinciale*, 403, 404, 407, 408, 410, 411, 414, 415–16; *Le Sycomore*, 292–4, 307, 372, 373, 378, 380, 384, 419; *Trente Romans*, 22, 414, 416–17, 418, 419; *Vallobra*, 5, 29, 41, 44, 420, 425, 435, 437, 439, 441, 448, 449

Alexis, Mme Paul (*née* Marie Monnier), 24, 31, 32, 171, 173, 278, 280–1, 284, 285, 308, 312, 314, 315, 318, 320–1, 326, 335, 347, 363, 365, 367, 373, 376, 384, 386, 393, 401, 408, 409, 437, 447, 448, 450–1, 554

Alexis, Paule Alexandrine, 15, 24, 289, 307, 312, 314, 315, 317, 318, 319, 320–1, 322, 323, 326, 332, 335, 337, 340, 341, 344, 346, 347, 363, 380, 383–4, 385, 388, 393, 397, 409, 437, 447, 450–1

Alhaiza, Paul, 361

Alis, Harry [Hippolyte Percher, *dit*], 113, 129, 231, 232, 235; *Hara-Kiri*, 232

Allary, Camille, 83, 158, 160, 167, 168; *Au pays des cigales*, 83; *Laurence Clarys*, 160

Allemane, Jean, 421, 422

Ancey, Georges, 355

Andelbrouck, Gustave, 474

Andrée (actrice), 365

Antoine, André, 18–20, 247, 328, 329, 330, 331, 366, 342, 343, 344, 345, 347, 354–5, 357–8, 359, 361–2, 364, 366–70, 372–3, 376, 377, 378, 380, 384, 389, 401, 415, 425, 435, 449, 504–5, 510–12, 514, 520, 548, 550

Arène, Jules, 84, 85, 86; *La Chine familière et galante*, 85

Arène, Paul, 84, 85, 86, 359, 392; *Le Pain du péché*, 357, 359–60, 361

Asselin, Lucien, 189, 190

Atthalin, Gaston Laurent-, 435

Aubanel, Théodore, 359

Aubert (capitaine), 64

Aubert, Mme (grand-mère de Zola), 116

Aubry, Irma [Marie-Pauline Albaret, *dite*], 243, 245, 298, 300

Audiffret-Pasquier, Gaston, 78, 81

Augier, Emile, 94, 96, 98, 299, 502; *Madame Caverlet*, 96

Aumale, Henri d'Orléans, duc d', 78, 81, 378

Aurore, L', 424, 429, 430, 438, 441

Avenir national, L', 13, 16, 69, 73, 131, 457

Bachaumont, Louis, 111, 114

Bachelin (journaliste), 185, 189–90

Bacon, Francis, 31, 280

Baguley, David, 112

Bahier, Anatole, 357

Bailby, Léon, 443

Baille, Jean-Baptistin, 4, 224, 226

Baju, Anatole, 324

Baldick, Robert, 147

Ballerich (frères), 302, 303

Ballot-Beaupré, Alexis, 434–5, 436, 439, 442, 444, 445, 448, 449

Balzac, Honoré de, 31, 49, 50, 85, 93, 95, 106, 109, 112, 184, 188, 190, 264, 283, 334, 335, 356, 371, 455, 456, 457, 468, 471, 478, 481, 482, 493, 497, 510, 530–1; *La Comédie humaine*, 158, 457, 482; *Eugénie Grandet*, 93; *La Fille aux yeux d'or*, 535; *Histoire de la grandeur et de la décadence de César Birotteau*, 455; *Les Parents pauvres*, 493

Banville, Théodore de, 102, 141, 142, 159, 175, 183, 360; *Le Baiser*, 357, 360

Baragnon, Pierre-Paul, 122, 209

Barbey d'Aurevilly, Jules, 109, 110, 112, 159; *Les Diaboliques*, 112

Barbiera, Raffaello, 149

Bard, Alphonse, 435

Bardoux, Agénor, 122, 123

Barlatier, Albert, 100–1

Barlatier, Mme Albert (*née* Bilange), 101

Barlatier (cousin d'Alexis), 55, 57, 81

Barlatier, Emile (fils), 53, 56, 117

Barlatier, Emile (père), 53, 54, 73, 81, 82, 89, 106, 108, 111, 117, 522–3

Barny (actrice), 336, 365, 511–12

Baron [Louis Bouchené, *dit*], 351, 353, 390, 391, 398

Barrès, Maurice, 286, 360, 377, 422, 428, 435, 436, 533, 546

Barth (de Berlin), 283

Bataille (acteur), 5

Bataille, La, 264, 286, 302, 303

Batte, La, 363, 365

Baudelaire, Charles, 6–9, 11, 84, 93, 134, 135, 185, 216, 217, 220, 229, 457, 468, 501, 513

Bauër, Henry, 227, 271, 340, 341, 368

Bayard, Jean, 95; *La Fille de l'avare*, 95

Bazaine, Achille, 53, 54
Bazile, François, 265
Beauduin, Jean, 236
Beaumarchais, Le, 188, 189, 227
Becker, Georges, 108
Becque, Henry, 276, 278–9, 336, 352, 410,
    502; *Les Corbeaux*, 303, 336; *La
    Parisienne*, 303, 335, 336, 352, 410
Béliard, Edouard, 45, 54, 59, 66, 68, 88, 92,
    93, 95, 104, 106, 121, 125, 128, 129, 132,
    218, 221, 307, 317, 319–20, 321, 323,
    346, 375, 376, 378, 449, 473, 482, 501
Béliard, Mme Edouard, 319–20
Belot, Adolphe, 174, 303; *Monte-Carlo*, 173
Bénédictus, Louis, 118, 121
Bénézit, Emmanuel, 134
Béranger, Pierre-Jean de, 113
Bergerat, Emile, 180, 184, 336, 348, 349,
    351, 534; *Le Capitaine Fracasse*, 349; *La
    Nuit bergamasque*, 336
Berlioz, Hector, 478, 487
Bernard, Judith, 317–18, 325
Bernardin de Saint-Pierre, Jacques, 165;
    Paul et Virginie, 165
Bernhardt, Maurice, 341, 342
Bernhardt, Sarah, 84, 118, 124, 130,
    182–3, 218, 253, 259, 299, 331, 342, 357,
    393, 469
Berquin, Arnaud, 459
Berthin (directeur de théâtre), 367
Bertin, Horace, 82, 84; *Le Cochon de
    madame Chasteuil*, 84
Bertrand, Edmond, 425, 427
Bertrand, Eugène, 351, 353, 390
Besson, Louis, 369
Bétolaud, Jacques, 433, 434
Béville, Albert de, 192
Bien public, Le, 18, 92, 94, 96, 97, 105, 109,
    136
Biéville, Edmond Desnoyers de, 141, 142
Bigot, Charles, 129, 146, 147, 371
Bisson, Alexandre, 351, 353
Blanche, Antoine, 406
Blanche, Jacques, 514
Blanmont, de (ami d'Alexis), 170–1
Blanqui, Auguste, 264, 266
Blavet, Emile, 353; *Le Voyage au Caucase*,
    352, 353
Bloy, Léon, 268, 269, 422; *Propos d'un
    entrepreneur de démolitions*, 269
Boborykine, Piotr, 172, 210, 211, 212, 214,
    248–9, 253, 283, 378
Bocage, Henri, 390
Bochin (directeur de journal à Rennes),
    70–7, 78, 80
Boidin (dreyfusien), 430
Boieldieu, François, 63

Boileau-Despréaux, Nicolas, 45, 135
Boisdeffre, Charles Le Mouton de, 443, 444
Boissière, Prudence, 243, 245; *Dictionnaire
    analogique de la langue française*, 243, 245
Bonaparte, Laetitia (fille de Lucien
    Bonaparte), 113
Bonaparte, Lucien, 113
Bonaparte, Napoléon, *voir* Napoléon I
Bonnard, Virgile, 195
Bonnetain, Paul, 243, 244, 245–6, 252, 253,
    257, 311, 340, 355, 371, 392, 476, 548;
    Charlot s'amuse, 244, 246, 476
Bornier, Henri de, 163; *Les Noces d'Attila*,
    163
Boscher, Henri, 366, 367, 368, 369, 502
Bossuet, Jacques-Bénigne, 311, 448
Boucheron, Maxime, 195, 366, 368;
    Coquard et Bicoquet, 366
Bouchor, Maurice, 88, 110, 113, 219, 473,
    482
Bouilhet, Louis, 128
Boulanger, Georges, 326, 548
Bourdon, Georges, 423
Bourgeois, Léon, 413
Bourges, Elémir, 428
Bourget, Paul, 88, 92, 93, 109, 112–13, 145,
    173, 174, 176, 183, 216, 219, 224, 225,
    244, 257, 260, 283, 334, 379, 381–2, 383,
    384, 391, 422, 473–4, 482–3; *Le Disciple*,
    382; *Edel*, 109, 112; *Essais de psychologie
    contemporaine*, 257, 260, 483; *Physiologie de
    l'amour moderne*, 384; *Un Cœur de femme*,
    392
Boutique, Alexandre, 243, 244; *Xavier
    Testelin*, 244
Boyer, Amédée, 21, 25, 391, 449, 450, 451,
    521
Brasseur, Jules, 122, 123, 351
Braut (socialiste), 266
Briand, Aristide, 420, 422
Briet (directeur de théâtre), 505
Brignel (docteur), 103
Brisson, Henri, 422, 424, 425, 426
Brousse, Paul, 264, 266
Brulat, Paul, 419, 420, 422, 430, 533
Bruneau, Alfred, 160, 423, 426, 443;
    L'Attaque du moulin (drame lyrique), 160
Brunetière, Ferdinand, 230, 231
Buffenoir, Hippolyte, 142, 457
Buffet, Louis, 73
Bukovisz (journaliste), 145
Buloz, François, 168
Burani, Paul [Urbain Roucoux, *dit*], 301,
    302; *Mon Oncle*, 300, 301
Busnach, William, 125, 126, 127, 162, 163,
    175, 181, 209, 223, 225, 245, 257, 259,
    297, 325, 328, 329, 514, 515;

590

L'Assommoir (pièce), 124, 126, 127, 130, 132, 133, 142, 163, 212, 213, 246, 303, 306, 460–1, 505; Germinal (pièce), 296, 297–8, 299–300, 308, 326, 330, 357, 499, 514–15; Madame Thomassin, 243; Nana (pièce), 127, 142, 173, 175, 176, 179, 219, 246, 247, 303, 306, 307; Pot-Bouille (pièce), 257, 259, 261, 262, 303, 353; Le Ventre de Paris (pièce), 326, 328, 329, 330, 331, 332; Volapück-Revue, 325, 328
Byl, Arthur, 20, 330, 346, 353, 505; Un Préfet, 505

Cabanel, Alexandre, 17, 475
Cabaner, Ernest, 113, 114, 379, 380, 502–3
Cadilhac, Paul-Emile, 119
Cadol, Edouard, 72, 73; La Grand'Maman, 73
Caillebotte, Gustave, 285
Caldain, Jean de, 119
Callias, Hector de, 113
Callias, Nina de [pseud. Nina de Villard], 110, 111, 113, 117, 120, 378, 380
Calvo (docteur), 81
Camélinat, Zéphirin, 302, 303
Cameroni, Felice, 172, 223, 225, 253, 283
Capiomont, E., 217, 218
Capus, Alfred [pseud. Savyl], 192–3, 194, 252, 470
Caraguel, Clément, 492
Caran d'Ache [Emmanuel Poiré, dit], 113
Carbonnaux, Léon, 230
Carnot, Sadi, 417, 418
Carolus-Duran [Charles Durand, dit], 17, 194
Carré, Albert, 331, 403, 407, 409, 410, 415
Carré, Fabrice, 353
Carré, Georges, 199, 530
Carrier-Belleuse, Albert, 101
Carrier-Belleuse, Mlle (fille du précédent), 101
Carrière, Eugène, 448, 450
Cartillier (journaliste), 306
Casanova de Seingalt, Giovanni, 92, 93, 276, 473
Caserio, Santo-Jeronimo, 417, 419
Casimir-Périer, Jean, 432, 433, 443
Cassagnac, Paul Granier de, 168, 200, 201
Castille, Hippolyte [pseud. Alceste], 205, 206
Catulle-Mendès, Jane, voir Mette, Jane
Cazaubon (directeur de théâtre à Aix-en-Provence), 54
Caze, Robert, 227, 228, 232, 243, 268, 271, 283, 284, 488, 492, 500
Cazin, Jean-Charles, 285
Céard, Henry, 8, 21, 22, 23, 28, 101, 102, 107, 112, 114, 119, 129, 133, 138, 140, 146, 147, 151, 154, 156, 159, 164, 167,

168, 169, 172, 174, 177, 179, 181, 182, 185–6, 187, 189, 190, 191, 192, 193, 194, 196, 198, 200, 201, 202, 206, 209, 211, 218, 219, 224, 226, 228–9, 230, 231, 234, 235, 243, 244, 245, 246–7, 249, 250, 251, 252, 253, 255, 257, 259, 263, 274, 283, 284, 291, 292, 297, 308, 315, 323, 324, 325, 326, 328, 334, 340, 342, 344, 345, 359, 360, 375, 376, 386, 391, 392, 395, 412, 413, 415, 421, 422, 426, 458, 459, 492, 506, 519–20, 527–9, 537, 542, 554; Mal-Eclos, 210, 211; Mon pauvre Ernest (Il faut se faire une raison), 247; La Pêche, 392; Renée Mauperin (pièce), 23, 324, 325, 326, 502; Les Résignés, 328; Terrains à vendre au bord de la mer, 101; Tout pour l'honneur, 246, 357; Une Belle Journée, 174, 175, 182
Cerf, Octave, 474
Cervantes, Miguel de, 48
Cézanne, Paul, 4, 5, 6, 9, 10, 13, 15, 18, 38, 40, 43, 44, 47, 50, 66, 78, 113, 120, 164, 165, 181, 205, 207, 226, 238, 295, 309, 400, 401, 405, 447, 448, 449, 501, 507
Chabrillat, Henri, 126, 133, 176, 177, 213, 460, 505, 520
Chambareaud, Jean, 435
Chamfort, 195
Champfleury [Jules Husson, dit], 27, 175, 213, 552
Champsaur, Félicien, 129, 150, 151, 224, 229, 230, 235, 240, 244, 276, 380, 381; Dinah Samuel, 230, 341
Chaplin, Charles-Josuah, 17
Chapron, Léon, 183, 184, 186, 188, 190, 196, 200, 201, 203, 204, 228, 527–9, 538–40
Charivari, Le, 223
Charpentier, Armand, 430
Charpentier, Aspasie, 84, 85, 86, 87, 88, 265, 266
Charpentier, Georges, 68, 69, 84, 94, 96, 98, 100, 109, 121, 125, 126, 128, 129, 130, 131, 137, 138, 143, 146, 155, 156, 158, 161, 162, 174, 179–80, 182, 185, 186, 216, 221, 224, 239, 252, 254, 259, 265, 266, 275, 280, 286, 294, 298, 306, 316, 318, 319, 327, 332, 333, 342, 343, 348, 349, 350, 356, 357, 377, 378, 382, 394, 397, 405, 407, 414, 415, 416, 418, 458, 463–6, 479, 492
Charpentier, Mme Georges, 100, 130, 131, 349, 407
Chastan, Ferdinand, 283, 286, 288, 303
Chastanet [Chastan (ami d'Antoine), dit], 361, 362

591

Chateaubriand, François-René de, 86, 89, 90, 147; *Mémoires d'outre-tombe*, 89, 90
Châtillon, Auguste de, 110, 114, 247
Chauchard, Alfred, 428
Chaumelin (journaliste), 522
Chauvet (acteur), 345
Cherbuliez, Victor, 123
Chevalier, E., 174
Chevallereau (docteur), 415
Chevrier, Georges, 269
Chincholle, Charles, 330, 437, 438, 440, 441
Chintreuil, Antoine, 16
Christophe, Ernest, 514
Cim, Albert, 419
Cissey, Ernest Courtot de, 169
Cladel, Léon, 219, 227, 239, 240, 256, 257, 311
Clairon, Le, 177, 191, 192, 193, 205, 209, 470
Claretie, Jules, 141, 142, 259, 348, 349, 391, 410
Clemenceau, Albert, 426
Clemenceau, Georges, 422, 423, 426, 439, 498, 548
Cloche, La, 13, 40, 42, 48, 51, 52, 54, 68, 69, 73, 131, 457
Cloches de Paris, Les, 104-5, 107, 457
Cocarde, La, 376
Cœuriot, Paul, 276-7
Cogny, Pierre, 101
Cohn, Paul, 145
Colas, Luce, 362, 363, 365
Colet, Louise, 126
Colombier, Marie, 252, 253, 257, 342; *Mémoires de Sarah Barnum*, 253, 299, 341
Comédie humaine, La (journal), 160, 165, 166, 167-9, 172, 196, 205, 252, 253, 261, 283, 519-20
Constans, Ernest, 405, 407
Constitutionnel, Le, 124
Cooper, James Fenimore, 58
Coppée, François, 88, 102, 110, 175, 243, 244, 330, 422, 473; *La Bénédiction*, 330; *Severo Torelli*, 482
Coquelin, Constant (aîné), 253
Coquelin, Ernest (cadet), 300, 301, 358
Corlieu, Augustin, 430
Cornély, Jean-Joseph, 143, 144, 177, 421, 423, 443
Corot, Jean-Baptiste, 16, 478
Corsaire, Le, 13, 69, 73, 131
Coste, Numa, 6, 9, 22, 45, 47, 48, 55, 66, 68, 85, 86, 87, 88, 89, 90, 93, 95, 116, 122, 123, 125, 128, 193, 210, 233, 237, 238, 241, 286, 295, 296, 318, 321, 340, 341, 345-6, 355, 386, 396, 397, 398, 399, 401, 411, 415, 448, 473, 482

Cottens, Victor de, 416
Coulon (employé chez Charpentier), 465
Courbet, Gustave, 135, 475, 478, 501
Courrier du soir, Le, 122, 123, 209
Crayer, Gaspard de, 120
Crépon des Varennes, Théophile, 432, 442
Crété (imprimeur), 463
Cri du Peuple, Le, 6, 13, 14-15, 18, 257, 258, 261, 262, 263, 264, 265, 271, 273, 280, 283, 285, 286, 289, 291, 292, 295, 296, 297, 298, 302, 303, 304, 308, 310, 311, 312, 313, 315, 322, 323, 325, 327, 337, 346, 347, 355, 373, 374, 379, 397, 510, 514, 545, 546, 551, 554
Crisafulli, Henri, 126, 390; *Une Perle*, 389
Croquis, Le, 274, 275
Cros, Charles, 379, 380
Crouzet, Marcel, 116, 120
Curel (éditeur), 405, 406
Curel, François de, 436; *La Nouvelle Idole*, 435
Cyon, Elie de, 210, 211, 219, 222

Dailly, Joseph-François, 126
Damaso, Reis, 253
Dangeau (journaliste), 363, 548
Dangé d'Orsay (homme de lettres), 61, 62, 65
Daniel, Mme (peintre), 508
Dante Alighieri, 291, 455; *Divina Commedia*, 291
Darzens, Rodolphe, 392
Daubigny, Charles, 16
Daudet, Alphonse, 18, 21, 29, 30, 31, 32, 83, 96, 114, 123, 127, 138, 139, 145, 153, 154, 155, 156, 167, 168, 174, 184, 189, 191, 205, 245, 259, 268, 269, 270, 274, 275, 276, 283, 288, 301, 302, 303, 304, 306, 328, 331, 332, 334, 348, 352-3, 354, 356, 362, 371, 374, 388, 389, 401, 407, 436, 448, 467, 492, 498, 504, 518, 519, 544, 551; *L'Arlésienne*, 247, 303, 326, 360, 502; *La Dernière Idole*, 127, 504; *L'Evangéliste*, 244; *Fromont jeune et Risler aîné* (pièce), 303; *L'Immortel*, 371; *La Lutte pour la vie*, 388; *Le Nabab*, 111, 114, 388; *Le Nabab* (pièce), 303; *Notes sur la vie*, 448; *Les Rois en exil*, 138, 146, 152, 154, 155, 156, 157; *Sapho*, 29, 268, 269, 493, 544; *Sapho* (pièce), 300, 302, 303-4, 334
Daudet, Mme Alphonse, 450, 513
Daudet, Léon, 362, 413, 428
Daurelle, Jacques, 422
De Amicis, Edmondo, 172
Decori, Louis, 246, 247
Deffoux, Léon, 22, 28, 394, 415

Defresnes, Marie, 354, 355, 357, 358, 361
Degas, Edgar, 66, 120, 121, 285, 470
Delaage, Henry, 110, 113
Delacour, Alfred, 115; *La Lune sans miel*, 115
Delacroix, Eugène, 478
Delair, Paul, 259; *Les Rois en exil* (pièce), 257, 259, 303, 334
Delannoy, Léopold, 352, 353
Delaporte (dreyfusien), 430
Delaporte, Marie, 83, 84
Delarue, Emile, 256, 257
Deléage, Paul, 242
Delpit, Albert, 180, 200–2, 203, 204, 206, 224, 225, 259, 379, 381, 546; *Le Fils de Coralie*, 180, 201
Delpré, Odette, 365
Delvau, Alfred, 275; *Dictionnaire de la langue verte*, 275
Demidoff, Paul, 127
Démocratie, La (Aix-en-Provence), 233
Denis, Pierre, 164, 165, 379
Dennery [Adolphe Philippe, *dit*], 299, 363; *Les Chevaliers du brouillard*, 363
Dentu, Edouard, 81, 464
Déreure, Simon, 263
Déroulède, Paul, 425, 427, 433
Derré, Emile, 32
Derval [Hyacinthe Dobigny de Ferrières, *dit*], 134, 135
Derveaux, Léon-Victor, 167, 168, 172
De Sanctis, Francesco, 127
Desboutin, Marcellin, 120, 134, 135, 469, 552, 553
Descaves, Lucien, 239, 240, 270, 287, 340, 355, 360, 426, 428, 435, 436, 475, 531–2; *Le Calvaire d'Héloïse Pajadou*, 239, 240, 244, 287, 475, 531–2
Deschaumes, Edmond, 186, 187, 189, 192–4, 196, 197, 199–200, 201, 211, 271, 537, 539, 540
Desclée, Aimée, 83, 126, 357, 362
Deshayes, Paul, 306, 307
Deslandes, Raymond, 331, 333, 342
Desmelliers, Charles, 170–1, 173, 276
Desmoulin, Fernand, 423, 426
Desprez, Louis, 268, 269, 283, 304, 305, 491, 498–500, 512; *Autour d'un clocher*, 269, 305, 491, 499, 513; *L'Evolution naturaliste*, 269, 491
Desrieux, Maurice, 247
Déthez, Albert, 78, 80, 82, 83, 85, 87, 88, 89, 95, 111, 122, 123, 209, 213, 375, 473, 482
Deville, Gabriel, 264, 266
Diable, Le, 174–5
Dica-Petit [Marie-Déodica Petit, *dite*], 247

Dickens, Charles, 114, 139, 317
Diderot, Denis, 31, 280, 283
Didier, Jules-Gabriel, 283
Dierx, Léon, 110, 111, 113
Dieudonné, Alphonse-Emile, 416
Diligenti (directeur de théâtre à Venise), 149
Dinelli [Mathilde Domenech, *dite*], 136, 137
XIXe Siècle, Le, 146, 203
Dolloz (journaliste), 74
Do-Mi-Sol, Le (Verviers), 236–7, 238, 240, 174
Doucet, Camille, 299
Douvet (journaliste), 276
Dreyfous, Maurice, 268
Dreyfus, Abraham, 146, 147
Dreyfus, Alfred, 24, 25, 421, 422, 423, 426, 430, 431, 432, 434, 435, 439, 440, 443, 444, 445, 446, 447, 448
Dreyfus, Mathieu, 427
Droz, Gustave, 123
Drumont, Edouard, 223, 225, 432, 441, 543–4
Dubois, Jean, 357
Dubois-Pillet, Albert, 514
Dubreuilh, Jean, 514
Dubrocca (docteur), 314
Dubut de Laforest, Jean-Louis, 408
Du Camp, Maxime, 214
Duchemin, Alphonse, 357
Duchemin, Léon [*pseud.* Fervacques], 111, 114
Duclaux, Emile, 425, 427, 429, 430
Duc-Quercy [Jean Quercy, *dit*], 303, 307, 310, 314, 325
Duflos, Raphaël, 412
Duhamel, Henry, 291
Dujardin, Edouard, 325, 328, 339, 513
Dumas, Alexandre (fils), 19, 56, 58, 59, 63, 66, 67, 73, 89, 90, 93, 94, 95, 97, 98, 99, 106, 111, 114, 121, 130, 131, 134, 135, 136, 140, 143, 175, 210, 227, 255, 286, 288, 299, 457, 502, 516, 546, 547; *Les Danicheff*, 93, 278; *Le Demi-monde*, 111, 114; *Denise*, 286, 288; *L'Etrangère*, 90, 288; *Le Fils naturel*, 130, 135; *Les Idées de Mme Aubray*, 19; *La Princesse de Bagdad*, 288
Dumas, Alexandre (père), 73, 162, 180, 365, 458, 512, 530; *Les Mohicans de Paris*, 357, 364, 365
Dumas, Marius, 435
Dumesnil, René, 23, 26, 27, 107, 126
Dumont, Auguste, 193, 195, 200, 201, 205, 213–14, 244, 252, 254, 256, 270
Dumoulin, Louis, 275, 276, 278, 281, 501

593

Dumouly (docteur), 451
Du Paty de Clam, Armand Mercier, marquis, 421, 423, 424, 425, 443
Dupont, Edmond, 175
Dupont, Louise, 175
Duport, Paul, 95
Dupuis, Joseph, 163, 351, 353, 390, 391
Dupuy, Charles, 424, 426, 432, 433, 439, 445
Duquesnel, Henri-Félix, 505
Duquet, Alfred, 426, 428, 437, 438, 440
Durantin, Armand, 240; *Héloïse Paranquet*, 239
Duranty, Edmond, 13, 19, 22, 30, 31, 45, 58, 60, 68, 97, 116, 118, 120, 121, 125, 128, 130, 134, 135, 137, 138, 139, 212, 213, 243, 283, 285, 298, 306, 309, 316, 327, 328, 329, 330, 332, 335, 371, 392, 470, 478, 493, 502, 505, 506–7, 515, 554; *La Cause du beau Guillaume*, 60; "Gabrielle de Galardy," 212, 213; *Le Malheur d'Henriette Gérard*, 60
Duret, Théodore, 120, 121, 317, 318, 324, 355, 356, 435
Durranc (journaliste), 357
Duruy, Georges, 443, 444
Dusolier, Alcide, 134, 135; *Nos Gens de lettres*, 134, 135
Du Tillet, Jacques, 419
Duval, Georges, 113
Duvaud, Adrien, 106, 108
Duverdy (avocat), 222
Duvert, Félix, 510
Duveyrier-Mélesville, baron, 259

Echo de Paris, L', 267, 268, 271, 276, 340, 346, 389–90, 393, 421, 439
Edinger (éditeur), 311–12, 316
Edmond, Charles, 273
Edwards, Alfred, 192, 194
Egalité, L' (Meaux), 264
Eliot, George, 317
Enault, Louis, 426, 428
Enne, Francis, 182, 227, 241, 242, 253, 271, 283; *La Vie simple*, 242
Eschyle, 274, 275, 455
Espardeilla, P., 105, 107
Estafette, L', 146
Esterhazy, Ferdinand Walsin, 424, 427, 430, 432, 435, 443, 447
Etiévant, Alfred, 228
Etiévant, Camille, 157, 189, 192–3
Evénement, L', 140, 150, 152, 183, 197, 204, 250, 257, 286, 367, 527
Express, L', 196
Eyrès, Gustave, 132

Fabre, Ferdinand, 123, 334

Falcimaigne, Charles, 446
Fantin-Latour, Théodore, 17, 66, 285
Fasquelle, Eugène, 32, 414, 415, 416, 418, 423
Faure, Félix, 431–2, 433, 435
Faure, Sébastien, 425, 427
Fauvel, Raoul, 181
Favre, François, 40, 41
Fénéon, Félix, 269, 283, 513–14
Férat, Jules, 317
Ferrier, Paul, 111, 114, 118, 138, 142, 249; *Chez l'avocat*, 249; *Les Ilotes de Pithiviers*, 139, 141; *Tabarin*, 111, 114
Ferry, Jules, 39, 114, 165, 166, 168, 169, 276, 415, 435, 437
Fervacques, *voir* Duchemin, Léon
Feuillant, Xavier, 127
Feuillet, Octave, 130, 410; *Le Sphinx*, 130
Feuilloley, Guillaume-Germain, 425, 427
Fèvre, Henry, 268, 269, 283, 305, 499–500, 512
Figaro, Le, 7, 43, 72, 88, 89, 92, 96, 98, 132, 137, 138, 157, 161, 168, 170, 176, 177, 178, 179, 180, 184, 186, 191, 192, 195, 196, 197, 198, 199, 200, 203, 214, 222–3, 238, 252, 253, 254, 294, 296, 304, 340, 358, 359, 360, 376, 379, 388, 405, 416, 437, 438, 439, 441, 442, 443, 468, 508, 512, 520, 529–30, 536
Fiquet, Hortense, 38, 40, 44, 400, 401
Flammarion (éditeur), 405
Flaubert, Gustave, 13, 18, 21, 27, 29, 30, 31, 32, 60, 67, 68, 69, 85, 88, 90, 93, 94, 95, 96, 100, 101, 102, 103, 106, 107, 112, 119, 123, 125, 127–8, 134, 135, 139, 144, 145, 155, 156, 160, 167, 168, 183, 184, 188, 205, 214, 219, 231, 236, 276, 283, 285, 287, 288, 309, 325, 327, 328, 330, 335, 356, 371, 388, 394, 411, 412, 413, 414, 431, 436, 438, 456, 457, 458, 467, 472, 479, 480, 481, 485–6, 487, 492, 493, 509, 518, 519, 542, 546; *Bouvard et Pécuchet*, 160; *Le Candidat*, 99, 100, 303, 325, 328, 338, 340; *Le Château des cœurs*, 127–8, 328; *Correspondance*, 325, 328, 388; *L'Education sentimentale*, 394; *Lettres de G. Flaubert à G. Sand*, 328; *Madame Bovary*, 60, 95, 231, 232, 412, 487, 493, 518; *La Tentation de St Antoine*, 509
Floquet, Charles, 157–8, 326, 360, 371, 407, 465
Flourens, Gustave, 46, 47
Forain, Jean-Louis, 110, 113, 120, 379, 501
Forichon, Emile, 425, 427
Fouchier, Henri de, 233, 472
Fouquier, Henry [*pseud.* Nestor], 20, 29–30, 93, 203, 330, 371, 515, 544–6

594

Fouquier, Marcel, 242
Fourcaud, Louis de Boussès de, 173, 174, 183, 184, 188, 190, 209
Fournier (concierge), 61, 65
Fournier, Marc, 168
Fraizier, Gabriel, 110, 111, 113
France, Anatole, 145, 421, 422, 423
France, Hector, 227, 271, 311
France, Louise, 355, 357, 358, 359, 364, 365, 366-7
France, La, 146, 177, 216, 254, 282
Franc-Lamy [Eugène-Franc Lamy, *dit*], 113, 379, 380
Francolin, Gustave, 124, 126, 128, 146, 151, 162
Frazee, Ronald, 247
Freycinet, Charles de Saulces de, 222, 405, 424, 426, 430, 432, 435
Freystaetter, Martin, 444-5
Frie, de (journaliste), 72
Froger, Adolphe, 109, 113

Gaborit, Félix, 430
Gachet, Paul, 338
Gachet, Paul-Ferdinand, 341, 507-8
Galipaux, Félix, 352, 353
Gallet, Louis, 160
Gambetta, Léon, 134, 158, 209, 222, 245, 321, 342, 415, 435, 437, 544
Gantès, Fernand de, 221
Gastineau, Octave, 126, 162, 163
Gatschy (journaliste), 185, 192
Gaucher, Maxime, 181
Gaulier, Alfred, 313
Gaullet (caissier chez Charpentier), 169, 275, 465
Gaulois, Le, 7, 8, 11, 72, 122, 133, 143, 144, 145, 148, 152, 168, 170, 173, 209, 214, 245, 416
Gautier, Judith, 118, 119, 121, 255
Gautier, Théophile, 84, 114, 157, 175
Gavarni [Guillaume Chevallier, *dit*], 224, 226, 287, 458
Gayda, Joseph, 492
Geffroy, Gustave, 297, 298, 299, 360, 428, 435, 492
Génat, Fanny, 298, 299, 300
Génu de Régiol (femme de lettres), 428
Gervex, Henri, 285
Giacosa, Giuseppe, 404, 407, 415; *Tristi Amori*, 403, 404
Gibert, Honoré, 5
Giesz, Alice, 136, 137
Giffard, Pierre, 143, 144, 230; *Les Grands Bazars*, 230; *Jonathan*, 143, 144
Gilbert, William, 294, 419; *Sweethearts*, 294

Gil Blas, 173, 174, 178, 180, 193, 200, 201, 202, 205, 209, 211, 214, 223, 240, 244, 250, 251, 252, 254, 258, 261, 280, 289, 300, 301, 304, 305, 346, 379, 381, 382, 383, 384, 385, 388, 391, 401, 527, 539
Gill, André, 332, 492; *Vingt années de Paris*, 333
Gille, Gaston, 14, 176
Gille, Philippe, 88, 89, 90, 117, 222-3, 316, 397, 398, 416
Gil Naza [David-Antoine Chapoulade, *dit*], 126, 131, 132-3, 141, 142, 306, 307, 371, 460-1
Ginisty, Paul, 401, 407, 408
Giorgione, 120, 135
Girard, Paul, 164, 225
Girardin, Emile de, 144, 168
Giraud (propriétaire à l'Estaque), 43, 44
Glais-Bizoin, Alexandre, 38, 40
Globe, Le, 132, 133, 138
Goblet, René, 297, 299, 308, 325, 326, 371
Goeneutte, Norbert, 285, 470
Goethe, Wolfgang von, 455, 533; *Werther*, 533
Golhier, Urbain, 440
Goncourt (frères), 13, 21, 28, 31, 94, 96, 97, 106, 133, 155, 157, 175, 184, 226, 250, 324, 326, 334, 335, 339, 346, 354, 356, 436, 456-7, 459, 479; *Charles Demailly*, 97, 352, 354; *Gavarni, l'homme et l'œuvre*, 226; *Germinie Lacerteux*, 354; *Henriette Maréchal*, 303, 326, 338, 339, 340, 493, 502; *Journal*, 334, 335; *Madame Gervaisais*, 96; *Manette Salomon*, 479, 493; *La Patrie en danger*, 92, 94, 328; *Renée Mauperin*, 324, 458
Goncourt, Edmond de, 15, 18, 23, 30, 32, 51, 67, 68, 69, 85, 96, 97, 98, 100, 101, 102, 106, 107, 113, 120, 126, 127, 131, 132, 133, 135, 145, 156, 160, 165, 166, 168, 170, 173, 174, 179, 190, 205, 224, 241, 273, 276, 281, 288, 297, 302, 304, 311, 323, 324, 326, 327, 328, 329, 331, 334, 335, 339, 352, 353, 354, 356, 357, 358, 359, 362, 370, 371, 374, 377, 378, 381, 389, 390, 397, 398, 410-11, 413, 415, 416, 417, 428, 450, 457, 459-60, 467, 491, 492, 511, 518, 519, 542, 543, 551, 554; *La Faustin*, 173, 174, 352, 353-4, 467, 479; *La Fille Elisa*, 101, 354, 543; *Germinie Lacerteux* (pièce), 354
Goncourt, Jules de, 69, 102, 287, 311, 326, 328, 352, 371, 411, 412; *Lettres*, 328
Gondinct, Edmond, 131, 144
Gonse, Arthur, 443, 444
Goron, François, 448, 449; *Mémoires*, 448, 449

595

Got, Edmond, 357, 360
Goudeau, Emile, 109, 113, 129, 271
Goullé, Albert, 302, 303, 307
Goupil, Léon, 181
Gozlan, Léon, 85, 86, 535
Grandry, Gabriel de, 312
Grenet-Dancourt, Ernest, 302; *Les Noces de Mlle Lorinquet*, 301, 302
Greppo, Jean-Louis, 126
Greppo (journaliste à Lyon), 124, 129
Grévy, Jules, 131
Grimaces, Les, 252, 253
Grimm, Thomas, 271, 272
Grognon provençal, Le (Aix-en-Provence), 5, 6
Grosclaude, Etienne, 252, 253, 271, 283
Grouchy, Emmanuel de, 400, 401
Guebhard, Adrien, 271–2, 273, 289, 301, 302, 303, 305, 311, 314, 325, 337, 338, 379, 398
Guérard, Henri-Charles, 501
Guérin, Eugène, 432, 433
Guérin, Jules, 173, 174, 192, 379, 385, 388, 527
Guesde, Eléonore, 265
Guesde, Jules, 262–6, 302, 307, 312–14, 315, 316–17, 347
Guiches, Gustave, 340, 355, 359, 360, 363, 547, 548
Guillemet, Antoine, 60, 66, 120, 134, 224, 285, 327, 378, 458, 501
Guitry, Lucien, 136, 137, 358
Guitry, Sacha, 137
Guttinguer, Ulric, 365, 547–8
Guyot, Auguste, 61
Guyot, Yves, 97, 124, 126, 136, 151, 162, 396–7, 399, 401, 405, 438, 441

Hachette (éditeur), 464
Hading, Jane [Jeanne Tréfouret, *dite*], 163, 247, 389, 390, 391
Halanzier (journaliste), 168
Halévy, Ludovic, 84, 94, 105, 108, 111, 118, 162, 401
Hannon, Théodore, 172, 235
Hardy (dreyfusien), 429, 430, 434
Hartmann, Louis, 511
Haussmann, Georges, 469
Hébrard, Adrien, 105, 108
Hellès (traducteur), 145
Hemmings, F. W. J., 137
Hennequin, Alfred, 142
Hennequin, Emile, 253, 283, 492, 514
Hennique, Léon, 21, 22, 102, 103, 107, 117, 119, 122, 124, 125, 129, 133, 134, 135, 138, 140, 146, 148, 151, 164, 169–70, 172, 174, 175, 177, 221, 222, 224, 243,

252, 267, 283, 291, 292, 306, 307, 311, 320, 328, 335, 344, 345, 348, 350, 360, 375, 376, 391, 413, 426, 428, 435, 458, 459, 492, 505, 511, 514, 519–20, 542, 554; *La Dévouée*, 125; *Esther Brandès*, 511; *Les Funérailles de Francine Cloarec*, 148; *Jacques Damour* (pièce), 19, 344–5, 362, 505; *La Mort du duc d'Enghien*, 328, 348; *Pœuf*, 348; *Un Caractère*, 376
Henri IV, 514
Henri V, 45
Henri IV, 174, 178, 179, 181, 182, 183, 189, 190, 191, 192, 193, 194, 195, 196, 202, 204, 208, 214, 468, 528, 537, 539
Henry, Berthe-Amélie, 425, 427
Henry, Charles, 514
Henry, Joseph, 424, 426, 427, 431, 432, 444, 445
Hepp, Alexandre, 258, 271
Herbert, George, 275
Herbert-Cassan, Mme, 355
Heredia, José-Maria de, 174
Hervé, Edouard, 74, 77
Hervieu, Paul, 252, 253, 438, 514
Hervilly, Ernest d', 113
Herzen, Alexandre, 169
Heulard, Arthur, 174
Heusy, Paul [Alfred Guinotte, *dit*], 167, 168; *Un Coin de la vie de misère*, 168
Hoche, Jules, 268, 270; *Les Parisiens chez eux*, 270
Holmès, Augusta, 101
Homère, 45, 455, 470, 509, 517
Hoschedé, Alice (*née* Raingo), 194
Hoschedé, Ernest, 192–3, 194, 470
Houssaye, Henry, 426, 428, 441
Hubert, René d', 379–80, 381, 382, 384, 385, 387, 388, 391, 397
Hugo, Charles, 363
Hugo, Georges, 362, 511
Hugo, Victor, 5, 6, 97, 98, 124, 130, 168, 169, 190, 281, 283, 284, 305, 317, 321, 458, 491, 493, 512, 530, 536, 538, 552; *Hernani*, 509, 515; *Les Misérables*, 517; *Ruy Blas*, 509
Hugues, Clovis, 291, 292, 298, 299
Humbert, Alphonse, 182, 276
Huret, Jules, 30, 376, 436
Huysmans, Joris-Karl, 21, 22, 95, 102, 105, 107, 108, 112, 114, 117, 119, 124, 129, 133, 138, 145, 146, 147–8, 151, 154, 156, 166, 167, 168, 169–70, 172, 175, 177, 179, 182, 186, 189, 192, 193, 202, 206, 209, 218, 219, 222, 224, 226, 230, 239, 240, 243, 244, 247, 252, 253, 268, 269, 283, 288, 306, 307, 341, 348, 360, 376, 413, 422, 426, 428, 435, 436, 459, 475,

492, 513, 519–20, 527–9, 542, 552, 554; *A rebours*, 243, 269, 376; *En ménage*, 174, 175; *Marthe*, 108, 129, 168, 459; *Les Sœurs Vatard*, 126, 246

Ibsen, Henrik, 392; *Les Revenants*, 392
Ingres, Dominique, 478
Isabelle II, 6, 301

Jacquinot, Claude, 100
Jacquinot, Jean, 169
Jaffré (mercier), 319
Janvier de la Motte, Ambroise, 138, 139; *L'Indiscrète*, 138, 139
Jaurès, Jean, 422
Jeanniot, Pierre-Georges, 311
Joffrin, Jules, 266
Jourdain, Frantz, 32, 176, 367, 369, 375, 407, 492
Journal, Le, 13, 288, 414, 415, 416, 421, 424
Journal des Débats, Le, 271
Jovis (capitaine), 392
Judet, Ernest, 431, 441
Judic [Israël (chanteur), *dit*], 127, 277, 279
Judic, Mme [Anne-Marie-Louise Damiens, *dite*], 125, 127, 277, 279, 351
Jullien, Jean, 348, 350; *La Sérénade*, 348
Jullien, Marie, 218
Justice, La, 283, 298
Juven, Félix, 183–4, 185, 540
Juvénal, 158

Kahn, Gustave, 324, 339, 513, 514; "Colombine," 513
Kanes, Martin, 297
Kapp, Emile, 275, 286
Kaulla, Lucy de, 168, 169, 520
Kistemaeckers, Henry, 234, 235, 237, 239, 240, 241, 250, 454, 531
Klein (journaliste), 138
Kock, Paul de, 113
Koning, Victor, 161, 163, 218, 505
Krauss (le père), 510–11

Labiche, Eugène, 131
Laborde, Albert, 386
Laborde, Amélie, 251, 253, 385, 386
Laborde, Bibienne-Alexandrine, 385, 386
Laborde, Elina, 386
Laborde, Emile, 253, 386
Labori, Fernand, 424, 426, 441
Labruyère, Georges Poidebard de, 273, 296, 297, 301, 303, 306, 323, 325, 327, 329, 332, 377, 379
Labusquière, John, 329, 330
Lafage (docteur), 314
Lafargue, Fernand, 439

Lafargue, Paul, 262, 263, 266, 315, 316–17, 347
Laffitte, Jules, 131–2, 133, 138, 143, 145–6, 147, 150, 151–2, 153–4, 155, 156–7, 158, 159, 162, 166, 173
Laforgue, Jules, 554; *Les Moralités légendaires*, 554
Lagier, Suzanne, 156–7, 160
Laguerre, Georges (avocat), 491
Laguerre, Georges (député), 326, 328, 392
Laguerre, Mme Georges (*née* Marguerite de la Valfère), 328, 392
La Leude, Jean de, 211
La Madelène, Henri de, 85, 86
La Madelène, Jules de, 86, 535
Lamartine, Alphonse de, 133
Landolt, Edmond, 417
Landrol, Alexandre, 136, 137, 140, 141, 516–17
Lanessan, Jean de, 219
Lansyer, Emmanuel, 16, 134, 135
Lanterne, La, 106, 108
La Pommeraye, Henri de, 223, 225, 330, 331
Laporte, Antoine, 390
Laporte, G., 434
Larat, Jules, 423, 426
Larmandie, Léonce de, 440, 448, 449
La Rounat [Charles Rouvenat, *dit*], 161, 163
Lasellaz, Gustave, 318, 319, 498, 501
Lasellaz, Mme Gustave, 318
Lassez, Georges, 124, 126, 136, 146, 151, 152, 153, 162
Laurent, Marie, 247, 330, 363
Lauzanne, Augustin de, 510
Laval, Louis, 337, 338
Lavalette, de (oncle d'Alexis), 57, 64
Lavedan, Henri, 355, 392, 426, 428, 438; *Une Famille*, 391
Leblanc, Ernest, 231; *Dépravée*, 231, 232
Le Blond-Zola, Denise, 10, 22, 24, 25–6, 32, 114, 121, 251, 289, 308, 330, 386, 431, 436–7, 447, 449
Lecomte, Georges, 15, 25, 32, 129, 133, 408, 411
Leconte de Lisle, Charles, 134, 135
Leenhoff, Rudolph, 285
Lefebvre (mineur), 263, 266
Legault, Maria, 416
Leloir, Maurice, 108
Lemaître, Frédérick, 461
Lemaître, Jules, 437, 440
Lembrey (dreyfusien), 430
Lemonnier, Camille, 166, 172, 248, 269, 357, 380, 381; *Un Mâle*, 355
Lenormand (dreyfusien), 430

Lenormant, Délia, 136, 137, 140, 141
Léonce, Lucy, 365
Lepage, Bastien, 285
Lepelletier, Emile, 432, 442
Lepelletier de Bouhélier, Edmond, 227,
    233–4, 241, 246, 250, 270, 271, 283, 449,
    450
L'Epine, Ernest, 127
Leriche, Augustine, 352, 353
Leroy, Albert, 228, 249, 250
Leroy, Louis, 135; *Lauriane*, 134
Letombe, Paul, 390
Letourneau, Charles, 172
Lévy, Calmann, 142, 414, 464
Leydet, Angélique, *voir* Alexis, Mme
    Edouard
Leydet, Victor, 405, 406, 407
Liberté La, 146, 443
Libre Parole, La, 432
Lissagaray, H., 287, 303
Lockroy [Edouard Simon, *dit*], 56, 358,
    360, 362, 370, 407
Loew, Louis, 424, 427, 435
Longuet, Charles, 263
Lordon, Paul, 221
Loti, Pierre, 145, 410, 422
Loubet, Emile, 407, 408, 433, 434, 439, 441
Louis XIV, 513
Louis XV, 513
Louis-Philippe (roi), 510
Louys, Pierre, 422
Luce, Maximilien, 18, 514
Lunéville (actrice), 366, 367, 368

Machiavel, Niccolo, 72
Magnard, Francis, 7, 96, 97, 177, 178, 179,
    180, 192, 196, 198, 202, 203, 214, 222,
    291, 297, 340, 403, 529–30
Magnier, Edmond, 286, 288
Maizeroy, René [René Toussaint, *dit*;
    Mora, *dit*], 180, 192, 219, 227, 238, 239,
    271, 379, 381, 384; *L'Amour qui saigne*,
    238
Mallarmé, Stéphane, 102, 324, 428, 514
Mallet, Félicia, 364, 365, 366
Malvau, Jeanne, 362, 363
Manau, Jean-Pierre, 432–3, 434
Manet, Edouard, 17, 18, 37, 39, 40, 113,
    118, 120, 121, 125, 133, 134, 136, 137,
    155, 186, 194, 203, 224, 248, 267, 285,
    379, 458, 461, 470, 475, 478, 487, 501,
    505, 513
Manier, J., 263
Marais, Léon, 505
Marcelin [Emile Planat, *dit*], 118, 120, 122
Maréchal, André, 448, 449
Maret, Henry, 205, 207

Marfori, Carlos, 6, 301
Margueritte, Paul, 340, 355, 360, 426, 428
Margueritte, Victor, 426, 428
Marguery, Louis, 82–3, 84, 92, 116, 143,
    209, 210
Marie (maîtresse de Roux), 61, 80, 82–3,
    85
Marion, Antoine, 10
Marius (photographe), 337, 339, 340
Marouck, Victor, 329, 330
Marpon, Lucien, 95, 158, 159, 169–70,
    172, 241, 317
Marras, Jean, 110, 113, 114
Marseillaise, La, 260
Marseillaise, La (Marseille, 1870), 38–9, 40
Marthold, Jules de, 188, 190
Martin, Henri, 131, 133
Martinez (peintre), 508
Marx, Karl, 263
Massard, Emile, 264, 265, 266
Masillon, Jean-Baptiste, 311
Massin, Léontine, 125, 127, 212, 213
Matin, Le, 265, 271, 274, 276, 281, 298,
    448
Maupassant, Guy de, 21, 22, 27, 32, 88,
    102, 107, 108, 109, 112, 119, 128, 131–2,
    133, 145, 151, 155, 156, 159, 167, 168,
    169, 172, 177, 179, 190, 192, 202, 203,
    204, 207, 216, 219, 223, 224, 231, 235,
    241, 243, 244, 245, 248, 252, 283, 302,
    328, 332, 334, 336, 360, 370, 371, 376,
    379, 383, 392–3, 397, 405, 412, 413–14,
    415, 416, 418, 438, 440, 471–2, 480,
    518–20, 529–30, 536, 537, 538, 539, 542,
    554; *A la feuille de rose*, 106, 108, 480;
    Histoire du vieux temps, 413; *La Maison
    Tellier*, 529, 538; *Musotte*, 112, 440; *Une
    Vie*, 245, 248
Maupassant, Laure de, 416
Mayer, Henry, 416
Mazeau, Charles, 424, 427, 444, 445, 446
Meilhac, Henri, 84, 94, 105, 106, 108, 111,
    299; *Frou-Frou*, 83, 84
Melandri, A., 234, 235
Mendès, Catulle, 94, 101, 102, 103, 104,
    105, 107, 108, 110, 111, 113, 117, 118,
    119, 120, 121, 125, 151, 152, 175, 254,
    255, 276, 286, 354, 357, 358, 361, 379,
    389, 458, 491, 511, 518, 551–2; *La
    Femme de Tabarin*, 511; *La Reine
    Fiammette*, 254, 257
Mendès, Mme Catulle, *voir* Gautier, Judith
Menier, Emile, 136, 137
Mercier, Auguste, 421, 423, 432, 433, 443
Mercier, Maurice, 275
Mercurio, Francesco de, 149
Mermeix, *voir* Vermont, Gabriel de

Merson, E., 242
Merwart, Paul, 402, 404, 501
Merwart, Mme Paul, 402
Messager de l'Europe, Le (Saint-Pétersbourg), 87, 137, 150
Méténier, Oscar, 247, 253, 279, 335, 336, 347–8, 349, 350, 351–2, 353, 354, 360, 363, 367, 368, 375, 377, 378, 384, 388, 389, 390, 391, 407, 408, 411; *La Bonne à tout faire*, 407; *En famille*, 335–6, 349, 357, 363; *Madame Boule*, 384; *Mademoiselle Fifi*, 337
Métra, Olivier, 486
Mette, Jane [*pseud*. Jane Catulle-Mendès], 255
Meunier, Lucien-Victor, 438, 440
Meurice, Paul, 190, 280, 281
Mévisto [Charles-Auguste Wisteaux, *dit*], 336, 361, 377, 511
Meyer, Arthur, 232, 233, 416
Michel, Louise, 307, 474
Michel-Ange, 227, 228
Michelet, Jules, 281, 455
Michelet, Mme Jules (*née* Athénaïs Mialaret) 280, 281
Mignet, Auguste, 60, 105, 108, 197
Millanvoye, Bertrand de, 190
Millaud, Albert, 203, 277, 279, 353
Millot, Maurice, 203
Mirabeau, Honoré-Gabriel Riqueti, comte de, 326
Mirbeau, Octave, 103, 107, 148, 238, 239, 252, 253, 298, 299, 316, 325, 326–7, 422, 424, 428, 429, 435, 519, 542; *Le Calvaire*, 325, 327
Mistral, Frédéric, 85, 86
Mitterand, Henri, 52, 87
Molière, 18
Monchal, Louis, 283
Monet, Claude, 16, 66, 120, 136, 137, 194, 285, 333, 470, 507
Moniteur universel, Le, 151
Monnier, Marie, *voir* Alexis, Mme Paul
Monnier, Marie-Louise, 173
Monselet, Charles, 183, 184, 534–5
Monsieur de l'Orchestre, Le, *voir* Mortier, Arnold
Montagne, Edouard, 407, 408, 409, 437, 448, 449
Montaigne, Michel Eyquem de, 5
Montégut, E.-H., 361
Monteil, Edgar, 379, 381
Montigny [Auguste-Adolphe Lemoine, *dit*], 118, 120, 122, 134, 135, 136, 457, 516, 517
Montjoyeux [Poignant (journaliste), *dit*], 183, 184

Montrobert (premier époux de Séverine), 273
Montrouge [Louis-Emile Hesnard, *dit*], 122, 123
Moore, George, 95, 120, 253, 266–7, 281, 282, 283, 294, 295, 310, 317–18, 323, 324–5, 349, 350, 355, 356, 373, 378, 379, 380, 419, 514, 553–4; *L'Amant moderne*, 282; *Les Confessions d'un jeune Anglais*, 350, 356; *Esther Waters*, 420; *La Femme du cabotin*, 282, 317, 324, 350, 356
Mora, *voir* Maizeroy, René
Moréas, Jean, 324
Morisot, Berthe, 333
Mornard, Henry, 425, 427, 441
Mortier, Arnold [*pseud*. Le Monsieur de l'Orchestre], 257, 259, 276
Mot d'Ordre, Le, 227, 249, 260, 267, 270, 280
Mounet, Paul, 344, 345
Mounet-Sully [Jean-Sully Mounet, *dit*], 274, 275
Mugnet, Blanche, 358
Munte, Lina, 141, 142, 362
Murer, Eugène [Eugène Meunier, *dit*], 337, 338–9, 341, 507; *Pauline Lavinia*, 507
Musset, Alfred de, 6, 130, 215, 224, 226, 228–9, 230, 234, 247, 255, 486
Musset, Paul de, 216

Najac, Emile de, 142, 353; *Bébé*, 141, 142; *Hypnotisé*, 353
Napoléon I, 56, 68, 204, 264, 400
Naquet, Alfred-Joseph, 273
National, Le, 155
Nautet, Francis, 236, 237, 238, 240, 243, 247–8, 250, 283, 474
Néron, 513
Nestor, *voir* Fouquier, Henry
Netscher, Franz, 318
Newski, Pierre, 95
Nicolas II, 433
Niess, Robert J., 28, 137
Nion, François de, 426, 428
Nitot (docteur), 202
Nittis, Giuseppe de, 174, 467
Nittis, Mme Giuseppe de, 174
Nixau, Marie 390
Noël, Edouard, 307, 308; *David Teniers*, 308
Normand, Jacques, 112, 416, 438, 440
Norograud, Jean [*pseud*. Noro], 325, 328, 498; *La Bouche de la vérité*, 498
Norograud, Mme Jean, 498
Nouveau, Germain, 250, 251
Nouvelle Revue, 144, 210
Nus, Eugène, 174

Offenbach, Jacques, 87, 353
Ohnet, Georges, 259, 371, 376, 377, 379, 380, 392; *Le Maître de forges*, 377
Olagnier (journaliste), 256
Ollivier, Emile, 131, 133
O'Monroy, Richard, 380, 381
Ordonneau, Maurice, 301, 302
Orléans, Louis-Philippe, duc d', 81
Osmoy, Charles d', 128
Ostrovski, Alexandre, 348, 349; *L'Orage*, 349
Oswald, François, 144
Ourliac, Edouard, 535

Pailleron, Edouard, 13
Panglossi (journaliste), 149
Panurge, Le, 235, 240, 244, 245
Paris, 223
Paris-Journal, 232
Parlement, Le, 174
Pascal, Blaise, 417
Pasdeloup, Jules, 100, 101, 487
Passant, Le, 241, 242
Pasteur, Louis, 489
Paté, Lucien, 308
Pavlovski, Isaac, 348, 349
Pecoult (parent de Zola à Aix), 527
Peladan, Joséphin, 422
Pellico, Silvio, 56, 59; *Mes Prisons*, 59
Pellieux, Georges de, 425, 427–8
Peragallo, Léonce, 141, 142
Père Duchêne, Le, 141, 142
Périvier, Antonin, 178, 179–80, 222, 392
Perrin, Emile, 183
Pessard, Emile, 114
Petersen, Friedrich, 147
Petit, Charles, 432, 442
Petit, Georges, 332, 333
Petit, Hélène, 126, 371, 505
Petit, Pierre, 101
Petite Presse, La, 291, 292, 300
Petit Journal, Le, 82, 83, 235, 271
Petit Moniteur universel, Le, 87
Petitpas, Paul, 387
Petit Provençal, Le (Aix-en-Provence), 209
Peyrouton, Abel, 325, 327
Pica, Vittorio, 143, 253, 283
Picquart, Georges, 24, 420, 422, 425, 427, 434, 445
Piégu, Paul, 291, 292
Pignatelli (princesse), 489
Pinard, Ernest, 5
Pinault (directeur de journal à Rennes), 70–7, 78
Pinchon, Robert, 108
Pipitone-Federico, G., 253, 283
Pissarro, Camille, 66, 118, 120, 285, 333, 338, 448, 449, 470, 501, 507, 514

Platon, 455
Plessis, Yves, 355, 357
Plomb (docteur), 80, 91
Poe, Edgar Allan, 6, 239, 351
Poictevin, Francis, 260, 514
Poidebard, *voir* Labruyère, Georges Poidebard de
Pons, vicomte de (directeur de journal), 192, 200
Ponsard, François, 5, 111, 113
Ponson du Terrail, Pierre, 190
Porel [Paul Parfouru, *dit*], 292–4, 308, 324, 326, 345, 347–8, 349, 350, 351–2, 358, 372, 373, 412
Portalis, Edouard, 61, 69, 164, 205, 207, 379, 457
Poupart-Davyl, Louis [*pseud.* Pierre Quiroul], 138, 139
Pradel [Georges Pradier, *dit*], 354
Précaut (sculpteur), 508
Presse, La, 442
Pressensé, Francis Dehault de, 420, 422, 425, 429, 434, 439
Prével, Jules, 90, 257, 259, 349, 367, 368, 369, 372
Prévost, Marcel, 437–9, 440, 441–2
Prévost d'Exiles, Antoine (l'abbé), 31
Proth, Mario, 271
Proudhon, Pierre-Joseph, 465, 546
Proust, Antonin, 285
Pruner, Francis, 18, 20, 299
Puvis de Chavannes, Pierre, 378, 380, 450

Queiroz, José Eça de, 283
Quesnay de Beaurepaire, Jules, 429, 431
Quillard, Pierre, 429, 430
Quiroul, Pierre, *voir* Poupart-Davyl, Louis

Rabelais, François, 499, 509
Racine, Jean, 31; *Phèdre*, 331
Raffaelli, Jean-François, 285, 470, 514
Raimbaud (docteur), 413
Rajon, Paul-Adolphe, 508
Ralliement, Le, 13, 131, 133
Ranc, Arthur, 439, 440
Rappel, Le, 40, 41, 189
Rattazzi, Urbain, 113
Rattazzi, Mme Urbain (*née* Marie-Laetitia-Studolmine Wyse), 110–11, 113, 114, 118, 379
Raymond, Hippolyte, 352, 353, 368
Raynard, Charlotte, 254, 255
Rebel, Arthur, 345
Réforme, La, 124, 125, 126, 127–8, 129, 144, 146, 147, 150, 151, 152, 153, 157, 163
Regnault, Alice, 316; *Mademoiselle Pomme* (roman), 316